合同司法观点
总 梳 理 系 列

劳动合同

08

纠纷处理
司法观点
总梳理

王 军／编著

法律出版社
LAW PRESS·CHINA
——北京——

图书在版编目(CIP)数据

劳动合同纠纷处理司法观点总梳理 / 王军编著. --
北京 : 法律出版社, 2024
ISBN 978-7-5197-8749-3

Ⅰ. ①劳… Ⅱ. ①王… Ⅲ. ①劳动合同-经济纠纷-
处理-研究-中国 Ⅳ. ①D922.524

中国国家版本馆 CIP 数据核字(2024)第 023117 号

劳动合同纠纷处理司法观点总梳理
LAODONG HETONG JIUFEN CHULI SIFA GUANDIAN ZONGSHULI

王 军 编著

策划编辑 朱海波 杨雨晴
责任编辑 朱海波 杨雨晴
装帧设计 汪奇峰 臧晓飞

出版发行 法律出版社
编辑统筹 法律应用出版分社
责任校对 邢艳萍
责任印制 刘晓伟
经　　销 新华书店

开本 710 毫米×1000 毫米 1/16
印张 60 **字数** 1100 千
版本 2024 年 5 月第 1 版
印次 2024 年 5 月第 1 次印刷
印刷 三河市龙大印装有限公司

地址:北京市丰台区莲花池西里 7 号(100073)
网址:www.lawpress.com.cn
投稿邮箱:info@lawpress.com.cn
举报盗版邮箱:jbwq@lawpress.com.cn

销售电话:010-83938349
客服电话:010-83938350
咨询电话:010-63939796

书号:ISBN 978-7-5197-8749-3
定价:228.00 元
凡购买本社图书,如有印装错误,我社负责退换。电话:010-83938349

序　言

随着现代市场经济的快速发展，劳动用工情况多样化，劳动关系发生了巨大变化，出现了一些新型的劳动关系，如非全日制用工、劳务派遣工、家庭用工、个人用工、网约工等，同时在实行劳动合同制的过程中出现了一些问题，诉至人民法院的劳动合同纠纷案件大量增加居高不下，并呈现出关系复杂化、诉讼群体化、诉求多样化、问题疑难化的特点。在各种新情况、新问题不断出现的情况下，最高人民法院于2001年颁布了《关于审理劳动案件具体应用法律若干问题的规定》（以下简称《劳动争议解释》）。其后又陆续颁布《劳动争议解释（二）》《劳动争议解释（三）》《劳动争议解释（四）》，这四个司法解释实施后，有力促进了“同案同判”的法律效果成为现实，最终达到统一执法标准的目标。在2020年5月28日颁布《民法典》后，最高人民法院对原制定的四个司法解释进一步清理、修改、细化、完善，于2020年12月29日，颁布新修订的《劳动争议解释（一）》，此后又于2023年12月4日颁布《民法典合同编通则解释》。对于如何正确理解、准确适用《劳动争议解释（一）》的规定，把握《劳动争议解释（一）》条款的内容含义，考量个案的实际情况，平衡劳资双方利益、构建发展和谐的劳动关系等因素考量案件裁判效果，尤其应看到司法实践探索或法律作出新规定但适用中分歧较大的问题司法解释暂未作出规定，尚需继续努力探索取得共识。本书根据上述新法律法规和司法解释编写，但需要提醒的是，本书正文论述部分引用的相关法律法规、司法解释等的名称和条文序号为图书出版时生效的规定。而选取的案例中，为体现案例说理和裁判的真实情况，其涉及的法律法规、司法解释等的名称和条文序号原则上为裁判生效时的相关规定，请读者朋友在参考时注意。

在民事法律实务图书市场，主要有三类书籍形式。第一类是裁判规则类，对民事纠纷归纳各类裁判规则，简单明确，让法官、律师和广大读者对号入座，对争议类型进行类案参考，节约大量时间，提高效率。但不容忽视的是，现实生活中鲜活的案例绝没有百分之百的等同，任何一个细节忽视都可能造成处理上的偏差，完全照搬规则受到一定限制。第二类是问答类，对司法实践中出现的疑难问题和多发争议，采用问答的形式，做出自己理解的解答，是很受欢迎的形式之一，但不可避免地因缺少鲜活案例诠释法律，容易造成理解上的偏差。第三类是依据法律条文的顺序进行编排,虽附有一定案例或对同一个问题也有一定案例辅助阐述,但现实生活对一个法条或同一个争议反映出争议纠纷呈现多样化,一个争议法院判决出现不同观点,执法尺度并不统一,呈现的面和深度并未能满足实际需求。笔者从检察院、法院再到退休后法律服务的阅历和几十年感悟,试图从另一类途径寻找出有用、实效的办法,从法律理解、法律适用、纠纷处理三个角度诠释鲜活案例反映的实际疑难纠纷。

本书针对劳动法律关系适用有很强实践性与复杂性、劳动合同的独有特点和立法及司法现状之难点展开,基于上述背景和现状,确立了笔者编写的指导思想和本书的定位。笔者撷取劳动合同司法实践中存在争议的热点、疑点、难点问题,以司法实践和理论相结合为基础进行探讨。本书坚持以问题为导向与纠纷案件处理思路相结合,对已生效的纠纷案件进行总结、梳理进而把握适用法律的精髓。本书以现行法律规定和合同法理论为基础,对其劳动合同纠纷中存在的问题选择某一部分重点探讨,未展开至该类合同纠纷的全部内容。在全书编写中笔者力争贯穿一个写作指导思想,即选材上的典型性、广泛性;使用上的实用性、方便性;效果上的准确性、有效性。笔者在思考并实践如何选择在生效判决中,注重研究对其纠纷裁判规则有效利用的方式和程度,使之对纠纷解决、理论的更新和发展起到更大的积极作用。也就是说,笔者始终以好读有用实用进而解决实际问题为目标。

本书专题设计是以笔者认为的司法实践中多发争议和疑难问题确定纠纷类型,分为十二个专题。第一专题为劳动合同纠纷概述,较为全面介绍分析了劳动合同一般性问题如范围、性质等,以及未归进专题中的劳动者权利、义务、形式、成立、用人单位管理权、经营自主权、劳动合同续订条件处理等内容。其后依次分为合同关系、主体、效力、责任、变更解除、报酬补偿、工伤待遇、保险缴费、竞业限制、争议程序及其他纠纷等十二个专题。在每一专题中,基本上是以该类专题理解、法律适用以及纠纷处理三大部分展开进行分析,便于读者有重点地查阅。本书围绕专题的纠纷类型特点又进一步分类确定具体内涵,如劳动合同关系纠纷,分为三大块即劳动合同关系、法律适用和纠纷处理,每一块针对实践中存在的问题和争议进行剖析,用141个案例佐证阐述。在每一专题三大部分之下,根据笔者要分析问题的多少划分若干细目并列入目录以供阅读。对其阐明的观点,均有一至三个案例实证。

本书有以下特点,(1)在本书中,笔者省略案情介绍部分直接提取其判决理由,突出生效判决的重点内涵,简明扼要且信息量大;注重实务处理路径,减少过于学术性的概念、术语的理论阐述,以及过分追求理论上的深度。(2)在每一专题中,笔者首先确定该类纠纷的争议焦点,即从实务纠纷中选择多发和疑难的问题,然后依据现行法律和司法解释规定、民事理论、再辅之以最高人民法院公布指导案例、公报案例或认可的案例，对其进行深入分析，力争使法律条文变为看得清、摸得着的鲜活的规则，希望能给法官、律师办理服务合同纠纷案件提供有价值的参考与借鉴。(3)本书载明分析的案例有1041个，以大量案例展示劳动合同纠纷案件裁判的形态。(4)笔者对生效判决中争议的焦点进行分类拆分梳理，而不是展现判决全部内容，尤其是对最高人民法院审理的案件和复杂疑难案件往往有几个争议焦点，对其多个争议焦点分别归置在笔者分类的不同专题中，力求实现笔者追求的对热点、疑点、难点研讨重点目标，减少重复或避免全部判决理由归置在一个规则下的不利因素，实现有限阅读和理解最大化。(5)在本书中，选择列出了就同一争议法院内部不同判决，有利于清醒客观认识现状，并提高进一步完善法律、取得共识、统一执法尺度的迫切性。

众所周知，"法律的生命不在于逻辑，而在于经验"。社会在发展，经济在发展，法律也随之发展，《民法典》的颁布就是新的发展，新的发展需要新的实践和新的经验，笔者也在随着社会、法律的发展，而不断的前进。虽然笔者不断地刻苦学习，努力探索，但因水平有限，本书可能有诸多不足，恳请各位给予批评指正，使笔者能为法制建设、社会和谐作出自己应有的贡献。

王 军

2024年春节

法律法规简称表

全称	简称
《中华人民共和国民法典》	《民法典》
《中华人民共和国民事诉讼法》	《民事诉讼法》
《中华人民共和国公司法》	《公司法》
《中华人民共和国刑法》	《刑法》
《中华人民共和国劳动法》	《劳动法》
《中华人民共和国劳动合同法》	《劳动合同法》
《中华人民共和国保险法》	《保险法》
《中华人民共和国企业破产法》	《企业破产法》
《中华人民共和国消费者权益保护法》	《消费者权益保护法》
《最高人民法院关于适用〈中华人民共和国民法典〉总则编若干问题的解释》(法释〔2022〕6 号)	《民法典总则编解释》
《最高人民法院关于适用〈中华人民共和国民法典〉时间效力的若干规定》(法释〔2020〕15 号)	《民法典时间效力规定》
《最高人民法院关于适用〈中华人民共和国民法典〉合同编通则若干问题的解释》(法释〔2023〕13 号)	《民法典合同编通则解释》
《最高人民法院关于适用〈中华人民共和国民法典〉有关担保制度的解释》(法释〔2020〕28 号)	《民法典担保解释》
《最高人民法院关于审理民间借贷案件适用法律若干问题的规定》(2020 第二次修正)	《民间借贷规定》
《最高人民法院关于适用〈中华人民共和国民法典〉物权编的解释(一)》(法释〔2020〕24 号)	《民法典物权编解释(一)》
《最高人民法院关于适用〈中华人民共和国民法典〉婚姻家庭编的解释(一)》(法释〔2020〕22 号)	《民法典婚姻家庭编解释(一)》

续表

全称	简称
《最高人民法院关于适用〈中华人民共和国婚姻法〉若干问题的解释(三)》(法释〔2011〕18号)(已失效)	《婚姻法解释(三)》
《最高人民法院关于适用〈中华人民共和国婚姻法〉若干问题的解释(二)》(2017修正)(法释〔2017〕6号)(已失效)	《婚姻法解释(二)》
《最高人民法院关于适用〈中华人民共和国婚姻法〉若干问题的解释(一)》(法释〔2001〕30号)(已失效)	《婚姻法解释(一)》
《全国法院民商事审判工作会议纪要》(法〔2019〕254号)	《九民纪要》
《第八次全国法院民事商事审判工作会议(民事部分)纪要》(法〔2016〕399号)	《八民纪要》
《最高人民法院关于适用〈中华人民共和国民事诉讼法〉的解释》(2022修正)	《民事诉讼法解释》
《最高人民法院关于民事诉讼证据的若干规定》(2019修正)	《民事证据规定》
《最高人民法院关于人民法院办理执行异议和复议案件若干问题的规定》(2020修正)	《执行异议和复议规定》
《最高人民法院关于人民法院民事执行中查封、扣押、冻结财产的规定》(2020修正)	《查封、扣押、冻结规定》
《最高人民法院关于审理民事案件适用诉讼时效制度若干问题的规定》(2020修正)	《诉讼时效规定》
《最高人民法院关于审理买卖合同纠纷案件适用法律问题的解释》(2020修正)	《买卖合同解释》
《最高人民法院关于适用〈中华人民共和国合同法〉若干问题的解释(二)》(法释〔2009〕5号)(已失效)	《合同法解释(二)》
《最高人民法院关于适用〈中华人民共和国合同法〉若干问题的解释(一)》(法释〔1999〕19号)(已失效)	《合同法解释(一)》
《最高人民法院关于审理建设工程施工合同纠纷案件适用法律问题的解释(一)》(法释〔2020〕25号)	《建设工程解释(一)》
《最高人民法院关于审理建设工程施工合同纠纷案件适用法律问题的解释(二)》(法释〔2018〕20号)(已失效)	《建设工程解释(二)》

续表

全称	简称
《最高人民法院关于审理建设工程施工合同纠纷案件适用法律问题的解释》(法释〔2004〕14 号)(已失效)	《建设工程解释》
《最高人民法院关于审理技术合同纠纷案件适用法律若干问题的解释》(2020 修正)	《技术合同解释》
《最高人民法院关于审理城镇房屋租赁合同纠纷案件具体应用法律若干问题的解释》(2020 修正)	《房屋租赁合同解释》
《最高人民法院关于审理商品房买卖合同纠纷案件适用法律若干问题的解释》(2020 修正)	《房屋买卖合同解释》
《最高人民法院关于审理融资租赁合同纠纷案件适用法律问题的解释》(2020 修正)	《融资租赁合同解释》
《最高人民法院关于适用〈中华人民共和国保险法〉若干问题的解释(四)》(2020 修正)	《保险法解释(四)》
《最高人民法院关于适用〈中华人民共和国保险法〉若干问题的解释(三)》(2020 修正)	《保险法解释(三)》
《最高人民法院关于适用〈中华人民共和国保险法〉若干问题的解释(二)》(2020 修正)	《保险法解释(二)》
《最高人民法院关于适用〈中华人民共和国保险法〉若干问题的解释(一)》(法释〔2009〕12 号)	《保险法解释(一)》
《最高人民法院关于审理海上保险纠纷案件若干问题的规定》(2020 修正)	《海上保险案件规定》
《最高人民法院关于审理劳动争议案件适用法律问题的解释(一)》(法释〔2020〕26 号)	《劳动争议解释(一)》
《最高人民法院关于审理劳动争议案件适用法律若干问题的解释(四)》(法释〔2013〕4 号)(已失效)	《劳动争议解释(四)》
《最高人民法院关于审理劳动争议案件适用法律若干问题的解释(三)》(法释〔2010〕12 号)(已失效)	《劳动争议解释(三)》
《最高人民法院关于审理劳动争议案件适用法律若干问题的解释》(2008 调整)(已失效)	《2008 年劳动争议解释》

续表

全称	简称
《最高人民法院关于审理劳动争议案件适用法律若干问题的解释(二)》(法释〔2006〕6号)(已失效)	《劳动争议解释(二)》
《最高人民法院关于审理劳动争议案件适用法律若干问题的解释》(法释〔2001〕14号)(已失效)	《劳动争议解释》
《最高人民法院关于审理工伤保险行政案件若干问题的规定》(法释〔2014〕9号)	《工伤保险案件规定》
《最高人民法院关于审理物业服务纠纷案件适用法律若干问题的解释》(2020修正)	《物业服务解释》
《最高人民法院关于审理建筑物区分所有权纠纷案件适用法律若干问题的解释》(2020修正)	《建筑物区分所有权解释》

contents 目录

专题一　劳动合同纠纷概述

一、劳动合同理解 003
（一）劳动合同含义 003
（二）劳动合同解释 006
（三）劳动者权利 009
（四）劳动者义务 016
二、劳动合同法律适用 019
（一）劳动合同形式认定 019
（二）劳动合同订立认定 023
（三）劳动合同真实意思认定 030
（四）劳动合同试用期认定 035
（五）完成工作职责事实认定 040
（六）劳动争议诉讼时效 042
三、劳动合同纠纷处理 060
（一）用人单位管理权处理 060
（二）企业经营自主权处理 073
（三）劳务派遣费用处理 076
（四）劳动合同续订约定条件处理 077

专题二　劳动合同关系纠纷

一、劳动合同关系理解 083
(一)劳动合同关系含义 083
(二)劳动合同关系成立 084
(三)劳动合同关系甄别 089
二、劳动合同关系法律适用 102
(一)劳动合同关系认定 102
(二)双重劳动关系认定 118
(三)劳动关系与劳务关系区分 124
(四)劳动关系与其他关系区分 137
(五)劳动内部承包关系属性认定 150
(六)法定代表人劳动关系认定 153
三、合同关系劳动纠纷处理 158
(一)事实劳动关系处理 158
(二)借调劳动关系处理 165
(三)劳动关系特殊情形处理 166
(四)劳务派遣法律关系处理 172
(五)关联公司劳动关系处理 177
(六)挂靠劳动关系处理 181
(七)平台劳动关系处理 185

专题三　劳动合同主体纠纷

一、劳动合同主体理解 207
（一）劳动合同主体含义 207
（二）劳动合同主体范围 208
（三）劳动合同主体甄别 212
二、劳动合同主体法律适用 215
（一）劳动合同用工主体认定 215
（二）法定代表人劳动主体认定 219
（三）劳动合同关联主体认定 220
（四）违法分包工资支付主体认定 221
（五）劳动合同与劳务主体区分 223
三、劳动合同主体纠纷处理 225
（一）劳务派遣主体处理 225
（二）用工责任主体处理 226
（三）混同用工主体处理 230
（四）特殊情形主体处理 233
（五）诉讼主体适格处理 236

专题四　劳动合同效力纠纷

一、劳动合同效力理解 243
（一）劳动合同效力含义 243

(二)劳动合同效力范围 244
(三)劳动合同口头约定效力 247
(四)劳动者从业资格效力 250
二、劳动合同效力法律适用 253
(一)劳动合同效力判断标准 253
(二)劳动合同效力认定 254
(三)劳动欺诈效力认定 266
(四)规章制度效力优先认定 273
(五)仲裁程序自认效力认定 276
三、劳动合同效力纠纷处理 278
(一)劳动合同无效处理 278
(二)劳动合同约定效力处理 286
(三)协商解除合同效力处理 299
(四)协商工伤待遇效力处理 303
(五)末位淘汰制效力处理 309

专题五 劳动合同责任纠纷

一、劳动合同责任理解 317
(一)劳动合同责任含义 317
(二)劳动合同责任形态 318
(三)劳动争议连带责任类型 320
(四)劳动合同违约金约定 323
二、劳动责任法律适用 327
(一)劳动者违约责任认定 327
(二)解除合同责任认定 330
(三)劳动赔偿责任认定 333

(四)缔约过失责任认定 336
(五)特殊情形用工责任认定 338
(六)责任竞合认定 339
三、劳动合同责任处理 343
(一)用人单位赔偿责任处理 343
(二)劳动者赔偿责任处理 358
(三)劳动责任减免处理 372
(四)劳动连带责任处理 379
(五)劳动特殊责任处理 394

专题六 劳动合同变更解除纠纷

一、劳动合同变更法律适用 405
(一)劳动合同变更含义 405
(二)劳动合同变更认定 407
(三)劳动合同工作地点变更 410
(四)劳动合同工作岗位变更 415
二、劳动合同解除法律适用 419
(一)劳动合同解除含义 419
(二)劳动合同解除方式 420
(三)劳动合同解除形态 422
(四)劳动合同解除程序 424
(五)劳动合同解除事由 428
(六)劳动合同解除处理 445
(七)事实劳动合同解除处理 471
(八)解除权行使限制处理 472
(九)劳动合同特殊解除处理 477

三、劳动合同终止法律适用 487
(一)劳动合同终止含义 487
(二)劳动合同终止与解除关系 487
(三)劳动合同终止认定 489
(四)劳动合同终止处理 495

专题七　劳动合同报酬补偿纠纷

一、劳动报酬补偿理解 503
(一)劳动报酬补偿含义 503
(二)劳动工资报酬范围 505
(三)劳动补偿金范围 511
(四)劳动报酬补偿计算 513
二、劳动报酬补偿法律适用 516
(一)劳动报酬标准认定 516
(二)劳动报酬支付认定 520
(三)劳动二倍工资认定 534
(四)劳动年终奖认定 558
(五)劳动补偿金认定 567
(六)劳动加班费认定 570
(七)业务提成奖励认定 586
三、劳动报酬补偿纠纷处理 591
(一)劳动调岗降薪处理 591
(二)劳动补偿金处理 593
(三)破产劳动补偿处理 613
(四)医疗产假期工资处理 615
(五)劳动合同年薪制处理 621

（六）年休假工资处理 623

专题八 劳动工伤待遇纠纷

一、劳动合同期限理解 629
（一）劳动工伤待遇含义 629
（二）劳动工伤待遇范围 630
（三）劳动工伤待遇计算 633
二、劳动工伤待遇法律适用 636
（一）劳动工伤待遇认定 636
（二）事实劳动关系中的工伤待遇认定 640
（三）达到法定退休年龄工伤待遇认定 642
（四）企业破产中涉及工伤待遇认定 646
三、劳动工伤待遇纠纷处理 648
（一）劳动工伤待遇处理 648
（二）雇佣工伤保险待遇处理 663
（三）事业单位工伤保险待遇处理 664
（四）特殊情况工伤待遇处理 665
（五）工伤保险与侵权竞合处理 674
（六）工伤保险与第三人赔偿处理 683

专题九　劳动保险缴费纠纷

一、劳动保险缴费理解 697
（一）劳动保险缴费含义 697
（二）劳动保险缴费甄别 698
（三）劳动保险费变通约定 699
二、劳动保险缴费法律适用 706
（一）劳动保险缴费认定 706
（二）保险缴费区别认定 708
（三）社保缴费补偿认定 711
三、劳动保险缴费疑难问题 713
（一）劳动保险缴费程序处理 713
（二）劳动工伤保险费处理 718
（三）劳动医疗保险费处理 728
（四）缴纳保险费特殊处理 731

专题十　劳动合同竞业限制纠纷

一、劳动竞业限制理解 749
（一）竞业限制含义 749
（二）竞业限制协议形式 753
（三）竞业限制法律甄别 754
（四）通知履行条款 758

二、劳动合同竞业限制法律适用 760
(一)竞业限制认定 760
(二)竞业限制违约金 766
(三)竞业限制协议在第三人适用认定 773
三、劳动合同竞业限制纠纷处理 776
(一)竞业限制纠纷处理 776
(二)竞业限制未约定补偿处理 789
(三)竞业限制继续履行处理 795
(四)竞业限制其他处理 800
(五)竞业限制条款解除处理 801

专题十一 劳动合同争议程序纠纷

一、劳动合同争议程序理解 809
(一)劳动争议程序含义 809
(二)劳动争议受案范围 814
(三)劳动诉讼与劳动仲裁关系 826
(四)劳动争议案件管辖 833
(五)劳动争议管辖异议 836
二、劳动合同争议证据认定 838
(一)劳动争议举证责任理解 838
(二)劳动争议举证责任分配 843
(三)劳动争议举证责任倒置 857
(四)劳动争议证据举证采信 861
三、劳动合同争议程序疑难问题 877
(一)劳动者直接起诉处理 877
(二)公司诉讼代表人处理 880

(三)特殊情形先行处理 881
(四)确认之诉处理 881
(五)重复起诉处理 882

专题十二　劳动合同其他纠纷

一、劳动合同期间理解 887
(一)工作日时间 887
(二)劳动合同无固定期限认定 893
(三)劳动合同服务期 894
(四)劳动关系存续期间认定 895
(五)工作年限合并计算认定 901
二、劳动合同履行法律适用 903
(一)劳动合同继续履行认定 903
(二)客观情况重大变化认定 914
(三)离职证明内容认定 918
(四)特殊情形合同履行认定 923
三、劳动合同疑难问题 926
(一)高管提供劳动认定 926
(二)工伤认定与工伤保险范围关系 926
(三)加班与值班区分认定 932
(四)休假审批认定 936
(五)劳动合同中止认定 938
(六)劳动条件认定 939

专题一　劳动合同纠纷概述

本专题只阐述劳动合同的一般性问题，对于劳动合同关系、主体、效力、责任承担等专门问题分别列专题阐述。

一、劳动合同理解

(一)劳动合同含义

劳动合同是劳动者和用人单位为确立劳动关系,依法在平等自愿的基础上协商一致,明确双方劳动权利和义务的协议。劳动者和用人单位双方当事人,根据劳动合同履行相关的义务并享受一定权利,如劳动者应为用人单位提供劳动,接受用人单位管理,同时用人单位依法向劳动者支付劳动报酬、缴纳社会保险并为劳动者提供必要的劳动条件。[1] 换言之,劳动合同,是用人单位与劳动者就双方权利义务达成的协议。

劳动合同是用人单位与劳动者意思表示而形成合意外在行为载体。

劳动合同主要内容为,合同的主体、双方权利义务,劳动报酬、劳动条件、合同。

劳动合同具有一般民事合同的特点和属性,其成立和生效也应遵守一般民事合同的原则,具备相应的法定要件。

诚信原则是劳动法中的基本原则。目前,学者对诚信原则的内涵、功能、要求等存在诸多观点,立法者概括为,"诚信原则要求所有民事主体在从事任何民事活动时,包括行使民事权利、履行民事义务、承担民事责任时,都应该秉持诚实、善意、信守自己的承诺。诚实信用原则要求民事主体在行使权利、履行义务过程中,讲诚实、重诺言、守信用"。[2] 立法对诚信原则的规定从《民法通则》到《民法总则》再到《民法典》持续体现。《民法典》第七条规定:"民事主体从事民事活动,应当遵循诚信原则,秉持诚实,恪守承诺。"法律始终确立了诚信原则为民法基本原则的地位,这也体现在《劳动法》《劳动合同法》中作为基本原则。从劳动法和民法的关系来看,劳动法的产生与民法有着天然的关系,民法的核心是契约制度,劳动法的大多数制度也是围绕契约展开。劳动契约体现了对民事契约的继承,如学者所言,"劳动合同是一种公开干预的合同,虽不同于普通的民事合同,但并非意

---

[1] 参见徐智华:《劳动合同法研究》,北京大学出版社 2011 年版,第 2 页。

[2] 参见黄薇主编:《中华人民共和国民法典总则编释义》,法律出版社 2020 年版,第 27 页。

味着要与传统私法上的合同原理一刀两断，反之，从私法上的合同原理中汲取营养，据以完善自身理论应为理论之选”。[1] 同时，劳动法对民法有着突破和超越，“劳动关系系谓以劳动给付为目的之受雇人与雇佣人间之关系。劳动关系从来视为纯粹私法上债的关系。然劳动关系系于债的经济要素之外，实含有身份的社会的要素，与民法上单纯的债之关系及纯经济的雇佣关系不同”。因此，劳动法中适用诚信原则不仅存在必要性、合理性，而且基于劳动关系主体之间的密切关系，劳动法对诚信原则有着更高的要求，故诚信原则应当是劳动法的基本原则。《劳动合同法》第三条第一款明确订立劳动合同，应当遵循诚信原则，该法第二十九条规定：“用人单位与劳动者应当按照劳动合同的约定，全面履行各自的义务。”从文义解释和体系解释角度出发，可以得出立法者将诚信原则作为用人单位与劳动者行使权利、履行义务的基本准则，诚信原则贯穿劳动关系的始终。但是，诚信原则作为法律原则，具有抽象概括性，其内涵和外延模糊不定，适用存在一定难度。有学者提出依据诚信原则功能将其在劳动法中的适用进行类型化区分，在确定功能后，随之形成的则是附着其上的某些具体制度或法律原则，具体划分为补充性功能、限制性功能和修正性功能。其中补充性功能主要是创设法律和合同中未明确的部分，在劳动关系中表现为双方附随义务的扩张。[2]

劳动自由原则是法律自由价值在劳动法中的体现，主要体现为劳动者的契约自由、结社自由和团体自治、禁止强迫劳动。在劳动合同法领域，契约自由主要包括劳动者的缔约自由以及辞职自由，也就是劳动者通常可以决定是否与某一用人单位建立劳动关系、签订劳动合同，可以自主决定是否继续履行劳动合同，仅需遵守相关的程序性规则，即可解除合同。

劳动合同成立的要件，包括实质要件和形式要件，除某些特定情况下须以一定外在形式如书面形式要求、实际交付的要求，作为合同成立要件的特殊情况，大多数合同在符合实质要件的情况下，即可认定合同成立。合同成立的实质要件，包括三方面的内容，一是主体适格，即订立合同的主体具备相应的民事行为能力。二是形成合意，即合同内容体现真实意思表示，并达成一致。三是合法并不违反公共利益，即合同体现的内容不违反法律强制性规定，不违反社会公共利益。

劳动合同类型。依据《劳动合同法》第十二条规定，劳动合同分为三类：固定期限劳动合同、无固定期限劳动合同和以完成一定工作任务为期限的劳动合同。所谓固定期限劳动合同，是指用人单位与劳动者约定确定终止时间的劳动合同。无固定期限劳动合同，是指用人单位与劳动者约定无确定终止时间的劳动合同。顾名思义是指未明确约定终止时间劳动合同。劳动合同约定到期可无限次顺延

---

〔1〕 参见郑尚元：《劳动合同法制度与理念》，中国政法大学出版社2008年版，第14页。

〔2〕 参见饶志静：《诚实信用原则在劳动法适用的类型化》，载《北方法学》2016年第3期。

的,符合无固定期限劳动合同"无确定终止时间"的特征,故应认定为无固定期限劳动合同。为了保障劳动关系稳定性,《劳动合同法》第十四条规定了"可以""应当""视为"三类订立无固定期限劳动合同的情形,其中"视为"签订无固定期限劳动合同的规定,主要目的是解决一些用人单位不愿与劳动者签订劳动合同,造成劳动者合法权益无法得到保障的问题。未依法签订劳动合同所应承担的第二倍工资责任在法律性质上是惩罚性赔偿,该责任设定与拟制无固定期限劳动合同的签订相结合,既保障了劳动者合法权益又限制了用人单位赔偿责任的无限扩大,有效地平衡了各方利益。以完成一定工作任务为期限劳动合同,《劳动合同法》第十五条第一款规定:"以完成一定工作任务为期限的劳动合同,是指用人单位与劳动者约定以某项工作的完成为期限的劳动合同。"此种类型的劳动合同在实践中并不常见,主要存在建筑行业工程施工项目。劳动者与建设单位项目部签订合同期限截至项目部完成规定工作任务的劳动合同,约定工程提前完工或乙方所述项目主合同终止。该合同有明确的终止期限,即项目完工(含提前)即劳动合同终止,当然工程延期的,劳动合同也延期终止。还有的合同除了约定项目完工之外,还要延续到工程验收之日才算整个工程完成,因此,有些劳动合同不能仅以完成工程施工就结束,还要考虑到项目验收的期限在内,验收通过的,劳动合同才终止。完成一定工作任务为期限的劳动合同终止时间,关键看合同怎样约定。不同于常规劳动合同写的是具体终止日期,完成一定工作任务为期限的劳动合同更多的写的是工作结束之时,包括工作可能提前或延迟结束的情形,相对于固定终止日期的劳动合同,在终止日期上更显得灵活多样。应注意的是,以完成一定工作任务为期限的劳动合同,不要与承揽合同混淆,二者相似之处在于都是以最终交付工作成果,但以完成一定工作任务为期限的劳动合同的劳动者更多的是在用人单位的管理之下工作,接受工作安排,获得劳动报酬,并无平等之处。应强调的是,《劳动合同法》第十二条规定三种劳动合同是并列关系,不存在包含关系,是劳动合同的不同类型。

劳动合同是用人单位与劳动者双方协商一致达成的协议,相关信息对于是否签订劳动合同、建立劳动关系的真实意思表示具有重要影响。《劳动合同法》第八条既规定了用人单位的告知义务,也规定了劳动者的告知义务。如果劳动者违反诚实信用原则,隐瞒或者虚构与劳动合同直接相关的基本情况,根据《劳动合同法》第二十六条第一款规定属于劳动合同无效或部分无效的情形。用人单位可以根据《劳动合同法》第三十九条规定解除劳动合同并不支付经济补偿。此外,应当注意的是,《劳动合同法》第八条"劳动者应当如实说明"应仅限于"与劳动合同直接相关的基本情况",如履行劳动合同所必需的知识技能、学历、学位、职业资格、工作经历等,用人单位无权要求劳动者提供婚姻状况、生育情况等涉及个人隐私的信息,也即不能任意扩大用人单位知情权及劳动者告知义务的外延。

劳动管理来源于劳动关系中劳动者对用人单位的人身依附性。体现的是一种管理与被管理、控制与被控制、支配与被支配、命令与服从关系。《劳动法》和《劳动合同法》第四条均规定了用人单位履行管理的义务;用人单位应当依法建立和完善劳动规章制度,保障劳动者享有劳动权利、履行劳动义务;其中《劳动合同法》第四条进一步规定了用人单位在制定、修改或者决定有关安全卫生、保险福利、职工培训、劳动纪律以及劳动定额管理等重大事项的确定问题。

(二)劳动合同解释

《民法典合同编通则解释》第一条规定:"人民法院依据民法典第一百四十二条第一款、第四百六十六条第一款的规定解释合同条款时,应当以词句的通常含义为基础,结合相关条款、合同的性质和目的、习惯以及诚信原则,参考缔约背景、磋商过程、履行行为等因素确定争议条款的含义。有证据证明当事人之间对合同条款有不同于词句的通常含义的其他共同理解,一方主张按照词句的通常含义理解合同条款的,人民法院不予支持。对合同条款有两种以上解释,可能影响该条款效力的,人民法院应当选择有利于该条款有效的解释;属于无偿合同的,应当选择对债务人负担较轻的解释。"

在用人单位制定的规章制度存在歧义、前后矛盾的情况时,法官可以参照法律解释论,借鉴文义解释、体系解释、历史解释、目的解释等法律解释方法对用人单位矛盾的制度内容进行解释。法官作出的释义应符合法律法规规定及立法目的与精神,由此作出的裁判结果才符合法律规定及立法本意,才能真正实现立法者希望通过该法的实施所欲达成的社会目标或社会效果。

【案例1-1】 李某诉健身公司劳动争议纠纷案

二审法院认为,关于继续履行劳动合同,健身公司提交《员工手册》及《员工手册确认书》,《员工手册》规定劳动合同期内未经本部门领导批准,擅自离岗连续超过3天者,作自动离职处理。《员工手册确认书》显示李某已完全了解《员工手册》各条规定的管理意义和法律含义,并承诺严格遵守,故《员工手册》对李某具有约束力。健身公司主张李某因怀孕而请假至2019年3月4日,并提交了请假单予以证明;2019年2月26日后未到岗工作。现未有证据显示李某在2019年3月4日后履行了请假手续,也未有证据证明健身公司于2019年2月26日因李某怀孕而将其辞退,故李某未到岗工作行为已构成旷工,违反了用人单位的规章制度。健身公司解除李某劳动合同时,李某处于孕期,但是健身公司系因李某违反用人单位规章制度即依据《劳动合同法》第三十九条的规定而作出解除决定,该解除行为并未违反法律规定,不属于违法解除。同时,虽然《员工手册》明确规定女员工在孕期内不能解除劳动合同,但是从《员工手册》的内容来看,其同时规定了"劳动合同期内未经本部门领导批准,擅自离岗连续超过三天"的具体处理和"孕期不能解除劳动合同",两个规定并行,并不能当然理解只要女职工处于孕期单位就无权解除劳动合同。这与《合同法》的立法精神亦不相符。综上,一审法院判决健身公司与李某继续履行劳动合同不当,予以纠正。健身公司上诉要求不继续履行与李某的劳动合同,于法有据,予以支持。判决:(1)维持一审判决第一项、第二项、第三项、第四项、第五项、第八项;(2)撤销一审判决第六项、第七项;(3)驳回李某的其他诉讼请求。[1]

【案例1-2】 井某昆诉安徽泉来投资开发有限公司福利待遇纠纷案

二审法院认为,安徽泉来投资开发有限公司(以下简称安徽泉来公司)与井某昆在2012年签订的福利约定第二条明确约定5年聘用期,第一年为试用期,试用期内如因任何原因终止劳动合同的,井某昆无条件腾空住房、退还公司;试用期满,经公司董事会考评合格,同意井某昆转正录用的,公司将该房免费赠送井某昆并将产权过户给井某昆。双方关于试用期1年的约定违反法律规定,系无效约定。但是安徽泉来公司赠与房屋条件的真实的意思是井某昆工作满1年,井某昆在签订该合同时,对此是明知且认可的。安徽泉来公司的解除与井某昆劳动合同时,井某昆实际工作未满1年,故其要求安徽泉来公司交付诉争房产并办理过户手续无事实和法律依据。判决:驳回上诉,维持原判。[2]

解除劳动关系协议条款发生争议的,法官可根据实际情况选择最适合的解释方法,查明双方争议的焦点。

【案例1-3】 黄某某诉圣戈班磨料磨具(上海)有限公司劳动合同纠纷案

一审法院认为,根据法律相关规定,劳动者与用人单位就解除或者终止劳动合同办理相关手续、支付工资报酬、加班费、经济补偿或者赔偿金等达成的协议,不违反法律、行政法规的强制性规定,且不存在欺诈、胁迫或者乘人之危情形的,应当认定有效。本案中,原告、被告已于2013年11月28日达成解除劳动合同协议书,原告虽提出该协议系在原告受到胁迫的情况下签字,但原告并未就其所受胁迫提供相应证据加以证明,故原告、被告之间的解

---

〔1〕 参见国家法官学院、最高人民法院司法案例研究院编:《中国法院2022年度案例》(劳动纠纷),中国法制出版社2022年版,第85~86页。北京市第二中级人民法院(2020)京02民终1983号民事判决书。

〔2〕 参见国家法官学院案例开发研究中心编:《中国法院2016年度案例》(劳动纠纷),中国法制出版社2016年版,第78页。安徽省滁州市中级人民法院(2014)滁民一终字第00052号民事判决书。

除协议系双方的真实意思表示,内容不违反法律规定,依法应对双方具有法律效力。因此,本案的处理应以双方于2013年11月28日达成的解除劳动合同协议书及相应手写英文部分为依据。结合协议书之约定,“经与乙方充分沟通,前述补偿金作为一次性解决完毕的最终处理方式”“双方确认除本协议第一条至第二条约定外,双方就劳动关系存续期间其他或有的未尽事宜(包括但不限于工资、加班加点报酬、各类假期、其他福利和其他待遇等)均已妥善解决完毕,且甲、乙双方并无其他异议”,上述内容已较为明确地规定了本案的处理方式,即被告支付约定的相关款项,除此之外,被告无需支付其他费用。而本案解除劳动合同协议书所可能涉及的相关费用有“一个月的提前解除合同经济补偿”、“入职奖金相当于一个月薪资的部分/相当于一个月的签字奖金”、“12月工资”及“费用报销”,除此之外,应视作原告无权向被告主张权利。因此,原告在本案中主张的2013年8月5日至2013年11月28日期间的工资28,333元、2013年8月5日至2013年11月28日期间的奖金124,666元之诉请不符合双方约定,故法院不予支持。根据被告提供的工资构成及银行证明的记载,被告实际已于2013年12月27日以银行转账方式向原告支付了双方约定的经济补偿金。故原告再行主张上述费用的意见缺乏事实及法律依据,法院不予采纳。与此同时,原告主张的“被告支付应于2014年2月支付给原告的第二笔入职奖金170,000元”,未能体现于上述解除劳动合同协议书约定所涉及的相关费用范围内,因此,原告的该项主张,缺乏事实及法律依据,法院不予支持。

关于解除劳动合同协议书手写英文部分的翻译,原告、被告提供的翻译件均系有资质的机构出具,故可见被告人员手写英文部分第一点内容在表述上可能存在歧义,即“入职奖金相当于一个月薪资的部分将跟12月工资一起发放”与“相当一个月的签字奖金将不迟于12月工资日期支付”之间可能存在理解上的差别,但作为协议书的补充条款,法院认为,对上述条款的理解应结合协议书打印部分正文及本案相关事实来确定,协议书正文中并未提及12月工资且2013年12月原告实际上已离开被告公司,故在上述12月工资是否发放表述存在模糊的情况下,综合予以考虑,法院确认被告无需向原告发放2013年12月工资。

关于费用报销问题,结合双方提供的协议书补充手写英文部分第二点的翻译内容“尚未报销的费用可通过邮寄递交发票,并通过常规流程处理”与“费用报销将被支付,并将通过正常手续处理”,两份翻译均可体现出报销费用的意思表示,故结合法院查明的2013年10月8日被告工厂厂区车辆浸水、2013年10月17日原告车辆被送至汽车修理公司修理且发票抬头亦为被告等事实,法院认定,上述英文约定所指向的费用报销内容即本案原告车辆受损的处理费用,故原告主张的车辆修理费25,600元的诉讼请求,符合双方约定,法院依法予以支持。

此外,如原告基于本案相关事实有其他费用需要主张,应另行通过劳动仲裁前置程序予以主张。判决:(1)被告圣戈班公司支付原告黄某某车辆修理费用人民币25,600元;(2)驳回原告黄某某的其他诉讼请求。二审法院判决:驳回上诉,维持原判。[1]

(三)劳动者权利

《宪法》《民法典》《劳动法》《劳动合同法》规定了作为公民的劳动者享有的各项权利,劳动者的各项权利受法律保护。

劳动用人单位在招用人员时,基于"地域、性别等与工作内在要求"无必然联系的因素,对劳动者进行无正当理由的差别对待的,构成就业歧视,劳动者以平等就业权受到侵害,请求用人单位承担相应法律责任的,法院应予支持。

【案例1-4】 闫某琳诉浙江喜来登度假村有限公司平等就业权纠纷案

一审判决认为,平等就业权是劳动者依法享有的一项基本权利,既具有社会权利属性,亦具有民法上的私权属性,劳动者享有平等就业权是其人格独立和意志自由的表现,侵害平等就业权在民法领域侵害的是一般人格权的核心内容——人格尊严,人格尊严重要的方面就是要求平等对待,就业歧视往往会使人产生一种严重的受侮辱感,对人的精神健康甚至身体健康造成损害。据此,劳动者可以在其平等就业权受到侵害时向人民法院提起民事诉讼,寻求民事侵权救济。

闫某琳向浙江喜来登度假村有限公司(以下简称喜来登公司)两次投递求职简历,均被喜来登公司以"河南人"不合适为由予以拒绝,显然在针对闫某琳的案涉招聘过程中,喜来登公司使用了主体来源的地域空间这一标准对人群进行归类,并根据这一归类标准而给予闫某琳低于正常情况下应当给予其他人的待遇,即拒绝录用,可以认定喜来登公司因"河南人"这一地域事由要素对闫某琳进行了差别对待。

《就业促进法》第三条在明确规定民族、种族、性别、宗教信仰四种法定禁止区分事由时使用"等"字结尾,表明该条款是一个不完全列举的开放性条款,即法律除认为前述四种事由构成不合理差别对待的禁止性事由外,还

[1] 参见郭伟清主编:《2017年上海法院案例精选》,上海人民出版社2018年版,第38~40页。

存在与前述事由性质一致的其他不合理事由,亦为法律所禁止。何种事由属于前述条款中“等”的范畴,一个重要的判断标准是,用人单位是根据劳动者的专业、学历、工作经验、工作技能以及职业资格等与“工作内在要求”密切相关的“自获因素”进行选择,还是基于劳动者的性别、户籍、身份、地域、年龄、外貌、民族、种族、宗教等与“工作内在要求”没有必然联系的“先赋因素”进行选择,后者构成法律禁止的不合理就业歧视。劳动者的“先赋因素”,是指人们出生伊始所具有的人力难以选择和控制的因素,法律作为一种社会评价和调节机制,不应该基于人力难以选择和控制的因素给劳动者设置不平等条件;反之,应消除这些因素给劳动者带来的现实上的不平等,将与“工作内在要求”没有任何关联性的“先赋因素”作为就业区别对待的标准,根本违背了公平正义的一般原则,不具有正当性。

本案中,喜来登公司以地域事由要素对闫某琳的求职申请进行区别对待,而地域事由属于闫某琳乃至任何人都无法自主选择、控制的与生俱来的“先赋因素”,在喜来登公司无法提供客观有效的证据证明,地域要素与闫某琳申请的工作岗位之间存在必然的内在关联或存在其他的合法目的的情况下,喜来登公司的区分标准不具有合理性,构成法定禁止事由。故喜来登公司在案涉招聘活动中提出与职业没有必然联系的地域事由对闫某琳进行区别对待,构成对闫某琳的就业歧视,损害了闫某琳平等地获得就业机会和就业待遇的权益,主观上具有过错,构成对闫佳琳平等就业权的侵害,依法应承担公开赔礼道歉并赔偿精神抚慰金及合理维权费用的民事责任。

一审法院判决:(1)被告喜来登公司赔偿原告闫某琳精神抚慰金及合理维权费用损失共计10,000元。(2)被告喜来登公司向原告闫某琳进行口头道歉并在《法制日报》公开登报赔礼道歉(道歉声明的内容须经本院审核);逾期不履行,本院将在国家级媒体刊登判决书主要内容,所需费用由被告喜来登公司承担。(3)驳回原告闫某琳其他诉讼请求。二审法院判决:驳回上诉,维持原判。[1]

跨性别劳动者享有平等就业和自主择业的权利。劳动者就业不因性别认知、性别表达及性别转变而受歧视。用人单位基于就业歧视的原因,作出解除劳动合同决定,劳动者据此主张解除劳动合同行为违法,要求继续履行劳动合同的,法院应予支持。

【案例1-5】 北京当当网信息技术有限公司诉高某某劳动争议纠纷案

二审法院认为,首先,当当网信息技术有限公司(以下简称当当网公司)

〔1〕 最高人民法院指导案例185号。浙江省杭州市中级人民法院(2020)浙01民终736号民事判决书。

与高某某解除劳动合同的行为属于违法解除劳动合同。高某某所患的异性症是一种少见的性别认同障碍,根据《性别重置技术管理规范》(2017年版)规定,是否手术的确定时间只能为自己做手术前的最后一刻,故高某某选择进行性别置换手术虽然并非突发事件,基于私密性和抉择的难以确定性,决定了选择手术当天向领导口头请假,并于事后申请线上审批的行为,符合一般人的逻辑和认知。高某某申请病假时,先提交了人为遮挡的病假单,后应公司要求提交完整原件,考虑到大众对性别置换的认知和接受程度,性别置换手术后的心理调试过程,其行为具有一定的合理性,也保障了用人单位知情权。加之当当网公司《员工手册》所设置的预先请假制度虽具有劳动规章制度的效力依据,但并不能就此推断出"非因突发事件未预先请假=旷工"的结论。综上,高某某并不存在旷工行为,且当当网公司与高某某解除劳动合同的劳动规章制度依据亦不充分。其次,当当网公司应继续履行与高某某订立的劳动合同。高某某主张即使其岗位被替代,亦可以接受其他岗位。同时,当当网公司明确表示高某某原担任的产品总监岗位亦与性别无关。高某某提交出院小结等证据证实其身体条件完全可以开展工作。根据《公安部治安管理局关于公民手术变性后变更户口登记性别项目有关问题的批复》将高某某性别由男性更改为女性,高某某即有权以女性的身份进行如厕,其他同事也应当接受高某某的新性别,以包容的心态与其共事。最后,当当网公司应支付2018年6月26日至11月22日期间的工资。高某某在2018年6月26日至9月6日期间不构成旷工,故当当网公司应支付上述期间工资。2018年9月7日至11月22日期间,高某某未能提供劳动系当当网公司违法解除劳动合同所致,故当当网公司应以支付工资的形式赔偿高某某上述期间的工资损失。判决:(1)维持一审判决第一项;(2)撤销一审判决第四项;(3)变更一审判决第二项为当当网公司支付2018年6月26日至9月6日期间工资14,537.3元;(4)变更一审判决第三项为当当网公司支付2018年9月7日至11月22日工资106,341.16元;(5)驳回当当网公司的其他诉讼请求。[1]

【案例1-6】 梁某某诉广东惠食佳经济发展有限公司、广州市越秀区名豪轩鱼翅海鲜大酒楼人格权纠纷案

判决观点,就业平等权不仅属于劳动者的劳动权利范畴,亦属劳动者作为自然人的人格权范畴。在招聘广告并未明确不招女性,对于并非不适宜女性从事的工作岗位,用人单位无不当理由仅因劳动者的性别而作出不合理的

---

〔1〕 参见最高人民法院中国应用法学研究所编:《人民法院案例选》2021年第8辑(总第162辑),人民法院出版社2021年版,第115~116页。北京市第二中级人民法院(2019)京02民终11084号民事判决书。

区别、限制以及排斥行为，构成就业性别歧视，侵犯了劳动者的平等就业权。[1]

用人单位招收的文案人员不属于国家规定的"不适合妇女的工种和岗位"，用人单位不得因应聘者为女性而拒绝录用。

【案例1－7】 郭某诉杭州市西湖区东方烹饪职业技能培训学校人格权纠纷案

二审法院认为，根据我国相关法律规定，劳动者享有平等就业的权利，劳动者就业不因性别等情况不同而受歧视，国家保障妇女享有与男子平等的劳动权利，用人单位招用人员除国家规定的不适合妇女的工种或岗位外，不得以性别为由拒绝录用妇女或者提高对妇女的录用条件。用人单位不能以性别差异等理由限制妇女平等就业和自主择业的权利。本案中杭州市西湖区东方烹饪职业技能培训学校（以下简称东方烹饪学校）直接以郭某为女性、其需招录男性为由拒绝郭某应聘，一审认定其行为侵犯了郭某平等就业的权利，是正确的。根据《侵权责任法》第十五条的规定，赔礼道歉与赔偿损失等均为侵权人承担侵权责任的具体方式，可以单独适用，也可以合并适用。一审综合侵权人的过错程度等因素，判令被上诉人赔偿郭某精神损害抚慰金2000元并无不当。郭某主张东方烹饪学校赔偿精神损害抚慰金5万元，并对其进行赔礼道歉，法院不予支持。判决：驳回上诉，维持原判。[2]

试用期内用人单位以劳动者不符合录用条件为由解除劳动关系的，法官在审查其解除行为的合法性时，应注意保护劳动者在这一过程中的程序性权利。对于用人单位的考核及解除行为未能保护劳动者的知情权、参与权，或单位行为缺乏事实基础与证据材料的，法官应予以否定。

【案例1－8】 圣邦凯德公司诉黄某晟劳动争议纠纷案

一审法院认为，圣邦凯德公司以黄某晟试用期考核分数低，不符合录用条件为由与黄某晟解除劳动合同，并提交审批表等证据，但审批表中圣邦凯德公司作出审批意见时间明显晚于黄某晟确认签字时间，由此可知黄某晟签字时并不知晓考核审批意见内容；圣邦凯德公司所提交的新员工职能培训确认书、员工手册并未显示明确具体的试用期录用条件。因此，在圣邦凯德公司未提交充分证据证明已告知黄某晟明确具体的试用期录用条件且黄某晟

---

〔1〕 参见《人民法院公报》2021年第1期。

〔2〕 参见最高人民法院中国应用法学研究所编：《人民法院案例选》2015年第4辑（总第94辑），人民法院出版社2016年版，第87页。浙江省杭州市中级人民法院（2015）浙杭民终字第101号民事判决书。

并不知晓考核审批意见内容的情况下，圣邦凯德公司于2014年2月24日解除劳动关系，属于违法解除，其应支付黄某晟违法解除劳动关系赔偿金。判决：圣邦凯德公司支付黄某晟违法解除劳动合同赔偿金2000元。二审法院认为一审法院判决认定事实清楚，适用法律正确。判决：驳回上诉，维持原判。[1]

实践中，劳动者如何在法律规定和用人单位规章的框架下依法合理维权尤为重要。劳动者作为公民享有言论表达自由，这种表达自由不因表达手段的不同而改变，言论自由在劳动关系中也应该得到保障。但是劳动者的言论自由应该受劳动关系一般原则的限制，也就是不侵犯公民、法人的名誉权、荣誉权、商业秘密等权利。同时，劳动关系具有一定的人身属性，劳动者亦负有忠实义务。民事主体享有名誉权，任何组织或者个人不得以侮辱、诽谤等方式侵害他人的名誉权。法律对言论自由的限制虽未具体明确到劳动法律关系领域，但这并不意味着这一领域是法外之地。劳动者发表有损用人单位的合法权益常见的现象为，一是泄露商业秘密或者其他保密信息；二是虚构事实，恶意诽谤；三是个人经历以及感受表达，这一块也是多发争议。有的劳动者认为受到了不公正待遇表达感受，在这个过程中同时夹杂着对用人单位的个人评价。劳动者行使言论自由必然是公开发表，公共表达。如果劳动者对用人单位评价包括贬损或攻击性表达，有可能引发社会其他公众对用人单位的社会评价降低，损害用人单位的名誉权，由此引发用人单位惩戒权、解除权的行使。应注意的是，区分言论自由与劳动者忠实义务的关系。现行劳动法律规范虽没有劳动者忠实义务的相关规定，但《民法典》规定的诚信原则完全可以适用劳动领域，以及劳动关系的人身隶属性是忠实义务法律基础，这已经成为理论界的普遍共识。劳动者的言论自由应当置于忠实义务的框架之下考量。劳动者不应任意作出不利于用人单位的言论，但劳动者基于自身合法权益、公共利益考量的举报投诉行为是合法行使权利，则不应受到限制。换言之，劳动者的言论自由与合法维权边界的认定应慎重。

【案例1－9】　沈某诉某某客车公司劳动争议纠纷案

一审法院认为，沈某于2018年5月29日至6月29日期间在各大知名互联网及社交平台用中文、英文、法文共发表了42篇与某某客车公司相关的文章或录音。文章和录音中，除了部分客观事实的表述，亦存在大量具有贬损之意或攻击性的词汇。对于沈某的申诉，某某客车公司进行了调查，并与之进行了多次谈话，并建议其转岗以解决其问题等方法，某某客车公司采取的措施虽不能达到沈某所要求的满意程度，但是不能就此认定某某客车公司

[1] 参见黄海涛、赵卉：《保护劳动者在试用期考核中的程序性权利》，载《人民法院报》2016年8月11日，第6版。北京市第三中级人民法院（2015）三中民终字第9322号民事判决书。

存在符合沈某发表的文章中所描述的情形。综观沈某涉案文章中的语言环境,其在文章中所使用的前述词汇中具有贬损之意或攻击性,已经超越了言论自由的限度,引起阅读受众对某某客车公司的名誉产生怀疑,随之造成社会评价的降低,对某某客车公司的名誉权造成了影响。并且,在某某客车公司向沈某发出书面警告,甚至在本案法庭辩论终结前,沈某仍未删除上述文章。在此情况下,某某客车公司依据《员工手册》与沈某解除劳动合同的行为,并无不妥,故沈某要求支付违法解除劳动合同赔偿金的请求,不予支持。判决:驳回沈某的全部诉讼请求。二审法院同意一审法院裁判意见。〔1〕

病退后并不当然丧失劳动机会,还享有劳动的宪法权利。病退人员受聘其他单位的,原单位不应停发其退休金。

【案例1-10】 朱某杰与青铸公司追索退休金纠纷再审案

最高人民法院认为,本案争议的焦点为专业技术人员退休后,受聘于其他单位的原单位是否有权停发其退休金。对于这一问题,我国目前尚无法律条文予以明确规范。《劳动法》第七十三条第四款对劳动者所享受的社会保障待遇确立了"按时足额支付"的保护性原则,同时根据该条第三款的规定能够设置享受社会保险待遇所需条件、标准的规范限于法律与法规二者(这里的法律、法规应作狭义解释)。在此前提下,限制、剥夺劳动者社会保险待遇的行为,必须基于法律、法规明确规定方可得到法院支持。在本案中,病退后又受聘其他单位能否成为停发朱某杰退休金的合法依据,亦应通过审查相应的规范依据作出结论。原审判决驳回朱某杰诉请依据的《国务院关于严格执行工人退休、退职暂行办法的通知》(国发〔1981〕164号),该通知未明确规定专业技术人员退休后又受聘于其他单位的,原单位可停发其退休金,而原审对《劳动部办公厅关于处理劳动争议案件若干政策性问题的答复的复函》(劳部发〔1994〕332号)的适用则违背了该函放宽对退休人员再就业限制、保护其社会保障权益的本意,《关于病退人员在外受聘可否停发退休费问题的复函》(劳部发〔1998〕164号)虽对企业再就业退休金作出了明确肯定答复,但属于对法律所做的无权、扩大解释,不能有效适用。〔2〕

劳动合同期满后,劳动者的权利确定问题。《劳动争议解释(一)》第三十四条第一款规定:"劳动者合同期满后,劳动者仍在原用人单位工作,原用人单位未

---

〔1〕 参见国家法官学院、最高人民法院司法案例研究院编:《中国法院2021年度案例》(劳动纠纷),中国法制出版社2021年版,第215页。北京市第三中级人民法院(2019)京03民终12053号民事判决书。

〔2〕 参见最高人民法院立案庭编:《立案工作指导》2009年第4辑(总第23辑),人民法院出版社2010年版,第153页。

表示异议的,视为双方同意以原条件继续履行劳动合同。一方提出终止劳动合同的,人民法院应予支持。”该条包含三层含义:其一,对于“原条件”,最高人民法院认为,本条规定的原条件,是指原劳动合同中除劳动期限以外的其他权利义务,包括劳动时间、工资报酬、奖金、福利待遇等,“原条件继续履行”是指上述问题参照原劳动合同的约定执行。[1] 其二,视为双方同意以原条件继续履行劳动合同的,不能免除用人单位应当与劳动者签订书面劳动合同的法定责任。其三,关于“一方提出终止劳动合同关系的,人民法院应予支持”的理解。本条款内容并非赋予用人单用人单位任意终止权。劳动合同期满1年内,为平衡劳动者和用人单位的利益,用人单位不愿与劳动者续订书面劳动合同,提出终止劳动合同的,视为符合《劳动合同法》第四十四条第一项规定的终止情形,应支付经济补偿,而不以违法终止劳动关系认定。《劳动争议解释(一)》第三十四条第二款规定:“根据劳动合同法第十四条规定,用人单位应当与劳动者签订无固定期限劳动合同而未签订的,人民法院可以视为双方之间存在无固定期限劳动合同关系,并以原劳动合同确定双方的权利义务关系。”符合《劳动合同法》第十四条第二款规定情形的,劳动者有权选择续订、订立固定期限劳动合同或终止劳动合同,用人单位无权作此选择,否则承担违法终止等相关责任。

劳动争议中网络社交账号纠纷的司法处理。

【案例1-11】　某某诉某公司劳动争议纠纷案

二审法院认为,网络社交账号是网络虚拟财产。以劳动者个人信息注册的社交账号,其权利归属于劳动者。用人单位可与劳动者约定劳动关系解除后该账号的使用方式。在双方无约定时,用人单位要求劳动者移交该账号管理权限的,不应支持,但劳动者继续使用该账号时负有不作为义务和附随义务。[2]

男职工护理假权益依法受保护。

【案例1-12】　梁某诉某机械公司劳动争议纠纷案

判决观点,根据《江苏省人口与计划生育条例》第二十四条规定,符合本条例规定生育子女的夫妻,女方在享受国家规定产假的基础上,延长产假不少于30天,男方享受护理假不少于15天。护理假是男性劳动者在妻子生育期间享受的有一定时间看护、照料妻子,为女性分担生育责任的权利。本案中,梁某因妻子待产回老家陪产护理,在护理假期间视为出勤,某机械公司应

〔1〕　参见最高人民法院民事审判第一庭编:《民事审判指导与参考》2021年第1辑(总第85辑),人民法院出版社2021年版,第226页。

〔2〕　浙江省杭州市中级人民法院(2020)浙01民终5899号民事判决书。

当照发工资,故判决某机械公司支付梁某15天护理假工资。[1]

(四)劳动者义务

1.劳动者最基本义务

劳动者提供劳动是最基本、最核心的义务,也是取得劳动报酬的对价。

停工留薪期满已恢复劳动能力的职工应当提供劳动。停工留薪期是劳动者进行医疗康复应当享有的待遇,但是该待遇期限不能任意延长,以便劳动关系双方形成稳定的预期,用人单位可据此安排人力配置,开展正常的生产经营活动。

【案例1-13】 袁某诉某食品公司劳动争议纠纷案

二审法院认为,《工伤保险条例》第三十三条规定,职工因工作遭受事故伤害或者患职业病需要暂停工作接受工伤医疗的,在停工留薪期内,原工资福利待遇不变,由所在单位按月支付。停工留薪期一般不超过12个月。伤情严重或者情况特殊,经设区的市级劳动能力鉴定委员会确认,可以适当延长,但延长不得超过12个月。本案中,袁某伤残等级不高,在受伤一年后仍以身体不适为由未向某食品公司提供劳动,其未经劳动能力鉴定委员会确认延长停工留薪期,亦未提供医疗证明,某食品公司停发其工资并无不当。故判决驳回袁某要求某食品公司支付工资的诉讼请求。[2] 在新冠肺炎疫情期间,县级以上地方人民政府根据疫情防控需要作出的疫区封锁、交通检疫、停工停业停课以及密切接触者集中定点隔离等措施,均在法律授权范围内。劳动者在主张自己权益时应严格依照相关规定,严格区分隔离治疗期、医学观察期和居家观察期的不同内涵,避免"权利滥用"问题的发生。新冠肺炎疫情期间,劳动者以处于居家观察期为由拒绝提供正常劳动应根据具体案情认定。

【案例1-14】 张某诉某商业公司劳动争议纠纷案

2019年4月2日,张某与某商业公司签订了两年期劳动合同,双方约定月工资为10,000元。张某2020年春节期间返回外省父母家休假。同年2月3日,张某称其父母所在小区出现新冠肺炎确诊患者密切接触者,故按小区物业公司要求居家观察14天,拒绝返回公司上班。14天后,张某表示因

---

〔1〕 江苏法院2022年度劳动人事争议十大典型案例之一,审理法院:常熟市人民法院。

〔2〕 江苏法院2022年度劳动人事争议十大典型案例之七,审理法院:泰州医药高新技术产业开发区人民法院、泰州市中级人民法院。

其在公司所在城市租住的小区禁止租户入住,仍不能按期返岗。2020 年 3 月 16 日,张某返回公司上班,商业公司经与张某协商后向张某支付了 2020 年 3 月 3 日至 3 月 16 日期间超过一个工资支付周期的生活费。张某认为该行为违法,遂向劳动人事争议仲裁委员会(以下简称仲裁委员会)申请仲裁。仲裁委员会裁决驳回张某的仲裁请求。[1] 本案的争议焦点是新冠肺炎疫情期间,张某以处于居家观察期为由拒绝提供正常劳动应如何认定。本案中,张某不属于需隔离治疗或医学观察的三类人,其所在地区的县级以上地方人民政府亦未对新冠肺炎确诊病例密切接触者所在小区人员采取隔离措施,要求张某居家观察系物业公司从小区管理角度采取的防范措施。故依照上述规定,张某不属于因处于隔离治疗期或医学观察期以及因政府实施隔离措施而不能提供正常劳动的情形。同时,该商业公司在向张某发放生活费之前与其进行了协商,对超过一个工资支付周期的,商业公司支付张某生活费并不违反相关规定,故依法驳回张某的仲裁请求。

2. 劳动者义务范围

在劳动法领域中,劳动者的义务范围除包括《民法典》规定的内容之外,应关注涉及劳动的相关义务研究,如劳动者忠实义务、说明义务等。劳动者忠实义务,是指为了更好地维护和实现雇主的合同利益,基于劳动关系的本质属性以及信赖保护和诚实信用原则,以服从、兼职限制、保密、竞业限制、不当言论限制和利益增进为主要内容的,作为和不作为义务的统称。[2]

《劳动合同法》第八条规定:“用人单位招用劳动者时,应当如实告知劳动者工作内容、工作条件、工作地点、职业危害、安全生产状况、劳动报酬,以及劳动者要求了解的其它情况;用人单位有权了解劳动者与劳动合同直接相关的基本情况,劳动者应当如实说明。”该条规定了用人单位了解与劳动合同直接相关基本情况的权利和说明义务,以及劳动者的说明义务。与用人单位说明义务相比,该条虽然明确劳动者的说明义务,但是缺少说明义务的内容、违反说明义务的法律后果。

就用人单位的说明义务而言,包括工作内容、工作条件、工作地点、职业危害、安全生产状况、劳动报酬,以及劳动者要求了解的其他情况。

就劳动者的说明义务而言,根据《劳动合同法》第八条规定的劳动者的说明义务产生于缔约过程中,而通说认为缔约义务的来源是诚信原则,因此劳动者说明义务的理论基础也是围绕诚信原则展开的。劳动者说明义务作为一种劳动者

[1] 人力资源社会保障部、最高人民法院发布第一批劳动人事争议典型案例之二。
[2] 参见王喜荣:《劳动者忠实义务研究》,法律出版社 2021 年版,第 11 页。

附随义务,是诚信原则在劳动关系中的具体体现,对于劳动者来说,在劳动合同订立阶段,劳动者对履行劳动合同直接相关的基本情况,应当向用人单位如实作出说明。

《劳动合同法》第八条规定了劳动者"对劳动合同直接相关的基本情况"说明义务,但是对于理解"直接相关"和"基本情况"并没有具体解释,这就应首先说明义务的范围。具体来讲,劳动者说明义务的范围必须符合法律规定,这就必然涉及用人单位招聘条件的合法审查,法律中对用人单位用工条件规制的重点在于防范各类就业歧视。实践中,除了法律规定的情形外,用人单位往往会设置婚姻、生育、户籍等条件,通过预设标准对劳动者进行筛选,这些也应当属于广义的就业歧视范畴。因此,只有法律规定内的招聘条件和告知要求才是合法的,对于超越法律底线涉及就业歧视的告知要求,劳动者不负有说明义务。

在满足合法性的前提下,关键是采取什么标准界定劳动者说明义务的范围。主流观点认为,劳动者说明义务的判断应当采用必要性和关联性标准。具体来讲,必要性是指相关信息是由岗位本身决定的,是岗位最基本的要求,对于超越必要范围的信息,劳动者不负有说明义务。关联性指用人单位要求劳动者说明的内容与工作具有直接的联系,可能影响用人单位与劳动者劳动关系的建立。如《北京市劳动合同规定》第十条规定:"劳动者有权了解用人单位的有关情况,并应当如实向用人单位提供本人的身份证和学历、就业状况、工作经历、职业技能等证明。"如果相关信息与岗位无关,劳动者亦无如实说明的义务,即使劳动者进行虚假陈述,也不应当被认定为欺诈。

关于劳动者对说明义务范围内的信息是否应当主动说明存在争议。有学者认为,"劳动者说明义务属于附条件的民事法律行为,只有在用人单位提出明确要求的情况下,劳动者才有义务如实说明,对于用人单位没有提及的内容,即便该内容与劳动合同的履行具有实质相关性,劳动者也没有主动披露、说明义务"。[1]主流观点认为,基于诚信原则要求,劳动者负有主动说明义务。一方面,在招聘阶段,劳动者和用人单位之间的关系类似于先合同关系,劳动者说明义务属于先合同义务,从权利义务相统一的角度,义务人应当主动履行义务。另一方面,在劳动者和用人单位信息不对称的情况下,劳动者是否存在不适合特定工作岗位的情况,只有劳动者自己知道,要求用人单位主动了解信息是强人所难。因此,对于与工作有关联性和必要性的信息,即使用人单位没有询问,劳动者也应如实说明。

---

〔1〕 俞里江、赵艳群:《如何认定劳动者的说明义务》,载《中国劳动》2010年第12期。

二、劳动合同法律适用

（一）劳动合同形式认定

劳动合同的形式，即劳动合同当事人双方意思表示一致的外部表现。它是劳动合同内容赖以确定和存在的方式，各国关于劳动合同的形式均有立法明确规定。[1]

实践中，劳动合同的形式并非单一且五花八门。用人单位与高管人员未签订标准化的权利义务明确、内容详细的书面劳动合同，有些公司签订了聘任书或经营目标责任书，有更多公司以聘用协议、聘任书、股东协议书关于高管人员任职的约定、目标责任书等五花八门的形式建立劳动关系，并约定劳动报酬。上述非标准化的形式形成的合同文本，是否构成劳动合同形式是有争议的。上述合同因签订失范、薪酬支付方式复杂，在合同履行过程中极易产生纠纷。

对以各种形式呈现的文本是否认为已签订书面劳动合同，是对这些形式在法律上的确认。一般认为，对法律条文的理解不仅要理解其字面含义，还要善于综合运用目的解释、利益衡量方法理解其含义，以填补法律漏洞。书面劳动合同仅仅是双方当事人缔约意思表示的载体。随着科技的发展，劳动合同形式日趋多元，不能仅从形式上要求书面劳动合同书，而应该从实质上进行判断。因此，不论用人单位与高管人员签订的何种形式的协议，只要该协议订立过程建立在自愿、合法、协商一致的基础上，能确认双方已建立劳动关系及双方的基本权利义务，以及高管人员的岗位和相关待遇，就可以认定为已签订劳动合同。

【案例1-15】 罗某诉凯迪公司劳动合同纠纷案

一审法院认为，凯迪公司与罗某虽未签订劳动合同，但2005年至2008年签订了经营目标责任书，它明确了劳动者与用人单位之间的劳动关系和劳动者的相关权利和待遇，具备了劳动合同的基本要件，故2005年至2008年期间应视为签订了书面合同。2009年1月之后，凯迪公司与罗某既未签订书面劳动合同，也未签订经营目标责任书，应承担支付双倍工资的责任。判

---

〔1〕 参见徐智华：《劳动合同法研究》，北京大学出版社2011年版，第75页。

决:凯迪公司支付罗某2009年1月至7月期间未签订书面劳动合同双倍工资。二审期间达成调解协议,凯迪公司支付罗某双倍工资28万元。[1]

用人单位与劳动者未签订书面劳动合同,但用人单位与招聘的劳动者签订了到职约定协议书,该协议书中已经约定了工作内容、工作地点、工作时间、报酬发放、违约责任、培训技能等主要权利义务事项,已经具备用人单位招聘劳动者签订劳动合同的基本内容和必备要素,而且双方对此均已签字认可,系双方真实意思表示。也就是说,该协议书内容能够确定双方的劳动权利义务关系从而明确双方存在劳动关系,则应认定此类协议书已具备劳动合同的实质要件,实现了书面劳动合同的功能,从而视为双方已经订立书面劳动合同。

【案例1-16】 任某丽诉沂源县青州连宇影楼劳动争议纠纷案

二审法院认为,沂源县青州连宇影楼(以下简称连宇影楼)在招聘时与任某丽签订的到职约定协议书具有用人单位招聘劳动者签订劳动合同的基本内容和必备要素,双方约定了工作内容、工作地点、工作时间、报酬发放、违约责任、培训技能等主要权利义务事项,双方签字认可,视为双方签订劳动合同。一审认定该到职约定协议书不具备劳动合同的基本要素与事实不符,应予纠正。任某丽自2014年2月22日之后给连宇影楼造成损失7010元应予赔偿。连宇影楼已经发放任某丽2014年3月工资,对拖欠任某丽2014年4月、5月的工资无异议,但一直未提交这两个月的工资发放额,故采信任某丽主张的4月工资2178元和5月工资1663元,共计3841元。判决:(1)维持一审判决第三项;(2)撤销一审判决第二、四、五项;(3)变更一审判决第一项;(4)任某丽赔付连宇影楼经济损失7010元;(5)驳回任某丽的其他诉讼请求;(6)驳回连宇影楼的其他诉讼请求。[2]

【案例1-17】 灵性实业(上海)有限公司诉方某劳动争议纠纷案

二审法院认为,本案中,虽然灵性实业(上海)有限公司(以下简称灵性公司)不能提供双方签订的书面劳动合同,但方某持有并提供的《员工录用通知书》已基本实现了书面劳动合同的基本功能,《员工录用通知书》上载明了方某的工作岗位、合同期限、工资待遇等,既明确了双方劳动关系又固定了双方权利义务,该录用通知书具备了书面劳动合同的要件。故对于方某要求灵性公司支付未签订劳动合同的双倍工资请求,法院难以支持。此外,双方当事人对于原审判决第一、三项,均无异议,法院予以维持。判决:驳回上诉,

---

〔1〕 参见曹文兵、林静寂:《高层管理人员劳动合同的认定与"双倍工资罚则"的适用》,载《人民法院报》2014年3月20日,第7版。

〔2〕 参见国家法官学院案例开发研究中心编:《中国法院2018年度案例》(劳动纠纷),中国法制出版社2018年版,第85页。山东省淄博市中级人民法院(2016)鲁03民终502号民事判决书。

维持原判。[1]

用人单位与劳动者未签订书面劳动合同,但劳动者的入职申请表和转正申请表的内容已具备劳动合同实质要件的,具有书面劳动合同的性质,实现了劳动合同的功能,应视为用人单位与劳动者签订书面劳动合同。

【案例1-18】 淄博莱宝电力电容器有限公司诉尹某蓉劳动争议纠纷案

二审法院认为,尹某蓉提交的《员工入职申请表》《员工转正申请表》中记载了尹某蓉的身份情况,明确约定了尹某蓉的工作岗位、职务、入职时间、转正时间、公司意见、工资待遇等,该表中的约定是双方的真实意思表示,该表内容已经具备劳动合同的实质要件,具有书面劳动合同的性质。淄博莱宝电力电容器有限公司主张转正申请表应视为书面劳动合同的上诉理由成立,依法予以支持。故尹某蓉主张未签劳动合同的二倍工资的诉求无事实和法律依据,原审对此认定有误,应予纠正。[2]

随着电子通讯、信息交换技术的发展,以电子邮件往来作为签订书面劳动合同的形式应当予以采纳。从原先的《合同法》到如今的《民法典》均明确规定电子邮件属于书面形式的一种,因此如果电子邮件的内容已具备书面劳动合同的必备要件,则应当视为已签订书面劳动合同。

【案例1-19】 广州海盈船舶设备有限公司诉陈某贤劳动争议纠纷案

二审法院认为,本案争议焦点,一是广州海盈船舶设备有限公司(以下简称海盈船舶公司)与陈某贤的电子邮件能否视为书面劳动合同问题。二是双方争执的款项是出差预支款还是奖金的问题及海盈船舶公司是否应支持违法解除劳动合同的赔偿金问题。法院认定双方当事人之间已签订书面劳动合同,原审法院以该合同无合同期限以及双方未另行签章为由,认定双方未签订书面劳动合同,属于认定事实错误,法院予以纠正。故上诉人海盈船舶公司无需支付未签订书面劳动合同的双倍工资差额,其相关上诉请求成立,法院予以支持。关于当事人争执的款项是出差预支款还是奖金的问题及海盈船舶公司是否应支持违法解除劳动合同的赔偿金问题,原审法院根据双方诉辩意见及提交的证据进行分析认定,合法合理,法院予以确认。对于当事人双方的相关上诉请求,法院不予支持。判决:(1)维持一审判决第一项、第三项和第四项;(2)撤销一审判决第二项;(3)上诉人陈某贤退还上诉人海盈

---

〔1〕 参见国家法官学院案例开发研究中心编:《中国法院2016年度案例》(劳动纠纷),中国法制出版社2016年版,第67页。上海市第二中级人民法院(2014)沪二中民三(民)终字第419号民事判决书。

〔2〕 参见国家法官学院案例开发研究中心编:《中国法院2017年度案例》(劳动纠纷),中国法制出版社2017年版,第68页。山东省淄博市中级人民法院(2015)淄民三终字第677号民事判决书。

船舶公司差旅预支款5602元。[1]

缺少法定必备条款的电子邮件属于书面劳动合同。

【案例1-20】 利欧集团有限公司诉徐某良劳动争议纠纷案

二审法院认为,本案系劳动合同纠纷,基本事实清楚,双方当事人争议的主要焦点是能否依据上诉人与被上诉之间相互往来的电子邮件认定双方已签订书面劳动合同。根据本案现有的证据,上诉人徐某良在入职被上诉人利欧集团有限公司前曾通过电子邮件与被上诉人公司方的代表就其工作相关的工资、待遇以及其他相关事项进行沟通并作了确认。法院认为,与劳动者签订书面劳动合同系用人单位的法定义务,根据《合同法》第十一条的相关规定,书面合同的形式应为能客观反映一定内容的有形载体,而非仅限于纸质合同。本案双方当事人之间往来的电子邮件能真实反映当事人之间建立劳动关系的真实意思表示,且其内容为双方对劳动合同主要条款所作的约定,原审据此认定双方已签订了书面劳动合同于法有据。上诉人上诉理由不能成立,法院不予支持。判决:驳回上诉,维持原判。[2]

劳动者与用人单位签订劳务协议,但该劳务协议的内容具备劳动合同实质要件的可以被认定为劳动合同。换言之,合同形式与合同内容不一致的应以实质内容认定为准。

【案例1-21】 胡某会诉北京市三一重机有限公司劳动争议纠纷案

一审法院认为,胡某会与北京市三一重机有限公司(以下简称三一公司)签订的《劳务协议》系双方的真实意思表示,合法有效。该协议中明确约定胡某会的工作岗位、工资构成、双方解除协议的条件等。根据《劳动合同法》规定,劳动合同的主要内容包括工作待遇、工作岗位、工作纪律等。从内容上看,虽然该协议签订于《劳动合同法》实施以前,但该协议主要条款与劳动合同的内容相符。故胡某会与三一公司签订的协议虽名为《劳务协议》,但胡某会与三一公司之间实为事实上的劳动关系。判决:胡某会从入职时与三一公司建立劳动关系。二审法院判决:驳回上诉,维持原判。[3]

用人单位与劳动者所签订的备忘录缺少用人单位的住所和主要负责人、劳动

---

〔1〕 参见国家法官学院案例开发研究中心编:《中国法院2017年度案例》(劳动纠纷),中国法制出版社2017年版,第72页。广东省广州市中级人民法院(2015)穗中法民一终字第6024号民事判决书。

〔2〕 参见国家法官学院案例开发研究中心编:《中国法院2016年度案例》(劳动纠纷),中国法制出版社2016年版,第70~71页。浙江省台州市中级人民法院(2014)浙台民终字第812号民事判决书。

〔3〕 参见国家法官学院案例开发研究中心编:《中国法院2014年度案例》(劳动纠纷),中国法制出版社2014年版,第50页。北京市第一中级人民法院(2012)一中民终字第15047号民事判决书。

者的住址等诸多必备条款，无论是从形式要件，还是从实质要件上讲，不成立劳动合同。

【案例 1－22】　平度市刘芳大厦诉王某劳动争议纠纷案

二审法院认为，本案争议的焦点问题是：平度市刘芳大厦与王某签订的《聘用销售总监和业务员备忘录》是否具备劳动合同的构成要件？《劳动合同法》第十七条规定……该条对劳动合同应当具备的内容和条款作出了明确规定，而平度市刘芳大厦与王某签订的上述备忘录缺少用人单位的住所和主要负责人、劳动者的住址、身份证号码、劳动合同期限、工作时间和休息休假、社会保险、劳动保护等诸多必备条款，无论是从形式要件，还是从实质要件上讲，均不具备《劳动合同法》规定的真正意义上的劳动合同特征。因此，平度市刘芳大厦与王某未签订劳动合同，平度市刘芳大厦应承担向劳动者每月支付二倍工资的责任。判决：驳回上诉，维持原判。[1]

（二）劳动合同订立认定

1. 无固定期限劳动合同

《劳动合同法》第八十二条第二款规定："用人单位违反本法规定不与劳动者订立无固定期劳动合同的，自应当订立无固定期限劳动合同之日起向劳动者每月支付二倍工资。"这里的"应当订立无固定期限劳动合同之日"应当理解为《劳动合同法》第十四条第二款规定的三种情形到来之日。《劳动合同法》第十四条第二款规定的"应当订立无固定期限劳动合同之日"包括以下三种情形：(1)劳动者在同一用人单位连续工作满 10 年的次日。……(2)劳动者在同一用人单位连续工作满 10 年且距法定退休年龄不足 10 年的情况下，用人单位初次实行劳动合同制度或者国有企业改制重新订立劳动合同日子。(3)劳动者与企业连续订立二次固定期限劳动合同，且该劳动者没有《劳动合同法》第三十九条和第四十条第一项、第二项规定的用人单位可以单方解除劳动合同的情形，在此情况下，第二次固定期限劳动合同期满的次日为"应当订立无固定期限劳动合同之日"。[2]

视为用人单位与劳动者已订立无固定期限劳动合同的认定，应结合《劳动合同法》第十四条和《劳动法》第二十条的各项条文含义全面考虑考究，不能简单的

〔1〕 山东省青岛市中级人民法院(2013)青民一终字第 783 号民事判决书。

〔2〕 参见最高人民法院民事审判第一庭编：《民事审判实务问答》，法律出版社 2021 年版，第 225 ~ 226 页。

理解。

【案例1－23】 辛某某诉广州金视人力资源管理有限公司、广东电视台劳动争议纠纷再审案

再审法院认为，关于广东电视台应否与辛某某签订无固定期限劳动合同。《劳动合同法》第十四条规定……《劳动法》第二十条第二款也规定……上述法律规定应综合各项条款条文含义全面考究，不能片面地理解“用人单位用工之日起满一年不与劳动者书面定订立劳动合同的，视为用人单位与劳动者已订立无固定期限劳动合同”。可见订立无固定期限劳动合同，首先是用人单位同意与劳动者延续劳动合同关系，并与劳动者协商一致，双方同意续订劳动合同；其次是劳动者提出订立无固定期限劳动合同；最后是劳动者在同一用人单位连续工作满10年以上。本案中，辛某某与广东电视台并不存在连续工作满10年以上的劳动关系，辛某某未能提供证据证实其在与广东电视台劳动关系存续期间已提出签订无固定期限劳动合同的要求，不符合《劳动合同法》第十四条的相关规定条件。因此，原审判决认定辛某某提出与广东电视台签订无固定期限劳动合同的主张不符合法律规定正确，法院予以维持。检察机关抗诉认为，广东电视台自用工之日起满1年不与辛某某签订书面劳动合同，视为双方订立了无固定期限劳动合同的理由不成立，不予支持。判决：维持一审、二审判决。[1]

劳务派遣是一种特殊的用工模式，劳务派遣双方通常不具有建立长期劳动关系的目的，并且相关法律并未对劳务派遣双方是否要签订无固定期限劳动合同进行强制性规定。

【案例1－24】 李某诉某销售公司、某劳务公司劳动争议纠纷案

判决观点，李某与某劳务公司系劳务派遣合同关系，双方签订的固定期限劳动合同，系双方真实意思表示，现该合同因到期而终止，某劳务公司应向李某支付相应的经济补偿。因法律并无要求派遣单位与被派遣劳动者签订无固定期限劳动合同的强制性规定，故某劳务公司与李某不再续签合同不违反法律规定，故对李某的主张不予支持。[2]

主流观点认为，劳动合同期满后，劳动者仍在用人单位工作，用人单位未表示异议超过一个月的，人民法院可以视为双方以原条件续订劳动合同，用人单位应当与劳动者补订书面劳动合同。符合订立无固定期限劳动合同的，人民法院可以视为双方之间存在无固定期限劳动合同关系，并以原劳动合同确定双方的权利义

---

〔1〕 广东省高级人民法院(2013)粤高法审监民提字第154号民事判决书。
〔2〕 天津市高级人民法院2023年发布8个劳动争议典型案例之七。

务关系。用人单位解除劳动合同,劳动者请求用人单位依法承受解除劳动合同法律后果的,人民法院应予支持。

2. 签订劳动合同次数

主流观点认为,符合下列情形之一,劳动者主张已经与用人单位连续订立二次固定期限劳动合同的,人民法院应予支持:(1)用人单位与劳动者协商延长劳动合同期限累计达到一年以上,延长期限届满的;(2)用人单位与劳动者约定劳动合同期满后自动续延,续延期限届满的;(3)劳动者仍在原工作场所、工作岗位工作,双方通过交替变换用人单位名称再次订立劳动合同,期限届满的;(4)以其他违反诚信原则的规避行为再次订立劳动合同,期限届满的。

在认定是否应当签订无固定期限劳动合同的情形时,劳动者在关联企业签订的劳动合同次数不能当然地累计。在关联企业相互签订劳动合同,不能视为同一企业连续签订。这是因为,要求累计没有明确法律依据,忽略了企业的独立性和劳动者的选择性三点因素。也就是说,对劳动者在关联企业签订的劳动合同次数是否累计,应当综合劳动关系变动的原因、双方对前合同和新合同的处理方式及具体约定、原用人单位和新用人单位的经营管理紧密程度等因素,而不是依关联企业为判定依据,既应保障劳动者合法权利,又不损害用人单位的用工自主权,还不增加企业负担。

【案例1-25】 陈某诉中科智库物联网技术研究院江苏有限公司劳动合同纠纷案

二审法院认为,中科智库物联网技术研究院江苏有限公司(以下简称中科公司)与江苏物联网中心虽为关联企业,但系两个独立承担民事责任的用人单位,故陈某与江苏物联网中心签订的劳动合同次数不应累计计入中科公司。陈某与中科公司只签订了一次劳动合同,故陈某并不符合“已连续订立二次固定期限劳动合同次数”的情形,且从陈某的工作年限来看,陈某于2010年至江苏物联网中心工作,于2018年合同期满后解除与中科公司的劳动关系,亦不符合“在用人单位连续工作满十年”的情形,故在合同期满后,中科公司无需与陈某签订无固定期限劳动合同。中科公司与陈某之间的劳动合同期满终止,中科公司并非违法解除或终止劳动合同,故陈某要求中科公司支付违法终止劳动合同的赔偿金的上诉请求,于法无据,法院不予支持。[1]

---

〔1〕 参见国家法官学院、最高人民法院司法案例研究院编:《中国法院2020年度案例》(劳动纠纷),中国法制出版社2020年版,第66~67页。江苏省无锡市中级人民法院(2018)苏02民终4912号民事判决书。

【案例1-26】 朱某诉甲公司劳动合同纠纷案

二审法院认为，朱某与乙公司、甲公司分别签订劳动合同的次数不能累计计算。首先，乙公司与甲公司系独立法人，不存在人格混同的情形；其次，朱某主张不同公司订立劳动合同的次数累计计算，无法律依据；最后，朱某劳动关系由乙公司转移至甲公司时，三方签订劳动关系转移协议，该协议并未违反法律的强制性规定。根据该协议的约定，朱某原劳动合同解除与新合同的订立也不属于连续订立固定期限劳动合同。判决：驳回上诉，维持原判。〔1〕

3. 以完成一定工作任务为期限的劳动合同签订无固定期限合同

以完成一定工作任务为期限的劳动合同，并不等于《劳动合同法》第十四条规定的二次固定期限的劳动合同的情形。但是，第十四条第二款规定：有下列情形之一，劳动者提出或者同意续订、订立劳动合同的，除劳动者提出订立固定期限劳动合同外，应当订立无固定期限劳动合同。按照字面含义，只要劳动者在续订、订立劳动合同时，除劳动者提出订立固定期限劳动合同或者提出以完成一定工作任务为期限的劳动合同均可以满足第十四条规定的要求。

以完成一定工作任务为期限的劳动合同与连续工作满10年的关系。其二者不能画等号，这里涉及第十四条规定的连续工作的问题。实践中，订立以完成一定工作任务为期限的劳动合同多为季节性用工的劳动合同。其主要特征为每年在季节性生产时签订劳动合同，工作期间从生产开始跨年度至第二年加工生产完毕时止，其后解除劳动合同。这种劳动合同的方式看似并不连续、中间间隔数月。这种季节用工的工作规律，签订劳动合同又是连续的，伴随着解除劳动合同亦是连续的。但是法律中没有明确间隔多长时间算作不连续，在实践中理解不同。从法理上讲，以固定的除斥期间作为划分连续工作的界限，具有狭隘和片面之处，不能完整地体现立法本意。工龄是否连续，应当以涉及劳资双方之间劳动关系、工资关系、社会保险关系、档案管理关系等综合考虑其是否彻底中断。同时，还要考虑解除劳动关系的原因，平衡责任。对此，可以考虑按照15日和30日作为判断是否连续的两个标准：在用人单位无过错的前提下由劳动者提出解除或终止劳动合同时，以15日作为是否连续的标准；由用人单位主动提出解除或终止劳动合同时，以30日作为是否连续的标准。也就是说，在以完成一定工作任务为期限的劳动合同工作间断时间达10年，并非连续不断工作满10年，不符合《劳动合同法》第十四条第二款第一种情形之规定，不属于应签无固定期限劳动合同范围。

---

〔1〕 参见国家法官学院、最高人民法院司法案例研究院编：《中国法院2022年度案例》（劳动纠纷），中国法制出版社2022年版，第76页。江苏省无锡市中级人民法院（2020）苏02民终1615号民事判决书。

【案例 1－27】 殷某群诉北京辛普劳食品加工有限公司劳动争议纠纷案

二审法院认为,北京辛普劳食品加工有限公司(以下简称辛普劳公司)主张自2008年开始在每份劳动合同到期后均向殷某群支付了经济补偿,并就此提交终止劳动合同通知书及签字回执、银行对账单、经济补偿金支付情况表、离职协议等证据予以证实。辛普劳公司有证据证明自2008年开始在每份劳动合同到期后均向殷某群支付了经济补偿,殷某群上诉要求辛普劳公司支付违法解除劳动合同赔偿金,缺乏依据,法院不予支持。原审法院采用简易程序审理本案符合法律规定,殷某群主张原审法院程序违法,缺乏依据,法院不予支持。综上,原审法院所作判决并无不当,应予维持。判决:驳回上诉,维持原判。[1] 在本案中,原告殷某群于2001年8月1日入职辛普劳公司,于2015年7月28日离职,连续10年签订以完成一定工作任务为期限的劳动合同,但并非连续不断地工作满10年,不符合《劳动合同法》第十四条第二款第一种情形之规定。殷某群和辛普劳公司之间无需订立无固定期限劳动。案涉劳动合同为以完成一定工作任务为期限劳动合同类型。

4. 签订劳动合同认定

用人单位提供不出双方书面劳动合同,并不必然就可以认定双方没有签订劳动合同。

【案例 1－28】 胡某诉绩溪农华生物科技有限公司劳动争议纠纷案

判决观点,在本案中,被告在双方仲裁时提供了一份书面劳动合同,认为双方已经签订了劳动合同,后经鉴定,确认合同的乙方签字确非原告本人笔迹。对此,双方均无异议。但被告不能提供双方书面劳动合同与双方是否签订过劳动合同并不等同,被告提供不出双方劳动合同并不必然就可认定双方没有签订过劳动合同。应根据双方举证、质证情况及庭审中各方陈述并结合日常生活经验综合判断。在本案中,原告在被告处的职务为总经理助理。2013年8月17日,其与被告方工作人员胡某芳及程某按公司要求共同参与被告公司人事档案清查工作。从显示清查的结果的"2013年人员会议签到表"内容上看,原告本人处的信息显示了其亲笔书写的档案袋编号,并注明了合同的起止日期,原告对清理的结果是明知的,而且没有任何证据显示胡某对清理的结果表示了异议,其本人也对被告与其他职工劳动合同的一些瑕疵作了签字确认。结合被告提供的其他证据(被告方提交的第3、4份证据及证

---

〔1〕 参见国家法官学院案例开发研究中心编:《中国法院2018年度案例》(劳动纠纷),中国法制出版社2018年版,第89页。北京市第二中级人民法院(2016)京02民终6194号民事判决书。

人证言),根据日常生活经验判断,原告、被告双方是签订过劳动合同的,至于合同现在何处及劳动合同是否有瑕疵本案不予涉及。故原告要求被告支付签订劳动合同双倍工资110,000元的诉讼请求法院不予支持。[1]

劳动者要求用人单位签订无固定期限劳动合同,应当明示。劳动者符合无固定期限劳动合同的条件,并且在劳动争议仲裁时效期内作出了要求签订无固定期限劳动合同的明确表示,用人单位应当与其签订无固定期限劳动合同。

【案例1-29】 重庆药友制药有限责任公司与蒋某劳动争议纠纷再审案

再审法院认为,本案的焦点问题是蒋某要求与重庆药友制药有限责任公司(以下简称药友公司)签订至2011年1月1日起的无固定期限劳动合同是否符合法律规定,该诉求是否应得到支持。现根据本案查明的事实做以下评析:

1.蒋某要求与药友公司签订无固定期限是否符合法律规定。首先,蒋某是否符合签订无固定期限劳动合同的条件。《劳动合同法》第十四条第二款规定……依照上述规定,除用人单位与劳动者协商一致订立无固定期限劳动合同之外,在一定条件下,劳动者一旦选择签订无固定期限劳动合同,则用人单位必须与劳动者签订,也即我国《劳动合同法》赋予了劳动者在一定条件下对是否签订无固定期限劳动合同的决定权。从本案查明的事实可知,蒋某从1996年起在药友公司上班,至其劳动合同到期日2010年12月31日,蒋某连续在药友公司工作达14年以上,故蒋某符合签订无固定期限劳动合同对劳动者工作年限的要求。依照《劳动合同法》第十四条第二款规定,劳动者要与用人单位签订无固定期限劳动合同,还需要劳动者有提出或者同意续订、订立劳动合同的意思表示。由于药友公司未有续订、订立劳动合同的意思表示,蒋某也无从表示"同意"。本案双方当事人争议的事是蒋某是否提出了续订或订立劳动合同的要求?本案查明的事实是,蒋某在接到药友公司向其发出的终止劳动合同通知书后,对该通知书不予接受,同日直接向劳动争议仲裁委员会提出确认自2011年1月1日与药友公司存在劳动关系,该请求被驳回后,又于2011年12月5日向劳动争议仲裁委员会提出要求与药友公司签订自2011年1月1日起的无固定期限劳动合同。法院认为,劳动者要求与用人单位签订无固定期限劳动合同,应当明示,蒋某拒绝接受终止劳动合同书的行为不能得出蒋某要求签订无固定期限劳动合同的意思表示,但依照《重庆市职工权益保障条例》第十一条的规定,用人单位应当向符合

---

〔1〕 参见国家法官学院案例开发研究中心编:《中国法院2016年度案例》(劳动纠纷),中国法制出版社2016年版,第81页。安徽省绩溪县人民法院(2014)绩民一初字第00442号民事判决书。

《劳动合同法》第十四条第二款规定情形的劳动者告知其有订立无固定期限劳动合同的权利,药友公司与蒋某的劳动合同到期终止前未告知蒋某有权利续订或签订无固定期限续签劳动合同,故在药友公司与蒋某劳动合同纠纷中,药友公司存在过错在先。蒋某向劳动仲裁委员会提出与药友公司签订自2011年1月1日起无固定期限劳动合同的仲裁申请,是其明确的意思表示,且在申请劳动争议仲裁的1年时效期内,应视为蒋某依照《劳动合同法》第十四条第二款规定,明确提出了与药友公司签订无固定期限劳动合同。综上,蒋某要求与药友公司签订无固定期限劳动合同,符合法律规定。

2. 蒋某提出与药友公司签订至2011年1月1日起的无固定期限劳动合同的诉求是否应当得到支持。前已述明,蒋某符合签订无固定期限劳动合同的条件,并且在劳动争议仲裁效期内作出了要求签订无固定期限劳动合同的明确表示,故依照《劳动合同法》第十四条第二款的规定,药友公司应当与其签订无固定期限劳动合同。关于药友公司再审称判决药友公司与蒋某订立无固定期限劳动合同将与重庆市第一中级人民法院(2011)渝一中法民终字第4942号民事判决结果冲突的问题,法院认为,劳动合同与劳动关系系两个不同的法律概念,劳动合同是确认用人单位与劳动者之间存在劳动关系的主要证据,劳动关系一般以劳动合同为外在形式要件。重庆市第一中级人民法院(2011)渝一中法民终字第4942号民事判决驳回蒋某关于确认其与药友公司之间劳动关系继续存在的诉讼请求,是确认与药友公司基于2006年双方签订的固定期限劳动合同到期而双方劳动关系不继续存在,与蒋某依照《劳动合同法》第十四条第二款规定与药友公司续订或签订劳动合同而建立新的劳动关系并不冲突,重庆市第一中级人民法院(2011)渝一中法民终字第4942号民事判决并未判决药友公司不与蒋某签订劳动合同,故本案原审判决药友公司与蒋某签订无固定期限劳动合同与重庆市第一中级人民法院(2011)渝一中法民终字第4942号民事判决并不矛盾。关于药友公司与蒋某之间无固定期限劳动合同的起始日期问题,首先,依照《劳动合同法》第十七条的规定,劳动合同期限属于劳动合同的具体内容,应由劳动者和用人单位协商确定;其次,《劳动合同法》规定的无固定期限劳动合同,是指用人单位与劳动者约定无确定终止时间的劳动合同,劳动合同的起始日期并无要求,并且由于蒋某于2011年10月至2012年1月期间在外打工,与其用人单位存在事实上的劳动关系本案原审判决公司与蒋某订立自2011年1月1日起的无固定期限劳动合同,客观上将导致蒋某在2011年10月至2012年1月期间存在两份劳动关系,故原审判决公司与蒋某订立自2011年1月1日起无固定期限劳动合同不当,应予纠正。

3. 如何认定蒋某在与药友公司劳动纠纷期间与外单位的劳动关系。蒋某于2011年10月至2012年1月期间在格林期货有限公司重庆营业部参加个人养老保险的缴纳是否可以理解为蒋某以新的劳动关系存在而放弃与药友公司签订无固定期限劳动合同。法院认为,蒋某与药友公司的劳动争议一直持续至今,蒋某从未明示放弃与药友公司签订无固定期限劳动合同,在与药友公司发生劳动纠纷及诉讼过程中,蒋某因经济原因临时性的短期打工以获得一定收入,也符合情理,该短期打工社会保险参保行为不影响蒋某要求与药友公司签订无固定期限劳动合同的权利。

综上,蒋某符合签订无固定期限劳动合同的条件,并且作出了要求签订无固定期限劳动合同的明确表示,依照《劳动合同法》第十四条第二款的规定,药友公司应当与其签订无固定期限劳动合同。[1]

用人单位与劳动者同时订立了固定期限劳动合同和无固定期限劳动合同,不能简单以劳动合同是否经过劳动行政部门鉴证作为认定依据,而应综合考虑劳动者的工作年限和用人单位举证责任等因素认定应采信哪份劳动合同。

(三)劳动合同真实意思认定

这里的真实意思表示主要指合意的问题,也就是指劳动者与用人单位双方意思表示的合意。实践中,确定劳动者与用人单位双方意思表示的合意,即变更、解除、终止的合意,主要应从形式和实体两个方面进行审查:其一,形式要件。根据《劳动合同法》的规定,用人单位与劳动者协商一致,可以变更劳动合同约定的内容。变更劳动合同应当采用书面形式。实践中的书面形式多种多样五花八门,多为《劳动合同协议书》或《调岗调薪通知书》等,但无论名称形式如何,其中必须明确劳动合同事项,如工作部门、工作岗位、级别、变更后的薪酬标准(如有变更)等。另一项是必备内容即劳动者的签字确认。劳动者与用人单位达成建立劳动关系的合意后,虽然该劳动合同的本质仍是劳动者向用人单位提供劳动,获取用人单位付出的劳动对价,但因劳动这一资源是以人本身为载体的,劳动的环境、要求等需要受到用人单位管理的限制,劳动者对用人单位就产生了依附性,在此种情形下不能形成传统民法理论中的平等地位。因此在涉及劳动者根本的劳动权利义务内容发生变化时,必须查明劳动者本人对这种变化及其后果是否知晓并同意,即有证据证明其真实意思的表示并在此基础上双方形成的合意。应注意的是,《劳动争议解释(一)》第四十三条规定修正书面形式要求,不应视为规定了默

---

〔1〕 重庆市高级人民法院(2014)渝高法民提字第00012号民事判决书。

示推定的合意,也并非由法官推定合意的存在。其二,实体要件。劳动者与用人单位是否达成了合意,合意的具体内容,如何判断这种合意是否为劳动者的真实意思表示,就要涉及对合意的实体审查。实践中劳动合同变更最容易产生争议的主要集中在调岗和调薪两个方面的合意。对于调岗而言,一般涉及晋升、平调和降职三种,而薪酬的调整,无外乎增加和减少两类。通常情况下,岗位变动只要不涉及薪酬降低,都不易发生争议。进入劳动争议仲裁或诉讼程序的主要是降职和降薪引发的矛盾。对于降职的争议,主要是从领导岗位到普通员工的岗位,多表现为劳动者竞聘上岗中落选。其主要涉及用人单位关于岗位竞聘的办法是否经过民主程序制定、是否向全体劳动者公示说明,竞聘过程是否公开公正,竞聘结果是否向全体劳动者公示、是否向落聘人员送达、说明岗位调整方案并得到劳动者认可等方面,证明在这方面存在调岗合意。对于降薪的争议,实践中主要是调薪的决定中并没有载明调整后的明确薪酬标准,而多为简单载以按照公司的相关规定,如多数用人单位制定以岗定薪的薪酬制度。应查明用人单位是否曾向或在调整薪酬时向劳动者送达、说明调整后的薪酬制度,该制度本身是否经过民主程序制定,是否符合行业惯例及通常认知,调整后的薪酬水平是否与劳动者的岗位相适应等。

【案例1-30】　北京大风车教育科技发展有限公司诉魏某劳动合同纠纷案

判决观点,关于调岗降薪。魏某与北京大风车教育科技发展有限公司(以下简称大风车公司)签订劳动合同约定其从事园长岗位工作,魏某虽收到大风车公司发出的《人事调整通知书》,但对该调岗降薪不予认可;大风车公司提交的《人事异动申请书》系办公系统中填写的表格,其未提交与魏某就该调岗降薪进行协商的证据;且两份证据中载明的调岗原因均为公司业务调整,与大风车公司主张的魏某在试用期间职能考评和公众测评达不到公司规定要求、不能胜任工作不符;另外,大风车公司在2016年12月30日各级领导批复同意之前已于2016年12月27日通知魏某调岗,亦不符合法定程序,故对大风车公司调岗降薪的主张,不予采信。[1]

期权奖励协议通常是公司与高管人员签订,具有重大利益,其主要是对经营管理事项(含报酬)约定,不同于一般劳动合同的内容,具有显著的磋商过程。与自然人签字即可推定为其本人真实意思表示不同,高管人员基于特殊权限,具有代替用人单位进行意思表示之便利。当高管人员自身利益与用人单位相冲突时,用人单位之印章并非必然代表该拟制主体之意思表示。因此,加盖公司公章的期

---

〔1〕　参见国家法官学院案例开发研究中心编:《中国法院2019年度案例》(劳动纠纷),中国法制出版社2019年版,第88页。北京市东城区人民法院(2017)京0101民初15773号民事判决书。

权奖励通常情况下成立,但在其形成合意过程存疑时,高管人员需就协议的磋商过程、合意结果等事宜承担进一步举证责任,否则需承担举证不能的法律后果。

【案例1-31】 付某某诉重庆昊磐节能科技有限公司劳动争议纠纷案

一审法院认为,本案争议焦点为期权奖励协议的内容是否是原告、被告双方的真实意思表示。经鉴定,期权奖励协议上的印章均为被告公司的印鉴。但被告否认在该份协议上盖章。根据原告陈述,期权奖励协议均是由原告与被告公司董事长陈某在办公室商定,在原告先签字并落款后,分别在落款时间的1周左右后放在原告办公桌上,非被告工作人员直接交给原告。因此,期权奖励协议究竟由谁盖章无法查证。期权奖励协议的落款时间为2017年3月25日,其后1周左右的时间覆盖在送检样本区间2017年3月5日至2017年4月28日之内,鉴定意见书中明确指出期权奖励协议盖印时间不在样本所示的期间——2017年3月5日至2017年4月28日,故原告在庭审中关于期权奖励协议形成过程陈述与鉴定意见之间存在明显矛盾。此外,期权奖励协议中双方约定的权利义务明显不对等,协议中载明的奖励金额明显过高,不符合常理。综合司法鉴定意见与期权奖励协议约定的内容,因期权奖励协议的形成过程存疑,不能认定期权奖励协议是原告、被告双方的真实意思表示,故对原告要求确认期权奖励协议有效的主张,不予支持。判决:驳回原告的全部诉讼请求。二审法院认为,期权奖励协议形成过程存疑,约定的劳动者与用人单位的权利义务及违约责任等内容明显不对等,故对期权奖励协议的真实性不予认可。付某某请求确认期权奖励协议有效的理由不成立,依法不予支持。判决:驳回上诉,维持原判。[1]

劳动合同上虽然有加盖的公章,但没有法定代表人或授权人签字,用人单位对此否认的,法官根据具体案情认定其并非用人单位的意思表示用章,对劳动者的诉讼请求不予支持。

【案例1-32】 欧文斯伊利诺斯(上海)管理有限公司诉俞某萍劳动合同纠纷案

二审法院认为,原审系欧文斯伊利诺斯(上海)管理有限公司(以下简称欧文斯伊利诺斯公司)申请测谎,经法庭释明,俞某萍坚决不同意测谎。在二审审理过程中,俞某萍提出申请测谎,但是要求免除测谎费用,欧文斯伊利诺斯公司则不予同意。在此情况下,对俞某萍测谎申请不予准许。二审期间,当事人没有提交新证据,原审认定事实正确,依法予以确认。针对俞某萍依

---

〔1〕 参见《人民司法·案例》2022年第8期。重庆市第五中级人民法院(2020)渝02民终6626号民事判决书。

据《附加协议》向欧文斯伊利诺斯公司主张特别奖金112,149元。作如下分析:其一,在原审第四次庭审中,欧文斯伊利诺斯公司法定代表人亲自出庭并与俞某萍对质,矢口否认其于2014年12月9日后与俞某萍有邮件往来,并申请对双方进行测谎,但俞某萍以欧文斯伊利诺斯公司存在故意拖延诉讼,附加协议上的公章真伪、公章盖印与文字形成先后顺序已经鉴定为由不予同意。欧文斯伊利诺斯公司在其提供一份由美利坚合众国俄亥俄州的公证员盖章的宣誓书中,亦表示Jennifer Yu的电子邮件账户未发出或收取与该第二份解雇合同有关的邮件。其二,俞某萍陈述在协商签订《劳动合同终止书》时,其曾就附加协议所涉而《劳动合同终止书》未涵盖的2011年、2012年年终奖及2012年未休年休假工资向欧文斯伊利诺斯公司提出过支付请求,但欧文斯伊利诺斯公司的法定代表人明确表示不予支付。《劳动合同终止书》签订于2014年12月9日,附加协议显示订立的时间为同月15日,并且根据附加协议的内容,明显与《劳动合同终止书》的条款内容相矛盾,俞某萍又未能对劳动合同终止后又在短短1周内达成附加协议的合理性作出令人信服的解释。其三,2011年5月及2014年5月欧文斯伊利诺斯公司与俞某萍订立的劳动合同、2014年12月9日欧文斯伊利诺斯公司与俞某萍签订的《劳动合同终止书》中,公司方一栏处除有公司的公章外,均有公司负责人的个人签名,而附加协议的公司方一栏中只有公章,没有公司负责人的个人签名。其四,就附加协议签订的过程俞某萍在仲裁庭审、法庭庭审中的陈述不完全一致,并且作为薪酬福利经理曾保管过公司的公章。基于存有上述情况,俞某萍依据附加协议主张特别奖金,难以支持。至于俞某萍要求支付特别奖金的相应利息的上诉请求,因未经过一审程序,不予处理。判决:驳回上诉,维持原判。[1]

对于用人单位未明确作出解除劳动关系的意思表示,但劳动合同关系已经实际处于解除状态的案件,探究与认定双方当事人对劳动关系继续履行抑或解除的真实意思是审理中的焦点问题。在"无明确意思表示"解除劳动关系的情形下,劳动关系存续与否需要借助民法理论中关于默示意思表示的认定进路。《民法典》明确规定意思表示可以通过明示或默示的方式作出,当事人真实意思的解释是法官必须进行的思维任务和作出判决的基础工作。法官对默示意思表示的解释与认定主要从以下两个方面考量,其一,解释原则。法官应当遵循探究真意、信赖保护和诚信的基本原则。其二,解释方法。结合民法理论,法官在司法审查中主要结合主观意图和客观效果两个方面,作出最终的司法判断。主观意图探查从

---

〔1〕 参见国家法官学院案例开发研究中心编:《中国法院2018年度案例》(劳动纠纷),中国法制出版社2018年版,第276~277页。上海市第一中级人民法院(2016)沪01民终9320号民事判决书。

意思表示者的意思出发,通常所说的"意思"是指当事人内心的真意,有时并不等于规范的意思。客观效果作为辅助考量,从常理或法理判断意思作出与客观效果是否能够建立联系、当事人对实际产生客观效果持有何种态度,很大程度上可以辅助验证当事人的真实意思表示。

【案例1-33】 杨某诉艺术培训中心劳动争议纠纷案

一审法院认为,双方已不具有继续维持劳动关系的客观基础和主管合意。一方面,根据艺术培训中心的主张杨某在2018年6月20日"停薪留职"后应继续在西直门分校担任校长并开展日常工作。但证据显示,艺术培训中心在作出"停薪留职"决定的同时,指派了其他员工接替杨某的工作。在杨某明确表示不同意"停薪留职"的前提下,杨某"停薪留职"期满后,艺术培训中心未对杨某作出进一步处理决定,即任命了新的分校校长。可见,艺术培训中心具有停止杨某工作的意思,其行为亦中断了杨某提供劳动、获取劳动报酬及继续履行劳动合同的客观基础。另一方面,艺术培训中心虽主张2018年8月12日期间袁某向杨某发送微信可以证明袁某要求杨某返岗上班,但信息内容更倾向于构成对离职员工再次入职或再次合作的邀约,而非用人单位要求在职员工返岗上班的通知,因此双方对劳动关系的解除在主观上已经形成合意,鉴于此,在已不具备维系劳动关系客观基础上与主观合意的情形下,如果强行认定双方劳动关系尚未解除,将不利于劳动者权益的保障且继续履行成本过高,认定双方劳动关系已经解除更为适宜。关于劳动关系的解除时间,杨某在诉讼中主张解除时间与在先陈述存在矛盾,且未能作出合理解释,结合"停薪留职"的期限及其主张的艺术培训中心任命新的西直门分校校长的时间,采信双方劳动关系2018年6月27日解除的主张。

艺术培训中心构成对杨某劳动关系的违法解除。首先,艺术培训中心对杨某"停薪留职"决定的依据不足。停薪留职制度是我国市场经济体制改革中为解决国有企业经营困难等而采取的措施,目的是减轻国有企业的负担。艺术培训中心作出的"停薪留职"决定显然不属于上述情形。审理中,法院要求艺术培训中心作出必要的解释,该中心主张,法定代表人袁某作出的"停薪留职"决定是指停发杨某的工资,但保留其工作岗位,理由系认为杨某未经领导同意将校长工作号交予他,实质上属于用人单位对劳动者的处罚决定。艺术培训中心自认该决定的作出并无制度依据,因此该中心对杨某的处罚决定的作出具有随意性,有所不妥,对其主张不予采信。其次,本案有关劳动合同解除的相关争议产生于艺术培训中心作出的"停薪留职"决定,虽然艺术培训中心未明示解除劳动关系,但其行为导致劳动关系履行基础丧失,可以视为用人单位作出与劳动者解除关系的意思表示。艺术培训中心作出"停薪留职"的决定缺乏法律和制度依据,违反法律规定,故采信杨某关于艺术培训中心违法解除劳动关系的主张，该中心应当依法支付违法解除劳动关系赔偿金。判决：(1)艺术培训中心支付杨某未签订书面劳动合同双倍工资差额29,367.81元；(2)艺术培训中心支付杨某2018年3月1日至5月31日期间工资差额14,981.76元；(3)艺术培训中心支付杨某违法解除劳动关系赔偿金53,944元；(4)艺术培训中心支付杨某2018年6月工资13,331元；(5)驳回杨某的其他诉讼请求；(6)驳回艺术培训中心的全部诉讼请求。二审法院同意一审法院裁判意见。[1]

就双方的合意问题，最高人民法院法官在解读《劳动争议解释(一)》第三十四条第一款规定中认为，关于劳动合同履行期限的约定，属于双方对劳动合同持续时间的合意，这种合意很难通过默示行为来推定，与可以通过工资报酬的支付、接收行为来推定双方对工资报酬的协议不同，因此不宜与劳资双方的履行默示行为来认定原劳动合同约定的期限就是双方合意，而需要根据当事人明示意思来确定。如果双方继续履行的期限未协商或者协商不成，则应当根据《劳动合同法》等法律法规来认定。[2]

就口头变更劳动合同的合意问题，最高人民法院法官认为，口头变更劳动合同，应当建立在劳资双方合意的前提下，这种合意可以是明示的，也可以是默示的，即通过当事人连续的实际履行行为表现出来。需要注意的是，不能把沉默当成默示，依据《民法典》第一百四十条规定，沉默只有在法律规定、当事人约定或者符合当事人之间的交易习惯时，才可以视为意思表示。[3]

(四)劳动合同试用期认定

试用期是劳动合同关系的一个重要问题，涉及诸多方面。关于劳动合同试用期的具体含义有不同的观点。一种观点认为，劳动合同试用期是指用人单位和劳动者在没有建立正式劳动关系之前，为了相互了解而约定的不超过6个月的考察期。用人单位对劳动者思想品德、劳动态度、劳动能力等进一步观察的时间期限，也是劳动者对用人单位是否符合自己的择业要求的体验，是双向选择的结果。另

[1] 参见国家法官学院、最高人民法院司法案例研究院编：《中国法院2022年度案例》(劳动纠纷)，中国法制出版社2022年版，第122～123页。北京市第二中级人民法院(2020)京02民终13313号民事判决书。

[2] 参见最高人民法院民事审判第一庭编：《事审判指导与参考》2021年第1辑(总第85辑)，人民法院出版社2021年版，第226页。

[3] 参见最高人民法院民事审判第一庭编：《事审判指导与参考》2021年第1辑(总第85辑)，人民法院出版社2021年版，第229页。

一种观点认为，劳动合同试用期是劳动合同双方规定的试用期，即用人单位和劳动者在规定期限届满前的相互选择和相互考察。关于劳动合同试用期的法律性质有不同的学说观点：一种观点认为劳动关系是一种正式的合同，在试用期间的劳动合同并不是正式的劳动合同，这一观点主要有预约合同说和特殊合同说。另一种观点认为试用期包含在劳动合同中，是一种正式的劳动合同，主要有停止条件说和解雇权保留说。

1. 试用期认定

未签劳动合同试用期认定是有争议的问题。最高人民法院法官认为，在双方未签订劳动合同而又无其他证据证明有试用期的情况下，应当认定用人单位放弃了试用期，双方劳动关系中不存在试用期问题。这就要求用人单位通常必须在建立劳动关系时就要订立劳动合同，或者至少就试用期达成约定，否则此后再订立劳动合同就可能无法约定试用期。这样处理显然有利用促使用人单位签订书面劳动合同，实现《劳动合同法》推进劳动合同签订、规范劳动秩序的目的。至于用人单位能证明不签订劳动合同系因劳动者原因造成的，则可依照《劳动合同法实施条例》第十九条的规定，用人单位可以依照《劳动合同法》规定的条件、程序，与劳动者解除劳动合同。[1]

应注意的是，签订劳动合同中同一用人单位与同一劳动者只能约定一次试用期。由于《劳动合同法》的立法意图就是保护劳动者与用人单位建立稳定的劳动合同关系，如果不作上述规定，有可能出现有的单位有意在短期内多次与同一劳动者签订劳动合同，适用多个试用期的规定。故此，如果用人单位连续使用同一劳动者在同一岗位或者可替代性的岗位工作，不论是延续劳动合同还是劳动合同终止后隔时被用人单位再次招用等，均不应另行约定试用期。[2]

2. 试用期起算点

试用期的起算点，《劳动法》和《劳动合同法》并无明确规定，实践中的观点亦不一致。最高人民法院法官认为，无论实际用工的时间和订立劳动合同的起算点是否一致，试用期的起算点应当是实际用工的时间。理由：第一，从时间上看，试用期应与劳动关系建立时间相一致。《劳动合同法》第十条第三款规定："用人单位与劳动者在用工前订立劳动合同的，劳动关系自用工之日起建立。"劳动关系自用工之日起建立，按照这一逻辑关系，试用期也应当自用工之日开始计算。第二，从实际用工之日起算试用期符合试用期的本意。试用期是用人单位考察后而决

---

〔1〕 参见最高人民法院民事审判第一庭编：《民事审判实务问答》，法律出版社 2021 年版，第 218 页。

〔2〕 参见最高人民法院民事审判第一庭编：《民事审判实务问答》，法律出版社 2021 年版，第 211 页。

定是否聘用劳动者的一个时间段,既然是在使用中考察,试用期自然应当从使用之日起即用工之日起计算,而仅仅通过签订劳动合同,用人单位并不能对劳动者的工作能力实行实质的考察。第三,从实际用工的时间起算试用期能够实现用人单位和劳动者利益的合理平衡。如果以合同订立之日作为试用期起算点,若合同订立之日早于用工之日,由于此时劳动者还没有参加劳动,有可能会产生至实际用工之日时,试用期就已届满,这就与试用期的本意相违背,导致法律的天平过多偏向于劳动者,这对用人单位显然是不公平的,也不利于建立和谐的劳动秩序;若合同订立之日晚于用工之日,有可能会导致试用期届满,但仍未订立劳动合同,这对于劳动者权利的保护也是不利的。综上所述,应当以实际用工之日作为试用期的起算点。[1]

3. 试用期延长

试用期是劳动者与用人单位互相了解、选择而约定的考察期。在试用期内,劳动者及用人单位均有权随时解除劳动合同。劳动合同约定的试用期必须符合法律规定,试用期能否延长,主要考察试用期延长的方式及首次试用期是否合法。如果首次试用期已达到法律规定的最长期限,则无法延长试用期。如果首次约定试用期未达到最高期限,双方可以协商一致延长使用期,此时需要注意要采取合法的方式。首先,双方需在试用期届满前延长。其次,延长后的试用期不得超过法律规定的最高期限。最后,延长试用期需经双方协商一致,用人单位单方延长试用期,而未通知或征得劳动者同意则延长试用期不受法律保护。

【案例1-34】　北京金京铭科技有限公司诉秦某蓓劳动争议纠纷案

判决观点,……北京金京铭科技有限公司(以下简称金京铭公司)虽主张秦某蓓试用期考核不合格,公司才将其试用期延长,秦某蓓并未参加金京铭公司关于延长使用期的会议,会议纪要亦未发放给秦某蓓本人,且金京铭公司未以其他书面形式告知秦某蓓被延长之决定,秦某蓓亦不予认可,故对金京铭公司上述主张法院难以采信。判决:(1)金京铭公司与秦某蓓自2014年5月21日至10月10日期间存在劳动关系;(2)金京铭公司支付秦某蓓2014年6月21日至10月10日未签订劳动合同二倍工资差额16,189.63元;(3)金京铭公司支付秦某蓓2014年10月1日至10月10日工资1724.98元;(4)驳回金京铭公司的其他诉讼请求。[2]

同一用人单位与同一劳动者只能约定一次试用期。在法定试用期内,延长试

〔1〕参见最高人民法院民事审判第一庭编:《民事审判实务问答》,法律出版社2021年版,第219页。

〔2〕参见国家法官学院案例开发研究中心编:《中国法院2017年度案例》(劳动纠纷),中国法制出版社2017年版,第92~93页。北京市丰台区人民法院(2015)丰民初字第11923号民事判决书。

用期属于二次约定试用期。

【案例1-35】 教育公司诉王某劳动争议纠纷案

一审法院认为,本案中,教育公司与王某订立有3年期限的固定期限劳动合同,约定试用期至2018年6月25日止,此后该公司于2018年6月25日以王某试用期无签单为由延长试用期至2018年9月25日,属于二次约定试用期。无论教育公司与王某是否已就延长试用期的问题协商一致,再次约定试用期的行为已违反法律的强制性规定。另外,通过2018年9月30日教育公司出具的《试用期转正通知书》可知,王某自2018年10月1日成为正式员工,再结合2018年9月26日至11月25日期间的工资发放情况可知,王某的试用期至2018年9月30日才结束,教育公司应支付王某2018年6月26日至9月30日期间违法约定试用期的赔偿金42,027.59元。判决:(1)教育公司支付王某工资差额2982.3元;(2)教育公司支付王某绩效工资差额5406.9元;(3)教育公司支付王某2018年6月26日至9月30日违法约定试用期赔偿金42,027.59元;(4)教育公司支付王某工资差额6480.04元;(5)教育公司支付王某违法解除劳动合同赔偿金22,557.47元;(6)教育公司支付王某延时加班工资1777.45元。二审法院同意一审法院裁判意见。[1]

用人单位经过劳动者同意延长试用期的,属于双方协商一致对原劳动合同的变更,并不属于第二次约定试用期。

【案例1-36】 林某某诉森沛科技(深圳)有限公司劳动争议纠纷案

二审法院认为,本案中,森沛科技(深圳)有限公司(以下简称森沛公司)与林某某签订的劳动合同期限为3年,按照《劳动合同法》第十九条第一款的规定,试用期不得超过6个月。双方约定的试用期为3个月,未超出法定期限。后双方协商一致延长试用期2个月,试用期的总期限仍未超出法定期限。而延长试用期经过了林某某的同意,属于双方协商一致对原劳动合同的变更,并不属于第二次约定试用期。故本案中,森沛公司延长试用期未违反法律规定,森沛公司无需支付违法约定试用期赔偿金。[2]

4. 试用期届满后果

劳动者在试用期间被证明不符合录用条件,用人单位决定不予录用的,但用人单位在劳动者试用期满后才作出不录用的决定,或者试用期内作出决定但在试

---

〔1〕 参见国家法官学院、最高人民法院司法案例研究院编:《中国法院2022年度案例》(劳动纠纷),中国法制出版社2022年版,第268页。北京市第一中级人民法院(2020)京01民终5195号民事判决书。

〔2〕 广东省深圳市中级人民法院(2020)粤03民终28085号民事判决书。

用期满后才通知劳动者离职，上述情况都是违反《劳动法》《劳动合同法》规定的，构成违法解除劳动合同，应承担支付赔偿金的责任。

试用期属于劳动关系存续期间的一个阶段，即使在试用期期间解除劳动合同，用人单位也需举证证明劳动者存在不能达到职务要求、不能按入职要求提供相关证件等情形。

【案例1-37】 山西千禧中环禧悦酒店管理有限公司与李某某劳动争议纠纷再审案

再审法院认为，劳务派遣关系中一般存在派遣单位、用工单位与劳动者三方主体，派遣单位派遣劳动者至用工单位工作，劳动者受派遣单位的管理。但是就本案而言，李某某的考勤由公司统计并管理，李某某的工资由山西千禧中环禧悦酒店管理有限公司（以下简称禧悦公司）打入其个人账户，《关于李某某请假的回复通知》系由禧悦公司作出。申请人并未提供证据证明存在第三方派遣公司或其他李某某并非直接由禧悦公司进行管理的证据，结合李某某在禧悦公司的工作时间、工作任务等，原审认定双方之间存在劳动关系并无不当，法院予以支持。试用期属于劳动关系存续期间的一个阶段，即使试用期解除劳动合同，用人单位也需举证证明劳动者存在不能达到职务要求、不能按入职要求提供相关证件等情形。故申请人主张被申请人拒绝签订劳动合同、在试用期未就相关事宜达成一致无事实和法律依据，法院不予支持。[1]

试用期满后，用人单位录用劳动者表明其认可劳动者的工作表现，其后以试用期业绩不达标、不符合录用条件等为由与劳动者解除劳动合同的，法院不予支持。

【案例1-38】 北京今日花开科技有限公司与刁某某劳动争议纠纷案

二审法院认为，试用期满后，北京今日花开科技有限公司（以下简称今日公司）录用刁某某表明其认可刁某某的工作表现，其以试用期业绩不达标为由与刁某某解除劳动合同，缺乏依据。《劳动合同法》第四条第四款规定，用人单位应当将直接涉及劳动者切身利益的规章制度和重大事项决定公示，或者告知劳动者。本案中，今日公司未举证证明已将直接涉及刁某某切身利益的《通知》《公司业务销售人员薪资体系》达到考核要求解除劳动合同，违反上述规定。一审法院判决今日公司向刁某某支付违法解除劳动合同赔偿金，并无不当。[2]

劳动者在试用期间被证明不符合录用条件的，用人单位可以解除劳动合同，

---

〔1〕 山西省高级人民法院(2022)晋民申1874号民事裁定书。

〔2〕 北京市第二中级人民法院(2022)京02民终7020号民事判决书。

但前提是用人单位应当提供证据证明制定了相关录用条件、考核制度等,并根据这些制度对劳动者作出具体的考核。

【案例1-39】 广州市祥晋贸易有限公司诉黎某某劳动争议纠纷案

判决观点,根据《劳动合同法》规定,在试用期间被证明不符合录用条件的,用人单位可以解除劳动合同。本案原告并未提供证据证明制定了相关录用条件、考核制度等,并根据相关制度对被告作出具体的考核,且在仲裁期间,原告仅以被告工作期间喝酒为由解除劳动关系,并没有称对被告的工作进行评估,故原告单方作出的试用期员工评估表可信性较低,法院不予采信,另原告提供的视频也不足以证明被告工作时间喝酒的事实,因此,原告提供的证据不足以证明被告不符合录用条件,原告构成违法解除劳动关系。[1]

劳动合同约定试用期届满后,根据情况决定是否录用的,该期限应视为双方签订的劳动合同期限。

【案例1-40】 邓某诉甘肃岚洋科技技术有限责任公司劳动争议纠纷再审案

再审法院认为,根据《劳动合同法》第十九条第四款规定:"试用期包含在劳动合同期限内,劳动合同仅约定试用期的,试用期不成立,该期限为劳动合同期限",案涉招聘简历表中约定3个月的试用期届满后,根据情况决定是否录用,应视为双方签订的劳动合同期限为3个月,该合同于2018年9月8日期满。又因案涉合同存在《劳动合同法》第四十五条规定的法定情形,应当延续。2018年12月3日,邓某产假期满后,双方发生争议,邓某也未到甘肃岚洋科技技术有限责任公司上班,双方的劳动关系终止。[2]

(五)完成工作职责事实认定

完成工作职责事实争议主要发生在劳动者担任研发领域中,较一般的劳动者特殊在于,劳动者在用人单位担任研发工作。判断其在职工作期间是否完成了工作职责,主要把握两点,其一,提交的研究成果具体包含的内容。一般情况下,除非劳动者和用人单位有特别约定,否则,所有研究成果均应上交用人单位。其二,对于研发标准,用人单位会对研发人员提交的研发成果作出基本的评估,并提出基本的要求。但是,由于研发工作并非计划可控行为,因此这种最初的对工作成果的预计和要求往往无法十分具体,进而对于最终的研究成果是否符合用人单位

---

〔1〕 广东省广州市荔湾区人民法院(2021)粤0103民初18630号民事判决书。

〔2〕 甘肃省高级人民法院(2022)甘民申1659号民事裁定书。

的要求也就会在劳动者和用人单位之间产生争议。作为研发人员的劳动者提交的研究成果,一般为职务成果,用人单位享有相应的权利。但是,研发工作本身的不可控性使得最终成果也具有不可控性。例如,可能在某个阶段中提交的成果是符合要求的,但是在之后的某个阶段,或者是此后的生产中发现,其成果无法满足市场的要求,提交的研究成果也并非用人单位预设的成果。在这种情况下,作为研发人员的劳动者是否应承担失职责任,用人单位能否以此为由解除劳动合同,可以肯定,基于研发工作的特殊性,只要研发人员完成了用人单位在每一个基本阶段提出的基本要求,即应视为完成的工作职责。至于在之后的阶段,研究成果无法满足用人单位的要求,用人单位应自行承担风险。

【案例1-41】　北京维德维康生物技术有限公司诉邱某萍劳动争议纠纷案

一审法院认为,邱某萍于限定期限内向北京维德维康生物技术有限公司(以下简称维德维康公司)交付了指定项目和标准的研发成果,维德维康公司解除与邱某萍的劳动合同,没有事实和法律依据,理由:首先,2014年5月16日维德维康公司李某梅向邱某萍等人发送的电子邮件明确载明,邱某萍在5月31日前需提交项目的成果是灵敏度为3ppb的克伦特罗检测卡和灵敏度为5ppd的莱克多巴胺检测卡;其次,双方认可邱某萍于2014年5月30日向维德维康公司提交了克伦特罗快速检测卡项目SOP文件和莱克多巴胺快速检测卡项目SOP文件,具体内容均已包括胶体金颗粒、抗原和抗体配方和数量,且该两份文件封面均有维德维康公司吴某平记载的可实现响应灵敏度的手写确认内容,足以证明邱某萍提交的研发成果符合维德维康公司的要求,维德维康公司时隔近半年后的2014年11月才进行催交,显然不符合常理;最后,2015年1月13日维德维康公司龚权君向邱某萍等人发送的电子邮件明确载明,该公司存有包括前述灵敏度的克伦特罗快速检查检测卡和莱克多巴胺快速检查卡卡半成品,亦可佐证维德维康公司已根据相关研发成果进行了产品生产。判决:(1)维德维康公司向邱某萍支付2014年10月1日至11月19日的工资18,413.97元;(2)维德维康公司向邱某萍支付2014年1月1日至11月19日的年终奖16,021.68元;(3)维德维康公司向邱某萍支付违法解除劳动合同赔偿金68,566.26元;(4)驳回维德维康公司的其他诉讼请求。

二审法院认为,从维德维康公司提供的证据来看,证人吴某、李某与维德维康公司存在利害关系,证据不予采信;《员工手册》、《公司奖惩制度》和《培训签到表》未显示有邱某萍签字;《质检报告》、《交回工作成果通知》、《辞退通知书》和《说明》等也不足以证明邱某萍未交付研发成果,相反,从邱某萍提供的证据来看,根据克伦特罗SOP文件和莱克多巴胺SOP文件上的手写内容,并结合电子邮件,可以确认邱某萍已交付研发成果,故维德维康公司解除劳动合同的理由不成立。判决:驳回上诉,维持原判。[1]

(六)劳动争议诉讼时效

时效是指权利人不行使权利的事实状态持续经过法定期间,其权利即发生效力减损的制度。作为权利行使尤其是救济权行使期间的一种,时效既与当事人的实体权利密切相关,又与当事人通过相应的程序救济其权益密不可分。

1. 劳动仲裁时效理解

仲裁时效分为一般(普通)仲裁时效和特别仲裁时效。《劳动争议调解仲裁法》第二十七条规定,"劳动争议申请仲裁的时效期间为一年。仲裁时效期间从当事人知道或者应当知道其权利被侵害之日起计算"。这就是通常所称的"一般时效"。该条还同时规定,"劳动合同关系存续期间因拖欠劳动报酬发生争议的,劳动者申请仲裁不受本条第一款规定的仲裁时效期间因拖欠期间的限制"。该款规定在实践中被称为"特别时效",即在职期间劳动报酬争议不适用时效限制。也就是说,在劳动关系存续期间因拖欠劳动报酬发生劳动争议的,应当适用特别仲裁时效,即劳动关系存续期间的拖欠劳动报酬仲裁时效不受"知道或者应当知道权利被侵害之日起一年"的限制,但是劳动关系终止的,应当自劳动关系终止之日起一年内提出。

【案例1-42】 山东某公司诉李某确认劳动关系纠纷案

二审法院认为,鉴于本案中李某工作单位及工作地点并未发生变化和中断,双方无论是否签订劳动合同,只要双方符合劳动关系的特征和法定情形,双方之间的劳动关系即一直处于持续状态,并未发生应当开始计算仲裁时效的情形。一审判决李某申请确认其与山东某公司自2006年10月至2014年2月存在劳动关系超过仲裁时效不当。李某的上诉请求成立。判决:(1)变更一审判决为李某与山东某公司自2007年12月至2020年2月存在劳动关系;(2)驳回山东某公司的其他诉讼请求。[2]

【案例1-43】 河南平禹煤电有限责任公司方山矿诉张某劳动争议纠纷案

二审法院认为,本案中,2011年2月25日张某被平顶山市劳动能力鉴定

---

〔1〕 参见国家法官学院案例开发研究中心编:《中国法院2018年度案例》(劳动纠纷),中国法制出版社2018年版,第126~127页。北京市第一中级人民法院(2016)京01民终2500号民事判决书。

〔2〕 参见国家法官学院、最高人民法院司法案例研究院编:《中国法院2023年度案例》(劳动纠纷),中国法制出版社2023年版,第210页。山东省淄博市中级人民法院(2021)鲁03民终4157号民事判决书。

委员会鉴定为八级伤残,其于2019年8月9日申请仲裁,已超过法定的时效期间,故其关于未超过本案时效期间的上诉请求法院不予支持。关于本案的经济补偿金,河南平禹煤电有限责任公司自愿承担,是对其民事权利的自由处分。综上所述,张某的上诉请求不能成立,应予驳回;一审判决认定事实清楚,适用法律正确,应予维持。[1]

劳务派遣争议纠纷案件,同样适用1年的仲裁时效。

劳动报酬请求权的仲裁时效期间适用特殊的起算点,这是基于:其一,在劳动关系存续期间不能期待劳动者积极行使自己的权利。其二,劳动关系存续期间,双方存在相互信任关系;在双方互相信任时,争议之解决往往是私下协商,极少期待进入仲裁程序。劳动者在用人单位工作常常是几年甚至几十年,双方不仅是一种管理与管理的关系,亦是一种长期友好合作关系或是比较熟悉的关系,存在一定信任。这种信赖关系能够产生经济利益,法律应尽量维持当事人之间的信任关系,促进双方的友好合作,构建和谐的劳动关系。从理论上讲,报酬请求权是一种继续性债,因此,劳动者与用人单位只要持续产生劳动报酬,其仲裁时效就未起算。劳动报酬请求权的产生不仅因双方存在劳动关系,当双方存在劳务关系时,亦可产生。所以,从立法目的上看,在劳务关系存续期间,拖欠劳动报酬发生争议的,诉讼时效期间可适用《劳动争议调解仲裁法》第二十七条第四款的规定,即劳动报酬请求权应从劳动者不再提供劳动、用人单位不再支付劳动报酬时起算,这包括劳动关系转为劳务关系的情形在内。

【案例1-44】 北京倪氏海泰餐饮有限公司诉赵某香劳动争议纠纷案

一审法院认为,2005年11月3日至2012年8月7日,双方存在劳动关系。北京倪氏海泰餐饮有限公司(以下简称倪氏海泰公司)在双方劳动关系存续期间未为赵某香缴纳养老保险,且赵某香系农业户籍,倪氏海泰公司应向赵某香支付未缴纳养老保险的赔偿金。2012年8月7日之后,赵某香仍在倪氏海泰公司工作,双方之间形成劳务关系,双方之间法律关系的性质虽存在变化,但赵某香向倪氏海泰公司提供有偿劳动一直处于延续且无间断的状态,故对倪氏海泰公司提出的时效抗辩意见不予采纳。判决:(1)倪氏海泰公司支付赵某香2005年11月3日至2011年6月30日未缴纳养老保险金9395.4元;(2)驳回赵某香的其他诉讼请求。二审法院同意一审法院裁判意见。判决:驳回上诉,维持原判。[2]

---

〔1〕 河南省许昌市中级人民法院(2020)豫10民终1170号民事判决书。

〔2〕 参见国家法官学院案例开发研究中心编:《中国法院2019年度案例》(劳动纠纷),中国法制出版社2019年版,第228页。北京市第一中级人民法院(2017)京01民终7523号民事判决书。

劳动关系存续期间因拖欠劳动报酬发生争议的,劳动者申请仲裁的不受1年仲裁时效期间的限制;但是,劳动关系终止的,应当自劳动关系终止之日起1年内提出。劳动者达到退休年龄后继续在用人单位工作,其双方并未终止彼此之间的法律关系,而是形成一种特殊的劳动关系。用人单位未依法缴纳社会保险费造成劳动者达到法定退休年龄后无法享受养老保险待遇,双方在劳动者退休之时终止劳动关系的,劳动者主张养老保险待遇赔偿的仲裁时效自达到退休年龄之日起开始计算;达到退休年龄后仍继续用工的,劳动关系仍在持续存在状态中,则从双方解除劳动关系之日开始计算。

【案例1-45】 陈某诉××中专劳动合同纠纷案

一审法院认为,××中专辩称陈某诉请社会保险待遇损失已超过仲裁时效。《劳动争议调解仲裁法》第二十七条第一款规定……因此,对于因用人单位未为劳动者依法缴纳社会保险费,劳动者主张达到法定退休年龄之日起开始计算;达到退休年龄后仍继续用工的,则从双方解除劳动关系之日开始计算。本案中,陈某于2011年2月9日达到退休年龄,继续在××中专工作至2019年1月29日,陈某于2019年1月18日申请劳动仲裁,未超过1年仲裁时效。二审法院判决:驳回上诉,维持原判。[1]

未休带薪年休假的工资报酬应当考虑年休假可以集中、分散和跨年度安排的特点,仲裁时效从第二年的12月31日起算,不能简单地适用1年的仲裁时效。即采“宽松一年时效说”,符合现在大多数的审判思路和观点。

【案例1-46】 谢某奇诉北京北内柴油机有限责任公司劳动争议纠纷案

二审法院认为,双方当事人对北京北内柴油机有限责任公司(以下简称北内柴油机公司)应当支付谢某奇2014年4月1日离职前的休息日加班工资2319.23元均未提起上诉,法院对此不持异议并予以确认。关于年休假工资,依据法律对劳动争议仲裁时效的规定以及未休年休假工资的支付期间和方式,一审法院认定谢某奇主张2014年度未休年休假的工资未超出仲裁时效期间并无不当。法院对北内柴油机公司关于不应支付谢某奇2015年之前的年休假工资的上诉请求不予支持。法院二审期间,北内柴油机公司认可2015年及2016年谢某奇的年休假为15天,但主张2016年谢某奇已经休年假6天,分别为2016年5月31日至6月3日、6月6日以及6月30日,并主张上述期间的年休假工资应予扣减。谢某奇对此不予认可,因北内柴油机公司并未提交证据证明上述时间内,谢某奇是因为年休假而未予出勤,法院对

---

〔1〕 参见国家法官学院、最高人民法院司法案例研究院编:《中国法院2021年度案例》(劳动纠纷),中国法制出版社2021年版,第202页。江苏省南通市中级人民法院(2019)苏06民终2808号民事判决书。

谢某奇已休6天年假的主张不予采信。一审法院核算的谢某奇未休年休假工资数额并无不当,法院应予确认。北内柴油机公司的上诉请求不能成立,应予驳回。一审判决认定事实清楚,适用法律正确,法院予以维持。判决:驳回上诉,维持原判。[1]

在司法实务中,对于未休年休假工资是适用一般仲裁时效还是适用特殊仲裁时效的问题,目前法律法规及相关司法解释尚无明确规定,各地法院也存在不同观点。

【案例1-47】 张某诉北京汇天物业管理有限公司劳动争议纠纷案

二审法院认为,关于未休年休假工资一节。劳动者应举证证明其享有的年休假天数,用人单位应举证证明其已安排劳动者休年休假或已发放劳动者未休年休假工资。单位根据生产、工作的具体情况,并考虑职工本人意愿,统筹安排职工年休假。年休假在1个年度内可以集中安排,也可以分段安排,一般不跨年度安排。单位因生产、工作特点确有必要跨年度安排职工年休假的,可以跨1个年度安排。参照相关规定,劳动者要求用人单位支付其未休带薪年休假工资中法定补偿诉请的仲裁时效期间亦应适用《劳动争议调解仲裁法》第二十七条第一款规定,即劳动争议申请仲裁的时效期间为1年。仲裁时效期间从当事人知道或者应当知道其权利被侵害之日起计算。考虑到年休假可以集中、分段和跨年度安排的特点,故劳动者每年未休带薪年休假应获得年休假工资报酬的时间从第二年的12月31日起算。本案中,因张某在一审中主张其每年享受5天年休假并据此主张未休年休假工资,现其在二审中又主张每年享受10天年休假,法院对其超出一审诉请范围的部分请求不予审处。根据本案查明事实可知,张某于2022年1月28日申请仲裁,故其要求支付2014年10月4日至2019年12月31日未休年休假工资的诉请已超过仲裁时效,一审法院对张某要求支付2020年1月1日至2021年11月20日未休年休假工资的诉请予以支持并无不当。判决:驳回上诉,维持原判。[2]

劳动者达到法定退休年龄时,未能领取养老金,即应当明知用人单位未为其缴纳社会养老保险,劳动者应当及时主张自己的权利。劳动者在达到法定退休年龄后1年内没有主张的,应当认定超过仲裁时效。

---

〔1〕 参见国家法官学院案例开发研究中心编:《中国法院2019年度案例》(劳动纠纷),中国法制出版社2019年版,第225页。北京市第二中级人民法院(2017)京02民终6123号民事判决书。

〔2〕 北京市第三中级人民法院(2023)京03民终2943号民事判决书。

【案例1－48】 施某琴诉南通博远机械制造有限公司养老保险待遇纠纷案

判决观点，本案中，施某琴于2010年10月8日达到法定退休年龄，未能领取养老保险金，此时权利已经受到侵害。施某琴在2011年4月向南通博远机械制造有限公司（以下简称博远公司）提出过养老保险主张，其对自身权利受到侵害应为明知，2012年12月6日，在施某琴向博远公司出具的书面申请中，明确与博远公司终止了劳动合同，施某琴应当及时主张自己的权利。根据本案的证据，仅能认定施某琴在2011年4月和2015年7月向博远公司提出过养老保险问题。施某琴于2016年6月15日申请劳动仲裁，已超过1年的仲裁时效。判决：驳回施某琴的诉讼请求。[1]

用人单位不能证明劳动者收到解除或终止劳动关系书面通知时间的，劳动者主张权利之日为劳动争议发生之日。

加班费属于劳动报酬，相关争议处理中应当适用特别仲裁时效。

【案例1－49】 张某诉某建筑公司劳动争议纠纷案

张某于2016年7月入职某建筑公司从事施工管理工作，2019年2月离职。工作期间，张某存在加班情形，但某建筑公司未支付其加班费。2019年12月，张某向劳动人事争议仲裁委员会申请仲裁，请求裁决某建筑公司依法支付其加班费，某建筑公司以张某的请求超过仲裁时效为由抗辩。张某不服仲裁裁决，诉至人民法院。一审法院判决：某建筑公司支付张某加班费18,120元。张某与某建筑公司均未提起上诉，一审判决已生效。[2] 本案争议焦点是张某关于加班费的请求是否超过仲裁时效。本案中，某建筑公司主张张某加班费的请求已经超过了1年的仲裁时效，不应予以支持。人民法院认为，张某与某建筑公司的劳动合同于2019年2月解除，其支付加班费的请求应自劳动合同解除之日起1年内提出，张某于2019年12月提出仲裁申请，其请求并未超过仲裁时效。根据劳动保障监察机构在执法中调取的工资表上的考勤记录，人民法院认定张某存在加班的事实，判决某建筑公司支付张某加班费。

2. 二倍工资时效

《劳动合同法》第八十二条规定："用人单位自用工之日起超过一个月不满一年未与劳动者订立书面劳动合同的，应当向劳动者每月支付二倍的工资。用人单

---

〔1〕 参见国家法官学院案例开发研究中心编：《中国法院2018年度案例》（劳动纠纷），中国法制出版社2018年版，第241页。江苏省南通市通州区人民法院（2016）苏0612民初4388号民事判决书。

〔2〕 人力资源社会保障部、最高人民法院发布第二批劳动人事争议典型案例之十。

位违反本法规定不与劳动者订立无固定期限劳动合同的,自应当订立无固定期限,应当向劳动者每月支付二倍的工资。”司法实践中,如何适用该条款的二倍工资时效有不同理解。一般来讲,每一条规定都很清晰,但综合起来看就出现了分歧。关键的分歧在于《劳动争议调解仲裁法》第二十七条与《劳动合同法》第八十二条的关联上,核心点在于:未按法律规定在相应期限内签订劳动合同“应当向劳动者每月支付二倍的工资”,其性质应该界定为具有惩罚性的“赔偿金”还是具有正当性的“劳动报酬”。在司法实践中,各地法院的认识并不相同,这主要涉及仲裁时效的适用。如果界定为具有惩罚性质的赔偿金,则其应当遵循《劳动争议调解仲裁法》第二十七条第一款的规定,即劳动争议申请仲裁的时效期间为 1 年。仲裁时效期间从当事人知道或者应当知道其权利被侵害之日起计算。如果界定为具有正当性质的劳动报酬,则应当遵循《劳动争议调解仲裁法》第二十七条第四款的规定,即劳动关系存续期间因拖欠劳动报酬发生争议的,劳动者申请仲裁不受本条第一款规定的仲裁时效期间的限制;但是,劳动关系终止的,应当自劳动关系终止之日起一年内提出。其第二十七条第一款与第四款理解差别,是导致各地法官处理偏差的根本原因。

主流观点认为,用人单位未依法与劳动者订立书面固定期限劳动合同、以完成一定工作任务为期限劳动合同,劳动者请求用人单位支付未订立劳动合同第二倍工资的,仲裁时效期间适用《劳动争议调解仲裁法》第二十七条第一款规定,从用人单位应当订立劳动合同之日起满一个月的次日起计算。用人单位未依法与劳动者订立书面无固定期限劳动合同,劳动者请求用人单位支付未订立劳动合同第二倍工资的,仲裁时效期间适用《劳动争议调解仲裁法》第二十七条第一款规定,从用人单位应当订立劳动合同的次日起计算。也就是说,关于未签合同二倍工资差额的性质,因为其具有社会意义的惩罚性,而不具有劳动交换的对价性,所以属于赔偿金而非劳动报酬;另外,从维权的角度看,应该推动劳动者维权的及时性,对于劳动者没有及时维权的情形,应当视为对本人合法权利的放弃,所以应遵循一般时效的规定。应该肯定这种理解符合《劳动争议调解仲裁法》第二十七条的规定,也符合劳动法律的社会价值和立法精神。

【案例 1－50】 郭某某诉海之鑫公司劳动合同纠纷案

二审法院认为,郭某某自 2015 年 5 月始为海之鑫公司销售产品,双方之间自此建立劳动关系,至 2019 年 2 月 24 日海之鑫公司、郭某某关系解除时双方从未签订过书面劳动合同。依据《劳动合同法》第八十二条与《劳动争议调解仲裁法》第二十七条第一款的规定,郭某某可以主张两倍工资差额的时效期限应自2016年5月起计算1年。[1]

【案例1-51】 王某钰诉中外通公司劳动争议纠纷案

二审法院认为,《劳动争议调解仲裁法》第二十七条规定:"劳动争议申请仲裁的时效期间为一年。仲裁时效期间从当事人知道或者应当知道其权利被侵害之日起计算。"王某钰2017年12月18日入职中外通公司,其主张未签订书面劳动合同二倍工资差额,时间段应当为2018年1月18日至12月17日,共计11个月。因此,王某钰应当在2018年12月17日起1年内主张权利。王某钰于2022年4月2日申请仲裁,已经超过了仲裁时效,且中外通公司在仲裁审理中对时效也进行了抗辩。王某钰主张未签订书面劳动合同二倍工资差额的请求,不予支持。[2]

用人单位未签订劳动合同的二倍工资适用哪种时效的前提是该"二倍工资"是否属于法律规定的劳动报酬。一种观点认为二倍工资是法律的直规定,是惩罚性赔偿而非劳动报酬,故其应适用劳动争议的一般仲裁时效。换言之,二倍工资应区分两部分予以分别计算仲裁时效,即区分为一倍工资的仲裁时效和一倍惩罚性赔偿金的仲裁时效,其中,一倍工资的仲裁时效应适用特殊仲裁时效;而一倍惩罚性赔偿金的仲裁时效则应适用一般仲裁时效。

【案例1-52】 贺某华诉阿拉山口胜利金属制品有限公司劳动争议纠纷案

二审法院认为,被上诉人贺某华于2013年3月进入上诉人阿拉山口胜利金属制品有限公司(以下简称胜利金属公司)工作至2013年10月14日,双方未签订书面劳动合同,上诉人胜利金属公司应当给付被上诉人贺某华自用工之日次月起2013年4月至10月的二倍工资。仲裁时效期间应当从该期间的最后一日即2013年10月14日被上诉人贺某华应当知道其权利被侵害之日起计算。从2013年10月14日起算,至被上诉人贺某华主张权利之日2014年5月15日,未超过《劳动争议调解仲裁法》第二十七条第一款规定的1年仲裁时效期间。上述人胜利金属公司依法应当支付被上诉人贺某华未签订书面劳动合同期间的二倍工资。因双方当事人对二倍工资计算期间及数额均无异议,故法院予以确认。判决:驳回上诉,维持原判。[3]

用人单位支付劳动者未签订劳动合同双倍工资的责任,可视为同一合同项下约定的具有整体性和关联性的定期给付之债。

---

〔1〕 江苏省南通市中级人民法院(2021)苏06民终1138号民事判决书。

〔2〕 湖北省武汉市中级人民法院(2022)鄂01民终20212号民事判决书。

〔3〕 参见国家法官学院案例开发研究中心编:《中国法院2017年度案例》(劳动纠纷),中国法制出版社2017年版,第177页。新疆维吾尔自治区博尔塔拉蒙古自治州中级人民法院(2015)博中民一终字第114号民事判决书。

【案例1-53】 龚某花诉枣庄嘉辉玻璃制品有限公司劳动争议纠纷案

判决观点,关于原告主张的双倍工资是否超过仲裁时效问题:原告于2011年9月到被告处工作,双方未签订书面劳动合同。根据《劳动合同法》第八十二条规定……故原告可享受2011年10月至2012年8月的双倍工资。被告认为原告主张的双倍工资已超过时效,应驳回其要求支付双倍工资的诉讼请求。法院认为,用人单位向劳动者支付的二倍工资,是基于用人单位没有按照《劳动合同法》规定与劳动者签订书面劳动合同所产生的法律后果,并非劳动者提供劳动的对价给付,具有惩罚性赔偿金的性质,因此二倍工资不属于劳动报酬的范畴,不适用《劳动争议调解仲裁法》第二十七条第四款规定,关于劳动关系存续期间因拖欠劳动报酬发生仲裁时效的规定,用人单位支付劳动者未签订劳动合同双倍工资的责任,可视为同一合同项下约定的具有整体性和关联性的定期给付之债,仲裁时效期间从最后履行期限届满之日起算。因原告于2013年7月向枣庄市山亭区劳动争议仲裁委员会提请劳动仲裁,根据《劳动争议调解仲裁法》第二十七条第一款、第二款规定……因此原告应享受2012年7月至8月的双倍工资。……判决:(1)被告枣庄嘉辉玻璃制品有限公司支付原告龚某花二倍工资2400元。(2)驳回原告龚某花的其他诉讼请求。[1]

【不同处理】 另一种观点认为,劳动合同法将其明确为双倍工资,而非赔偿金、补偿,应当理解为劳动报酬,适用劳动报酬特别时效。

【案例1-54】 郭某某诉海南兴城幕墙装饰工程有限公司劳动争议纠纷再审案

再审法院认为,根据抗诉机关的抗诉意见以及双方当事人的意见,本案再审的争议焦点为:郭某某诉求海南兴城幕墙装饰工程有限公司(以下简称兴城幕墙公司)支付未签订书面合同的二倍工资差额是否已超过仲裁时效。……法院认为,首先,《劳动合同法》第八十二条规定……从该条表述来看,用人单位给劳动者支付的是二倍的"工资",而非其他。其次,从立法目的来看,虽然二倍工资是对用人单位不签订书面劳动合同的行为进行惩罚,但这种惩罚的目的是劳动者得到更为全面的保护。一旦用人单位不与劳动者签订书面劳动合同,就应当支付二倍工资以降低劳动者因劳动关系存续期间不确定而面临随时失业的风险。而倘若要求劳动者在劳动关系存续期间就必须对用人单位不签订书面劳动合同的行为提起仲裁,那劳动者就有可能

---

〔1〕 参见国家法官学院案例开发研究中心编:《中国法院2015年度案例》(劳动纠纷),中国法制出版社2015年版,第200页。山东省枣庄市山亭区人民法院(2013)山民初字第2441号民事判决书。

被解雇,不利于立法目的的实现。综上,应认定二倍工资属于“劳动报酬”。据此,就二倍工资发生争议的,应自劳动关系解除之日起开始计算仲裁时效。具体到本案中,郭某某与兴城幕墙公司之间的劳动关系于2012年4月30日解除,而郭某某在2012年6月4日已经就未签订书面合同的二倍工资差额向海口市劳动仲裁委员会申请仲裁,并未超出法律规定的仲裁时效,原判对此适用法律并无过错,应予维持。〔1〕

【案例1-55】 潘某进诉武汉一半天公司劳动合同纠纷再审案

再审法院认为,依据《劳动合同法》第八十二条“用人单位自用工之日起超过一个月不满一年未与劳动者订立书面劳动合同的,应当向劳动者每月支付二倍的工资”的规定,武汉一半天公司应向潘某进支付未签订书面劳动合同的双倍工资。关于该双倍工资的仲裁时效问题,该双倍工资虽具有一定的惩罚性,但法律明文规定其系工资,属于劳动者的劳动报酬,并非赔偿金,故其适用《劳动争议调解仲裁法》第二十七条第四款“劳动关系存续期间因拖欠劳动报酬发生争议的,劳动者申请仲裁不受本条第一款规定的仲裁时效期间的限制;但是,劳动关系终止的,应当自劳动关系终止之日起一年内提出”的规定。〔2〕

【不同处理】 个案中,有的法院做出了不同的理解,甚至上下级法院的理解不同。

【案例1-56】 某某诉智海公司劳动合同纠纷案

一审法院认为,未签合同双倍工资,虽然名为“工资”,但与以劳动者付出劳动为前提,用人单位支付相应报酬的工资不同,它不属于劳动报酬的范畴,它是法律对用人单位不及时签订劳动合同课以惩罚性的补偿金,因此双倍工资的仲裁时效,是以劳动者知道或应该知道其权利受到侵害起一年内。

二审法院认为,根据全国人大常委会法工委所编写的《劳动合同法释义》第八十二条规定:“用人单位自用工之日起满一年不与劳动者订立书面劳动合同的,则满一年后的第一天为‘应当订立无固定期限劳动合同之日’。如到期还没有与劳动者签订书面劳动合同,则视为企业与劳动者已经订立无固定期限的劳动合同。”根据《劳动合同法实施条例》第七条的规定,智海公司并未补订书面劳动合同,应计算二倍工资。根据《劳动争议调解仲裁法》第二十七条第四款,因劳动报酬发生争议的仲裁时效应从劳动关系终止之日起计算;《劳动合同法》第八十二条的双倍“工资”二字和劳动报酬中的“工

〔1〕 海南省高级人民法院(2014)琼民抗字第9号民事裁定书。
〔2〕 湖北省高级人民法院(2015)鄂民申字第02460号民事判决书。

资”文字表述是一致的。该条规定，在未签订书面合同的情况下用人单位应当向劳动者每月支付二倍的“工资”，而非规定用人单位按照劳动者工资标准支付一倍“补偿金(或赔偿金)”。如果将二倍工资适用一般时效，导致的直接后果将是违法时间越长，违法成本越低的怪象。这样不但无法切实维护劳动者的合法权益，还违背了《劳动合同法》的立法本意。而适用于特殊时效，不但符合法律规定，且有利于维护用工关系的稳定，也不至使企业的违法成本随着时间的增加而被轻易免除。[1]

未签订劳动合同的，用人单位向劳动者支付二倍工资的起算时间为用工之日起满1个月的次日，该日为诉讼时效的起算日。

【案例1-57】　陈某(互为被告)诉保定市北市区彩哥之弟服饰店(互为原告)劳动争议纠纷案

判决观点，根据《劳动合同法》第八十二条和《劳动争议调解仲裁法》第二十七条之规定，陈某有权利要求被告给付自2012年5月16日至2013年4月15日的二倍工资，因原告陈某申请劳动仲裁的时间为2014年3月7日，2013年3月7日之前已过仲裁时效，不予支持。保定市北市区彩哥之弟服饰店(以下简称彩哥之弟服饰店)应支付陈某自2013年3月7日至4月15日的二倍工资，共计4639元÷21.75天×17天+6870元÷21.75天×10天=6573元。判决：被告彩哥之弟服饰店(互为原告)给付原告陈某(互为被告)自2013年3月7日至4月15日的二倍工资6573元。[2]

未签书面劳动合同的仲裁时效计算，应从一方明确表示异议之日起计算。

【案例1-58】　李某诉X公司劳动争议纠纷再审案

二审法院认为，就劳动争议而言，因劳动关系双方主体地位的特殊性，争议的发生不仅需要当事人一方知道其权利被侵害，而且能够和敢于或愿意与对方争执为前提，如果被侵害权利的当事人尚不知道其权利被侵害或虽然知道其权利被侵害，却不敢或不愿与对方争执，就不可能发生争议，相应地仲裁时效也就无法起算。只有一方当事人对对方当事人的意思表示明确表示异议之日，才是争议发生之日，仲裁时效才开始起算。诚然，法律规定用人单位应当与劳动者订立书面劳动合同，否则需支付二倍工资，立法的目的是督促用人单位与劳动者及时签订书面劳动合同，以明确双方的权利义务，而不是鼓励劳动者因用人单位未签订书面劳动合同及时向劳动争议仲裁委员会申

---

〔1〕　广东省珠海市中级人民法院(2013)珠中法民一终字第922号民事判决书。

〔2〕　参见国家法官学院案例开发研究中心编：《中国法院2016年度案例》(劳动纠纷)，中国法制出版社2016年版，第227页。河北省保定市北市区人民法院(2014)北民初字第668号民事判决书。

请仲裁，且法律不可能苛求劳动者在用人单位工作又与用人单位发生仲裁或诉讼纠纷。基于此分析，李某在一审庭审中回答法官提问时陈述“2016年5月左右，问了同事，问了主管，都没有签，就没有要求签了”，根据其陈述，此时李某已知晓X公司没有与其签订书面劳动合同，但没有证据证明李某与X公司就签订书面劳动合同发生了争执，因此，仲裁时效不能从2016年5月起算。同时，李某主张的未签订书面劳动合同二倍工资也属劳动报酬范畴，根据《劳动争议调解仲裁法》的规定，不受一年仲裁时效的限制，其主张权利的仲裁时效及诉讼时效应从双方解除劳动关系的时间2017年7月开始计算。再审法院裁定：驳回X公司的再审申请。[1]

3. 劳动仲裁时效与民事诉讼时效的关系

劳动争议案件是一种特殊的民事案件，现行法律对劳动争议案件的处理采取的是仲裁前置模式，即劳动仲裁是劳动争议诉讼的前置程序。法律对于劳动仲裁规定了仲裁时效。劳动仲裁时效是指劳动者在法定期间内不行使权利即丧失请求劳动争议仲裁机构依法保护其权利并同时承担相应的法律后果的法律制度。根据《劳动争议调解仲裁法》第二十七条规定，劳动争议申请仲裁的时效期间为1年。仲裁时效期间从当事人知道或者应当知道其权利被侵害之日起计算。

劳动争议案件适用劳动仲裁时效后在进入民事诉讼程序应否再适用民事诉讼时效，法律未有明确规定。对此实践中存在不同认识。就劳动仲裁时效与民事诉讼时效关系而言，从内容来看，虽然二者的法律依据和具体时间不同，但二者都是规定关于当事人在法定期间内不行使权利即丧失请求依法保护其权利，并同时承担相应的法律后果的法律制度，因此二者在起算和中止、中断等方面均具有共同之处。二者作为时效的本质是相通的。只不过民事诉讼时效是普通民事案件一般适用的时效，其规定于民法的一般法中，而劳动仲裁时效是一种特别时效，专门适用劳动争议案件这一特定案件，规定于劳动法这一民法的特别法中。也就是说，二者实际上是“一般与特殊”的关系，因此根据“特别法优于一般法”的法律适用基本原则，劳动争议案件应当适用劳动法领域中的劳动仲裁时效，而不应再适用一般法的民事诉讼时效。这与劳动争议纠纷在处理程序上的仲裁前置在原理上是一致的，因为一般民事纠纷根据《民事诉讼法》可以直接提起诉讼，而劳动争议案件作为特殊民事纠纷由特别法规定了仲裁前置程序，因此劳动争议案件应当先仲裁后诉讼。换言之，劳动争议案件应当适用劳动仲裁时效，而无需再适用诉讼时效。劳动争议案件进入诉讼程序后，法官应对是否超过劳动仲裁时效进行审

[1] 湖南省高级人民法院（2019）湘民申904号民事裁定书。

查,而不应审查是否超过诉讼时效,更不能以诉讼时效而去否定劳动仲裁时效。

【案例1－59】　董某旺诉淄博广通化工有限责任公司确认劳动关系纠纷案

二审法院认为,董某旺陈述其于1999年1月下旬离开淄博矿务局龙泉煤矿,之后从事其他工作,并于2013年1月到光正实业有限公司工作,在此期间未向公司主张权利。董某旺在1999年离开单位时应为双方争议发生之日,仲裁时效亦从此时开始计算,而其于2015年6月才提起本案仲裁,明显已超过法律规定的仲裁时效。董某旺在此期间亦未向单位或相关部门主张权利,不存在导致仲裁时效中断的情形,因此,本案应驳回董某旺的诉讼请求。确认劳动关系纠纷属于劳动争议案件的审理范围,当然适用劳动争议案件仲裁时效的规定,一审判决以确认劳动关系之诉不受时效限制为由认定董某旺的诉讼请求未超时效,无法律依据,依法应予纠正。判决:撤销一审判决,驳回董某旺的诉讼请求。[1]

4. 适用最长诉讼时效

劳动关系属于民事法律关系的一种,部门法如无特别规定,仍应适用民法一般规定,故《民法典》关于20年最长诉讼时效应当适用于劳动争议纠纷案件。

【案例1－60】　徐某某与北京汽车摩托车联合制造公司劳动争议纠纷案

二审法院认为,具体到本案,徐某某于1962年被精简,北京汽车摩托车联合制造公司(以下简称北汽摩公司)当时应妥善处置徐某某的档案;现该公司称其已将档案移转,但并无证据佐证,故其侵害徐某某的事实于1962年即已发生。徐某某迟至2013年才首次仲裁,此前并无妨碍其行使权利的"客观障碍",故其请求权早已超出"二十年"的最长诉讼时效期间。即使不适用最长诉讼时效,根据徐某某的陈述,至2005年"北汽摩公司补办的档案不被行政部门接受"之时,其也"应当知道"自身权利被侵害的事实;但其直至2013年才申请仲裁,且无证据证明在2005年至2013年持续主张权利的事实;故60日或1年的仲裁(诉讼)时效期间也已届满。徐某某主张其至2014年才确定"档案已丢失",与其在2013年即要求赔偿"丢失档案损失"的事实相矛盾;而且权利人主观上是否"知道"并不影响法院根据客观事实认定其"应当知道"。另外,徐某某的赔偿请求权系基于其对档案享有的原始权利被侵害而衍生的,该请求权的普通诉讼时效期间仍应从知道或者应当知道原始权利被侵害之日,最长诉讼时效仍应从原始权利被侵害之日起算,故不应

---

〔1〕 参见国家法官学院案例开发研究中心编:《中国法院2018年度案例》(劳动纠纷),中国法制出版社2018年版,第71～72页。山东省淄博市中级人民法院(2016)鲁03民终2462号民事判决书。

从其主张赔偿请求权之日起算。综上,原审法院采纳北汽摩公司的诉讼时效抗辩,驳回徐某某的诉讼请求是正确的。徐某某的上诉请求欠缺事实和法律依据,法院不予支持。判决:驳回上诉,维持原判。〔1〕

5.诉讼时效中断认定

申请人能够证明在申请仲裁期间内具有下列情形之一的,法院应当认定申请仲裁期间中断:其一,向对方当事人主张权利。其二,向有关部门请求权利救济。这里的有关部门性质是民间的、行政的还是司法的,只要与解决劳动争议有关即可,有关部门包括劳动调解委员会、劳动行政部门,人民政府,人民法院等部门,但不包括民政部门。其三,对方当事人同意履行义务。

【案例1-61】 吴某英诉广东粤运朗日股份有限公司阳春汽车客运站劳动争议纠纷案

判决观点,本案中,吴某英主张其与实业服务公司于1992年10月至1995年2月存在劳动关系,并要求确认这段时间与广东粤运朗日股份有限公司阳春汽车客运站之间存在劳动关系。吴某英于2014年5月26日就其劳动关系及补缴社保费问题向广东省阳春市人力资源和社会保障局信访,2015年11月10日广东阳江汽车运输集团有限公司向吴某英作出《关于吴某英同志上访情况的回复》,吴某英于2016年3月10日申请劳动争议仲裁,即使减除2014年5月至2016年3月这段时间,但自1995年2月至2014年4月长达19年多的时间里,吴某英未能提供证据证明在仲裁时效期间内有时效中断、中止的事由,吴某英的仲裁申请确已超过仲裁时效期间,故吴某英的诉讼请求应予驳回。判决:驳回吴某英的诉讼请求。〔2〕

【案例1-62】 王某学诉重庆多营运输有限公司劳动争议纠纷案

判决观点,本案中,原告王某学虽然于2010年1月5日在被告公司筹建阶段即到被告处工作,但被告公司应当在2010年12月5日成立后才具备用工主体签订书面劳动合同的资格,故被告应当在2010年12月15日至2011年1月14日与原告订立书面劳动合同,但被告自成立之日起满1年仍未与原告订立书面劳动合同,故应当支付原告2011年1月15日至12月13日未签订书面劳动合同的二倍工资差额。被告提出原告的该项请求已超过仲裁时效期间,《劳动争议调解仲裁法》第二十七条第一款、第二款规定……原告

---

〔1〕 北京市高级人民法院(2014)高民终字第04062号民事判决书。

〔2〕 参见国家法官学院案例开发研究中心编:《中国法院2018年度案例》(劳动纠纷),中国法制出版社2018年版,第245页。广东省阳春市人民法院(2016)粤1781民初1029号民事判决书。

请求的仲裁时效期间应从未签订书面劳动合同的二倍工资差额计算终了之日(2011年12月13日)起算,原告在其后1年内的2012年10月30日向劳动保障监察大队投诉被告未与其签订书面劳动合同的事实,属于向有关部门请求权利救济的情形,产生仲裁时效中断的法律效果。故原告该项请求的仲裁时效期间应从2012年10月30日中断之日起重新计算,至2012年12月14日原告向江津区劳动人事仲裁院申请仲裁之日,未超过1年的仲裁时效期间,故被告提出原告未签订书面劳动合同的二倍工资差额的请求已超过仲裁时效期间的抗辩理由不能成立,法院不予采纳。判决:被告重庆多营运输有限公司一次性支付原告王某学未签订书面劳动合同的二倍工资差额33,000元。[1]

在同一劳动关系下,如果劳动者先就一种请求权提出仲裁申请,而后又就另一种请求权提出仲裁请求,前一种请求权的主张能否中断后一种请求权,需要具体分析。应根据两次仲裁的具体请求和事实经过,按照公正、及时、诚实信用的原则,进行分析判断。如果用人单位否认与劳动者存在劳动关系,劳动者向仲裁机构或法院请求确认劳动关系的,则在确认劳动关系的仲裁和诉讼期间,对其劳动法上其他相关请求权的仲裁时效,应认定为中断。

【不同处理】 劳动争议案件中,劳动者主张解除劳动关系赔偿金与奖金二者债权并非同一债权,起诉主张前一权利不构成后一权利仲裁时效中断。

6. 追诉时效起算

连续性不为劳动者购买社会保险的违法行为属于消极的、以不作为形式表现的行为,对该类违法行为的追诉时效从最后一次法定应当购买社会保险的期限届满起计算3年(《民法典》颁布前为2年)。

【案例1-63】 陈某某诉广东佛山市南海区人力资源和社会保障局撤销劳动监察立案纠纷案

二审法院认为,陈某某认为松岗联防队于2006年8月至2008年3月只为其缴纳工伤保险,松岗联防队未为其缴纳社会保险的违法行为已被南海人社局发现,故不应当适用2年的查处期限。法院认为,陈某某提交的《佛山市社会保险参保缴费证明》是由佛山市南海区社会保险基金管理局狮山分局出具的,该证据并不能证明南海人社局已发现松岗联防队存在未为陈某某缴纳社会保险的违法行为,故陈某某的上述主张没有事实依据,应不予采纳。陈

---

〔1〕 参见国家法官学院案例开发研究中心编:《中国法院2016年度案例》(劳动纠纷),中国法制出版社2016年版,第231~232页。重庆市江津区人民法院(2013)津法民初字第00335号民事判决书。

某某请求撤销南海人社局作出的南人社监撤字〔2013〕6－22号《劳动保障监察撤销立案决定书》，恢复该局作出的南人社监告字〔2013〕6－90号《劳动保障监督举报投诉案件告知书》的效力，没有事实和法律依据，应不予支持。综上，原审判决驳回陈某某的诉讼请求，依法应予维持。判决：驳回上诉，维持原判。[1]

劳动争议连带保证中，保证合同的多名保证人相互之间构成连带债务关系，适用法律关于连带债务诉讼中断的规定。部分保证人在保证期间向债权人承担了保证责任，其他没有在保证期间被债权人主张权利的保证人仍应在其份额之内向已经承担保证责任的保证人承担相应的份额。这是基于连带保证人之间形成的此种连带债务，债权人若对其中一个保证人在保证期间主张债权，不仅对该保证人产生开始计算并中断诉讼时效的效力，而且对其他保证人也产生开始计算并中断诉讼时效的效力；同理，连带共同保证中的一人在保证期间内向债权人承担保证责任，对其产生开始计算并中断诉讼时效的效力及于其他保证人。其法理在于，根据法律规定债权人可以向连带共同保证中的一人主张权利，任一保证人均有义务承担全部保证责任，也即债权人享有选择权，即可以向一个或部分保证人主张全部保证责任。反之，如果让债权人必须就全部保证人在各自的保证期间主张权利，则等于债权人就不享有选择的权利，其就会因为保证期间及诉讼时效的原因丧失相应的权利，这与法律、司法解释关于连带共同保证的立法本意不符。应注意的是，此种连带共同保证人应当为同一时期就同一债务提供担保的保证人，如果债权人对所有保证人均未在保证期间主张权利，致使所有保证人的保证责任免除，即使再有当事人提供连带责任保证，债权人向该保证人主张权利或保证人主动承担保证责任的行为均不对前述已经全部超过保证期间而免除保证责任的保证人产生开始计算并中断诉讼时效的效力。

7. 不适用仲裁消灭时效情形

劳动关系中，对于因人身性的义务而产生的请求权，如劳动者要求用人单位为其办理退工手续或转移档案、社会保险手续的，不适用消灭时效。这些义务是用人单位的法定义务，其履行关系到劳动者基本生存权与就业权的实现，具有强制性。劳动者的档案及其所载内容与劳动者的个人择业、就业、退休、社会保险等各方面均存在密切的联系，档案与劳动者本人具有强烈的人身依附性。劳动者要求用人单位办理档案转移手续的诉讼请求与财产请求权具有明显区别，在劳动者起诉时，用人单位未为劳动者办理档案转移手续处于持续状态，故不应适用“劳动

---

〔1〕 广东省佛山市中级人民法院(2014)佛中法行终字第95号行政判决书。

者争议申请仲裁时效期间为一年”的规定。

【案例1－64】　牛某诉市场调查公司劳动争议纠纷案

判决观点，本案中，双方均提交了集团规章制度，其中第2.3条记载“员工的档案关系原则上不调入公司，部门经理以上人员根据实际情况而定”，双方均认可牛某担任市场调查公司的总经理，牛某于2016年3月18日从市场调查公司处离职。市场调查公司说不知道牛某存档事宜、没有以公司名义办过存档手续的意见并非不予配合牛某办理档案转移手续之合理抗辩理由。牛某个人档案仍由北京市海淀区人力资源公共服务中心保管，故对于市场调查公司所持牛某之请求已超出仲裁时效之抗辩理由亦不予采信。综上，市场调查公司应配合牛某办理档案转移手续。判决：市场调查公司配合牛某办理档案转移手续。[1]

8. 仲裁时效抗辩

主流观点认为，当事人未提出仲裁时效抗辩，人民法院不应对仲裁时效问题进行释明。当事人在仲裁期间未提出仲裁时效抗辩，在一审期间提出仲裁时效抗辩的，人民法院不予支持，但其基于新的证据能够证明对方当事人的请求权已超过仲裁时效期间的情形除外。当事人未按照前款规定提出仲裁时效抗辩，以仲裁时效期间届满为由申请再审或者提出再审抗辩的，人民法院不予支持。也就是说，在一般情形下，当事人一方在仲裁期间未提出时效抗辩，仲裁机构对此进行实体性裁决，应视为当事人在仲裁阶段放弃了申请仲裁期限的程序性抗辩权利，当事人在诉讼阶段以此为由进行抗辩的，应当予以禁止，法院不应支持。但基于实体公正与程序公正相统一的原则，参照诉讼时效司法解释的有关规定，应当允许例外情形，即如果在一审诉讼期间该当事人有新的证据足以证明权利人的请求权已过仲裁时效期间而提出时效抗辩的，人民法院应予支持。应注意的是，该例外情形须同时具备两个条件：一是义务人基于新的证据提出仲裁时效抗辩；二是义务人基于该新证据足以证明权利人的权利已过仲裁时效期间。[2]

《第八次全国法院民事商事审判工作会议（民事部分）纪要》（以下简称《八民纪要》）第二十七条规定：“当事人在仲裁阶段未提出超过仲裁申请期间的抗辩，劳动人事仲裁机构作出实体裁决后，当事人在诉讼阶段又以超过仲裁时效期间为由进行抗辩的，人民法院不予支持。当事人未按照规定提出仲裁时效抗辩，又以仲裁时效期间届满为由申请再审或提出再审抗辩的，人民法院不予支持。”

---

〔1〕　参见国家法官学院、最高人民法院司法案例研究院编：《中国法院2022年度案例》（劳动纠纷），中国法制出版社2022年版，第246页。北京市朝阳区人民法院（2019）京0105民初62647号民事判决书。

〔2〕　参见《人民司法·应用》2014年第11期。

9. 仲裁时效的疑难问题

主流观点认为,特殊劳动报酬的仲裁时效。劳动者主张用人单位支付未休年休假工资报酬、加班费的仲裁时效适用《劳动争议调解仲裁法》第二十七条第四款规定的,人民法院应予支持。

协商解除劳动合同的意思是双方对解除劳动合同的事项进行协商,算是一个调解的过程,自然不可以一边协商一边仲裁。但是如果最终协商不成功,这时可以再去申请仲裁。因为这就属于解除劳动合同引发的争议。也就是说,签了解除劳动合同还可以仲裁。

对于确认劳动关系是否受一年仲裁时效限制的问题,各地的执法尺度并不统一,有各种观点。有观点认为,确认劳动关系属于劳动争议,《劳动争议调解仲裁法》规定了劳动争议的仲裁时效为一年,所以,确认劳动关系受一年仲裁时效的限制。也有观点认为,确认劳动关系属于确认之诉,不适用时效的规定。虽然一审、二审的判决结果是相同的,但仔细看里面的判决理由是不同的,一审法院是持第一种观点,二审法院持第二种观点。

【案例1-65】 武某诉某公司劳动争议纠纷案

一审法院认为,劳动者与用人单位之间是否存在从属性,用人单位是否对劳动者进行组织管理、是否发放劳动报酬是考量二者之间是否存在劳动关系的重要因素。双方虽在2004年至2006年未订立劳动合同,但根据调取的工资单原始凭证,能看出公司在2004年至2006年连续为武某发放工资,武某从事公司安排的岗位工作,公司依法为武某发放劳动报酬,故认定双方于2004年2月20日至2006年12月31日存在劳动关系。关于公司称武某申请劳动仲裁超过一年时效的问题。根据《劳动争议调解仲裁法》第二十七条第一款规定,劳动争议申请仲裁的时效期间为一年,仲裁时效期间从当事人知道或者应当知道其权利被侵害之日起计算。双方之间虽然在2007年1月之后才签订劳动合同,但武某自2004年2月起一直在公司单位上班,武某有理由相信其与公司在该段期间存在事实劳动关系,直至2020年5月6日,武某办理退休手续时才得知公司不认可在2004年2月20日至2006年12月31日与武某存在劳动关系,武某申请仲裁的时效应当从知道权利被侵害之日,即2020年5月6日起计算,因此武某申请劳动仲裁并未超过一年的时效,公司的抗辩不成立。

二审法院认为,认定劳动者与用人单位之间是否存在劳动关系的核心要素在劳资双方符合主体条件的前提下,作为劳动者一方是否为用人单位提供劳动,作为用人单位的一方是否为劳动者支付相应劳动对价。同时也应当兼顾双方是否存在建立劳动关系的合意,是否签订了劳动合同(协议),用人单位是否对劳动者存在实质的管理监督、是否缴纳社会保险等要素综合考量。本案中,虽公司认为自2004年3月30日向武某支付的款项系基于劳务关系或其他关系,但又不能提供证据证明,故法院对该意见不予采纳。一审据此判决确认自2004年2月20日至2006年12月31日,武某与公司存在劳动关系,并无不当,法院依法予以维持。至于武某的请求是否超过仲裁时效的问题,因本案系确认之诉,不适用时效期间,故对公司该项主张,不予支持。[1]

---

〔1〕 江苏省南京市中级人民法院(2021)苏01民终1914号民事判决书。

三、劳动合同纠纷处理

（一）用人单位管理权处理

1. 劳动自主权与用人单位管理权关系

劳动者的劳动自主权与用人单位管理权之间关系，是理论和实践中多发争议问题。

劳动者的劳动权利中，休息权是其重要组成部分，而休假就是休息权利实现的方式之一。从理论上说，休假制度所追求的法律价值是多元化的，包括权利、自由、平等、安全与秩序等。其中秩序价值是休假程序规则的主要价值诉求，不仅意味着休假制度应当是秩序性的存在，更重要的是为劳动者提供了请假结果的可预期性或可预见性，使劳动者能得以事先安排自己的工作和生活计划。从这个意义上讲，休假的程序性规则应是休假立法中不可或缺的环节，同时也是用人单位规章制度的重要组成部分，其规章制度约束和规范休假行为。

事假是劳动过程中常见的休假情形之一，但其性质属于劳动者处理个人私事而停止工作的休息，现行劳动法律规定中尚未有专门针对事假的具体权益保障规定，实践中一般由用人单位制定并在本单位公布的规章制度决定，从理论上讲也可以由劳动者与用人单位双方协商约定事假处理规则，但实践中很难行得通。用人单位依据规章制度行使管理权，对劳动者事假请求作出是否批准决定。因事假通常存在突发性、偶然性等特点，与用人单位是否批准必然发生冲突，实质上反映了劳动者的自主权与用人单位的管理冲突，故应从实体和程序两个层面进行审查。

其一，实体方面坚持合理性和合法性审查。就劳动者方面而言，可将请假事由与其工资、工种等情况相结合，审查其工作岗位是否影响全局工作进展和效率的关键岗位、工作任务是否繁重，如果缺岗是否有合适的替代人员等，且这种对工作影响与劳动者申请事假时间长短密切关联。对劳动者个人品格的考察也是必不可少的，在有的个案中可能占了一定比重。有的劳动者以私事请假，实际上是从事竞业行为，甚至是干违法的事情。就用人单位方面而言，应对其行使管理权限要素合理性作为批准事假正当与否的判断标准,尤其是不予批准是否给予充分合理的理由。具体表现为是否及时,用人单位对劳动者的申请反馈,提醒并要求劳动者做好工作安排、审查工作安排并给出意见,向劳动者说明不予准许的合理事由等。

其二,程序方面坚持完备性审查。请事假应当具备一定的形式要求,应满足程序要求,其请假审批过程完备。就劳动者方面而言,劳动者是否按规定提出请假申请并附证明材料,是否按规定提前提出申请并逐级申请,其申请是书面的而非口头的。就用人单位方面而言,用人单位是否有书面请假制度,是否向劳动者送达,或在没有书面规定是否以劳动惯例的方式形成了固定的请假流程,这应当包括事假的原因及材料提交要求、申请与审批流程、与请假天数对应的审批权限管理、销假、事假期间的工资待遇、紧急情况下的请休假等规定完备,且用人单位是否在规定时限内审批。

上述实体审查和程序审查是一个整体,缺一不可。审批权是与请假权相对应的,是对请假权进行程序和实质审查,并作出一定意思表示的过程。只有在劳动者主动提出,其请事假的申请方可进入用人单位的审批程序,在用人单位行使审查、核实的权利后,最终作出批准或不予批准处理决定。如果劳动者未经用人单位批准离岗,则用人单位可以按照规章制度作出处理。

【案例1－66】　范某诉某某饭店劳动争议纠纷案

一审法院认为,范某认可曾签收某某饭店的《员工手册》,且主张曾填写书面请假条,并向主管、经理、副总等公司领导打电话请假,可见其明确知晓某某饭店的请假流程及相应规定。范某自述在下夜班后,副总柯某在电话中对其请假申请答复为“要开会讨论一下,你先回去吧”,综合公司的规章制度管理及范某下夜班的情况,柯某所述“你先回去”不应理解为同意范某的事假申请,应仅指其可以下班回到日常住处。现范某自述其填写完请假条后仅放在工位处,第二天却自行回老家,可见公司领导对其请假申请并未明确同意,范某提交的请假条照片中亦没有公司相关部门和领导的审批同意,故范某在明知某某饭店请假流程及规定的情况下,尚未得到准假审批,即自行离岗的行为,属于无故旷工。某某饭店根据《员工手册》及《劳动合同法》的相关规定,作出解除决定,并当面向范某送达,符合法律规定。判决:驳回范某的诉讼请求。二审法院同意一审法院裁判意见。[1]

考勤是企业对劳动者进行管理的一项基本内容,是企业敦促劳动者遵守工作

---

〔1〕 参见国家法官学院、最高人民法院司法案例研究院编:《中国法院2021年度案例》(劳动纠纷),中国法制出版社2021年版,第76页。北京市第二中级人民法院(2019)京02民终5214号民事判决书。

时间及相关劳动纪律的重要手段。随着信息技术尤其是移动通信技术的不断发展,考勤手段及统计方式也逐渐从人工走向智能,指纹打卡、人脸识别打卡已日渐普及,对外勤岗位的手机定位的移动考勤也逐渐增多。在企业使用移动考勤发生争议时,应注意审查两方面,其一,用人单位对劳动者适用手机定位方式统计考勤有无进行公示,有无必要性、合理性。其二,在对劳动者是否旷工进行认定时,应结合双方证据的证明力认定案件事实。

【案例1-67】 天下公司诉杨某劳动争议纠纷案

判决观点,天下公司作为用人单位,依法享有用工管理权;杨某作为劳动者,应遵守相应的规章制度,如实提供相应劳动。本案中,杨某作为推广经理,需自行开发客户,其实际工作地点位于南京,从工作内容及工作地点而言,位于北京的天下公司确实难以在远程情况下直接监督劳动者的劳动情况。故天下公司以SFA打卡的形式监督异地销售岗位员工的出勤及工作情况,具有合理性。据天下公司所提交的SFA打卡记录较于杨某本人此前的打卡情况,7月1日至8月15日的日打卡次数明显有异,部分工作日无记录、部分工作日仅打卡一次。再据杨某本人提交的SFA打卡详单:其一,2018年7月虽部分工作日在打卡次数上满足每日10次以上的要求,但杨某每日完成13家门店拜访工作的总用时最长不超过20分钟,大部分仅用时4分钟至5分钟且集中于上午8时左右,除此时间段外,再无工作打卡记录。加之,杨某自述工作情况为“拜访门店—征询意向—拍照上传SFA打卡—去往下一家门店”。鉴于此,该部分工作日杨某虽有10次以上的打卡记录,但其是否按公司的要求实质上开展了销售工作、提供了劳动存疑。其二,2018年7月及8月的部分日期,杨某每日仅完成1次打卡且被拜访对象手机号相同。当庭,杨某未能就此作出合理解释。其三,杨某虽举证因系统故障无法正常上传信息,但其在2018年5月7日、6月28日反映SFA系统无法正常上传与双方争议的2018年7月、8月的SFA打卡异常间显然缺乏时间上的关联性。在杨某未能给出合理解释并举证的情况下,以上几点即指向:杨某明知相关规章制度,而确实在相当长的一段时期内未能按照公司要求上传SFA打卡记录,未能自证工作事实。鉴于此,天下公司依照公司规章制度认定杨某旷工并以此作出解除决定,具有正当性、合法性,故天下公司无需向杨某支付违法解除赔偿金。[1]

对于执行不定时工作制的高级管理人员的考勤管理问题。高级管理人员兼

---

〔1〕 参见国家法官学院、最高人民法院司法案例研究院编:《中国法院2021年度案例》(劳动纠纷),中国法制出版社2021年版,第89页。北京市海淀区人民法院(2019)京0108民初3532号民事判决书。

具劳动者与管理者的双重身份,其工作内容和工作性质特殊,实践中很多用人单位对于高级管理人员执行不定时工作制或者弹性工作制,不对其进行严格的上下班打卡考勤管理,但这并不意味着高级管理人员可以不接受用人单位的管理而为所欲为,反之,高级管理人员作为管理者,更应当遵守用人单位制定的包括考勤制度在内的各项规章制度。由于种种原因,用人单位的规章制度不可能穷尽劳动者严重违反劳动纪律和职业道德的行为。因此,劳动合同中约定劳动者出现严重违反劳动纪律和职业道德的种种行为,用人单位可以解除合同,法官审查高级管理人员行为确属严重违反劳动纪律和职业道德,则该约定可以视为对用人单位规章制度的补充,应属有效。用人单位规定高级管理人员请休事假需要审批的是对其考勤管理,高级管理人员在请休事假未获批准的情况下擅自休假,其连续旷工的行为显属违反劳动纪律和职业道德行为,用人单位将此行为视为旷工,进而据此解除双方劳动关系并无不当。

【案例 1 - 68】 文思海辉技术有限公司诉符某劳动争议纠纷案

一审法院认为,首先,符某虽为高级管理人员,执行不定时工作制,但执行不定时工作制不代表可以不遵守用人单位制定的规章制度,包括考勤管理制度。本案中,从符某请休年假、事假均在文思海辉技术有限公司系统中进行填报的事实可见,其知晓相关的考勤管理制度并受其约束,并非可以擅自休假。换言之,符某请休事假需经文思海辉技术有限公司的批准。文思海辉技术有限公司作为用人单位自然可以根据经营状况决定是否批准符某的事假申请。其次,符某于 2016 年 6 月 14 日提出事假申请,请休 6 月 27 日至 7 月 1 日的事假,理由是母亲突发急病,需要陪同就医和日常陪护。但第一,符某自 2016 年 5 月 25 日至 2016 年 7 月 1 日一个多月时间内的请假理由均为上述理由;第二,其 6 月 14 日请休 6 月 27 日至 7 月 1 日事假,其提前十几天即预知母亲此后一直处于生病状态并不完全符合常理;第三,根据符某提交的病历资料,2016 年 6 月 27 日至 7 月 1 日,除 6 月 27 日外其余日期其母亲并无就医或就诊信息。综上,文思海辉技术有限公司有根据经营状况决定是否批准符某的事假申请之权利,且符某于 2016 年 6 月 14 日提出事假申请的理由并不充分,因此文思海辉技术有限公司拒绝其请假申请之行为并无不当。在此情况下符某仍擅自休假,属于违反劳动纪律行为,文思海辉技术有限公司将其擅自休假的行为认定为旷工,并无不当。因此,文思海辉技术有限公司基于劳动合同约定,以符某旷工为由解除双方劳动合同并无不当。判决:文思海辉技术有限公司无需向符某支付违法解除劳动合同赔偿金

510,192 元。二审法院判决:驳回上诉,维持原判。[1]

2. 用人单位管理权与规章制度的关系

规章制度,是用人单位制定的组织劳动过程和进行劳动管理的规则和制度的总和,对双方的权利义务均有重大影响。规章制度不仅仅是对劳动者依章履行义务提出要求,亦不仅仅是用人单位处罚、解除劳动者时的依据,同时也应当是劳动者保障其自身权利的工具,即用人单位应当执行规章制度中赋予劳动者权利的各项规定。

用人单位享有一定的用工自主权,可根据单位实际情况制定相应的规章制度,保证劳动者履行劳动义务,从而使单位得到良性运转。同时,用人单位也应履行依法建立和完善规章制度的义务,保障劳动者享有劳动权利。规章制度合法有效,在程序方面主要为:其一,制定程序合法。这是指公司规章制度在制定过程中应经民主程序。通过民主程序可以保障劳动者的参与权,有利于规章制度的顺利执行。同时,也可以限制用人单位随意制定规章制度,损害劳动者利益。用人单位对涉及劳动者切身利益的规章制度应当经过职工大会或者全体职工讨论,提出方案和意见,与工会或者职工代表平等协商。用人单位应保留相应的书面证据(如会议签到表、参加者签字的会议记录、讨论稿征求意见表等),以证实规章制度的制定经过了民主程序,法官通过对上述证据的审查确定规章制度的程序合法。未经民主程序制定的规章制度无效。其二,公示程序合法。这是指公司规章制度制定后,应通过一定的方式让劳动者知悉。通过公示可以保障劳动者的知情权,有利于规范劳动者的行为,使其明确知晓哪些行为是提倡的、哪些行为是禁止的,以及行为的后果。同时,经过公示的规章制度即对劳动者产生约束力,劳动者应按照规章制度行事,如有违反,用人单位可行使管理权据此处理。

【案例 1-69】 胡某青诉慈溪市杭州湾大酒店有限公司劳动争议纠纷案

二审法院认为,慈溪市杭州湾大酒店有限公司所制定的《员工手册》和《杭州大酒店关于强化和推动促销的实施办法》等规章制度明显涉及劳动者切身利益,应当经过法定的合法程序制定并以一定形式告知劳动者,但慈溪市杭州湾大酒店有限公司并未提供证据证明该制度的制定程序合法并已告知劳动者,也没有提供充分有效的证据证实胡某青在工作期间存在“消极履职、业绩明显落后”的情形,故慈溪市杭州湾大酒店有限公司依据上述规章制度对胡某青作出降职降薪的处罚决定显然缺乏合法合理依据。鉴于慈溪市

---

〔1〕 参见国家法官学院案例开发研究中心编:《中国法院 2019 年度案例》(劳动纠纷),中国法制出版社 2019 年版,第 268 页。北京市第一中级人民法院(2018)京 01 民终 1091 号民事判决书。

杭州湾大酒店有限公司对胡某青降职降薪行为缺乏依据,并造成胡某青以此为由提出辞职,胡某青要求慈溪市杭州湾大酒店有限公司支付经济补偿金的诉请,理由正当,应予支持。综上,原审法院对本案事实认定清楚、适用法律正确、审判程序合法、判决得当。上诉人之诉,缺乏依据,法院不予支持。判决:驳回上诉,维持原判。[1]

【案例1-70】　蔡某清诉宝胜科技创新股份有限公司劳动争议纠纷案

一审法院认为,被告经职工代表大会讨论等程序制定了《人事管理制度》,《人事管理制度》明确规定了企业与员工解除劳动关系的情形,其中包括员工在公司内外打架斗殴者应予解除劳动关系。原告作为一名在被告处工作了近20年的老员工,对于企业的管理制度应该是知晓的,原告在明知企业规章制度的情况下,还与他人在企业厂区内,且是上班时间斗殴,属明知故犯,原告的这种目无厂纪的行为,应认定为违纪且情节较重。再者,被告企业职工人数众多,员工在企业内打架,如不严肃处理,将严重影响企业的内部管理。因此,被告作为用人单位依据《人事管理制度》的规定解除与原告劳动关系,并无不当。判决:驳回原告蔡某清的诉讼请求。二审法院主持调解:(1)蔡某清与宝胜科技创新股份有限公司确认双方劳动关系已经解除。(2)宝胜科技创新股份有限公司自愿补偿蔡某清各项费用总计30,000元。(3)双方之间再无其他争议。[2]

虽然“八小时”外的行为不必然给用人单位带来劳动关系产生的预期利益,但是用人单位将法律法规对人的否定性评价规定在规章制度中,并不违反法律规定,可以作为用人单位处理劳动争议的依据。也就是说,用人单位的规章制度可以约束劳动者在非工作时间和非工作场所的行为。

【案例1-71】　李某胜诉名幸电子(广州南沙)有限公司劳动争议纠纷案

判决观点,本案中原告在非工作场所及非工作时间与他人打架斗殴,属于违反《治安管理处罚法》的应受处罚的行为,虽然一般情况下不会影响被告双方劳动关系产生的预期利益。但是《劳动法》和《劳动合同法》均规定了用人单位依法建立的和完善劳动规章制度的权利和义务,被告有权结合自身企业文化和生产经营特点在不违反法律、法规及政策规定的情况下制定规章制度。该制度既是用人单位开展用工管理的准则,也是劳动者进行自我约束的行为规范。有关内容的制定属于用人单位的用工管理自主权范畴,在不违

---

〔1〕 参见国家法官学院案例开发研究中心编:《中国法院2017年度案例》(劳动纠纷),中国法制出版社2017年版,第131~132页。浙江省宁波市中级人民法院(2015)浙甬民一终字第167号民事判决书。

〔2〕 参见国家法官学院案例开发研究中心编:《中国法院2017年度案例》(劳动纠纷),中国法制出版社2017年版,第138页。江苏省扬州市中级人民法院(2015)扬民终字第434号民事调解书。

反法律法规的强制性规定或者不存在显著不合理情形的前提之下,即使其内容并不直接与工作相关,也属于用人单位对雇请的劳动者行为的合理要求,劳动者应予遵守。而被告制定的《员工手册》已依法定程序制定并向原告进行了告知,其中规定的打架斗殴和被司法机关拘留的行为均属于扰乱社会公共秩序的行为,理应作出否定评价。被告将上述内容规定为严重违反规定制度的行为并不违法或者存在明显不合理情形,因此可以作为处理双方劳动争议的依据。《劳动法》第二十五条第二项和《劳动合同法》第三十九条第二项均规定劳动者严重违反规章制度的可予以解除劳动合同,而原告主张被告应仅限于劳动者受到刑事处罚的情形才可解除劳动合同并无合理的依据,不予采信。因此,被告依据《员工手册》规定以原告打架斗殴以及被司法机关拘留属于严重违反规定制度为由解除劳动关系合理合法。此外,无论原告被拘留前是否有向被告请假及是否获得批准,均不影响被告依据《员工手册》第36.2.4款的(16)、(32)项规定作出解除劳动合同的处罚决定。原告主张被告违法解除劳动合同于法无据,对于其要求被告支付赔偿金以及被解除劳动合同之后工资损失的诉讼请求,不予支持。关于2013年上半年奖金的问题,奖金系被告根据劳动者的表现并结合自身效益情况而采取的激励措施,被告有权根据其规章制度以及自身经营特点决定奖金的分配方式。根据被告《奖金制度》规定,奖金的发放对象应为考核期内的劳动者,而原告已在2013年6月被解除劳动合同,不符合上述条件,因此其要求被告支付该奖金的诉讼请求,不予支持。判决:驳回原告李某胜的全部诉讼请求。[1]

用人单位可通过规章制度约束劳动者工作时间外的违法行为。

【案例1-72】 郭某诉某绿林农场劳动争议纠纷案

一审法院认为,用人单位可以劳动者严重违反规章制度为由解除劳动合同。关于郭某主张绿林农场的规章制度约束了劳动者工作时间以外的行为问题,第一,法律法规并未禁止用人单位就劳动者工作时间以外的行为制定规章制度加以约束,尤其是在劳动者的行为不当会导致社会对用人单位产生负面评价时,其有权制定规章制度对劳动者行为加以约束;第二,用人单位制定规章制度要求劳动者在日常生活中遵守法律法规,符合法治社会建设要求,应予提倡。关于郭某主张绿林农场的规章制度文义不清问题,相关表述确实存在一定的理解歧义,但鉴于郭某因阻碍执行职务受到行政处罚,且绿林农场已收到公安机关告知书,其据此认定郭某严重违反规章制度,未超出

[1] 参见国家法官学院案例开发研究中心编:《中国法院2016年度案例》(劳动纠纷),中国法制出版社2016年版,第101~102页。广东省广州市南沙区人民法院(2014)穗南法民一初字第115号民事判决书。

常识理解范围。关于郭某主张林场解除劳动关系的行为构成对郭某的"重复处罚"问题,公安机关对郭某执行行政拘留是基于《治安管理处罚法》,而林场与郭某解除劳动关系是基于规章制度的特别约定,两者的法律性质不同,基于的事实和依据不同,郭某知悉林场的规章制度,亦未在工作过程中就此提出过异议,林场以严重违反规章制度为由解除与郭某的劳动关系,且已送达解除劳动合同通知书,并无不当。判决:驳回郭某的诉讼请求。二审法院判决:驳回上诉,维持原判。〔1〕

用人单位制定规章制度,其目的在于保障劳动者享有劳动权利,履行劳动义务,而不应损害劳动者的利益。

【案例1-73】 刘某诉某生物公司劳动争议纠纷案

一审法院判决确认刘某与某生物公司于2011年4月11日至2017年4月28日存在劳动关系;某生物公司支付刘某赔偿金133,233.75元。某生物公司不服,向江苏省苏州市中级人民法院提起上诉,二审法院判决驳回上诉,维持原判。本案中,某生物公司通过制定《薪酬福利政策》的方式对员工工资构成进行规定,该规定实质上变更了刘某与某生物公司以《聘用书》方式对工资构成作出的约定。某生物公司认为其将刘某岗位工资由5000元降低为2500元、绩效工资由2290元增加为4790元,刘某的工资总额并未发生变化,且刘某领取绩效工资实际上无需进行绩效考核。但是,即使某生物公司目前尚未制定月度绩效考核制度并对刘某进行月度考核,但一旦刘某接受该条件签订劳动合同,便等同于某生物公司确定刘某绩效工资数额的权力大大增加,而刘某的权利相应减少。某生物公司以此为前提要求刘某续签劳动合同,明显对刘某不利。该情形不符合《劳动合同法》第四十六条第五款规定的"维持或者提高劳动合同约定的条件"。〔2〕

3. 司法审查用人单位管理权原则

用人单位对劳动者作出的处罚不应当超出该劳动者的工作内容范围及岗位职责。法官在审查用人单位内部处分的实体合法性时,应当尊重用人单位的用工自主权,避免过度干预;也应当在合法性、合理性适度范围内进行考量。对用人单位不合法、不合理的处罚行为,法律不予支持或保护。也就是说,用人单位自身应遵守该规章制度中所规定的处罚程序,且作出的处罚应与劳动者的岗位职责相

---

〔1〕 参见国家法官学院、最高人民法院司法案例研究院编:《中国法院2023年度案例》(劳动纠纷),中国法制出版社2023年版,第231~322页。北京市第一中级人民法院(2021)京01民终2229号民事判决书。

〔2〕 江苏省苏州市中级人民法院(2018)苏05民终4092号民事判决书。

匹配。

【案例1－74】 北京佳某福商业有限公司良乡店诉高某劳动争议纠纷案

二审法院认为，北京佳某福商业有限公司良乡店（以下简称佳某福公司）提交了关于员工手册的草案民主讨论会登记表、意见表以及领取签收单。高某认可登记表及意见表的真实性，虽然高某否认签收单上签字的真实性，但其明确表示不申请鉴定，法院对佳某福公司所出示的上述证据真实性均予以采信，佳某福公司主张依据员工手册的规定，员工1年内累计受到一次三级警告与一次一级警告后，佳某福公司可以解除双方之间的劳动合同并不支付任何经济补偿。因佳某福公司是以高某在1年以内连续出现可以达到辞退程度的违纪行为解除了双方的劳动关系，故其应当对高某存在的违纪行为提供充分的证据予以证明，否则佳某福公司应当对此承担不利后果。佳某福公司主张高某分别于2016年8月3日以及12月12日受到三级警告与一级警告。对于8月3日的违纪警告，佳某福公司提交了有高某签字的违章违纪单，高某对于违纪单中其本人签字的真实性予以认可，法院对佳某福公司作出的此次警告予以采信，但佳某福公司于2016年12月12日作出的违纪警告并无高某签字，佳某福公司主张其已通过邮寄方式送达高某，无需经员工签字，高某对此次处罚不予认可，称其处于病假休息期间不存在佳某福公司所主张的未完成工作任务的违纪行为。

佳某福公司为证明高某于2016年12月9日至12日存在未完成工作任务的违纪行为，提交了2016年12月9日卖场视频、向高某发送电子邮件的截图，微信群聊截图、检查表、员工证言等证据，证明高某回岗以后已经安排其要对货架序列号与货架单品数的检查做好准备，以及高某收到邮件后通过微信管理杂货处工作，并且高某负责的部门在12月12日检查中被发现存在多处错误。高某对邮件截屏、微信群聊截图的真实性不予认可，因以上截图证据均为佳某福公司单方出具，且其仅能提交以上证据的截图打印件，法院对此难以采信。关于佳某福公司提交的员工证言，因6名证人的书面证言内容一致，但证人于庭审作证中的陈述在有关是否见到高某本人驾车到工作场所以及是否于12月12日当天发生多名杂货处员工均签收到一级警告单等细节的描述有出入，且6名证人均为佳某福公司的员工，与本案一方当事人存有利害关系，法院对以上证人证言亦不予采信。关于证明高某工作存在多处错误的检查表，其上仅有其他员工签名并无高某本人签字，佳某福公司亦不能提交其他有效证据，证明对于高某当天工作的检查结果为不符合工作要求，故佳某福公司现有的证据不足以证明高某存在第二次违纪行为，佳某福公司据此解除劳动关系缺乏相应依据，一审法院认定佳某福公司解除劳动合同的行为构成违法并无不当，高某主张违法解除劳动合同的赔偿金于法有据，应予支持。一审法院核算的赔偿金数额符合法律规定，法院予以确认。判决：驳回上诉，维持原判。[1]

用人单位对于员工的年终考核属于其行使用工管理权和用工自主权的范畴，用人单位实际掌握员工全年的工作表现及完成工作业绩的情况，因此员工的年终考核结果是否合格应当由用人单位根据员工全年的工作表现和工作业绩作出客观公正的认定。对工作业绩目标未以数字化形式进行量化的特定工作，员工难以提供证据证明其已达到用人单位设定的工作业绩目标，在此情况下，法官并无可能对员工的工作业绩和绩效指标进行对比并得出员工绩效考核是否合格的结论，故法官对用人单位认定考核结果的实体依据是否进行审查应当慎重。然而，用人单位对员工工作作出的考核结果认定应当建立在对员工进行考核实施之前即已预设的考核程序之上，用人单位是否严格按照已经设定好的考核程序对员工进行实体考核，将直接影响员工的考核结果是否客观公允。从这个意义上讲，绩效考核程序对用人单位公平公正行使用工管理权，以及保障员工与考核相关的利益均具有重要意义。鉴于考核程序所具有的重要价值、公开透明且便于第三方评判的属性，所以在司法程序中，法官应当对用人单位实施的考核程序进行审查。对绩效考核审查原则应当确定为以程序审查为主，实体审查为辅。

【案例1－75】　国民信托有限公司诉胡某军劳动争议纠纷案

二审法院认为，国民信托有限公司提交的证据显示该公司及依据《2013年度绩效考核实施方案》对全体员工2013年的工作业绩进行年终考核，考核结果用于2013年度奖金的计发，被评为不合格的员工不享有年终奖金。因此，胡某军是否享有2013年年终奖的先决条件是胡某军2013年度的年终考核结果是否合格。现国民信托有限公司对胡某军作出了2013年度考核结果为"不合格"的认定并据此认为胡某军无权享有2013年度年终奖，胡某军不服国民信托有限公司上述考核结果并诉诸司法程序。在司法程序中，法院和劳动仲裁部门应当对用人单位实施的考核程序进行审查。具体到本案，国民信托有限公司在2013年年终绩效考核之前通过《2013年度绩效考核实施方案》及其附件对部门员工设定至少有七项考核程序。经审查，国民信托有限公司提交的证据仅可证明其完成了预设的绩效考核程序第四、六、七项程序，除此之外的第一、二、三、五项程序均存在不同程度的缺失。由此，基于现有证据判断，国民信托有限公司并未严格按照其预设的七项考核程序对胡某军绩效考核，其在程序存有缺失的情况下得出的绩效考核结果之正当性应当予

---

〔1〕参见国家法官学院案例开发研究中心编：《中国法院2019年度案例》（劳动纠纷），中国法制出版社2019年版，第136～137页。北京市第二中级人民法院（2017）京02民终9133号民事判决书。

以否定,即国民信托有限公司对胡某军作出的2013年度绩效考核不合格认定结论应当予以否定。对胡某军关于其应当享有2013年度年终奖金的上诉请求应当支持。判决:(1)撤销一审判决;(2)国民信托有限公司支付胡某军2013年度奖金人民币15万元;(3)驳回国民信托有限公司的其他诉讼请求。[1]

用人单位用工管理权合理边界的审查标准应当符合合法性、正当性、合理性的要求。

【案例1-76】 上海安盛物业有限公司诉王某某劳动争议纠纷案

二审法院认为,劳动合同履行期间,用人单位及劳动者均负有切实、充分、妥善履行合同的义务。劳动者有自觉维护用人单位劳动秩序,遵守用人单位的规章制度的义务;用人单位管理权的边界和行使方式亦应善意、宽容及合理。上诉人上海安盛物业有限公司(以下简称安盛物业公司)以被上诉人王某某旷工累计达三天为由解除劳动合同,是否构成违法解除,应审视王某某是否存在相应违纪事实。王某某工作做二休一,2020年1月5日至14日,请假日期为6日至13日,应出勤日期为6日、8日、9日、11日、12日、14日。对于6日,王某某于该日早上提交请假手续,其主管签字同意,但迟至下午才报公司审批,次日才告知未获批准,因公司未及时行使审判审批权,6日不应认定为旷工。对于7日至13日,7日王某某因公司未批准返回上海,途中得知父亲去世便再次回家办理丧事,至此,事假性质发生改变,转化为丧假事假并存,扣除三天丧假,王某某实际事假天数为两天。其请假事出有因,回老家为父亲操办丧事,符合中华民族传统人伦道德和善良风俗,无可厚非,且并未超过合理期限,安盛物业公司应以普通善良人的宽容心、同理心加以对待。村委会出具的证明亦显示其父从去世到火化下葬尚在合理期间,尊重民俗,体恤员工的具体困难与不幸亦是用人单位应有之义。至于14日,不在请假期间范围,王某某未到岗公司可认定旷工。综上,王某某旷工未达三天,安盛物业公司系违法解除。至于其余诉请,安盛物业公司不服一审判决,依据的事实和理由与一审审理中陈述的一致,法院对其余诉请亦难以支持。综上,二审法院判决驳回上诉,维持原判。[2]

用人单位发的微信群通知是否为企业规章制度,应审查微信群通知的程序合法性和内容是否合法合理进行评判。

---

〔1〕 参见国家法官学院案例开发研究中心编:《中国法院2017年度案例》(劳动纠纷),中国法制出版社2017年版,第86页。北京市第二中级人民法院(2015)二中民终字第03710号民事判决书。

〔2〕 参见陈昶主编:《2022年上海法院案例精选》,上海人民出版社2022年版,第68页。

【案例1－77】　孙某某诉上海泽稷教育培训有限公司劳动争议纠纷案

判决观点,用人单位作出解除劳动合同决定的,应负举证之责。被告以违反公司疫情防控规定为由解除原告的劳动合同,则应就上述解除理由的成立举证证明。本案中,被告以微信方式通知,疫情防控期间离沪需报备、禁止出境、特殊原因出境需批准,系以公示方式告知全体员工疫情防控期间的特殊的规定,形式简便快捷,符合形势需要,内容亦与疫情防控关于自行隔离、自我保护、掌握流动信息等原则相符,当系有效,通知还一并言明违反规定的后果,原告收悉故理应遵守。原告隐瞒离沪出行的打算、欺骗称机票已退、回沪后未隔离即上班、不告知出行情况,系明知故犯。原告在疫情期间的如上行为不仅罔顾诚信,且无疑增加了公共卫生安全隐患,被告以严重违反规章制度论,尚不为过,以此为由解除劳动合同,应系合法。被告已提供解除当日通知工会的相应证据,解除程序不存在瑕疵,原告称已向市场总监报备,然告知市场总监不符通知规定的报备要求,且言称的是不出行,改为周边自驾,故原告并未报备。判决:驳回原告孙某某的诉讼请求。[1]

用人单位惩戒权需要在合理的范围内。

【案例1－78】　周某诉医药公司劳动争议纠纷案

二审法院认为,第一,景某的指令是否为"合理指令"。周某认可事期事前提交的工作计划中载明,2019年8月26日的工作为去某医院随访,景某在2019年8月25日晚在微信群内@周某,并告知周某第二天早上一同随访并非临时、紧迫通知具有合理性,为合理指令。第二,周某的行为是否构成不服从管理层包括资源管理经理合理指令。首先,周某于2019年8月25日晚在微信群中回复"收到"却主张并未看到景某的信息,该主张不具有合理性。其次,景某于2019年8月26日8时许到达随访地点时,周某并未到达随访地点,且景某于多次联系周某,周某两个多小时内未进行回复,现有可显示周某到达医院的支付记录时间为10:27,周某对此称其因手机未开流量,并非故意不回复,该主张缺乏合理性。经询问,周某认可随访时间为早晨医生上班前或中午、晚上下班后。据此,周某未在领导景某指定的时间内达到工作地点,最终亦未与景某一起完成随访工作,构成违反劳动者义务,医药公司有权对其惩戒。第三,医药公司扣减周某季度销售奖金的处罚措施是否具有合理性。周某的岗位为医药销售,劳动报酬实际由基本工资和销售奖金构成,周某获得劳动报酬中销售奖金所占比例较高,扣减的该季度远高于周某每月获得的劳动报酬。医药公司并未提供证据证明周某的行为给其造成严重后

---

〔1〕　参见陈昶主编:《2022年上海法院案例精选》,上海人民出版社2022年版,第102～103页。

果或其他损失。综上,随访为周某的日常工作之一,在仅有一次未按照领导的指示完成随访工作,且未因此给医药公司造成严重后果或其他损失的情况下,医药公司扣减周某一个季度奖金,该惩罚措施明显过重,违反惩戒之"比例原则"惩戒程度畸重,对此予以调整。判决:(1)变更一审判决第一项为医药公司向周某支付2019年4月1日至2019年6月30日的第二季度销售奖金21,768.75元;(2)驳回周某的其他诉讼请求。[1]

使用个人朋友圈推广公司业务涉及员工切实利益,相关制度应履行民主程序。

【案例1-79】 陈某诉重庆涪陵和美妇产医院有限公司劳动争议纠纷案

二审法院认为,《劳动法》第八条规定:"劳动者依照法律规定,通过职工大会、职工代表大会或者其他形式,参与民主管理或者就保护劳动者合法权益与用人单位进行平等协商。"职工代表大会是依据法律行使职工民主管理的权力机构,职工通过参与协商的方式对用人单位的重大事项进行监督管理。《劳动合同法》第四条第二款规定:"用人单位在制定、修改或者决定有关劳动报酬、工作时间、休息休假、劳动安全卫生、保险福利、职工培训、劳动纪律以及劳动定额管理等直接涉及劳动者切身利益的规章制度或者重大事项时,应当经职工代表大会或者全体职工讨论,提出方案和意见,与工会或者职工代表平等协商确定。"经职工代表大会讨论通过是用人单位制定或修改某些重大事项时的必经程序,未经该法定程序所制定或修改的某些重大事项不具有合法性。本案中,上诉人制定的《涪陵和美妇产医院关于常规开展全员微信链接推广活动的通知》因涉及劳动报酬和微信朋友圈个人生活,属于直接涉及劳动者切身利益的规章制度。上诉人主张该制度经过总经理办公会讨论并进行了传达和征求意见,属于经过民主程序制定,且该制度目的是公司的发展,扩大公司的影响力,法院认为,总经理办公会不能替代职工大会,该会议通过的决议属于单方要求,且上诉人没有证据证明该制度经职工代表大会或者全体职工讨论,因此《涪陵和美妇产医院关于常规开展全员微信链接推广活动的通知》不具有合法性。故在被上诉人拒绝履行该制度的情况下,上诉人依照该制度对被上诉人予以处罚并解除劳动合同,于法无据。本案二审中,双方对于2021年8月30日前12个月陈某的应发工资平均为2975.6元/月工资基数无异议,因此一审法院计算的涪陵和美妇产医院还应支付陈某2017年7月至2021年8月少发的工资10,000元、违法解除劳动合同的赔偿金50,809.6元,共计60,809.6元,法院予以确认。[2]

---

[1] 参见国家法官学院、最高人民法院司法案例研究院编:《中国法院2023年度案例》(劳动纠纷),中国法制出版社2023年版,第228页。北京市第二中级人民法院(2021)京02民终192号民事判决书。

[2] 重庆市第三中级人民法院(2022)渝03民终997号民事判决书。

4.用人单位的知情权

用人单位的知情权仅限于与劳动合同直接相关的基本情况。

【案例1－80】　牛某某诉上海某物流有限公司劳动合同纠纷案

二审法院认为,用人单位对劳动者享有知情权,可以了解劳动者的学历、履历、薪酬要求、劳动技能等,以保障劳动成果,提高经营效益。但用人单位知情权的范围限于“与劳动合同直接相关的基本情况”,通常包括工作岗位相匹配的信息,如教育经历、工作经验、技术技能等。与岗位、工作能力不直接相关的信息,不属于用人单位知情权的范围。[1]

(二)企业经营自主权处理

公司法定代表人的任免或者更换,本质上属于公司自治范围,是公司内部治理问题,并非法律强制管理范畴。为保持公司的活力,法院应当充分尊重公司的意思自治,充分保护公司股东选择公司法定代表人和管理者权利,而不应进行干预。

【案例1－81】　张某玲诉武汉兴新经贸有限公司劳动争议纠纷案

一审法院认为,武汉兴新经贸有限公司(以下简称兴新公司)章程规定公司法定代表人由执行董事担任,执行董事的选举和解除等由公司股东会决定。张某玲为兴新公司登记的法定代表人,兴新公司于2018年12月28日向张某玲出具离职证明,载明双方即日解除劳动合同关系,兴新公司将在张某玲离职后召开股东会变更法定代表人,但张某玲并无证据证实兴新公司已召开股东会变更法定代表人,并且由于召开股东会并作出变更法定代表人的决议属于公司内部事务,人民法院无权直接判令该公司变更法定代表人或判决张某玲不担任法定代表人,因此,张某玲的诉讼请求不能成立。判决:驳回张某玲的诉讼请求。二审法院判决:驳回张某玲的上诉,维持原判。[2]

根据《劳动法》第四十七条规定,用人单位根据本单位的生产经营特点和经济效益,依法自主确定本单位的工资分配方式和工资水平。年终奖是公司根据自身的经济效益给予员工的一种年终奖励,属于绩效工资范畴,由公司自主经营决

〔1〕人民法院案例库2023－07－2－186－008。上海市第一中级人民法院(2021)沪01民终6197号民事判决书。

〔2〕参见《人民司法·案例》2022年第2期(总第949期)。湖北省武汉市中级人民法院(2020)鄂01民终10587号民事判决书。

定。企业经营自主权的界限,在个案中多体现为绩效工资和年终奖是法院审理的重点方面。

【案例1-82】 曾某婷诉厦门海投经济贸易有限公司劳动争议纠纷案

二审法院认为,(1)关于2014年1月至5月未发的绩效工资3425元。厦门海投经济贸易有限公司(以下简称海投经贸公司)未对2014年绩效工资的分配制订出新的方案,而海投经贸公司正在进行整合。因此,在整合期间绩效暂按上年度原有方案执行,待新的绩效考核办法出台后再确定新的绩效工资并无不当。曾某婷主张海投经贸公司《2013年度绩效考核办法》不适用2014年绩效工资的分配,依据不足,法院不予支持。本案中,双方在劳动合同中并未明确约定具体数额,而是根据实际情况考核评定。且曾某婷所在的贸易二部从2013年9月开始一直存在应收账款逾期的情况,至今尚有厦门路羊科技有限公司的货款未收回。海投经贸公司根据上述两点作出暂不发曾某婷2014年1月至5月绩效工资的10%的决定不违反法律和《2013年度绩效考核办法》的规定,不属于无故克扣劳动者工资的情形。故对曾某婷该项上述主张,法院不予支持。(2)关于2013年度未发的20%年终奖金。根据海投经贸公司《2013年度绩效考核办法》规定,个人年终奖的分配需经部门制定二次分配方案报总经室审批后方能取得。虽然经贸二部对其中80%的年终奖作出的二次分配方案报总经理审批后,海投经贸公司同意该部分奖金全部归曾某婷,但并不能证明海投经贸公司也同意其余未发放的20%奖金归曾某婷一个人,且贸易二部尚未就其余未发放的20%年作出二次分配方案报总经理审批,故曾某婷现主张尚未发放的20%年终奖全部归其所有海投经贸公司应直接向其支付的条件不具备,不能成立,法院不予支持。(3)关于赔偿金。根据查明事实,海投经贸公司不存在拖欠曾某婷2013年年终奖奖金及工资的情形,曾某婷请求海投经贸公司按克扣工资总额的100%支付赔偿金的依据不足,法院不予支持。(4)关于仲裁裁决海投经贸公司应返还曾某婷曾所在部组20%的2013年度年终奖金125,636.79元,由曾某婷按照考核办法制定二级分配方案报总经室审批领取的问题。①根据《最高人民法院关于审理劳动争议案件适用法律若干问题的解释》(已失效)第十七条规定,“劳动争议仲裁委员会作出仲裁裁决后,当事人对裁决中的部分事项不服,依法向人民法院起诉的,劳动争议仲裁裁决不发生法律效力”。曾某婷不服劳动仲裁裁决而提起本案诉讼,根据前述规定,海沧仲裁委厦海劳仲案(2014)第398号裁决书并未生效,依法应对纠纷的全部内容进行审查。②劳动仲裁的该项裁决已超出曾某婷的仲裁请求范围,且如前所述,根据海投经贸公司《2013年度绩效考核办法》规定个人年终奖金的分配需经部门制定二次分配方案报总经室审批,该分配方案系海投经贸公司自主管理范畴,法院不予审查,双方可另行主张。法院认为,曾某婷的上诉理由不能成立,其上诉请求法院不予支持。一审判决认定事实清楚,适用法律正确,法院依法予以维持。判决:驳回上诉人曾某婷的上诉,维持原判。[1]

用人单位合理调岗属依法行使用工自主权。

【案例1-83】　江某诉某汽车公司劳动争议纠纷案

二审法院认为,江某原工作岗位已被撤销,汽车公司有必要对江某的岗位作出调整。汽车公司将江某调整为客服招揽专员,薪酬待遇亦不低于调岗前,虽然工作地点有变动,但距离仍在正常范围内,属合理调岗。江某拒不服从调岗安排并连续旷工,汽车公司解除劳动合同合法,无需向江某支付赔偿金。[2]

用人单位对年度考核不合格的员工做出待岗培训、复岗考试的安排属于企业用工自主权的范畴。

【案例1-84】　杨某诉某国有企业劳动争议纠纷案

2015年11月劳动者杨某入职某国有企业,在保卫室任保安员,其岗位职责为保障用人单位有序安全开展生产,双方签订了无固定期限劳动合同。2021年12月末,该国有企业按照《员工绩效管理实施细则》以及《保安员绩效管理(考核)办法》对杨某进行考核,因杨某2021年8月在工作岗位上睡觉,企业对杨某2021年度的考核结果给出了"不合格"评价,并向杨某送达了《考核结果通知书》。2022年1月该企业根据《员工待岗管理暂行办法》,将杨某纳入待岗人员进行管理,安排杨某参加待岗培训及随后的复岗考试。杨某对考核结果不予认可,其主张2021年8月在工作时间睡觉的行为系领导同意,故其拒绝服从用人单位安排的待岗培训,也拒绝参加复岗考试。随后杨某申请劳动仲裁,请求恢复保安员岗位;并要求用人单位按照其原工资标准补发工资差额6000元。经查,用人单位制定的《员工绩效管理实施细则》《保安员绩效管理(考核)办法》《员工待岗管理暂行办法》均经法定程序出台,经职工代表大会表决通过,内容符合法律法规之规定,并已向全体员工公示。仲裁委驳回劳动者杨某的仲裁请求。杨某不服仲裁结果,起诉至人民法院,法院一审判决结果与仲裁裁决结果一致,原告、被告均未提起上诉。[3]

---

〔1〕　参见国家法官学院案例开发研究中心编:《中国法院2017年度案例》(劳动纠纷),中国法制出版社2017年版,第105~106页。福建省厦门市中级人民法院(2015)厦民终字第2271号民事判决书。

〔2〕　2023年4月27日,广东省高级人民法院发布劳动争议典型案例之四,审理法院:肇庆市中级人民法院。

〔3〕　陕西省高级人民法院、陕西省人力资源和社会保障厅联合发布第一批劳动人事争议典型案例之九。

因生产经营发生严重困难裁减人员应经法定程序。

【案例1-85】 某某诉怡生公司劳动争议纠纷案

二审法院认为，根据《劳动合同法》第四十一条的规定，即使怡生公司未建立工会，怡生公司以生产经营发生严重困难裁减人员时，也应提前30日向全体职工说明情况，听取职工意见并向劳动行政部门报告后方可裁减人员，但怡生公司并未提交证据证明其经过了上述法定程序，一审法院认定怡生公司违法解除劳动关系并无不当。[1]

(三)劳务派遣费用处理

劳务派遣法律关系下，当派遣单位和用工单位未就派遣员工的权益负担问题进行明确约定时，用人单位应否分担派遣单位为派遣员工支付的权益费用时有争议。一般认为，可从四个方面明确：其一，法律对于派遣单位和用工单位费用负担有明确规定的，应以法律规定处理。如《劳动合同法》第六十二条第一款第三项之规定，用工单位应负担支付加班费的义务。其二，派遣单位和用工单位对相关费用负担有约定的，依双方约定处理。其三，派遣单位和用工单位对于相关费用的负担没有约定或约定不明的，应依照《民法典》第五百一十条之规定进行处理。先审查双方能否补充约定，若无法补充约定的，则应审查双方是否存在默示条款或交易习惯。劳务派遣协议通常会持续一段时间，双方签订合同时对于风险分配的考虑并非周全。基于派遣单位和用工单位派遣劳动者的长期合作关系，若有充分证据证明存在相对稳定、明确的惯例或习惯做法，则可以作为劳务派遣协议的默示条款或交易习惯填补合同漏洞，明确双方责任范围。其四，若派遣单位和用工单位就相关费用负担不存在默示条款或交易习惯的，原则上应由派遣单位负担。

【案例1-86】 九方公司诉华堂公司合同纠纷案

判决观点，首先，在派遣单位、用工单位、劳动者的三方劳务派遣法律关系中，派遣单位和用工单位之间系平等主体之间的民事合同法律关系，派遣单位和劳动者之间是劳动法律关系。涉及劳动法律关系履行事项和基于劳动法律关系而产生的行政法律关系履行事项时，派遣单位应依法承担相应的法定义务。其次，在派遣单位依照劳动法律规范承担相应法律义务之后，就其与用工单位之间如何分担问题，在法律规范没有明确规定之时，应属于派遣单位和用工单位基于意思自治原则平等协商之范畴。就本案所涉住房公

---

〔1〕 湖北省武汉市中级人民法院(2022)鄂01民终18593号民事判决书。

积金费用问题,法律规范并没有就派遣单位和用工单位的内部分担进行明确规定,则该问题应属于派遣单位和用工单位自由协商之范畴。最后,当派遣单位和用工单位未就费用分担达成明确约定时,应依据《合同法》第六十一条、第六十二条规定进行处理。本案中,九方公司和华堂公司未在《劳务派遣协议》中就派遣员工住房公积金费用的分担进行明确约定。而在公积金中心针对涉案员工向九方公司作出限期缴存通知之前,九方公司和华堂公司曾就派遣员工的住房公积金费用分担问题产生争议,北京市第三中级人民法院作出(2016)京03民终1204号民事判决书,由二者各按50%的比例分担派遣员工的住房公积金费用。该判决作出后,未有证据显示九方公司和华堂公司就派遣员工的住房公积金缴纳以及费用的最终分担问题进行补充约定,则可以视为双方认可(2016)京03民终1204号民事判决书所确认的50%分担比例。法院据此以该标准对本案予以处理。判决:(1)华堂公司支付九方公司住房公积金费用2413元;(2)驳回九方公司的其他诉讼请求。[1]

(四)劳动合同续订约定条件处理

《劳动合同法》第四十六条第五项规定,除用人单位维持或者提高劳动合同约定条件劳动者不同意续订劳动合同情形外,劳动合同期满终止的,用人单位应支付经济补偿金。该条款中对"维持或者提高劳动合同约定条件"未作进一步细化规定。当新旧劳动合同多个条款同时发生变化时,如何认定约定条件有无维持或提高,事关劳动者的合法权利和用人单位支付经济补偿金,亦是多发争议问题。

实践中,判断维持或降低劳动合同约定条件,一般可遵循的原则:其一,比较分析原则。主要考察因素:一是劳动者在正常履行劳动义务时劳动报酬的标准是否降低。二是是否增加了劳动者应履行的义务。三是是否减少了劳动者的权利或权益。四是是否对劳动者作出了更加严苛的约束性规定。如果用人单位续订劳动合同时,增加了劳动者的义务或者减少了劳动者的权益,就应当认定为降低了劳动合同的条件。其二,全面性原则。劳动合同约定的条件有很多,如劳动报酬、工作内容和工作地点、工作时间和休息休假、社会保险、劳动条件和职业危害等。如果用人单位只是单纯维持或降低一个或几个劳动合同条件,判断起来就比较容易。如果续订的劳动合同,有的条件提高了,有的条件降低了,则判断有一定难度。鉴于劳动合同的整体性,因此,应从有利于保护劳动者权益出发,一般可以

---

〔1〕 参见国家法官学院、最高人民法院司法案例研究院编:《中国法院2021年度案例》(劳动纠纷),中国法制出版社2021年版,第211~212页。北京市朝阳区人民法院(2019)京0105民初2549号民事判决书。

认定是降低了劳动合同的约定条件,但不能“一刀切”。个案中,由法官行使自由裁量权裁定。其三,合理性原则。劳动合同是否降低,应考察条件的变更是否具备合理性。

《劳动合同法》第四十六条第五项规定的约定劳动合同条件原则性较强,缺乏相应的司法解释,且没有客观恒定的判断标准,可从以下几个方面具体把握:

其一,维持或者提高劳动合同约定条件认定范围。一般认为,纳入认定范围应满足两个基本条件:一是该合同条款涉及劳动合同双方权利义务调整,并非仅涉及一方权利义务的调整。二是该合同条款属于劳动合同双方可以协商约定的范围,即不属于法律或法规对劳动合同条款实行强制干预无协商余地的情形,当然也不属于名称、住所、地址等客观信息事实。维持或者提高劳动合同约定条件主要包括劳动合同期限、工作内容和工作地点、工作时间和休息休假、劳动报酬、社会保险、劳动保护、劳动条件和职业危害防护、竞业限制、违约金和赔偿损失等,凡涉及合同双方权利义务的内容,亦可作为新旧劳动合同条件比对范围。

其二,维持或者提高劳动合同约定条件认定标准。一般认为,可从以下几个方面把握:一是以劳动者是主体为基点进行认定,更符合《劳动合同法》的立法精神,更有利于保护劳动者的合法权利。因为用人单位提供的劳动合同是格式合同,维持或者提高劳动合同约定条件的对象是劳动者。二是以权利义务为对象进行认定,劳动者工资待遇、社会保险待遇等权利增加,意味着劳动合同约定条件的提高。反之,劳动合同约定提高违约金、赔偿损失数额、增加工作时间、拓展竞业禁止范围等义务,则表明劳动合同约定条件并未维持或者提高,而是下降。三是以劳动者最新劳动条件为基准进行认定,劳动合同经书面变更或实际履行超过1个月口头变更后的实际履行劳动条件为基准。

其三,维持或者提高劳动合同约定条件具体认定。一般认为,可从以下几个方面着手认定:一是从权利性条款上认定。权利性条款是指劳动者的权利,主要包括劳动报酬、工作时间、休息休假、社会保险、职业危害防护等。二是从中立性条款上认定。中立性条款包括劳动合同期限、变更工作地点、工作岗位等。三是劳动合同中权利义务条款互有增加,即部分约定条件提高、部分约定条件降低的认定。个案中,坚持公平原则以劳动者同意续订原劳动合同进行认定。用人单位在新合同中至少应总体维持原劳动合同约定条件,形象地讲,即符合“原岗原薪”精神。当然应注意两点:一是若新合同更有利于劳动者的,理应支持。二是对“原岗原薪”两个“原”的理解并不拘泥于一成不变,应结合具体情况作出实质判断。

个案中,是否降低劳动合同约定条件由法官裁量。

【案例1-87】 穆某亭诉北京银山出租汽车有限责任公司劳动合同纠纷案

一审法院认为,本案争议焦点是北京银山出租汽车有限责任公司(以下简称银山出租公司)将出租车运营方式由单班经营变成双班经营是否属于降低劳动合同约定条件。单班变成双班运营，出租司机享有的岗位工资、油补及车辆保险等原有福利待遇未变，且承包金减少、运营压力减少，并未降低劳动合同约定条件。根据出租车司机与公司之间的劳动合同和承包运营合同，出租车司机的劳动报酬为司机向公司缴纳承包定额后的营运收入减去一方合理运营成本的剩余部分及公司支付的岗位补贴之和；出租车司机自行安排运营时间和休息时间。可见，不论是双班运营还是单班运营，出租车司机的收入状况、工作时间和强度均在很大程度上取决于自身安排。在实践中，不同的出租车司机对收入的预期不同、身体状况不同、生活习惯不同甚至居住地点不同等，都会导致运营和休息时间和方式的变化，进而在不同的出租车个体之间产生是单班还是双班运营喜好的不同以及收入的差异。此外，出租车行业作为公共交通系统的一个重要补充，具有一定的公益性和服务性，政府对出租车行业实行行政管制，通过双班率调节出租车运力是北京市政府的管制手段之一。从这个角度看，出租车的运营方式是单班还是双班，不完全属于出租车公司和司机约定的范畴。因此根据银山出租公司将涉诉出租车的运营方式由单班调整成双班这一事实，很难认定银山出租公司在征求穆某亭是否续签劳动合同的意向时存在降低劳动合同约定条件的情形。关于银山出租公司不同意支付穆某亭终止劳动合同经济补偿金34,000元一节，银山出租公司的该项诉讼请求理由正当，法院予以支持。判决：银山出租公司无需支付穆某亭终止劳动合同经济补偿金34,000元。二审法院判决：驳回上诉，维持原判。[1]

根据《劳动合同法》的相关精神，用人单位维持或提高劳动合同约定条件与劳动者签订无固定期限劳动合同，劳动者拒绝签订的，用人单位可与其终止劳动关系。如用人单位降低原劳动合同约定条件与劳动者签订无固定期限劳动合同，劳动者拒绝签订的，用人单位因此与劳动者终止劳动关系的行为违法。

【案例1－88】 蔡某诉苏州STL公司劳动合同纠纷案

一审法院认为，从保障劳动者权益角度分析，新旧合同相比，在微观层面存在三点明显不利：(1)关于劳动内容变动。原合同注重劳资双方的平等性，强调“协商一致或依法”，而新合同则凸显用人单位的用工管理权，对劳动者享有的平等协商权进行了限缩。(2)关于地点的范围。原工作地点是明确且唯一的，而新合同工作地点具有不确定性。(3)关于劳动报酬问题。虽然原合同约定月工资3520元，但从2011年4月起月工资是以3730元实

〔1〕 参见国家法官学院案例开发研究中心编：《中国法院2019年度案例》(劳动纠纷)，中国法制出版社2019年版，第69～70页。北京市第一中级人民法院(2017)京01民终1337号民事判决书。

际发放给蔡某。新合同通过固定工资3530元+岗位津贴200元的形式约定月工资,而该岗位津贴具有不确定性。在宏观层面,通过对新旧合同进行整体比较,可以看出,劳动者承担的义务明显增加,但享有的权利并未有所改善。因此,被告提供的要求原告签署的新合同并未维持或提高原合同约定条件或实际履行的条件,相反却凸显了用人单位的用人管理权,增加了劳动者的义务,限缩了劳动者享有的基本权益。判决:被告苏州STL公司支付原告蔡某赔偿金9.2388万元。二审法院认为原审判决并无不当,判决:驳回上诉,维持原判。[1]

【案例1-89】 北京威泰科生物技术有限公司诉赵某劳动合同纠纷案

一审法院认为,赵某与北京威泰科生物技术有限公司(以下简称威泰科公司)之间签订的第二份劳动合同至2017年12月31日止。从威泰科公司提交的录音可知,赵某所在的储运部需要进入冷库工作,威泰科公司于劳动合同到期前告知赵某将续签劳动合同,因赵某提出不宜再进冷库,双方就新的工作岗位及薪资进行协商。多次协商过程中威泰科公司提出三种方案,赵某均予以否认。威泰科公司于录音及发送的电子邮件中均明确告知赵某因公司提出的三种方案均被其否认,公司将安排其从事商务助理的工作,希望其于2017年12月31日前回复是否同意续签劳动合同,否则劳动合同将于当日到期终止。从协商过程中可见威泰科公司在续签劳动合同一事中,提及了维持原劳动合同约定条件的续签方案,但被赵某予以否认。赵某明知劳动合同将到期并且威泰科公司已经告知其应当就是否同意续签劳动合同于2017年12月31日前回复,赵某仍以身体不舒服为由未在劳动合同到期前予以回复,该后果应当由赵某自行承担。因此,威泰科公司于2018年1月2日向赵某送达劳动合同到期终止通知书,终止与赵某的劳动关系并无不当,进而法院对于威泰科公司无需向赵某支付违法终止劳动合同赔偿金的主张予以支持。判决:(1)确认威泰科公司与赵某于2011年9月9日至2017年12月31日存在劳动关系;(2)威泰科公司支付赵某于2011年9月9日至2017年12月31日未休带薪休假工资2088.28元;(3)确认威泰科公司无需支付赵某主张违法终止劳动合同赔偿金98,615.79元。二审法院认为,威泰科公司上诉请求均不能成立,应予驳回;一审判决认定事实清楚,适用法律正确,应予维持。判决:驳回上诉,维持原判。[2]

---

〔1〕 参见龚春华:《无固定期限劳动合同是否符合"原岗原薪"的判断》,载《人民法院报》2013年6月20日,第6版。江苏省苏州市中级人民法院(2013)苏中民终字第0841号民事判决书。

〔2〕 参见国家法官学院、最高人民法院司法案例研究院编:《中国法院2020年度案例》(劳动纠纷),中国法制出版社2020年版,第70页。北京市第一中级人民法院(2018)京01民终9926号民事判决书。

专题二　劳动合同关系纠纷

劳动合同关系认定，对于全面保障劳动者的工资、经济赔偿金，未签订劳动合同的二倍工资等待遇，具有至关重要的意义。

一、劳动合同关系理解

(一)劳动合同关系含义

合同关系即合同当事人之间的权利义务关系。合同关系作为一种法律关系是由主体、客体及内容三部分组成的。[1]

劳动法中所称的劳动关系,是指机关、企业、事业、社会团体、个体经济组织(统称用人单位)与劳动者,依照《劳动法》的规定,签订劳动合同,使劳动者成为用人单位的成员,接受用人单位的管理,从事用人单位指定的工作,并获取劳动报酬和劳动保护所产生的法律关系。换言之,所谓劳动关系,是劳动者与用人单位在实现劳动过程中发生的社会关系。其基本内容是劳动者提供劳动,用人单位使用该劳动并支付工资。从这个意义上说,它是一种合同关系,具有合同之债的财产要素。但与民法上债的关系不同的是,它还具有身份的要素。劳动者必须亲自提供劳动而不能由他人代理,劳动者须服从用人单位的管理。而正是这种从属性,使劳动关系与其他民事法律关系区别开来。劳动关系既有约定性,亦有法定性和强制性。多项权利义务之内容可不由双方约定就可以依据《劳动法》规范与明确和确定。[2]

现行诸多相关劳动文件规范中提及"劳动关系",但尚未有任何文件明确给出其法律定义,更没有明文指出劳动关系的界定标准。现主要依据《劳动和社会保障部关于确立劳动关系有关事项的通知》第一条之规定确认劳动关系。"主体资格""规章制度适用""用人单位安排有酬劳动""业务组成部分",以上构成了确认劳动关系的基本要素。在现有的从属性审查模式下,除了"主体资格"之外,法官对"规章制度适用""用人单位安排有酬劳动""业务组成部分"等要素均有较大的裁量空间。在已有的要素中,"业务组成部分"的内涵最为宽泛,进一步明确的意义不大,而进一步应当加强解释的是"劳动管理"。在"劳动者受用人单位的劳动管理"的状态下,同时存在"从事用人单位安排有酬劳动"这两个下位补充条

[1] 参见韩世远:《合同法总论》(第4版),法律出版社2018年版,第12页。

[2] 参见祝铭山主编:《劳动保险纠纷》,中国法制出版社2003年版,第75页。

件,就可以断定确认标准,这也是确认劳动关系的核心要素。

正确把握劳动关系的本质和特征,有助于理解事实劳动关系认定标准,从劳动关系的法律属性看,既有平等性又具有实现的隶属性。在建立劳动过程中,双方是否建立劳动关系,用人单位向劳动者支付劳动报酬,可在平等自愿、协商一致的基础上确定。劳动关系建立后,双方平等关系即宣告结束。此时形成管理与被管理、领导与被领导的关系,劳动者必须接受用人单位的支配和指挥。从劳动关系产生的前提和基础讲,应为劳动过程,没有劳动过程,便不可能产生劳动关系,用人单位与劳动者形成劳动关系,其目的在于实现劳动过程,为社会生产或社会产品提供服务。这就要求劳动关系建立后,劳动者必须加入到用人单位的生产和工作中去,成为该单位的一名员工,对内享受本单位职工的权利,承担本单位职工的义务。从劳动关系受国家意志的干预和限制上分析,为保护劳动者权益,保障社会的基本公正与秩序,法律必须对此加以干预和限制。劳动关系是按照劳动法律规范和劳动合同约定综合形成的,它必须符合国家意志并以国家意志为指导。也就是说,劳动合同相较于一般合同必须符合更多的国家强制性规定,但其实质上是双方当事人合意的体现。因此,劳动关系成立的标志,应是劳动者与用人单位达成了建立劳动"合意"。这种"合意"的建立应贯彻自愿、平等原则,"合意"的具体内容则包括工作时间、休息时间、劳动报酬、社会保险等。在双方未签订劳动合同的情况下,要判断双方是否成立劳动关系,应结合双方是否存在建立劳动关系的"合意"、工资支付以及具体工作情况等因素进行综合认定。仅有建立劳动关系的合意是不充分的,尚需实际提供劳动才能确认劳动关系的存在。

(二)劳动合同关系成立

《民法典合同编通则解释》第十五条规定:"人民法院认定当事人之间的权利义务关系,不应当拘泥于合同使用的名称,而应当根据合同约定的内容。当事人主张的权利义务关系与根据合同内容认定的权利义务关系不一致的,人民法院应当结合缔约背景、交易目的、交易结构、履行行为以及当事人是否存在虚构交易标的等事实认定当事人之间的实际民事法律关系。"

劳动合同关系存在考量标准:其一,用人单位和劳动者符合法律、法规规定的主体资格。其二,用人单位依法制定的各项劳动规章制度适用于劳动者,劳动者接受用人单位的劳动管理,从事用人单位安排的有报酬的劳动。其三,劳动者提供的劳动是用人单位业务的组成部分。应注意的是,劳动关系是否成立属法定范畴,法官应坚持实质审查原则,意思表示应当作为认定劳动合同关系是否成立的考量因素。

用人单位不得以“转”外包形式规避用工责任。

【案例2-1】 冯某诉某化工公司劳动争议纠纷案

判决观点,双方对于自冯某入职后至2022年4月30日期间存在劳动关系并无争议,但在2022年4月30日之后,冯某仍在原工作岗位继续工作,双方并未办理任何劳动关系解除或终止手续。虽然某化工公司与某人力公司签订了劳务外包协议,但某人力公司为某化工公司员工夏某于2022年5月19日注册成立的自然人独资公司,该公司成立的主要目的是逃避给镀锌工序的工人缴纳社会保险,冯某实际仍然接受某化工公司的管理,与某化工公司其他员工一样享受食宿福利待遇,另有保底工资,某化工公司与某人力公司所谓的劳务外包只是将镀锌工序的用工风险转嫁给某人力公司。故判决确认冯某与某化工公司自2022年3月13日起存在劳动关系。[1]

事业编制劳动者与用人单位之间能够成立劳动关系。

【案例2-2】 北京若水轩管理咨询有限公司诉李某娣劳动争议纠纷案

二审法院认为,根据本案查明的事实,李某娣提交证明显示在北京若水轩管理咨询有限公司(以下简称若水轩公司)工作期间,原单位就其按照停薪留职处理;李某娣在若水轩公司开办的托管班工作,从事的劳动是若水轩公司的业务组成部分;工作期间记录工作日志,并打卡记录考勤,接受若水轩公司的管理;同时,若水轩公司按月向李某娣支付劳动报酬。原审法院依据上述事实,认定李某娣与若水轩公司在2013年9月1日至2013年12月6日存在劳动关系,并无不当。若水轩公司上诉主张双方在此期间不存在劳动关系,没有依据,法院不予支持。判决:驳回上诉,维持原判。[2]

双方签订的合作协议能否足以排除否认劳动关系问题。当事人之间签订了书面合同并非判断劳动关系存在的必要前提,具备法定的主体资格劳动力的给付与受领行为满足劳动关系的实质特征,该法律关系就为劳动关系。劳动者与用人单位订立的合作协议难以排除两者建立劳动关系的合意,双方均符合劳动关系主体资格,协议中亦约定劳动者需遵守用人单位有关规定及相关服务标准、用人单位有权制定有利于业务开展的各项考核制度等内容,以上条款均表明劳动者需接受用人单位的管理,在用人单位的安排下开展工作,故劳动者为用人单位的员工与其存在劳动关系。也就是说,应以合作协议的实质内容来认定法律关系,而不能以双方约定的方式排除劳动关系。但应注意的是,如果经查明,在用人单位能

---

〔1〕 江苏法院2022年度劳动人事争议十大典型案例之四,审理法院:淮安市淮阴区人民法院。

〔2〕 参见国家法官学院案例开发研究中心编:《中国法院2017年度案例》(劳动纠纷),中国法制出版社2017年版,第13页。北京市第二中级人民法院(2015)二中民终字第07681号民事判决书。

够通过有效的证据证明确实与个人进行了充分的释明和沟通的基础上，个人基于完全自由意志与用人单位达成非劳动关系协议的，可以认定该协议的效力。此时，并非认定双方根本不构成劳动关系，而是个人对确认劳动关系权益的放弃。

【案例2－3】 赵某诉房地产经纪公司劳动争议纠纷案

二审法院认为，房地产经纪公司与赵某签有合作协议，但不能仅凭协议的名称认定双方之间法律关系的性质。结合双方协议约定的内容及双方提交的证据，可以认定在双方法律关系存续期间，赵某接受房地产经纪公司的劳动管理，从事房地产经纪公司安排的有偿报酬的劳动；同时赵某以房地产经纪公司的名义开展工作，其提供的劳动是房地产经纪公司业务的组成部分。综上，一审法院认定房地产经纪公司与赵某之间存在劳动关系并无不当。判决：驳回上诉，维持原判。[1]

家政公司成立劳动关系是多发争议。实践中，部分家政公司存在用工不规范现象，导致司法实践中认定家政就业群体劳动关系面临难题。通过对双方约定内容和实际履行情况进行实质性审查，认定双方之间存在劳动关系。

【案例2－4】 周某诉天津某家政服务公司劳动争议纠纷案

周某为某家政服务公司月嫂，负责为新生儿提供护理。其入职当天与该公司签订《妇婴护理中心聘用员工协议书》，约定：周某工作时间为上24小时休48小时，试用期3个月，通过考试评定后转正，并约定了转正后的底薪、夜班费及离职方式等，周某自动放弃由公司缴纳社保，该公司给予周某现金形式的保险补助。后周某向仲裁委提起申请，要求确认其与某家政服务公司之间存在劳动关系，仲裁委不予受理，周某遂向法院提起诉讼。

判决观点，双方当事人已对试用期、工作内容、工作时间、劳动报酬、社会保险等劳动合同有关的内容进行了约定。结合双方当事人实际履行情况，特别是周某实际接受用人单位的管理、指挥与监督，用人单位按月发放劳动报酬，周某根据用人单位安排开展工作而非独立开展工作等情形，应认定双方当事人之间存在劳动关系。[2]

在司法实践中，对于家政企业与家政服务人员之间发生的确认劳动关系争议，应当充分考虑家政服务行业特殊性，明确企业运营模式，查明企业与家政服务人员是否具备建立劳动关系的法律主体资格，严格审查双方之间是否存在较强程度的劳动管理，以此对签订劳动合同和签订服务协议的情形作出区分，据实认定

---

〔1〕 参见国家法官学院、最高人民法院司法案例研究院编：《中国法院2022年度案例》（劳动纠纷），中国法制出版社2022年版，第32页。北京市第二中级人民法院（2020）京02民终5352号民事判决书。

〔2〕 天津市高级人民法院2023年发布8个劳动争议典型案例之一。

劳动关系。

【案例2－5】　宋某与某家政公司劳动争议纠纷案

宋某于2019年10月26日到某家政公司应聘家政保洁员，双方订立了《家政服务协议》，约定：某家政公司为宋某安排保洁业务上岗培训（初级），培训费用由公司承担，宋某经培训合格后须按照公司安排为客户提供入户保洁服务，合作期限为2年；宋某须遵守公司统一制定的《家政服务人员行为规范》，合作期限内不得通过其他平台从事家政服务工作；某家政公司为宋某配备工装及保洁用具，并购买意外险，费用均由公司承担；宋某每周须工作6天，工作期间某家政公司通过本公司家政服务平台统一接收客户订单，并根据客户需求信息匹配度向宋某派发保洁类订单，工作日无订单任务时宋某须按照公司安排从事其他工作；某家政公司按月向宋某结付报酬，报酬计算标准为底薪1600元/月，保洁服务费15元/小时，全勤奖200元/月；如宋某无故拒接订单或收到客户差评，某家政公司将在核实情况后扣减部分服务费。2019年11月1日，宋某经培训合格后上岗。从事保洁工作期间，宋某每周工作6天，每天入户服务6～8小时。2020年1月10日，宋某在工作中受伤，要求某家政公司按照工伤保险待遇标准向其赔偿各类治疗费用，某家政公司以双方之间不存在劳动关系为由拒绝支付。宋某于2020年1月21日向仲裁委员会申请仲裁，请求确认与某家政公司于2019年11月1日至2020年1月21日存在劳动关系。仲裁委员会裁决宋某与某家政公司之间存在劳动关系，某家政公司不服仲裁裁决，诉至人民法院。一审法院判决：宋某与某家政公司于2019年11月1日至2020年1月21日存在劳动关系。某家政公司不服一审判决，提起上诉。二审法院判决：驳回上诉，维持原判。[1] 本案争议焦点是，宋某与某家政公司之间是否符合订立劳动合同的情形？认定家政企业与家政服务人员是否符合订立劳动合同的情形，应当根据《劳动和社会保障部关于确立劳动关系有关事项的通知》（劳社部发〔2005〕12号）第一条之规定，重点审查双方是否均为建立劳动关系的合法主体，双方之间是否存在较强程度的劳动管理。本案中，宋某未达到法定退休年龄，其与某家政公司均是建立劳动关系的合法主体。在劳动管理方面，某家政公司要求宋某遵守其制定的工作规则，通过平台向宋某安排工作，并通过发放全勤奖、扣减服务费等方式对宋某的工作时间、接单行为、服务质量等进行控制和管理，双方之间存在较强的人格从属性。某家政公司掌握宋某从事家政服务业所必需的用户需求信息，统一为宋某配备保洁工具，并以固定薪资结构向宋某按月支

〔1〕 人力资源社会保障部、最高人民法院发布第三批劳动人事争议典型案例之六。

付报酬,双方之间存在较强的经济从属性。宋某以某家政公司名义对外提供家政服务,某家政公司将宋某纳入其家政服务组织体系进行管理,并通过禁止多平台就业等方式限制宋某进入其他组织,双方之间存在明显的组织从属性。综上,某家政公司对宋某存在较强程度的劳动管理,符合订立劳动合同的情形,虽然双方以合作为名订立书面协议,但根据事实优先原则,应当认定双方之间存在劳动关系。

季节性岗位的劳动关系认定是疑难问题。司炉工的岗位特点具有极强的季节性,用人单位和劳动者之间的法律关系符合劳动关系的法律特征,故确认双方间断性地建立了劳动关系,不可笼统认定双方劳动关系自第一次用工之日起连续计算。因季节性用工过程中劳动关系存在阶段性、间断性的特点,故劳动者在每年度的采暖季结束完成工作任务后,其与用人单位的劳动关系终止。

【案例2-6】 赵某诉某研究院劳动争议纠纷案

赵某于2006年11月起在某研究院工作,工作岗位为司炉工,每年采暖季在研究院负责管理采暖用锅炉,采暖季结束后赵某工作结束,下年度采暖季再次前往研究院工作,此种用工模式一直延续至2021年。双方于2006年11月签订了《临时用工劳务合同》一份,约定合同期限为2006年11月15日至2007年3月15日。此后,每年11月至次年3月的采暖季期间,双方均签订《临时用工劳务合同》。赵某每年采暖季在研究院工作期间,接受研究院的考勤管理和安全生产制度的约束,研究院向赵某提供必要的劳动工具,按月向赵某支付报酬。2021年采暖季期间,研究院每月支付给赵某劳动报酬3500元。后因双方就终止劳动合同经济补偿问题发生争议,赵某申请劳动仲裁,请求确认双方存在劳动关系并支付经济补偿。研究院主张赵某的仲裁请求已超过申请仲裁时效,应当予以驳回。仲裁委依法确认赵某与研究院之间成立以季节性用工为用工周期的劳动关系;研究院支付赵某终止劳动关系经济补偿1750元。赵某和研究院均未向人民法院提起诉讼,裁决书依法发生法律效力。[1] 本案裁判的焦点是双方是否形成劳动关系,赵某的仲裁请求是否受仲裁时效的限制。劳动者在用人单位的管理与支配下由用人单位提供劳动条件及劳动工具,劳动者从事有报酬的劳动的,双方成立劳动关系。2006年11月至2021年3月赵某于每年的采暖季在研究院从事司炉工作,在研究院的管理与支配下从事了有报酬的劳动。双方虽签订了“劳务合同”,但双方约定的权利义务内容并不符合劳务关系的法律特征。故根据上述法

---

〔1〕 陕西省高级人民法院、陕西省人力资源和社会保障厅联合发布第一批劳动人事争议典型案例之五。

律事实,可综合认定赵某与研究院签订的一系列合同均为固定期限劳动合同,研究院向赵某支付的报酬即为劳动报酬,双方成立劳动关系。

《劳动合同法实施条例》第二十一条,是对劳动合同法中关于劳动合同终止条件的补充。劳动者达到法定退休年龄的,用人单位即应与劳动者终止劳动合同。劳动者在超过法定退休年龄入职用人单位的,劳动者已经不具备建立劳动关系的主体条件,其与用人单位不能成立劳动合同关系。因此,劳动者达到法定退休年龄后被用人单位录用的,该行为在法律上不应当认定为存在劳动关系。

【案例2-7】 王某诉某养老院劳动争议纠纷案

时年56岁的王某(女)于2021年4月入职至某养老院从事护理工作。同年5月21日下午15时许,王某在工作岗位上突发疾病被送医救治。后王某因医疗费与养老院产生纠纷,养老院以王某入职时已超过法定退休年龄为由否认双方之间存在劳动关系。王某遂向劳动人事争议仲裁委员会申请劳动仲裁,请求确认王某与养老院存在劳动关系。仲裁委员会驳回了王某关于确认与养老院劳动关系的仲裁请求。王某不服裁决结果,诉至人民法院。法院一审判决王某与某养老院不存在劳动关系,二审法院维持一审判决。[1]

主流观点认为,具备用工主体资格的承包人将承包业务转包或者分包给不具备用工主体资格的组织或者个人,该组织或者个人招用的劳动者请求确认承包人为承担用工主体责任单位,承担支付工资、给予工伤保险待遇等用工主体责任的,人民法院应予支持。

达到法定退休年龄的农民工与用人单位之间不成立劳动法律关系。

(三)劳动合同关系甄别

现实生活中,除存在大量的典型劳动合同关系外,存在形形色色的非典型劳动合同关系,需要仔细甄别。

1. 建筑领域劳动关系

建筑领域中,建筑公司承包工程以后,往往转包或者分包给实际施工人建设施工,实际施工人通常又雇请大量农民工进行具体施工。此种情形下特别是农民工发生伤亡时,往往产生农民工与建筑公司之间是否存在劳动关系的争议。

---

〔1〕 陕西省高级人民法院、陕西省人力资源和社会保障厅联合发布第一批劳动人事争议典型案例之一。

《关于进一步做好建筑业工伤保险工作的意见》(人社部发〔2014〕103 号)规定,施工人员发生工伤后,以劳动合同为基础确认劳动关系。对未签订劳动合同的,由人力资源社会保障部门参照工资支付凭证记录、工作证、招工登记表、考勤记录及其他劳动者证言等证据,确认事实劳动关系。

《劳动和社会保障部关于确立劳动关系有关事项的通知》第四条规定,建筑施工、矿山企业等用人单位将工程(业务)或经营权发包给不具备用工主体资格的组织或自然人,对该组织或自然人招用的劳动者,由具备用工主体资格的组织或自然人承担用工主体责任。该条规定只是考虑到很多实际施工人缺乏赔偿能力,但又得及时救济劳动者之需。司法实践中不宜对该条作扩大化理解和过度解读,不能认为用工主体等同于用人单位责任,不能据此认定建筑企业与劳动者之间存在劳动关系。换言之,承担用工主体责任并非等同存在劳动关系,承包单位不承担工伤保险责任以外的其他责任。

【案例 2-8】 卓某良诉跃城公司社会保险纠纷案

一审法院认为,卓某良不能举证证明被告为招工单位,仅能证明原告工资由被告方支付。被告跃城公司能够证实被告支付工资的行为系为减少农民工追索劳动报酬纠纷的发生,不能证实被告公司的员工。建设单位将工程发包给实际施工人,实际施工人招用的劳动者请求确认与具有用工主体资格的发包人之间存在劳动关系的,不予支持。判决:驳回原告卓某良的诉讼请求。二审法院裁定:准许卓某良撤回上诉。〔1〕

【案例 2-9】 高碑店市欣泰建筑有限责任公司诉许某确认劳动关系纠纷案

二审法院认为,首先,用人单位与劳动者建立劳动关系,系双方合意的结果。因此,认定高碑店市欣泰建筑有限责任公司(以下简称欣泰公司)与许某之间是否存在劳动关系,首先要考量双方是否具有相应意思表示的行为和意思表示的具体内容。本案中,并无证据证明欣泰公司与许某就建立劳动关系具体事宜进行过商议、沟通。也即并无证据证明欣泰公司与许某就建立劳动关系存在合意。许某的"是文某的儿子打电话介绍我去做保温工作。在电话中说了工资问题,240 元一天,每天 8 个小时"陈述,也能够印证上述事实。其次,《劳动和社会保障部关于确立劳动关系有关事项的通知》中规定……由此可见,劳动关系中,用人单位依法制定的各项劳动制度适用于劳动者,劳动者受用人单位管理。也即劳动关系中用人单位与劳动者之间存在管理与被管理的人身属性。而本案中,许某在案涉项目工地务工系事实,但

〔1〕 参见陈莉:《建筑工程劳动关系的认定》,载《人民法院报》2016 年 8 月 11 日,第 6 版。重庆市第五中级人民法院(2015)渝五中法民终字第 04235 号民事裁定书。

许某系文某直接招用,其工作由文某安排,并接受文某管理。许某也未提交证据证明其接受欣泰公司管理。在无证据证明欣泰公司与许某建立劳动关系合意、许某在欣泰公司管理下工作的情况下,一审法院认定双方不存在劳动关系并无不当。此外,《劳动和社会保障部关于确立劳动关系有关事项的通知》第四条……的规定,但上述“用工责任主体”仅指用人单位在法定情形下应承担相应的责任,并非指劳动关系必然与提供劳动一方建立劳动关系。故许某认为欣泰公司将工程发包给不具备用工主体资格的第三人,致其权利遭受侵害,可另行主张权利。判决:驳回上诉,维持原判。[1]

实际施工人聘用劳动者(农民工)与具备用工主体的建筑施工企业就是否存在劳动关系进行民事诉讼的,法院应当确认双方不存在劳动关系。

【案例2-10】 邓某波诉绍兴县广友劳务分包有限公司确认劳动关系纠纷案

二审法院认为,本案系确认之诉,邓某波就应就其与绍兴县广友劳务分包有限公司(以下简称广友公司)存在事实劳动关系承担举证责任。在未有书面劳动合同的情况下,劳动关系的确认需结合劳动人事管理、劳动报酬支付、劳动业务联系、出勤考勤等因素综合评定。经审查,邓某波虽在广友公司承建的B四季园一期F1地块工程项目工作,但其系由案外人谢某招录,且与广友公司之间不存在出勤考核、报酬支付等管理与被管理的关系,故在邓某波未有其他充分证据证实双方间不存在事实劳动关系之情形下,应承担举证不能之不利后果。至于邓某波提及的建筑施工企业用工主体责任等同于事实劳动关系的问题,两者不属于同一法律概念,亦未有法律明确规定,故对该项上诉理由,不予采纳。综上,原审判决认定事实清楚,适用法律正确。邓某波的上诉理由依据不足,依法不予支持。判决:驳回上诉,维持原判。[2]

违法转包情形下,确定由具备用工主体资格的组织或自然人与劳动者存在事实劳动关系,这种事实劳动关系是拟制的劳动关系,不是真正的劳动关系,只是用工主体性质的劳动关系,仅仅针对支付拖欠工资和工伤保险待遇的落实方面,而不能随意扩张,突破合同的相对性,使发包方承担《劳动合同法》上的用人单位责任。

---

〔1〕 参见国家法官学院案例开发研究中心编:《中国法院2019年度案例》(劳动纠纷),中国法制出版社2019年版,第32~33页。四川省成都市中级人民法院(2017)川01民终14776号民事判决书。

〔2〕 参见最高人民法院民事审判第一庭编:《民事审判指导与参考》2015年第4辑(总第64辑),人民法院出版社2016年版,第230页。

【案例2-11】 马某兴诉白山市建兴建筑有限责任公司确认劳动关系纠纷案

二审法院认为,依据《劳动和社会保障部关于确立劳动关系有关事项的通知》第四条的规定,本案中,白山市建兴建筑有限责任公司将达林大厦转包给曹某财个人,曹某财又将水暖工程转包给了李某,李某将部分水暖工程包给了袁某太。曹某财、李某、袁某太均没有相关施工资质,是不具备用工主体资格的自然人,袁某太雇用马某兴从事达林大厦水暖施工工程,马某兴在施工过程中受伤,白山市建兴建筑有限责任公司具备用工主体资格,应当承担用工主体责任,因此确认白山市建兴建筑有限责任公司与马某兴存在事实劳动关系。综上,上诉人的上诉理由成立。一审法院适用法律错误,应予纠正。判决:(1)撤销一审判决;(2)白山市建兴建筑有限责任公司与马某兴存在事实劳动关系。[1]

建筑施工违法转包、分包中劳动关系的认定。

【案例2-12】 薛某景诉新疆某建设公司劳动争议纠纷再审案

再审法院认为,建设单位将工程发包给承包人,承包人又非法转包或者违法分包给实际施工人,实际施工人招用的劳动者请求确认与具有用工主体资格的发包人之间存在劳动关系的不予支持。通常情况下,社会保险行政部门认定职工工伤,应以职工与用人单位之间存在劳动关系,但在法律、法规及司法解释另有规定的情况下,职工与用人单位之间即使不存在劳动关系,用人单位也会成为工伤保险责任的承担主体。[2]

承担用工主体责任并不等于确立劳动关系。

【案例2-13】 吴某林诉新余市城乡建设工程有限公司确认劳动关系纠纷案

判决观点,本案中,原告吴某林受案外人周某华雇佣,吴某林与周某华形成雇佣的合意,现场用工管理由周某华实施,并由周某华按照日为单位结算工资报酬,因此,吴某林与周某华之间形成典型的雇佣关系。被告新余市城乡建设工程有限公司(以下简称新余城建公司)将讼争工程的外墙涂料项目分包给周某华,周某华招用吴某林施工,该情形符合《劳动和社会保障部关于确立劳动关系有关事项的通知》第四条规定的适用条件,依此规定,应当由具

---

〔1〕 参见国家法官学院案例开发研究中心编:《中国法院2018年度案例》(劳动纠纷),中国法制出版社2018年版,第2页。吉林省白山市中级人民法院(2015)白山民一终字第363号民事判决书。

〔2〕 人民法院案例库2023-16-2-490-004。新疆维吾尔自治区高级人民法院生产建设兵团分院(2023)兵民申938号民事裁定书。

备用工主体资格的发包方即被告新余城建公司承担用工主体责任。但是用工主体责任有其特定的内涵,即工伤赔偿责任;而确立劳动关系作为对用人单位要求最严格的法律调整手段,并不适用于用人单位将工程违法分包给无用工主体资格的自然人的情形。综上,吴某林与新余城建公司没有建立劳动关系的合意,新余城建公司也未对吴某林进行用工管理及支付劳动报酬,故吴某林诉请确认其与新余城建公司存在劳动关系,事实和法律依据不足,应予驳回。判决:驳回吴某林的全部诉讼请求。[1]

【案例2-14】　铁建公司诉胡某某劳动争议纠纷案

二审法院认为,本案中,胡某某既未提供其与铁建公司之间存在劳动关系的书面劳动合同,也未证实铁建公司对其提供的劳动进行了管理,且铁建公司不对承包的省道317路边沟工程直接进行施工,而是胡某某在刘某某承包的路段施工,因此胡某某是否尽职劳动,铁建公司并不予以拘束。胡某某与铁建公司之间未形成事实劳动关系,原审认定胡某某与铁建公司之间未形成用工单位的用工意愿的相互结合关系,双方并未成立事实劳动关系正确,法院依法予以维持。但原审适用《劳动合同法》第四十四条、《劳动合同法实施条例》第二十一条、《国务院关于工人退休、退职的暂行办法》第一条不当,应适用《劳动合同法》第十六条的规定,法院依法予以纠正。另原劳动和社会保障部发布的《关于确立劳动关系有关事项的通知》第四条仅规定了"建筑施工、矿山企业等用人单位将工程(业务)或经营权发包给不具备用工主体资格的组织或自然人,对该组织或者自然人招用的劳动者,由具备用工主体资格的发包方承担用工主体责任"。而并未规定具备用工主体资格的发包方与该组织或自然人招用的人员形成劳动关系。该用工主体责任的规定,并非认定劳动关系的法律依据。本案中,即使胡某某未依法享受养老保险待遇,或者胡某某的年龄在60周岁以下,依法亦不能认定胡某某与铁建公司之间存在劳动关系。综上所述,上诉人胡某某的上诉请求不能成立,法院不予支持。原判决认定事实清楚,实体处理恰当,虽适用法律不当,但已经法院纠正,依法应予维持。判决:驳回上诉,维持原判。[2]

虽然双方签订了劳动合同,但是劳动者并非施工单位所招录,而是由作为个人的包工头招录至工地工作,劳动者也不认可其是单位员工,所以劳动者与施工单位从未建立成立劳动关系的合意,故不构成劳动关系。

---

〔1〕 参见国家法官学院案例开发研究中心编:《中国法院2018年度案例》(劳动纠纷),中国法制出版社2018年版,第58页。福建省厦门市同安区人民法院(2016)闽0212民初1569号民事判决书。

〔2〕 参见国家法官学院案例开发研究中心编:《中国法院2017年度案例》(劳动纠纷),中国法制出版社2017年版,第21~22页。湖南省益阳市中级人民法院(2016)湘09民终66号民事判决书。

【案例2－15】 李某诉建筑公司、袁某劳务合同纠纷案

一审法院认为，首先，从报酬支付情况来看，建筑公司认可该公司支付给李某的报酬从该公司支付给袁某的工程款中扣除，这明显不符合劳动关系中用人单位向劳动者支付工资的特点；其次，从日常工作管理来看，建筑公司对李某的工作安排陈述前后不一致，但无论是其陈述不直接给李某安排工作还是基于李某作为袁某的代表、向李某安排工作系向袁某安排工作，均不符合劳动关系项下的用人单位对劳动者的管理与安排工作的特征。此外，各方均认可李某及袁某介绍招录至本案工地工作，袁某并非建筑公司的工作人员，不能代表建筑公司，从该角度来讲，李某与建筑公司并无成立劳动关系的合意。综上，虽然建筑公司与李某签订了劳动合同，但不论是从报酬发放、用工管理还是从建立劳动关系的合意的角度来看，均无法认定建筑公司与李某构成劳动关系。进而，袁某欠李某劳务费55,000元，已支付5000元，故还应支付50,000元。针对建筑公司是否应承担连带责任，《建筑领域农民工工资支付管理暂行办法》第十二条规定："工程总承包企业不得将工程违反规定发包、分包给不具备用工主体资格的组织或个人，否则应承担清偿拖欠工资的连带责任。"建筑公司将其承包的建筑工程违法分包给袁某个人，故对于袁某欠李某的劳务费50,000元，建筑公司应当承担清偿劳务费的连带责任。另外，欠条所载其余款项系袁某雇用其他工人的报酬，李某无权主张向其本人支付，故对李某要求袁某与建筑公司共同向其支付该部分款项的请求，不予支持。判决：(1)袁某支付李某欠付劳务费50,000元，建筑公司对此承担连带责任；(2)驳回李某的其他诉讼请求。二审法院同意一审法院裁判意见。[1]

2. 合伙劳动关系

对合伙人在合伙企业中提供劳动的，在劳动关系层面应如何界定，现行法律并没有作出明确规定，司法实践中也无统一认识。

就合伙企业而言，分为普通合伙企业和有限合伙企业。根据法律规定，普通合伙企业中全体合伙人财产共有、利益共享、责任共担，对合伙企业享有同等的权利、承担同等的责任、执行合伙事务自不例外。

在合伙企业中，合伙人无论从事何种工作均是执行合伙事务的一种表现形式，即便其在此过程中额外付出了相应的劳动，这种劳动也是其自己为自己的服

---

〔1〕 参见国家法官学院、最高人民法院司法案例研究院编：《中国法院2022年度案例》(劳动纠纷)，中国法制出版社2022年版，第25～26页。北京市第一中级人民法院(2020)京01民终4211号民事判决书。

务,为自身谋取利益的行为,具有更多的自主性,欠缺劳动关系之从属性这一核心要件,亦然不成立劳动关系。至于某一合伙人按月获取的报酬,虽以工资形式发放,但实质是其额外付出劳动后,按其与其他合伙人间约定(不局限于书面约定,口头或默示亦可)获得的一种劳务回报,这种回报本质上与劳动者的工资并不等同,因其与合伙企业不存在劳动法意义上的人身依附性及隶属性,故不应认定存在劳动关系。

现今商业社会中,既是劳动者又是合伙人的情形大量存在。原本是公司员工,之后入股合伙企业,在劳动合同期限内,员工不仅与企业存在劳动关系,更成为企业合伙人。需要研究的是,个人与企业原本并不存在劳动关系,取得合伙人资格,能否当然成为员工,应否领取工资并要求缴纳社保。一般认为,合伙人与劳动者属于两个层面的概念,具有不同的内涵。成为合伙人,企业并无法律上之义务于每个月支付一定工资,合伙人是否成为公司员工可领取工资,应以有无书面劳动合同约定作为确立劳动关系之主要标准。

【案例 2-16】　杨某坚诉厦门同安同仁门诊部劳动争议纠纷案

判决观点,本案原告杨某坚以其与被告厦门同安同仁门诊部(以下简称同仁门诊部)存在劳动关系为由提起劳动仲裁,后不服劳动仲裁裁决向法院提起诉讼。基于查明的事实,杨某坚与聂某兴于 2015 年 1 月 19 日起即取得了被告同仁门诊部的股权,杨某坚对此予以确认,法院生效的(2015)同民初字第 5079 号民事调解书亦表明杨某坚确认其有入股同仁门诊部,经了解杨某坚的退伙时间为 2016 年 1 月 19 日,在此期间,实际杨某坚一直与聂某兴存在合伙法律关系,即杨某坚未退伙前系同仁门诊部的合伙人之一,仅是因为其与聂某兴之间因为出资问题产生纠纷,在此基础上,杨某坚又主张其与同仁门诊部存在劳动关系,但是对此杨某坚并未提供充分证据予以证明,同时杨某坚陈述其口头约定月工资 5000 元,但是又按照其代替的内科医师每月 7000 元计算,而在劳动仲裁时仅仅是“随便”计算,前后陈述矛盾,不能以此认定同仁门诊部存在拖欠工资的事实。综合上述认定,杨某坚与聂某兴合作经营同仁门诊部,杨某坚与同仁门诊部之间不存在劳动关系,故杨某坚基于劳动关系诉求同仁门诊部支付工资并补缴社保的诉讼请求,缺乏事实和法律依据,法院依法不予支持。判决:驳回杨某坚的全部诉讼请求。[1]

应注意的是,在合伙企业中,除合伙人之外聘用的员工与合伙企业成立劳动关系。

---

〔1〕 参见国家法官学院案例开发研究中心编:《中国法院 2018 年度案例》(劳动纠纷),中国法制出版社 2018 年版,第 29 页。福建省厦门市同安区人民法院(2016)闽 0212 民初 849 号民事判决书。

3. 临时工成立劳动合同关系

过去历史条件下形成的“临时工”成立劳动合同关系问题。是否成立劳动关系,应依据《劳动法》《劳动合同法》等法律规定和国务院、劳动部门的法规、规章、政策规定。依据《劳动法》第十六条规定,劳动合同是劳动者与用人单位确立劳动关系、明确权利和义务的协议。建立劳动关系应当订立劳动合同。即使未订立书面劳动合同,依据《劳动和社会保障部关于确立劳动关系有关事项的通知》(劳社部发〔2005〕12号)规定,用人单位单位招用劳动者未订立书面劳动合同,但同时具备下列情形的,劳动关系成立。(1)用人单位和劳动者符合法律、法规规定的主体资格;(2)用人单位依法制定的各项劳动规章制度适用于劳动者;(3)劳动者提供的劳动是用人单位业务的组成部分。实践中,一般以此作为判断劳动关系是否成立的实质要件。因此,“临时工”身份不再具有法律关系认定的意义,是否成立劳动关系需要根据劳动者与用人单位之间的具体情形进行判断。[1]

4. 在校大学生的劳动关系

对于在校大学生与用人单位是否存在劳动关系不能一概而论,应依据劳动关系的基本要素综合评定。

【案例2-17】 韩某诉北京××学院劳动争议纠纷案

判决观点,北京××学院以招聘应届毕业生名义录取韩某,双方签订了劳动合同,韩某受北京××学院的管理,并从事北京××学院安排的有报酬的劳动,北京××学院亦为韩某缴纳了社会保险和住房公积金。并且,从北京××学院提供的考勤表来看,韩某在2017年11月15日之前均为全勤,并未体现韩某系兼职性质。故韩某与北京××学院之间符合劳动关系的基本特征,双方系劳动关系。韩某于2017年7月1日入职,正常工作至2017年12月31日,故法院认定韩某与北京××学院2017年7月1日至12月31日存在劳动关系。[2]

【案例2-18】 韩甲、张某诉纺织公司确认劳动关系纠纷案

二审法院认为,韩乙在纺织公司实习期间是否与纺织公司成立劳动关系,应考察韩乙与纺织公司是否存在劳动关系的合意。从韩乙到纺织公司实习的经过看,其系某学校根据与纺织公司的《联合办学实习协议》实施教学计划安排到纺织公司参加生产实习的一批学生之一,韩乙到纺织公司实习系

---

〔1〕 参见最高人民法院民事审判第一庭编:《民事审判实务问答》,法律出版社2021年版,第193页。

〔2〕 参见国家法官学院、最高人民法院司法案例研究院:《中国法院2020年度案例》(劳动纠纷),中国法制出版社2020年版,第48页。北京市昌平区人民法院(2018)京0114民初7018号民事判决书。

为完成学习计划，即完成纺织公司实习系韩乙在某学校的实践学习内容之一。虽然韩乙到纺织公司实习时已年满16周岁且实习期间纺织公司向其发放一定的报酬，其受到纺织公司一定管理制度的制约，但是其获得报酬和受纺织公司的管理制约仍系根据纺织公司与某学校的前述协议约定。此外，根据某学校和纺织公司的前述协议，某学校在韩乙实习期间仍然对其按照学籍管理规定、学校管理制度进行管理包括作出处分，韩乙需要按照学校的要求交纳学籍管理费；纺织公司向韩乙按标准发放生活费用，纺织公司学生实习报酬管理规定中学生实习津贴亦是根据日津贴和学生实际实习天数确定，即双方并未明确相应岗位工资报酬、福利待遇和劳动期限。综上，韩乙在纺织公司实习并非系其与纺织公司之间成立劳动合同法律关系合意的结果。因此，韩乙在纺织公司亦不形成事实上的劳动关系。判决：驳回上诉，维持原判。[1] 本案中，韩乙系韩甲、张某之子。生前在某学校就读。

用人单位与学校、实习生签订三方实习协议的情况下是否成立劳动关系，应着重审查实习生的身份情况，实习生的人身隶属关系、实习的最终目的以及实习生的工资报酬等情况。如果实习生的人身隶属关系不属于在校学生，不隶属学校管理，与用人单位之间符合劳动关系的本质特征，应认定为劳动关系。

【案例2-19】 郭某诉江苏益丰大药房连锁有限公司劳动争议纠纷案

判决观点，即将毕业的大专院校在校学生以就业为目的与用人单位签订劳动合同，且接受用人单位管理，按合同约定付出劳动；用人单位在明知求职者系在校学生的情况下，仍与之订立劳动合同并向其发放劳动报酬的，该劳动合同合法有效，应当认定双方之间形成劳动合同关系。[2]

高校毕业生毕业前以就业为目的为用人单位提供有报酬的劳动属于劳动关系。

【案例2-20】 王某与某汽车销售公司劳动争议纠纷案

一审法院认为，对于劳动关系，应系劳动者与用人单位之间，在劳动者提供社会劳动，实现劳动价值的过程中形成的继续性的、相对稳定的社会关系。本案中劳动关系确认的争议焦点在于王某是否具备主体资格。法院认为，一方面王某在进入某汽车销售公司时已经年满21周岁，已经达到法律所规定的劳动能力年龄；另一方面某汽车销售公司亦表示其公司于2021年7月、8月通知王某继续返岗工作，结合双方陈述及证据可以认定王某是以与某汽车

---

〔1〕 参见国家法官学院、最高人民法院司法案例研究院编：《中国法院2022年度案例》（劳动纠纷），中国法制出版社2022年版，第55~56页。山东省淄博市中级人民法院（2020）鲁03终121号民事判决书。

〔2〕 参见《最高人民法院公报》2010年第6期（总第164期）。

销售公司建立劳动关系为目的进入该公司，故王某在某汽车销售公司所从事的工作并不同于大学生以社会实践为目的而进行的实习，综上，法院对某汽车销售公司所述王某在其公司仅为实习生的意见，不予采信。因双方未就劳动关系解除提交相关证据，故对王某要求确认自2021年5月2日至8月27日与某汽车销售公司存在劳动关系的请求，法院予以支持。一审法院判决确认王某自2021年5月2日至8月27日与被告某汽车销售公司存在劳动关系。某汽车销售公司提起上诉，二审法院判决驳回上诉，维持原判。[1]

学生暑期打工，不属于劳动关系，只是一般雇佣关系。

【案例2-21】 孙某想诉厦门金鑫狮工贸有限公司劳动争议纠纷案

判决观点，本案事故发生时，孙某想刚参加完春季高考，正等待高校录取通知，学籍档案存在厦门市东山中学，故孙某想与被告厦门金鑫狮工贸有限公司（以下简称金鑫狮公司）双方并无建立稳定劳动关系的意愿。孙某想述称与金鑫狮公司口头约定薪资为100元/天，但根据其庭审陈述，孙某想无需遵守金鑫狮公司上下班考勤制度，金鑫狮公司也未直接向孙某想发放劳动报酬。孙某想在其《助学金申请表》中亦描述，其在金鑫狮公司"帮助父母工作为父母分担压力"。故法院认定金鑫狮公司未对孙某想实施用工管理，与孙某想不存在劳动关系。判决：驳回孙某想的全部诉讼请求。[2]

应届毕业生就业权益依法受保护。

【案例2-22】 李某诉某媒体公司劳动争议纠纷案

二审法院认为，不能因在校生或实习生的身份而一律否认劳动关系的建立。大学毕业生以就业为目的进入用人单位，不同于在校生以学习为目的假期实习、社会实践及勤工助学等情形，双方用工关系符合劳动关系特征的，应认定为劳动关系。本案中，李某作为应届毕业生以就业为目的至某媒体公司工作，向公司提供了劳动，并接受公司的管理，公司向其发放了报酬，存在建立劳动关系的合意。双方存在人身上、组织上及经济上的从属性，构成劳动关系，故判决支持了李某的诉讼请求。[3]

5. 空挂资质的劳动关系

空挂资质的劳动者与用人单位是否成立劳动关系是有争议的问题。

---

〔1〕 北京市第三中级人民法院（2022）京03民终4475号民事判决书。

〔2〕 参见国家法官学院案例开发研究中心编：《中国法院2018年度案例》（劳动纠纷），中国法制出版社2018年版，第49页。福建省厦门市同安区人民法院（2015）同民初字第4360号民事判决书。

〔3〕 江苏法院2022年度劳动人事争议十大典型案例之二，审理法院：南京市建邺区人民法院、南京市中级人民法院。

【案例2－23】　陈某与浙西工程设计院劳动争议纠纷案

二审法院认为，陈某的工作单位系巨化监理公司。陈某虽曾与浙西工程设计院签订过劳动合同，但该劳动合同是满足浙西工程设计院资质的形式所需，陈某并未向该院提供劳动或与该院在工作中形成管理支配关系，陈某与浙西工程设计院之间是虚构的劳动关系，其纠纷不属于劳动争议处理范围。

最高人民法院民一庭意见：在劳动争议纠纷案件中，不能仅以存在书面劳动合同就认定双方当事人存在劳动关系。认定劳动关系是否存在，不仅应审查其主体是否适格、是否有书面劳动合同，还应审查当事人之间是否符合劳动关系的实质要件，是否发生实际用工、劳动者是否提供有偿劳动并接受用人单位管理等。“空挂资质”的个人与单位之间不存在实际用工关系，由此发生的纠纷不属于劳动争议，应按一般民事纠纷案件处理。〔1〕

“人证分离”的“资质租借”期间，“租借资质”未驻场履职的，能构成劳动关系。

【案例2－24】　黄某某诉某建设公司劳动争议纠纷案

2017年6月16日，黄某某与某建设公司签订《一级建造师聘用协议书》，约定聘用待遇、补贴费用（区分驻场与非驻场）、社保缴交、违约责任等权利义务，聘用期限为2017年10月18日至2020年10月17日。2017年8月，某建设公司为黄某某缴交社会保险。2017年8月21日，黄某某取得一级建造师注册证书，注册证书上的聘用企业为某建设公司。2017年11月30日，某建设公司将承建项目负责人变更为黄某某，但黄某某未实际到项目现场进行驻场管理。后因项目建设需要，自2019年10月1日起，黄某某才开始驻场履行项目经理职责。2020年10月，某建设公司提出续签聘用协议，黄某某则要求签订劳动合同，双方未达成一致意见，聘用协议未续签。后双方仍按原《一级建造师聘用协议书》履行直至该项目竣工验收。2022年3月2日，双方签订《一级建造师解聘协议书》。一审法院判决：确认黄某某与某建设公司于2019年10月1日至2022年3月1日存在劳动关系。双方当事人均不服一审判决，提起上诉。二审法院判决：驳回上诉，维持原判。〔2〕

6. 再就业的停产企业劳动者与原企业之间劳动关系

企业停产后，其与劳动者未再实际履行劳动合同的权利义务，此时劳动合同

---

〔1〕 参见最高人民法院民事审判第一庭编：《民事审判指导与参考》2011年第2辑（总第46辑），人民法院出版社2011年版，第100～103页。

〔2〕 福建省高级人民法院、福建省人力资源社会保障厅联合发布劳动人事争议典型案例之二，该案例由龙岩上杭县人民法院提供。

处于中止履行状态,此后劳动者与其他单位建立新劳动关系,但新劳动关系的建立并不导致原劳动关系解除,仅在劳动合同期限届满时依法终止。对于未签订书面劳动合同的劳动者,其与停产企业建立的事实劳动关系在劳动者到新单位务工时即解除。

【案例2-25】 某实业公司诉魏某劳动争议纠纷案

判决观点,某实业公司从2015年2月10日起开始停产,停产期间未通知魏某解除劳动合同,虽然魏某从2016年10月起已在其他单位务工,但此期间与某实业公司签订的书面劳动合同并未到期,现行法律法规未对企业经营性停产放长假人员在其他单位可能存在双重劳动关系予以否认或禁止,后一段劳动关系的建立并不必然导致前一段劳动关系的解除。对于停产期间的生活费系用人单位对因企业停产导致长期待岗的劳动者生活需要所支付的费用,对已在其他单位处务工的劳动者,原企业无需再支付此项费用,故本案生活费计算期间为2015年2月至2016年9月。[1]

7. 互联网平台劳动关系

网约工与平台企业是否成立劳动关系,是互联网因素介入传统劳动关系产生的新问题。网约工仅是互联网经济发展下的一种用工模式,并非特定法律概念,判断网约工与平台企业间是否成立劳动关系仍应以从属性为标准进行实体审查。一般认为,除满足认定劳动关系的三个条件外,在互联网时代,认定网约工劳动关系还应延伸考虑以下三个因素:其一,网络平台用工模式的区别。现在网络平台众多,服务模式多样,同一平台会有不同类型的服务提供者,这时需要考虑服务提供者是否有权决定用工时间及地点、是否有权决定接受或拒绝提供服务、服务设施是自行提供还是平台提供抑或接受服务方提供、平台采用何种模式向服务提供者派单等。其二,服务提供者与平台的从属性程度。网络平台用工灵活多变,不能仅因为服务提供者在工作时间、工作地点上享有自主权就直接否定劳动关系的存在,还应综合考虑平台机制对工作时间及工作量的影响,平台对服务提供者进入和退出的管理方式、平台对服务提供者培训内容等,对从属性的程度进行综合性、实质性的判断。其三,服务提供者的工作时间和收入来源。工作的时长及是否具有持续性是劳动关系判定判定因素之一,服务提供者工作时间的长短在一定程度上也表明其和平台关系的紧密程度,收入来源是由平台周期性支付还是按提供服务次数及时长支付或者其他支付形式,也会影响劳动关系的认定。该种类型

---

〔1〕 参见国家法官学院、最高人民法院司法案例研究院编:《中国法院2021年度案例》(劳动纠纷),中国法制出版社2021年版,第33页。四川省绵竹市人民法院(2019)川0683民初149号民事判决书。

劳动关系放在其后阐述。

8. 涉外主体的劳动关系

《劳动争议解释(一)》第三十三条规定:“外国人、无国籍人未依法取得就业证件即与中华人民共和国境内的用人单位签订劳动合同,当事人请求确认与用人单位存在劳动关系的,人民法院不予支持。持有《外国专家证》并取得《外国人来华工作许可证》的外国人,与中华人民共和国境内的用人单位建立用工关系的,可以认定为劳动关系。”本条明确规定了涉外主体劳动者的资格条件,对于普通的外国人、无国籍人而言,应取得许可证就业证件;对于特殊主体而言,应持有《外国专家证》并取得《外国人来华工作许可证》。在满足法律规定的资格条件情况下,方可建立劳动关系。

主流观点认为,外国人、无国籍人的劳动关系。有下列情形之一,外国人、无国籍人请求确认与用人单位存在劳动关系的,人民法院不予支持:(1)未依法取得就业证件的;(2)超过就业证件使用期限继续在用人单位工作的;(3)因违反中国法律被中国公安机关取消居留资格的;(4)变更工作单位、就业区域、职业后,未依法变更或者重新办理就业证件的;(5)法律、行政法规规定的其他情形。前款第一项、第二项、第四项规定的情形,已取得永久居留资格的外国人以及符合可免办就业许可和就业证情形的除外。

主流观点认为,香港特别行政区、澳门特别行政区和台湾地区居民 2018 年 7 月 28 日之前未依法取得就业证件即与内地用人单位订立劳动合同,劳动者请求确认 2018 年 7 月 28 日之前与用人单位存在劳动关系的,人民法院不予支持;劳动者请求确认 2018 年 7 月 28 日之后与用人单位存在劳动关系,且双方法律关系符合劳动关系构成要件的,人民法院应予支持。

二、劳动合同关系法律适用

(一)劳动合同关系认定

1. 劳动关系认定标准

司法实践中,认定劳动关系的标准通常包括:其一,管理标准。主要指劳动者服从用人单位的管理,遵守用人单位的规章制度。其二,生产条件标准。主要指用人单位提供了基本的劳动条件,包括劳动场所、劳动对象和劳动工具,这样劳动者同用人单位提供的生产资料相结合,双方之间才能形成劳动法律关系。其三,报酬标准。主要指劳动者向用人单位提供劳动,用人单位向劳动者支付劳动报酬,由用人单位发放报酬是认定劳动关系的重要标志。其四,劳动内容标准。主要指劳动者提供的劳动是用人单位业务的组成部分,如果劳动者提供的劳动不属于用人单位的业务范围,一般来说,双方之间就不存在劳动关系。也就是说,认定标准包括两个要素:其一,双方以书面或者口头形式就建立劳动关系达成了一致意见即形成合意。这种合意不仅体现于双方建立劳动关系的意愿,也体现于双方对劳动权利义务的履行,比如用人单位为劳动者缴纳社会保险费、发放工资等,劳动者提供劳动并遵守了单位内部的规章制度。应注意的是,劳动关系建立需要有双方的合意,这种合意未必一定要通过特定的形式予以表达,但须有足够的事实予以支撑,即劳动者向对方给付约定的劳动,另一方向劳动者给付约定的报酬,反映劳动关系的财产属性。其二,劳动者提供劳动中接受用人单位的管理、约束、支配。劳动者的劳动给付是在用人单位的统一指挥下进行的,是受用人单位支配的,是有组织的劳动,构成了用人单位全部经营活动的有机组成部分,具备了劳动关系的从属性特征。这两个要素必须同时存在,缺一不可。如双方之间不符合法律关系的本质特征,则不应认定劳动合同关系成立。最高人民法院认为,确认是否存在劳动关系,应当结合双方权利义务的履行情况来判断双方是否建立劳动关系,并从双方是否存在人身依附性及财产性、劳动者是否实际受用人单位的管理、指挥或者监督等方面进行综合考虑。[1]

在认定劳动关系时,法官往往采取的是“实质判断”,而非“形式审查”。是否存在劳动关系,认定关键在于是否存在“用工关系”。“用工”的本质在于“从属性”。判断是否具备“从属性”需要从三个方面考虑:其一,劳动者的工作种类、工作内容、工作时间、工作地点等,均由用人单位管理或指定。即劳动者受用人单位控制程度较高。其二,劳动者从事的业务,为用人单位业务的一部分。即劳动者的劳动被纳入单位的生产经营系统,作为单位业务的组成部分,劳动者成为用人单位的劳动组织成员。其三,劳动者的收入,由用人单位决定,并由用人单位发放。即劳动者经济收入主要来源于该用人单位。

“隐蔽用工”是劳动力市场上一种非正常用工方式,司法实践中遵循“劳动者为谁提供服务、由谁支付报酬、接受谁的管理”三大标准进行认定。

【案例 2-26】 上海力利贸易有限公司诉姚某劳动合同纠纷案

一审法院认为,本案的争议前提在于上海力利贸易有限公司(以下简称上海力利公司)、姚某之间是否存在劳动关系,综观本案事实判断:第一,姚某庭审中自述,其是 2011 年 7 月 1 日受案外人吴某某邀请,为其工作。吴某某称其家族在上海有公司,可以在上海为其办理劳动关系,姚某因此同意。换言之,姚某并未与上海力利公司形成直接建立劳动关系的合意。姚某称上海力利公司与吴某某所在的海南合力公司同属家族企业,用工混乱,但该陈述并无证据可予证明,相反,上海力利公司已提供海南合力公司的营业执照以证明两者系独立法人关系,法院对姚某该观点实难采信。第二,姚某自述平时工作系由吴某某及其父兄安排,平时系由海南两公司对其进行管理,其工作内容亦非上海力利公司的业务组成部分。姚某并不接受上海力利公司的管理、约束与支配,双方之间显然欠缺劳动关系所必需的稳定的人身隶属关系。第三,结合 2011 年 8 月 2 日、3 日姚某发给吴某某的电子邮件及姚某的庭审陈述,姚某工作阶段的总体报酬与吴某某而非上海力利公司协商确认。姚某认为,上海力利公司按月缴纳了姚某社会保险费并发放工资,足以证明原告、被告存在劳动合同关系,上海力利公司对此不予认可。上海力利公司提供了多份银行转账凭证等证明上海力利公司系代缴姚某的社会保险费,实际费用均系吴某某及海南健洋公司承担。法院认为,社会保险费的缴纳并不足以认定双方存在劳动关系,且本案中姚某的社会保险费用均非上海力利公司实际支出,上海力利公司对转账至姚某银行卡内的钱款金额亦有合理说明,即系缴纳社会保险费后的剩余部分。结合前述分析,法院对姚某该观点

---

〔1〕 最高人民法院(2020)民申 3401 号民事裁定书。

难以采信。第四，在2011年3月15日，姚某发给吴某某的电子邮件中，姚某自述，系陈总解除了其工作关系，陈总未与其签订劳动合同等。姚某亦确认，"陈总"系海南健洋公司的陈乙。姚某虽在庭审又称系上海力利公司的吴姓女子在2012年1月8日左右口头解除姚某，但上海力利公司对此予以否认，姚某又未能提供证据加以佐证。法院对此不予采信。判决：上海力利公司、姚某之间不存在劳动关系。二审法院裁定准许姚某撤回上诉。[1]

劳动者可以接受监事管理为由主张确认劳动关系。

【案例2-27】 刘某诉北京实先环境工程科技有限公司劳动争议纠纷案

二审法院认为，北京实先环境工程科技有限公司(以下简称实先环境公司)主张彭某已经于2016年10月17日离职，但仍为其发放2016年10月、11月、12月工资，且彭某担任实先环境公司监事的时间为2011年2月15日至2017年8月16日。再加上北京市顺义区人民法院(2017)京0113民初12082号民事判决查明的事实，均与实先环境公司主张彭某离职时间不符，且该公司亦未能够作出合理的解释，因此法院对实先环境公司主张的彭某离职时间不予采信。通过上述事实，法院认为彭某自2016年6月至2017年6月一直在实先环境公司工作，在刘某受伤后，彭某为刘某支付了住院期间费用，之后陆续向刘某妻子账户转账四次，在实先环境公司对此未能作出合理解释的情况下，法院对其上诉意见均不予采纳。法院认为彭某系实先环境公司的监事，对刘某进行了管理，刘某从事的工作也系实先环境公司业务的组成部分，原审法院综合分析刘某提供证据材料，考虑双方举证能力，认定刘某与实先环境公司于2016年10月9日至2016年11月10日存在劳动关系，日工资260元以及受伤后的劳动权益，可待确认工伤后另行主张。判决：驳回上诉，维持原判。[2]

劳动关系跨越退休年龄前后，若未享受养老保险待遇，达到退休年龄时并不自然转为劳务关系，劳动者与原单位仍为劳动关系。

【案例2-28】 焦某成、焦某诉天津和兴物业管理有限公司劳动争议纠纷案

二审法院认为，本案争议焦点为孟某芝达到法定退休年龄后是否仍与上诉人天津和兴物业管理有限公司(以下简称和兴物业公司)存在劳动关系。《劳动法》第七十三条规定了劳动者依法享受社会保险待遇的几种情况，其

---

〔1〕 参见《劳动争议案件裁判要点与观点》，法律出版社2016年版，第48页。

〔2〕 参见国家法官学院、最高人民法院司法案例研究院编：《中国法院2020年度案例》(劳动纠纷)，中国法制出版社2020年版，第36～37页。北京市第二中级人民法院(2018)京02民终1377号民事判决书。

中包括退休。《劳动合同法》第四十四条规定了认定劳动合同终止的情形，其中包括劳动者开始依法享受基本养老保险待遇。《劳动争议解释(三)》(已失效)第七条规定……结合本案，各方均认可孟某芝仅是达到法定退休年龄，未办理退休手续，未享受养老保险待遇。故依据上述规定，劳动者达到退休年龄并不必然导致劳动合同终止，亦不属于《劳动争议解释(三)》(已失效)第七条规定的按劳务关系处理的情形。一审法院认定孟某芝达到法定退休年龄后仍与上诉人和兴物业公司存在劳动关系，是正确的。上诉人和兴物业认为其与孟某芝在2014年7月21日至2015年11月29日不存在劳动关系的上诉请求，无法律依据，法院不予支持。综上，一审判决认定事实清楚，适用法律正确，应予维持。判决：驳回上诉，维持原判。[1] 本案中，劳动者孟某芝去世后，其继承人焦某成、焦某有权就劳动者应享受但未支付的相关福利待遇提起诉讼。

用人单位在经营过程中可能因经营变动会与其他单位发生合并，或自身分立为多个单位，在这种情况下原劳动合同未到期的，原劳动合同继续有效，合同的权利义务由承继其权利义务的新单位继续履行。问题是合并或分立的用人单位可能是最新登记注册，其具备用人主体的资格开始于其注册成立之日，在这种情况下，劳动者主张与新单位存在劳动关系之日，不能早于其注册成立之日。

【案例2-29】 王某某诉航空公司某快递公司劳动争议纠纷案

一审法院认为，用人单位与劳动者建立劳动关系的前提是用人单位和劳动者双方应符合建立劳动关系主体资格。用人单位应为依法取得营业执照或者登记证书的企业、个体经济组织、民办非企业单位以及分支机构。劳动者主体资格是指年满16周岁至法定退休年龄之间的劳动者。航空公司于2003年11月14日注册成立，自此具有与劳动者建立劳动关系的主体资格。《劳动合同法》第三十四条，人单位发生合并或者分立等情况，原劳动合同继续有效，劳动合同由承继其权利和义务的用人单位继续履行的规定，仅是阐述劳动者在用人单位合并或分立等情况下，其原劳动合同由承继权利义务的用人单位继续履行，并非对用人单位依法取得营业执照前劳动关系的法律界定。因此，王某某与航空公司建立劳动关系的起始时间应自2003年11月14日起算。2003年11月14日后，航空公司自认与王某某存在劳动关系，并以中国国际航空股份有限公司的名义为王某某缴纳社会保险至2012年3月，且在此期间至2006年，每年均向王某某发放取暖费及物业费补贴，故对于王

---

〔1〕 参见《人民司法·案例》2017年第23期(总第790期)。天津市第一中级人民法院(2016)津01民终4030号民事判决书。

某某陈述的双方在此期间存在劳动关系的主张，一审法院予以支持。航空公司主张其与王某某已解除劳动关系，但未能就此提交充分证据予以证实，且王某某已经鉴定为丧失劳动能力，也不具备向航空公司提供劳动的能力，因此，对于航空公司主张的双方已解除劳动关系、实际处于长期两不找状态的辩解意见，一审法院难以采信。对于王某某要求确认自2003年11月14日至2019年10月30日与航空公司存在劳动关系的请求，一审法院予以支持。二审法院维持一审判决。[1]

2. 劳动关系认定的形式标志

最高人民法院的法官认为，在认定劳动关系时，用工事实是劳动关系的实质要件，它决定着劳动关系的本质，也决定了何种现象和事实可以成为认定劳动关系的形式标志。但是，形式标志跟实质要件比起来，更具有直观性，更容易举证，而且，一般情况下，形式标志与实质要件是统一的。所以，一般情况下，只要形式标志足够充分，就可以认定劳动关系。但是，当形式标志跟实质要件不一致的时候，还是要依据实质要件来认定是不是存在劳动关系。比如，用人单位与劳动者在用工之前就已经订立了劳动合同的，劳动关系建立的时间仍应以实际开始用工的时间为准，而不是以劳动合同订立的时间为准。[2]

3. 劳动关系认定特殊情形

主流观点认为，达到法定退休年龄但是尚未享受基本养老保险待遇的劳动者为用人单位提供劳动，劳动者请求参照适用劳动法律法规处理劳动报酬、工作时间、休息休假、劳动保护、职业危害防护以及工伤保险待遇等争议的，人民法院应予支持。

主流观点认为，被多个用人单位交替或者同时进行用工的劳动者请求确认劳动关系的，按照下列情形分别处理：(1)已订立书面劳动合同，劳动者请求按照劳动合同确认劳动关系的，人民法院应予支持；(2)未订立书面劳动合同，劳动者请求确认劳动关系的，人民法院可以根据用工管理行为、工作时间、工作内容、工资报酬发放、社会保险缴纳等因素予以确认。劳动者请求用人单位共同承担责任的，人民法院应予支持，但用人单位之间依法对劳动者的工资报酬、福利待遇等作出约定且经劳动者同意的除外。

委派用工中的劳动关系认定不能一概而论，应具体考察委派时各方当事人的

---

〔1〕 北京市第三中级人民法院(2021)京03民终1259号民事判决书。

〔2〕 参见最高人民法院民事审判第一庭编：《民事审判指导与参考》2020年第4辑(总第84辑)，人民法院出版社2021年版，第178页。

约定及委派后劳动者的实际工作状况。具体来讲,其一,应明确劳动者与用人单位是否签订了劳动合同及各方是否对劳动关系的归属作出了约定,在不违反法律法规强制性规定的情况下,可根据双方的约定进行处理。其二,在双方无明确约定的情况下,应着重审查用人单位在作出委派行为时是否对委派性质及期限作出说明,如果用人单位曾出具相关委派函、调动函等书面文件,则应重点审查函件内容。其三,应综合考察劳动者被委派后的具体工作情况以明确劳动关系归属,即劳动者在日常劳动中受谁管理、从事何种工作、工资由谁发放、社会保险由谁缴纳等具体问题。

【案例2-30】　孙某诉中盐国贸公司、油盐公司劳动争议纠纷再审案

二审法院认为,孙某与两公司劳动关系的认定需结合用人单位发放工资、缴纳社会保险、工作地点、工作内容等作为具体的判断依据。中盐国贸公司通过《关于人事调动的函》将孙某委派至油盐公司工作,该委派函并未明确孙某的劳动关系保留在中盐国贸公司,亦未明确具体期限和是否可退回孙某,同时,该函件的名称为人事调动,内容显示"以上同志的工作关系转移"。孙某到油盐公司任综合部部长后,由油盐公司发放工资并缴纳社会保险,孙某为油盐公司提供劳动,受油盐公司管理,故综合考虑孙某被委派时的实际情况和被委派后的工作情况,一审法院认定孙某自2013年3月12日起仍与中盐国贸公司存在劳动关系不妥,应认定自2013年3月12日起至争议发生时孙某与油盐公司存在劳动关系。油盐公司退回孙某并停发其工资并停缴社会保险,可认定为油盐公司解除孙某劳动关系的意思表示。鉴于油盐公司未能就其公司退回孙某的具体事实及其公司所依据的规章制度提供充分有力的证据予以证明,故油盐公司应支付孙某违法解除劳动关系赔偿金。判决:(1)维持一审判决第一项;(2)撤销一审判决第二项、第三项;(3)油盐公司支付孙某违法解除劳动关系赔偿金20,656.91元;(4)驳回孙某的其他诉讼请求。再审法院同意二审法院裁判意见。[1]

经选任产生的非营利性社会团体法人的管理人员,在符合从属性的条件下,与社会团体法人构成劳动关系。

【案例2-31】　李某诉某商会劳动合同纠纷案

判决观点,某商会辩称其与李某并非劳动关系,但《某商会章程》第三十一条规定了李某作为商会秘书长的职责。根据调查,李某曾保管商会公章、代表商会出差、为其缴纳水电费等。李某在某商会的办公场所进行工作,其

[1] 参见国家法官学院、最高人民法院司法案例研究院编:《中国法院2021年度案例》(劳动纠纷),中国法制出版社2021年版,第29页。北京市高级人民法院(2019)京民申5269号民事裁定书。

工作在某商会的掌控之中,某商会对李某的劳动实现了至少到时间和地点的细节管理,而李某无权拒绝劳动且无法决定工作的时间和地点。同时,某商会按月支付李某报酬4500元。李某与某商会的关系满足了劳动关系人身从属性及经济从属性的双重要求。因此,法院在查清事实分清责任的基础上进行了调解。通过释明诉讼风险的方式,对当事人的心理预期进行了引导。最终,某商会答应支付李某部分工资,李某以某商会已履行完毕为由向法院撤回起诉。裁定:准许李某撤诉。[1]

实践中,用人单位往往因资质申报、验收等需要专业人员参与其中,于是用人单位与有资质的专业人员签订劳动合同,仅约定专业人员需配合用人单位出场参加投标或使用资质申报活动,被称为空挂资质。一般认为,空挂资质是以证为本、以证获利的行为,其个人与用人单位并不存在真实用工关系,自然不构成劳动关系。对空挂资质用工关系的认定应考虑以下因素:其一,工作时间。主要审查是否按照用人单位规定时间正常上下班,主要依据考勤表、工资发放表等综合确定。其二,工作地点。主要审查是否在劳动合同指定的地点工作,其工作的连贯性、持续性等。主要依据考勤表等确定,如出差还需结合工种以及出差的相应材料综合认定。其三,工作内容。主要审查是否提供劳动,且该劳动系工作的最主要内容,也是获取报酬的最直接来源。在空挂资质的情况下,如投标事宜可能也确需个人亲自处理,从现象上看似提供了劳动,但此处提供的劳动,仅仅是一种"工具",报酬更多的是体现在资质证书的使用价值上。

【案例2-32】 汤某生诉四川省国富建设工程有限责任公司劳动争议纠纷案

二审法院认为,首先,《建造师聘用协议》并无具体工作内容、劳动条件、劳动纪律等反映劳动关系实质要件的约定,其实质系对汤某生建造师资质使用相关事宜的约定,而与汤某生作为建造师所从事的工作,即从事建筑活动的专业技术无任何关联。一审法院认定双方签订的《建造师聘用协议》不具备劳动合同的基本构成要件,不能作为双方建立劳动关系的依据并无不当。其次,汤某生仅在国富公司招投标时出场,以配合国富公司完成招投标,并无其他实际工作内容,其实质也系国富公司对汤某生建筑师资质的使用。一审法院认定汤某生与国富公司之间劳动关系不成立并无不当。判决:驳回上

---

〔1〕 参见国家法官学院、最高人民法院司法案例研究院编:《中国法院2022年度案例》(劳动纠纷),中国法制出版社2022年版,第21页。浙江省台州市椒江区人民法院(2021)浙1002民初1090号民事裁定书。

诉,维持原判。[1]

现行法律并不禁止个人挂靠单位缴纳社保,个人挂靠单位缴纳社保,并不必然存在劳动关系。缴纳社会保险费仅是认定劳动关系的一个参考因素,如双方仅存在代为缴纳社会保险费的关系,但不具备劳动关系本质特征的,其自然不成立劳动关系,应依据具体情形认定双方之间存在委托代缴保险性质的法律关系。

【案例2-33】　厦门市老虎山新材料有限公司诉陈某勇劳动争议纠纷案

二审法院认为,根据查明的事实,陈某勇在一审中提交《厦门市社会保险管理中心社会参保缴费情况证明(个人)》,厦门集大科技发展有限公司出具的《证明》及《收款收据》,证明案外人厦门集大科技发展有限公司代陈某勇缴纳社保,双方之间并不存在劳动关系的事实。由于厦门市老虎山新材料有限公司(以下简称老虎山公司)对陈某勇的上述主张未提交相反的证据,其关于解除与陈某勇之间的劳动关系因为陈某勇与其他公司存在劳动关系的主张缺乏依据。而且,我国现有法律并不禁止个人挂靠单位缴纳社保,老虎山公司主张其与陈某勇签订劳动合同可能涉嫌违法的主张,缺乏法律依据。在一审中,陈某勇还提交了《银行转账流水》《销售报表》,证明其月工资数额及销售提成按销售总量1%发放的主张。由于老虎山公司未能提交相反的证据予以反驳,一审法院依据《银行转账流水》载明的陈某勇的工资发放情况计算,认定陈某勇每月平均工资是8472.89元,同时核算老虎山公司应支付陈某勇2016年9月至2017年1月工资及全年销售提成共计65,329.76元,并无不当。由于陈某勇系公司的销售经理兼销售人员,负责销售混凝土,老虎山公司关于公司提成制度不适用陈某勇的抗辩主张,显然缺乏依据。一审查明的事实清楚,判决理由充分,判决结果适当。老虎山公司的上诉主张,因缺乏依据,不予采纳。判决:驳回上诉,维持一审判决。[2]

实践中,有些用人单位一方面采用全日制的实际用工形式,另一方面却要求员工签订书面的非全日制劳动合同,从而逃避全日制用工形式下用人单位应承担的法定义务。

【案例2-34】　王某诉酒楼公司劳动争议纠纷案

一审法院认为,首先,王某提交了部分小时签到表、报班表,部分每月签字确认的四张考勤表,用于证明每日工作时间超过4小时,王某上述证据虽

---

〔1〕　参见国家法官学院案例开发研究中心编:《中国法院2019年度案例》(劳动纠纷),中国法制出版社2019年版,第13页。四川省成都市中级人民法院(2017)川01民终9603号民事判决书。

〔2〕　参见国家法官学院案例开发研究中心编:《中国法院2019年度案例》(劳动纠纷),中国法制出版社2019年版,第25页。福建省厦门市中级人民法院(2017)闽02民终4428号民事判决书。

非原件,但该种情形系因劳动者客观举证能力较弱所致,对此酒楼公司虽不认可,却未提交原始打卡记录加以反证,若仅以证据非原件而未采信,有悖公平。其次,从银行对账单反馈的酒楼公司劳动报酬结算支付周期可知,2010年12月至2014年3月酒楼公司每月支付一次工资,与双方合同关于支付周期不超过15日的约定不符;另外,2014年4月至2019年5月,酒楼公司于每月中旬分两次支付上个自然月的工资,仅说明酒楼公司在每月相近的两天内将上月工资拆分成两笔分别支付,与法律所要求的“支付周期最长不得超过15日”的要求不符。最后,酒楼公司未向法院提交到当地劳动保障行政部门办理录用备案手续的证据。综上,法院根据实际用工特征,认定双方存在全日制劳动关系。判决:(1)确认王某与酒楼公司自2006年12月20日至2019年6月26日存在全日制劳动关系;(2)酒楼公司支付王某2017年1月1日至2019年6月26日未休年休假工资21,166.9元;(3)酒楼公司支付王某一次性伤残就业补助金31,776元;(4)酒楼公司支付王某解除劳动合同经济补偿金110,491元;(5)驳回王某的其他诉讼请求。二审法院同意一审法院裁判意见。[1]

劳动关系适格主体以“合作经营”等为名订立协议,但协议约定的双方权利义务内容、实际履行情况等符合劳动关系认定标准,劳动者主张与用人单位存在劳动关系的,法院应予支持。

【案例2-35】 聂某兰诉北京林氏兄弟文化有限公司确认劳动关系再审案

再审法院认为,申请人北京林氏兄弟文化有限公司(以下简称林氏兄弟公司)与被申请人聂某兰签订的《合作设立茶叶经营项目的协议》系自愿签订的,不违反法律、法规强制性规定,属有效合同。对于合同性质的认定,应当根据合同内容所涉及的法律关系,即合同双方所设立的权利义务来进行认定。双方签订的协议第一条明确约定聘任聂某兰为茶叶经营项目经理,“聘任”一词一般表明当事人有雇佣劳动者为其提供劳动之意;协议第三条约定了聂某兰的取酬方式,无论在双方设定的目标公司成立之前还是之后,聂某兰均可获得“基本工资”“业绩”等报酬,与合作经营中的收益分配明显不符。合作经营合同的典型特征是共同出资,共担风险,本案合同中既未约定聂某兰出资比例,也未约定共担风险,与合作经营合同不符。从本案相关证据上看,聂某兰接受林氏兄弟公司的管理,按月汇报员工的考勤、款项分配、开支、销售、工作计划、备用金的申请等情况,且所发工资与出勤天数密切相关。双

〔1〕 参见国家法官学院、最高人民法院司法案例研究院编:《中国法院2022年度案例》(劳动纠纷),中国法制出版社2022年版,第17页。北京市第二中级人民法院(2020)京02民终11817号民事判决书。

方在履行合同过程中形成的关系,符合劳动合同中人格从属性和经济从属性的双重特征。故原判认定申请人与被申请人之间存在劳动关系并无不当。双方签订的合作协议还可视为书面劳动合同,虽缺少一些必备条款,但并不影响已约定的条款及效力,仍可起到固定双方劳动关系、权利义务的作用,二审法院据此依法改判是正确的。林氏兄弟公司于2017年5月6日向聂某兰出具了《终止合作协议通知》,告知聂某兰终止双方的合作,具有解除双方之间劳动关系的意思表示,根据《最高人民法院关于民事诉讼证据的若干规定》第六条,在劳动争议纠纷案件中,因用人单位作出的开除、除名、辞退、解除劳动合同等决定而发生的劳动争议,由用人单位负举证责任,林氏兄弟公司未能提供解除劳动关系原因的相关证据,应当承担不利后果。二审法院根据本案具体情况和相关证据所作的判决,并无不当。裁定:驳回林氏兄弟公司的再审申请。[1]

员工与单位之间是劳动关系还是民事合作关系,判断依据是实际用工状况而非合同名称。换言之,即使双方合同名称为民事合作,但若实际用工满足劳动关系特征,尤其是人身隶属性,依然应被认定为劳动关系。合作关系与劳动关系的最大区别在于合作关系的双方是平等独立的,而劳动关系双方则存在管理与被管理的关系。实践中,很多企业通过合作方式与劳动者签订协议,以规避用工成本和风险。

【案例2-36】 顾某诉甲物流公司劳动争议纠纷案

一审法院认为,甲物流公司与顾某符合建立劳动关系的主体资格;顾某出示的微信聊天记录以及甲物流公司出示的《承包管理条例》均能证明在实际工作中,甲物流公司对顾某存在管理,顾某与甲物流公司之间存在较为明显的人身依附关系;顾某提供的劳动本身就属于甲物流公司业务的组成部分;因此,双方在外在形式上虽然签订了《区域收派合作合同》,但双方实际上符合劳动关系的法定特征,双方之间构成劳动关系。判决:顾某与甲物流公司存在劳动关系。二审法院判决:驳回上诉,维持原判。[2]

用人单位与劳动者签订"项目转包协议"不能排除双方之间的劳动关系。

【案例2-37】 林某诉某云果公司劳动争议纠纷案

二审法院认为,林某按照某云果公司要求从事有报酬的外卖骑手招聘工作,其有相对固定的工作时间、工作内容,接受公司考勤、管理,某云果公司亦为林某缴纳了社会保险费。虽然林某的工资系通过案外多家公司账户支付,

---

〔1〕 最高人民法院指导案例179号。北京市高级人民法院(2019)民申986号民事裁定书。

〔2〕 广东省广州市中级人民法院(2022)粤01民终11503号民事判决书。

且也以个体工商户的名义与某云果公司签订了《项目转包协议》,但并不影响林某在某云果公司的固有工作形式和性质,双方的用工关系自始至终具有明显的人身从属性,可以认定林某与某云果公司之间存在劳动关系。[1] 本案中的骑手公司则更进一步,要求负责招聘骑手的行政人员也注册个体工商户,试图混淆双方之间的法律关系。人民法院通过对劳动者与骑手公司之间的入职面试、工资发放、日常管理、社保缴纳等事实进行梳理,确认双方之间存在劳动关系。

社保缴纳关系并不等于劳动关系。

【案例2-38】 李某中与笃行公司劳动合同纠纷案

二审法院认为,本案根据一审、二审查明的事实:首先,从李某中与毛某君、谢某华的通话内容分析,李某中一直认为其与笃行公司系合作关系而非劳动关系或雇佣关系,对此,毛某君、谢某华没有予以否认,本案双方当事人缺乏建立劳动关系的合意;其次,李某中与笃行公司之间转账频繁、结算单中显示笃行公司向李某中收取管理费、双方分成比例有约定等,上述情形与建立劳动关系的基本特征不符;最后,本案双方当事人虽签有一份劳动合同,笃行公司有发放李某中工资(备注为"工资")、缴纳社会保险费用的事实,但仅凭上述事实,尚不足以证实双方之间存在劳动关系。对此,一审法院已做详尽阐述,法院不再赘述。据此,一审法院确认李某中与笃行公司在2016年9月1日至2021年1月不存在劳动关系,并无不当。笃行公司的上诉请求,依据不足,法院不予支持。[2]

用人单位隐性控制劳动者劳动意志的,应评价为双方之间具有劳动关系。

【案例2-39】 周某诉甲物流公司劳动争议纠纷案

二审法院认为,其一,甲物流公司通过在作业时间、投递范围、投递质效设置控制节点,自物流件领取到投递全过程中拥有控制权,正是此种权利保障其主营业务利益顺利实现。在甲物流公司"隐性控制"体系下,周某虽然在揽投"碎片"时间的规划上具有自由性,但在整体时间安排上受限于甲物流公司,对其具有人身属性。其二,周某全然的依靠甲物流公司代理的揽投业务生活,对其具有高度经济依赖性,其自备工具、自行确定揽收价格并不排斥经济依附性。[3]

---

〔1〕 山东省高级人民法院发布十大劳动争议典型案例。山东省威海市中级人民法院(2022)鲁10民终849号民事判决书。

〔2〕 浙江省宁波市中级人民法院(2022)浙02民终1574号民事判决书。

〔3〕 参见国家法官学院、最高人民法院司法案例研究院编:《中国法院2023年度案例》(劳动纠纷),中国法制出版社2023年版,第44页。重庆市第一中级人民法院(2021)渝01民终469号民事判决书。

村委会工作人员与村民选举其任职的村民委员会之间不构成劳动关系。

【案例2－40】　胡某诉某村村委会确认劳动关系纠纷案

二审法院认为，村委会是基层群众性自治组织，不属于劳动合同法调整的用人单位范畴，本案胡某以确认与某村村委会存在劳动关系为由提起诉讼，一审法院判决驳回胡某的诉讼请求并无不当。判决：驳回上诉，维持原判。[1]

认定劳动关系应注意的问题，其一，符合特定条件时，"师徒"关系应当认定为劳动关系。《劳动和社会保障部关于确立劳动关系有关事项的通知》第一条规定较为笼统，在判定"师徒"关系是否为劳动关系时，法院重点从管理强度、劳动性质、劳动强度、劳动报酬等方面认定双方是否实际形成高度隶属关系、具备劳动关系的本质特征，从而依法认定双方成立事实劳动关系。其二，银行的个人信用报告能否作为确认劳动关系的依据。

符合特定条件时"师徒"关系应认定为劳动关系。

【案例2－41】　黄某诉健康理疗公司劳动争议纠纷案

二审法院认为，一审判决认定健康理疗公司与黄某之间已建立事实劳动关系并无不当。石某与黄某虽以师徒相称，但双方未建立培训合同关系。石某作为健康理疗公司法定代表人对黄某进行管理，指派工作任务，发放劳动报酬等，健康理疗公司又系提供保健调理服务，对工作人员有一定调理技能的要求，在此情况下，石某作为法定代表人系技术带头人，对黄某存在一定的技术培训与交流，高度盖然属于工作业务培训范围，不足以证实双方之间是培训合同关系。健康理疗公司主张石某与黄某之间系师徒，并以此为由主张其与黄某不存在劳动关系，缺乏事实和法律依据。判决：驳回上诉，维持原判。[2]

应注意的是，《劳动合同法》第八十二条关于用人单位未与劳动者订立书面劳动合同的，应当向劳动者每月支付二倍工资的规定，是对用人单位违反法律规定的惩戒。如用人单位与劳动者未订立书面劳动合同，但双方之间签署的其他有效书面文件的内容已经具备劳动合同的各项要件，明确双方的劳动关系和权利义务，具有书面劳动合同的性质，则该文件应视为双方的书面劳动合同，对于劳动者提出因未订立书面劳动合同而要求二倍工资的诉讼请求不应予以支持。《劳动合

---

〔1〕 参见国家法官学院、最高人民法院司法案例研究院编：《中国法院2023年度案例》（劳动纠纷），中国法制出版社2023年版，第3页。重庆市第五中级人民法院（2021）渝05民终4956号民事判决书。

〔2〕 参见国家法官学院、最高人民法院司法案例研究院编：《中国法院2023年度案例》（劳动纠纷），中国法制出版社2023年版，第2页。福建省厦门市中级人民法院（2021）闽02民终204号民事判决书。

同法》第十条规定，建立劳动关系，应当订立书面劳动合同。这里的“劳动合同”显然不是针对文件的标题，而是涵盖文件的内容。某份文件是否叫作“劳动合同”不是判决是否为“劳动合同”的法定标准，文件能在处理劳动争议纠纷时有效说明双方劳动关系的起止时间、工作时间、劳动报酬、工作地点、工作岗位等即可。

4. 派驻境外的劳动者劳动关系认定

一般认为，由中国企业招工到境外工作，且劳动者为中国企业承包工程项目提供劳动，中国企业与劳动者双方成立劳动法律关系。因外国公司无权在中国境内招工，劳动者在境外与外国公司签订的劳动合同无效。

【案例2－42】 董某诉中国海外工程有限责任公司劳动争议纠纷案

二审法院认为，根据国务院《对外承包工程管理条例》的相关规定，对外承包工程的单位应当依法与其招用的外派人员订立劳动合同，按照合同约定向外派人员提供工作条件和支付报酬，履行用人单位义务。根据上述行政法规规定，中国海外工程有限责任公司（以下简称中海外公司）与董某之间是否存在劳动关系，关键在于以下三点：（1）门迪至坎德普公路是否由中海外公司承包；（2）董某是否由中海外公司招用并由其外派至门迪至坎德普公路；（3）在董某与中海外公司签订劳动合同以及董某的人身保险由中海外巴新公司出资投保后，董某与中海外公司之间是否还存在劳动关系。第一，根据国务院《对外承包工程管理条例》之规定，对外承包的工程不得将工程项目分包给不具备国家规定的相应资质的单位。中海外公司在海淀仲裁委及法院审理本案期间，数次陈述门迪至坎德普公路工程是中海外巴新公司承包或分包，但其所作的陈述前后均不一致，且其亦未提供其公司将部分工程转包或分包给中海外巴新公司的证据，故法院对于中海外公司所陈述的中海外巴新公司承包或分包门迪至坎德普公路工程的说法不予采信。在法院审理本案期间，中海外公司认可其承建门迪至坎德普公路工程，法院对此予以采信。中海外公司作为对外承包工程的单位应当依法与其招用外派人员订立劳动合同。第二，根据国务院《对外承包工程管理条例》第二条第二款之规定，国外企业、机构和个人不得在中国境内招收劳务人员赴国外工作。中海外巴新公司为外国企业，外国企业不具备直接招用中国雇员资格，也不能直接与中国劳动者建立劳动关系，订立劳动合同，故董某如果不是通过中海外公司的招用，并由中海外公司将其派出国提供劳务，其不可能到中海外公司承包的境外建设工程项目工作，故法院采信董某的主张，认定董某系由中海外公司招用并由中海外公司外派出国，给中海外公司承包的工程承包提供劳动。第三，根据国务院《对外承包工程管理条例》第十二条的规定，属于规定主体应当或必须作出一定积极行为的义务性规则。中海外公司作为中国内的企业,承包境外建设工程项目,亦应当按照上述规定执行,与其外派人员签订劳动合同,履行用人单位的主体义务,且其不能通过协议的方式转嫁用人单位的义务。因此,虽然董某在到达巴布亚新几内亚后,与中海外巴新公司签订了劳动合同,但对外承包工程仍旧应当承担用人单位的主体责任,而根据国务院《对外承包工程管理条例》的规定,对外承包工程单位应当为外派人员购买境外人身意外伤害保险。中海外公司承包门迪至坎德普公路工程,作为外派单位必须为其外派的劳动者购买境外人身意外伤害保险,故中海外公司所陈述的系代中海外巴新公司给董某投保之说法难以成立。综上所述,中海外公司上诉称其与董某不存在劳动关系,中海外巴新公司与董某之间存在劳动关系的主张难以成立,法院对其上诉请求不予支持,一审判决认定事实清楚,适用法律正确,应予维持。判决:驳回上诉,维持原判。[1]

5. 非典型劳动关系认定

这里讲的非典型劳动关系,是指根据现行法律规定,劳动关系的建立必须符合法定条件,除了劳务派遣和非全日制用工外的劳动关系。

随着共享经济的发展,我国进入劳动弹性化的时代,非典型劳动关系的确认为劳动争议审判中的疑难问题。对此类纠纷认定,应从两个方面细化分解把握:一是对于人身依附性的标准进行细化。其一,劳动者是否有拒绝劳动任务的权利。其二,劳动者是否必须遵守工作规则和管理制度。其三,用人单位是否有对劳动者的劳动过程、方式和任务指挥命令的权利。其四,用人单位是否有对劳动过程和劳动成果监督考核的权利。其五,用人单位是否有根据企业制定的工作制度进行处罚的权利且劳动者必须无条件接受企业的惩罚。其六,用人单位是否有权禁止劳动者与其他用工主体建立劳动关系。二是对于经济从属性的标准进行细化。其一,劳动者的劳动是否为用人单位创造价值或收益。其二,用人单位和劳动者在用工关系中各自的风险负担程度。其三,用人单位对劳动者技能的依赖程度。其四,劳动者从某一用人单位获得的劳动收入占个人经济收入的比例。其五,用人单位是否为劳动者交纳社会保险、各种税收或者为其购买补充商业保险来分担用工风险。

【案例 2 -43】 某服务局诉许某劳动争议纠纷案

一审法院认为,劳动关系具备人身依附性和财产性的双重属性。首先,根据许某的庭审陈述和提交的证据,就用工主体而言,家委会并非服务局内

---

〔1〕 参见国家法官学院、最高人民法院司法案例研究院:《中国法院 2020 年度案例》(劳动纠纷),中国法制出版社 2020 年版,第 3 ~4 页。北京市第一中级人民法院(2018)京 01 民终 2264 号民事判决书。

设机构或部门,贺某作为某服务局的工作人员虽担任过家委会负责人,但不能据此证明家委会具备用工主体资格,亦不能证明家委会的历史职责由某服务局承继。其次,从工作内容及报酬发放来看,双方认可许某从事看车等工作,报酬直接从贺某处以现金方式领取,且认可其收入系从出租房屋租金支出,自始至终并非直接源于某服务局财务支出。再次,某服务局为事业单位,许某从事的工作为看车,不属于某服务局的业务范围;且许某由贺某安排工作内容,由贺某进行工作管理,贺某亦认可许某的具体工作内容由其进行安排,并不直接接受某服务局相关业务部门及其内部管理制度的管理。最后,贺某出庭作证称其招用许某做临时工,并未向其告知系某服务局招聘,许某与某服务局之间并未形成建立劳动关系的合意;且许某曾起诉物业公司要求确认劳动关系,亦可推知许某对于建立劳动关系的对象并无明确认知。综上,许某与某服务局之间并不存在接受用人单位劳动规章制度管理等紧密的人身依附性,亦不存在直接受理劳动成果、支付劳动报酬等劳动法意义上的财产从属性,不具备劳动关系的法律特征。双方之间不存在劳动法意义上的劳动关系。许某基于双方之间存在劳动关系,要求某服务局支付工资等项,均不予支持。某服务局无需支付许某相关费用。判决:(1)确认某服务局与许某之间自1994年12月26日至2019年1月1日不存在劳动关系;(2)某服务局无需向许某支付2011年1月至2018年12月工资差额47,560元;(3)某服务局无需向许某支付2017年1月1日至2018年12月31日未休年休假工资6069元;(4)驳回许某的全部诉讼请求。二审法院同意一审法院裁判意见。[1]

6. 股东劳动关系

股东为公司工作一般不能直接认定存在劳动关系,除非股东能够举证证明其与公司存在建立劳动关系的合意。

【案例2-44】 肖某诉广西佰政药业有限责任公司确认劳动关系纠纷案

二审法院认为,肖某的工作为广西佰政药业有限责任公司(以下简称佰政公司)的业务组成部分,该点无疑。但肖某此期间亦为佰政公司的控股股东,佰政公司经营状况的好坏直接影响其可能获取的分红,肖某在公司劳动人员不足或认为自己进行经营管理可能对公司经营有利的情况下,可能义务为公司提供劳务;肖某在未获取劳动报酬的情况下,也可能为公司提供劳务。

---

〔1〕 参见国家法官学院、最高人民法院司法案例研究院编:《中国法院2022年度案例》(劳动纠纷),中国法制出版社2022年版,第12~13页。北京市第二中级人民法院(2020)京02民终10938号民事判决书。

现肖某主张其与佰政公司存在劳动关系，就应当举证证明其是为了获取劳动报酬而与佰政公司达成合意为公司提供劳务。针对上述问题，肖某因其对公司经营事务享有实际控制权，包括对佰政公司公章使用的决定权，故其举出的《工资花名册》不能单独证明佰政公司向其支付过工资。肖某要证明其以劳动者的身份向佰政公司提供劳务的过程中受佰政公司的劳动管理，应当提供股东会决议等确认其劳动者身份、提供劳务具体范围、确认他人对肖某享有劳动管理权的对肖某具有约束力的文件，或者肖某实际接受佰政公司劳动管理的相关证据予以证明。但肖某未能举出上述证据对其接受佰政公司劳动管理的证明，故不能确定双方存在劳动关系。判决：撤销一审判决，驳回肖某的全部诉讼请求。[1]

7. 社保部门认定劳动关系问题

现行法律关于社保部门就双方间的劳动关系并未规定需先经仲裁裁决程序，其在行政管理过程中对劳动关系予以直接确认，进而作出处理决定，属于其职权范围，并不违反法律规定。社保部门经审查直接作出处理决定符合行政效率的原则，也与《劳动法》《劳动合同法》《社会保险法》等保护劳动者合法权益的立法目的一致。另外，(2009)行他字第12号《最高人民法院行政审判庭关于劳动行政部门在工伤认定程序中是否具有劳动关系确认权请示的答复》中认定，根据《劳动法》第九条和《工伤保险条例》第五条、第十八条的规定，劳动行政部门在工伤认定程序中，具有认定受到伤害的职工与企业之间是否存在劳动关系的职权。

【案例2－45】 许某玉与海南益某药业贸易有限公司、原海南省社会保险事业局(现海南省社会保险服务中心)劳动和社会保障行政管理再审案

最高人民法院认为，关于本案省社保中心在作出本案催缴社会保险费决定程序中能否直接认定双方存在劳动关系。法院认为，省社保中心在作出本案行政行为中能够直接认定双方存在劳动关系，理由包括：(1)省社保中心系根据前述生效裁判作出的认定，理据充分且于法有据；(2)现行法律关于社保部门在行使该项职权时就双方之间的劳动关系并未规定需先经仲裁裁决程序，故省社保中心在行政管理过程中对劳动关系予以直接确认，进而作出处理决定，属于其职权范围，并不违反法律规定；(3)社保部门经审查直接作出处理决定符合行政效率的原则，也与《劳动法》《劳动合同法》《社会保险

[1] 参见国家法官学院案例开发研究中心编：《中国法院2016年度案例》(劳动纠纷)，中国法制出版社2016年版，第33页。广西壮族自治区南宁市中级人民法院(2014)南市民四终字第23号民事判决书。

法》等保护劳动者合法权益的立法目的一致。另外,(2009)行他字第12号《最高人民法院行政审判庭关于劳动行政部门在工伤认定程序中是否具有劳动关系确认权请示的答复》中认定,根据《劳动法》第九条和《工伤保险条例》第五条、第十八条的规定,劳动行政部门在工伤认定程序中,具有认定受到伤害的职工与企业之间是否存在劳动关系的职权。该答复尽管是针对工伤认定,但亦能佐证本案行政行为的合法性。综上,省社保中心作出通知书并无不当。一审判决依据《社会保险法》第五十八条、第六十三条、第八十六条,《社会保险费征缴暂行条例》第十二条和海南省人力资源和社会保障厅《关于补缴社会保险费收取利息及滞纳金有关问题的通知》,肯定了省社保中心要求益某公司办理社会保险费补缴申报的行为,符合法律规定,法院予以支持。二审判决以许某玉与益某公司之间没有实际的用工关系为由,认定省社保中心作出的通知书证据不足,否定了前述生效裁判的既判力,缺乏事实和法律依据,依法应予纠正。判决:(1)撤销海南省高级人民法院(2019)琼行终299号行政判决;(2)维持海南省海口市中级人民法院(2018)琼01行初37号行政判决。[1]

(二)双重劳动关系认定

多重劳动关系,是指一个劳动者在同一时期与两个或两个以上的用人单位建立或形成的均符合劳动关系构成的用工关系。换言之,同一个劳动者同时与劳动两个以上用人单位建立劳动关系的,称为双重劳动关系,该劳动关系既可能是劳动合同关系,也可能是事实劳动关系。

多重劳动关系构成要件:其一,劳动者必须为同一人。其二,用人单位必须是不同的法律主体,而非一个系另一个单位的分支机构。其三,多重劳动关系存续的时间段必须有重合期。其四,劳动者与每个用人单位之间形成的用工关系都必须是劳动关系,即符合劳动关系构成要件。以上四个构成要件必须同时具备,缺一不可,否则不构成多重劳动关系。

现行法律承认的多重劳动关系主要有两类,其一,虚实并存的多重劳动关系,主要存在于企业停薪留职人员、未达到法定退休年龄的内退人员、下岗待工人员及企业经营性停产放长假人员中,这些人员实际上不在该单位上班,也不受单位规章制度的约束,但仍然与原用人单位保持虚化的劳动关系,其随后又与其他单位建立其名副其实的劳动关系,按照《劳动争议解释(一)》第三十二条第二款规

---

〔1〕 最高人民法院(2020)行再507号行政裁定书。

定上述人员与新用人单位成立劳动关系。其二,非全日制多重劳动关系。《劳动和社会保障部关于非全日制用工若干问题的意见》明确规定:“从事非全日制工作的劳动者,可以与一个或者一个以上用人单位建立劳动关系。”《劳动合同法》第六十九条规定:“从事全日制用工的劳动者可以与一个或者一个以上用人单位订立劳动合同;但是,后订立的劳动合同不得影响先订立的劳动合同履行”;兼职多重劳动关系,即劳动者与一个用人单位建立全日制劳动关系和一个或一个以上的单位建立非全日制劳动关系。实践中,普遍认为《劳动合同法》第九十一条中“用人单位招用与其他单位尚未解除或终止劳动合同的劳动者,给其他用人单位造成损失的,应当承担连带责任”之规定指的就是这种从事兼职的多重劳动关系。其三,因工作时间完全错开的多重劳动关系。

全日制是否存在多重劳动关系争议较大。多数人认为,全日制下可以存在多重劳动关系。其一,现行法律虽然不提倡全日制多重劳动关系,但也不禁止全日制多重劳动关系的存在。《劳动合同法》第九十一条中“用人单位招用与其他单位尚未解除或终止劳动合同的劳动者,给其他用人单位造成损失的,应当承担连带责任”之规定,即实际上在承认存在多重劳动关系的前提下,规定了因多重劳动关系给在先建立劳动关系的用人单位造成损失的救济措施。其二,全日制的多重劳动关系具备存在条件。随着互联网的发展,劳动者提供劳动的形式也呈现多样化,传统坐班制的工作方式正逐渐发生变化,一部分用人单位因为工作的特殊性,实行无需坐班,不定时的,以完成一定工作目标为要求的灵活工作制,这为全日制多重劳动关系产生创造了时间和空间条件。其三,社会保险制度问题不能否定全日制多重劳动关系的客观存在。现有法律规定一个劳动者仅能有一个统筹社保账户,确实导致全日制多重劳动关系中必然存在一个以上不能为劳动者缴纳社保的单位,会造成社会保险关系混乱,但这是社保制度本身存在的问题,是未来社会保险法律法规应完善的方向,不能以此否定全日制多重劳动关系的客观存在,且作为否定全日制多重劳动关系的依据不充分。如果劳动者与多个用人单位分别基于公平、平等、自愿的原则建立全日制劳动关系,其并未违反《劳动合同法》的基本精神,法律应予认可。

承认多重劳动关系有其法律基础和现实需要。《劳动合同法》并没有明确规定一个劳动者与多个用人单位建立多重劳动关系。法无禁止即可为,既然法律没有明文禁止,多重劳动关系就应该得到承认和保护。对于多重劳动关系中第一重劳动关系以外的劳动关系,应该认定为劳动关系或事实劳动关系。自市场经济改革以来,劳动者与单位之间原本较强的人身从属性不断淡化,人力资源市场逐步成熟,劳动就业越发呈现出双向选择模式。劳动者法定工作时间相对缩短,可以自由支配的时间更长,劳动者在原有劳动关系之外从事兼职活动甚至建立第二重、第三重劳动关系并无不当。多重劳动关系中第一重劳动关系以外的关系认定为劳务关系,不利于保护劳动者合法权益,即劳动者只能要求劳动报酬的给付而不能要求其他依照劳动法所能享有的利益。实践中存在多重劳动关系的现象,现行法律亦不禁止多重劳动关系的建立,故对于符合多重劳动关系认定标准的案件应当依法认定。

应注意的是,现行法律并不鼓励多重劳动关系的建立,劳动者与另一用人单位建立劳动关系后,后一劳动关系内容不应影响前一劳动关系,如果对前一用人单位的工作造成严重影响,或者经用人单位提出而拒不改正,则前一用人单位可依据《劳动合同法》第三十九条第四项的规定单方解除劳动合同,而无需支付补偿金或赔偿金。

【案例2-46】 冯某诉华博机电公司、华博三六公司、华博阳光公司劳动合同纠纷案

一审法院认为,尽管华博机电公司、华博三六公司、华博阳光公司三公司均未与签订劳动合同,但依据冯某的工作内容,领取工资的实际情况以及三公司系关联企业的事实,应当认定三公司与冯某之间为华博机电公司主导的、混合的共同劳动关系。判决:上述三公司连带支付未签订劳动合同的双倍工资差额及未足额发放的工资差额。二审法院认为,冯某与三公司同时建立多重劳动关系,对一审判决予以维持。[1]

【案例2-47】 李某诉爱玛客服务产业(中国)有限公司北京分公司劳动合同纠纷案

二审法院认为,鉴于双方当事人在2015年8月10日至2018年1月31日存在实际用工的情况,故双方之争议焦点实际为该用工的性质问题。爱玛客服务产业(中国)有限公司北京分公司(以下简称爱玛客北京分公司)认可李某于上述期间在其公司工作,李某的工作由其公司发放,李某受其公司管理,2015年8月10日入职光大置业有限公司后李某继续在爱玛客北京分公司工作,其工作内容与之前没有变化。综合考虑李某2013年3月29日至2018年1月31日在爱玛客北京分公司的履职情况,可以认定李某与爱玛客北京分公司2015年8月10日至2018年1月31日亦存在劳动关系。判决:(1)撤销一审判决;(2)变更一审判决第一项为确认李某与爱玛客北京分公司自2013年3月29日至2018年1月31日存在劳动关系;(3)爱玛客北京分公司支付李某2013年3月29日至2018年1月31日未休年休假工资1520.92元;(4)爱玛客北京分公司支付李某2017年12月工资200元;

---

〔1〕 参见曹文兵、王欢:《多重劳动关系之司法判定》,载《人民法院报》2016年8月25日,第7版。

(5)驳回李某的其他诉讼请求。[1]

【案例2-48】 介某诉普瑞森公司劳动合同纠纷案

二审法院认为,介某以建立劳动关系为目的、接受普瑞森公司之管理,从事普瑞森公司安排的有报酬的劳动,其提供的劳动是普瑞森公司业务的组成部分,故双方之间系劳动关系。介某虽主张其与普瑞森公司之间系合作关系,但其对此未提交证据证明,且对于合作双方的权利义务、合作对价的支付条件,均不能作出明确肯定的陈述,双方法律关系解除后介某以代理方式参与现有项目的安排,亦不能作为判断双方关系存续期间法律关系性质的依据,故对介某的主张不予采信。法律并不禁止双重劳动关系,故即使介某与案外公司系劳动关系,亦不能因此否定其与普瑞森公司之间存在劳动关系。根据双方之间往来邮件、支付款项的日期综合判断,法院采信普瑞森公司关于劳动关系存续期间的主张。综上所述,普瑞森公司的上诉请求成立,应予支持。判决:(1)撤销一审判决;(2)确认普瑞森公司与介某自2015年11月9日至2016年4月6日存在劳动关系。[2]

用人单位与劳动者协商保留劳动关系的不在岗人员,可以与新的用人单位建立劳动关系。这种特殊的劳动关系,理论界称为非标准的劳动关系,因为该种劳动关系的内容不完整,用人单位保留劳动关系,其社会保险由该单位交纳,劳动者不为此提供劳动;劳动者为新用人单位提供劳动,新用人单位不为其缴纳社会保险。

【案例2-49】 邵某权诉史带财产保险股份有限公司江苏分公司追索劳动报酬纠纷案

一审法院认为,企业停产放长假人员、未达到法定退休年龄的离岗休养人员以及其他协商保留劳动关系的不在岗人员,可以与新的用人单位建立劳动关系。本案中,邵某权在江阴市林场改制时作为待岗富余职工选择了自谋职业、保留人员关系,可以与史带财产保险股份有限公司江苏分公司(以下简称史带财保江苏分公司)(名称变更前是大众保险江苏分公司)建立劳动关系。本案属于劳动争议。史带财保江苏分公司关于双方之间系劳务关系的主张于法无据,法院不予支持。……判决:(1)史带财保江苏分公司支付邵某权绩效工资131,503.94元;(2)驳回邵某权的其他诉讼请求。二审法院判

---

〔1〕 参见国家法官学院、最高人民法院司法案例研究院编:《中国法院2020年度案例》(劳动纠纷),中国法制出版社2020年版,第41页。北京市第二中级人民法院(2018)京02民终9146号民事判决书。

〔2〕 参见国家法官学院、最高人民法院司法案例研究院编:《中国法院2021年度案例》(劳动纠纷),中国法制出版社2021年版,第21~22页。北京市第一中级人民法院(2019)京01民终3931号民事判决书。

决:驳回上诉,维持原判。[1]

劳动者在一个用人单位从事全日制工作,又与新的用人单位发生用工争议,如劳动者未向新的用人单位履行其在原用人单位从事全日制用工关系到告知义务,且新的用人单位在得知劳动者真实身份后明确拒绝劳动者提出签订书面劳动合同要求的,其主张与新的用人单位构成劳动关系,并主张经济补偿金,法院不予支持,如劳动者请求新的用人单位支付报酬的,可按劳务关系处理。

【案例2-50】 关某某诉湖南加马商务有限公司劳动争议纠纷案

二审法院认为,本案双方当事人争议的焦点问题:(1)关于关某某要求湖南加马商务有限公司(以下简称加马公司)支付解除劳动关系的补偿金及未签订劳动合同的二倍工资能否支持的问题。根据《劳动争议解释(三)》(已失效)第八条之规定。本案中,关某某系中国铁路广州局集团有限公司娄底工务段正式在编职工,为全日制用工关系,该公司为其缴纳"五险一金"。关某某在2018年3月6日应聘至加马公司工作时,未解除与中国铁路广州局集团有限公司娄底工务段劳动关系,且不符合上述法律规定的可以与新的工作单位建立劳动关系的主体身份,其在入职加马公司填写《入职申请表》时未如实填写履行其与原用人单位存在全日制用工关系的告知义务,违反了签订劳动合同双方当事人应当遵循的诚实信用原则,而在加马公司得知关某某已存在全日制用工关系后明确拒绝关某某提出订立书面劳动合同的请求,说明加马公司在此情形下为规避自身的用工风险,不愿意与关某某建立劳动关系的主观意识明确,致使关某某与加马公司之间自始未能形成建立劳动关系的合意,故关某某诉请加马公司支付解除劳动合同的经济补偿金和未签订书面劳动合同的二倍工资缺乏事实和法律依据,法院不予支持。(2)关于加马公司是否应补发关某某工资及业绩提成的问题。关某某主张加马公司主张应补发其业绩提成63,351.98元、2018年12月工资7766.8元。法院认为,关某某与加马公司之间虽未构成劳动关系,但关某某诉请加马公司支付拖欠的工资(业绩提成)的内容,实为请求劳务报酬,不违反法律规定,可予支持。判决:(1)撤销一审判决;(2)加马公司向关某某支付劳务报酬3893元;(3)驳回关某某的其他诉讼请求。[2]

现行法律保护双重劳动关系。

---

[1] 参见国家法官学院案例开发研究中心编:《中国法院2017年度案例》(劳动纠纷),中国法制出版社2017年版,第79页。江苏省无锡市中级人民法院(2015)锡民终字第2037号民事判决书。

[2] 参见最高人民法院中国应用法学研究所编:《人民法院案例选》2021年第3辑(总第157辑),人民法院出版社2021年版,第95~96页。湖南省娄底市中级人民法院(2019)湘13民终2065号民事判决书。

【案例2－51】　某某诉某公司劳动争议纠纷案

二审法院认为，根据《劳动合同法》第三十九条第一款第四项“劳动者同时与其他用人单位建立劳动关系，对完成本单位的工作任务造成严重影响，或者经用人单位提出，拒不改正的，用人单位可以解除劳动合同”、第六十九条“从事非全日制用工的劳动者可以与一个或者一个以上用人单位订立劳动合同；但是后订立的劳动合同不得影响先订立的劳动合同的履行”和《劳动争议解释（一）》第三十二条第二款“企业停薪留职人员、未达到法定退休年龄的内退人员、下岗待岗人员以及企业经营性停产放长假人员，因与新的用人单位发生用工争议，依法向人民法院提起诉讼的，人民法院应当按劳动关系处理”之规定可知，现行法律规定对双重劳动关系持认可态度，劳动者与新的用人单位依法建立的劳动关系，受法律保护。[1]

【案例2－52】　戴某明诉新潮流公司劳动争议纠纷案

二审法院认为，戴某明在新潮流公司负责电器设备、天花等工程维修工作，合同虽约定戴某明的工作时间是固定的，但根据其工作性质实际上应当是机动的，而戴某明与沃尔玛（广东）商业零售有限公司阳江东风路分店的合同约定执行综合计算工时工作制，故戴某明同时与沃尔玛建立劳动关系，并不必然会对戴某明完成新潮流公司的工作任务造成严重影响。并且，新潮流公司亦未提供证据证实已造成严重影响，或曾向戴某明提出而戴某明拒不改正，因此，新潮流公司据此主张合法解除，证据不充分。[2]

【案例2－53】　刘某诉花旗公司劳动争议纠纷案

二审法院认为，本案中，刘某从2008年工作至劳动合同解除之时，已逾十五载，花旗公司未提交充分证据证明刘某在花旗公司工作期间未正常履职的情形，且未提交可以证明刘某在其他企业提供有报酬的劳动及其他实际兼职行为的证据，故对此上诉理由法院不予支持。[3]

担任股东、监事、法人的，并不能当然认定存在劳动关系。

【案例2－54】　某某诉惠之冠公司劳动争议纠纷案

判决观点，就本案而言，被告虽为惠之冠公司的股东，也并被选任为该公司监事。但股东只是公司的投资人，而监事也只是对其所在公司的经营活动履行监督职责，两者均不代表其与该公司存在劳动关系。并且惠之冠公司也出具证明证实，被告与该公司不存在劳动关系，不受公司管理，不发放劳动报

[1] 青海省西宁市中级人民法院（2022）青01民终2269号民事判决书。

[2] 广东省阳江市中级人民法院（2019）粤17民终306号民事判决书。

[3] 湖北省荆州市中级人民法院（2023）鄂10民终232号民事判决书。

酬。由此可知,被告并不存在与其他用人单位建立劳动关系的情况,并且原告也没有举证被告的任职对其完成工作任务造成严重影响,或者原告向被告提出但被告拒不改正。[1]

(三)劳动关系与劳务关系区分

劳务关系,是指劳动者与用工者根据口头或书面约定劳动者向用工者提供一次性或者特定的劳动服务,用工者依约向劳动者支付劳务报酬的一种有偿服务的法律关系。常见的有家庭的钟点工,病人的临时护理工,单位或个人因特定需要雇请的搬运、装卸、挖掘、装修工等。劳务关系与劳动关系的区分,从不同的分类角度来看有十多条,但最主要的区别在于劳务关系主体之间的平等性、劳务关系内容的临时性,也就是说,提供劳务者并不接受对方的劳动管理,其提供劳务是临时产生的,其劳务报酬的结算标准以及结算期限均具有不固定性。日常交往中,劳务关系双方也可能使用工资、提成这样的词语。换言之,使用工资并不一定是劳动关系。

劳动关系与劳务关系两者主要区别为:其一,主体不同。劳动关系,双方具有特定性,即一方是用人单位,另一方是劳动者。劳务关系,主体不具有特定性,可能是两个平等主体,也可能是两个以上的平等主体;可能是法人之间的关系,也可能是自然人之间的关系,还可能是法人与自然人之间的关系。其二,主体地位不同。劳动关系,主体之间的地位不平等,双方存在领导与被领导的行政隶属关系。劳动者除提供劳动之外,还要接受用人单位的管理,遵守其规章制度,从事用人单位分配的工作和服从用人单位的人事安排等。反映的是一种稳定、持续的生产资料、劳动者与劳动对象相结合的关系,从属性是内在关键因素。劳务关系,双方是平等的民事权利义务关系,劳动者提供劳务服务,用人单位支付劳务报酬,彼此之间只体现财产关系,不存在行政隶属关系。具有"临时性、短期性、一次性"等特点。其三,劳动支配权和劳动风险责任承担不同。劳动关系,劳动支配权在用人单位,劳动风险责任由社会、用人单位、劳动者三方承担。劳务关系,劳务支配权在提供劳务者,劳动风险责任亦由提供劳务者自行承担。其四,报酬支付的原则及形式不同。劳动关系,用人单位向劳动者支付的工资需遵循按劳分配、同工同酬的原则,且必须遵守当地有关最低工资标准的规定,以工资的形式定期、足额向劳动者支付劳动报酬。劳务关系,报酬由双方协商确定,但不能违背平等、公平、等价有偿、诚实信用等原则。报酬支付形式由双方约定,一般是一次性即时清结

---

[1] 广东省惠州市大亚湾经济技术开发区人民法院(2020)粤1391民初3548号民事判决书。

或按阶段支付。其五，救济途径不同。劳动关系，需要仲裁前置程序，应当先申请劳动仲裁，不服劳动仲裁在法定期间内才可以到人民法院起诉。劳务关系，当事人可以直接向人民法院提起诉讼，不需要劳动仲裁前置。

【案例2－55】　刘某诉北京骑兵动力文化传播有限公司劳动合同纠纷案

二审法院认为，虽然北京骑兵动力文化传播有限公司（以下简称骑兵动力公司）与刘某往来时使用“工资”“提成”这样的词汇，但报酬支付方式并非按月按时支付，不符合工资支付特征；骑兵动力公司仅是在有需要时通过微信、电话联系刘某，刘某无需进行考勤，亦无证据证明其接受骑兵动力公司的劳动管理；虽刘某于2015年4月至2015年11月接受了骑兵动力公司的劳动管理，从事了有报酬的工作，但刘某系借用骑兵动力公司名义从事了展台业务并赚取收益，不符合劳动关系的特征。故对刘某关于双方系劳动关系的主张，一审法院未予采信并无不当。判决：驳回上诉，维持原判。[1]

【案例2－56】　任某祖诉中成影视文化有限公司劳动合同纠纷案

二审法院认为，任某祖在本案审理中陈述：(1)其系经老乡党某鹏介绍进入《我的第四个老公》剧组，接受该剧制片人刘某及武术指导吴某伦的管理，日薪为500元；(2)未去过中成影视文化有限公司（以下简称中成影视公司），对中成影视公司人员构成及组织机构设置等情况均不清楚，武术指导吴某伦并非中成影视公司员工，亦不知晓该剧组制片刘某是否为中成影视公司员工；(3)其进入该剧组商谈时得知拍摄周期为7天，拍摄完毕后可自行通过人脉关系联系下一部戏，且该电影拍摄完毕后，吴某伦及党某鹏已各自前往其他剧组工作。同时，该电影剧组为任某祖投保商业保险的期间为1个月。综上，法院认为，影视剧组系以完成影视作品的拍摄为目的而成立的临时组织，任某祖进入该剧组，接受该剧组的工作安排，并由该剧组向其发放薪酬，该剧组在完成影视作品的拍摄后即解散，任某祖未能提交证据证明中成影视公司对其进行管理、向其发放工资，任某祖与中成影视公司不符合劳动关系应具备的特性，故对其上诉请求确认与中成影视公司存在劳动关系，法院不予支持。判决：驳回上诉，维持原判。[2]　本案中，法院认定原告任某祖与剧组之间为松散的劳务合同关系。

招生代理与委托单位之间不构成劳动关系而构成劳务关系。

---

〔1〕　参见国家法官学院案例开发研究中心编：《中国法院2019年度案例》（劳动纠纷），中国法制出版社2019年版，第29页。北京市第二中级人民法院（2017）京02民终6657号民事判决书。

〔2〕　参见国家法官学院案例开发研究中心编：《中国法院2017年度案例》（劳动纠纷），中国法制出版社2017年版，第4页。北京市第一中级人民法院（2015）一中民终字第7207号民事判决书。

【案例2－57】 吴某诉北京中宣艺影文化传媒有限公司确认劳动关系纠纷案

一审法院认为,本案的焦点是确认中宣艺影文化传媒有限公司(以下简称中宣艺影公司)与吴某建立的是劳动关系还是劳务关系。其一,吴某认可其不用坐班,中宣艺影公司亦主张不对吴某进行管理,鉴于此,可以证明中宣艺影公司并不对吴某进行日常考勤。其二,吴某主张以中宣艺影公司的名义对外招生,故在招生过程中,对其持有相应的授权或宣传材料,但吴某无法提供相应的授权和招生宣传材料,不符合常理。其三,吴某主张其所招收的学生如不满意中宣艺影公司推荐的学校,经刘某同意,再推荐给其他学校,由其他学校直接支付给提成。该主张可以证明,吴某所提供的劳动并非均为中宣艺影公司的组成部分。其四,中宣艺影公司法定代表人刘某支付吴某的款项,与吴某主张的工资支付周期不符,浮动范围极大,有别于劳动关系中劳动者的工资具有相对稳定性、规律性的特征。其五,为查明本案事实,法院要求吴某本人出庭,代理人表示吴某本人在外地,无法出庭。且吴某再无其他证据能够证明双方之间存在劳动关系。综合以上分析,吴某仅凭借其所提交的银行明细无法证明其与中宣艺影公司双方之间存在劳动关系,而根据吴某关于其工作方式、内容、获取报酬的方式等分析,其与中宣艺影公司之间的法律关系符合劳务关系的特征,故法院确认双方建立的是劳务关系。庭审中,法院向吴某释明后,吴某仍坚持按劳动争议进行诉讼,故吴某在本案的起诉,法院依法予以驳回。裁定:驳回吴某的起诉。二审法院认为,劳动关系是兼具人身性和财产性特征的法律关系,劳动者与用人单位之间是否存在管理与被管理的关系是劳动关系的重要特征,本案吴某认可其不坐班,中宣艺影公司认可不对其进行管理,中宣艺影公司与吴某不存在管理与被管理的关系。劳动者提供的劳动是用人单位的组成部分是劳动关系的另一个重要特征。本案吴某未提供证据证明其对外招生中有中宣艺影公司的授权,且其认可所招收的学生如不满意中宣艺影公司推荐的学校,再由其推荐给其他学校,由其他学校直接支付吴某提成,故吴某所提供的劳动并非均为中宣艺影公司业务组成部分。吴某主张其与中宣艺影公司之间的劳动关系,应就该事实的存在承担举证责任。因吴某所提交的证据不足以证明其与中宣艺影公司之间形成劳动关系。故法院对其与中宣艺影公司存在劳动关系的主张不予采信。一审裁定驳回起诉符合法律规定。裁定:驳回上诉,维持原裁定。[1]

劳动者在用人单位做小工,做一天算一天,工程结算也没有规律并不是按月

---

〔1〕 参见国家法官学院案例开发研究中心编:《中国法院2016年度案例》(劳动纠纷),中国法制出版社2016年版,第17～18页。北京市第一中级人民法院(2014)一中民终字第04500号民事裁定书。

支付,不需要严格遵守用人单位的规章制度,也没有严格的上下班时间,劳动者与用人单位属于劳务关系,而不是劳动关系。

【案例 2－58】 袁某华诉湖北禹龙水利水电工程有限公司劳动争议纠纷案

二审法院认为,根据本案查明的事实,湖北禹龙水利水电工程有限公司(以下简称禹龙公司)在施工过程中,雇请袁某值从事劳务活动,双方口头约定了具体的事项及报酬,袁某值为提供劳务方,双方并非劳动关系。其理由一是劳动关系的基本特征是劳动者将其所有的劳动力与用人单位生产资料相结合。本案中,禹龙公司只是利用袁某值完成施工过程中所必需的体力劳动。二是劳动关系具有显著的人身依附关系,劳动者和用人单位在签订劳动合同或达成劳动关系的协议过程中虽然是平等、自愿的,但是劳动关系一经成立,劳动者就要接受用人单位各项规章制度的约束,否则就可能受到用人单位不同形式的处罚。劳动关系的解除也要符合法定情形和法定程序。本案中袁某值不知道禹龙公司的各项规章制度,更不可能接受该制度对其的人身约束。袁某值完成约定的工作任务、禹龙公司支付约定的报酬之后,双方再无任何关系。三是劳动关系还具备劳动保护、职业培训、作息时间、福利待遇等其他内容。而本案中,湖北禹龙公司与袁某值之间明显不涉及上述内容。劳务关系与劳动关系存在某些共同点,如禹龙公司符合用工主体、袁某值在履行禹龙公司安排的任务、该任务是禹龙公司的业务组成部分、禹龙公司支付报酬等,但是因缺乏劳动关系成立所必备的本质要件,不符合《劳动和社会保障部关于确认劳动关系有关事项的通知》第一条第二项规定的情形。禹龙公司对袁某值在工作过程中提出的工作内容和作息时间的要求,是袁某值在提供劳务过程中应当做到的基本要求。综上,原审法院判决认定事实清楚,处理结果正确。上诉人袁某华主张与禹龙公司之间建立了劳动关系的理由不能成立。判决:驳回上诉,维持原判。[1] 原告袁某华系袁某值之子,袁某值因病死亡。

意思表示应当作为认定劳动合同关系是否成立的考虑因素。

【案例 2－59】 物业管理公司诉聂某劳动争议纠纷案

一审法院认为,本案争议的焦点为聂某与物业管理公司之间形成了何种性质的法律关系。在自愿签订协议的基础上,探寻双方当事人在订立协议时是否存在建立劳动关系的合意是判断双方之间劳动关系性质的首要前提。本案中,聂某与物业管理公司之间不存在建立劳动关系的合意:首先,聂某主

---

〔1〕 参见国家法官学院案例开发研究中心编:《中国法院 2016 年度案例》(劳动纠纷),中国法制出版社 2016 年版,第 44 页。湖北省宜昌市中级人民法院(2014)宜中民三终字第 00163 号民事判决书。

张其在与物业管理公司订立协议时向物业管理公司提交了《内部退养协议》。聂某在与物业管理公司订立协议之初,以伪造证据的方式寻求工作,不要求物业管理公司为其缴纳社会保险等行为,不应视为其基于建立劳动关系的主观意愿所作出的意思表示。其次,物业管理公司有理由相信聂某与某纺织厂之间存在劳动关系,并基于上述认识与聂某最终达成合意。最后,《劳务协议》之内容已再次明确双方所签协议性质为劳务协议。综上,聂某与物业管理公司之间不存在劳动关系。物业管理公司应向聂某支付2018年6月1日至6月14日的相应报酬,不持异议。聂某无权主张劳动法范畴内所规定的法定节假日及延时加班工资报酬,但结合双方签订的《劳务协议》约定内容,聂某每周工作时间与物业管理公司正式合同工相同,故如聂某存在工作日延长提供劳务或法定节假日提供劳务的情形,其理应得到相应的劳务报酬。二审法院同意一审法院裁判意见。[1]

从理论上讲,事实劳动关系与劳务关系的界限是清楚的,但二者存在诸多问题,实践中难以界定,争议很大。

事实劳动关系与劳务关系是形同质不同的两种法律关系。其共同点:一是合同的一方都是劳动者,另一方都是用工者;二是劳动者一方履行合同的内容、提供劳动的目的都是取得相应的报酬;三是两者都是双务、有偿合同;四是合同形式通常都是口头约定,没有书面合同。事实劳动关系与劳务关系的区别主要体现为以下方面:其一,主体不同。事实劳动关系中的主体一方必定是劳动者,另一方是用人单位;而劳务关系则可以双方都是单位或个人,或者一方是单位,另一方是个人。其二,稳定性不同。事实劳动关系当事人之间的关系较为稳定,反映的是一种持续性的生产要素结合关系,而劳务关系当事人之间体现的是一种即时清洁的关系。其三,支付报酬不同。事实劳动关系中人的报酬有按劳分配的性质,为持续性、定期性支付;劳务关系中人的报酬是劳务费,按市场价确定,一次性、分期性支付。其四,主体之间的关系不同。事实劳动关系的当事人双方之间存在经济关系还存在从属关系,还形成管理与被管理、支配与被支配的社会关系;而劳务关系当事人只存在经济关系,不存在从属关系,提供劳务的一方并不是需要方的成员,也不需要加入另一方,而是按照双方约定的劳动内容从事劳动,两者之间不是从属关系,而是平等关系。劳务提供者自主管理,自由支配劳动力。虽然劳务的需方有督促劳务提供者按约定劳动的权利,但这应属于对劳务质量的验收,而不是管理行为。同样,劳务提供者也有督促被服务对象按约给付报酬的权利。其五,承担风险不同。在事实劳动关系中,由用人单位承担风险,劳动者不承担;而在劳

---

〔1〕 参见国家法官学院、最高人民法院司法案例研究院编:《中国法院2023年度案例》(劳动纠纷),中国法制出版社2023年版,第34~35页。北京市第三中级人民法院(2021)京03民终7775号民事判决书。

务关系中,风险责任由劳动者自己来承担。其六,对是否亲自履行劳动合同约定义务要求不同。在事实劳动关系中,劳动者必须亲自履行劳动合同约定的义务,不得使用代理人,而劳务关系中则没有这样的限制,可以自己履行劳动合同约定的义务,也可以使用代理人。其七,雇主的义务不同。为了保护劳动者的合法权益,《劳动法》给用人单位强制性地规定了许多义务,如必须为劳动者交纳养老保险、医疗保险、失业保险、工伤保险、生育保险,用人单位支付劳动者工资不得低于政府规定的当地最低工资标准等,这些必须履行的法定义务,不得协商变更。劳务合同的雇主一般没有上述义务,双方可以自由约定上述内容。其八,适用的法律不同。事实劳动关系由《劳动法》规范和调整,而且建立劳动关系必须签订书面劳动合同;而劳务关系则由《民法典》进行规范和调整,建立和存在劳务关系的当事人之间是否签订书面劳务合同,由当事人双方协议确定。其九,不履行合同的法律责任不同。劳动合同不履行所产生的责任不仅有民事上的责任,还有行政上的责任,如用人单位支付劳动者的工资低于当地的最低工资,劳动行政部门限期用人单位补足低于标准部分的工资,拒绝支付的,劳动行政部门同时还可以给用人单位警告等行政处分;劳务合同所产生的责任只有民事责任——违约责任和侵权责任,不存在行政责任。其十,纠纷处理方式不同。事实劳动纠纷发生后,当事人应当依照《劳动争议调解仲裁法》的规定,先到劳动仲裁委员会仲裁,除仲裁终局的案件以外,不服仲裁裁决的可以在法定期间内到法院起诉,劳动仲裁是前置程序;但劳务合同纠纷出现后,可以经双方当事人协商解决,也可以直接起诉。

劳动者与用人单位签订劳务合同之前存在用工关系,不能以双方签订的劳务合同有效而推定之前的用工关系即劳务关系。双方之前是否存在事实劳动关系应根据事实情况综合认定。

【案例 2－60】　冯某某诉海南台达旅业开发有限公司劳动合同纠纷再审案

再审法院认为,本案争议焦点有二:第一个争议焦点是自 1994 年 10 月至 2006 年 9 月 25 日,冯某某与海南台达旅业开发有限公司(以下简称台达公司)之间是劳动关系还是劳务关系。第二个争议焦点是冯某某与台达公司 2009 年 9 月 25 日签订《杆弟劳务合同》之后,自 2009 年 9 月 26 日至 2011 年 12 月 31 日,冯某某与台达公司之间是劳动关系还是劳务关系。

1. 关于自 1994 年 10 月至 2006 年 9 月 25 日,冯某某与台达公司之间是劳动关系还是劳务关系问题。本案中,自 1994 年 10 月至 2006 年 9 月 25 日,冯某某虽未与台达公司签订书面劳动合同,但具备事实劳动关系的构成要件。主要理由:第一,(1)在此期间,冯某某符合法律、法规规定的主体资格,台达公司则属于具备独立资格有限责任公司,双方符合劳动关系的主体资格要件。(2)从冯某某的工作内容看,冯某某接受台达公司的管理,听从台达公司的安排,以台达公司的名义提供劳动,上班点名签到,其工作行为都要按照台达公司杆弟管理规定的要求执行;冯某某报酬包括交通补助费、伙食费和背杆费;冯某某除了做好本职工外,还按照台达公司要求,从事工作场地(球场)的清洁与除草等其他服务工作。可见,冯某某遵守台达公司制定的杆弟管理制度,接受台达公司的劳动管理,从事台达公司安排的有偿报酬的劳动,符合《劳动和社会保障部关于确立劳动关系有关事项的通知》第一条第二项规定的情形。(3)从冯某某的工作特点来看,冯某某提供的杆弟劳动是台达公司业务的重要组成部分,上述劳动符合《劳动和社会保障部关于确立劳动关系有关事项的通知》第一条第三项规定的情形。第二,根据《劳动和社会保障部关于确立劳动关系有关事项的通知》第二条规定,从本案的举证情况来看,冯某某提供了本人的薪金袋、工作服照片、工号照片等,台达公司虽对上述证据不予认可但未能举证证明,且台达公司提交的冯某某的背杆费领取表及记账凭证、杆弟出场统计表也证明了冯某某在台达公司提供劳动并领取报酬的事实,故可认定冯某某到台达公司工作时办理了工牌并领取了薪金。第三,根据《最高人民法院关于民事诉讼证据的若干规定》第八条第一款第四项、第五项及第二款的规定,从本案查明的情况来看,台达公司另一杆弟吴某花与台达公司的劳动争议纠纷,法院生效裁判已对其自参加工作之日起至签订《杆弟劳务合同》之日止的期间确认为存在事实劳动关系。本案中,冯某某与上述人员的工作岗位、工作性质及工作条件相同,应据此确认其在上述期间与台达公司存在事实劳动关系。综上,冯某某自 1994 年 10 月至 2006 年 9 月 25 日与台达公司签订《杆弟劳务合同》之前,双方存在事实上的劳动关系。

2. 关于自 2006 年 9 月 26 日至 2011 年 12 月 31 日,冯某某与台达公司之间是劳动关系还是劳务关系的问题。2006 年 9 月 25 日,冯某某与台达公司签订了《杆弟劳务合同》,约定合同期限为 2006 年 9 月 26 日至 2011 年 9 月 25 日。2011 年 9 月 26 日,双方再次签订一份《杆弟劳务合同》,约定期限从 2011 年 9 月 26 日至 2011 年 12 月 31 日。冯某某与台达公司在上述两份《杆弟劳务合同》中明确定约定双方是劳务关系,该两份合同系双方的真实意思表示,所约定的条款并不违反法律的禁止性规定,应认定有效。冯某某主张该两份合同系被迫签订,但未举出相应的证据证实,故冯某某与台达公司自 2006 年 9 月 26 日至 2011 年 12 月 31 日的关系应认定为劳务关系。[1]

不具备用工主体资格的自然人所雇佣的人员与发包人不存在劳动关系。承

---

〔1〕 海南省高级人民法院(2014)琼民提字第 12 号民事判决书。

包人雇佣的个人与承包人构成雇佣关系,与发包人不存在劳动关系。

【案例 2-61】 欧申国际文化传媒有限公司诉刘某劳动合同纠纷案

二审法院认为,刘某自认“聂某带领做工”“谁找聂某,就跟聂某去做”,三方协议中亦明确了刘某为聂某雇佣的结构施工人员,加之刘某的劳动报酬由聂某支付,故可以认定刘某与聂某存在雇佣关系。依据《工伤保险案件规定》第三条规定,用工单位仅为承担工伤保险责任单位,不能仅根据受伤事实即当然认定刘某与欧申国际文化传媒有限公司(以下简称欧申国际公司)存在劳动关系,而欧申国际公司是否应对刘某所受伤害承担工伤保险责任则不属本案审理范围。综上,刘某主张与欧申国际公司存在劳动关系,缺乏充分的事实和法律依据,一审法院对此认定有误,法院予以更正。刘某因伤所受损失,可另行合法主张权利。判决:(1)撤销一审判决;(2)欧申国际公司与刘某不存在劳动关系。[1]

用人单位与其招用的已超过法定退休年龄且未享受基本养老保险待遇或领取退休金的人员,实践中按劳务关系认定。

【案例 2-62】 李某娥诉宝鸡高新开发区金诺郎养生烧烤自助餐厅确认劳动关系纠纷再审案

二审法院认为,李某娥生于1957年6月14日,2014年8月,李某娥到宝鸡高新开发区金诺郎养生烧烤自助餐厅(以下简称金诺郎餐厅)工作时,年龄为57岁,已超过法定退休年龄。《劳动合同法实施条例》第二十一条规定:“劳动者达到法定退休年龄的,劳动合同终止。”李某娥达到法定退休年龄后,不再具有建立劳动关系的主体资格,因此,与金诺郎餐厅建立的用工关系属于劳务关系,而不属于劳动关系。一审法院认为李某娥因未享受养老保险待遇或者领取养老金,就具有建立劳动法律关系的主体资格,属于适用法律错误。判决:(1)撤销一审判决;(2)李某娥与金诺郎餐厅不存在劳动关系。再审中双方和解达成协议,再审法院准许李某娥申请撤回再审申请。[2]

【案例 2-63】 乌鲁木齐某物业服务有限公司诉马某某劳动合同纠纷再审案

再审法院认为,对于已达到法定退休年龄但未享受养老保险待遇或领取退休金的人员与用人单位之间的法律关系,不应仅对劳动者年龄标准作形式

---

〔1〕 参见国家法官学院、最高人民法院司法案例研究院编:《中国法院2020年度案例》(劳动纠纷),中国法制出版社2020年版,第12页。北京市第三中级人民法院(2018)京03民终9184号民事判决书。

〔2〕 参见国家法官学院案例开发研究中心编:《中国法院2018年度案例》(劳动纠纷),中国法制出版社2018年版,第44页。陕西省高级人民法院(2016)陕民申1194号民事裁定书。

审查,而应具体审查劳动者不能享受基本养老保险待遇的原因是否与用人单位有关,具体应区分两种情形:其一,如果劳动者非因用人单位原因不能享受基本养老保险待遇的,用人单位依据《劳动合同法实施条例》第二十一条的规定享有劳动关系终止的权利,此时劳动者与用人单位形成的是劳务关系。其二,劳动者因用人单位原因不能享受基本养老保险待遇的,就不能适用《劳动合同法实施条例》第二十一条的规定,以劳动者享受基本养老保险待遇时为劳动合同终止的条件,此时,劳动者与用人单位形成的劳动关系。[1]

【案例2-64】 侯某生等与江西某生态科技有限公司万年分公司劳动合同纠纷再审案

再审法院认为,1. 区分自然人与用人单位的劳务承包合同是劳务关系还是劳动关系,应从双方权利义务的约定来看。如果自然人在承包期内享受生产管理权、人事管理权和经费分配权,自行解决承包期间发生的各项责任事故和纠纷,且在人事安排、工作安排、报酬分配等主要事务上不受用人单位支配的,双方不存在隶属关系,不属于劳动关系。2. 自然人与用人单位签订劳务承包合同时,已超过法定退休年龄,在此之前与用人单位也不存在劳动关系,应认定双方签订劳务承包合同书的合意是建立劳务承包关系,而非劳动关系。[2]

领取退役金的退役军人具有建立劳动关系的主体资格。

【案例2-65】 孙某诉某装饰公司劳动争议纠纷案

二审法院认为,尚未达到法定退休年龄及未享受养老保险待遇的自主择业退役军人,具有成立劳动关系的法定主体资格。用人单位与劳动者签订书面劳动合同的法定义务不因其对劳动者身份的认知混淆而免除。[3]

值班人员工作虽存在工作时间固定、地点固定、收入固定特征,但并非必然构成劳动关系。

【案例2-66】 黄某风诉北京中天鹏宇贸易有限责任公司劳动争议纠纷案

一审法院认为,本案中,双方对黄某风与北京中天鹏宇贸易有限责任公司(以下简称中天鹏宇公司)属于劳动关系还是劳务关系各持己见;而劳动

---

〔1〕 人民法院案例库2023-16-2-186-001。新疆维吾尔自治区高级人民法院(2022)新民再229号民事判决书。

〔2〕 人民法院案例库2024-16-2-186-001。江西省高级人民法院(2020)赣民再2号民事判决书。

〔3〕 人民法院案例库2023-07-2-490-004。辽宁省大连市中级人民法院(2023)辽02民终2394号民事判决书。

关系与劳务关系在工作内容、工作性质、双方间的身份隶属地位等方面存在明显区别。现黄某风的值班时间、值班时的工作内容具有特定性,有别于中天鹏宇公司的主营业务。数年间,中天鹏宇公司一直以“劳务费”的名义向黄某风支付值班费,且黄某风曾以“劳务费”过低为由,要求提高待遇。双方间曾签订过劳务协议书,对彼此间权利义务作出明确约定,黄某风不享受年假及“四险一金”等福利待遇。另黄某风女儿为中天鹏宇公司员工,在公司改制过程中属于被安置员工之一,且明确知悉黄某风并不在转制安置的全体员工之列。故综合以上情况,黄某风与中天鹏宇公司应属于劳务关系。黄某风主张双方之间存在劳动关系并要求中天鹏宇公司支付款项,缺乏事实及法律依据。判决:驳回原告黄某风的诉讼请求。二审法院主持调解:(1)黄某风与中天鹏宇公司劳务关系于2014年9月终结;(2)中天鹏宇公司向黄某风支付10,000元,双方再无纠纷。[1]

双方签订的合同名称为劳务协议书,表明双方系平等的民事主体,并不具有身份上的隶属和依附性。合同期限为无固定期限,自签订合同至工程完工止,是以完成一定的工作内容为目的。劳动报酬以实际工作时间计算,并实行预付与不定期汇款相结合的支付方式。综合以上因素,应确认双方之间存在劳务关系而非劳动关系。

【案例2-67】 钱某林诉天津市航兴建筑有限公司等劳务关系纠纷案

二审法院认为,本案双方当事人争议的关键问题为上诉人与被上诉人天津市航兴建筑有限公司(以下简称航兴公司)基于《天津市航兴建筑有限公司境外员工劳务协议书》所建立的关系应如何认定。双方当时签订的协议书名称为“劳务协议书”,签订时双方并无异议,且签订后该协议已实际履行,故上诉人主张与被上诉人航兴公司系劳动关系而非劳务关系,还需进一步举证证明双方之间实际关系符合劳动关系的成立要件。现根据双方提供的证据及本案的协议书履行情况来看,虽被上诉人航兴公司与上诉人之间存在一定的管理关系,对上诉人提供劳务的安排和督促,双方当事人系平等的民事主体,并不具有身份上的隶属和依附性。从协议内容来看,双方约定协议期限为无固定期限自签订合同至工程完工止,是以完成一定的工作内容为目的的协议。劳动报酬计付是以劳动者在施工处工作期间为标准按日计算劳动报酬及相关费用,即劳动者有权在工程完工前终止协议履行,故上诉人提供的劳务具有临时性,并不符合劳动关系中双方都具有保持长期、持续、稳定工

[1] 参见国家法官学院案例开发研究中心编:《中国法院2017年度案例》(劳动纠纷),中国法制出版社2017年版,第7页。北京市第一中级人民法院(2015)一中民终字第4916号民事调解书。

作关系的情形。从双方劳动报酬支付情况看,工资支付方式为施工工地预付和不定期向上诉人国内银行卡汇款,与劳动关系中按月支付、按工时计薪方式亦不相符。综上,原审法院认定上诉人与被上诉人航兴公司之间形成的劳务关系并无不妥。由此,上诉人主张的解除双方劳动关系、支付待岗期间生活费、经济补偿金、补缴社会保险等诉讼请求,缺乏依据,原审法院所作处理并无不当。判决:驳回上诉,维持原判。[1]

个案中,法官根据具体案情认定构成何种关系。

【案例2-68】 乔某诉天山公司劳动争议纠纷案

二审法院认为,一、劳动关系与劳务关系的区别。(一)劳动关系的特点。劳动关系,就是劳动力的所有者一方(劳动者)将自己的劳动力有偿交给另一方(用人单位)使用,劳动者人身在一定程度上受到用人单位的控制,劳动关系呈现人身关系的特征,进而成为一种隶属主体间的以指挥和服从为特征的管理关系。用人单位对于劳动者的管理与支配的权力体现在“从属性”,此也是劳动关系与一般的民事关系最基本的区别,该从属性主要分为人格上的从属性及经济上的从属性。人格上的从属性主要指劳动者对用人单位的指示服从的义务,表现为:(1)用人单位对劳动者的工作时间、地点和业务内容具有广泛的指示权;(2)劳动者成为用人单位组织中的一员,必须服从用人单位组织中的内部劳动规则,即必须遵守本单位的规章制度;(3)劳动者有接受用人单位的检查以及接受合理制裁的义务。经济从属性主要表现为:(1)生产工具或器械由用人单位所有,原料由用人单位供给;(2)劳动者的工作是作为用人单位所经营的事业整体的、不可分割的一部分,劳动者是为用人单位的事业提供劳动而不是为自己提供劳动;(3)责任与危险负担由雇主负责。因此,“事实优先”原则对于判断劳动关系是否存在有至关重要的作用,即不管双方当事人是否订立合同,或以何种名义订立合同,主要考察的应是双方之间的权利义务关系是否具有劳动关系的特点,而不能拘泥于各方或双方如何描述这种关系。

(二)劳务关系的特点。所谓劳务关系是劳动者与用工者根据口头或合同而约定,由劳动者向用工者提供一次性的或特定的服务,用工者依约向劳动者支付劳务报酬的一种有偿服务的法律关系。它是两个或两个以上的平等主体之间就劳务事项进行等价交换过程中形成的一种经济关系,各方之间没有隶属性,没有管理与被管理的隶属关系,劳务的提供者自主管理,自由支

---

〔1〕 参见国家法官学院案例开发研究中心编:《中国法院2016年度案例》(劳动纠纷),中国法制出版社2016年版,第48页。天津市第二中级人民法院(2015)二中民终字第0662号民事判决书。

配劳动力,提供劳务的一方自行承担风险。

(三)劳务关系与劳动关系的区别。劳务关系与劳动关系的区别主要有四点:第一,当事人地位不同。前者当事人之间无组织、隶属关系,地位平等。后者当事人之间存在隶属关系,劳动提供方是接受方的组织成员。第二,标的不同。前者的标的是物化或非物化的劳动成果,后者的标的是劳动力的使用过程。第三,风险责任不同。前者由劳务提供方自担风险,后者由劳动接受方承担劳动过程中的风险。第四,劳动报酬性质不同。前者劳务报酬与商品交换中的价款具有同样性质,遵循等价有偿规则,通常由劳务接受方一次性支付或分多次支付。后者劳动报酬是生活消费品的一种分配形式,遵循按劳分配原则,由劳动接受方持续、定期支付。

二、本案中苟某与天山公司之间系劳动关系还是劳务关系。

根据前述对劳动关系与劳务关系的分析,结合本案查明的事实,苟某与天山公司应当被认定为劳动关系,理由如下:虽然本案中天山公司提供了与苟某之间签订的劳务合同,但是认定双方之间是劳动关系还是劳务关系应当通过双方的行为所产生的权利义务来确认。《劳动和社会保障部关于确立劳动关系有关事项的通知》(劳社部发〔2005〕12号)第一条规定:"用人单位招用劳动者未订立书面劳动合同,但同时具备下列情形的,劳动关系成立:(一)用人单位和劳动者符合法律、法规规定的主体资格;(二)用人单位依法制定的各项劳动规章制度适用于劳动者,劳动者受用人单位的劳动管理,从事用人单位安排的有报酬的劳动;(三)劳动者提供的劳动是用人单位业务的组成部分。"本案中,第一,双方之间符合建立劳动关系的主体。第二,苟某自2011年6月直至2022年4月其去世一直在天山公司从事驾驶员工作,持续时间近11年,结合其自2005年起的银行转账记录,可见其虽然每年从事的劳动时间有长有短,但其领取报酬具有一定的规律性和持续性,还是区别于劳务关系一次性、临时性、短期性的特点,苟某负责运输粉煤灰,该工作也属于天山公司业务的组成部分,天山公司以苟某完成的工作量为其支付劳动报酬,属于按劳分配的范畴,且苟某的相关待遇与签订劳动合同的员工并无区别。苟某领取工资、维稳费、高温补贴、报销差旅费、进入公司微信工作群、公司为苟某提供宿舍等事宜均是公司对其工作具有一定安排、指示和管理的体现,且苟某在所谓劳务合同期限内并不能随意决定其是否提供劳动,不具有劳务关系中自由支配劳动力的特点,因此可以认定苟某与天乙公司之间已具有人身隶属性的特点。第二,苟某系以天山公司名义对外提供劳动,并且苟某还领取了天山公司的工作服、工作证等,其劳动所产生的风险也由天山公司进行负担。从上述三点可以看出,双方之间符合建立劳动关系的构成要件,天山公司认为苟某签订的劳务合同即双方之间不属于劳动关系的抗辩理由与实际不符,法院对此不予采信。

针对第二个焦点问题:

首先,根据查明的事实,苟某系第五师八十七团职工,享有职工身份地,八十七团为其缴纳了各项社会保险,其与八十七团之间属全日制劳动关系,并在其为天山公司提供劳动期间一直存续。《劳动争议解释(一)》第三十二条第二款规定:"企业停薪留职人员、未达到法定退休年龄的内退人员、下岗待岗人员以及企业经营性停产放长假人员,因与新的用人单位发生用工争议,依法向人民法院提起诉讼的,人民法院应当按劳动关系处理。"苟某虽不属于前述情形,但前述司法解释的规定说明目前我国劳动法律、法规并未禁止双重劳动关系的建立,因此苟某系八十七团职工的事实并不能影响本案中苟某与天山公司之间建立劳动关系,对此法院予以确认。

其次,劳动者同时建立一个以上劳动合同法意义上的完整全日制劳动关系没有可操作性的法律依据。《劳动部关于实行劳动合同制度若干问题的通知》第十七条规定:"用人单位招用职工时应查验终止、解除劳动合同证明,以及其他能证明该职工与任何用人单位不存在劳动关系的凭证,方可与其签订劳动合同。"由此可见,劳动者与两个用人单位建立全日制劳动法律关系,在法律上有一定阻碍。《劳动合同法》第三十九条第二款第四项规定:"劳动者同时与其他用人单位建立劳动关系,对完成本单位的工作任务造成严重影响,或者经用人单位提出,拒不改正的,用人单位可以随时解除劳动合同。"这一规定也恰恰证明了同一劳动者只能与一个用人单位建立全日制劳动关系。本案中,苟某系八十七团职工,与八十七团属全日制劳动关系,其与天山公司之间建立的新劳动关系与原劳动关系存在较大区别,在原劳动关系未解除或终止的情形下,天山公司无法为其缴纳社会保险及办理退休养老手续。若八十七团需要职工必须履行的职责时,可随时通知苟某回八十七团上岗。上述因素导致第二份工作形成的劳动关系随时可能解除或终止,具有不稳定性,故尽管苟某与天山公司之间可以认定形成劳动关系,但其只能享有获得报酬、劳动保护及工伤保险等有限劳动者权利,是权利限制性劳动关系,不能完全等同于《劳动合同法》规定的全日制劳动关系,应当认定为与非全日制用工相类似的特殊形态的劳动关系。

最后,因天山公司对苟某的管理完全符合劳动关系的要件,不能缴纳社保不影响双方之间建立劳动关系,且中华人民共和国人力资源和社会保障部第13号令《实施〈中华人民共和国社会保险法〉若干规定》第九条规定:"职工(包括非全日制从业人员)在两个或者两个以上用人单位同时就业的,各用人单位应当分别为职工缴纳工伤保险费。职工发生工伤,由职工受到伤害时工作的单位依法承担工伤保险责任。"由此可见,工伤保险是两个用人单位可以分别缴纳的，此在法律上并不存在冲突，故天山公司认为无法缴纳社保就不存在劳动关系的上诉理由缺乏法律依据，法院不予采信。

综上，因本案出现了新证据，发生了新的事实，乔某的上诉请求成立，法院予以支持；一审认定部分事实有误，适用法律不当，导致处理结果不当，法院予以纠正。二审法院改判：(1)撤销新疆维吾尔自治区奎屯市人民法院(2022)新4003民初2218号民事判决；(2)确认乔某的丈夫荀某与天山公司自2011年6月至2022年4月23日存在劳动关系。[1]

应强调的是，《劳动争议解释(一)》第三十二条第一款规定："用人单位与其招用的已经依法享受养老保险待遇或者领取退休金的人员发生用工争议的争议而提起诉讼的，人民法院应当按劳务关系处理。"此类退休人员是按劳动关系还是劳务关系认定的界限为是否享受养老保险待遇或领取退休金。

(四)劳动关系与其他关系区分

1. 事实劳动关系与委托代理关系的区分

现实社会生活中，事实劳动关系与代理关系并非泾渭分明。一方面，劳动者与用人单位之间往往会派生出代理关系，即当事人间代理关系与劳动关系并存，从劳动法角度视之为劳动关系，从民法角度则存在代理关系。例如，商店营业员与商店之间存在劳动关系，营业员又以商店的名义与顾客订立契约，成为商店的代理人，这就意味着两者之间可能会同时存在具备劳动关系和代理关系的特征。对此进行区分在实践中很有意义，不能因代理关系的存在断然排除劳动关系。另一方面，一些隐蔽的劳动关系，可能在表象上具有代理关系和特征，仅简单参照以上标准难以作出科学的界定，往往意见分歧。

正确认定此类案件应注意：一是认定的原则。依照各国司法系统普遍采用的"事实优先"原则对于判断劳动关系(事实劳动关系)是否存在有至关重要的作用，即不管双方当事人是否签订合同，或以何种名义订立合同，主要考察的应是双方之间的权利义务关系，而不能拘泥于各方或双方如何描述这种关系。二是事实劳动关系与代理关系区分和具体标准。其一，事实劳动关系中劳动力提供强调劳动者将其人身在一定限度内交给用人单位，因而必须接受用人单位的管理与支配；而代理关系中的代理人一方面受被代理人授权的限制，另一方面又存在特殊

[1] 新疆维吾尔自治区高级人民法院伊犁哈萨克自治州分院(2023)新40民终645号民事判决书。

情况下独立决定的权利。其二,当事人不同,事实劳动关系的当事人是劳动者与用人的单位,而委托关系的当事人则为被代理人与代理人。其三,两者的时间过程不同,劳动合同具有继续性的特征,而代理关系不以继续性为要件。其四,报酬支付的方式有区别,职工的工资是按月支付,代理人的报酬由双方协商,不一定均为有偿契约,也不一定按月支付。其五,职工不承担商业经营的风险责任,而代理人则需自己承担商业风险。其六,风险责任的承担不同,前者由用人单位就风险承担无过错责任,即工伤的无过错责任原则,代理关系中代理人从事代理活动只有在不可归责自己的事由受到损失时,才可以向被代理人要求赔偿损失。三是涉及其他纠纷的处理,如经济补偿金、失业赔偿金、医疗费等诸多问题。对此,应先确认是事实劳动关系还是代理关系,在确认之后,再处理其他纠纷。

【案例2-69】 管某成诉姜堰市农村信用合作联社劳动争议纠纷案

一审法院认为,姜堰市农村信用合作社的各项规章制度(如劳动考勤表)不适用于管某成,管某成不接受姜堰市农村信用社的管理、约束、支配,管某成以自己的业务技能、财产设施、知识承担经营风险,在信用业务代办工作上,双方之间无身份上的履历关系。在报酬上,管某成从事(可以兼职)信用业务代办工作,按季度按业务量领取业务手续费,以完成的业务量为支付标准,与工作年限的长短无关,与姜堰市农村信用合作联社单位职工的劳动报酬有明显区别。在保护义务上,劳动合同关系中的劳动力使用单位有义务保护劳动者在劳动过程中的安全和健康,改善劳动条件,防止出现工伤事故、职业危害。而本案中管某成的安全和健康、工伤事故以及劳动条件与姜堰市农村信用合作联社无关。管某成自行解决办公场所问题,姜堰市农村合作联社并未提供基本的劳动条件。针对金融工作的特殊性,信用联社在管某成签订代理合同时往往会从信用联社管理需要出发而增加一些类似劳动合同形式内容方面的约定,但这并不意味代理合同的民事代理法律属性已变异为一种所谓的未订有劳动合同的事实劳动法律关系。……双方之间不存在事实劳动关系。判决:驳回管某成的起诉。二审法院维持了一审判决。[1]

证券经纪人与证券公司营业部之间不构成劳动关系,而构成委托代理关系。

【案例2-70】 李某龙诉国泰君安证券股份有限公司等劳动争议纠纷案

二审法院认为,本案争议的焦点在于李某龙与新华西街营业部是否存在劳动关系。根据李某龙与国泰君安证券股份有限公司(以下简称国泰君安公司)签订的《证券经纪人委托合同》,由国泰君安公司委托李某龙代理国泰君

〔1〕 参见最高人民法院中国应用法学研究所编:《人民法院案例选》2007年第1辑(总第59辑),人民法院出版社2007年版,第298页。

安公司进行客户招揽、客户服务等活动,因此李某龙与国泰君安公司属于委托代理关系,而非劳动关系。李某龙亦未提交充分有效的证据证明其与新华西街营业部建立了劳动关系,故一审法院判决驳回李某龙的全部诉讼请求,并无不当。综上,李某龙的上诉主张,缺乏事实和法律依据,法院不予支持。一审法院判决认定事实清楚,适用法律正确,应予维持。判决:驳回上诉,维持原判。[1]

最高人民法院民一庭倾向性意见:对邮政代办员与邮政局之间的关系认定,应当基于双方合同约定,根据《邮政法》的特别规定,确认邮政局与其签约委托代办投递活动的邮政代办员之间构成委托合同关系,不是劳动合同关系。

【案例2-71】 袁某与某邮政局劳动争议纠纷案

二审法院认为,本案双方于1986年签订的委托代理代办投递合同中,袁某在"乙方投递人一栏"中盖有自己的印章,从该合同的整个内容来看,权利义务也是针对袁某的,并经公证,其余三份合同虽未经公证,但双方已按合同实际履行完毕。故袁某主张合同均属无效合同,无事实法律依据。某邮政局根据有关《邮政法》的规定,将部分地段的报刊、信件委托给袁某投递,并签订了委托代办协议,明确了双方权利义务,该内容符合委托代办投递的特征。双方约定"袁某主动接受邮政局的业务培训、管理指导、监督检查和考核"。从该内容来看,双方也未形成领导与被领导的隶属关系,只是袁某在工作中接受某邮政局的指导、管理和监督。至于某邮政局发给袁某的工作证,又为其在银行开设工资账号、对其进行表彰等,是为了便于袁某开展工作、领取酬金以及进一步拓展业务,并不能以此确认双方存在劳动法律关系,也不能改变双方委托代办投递的性质,一审法院依据本案事实适用《邮政法》相关规定所作的判决并无不当。袁某上诉理由不能成立,不予支持。判决:驳回上诉,维持原判。[2]

2. 保险代理人代理关系

保险公司的员工与保险公司是否构成劳动合同关系在实践中是有争议的问题。在保险公司内部有两类人员,一类是管理人员或坐班固定业务人员,这类人员是少部分签订劳动合同的,其与保险公司成立劳动合同关系,不在论述范围之内。另一类是业务员,即争揽保费的人员,称其保险代理人,这类人员是大多数,

---

〔1〕 参见国家法官学院案例开发研究中心编:《中国法院2016年度案例》(劳动纠纷),中国法制出版社2016年版,第36页。北京市第三中级人民法院(2014)三中民终字第05932号民事判决书。

〔2〕 参见最高人民法院民事审判第一庭编:《民事审判指导与参考》2009年第1集(总第37集),法律出版社2009年版,第173页。

与保险公司不签订劳动合同。但原先改制之前有一部分是签有劳动合同的。本文讨论的是保险代理人与保险公司的关系。

根据2015年4月24日修正的《保险法》第一百一十七条第一款的规定,“保险代理人是根据保险人的委托,向保险人收取佣金,并在保险人授权的范围内代为办理保险业务机构或者个人”。根据《财政部、国家税务总局关于个人所得税法修改后有关优惠政策衔接问题的通知》第三条“保险营销员、证券经纪人取得的佣金收入,属于劳务报酬所得”规定的内容也可以看出,保险代理人与保险公司之间的关系属于民事代理关系,而不是劳动关系,因而也就不属于《劳动法》和《劳动合同法》的调整对象。

虽然现实生活中,保险代理人与保险公司签订的聘用合同中经常含有必须遵守保险公司规章制度的内容,如不得无故缺勤、每天应参加公司的晨会等具有劳动关系属性,保险公司也通常采用“除名”的方式来处理保险代理人的“旷工”行为;但保险代理人是依据保险公司的委托,在保险公司的授权范围内代为办理保险业务,并向保险公司收取手续费的单位或个人。在报酬上,保险公司根据代理人所做的业务量支付一定的佣金而不是约定的工资数额,该佣金也不受国家规定的最低工资限制。保险公司不承担保险代理人的社会保险和社会福利责任。所以,保险代理人与保险公司的关系属平等主体之间的民事代理关系,而不是劳动关系。因此,保险代理人与用人单位之间发生的纠纷不属于劳动争议。〔1〕

一般认为,个人保险代理关系与劳动关系的区别主要体现在以下方面:其一,表现形式不同。保险代理关系是个人代理人与保险公司签订的保险代理合同所确定。劳动关系的确立则须由用人单位与劳动者签订劳动合同。个人代理人开展业务的行为属于个人代理行为,劳动者的劳动行为系职务行为。其二,报酬方面不同。在保险代理关系中,保险代理人所获报酬为佣金,主要由保险代理人完成的保险销售业务量决定佣金的多少,同时还会结合团队人数、提成计算方法等因素计算,通常没有底薪,每月的佣金收入不稳定。劳动关系中的报酬则有最低工资保障,且不以劳动成果交付为要件。其三,从属性不同。保险代理关系是建立在平等主体之间的,而劳动关系中的劳动者与用人单位之间是管理与被管理的关系,具有较强的从属性。从法律性质上看,平等主体之间无管理权,但《保险法》第一百一十二条规定,保险公司应当建立保险代理人登记制度,加强对保险代理人的培训和管理,不得唆使、诱导保险代理人进行违背诚信义务的活动。这赋予了保险公司一定的管理权。保险公司行使该管理权时应当以为了完成法定的保险代理培训义务为限度,且该种管理权与劳动关系中的用人单位对劳动者享有

---

〔1〕 参见最高人民法院民事审判第一庭编:《民事审判实务问答》,法律出版社2021年版,第205~206页。

的管理权有本质上的区别,也是二者相互区别的关键。个人保险代理人往往主张其与保险公司之间存在劳动关系的根据:保险公司在实际经营中,个人保险代理人与保险公司的员工在提供劳动、获得报酬方面表现出了高度相似性。

实践中,在保险行业从事保险代理而与保险公司产生的保险代理关系,与保险公司员工在保险公司工作形成的劳动关系,两者容易发生认识及处理上的混淆。保险代理关系实质上是保险代理人与保险人所形成的委托关系,与劳动关系性质不同。对两种法律关系的厘清,可以从身份主体的独立性、收入来源、缴纳税收等方面来判断。如保险代理人以独立的主体身份充当保险公司与客户的中介,具有独立的民事法律地位,保险公司员工与保险公司则存在管理与被管理关系,法律上从属于保险公司,无独立法律地位;保险代理人的收入来源于代理手续费,无固定工资,而保险公司员工收入来源于固定工资收入;保险公司员工的当期薪酬所得,一般只征收个人所得税,而保险代理人的收入所得所缴税款则不仅限于此。

【案例2-72】　徐某诉中国太平洋人寿保险股份有限公司江阴支公司确认劳动关系纠纷案

一审法院认为,本案中,徐某与太平洋保险无锡公司签订个人代理合同,该合同明确约定双方系保险代理关系,双方意思表示真实,徐某的权利义务及工作内容也均未超出该合同约定,故徐某与太平洋保险无锡公司系保险代理关系。第一,从发放给徐某报酬数额与支付形式上看,发放数额不等且有相差较大的报酬,与其保险业绩、团队人数提成计算有关,并通过佣金账户支付,该报酬与劳动关系中的工资有本质区别。第二,徐某主张其与中国太平洋人寿保险股份有限公司江阴支公司(以下简称太平洋保险江阴支公司)之间存在极强的人身依附性,但保险行业系特殊行业,根据合同约定及《保险法》第一百一十二条的规定,保险公司有权按照国家法律或其规章制度对其业务员进行相应的管理培训,太平洋保险江阴公司作为太平洋无锡公司的下级机构,对在江阴范围内从事代理太平洋保险无锡公司保险业务的个人代理人徐某有内部管理的权利与义务,且是为了确保保险代理业务健康有序地开展,并不影响徐某与太平洋保险无锡公司平等自愿建立的代理关系,也不能因此而确认双方之间存在劳动关系。徐某主张与太平洋保险江阴公司存在劳动关系,于法无据,故无法确认徐某与太平洋保险江阴公司于2016年10月18日存在劳动关系。判决:驳回徐某的诉讼请求。二审法院判决:驳回上诉,维持原判。[1]

---

〔1〕 参见国家法官学院、最高人民法院案例研究院编:《中国法院2020年度案例》(劳动纠纷),中国法制出版社2020年版,第16页。江苏省无锡市中级人民法院(2018)苏02民终62号民事判决书。

【案例2-73】 范某诉保险支公司劳动争议纠纷案

二审法院认为,保险代理制度是民事代理制度的一种,是指保险代理人根据保险委托合同和授权委托书在授权范围内,以保险人的名义代理保险业务,并向保险人收取报酬的民事法律行为,代理行为产生的后果直接由保险人承担。保险代理合同是保险代理人和保险人之间为明确双方权利义务关系而签订的合同。本案中,范某与保险支公司于2016年10月签订《保险营销员保险代理合同》,该合同系双方当事人的真实意思表示,且未违反法律、法规的强制性规定,为有效合同。范某与保险支公司在《保险营销员保险代理合同》中明确约定,保险支公司授权范某在博乐区域从事保险代理业务,依据合同约定取得代理佣金,并注明双方系保险代理关系,并不存在劳动关系或劳务关系,且该内容以明显加粗加黑字体告知范某,范某为保险支公司团险部内勤,其每月工资按照该部门保险代理员办理的业务量有所波动、不固定,不符合作为劳动关系中的劳动者工资收入每月相对固定的特征。2016年10月至范某离职期间,范某的身份是保险代理人,其与保险支公司构成保险代理合同关系,而非劳动关系。综上,范某主张保险支公司支付生育津贴及生活报销费用、11个月未签劳动合同工资及自2018年1月至2018年12月每周六休息日上班工资的请求,无事实及法律依据,法院不予支持。一审法院认定双方之间存在劳动关系,并判令保险支公司向范某支付其主张的各项费用不当,应予以纠正。综上所述,保险支公司上诉请求成立,应予支持。一审法院认定事实不清,证据不足,应予纠正。判决:(1)撤销一审判决;(2)保险支公司不支付范某生育津贴及生活报销费用、11个月未签订劳动合同工资、自2018年1月至2018年12月每周六休息日上班工资报酬。[1]

保险代理关系有别于保险公司与其内部员工间形成的劳动关系,其实质是保险代理人与保险人之间的委托关系,与劳动关系在主体资格地位、监督管理方式、收入方式、税收政策调节等方面均有不同。

【案例2-74】 于某诉人寿保险景德镇某公司劳动争议纠纷案

2011年6月30日,中国保险监督管理委员会给于某颁发保险销售从业人员资格证书,从业区域为全国。2012年3月21日,于某与人寿保险景德镇某公司签订《银行保险销售人员保险代理合同》一份,约定:于某是人寿保险景德镇某公司的银行保险销售人员,职务是客户经理;于某确认已知悉并了解本合同仅构成双方的保险代理关系,在任何时候均不构成双方之间的劳动

---

〔1〕 参见国家法官学院、最高人民法院司法案例研究院编:《中国法院2022年度案例》(劳动纠纷),中国法制出版社2022年版,第4~5页。新疆维吾尔自治区博尔塔拉蒙古自治州中级人民法院(2020)新27民终107号民事判决书。

关系或劳务关系；人寿保险景德镇某公司授权于某在本辖区内从事代理销售人寿保险景德镇某公司指定的保险产品等；关于保险费的收取和交付，于某应引导或帮助客户办理银行自动转账授权、银行代收等非现金方式交纳保险费，或引导客户到人寿保险景德镇某公司柜面交纳保险费，于某不得接受投保人委托代缴保险费；关于委托报酬的支付，人寿保险景德镇某公司根据于某的职级支付于某基本报酬，并根据于某代理销售的保险合同的保险费收入支付于某委托报酬，具体支付标准由人寿保险景德镇某公司按不同险种、不同交费期限和不同交费方式等确定，并每月公布。2014 年 2 月，于某转岗为保险代理人中的保险规划师类型，并工作至 2015 年 3 月 27 日。后于某以与人寿保险景德镇某公司存在劳动关系为由，要求该公司支付拖欠的底薪工资 7000 元和经济补偿金 28,000 元，并申请仲裁，诉至法院。景德镇市劳动人事争议仲裁委员会裁决，驳回于某的仲裁请求。于某不服该裁决，诉至景德镇市两级法院，景德镇市珠山区人民法院和景德镇市中级人民法院均未支持于某诉请，驳回了于某的诉讼请求。[1] 本案对于双方之间存在保险代理关系而非劳动关系的认定，即是从于某与人寿保险景德镇某公司签订的合同内容、报酬的约定与实际支付、业务量等其他情况综合判断的结果。基于双方之间并无劳动关系，于某的诉请相应地不能得到支持。

判定属于劳动关系抑或保险代理关系，应当从合意因素、管理因素及经济因素三个方面进行考量，即主要考量当事人之间的合意、保险代理人的报酬性质和保险公司对保险代理人的管理程度。

【案例 2－75】　范某诉人寿博州支公司劳动争议纠纷案

二审法院认为，本案争议的焦点问题是范某与人寿博州支公司之间是否存在劳动关系；人民人寿博州支公司是否应当支付范某生育津贴及生活报销费用 24,672.50 元、11 个月未签订劳动合同工资 47,025 元、自 2018 年 1 月至 2018 年 12 月每周六休息日上班的工资报酬 18,869 元。根据我国《劳动法》规定，劳动合同，是指劳动者与用人单位确立劳动关系，明确双方权利和义务的协议。事实劳动关系，是指劳动者与用人单位之间，虽然未签订劳动合同，但在实现劳动过程中依据劳动法律规范而形成的事实上的劳动权利和义务关系。保险代理制度是民事代理制度的一种，是指保险代理人根据保险委托合同或授权委托书在授权范围内，以保险人的名义，代理保险业务，并向保险人收取报酬的民事法律行为，代理行为所产生的法律后果直接由保险人承担。保险代理合同是保险代理人和保险人之间为明确双方权利和义务关

---

〔1〕 江西省高级人民法院与江西省人力资源社会保障厅联合发布劳动人事争议十起典型案例之七。

系而签订的合同。本案中,范某与人民人寿博州支公司于2016年10月签订《保险营销员保险代理合同》,该合同系双方当事人的真实意思表示,且未违反法律、法规的强制性规定,为有效合同。范某与人民人寿博州支公司在《保险营销员保险代理合同》中明确约定,人民人寿博州支公司授权范某在博乐区域从事保险代理业务,依据合同约定取得代理佣金,并注明双方系保险代理关系,并不存在劳动关系或劳务关系,且该内容以明显加粗加黑字体告知范某。范某为人民人寿博州支公司团险部内勤,其每月工资按照该部门保险代理员办理的业务量有所波动,不固定,不符合作为劳动关系中的劳动者工资收入每月相对固定的特征。自2016年10月至范某离职期间,范某的身份是保险代理人,其与人民人寿博州支公司之间构成保险代理合同关系,而非劳动关系。综上,范某主张人民人寿博州支公司支付生育津贴及生活报销费用、11个月未签订劳动合同工资及自2018年1月至2018年12月每周六休息日上班工资的请求,无事实及法律依据,法院不予支持。一审法院认定双方之间存在劳动关系,并判令人民人寿博州支公司向范某支付其主张的各项费用不当,应予以纠正。综上所述,人民人寿博州支公司的上诉请求成立,应予支持。一审法院认定事实不清,证据不足,应予纠正。[1]

3. 劳动关系与代管关系区分

村级卫生服务站(村卫生室)是独立法人,乡镇卫生服务中心(乡镇卫生院)对乡村医生实施管理行为的性质不符合劳动关系成立的特征,乡镇卫生服务中心依照国家相关政策及现行乡村卫生服务一体化管理的要求所进行的行业管理行为,具有行政行为的属性,并非基于劳动人事关系而实施。因此,不应当认定双方之间存在劳动关系或事实劳动关系。换言之,地方政府制定的乡村医生实施办法规定,对乡村医生的工资补助由乡镇卫生服务中心统一发放,是基于政府统一管理行为代为发放政府补助行为,并非基于劳动关系的存在而发放劳动报酬。就其乡镇卫生服务中心发放行为性质而言,是一种代管关系。

【案例2-76】 吉某和等诉六合区冶山社区卫生服务中心劳动合同纠纷案

判决观点,被告冶山社区卫生服务中心实施的管理行为是依政府指令行使的代管行为,并非劳动关系上的管理与被管理行为,故原告要求确认吉某祥与被告之间存在劳动关系的主张没有事实和法律依据,故对原告的诉讼请求不予支持。判决:驳回五原告的诉讼请求。[2] 在本案中,五原告为死者乡

---

〔1〕 新疆维吾尔自治区博尔塔拉蒙古自治州中级人民法院(2020)新17民终107号民事判决书。

〔2〕 参见陈久荣:《社区卫生服务中心对乡村医生管理行为的认定》,载《人民法院报》2017年5月25日,第6版。江苏省南京市人民法院(2017)苏0116民初105号民事判决书。

村医生吉某祥的父母、妻子和子女。

4. 劳动关系与承包关系区分

关于是否具有从属性，往往是认定个人与单位之间是建立的劳动关系还是承包、承揽关系的关键。虽然案件千奇百怪，各有差异，但在考察从属性方面均具有共性：个人是否遵守用人单位的规章制度，是否需要考勤，是否要听从用人单位的管理安排，是否由用人单位发放工资等。法官需要综合考察各方面因素，再认定个人与用人单位是否具有从属性，进而认定个人与用人单位是承包关系还是劳动关系。也就是说，承包关系与劳动关系的根本区别是双方是否具有从属性。

【案例2-77】　陆某强诉珠海市连湾社区居民委员会确认关系纠纷案

二审法院认为，陆某强与珠海市连湾社区居民委员会（以下简称连湾居委会）之间构成劳动关系的前提之一是双方具有从属性，亦即陆某强是在连湾居委会的管理、指示下从事保洁工作。陆某强提交的环境卫生监督员工作证，连湾居委会每月以工资或补贴名义向陆某强转账记录等证据，虽然可以作为认定劳动关系是否存在的参照凭证，但并不足以确定双方之间的关系具有从属性。认定双方之间是否具有从属性，应结合《卫生保洁承诺协议书》及双方之间的实际履行情况确定，保持社区公共卫生虽然属于社区居民委员会的职责范围，但并不意味着居民委员会必须自己聘用人员履行这一职责。居民委员会包给他人并不违法。从本案事实看，首先，无证据显示连湾居委会制定过具体的劳动规章制度，并将其适用于陆某强，陆某强无充分证据显示连湾居委会有规定陆某强的上班时间和对其考勤管理，亦无证据显示陆某强在完成《卫生保洁承诺协议书》规定的保洁任务外，只能从属于连湾居委会的管理，而不能从事其他工作。其次，从《卫生保洁承诺协议书》第五条看，陆某强的义务为“每天进行一次以上，全面清扫或保洁，时刻保持保洁范围内的无生活垃圾，常年保持清洁”，属于对给付结果的约定。该条既没有明确以何种操作规范和方式进行保洁，也没有明确何时全面清扫和保洁，陆某强就此享有自由选择的独立性。最后，陆某强声称受连湾居委会的管理、监督、检查。从陆某强陈述的连湾居委会对其的“管理”来看，主要是请假需要连湾居委会批准。就此，因陆某强本身负有保持所负责区域清洁的义务，故所谓的请假需要批准本身不足以证实属于劳动者向用人单位的请假。从陆某强提交的聊天记录看，即便属实，其所称的“管理”体现为管理人员以拍照形式指出现尚未清理的垃圾的情况，与“保持无生活垃圾”“保持清洁”的要求是一致的，管理监督检查的对象同样为给付的结果。综上，陆某强所称的连湾居委会对其进行的所谓“管理”，并不属于《劳动法》上的具有从属性质的劳动管理,而属于承包关系中发包人对给付结果的要求。除此之外,陆某强并未主张关于“管理”的其他事实,连湾居委会对陆某强未主张的事实无需承担举证责任。据此,陆某强与连湾居委会之间并不存在从属性,陆某强与连湾居委会之间不存在劳动关系。判决:驳回上诉,维持原判。[1]

【案例2-78】 莫某生诉广西中闽钢材现货交易市场管理有限公司确认关系纠纷案

一审法院认为,广西中闽钢材现货交易市场管理有限公司(以下简称中闽公司)依照用餐人次向莫某生支付费用,莫某生自负盈亏,双方构成承包关系非劳动关系,故判决驳回莫某生的诉讼请求。

二审法院认为,(1)双方签订的《协议》明确表述中闽公司“每月30日发放2000元的工资给莫某生”,可以应当认定莫某生从事中闽公司安排的有报酬的工作;莫某生的工作内容为食堂采购、供餐,该工作为中闽公司后勤业务的组成部分;中闽公司在《关于食堂管理补充规定》中,明确要求莫某生对于开餐时间、职工用餐规范等事宜“监督、记名和及时上报公司领导”,该要求足以表明莫某生受中闽公司劳动管理;中闽公司为莫某生购买了团体人身保险并交纳了保费是双方构成劳动关系的佐证。综上分析,双方符合《劳动和社会保障部关于确立劳动关系有关事项的通知》第一条规定的情形,构成劳动关系。(2)双方不构成承包关系。①中闽公司明确要求莫某生对于开餐时间、职工用餐规范等事宜“监督、记名和及时上报公司领导”,说明双方属于上下级而非平等地位,表明莫某生受用中闽公司的劳动管理;②莫某生工作使用的食堂用具由中闽公司提供;③日常在菜场进行食材采购,采购人很难全部获取采购收据或发票,而工作餐标准相对固定,单位依据定额向采购人支付采购款,防止采购人超额采购、中饱私囊与日常经验相符。即本案经营风险实际由中闽公司承担。综上,本案双方不符合承包关系的特点。判决:双方存在劳动关系,中闽公司需要向莫某生支付未签订劳动合同二倍工资差额、补发工资、退还保证金、支付食材购买款项。[2]

劳动关系转变为承包关系,应根据具体案情认定。

5. 劳动关系与承揽关系区分

快递员与快递公司之间,双方不存在人身和经济性上的从属性,应认定为承

---

〔1〕 参见国家法官学院案例开发研究中心编:《中国法院2019年度案例》(劳动纠纷),中国法制出版社2019年版,第39~40页。广东省珠海市中级人民法院(2017)粤04民终2051号民事判决书。

〔2〕 参见国家法官学院案例开发研究中心编:《中国法院2016年度案例》(劳动纠纷),中国法制出版社2016年版,第51~52页。广西壮族自治区南宁市中级人民法院(2014)南市民四终字第333号民事判决书。

揽关系而不是劳动关系。

【案例2-79】 蔡某凯诉启东市瑞隆快递有限公司确认关系纠纷案

二审法院认为,本案中,速递公司向蔡某凯发放了某速递标识的工作牌、扫描器,并向蔡某凯收取了扫描器押金。蔡某凯自备车辆,每天早上至速递公司提取快件并投递,同时将揽到的客户交寄的快件交至速递公司,由该公司对外发送。根据双方当事人的陈述及速递公司提供的中转费充值卡等证据,可以认定蔡某凯所得报酬源自揽到的寄件客户收取的快递费扣除速递公司收取的面单费、中转费的差额,以及由速递公司按其投递快件数量按单价向其支付的投递费用。在劳动仲裁中,蔡某凯提供了其委托代理人对王某某的调查笔录,速递公司提供了委托代理人对邵某某、周某某的调查笔录,该三人关于收入情况的陈述与上述认定基本一致。此外,王某某称由速递公司做财务的记考勤、迟到罚款、每月领取工资这些情况仅有其陈述,缺乏证据佐证,难以认定。因此,蔡某凯每日至速递公司取、交件,是为获取相应的经济利益,难以认定速递公司进行用工管理。综合分析,速递公司虽向蔡某凯提供了工作牌、扫描器等便利,但是蔡某凯以自己的技能、自备交通工具自行揽、送件,自担经营风险,难以认定其与速递公司形成人格上、组织上及经济上的从属关系,故双方不存在劳动关系。判决:驳回上诉,维持原判。[1]

劳动者以家庭为单位,自备交通工具完成用人单位交给的工作任务,根据工作数量确定报酬数额的,双方不构成劳动关系。

【案例2-80】 从某滋与威海日报社劳动争议纠纷再审案

最高人民法院认为,从某滋主张其与威海日报社之间存在劳动关系,对此,分析如下:首先,从某滋为威海日报社投递、征订报刊并不具有专属性,其家庭成员均可从事,这一事实亦与威海日报社所称从某滋可找他人代替完成投递工作的说法相印证。故威海日报社对从某滋不具有劳动力使用上的专属性。其次,从某滋向法庭提交《发行工作基础读本》并提出威海日报社为从某滋办理工作证、发放工作服以及进行考评等,目的在于说明其与威海日报社之间存在人身隶属性。对此,威海日报社认为办理工作证,发放工作服,仅是方便其进入相关客户单位投递报纸,收取押金的做法已经取消,星级考核只是激励员工,并不区分正式员工还是临时员工。法院认为,《发行工作基础读本》并未明确规定适用人员范围,从某滋也未举证证明曾接受具体管理措施处理的事实。并且办理工作证、发放工作服以及进行考评等事实在劳动

---

〔1〕 参见国家法官学院案例开发研究中心编:《中国法院2017年度案例》(劳动纠纷),中国法制出版社2017年版,第54~55页。江苏省南通市中级人民法院(2015)通中民终字第00156号民事判决书。

关系之外的其他法律关系中亦有存在的可能性，威海日报社的辩称具有一定的合理性，从某滋诉称事实及理由并不能达到认定具备劳动关系的证明标准。最后，劳动力作为生产要素存在，用人单位支付工资是获得这一生产要素的对价。庭审中，从某滋并未提供证据否认威海日报社关于每个月的具体报酬数额均不相同的事实，同时其陈述投递报刊用的摩托车、车油费由从某滋本人提供，威海日报社并不提供投递报刊的交通工具等。故从某滋向威海日报社提供的不是单纯的劳动力这一生产要素，而是结合了其他生产要素包括投递工具之后形成的劳动产品，与劳务关系更为接近。综上，劳社部发〔2005〕12号《通知》系部门规范性文件，且在从某滋从事威海日报社报刊投递工作之后颁布，再审判决未将上述《通知》第一条、第二条的规定作为法律适用依据，并无不当。进一步而言，从某滋以家庭为单位，自备投递交通工具，完成威海日报社交给的投递任务，根据投递报刊的份数确定报酬数额。故从某滋提出的事实和理由并未达到认定劳动关系的证明标准，从某滋的申诉理由不成立，再审判决的结果应予以维持。〔1〕

【案例2－81】 西安腾翼建筑安装有限公司与陈某确认劳动争议纠纷案

二审法院认为，本案争议焦点在于双方之间的法律关系是劳动关系还是承揽关系。二者的区别在于：从属标准、报酬的发放、生产资料的提供、继续性标准和对完成工作时间约定不同。劳动者以自己的设备、技术和劳力按照单位的要求完成工作、交付工作成果，单位给付报酬，应认定双方之间形成承揽关系，而非劳动关系。从查明的事实来看，本案涉及的通风孔打钻工程施工，双方没有书面合同约定，口头约定陈某、陈某学完成该工程后，腾翼建筑安装有限公司（以下简称腾翼公司）支付打洞费2万元。工程未完成前，陈某预支了1万元。在施工中，陈某自备施工设备，腾翼公司仅提供脚手架。目前没有证据能证实腾翼公司的各项劳动规章制度适用于陈某，陈某也未接受腾翼公司的劳动管理，陈某与腾翼公司之间并没有从属性。虽然陈某主张其工作受腾翼公司张某管理和监督，但没有提供证据予以佐证，而陈某在一审中提交的李某林、张某的证言却证实陈某是独立作业。本案中，陈某以自己的设备技术和劳力按照腾翼公司的要求完成工作，交付工作成果，腾翼公司给付报酬，双方之间形成承揽关系。在工作期间，腾翼公司作为定作人可以进行必要的监督检验，但不能因此是用人单位对劳动者的劳动管理。陈某主张其与腾翼公司形成劳动关系，没有书面的劳动合同，也不能提供其他证据证实有符合《劳动和社会保障部关于确立劳动关系有关事项的通知》规定的

---

〔1〕 最高人民法院(2016)民再148号民事判决书。

情形。故原审认定陈某与腾翼公司之间形成承揽关系,判决腾翼公司与陈某之间不形成劳动关系。[1]

6. 劳动关系与合作关系区分

代驾司机穿代驾公司的服装、带工牌,按照公司指定的标准收费,但这只是代驾司机提供代驾服务的形式,不足以认定代驾司机与代驾公司之间存在劳动关系。根据双方签订的合作协议看,代驾公司向代驾司机提供信息,收取信息服务费,其余代驾服务费则作为代驾司机的收入,代驾司机并非从代驾公司获取劳动报酬,故双方之间并非劳动关系而是一种合作关系。从法律性质上讲,双方之间是一种平等的民事主体关系,权利义务应按照合作协议确定。

【案例2-82】　庄某生诉北京亿心宜行汽车技术开发服务有限公司劳动争议纠纷案

二审法院认为,从本案主要事实来看,庄某生没有固定的工作场所,工作时间可自行掌握,庄某生亦非按月从北京亿心宜行汽车技术开发服务有限公司(以下简称亿心宜行公司)获取劳动报酬,结合代驾司机行业的特点以及本案中庄某生与亿心宜行公司签订的e代驾驾驶员合作协议的情况,法院认为庄某生与亿心宜行公司之间并非劳动关系,故庄某生基于其与亿心宜行公司存在劳动关系而提起的各项诉讼请求,缺乏事实和法律依据,法院均不予支持。判决:驳回上诉,维持原判。[2]

送奶工与乳业公司之间构成承揽关系,而不存在劳动关系。

【案例2-83】　于某英诉广西皇氏甲天下乳业股份有限公司劳动争议纠纷案

二审法院认为,(1)被上诉人对送奶员的送奶时间没有限制,送奶员的工作场所也没有明显的预定性,虽规定每天早上要在规定的时间将牛奶送到配送区域的客户处,但这种时间的要求是送奶业务内在的特殊时效性所决定的,故上诉人与被上诉人之间不存在劳动关系的从属关系;(2)被上诉人关心的是送奶的结果,即牛奶是否按照时效送达订户,对送奶的过程并无监管,双方之间不符合劳动关系重过程的重要特征;(3)上诉人的报酬多少取决于其送奶、订奶的数额,与其送奶、订奶的过程无关。综上,上诉人与被上诉人

---

〔1〕　参见最高人民法院民法典贯彻实施工作领导小组编著:《中国民法典适用大全》(合同卷五),人民法院出版社2022年版,第2470页。陕西省安康市中级人民法院(2016)陕09民终72号民事判决书。

〔2〕　参见国家法官学院案例开发研究中心编:《中国法院2016年度案例》(劳动纠纷),中国法制出版社2016年版,第21页。北京市第一中级人民法院(2014)一中民终字第6355号民事判决书。

之间不符合劳动关系的本质属性和重要特征,不属于劳动关系。上述人于某英的上诉理由不能成立,对其上诉请求不予支持。判决:驳回上诉,维持原判。[1]

(五)劳动内部承包关系属性认定

用人单位与员工个人签订承包协议,是其用人单位经营管理的一种方式。企业内部承包协议并不能一概认定为承包关系或劳动关系,而应当从内部承包协议具体约定的权利义务来区别认定该内部承包协议的法律性质。具体来讲,承包关系一般受民法调整,遵循“平等、自愿、等价有偿”原则,双方当事人的法律地位是平等的,不存在管理与被管理的关系,一般表现为发包方将某项经营权或工作给承包方,由承包方按照协议的约定向发包方支付承包费用,而由承包方享受超额利润。劳动关系受劳动法调整,双方当事人具有人身隶属性的特征,是管理与被管理的关系,劳动者受用人单位的劳动管理,劳动者付出劳动并获得报酬,且提供的劳动应当是用人单位业务的组成部分。在劳动实践中,虽然企业与劳动者签订内部承包协议,如果符合或基本符合人身隶属性特征即具有被管理性质的,则应认定为劳动关系,反之则应否定成立劳动关系。也就是说,企业内部承包协议不应一概认定为承包关系或劳动关系,而应当从内部承包协议具体约定的权利义务去区别认定内部承包协议的法律性质。个案中,应结合具体的案情认定。

【案例2-84】 某高纤公司与崔某劳动合同纠纷案

2022年2月,崔某到某高纤公司的车间工作。2022年3月,某高纤公司与该车间全体人员(含崔某)签订车间承包协议。承包协议约定,崔某等要遵守某高纤公司的各项安全制度、本协议视为某高纤公司与该车间全体人员(含崔某)签订的集体劳动合同。某高纤公司于2022年3月、4月、5月分别向崔某支付报酬。2022年6月,崔某在工作中受伤。崔某向某劳动人事争议仲裁委员会申请仲裁,请求确认其与某高纤公司存在劳动关系。某劳动人事争议仲裁委员会予以支持。某高纤公司不服,诉至人民法院,请求确认其与崔某之间不存在劳动关系。

审理法院认为,崔某具备劳动者主体资格,某高纤公司具备用工主体资格。崔某自2022年2月至6月一直在某高纤公司的生产线工作,所从事的工作是公司业务的组成部分,按月领取劳动报酬。双方签订的承包协议载明该协议视为某高纤公司与崔某等人签订的集体劳动合同,崔某需遵守公司各

---

[1] 参见国家法官学院案例开发研究中心编:《中国法院2014年度案例》(劳动纠纷),中国法制出版社2014年版,第16页。广西壮族自治区南宁市中级人民法院(2012)南市民一终字第913号民事判决书。

项安全制度等约定亦证实某高纤公司的相关规章制度适用于崔某，崔某接受公司的劳动管理。审理法院判令崔某与某高纤公司之间存在劳动关系。

【典型意义】随着市场经济的转型和发展，劳动密集型企业出于降低成本、提高效益等考虑，采取种类多样的经营模式。实践中存在部分企业滥用承包经营方式，通过与劳动者签订内部承包合同规避订立劳动合同的情形。用人单位以已经签订承包合同为由否认与劳动者之间的劳动关系，转嫁用工风险。人民法院在判断用人单位与劳动者之间是否存在劳动关系时，不仅要审查双方签订合同的名称，更要通过合同的内容和实际履行情况实质性审查双方之间的法律关系是否具备劳动关系的从属性特征，准确认定双方之间的法律关系，纠正通过签订承包合同等规避用人单位义务的违法用工行为，切实维护劳动者的合法权益。[1]

内部承包协议明确约定有管理与被管理关系的应视为具有劳动合同属性，成立劳动关系。

【案例2－85】　王某松诉宁波市鄞州海畔大酒店有限公司劳动合同纠纷案

一审法院认为，原告、被告双方虽签订了《厨房责任承包协议》，但从协议的内容上看，原告需遵守被告的规章制度，原告及原告所招用的员工需受被告的管理，原告的部分收入系以工资的形式按月固定发放，原告所从事的劳动也是被告业务的主要组成部分，因此法院认定，原告、被告签订的《厨房责任承包协议》包含了劳动权利义务方面的内容，具有劳动合同的属性，应属于企业内部责任承包合同和用人单位内部经营管理的一种方式，并不因此改变原告、被告之间的劳动关系。用人单位应当在解除或终止劳动合同时出具解除或终止劳动合同的证明，原告、被告双方已于2015年9月15日解除劳动关系，原告要求被告出具解除劳动证明的请求，于法有据，法院予以支持。建立劳动关系，应当订立书面劳动合同。用人单位自用工之日起超过1个月不满1年未与劳动者订立书面劳动合同，应当向劳动者每月支付二倍的工资。原告2015年7月1日至2015年9月15日在被告处劳动，而期间双方未签订劳动合同，原告要求被告按照二倍工资标准支付2015年8月、9月工资的请求，于法有据，但期间双方并未签订承包协议，被告事实上也是按照原告固定的工资标准予以支付工资报酬，原告根据之前承包款折算后的月平均工资要求被告支付2015年8月、9月二倍工资差额部分，没有事实和法律依据，该期间二倍工资差额部分应为12,594元，因被告未因不服仲裁裁决提起诉讼，应视为被告对仲裁裁决结果的认可，由此，对原告关于二倍工资的请求，

---

〔1〕 2024年4月30日最高人民法院发布劳动争议典型案例之1。

法院确定金额为13,143元。关于原告主张的加班工资,法院认为,被告已以内部承包的形式将厨房承包给原告,原告系厨房的主要管理人员,其收入与其提供的劳动和对厨房投入的管理存在直接的关联,且原告以工资形式支付的薪酬部分也较高,应当认为已经包含了工作时间弹性较大等因素,应适用不定时工作制,被告无需另行向原告支付加班工资,故对原告要求被告支付加班工资的请求,法院不予支持。关于原告、被告双方劳动关系解除的原因,原告主张是被告以厨房已承包给他人为由违法与原告解除劳动关系,但被告对此予以否认,而原告也未能就其主张的该事提供相应的证据予以证实,法院难以采信。且本案原告、被告双方原系因承包协议而存在劳动关系,原告的核心内容是为了承包费,而承包费的计付方法与计算标准有别于一般的劳动关系中劳动者按月领取的较为固定的工资报酬,在原承包协议到期后,不必然要求双方续签承包协议时必须维持或提高原合同约定条件,而仍应当以双方合意为准。本案中,原告、被告双方在原承包协议到期后未能续签承包协议,且双方在较为合理期限内对承包款进行了结算,原告亦不再提供劳动,被告关于双方因未能就承包协议达成一致而协商解除的主张,比较能够符合客观事实,且有结算凭证予以印证,故对被告的该主张,法院予以采信。由此,原告要求被告支付违法解除劳动合同经济补偿金25,272元的请求,因无事实依据,法院不予支持。……判决:(1)被告宁波市鄞州海畔大酒店有限公司支付原告王某松未订立书面劳动合同二倍工资的差额部分13,143元;(2)被告宁波市鄞州海畔大酒店有限公司为原告王某松出具解除劳动合同证明;(3)驳回原告王某松的其他诉讼请求。

二审法院认为,企业在不违反法律法规的情况下,转变经营理念,创新经营模式、采用多种经营方式的行为是企业自主管理的一种体现。本案中,王某松进入海畔酒店担任厨师长一职,双方自愿订立了《厨房责任承包协议》一份,期限自2014年7月1日起至2015年6月30日止。该份协议系双方真实意思表示,合法有效。从双方签订的《厨房责任承包协议》的内容看,王某松需受海畔酒店管理,在海畔酒店从事有偿报酬的劳动,海畔酒店的规章制度适用于王某松,因此该份协议应视为企业员工内部承包协议,双方之间基于该份协议建立了劳动关系。根据《厨房责任承包协议》的相关约定,王某松作为海畔酒店的厨师长及厨房承包人,应知收入要与厨房经营效益挂钩,与其投入的精力和管理相关联。承包协议中有工作时间的约定,正是王某松对厨房中其他工作人员实施具体管理行为的衡量指标,而王某松作为管理人员,显然具有根据实际需要进行统筹安排的权限。在原承包协议到期后,王某松的工作岗位虽无变化,但其以固定工资形式所领取的报酬相对较高,现王某松主张加班工资,但并未提供相应证据证明存在加班的事实,海畔酒店也并未要求王某松仍需执行原承包协议中约定的工作时间，故原审法院认定海畔酒店无需向王某松另行支付加班费，并无不当。判决：驳回上诉，维持原判。[1]

（六）法定代表人劳动关系认定

法定代表人与公司是否建立劳动关系，主流观点持肯定意见。最高人民法院认为，公司法定代表人，因从事公司经营管理事务，从公司领取固定报酬等事实与公司形成劳动关系，在被免除了法定代表人职务，且未再安排从事其他工作情况下，双方劳动关系的基础丧失，劳动关系应相应解除。[2] 作为独立的法人与公司法定代表人分属不同主体，法定代表人虽然对外代表公司从事公司行为但不能将二者混同，亦不能以此否认二者建立劳动关系的可能性。是否成立劳动关系的标准不是劳动者是不是法定代表人，而是根据该人是否符合法律规定的劳动者身份。

现行《劳动法》《劳动合同法》中不存在对于公司法定代表人与公司之间的劳动关系否定性的规定。但有例外，国有公司和企业中，法定代表人为国家公务人员身份时与公司企业不构成劳动关系。

应予强调的是，承认法定代表人可以与公司成立劳动关系并不意味着现实中法定代表人与公司之间都是劳动关系。因为法定代表人多为公司高管、股东或者控制人，不能否定与公司建立劳动关系为牟取私利或抽逃出资而损害公司利益的可能，故在确认法定代表人与公司之间成立劳动关系除坚持劳动关系条件外，还应当满足以下两个条件：其一，签订书面劳动合同。其二，参与、管理与公司有关的工作并接受公司有效的管理和约束。是否参与公司日常工作，管理或处理与公司有关的业务同时接受公司有效的管理和约束是判断法定代表人劳动者身份的实质标准。现实中有些法定代表人是公司的控股股东，但是不参与公司的日常工作，其公司的管理运作由职业经理人或者其他员工负责，在这种情况下，即使法定代表人与公司签订书面劳动合同，也不能认定双方建立劳动关系。

应当注意的是，判断担任法定代表人的个人与公司是否存在劳动关系时，应当具体分析其活动的内容与性质，对二者之间是否具有管理与被管理的从属关系作出认定。实践中，很多法定代表人除行使法定代表人职权外，还从事公司的其

---

〔1〕 参见国家法官学院案例开发研究中心编：《中国法院2018年度案例》（劳动纠纷），中国法制出版社2018年版，第21～23页。浙江省宁波市鄞州区人民法院（2016）浙0212民初2104号民事判决书。

〔2〕 最高人民法院（2020）民再50号民事判决书。

他具体业务，且遵守公司的管理制度，并以劳动报酬作为收入来源，在这种情况下其同时与公司形成劳动关系。

【案例2－86】 赵某诉北京百合时代投资管理有限公司劳动争议纠纷案

二审法院认为，本案争议焦点是双方是否存在劳动关系以及北京百合时代投资管理有限公司（以下简称百合时代公司）是否应支付赵某解除劳动合同经济补偿金。对于是否成立劳动关系，本案中赵某与百合时代公司签订了书面劳动合同，能够证明双方已形成劳动关系。现百合时代公司提出赵某是百合时代公司的法定代表人、执行董事、股东、总经理，其与公司的纠纷不应当按照劳动纠纷处理的主张，因我国《劳动合同法》和《劳动法》中并未对公司法定代表人与公司之间的劳动关系持否定性意见，故法院不予采信。对于解除劳动合同经济补偿金，从本案证据情况看，赵某据以认定劳动关系的依据为赵某在任法定代表人期间自行开具的辞退通知，而在双方往来函件中亦不能反映出系百合时代公司率先提出解除劳动关系，且百合时代公司又予以否认，故不符合《劳动合同法》第三十八条应支付解除劳动合经济补偿金的情形。判决：(1)维持一审判决第一项、第三项；(2)撤销一审判决第二项、第四项；(3)百合时代公司无需支付赵某解除劳动关系经济补偿金77,556元；(4)驳回赵某的其他诉讼请求。[1]

【案例2－87】 某集团公司诉张某劳动争议纠纷案

一审法院认为，张某主张其与集团公司存在劳动关系的主要证据为集团公司出具的保证函。根据双方陈述及均认可的证据，该保证函出具的背景系张某在辞去法定代表人未果的情况下，因集团公司要求国际贸易公司担保，需张某签字，于2018年1月22日为其出具，内容中记载的集团公司任命张某担任国际贸易公司法定代表人的情况，与双方当庭均认可的张某系因与国际贸易公司董事长韩某私人关系受邀担任法定代表人的事实存在出入。且张某认可其另有缴纳社会保险的单位，集团公司并未按照保证函所述在北京为其缴纳社会保险及住房公积金；现无充分证据证明国际贸易公司的转账行为系代替集团公司向张某支付工资。故保证函无法作为充分证据证明与集团公司存在劳动关系。劳动关系是劳动者基于从属关系，向用人单位提供职业性的劳动，由用人单位给付劳动报酬所形成的法律关系，最核心的判断标准即是否具有从属性。张某在其主张的与集团公司存在劳动关系期间，仅协助国际贸易公司办理工商登记与银行开户、销户、贷款业务，其余时间均在北京家中。张某在此期间仅担当法定代表人，无需上班，无需遵守集

---

〔1〕 北京市第三中级人民法院(2016)京03民终8895号民事判决书。

团公司各项劳动规章制度，不接受集团公司的日常管理，未实际向集团公司提供劳动，难以认定其与集团公司之间具有从属关系，故双方并未形成实际的用工关系。综上，对张某关于其与集团公司在2017年8月1日至2018年11月29日存在劳动关系的主张不予采信。对张某基于劳动关系，要求集团公司支付工资、五险一金费用、未签订劳动合同二倍工资、补偿金、生活保障费及办理解除劳动关系的诉讼请求，不予支持；对集团公司要求确认双方不存在劳动关系，不支付工资、未签订劳动合同二倍工资、无需出具离职证明的诉讼请求，予以支持。判决：(1)集团公司与张某2017年8月1日至2018年11月29日不存在劳动关系；(2)集团公司无需支付张某2017年8月1日至12月31日工资差额30,000元；(3)集团公司无需支付张某2018年6月1日至30日工资差额60,000元；(4)集团公司无需支付2018年7月1日至10月26日工资69,724.14元；(5)集团公司无需支付张某2018年4月30日至7月31日未签订劳动合同二倍工资差额54,000元；(6)集团公司无需为张某开具离职证明；(7)驳回张某的诉讼请求。二审法院同意一审法院裁判意见。[1]

公司的法定代表人为其他公司提供劳动的，双方之间可以存在劳动关系。

【案例2-88】　刘某诉中航馨禄昌(北京)生物科技有限公司劳动合同纠纷案

判决观点，依据刘某提交的聘任书、授权委托书、中航馨禄昌(北京)生物科技有限公司(以下简称中航生物公司)和福禧会餐饮公司之间的合作协议，可以认定刘某作为中航生物公司福禧养生馆总经理进行工作，但通过刘某与祁某的微信聊天记录可以看出，双方针对是劳动关系还是合作关系也有过讨论和协商。在双方各自提出协议草稿未达成一致的情况下，刘某代表西海岸公司与中航生物公司签订《合作协议》，视为双方对双方之间的关系达成新的一致意见。故法院认定刘某与中航生物公司2017年6月23日至9月5日存在劳动合同关系。2017年9月6日至10月11日为中航生物公司和西海岸公司的合作关系。[2]

公司董事、董事长同时担任公司法定代表人的，公司与董事之间的委任关系并不排斥二者之间劳动合同关系的存在，二者之间在符合特定条件时可以同时构成劳动法上的劳动合同关系。自然人虽未与公司签订书面劳动合同，但其被任命

---

〔1〕　参见国家法官学院、最高人民法院司法案例研究院编：《中国法院2022年度案例》(劳动纠纷)，中国法制出版社2022年版，第9页。北京市第二中级人民法院(2020)京02民终3799号民事判决书。

〔2〕　参见国家法官学院、最高人民法院司法案例研究院编：《中国法院2020年度案例》(劳动纠纷)，中国法制出版社2020年版，第25页。北京市昌平区人民法院(2018)京0114民初2329号民事判决书。

为董事长的同时,还担任公司法定代表人,因担任法定代表人而从事除董事职权以外的公司其他具体业务,并以工资为主要生活来源等事实,符合劳动关系的构成要素,能够认定公司与该自然人同时形成委任关系和事实上的劳动合同关系。公司法定代表人因从事公司经营管理事务、从公司领取固定报酬等事实而与公司形成劳动关系,在公司免除法定代表人职务,且未再安排其从事其他工作情形下,双方之间事实劳动关系的基础已经丧失,事实劳动关系应相应解除。法定代表人并非公司普通员工,本有条件与公司签订劳动合同,但其在任职期间未与公司订立书面劳动合同的,双方之间形成事实劳动关系。在法定代表人被解聘后双方形成事实劳动关系的基础已经丧失,且公司先后进入破产重整、破产清算的情况下,原法定代表人诉请确认与公司存在无固定期限劳动合同关系,缺乏事实基础和法律依据,人民法院不予支持。

【案例2-89】 孙某祥与麦达斯轻合金劳动争议纠纷再审案

最高人民法院认为,关于麦达斯轻合金与孙某祥之间是否存在无固定期限劳动合同关系。首先,法院认为麦达斯轻合金与孙某祥之间存在事实上的劳动合同关系。2017年7月20日,孙某祥被麦达斯控股调任其全资子公司麦达斯轻合金任董事长兼法定代表人,月薪税后7万元。自此,孙某祥既作为麦达斯轻合金的董事、董事长参加董事会行使公司法赋予的职权,同时还作为麦达斯轻合金的法定代表人参与公司日常经营管理。从公司法的角度看,公司依据章程规定及股东会决议聘任董事行使法定职权,董事同意任职并依法开展委托事项,公司与董事之间即形成委任关系,从双方法律行为的角度看实为委托合同关系。但公司与董事之间的委任关系并不排斥劳动合同关系的存在,即二者之间在符合特定条件时还可以同时构成劳动法上的劳动合同关系。《公司法》第四十四条第二款规定:"两个以上的国有企业或者两个以上的其他国有投资主体投资设立的有限责任公司,其董事会成员中应当有公司职工代表;其他有限责任公司董事会成员中可以有公司职工代表",这就以法律形式明确肯定了董事与公司之间可以形成劳动关系,委任关系与劳动关系并非绝对排斥、不能兼容。本案中,孙某祥于2017年7月被任命为麦达斯轻合金董事长,与公司形成委任关系。孙某祥虽未与麦达斯轻合金签订书面劳动合同,但其被任命为董事长的同时,还担任公司法定代表人,负责公司融资、对外协调及财务管理等大量具体经营管理事务,受公司规章制度管理和约束,麦达斯轻合金按月向其支付工资并委托外服公司代缴"五险一金"费用。故孙某祥因担任法定代表人而从事除董事职权以外的公司其他具体业务,并以工资为主要生活来源等事实,符合劳动关系的构成要素,足以认定麦达斯轻合金与孙某祥同时形成委任关系和事实上的劳动合同关系。因此,孙某祥关于与麦达斯轻合金存在劳动合同关系的主张,法院予以支持。

其次,法院认为麦达斯轻合金与孙某祥之间事实上的劳动合同关系随着孙某祥职务被免除而解除,双方之间不存在无固定期限劳动合同关系。孙某祥为麦达斯轻合金法定代表人,并非公司普通员工,本有条件与公司签订劳动合同,但其在任职期间并未与公司订立书面劳动合同,二者之间的劳动关系是基于孙某祥担任公司法定代表人,从事公司经营管理事务、从公司领取固定报酬等事实而形成的。2018 年 2 月,麦达斯轻合金在被裁定破产重整前夕,免除了孙某祥董事长、法定代表人职务,且未再安排孙某祥从事其他工作,孙某祥与麦达斯轻合金形成事实劳动关系的基础已经丧失,事实劳动关系应相应解除。2019 年 1 月 18 日,麦达斯轻合金被裁定宣告破产,其与所有员工的劳动关系均应依法终止。故在孙某祥被解聘后形成事实劳动关系的基础已经丧失,且麦达斯轻合金亦先后进入破产重整、破产清算的情况下,孙某祥诉请确认与麦达斯轻合金存在无固定期限劳动合同关系,缺乏事实基础和法律依据,法院不予支持。如此处理,既可以对公司董事和高管利益予以必要的保护,又可以防止公司因经营发展需要而无因解除董事、法定代表人职务的同时,却不得不背负沉重的、难以摆脱的劳动合同负担。[1]

委任制法定代表人与其任职公司劳动关系的认定。

【案例 2-90】 某某诉某公司劳动争议纠纷案

二审法院认为,委任制法定代表人无公司股权且对公司不起支配作用,不能通过召集股东会等公司自治途径解决劳资问题,其与公司的劳资纠纷属劳动争议,法院应立案受理。委任制法定代表人与任职公司的劳动关系认定,应综合入职方式、考勤记录、工资支付、社保缴纳、劳动行为等因素,以劳动者是否具有主体资格、劳动者是否接受用人单位管理、用人单位是否发放工资、劳动者的工作是否为单位业务组成部分等作为判定标准。[2]

---

〔1〕 最高人民法院(2020)民再 50 号民事判决书。

〔2〕 江西省吉安市中级人民法院(2021)赣 08 民终 826 号民事判决书。

三、合同关系劳动纠纷处理

(一)事实劳动关系处理

从目前的法律、法规看,对何为事实劳动关系尚无明确规定,学者、实务者的观点颇多。[1] 一般认为,事实劳动关系就是一种客观状态,是指无书面劳动合同或者因履行无效劳动合同而存在劳动关系的一种状态。可以这样认为,只要客观上存在劳动关系,就可以认定为事实劳动关系。换言之,与劳动合同关系唯一区别是事实劳动关系欠缺程序要件即未签订书面合同,也就是通常意义上所指的口头劳动合同。

如何确认劳动者劳动关系和归属,涉及法律适用的准确性与劳动者的切身利益。事实劳动关系是社会生活中最具争议的问题之一。事实劳动关系的认定与其构成条件有密切关系。事实劳动关系的构成条件,应包含在劳动关系构成条件的含义之中,换句话说,事实劳动关系实质上就是劳动关系,事实劳动关系构成条件实质上是劳动关系构成条件的某种缺陷或瑕疵。

认定实事劳动关系的具体标准与劳动合同标准主要之处是相同的,即上述一、二、三处,但亦有需要补充之处,笔者认为有:

其一,劳动行为已经发生。劳动者按照用人单位的要求,付出一定的体力和智力,完成工作内容,创造劳动成果并归用人单位所有。用人单位向劳动者提供劳动报酬。劳动报酬是劳动力的等价物,也是劳动关系构成的中介物,其一般是以货币形式支付给劳动者,由于劳动报酬的上述特性,决定了其本身并不能作为认定劳动关系的基本标准,换言之,劳动报酬本身就可能成为争议的对象,无论是劳动关系、劳务关系还是人事关系都会涉及劳动报酬问题,目前也并没有明确的标准可以对上述关系中的"劳动报酬"加以明确区分,所以向劳动者支付劳动报酬认定上有不同划分标准,有的认为是辅助标准。

其二,劳动者与用人单位之间的从属关系已经形成,包括人格上的从属性和

---

〔1〕 参见黄越钦:《劳动法新论》,中国政法大学出版社 2003 年版,第 87 页;最高人民法院民事审判第一庭编:《中国民事审判前沿》2005 年第 2 集(总第 2 集),法律出版社 2003 年版,第 272 页。

经济上的从属性。用人单位作为生产经营活动的组织管理者、生产资料的所有者,在要求劳动者完成工作任务的同时,必须为劳动者提供相应的劳动条件。劳动条件主要包括劳动场所,劳动对象与劳动工具。但需要注意的是劳务雇佣关系中雇主也要为雇员提供相应的劳动条件,如在建筑装修行业中实行的“包清工”方式,雇员只是出工出力,而相应的劳动条件则由雇主提供,所以在实践中有人将提供劳动条件作为认定劳动关系的辅助标准。再一个与其相关且社会生活当中常见的现象即师徒关系的问题。

其三,欠缺形式要件,用人单位与劳动者没有订立书面劳动合同。

在上述事实劳动关系具体标准之中,有的将其分为基本标准、辅助标准等。但在社会生活中因其社会生活的复杂性,硬性坚持根本标准、辅助标准则往往不能正确认定事实劳动关系,一些能够体现劳动关系特点的行为与情况也可以佐证劳动关系的认定。比如,用人单位向劳动者填写发放“工作证”“服务证”等身份证件,或劳动者填写了用人单位的招工招聘“登记表”“报名表”,用人单位允许劳动者以该单位员工名义工作或不为反对意见的。又如,用人单位为劳动者缴纳了社会保险费,用人单位为劳动者交纳了住房公积金、劳动者的人事档案由用人单位保存等。在司法实务中,如果仅有一种现象存在则不能认定为事实劳动关系。

【案例2-91】　田乙诉展览中心劳动争议纠纷再审案

一审法院认为,本案双方虽未签订书面劳动合同,但展览中心在用工之后即与田甲建立了劳动关系。田甲是在展览中心安排的有报酬的劳动时死亡,该劳动是展览中心业务的组成部分。展览中心虽主张双方不存在劳动关系,但未能够提供有效证据予以证明。展览中心虽然未与田甲订立书面劳动合同,但具备了劳动关系成立的情形。关于案外人刘某与田甲是否存在雇佣关系,从本案整个事实看,没有证据证明田甲是单独接受刘某的授权或指示,为刘某干活并获取劳动报酬。第一,在形式要件上,无证据证明刘某与田某有口头或书面雇佣协议,同时也无证据证明刘某与展览中心存在承包或分包等性质的协议。第二,在实质要件上,首先,田甲不是为刘某提供劳动,刘某不直接支付劳动报酬;其次,田甲不完全受刘某的控制、指挥和监督。本案中,刘某将劳动报酬转给劳动者系居中行为,无证据显示刘某从中获取提成。田甲在提供劳动时,刘某对劳动者未行使具体管理、监督等职责,田甲不是直接在刘某的授权或指示范围内从事劳务活动,不符合雇佣关系的构成要件。判决:确认田甲与展览中心存在劳动关系。再审法院同意原审法院裁判意见。[1] 本案中,田乙系田甲之女,其以展览中心为被申请人申请劳动仲裁,

〔1〕参见国家法官学院、最高人民法院司法案例研究院编:《中国法院2022年度案例》(劳动纠纷),中国法制出版社2022年版,第39页。北京市第三中级人民法院(2020)京03民申472号民事裁定书。

仲裁委驳回了田乙的仲裁请求。田乙不服仲裁裁决,诉至法院。

【案例2－92】 熊某明诉昆明锦华洗涤有限公司晋宁分公司劳动争议纠纷案

判决观点,本案原告熊某明自2011年12月到被告昆明锦华洗涤有限公司晋宁分公司工作,具体担任洗衣工作,但双方未签订书面劳动合同。……原告熊某明在被告昆明锦华洗涤有限公司晋宁分公司所从事的洗衣工作是被告的业务组成部分,受被告的劳动管理并享受报酬,其提供的证据工资表证明被告每月支付工资,每月工资为1600元,双方虽未签订过书面劳动合同,但其与被告昆明锦华洗涤有限公司晋宁分公司存在事实劳动关系的诉请符合法律规定。并且在调查询问中被告昆明锦华洗涤有限公司晋宁分公司的负责人田某承认原告在其公司担任洗衣工,并且伤后被告昆明锦华洗涤有限公司晋宁分公司一直支付原告工资至2013年8月,以上证据能够证明原告熊某明与昆明锦华洗涤有限公司晋宁分公司存在事实的劳动关系,对原告熊某明要求确认其与被告昆明锦华洗涤有限公司晋宁分公司存在事实劳动关系的诉讼请求,法院依法予以支持。判决:原告熊某明与被告昆明锦华洗涤有限公司晋宁分公司存在事实劳动关系。〔1〕

事实劳动关系的确认应从劳动者为用人单位提供劳务并接受用人单位的管理和用人单位支付劳动者报酬两个方面来进行认定,不能简单地从用人单位支付劳动报酬来推定双方事实劳动关系。

确认是否存在劳动关系,应当结合双方权利义务的履行情况来判断双方是否建立劳动关系,并从双方是否存在人身依附性及财产性、劳动者是否实际受用人单位的管理、指挥或者监督等方面进行综合考量。原告提交的病历资料、记录工作量的销售发货单并不足以证明其与用人单位之间存在管理与被管理的人身隶属关系,用人单位也未向原告发放过劳动报酬,故原告主张其与用人单位之间存在事实劳动关系,缺乏事实依据。

【案例2－93】 成某勤与重庆宝丰线缆有限公司劳动争议纠纷再审案

最高人民法院认为,确认成某勤与重庆宝丰线缆有限公司(以下简称宝丰线缆公司)之间是否存在劳动关系,应当结合双方权利义务的履行情况来判断双方是否建立劳动关系,并从双方是否存在人身依附性及财产性、劳动者是否实际受用人单位的管理、指挥或者监督等方面进行综合考量。依照《民事诉讼法解释》第一百零二条的规定,当事人因故意或者重大过失逾期

---

〔1〕 参见国家法官学院案例开发研究中心编:《中国法院2015年度案例》(劳动纠纷),中国法制出版社2015年版,第2～3页。云南省昆市晋宁县人民法院(2013)晋民初字第1057号民事判决书。

提供的证据,人民法院不予采纳。但该证据与案件基本事实有关的,人民法院应当采纳,并依照《民事诉讼法》第六十五条、第一百一十五条第一款的规定予以训诫、罚款(现该条内容修正为:当事人因故意或者重大过失逾期提供的证据,人民法院不予采纳。但该证据与案件基本事实有关的,人民法院应当采纳,并依照《民事诉讼法》第六十八条、第一百一十八条第一款的规定予以训诫、罚款)。胡某、周某的证言虽系宝丰线缆公司在二审中提交,但该证据与本案基本事实有关,胡某二审虽未到庭,但其出具的书面陈述明显对己不利,且由公证机关进行了公证,胡某的书面证言能与周某证言、《场地租赁协议》等证据相互印证,故二审法院予以采信并无不当。根据原审查明的事实,虽然成某勤工作的地点是在宝丰线缆公司厂区内,记录成某勤工作量的收据系用印有宝丰线缆公司的销售发货单记录,但宝丰线缆公司已将其厂区2号车间底楼车间出租给胡某生产经营,叶军某、周某受胡某委托对承租车间进行现场管理。叶军某虽系宝丰线缆公司股东,但其行为并不必然代表宝丰线缆公司,成某勤亦无证据证明另一管理人周某与宝丰线缆公司之间存在利害关系,或周某的管理行为代表宝丰线缆公司。成某勤原审中提交的病历资料、记录工作量的销售发货单并不足以证明宝丰线缆公司与成某勤之间存在管理与被管理的人身隶属关系,宝丰线缆公司也未向成某勤发放过劳动报酬,故成某勤主张其与宝丰线缆公司之间存在事实劳动关系,缺乏事实依据。[1]

用人单位的一系列包装以及委托第三方公司代发工资,均不能对抗劳动者与用人之间成立劳动关系。

【案例2-94】 陆某诉中材公司劳动合同纠纷案

一审法院认为,中材公司和陆某均符合劳动关系主体资格,双方虽未签订书面劳动合同,但中材公司认可陆某由其公司制造部经理鹿某某同意入职,陆某在其公司车间工作,陆某穿着其公司工作服的照片和其公司向其发放的工作证、专用章,且陆某由中材公司车间工段长赵某某计算工时,故可以认定中材公司负责陆某的招聘录用、考勤记录等。综上,虽然双方未签订书面劳动合同,但根据中材公司向陆某发放工作证和工作服、专用章,中材公司员工对陆某记工的事实,足以认定双方成立劳动关系。中材公司主张陆某与新泰公司之间存在劳动关系的抗辩意见,不予采信。中材公司未提交证据证明陆某的入职、离职时间、工资标准和支付情况、考勤,故法院采信陆某的主张,认定双方自2016年12月9日至2017年11月20日存在劳动关系,中材

[1] 最高人民法院(2020)民申3401号民事裁定书。

公司应支付陆某2017年10月、11月工资、未签订劳动合同二倍工资差额、经济补偿金。根据陆某提交的加班明细等证据，足以认定陆某存在加班的事实，中材公司应支付陆某延时加班工资、双休日加班工资、法定节假日加班工资。二审法院同意一审法院裁判意见。[1]

学徒与个体工商户之间是个体工匠与学徒的关系还是劳动关系，应根据具体案情确定。对个体工商户与个体工匠，当前的法律和司法解释并没有严格的区别，不能排除个体工匠中包含个体工商户业主的情形。从字面上讲，个体工匠、个体工商户强调的都是“个体”，从而与法人、合伙等组织形式予以区分，而工匠的范围也不能排除在从事个体工商经营范围之外，因此两个概念的外延不是并列关系，而是交叉关系。在个体工匠有固定的营业场所，具备相应的用人资格，即具有物质、技术和组织等条件，满足了成立劳动关系实质条件，符合《劳动法》中用工单位主体资格。个体工匠对学徒支付吃住形式的报酬并对其管理的，双方之间具备劳动关系的基本属性，应当认定学徒是受劳动法保护的劳动者，双方存在事实劳动关系。

【案例2－95】 格尔木京九汽配销售部诉孙某生劳动争议纠纷案

判决观点，本案中，格尔木京九汽配销售部系依法登记的个体工商户，属于《劳动法》中的用人单位，应受相关法律、法规的约束；孙某生系16周岁以上不满18周岁的公民，以自己的劳动收入为主要生活来源，应为完全民事行为能力人，双方均符合法律法规规定的主体资格。孙某生自2014年前往格尔木京九汽配销售部做学徒，在师傅辛某营的带领下协助从事汽车修理工作，服从其工作安排和技术指导，其给孙某生提供食宿并发放一定的福利费用，应视为支付了劳动报酬。据此认定双方虽未订立书面劳动合同，但已具备了劳动关系成立的法定要件，形成了事实上的劳动关系。判决：驳回格尔木京九汽配销售部的诉讼请求，格尔木京九汽配销售部与孙某生之间存在劳动关系。[2]

劳动者在房产经纪公司的加盟店中工作，且其劳动已构成公司业务组成部分的，可以认定双方存在事实劳动关系。

---

〔1〕 参见国家法官学院、最高人民法院司法案例研究院编：《中国法院2021年度案例》（劳动纠纷），中国法制出版社2021年版，第2～3页。北京市第一中级人民法院（2018）京01民终3320号民事判决书。

〔2〕 参见国家法官学院案例开发研究中心编：《中国法院2018年度案例》（劳动纠纷），中国法制出版社2018年版，第37页。青海省格尔木市人民法院（2016）青2801民初618号民事判决书。

【案例2-96】 郭某红诉淄博中聚房地产服务有限责任公司确认劳动关系纠纷案

二审法院认为，郭某红在原审提交的身份及收入情况证明、补病休证明所盖公章已被公安机关鉴定为伪造，故对该两份证据，依法不予采信。本案中，郭某红在从事房屋经纪工作的过程中虽未受淄博中聚房地产服务有限责任公司（以下简称中聚房产）直接管理，但结合郭某红完成工作的业务流程以及中聚房产曾为郭某红颁发优秀经纪人荣誉证书的事实，可以认定郭某红提供的劳动已构成中聚房产的业务组成部分，在双方符合用人单位及劳动者法定主体资格的情况下，双方之间应为事实劳动关系。中聚房产对此虽有异议，并提供工资发放明细、领款单、活期账户明细、加盟合同书等证据，拟证实其与公司莲池店业主赵某之间系加盟合同关系，郭某红应系赵某个人的雇员，但上述证据仅证实郭某红未直接从中聚房产领取工资，既无法证实郭某红系由赵某单方雇佣、管理并发放工资，亦不能推翻郭某红向中聚房产提供劳动的事实。故对中聚房产关于其与郭某红之间不存在劳动关系的主张，依法不予支持。判决：驳回上诉，维持原判。[1]

用人单位招用未享受养老保险待遇或领取退休金的人员，即使超过法定退休年龄，双方发生用工争议的，也应按劳动关系处理。城乡居民养老保险不同于职工养老保险，是否领取社会养老保险，不影响劳动关系的认定。

【案例2-97】 孙某生诉郑州市馨禧成物业服务有限公司劳动争议纠纷案

二审法院认为，本案中，孙某生到郑州市馨禧成物业服务有限公司处工作时虽已超过60周岁，但其原系农民，未享受职工养老保险，也未领取退休金，其按月领取的新型农村社会养老保险金，具有社会福利性质，不同于职工养老保险。本案不符合《劳动争议解释（三）》（已失效）第七条规定的按劳务关系处理的条件，双方之间形成事实劳动关系，不应按照劳务关系处理。郑州市馨禧成物业服务有限公司作为用人单位应当向孙某生支付2012年12月16日至2013年6月20日未签劳动合同双倍工资的差额9000元（1500元×6）。根据在案证据，孙某生主张的拖欠工资，已实际支付。另外，孙某生请求加班费，并未提供证据证明其存在加班事实。故对其后两项诉讼请求不予支持。判决：（1）撤销一审判决；（2）被上诉人郑州市馨禧成物业服务有限公司支付上诉人孙某生未签订书面劳动合同的双倍工资差额9000元；（3）驳回上诉人

---

〔1〕 参见国家法官学院案例开发研究中心编：《中国法院2016年度案例》（劳动纠纷），中国法制出版社2016年版，第39～40页。山东省淄博市中级人民法院（2014）淄民三终字第288号民事判决书。

孙某生的其他诉讼请求。[1]

筹备阶段的公司虽尚未具备独立的法人资格,但具有与设立行为相关的有限权利能力,能够从事一定的法律行为,享有一定的权利并承担一定的义务。公司筹备阶段招用劳动者,设立后沿用原工作场所、设备、人员等,从事与设立前相同的经营活动,应当认定双方之间形成事实上的劳动关系。

【案例2-98】 全某忠诉江苏省东台市浩之鸣不锈钢制品有限公司劳动争议纠纷案

判决观点,关于全某忠与江苏省东台市浩之鸣不锈钢制品有限公司(以下简称浩之鸣公司)是否存在劳动关系的问题。浩之鸣公司作为有限公司,其具备用工主体资格。全某忠从事电焊工作是受浩之鸣公司招用,工作地点也在浩之鸣公司经营场所,工作中接受该公司的管理。全某忠从事的电焊工作为浩之鸣公司的业务组成部分,浩之鸣公司在劳动过程中,发放了全某忠的劳动报酬。故应认定全某忠与浩之鸣公司存在劳动关系。全某忠于2017年2月受聘到浩之鸣公司工作,在浩之鸣公司完成设立登记后继续在公司工作至2018年5月,应视为浩之鸣公司对双方劳动关系的确认。故应认定全某忠与浩之鸣公司自2017年2月至2018年5月存在劳动关系。[2]

【案例2-99】 伊春某旅游酒店有限公司诉张某某劳动争议纠纷案

判决观点,原告、被告之间形成了事实上的劳动合同关系,但原告公司自用工之日起超过1个月不满1年未与被告签订书面劳动合同,应当按照法律规定向被告支付二倍的工资。原告方认为被告是明月林场在职职工,与原告之间只能形成劳务关系而不能形成劳动合同关系,但按照《劳动争议解释(三)》(已失效)第八条的规定:企业停薪留职人员、未达到法定退休年龄的内退人员、下岗待岗人员以及企业经营性停产放长假人员,因与新的用人单位发生争议提起诉讼的,法院应当按照劳动关系处理。因此原告的此项辩解理由不予支持。被告主张按照仲裁裁决所确定的数额由原告公司支付双倍工资的请求并未超过其1年内的平均工资,因此该项主张应予支持。被告所主张的2015年9月尚有半个月工资1300.00元原告公司未予发放的请求原告方予以承认,因此应予认定。但被告社会保险费企业应当承担部分仍由其原单位明月林场进行缴纳,其不具备再就业企业再行缴纳社会保险费的待

[1] 参见最高人民法院中国应用法学研究所编:《人民法院案例选》2014年第3辑(总第89辑),人民法院出版社2015年版,第192页。河南省郑州市中级人民法院(2014)郑民一终字第219号民事判决书。

[2] 参见《人民司法·案例》2020年第26期(总第901期)。江苏省东台市人民法院(2019)苏0981民初1378号民事判决书。

遇,因此被告要求原告公司再行为其缴纳社会保险费的请求不予支持。同时,因原告企业无法为其缴纳社会保险费用,不存在《劳动合同法》第三十八条所规定的情形,被告自行提出要求与原告公司解除劳动合同关系且未履行告知义务,原告公司无需支付被告经济补偿金。因此判决:(1)解除原告、被告之间的劳动合同关系;(2)由原告支付给被告因未签订书面劳动合同而产生的赔偿金27,958.26元;(3)由原告支付给被告2015年9月剩余工资1300.00元。[1]

(二)借调劳动关系处理

用人单位有自主制定人事调动、管理制度的权利,这是现代企业在市场经济中自我调节、自我管理的体现。只要通过民主程序、采用公示公信的方式,且不违反法律法规强制性规定、不免除自身应尽义务、不排除劳动者或第三人合法权益的均应得到法律的认可与尊重。用人单位在其集团范围内借调、聘用、选任员工,手续正当、期限明确,并无证据证明存在违法、违规之处,体现了上述企业的自主自治原则,法律不宜干涉。也就是说,劳动者的劳动关系在借调期间因参加借调单位竞聘上岗不发生变动。

【案例2-100】 朱某勇诉中国信达资产管理股份有限公司劳动争议纠纷案

二审法院认为,首先,在被告公司的竞聘公告等文件没有对于借调人员竞聘上岗后劳动关系归属问题做出明确说明。其次,朱某勇与第三人公司签有无固定期限劳动合同,双方均未做出过解除或终止合同关系的意思表示,也未办理相关手续,第三人公司在朱某勇被信达总公司借调后履行支付基本工资、缴纳社会保险及住房公基金的用人单位义务,并且在朱某勇竞聘上岗位亦未发生过变化。另外,被告公司没有与朱某勇签订过劳动合同。再次,朱某勇与第三人公司之间履行连续、完整的借调手续,该手续在朱某勇竞岗前后均对借调期内的权利义务进行了明确的约定,其中并无被告公司与朱某勇建立劳动关系的意思表示。朱某勇虽表示对后三次借调延续手续不知情、不认可。但朱某勇在借调期满后自行填写的《借调期满考核表》和《工作调动申请书》中对自身系借调人员身份及借调期限均有所确认。最后,信达总公司在其集团范围内借调、聘用、选任员工,手续正当、期限明确,并无证据证明存在违法、违规之处。综上所述,朱某勇要求确认与信达总公司存在劳动

---

[1] 2016年8月22日,最高人民法院关于弘扬社会主义核心价值观典型案例之二,审理法院:黑龙江省伊春市带岭区人民法院。

关系以及继续履行劳动合同、恢复工作岗位及相应劳动条件、支付工资、年度奖金等的上诉请求,缺乏事实依据,法院不予支持。判决:驳回上诉,维持原判。〔1〕

共享用工是劳动合同期限内劳动者的借用行为,构造了劳动者—原单位—新单位三者之间明确的法律关系。也就是说,企业间共享用工不改变原劳动关系。

【案例2-101】 万某诉某材料公司劳动争议纠纷案

判决观点,企业之间开展共享用工,进行用工余缺调剂合作,对解决用工余缺矛盾、提升人力资源配置效率和稳就业发挥了积极作用。共享用工情形,并不改变原企业与劳动者之间的劳动关系。本案中,万某在与某科技公司劳动合同期限内被借用至某材料公司工作,万某与某材料公司之间不构成新的劳动关系。本案中万某二倍工资差额的主张已在前案万某与某科技公司劳动争议案件中处理完毕。现万某又向非其劳动合同相对方的某材料公司主张二倍工资差额,缺乏事实和法律依据,故判决:驳回万某的诉讼请求。〔2〕

(三)劳动关系特殊情形处理

创业者与创业公司之间是否存在劳动关系是在新的条件下产生的新问题之一。近年来,在降低公司创立门槛、简化行政审批流程、放宽微小企业贷款要求,建立创业园及产业孵化基地等利好政策帮扶下,大批微小企业纷纷创立。因创业引发的劳动争议案件随即涌现,基于创业者身份的特殊性与复杂性,创业者与创业公司之间是否存在劳动关系观点不一,处理亦不相同。主流观点认为,创业者并非属于创业公司管理的劳动者,而是代表用人单位对内行使管理权,参与企业决策、运营,创业者与创业公司之间是共同创业的合意,而非建立劳动合同关系的合意,因其缺乏劳动用工过程中势必形成的隶属性,二者之间的关系有别于法律意义上的劳动关系,自然不能成立劳动关系。

【案例2-102】 北京鲜树叶科技发展有限公司诉郭某劳动争议纠纷案

一审法院认为,对于北京鲜树叶科技发展有限公司(以下简称鲜树叶公司)与郭某之间是否存在劳动关系,法院从以下两个层面分析论述。从法律

〔1〕 参见国家法官学院案例开发研究中心编:《中国法院2019年度案例》(劳动纠纷),中国法制出版社2019年版,第243页。北京市第二中级人民法院(2017)京02民终3141号民事判决书。

〔2〕 江苏法院2022年度劳动人事争议十大典型案例之八,审理法院:泗洪县人民法院。

层面分析:其一,郭某与鲜树叶公司之间无劳动合同、无工资支付记录、无社保及公积金缴费记录。其二,2015年6月12日郭某向案外人提出停薪留职,该公司为郭某缴纳社会保险至2017年2月。其三,郭某无证据证明双方之间存有关于工资标准30,000元的书面或口头约定。其四,郭某为公司月工资表的审核人,明知鲜树叶公司并未将其纳入月工资支付人员范围,并无证据证明其在职期间曾就此提出异议。故结合以上几点,郭某主张双方之间存在劳动关系,鲜树叶公司拖欠工资458,275.86元,明显存疑。再从法理层面分析:本案中,虽郭某持有加盖鲜树叶公司公章的授权委托书等材料,但结合郭某所述与王某相识经过,入职鲜树叶公司经过,王某、魏某、仇某分别陈述的鲜树叶公司设立、经营情况,郭某与王某之间微信聊天内容可知,郭某虽在鲜树叶公司工作,但其并非处于被管理层面的劳动者,其与鲜树叶公司之间缺乏以管理行为为核心特征的人身隶属性,郭某入职鲜树叶公司的实质更偏向为与王某共同创业。综上,法院对郭某所持其与鲜树叶公司之间存在劳动关系、鲜树叶公司拖欠工资458,275.86元的主张无法予以采信。判决:(1)确认2015年5月28日至2016年9月8日鲜树叶公司与郭某之间不存在劳动关系;(2)鲜树叶公司无需向支付前述期间工资458,275.86元。二审法院同意一审裁判意见,维持原判。[1]

现行劳动法并未禁止股东与其投资的公司建立劳动关系,但应注意区分股东的投资经营行为和劳动行为。股东为公司工作呈现多种样态,如经股东会选举为董事直接参与公司经营、受公司委托处理一些公司事务、利用自身资源为公司经营提供帮助、以高管或普通员工身份为公司提供劳动等。当股东请求确认与公司也存在劳动关系时,应坚持依劳动关系的从属性特征作判断的主要标准,结合公司的具体情况综合判断。

【案例2-103】　北京莹彩益文化发展有限公司诉唐某劳动争议纠纷案

二审法院认为,本案中,唐某是北京莹彩益文化发展有限公司(以下简称莹彩益公司)股东,其提交的证据能够证明其为莹彩益公司做业务工作,本案的争议焦点是双方之间的关系是否属于劳动关系。法院认为,股东在提供劳动过程中遵守用人单位的劳动规章制度,接受用人单位的劳动管理,与用人单位建立以提供劳动和支付报酬为内容的稳定性对价关系,应依法确认双方存在劳动关系。但如果股东所提供劳动的主要目的是获得股东权益,义务来源系完成具体事项的临时性委托等,提供劳动的持续性、稳定性以及受用人

---

〔1〕 参见国家法官学院、最高人民法院案例研究院编:《中国法院2020年度案例》(劳动纠纷),中国法制出版社2020年版,第20~21页。北京市第三中级人民法院(2018)京03民终1073号民事判决书。

单位劳动规章制度约束性较弱，报酬金额并非依据适用于用人单位职工的薪酬待遇制度确定，报酬的发放时间也不具有周期性特征，则一般不能认定其与用人单位存在劳动关系。首先，根据唐某陈述，成立莹彩益公司的目的是利用原有客户资源，与柯甲、柯乙分工合作，获取经营收益，故唐某利用其客户资源为莹彩益公司获取业务，实质上是一种投资经营行为，而非作为受雇者的劳动行为。其次，唐某未提交证据证明莹彩益公司对其进行劳动管理，相反，其陈述的为莹彩益公司做业务的行为具有明显的主动性和独立性，故法院难以认定其工作具有从属性。最后，从报酬上看，唐某未提交证据证明双方曾约定莹彩益公司向其支付工资，亦未提交证据证明其2016年1月17日前曾向莹彩益公司索要过工资，唐某在长达十余年中从未领取过劳动报酬不能作出合理解释，故法院无法认定双方曾就莹彩益公司向唐某支付劳动报酬作出过约定。考虑到唐某与莹彩益公司实际控制人柯甲之间的关系，莹彩益公司为唐某缴纳社会保险的事实，不能证明双方建立了劳动关系。综上所述，双方的关系不符合劳动关系的特点，唐某基于劳动关系要求莹彩益公司支付其2004年8月1日至2016年1月17日工资343,000元，没有事实依据。判决：驳回上诉，维持原判。[1]

个案中，法官根据具体案情按特殊劳动关系处理。

【案例2-104】 郭某诉南通忠仁水产有限公司确认劳动关系纠纷案

二审法院认为，本案中，郭甲自2016年起至南通忠仁水产有限公司（以下简称忠仁公司）工作，并未享受退休待遇，其在忠仁公司从事紫菜接港工作，接受忠仁公司的管理与指挥，忠仁公司向其支付劳动报酬，郭甲提供的劳动属于忠仁公司的业务组成部分，双方之间符合劳动关系的法律特征，应当按照劳动关系的特殊情形处理。劳动者请求享受《劳动法》《劳动合同法》规定的劳动报酬、劳动保护、劳动条件、工作时间、休息休假、职业危害防护、福利待遇的，应予支持。但劳动者请求签订无固定期限劳动合同、支付二倍工资、经济补偿、赔偿金的，不予支持。双方另外约定的除外。达到或超过年龄的劳动者，依据《江苏省实施〈工伤保险条例〉办法》第二十八条第一款规定，不能享受一次性伤残就业补助金和一次性工伤医疗补助金。综上，郭某的上诉请求，法院依法予以支持。一审法院对双方当事之间的法律关系认定有误，二审法院依法予以纠正。判决：撤销一审判决，郭甲与忠仁公司2016年7

〔1〕 参见国家法官学院、最高人民法院案例研究院编：《中国法院2020年度案例》（劳动纠纷），中国法制出版社2020年版，第28～29页。北京市第二中级人民法院（2018）京02民终9053号民事判决书。

月1日至2017年2月2日的法律关系按照劳动关系的特殊情形处理。[1]

街道办事处与社区工作者是否构成劳动关系，目前没有法律明确规定，司法实践中的处理结果不统一。主流观点认为，街道办事处与社区工作者构成劳动关系。

【案例2－105】 陈某林诉北京市朝阳区太阳宫地区办事处劳动关系纠纷案

二审法院认为，关于北京市朝阳区太阳宫地区办事处（以下简称太阳宫办事处）与陈某林之间是否构成劳动关系的问题。首先，从陈某林与太阳宫办事处签约的情况来看，陈某林连续三次与太阳宫办事处签订服务协议书，协议书均载明为劳动合同，争议解决途径为劳动争议仲裁程序，双方就提供劳动力、支付报酬、福利待遇等基本要素均达成一致意见。故可以认定，双方当事人在签约时均具备建立劳动关系的真实意思表示，三份服务协议书的性质均为劳动合同。其次，从陈某林与太阳宫办事处履约情况来看，双方当事人实际履约情况，符合《劳动和社会保障部关于确立劳动关系有关事项的通知》中认定劳动关系的标准：(1)用人单位和劳动者符合法律、法规规定的主体。……太阳宫办事处系北京市朝阳区人民政府的派出机关，现无法律规定限制其作为劳动关系的主体。故依据上述法律规定，太阳宫办事处具备劳动关系的主体资格。陈某林作为具有行为能力的自然人，亦具备劳动关系的主体资格。(2)用人单位依法制定的各项劳动规章制度适用于劳动者，劳动者受用人单位的劳动管理，从事用人单位安排的有偿劳动。根据双方当事人签订的服务协议书内容，陈某林的工作地点、岗位教育培训、考核奖惩、工作时间和休假安排、工资以及保险待遇等事项，均受太阳宫办事处的管理。从太阳宫办事处举证陈某林不胜任工作和考勤材料来看，亦可以体现太阳宫办事处对陈某林的管理情况。陈某林的劳动报酬亦由太阳宫办事处发放。(3)劳动者提供的劳动是用人单位业务的组成部分。……太阳宫办事处是北京市朝阳区人民政府的派出机关，太阳宫办事处辖区内的居委会协助太阳宫办事处履行政府公共管理职能。根据《北京市社区服务站管理办法》，社区服务站的设立、撤销、调整由居委会提出，街道办事处决定。社区服务站是居委会的专业服务机构，在社区党组织、居委会的统一领导和管理下开展工作。陈某林在居委会和社区服务站的工作内容包括日常居民事务、人大换届选举、经济普查、司法民调、社区宣传以及妇联工作等，都体现了社会公共利益的需要，属于太阳宫办事处的公共管理职能范围。最后，从北京市社区工作者制度的发展历程来看，该制度的发展状况与现阶段中国劳动法领域的法

---

[1] 参见国家法官学院、最高人民法院司法案例研究院编：《中国法院2020年度案例》（劳动纠纷），中国法制出版社2020年版，第32页。江苏省南通市中级人民法院（2018）苏06民终2093号民事判决书。

律规定的变化密切相关。从北京市政府部门发布的不同文件和配套合同可以看出，街道(乡/镇)办事处与社区工作者之间的关系，逐步从事业编制的管理发展为劳动关系。2008年1月1日，《劳动合同法》施行，街道(乡/镇)办事处与社区工作者之间最终形成清晰明确的劳动关系。同年，北京市委、市政府发布了《北京社区工作者管理办法(试行)》，并制定了配套的《北京社区工作者服务协议书(示范文本)》。该管理办法与服务协议书均载明依据的法律规定是《劳动合同法》《劳动合同法实施条例》；服务协议书中更是明确了协议是劳动合同；该管理办法第八条第一款规定："目前已在社区党组织、社区居委会从事社区管理和服务的专职人员，其签订的聘用合同继续有效，可依照本办法有关规定享受相应待遇(其待遇从2008年1月1日起调整)。"本案中，陈某林虽于2002年入职太阳宫办事处，但太阳宫办事处与其之间用工关系的性质存在变化发展的过程，双方于2008年1月1日形成事实劳动关系。综上所述，从双方当事人签约的真实意思表示、合同履行情况及社区工作者制度的发展历程来看，可以认定，太阳宫办事处与陈某林构成劳动关系。太阳宫办事处认为双方之间属于特殊关系、不构成劳动关系的意见，缺乏事实依据，法院不予采纳。上诉人陈某林主张与太阳宫办事处之间构成劳动关系的意见，法院予以采纳。判决：(1)撤销一审判决；(2)太阳宫办事处支付陈某林违法解除劳动合同赔偿金55,440元；(3)太阳宫办事处支付陈某林2014年6月9日至7月15日未签订劳动合同双倍工资差额955.86元；(4)驳回陈某林的其他诉讼请求。[1]

对于已达到法定退休年龄的劳动者，未依法享受养老保险待遇，现行法律并未规定不按劳动关系处理，双方关于工作时间、休息休假、最低工资争议，适用《劳动合同法》的规定处理，其他的不适用《劳动合同法》。也就是说，延迟退休背景下超退休年龄的工作人员，符合一定条件的，宜认定为特殊劳动关系。

【案例2-106】 黄某诉电子科技公司劳动争议纠纷案

一审法院认为，依照法律规定，劳动者开始依法享受基本养老保险待遇的，劳动合同终止。也就是说，对已经达到法定退休年龄但未办理退休手续，且未依法享受基本养老保险待遇的人员与用人单位之间的用工关系不能简单地认定为劳务关系，但也不能机械地按照一般的劳动关系处理，认定为特殊的劳动关系为宜。本案中，原告达到法定退休年龄时并未享受退休基本养老保险待遇，故其与被告之间属于特殊的劳动关系。因双方特殊的劳动关

---

〔1〕 参见国家法官学院案例开发研究中心编：《中国法院2019年度案例》(劳动纠纷)，中国法制出版社2019年版，第4~6页。北京市第三中级人民法院(2016)京03民终11997号民事判决书。

系，就不应当完全按照《劳动法》的相关规定来处理双方之间的争议。即在特殊劳动关系的请求情形下，双方关于工作时间、休息休假、最低工资争议、适用《劳动合同法》的规定处理，其他的不适用《劳动合同法》。故对原告主张的未签订劳动合同的二倍工资、经济补偿金、公司在解除劳动合同时额外支付劳动者一个月工资的诉讼请求，不予支持。对于原告主张的最低工资标准，当地最低工资于2018年8月1日调整为每月2020元，之前每月1890元，故2018年8月1日原告工资收入不低于最低工资标准，应当从2018年8月1日起计算至2020年1月18日，根据最低工资标准被告每月少付原告120元，应当支付工资差额2112元。原告主张双休日上班工资，因原告的工作模式系“做一休一”，其在双休日的上班时间，用人单位也给予了相应的补休，故其主张双休日加班工资缺乏依据，不予支持。原告主张8小时外的加班费，因原告在夜间上班可以睡觉，可以认定为值班，同时结合原告门卫工作的特点，酌情认定原告工作时间为12小时/日，根据原告在被告处工作时间和工作模式来看，原告于2018年8月1日前在被告处总共上班72.5天，计870小时，根据正常每月工作日21.75天计算，计812小时，加班时长58小时，根据原告每月工资1900元计算加班费为950.04元；之后，总共上班268天，计3216小时，根据正常每月工资工作日21.75天计算，原告工作时长应当为3074小时，原告加班时长142小时，原告主张11.465元/小时不超过限制规定，加班费为2442.04元，故支持原告加班费为3392.08元。原告主张法定节假日上班16天，根据原告的工作模式支持8天，结合原告诉请主张支持法定节假日加班费1470.08元。综上，被告应当向原告共计支付6974.16元。判决：(1)电子科技公司支付黄某工资差额2112元，加班工资4862.16元，合计6974.16元。(2)驳回黄某的其他诉讼请求。二审法院同意一审法院裁判意见。[1]

劳动者在用人单位工作，在报酬的支付上双方约定计件付酬，用人单位对劳动者不进行考勤，劳动者的工作具有一定的独立性。劳动者提交的证据不足以证明其需接受用人单位内部各项规章制度的约束及考核管理，不能证明双方存在身份上的支配和从属关系，双方不存在劳动关系。

【案例2－107】　孙某江诉五莲县弘博石材有限公司确认劳动关系纠纷再审案

再审法院认为，本案再审审查的焦点问题是：孙某江与五莲县弘博石材

---

〔1〕　参见国家法官学院、最高人民法院司法案例研究院编：《中国法院2022年度案例》（劳动纠纷），中国法制出版社2022年版，第47～48页。江苏省南通市中级人民法院(2020)苏06民终2529号民事判决书。

有限公司(以下简称弘博石材公司)是否存在劳动关系。根据法律规定,认定劳动关系除劳动者和用人单位需符合劳动法等法律法规规定的主体资格、劳动者提供的劳动是用人单位业务部分外,用人单位还需对劳动者具有用工管理权,双方形成人身及经济上的从属关系。根据原审查明的事实,孙某江经人介绍到弘博石材公司从事看中切工作,在报酬的支付上双方约定按所切割的数量进行计算,系计件付酬。弘博石材公司对孙某江不进行考勤,孙某江的工作具有一定的独立性。原审基于以上事实,认定孙某江提交的证据不足以证明其需接受弘博石材公司内部各项规章制度的约束及考核管理,不能证明双方存在身份上的支配和从属关系,孙某江与弘博石材公司不存在劳动关系,认定事实和适用法律并无不当。综上,孙某江的再审申请不符合《民事诉讼法》第二百零七条第二项、第六项规定的情形。裁定:驳回孙某江的再审申请。〔1〕

劳动者其他单位存在人事关系,符合劳动构成要件的,同样成立劳动关系。

【案例2-108】 江苏澳吉尔生态农业科技股份有限公司与曾某峰劳动争议纠纷案

判决观点,劳动者按用人单位岗位要求提供劳动,受用人单位管理,以自己的劳动获取劳动报酬,符合劳动法律关系的特征,应当认定劳动者与用人单位之间存在劳动关系。即使劳动者与其他单位存在人事关系,但在非因劳动者自身原因导致该人事关系未正常履行且劳动者从其他单位取得的报酬不足以维持基本生活的情况下,用人单位以劳动者与其他单位存在人事关系为由,否认用人单位与劳动者之间存在劳动关系的,人民法院不予支持。〔2〕

(四)劳务派遣法律关系处理

1.劳务派遣理解

劳务派遣属于一种特殊的用工方式,与一般劳动合同用工相比,劳务派遣用工的特殊性主要体现为在劳务派遣法律关系中存在劳务派遣单位、用工单位和派遣劳动者三方主体、多重法律关系。劳务派遣用工中的劳动关系解除比一般劳动合同中用工的劳动关系要复杂一些。《劳动合同法》第五十八条中明确规定:“劳

〔1〕 山东省高级人民法院(2022)鲁民申9226号民事裁定书。

〔2〕 参见《最高人民法院公报》2019年第12期(总第278期)。

务派遣单位是本法所称的用人单位,应当履行用人单位对劳动者的义务……”由此可见,从现行法律规定看,在劳务派遣中,劳务派遣单位与劳动者建立劳动关系是明确的。至于用工单位与派遣劳动者之间是什么关系,法律未明确规定,学者对此有不同观点。基于传统劳动关系的理论限制,即劳动关系的人身属性,一个劳动者只能建立一重劳动关系,加之现行法律对此未有明确规定,一般称之为用工关系,而不宜认定用工单位与派遣劳动者之间存在劳动关系。劳务派遣单位与被派遣单位即用工单位之间建立平等主体之间的民事合作关系即劳务派遣服务关系。

劳务派遣关系成立的条件,现行法律并没有明确规定,根据《劳动合同法》《劳务派遣暂行规定》的相关规定,劳务派遣关系成立的基本条件:其一,劳务派遣单位、被派遣单位、劳动者均是符合法律规定的具有合法资质的主体。其二,劳务派遣的用工范围和用工比例符合法律规定。其三,劳务派遣单位、被派遣单位之间签订劳务派遣协议,被派遣单位向劳务派遣单位支付服务费用。其四,劳动者系由劳务派遣单位派至被派遣单位工作。

关于劳动者的知情权,一般认为,劳务派遣单位、被派遣单位均负有告知义务,劳务派遣单位应当将劳务派遣协议内容告知被派遣劳动者,如实告知劳动者工作内容、工作条件、工作地点等,用工单位应当告知被派遣劳动者的工作要求和劳动报酬。劳务派遣单位和用工单位履行法定义务的核心是要求其告知被派遣劳动者的“派遣身份”或“被派遣劳动者的地位”,告知的信息范围包括与此有关的所有信息,如派遣单位、用工单位各自的单位信息、派遣期限、被派遣劳动者从事劳动内容、劳动的地点、工资报酬的领取时间及地点、社会保险的缴纳情况等,以充分保障劳动者的知情权,减少劳务派遣纠纷,维护三方法律关系的正常合法运转。

【案例2-109】　苗某杰诉北京泰克华诚技术信息咨询有限公司、北京利柏仁信息咨询有限公司劳动争议纠纷案

二审法院认为,北京泰克华诚技术信息咨询有限公司(以下简称泰克华诚公司)主张苗某宝系由北京利柏仁信息咨询有限公司(以下简称利柏仁公司)派遣至其公司工作,但泰克华诚公司未能举证证明其已将相关劳务派遣协议的内容告知苗某宝,其与利柏仁公司之间的劳务派遣协议与职工花名册以及劳务费用明细表均系两家公司自行制作,无法证明苗某宝知晓上述派遣情况。另外,苗某杰与利柏仁公司均否认苗某宝系利柏仁公司派遣至泰克华诚公司工作,亦无证据表明利柏仁公司与苗某宝曾签订过劳动合同或缴纳过社会保险。鉴于各方均认可苗某宝生前系在泰克华诚公司工作,由泰克华诚公司向苗某宝支付工资,一审认定苗某宝与泰克华诚公司之间存在劳动关系并无不当。判决:驳回上诉,维持原判。[1] 本案中,苗某宝系苗某杰之父,后突发心源性猝死。

劳务派遣单位与劳动者签订有劳动合同,但劳动者从面试到入职、从工作岗位到薪酬模式、从日常管理到工作考核,均是由用工单位与劳动者协商确定,劳务派遣单位从未参与也并不了解,仅仅是在形式上与劳动者办理成立劳动关系的所有手续,目的是给劳动者办理工作居住证。显然,无论是劳动者、用工单位还是劳务派遣单位,均不存在劳动者与劳务派遣单位建立劳动关系的真实意思。透过现象看本质,理应认定劳动者与用工单位之间成立劳动关系。换言之,虽具备劳务派遣用工关系的形式,但仍应以当事人的意思认定真实法律关系。

【案例2-110】 黄某诉航空科技公司劳动争议纠纷案

一审法院认为,航空科技公司向黄某发出录用通知书,为黄某提供工作岗位,与黄某确定工资标准及薪酬模式,对黄某进行管理、考核,黄某的工资实际也由航空科技公司发放,双方之间符合劳动关系的全部特征及要件。航空科技公司虽以其公司与咨询服务公司签订有派遣协议,黄某与咨询服务公司签订有劳动合同为由,主张与黄某是劳务派遣关系,但无论是咨询公司、黄某还是航空科技公司,三方的陈述均表明劳务派遣的目的是解决黄某的工作居住证问题。显然,三方之间虽具备劳务派遣的形式,但并不符合劳务派遣的实质,故黄某与航空科技公司之间并非劳务关系,而是劳动关系。结合黄某为航空科技公司提供劳动的期间,对黄某要求确认2017年10月17日至2018年12月14日与航空科技公司存在劳动关系的请求,予以支持。航空科技公司以黄某年度考核不合格为由,将其淘汰并退回咨询服务公司,系与黄某解除劳动关系。航空科技公司解除与黄某的劳动关系不符合法律规定,应支付黄某违法解除劳动关系赔偿金。另外,对于黄某主张的全年奖金、差旅费请求,也部分予以支持。判决:(1)黄某与航空科技公司自2017年10月17日至2018年12月14日存在劳动关系;(2)航空科技公司支付黄某违法解除劳动关系赔偿金73,191元;(3)航空科技公司支付黄某全年奖金45,334元;(4)航空科技公司支付黄某差旅费91元;(5)驳回黄某的其他诉讼请求。二审法院同意一审法院裁判意见。[2]

用工单位通过劳务派遣方式长期稳定安排和接收被派遣员工提供固定劳务,并向其支付工资、费用的,符合劳动关系特征,员工请求确认双方存在劳动关系

---

〔1〕 参见国家法官学院案例开发研究中心编:《中国法院2018年度案例》(劳动纠纷),中国法制出版社2018年版,第6页。北京市第一中级人民法院(2016)京01民终7294号民事判决书。

〔2〕 参见国家法官学院、最高人民法院司法案例研究院编:《中国法院2022年度案例》(劳动纠纷),中国法制出版社2022年版,第35~36页。北京市第三中级人民法院(2020)京03民终88号民事判决书。

的，法院应予支持。

【案例2-111】 丁某香诉江苏某饮料公司劳动争议纠纷案

2015年7月8日，丁某香填写广州仕邦人力资源有限公司员工资料表一份，“仕邦人力资源有限公司本人现申请加入贵公司并愿意派遣至北京汇源食品有限公司中石化项目部，并郑重声明如下：本人在签署此声明之前，已经与原单位解除劳动合同。以下声明如有虚假，本人愿意承担一切责任，包括但不限于：1. 贵公司可以随时与本人解除劳动合同，而不用支付任何经济补偿金、赔偿金。2. 如果有任何单位援引劳动合同法第九十一条的规定，向贵公司索赔的，本人愿意赔偿贵公司的一切经济损失。声明人：丁某香，2015年7月8日”。同日，丁某香被派遣至北京汇源食品饮料有限公司中石化项目部任促销员，并被安排至东台市中石化加油站负责汇源果汁销售。2017年11月，原北京汇源公司中石化项目部业务及人员划归江苏某饮料公司管理安排，丁某香继续在东台市中石化加油站负责汇源果汁销售。2018年9月中旬，丁某香离开上述工作地点，停止汇源果汁销售工作。此后，其向东台仲裁委申请仲裁，请求确认其与江苏某饮料公司自2015年7月至2018年8月存在劳动关系。东台仲裁委于2019年1月17日作出东劳人仲字(2018)第268号仲裁裁决书，确认丁某香与江苏某饮料公司自2017年3月至11月存在劳动关系。丁某香不服该仲裁裁决书，诉至江苏省东台市人民法院。另查明，丁某香被安排至江苏某饮料公司之前，江苏某饮料公司存在多次向丁某香支付工资、费用的记录。江苏某饮料公司提交丁某香与保定润邦服务外包有限公司高碑店分公司签订劳动合同，载明期限自2017年12月1日至2020年11月30日。后经司法鉴定，该劳动合同上的签名、手印，并非丁某香所签、所捺。一审法院判决：确认丁某香与江苏某饮料公司自2015年7月8日至2018年9月15日存在劳动关系。二审法院判决：驳回上诉，维持原判。[1]

2. 劳务派遣退休人员

劳务派遣单位进行劳务派遣的前提之一，就是与被劳务派遣者建立劳动关系。劳务派遣的劳动者同样需要具备劳动法上劳动者的主体资格。“退休人员”是否具备这一主体资格，与用人单位成立劳动关系却一直争议不断。一般认为，“退休人员”不能被劳务派遣从而和派遣单位成立劳动关系。主要理由有两点：

---

〔1〕 参见《人民司法·案例》2022年第32期(总第979期)。江苏省盐城市中级人民法院(2020)苏09民终1378号民事判决书。

其一,超过退休年龄的人不能成为劳动法所规定的劳动者,不具备与用人单位建立劳动关系的主体资格。《劳动合同法实施条例》第二十一条规定:“劳动者达到法定退休年龄的,劳动合同终止。”该条属于《劳动合同法》第四十四条第六款规定的“法律、行政法规规定的其他情形”之一,达到法定退休年龄的劳动者不能与用人单位建立劳动关系。人社部在《对十二届全国人大四次会议第4419号建议的答复》(人社建字〔2016〕69号)中认为:《劳动合同法实施条例》第二十一条规定,劳动者达到法定退休年龄的,劳动合同终止。按照《劳动合同法实施条例》,劳动者只要达到法定退休年龄,无论其是否享受养老保险待遇,劳动合同自然终止。其二,《劳动争议解释(一)》第三十二条“用人单位与其招用的已经依法享受养老保险待遇或领取退休金的人员发生用工争议,向人民法院提起诉讼的,人民法院应当按劳务关系处理”。该条规定对此类人员按劳务关系处理,但并没有明确规定此类人员与用人单位形成的用工关系应该如何认定。劳务派遣单位与用工单位之间的劳务派遣协议虽说属于平等主体之间的民事合作关系,但是由于其内容紧紧围绕劳务派遣的人员及其工资待遇、劳动保护条件、劳动关系及社会保险等而签订,所以,在“退休人员”不满足派遣劳动者主体资格的情况下,该协议的很多约定内容无法履行,应属无效。

“退休人员”与劳务派遣单位、用工单位分别或同时成立劳务关系,存在不同的观点。一种观点认为,该“退休人员”是与劳务派遣单位及用工单位同时成立劳务关系。另一种观点则认为,该人员只与用工单位之间成立劳务关系,和劳务派遣单位不存在劳务关系。因为“退休人员”不具备《劳动法》上规定的劳动者适格主体,故劳务派遣单位与该“退休人员”之间未能形成合法的劳动关系。该人员一直在为用工单位提供劳务,故双方之间已经形成事实上的劳务关系。一般认为,从公平原则和保护“退休人员”的合法权益出发,宜认定“退休人员”与劳务派遣单位及用工单位同时成立劳务关系。虽然劳务派遣单位并未真正接受劳务服务,但其派遣“退休人员”至实际用工单位处提供劳务并管理员工、发放工资等情况是真实存在的,而作为用工单位“使用”该人员并接受其劳务的事实同样也是客观存在的。

【案例2-112】 黄某生诉皓钰公司、嘉荫县国税局劳动争议纠纷案

二审法院认为,嘉荫县国税局主张黄某生是皓钰公司的劳务派遣工,嘉荫县国税局只是用工单位,与黄某生之间没有劳务关系的主张,法院不予以支持。根据《劳动争议解释(三)》(已失效)第七条规定:“用人单位与其招用的已经依法享受养老保险待遇或领取退休金的人员发生用工争议,向人民法院提起诉讼的,人民法院应当按劳务关系处理。”因此,黄某生与嘉荫县国税局形成的是劳务关系而不是劳动关系。虽然皓钰公司与黄某生之间不存在劳动关系,但黄某生仍属于皓钰公司派遣到嘉荫县国税局的被派遣人员。

黄某生于2013年退休,并领取养老金,因此黄某生与皓钰公司之间为劳务关系。[1]

(五)关联公司劳动关系处理

关联公司之间的劳动关系如何认定,实践中存在不同观点。一般认为,关联公司之间只存在一层劳动关系,只有实际用工单位才与劳动者存在劳动法意义上的劳动关系。企业集团、总公司或母公司对于其分公司或子公司的人事档案或程序上的审批管理,属于公司内部的行政职能,不具有劳动法意义上的"用工"条件,只是公司作为内部管理的一种手段而已,不是劳动法意义上的公司对劳动者的管理。所以认定劳动者与用人单位存在劳动关系,应从用人单位对劳动者的指挥、监督、管理及给劳动者发放工资、缴纳社保情况等方面综合考量。换言之,关联公司虽与劳动者签订离退休人员返聘协议,但双方并未实际履行,故双方并不存在劳动关系。

司法实践中,在关联企业混同用工的情形下,如果劳动者与其中一个关联企业订立劳动合同,则根据法律规定可以认定劳动者与该关联企业就劳动关系的建立达成合意,对此可按劳动合同确定双方之间存在劳动关系。在劳动者未与其中任何一个关联企业订立劳动合同的情形下,法官应当综合工资发放、社会保险缴纳情况、工作地点、工作内容等因素综合判断劳动者与用人单位之间是否存在接受用人单位管理、遵守用人单位的规章制度并服从其安排的人身隶属性,支付劳动报酬的经济隶属性,作为用人单位的稳定的内部成员、接受用人单位的指挥与管理的组织隶属性等劳动法上的隶属关系,进而认定劳动者与哪个关联企业之间存在劳动关系,从而维护劳动者的合法权益。在劳动者与两个以上关联企业均符合劳动关系特征的情形下,劳动者对于劳动关系的确认享有请求权,但劳动者对于劳动关系项下的劳动权益不能重复享受。

【案例2-113】　李某军诉北京汇源农业股份有限公司、北京汇源食品饮料有限公司劳动争议纠纷案

二审法院认为,本案中,北京汇源农业股份有限公司(以下简称北京汇源农业公司)虽主张其每月支付给李某军的6000元是代汇源集团承德农业公司支付的,并就此提交汇源集团承德农业公司向北京汇源农业公司转账的记账凭证。但由于该证据系北京汇源农业公司单方记账凭证,对于代付情况北

[1] 黑龙江省伊春市中级人民法院(2017)黑07民终324号民事判决书。

京汇源农业公司或汇源集团承德农业公司均未告知过李某军,且李某军对此也不予认可,故该证据不足以证明其该项主张,故对北京汇源农业公司的该项主张,法院不予采信。北京汇源农业公司主张李某军受伤后医疗费用由汇源集团承德农业公司垫付,表明李某军与汇源集团承德农业公司存在某种关系。法院认为,李某军被北京汇源农业公司派遣至汇源集团承德农业公司工作,李某军发生事故后,汇源集团承德农业公司为其垫付医疗费用,符合日常生活经验。仅凭汇源集团承德农业公司为李某军垫付医疗费用的行为,并不能认定李某军与汇源集团承德农业公司存在劳动关系。故对其该项主张,法院不予采信。北京汇源农业公司主张李某军工作地点不在北京,服务对象也不是北京汇源农业公司。但结合北京汇源食品饮料有限公司与北京汇源农业公司庭审中陈述及汇源集团承德农业公司是北京汇源农业公司子公司的事实,可以认定李某军是由北京汇源农业公司派遣至汇源集团承德农业公司工作的。一审法院根据北京汇源农业公司向李某军发放工资的事实及双方当庭陈述认定李某军与北京汇源农业公司之间存在劳动关系并无不当,法院予以确认。综上,北京汇源农业公司的上诉理由不成立,对其上诉请求难以支持。一审法院认定事实清楚,适用法律正确,处理结果并无不当。判决:驳回上诉,维持原判。[1]

【案例2-114】 北京市仁爱教育研究所诉朱某玲、北京市三维整合教育图书有限公司劳动争议纠纷案

二审法院认为,朱某玲主张其与北京市仁爱教育研究所(以下简称仁爱研究所)存在劳动关系,提交了委托书、工作证、收入证明、终止劳动合同通知书、值班安排表等证据加以证明,上述证据显示的用人单位名称均系仁爱研究所,且均加盖有仁爱研究所的印章,而仁爱研究所不能就此作出合理的解释,因此,上述证据可以证明朱某玲与仁爱研究所存在劳动关系,且提交社会保险缴费证明等证据加以证明,但是考勤记录系北京市三维整合教育图书有限公司(以下简称三维整合公司)单方制作文件,收条中未显示发放款项的单位名称,银行发放工资入账清单记载的工资支付时间在朱某玲就离职问题与单位产生争议之后,而4个月社会保险缴费情况不能单独作为认定劳动关系的依据。加之,仁爱研究所与三维整合公司在同一楼层办公,法定代表人有亲属关系,故三维整合公司关于与朱某玲存在劳动关系的主张,法院不予采信。故仁爱研究所关于朱某玲与三维整合公司存在劳动关系的上诉意见,

---

〔1〕 参见国家法官学院案例开发研究中心编:《中国法院2018年度案例》(劳动纠纷),中国法制出版社2018年版,第14页。北京市第三中级人民法院(2016)京03民终8601号民事判决书。

法院不予采纳。判决:驳回上诉,维持原判。[1]

在关联企业混同用工的案件中,审理难点在于劳动关系的确认。关联企业混同用工时可以认定单一劳动关系为原则,多重劳动关系为例外。劳动者同一时期只能与一个用人单位存在劳动关系是法律的常态,不宜轻易突破。如果从劳动者招聘单位、工资支付单位、建立劳动关系时的合意等因素能够确定劳动关系归属是关联企业中的某一企业,可以认定其与劳动者存在劳动关系,并安排劳动者同时给其他关联企业提供劳动。但如果关联企业间的混同用工过度严重,无法识别出招聘单位和主要用工者,或者关联企业间明显存在恶意利用关联企业中的皮包公司规避用工责任的倾向,可以认定劳动者与所有的关联企业存在劳动关系。换言之,劳动者可以与关联企业存在多属劳动关系。

【案例 2-115】 韦某红诉北京昌辉基业照明工程有限公司、北京远大好景传媒广告有限公司劳动争议纠纷案

判决观点,北京昌辉基业照明工程有限公司(以下简称昌辉基业公司)和北京远大好景传媒广告有限公司(以下简称远大好景公司)均认可楚某昌为两家公司的共同股东,且两家公司与其证人的陈述中亦称两家公司在同一处办公,前台、考勤打卡、招聘、财务等共享,员工工资一起发放,员工工作也互相协助,故两家公司为关联企业。鉴于韦某红与远大好景公司签订劳动合同,社会保险由昌辉基业公司缴纳,公司管理人员共用,员工的工资由共同的财务人员发放,韦某红不能确认与哪家公司存在劳动关系,系由昌辉基业公司和远大好景公司用工不规范造成的。为保护劳动者的合法权益,法院确认韦某红与两家公司均建立劳动关系,两家公司应共同向韦某红承担经济责任。

韦某红主张系被用人单位违法解除劳动合同,远大好景公司则主张韦某红系自行离职,但双方均未提交有效证据予以证明。在此情形下,法院视为双方协商一致解除劳动合同,则昌辉基业公司和远大好景公司应向韦某红支付解除劳动合同的经济补偿金 2000 元(4000 元 ×0.5)。韦某红要求支付解除劳动关系的代通知金 4000 元及 50% 的额外经济补偿金 2000 元的诉讼请求,于法无据,法院不予支持。

用人单位应按照劳动合同约定向劳动者及时足额支付劳动报酬。本案中,远大好景公司主张韦某红于 2012 年 1 月存在请假缺勤的事实,但对其主张未提交证据证明,且实际发放的工资与缺勤 5 天的说法不符,故法院对其

---

〔1〕 参见国家法官学院案例开发研究中心编:《中国法院 2015 年度案例》(劳动纠纷),中国法制出版社 2015 年版,第 31 页。北京市第一中级人民法院(2013)一中民终字第 4889 号民事判决书。

主张不予采信。用人单位统一安排员工休假应支付正常工资,韦某红要求支付2012年1月工资差额1581元,不高于双方约定,法院予以支持。韦某红要求支付上述款项25%的经济补偿金的诉讼请求,于法无据,不予支持。

韦某红与远大好景公司签订了书面合同,其要求支付2011年8月15日至2012年2月13日未签订书面劳动合同双倍工资差额的诉讼请求,无事实依据,法院不予支持。判决:(1)确认韦某红与昌辉基业公司、远大好景公司于2011年8月15日至2012年12月13日存在劳动关系。(2)昌辉基业公司、远大好景公司向韦某红支付解除劳动合同关系经济补偿金2000元。(3)昌辉基业公司、远大好景公司向韦某红支付2012年1月工资差额1581元。(4)驳回韦某红的其他诉讼请求。(5)驳回昌辉基业公司的其他诉讼请求。[1]

关联企业混同用工,均不与劳动者签订劳动合同,法官根据具体案情裁定与何方建立劳动关系。

【案例2-116】 赵某诉商贸公司劳动争议纠纷案

二审法院认为,李某招聘赵某从事网店客服工作,赵某的工资先后由王某、张某、李某发放,工作内容交叉重叠,赵某的工作地点相同,商贸公司和某电子商务商行的人员及管理混同,甚至财务核发工资时两企业也不进行核算,难以区分发放主体。据此,商贸公司和某电子商务商行构成用人单位主体、用工混同,赵某交替轮换为商贸公司和某电子商务商行工作。因商贸公司和某电子商务商行均未与赵某签订劳动合同,亦未缴纳社会保险,赵某未在某电子商务商行的注册地工作,赵某又主张由商贸公司承担责任,故认定赵某与商贸公司于2018年10月15日至2020年5月26日存在劳动关系,商贸公司依法向赵某支付相关劳动待遇。[2]

公司高级管理人员被派至与公司有关联的企业任职,派遣人员未与关联企业签订劳动合同,虽然高级管理人员付出了自己的劳动,但并不能因此而认定与所派驻的企业之间存在事实劳动关系。

【案例2-117】 四川达进东方能源管理有限公司诉刘某麟劳动争议纠纷案

二审法院认为,四川达进东方能源管理有限公司(以下简称达进东方公司)是由TC(BTI)与深圳东方光电合资成立的公司。根据达进东方公司的

---

〔1〕 参见国家法官学院案例开发研究中心编:《中国法院2015年度案例》(劳动纠纷),中国法制出版社2015年版,第35页。北京市朝阳区人民法院(2013)朝民初字第01002号民事判决书。

〔2〕 参见国家法官学院、最高人民法院司法案例研究院编:《中国法院2023年度案例》(劳动纠纷),中国法制出版社2023年版,第12页。山东省淄博市中级人民法院(2021)鲁03民终1779号民事判决书。

股东会决议,TC(BTI)委派刘某麟出任达进东方公司董事,其薪酬由委派方负责发放。刘某麟与TC(BTI)的全资子公司达进光电签订有雇佣合同,故刘某麟担任达进东方公司的董事长及CEO后,其并未与达进东方公司签订劳动合同,也未在达进东方公司领取薪酬,其在日常的工作中是通过电子邮件的方式与达进东方公司的股东保持联系并汇报工作;在双方发生矛盾以后,刘某麟是通过电子邮件要求依据雇佣合同主张其权利,而不是向达进东方公司主张权利。其间,刘某麟通过其实际控制的一品香江公司依照其与达进光电签订的雇佣合同的约定接受了达进东方公司的股权。这些事实均说明刘某麟是按照雇佣合同约定履行自己的义务、主张自己的权利,原审判决认定事实清楚,适用法律正确,应予维持。判决:驳回上诉,维持原判。[1]

(六)挂靠劳动关系处理

主流观点认为,不具备用工主体资格的组织或者个人挂靠其他单位对外经营,该组织或者个人招用的劳动者请求确认被挂靠单位为承担用工主体责任单位,承担支付工资、给予工伤保险待遇等用工主体责任的,人民法院应予支持。

机动车挂靠某一单位进行经营的方式在实践中较为常见。对于挂靠人即车辆实际所有人聘用的驾驶员与被挂靠单位之间是否构成劳动关系,实践中存有争议。主流观点认为,车辆实际所有人聘用的驾驶员与被挂靠单位之间不存在事实劳动关系。被挂靠单位承担工伤保险责任,其目的就是在于更好地维护作为弱势群体受害人的权益。由于挂靠关系中挂靠人聘用的人员和承担工伤保险责任的被挂靠单位之间并不存在真实的劳动关系,承担工伤保险责任并不意味着车辆所有人聘用的人员与被挂靠单位之间存在劳动关系。对于车辆实际所有人聘用的人员而言,真正的用工主体仍然是对其进行管理并支付劳动报酬的车辆实际所有人,被挂靠单位并非用工主体,被挂靠单位承担工伤保险责任是一种替代责任,而不能对此进行反推,将劳动关系作为工伤认定的前提一般规定之外的特殊情形处理转化为认定是否构成劳动关系的一般标准,劳动关系的确认仍然应当严格依照法律规定的隶属关系等确认劳动关系存在的要素来加以认定。也就是说,车辆实际所有人聘用的人员与车辆挂靠单位之间不因承担工伤保险责任而存在劳动关系。

【案例2-118】 赵某等诉淄博永驰运输有限公司确认劳动关系纠纷案

二审法院认为,关于赵某之夫李某峰与淄博永驰运输有限公司(以下简

---

〔1〕 参见国家法官学院案例开发研究中心编:《中国法院2016年度案例》(劳动纠纷),中国法制出版社2016年版,第30页。四川省成都市中级人民法院(2014)成民终字第588号民事判决书。

称永驰运输）之间是否存在劳动关系的问题，赵某在一审中提交的沂南县安全生产监督管理局出具的事故调查报告中载明，案外人樊某合将其运输车辆挂靠在永驰运输，樊某合安排其雇用的司机李某峰及翟某孟驾驶车辆给沂南县鑫盛砖厂运煤灰，在卸车过程中李某峰触电身亡，庭审中赵某认可李某峰系由案外人樊某合雇佣。故李某峰系案外人樊某合雇佣并安排工作，且涉案事故发生在李某峰从事樊某合安排的工作过程中，故被挂靠单位永驰运输与挂靠车辆司机李某峰之间的法律关系，不具备劳动关系的基本特征，原审认定李某峰与永驰运输之间不存在劳动关系并无不当。赵某关于李某峰与永驰运输之间存在劳动关系的上述理由不能成立，不予支持。判决：驳回上诉，维持原判。[1]

挂靠经营者聘用的人员与被挂靠单位不存在事实劳动关系。

【案例2－119】 滦县某物流公司诉王某劳动争议纠纷再审案

再审法院认为，《最高人民法院关于审理工伤保险行政案件若干问题的规定》第三条第一款第五项规定的宗旨在于更加有效地保护劳动者的合法权益，而非改变认定劳动关系存在的实质要件，也不能作为反向推定劳动者与被挂靠企业存在劳动关系的法律依据。[2]

【不同处理】 有观点认为，判断能否确认车辆实际所有人聘用的司机与车辆被挂靠单位之间存在事实劳动关系，关键在于是否有充足的因素促使司机形成其提供劳动对象为车辆被挂靠单位的认识，以及产生接受被挂靠单位劳动管理的心理依赖，避免过于突出传统意义上的“合意”因素在判断劳动关系时的作用。

【案例2－120】 高某银诉北京昌顺运输有限责任公司确认劳动关系纠纷案

二审法院认为，北京昌顺运输有限责任公司（以下简称昌顺运输公司）与王某明签订《车辆挂靠合同》，以其公司的名义为挂靠车辆办理车辆运营证件和手续，允许无经营许可资质的王某明利用该运输证件和手续从事道路运输活动，违反了上述强制性规定。昌顺运输公司虽称其与高某银不存在劳动关系，但本案现有证据不能证明公司的此项主张。其一，昌顺运输公司允许无经营许可资质的王某明从事本应属于其公司许可经营范围的道路运输业务，不仅违反法律法规的强制性规定，还以收取挂靠费的形式获取不正当利益，其公司需承担用工主体责任。其二，虽然形式上有王某明使用昌顺运

〔1〕 参见国家法官学院案例开发研究中心编：《中国法院2017年度案例》（劳动纠纷），中国法制出版社2017年版，第58页。山东省淄博市中级人民法院（2015）淄民三终字第82号民事判决书。

〔2〕 人民法院案例库2023－16－2－490－006。河北省高级人民法院（2019）冀民再191号民事判决书。

输公司提供的车辆运输证件从事经营活动，但由高某银直接驾驶登记在昌顺运输公司名下的相关运输车辆并使用车辆运输证件，长期的工作经历足以使高某银认为系由昌顺运输公司为其提供劳动工具。其三，昌顺运输公司提交了《车辆挂靠合同》及挂靠费用收据证明其公司与王某明为挂靠关系，但在其公司和王某明均未提交证据证明已将车辆挂靠关系、由王某明直接与高某银建立雇佣关系等事项告知高某银的情况下，昌顺运输公司与王某明签订《车辆挂靠合同》、支付挂靠费用的行为对于对第三者高某银无约束力，亦对高某银要求确认其与昌顺运输公司存在劳动关系的主张不具有对抗效力。其四，在王某明出示载有昌顺运输公司名称的车辆行驶本、道路运输证、二级维护等证件的情况下，高某银作为普通劳动者有理由相信王某明系代表昌顺运输公司进行招工和劳动管理，并善意形成其本人是为昌顺运输公司提供劳动并建立劳动关系的信赖，昌顺运输公司对此信赖的形成负有法律责任且须承担相应的法律后果。综合上述因素，二审法院对高某银关于其与昌顺运输公司之间存在劳动关系的上诉主张予以采纳，认定高某银与昌顺运输公司存在事实劳动关系。原审法院对此处理不妥，二审法院予以纠正。

昌顺运输公司作为用人单位应当对劳动关系的存续期间负有举证责任，但其公司未在举证范围内尽到必要的举证义务。此种情况下，结合高某银关于实际提供劳动的期间以及王某明的相关陈述，对高某银要求确认其在2009年3月至2011年1月、2012年4月29日至2013年1月12日与昌顺运输公司存在劳动关系的请求，二审法院予以支持；高某银于2013年1月12日受伤后虽未再实际提供劳动，然而昌顺运输公司并未作出解除劳动关系的处理决定，考虑到高某银的受伤程度及恢复情况，对其要求确认2013年1月13日至9月26日存在劳动关系的请求，二审法院予以支持。但因高某银在2011年2月至2012年4月28日长期未实际提供劳动，故对其要求在此期间与昌顺运输公司存在劳动关系的请求，二审法院不予支持。判决：(1)撤销一审判决；(2)确认高某银在2009年3月至2011年1月、2012年4月29日至2013年9月16日与昌顺运输公司存在劳动关系。[1]

挂靠经营模式下，涉及挂靠人聘请的人员与出借资质的被挂靠人是否成立劳动关系的问题。对于上船提供劳务的船员与不具备用人单位资格的、作为挂靠人的船舶所有人和经营人成立个人劳务关系还是与具备用人单位资格的被挂靠人成立劳动关系，应当坚持适度分离原则，根据个案的情形区别处理。

---

〔1〕 参见国家法官学院案例开发研究中心编：《中国法院2016年度案例》(劳动纠纷)，中国法制出版社2016年版，第8～9页。北京市第二中级人民法院(2014)二中民终字第09887号民事判决书。

【案例 2－121】 陈某诉船务公司船员劳务合同纠纷案

判决观点，陈某对其与船务公司成立劳动合同关系的基本事实承担举证证明责任。因双方之间不存在书面劳动合同，应审查是否成立事实劳动合同关系。陈某船员服务簿上加盖了载明船务公司名称的船章和船员服务部签证章，前述证据具有证明两者之间成立劳动合同的初步证明力。此时举证责任发生转移，应由船务公司提供相反证据。根据船务公司以及赵某的举证，陈某系经中介机构介绍与赵某取得联系、陈某与赵某商定从事劳务工作岗位及报酬、在船期间陈某根据赵某的安排提供相关劳务、陈某所得的劳务报酬由赵某支付、劳务报酬调整亦由赵某作出。而且赵某并非船务公司的员工、赵某将“某某 288”轮挂靠在船务公司名下经营、赵某系“某某 288”轮实际经营人和管理人，只是基于经营和管理船舶之便，刻制了载有船务公司名称的船章或者船员签证章。船务公司的举证足以证明陈某并非船务公司的员工、陈某与船务公司不存在管理上的从属关系、陈某从事的劳务并非船务公司业务的直接组成部分、陈某获取报酬与船务公司无关等事实，足以推翻陈某关于两者之间成立事实劳动关系的相关证据。此时，举证责任再次转移，陈某应进一步提供证明其与船务公司存在事实劳动关系的相关证据，但陈某未能进一步举证。综合陈某、船务公司和赵某的举证情况，足以认定陈某与船务公司之间不符合事实劳动关系的基本特征，不宜认定两者之间成立事实劳动关系，而应认定陈某与赵某形成了平等主体之间的劳务合同关系。赵某将“某某 288”轮挂靠在船务公司名下经营，此种挂靠行为属于违反相关规范性文件的行为，会对正常的运营秩序产生一定不良影响。但是，无论是从立法精神还是从社会效果来看，对挂靠现象应当通过多种渠道予以遏制，多管齐下制止挂靠行为的发生，属于行政管理层面的问题；认定陈某与船务公司之间是否形成劳动关系，属于适用《劳动合同法》相关规范的司法判断问题。两者即使因挂靠事实发生关联，但是权利义务的边界仍应保持清晰明确，仅仅因为赵某挂靠船务公司名下经营的行为违反行政管理法规不足以认定赵某成立劳务合同关系的陈某与作为被挂靠人船务公司成立劳动关系。判决：驳回陈某的全部诉讼请求。[1]

---

〔1〕 参见国家法官学院、最高人民法院司法案例研究院编：《中国法院 2022 年度案例》（劳动纠纷），中国法制出版社 2022 年版，第 51～52 页。广东省广州海事法院（2021）粤 72 民初 55 号民事判决书。

（七）平台劳动关系处理

1. 平台劳动关系理解

通过互联网平台提供特殊服务者的劳动关系确认是疑难问题。《劳动合同法》第七条规定："用人单位自用工之日起即与劳动者建立劳动关系"，《关于维护新就业形态劳动者劳动保障权益的指导意见》（人社部发〔2021〕56 号）第十八条规定："根据用工事实认定企业和劳动者的关系"，以上法律规定和政策精神体现出，认定劳动关系应当坚持事实优先原则。《劳动和社会保障部关于确立劳动关系有关事项的通知》（劳社部发〔2005〕12 号）相关规定体现出，劳动关系的核心特征为"劳动管理"，即劳动者与用人单位之间具有人格从属性、经济从属性、组织从属性。这是在新业态下仍判断劳动关系成立的核心要素。

一般认为，现行劳动法的框架内确认通过互联网平台提供服务者的劳动关系应从以下几个方面分析，其一，确定提供服务的互联网平台性质。互联网公司的经营范围可分为提供服务信息、技术支持和提供服务两大类。在前一类中，互联网平台提供服务仅为中介性质，不能成立劳动关系。在后一类中，互联网平台提供自营服务，其提供服务的劳动者又是经互联网平台选择录用，互联网平台不仅提供服务和服务者，还提供咨询、收费、售后等链式服务，则具备认定劳动关系的前提。其二，审查互联网平台是否与提供服务的劳动者签订书面协议。协议的名称虽然不同，但能根据协议的约定权利义务关系确定双方之间的基础法律关系。其三，根据劳动者与互联网平台之间人身依附关系的紧密程度进行确认。互联网平台与提供服务者符合劳动法律关系构成要件具有人身依附性的，则成立劳动关系。反之，没有依附性或依附性较弱则不成立劳动关系。互联网平台提供的实际服务，甚至特殊类型的服务，或需要获得法律规定的行政许可、资质要求等，虽不需要提供服务的劳动者按时打卡上下班，但对其实际工作时间、工作成果等内容负有一定的监管职责，则可考虑劳动者与互联网平台之间建立了较为紧密的人身依附关系，可认定存在劳动关系。

在新就业形态下，由于平台企业生产经营方式发生较大变化，劳动管理的体现形式也相应具有许多新的特点。当前，认定新就业形态劳动者与平台企业之间是否存在劳动关系，应当对照劳动管理的相关要素，综合考量人格从属性、经济从属性、组织从属性的有无及强弱。从人格从属性看，主要体现为平台企业的工作规则、劳动纪律、奖惩办法等是否适用于劳动者，平台企业是否可通过制定规则、设定算法等对劳动者的劳动过程进行管理控制；劳动者是否须按照平台指令完成工作任务,能否自主决定工作时间、工作量等。从经济从属性看,主要体现为平台企业是否掌握劳动者从业所必需的数据信息等重要生产资料,是否允许劳动者商定服务价格;劳动者通过平台获得的报酬是否构成其重要收入来源等。从组织从属性看,主要体现在劳动者是否被纳入平台企业的组织体系当中,成为企业生产经营组织的有机部分,并以平台名义对外提供服务等。[1]

多数人认为判断标准为,其一,双方对权利义务的约定反映了建立劳动关系的合意。其二,个人劳动所得互联网平台正常自主决定的劳动报酬,而不是参与分配的结果。其三,符合劳动关系构成的相关要件,具备人身从属性特征。也就是说,认定劳动关系不仅需要订立劳动合同明确双方权力关系,同时还必须结合实际履行情况综合全案事实加以认定。实践中,也可从双方合意、招录方式、主要劳动工具及生产资料的提供情况、订单获取及分配方式、工作时间和地点等劳动管理、报酬构成模式及收益分配比例、稳定性与排他性等七个方面进行审查判断。应需注意的是,同一平台企业在不同时期可能对网约工采取不同的管理,也有可能在同一时期对不同的网约工采取不同的管理模式,因此在个案中应依据从属性标准予以判断是否成立劳动关系,防止绝对化"一刀切"的倾向。在实际合同履行过程中,双方存在事实劳动关系的情况下,依然可能被认定为劳动关系。

2. 平台劳动关系

在灵活用工模式下界定企业和个人之间是否存在劳动关系,应坚持"强从属性"的核心原则,即以从业人员在从业期间的人格从属性、经济从属性、是否存在管理与被管理关系作为把握劳动关系认定的核心要素。不具备核心要素的,不应认定为劳动关系。在司法实践中,应当谨慎区分劳动关系与各类民事关系,对于此类"隐蔽劳动关系",不能简单适用"外观主义"审查,应当根据劳动管理事实和从属性特征明确劳动关系主体,依法确定各方权利义务。

【案例2-122】 郭某诉科技公司劳动争议纠纷案

判决观点,本案中郭某各项诉求的基础为双方存在劳动关系。对于双方间是否存在劳动关系的判定,结合在案证据及双方陈述可知:其一,就"入职"经过而言。郭某系在查找兼职信息时获悉App平台招募快递员的信息,其对平台快递员的兼职属性有着清晰认知,且确实是抱着寻找兼职的心态注册成为平台快递员,其并无与特定用人单位建立稳定劳动关系、接受劳动关系的意愿。其二,就双方约定而言。郭某与科技公司并无劳动合同,反之,郭某在明知《合作协议》已排除劳动关系的情况下,仍接受《合作协议》并自主

[1] 人力资源社会保障部、最高人民法院发布第三批劳动人事争议典型案例之一。

完成了后续注册行为。其三,就收入来源而言。双方间并未约定底薪,"收入"结算周期、计算方式及获利分配比例等明显有别于劳动关系的情况下工资结算周期、计算方式以及用人单位与劳动者之间的利润分配比例。加之,郭某自述2015年至2019年曾先后从事后厨等其他工作。平台快递并非其唯一、固定、稳定的收入来源。其四,就用工管理而言。科技公司对郭某是否在线、是否抢单、在何地登录抢单均无管理。郭某对是否上线、是否抢单方面拥有绝对的自主权,有权因天气不好、心情不好等原因长期休息;以上自由、自主状态,完全与劳动关系项下劳动者应接受用人单位管理、应遵守劳动纪律的特点相悖。退而言之,双方间是否属于全日制用工劳动关系?在全日制用工模式下,劳动者依然需要在用人单位的管理、安排下提供劳动,依然需要接受用人单位在工作时间、工作岗位、工作内容、考勤等诸多方面的管理和要求,劳动者仍处于被管理状态,双方间仍具有隶属性特征。但如前所述,本案中,郭某与科技公司之间缺乏劳动管理。综上所述,郭某与科技公司之间并非劳动关系。进而,郭某坚持以劳动关系为基础法律关系,以劳动争议为由,基于劳动法律、法规提出的各项诉求,缺乏事实及法律依据。判决:驳回郭某的全部诉讼请求。[1]

【案例2-123】 苏某重诉北京易快行技术服务有限责任公司劳动争议纠纷案

一审法院认为,本案中,苏某重与北京易快行技术服务有限责任公司(以下简称易快行公司)就双方是否存在劳动关系各执一词。易快行公司虽对苏某重提交的驾驶员劳务协议中的盖章不予认可,但在本案诉讼过程中放弃鉴定,故法院对驾驶员劳务协议的真实性予以采信。驾驶员劳务协议明确约定该协议性质为劳务合同,双方建立劳务关系,本协议不在《劳动法》调整范围内。苏某重作为完全民事行为人在该协议中签字认可,应视为其意思表示真实。故从驾驶员劳务协议的名称及具体内容上看,易快行公司与苏某重并无建立劳动关系的"合意"。此外,苏某重亦认可其工作时间不固定,在完成一定接单量后可自己安排时间。故综合本案现有证据及查明的情况,苏某重关于要求确认其与易快行公司自2014年12月22日至2015年7月31日存在劳动关系的诉讼请求依据不足,法院不予支持。苏某重关于要求支付其自2015年1月22日至2015年7月31日未签订劳动合同的二倍工资差额90,000元的诉讼请求,法院不予支持。因冠华英才公司及东方车云公司经法院传票传唤,无正当理由未出庭应诉,应视为放弃诉讼权利,由此产生的法

---

〔1〕 参见国家法官学院、最高人民法院司法案例研究院:《中国法院2021年度案例》(劳动纠纷),中国法制出版社2021年版,第13~14页。北京市海淀区人民法院(2019)京0108民初34030号民事判决书。

律后果应由其承担。判决:驳回苏某重的全部诉讼请求。二审法院准许苏某重撤回上诉。[1]

通过互联网提供服务的劳动者是否成立劳动关系,应从三个方面审查,确定提供服务的互联网平台性质、考察互联网平台是否与提供服务者签订书面协议、根据劳动者与互联网平台之间人身依附关系的紧密程度进行确认。

【案例2-124】 高某诉紫梧桐公司劳动争议纠纷案

判决观点,本案系涉互联网平台用工这一新型确认劳动关系纠纷,判断双方是否存在劳动关系,应综合审查各个要素。第一,高某与紫梧桐公司之间没有签订劳动合同;第二,从工资构成来看,高某的工资均按工单数量乘以每单对应的单价计算;第三,高某的保洁任务虽来源紫梧桐公司运营的互联网平台,但根据双方提出的证据,其可调整或拒绝派单任务,有一定的自主性;第四,本案证据没有反映出平台经营者紫梧桐公司对保洁员的接单量、在线时间有明显的限制或要求。综上,从高某的工作形式和工作内容来看,其仅需根据接单的保洁订单提供劳动,工作完成后将工作成果上报,并根据工作成果取酬,在没有保洁派单时,可以自由安排时间,总体工作模式相对灵活;从微信聊天内容来看,保洁人员与紫梧桐公司之间就工作时间、工作区域等问题能够进行充分沟通,并据此加以调整;另高某获取报酬的方式为由万古公司代发劳务费。由此可见,紫梧桐公司与高某之间并非严格的管理与被管理的关系。此外,由紫梧桐公司与万古公司签订的《劳务外包合同》可知,紫梧桐公司在用工时,并无与保洁人员建立劳动关系的意思。综上,高某与紫梧桐公司之间缺乏建立劳动关系的合意,不符合建立劳动关系的特征,故高某关于确认双方自2017年5月15日至2018年6月20日存在劳动关系的请求不予支持。因高某的其他诉讼请求需以双方存在劳动关系为前提,现缺乏该前提,故高某的其他诉求均不予支持。判决:驳回高某的诉讼请求。[2]

【案例2-125】 孔某诉网约服务公司劳动争议纠纷案

二审法院认为,针对本案双方是否存在劳动关系,首先,孔某与网约服务公司签订的《上户协议》中明确约定双方建立平等信息服务关系,孔某与其提供服务的雇主建立雇佣关系;其次,根据孔某所述,无需去公司打卡签到,无固定办公场所且居住于雇主家中,工作内容由雇主安排,可知孔某无需从事网络服务公司安排的工作,其与网约服务公司不存在管理与被管理的人身

---

〔1〕 参见国家法官学院案例开发研究中心编:《中国法院2019年度案例》(劳动纠纷),中国法制出版社2019年版,第19~20页。北京市第二中级人民法院(2017)京02民终2073号民事裁定书。

〔2〕 参见国家法官学院、最高人民法院司法案例研究院编:《中国法院2021年度案例》(劳动纠纷),中国法制出版社2021年版,第25页。北京市东城区人民法院(2019)京0101民初5239号民事判决书。

隶属关系；最后，孔某认可其费用以日计算，且在没有为雇主服务的期间，网约服务公司亦无需为其发放工资。结合孔某的实际收入为雇主实际支付费用扣除信息佣金的情况，可知孔某的收入主要由雇主支付的服务费构成，收入并非来源于网约服务公司，其非从事用人单位安排的有报酬的劳动。故综合上述情形，孔某与网约服务公司之间并不具备劳动关系的本质特征，难以认定双方之间建立的是劳动关系。孔某基于劳动关系主张2019年2月19日至3月19日、2019年5月18日至5月26日的工资，于法无据。一审法院对此不予支持并无不当。如孔某认为网约服务公司拖欠其相关费用，其可以基于其他法律关系另行主张权利。孔某二审期间明确放弃要求支付违法解除劳动合同赔偿金的诉讼请求，对此不持异议。综上所述，孔某的上诉请求不能成立，应予驳回；一审判决认定事实清楚，适用法律正确，应予维持。判决：驳回上诉，维持原判。[1]

在双方未签订书面劳动合同的情况下，外卖送餐员接受外卖配送企业的管理，遵守企业的劳动规章制度，在工作时间、地点等方面服从企业指挥，从企业处领取报酬，其请求确认与外卖配送企业存在劳动关系的，应予支持。

【案例2-126】　宫某某诉无锡天天跑腿家政服务有限公司舟山分公司确认劳动关系纠纷案

二审法院认为，本案的争议焦点在于宫某某与无锡天天跑腿家政服务有限公司舟山分公司（以下简称天天跑腿舟山分公司）是否存在劳动关系。首先，天天跑腿舟山分公司作为天天跑腿公司的分支机构，其经营范围与天天跑腿公司一致，包括"利用非机动车从事餐饮配送服务"。根据上海三快科技有限公司与天天跑腿公司签订的《美团外卖配送服务协议》，天天跑腿公司承接了美团外卖配送服务，结合其在舟山设立分公司的事实，天天跑腿公司或其舟山分公司承接舟山地区美团业务的可能性较大。天天跑腿舟山分公司辩称舟山地区美团业务系车某某个人承接，但未对此提供证据。因车某某系该公司负责人，在无相反证据证明的情况下对其所从事与公司经营范围一致的行为应认定为履行职务而非个人行为。法院据此认定天天跑腿公司或其舟山分公司承接了舟山地区的美团外卖配送业务，宫某某从事的美团外卖配送工作系天天跑腿舟山分公司的业务组成部分。其次，宫某某提供的证人证言及微信聊天记录显示，宫某某从事美团外卖配送工作期间，听从天天跑腿舟山分公司负责人车某某及监事董某某的安排，遵照美团工作标准开展

〔1〕 参见国家法官学院、最高人民法院司法案例研究院编：《中国法院2022年度案例》（劳动纠纷），中国法制出版社2022年版，第43～44页。北京市第三中级人民法院（2020）京03民终670号民事判决书。

工作,按时参加晨会和上下班,工作时统一着装,工资按件计算,接受相应的奖惩措施,不上班需请假报备。上述事实足以认定宫某某实际接受了天天跑腿舟山分公司的管理、指挥和监督。天天跑腿舟山分公司辩称董某某系为车某某个人帮忙管理宫某某等人,并非基于公司监事身份,也与常理不符,其该项抗辩不能成立。最后,宫某某从事美团外卖配送工作期间的工资虽由车某某个人发放,但根据法院查明的事实,2016 年 6 月至 9 月的每月中旬,车某某向宫某某等人发放工资之前,其银行账户均有天天跑腿公司的汇款。对银行汇款的性质车某某解释为其个人在天天跑腿公司的分红,但未对此提供证据。法院据此认定车某某向宫某某发放劳动报酬系其作为天天跑腿舟山分公司负责人职务行为。综上,宫某某虽未与天天跑腿舟山分公司签订书面劳动合同,但其接受天天跑腿舟山分公司的管理,提供的劳动系公司业务的组成部分,并向公司领取报酬,双方之间成立劳动关系。[1]

根据《关于发布智能制造工程技术人员等职业信息的通知》(人社厅发〔2020〕17 号)相关规定,网约配送员是指通过移动互联网平台等,从事接收、验视客户订单,根据订单需求,按照平台智能规划路线,在一定时间内将订单物品递送至指定地点的服务人员。互联网平台下的外卖骑手劳动关系,应根据具体案情由法官裁量认定。

【案例 2－127】 周某某诉上海拉扎斯信息科技有限公司劳动合同争议纠纷案

二审法院认为,平台经济下,网络平台以其通讯功能、社交功能、信息功能、大数据功能和移动共享功能改变了传统意义上的劳动力市场和劳动关系。平台本身并不生产产品,而主要致力于整合社会资源、提供即时或者约定服务。对于劳动者而言,劳动者没有固定的工作场所和工作时间,工作安排自由化、工作场所流动化、劳动时间和劳动空间趋向松散。平台对劳动者的管理松懈,侧重于劳动者的劳动规范、服务规范的规制,而对劳动纪律并不多加强调。劳动者可以为一个平台工作,也可以同时为几个平台工作。首先,各方所签订的《合作协议》约定,上海拉扎斯信息科技有限公司(以下简称拉扎斯公司)负责提供订单流量、产品支持、管理协助、配送费用结算。其次,从送餐过程来看,煜峰公司或葛某某团队根据拉扎斯公司提供的送餐信息,派员前往餐厅接单。送餐时,送餐员必须身穿拉扎斯公司提供的工作服,使用拉扎斯公司规定的标准用语。最后,送餐所得报酬,也先由拉扎斯公司

〔1〕 参见最高人民法院中国应用法学研究所编:《人民法院案例选》2021 年第 2 辑(总第 156 辑),人民法院出版社 2021 年版,第 6 页。湖南省娄底市中级人民法院(2019)湘 13 民终 2065 号民事判决书。

向商户或客户收取后,再转账给协议中所约定的葛某某账户。综上,可以看出各方系合作关系,均从“饿了么—蜂鸟配送”服务中取得收益。

考察周某某与拉扎斯公司存有何种关系时,应考察双方的履行方式。就周某某入职而言,其自述“在马路上随便拦截了一个穿‘饿了么’制服的人,然后由他指点我去了松花江路2号,该地方外面没有悬挂牌子”。入职后,下载App,周某某所属团队是“杨浦2—民府路支队(煜峰)”,未见拉扎斯公司的名称显露于外及周某某欲与其缔结劳动关系之意。拉扎斯公司注册登记显示,其运营于普陀区,周某某实际工作于杨浦区,两者相距甚远,缺乏基本连接点。就周某某签订合同一节,微信工作群中,相关管理人员先后两次要求骑手至站点签订合同,对于骑手“不签行不”的疑问亦作了相关解释,罗列了合同的基本内容,然周某某以合同应该一式两份以及不可靠为由,未签订合同,致权利义务的相对方在本案中模糊不清。值得注意的是,群聊中从未有任何人提及拉扎斯公司。就周某某实际履行一节,周某某自备交通工具,通过手机系统软件平台接单、取单和送单。从周某某自己的陈述来看,包括周某某在内的送餐员接单之后,可以转让他人进行送单。可见,骑手对送餐工作的安排具有自主权,并非如与用人单位建立劳动关系的员工一样具有不可替代性。就周某某发放报酬一节,微信群聊显示,朱洪涛“@所有人:老板发工资,加下老板微信”。此与传统劳动关系中的劳动者之劳动报酬来源于用人单位按月(或定时)发放的形式,有明显不同。

平台经济给劳动用工形式带来了巨大的变化。无论是平台经济合理有序的发展还是从业人员的合法权益,都需要保护。劳动关系的认定不能被泛化,判断平台公司与从业人员之间是否存在劳动关系,仍应当审查双方之间是否具有人身依附性、从属性以及强弱程度。前述种种,均可见周某某、拉扎斯公司不存在紧密的人身和经济从属性,缺乏长期、持续、稳定的职业性特征。至于周某某坚称拉扎斯公司对其工作服务有相关奖惩管理制度及用户评价制度一节,拉扎斯公司作为《合作协议》的运营商,对在通过平台进行工作的从业人员进行一定的约束,系行使相应的监管权,以保障平台运行及良好形象,不应视为拉扎斯公司对周某某提供的劳动或劳务进行了全面的管理。综上,无论是新业态用工还是传统劳动关系,用人单位与劳动者建立劳动关系的目的只能是实现交换。从市场经济角度理解,劳动关系是一种基于购买特定劳动力形成的交换关系。劳动者提供劳动,用人单位支付报酬,这是构成劳动关系的基本特征。就平台经济下的用工关系而言,应当兼顾互联网用工的经营模式和特点。如从业人员对工作内容、工作时间等是否有自主决定权、获取劳动报酬是否相对稳定、是否需自担经营风险等,审慎认定劳动关系。本案中,周某某与拉扎斯公司就劳动关系缺乏主要的连接点,无法认定双方存在劳动关系。判决:撤销一审判决;驳回周某某要求确认与拉扎斯公司自2017年2月15日起至今存在劳动关系的诉讼请求。[1]

【案例2-128】 苏州云霆网络科技有限公司诉蒙某某确认劳动关系纠纷案

二审法院认为,劳动关系的确认应综合双方提供的证据,从双方之间是否符合劳动关系的特征进行判断。本案中,根据苏州云霆网络科技有限公司(以下简称云霆公司)提交的与三快公司签订的协议,可以证明云霆公司与三快公司就吴江步行街站点的配送业务达成协议,雷霆公司使用美团外卖品牌,而蒙某某系在该站点从事外卖配送工作,故其提供的劳动属于云霆公司的经营范围;蒙某某提交的企业工商信息可以证明刁某某与云霆公司存在一定关联,而刁某某为蒙某某发放过工资,雷霆公司亦为蒙某某交纳了雇主责任保险;蒙某某提供的美团骑手App的相关证据可以反映出云霆公司对其进行考勤、派单等管理,法院认为蒙某某作为劳动者,对于证明其与用人单位存在劳动关系,已完成了初步举证责任,云霆公司与蒙某某之间的关系符合劳动关系的特征,应认定双方之间存在劳动关系。关于蒙某某的入职时间,因相关人员的入职表、考勤记录系用人单位掌握,但云霆公司拒不提供,应承担其不利的法律后果,故法院采信蒙某某的陈述,确认其于2018年3月1日入职。

云霆公司与苍梧公司之间的劳务外包合同签订在云霆公司成为美团外卖配送服务商之前。蒙某某系在云霆公司提供的工作场所进行工作,并接受云霆公司的管理,云霆公司与苍梧公司的劳务外包合同即便属实,也有规避用工风险之嫌,故不能据此否认与蒙某某之间的劳动关系。

云霆公司与好活公司签订的协议主要系使用好活平台进行业务发布。云霆公司提交的蒙某某的《个人工作室注册协议》及《项目转包协议》并无蒙某某的签字,无法认定系蒙某某的真实意思表示,故法院对此不予确认。即使蒙某某成立了个体工商户,但云霆公司未提供证据证明该个体工商户与好活公司签订的《项目转包协议》已实际履行,且该个体工商户的成立时间在2018年10月10日,系在蒙某某发生交通事故受伤之后,以及好活公司在交通事故后发放的款项,均不影响蒙某某受伤双方劳动关系的认定。判决:驳

〔1〕 参见最高人民法院中国应用法学研究所编:《人民法院案例选》2021年第2辑(总第156辑),人民法院出版社2021年版,第20~22页。上海市第二中级人民法院(2019)沪02民终3226号民事判决书。

回上诉，维持原判。[1]

【案例2-129】　谢某某诉重庆飞派科技有限公司劳动争议纠纷案

判决观点，本案的争议焦点为谢某某与飞派公司之间是否存在劳动合同关系，法院认为，双方并不存在劳动关系，具体理由如下：(1)劳动关系双方的显著特征表现为人格从属性，劳动者接受用人单位的管理，受到用人单位规章制度的约束，按照用人单位的派遣从事相关工作，工作流程、工作模式等均需符合用人单位的要求，工作过程中的自主性较低。同时，劳动者按照用人单位提供的工作器具、场所等开展工作。而在本案中，作为骑手的谢某某自带工作期间的交通工具，相应的其他器具也不是由飞派公司提供。工作期间，谢某某通过"饿了么"App这一软件平台下单、取单和送单，按照该平台的指引和要求进行送餐工作，并未接受飞派公司的指导和管理，该种工作模式并未体现出人格从属性，与劳动关系的内在本质属性不符。(2)谢某某的工资支付方式为按单支付，多送多得，没有底薪，与其劳务付出对等，并未表现出劳动者工作期间的工资与工作时限、工作岗位紧密相关这一特征。这由黄某向其支付的款项中即可体现。黄某向其支付的款项金额不等，且差异较大，同时每月支付一次款项、两次款项或未支付款项，这与用人单位每月按期向劳动者支付一定的报酬的方式显然不同。综上，谢某某与飞派公司之间并不存在劳动合同关系。判决：驳回原告谢某某的诉讼请求。[2]

平台骑手与所服务企业是否存在劳动关系应根据双方的实际权利义务内容审查认定。

【案例2-130】　某服务外包有限公司诉徐某确认劳动关系纠纷案

二审法院认为，外卖骑手与所服务企业之间的法律关系应根据双方之间的实际权利义务内容予以认定。骑手与所服务企业签署了合作、承揽协议，但主张双方存在劳动关系的，应以劳动关系从属性作为内在核心评判基准。可结合平台新经济形态特点，根据个案中所涉企业对骑手的工作管理要求、骑手劳动报酬组成、绩效评估奖惩机制、平台经营模式等具体情况进行综合评判。骑手与所服务企业均具备劳动关系主体资格，且实际履行的权利义务

---

〔1〕 参见最高人民法院中国应用法学研究所编：《人民法院案例选》2021年第2辑（总第156辑），人民法院出版社2021年版，第33～34页。江苏省苏州市中级人民法院(2020)苏05民终2639号民事判决书。

〔2〕 参见最高人民法院中国应用法学研究所编：《人民法院案例选》2021年第2辑（总第156辑），人民法院出版社2021年版，第41页。重庆市南岸区人民法院(2018)渝0108民初19398号民事判决书。

内容符合劳动关系从属性本质特征的,可认定双方存在劳动关系。[1]

因某平台企业与闪送员之间不存在劳动关系,闪送员配送任务结束后途中意外死亡的,不构成工伤(亡)。

【案例2-131】 某公司诉某人力资源和社会保障局工伤认定纠纷案

判决观点,根据《工伤保险案件规定》第三条第一款的规定,对于非劳动关系而应承担工伤保险责任的情形仅限于"用工单位违反法律、法规规定将承包业务转包给不具备用工主体资格的组织或者自然人,该组织或者自然人聘用的职工从事承包业务时因工伤亡"以及"个人挂靠其他单位对外经营,其聘用的人员因工伤亡"两种,所以本案工伤认定的前提仍然是劳动关系的成立。张某通过手机App注册成为闪送员,其劳动报酬取决于本人完成配送业务的数量和质量,而且张某在专兼职选择、工作时间、交通路线等方面均不受平台企业的管理和支配,平台企业对张某工作的管理措施是对张某完成闪送业务的工作标准、质量、时限等要求的具体化,不具有相当强度的人格从属性和经济从属性。因此平台企业与张某之间不成立劳动关系,张某之死不应认定为工伤,故判决撤销人力资源和社会保障局作出的《认定工伤决定书》。[2]

【不同处理】 有的法院认为外卖骑手与平台公司之间存在从属性,应认定双方之间存在劳动关系。

【案例2-132】 陈某诉重庆某公司劳动合同争议纠纷案

二审法院认为,重庆某公司对骑手通过考勤要求,统一着装,使用统一标识和文明礼貌用语进行规范管理,陈某从事的外卖送货工作是该公司的经营业务范围,且陈某从事外卖派送服务的劳动成果最终由重庆某公司获得,陈某的劳动报酬计也是由重庆某公司支付。陈某与重庆某公司之间存在经济和人身上的从属性,符合劳动关系的一般特征,应当认定双方之间成立劳动关系。判决:驳回上诉,维持原判。[3]

外卖骑手与外卖平台服务外包公司之间人格和经济从属性较强的,应认定成立劳动关系。

---

〔1〕 人民法院案例库2023-07-2-186-010。上海市第一中级人民法院(2021)沪01民终11591号民事判决书。

〔2〕 四川省高级人民法院发布10个劳动争议典型案例(2023.5.1)之五。

〔3〕 秦清华:《平台用工模式下劳动关系从属性的认定》,载《人民法院报》2022年6月23日,第7版。重庆市第四中级人民法院(2021)渝04民终1554号民事判决书。

【案例 2－133】　某服务外包公司与姜某确认劳动关系纠纷案

一审法院认为，姜某通过服务外包公司注册为外卖骑手，直接接受服务外包公司安排从事外卖配送工作，提供的劳动属于服务外包公司的业务范围。服务外包公司制定相关报酬与奖惩办法等制度进行日常指挥、管理、监督、考核，对配送时限有算法、路线等引导与制约，结合平台配送信息、客户评价等标准决定对姜某的奖惩及工资报酬，具备劳动关系认定中人格从属性、经济从属性的"强从属性"特征，明显与双方签订的格式化《劳务合同》载明的劳务关系外观不符。故判决确认双方自 2020 年 12 月 24 日起存在劳动关系。一审判决后，某服务外包公司不服提起上诉。二审法院判决：驳回上诉，维持原判。[1]

地方法院、地方劳动行政部门认为，网络平台的经营者与相关从业人员之间订立书面劳动合同并按劳动合同履行的，认定为劳动关系；双方订立承包、租赁、联营等合同，并建立营运风险共担、利益共享分配机制的，按双方约定执行，不应认定双方存在劳动关系，实际履行与约定不一致或双方未约定的，以实际履行情况认定。[2]

【案例 2－134】　王某某诉上海温石文化传媒有限公司劳动合同争议纠纷案

一审法院认为，本案争议焦点为双方之间建立的法律关系是否为劳动关系。首先，原告、被告之间人身与财产从属性较弱。根据涉案协议第 6 条与第 7 条，原告负责自媒体的内容生产、留言回复，而被告负责指导生产的内容、涨粉、对接变现资源，并确认收入统一从被告处走账。为履行上述约定，原告需要进出被告办公场所，被告为其配备门禁卡，合乎情理。原告提交工作总结与计划给被告，双方对发文时间等进行交流，也是履行上述协议。被告确为原告缴纳社保，但系经被告建议，原告同意后的挂靠是代缴，相应费用均由原告负担。协议中对排他性合作、保密义务、竞业限制等的约定，并非劳动关系项下所独有。故从协议的上述约定及履行看，双方的人身从属关系比较松散。涉案协议第 2 条约定的营收收入分成方式，不同于劳动关系项下的提成工资。第 3 条对管理费的约定明显有别于劳动关系项下的基本工资。第 6 条对收款方式及结算的约定，也迥异用人单位营业收入的收款和对劳动报酬的支付。实际上，原告结算营收的 50%，并负担社保的单位与个人负担部分，被告未支付所谓的管理费，故双方之间的财产关系中的从属性也不明显。其次，双方无明确建立劳动关系的合意。涉案协议载明双方签订的是合

---

〔1〕 四川省高级人民法院发布 10 个劳动争议典型案例(2023.5.1)之一。

〔2〕 参见《江西省高级人民法院、江西省人力资源和社会保障厅印发〈关于办理劳动争议案件若干问题的解答(试行)〉的通知》(赣高法〔2020〕67 号)。

作协议,可见最初并无建立劳动关系的合意。从缴纳社保的沟通过程看,双方均不认为被告负有缴纳社保的义务,原告明知社保仅是挂靠在被告名下代缴,由其自行负担所有费用。无论是对工作内容进行交流,还是对营收进行结算,双方均未提出彼此建立的是劳动关系。2018 年 4 月,双方已发生争议,原告在解除协议书草稿、律师函中,仍认为系"合作关系"。故实际履行的内容也未显示出双方有建立劳动关系的默示合意。综上,原告、被告之间不具有明显的人身与财产属性,也未显示明确的建立劳动关系合意,故不能认定存在劳动关系。据此,原告基于劳动关系而提出的所有诉求均缺乏依据,法院均不予支持。判决:驳回原告王某某的全部诉讼请求。二审法院判决:驳回上诉,维持原判。[1]

个案中,法官根据具体案情确认是否成立劳动关系。

【案例 2 -135】 梁某诉北京家电卫士信息技术有限公司劳动合同纠纷案

判决观点,根据双方庭审陈述和各自提交的证据,首先,双方认可从未签订过书面劳动合同,且梁某提交了双方签订的《居间协议》,其中约定梁某(甲方)委托北京家电卫士信息技术有限公司(以下简称家电卫士公司)(乙方)提供家电设备的安装、维修、保养信息,居间成功后甲方同意向乙方计付居间费用。虽梁某主张该合同是发生交通事故后在医院倒签的,但未就该主张向法院提交证据加以证明,故法院对该协议的真实性予以确认,根据该协议条款无法认定双方之间存在劳动关系。其次,综合家电卫士公司的经营范围和梁某的工作内容及方式,家电卫士公司的经营范围仅为"技术咨询、技术服务",而梁某的工作内容为家电维修,并非家电卫士公司的经营范围;从工作方式来看,虽梁某主张经过面试入职家电卫士公司,但其仅是安装了家修汇 App 并注册了相关信息,家电卫士公司根据其自身技能、居住地点等通过 App 或客服人工向其派送客户报修单;梁某无法接单时仅需向客服说明,家电卫士公司可再次向他人派送客单,并非劳动关系中用人单位对于劳动时间、地点、内容的单方决定;梁某自备交通工具和维修工具,耗材可从公司购买或自行采购,无需到公司坐班,家电卫士公司亦未对其工作量、工作时长、工作区域等有强制性要求;从报酬获得来看,梁某每月没有固定工资,按照维修单数及维修成功率进行提成,其自述如不接单就在家休息,休息期间没有固定收入。综合上述各方面情况,梁某所从事的工作非家电卫士公司经营范围,其日常工作中使用的并非家电卫士公司提供的工具,亦无需接受家电卫

---

〔1〕 参见最高人民法院中国应用法学研究所编:《人民法院案例选》2020 年第 11 辑(总第 153 辑),人民法院出版社 2021 年版,第 82 ~83 页。上海市第一中级人民法院(2019)沪 01 民终 4135 号民事判决书。

士公司的考勤或其他制度管理，双方之间不存在紧密的人身依附性；虽家电卫士公司每月通过银行转账方式向梁某支付报酬，但报酬系根据梁某的接单数量、维修成功率等进行核算，梁某每月并无固定工资。综上，双方之间不存在劳动法意义上的从属性，不具备劳动关系的法律特征。判决：驳回原告梁某的诉讼请求。[1]

【案例2-136】　某某诉某公司劳动争议纠纷案

二审法院认为，应根据从属性标准认定互联网平台与其从业者之间的法律关系性质。平台从业者举证证明其与互联网平台的设立企业、要素企业或经营者之间存在经济上和行为上的从属性的，应确认双方之间存在劳动关系。[2]

【案例2-137】　徐某诉某科技公司劳动争议纠纷案

徐某于2019年7月5日从某科技公司餐饮外卖平台众包骑手入口注册成为网约配送员，并在线订立了《网约配送协议》，协议载明：徐某同意按照平台发送的配送信息自主选择接受服务订单，接单后及时完成配送，服务费按照平台统一标准按单结算。从事餐饮外卖配送业务期间，公司未对徐某上线接单时间提出要求，徐某每周实际上线接单天数为3至6天不等，每天上线接单时长为2至5小时不等。平台按照算法规则向一定区域内不特定的多名配送员发送订单信息，徐某通过抢单获得配送机会，平台向其按单结算服务费。出现配送超时、客户差评等情形时，平台核实情况后按照统一标准扣减服务费。2020年1月4日，徐某向平台客服提出订立劳动合同、缴纳社会保险费等要求，被平台客服拒绝，遂向仲裁委员会申请仲裁。仲裁委员会裁决：驳回徐某的仲裁请求。[3]　本案争议焦点是，徐某与某科技公司之间是否符合确立劳动关系的情形？根据《关于发布智能制造工程技术人员等职业信息的通知》（人社厅发〔2020〕17号）相关规定，网约配送员是指通过移动互联网平台等，从事接收、验视客户订单，根据订单需求，按照平台智能规划路线，在一定时间内将订单物品递送至指定地点的服务人员。《关于维护新就业形态劳动者劳动保障权益的指导意见》（人社部发〔2021〕56号）根据平台不同用工形式，在劳动关系情形外，还明确了不完全符合确立劳动关系的情形及相应劳动者的基本权益。本案中，徐某在某科技公司餐饮外卖平台上注册成为网约配送员，其与某科技公司均具备建立劳动关系的主体资格。认定徐某与某科技公司之间是否符合确立劳动关系的情形，需要查明某科技公

〔1〕　参见国家法官学院、最高人民法院司法案例研究院编：《中国法院2020年度案例》（劳动纠纷），中国法制出版社2020年版，第44页。北京市东城区人民法院（2018）京0101民初16704号民事判决书。

〔2〕　浙江省杭州市中级人民法院（2019）浙01民终9693号民事判决书。

〔3〕　人力资源社会保障部、最高人民法院发布第三批劳动人事争议典型案例之二。

司是否对徐某进行了较强程度的劳动管理。从用工事实看,徐某须遵守某科技公司制定的餐饮外卖平台配送服务规则,其订单完成时间、客户评价等均作为平台结算服务费的依据,但平台对其上线接单时间、接单量均无要求,徐某能够完全自主决定工作时间及工作量,因此,双方之间人格从属性较标准劳动关系有所弱化。某科技公司掌握徐某从事网约配送业务所必需的数据信息,制定餐饮外卖平台配送服务费结算标准和办法,徐某通过平台获得收入,双方之间具有一定的经济从属性。虽然徐某依托平台从事餐饮外卖配送业务,但某科技公司并未将其纳入平台配送业务组织体系进行管理,未按照传统劳动管理方式要求其承担组织成员义务,因此,双方之间的组织从属性较弱。综上,虽然某科技公司通过平台对徐某进行一定的劳动管理,但其程度不足以认定劳动关系。因此,对徐某提出的确认劳动关系等仲裁请求,仲裁委员会不予支持。

外卖平台用工合作企业通过劳务公司招用网约配送员,认定劳动关系应仔细分析判断。

【案例2－138】 何某与某货运代理公司、某劳务公司劳动争议纠纷案

某货运代理公司承包经营某外卖平台配送站点,负责该站点网约配送业务。2019年5月27日,某货运代理公司与某劳务公司订立《配送业务承包协议》,约定由某劳务公司负责站点的配送员招募和管理工作。何某于2019年7月28日进入某外卖平台站点工作,并与某劳务公司订立了为期1年的《外卖配送服务协议》,约定:何某同意在某外卖平台注册为网约配送员,并进入某货运代理公司承包的配送站点从事配送业务;何某须遵守某货运代理公司制定的站点工作制度,每周经提前申请可休息1天,每天至少在线接单8小时;何某与某劳务公司之间为劳务合作关系,某劳务公司根据订单完成量向何某按月结算劳务报酬。从事配送工作期间,何某按照某货运代理公司制定的《配送员管理规则》,每天8:30到站点开早会,每周工作6至7天,每天在线接单时长为8至11小时不等。何某请假时,均须通过站长向某货运代理公司提出申请。某货运代理公司按照何某订单完成量向何某按月支付服务费,出现高峰时段不服从平台调配、无故拒接平台派单、超时配送、客户差评等情形时,某货运代理公司均按一定比例扣减服务费,而某劳务公司未对包含何某在内的站点配送员进行管理。2019年11月3日,何某在执行配送任务途中摔倒受伤,其要求某货运代理公司、某劳务公司按照工伤保险待遇标准向其赔偿各项治疗费用,某货运代理公司以未与何某订立任何协议为由拒绝承担责任,某劳务公司以与何某之间系劳务合作关系为由拒绝支付工伤保险待遇。2019年12月19日,何某以某货运代理公司、某劳务公司为共同被申请人向仲裁委员会申请仲裁。仲裁委员会裁决：何某与某货运代理公司于2019年7月28日至12月19日存在劳动关系。[1] 本案争议焦点是，何某是否与两家公司存在劳动关系？与哪家公司存在劳动关系？本案中，从某货运代理公司与某劳务公司订立的《配送业务承包协议》内容看，某货运代理公司将配送员招募和管理工作外包给某劳务公司，应当由某劳务公司负责具体的用工组织和管理工作。但从本案用工事实看，某劳务公司并未对何某等站点配送员进行管理，其与某货运代理公司之间的《配送业务承包协议》并未实际履行；某货运代理公司虽然未与何某订立书面协议，却对其进行了劳动管理。因此，应当根据某货运代理公司对何某的劳动管理程度，认定双方之间是否存在劳动关系。何某须遵守某货运代理公司制定的《配送员管理规则》，按时到站点考勤；某货运代理公司对何某执行配送任务的情况进行监督，通过扣减服务费等方式对何某的工作时间、接单行为、服务质量等进行管理，双方之间存在较强的人格从属性。某货运代理公司根据单方制定的服务费结算办法向何某按月结算服务费，双方之间存在明显的经济从属性。何某虽以平台名义从事配送任务，但某货运代理公司将其纳入站点的配送组织体系进行管理，双方之间存在较强的组织从属性。综上，某货运代理公司对何某进行了较强程度的劳动管理，应当认定双方之间存在劳动关系。

在司法实践中，法院应当注意审查平台运营方式、算法规则等，查明平台企业是否对劳动者存在劳动管理行为，据实认定法律关系性质。

【案例2-139】 刘某诉某信息技术公司劳动争议纠纷案

刘某于2020年6月14日与某信息技术公司订立为期1年的《车辆管理协议》，约定：刘某与某信息技术公司建立合作关系；刘某自备中型面包车1辆提供货物运输服务，须由本人通过公司平台在某市区域内接受公司派单并驾驶车辆，每日至少完成4单，多接订单给予加单奖励；某信息技术公司通过平台与客户结算货物运输费，每月向刘某支付包月运输服务费6000元及奖励金，油费、过路费、停车费等另行报销。刘某从事运输工作期间，每日在公司平台签到并接受平台派单，跑单时长均在8小时以上。某信息技术公司通过平台对刘某的订单完成情况进行全程跟踪，刘某每日接单量超过4单时按照每单70元进行加单奖励，出现接单量不足4单、无故拒单、运输超时、货物损毁等情形时按照公司制定的费用结算办法扣减部分服务费。2021年3月2日，某信息技术公司与刘某订立《车辆管理终止协议》，载明公司因调整运营规划，与刘某协商一致提前终止合作关系。刘某认为其与某信息技术公司

---

〔1〕 人力资源社会保障部、最高人民法院发布第三批劳动人事争议典型案例之三。

之间实际上已构成劳动关系，终止合作的实际法律后果是劳动关系解除，某信息技术公司应当支付经济补偿。某信息技术公司以双方书面约定建立合作关系为由否认存在劳动关系，拒绝支付经济补偿，刘某遂向劳动人事争议仲裁委员会（以下简称仲裁委员会）申请仲裁。仲裁委员会裁决：某信息技术公司向刘某支付解除劳动合同经济补偿。[1] 本案争议焦点是，刘某与某信息技术公司之间是否符合确立劳动关系的情形？本案中，虽然某信息技术公司与刘某订立《车辆管理协议》约定双方为合作关系，但依据相关法律规定和政策精神，仍应根据用工事实认定双方之间的法律关系性质。某信息技术公司要求须由刘某本人驾驶车辆，通过平台向刘某发送工作指令、监控刘某工作情况，并依据公司规章制度对刘某进行奖惩；刘某须遵守某信息技术公司规定的工作时间、工作量等要求，体现了较强的人格从属性。某信息技术公司占有用户需求数据信息，单方制定服务费用结算标准；刘某从业行为具有较强持续性和稳定性，其通过平台获得的服务费用构成其稳定收入来源，体现了明显的经济从属性。某信息技术公司将刘某纳入其组织体系进行管理，刘某是其稳定成员，并以平台名义对外提供服务，从事的货物运输业务属于某信息技术公司业务的组成部分，体现了较强的组织从属性。综上，某信息技术公司对刘某存在明显的劳动管理行为，符合确立劳动关系的情形，应当认定双方之间存在劳动关系。某信息技术公司与刘某订立《车辆管理终止协议》，实际上构成了劳动关系的解除，因此，对刘某要求某信息技术公司支付经济补偿的仲裁请求，应当予以支持。

3. 网络主播劳动关系

当前，数字经济快速发展，网络主播已成为一个快速发展的职业群体。网络主播作为一种新兴职业，具有区别于传统劳动关系的特殊性。当今的社会生活中，网络主播通常与公司和平台之间并不一定存在劳动关系。网络主播运作表现主要有以下三种模式。其一，授权模式。络主播一般接受直播行业以及平台通行的规则，网络主播只通过礼物收益进行分成，与直播平台之间的关系是松散型的，其所获得的收益是不固定的，所获取的报酬时间可以与平台双方协商确立。在该种模式下，网络主播不足以成立劳动关系。其二，签约模式。网络主播不仅受直播行业约束也受与直播平台之间订立的协议所约束，网络主播获得收益、薪酬以及工资有多种形式，网络主播的行为虽受时间上、地点上的约束并可能需要从事除直播活动外直播平台另行安排的工作但并不一定构成管理与被管理的情形，因

[1] 人力资源社会保障部、最高人民法院发布第三批劳动人事争议典型案例之一。

此在这一层面上,两者之间是否存在劳动关系依然不能一概而论。需要通过个案的情形,根据人身隶属性、经济从属性以及实际履行情况综合来判断。其三,经纪代理模式。网络主播虽在直播平台上进行直播活动,但经纪公司不同于一般公司,即中介公司或代理公司,这就决定了双方之间的关系认定上变得更为复杂,需要慎重考察劳动关系的构成要件,探究双方当事人的真实意思表示探究订立该协议本身的合意并综合全案来予以认定。

如何准确界定网络主播等新就业形态劳动者与用人单位之间的关系,如何衡平行业发展与个人合法权益保护之间的关系,法院运用穿透性审判思维,对主播与公司的直播合作方式,包括主播的工作时间、工作内容、工作形式、收入获取方式以及公司对主播的考勤管理、是否存在监管、是否控制关系等进行实质性判断,由此认定双方关系不具有人格和经济上的从属性特征,不符合劳动关系成立的实质性要件。

依据《劳动和社会保障部关于确立劳动关系有关事项的通知》所规定的判断标准,网络主播与直播平台之间不构成劳动关系,而是演艺经纪合作关系。但同时,鉴于现实情况的复杂性,双方间并非一律不构成劳动关系,而应依据双方所签订合同的具体条款以及实际履行情况等,对是否构成劳动关系予以判定。

【案例 2－140】　沈阳中柏影视文化传媒有限公司诉程某劳动合同纠纷案

判决观点,根据《民法典》规定,依法成立的合同受法律保护,合同各方均应恪守合同约定,全面履行各自义务。对于程某辩称存在劳动合同关系的主张,法院不予采纳。此外,因程某存在违反约定未经甲方允许到其他平台进行演艺的违约行为,法院根据原告、被告的案涉协议履行情况,结合程某实际收益状况以及存在违约行为的程度等因素,酌情确定程某因违约应给付中柏公司违约金 1 万元。[1]

判断网络主播与经纪公司是否构成劳动关系,要审查网络主播对工作场所及工作时间可否自行支配,是否需要服从经纪公司考勤制度、用工管理制度,还要审查网络主播获得的报酬是经纪公司决定发放的劳动报酬,还是相互合作、共享利益共担风险的结果。

【案例 2－141】　赵某某诉浙江 BL 数字科技有限公司劳动合同纠纷案

一审法院认为,双方符合《劳动合同法》规定的主体资格,赵某某提供的劳动是 BL 数字科技有限公司(以下简称 BL 数字公司)经营的组成部分。赵某某接受 BL 数字公司管理,其所获取的报酬表现为工资。据此双方构成

---

〔1〕 参见《人民司法·案例》2022 年第 29 期(总第 976 期)。辽宁省沈阳市和平区人民法院(2021)辽 0102 民初 23440 号民事判决书。

劳动关系。判决:BL数字公司支付赵某某工资9632元。二审法院认为,赵某某接受BL数字公司的考勤管理,BL数字公司按月向赵某某发放工资。双方并未按合同结算经营收益,赵某某与BL数字公司之间具有从属性,双方系劳动关系。判决:驳回上诉,维持原判。[1]

【案例2-142】 李某霞诉重庆漫咖文化传播有限公司劳动争议纠纷案

判决观点,网络主播与合作公司签订艺人独家合作协议,通过合作公司包装推荐,自行在第三方直播平台上注册,从事网络直播活动,并按合作协议获取直播收入。因合作公司没有对网络主播实施具有人身隶属性的劳动管理行为,网络主播从事的直播活动并非合作公司的业务组成部分,其基于合作协议获得的直播收入亦不是劳动法意义上的具有经济从属性的劳动报酬。因此,二者不符合劳动关系的法律特征,网络主播基于劳动关系提出的各项诉讼请求,不应予以支持。[2]

网络主播与用工单位之间劳动关系的认定把握要点。

【案例2-143】 某某诉某公司劳动争议纠纷案

二审法院认为,对于网络主播类人员用工关系的认定,应当从主体资格、人身隶属和经济从属性等方面进行判断,注意综合考虑当事人合意、主播的从业状况、用工单位对主播的管理程度、主播收入分配方式等因素,正确厘定网络主播与用工单位之间的关系。[3]

【案例2-144】 李某诉某文化传播公司劳动争议纠纷案

李某于2018年11月29日与某文化传播公司订立为期2年的《艺人独家合作协议》,约定:李某聘请某文化传播公司为其经纪人,某文化传播公司为李某提供网络主播培训及推广宣传,将其培养成为知名的网络主播;在合同期内,某文化传播公司为李某提供整套直播设备和直播室,负责安排李某的全部直播工作及直播之外的商业或非商业公众活动,全权代理李某涉及直播、出版、演出、广告、录音、录像等与演艺有关的商业或非商业公众活动,可在征得李某同意后作为其委托代理人签署有关合同;李某有权参与某文化传播公司安排的商业活动的策划过程、了解直播收支情况,并对个人形象定位等事项提出建议,但一经双方协商一致,李某必须严格遵守相关约定;李某直播内容和时间均由其自行确定,其每月获得各直播平台后台礼物累计价值

---

〔1〕 参见谭灿:《网络主播与经纪公司是否构成劳动关系的认定》,载《人民法院报》2022年7月14日,第7版。浙江省嘉兴市中级人民法院(2021)浙04民终3557号民事判决书。

〔2〕 参见《最高人民法院公报》2020年第10期(总第288期)。

〔3〕 山东省日照市中级人民法院(2022)鲁11民终1556号民事判决书。

5000元,可得基本收入2600元,超过5000元部分由公司和李某进行四六分成,超过9000元部分进行三七分成,超过12,000元部分进行二八分成。从事直播活动后,李某按照某文化传播公司要求入驻2家直播平台,双方均严格履行协议约定的权利义务。李某每天直播时长、每月直播天数均不固定,月收入均未超过3500元。2019年3月31日,李某因直播收入较低,单方解除《艺人独家合作协议》,并以公司未缴纳社会保险费为由要求某文化传播公司向其支付解除劳动合同经济补偿。某文化传播公司以双方之间不存在劳动关系为由拒绝支付。李某向仲裁委员会申请仲裁,仲裁委员会裁决双方之间不存在劳动关系。李某不服仲裁裁决,诉至人民法院。一审法院判决:李某与某文化传播公司之间不存在劳动关系。李某不服一审判决,提起上诉。二审法院判决:驳回上诉,维持原判。[1] 本案争议焦点是,某文化传播公司对李某的管理是否属于劳动管理?在传统演艺领域,企业以经纪人身份与艺人订立的合同通常兼具委托合同、中介合同、行纪合同等性质,并因合同约定产生企业对艺人的"管理"行为,但此类管理与劳动管理存在明显差异:从"管理"的主要目的看,企业除安排艺人从事演艺活动为其创造经济收益之外,还要对艺人进行培训、包装、宣传、推广等,使之获得相对独立的公众知名度和市场价值;而在劳动关系中,企业通过劳动管理组织劳动者进行生产经营活动,并不以提升劳动者独立的公众知名度和市场价值为目的。从"管理"事项的确定看,企业对艺人的管理内容和程度通常由双方自主协商约定,艺人还可以就自身形象设计、发展规划和收益分红等事项与企业进行协商;而在订立劳动合同时,单个劳动者与企业之间进行个性化协商的空间一般比较有限,劳动纪律、报酬标准、奖惩办法等规章制度通常由企业统一制定并普遍适用于企业内部的劳动者。此外,从劳动成果分配方式看,企业作为经纪人,一般以约定的分成方式获取艺人创造的经济收益;而在劳动关系中,企业直接占有劳动者的劳动成果,按照统一标准向劳动者支付报酬及福利,不以约定分成作为主要分配方式。综上,企业作为经纪人与艺人之间的法律关系体现出平等协商的特点,而存在劳动关系的用人单位与劳动者之间则体现出较强的从属性特征,可据此对两种法律关系予以区分。本案中,通过《艺人独家合作协议》内容及履行情况可以看出,某文化传播公司作为李某的经纪人,虽然也安排李某从事为其创造直接经济收益的直播活动,但其主要目的是通过培训、包装、宣传、推广等手段使李某成为知名的网络主播;李某的直播时间及内容由其自主决定,其他相关活动要求等由双方协商确定,李某对其个人包装、活动参与等事项有协商权,对其创造的经济收益有知情权;双方以李

[1] 人力资源社会保障部、最高人民法院发布第三批劳动人事争议典型案例之五。

某创造的经济收益为衡量标准，约定了“阶梯式”的收益分成方式。因此，双方之间的法律关系体现出平等协商的特点，并未体现出《劳动和社会保障部关于确立劳动关系有关事项的通知》（劳社部发〔2005〕12号）规定的劳动管理及从属性特征，应当认定为民事关系。李某提出确认劳动关系并支付解除劳动合同经济补偿的诉求，与事实不符，不予支持。

网络主播人员与艺人公司之间不具备从属性特征的，不构成劳动关系。

【案例2－145】 郭某诉某艺人公司确认劳动关系纠纷案

判决观点，郭某从事直播工作的平台由第三方提供和所有，获得报酬的方式主要通过网络直播平台取得，艺人公司未参与直播行为，也无法控制郭某直播的收入，仅按照约定比例进行收益分成；郭某自主决定直播内容、形式、时间、场所，无需遵守艺人公司的规章制度和劳动纪律，艺人公司对郭某的管理和控制明显较弱，双方在人格上和经济上未形成从属性的劳动关系特征，不构成劳动关系。[1]

驻场歌手与某文化公司不符合劳动关系项下人格从属性、经济从属性以及管理与被管理等法律特征的，不构成劳动关系。

【案例2－146】 涂某与某文化公司确认劳动关系纠纷案

判决观点，首先，涂某与某文化公司之间签订《演艺合作协议》，明确约定：双方系合作关系，涂某并非某文化公司员工，公司无需为涂某购买社保及提供住房，因此，双方并无建立劳动关系的主观合意。其次，某文化公司并未对涂某进行打卡、签到等考勤管理，也无证据证明某文化公司的规章制度适用于涂某，涂某同时可以从事其他商业演出，因此，涂某主张其与某文化公司之间存在人格从属性缺乏事实依据。鉴于某文化公司与涂某之间不具有建立劳动关系合意，且双方又不具备劳动关系项下人格从属性、经济从属性以及管理与被管理等法律特征，故认定双方不存在劳动关系。[2]

---

〔1〕 四川省高级人民法院发布10个劳动争议典型案例(2023.5.1)之二。

〔2〕 四川省高级人民法院发布10个劳动争议典型案例(2023.5.1)之三。

专题三　劳动合同主体纠纷

本专题就劳动争议中涉及面广且频发的主体问题产生纠纷展开阐述。

一、劳动合同主体理解

(一)劳动合同主体含义

所谓民事主体,是指民事关系的参与者、民事权利的享有者、民事义务的履行者和民事责任的承担者,具体是指平等主体的自然人、法人和非法人组织。[1] 劳动合同的主体是民事主体的一种类型,除具有民事合同主体的一般条件外,还具有自身的特殊条件。

劳动者是指在法定就业年龄范围内,具有劳动权利能力和劳动行为能力,在用人单位管理下独立提供劳动并获取劳动报酬的自然人。

用人单位是指与劳动者建立劳动关系、订立劳动合同的一方主体。因此、建立劳动关系和订立劳动合同为认定用人单位的两个标准。两个标准之间具有三种情形:第一种情形,如果用人单位与劳动者订立劳动合同,劳动者在用人单位工作,则用人单位容易认定。第二种情形,用人单位招用了劳动者,但未与劳动者订立劳动合同,根据具体案情认定。第三种情形,用人单位与劳动者订立劳动合同,但劳动者被安排在该单位的关联企业工作。

劳动合同主体与劳动合同关系存在紧密联系,劳动合同主体是劳动合同关系成立的基础和前提,是劳动合同效力的核心因素之一。换言之,只有适格的劳动合同主体方可成立有效的劳动合同,且应该是劳动合同双方的主体适格。

【案例 3-1】 解某瑞诉大东创业公司劳动争议纠纷再审案

再审法院认为,本案争议焦点系解某瑞与大东创业公司是否存在劳动关系。本案中,大东创业公司与解某瑞均具有建立劳动关系的主体资格,解某瑞为大东创业公司提供劳动,接受大东创业公司的用工管理,从事的工作也是大东创业公司的业务组成部分,大东创业公司按月向解某瑞支付报酬,据此,两审法院认定双方存在劳动关系正确。大东创业公司所提双方签订的是

[1] 参见中国审判理论研究会民事审判理论专业委员会编著:《民法典总则编条文理解与司法适用》,法律出版社 2020 年版,第 6 页。

《劳务协议》故应为劳务关系,缺乏事实及法律依据。[1]

(二)劳动合同主体范围

就劳动者的范围而言,主要包括以下主体:

其一,劳动者,既包括普通的劳动者,也包含高层管理人员。

现行劳动法律法规没有对高层管理人员和普通员工进行区分,即没有将高层管理人员排除在法律保护范围之外,经理等高层管理人员也被视为普通劳动者进而受到《劳动法》的调整。现行劳动法律法规使用“高层管理人员”一词甚少,与劳动争议相关的法律均未对高层管理人员作出明确的界定。而在公司法领域,《公司法》第二百一十六条对高层管理人员的范围作了列举性规定。但《公司法》的立法宗旨更多在于规制公司管理制度等方面,而与劳动法的立法宗旨相去甚远,故不宜简单套用《公司法》高层管理人员的主体身份界定。一般认为对高层管理人员范围的界定可以参考但又不拘泥于《公司法》的相关规定,即高层管理人员系指经理、副经理、财务负责人、上市公司董事会秘书、公司章程规定的高层管理人员以及行使上述权利的管理人员。从劳动法律关系看,高层管理人员通常是指对整个单位的管理负有全面责任的人,其主要职责是制定单位的总目标、总战略、掌握大政方针。对高层管理人员主体身份的界定有利于对其劳动性质和劳动质量的判断。

其二,已达到退休年龄的人但未享受养老保险待遇的劳动者。

从现有法律禁止性规定来看,劳动权是宪法规定的法定权利,《劳动合同法》以及其他法律法规规定了劳动者最低年龄要求为16岁,这是对劳动者年龄下限的规定,但对年龄上限并未规定,即未对达到法定退休年龄仍然从事劳动的人员作出禁止性规定。达到法定退休年龄而劳动者未享受基本养老保险待遇的,依然可以成为劳动关系中提供劳动的主体。

【案例3-2】 王某某诉库尔勒晚报社劳动合同纠纷再审案

再审法院认为,王某某于2011年12月26日年满60周岁,虽已达到法定退休年龄,但库尔勒晚报社(以下简称晚报社)没有为王某某缴纳社保,王某某未能享受养老保险待遇或领取退休金,不符合上述规定的情形,故王某某与晚报社的关系仍应为劳动关系。《劳动合同法实施条例》第二十一条关于“劳动者达到法定退休年龄,劳动合同终止”的内容,系对《劳动合同法》的

[1] 北京市高级人民法院(2022)京民申7070号民事裁定书。

> 补充,赋予了用人单位在劳动者已达到法定退休年龄时享有对劳动关系终止权。但王某某在年满60周岁后仍在晚报社继续工作,晚报社亦未予拒绝,应视为晚报社放弃以达到退休年龄为止终止劳动合同的权利。晚报社于2012年8月将王某某解聘,系单方提出解除劳动合同,王某某未对解除劳动合同提出异议,应视为晚报社解除劳动合同并与王某某协商一致解除劳动合同,晚报社应当向王某某支付经济补偿金及缴纳2012年1~7月的社保金。[1]

其三,过去历史条件下形成的"临时工"的劳动合同主体。

其四,即将毕业的大专院校学生。

最高人民法院法官认为,一般情况下,在校学生到用人单位勤工助学实习的,不视为劳动关系。《劳动法》第十五条第一款规定:"禁止用人单位招用未满十六周岁的未成年人。"除此之外,我国法律没有对在校生成为劳动关系主体进行其他禁止性规定。原劳动部《劳动法意见》第十二条也仅限于对在校生勤工助学行为进行规定,并未将在校生全部排除在劳动关系主体之外。因此,对于即将毕业的大中专院校学生,在一定条件下,可以与用人单位成立劳动关系。这些条件主要包括以下四项:一是在校生与用人单位之间以建立长期、稳定的劳动关系为目的。劳动者遵守用人单位的规章制度,接受用人单位的管理,从事用人单位安排的工作,有明确的工作岗位,并接受用人单位支付的报酬。如果在校生是以学习为目的,为补充课堂知识,参与社会实践而进行的没有工资报酬的实习,或者是通过短期或不定期劳务获得一定报酬的勤工助学,则不应认定与用人单位成立劳动关系。二是劳动者在应聘时应如实陈述自己的情况,用人单位在明知对方系尚未毕业的学生的情况下,仍愿意与之建立劳动关系。如果用人单位并无招录在校生或应届毕业生的意愿,劳动者为获取就业机会,隐瞒了自己尚未毕业等真实情况,则可能因为构成欺诈而影响劳动合同的效力。根据《劳动合同法》第二十六条的规定,用人单位可以请求劳动争议仲裁机构或者人民法院确认合同无效。三是不存在附生效条件劳动合同条件未成就的情况。《民法典》第一百五十八条规定……在劳动合同中,如果用人单位明确将获得某种学位作为招录条件,而劳动者在签订劳动合同时尚未取得该学位,双方明确约定待劳动者取得相应的学位时劳动合同生效的,则在劳动者未能如期取得该学位的情况下,劳动合同不生效。四是劳动者和用人单位符合《劳动法》及《劳动合同法》规定的劳动关系成立的其他条件。上述条件下,认定即将毕业的大中专院校在校生与用人单位之间的劳动关系,有利于保护劳动者的合法权益,同时也符合国家促进就业的政策需要。[2]

---

〔1〕 新疆维吾尔自治区高级人民法院(2014)新审二民提字第31号民事判决书。

〔2〕 参见最高人民法院民事审判第一庭编:《民事审判实务问答》,法律出版社2021年版,第212~213页。

【案例3－3】 郭某诉江苏益丰大药房连锁有限公司劳动争议纠纷案

二审法院认为，实习是以学习为目的，到相关单位参加社会实践，没有工资，不存在由实习生与单位签订劳动合同、明确岗位、报酬、福利待遇等情形。本案中，被上诉人郭某虽于2008年7月毕业，但其在2007年10月26日明确向上诉人江苏益丰大药房连锁有限公司（以下简称益丰公司）表达了求职就业愿望，并进行了求职登记，求职人员登记表中登记其为2008届毕业生，2007年是其实习年。2007年10月30日郭某与益丰公司自愿签订了劳动合同。益丰公司对郭某的情况完全知情，双方在此基础上就应聘、录用达成一致意见，签订了劳动合同，而且明确了岗位、报酬。该情形不应视为实习。郭某与益丰公司签订劳动合同时已年满19周岁，符合《劳动法》规定的就业年龄，具备与用工单位建立劳动关系的行为能力和责任能力。原劳动部《劳动法意见》第十二条不能推定出在校生不具备劳动关系的主体资格。故上诉人的上诉理由不能成立。关于上诉人益丰公司认为确认劳动关系有效显失公平的上诉理由，法院认为，益丰公司与郭某签订劳动合同，是双方真实意思表示，双方利益也不存在重大失衡，不应视为显失公平。综上，上诉人益丰公司与被上诉人郭某双方签订的劳动合同是双方真实意思表示，且不违反法律、行政法规的禁止性规定，该劳动合同合法、有效，对双方均具有法律约束力，一审判决认定事实清楚，适用法律正确，审判程序合法，应予维持。[1]

不论是非毕业学年的在校生寒暑假兼职，还是毕业学年的在校生就业实习，均不应认定为劳动关系。

【案例3－4】 金某诉北京市燕京药业有限公司劳动争议纠纷案

判决观点，本案争议焦点是金某与北京市燕京药业有限公司（以下简称燕京公司）是否建立了劳动关系。本案中，金某主张其于2017年5月4日正式入职燕京公司，但其于2018年6月自职业学校毕业，在此之前系全日制在校学生，并不符合法律规定的可以建立劳动关系的主体资格，故法院对金某关于确认与燕京公司存在劳动关系的请求不予支持。金某基于双方存在劳动关系主张的违法解除劳动关系赔偿金于法无据，法院不予支持。双方约定了每月的实习费，燕京公司应按照约定支付实习费，不得无故克扣，现燕京公司从金某的实习费中扣除500元作为保证金且拒绝返还的行为于法无据，其应该将该500元返还金某。判决：燕京公司支付金某500元，驳回金某的其他诉讼请求。[2]

---

〔1〕 参见《最高人民法院公报》2010年第6期（总第164期）。

〔2〕 参见《人民司法·案例》2020年第32期（总第907期）。北京市朝阳区人民法院（2019）京0105民初18228号民事判决书。

其五，冒名顶替劳动者符合一定条件者。

与用人单位形成事实劳动关系，也属于工伤保险条例规定的法律意义上的职工。

【案例3－5】　陈某甲等人诉重庆市某区工伤保险管理所、第三人重庆某煤矿公司不履行行政给付义务纠纷案

判决观点，根据相关法律规定，用人单位应当为本单位职工缴纳工伤保险费。本案中，煤矿公司根据陈某甲提供的“陈某乙”的身份信息，以“陈某乙”的名义为陈某甲缴纳工伤保险费，其真实的意思表示应理解为投保对象实际为该公司职工陈某甲，而不是与公司不具备劳动关系的陈某乙，即陈某甲与社会保险行政部门之间在事实上成立了工伤保险关系。本案中，陈某甲已经相关部门认为工伤死亡，煤矿公司亦为其缴纳了工伤保险费，故工伤保险管理部门应对陈某甲核定工伤死亡保险待遇。据此，当地工伤保险管理部门在庭审过程中改变了原具体行政行为，原告遂撤回了诉讼。[1]

其六，其他可以成为劳动关系的主体。《劳动争议解释（一）》第三十二条第二款规定：“企业停薪留职人员、未达到法定退休年龄的内退人员、下岗待岗人员以及企业经营性停产放长假人员，因与新的用人单位发生用工争议而提起诉讼的，人民法院应当按劳动关系处理。”

其七，涉外主体的劳动者。

《劳动争议解释（一）》第三十三条规定：“外国人、无国籍人未依法取得就业证件即与中华人民共和国境内的用人单位签订劳动合同，当事人请求确认与用人单位存在劳动关系的，人民法院不予支持。持有《外国专家证》并取得《外国人来华工作许可证》的外国人，与中华人民共和国境内的用人单位建立用工关系的，可以认定为劳动关系。”本条明确规定了涉外主体劳动者的资格条件，对于普通的外国人、无国籍人而言，应取得许可证就业证件；对于特殊主体而言，应持有《外国专家证》并取得《外国人来华工作许可证》。在满足法律规定的资格条件情况下，方可建立劳动关系。

主流观点认为，依法设立的外国企业常驻代表机构可以作为劳动争议案件的当事人。当事人依法申请追加外国企业为当事人的，人民法院应予支持。

就用人单位的范围而言，主要包括以下主体：其一，完全资格的用人单位。一般情况下，用人单位具有完全的用人资格，依法可以独立行使全部用人权利和履行全部用人义务，是合法的用工主体，这为劳动领域实践中的普遍现象。其二，不完全资格用人单位。在法定的特殊情形下，有的用人主体只具有部分用人资格。

---

〔1〕　最高人民法院发布的典型案例。

常见的有,在劳务派遣中,派遣单位和用工单位都是不完全资格用人单位,一个完整的用人资格被分为两个部分。根据《劳动合同法实施条例》第四条的规定,用人单位设立的分支机构,依法取得营业执照或登记证书的可以作为用人单位与劳动者订立劳动合同;未依法取得营业执照或者登记证书的受用人单位委托可以与劳动者订立劳动合同。换言之,未依法取得营业执照或者登记证书的分支机构就属于不完全的用人单位。其三,不合格主体,或称非法用工主体,是指未依法取得用人单位资格却实际使用劳动力的单位,常见的有无营业执照、营业执照被吊销或者营业期限届满仍继续经营的用人单位。

(三)劳动合同主体甄别

合同签约主体与用工主体不一致的情况下,其签订劳动合同与实际用工哪个才是法律意义上的用人单位是实践中多发争议和疑难问题。一般认为,对上述两种主体才是法律意义上用人单位的首要及重要的标准,不能一概而论。在两个单位无任何关联的情况下,如果签约单位在签约后并未实际用工,所签劳动合同实质上未曾履行,只是该单位未对双方所签劳动合同作出解除处理;而劳动者在该劳动合同期内到另一家单位提供劳动,其行为并非签约主体的安排,在此情况下,实际用工情况对于判断劳动关系,认定法律意义的用工主体将起到关键性作用。但是在两个单位存在关联的情况下,则应认定两个单位均为用工主体。

事业单位人身份能否成为劳动关系的主体是有争议的问题。随着城镇化的发展,乡镇七所八站虽还保留着事业单位编制,但由于属于财政定额补助的事业单位,事实上单位不能正常发放工资,亦无法提供工作岗位,在此情况下,绝大部分人员选择外出自谋职业以维持生计。对于处在该种情况下的事业单位人员,与新的工作单位只要符合劳动法律关系内涵的用工关系则构成劳动关系,其事业编人员是劳动关系的主体。

【案例3-6】 江苏澳吉尔生态科技股份有限公司诉曾某峰确认劳动关系纠纷案

二审法院认为,就本案而言,虽然江苏澳吉尔生态科技股份有限公司(以下简称澳吉尔公司)与曾某峰所签订的合同名称为《劳务雇佣合同》,但该合同内容反映以下事实:澳吉尔公司制定的各项制度适用于曾某峰。曾某峰受上诉人的劳动管理,从事澳吉尔公司安排的有偿的劳动,且曾某峰提供的劳动是澳吉尔公司业务组成部分。因此,该合同约定的权利义务内容并不符合劳务合同的法律特征,而与劳动关系法律特征相符,应当认定本案合同性质为劳动合同。虽然在澳吉尔公司与曾某峰签订合同之后,曾某峰仍然与盱眙县三墩电灌站之间存在人事关系，但曾某峰既不为盱眙县三墩电灌站提供劳动，盱眙县三墩电灌站也不提供工作岗位，其发放的生活费很难满足曾某峰的生活需求，难以为曾某峰提供职业保障和职业发展，更不能为曾某峰的人格提供条件。而反过来看，澳吉尔公司为曾某峰提供工作岗位，曾某峰付出劳动，两者之间的关系符合劳动关系的一切特征，故应认定上诉人与被上诉人之间存在劳动关系。此外，《公务员法》中不得兼职的限制条件是在保障公务员及相应人员正常的基本生活水平的前提下确定的，现在盱眙县三墩电灌站发放的生活费难以维持曾某峰的生存，在此情况下，曾某峰至澳吉尔公司工作，并不违反法律的限制性规定。判决：驳回上诉，维持原判。[1]

实践中，存在一些用人单位为了规避法律风险和增加劳动者维权的成本，成立多家公司，采取其中设立的第一家公司实际接受劳动，由第二家公司向劳动者支付劳动报酬，再由第三家公司为劳动者交纳社会保险，而由第四家公司对劳动者实际的用工管理，上述各公司均未与劳动者签订劳动合同，应根据个案情况认定建立劳动关系的用人单位。

【案例3-7】　罗某绍诉北京五环大酒店有限公司劳动争议纠纷案

一审法院认为，本案中，罗某绍向法院提交了暂住证、健康证、卫生法规知识培训班、兴业理财卡账户交易对账单等证据，虽然北京五环大酒店有限公司（以下简称五环酒店）否认罗某绍与其存在劳动关系，但客观上罗某绍确实为五环酒店提供了劳动；另外，虽然罗某绍工资由鞍山五环公司发放，但实际的支付人根据现已查明的情况仍由五环公司酒店实际承担。结合全案的证据以及案件的实际情况，法院认为，可以认定与五环酒店之间存在事实劳动关系。另外，五环酒店与辽宁阳光公司主张苏某李系五环酒店后厨承包人，因未有充分证据加以证明故对该项辩解不予采信。关于五环酒店以及辽宁阳光公司所主张的双方签订过关于后厨寻找厨师的协议一节，因罗某绍对协议书的真实性不予认可，且五环酒店未向法院提供已将签署该协议的事情告知罗某绍的证据，故法院认为应当以认定罗某绍与五环酒店之间存在劳动关系为宜。五环酒店未依法与罗某绍签订书面劳动合同，应当依法向罗某绍支付未签订劳动合同期间的二倍工资差额。关于罗某绍要求五环酒店支付未签订劳动合同二倍工资差额的诉讼请求，因于法有据，故法院予以支持，但罗某绍所主张的期间以及数额有误，具体数额法院将根据原告的工资数据以及现有证据依法确定。判决：(1)五环酒店给付罗某绍2011年10月2日至

---

〔1〕 参见国家法官学院案例开发研究中心编：《中国法院2019年度案例》（劳动纠纷），中国法制出版社2019年版，第10页。江苏省淮安市中级人民法院（2017）苏08民终2818号民事判决书。

2012年5月31日未签订劳动合同双倍工资差额94,992.12元。(2)驳回罗某绍的其他诉讼请求。二审期间罗某绍与五环酒店达成调解协议,五环酒店支付罗某绍双倍工资差额63,900元(已执行)。[1]

实践中,应对下列情形注意甄别劳动合同的主体。

用人单位将其工程发包给个人无资质的个人,个人再雇用劳动者。雇用的劳动者因用人单位不符合相关规定"用人单位"主体,而与用人单位不成立劳动关系。

个体工商户经营者死亡后,未依法办理注销或并重新登记或者变更登记手续而是继续经营,该期间产生的与劳动者之间的劳动争议,仍应承担其作为用人单位的法律责任。换言之,由于个体工商户本身就是与营业执照登记的字号为当事人,故其经营者的死亡并不必然导致个体户用人单位及诉讼主体资格的丧失,仍是适格的用人单位。

个体工商户被业主注销这一特定情况下,可以认定业主与劳动者之间存在劳动关系,系业主为用人单位主体。

存在关联公司情形下,在劳动法意义上的用人单位应根据具体案情而定。

"一套人马,两块牌子"合署办公的机关、事业单位,由履行职权的单位作为用人主体并对劳动者支付经济赔偿金。

---

〔1〕 参见国家法官学院案例开发研究中心编:《中国法院2015年度案例》(劳动纠纷),中国法制出版社2015年版,第5~6页。北京市第二中级人民法院(2013)二中民终字第16632号民事调解书。

二、劳动合同主体法律适用

(一)劳动合同用工主体认定

劳动者与用人单位签订了劳动合同,但劳动者并未提供实际劳动,用人单位不构成建立劳动关系的主体。

【案例3-8】 华某毅诉上海雀巢饮用水有限公司劳动争议纠纷案

二审法院认为,上海雀巢饮用水有限公司(以下简称雀巢饮用水公司)与获特满公司均系独立的公司法人,二者之间并未发生合并情况,华某毅系因原用人单位获特满公司出于经营需要安排至新用人单位雀巢饮用水公司工作。用人单位与劳动者在用工前订立劳动合同的,劳动关系自用工之日起建立。本案中,华某毅与雀巢饮用水公司签订劳动合同后,从未至雀巢饮用水公司工作,也未以其他方式向雀巢饮用水公司提供劳动,二者之间并未发生实际用工。因此,雀巢饮用水公司与华某毅并未建立劳动关系。在此前提下,判断雀巢饮用水公司是否存在违法解除劳动关系的行为已无必要。雀巢饮用水公司要求驳回华某毅的原审诉求,应予支持。判决:撤销原审判决,改判驳回被上诉人华某毅要求上诉人雀巢饮用水公司支付违法解除劳动合同赔偿金人民币37,743.20元的诉讼请求。[1]

关于厂商、销货员与超市、商场之间的法律关系及法律适用,现行法律没有明确定义。这种并非传统意义上的劳动关系或称非标准劳动关系主体的认定上,是有争议的疑难问题。

【案例3-9】 章某明诉淮安区茭陵乡世纪华联超市连锁加盟店茭陵店、李某劳动关系纠纷案

二审法院认为,本案中,被告淮安区茭陵乡世纪华联超市连锁加盟店茭陵店(以下简称华联超市茭陵店)与原告章某明之间存在劳动关系,理由如

---

〔1〕 参见国家法官学院案例开发研究中心编:《中国法院2015年度案例》(劳动纠纷),中国法制出版社2015年版,第9页。上海市第一中级人民法院(2013)沪一中民三(民)终字第394号民事判决书。

下:(1)被告华联超市茭陵店认可2011年9月17日,上诉人章某明经其招聘,于2011年9月27日至超市从事化妆品促销工作,口头约定月工资900元。(2)被告华联超市茭陵店提供的2011年10月、11月《世纪华联(茭陵店)员工工资明细表》中分别记载:章某明考勤50元、考绩80元、加班30元、实发160元。证明上诉人章某明不仅从被告李某处领取基本工资,还从被告华联超市茭陵店领取考绩和加班工资,并接受华联超市茭陵店管理考核。(3)被告华联超市茭陵店与章某明之间签订的协议第三条约定,华平化妆品经营部的促销人员不准私自促销其他商品,如果有这种现象,被告华联超市茭陵店将扣除所有工资,进一步证明原告章某明还受被告华联超市茭陵店监督、管理。虽然华联超市茭陵店与李某之间签订的协议约定,章某明的工资直接由李某负责,并不能以此证明李某与原告章某明之间存在劳动关系。(4)被告李某买断被告华联超市茭陵店的化妆品柜台,被告华联超市茭陵店亦从中受益,原告的工作场所仍然是被告华联超市茭陵店提供。判决:(1)撤销一审判决第一项。(2)维持一审判决第二项。(3)确认上诉人章某明与被诉人被告世纪华联超市茭陵店之间存在劳动关系。[1]

商场部分区域出租给他人进行商业经营,实际经营人自行招用劳动者从事商品销售,并直接进行用工方面的管理和发放劳动报酬,实际经营者是用工主体,而出租商场的公司并非用工主体。

【案例3-10】 纪某信诉北京妫川双信商城有限公司劳动争议纠纷案

二审法院认为,北京妫川双信商城有限公司(以下简称双信商城公司)与个体经营者邓某兰签订租赁合同,由邓某兰租赁双信商城公司永宁店的部分区域进行商业经营。郑某兰自行招用纪某信在其所经营的永宁店糖果组从事销售工作,工资由邓某兰发放,并直接进行用工方面的管理。因纪某信与实际经营人邓某兰形成用工关系,故法院对上诉人纪某信提出其与双信商城公司存在劳动关系的主张不予支持。上诉人纪某信要求双信商城公司向其支付未签订劳动合同的双倍工资、最低生活费、节假日加班费的请求无事实及法律依据。法院不予支持。纪某信已经离职,其要求双信商城公司返还工服押金,双信商城公司也表示同意,法院对此不持疑义。综上所述,一审判决认定事实清楚,适用法律正确,应予维持。判决:驳回上诉,维持原判。[2]

---

〔1〕 参见国家法官学院案例开发研究中心编:《中国法院2015年度案例》(劳动纠纷),中国法制出版社2015年版,第13页。江苏省淮安市中级人民法院(2013)淮中民终字第1340号民事判决书。

〔2〕 参见国家法官学院案例开发研究中心编:《中国法院2015年度案例》(劳动纠纷),中国法制出版社2015年版,第19~20页。北京市第一中级人民法院(2013)一中民终字第13588号民事判决书。

【案例3－11】　北京云光环岛家具有限公司诉王某宝劳动争议纠纷案

一审法院认为，被告王某宝在地下家具城工作，系受租赁地下家具城场地的经营者的雇佣和管理，并支付劳动报酬；王某宝未能证明北京云光环岛家具有限公司（以下简称云光环岛家具公司）将其公司租赁、承包他人经营，未能证明其所从事的工作受云光环岛家具公司安排、管理并支付劳动报酬；云光环岛家居公司与租赁场地经营者之间亦非借照经营、挂靠经营、承包经营关系，故王某宝主张云光环岛家具公司应承担用工主体责任，法院不予支持。判决：被告王某宝与原告云光环岛家具公司不存在劳动关系。二审法院认为，王某宝主张其于2008年11月1日由杨某军招聘至云光环岛家具公司从事保安工作，但未能提交证据证明其与云光环岛家具公司存在劳动关系；且王某宝在一审审理期间认可系由兰某铃雇用并发放工资，并与兰某铃为被申请人提起劳动仲裁，撤诉后，再以云光环岛家具公司为被申请人提起劳动争议仲裁。基于上述原因，王某宝与云光环岛家具公司之间不存在建立劳动关系的合意，双方之间不存在劳动关系。原审法院对王某宝基于劳动关系而主张的各项权利未予支持，并无不当，法院予以维持。判决：驳回上诉，维持原判。〔1〕

劳动者与未办理营业执照、营业执照被吊销或者期限届满仍继续经营的用人单位发生争议的，应当将用人单位或者其出资人列为当事人。

【案例3－12】　杨某梅诉庞某江、余某飞劳动争议纠纷案

一审法院认为，原告在两被告开办的虽经预先核准单位但未正式进行设立登记的宁波市开心百娱乐有限公司工作期间受伤，按照《非法用工单位伤亡一次性赔偿办法》的规定，原告属非法用工单位伤亡人员，应按照《非法用工单位伤亡一次性赔偿办法》的规定项目和标准得到赔偿。但按照《非法用工单位伤亡一次性赔偿办法》的规定应由所在单位支付，因两被告开办的单位未经设立登记，承担责任的主体并不存在，根据《非法用工单位伤亡一次性赔偿办法》的立法目的，结合《劳动争议解释（三）》（已失效）第四条之规定，此种情况可以将出资人列为当事人，法院认定承担责任的主体为两被告，支付的项目和标准按照《工伤保险条例》和《非法用工单位伤亡一次性赔偿办法》的相关规定进行计算。判决：被告庞某江、余某飞赔偿原告杨某梅一次性

〔1〕　参见国家法官学院案例开发研究中心编：《中国法院2015年度案例》（劳动纠纷），中国法制出版社2015年版，第25～26页。北京市第二中级人民法院（2013）二中民终字第13267号民事判决书。

赔偿金、医疗费等共计202,393.47元。二审法院调解结案。〔1〕

未进行工商注册登记的眼镜店不具有合法的个体户工商户资格,不具备劳动争议中的主体资格,不属于适格的用工主体,用人单位未注册期间劳动者与其劳动关系无法成立。

【案例3-13】 王某贤诉李某军劳动争议纠纷案

二审法院认为,王某贤主张其自2011年6月15日起与李某军成立个体工商户瞳亮眼镜店存在劳动关系,李某军对此不予认可。经核实,瞳亮眼镜店注册成立的时间晚于王某贤所述入职时间,且依据王某贤提供的现有证据并不足以证实其于瞳亮眼镜店经营期间受该店安排从事相关劳动。故在现有证据的情况下,王某贤要求确认与瞳亮眼镜店存在劳动关系及瞳亮眼镜店注销后向个体工商户的经营者李某军主张劳动关系下未签劳动合同双倍工资,依据不足。王某贤主张补缴社会保险的诉讼请求,不属于人民法院审理劳动争议案件受案范围,本案不予处理。据此,王某贤的上诉请求,证据不足,法院难以支持。综上,原审法院所作判决并无不当,法院予以维持。判决:驳回上诉,维持原判。〔2〕

美容服务从业人员虽与门店签订用工合同且实际工作地点在门店,但门店及其工作人员实际受第三方公司管理和控制,应认定从业人员与第三方公司存在人格和经济上的从属关系,从而成立劳动关系。门店不是适格的劳动合同用工主体。

【案例3-14】 徐某诉某健康管理公司确认劳动关系争议纠纷案

判决观点,虽然美容店与徐某签订了劳务合同,为徐某购买了社保,徐某的实际工作地点也在美容店,但健康管理公司与该美容店有紧密的关联关系,徐某的工资由健康管理公司的关联公司发放,其在工作过程中对外发送的短信以健康管理公司的名义,消费者支付账单的收款人户名亦为健康管理公司,且徐某离职最终由健康管理公司主管人员审批,说明徐某实际接受健康管理公司的管理和控制,并由该公司支付劳动报酬,其与健康管理公司之间的用工模式符合劳动关系中强人格从属性和经济从属性的实质特征,故应认定双方成立劳动关系。〔3〕

---

〔1〕 参见最高人民法院中国应用法学研究所编:《人民法院案例选》2014年第3辑(总第89辑),人民法院出版社2015年版,第179页。浙江省宁波市中级人民法院(2014)浙甬民一终字第152号民事调解书。

〔2〕 参见国家法官学院案例开发研究中心编:《中国法院2016年度案例》(劳动纠纷),中国法制出版社2016年版,第15页。北京市第二中级人民法院(2014)二中民终字第09976号民事判决书。

〔3〕 四川省高级人民法院发布10个劳动争议典型案例(2023.5.1)之四。

个体户是法律规定的用工主体,应依法与劳动者签订书面劳动合同。

【案例3－15】　王某诉M超市劳动争议纠纷案

判决观点,本案中,M超市是依法注册成立的个体工商户,系适格的用人单位,王某是M超市收银员,从事的工作系M超市业务组成部分,接受M超市的安排、管理,M超市亦向王某支付劳动报酬,M超市自用工之日起与王某建立劳动关系。M超市与王某签订书面劳动合同,系其作为用人单位的法定义务,王某请求M超市支付未签订劳动合同期间双倍工资差额,具有事实和法律依据。法院判决M超市支付王某未签订劳动合同期间双倍工资差额2万余元。[1]

劳动者为《劳动法》规定的用人单位所设立的分支机构直接提供劳动,在其劳动权益受到侵害时,应首先判定该用人单位的分支机构是否具有独立用工主体。

(二)法定代表人劳动主体认定

公司法定代表人是否能与公司建立劳动关系成为劳动主体,应区分两种情况予以讨论。一种情况是,法定代表人并不具备股东身份,而公司对外聘请的职业经理人具备劳动主体资格。另一种情况是,在兼任法定代表人的股东对公司具有全面控制权的情况下,应认定其不具备劳动主体资格,当然与公司不成立劳动关系。根据《公司法》第十三条规定,公司法定代表人的身份性质完全不同于劳动者与公司之间所具有的身份隶属关系和劳动管理关系,其产生是委任而不是劳动者的招聘,且与劳动合同的订立、履行、解除规则完全不同。法定代表人收入系根据公司的经营收益而定,而区别于劳动者工资。综上所述,股东兼任法定代表人的,不具有劳动主体资格。

【案例3－16】　户某诉北京素裹繁衣服装有限责任公司劳动争议纠纷案

判决观点,本案的争议焦点为,户某作为北京素裹繁衣服装有限责任公司(以下简称繁衣公司)的法定代表人是否具备劳动关系中的劳动主体资格。首先,从法定代表人的身份定性来看,《公司法》第十三条规定:公司法定代表人依照公司章程的规定,由董事长、执行董事或经理担任,并依法登记。从该规定可知,不同于劳动者与公司之间所具有的身份隶属关系和劳动管理关系,法定代表人与公司之间的关系突出表现为投资关系、代表关系和

〔1〕 安徽省高级人民法院公布劳动典型案例(2023年)。

控制关系。具体到本案,户某对内因公司发起设立时表现的投资入股而具备股东身份,对外因工商注册登记的公示效力而具备法定代表人的身份,且就繁衣公司的实际运作层面而言,户某完全支配繁衣公司的经营、收益,自行决定劳动分配、工资数额及发放、社会保险缴纳等所有事务,其具备对繁衣公司排他、完全的控制权。因此,无论是从其与公司的投资关系、代表关系还是控制关系来看,户某作为法定代表人的身份定性都与劳动者明显不同。其次,从关系建立的方式和途径来看,劳动者与用人单位建立劳动关系的通常途径为应聘和招工,在用人单位对劳动者的劳动技能、素养进行考量,劳动者对用人单位的薪资标准、福利待遇、劳动条件比较的基础上,双方经合意从而建立劳动关系。而法定代表人则依据公司法和公司章程的规定,由董事会选举产生,经由董事会委任。在因股东人数较少而不设董事会的有限责任公司,也可由股东会委任。本案中,繁衣公司未设董事会,但从其他股东从未质疑户某其法定代表人身份的情形来看,户某担任法定代表人系得到全体股东认可,其法定代表人的任免受公司章程的规制,与劳动合同的订立、履行、解除规则完全不同。最后,从劳动报酬的角度看,户某自述系根据公司的经营收益而定,主要体现对其经营管理的激励,而并非劳动者工资的对价性和保障性的结合。综上,从身份属性、产生方式和报酬性质等方面综合分析,户某作为繁衣公司的法定代表人与普通劳动者存在显著区别,其要求确认与繁衣公司2012年6月1日至2016年5月1日存在劳动关系的主张,法院难以支持。户某基于劳动关系,要求繁衣公司支付上述期间工资的请求,法院亦不予支持。判决:驳回户某的全部诉讼请求。[1]

(三)劳动合同关联主体认定

实践中,对于关联企业的认定应当把握的因素:其一,业务关联。业务关联是指公司与股东或其他公司之间就是同一业务。外界无法分清其交易的对象到底是哪个公司,故对于外界交易的相对方来讲,业务关联亦称为主体关联。其二,人事关联。人事关联是指公司的股东和高级管理人员等与其他公司的同类人员相互交叉。公司作为拟制法律主体,其意志通过公司股东和高级管理人员表达。如果公司的上述人员与其他公司的同类人员相同,各公司之间尽管形式上独立,但实质上互为一体。其主要表现为,公司之间董事相互兼任,高级管理人员统一调

---

〔1〕 参见国家法官学院案例开发研究中心编:《中国法院2019年度案例》(劳动纠纷),中国法制出版社2019年版,第16页。北京市房山区人民法院(2017)京0111民初10858号民事判决书。

配和任命,公司与股东或多个不同公司的董事、经理完全一致,甚至雇员也完全一致,即常见的“一套人马,多块牌子”。其三,财产关联。财产关联是指公司的财产不能与其他公司的财产明确区分。公司财产与其他公司财产的分离是公司人格独立的基础。只有以财产分离为前提,公司才能拥有自己独立的财产并以此独立承担债务。

个案中,劳动者非因本人原因从原用人单位被安排到新用人单位工作的,在解除劳动合同时由谁支付经济赔偿金涉及关联企业的认定。新老用人单位的名称、股东等虽然有别,公司之间不存在绝对的隶属和控股关系,但并不能排除一定的关联关系。

【案例3-17】　胡某诉山东坤基生物科技有限公司劳动争议纠纷案

二审法院认为,胡某提供的张某立的谈话录音载明,胡某与山东坤基生物科技有限公司(以下简称坤基公司)签订劳动合同之前即已接受张某立的管理,胡某到坤基公司是被委派。一审法院要求坤基公司通知张某立到庭质证,坤基公司明确予以拒绝,应承担相应不利的法律后果。从坤基公司、盟诚公司、农邦邦公司等公司的名称、股权及股东变更工商登记材料来看,虽然公司之间不存在绝对的隶属和控股关系,但存在一定的关联关系。结合胡某提交的其他证据,可以认定符合《劳动争议解释(四)》(已失效)第五条第二款规定的情况,原用人单位未支付胡亮经济补偿,在支付赔偿金应当合并计算工作年限,从2012年5月至2016年4月,赔偿金应为20,984元(2623元×4个月×2倍)。据此,二审在他其他项目予以维持的同时改判坤基公司支付胡某赔偿金20,984元。[1]

(四)违法分包工资支付主体认定

当前建筑领域违法分包、转包、挂靠等问题较为普遍,拖欠农民工工资的问题时有发生。

《保障农民工工资支付条例》第三十条规定:“分包单位对所招用的农民工的实名制管理和工资支付负直接责任。施工总承包单位对分包单位的劳动用工和工资发放等情况进行监督。分包单位拖欠农民工工资的,由施工总承包单位先行清偿,再依法进行追偿。工程建设项目转包拖欠农民工工资的,施工总承包单位先行清偿,再依法进行追偿。”从该条可以看出,农民工工资支付的主体为分包单

[1] 参见国家法官学院案例开发研究中心编:《中国法院2018年度案例》(劳动纠纷),中国法制出版社2018年版,第105页。山东省淄博市中级人民法院(2016)鲁03民终3141号民事判决书。

位,分包单位拖欠工资的情况下,由施工总承包单位先行清偿,另行向分包单位追偿。当然,实践中也存在由施工总承包单位直接支付工资的情形。《保障农民工工资支付条例》第三十一条第一款规定:“工程建设领域推行分包单位农民工工资委托施工总承包单位代发制度。”

关于建设单位支付农民工责任的问题。建设单位支付农民工工资情况一般有三种:一是建设单位未按照合同约定及时拨付工程款,导致拖欠农民工工资;二是建设单位将建设工程发包给个人或者不具备合法经营的单位,导致拖欠农民工工资的;三是建设单位工程建设项目违反国土空间规划、工程建设等法律法规导致拖欠农民工工资的。在总承包单位违法分包转包的情况下,建设单位无需支付工资。因工程已经发包,农民工即便签订了劳务合同,根据合同相对性原理,拖欠农民工的工资亦与建设单位无关。也就是说,建设单位支付农民工工资的三种情形实际上只是自身存在过错的情况下,才承担支付农民工工资的责任。如果建设单位自身不存在过错,则不成为承担支付农民工工资的责任主体。

关于总承包单位支付农民工工资的责任主体问题。在总承包单位将工程违法分包、转包的情况下,应为支付农民工工资的责任主体。其依据为,《国务院办公厅关于全面治理拖欠农民工工资问题的意见》明确:“建设单位或施工总承包企业将工程违法发包、转包或违法分包致使拖欠农民工工资的,由建设单位或施工总承包企业依法承担清偿责任。”《建设领域农民工工资支付管理暂行办法》第十二条规定,工程总承包企业不得将工程违反规定发包、分包给不具备用工主体的组织或个人,否则应承担清偿拖欠工资连带责任。总承包单位对拖欠农民工工资,承担连带责任是基于其自身存在过错,没有履行总承包单位对分包单位监督管理义务,而对其违法分包、转包行为产生拖欠农民工工资后果的责任主体。

关于分包单位作为承担支付农民工工资的责任主体。通常情况下,分包单位是农民工工资支付的直接责任主体。在工程存在违法分包、挂靠的情况下更应当就其违法行为承担责任。

【案例3-18】 杨某诉张某、甲建筑公司劳务合同纠纷案

二审法院认为,根据张某出具的工资清单以及欠条,诉争的劳务费现仍拖欠未付状态。甲建筑公司作为涉案工程的承包方,违反了法律法规的相关规定,应当承担连带责任。一审法院根据本案实际情况判令甲建筑公司承担连带给付劳务费的责任并无不当,予以维持。甲建筑公司主张劳务费只涉及涉案工程,但并未提交相应证据,不予采信。新材料公司并非必须参加本案诉讼的当事人,一审法院未予追加并无不当,故对甲建筑公司就此提出的上诉意见不予采信。判决:驳回上诉,维持原判。[1]

【案例 3－19】 龙元建设集团股份有限公司诉黄某宝劳务合同纠纷案

二审法院认为,本案争议的焦点在于双方当事人之间是否存在劳动关系。龙元建设集团股份有限公司(以下简称龙元公司)是涉及的都市广场复建工程的承包人,作为该工程实际施工人的案外人朱某富是无建筑施工资质的自然人,黄某宝是在该建设工程中参加劳动的劳动者。在工程转包后,作为实际施工人的朱某富实际负责施工管理和承担经营风险,故与黄某宝之间存在管理与被管理关系的应是朱某富,黄某宝与龙元公司之间不存在劳动关系。黄某宝以朱某富与龙元公司之间存在转包行为违法为由,主张黄某宝与龙元公司之间存在劳动关系,缺乏法律依据,理由不能成立,不予支持。因此,基于劳动关系存在为前提的补交社会保险费、支付未签订书面劳动合同的二倍工资及加班工资等请求,不能予以支持。关于黄某宝主张 2014 年 2 月至 7 月的劳动报酬 11,592.60 元。参照原劳动和社会保障部、建设部《建设领域农民工工资支付管理暂行办法》第十二条规定,工程总承包单位不得将工程违反规定发包、分包给不具备用工主体资格的组织或个人,否则应当承担拖欠工资的连带责任。因此,龙元公司作为违法转包中的总承包单位,应当对黄某宝的劳动报酬承担责任。判决:(1)维持一审法院民事判决第一项,即龙元公司无需为黄某宝补缴 2013 年 9 月至 2014 年 7 月外来务工人员社会保险;(2)撤销第三项;(3)变更第二项为龙元公司无需支付黄某宝未签订劳动合同的二倍工资 52,966.20 元、双休日及法定节假日加班工资 5863 元;(4)龙元公司支付黄某宝 2014 年 2 月至 7 月劳动报酬 11,592.60 元;(5)驳回龙元公司其他诉讼请求。[2]

(五)劳动合同与劳务主体区分

用人单位与其招用的已经依法享受养老保险待遇或领取退休金的人员发生用工争议,向法院提起诉讼的,应当按劳务关系认定,该人员是劳务主体。

---

〔1〕 参见国家法官学院、最高人民法院司法案例研究院编:《中国法院 2022 年度案例》(劳动纠纷),中国法制出版社 2022 年版,第 203 页。北京市第三中级人民法院(2020)京 03 民终 8116 号民事判决书。

〔2〕 参见《人民司法·案例》2017 年第 11 期。浙江省宁波市中级人民法院(2015)浙甬民一终字第 683 号民事判决书。

【案例3-20】 王甲与乙公司劳务合同纠纷案

二审法院认为,王甲于2007年10月21日已从上海宝山航运疏浚有限公司退休,并已按月从上海市宝山区社保中心领取退休金,故双方之间2008年1月起诉争的用工争议应按劳务关系处理。2003年12月31日双方之间签订的劳务人员聘用合同是双方协商一致的结果,该民事法律行为从成立时起即具有法律约束力,2005年之后双方虽未续签劳务人员聘用合同,但双方仍按原合同约定的权利、义务履行,故原合同约定的权利、义务对双方仍具有约束力。王甲在退休后与乙公司建立的关系应属劳务合同关系,双方应按约定享有权利并承担义务。乙公司已按月工资920元及每天100元的法定节假日工资发放标准向王甲支付2008年1月至2012年8月的劳务报酬,并另向王甲补发了部分劳务报酬,而对此,王甲均予以接受,也未提出任何异议,故应认定乙公司已实际按约向王甲付清全部劳务报酬,双方的劳务合同履行完毕。本案为劳务合同纠纷,不适用《劳动法》及司法解释有关按最低劳动工资标准及法定节假日加班工资标准发放工资报酬的规定,王甲要求乙公司补发工资并支付补偿金,显然缺乏事实及法律依据,不能支持。判决:驳回上诉,维持原判。[1]

---

〔1〕 上海市第一中级人民法院(2013)沪一中民一(民)终字第332号民事判决书。

三、劳动合同主体纠纷处理

(一)劳务派遣主体处理

在劳务派遣法律关系中,用工单位没有发生变化,只是用人单位及劳务派遣单位发生了变化,涉及劳动合同的重新签订问题。变更前的劳务派遣单位已与劳动者签订劳动合同的情况下,变更后的劳务派遣单位需要与劳动者重新签订劳动合同。主要理由:其一,根据《劳动合同法》第五十八条的规定,劳务派遣单位为用人单位,应当履行用人单位对劳动者的义务;劳务派遣单位应当与被派遣劳动者订立2年以上的固定期限劳动合同。该条明确了劳务派遣单位应与劳动者签订书面合同,在劳务派遣单位(用人单位)发生变化的情况下,即使用工单位未发生变化,新的劳务派遣单位也要与劳动者签订新的劳动合同。原劳务派遣单位与劳动者签订的合同,因其用人单位发生变更,原劳动合同的主体发生变化而影响到合同内容和合同履行。其二,劳务派遣单位是对劳动者行使权利、履行义务的主要主体,包括招录劳动者、向劳动者支付劳动报酬、解除或终止劳动关系时对劳动者予以补偿(法律规定应支付解除或终止劳动关系的情形)等义务。因而劳务派遣单位的变更会对劳动者的权利义务发生重大影响,新的劳务派遣单位的工资制度、福利待遇、管理模式、规章制度以及新的劳务派遣单位的资本实力等都会影响到劳动者实质性的权利,而且劳务派遣法律关系的特点及劳务派遣单位相对稳定,接受劳务派遣的形式用工的单位发生变更的可能性相对较大,劳务派遣单位的变更也有可能影响到劳动者未来岗位的变更,以上诸因素势必会影响到劳动者对是否与新的劳务派遣单位建立劳动关系、对劳动合同相应条款是否重新考虑磋商做出新的选择,因此劳务派遣单位的变更有必要通知劳动者,新的劳动派遣单位也有必要就劳动合同的条款与劳动者进行重新磋商,从这个意义上讲,新的劳务派遣单位与劳动者签订书面劳动合同是非常必要的。

【案例3-21】 刘某晶诉北京慧峰劳务信息咨询有限公司、北京凯捷风公交客运有限责任公司劳动争议纠纷案

判决观点,2012年1月至2012年10月,刘某晶与展鹏中心签订了劳动合同,被展鹏中心派遣至北京凯捷风公交客运有限责任公司(以下简称凯捷风公司)工作,刘某晶也实际提供了劳动,刘某晶与展鹏中心存在劳动关系。2012年11月1日,展鹏中心、凯捷风公司和北京慧峰劳务信息咨询有限公司(以下简称慧峰公司)协商确认派遣单位(用人单位)有展鹏中心变更为慧峰公司,之后,刘某晶的工资由慧峰公司发放,社会保险也由慧峰公司交纳,故2012年11月1日后,刘某晶与慧峰公司存在劳动关系。刘某晶与慧峰公司建立新的劳动关系后,慧峰公司应自用工之日起1个月内与劳动者签订劳动合同,现慧峰公司在法律规定的期限未与刘某晶签订书面劳动合同,故对刘某晶要求慧峰公司支付其2012年12月1日至2013年7月23日未签订劳动合同双倍工资差额的诉讼请求,其合理部分法院予以支持。判决:被告慧峰公司支付原告刘某晶未签劳动合同双倍工资差额10,804.89元。[1]

劳务派遣单位、用工单位均未与劳动者签订劳动合同,法官根据具体案情认定用工单位与劳动者成立劳动关系。

(二)用工责任主体处理

所谓用工责任主体,或称工伤保险替代责任主体,是现行法规、司法解释规定的责任主体,包括转包关系中的替代责任主体和挂靠关系中的替代责任主体。

《工伤保险案件规定》第三条规定:“社会保险行政部门认定下列单位为承担工伤保险责任单位的,人民法院应予支持……(四)用工单位违反法律、法规规定将承包业务转包给不具备用工主体资格的组织或者自然人,该组织或者自然人聘用的职工从事转包业务时因工伤亡的,用工单位为承担工伤保险责任的单位;(五)个人挂靠其他单位对外经营,其聘用的人员因工伤亡的,被挂靠单位为承担工伤保险责任的单位……”该规定首次以司法解释的形式确定了不等同于“用工单位”的“承担工伤保险责任单位”这一概念,同时该规定明确了“转包关系”和“挂靠关系”中职工和承担工伤保险责任的用人单位之间并不存在真实的劳动关系,该工伤认定不以是否存在事实劳动关系为前提。因为该项规定是从有利于作为弱势群体的劳动者的权利角度出发,并不以是否存在真实劳动关系为前提,这是对《工伤保险条例》将劳动关系作为工伤认定前提的一般规定之外的特殊情形处理,是责任主体的扩张。也就是说,一般情形下认定单位承担工伤保险责任主体的前提是双方必须存在劳动关系,而该条规定的第四项、第五项从法律层面上实际突破了,即在规定的情形下即使双方不存在劳动关系,也可认定由转包关系、

[1] 参见国家法官学院案例开发研究中心编:《中国法院2016年度案例》(劳动纠纷),中国法制出版社2016年版,第92页。北京市房山区人民法院(2014)民初字第4319号民事判决书。

被挂靠关系成为承担工伤保险责任主体，其目的就在于更好地维护作为弱体群体的受害人的权益。不过由于转包关系、挂靠关系中的聘用人员和承担工伤保险责任之间并不存在真实的劳动关系，这样处理工伤问题虽然有利于保护受害人的合法权益，但责任承担上会出现免除实际侵权人赔偿责任的不公平现象，为此该条第二项明确规定了转包单位、被挂靠单位承担了工伤保险责任后可向实际侵权人行使追偿权。

【案例 3－22】 张某兵诉上海市松江区人力资源和社会保障局工伤认定行政纠纷案

判决观点，用工单位违反法律、法规将承包业务转包或者发包给不具备用工主体资格的组织或自然人，该组织或者自然人聘用的职工因工伤亡的，用人单位为承担工伤保险责任的单位。[1]

不具备用工资格的主体使用的劳动者因工受伤，违法分包的建筑施工企业应承担工伤保险责任。

【案例 3－23】 周某诉 M 公司劳动争议纠纷案

判决观点，根据《人力资源和社会保障部关于执行〈工伤保险条例〉若干问题的意见》第七条、《工伤保险案件规定》第三条的规定，用工单位违反法律、法规规定将承包业务转包、分包给不具备用工主体资格的组织或者自然人，该组织或者自然人聘用的人员从事承包业务时因工伤亡的，用工单位为承担工伤保险责任的单位。M 公司违反法律规定将案涉工程分包给不具备用工主体资格的邹某，周某被邹某招用后因工受伤，M 公司依法应承担工伤保险责任。法院判决 M 公司向周某支付工伤保险待遇 28 万余元。[2]

对于车辆实际所有人聘用的人员而言，真正的用工主体仍然是对其进行管理并支付劳动报酬的实际所有人，被挂靠单位并非其用工主体。只不过是为了保护在工作中受害的聘用人员的合法权益，从法律上拟制被挂靠单位承担工伤保险责任。而这种责任只是一种替代责任，被挂靠单位在承担工伤保险责任后有权依法追偿。所以说在个人车辆挂靠单位经营的情形下，被挂靠单位根据该条规定承担工伤保险责任并非基于车辆实际所有人聘用的人员与被挂靠单位存在劳动关系，车辆实际所有人聘用人员向被挂靠单位主张一次性工伤医疗补助金、一次性伤残就业补助金等法定工伤待遇亦不存在劳动者提出解除劳动关系的逻辑前提，也不能改变替代责任主体的根本属性。

---

〔1〕 参见《最高人民法院公报》2016 年第 1 期。

〔2〕 安徽省高级人民法院公布劳动典型案例(2023 年)。

【案例3－24】 淄博驰程运输有限公司张店分公司诉李某新劳动争议纠纷案

二审法院认为,关于工伤责任主体,淄博驰程运输有限公司张店分公司(以下简称驰程运输)应对李某新所受伤害承担工伤保险责任的事实已由工伤行政部门作出生效认定,具有法律约束力,应予采信,原审认定的工伤保险责任主体准确,并无不当。驰程运输以李某新系由王某亮雇佣管理为由,主张王某亮应系本案责任主体,该主张不能成立,依法不予采信。关于工伤待遇项目问题。本案中,李某新主张的一次性工伤医疗补助金、一次性伤残就业补助金均系法定工伤待遇,驰程运输作为工伤保险责任主体,应予赔偿。相关法律虽规定一次性工伤医疗补助金、一次性伤残就业补助金的支付前提系劳动者提出与用人单位解除劳动关系,但因驰程运输在本案承担工伤保险责任系基于法律对挂靠关系的特殊规定,而非基于双方之间存在劳动关系,故李某新在主张上述两项工伤待遇时并不存在解除劳动关系的逻辑前提。一审判决认定事实清楚,适用法律正确,应予维持。判决:驳回上诉,维持原判。〔1〕

【案例3－25】 厦门市集美区鑫茂盛货运代理服务部诉杨某相等工伤保险待遇纠纷案

二审法院认为,厦门市集美区鑫茂盛货运代理服务部(以下简称鑫茂盛服务部)和杨某相、林某华、杨某明因杨某城死亡后的工伤保险责任问题发生纠纷,故本案争议的性质为工伤保险待遇纠纷,属于人民法院受理民事诉讼的范围。杨某城驾驶的闽DA15××号中型厢式货车挂靠于鑫茂盛服务部才获得相关道路运输资质的,鑫茂盛服务部对于挂靠车辆的运营负有管理责任,杨某城在从事运输活动中发生交通事故,杨某相、林某华、杨某明等依据挂靠经营的事实向鑫茂盛服务部主张工伤保险责任,符合司法解释的规定,原审参照《工伤保险案件规定》的解释精神,认定鑫茂盛服务部在本案中为杨某城的工伤保险责任单位并无不当,可予以维持。判决:驳回上诉,维持原判。〔2〕

承担用工主体责任并非就是用工主体。

【案例3－26】 湖北恒顺矿业有限责任公司诉张某志确认劳动关系纠纷案

一审法院认为,原告湖北恒顺矿业有限责任公司与被告张某志之间没有

---

〔1〕 参见国家法官学院案例开发研究中心编:《中国法院2019年度案例》(劳动纠纷),中国法制出版社2019年版,第216～217页。山东省淄博市中级人民法院(2016)鲁03民终3599号民事判决书。

〔2〕 参见国家法官学院案例开发研究中心编:《中国法院2018年度案例》(劳动纠纷),中国法制出版社2018年版,第62页。福建省厦门市中级人民法院(2016)闽02民终517号民事判决书。

签订劳动合同,被告张某志是受第三人远安县金国昌盛采掘工程有限公司聘用从事井下运输作业,工资也是由第三人远安县金国昌盛采掘工程有限公司发放。且第三人远安县金国昌盛采掘工程有限公司系具有独立法人资格的有限责任公司,具有合法的用工主体资格。……矿山企业将其生产经营项目发包给不具备安全生产条件的单位,该单位聘用的劳动者在从事劳动过程中受到损害的,由矿山企业与该单位承担连带赔偿责任。判决:原告湖北恒顺矿业有限责任公司与被告张某志之间不存在劳动关系,二审法院认为,根据查明的事实,远安县金国昌盛采掘工程有限公司与湖北恒顺矿业有限责任公司是两个独立的企业法人,依法独立享有民事权利和承担民事义务。由于张某志是远安县金国昌盛采掘工程有限公司招用的劳动者,在远安县金国昌盛采掘工程有限公司承包工程里进行有偿劳动,张某志的工作安排和管理以及工资发放均由远安县金国昌盛采掘工程有限公司负责。因此,湖北恒顺矿业有限责任公司与张某志之间不存在直接的用工关系,双方不具备《劳动和社会保障部关于确立劳动关系有关事项的通知》第一条规定的劳动关系成立的条件,即湖北恒顺矿业有限责任公司与张某志不存在劳动关系。同时,张某志的证据不足以证明与湖北恒顺矿业有限责任公司存在劳动关系。远安县金国昌盛采掘工程有限公司是否有相应的安全生产资质,不影响湖北恒顺矿业有限责任公司与张某志之间存在劳动关系的认定。综上,上诉人张某志、上诉人远安县金国昌盛采掘工程有限公司主张"湖北恒顺矿业有限责任公司与张某志之间存在劳动关系"的理由不能成立,法院不予采纳。原判认定事实清楚,适用法律正确。判决:驳回上诉,维持原判。[1]

【案例3-27】　厦门鼎置建筑装饰工程有限公司诉向某友劳动争议纠纷案

二审法院认为,本案中,厦门鼎置建筑装饰工程有限公司(以下简称鼎置公司)虽将案涉工程发包给不具备用工主体资格的蒋某兴,但其与蒋某兴雇用的向某友并不存在建立劳动关系的书面合同或事实行为。故根据前述规定,鼎置公司对向某友应承担的用工主体责任仅为工伤保险责任,其主张与向某友之间不存在劳动关系的理由成立,应予以支持。一审法院根据《劳动和社会保障部关于确立劳动关系有关事项的通知》第四条认定向某友与鼎置公司存在劳动关系,属于适用法律错误,应予以纠正。综上所述,鼎置公司的上诉理由成立,予以支持。判决:(1)撤销一审判决;(2)鼎置公司与向某友

---

〔1〕　参见国家法官学院案例开发研究中心编:《中国法院2015年度案例》(劳动纠纷),中国法制出版社2015年版,第41~42页。湖北省宜昌市中级人民法院(2013)鄂宜昌中民三终字第00093号民事判决书。

不存在劳动关系。[1]

【不同处理】 具备用工主体资格的建筑施工单位将工程发包给无用工主体资格的自然人后,有观点认为该自然人招用的劳动者与建筑施工单位之间构成事实劳动关系,该建筑施工单位为承担责任的用工主体。

【案例3-28】 淄博振业建筑安装工程有限公司诉张某平劳动争议纠纷案

一审法院认为,根据《劳动和社会保障部关于确立劳动关系有关事项的通知》(劳社部发〔2005〕12号)第四条的规定,"建筑施工矿山企业等用人单位将工程(业务)或经营权发包给不具备用工主体资格的组织或自然人,对该组织或自然人招用的劳动者,由具备用工主体资格的发包方承担用工主体责任"。本案虽然是张某会雇用张某平,但张某会系不具备用工主体资格的自然人,淄博振业建筑安装工程有限公司(以下简称振业公司)具有砌筑作业劳务分包资质,故振业公司应对张某平承担用工主体责任。故对张某平要求确认2010年10月4日至11月18日与振业公司存在事实劳动关系的诉讼请求,予以支持。判决:张某平自2010年10月4日至11月18日与振业公司存在事实劳动关系。二审法院认为,根据《劳动和社会保障部关于确立劳动关系有关事项的通知》(劳社部发〔2005〕12号)第四条的规定,振业公司应当对张某平承担用工主体责任。振业公司关于其与张某平不存在劳动关系的上诉理由不成立,依法不予支持。原审判决认定事实清楚,适用法律正确,依法予以维持。判决:驳回上诉,维持原判。[2]

个案中,有的法院将《劳动和社会保障部关于确立劳动关系有关事项的通知》第四条规定中"等"作扩大解释,认为符合保护弱者的劳动法基本原则。

(三)混同用工主体处理

所谓混合用工,一般指关联企业之间的混合用工。关联企业从《公司法》上的规定看,其第二百一十六条第四项规定,关联关系是指公司控股股东、实际控制人、董事、监事、高级管理人员与其直接或者间接控制的企业之间的关系。从上述规定可以看出,认定关联关系需遵循两个标准,即资本关联或人的关联。但在劳动法领域,还有一些企业很难归入公司法中关联关系企业的范畴,企业的控制人

〔1〕 参见最高人民法院中国应用法学研究所编:《人民法院案例选》2018年第1辑(总第119辑),人民法院出版社2018年版,第95~96页。福建省厦门市中级人民法院(2016)闽02民终840号民事判决书。

〔2〕 参见国家法官学院案例开发研究中心编:《中国法院2015年度案例》(劳动纠纷),中国法制出版社2015年版,第22页。山东省淄博市中级人民法院(2013)淄民三终字第426号民事判决书。

是亲戚、同学、老乡或朋友，甚至只是熟人的关系，先由一家公司出面与劳动者签订劳动合同，再由一家公司为劳动者缴纳社保，劳动者上班的地点却在另一家公司。也就是说，混合用工中的关联企业范围远大于公司法中的关联企业范围。混合用工关联企业主要有几类：其一，用人单位主体混同，即“一套人马，两块牌子”。其二，用人单位主体、用工均混同，即总公司与分公司、子公司混同。其三，关联企业用工混同，即资本与人的关联。其四，名义上的用工主体支付劳动报酬，实际控制人负责日常管理及实际接受劳动成果。

混合用工情形下用人单位的认定，在坚持不突破单一劳动关系确认的基础上，一般认为，其一，在劳动者签署劳动合同的用人单位与实际提供劳动的用人单位不完全一致的情况下，可以结合工资发放主体、劳动管理主体及工作地点、工作内容等与劳动关系最有密切联系的特征来认定。其二，在有关联关系用人单位交叉又轮换使用劳动者、工作内容交叉重叠的情况下，作为劳动者难以对关联企业之间的关系作出准确判断，在没有证据显示劳动者明确知悉或应当知悉与其建立劳动关系的其他企业的情形外，只要劳动者主观上有理由认为与其建立劳动关系的用人单位系关联企业中某一企业，可根据劳动者主张确认此企业为劳动者的用人单位。

【案例3-29】 李某云诉常州宝佳针织有限公司劳动合同纠纷案

一审法院认为，本案的争议是与李某云存在劳动关系的用人单位究竟是哪一家公司。华峰公司持有常州宝佳针织有限公司（以下简称宝佳公司）75%的股权，两个公司的法定代表人是一人，具备关联公司的特征即资本的关联性和人的关联性。对此，劳动者与关联公司只存在一层劳动关系，只有实际的用人单位才与劳动者存在劳动法意义上的劳动关系。李某云虽与华峰公司签订了劳动合同，但李某云以宝佳公司名义履行签订购销合同的职务行为，工资由宝佳公司支付，且提出与李某云解除劳动关系的主体是宝佳公司，故宝佳公司应向李某云支付2017年2月、3月工资4755元。……判决：宝佳公司支付李某云工资4755元、赔偿金19,020元，合计23,775元。二审法院认为，李某云以宝佳公司名义对外签订购销合同、宝佳公司向李某云按月发放工资、李某云向宝佳公司请假、宝佳公司对于李某云的请假回复等事实，可以认定李某云接受宝佳公司的管理，从事宝佳公司安排的劳动，并从宝佳公司领取报酬，李某云的劳动是宝佳公司业务组成部分。因此，李某云与宝佳公司构成劳动关系。判决：驳回上诉，维持原判。[1]

---

〔1〕 参见国家法官学院案例开发研究中心编：《中国法院2019年度案例》（劳动纠纷），中国法制出版社2019年版，第43～44页。江苏省常州市中级人民法院（2018）苏04民终90号民事判决书。

【案例3-30】 上海庭宇经贸有限公司诉王某某等劳动合同纠纷案

一审法院认为,上海庭宇经贸有限公司(以下简称庭宇公司)和美矢公司均主张庭宇公司与王某某于2011年5月至2011年6月存在劳动关系,自2011年7月起王某某与美矢公司建立劳动关系,王某某主张其自2011年5月起至2012年2月均系与庭宇公司建立劳动关系。法院认为,根据庭宇公司和美矢公司的自认,两家公司的经营地址相同,且共同开发了直销管理系统,该系统显示"上海庭宇(美矢)产品资料库",两家公司的员工均可以操作该系统,且美矢公司的法定代表人王庭某亦在庭宇公司与王某某签订的劳动合同以及补充协议上签名,证人证言亦与王某某的主张以及庭宇公司和美矢公司的自认能够互相印证,因此可以认定庭宇公司与美矢公司系混同经营。另外,庭宇公司和美矢公司均认可王某某工作期间系担任首席运营官,在王某某与美矢公司签订的劳动合同中约定工资标准为每月1980元,而王某某与庭宇公司签订的劳动合同以及补充协议约定工资标准为每月15,000元,两者相距甚远,显然不符合常理,故对王某某关于其与美矢公司签订的劳动合同仅为缴纳社会保险费所用的说法,更具有合理性。王某某于2012年2月27日与美矢公司签订《美矢公司网络销售项目内部承包合同》,由此可以认定王某某于当日与庭宇公司协商一致解除劳动合同并与美矢公司以内部承包的方式建立劳动关系。判决:庭宇公司支付王某解除劳动合同经济补偿金15,000元以及2011年9月1日至2012年2月26日工资差额11,142.14元;庭宇公司支付王某某2011年年终奖金75,000元,美矢公司负连带责任。二审法院达成调解协议:由庭宇公司一次性支付王某某9万元并由美矢公司承担连带责任;若庭宇公司、美矢公司未按照期限支付王某某上述款项,则王某某有权依照一审判决申请强制执行。[1]

混同用工的关联企业应承担劳动用工责任。

【案例3-31】 胡某诉L公司、H公司劳动争议纠纷案

判决观点,L公司、H公司的股东和高级管理人员存在重合,H公司与胡某签订劳动合同书约定L公司的各项劳动规章制度适用于胡某,胡某从事的工作系L公司的业务组成部分,可以认定两关联公司对胡某存在混同用工的事实。法院判决H公司支付胡某提成工资,L公司承担连带责任。[2]

实践中,签约主体未实际用工,实际用工主体未签订劳动合同,其二者是否对承担义务和责任必须统一有争议。一般认为,应承担劳动法律意义上用人单位为

---

〔1〕 参见郭伟清主编:《2015年上海法院案例精选》,上海人民出版社2016年版,第79页。

〔2〕 安徽省高级人民法院公布劳动典型案例(2023年)。

义务与责任的主体与作为劳动法律关系意义上的“用人单位”必须统一。存在关联关系用人单位之间,因其相互之间存在的混合用工情形亦造成了用人单位认定的混乱,应由两个责任主体承担共同责任。

关联企业混合用工情况下,劳动者签署劳动合同的用人单位与实际提供劳动的用人单位不完全一致的,该劳动合同的实际履行不能仅凭工作地点及发放工资的形式主体认定。

(四)特殊情形主体处理

用人单位明知他人顶替本单位劳动者上班而未加以拒绝及时终止用工,并持续用工,用人单位和顶替者存在管理和被管理的人身依附关系,构成事实劳动关系。换言之,冒名顶替者成为事实上的劳动者。

【案例3-32】　洁士物业公司与陈某某、林某乙、林某丙、林某丁劳动合同纠纷案

二审法院认为,本案从一审期间洁士物业公司申请出庭的证人李某的证言分析,可以得知李某查岗巡视的时候看见林某甲在出事路段打扫马路,而陈某某没有去上班,虽然其证实撵过林某甲,也向主管权某某报过,但是工资一直没有停发,据此证言,即使认定林某甲在最初接替陈某某上班时洁士物业公司不知情,但是在洁士物业公司有关责任人员进行例行巡查时,对于林某甲替陈某某上班的事实是明知的,然而直至本案事故发生时,洁士物业公司均未能终止与林某甲之间的事实用工关系,不仅如此,而且持续地以陈某某的名义向林某甲支付报酬,实质上是默认并接受了林某甲到岗工作的事实。法院对洁士物业公司与林某甲之间系劳动关系存在合理信赖,因洁士物业公司未与林某甲签订书面劳动合同,故本案双方当事人存在事实劳动关系。判决:驳回上诉,维持原判。[1]

集团企业的下属控股企业为独立法人,集团不能用控股地位直接承接下属企业与劳动者之间形成的劳动合同权利义务,不是劳动合同的用人单位。

律师可以成为律师事务所的劳动者,但合伙人律师基于其特殊身份及对律所的管理与控制权,对于相关事项的决定权、执行权,不能成为律所的劳动者,合伙人律师依据劳动法主张获得劳动者的相关权利与福利待遇的,不应支持。

---

〔1〕　江苏省徐州市中级人民法院(2015)徐民终字第1380号民事判决书。

【案例3-33】 班某诉北京某科律师事务所劳动合同纠纷案

二审法院认为,双方形成劳动关系后,双方之间的权利义务应当依据法律,依据劳动合同或双方之约定确定。本案之核心问题为双方劳动关系是否解除及解除行为的合法性问题。法院认为,本案之特殊性在于双方身份,班某为某科律所聘用之律师助理,后转为该律所之合伙人,这一事实决定了本案中双方法律关系变化的特殊性。班某主张对方违法解除劳动合同的主要依据在于某科律所提交的交接单中签字为复印而来,并非其本人真实签名。该签名及交接单虽有瑕疵,但双方签订了名誉合伙人合作协议的事实不容否认,后一协议为双方协商一致的结果,其中约定班某为该律所的名誉合伙人,这里约定为班某的真实意思表示。本案中,基于合伙制律师事务所的特殊性质,合伙人身份与劳动者身份不能并存,故该协议之签订表明双方已达成一致,改变了班某个人在该律所的身份,故一审法院认定双方协商解除之前的劳动关系正确,某科律所应为班某出具离职证明。因双方协商解除劳动关系,班某所持对方违法解除劳动关系的主张不能成立,对此要求对方双倍赔偿的上诉请求,法院不予支持。判决:驳回班某关于对方违法解除劳动关系应双倍赔偿的相关上诉请求。[1]

劳动者注册个体工商户与平台企业或其用工合作企业订立合作协议,能否认定劳动关系主体。

【案例3-34】 孙某诉某物流公司劳动争议纠纷案

孙某于2019年6月11日进入某外卖平台配送站点工作,该站点由某物流公司承包经营。某物流公司与孙某订立了自2019年6月11日起至2021年6月10日止的书面劳动合同。从事配送工作期间,孙某按照某物流公司要求在规定时间、指定区域范围内执行某外卖平台派发的配送任务,某物流公司根据孙某出勤及订单完成情况向其按月支付劳动报酬。某物流公司于2020年8月21日与某商务信息咨询公司订立《服务协议》,约定将含孙某在内的部分配送员委托给某商务信息咨询公司管理。在某商务信息咨询公司安排下,孙某注册了名为"某配送服务部"的个体工商户,并于2020年9月6日与某物流公司订立了为期1年的《项目承包协议》,约定:某配送服务部与某物流公司建立合作关系,某配送服务部承接某外卖平台配送站点的部分配送业务,某物流公司按照配送业务完成量向某配送服务部按月结算费用。此后,孙某仍然在某外卖平台站点从事配送工作,接受某物流公司管理,管理方

---

〔1〕 参见《人民司法·案例》2017年第11期。北京市第三中级人民法院(2015)三中民终字第12243号民事判决书。

式未发生任何变化。2020年12月10日，某物流公司单方面终止《项目承包协议》，孙某要求某物流公司支付违法解除劳动合同赔偿金。某物流公司认为订立《项目承包协议》后，双方之间已从劳动关系变为合作关系，劳动合同自动终止，并以此为由拒绝支付违法解除劳动合同赔偿金。孙某遂向仲裁委员会申请仲裁。仲裁委员会裁决：孙某与某物流公司于2020年9月6日至2020年12月10日存在劳动关系，某物流公司向孙某支付违法解除劳动合同赔偿金。[1] 本案争议焦点是，在孙某以个体工商户名义订立《项目承包协议》情况下，其与某物流公司之间是否存在劳动关系？从法律主体资格看，劳动者注册为个体工商户后，既可以作为自然人与其他用人单位建立劳动关系，也有权以个体工商户名义开展市场经营活动。在第一种情形下，劳动者与企业之间存在"管理—从属"关系，即企业对劳动者实施劳动管理，劳动者向企业提供从属性劳动，双方之间市场主体地位不平等，法律关系呈现明显的从属性；在第二种情形下，个体工商户与企业均具有平等的市场主体法律地位，个体工商户可以依照约定向企业提供服务并获取对价，但服务内容和方式、对价形式及多少等事项由双方协商确定，企业与个体工商户背后的自然人之间不具有"管理—从属"关系。本案中，在某商务信息咨询公司安排下，孙某注册个体工商户，并以个体工商户名义与某物流公司书面约定建立合作关系，但从用工事实看，某物流公司与孙某之间完全延续了此前的劳动管理方式，孙某仍然向某物流公司提供从属性劳动，双方之间并未作为法律地位平等的市场主体开展经营活动。因此，某物流公司关于双方之间由劳动关系变为合作关系、劳动合同自动终止的主张，与事实不符，应当认定在2020年9月6日之后双方之间仍然存在劳动关系，对孙某要求某物流公司支付违法解除劳动合同赔偿金的仲裁请求，应当予以支持。

可享受工伤保险待遇的劳动者因工死亡，其遗腹子可作为死者亲属获得因工死亡职工供养亲属抚恤金。

【案例3－35】　某建筑工程公司与罗某等工伤保险待遇纠纷案

何某甲与罗某系夫妻关系，均未满55岁，具有劳动能力，二人系死者何某的父母，何某乙出生于2020年12月4日，系死者何某的遗腹子，其母与何某为非婚同居关系。死者何某接受某建筑工程公司转包工程的实际施工人廖某聘用，从事驾驶员兼工地采购工作，但何某未参加工伤保险。2020年5月11日，何某在某建筑工程公司承建的工地上转运木板时被汽车撞击死亡。2021年7月22日，当地人力资源和社会保障局作出认定工伤决定书，认定死

---

[1] 人力资源社会保障部、最高人民法院发布第三批劳动人事争议典型案例之四。

者何某为工伤(亡)。2021 年 11 月 1 日,何某甲、罗某、何某乙就与建筑工程公司工伤保险待遇纠纷一案申请仲裁,仲裁裁决支持了何某甲、罗某、何某乙要求建筑工程公司支付供养亲属抚恤金 332,542.8 元在内的一系列请求。建筑工程公司因此诉至法院,请求判决无需支付供养亲属抚恤金 332,542.8 元。

判决观点,根据《工伤保险案件规定》第三条第一款第四项"社会保险行政部门认定下列单位为承担工伤保险责任单位的,人民法院应予支持:……(四)用工单位违反法律、法规规定将承包业务转包给不具备用工主体资格的组织或者自然人,该组织或者自然人聘用的职工从事承包业务时因工伤亡的,用工单位为承担工伤保险责任的单位"的规定,本案属于虽不构成劳动关系、但建筑工程公司应承担工伤保险责任的情形。《民法典》第十六条规定:"涉及遗产继承、接受赠与等胎儿利益保护的,胎儿视为具有民事权利能力";《因工死亡职工供养亲属范围规定》第二条规定:"本规定所称子女,包括婚生子女、非婚生子女、养子女和有抚养关系的继子女,其中婚生子女、非婚生子女包括遗腹子女",何某乙系死者遗腹子,建筑工程公司应该向其支付供养亲属抚恤金。故法院依法判决建筑工程公司向何某乙支付供养亲属抚恤金。[1]

(五)诉讼主体适格处理

在劳动法领域,用人单位能否成为宣告劳动者死亡的利害关系人无法律规定。现行法律或司法解释并未明确与被宣告死亡自然人有民事权利义务关系的人具体范围。对此应结合宣告死亡制度的目的予以判定其民事权利义务主体范围。宣告死亡的制度目的是及时了结下落不明人与他人的财产关系和人身关系,维护正常的社会秩序。从主体构成要件层面上讲,申请宣告死亡的利害关系人是与失踪的自然具有利益关系的主体。从利益实现层面上看,需满足如不宣告该自然人死亡则其利益不能实现。换言之,只要能通过其他制度保护其利益的,就不宜允许该主体宣告失踪自然人死亡的权利。进而推出,"与被宣告死亡自然人有民事权利义务关系的人"可以包括受遗赠人、人寿保险合同的受益人。在可以通过其他诉讼程序维护其债权的失踪人的普通债权人,以及可通过其他行为或诉讼程序了结与失踪人债务关系的债务人则限制申请宣告自然死亡。就失踪自然人存在劳动关系的用人单位而言,劳动者的失踪必然影响其与劳动者的劳动关系是

[1] 四川省高级人民法院发布 10 个劳动争议典型案例(2023.5.1)之六。

否存续、是否需继续承担对劳动者缴纳社会保险等重大利害关系,可以通过宣告自然人失踪实现其利益,但不宜赋予其通过宣告劳动者死亡这种具有重大后果的制度维护其权益。从这个意上讲,用人单位申请宣告劳动者死亡的诉讼主体不适格。

【案例3－36】 沧州渤海新区荣翔海运有限公司申请宣告公民死亡案

判决观点,申请人沧州渤海新区荣翔海运有限公司(以下简称荣翔公司)与杨某某之间订有书面劳动合同,系杨某某的用人单位。虽然申请人在杨某某家属未能提供宣告杨某某死亡判决的情形下向杨某某家属支付和解补偿款,可能遭受申请人自称的法律风险,但其遭受申请人自称的法律风险并不足以使申请人具有宣告杨某某死亡的利害关系人资格。至于申请人自称的法律风险,申请人可循其他合法途径予以解决。故申请人关于宣告杨某某死亡的申请于法无据,应予驳回。裁定:驳回申请人荣翔公司宣告杨某某死亡的申请。[1]

未达到法定退休年龄的企业内退人员,在与原用人单位保留劳动关系的前提下,到另一单位从事劳动、接受管理的,劳动者与新用人单位之间的用工关系为劳动关系。劳动者在新用人单位工作期间发生工伤事故的,新用人单位是工伤保险责任的赔偿主体,应由其承担工伤待遇赔偿的各项义务。

【案例3－37】 伏某生、张某花等诉连云港开发区华源市政园林工程有限公司劳动争议纠纷案

原审法院认为,伏某山一直在主张权利,故本案并未过诉讼时效。劳动者的合法权益依法受法律保护。伏某山受伤后经连云港市劳动能力鉴定委员会认定为工伤同时鉴定为五级伤残,予以确认。对伏某山申请仲裁和各项费用,认定如下:(1)停工留薪期工资43,700元。伏某山停工留薪期经本院(2009)港民一初字第0845号民事判决书确认自受伤起至评残前一日(伏某山于2009年6月24日评残)。伏某生、张某花、伏某军主张按12个月计算未能举证,不予采信。2008年连云港市社保缴费基数为1369元,伏某山停工留薪期工资应为8670元(6个月×1369元/月＋1369元/30天×10天)。(2)一次性伤残补助金24,642元。伏某山伤残五级,其一次伤残补助金为24,642元。(3)一次性工伤医疗补助金69,119.4元。伏某山与连云港开发区华源市政园林工程有限公司(以下简称华源市政园)于2010年解除劳动关系,故应按2009年连云港市当地职工平均工资28,212元/年计算其工伤医

〔1〕 参见国家法官学院、最高人民法院司法案例研究院编:《中国法院2020年度案例》(劳动纠纷),中国法制出版社2020年版,第206页。广东省广州海事法院(2018)粤72民特64号民事裁定书。

疗补助金,根据统计数据当地人口平均寿命为76周岁,伏某山一次性工伤医疗补助金应为69,119.4元(21年×1.4个月/年×28,218元/12个月)。(4)一次性伤残就业补助金14,109元。伏某山于2010年6月与华源市政园解除劳动关系已超过55周岁,应给予6个月当地职工平均工资,应以2009年连云港当地职工平均工资28,212元/年计算,故对伏某生、张某花、伏某军主张的一次性伤残就业补助金14,109元(6个月×28,212元/12个月)予以支持。判决:华源市政园支付伏某生、张某花、伏某军工伤赔偿金合计116,084.4元。如未按本判决指定的期间履行给付义务,应当按照《民事诉讼法》第二百五十三条的规定,加倍支付迟延履行期间的债务利息。

二审法院认为,当事人对自己的主张,有责任提供证据。本案中,上诉人并未提供合法有效的证据证明其主张。《工伤保险条例》第六十四条第二款规定,本条例所称本人工资,是指工伤职工因工作遭受事故伤害或者患××前12个月平均月缴费工资。原审法院关于2008年社保缴费工资基数的认定及相应工伤保险待遇的计算数额均无不当。上诉人的上诉理由依法不能成立,法院不予支持。原审判决认定事实清楚,适用法律正确,依法应予维持。判决:驳回上诉,维持原判。[1] 本案中,一审法院经审理查明,2008年12月14日伏某生、张某花、伏某军的亲属伏某山在华源市政园从事工作期间发生交通事故受伤。2009年12月15日,伏某山向连云港经济技术开发区劳动争议仲裁委员会申请劳动仲裁要求确认其与华源市政园之间存在劳动关系,该委以2010-023号案件终止审理确认书确认终止该案审理。伏某山不服向法院提起诉讼,后(2011)港民初字第0104号民事判决书判决伏某山与华源市政园自2006年8月起至2010年6月止存在劳动关系,且该判决书已经二审维持原判。伏某山于2011年8月30日被连云港市人力资源和社会保障局确认系工伤并经连云港市劳动能力鉴定委员会鉴定为工伤五级。伏某山于2013年3月22日向连云港经济技术开发区劳动争议仲裁委员会申请仲裁要求工伤赔偿,该委于2014年9月28日以第2013-027号案件终止审理确认书终止对该案件审理工作。2013年12月9日伏某山因病死亡。本案在审理过程中,伏某生、张某花、伏某军申请变更诉讼主体作为原告参加诉讼。同时查明,伏某山1955年6月23日出生,伏某山系其父亲,张某花系其妻子,伏某军系其之子。伏某山因同一起交通事故向侵权人提起民事赔偿,于2009年6月24日评残。(2009)港民一初字第0845号民事判决书确认伏某山误工期自伤起至评残前一日。

---

〔1〕 参见《最高人民法院公报》2018年第3期(总第257期)。江苏省连云港市中级人民法院(2015)连民终字第00159号民事判决书。

受委托的单位不是适格的用人主体。

【案例3－38】 刘某随即将超市和粮油商贸公司劳动争议纠纷案

某粮油商贸公司在某超市设有品牌粮油促销点,并与超市签订了《购销合同》,约定粮油商贸公司向超市派促销员需上报超市并经超市培训后方可上岗,促销员需着超市员工制服,佩戴超市统一定制的员工工牌。粮油商贸公司负责雇用促销员并承担促销员的工资、社会保险等相关费用。刘某2021年10月被派至超市从事品牌粮油促销工作,经超市培训确认合格后,超市给刘某发放了工服、工牌。刘某的工资卡银行账户明细单显示,刘某工资由粮油商贸公司发放,其社会保险参保缴费单位为粮油商贸公司。2022年2月某日,刘某在超市搬运货品时被一箱食用油砸伤,经医院诊断为右跟骨骨折。刘某向超市提出补偿问题,超市称双方不存在劳动关系,拒绝了刘某的要求。刘某随即将超市和粮油商贸公司列为共同被申请人,向劳动人事争议仲裁委员会提出仲裁申请,请求确认其与超市之间存在劳动关系。劳动人事争议仲裁委员会依法确认刘某与超市之间不存在劳动关系。刘某不服裁决结果,起诉至人民法院,法院一审判决结果与仲裁裁决结果一致,双方当事人均未上诉,法院一审判决生效。[1] 本案中,粮油商贸公司与超市签订了《购销合同》,对粮油商贸公司向超市派驻促销人员,以及促销员的日常管理、工资待遇等方面进行了约定。超市对刘某在岗前培训、外在形象等方面的管理权来自粮油商贸公司的委托,刘某的劳动权利义务相关事项均由粮油商贸公司承担,其工资发放和社保办理均由粮油商贸公司承担。刘某在超市的促销工作亦由粮油商贸公司安排,用人单位应系粮油商贸公司。超市仅为刘某的工作场所,与刘某不存在经济及人身的依附从属关系,双方未建立劳动关系。

非劳动者本人原因从原用人单位被安排到新用人单位的,经济补偿责任主体为新用人单位。

【案例3－39】 嵇某诉电缆公司劳动争议纠纷案

判决观点,本案中,嵇某非因本人原因从电缆公司被安排至特种电线公司工作,电缆公司处的工作年限合并计算为特种电线公司的工作年限。嵇某与特种电线公司协议解除劳动合同,若存在特种电线公司支付经济补偿金的情形,嵇某在电缆公司处工作亦合并计算在特种电线公司工作年限内,特种电线公司负有法定义务,并不存在可能导致嵇某经济补偿金受损或是由此损

---

〔1〕 陕西省高级人民法院、陕西省人力资源和社会保障厅联合发布第一批劳动人事争议典型案例之四。

害嵇某合法权益的情形。然嵇某与特种电线公司协议解除劳动关系时，协议书中并未载明特种电线公司支付包括嵇某在电缆公司处工作期间的补偿金，现嵇某以特种电线公司未能获得在电缆公司处工作期间的补偿而要求电缆公司支付经济补偿金，显然违背了立法保护劳动者权益的初衷，加重了原用人单位的负担，故嵇某的诉请缺乏法律依据，对此难以支持。判决：驳回原告嵇某的诉讼请求。[1]

---

〔1〕 参见国家法官学院、最高人民法院司法案例研究院编：《中国法院2023年度案例》（劳动纠纷），中国法制出版社2023年版，第119页。上海市奉贤区人民法院(2020)沪0120民初15053号民事判决书。

专题四　劳动合同效力纠纷

本专题就劳动合同效力的含义、生效、范围、无效等涉及效力的纠纷，予以阐述。

一、劳动合同效力理解

(一)劳动合同效力含义

合同效力意指已经成立的合同在当事人之间产生的法律拘束力,也就是通常所说的合同具有的法律效力。[1] 学者认为,合同效力是指合同而产生的权利义务。[2] 法官认为,合同的效力反映了法律对当事人之间的合意的评价。[3] 换言之,合同效力,是合同经过法律的评价所反映出的效果。[4]

有学者认为,劳动合同的效力是劳动合同的核心问题。[5] 且合同效力是一个复杂且实践性很强的问题。[6] 劳动合同效力体现国家对劳动关系的引导和评价,是劳动合同法律属性的充分体现,是劳动合同走向合理、公正、效率的保证。合同的目的是否预期实现以及实现程度,完全取决于劳动合同效力的法律位阶。[7] 在劳动合同纠纷中,其合同效力争议是绕不过去且为疑难问题之一,有必要从理论和实践两个层面结合研究。

合同效力的评价标准可从三个方面界定:其一,主体标准。包括用人单位主体适格性,劳动者主体适格性以及特殊主体的身份判断。其二,内容判断标准。包括法定条款合法,约定条款合法以及附件内容合法。其三,意思表示判断标准。包括意思表示自愿,意思表示真实。[8]

劳动合同无效是指用人单位与劳动者签订的合同因严重欠缺生效要件,在法律上不按当事人的约定发生法律效力。劳动合同的无效是相对劳动合同的有效而言的。劳动合同效力是劳动法理论和与司法实践中的一个基本问题,无效劳动

---

〔1〕 参见程国林:《合同效力状态及其转化》,载《法学杂志》2006 年第 3 期。

〔2〕 参见李仁玉等:《合同效力研究》,北京大学出版社 2006 年版,第 1 页。

〔3〕 参见吴庆宝主编:《最高人民法院专家法官阐释民商裁判疑难问题》(合同裁判精要卷)(增订版),中国法制出版社 2011 年版,第 75 页。

〔4〕 参见韩世远:《合同法总论》(第 4 版),法律出版社 2018 年版,第 196 页。

〔5〕 参见杨彬:《劳动合同效力研究》,中国社会科学出版社 2011 年版,第 1 页。

〔6〕 参见杨彬:《劳动合同效力研究》,中国社会科学出版社 2011 年版,第 191 页。

〔7〕 参见王宏伟、印建朴:《法律视角谈合同效力制度》,载《现代商业》2009 年第 36 期。

〔8〕 参见杨彬:《劳动合同效力研究》,中国社会科学出版社 2011 年版,第 37 ~ 54 页。

合同的认定与处理又是其中的关键问题。[1] 需要特别说明的是,无效劳动合同虽不按当事人的约定发生法律效力,但并非不发生任何法律效力。

《劳动合同法》第二十六条、第二十七条和第二十八条规定了劳动合同无效制度,分别涉及劳动合同无效、部分无效以及劳动合同无效的法律后果。《劳动合同法》第二十六条规定劳动合同无效主要包括三种情形:其一,当事人意思不真实的无效劳动合同。其二,用人单位免除自己的法定责任排除劳动者权利的无效劳动合同。其三,违反法律效力性规范的无效劳动合同。根据《民法典》和《劳动法》第十五条第一款的规定,主体资格缺失的劳动合同无效,包括劳动者主体资格缺失和用人单位主体资格缺失两种情形。

(二)劳动合同效力范围

一般认为,在不违反法律、法规强制性规定、不违背公序良俗的前提下,用人单位与劳动者协商一致可就劳动合同履行涉及的事项作出约定,其双方合意的约定有效受法律保护。

劳动者在培训期间的工资,能否约定为培训费用并作计付违约金的标准,该种约定效力认定系争议问题。一般认为,其一,违约责任具有契约性,只要法律法规不作限制、禁止,双方可行约定。其二,违约金通常兼具惩罚性与补偿性,但就劳动合同而言,双方约定的违约金数额或者计算标准,不得超过法律规定,法律法规、司法解释无明确规定的,应当个案考虑公平、合理性。

【案例4-1】 郑某诉广西河池机场有限公司劳动合同纠纷案

二审法院认为,上诉人还称,在上诉人与被上诉人签订的《培训协议》中,约定把工资作为违约赔偿项下的内容,违反法律的强制性规定,《培训协议》应属无效。法院认为,法律并未禁止用人单位与劳动者将工资约定为违约责任项下支付违约金这一承担方式的标的,只要所约定的违约责任不是过重或过轻,对双方公平即可。从本案的情况来看,上诉人到被上诉人公司1个月后就被上诉人送到柳州机场进行长达6个月的脱产培训,被上诉人为此付出了一定代价。上诉人通过被上诉人提供的培训机会和平台,学习和掌握了航空导航的专业技术并取得了航空导航专业技术的从业资格证书,而上诉人在掌握该专业技术和取得该专业技术行业的从业资格证后3个月后即离开被上诉人公司,且从上诉人进入被上诉人公司至其离开的1年零2个月的

[1] 参见睢素利:《特殊劳动案件的认定与处理》,载《法学杂志》2007年第5期。

时间中,其真正意义上只为被上诉人提供了4个多月的劳动服务,上诉人的行为违反了诚实信用和公平的民事活动原则,损害了被上诉人的利益。据此,双方签订的《培训协议》中将工资约定为违约责任项下支付违约金这一承担责任方式的标的并未违反法律的强制性规定,上诉人的该上诉理由不成立,法院不予支持。原审判决事实清楚,实体处理正确,法院予以维持。判决:驳回上诉,维持原判。[1]

高校应届毕业生与用人单位签订的三方协议是否具备劳动合同效力有诸多争议。一般认为,三方协议是否具备劳动合同效力取决于三方协议的具体约定和内容,也就是劳动者与用人单位虽未签订劳动合同的书面协议,但双方签订的包含工资、岗位、工作时间、劳动期限等内容的三方协议,具备劳动合同本质特征和必备条款的,应当认定双方已经订立书面劳动合同。

【案例4-2】 蔡某诉广东杰威咨询顾问有限公司劳动合同纠纷案

二审法院认为,虽然双方未签订书面的劳动合同,但从双方签订的《普通高等学校毕业生、毕业研究生就业协议书》的内容来看,协议包括蔡某的工资、岗位、工作时间、劳动期限、福利等,该协议具备劳动合同本质特征,应当认定双方已经订立了书面的劳动合同。广东杰威咨询顾问有限公司上诉请求无需支付未签订书面的二倍工资,法院予以支持。[2]

劳动者与用人单位协商一致不缴纳社保费的约定效力。在民法领域,意思自治、平等协商是《民法典》的一大基本原则,但这种自治必须在法律允许范围之内。不管是签订劳动合同还是书面承诺书,双方虽然在自愿、协商一致的基础上,但是由于协议中有关社会保险的内容,违反了国家现行法律行政法规的强制性规定,从而导致双方合同中约定的相关条款无效。《劳动法》规定,用人单位和劳动者必须依法参加社会保险,缴纳社会保险费。从法律的规定可以看出,社会保险是国家强制保险,为劳动者办理社会保险是用人单位的法定义务,即使劳动者虽主动提出要求也不能免除用人单位为劳动者参加社会保险的法定义务。劳动者虽主动提出要求用人单位不为其参加社会保险,并作出书面承诺,但也有最终被认定为无效的风险。《民法典》也明确规定违反法律或者社会公共利益的民事行为无效,故用人单位把相应费用直接支付给劳动者本人而并未依法缴纳社会保险费将给其带来不利后果。《社会保险法》第八十六条规定:用人单位未按时足额

---

〔1〕 参见国家法官学院案例开发研究中心编:《中国法院2017年度案例》(劳动纠纷),中国法制出版社2017年版,第97~98页。广西壮族自治区河池市中级人民法院(2015)河市民四终字第90号民事判决书。

〔2〕 参见国家法官学院、最高人民法院司法案例研究院编:《中国法院2020年度案例》(劳动纠纷),中国法制出版社2020年版,第9页。广东省广州市中级人民法院(2018)粤01民终15382号民事判决书。

缴纳社会保险费的,由社会保险费征收机关责令其限期缴纳或者补足。因此,即使劳动者不愿意参加社会保险,也不能免除用人单位为劳动者参保、缴纳保险费的法定义务。

关于用人单位与劳动者签订薪酬保密协议效力问题。用人单位实行薪酬保密制度,主要出于维护职工隐私、避免互相攀比等方面考虑。现行劳动法及其他法律法规中并无明文规定薪酬有必要保密,也没有限制用人单位实行薪酬保密制度。《劳动合同法》第四条规定:“……用人单位在制定、修改或者决定有关……劳动纪律……等直接涉及劳动者切身利益的规章制度或者重大事项时,应当经职工代表大会或者全体职工讨论提出方案和意见,或者职工代表平等协商解决确定……工会或者职工认为不适当的,有权向用人单位提出,通过协商予以修改完善。用人单位直接涉及劳动者切身利益的规章制度和重大事项决定公示,或者告知劳动者。”《劳动争议解释(一)》第五十条第一款规定:“用人单位根据劳动合同法第四条规定,通过民主程序制定的规章制度,不违反国家法律行政法规及政策规定,并已向劳动者公示的,可以作为确定权利义务的依据。”结合上述两项规定,薪酬保密制度具备内容合法、民主制定、告知公示三项要素才能满足实体合法前提条件。因此劳动者与用人之间的薪酬保密协议如果是双方协商一致、拟定程序合法有效,且内容不与法律法规相抵触的,应受到法律的尊重与维护。

关于和解协议约定效力。《劳动争议解释(一)》第三十五条第一款规定:“劳动者与用人单位就解除或者终止劳动合同办理相关手续、支付工资报酬、加班费、补偿或者赔偿金等达成的协议,不违反法律、行政法规的强制性规定,且不存在欺诈、胁迫或者乘人之危情形的,应当认定有效。”该条虽然是关于和解协议效力的规定,但从劳动合同解除处理角度讲,该条包含以下几层含义:其一,如果不存在欺诈、胁迫或者乘人之危情形的,则协议就是合法、有效的,对劳动双方均具有约束力。其二,如果协议存在重大误解或者显失公平情形的,则协议有效,但劳动者有权向法院申请撤销。

用人单位向劳动者出具离职证明是一项法定义务,离职证明应是一份解除或终止劳动合同的书面证明,而不是用人单位与劳动者达成的债务结算或权利处分的协议,更不是劳动者放弃权利的单方承诺。离职证明系由用人单位单方制作,其内容未经与劳动者协商一致,除非用人单位提出反证推翻该规定。如果没有证据能够证明离职证明是劳动者与用人单位协商的产物,或者劳动者主动作出的承诺,则离职证明属于一种用人单位在诉讼外的自认。用人单位往往利用其支配地位,在离职证明上写诸如“工资已结清,双方无经济纠纷”等有关债务结算和权利处分的内容,从而将法定义务变成排除劳动者权利的手段,其不产生法律上的约束力。

【案例4-3】 北京首颐体育有限公司诉王某斌劳动争议纠纷案

一审法院认为，对于王某斌的工资标准，一审法院通过对比王某斌提交的银行交易明细和北京首颐体育有限公司（以下简称首颐体育公司）提交的没有王某斌签字的工资薪酬明细表的证明效力，认定王某斌的月工资标准，该认定符合《民事诉讼法》规定的举证规则，应予以确认。劳动者提供劳动，用人单位应支付工资，首颐体育公司认可2018年2月未发放王某斌工资，又没有证据证明王某斌2月未提供劳动，故首颐体育公司应支付相应工资。《劳动合同法》第八十二条第一款规定，用人单位自用工之日起超过1个月不满1年未与劳动者订立书面劳动合同的，应当向劳动者每月支付二倍工资。首颐体育公司未与王某斌订立书面劳动合同，其虽主张原因在于王某斌拒绝订立书面合同，但并未提供证据证明该主张，故其应支付相应的未订立书面劳动合同二倍的工资差额。首颐公司抗辩称王某斌在离职时与公司签订《劳动关系解除/终止确认书》，注明双方工资已结清，无其他经济纠纷或劳动争议，因此，其公司不应再支付王某斌工资及未订立书面劳动合同的二倍工资差额。但其一，上述《劳动关系解除/终止确认书》法律效力只是首颐体育公司制作证明劳动关系解除的书面格式化材料，它既非双方间处分债权债务的协议，亦不理解为王某斌放弃权利的单方承诺。王某斌虽然在该确认书上签字，但该签字只能起到确认劳动关系解除的证明效力，而不能由此推定王某斌放弃了向公司主张债权的意思表示。其二，根据查明的事实，首颐体育公司既未与王某斌结清工资，亦未向其支付未订立书面劳动合同的二倍工资。因此，上述《劳动关系解除/终止确认书》中载明的"乙方工资已结清，无其他经济纠纷和劳动争议"与事实不符，对于王某斌显失公平。因此，对首颐体育公司的上述抗辩不予采纳，其仍应向王某斌支付相应的工资和二倍工资差额。判决：(1)首颐体育公司支付王某斌2018年2月1日至2月28日基本工资954.55元；(2)首颐体育公司支付王某斌未签订劳动合同双倍工资差额33,561.29元；(3)驳回首颐体育公司的全部诉讼请求。二审法院判决：驳回上诉，维持原判。[1]

(三)劳动合同口头约定效力

主流观点认为，在不违反法律、法规强制性规定、违背公序良俗，且有证据证

---

〔1〕 参见北京市第一中级人民法院编：《裁判方法与法律适用：案例精选（2019年卷）》，法律出版社2020年版，第218～219页。

明的口头变更劳动合同,其效力受法律保护。

口头变更劳动合同的效力。《劳动争议解释(一)》第四十三条规定:“用人单位与劳动者协商一致变更劳动合同,虽未采用书面形式,但已经实际履行了口头变更的劳动合同超过一个月,变更后的劳动合同内容不违反法律、法规、国家政策以及公序良俗,当事人以未采用书面形式为由主张劳动合同无效的,人民法院不予支持。”该条文是对《劳动合同法》第三十五条规定劳动合同的变更形式做出的扩展,允许双方口头变更劳动合同的内容。但在实践中也出现用人单位以已经口头变更为由提出抗辩,为其违法行为作出合法解释。口头变更劳动合同的有效,应当具备三个条件:其一,合意条件。用人单位与劳动者协商一致,是其自己真实意思的表示。其二,法律条件。变更劳动合同内容不违反法律、法规、国家政策以及公序良俗。其三,时间条件。已经实际履行该口头变更劳动合同超过 1 个月。劳动者在 1 个月内提出异议的,则应视为不能满足这个条件。其四,范围条件。变更的内容应当是局部的变更,一般不是对劳动合同主体的变更。上述条件只是口头变更劳动合同的不充分必要条件,而非充分必要条件。具体来讲,如果一个情形在已经持续超过 1 个月,同时也未违反法律、法规、国家政策以及公序良俗,但是不能反推出这个情形是由于已经口头变更劳动合同的事实后形成的情形。

最高人民法院法官认为,口头变更劳动合同,应当建立在劳资双方合意的前提下,这种合意可以是明示的,也可以是默示的,即通过当事人连续的实际履行行为表现出来。需要注意的是,不能把沉默当成默示,依据《民法典》第一百四十条规定,沉默只有在法律规定、当事人约定或者符合当事人之间的交易习惯时,才可以视为意思表示。2013 年《劳动争议解释(四)》(已失效)第十一条未强调变更需协商一致这个前提,导致司法实践中形成一种误解,认为只要实际履行变更的劳动合同超过 1 个月,就认定有效,而不论变更是否经过双方协商一致。例如,用人单位在没有明确告知劳动者的情况下单方降薪,并按照降薪后的标准发放超过 1 个月的工资,劳动者以不知情或者不同意为由请求用人单位补助工资差额,此时用人单位抗辩称劳动者对降薪问题未提出异议,工资标准已经通过实际履行的方式做变更。这种观点忽略了本条适用前提是双方就变更劳动合同已经协商一致,如果仅是劳动者对降薪未持异议,实际上劳动者是对降薪保持消极沉默,用人单位没有证据证明其与劳动者就降薪进行协商的,这种沉默并不构成《民法典》第一百四十条规定的意思表示,不能视为双方就变更劳动合同已经协商一致。[1]

口头变更劳动合同效力具体把握:其一,查明口头变更劳动合同的基础事实是否存在,即双方当事人是否真实存在口头变更劳动合同内容并达成合意的事

---

〔1〕 参见最高人民法院民事审判第一庭编:《民事审判指导与参考》2021 年第 1 辑(总第 85 辑),人民法院出版社 2021 年版,第 229 ~ 230 页。

实,就此,主张存在口头变更劳动合同内容事实的用人单位应承担相应的举证责任。其二,查明口头变更劳动合同内容是否已实际履行超过1个月,变更后的内容是否违反法律、法规、国家政策以及公序良俗。其三,审查该变更的具体内容,查明此种变更是否用人单位的内部管理权还是对劳动者的单方权利滥用,应由用人单位举证说明其充分合理性。

【案例4-4】 王某永诉恩梯梯通信系统(中国)有限公司北京分公司劳动合同纠纷案

一审法院认为,关于工资标准,双方签订的劳动合同中明确约定了月工资为26,469元及相应构成,2012年4月30日订立的《续订劳动合同协议书》亦明确基本工资8200元/月及原劳动合同的其余条款继续有效,由此可见,双方未就工资标准进行变更。在此情况下,双方再随即以口头协议的形式将月工资标准降为18,500元明显与常理不符;同时,王某永作为劳动者,属于工资报酬的被接收方,即使其没有证据证明其曾要求恩梯梯通信系统(中国)有限公司北京分公司(以下简称恩梯梯公司)补足工资差额,也不能反推出双方存在口头降薪协议及王某永已默认降薪的事实,且相关法律规定劳动报酬的仲裁时效可在劳动关系终止1年内提出。因此,恩梯梯公司所主张的降薪理由难以成立,法院以劳动者合同的约定为准,恩梯梯公司应向王某永支付2012年5月至2015年4月工资差额。判决:恩梯梯公司给付王某永2012年5月1日至2015年4月30日工资差额221,364元。二审法院同意一审法院裁判意见。[1]

【案例4-5】 高某某诉淄博新华经贸总公司劳动争议纠纷再审案

再审法院认为,本案焦点问题是,高某某请求按照《劳动合同法》的规定支付最低工资是否有事实和法律依据。首先,劳动和社会保障部颁布的《最低工资规定》第三条规定,本规定所称的最低工资标准,是指劳动者在法定工作时间或签订的劳动合同约定的工作时间内提供了正常劳动的前提下,用人单位依法应支付的最低劳动报酬。因此,发放最低工资的前提系劳动者提供了正常劳动。本案中,高某某未在淄博新华经贸总公司提供正常劳动。其次,根据《劳动合同法》的规定,用人单位与劳动者协商一致可以变更劳动合同约定的内容。高某某在签订劳动合同后出具书面保证书一份,高某某自愿申请按照企业内部制度规定办理内退,在单位向其一次性发放2007年11月至2010年10月按内退规定计算的内退待遇后,其保证从2010年11月起按

〔1〕 参见国家法官学院案例开发研究中心编:《中国法院2019年度案例》(劳动纠纷),中国法制出版社2019年版,第84页。北京市第三中级人民法院(2017)京03民终10265号民事判决书。

企业内部规定领取内退待遇。该保证书系高某某与淄博新华经贸总公司的真实意思表示,不违反法律规定,双方均应受约束。之后,淄博新华经贸总公司已经按照上述约定向高某某支付了17,464.56元,且高某某从2010年11月至2011年5月已经按照企业内部规定实际领取内退待遇。根据《劳动争议解释(四)》(已失效)第十一条规定……因此,本案中高某某书写的保证书应当视为高某某与淄博新华经贸总公司协商后对双方签订劳动合同中高某某内退待遇的变更,高某某主张保证书中的企业内部制定规定不是新华经贸〔2007〕7号文件,但是没有提供淄博新华经贸总公司的其他有关内退规定的文件,因此,对其抗辩不予支持。新华经贸〔2007〕7号文件已经载明于2007年3月22日职工代表组长联席会议通过,淄博新华经贸总公司也已提交证据证明该文件经过职工代表组长联席会议及职工代表大会通过,高某某仅以该会议记录无单位公章为由主张系临时变造,无法律依据,不予支持。高某某提供工商登记材料欲证明淄博新华经贸总公司从业人数未超过百人,只能召开职工大会,从而进一步证明淄博新华经贸总公司提交的相关证据系伪造。但是该从业人数系淄博新华经贸公司总公司1994年刚成立时从业人数记载,公司的从业人数是不断变化的,当时的从业人数记载并不能证明淄博新华经贸总公司2007年、2008年时的从业人数。高某某关于新华经贸〔2007〕7号文件不能成为其发放内退待遇依据的主张,不予支持。高某某主张按劳动合同中约定的当地最低工资标准发放内退待遇,没有依据,不予支持。本案的情形也不适用《山东省企业工资支付规定》第三十一条的规定,故二审法院对高某某要求淄博新华经贸总公司支付基本生活费与内退待遇差额的请求不予支持,并无不妥。[1]

口头约定试用期的效力。实践中,很多用人单位口头与劳动者约定试用期,但不签订书面劳动合同。口头约定的试用期满后,用人单位认为该劳动者试用合格,就签定正式劳动合同;如果认为不符合录用条件,就解除劳动合同。用人单位的这种做法违反法律规定。试用期存在的前提在于双方成立劳动合同关系。[2]

(四)劳动者从业资格效力

劳动者的主体资格是劳动法规定的公民成为劳动者应当具备的条件,它包括公民权利能力和行为能力两个方面,劳动权利能力是指公民能够享有劳动权利并

〔1〕 山东省高级人民法院(2014)鲁民提字第238号民事判决书。

〔2〕 参见最高人民法院民事审判第一庭编:《民事审判实务问答》,法律出版社2021年版,第200页。

承担劳动义务的法律资格,而劳动行为能力是指公民能够以自己的行为行使劳动权利并承担劳动义务的法律资格。

现行劳动法体系中未针对劳动者的主体资格进行规定,但从事特定行业的劳动者,应当满足法律规定的资质准入要件。教师、医生、律师、建筑师等从业人员,应当具备相应法律法规中的从业资质,方具备与用人单位建立劳动关系的资格。就此,实践中存在不同观点。一般认为,劳动关系的认定,除遵循双方的意思自治外,法官还应当进行合法性审查,确保在法律运用层面不作出冲突性判断,并依法保障社会公共利益。实践中应当融会贯通各部门立法的规定,并从立法宗旨、社会公共利益的角度作出考量。以教育、医疗及建筑行业为考量,如果大量不具备从业资质的"教师""医生""建筑师",经法官判决认定为与学校、医院、建筑企业建立了合法有效的劳动合同关系,则《劳动合同法》与《教师法》、《医师法》、《建筑法》在司法过程中就明显被人为制造冲突,这种不具备从业资格的"劳动者"提供劳动,从实质上不能保障社会公共利益。对于从业资格的规定属于管理性而非效力性规范的理解不能过于机械,虽然法律、法规没有规定不具备从业资格将导致合同无效或不成立,该规定若使合同继续有效将损害国家利益和社会公共利益,此时应将其理解为效力性规定,这并不违反《教师法》《医师法》等法律法规的立法精神。也就是说,劳动者不具备特定行业的从业资质时,不宜认定为具备建立劳动关系的主体资格,其劳动合同不具备有效要件。

【案例4-6】　王某雯诉清华大学附属中学永丰学校劳动争议纠纷案

判决观点,清华附中作为承继原丰联小学权利义务的法律主体,为本案的适格被告。《劳动合同法》第二十六条第一款第三项规定,违反法律、行政法规强制性规定的,劳动合同无效或者部分无效。《教师法》第十条第一款规定,国家实行教师资格制度。《教师资格条例》第二条规定,中国公民在各级各类学校和其他教育机构中专门从事教学工作,应当依法取得教师资格。本案中,王某雯在原丰联小学任职教师岗位,未依法取得教师资格,故其与原丰联小学基于聘用教师岗位而形成的劳动合同关系,因不符合法律法规的主体资格而归于无效。进而,针对王某雯主张的未签订书面劳动合同二倍工资差额及解除劳动关系经济补偿金,《劳动合同法》第二十八条规定,劳动合同被确认无效,劳动者已付出劳动的,用人单位应当向劳动者支付劳动报酬。劳动报酬的数额,参照本单位相同或者相近岗位劳动者的劳动报酬确定。本案中王某雯主张清华附中永丰学校支付其2015年2月1日至2月28日未签订书面劳动合同二倍工资差额及解除劳动关系经济补偿金的诉请,均不属于劳动报酬的范畴之列,故对王某雯上述诉讼请求,法院均不予支持。本案仲裁裁决作出后,清华附中永丰学校已依据裁决结果向王某雯支付"未签订劳动合同的二倍工资差额"532.59元,法院对此自愿履行的情况不持异议。

判决:(1)清华附中永丰学校向王某雯支付2015年1月28日至1月31日未签订书面劳动合同二倍工资差额532.59元(已自愿履行完毕);(2)驳回王某雯的其他诉讼请求。[1]

未取得教师资格的劳动者,不能向学校主张签订教师岗位的劳动合同。

[1] 参见国家法官学院案例开发研究中心编:《中国法院2018年度案例》(劳动纠纷),中国法制出版社2018年版,第9~10页。北京市海淀区人民法院(2016)京0108民初26754号民事判决书。

二、劳动合同效力法律适用

（一）劳动合同效力判断标准

判断劳动合同效力依据，涉及劳动法领域的以《劳动法》《劳动合同法》以及劳动行政法规规定，涉及民法领域的以《民法典》规定。劳动者与用人单位缔结的劳动合同、解除劳动合同协议的本质仍属于当事人的合意，在不违背劳动法律相关法律规范基本精神时，也应受到《民法典》的调整。必要性体现在，其一，劳动关系建立或解除的当下，劳动者与用人单位尚未建立管理关系或即将终结管理关系，双方之间就各类事项的协商与平等主体间的交易合意无本质区别。如果双方发生争议，仅单方面保护劳动者，或不以民商事一般规范评价用人单位行为的法律效力，不适用《民法典》合同编的基本原则精神，将导致《劳动法》与《民法典》争议竞合的情况下对于民事主体行为存在双重评价标准。其二，具体来说，某些劳动者创造的价值可能无法在劳动合同中完全体现，劳动者与公司存在就特殊事项进行特别协商的需要。也就是说，在不违背劳动法的规范精神的前提下，《民法典》基本原则也适用于劳动争议。

在劳动法领域的范围内，判断劳动合同的效力，应将《民法典合同编通则解释》的以下两个条文的规定作为评判的依据之一。

《民法典合同编通则解释》第十六条规定："合同违反法律、行政法规的强制性规定，有下列情形之一，由行为人承担行政责任或者刑事责任能够实现强制性规定的立法目的的，人民法院可以依据民法典第一百五十三条第一款关于'该强制性规定不导致该民事法律行为无效的除外'的规定认定该合同不因违反强制性规定无效：（一）强制性规定虽然旨在维护社会公共秩序，但是合同的实际履行对社会公共秩序造成的影响显著轻微，认定合同无效将导致案件处理结果有失公平公正；（二）强制性规定旨在维护政府的税收、土地出让金等国家利益或者其他民事主体的合法利益而非合同当事人的民事权益，认定合同有效不会影响该规范目的的实现；（三）强制性规定旨在要求当事人一方加强风险控制、内部管理等，对方无能力或者无义务审查合同是否违反强制性规定，认定合同无效将使其承担不利后果；（四）当事人一方虽然在订立合同时违反强制性规定，但是在合同订立后其已经具备补正违反强制性规定的条件却违背诚信原则不予补正;(五)法律、司法解释规定的其他情形。法律、行政法规的强制性规定旨在规制合同订立后的履行行为,当事人以合同违反强制性规定为由请求认定合同无效的,人民法院不予支持。但是,合同履行必然导致违反强制性规定或者法律、司法解释另有规定的除外。依据前两款认定合同有效,但是当事人的违法行为未经处理的,人民法院应当向有关行政管理部门提出司法建议。当事人的行为涉嫌犯罪的,应当将案件线索移送刑事侦查机关;属于刑事自诉案件的,应当告知当事人可以向有管辖权的人民法院另行提起诉讼。"

《民法典合同编通则解释》第十七条规定:"合同虽然不违反法律、行政法规的强制性规定,但是有下列情形之一,人民法院应当依据民法典第一百五十三条第二款的规定认定合同无效:(一)合同影响政治安全、经济安全、军事安全等国家安全的;(二)合同影响社会稳定、公平竞争秩序或者损害社会公共利益等违背社会公共秩序的;(三)合同背离社会公德、家庭伦理或者有损人格尊严等违背善良风俗的。人民法院在认定合同是否违背公序良俗时,应当以社会主义核心价值观为导向,综合考虑当事人的主观动机和交易目的、政府部门的监管强度、一定期限内当事人从事类似交易的频次、行为的社会后果等因素,并在裁判文书中充分说理。当事人确因生活需要进行交易,未给社会公共秩序造成重大影响,且不影响国家安全,也不违背善良风俗的,人民法院不应当认定合同无效。"

股东会决议是否是一种双方法律行为,对于除股东、董事会及公司高管之外的第三人是否具有直接约束力应作具体分析。根据权利义务相一致的民法原则,如果公司股东会议具有对第三人的约束力,第三人在履行相应义务的同时也就获得了相对应的权利,由此来看,股东会决议就是一种明显的双方法律行为;如果不具有约束力,则不会在公司与第三人之间产生任何的权利义务关系,自然也就不可能是一种双方法律行为。股东大会决议作为法律行为应当对哪些人具有法律约束力,现行《公司法》没有明确规定,从法律解释论的角度分析,股东大会作为公司的权力机构,其应该对股东、董事会及公司高管具有相应的法律约束力,但对除此之外的第三人应当认为不具有约束力。

(二)劳动合同效力认定

劳动合同约定劳动者失职赔偿的效力在实践中有不同观点。一般认为,承担违约责任除了支付违约金外,还有采取补救措施、赔偿损失等方式。《劳动合同法》虽对违约金的适用范围作了严格限制,但并未限制禁止用人单位向劳动者主张赔偿的权利。劳动合同约定劳动者严重失职承担相应的赔偿责任,是双方真实意思表示,不违反法律、行政法规强制性规定,合法有效。其一,劳动者失职赔偿的条款不符合认定劳动合同无效的情形。根据《劳动合同法》第二十六条的规定,劳动合同无效或部分无效的情形只有三种:以欺诈、胁迫的手段或者乘人之危,使对方在违背真实意思的情况下订立或变更劳动合同的;用人单位免除自己的法定责任、排除劳动者权利的;违反法律、行政法规强制性规定的。《劳动合同法》第三十九条虽未明确赋予用人单位在劳动者严重失职情况下向劳动者索赔的权利,但劳动法的社会法属性突出表现为国家意志和个人意思自治的融合,法律没有禁止的,应充分尊重用人单位与劳动者的协商自由。其二,劳动者失职赔偿约定没有违背劳动合同违约金条款。《劳动合同法》对违约金适用的限制体现了国家对合同自由的干预。《劳动合同法》第二十五条明确,除了劳动者有违反服务期、保密义务或者竞业限制义务的,其他任何情形不得约定违约金,此为劳动合同违约金的专门规定。然而违约金条款仅是民事违约责任承担方式中的一种而非唯一,《民法典》合同编规定的违约责任有继续履行、赔偿损失、支付违约金等。《劳动合同法》只是限制违约金的适用范围,并没有限制赔偿损失的适用。其三,劳动者过错程度及赔偿责任范围的认定。在劳动法律关系中,劳动者相对弱势,以劳动换取用人单位的有偿报酬,接受用人单位的人事管理权,对用人单位具有一定的人身和财产依附性。用人单位不仅要制定完备的管理制度,还应对劳动者负有培训、教育、管理、监督的责任,该责任贯穿整个劳动合同的履行过程。因此,劳动者因一般过失造成单位损失的,不应承担赔偿责任,如劳动者因操作不当致产品出现瑕疵等。除非劳动者故意违规,否则劳动合同不能约定劳动者承担全部赔偿责任,因为这种约定实质上免除了用人单位的法定管理责任,排除了劳动者的权利。

劳动合同约定到期可无限次顺延的效力,一般认为该约定有效。主要理由:其一,现行法律、行政法规并未禁止劳动双方约定劳动合同到期自动顺延。其二,约定劳动合同到期自动顺延,能够节省再次签订书面劳动合同的成本,且不会给劳动者的权利造成实质损失。因此,劳动合同中关于期限顺延的约定应为合法有效。

【案例4-7】 张某诉中庚公司劳动合同纠纷案

二审法院认为,关于争议条款的效力。劳动合同的期限顺延本身并不违反法律法规的强制性规定,若劳动者与用人单位协商一致,约定应有效。争议条款中,双方将顺延的期限约定为“一年或者甲方指定的期限,二者冲突时以甲方指定期限为准,顺延次数不受限制”。按此约定,期限顺延后劳动合同实质上没有确定的禁止时间。依据《劳动合同法》,劳动合同分为三类:固定期限劳动合同、无固定期限劳动合同和以完成一定工作任务为期限的劳动合同。《劳动合同法》第十四条第一款规定,无固定期限劳动合同,是指用人单位与劳动者约定无确定终止时间的劳动合同。中庚公司与张某之间的劳动合同因没有确定终止时间,应视为已变更为无固定期限劳动合同。争议条款还约定“(期限顺延)直至甲方通知终止时为止”,该约定授予了中庚公司在履行无固定期限劳动合同中,随时终止劳动合同的权利,其实质是免除用人单位因违法解除劳动合同所应承担的法定责任。根据《劳动合同法》第二十六条第一款第二项之规定,用人单位免除自己的法定责任,排除劳动者权利的,劳动合同无效或者部分无效。因此,争议条款中“(期限顺延)直至甲方通知终止时为止”的约定应为无效,其余部分有效。[1]

法院在判断用人单位单方解除劳动合同行为的合法性时,应当以用人单位向劳动者发出的解除通知的内容为认定依据。在案件审理过程中,用人单位超出解除劳动合同通知中载明的依据及事由,另行提出劳动者在履行劳动合同期间存在其他严重违反用人单位规章制度的情形,并据此主张符合解除劳动合同条件的,法院不予支持。此乃“一一对应”原则,一个法律行为导致一个对应的法律后果。劳动者此前即便存在其他用人单位有权单方解除劳动合同的情形,但如果用人单位解除通知上载明的是一个不具备单方解除权的事由,据此主张解除劳动,亦不能得到法院支持。

劳动合同协商解除时所附条件或期限效力认定。在劳动双方订立劳动合同时不可约定解除的条件,因此只有在法定情形下,才可以解除劳动关系。但双方协商解除劳动合同时,附加了条件或者期限,由此产生了“泛化解除权”,而解除权在学理上是形成权,原则上不可附条件和期限。这是因为,如果允许权利人设置条件或期限,会使法律关系处于不确定的状态,但依当事人约定而附条件期限的效力认定,实践中有不同观点,目前尚未有统一的意见。一般认为,对附加了条件或期限的形成权效力认定,应全面核查当事人的真实意思,并充分尊重其意思自治,但所附的条件或期限如果是不可能成就的条件、不确定期限的,所附的条件、期限均为无效。个案中应结合具体案情认定,不能一概而论。也就是说,对意思自治应加以限制,即通过控制“任意”意思自治的产生,对意思自治进行实质性、深层次的保护,以期建立和发展和谐、稳定的劳动关系。

【案例4-8】 高某诉甲骨文公司劳动合同纠纷案

一审法院认为,高某与甲骨文公司于2016年4月27日签订的《协商解除协议书》载明“协议自双方签署之日起生效”,该协议落款处有被告的签章及原告的签字,现未有证据显示签订该协议时存在欺诈、胁迫或乘人之危的

---

[1] 参见国家法官学院、最高人民法院司法案例研究院编:《中国法院2021年度案例》(劳动纠纷),中国法制出版社2021年版,第65页。重庆市第一中级人民法院(2019)渝01民终70号民事判决书。

情形，故该协议自双方签订之时生效。现甲骨文公司已依照协议向高某支付了约定的款项，该协议已履行完毕，高某虽在该协议落款签字处写有“此协议仅在本人与公司无任何销售佣金和费用报销争议的前提下生效，否则无效”，但现有证据及当事人陈述显示高某系在双方签订《协商解除协议书》并已经履行完毕之后，另行就销售及费用报销的争议进行主张，高某以此行为作为之前签订且已履行完毕的《协商解除协议书》的约束条件，并以此为由主张《协商解除协议书》未生效，明显不妥。另外，本案中，高某认可签订《协商解除协议书》后已到新的工作单位工作，甲骨文公司亦不同意继续履行双方劳动合同，故高某要求继续履行双方劳动合同的诉讼请求，不予支持。判决：驳回高某的诉讼请求。二审法院判决：驳回上诉，维持原判。[1]

解除劳动合同经济补偿金约定支付条件的效力。因涉及劳动法律关系的法律法规具有较为鲜明的公法和私法混合的性质，故容易在判断强制性规定的理解方面产生混淆。其一，需明确的是，强制性规定应指效力性强制性规定，即违反效力性强制性规定的，法官应当认定合同无效。违反管理性强制性规定的，法官应当根据具体情形认定其效力。其二，在劳动争议案件中，效力性强制性识别重点在于存在侵害国家利益、公共利益，或是否扰乱市场管理秩序、违反公序良俗等情况；如果没有上述情形，则不应认定为效力性强制性规定。事实上，对经济补偿金附加支付条件，从本质上看，是劳动者对自身权利的一种处理，这种处理并未损害他人或国家利益，亦不违反公序良俗等，因此该约定是有的，而不是无效的。应强调的是，基于劳动法律法规混合性质，对双方约定涉及效力性强制性的认定应更为谨慎。有关社会保险的强制性规定是效力性强制性规定，如《社会保险法》第六十条第一款规定，如用人单位与劳动者达成无需缴纳社会保险协议，就因违反效力性强制性规定而无效。

【案例 4－9】 中安消公司诉郭某劳动合同纠纷案

二审法院认为，郭某主张《解除劳动合同协议书》第四条违反了《劳动合同法》第四十六条第二项、第五十条第二款的规定，应属无效。但是上述规定并非法律的效力性强制性规定，郭某与中安消公司自愿达成《解除劳动合同协议书》，双方对经济补偿金的支付条件进行了明确约定，该约定并未违反法律法规的强制性规定，故《解除劳动合同协议书》第四条应属有效，双方均应遵照执行。同时，根据在案证据，可以认定《解除劳动合同协议书》第四条约定的支付条件已经成就。一审法院判决驳回中安消公司关于不予支付解除

---

〔1〕 参见国家法官学院、最高人民法院司法案例研究院编：《中国法院 2021 年度案例》（劳动纠纷），中国法制出版社 2021 年版，第 69 页。北京市第三中级人民法院（2019）京 03 民终 9395 号民事判决书。

劳动合同经济补偿金的诉求结果正确。判决：驳回上诉，维持原判。[1]

内部退养的效力认定问题。内退，全称“内部退养”或“内部内养”或“离岗退养”，严格来说并不是真正地办理了退休手续，只是在单位内部的一种近似退休待遇的办法，办理内退的人员可不在单位工作，但每月可以从单位领取一定数额的内退费。劳动者具有完全民事行为能力的自然人应当理解内部退养的含义，提出申请选择了内部退养的意思表示，用人单位根据劳动者的请求批准其行为合法。

【案例4－10】 卓某越诉湖南盐业股份公司常德市分公司劳动合同纠纷案

一审法院认为，原告卓某越与被告湖南盐业股份公司常德市分公司（以下简称盐业公司）协商一致办理内部退养的过程并未违反法律、法规的强制性规定，并且原告卓某越的内退行为已经完成，应当认定为有效。结合庭审查明的事实，2009年10月至2010年3月，被告盐业公司为原告卓某越发放的奖金存在差额，金额为1134元，被告盐业公司应当为其支付该奖金差额。判决：（1）被告盐业公司支付2009年10月至2010年3月的奖金差额人民币1134元；（2）驳回卓某越的其他诉讼请求。二审法院判决：驳回上诉，维持原判。[2]

用人单位对劳动者进行经济性裁员的行为是否具备合法性，是司法实践中经常发生的争议。关于经济性裁员的法定许可条件。《劳动合同法》第四十条作了明确规定，根据该条规定经济性裁员应符合法定许可条件，其许可条件又包括形式要件与实质要件，其中形式要件主要针对裁减人员数量，即需裁减人员应在20人以上或者虽然不足20人但占比达到用人单位职工总数的10%以上；实质要件包括，依照破产法规进行重整，生产经营严重困难，企业转产、重大技术革新或者经营方式调整等客观经济情况发生重大变化，致使劳动合同无法履行的情形。关于经济性裁员的禁止性条件。经济性裁员系由用人单位基于自身经营状况所适用，进行裁员时统一对某一部门或某一类别的人员进行裁减，而经济性裁员涉及裁减人员众多，对于某些特定情形的人员适用经济性裁员，将导致被裁减人员陷入生活困难的境地。《劳动合同法》第四十二条作了明确规定，符合禁止性条件的劳动者，用人单位不得以经济性裁员的方式进行人员裁减。关于经济性裁员的程序条件。《劳动合同法》第四十一条及《企业经济性裁减人员规定》第四条，均对经济性裁员的程序性条件进行了规定，根据相关规定，用人单位进行经济性裁员应提前30日内向工会或者全体职工说明情况，并提出裁减人员方案，将裁减人

〔1〕 参见国家法官学院、最高人民法院司法案例研究院编：《中国法院2021年度案例》（劳动纠纷），中国法制出版社2021年版，第105页。北京市第二中级人民法院（2019）京02民终15280号民事判决书。

〔2〕 参见国家法官学院案例开发研究中心编：《中国法院2018年度案例》（劳动纠纷），中国法制出版社2018年版，第134页。湖南省常德市中级人民法院（2015）常民一终字第7号民事判决书。

员方案征求工会或者全体职工的意见,向当地劳动行政部门报告裁减人员方案及工会和全体职工的意见,在正式公布裁减人员方案后,与被裁减人员办理解除劳动合同手续,并依法向被裁减人员支付经济补偿。在个案中,由法官认定经济性裁员条件是否合法。

【案例4-11】 聂某诉施耐德电气(中国)有限公司劳动合同纠纷案

二审法院认为,关于施耐德电气(中国)有限公司(以下简称施耐德公司)经济性裁员是否符合法定条件。用人单位具有根据经济发展变化的需要组织架构调整的经营自主权,根据施耐德公司向朝阳区人社局提交的材料可以认定,且经济性裁员的原因为配合公司全球性发展战略提高组织架构运营效率及调整业务布局,将QCS北京业务及办公室撤销并于2015年6月30日前迁至武汉,其裁员人数为20人以上,符合经济性裁员的法定条件。聂某主张其与施耐德公司签订无固定期限劳动合同后无新的客观经济情况发生变化,施耐德公司经济性裁员所依据的客观情况直至其向朝阳区人社局提交裁员报告等材料时仍持续存在。因聂某符合签订无固定期限劳动合同的条件,且实施德公司裁员程序未履行完毕,施耐德公司于2014年12月15日与聂某签订无固定期限劳动合同,双方签订无固定期限劳动合同的行为与施耐德公司裁员的行为并不矛盾,法院对聂某该项上诉理由不予采信。聂某上诉主张其岗位及工作性质有独立性,不需要团队协作亦可独立开展工作,但对此未提交充分证据证明,故法院不予采纳。关于施耐德公司经济性裁员是否符合法定程序。聂某上诉主张施耐德公司工会公章无效、工会未履行法定职责,施耐德公司关于工会公章名称问题作出的解释合理,而施耐德公司的《告知函》与《工会意见》在同一页面中不足以否定《工会意见》的效力,故聂某该项上诉理由法院不予采信。一审法院认为施耐德公司在裁员程序上符合法律规定,具有依据。一审法院未支持聂某要求确认施耐德公司违法解除合同并支付赔偿金的请求,并无不当,法院予以维持。另外审查,一审判决适用法律并无不当,法院予以确认。判决:驳回上诉,维持原判。[1]

劳动合同能否由他人代签的问题,理论上存在两种不同的观点。一般认为,劳动合同属于民事行为,《劳动法》与《劳动合同法》并未禁止代理行为时,仍应适用民法的规范来进行效力认定。

【案例4-12】 郭某荣诉上海冰洁保洁有限公司劳动合同纠纷案

判决观点,关于劳动合同的签订情况一节。本案中,郭某荣于2013年4

---

〔1〕 参见国家法官学院案例开发研究中心编:《中国法院2018年度案例》(劳动纠纷),中国法制出版社2018年版,第149页。北京市第三中级人民法院(2016)京03民终7582号民事判决书。

月15日入职上海冰洁保洁有限公司(以下简称上海冰洁公司),当月24日受伤住院接受治疗,被诊断为锁骨远段骨折(右),此后直至双方劳动关系终止时,郭某荣再未向上海冰洁公司提供劳动。上海冰洁公司主张郭某荣住院期间,因伤情所致本人无法签署劳动合同,故郭某荣委托其配偶邵某庆前往其公司的用工场所代签劳动合同,并提交了相应的劳动合同;郭某荣则主张邵某庆是其一般朋友,邵某庆并未告知其代签订了劳动合同。就此,法院从以下方面进行分析认定:其一,劳动合同能否由他人代签。《劳动法》《劳动合同法》均未禁止他人代理"劳动者本人"签订劳动合同,故代签劳动合同这一民事法律行为的法律效力不能一概视为无效,应区分情况予以认定。其二,郭某荣与邵某庆的身份关系。或更准确地讲,该二人以何种身份关系自居。郭某荣主张其丧偶并未再婚,邵某庆仅是其一般朋友,但该主张与郭某荣一方在医疗机构填写的《手术知情同意书》与《麻醉知情同意书》中载明双方是夫妻关系之名不符。载于第三方医疗机构的内容通常具备反映双方在生活常态中的身份关系特性,在医疗机构签署上述同意书的人员与患者具备密切身份关系是一般常理,故法院认为上述情况足以印证上海冰洁公司主张,即郭某荣与邵某庆以夫妻的身份关系示人,此种情形也足以使他人善意地对此产生信任。郭某荣所持二人并非办理结婚登记手续以及"邵某庆是随便写的"这样的抗辩理由不足以推翻上述认定。其三,劳动合同是否由邵某庆代签;如是,其代签行为具有法律效力。上海冰洁公司提举了郭某荣劳动合同并主张系邵某庆代签,经法院释明,郭某荣作为与邵某庆具备密切身份关系的人员,表示邵某庆无法到庭,经法院释明亦不就劳动合同中是否为邵某庆的笔迹申请笔迹真伪鉴定,应承担相应的法律后果。故法院认定采纳上海冰洁公司主张,认定劳动合同系邵某庆代签。《合同法》第四十九条规定……退而言之,即便依郭某荣所述,其并不知晓邵某庆代签劳动合同事宜,但基于二人上述的特殊关系,上海冰洁公司也有理由出于善意地相信邵某庆有为郭某荣代签劳动合同的代理权,上述代理行为对上海冰洁公司而言应当有效。综上法院采纳上海冰洁公司提举的劳动合同真实性,认定邵某庆代郭某荣与其公司签订的劳动合同。最后,法院认为,《劳动合同法》第八十二条规定的二倍工资差额的性质并非劳动者的劳动所得,而是对用人单位违反法律规定的一种惩戒。其立法目的在于敦促用人单位与劳动者签订劳动合同,以提高书面劳动合同的签订率,而非劳动者可以从中谋取劳动报酬的额外利益。上海冰洁公司基于对邵某庆与郭某荣呈现出来的身份关系的善意信任以及郭某荣尚在住院接受治疗的事实。而认同由邵某庆代郭某荣签订劳动合同,客观上保护了郭某荣作为工伤职工的合法权益,此种情形再行适用惩戒条款未免苛责。综上,鉴于双方之间签订的劳动合同期限已涵盖2013年5月15日至2013年9月10日，故针对郭某荣主张上海冰洁公司支付该段期间未签订书面劳动合同的两倍工资差额的请求，法院不予支持。判决：驳回郭某荣的全部诉讼请求。[1]

《劳动法》和《劳动合同法》均规定劳动者在行使通知解除权时，应提前30日以书面形式通知用人单位。劳动者未履行提前30日书面通知的义务，违反劳动合同程序或条件的行为，不宜直接认定为无效，该解除行为有效，能够产生消灭劳动关系权利义务的法律后果。劳动者未履行提前通知义务解除劳动合同的，属于《劳动合同法》第九十条规定中违反本法规定解除劳动合同的情形。劳动者给用人单位造成损失的，应当承担赔偿责任。

【案例4-13】 电子安全公司诉殷某劳动争议纠纷案

二审法院认为，殷某与电子安全公司劳动关系存续期间，双方因电子安全公司的经营场所发生变化，殷某不接受新的工作场所而产生劳动争议。关于双方劳动关系解除的时间，殷某首先于2018年11月26日申请劳动仲裁，请求电子安全公司支付解除劳动关系经济补偿金，并在电子安全公司工会微信群里表明其已就申请经济补偿金提起仲裁一事，电子安全公司当日知晓殷某的相关意思表示。殷某提起劳动总裁后再未实际提供劳动，电子安全公司2018年12月3日作出与殷某解除劳动关系的《解雇通知书》。综合上述事实可知，殷某先于电子安全公司的《解雇通知书》实施解除行为，发生解除劳动关系的后果。电子安全公司无需向殷某支付违法解除劳动合同赔偿金。判决：(1)撤销一审判决；(2)电子安全公司无需支付殷某违法解除劳动合同赔偿金184,902元。[2]

公司内部文件在劳动争议中的效力认定。对于劳动者和公司之间的对话形式的内部文件，一般不能给予合同约束律层面的效力认定。主要理由为，其一，劳动者对用人单位的人身从属性是劳动关系的本质特征，一旦建立了劳动关系，劳动者便接受用人单位的管理。在劳动关系中，劳动者与用人单位作为管理与被管理的双方，其沟通并非平等主体间的协商，不能作为邀约、承诺看待。其二，劳动者在劳动关系中的持续表现和其获取的劳动收益相对稳定，某些内部文件中的一次性内容不足以改变劳动关系的基本内容。其三，劳动者作为用人单位一员，有更多机会获取公司内部文件，以公司内部的文件来认定双方权利义务容易引发争

---

〔1〕 参见国家法官学院案例开发研究中心编：《中国法院2017年度案例》(劳动纠纷)，中国法制出版社2017年版，第62~64页。北京市海淀区人民法院(2015)海民初字第15395号民事判决书。

〔2〕 参见国家法官学院、最高人民法院司法案例研究院编：《中国法院2022年度案例》(劳动纠纷)，中国法制出版社2022年版，第109~110页。北京市第二中级人民法院(2020)京02民终2632号民事判决书。

议。应当注意的是,在劳动争议中,在对企业内部文件作出符合民商事法律规范的一般原则的认定时,也应注意到劳动关系的特殊性,避免出现明显利益失衡的情况,避免裁判结果有失公平。

【案例4-14】 王某诉金融服务公司劳动争议纠纷案

二审法院认为,《请示》上加盖金融服务公司公章,金融服务公司主张《请示》并非其真实意思表示,缺乏法律依据。就《请示》的内容是否构成金融服务公司向王某支付所涉奖金的承诺,从《请示》文义看,并无明确的金融服务公司向王某承诺付款的表述。通过王某与金融服务公司相关人员的沟通情况来看,该文件仅涉及奖金数额问题,且删除了"暂由金融服务公司支付"的内容。《请示》中的"拟定月薪4万元"与王某所称月薪4万元的主张存在差异,而月薪4万元在双方《劳动合同书》和工资表中均未体现。故金融服务公司主张《请示》所涉奖金系"某项目(筹)"相关人员对项目成立后奖金数额的约定,具有合理性。现有证据不足以证明《请示》所作支付欠付奖金的承诺,亦不足以证明金融服务公司欠付王某的工资、奖金。现有证据也不足以证明"某项目"且现已成立另一家金融公司。王某向金融服务公司主张案涉款项,亦缺乏合同依据。判决:驳回上诉,维持原判。〔1〕

用人单位的规章制度规定出差期间不计加班费的效力认定。对用人单位的员工手册规定员工出差期间为弹性工作制,不计考勤与加班的效力,一般认为,该规定并不违反法律法规的强制性规定,不违背社会公序良俗。通常情况下亦不存在严重侵害劳动者合法权益的情形,应属合法有效。实践中,应根据劳动者提交的证据考察劳动者出差期间提供劳动的情况,结合出差期间劳动者可灵活安排时间的实际情况综合判断劳动者是否存在加班。若劳动者出差期间确实存在加班,为保障劳动者的休息权,即便规章制度规定出差期间采用弹性工作制,不计考勤、加班,该项规定亦因免除了用人单位支付加班工资的义务,侵害劳动者合法权益而在该情况下不能适用。

【案例4-15】 能源集团公司诉柯某劳动争议纠纷案

二审法院认为,首先,柯某在签约单上签字及代表其已收到应当遵守《员工手册》。其次,《员工手册》规定了员工出差期间为弹性工作制,不计考勤、不计加班,按照生活及工作实践,员工在出差期间对于工作时间的安排相对灵活,因此前述弹性工作制具备一定的合理性。《员工手册》的上述规定,是对劳动者在特殊时期(出差期间)的工作时间的规定,并非对劳动者工时工

---

〔1〕 参见国家法官学院、最高人民法院司法案例研究院编:《中国法院2022年度案例》(劳动纠纷),中国法制出版社2022年版,第159页。北京市第一中级人民法院(2020)京01民终3689号民事判决书。

作制的规定，上述规定无需劳动行政部门的审批，故对柯某关于《员工手册》的上述规定违反劳动法律法规的强制性规定、未经劳动行政部门审批而应属无效的主张不予采信。最后，加班是指用人单位在正常工作时间以外安排劳动者进行工作，柯某主张其在休息日和法定节假日加班，但其并未提交充分有效的证据证明其在休息日和法定节假日从事了能源集团公司安排的额外工作，故对柯某的该项主张不予采信。判决：驳回上诉，维持原判。[1]

不定时工作制是相对标准工作制而言的一种特殊的工时制度，它是指因工作性质、特点和工作职责的限制，无法按标准工作时间衡量或需要机动作业的职工所采用的，劳动者每一工作日没有固定的上下班时间限制的工作时间制度。按照劳动法及相关劳动行政规章的规定，企业实行不定时工作制的，应当经劳动行政部门批准。但这种批准的规定，不属于效力性强制性的规定，应界定为一种管理性规范。故违反该规定的，并不构成劳动合同无效的事由，即用人单位与劳动者约定实行不定时工作制的，未经劳动部门批准，不影响约定的效力。实践中，有些用人单位未与劳动者约定实行不定时工作制未经劳动部门批准，但如依有关劳动法规、行业规定和行业习惯，劳动者所在岗位可实行不定时工作制并实际履行，劳动者未提出异议的，也可以按不定时工作制予以认定。换言之，未经劳动部门批准，用人单位实行不定时工作制有效。

《企业职工奖惩条例》废止后，用人单位与劳动者在规章制度中约定罚款条款也没有了法律依据，且对公民实施罚款的主体仅限于与由法律法规授权的行政机关、司法机关等，故企业在规章制度中设立罚款条款无效。

未办理就业证的香港居民在我国内地就业，用人单位所形成的法律关系效力认定，以 2008 年 7 月 28 日为界分两个阶段讨论。在 2008 年 7 月 28 日之前，根据《出境入境管理法》、《外国人在中国就业管理规定》、《台湾和香港澳门居民在内地就业管理规定》（已失效）及《劳动争议解释（四）》（已失效）第十四条规定，我国对于外国人、台港澳居民在中国内地就业，实行行政许可制度。外国人、台港澳居民获得中国内地合法劳动者的资格，必须经过相应的就业资格审批手续，并持有相关证件。国家实行就业许可制度旨在保护本国劳动者的就业权利，就业许可制度应当属于效力性强制性规定，违反该制度而签订的劳动合同应当认定为无效。外国人、台港澳人员在我国内地就业，与用人单位之间的关系，属于无效的劳动合同关系，但双方之间的法律关系仍应适用劳动法律规范的相关规定。

---

〔1〕 参见国家法官学院、最高人民法院司法案例研究院编：《中国法院 2022 年度案例》（劳动纠纷），中国法制出版社 2022 年版，第 172 页。北京市第三中级人民法院（2020）京 03 民终 4154 号民事判决书。

【案例4-16】 张某生诉惠尔丰电子(北京)有限公司、惠尔丰(中国)信息系统有限公司劳动合同纠纷案

二审法院认为,张某生系香港特别行政区居民,惠尔丰电子(北京)有限公司(以下简称惠尔丰北京公司)和惠尔丰(中国)信息系统有限公司(以下简称惠尔丰中国公司)均是依据中华人民共和国法律在中国境内设立的有限责任公司,张某生与惠尔丰北京公司、惠尔丰中国公司之间的劳动争议应适用中华人民共和国法律。一审法院适用我国法律、行政法规作为处理本案争议的准据法正确,予以确认。

关于张某生与惠尔丰中国公司之间是否存在劳动关系以及相应的法律后果。《台湾和香港、澳门居民在内地就业管理规定》(已失效)第四条第一款规定:"台、港、澳人员在内地就业实行就业许可制度。用人单位拟聘雇或者接受被派遣台、港、澳人员的,应当为其申请办理《台港澳人员就业证》……香港、澳门人员在内地从事个体工商经营的,应当由本人申请办理就业证。经许可并取得就业证的台、港、澳人员在内地就业受法律保护。"《劳动争议解释(四)》(已失效)第十四条第一款规定:"外国人、无国籍人未依法取得就业证件即与中国境内的用人单位签订劳动合同,以及香港特别行政区、澳门特别行政区和台湾居民未依法取得就业证即与内地用人单位签订劳动合同,当事人请求确认与用人单位存在劳动关系的,人民法院不予支持。"本案中,张某生与惠尔丰中国公司之间签署的劳动合同与张某生的就业证登记信息不符,违反了我国的就业许可制度,该劳动合同应属无效。张某生主张其与惠尔丰中国公司之间的劳动合同合法有效,于法无据,不予支持。

关于无效劳动合同的法律后果。《劳动合同法》第八十六条规定……具体到本案而言,首先,惠尔丰北京公司与惠尔丰中国公司的法定代表人相同,且根据张某生提供的电子邮件的公证书以及三名证人的证言,惠尔丰北京公司与惠尔丰中国公司因经营战略需要,将原惠尔丰北京公司工作人员全部转入惠尔丰中国公司,但工作地点、薪资构成及业务范围均无变化,能够认定二者存在业务和人员上的混同。张某生与惠尔丰中国公司签署劳动合同并入职该公司工作,是因惠尔丰中国公司与惠尔丰北京公司之间的混同用工所致,并非张某生擅自变更用人单位。其次,惠尔丰中国公司提出与张某生协商解除劳动合同并要求张某生离职,张某生拒绝离职并明确要求返岗,双方未能达成一致,后进入劳动仲裁及诉讼程序。因此,张某生不存在休假后拒绝返岗,不向公司提供劳动的情形,亦无妨碍惠尔丰中国公司重新为其办理就业证。最后,《台湾和香港、澳门居民在内地就业管理规定》(已失效)第十四条规定:台、港、澳人员的就业单位应当与其就业证所注明的用人单位一致。用人单位变更的,应当由变更后的用人单位到所在地地(市)级劳动保障行政部门为台、港、澳人员重新申请办理就业证。因此,为劳动者办理就业证系用人单位的法律义务。惠尔丰中国公司在明知张某生的书面劳动合同与就业证登记信息不符的情况下,未为张某生申请办理就业证的迁移,明显违反了用人单位的上述法定义务,对双方劳动合同的无效负有过错,应对张某生工资损失承担赔偿责任。

鉴于张某生在双方发生争议期间并未实际提供劳动,综合考虑张某生的薪资数额、工资构成、惠尔丰中国公司的用人成本及其过错程度等因素,认为一审法院酌情确定张某生 2012 年 12 月 1 日至 2014 年 6 月 30 日的工资损失为 880,000 元,并无不当,予以维持。因惠尔丰北京公司与惠尔丰中国公司存在混同用工,故惠尔丰北京公司应当对张某生上述工资损失承担连带责任。因惠尔丰中国公司与张某生的劳动合同无效,且该合同已于 2015 年 3 月 31 日到期,使该合同在法律上存在履行不能,张某生关于继续履行劳动合同的诉讼请求,不予支持。关于张某生主张的拖欠工资 25% 的经济补偿金,缺乏法律依据,亦不予支持。……判决:(1)维持一审判决第一项;(2)撤销一审判决第二项;(3)惠尔丰北京公司支付张某生 2012 年 1 月 1 日至 2 月 29 日未休年休假工资 14,192 元;(4)驳回张某生的其他诉讼请求。[1]

在 2008 年 7 月 28 日,国务院印发《关于取消一批行政许可事项的决定》(国发〔2018〕28 号),取消台港澳人员在内地的就业许可。人社部印发《关于香港澳门台湾居民在内地(大陆)就业有关事项的通知》,规定自 2008 年 7 月 28 日起,台港澳人员在内地(大陆)就业不再需要办理台港澳人员就业证。《劳动争议解释(一)》取消了《劳动争议解释(四)》(已失效)第十四条规定,明确不再需要办理港澳人员就业证。

在违反服务期约定和违反竞业限制约定两种情形下,劳动者需向用人单位支付违约金。用人单位不得利用其强势地位,以保护商业秘密为由,随意扩大劳动者承担违约责任的范围。劳动合同约定违约金超出法律规定范围应认定无效。

【案例 4-17】　某贸易公司诉陈某某公司劳动争议纠纷案

二审法院认为,劳动合同上述违约条款超出法律规定可以约定违约金的范围,属无效约定,对贸易公司的诉讼请求不予支持。[2]

---

〔1〕 参见国家法官学院案例开发研究中心编:《中国法院 2018 年度案例》(劳动纠纷),中国法制出版社 2018 年版,第 250~252 页。北京市第三中级人民法院(2016)京 03 民终 12329 号民事判决书。

〔2〕 2023 年 4 月 27 日,广东省高级人民法院发布劳动争议典型案例之三,审理法院:广州市中级人民法院。

（三）劳动欺诈效力认定

《民法典总则编解释》第二十一条规定："故意告知虚假情况，或者负有告知义务的人故意隐瞒真实情况，致使当事人基于错误认识作出错误意识表示的，人民法院可以认定为民法典第一百四十八条、第一百四十九条规定的欺诈。"劳动欺诈仍属于民法上欺诈范畴，依据其民法上欺诈理论判断。欺诈是指以使他人陷于错误而为意思表示为目的，故意陈述虚假事实或隐瞒真实情况的行为。一般认为，构成欺诈的要件：其一，欺诈人须有欺诈故意。其二，欺诈人须有欺诈行为。其三，受欺诈人因错误而为意思表示。其四，欺诈行为与错误的意思表示之间具有因果关系。所谓欺诈行为是故意使他人陷于错误的行为，本质上是某种虚假事实表示。一般而言，一方当事人故意告知对方虚假情况，或者故意隐瞒真实情况，诱使对方作出错误意思表示的，可以认定为欺诈行为。即欺诈行为可以通过积极作为如故意告知对方虚假情况的方式进行，也可以通过消极不作为如故意隐瞒真实情况的方式进行。具体到劳动关系中，认定劳动者欺诈应满足以下要件：其一，劳动者有欺诈的故意，即故意告知用人单位虚假信息或隐瞒真实信息。其二，劳动者实施了欺诈行为，具体表现为通过语言或者行动捏造虚假情况或隐瞒真实情况。其三，用人单位基于劳动者的行为陷入错误认识，即劳动者的欺诈行为与用人单位的错误认识之间具有因果关系。其四，用人单位因为错误认识作出录用劳动者的意思表示。

《劳动合同法》第二十六条第一款列举了三类导致劳动合同无效或部分无效的情形：一为以欺诈、胁迫的手段或者乘人之危，使对方在违背真实意思的情况下订立或者变更劳动合同的；二为用人单位免除自己的法定责任、排除劳动者权利的；三为违反法律、行政法规强制性规定的。

1. 用人单位欺诈

在解除劳动合同中，如果一方采取欺诈、胁迫的手段，致使对方违背真实意思而实施的民事行为，为无效民事行为。

在劳动者以欺诈的手段签订劳动合同的情况下，用人单位可以请求劳动争议机构或者人民法院确认合同无效。《劳动法》第十八条第二款规定："无效的劳动合同，从订立时候起，就没有法律约束力。确认劳动合同部分无效的，如果不影响其余部分的效力，其余部分仍然有效。"无效合同往往是自始无效，其确认合同并不受一定期限的限制。相较而言，我国《民法典》第一百四十八条规定："一方以欺诈手段，使对方在违背真实意思的情况下实施的民事法律行为，受欺诈方有权请求人民法院或者仲裁机关予以撤销。"针对以欺诈的手段签订的合同,《民法典》赋予受欺诈方的是合同撤销权而非合同无效请求权,并受到一定期限的限制。因此,对于劳动者欺诈签订的劳动合同,在现行《劳动合同法》应认定为确认劳动合同无效与适用《民法典》撤销权行使期间问题。

2. 劳动者欺诈认定

关于劳动者未如实说明的情况是否构成欺诈,主要有构成说、不必然构成说和具体情况确定说三种观点。通说认为,结合法律规定判断劳动者说明义务的范围,在该范围内,劳动者未如实说明构成欺诈,超出该范围则不宜认定为欺诈。换言之,劳动者未如实说明并不必然构成欺诈,只要未如实说明的信息是"与劳动合同直接相关的基本情况",未如实说明导致用人单位作出了订立劳动合同的意思表示,才构成欺诈。

关于用人单位是否核实劳动者提供信息的真实性对欺诈认定的影响。一般认为,用人单位未核实提供信息的真实性不影响对劳动者欺诈的认定。其理由为,其一,从欺诈的构成来看,只要劳动者的行为满足欺诈的构成要件,劳动者未如实说明构成欺诈,欺诈即可成立,与用人单位是否审核并无内在关联。其二,从实践操作来看,一方面,用人单位招录劳动者的程序规范程度以及能够负担成本受到多种因素制约,并不是所有的用人单位都能够投入充足的人力、物力、财力进行核实,即便核实,由于缺乏专业性也不能保证信息准确性。另一方面,考虑招聘的效率性,如果用人单位核实能够作为劳动者欺诈的免责事由,用人单位很可能会利用其强势地位,将相关义务转嫁给劳动者,如要求劳动者一律对学历进行公证,严重影响劳动力市场的效率。其三,从公平正义原则出发,基于劳动法律的社会性质,不应该在法律规定的范围之外,将对劳动者提供信息真实性义务苛加给用人单位。

劳动者在应聘过程中基于诚信原则应履行如实陈述义务不能免除,劳动关系是在劳动者提供劳动,实现劳动价值的过程中与用人单位形成的继续性的、唯一的、相对稳定的社会关系,故在认定双方劳动合同是否无效、劳动关系是否存在的问题上应当从多方面、多要素进行权衡,区分情况,谨慎处理,主要依据不同案件的特定事实中以下方面进行综合考量。其一,劳动者是否虚构隐瞒岗位要求"直接相关"的信息,相应地,用人单位明示招聘岗位的特定要求并履行相应的审查义务。其二,劳动者入职后与用人单位实际履行合同的情况。

关于劳动者构成欺诈的法律后果,主要有三种处理模式,其一,劳动者有请求劳动报酬的权利。《劳动合同法》第二十八条规定:"劳动合同被确认无效,劳动者已付出劳动的,用人单位应当向劳动者支付劳动报酬。劳动报酬的数额,参照本单位相同或者相近的岗位劳动者的劳动报酬确定。"应予强调两点,一是在劳动合同订立到劳动合同履行被确认无效期间,双方之间的权利义务不能按照劳动合同确定。二是只要劳动者付出了劳动,有权获得报酬,但不是劳动合同中约定的数额,而是作为参照依据。其二,用人单位可以单方解除劳动合同,且无需支付经济补偿金。其三,劳动者给用人单位造成损失的,应当承担相应的赔偿责任。

用人单位在招聘时对应聘者学历有明确要求,而应聘者提供虚假学历证明并与用人单位签订劳动合同的,属于《劳动合同法》第二十六条规定的以欺诈手段订立劳动合同应属无效的情形,用人单位可以根据《劳动合同法》第三十九条的规定解除该劳动合同。这里面的关键是用人单位的举证责任。

【案例4-18】 森琪文化艺术(北京)有限公司诉任某禄劳动争议纠纷案

一审法院认为,本案中,森琪文化艺术(北京)有限公司(以下简称森琪公司)公开招聘策划人岗位,其中岗位要求明确规定应聘者需具备最低学历为本科,任某禄提供某境外院校本科毕业证,任某禄提供的毕业证是否真实,决定了其是否具备招聘要求的最低学历,是森琪公司据以筛选应聘人员、安排面试的前提性、基础性条件,并最终影响到其作出是否与任某禄建立劳动关系的真实意思表示。对于任某禄毕业证之真伪一节,法院充分考量双方的举证责任、举证能力、举证成本等因素,由任某禄配合教育部留学服务中心进行认证,更符合举证的公平性、便捷性、经济性。但经法院多次告知、释明及要求森琪公司垫付相关费用的情况下,任某禄仍拒绝至教育部留学服务中心进行认证,可以视为其能够提供直接证据但无正当理由拒不提供,任某禄应承担举证不能的责任。故法院对该项不利于任某禄的主张,予以采信。综上所述,任某禄提供虚假毕业证应聘,直接致使森琪公司作出建立劳动关系的错误意思表示,已构成欺诈,双方建立的劳动关系应为无效。判决:原告森琪公司与被告任某禄2012年9月3日至2013年4月16日劳动关系无效。二审中,任某禄经传票传唤,无正当理由拒不到庭。二审法院裁定:本案按撤诉处理,双方均按原审判决执行。[1]

劳动者伪造学历,构成用人单位合法解除劳动合同的理由,且不支付解除劳动合同赔偿金。

【案例4-19】 上海冠龙阀门机械有限公司诉唐某林劳动争议纠纷案

二审法院认为,欺诈的重要认定标准之一是相对人是否基于行为人的行为陷入认识错误,作出错误的意思表示。唐某林在入职时提供虚假学历并作虚假陈述,使上海冠龙阀门机械有限公司(以下简称冠龙公司)陷入了错误

〔1〕 参见国家法官学院案例开发研究中心编:《中国法院2017年度案例》(劳动纠纷),中国法制出版社2017年版,第36页。北京市第三中级人民法院(2015)三中民终字第09857号民事裁定书。

认识,从而与其签订劳动合同,上述事实客观存在,唐某林的上述行为显然已经构成了欺诈。《劳动合同法》第二十六条、第三十九条明确规定,以欺诈的手段使对方在违背真实意思的情况下订立的劳动合同是无效的,用人单位可以据此提出解除劳动合同。而冠龙公司《员工手册》第三十四条规定,员工以欺骗手段虚报专业资格或其他各项履历,公司将予以解雇,且不给任何经济补偿。唐某林存在冠龙公司所述提供虚假学历、故意欺骗的行为,的确违反了法律、企业规章及双方约定,冠龙公司以此为由与唐某林解除劳动合同于法不悖。原审法院对系争款项的返还问题认定事实清楚,所作判决并无不当,法院予以维持。对于原审法院其余判决双方均无异议,法院一并予以维持。判决:(1)维持一审判决主文第二项;(2)撤销一审判决主文第一项、第三项;(3)冠龙公司支付唐某林2009年第四季度奖金(提成)差额人民币20,493.89元、2010年第一季度奖金(提成)人民币1198.40元、2010年第二季度奖金(提成)人民币32,213元,上述三项合计人民币53,905.29元;(4)冠龙公司要求不支付唐某林违法解除劳动合同赔偿金的请求予以支持。[1]

劳动者冒用他人身份入职的行为构成欺诈应属无效,因此与用人单位之间不成立劳动关系。

【案例4-20】 王某香等诉淄博市张店保安服务有限公司劳动争议纠纷案

二审法院认为,崔某华生前冒用案外人崔某兵的身份信息到保安公司入职,提供劳动,且未签订书面劳动合同。因身份信息系用人单位与劳动者建立劳动关系的核心要素之一,崔某华冒用他人身份信息入职的行为已影响用人单位的真实意思表示,对是否录用劳动者已产生混淆,该行为应属欺诈。故即使崔某华生前曾为保安公司提供过劳动,双方之间的事实劳动关系仍自始当然无效。《劳动合同法》第二十八条规定:劳动合同被确认无效,劳动者已付出劳动的,用人单位应当向劳动者支付劳动报酬。故保安公司应向崔某华支付劳动报酬。双方对保安公司应支付王某香、崔某玲劳动报酬差额1256元均未提出异议,依法予以确认。判决:维持一审判决关于保安公司向王某香、崔某玲支付拖欠崔某华的劳动报酬1256元的判项,改判崔某华与保安公司之间不存在劳动关系。[2]

【不同处理】 劳动者在入职时所用的身份与真实身份属于同一人的,不属

〔1〕 参见国家法官学院案例开发研究中心编:《中国法院2013年度案例》(劳动纠纷),中国法制出版社2013年版,第102~103页。《最高人民法院公报》2012年第9期(总第191期)。

〔2〕 参见国家法官学院案例开发研究中心编:《中国法院2017年度案例》(劳动纠纷),中国法制出版社2017年版,第40页。山东省淄博市中级人民法院(2015)淄民三终字第189号民事判决书。

于用虚假身份签订劳动合同,不构成欺诈。

劳动者在订立劳动合同时未履行如实说明义务,构成欺诈的劳动合同无效。

【案例4-21】 某技术装备发展有限公司诉隋某某劳动争议纠纷案

二审法院认为,本案争议的焦点为某技术装备发展有限公司(以下简称某公司)与隋某某于2013年11月13日签订的《劳动合同书》是否有效。首先,《劳动法》第五十五条规定……本案中,隋某某的岗位为司炉工,根据上述规定,隋某某必须取得特种设备作业证才能从事相应的工作,其应当持证上岗,即特种设备作业证是某公司录用隋某某的必要条件。其次,《劳动合同法》第三条规定……因此,劳动者在订立劳动合同时,应当依据诚实信用原则如实履行说明义务。本案中,特种设备作业证关系到隋某某的岗位任职条件履行劳动资格等关键问题,隋某某故意提供虚假证件与某公司订立劳动合同,其行为已经构成欺诈。最后,《劳动法》第十八条规定……根据上述分析,隋某某持有虚假的特种设备作业证与某公司订立合同,其行为构成欺诈,双方之间的劳动合同无效,某公司关于双方劳动合同无效的上诉主张,于法有据,应予支持。隋某某主张某公司发现其提供假证后未及时对其予以处理,且其在2014年4月14日取得了有效的特种设备作业证,说明双方的劳动合同有效。对此,法院认为,确认劳动合同无效是由于劳动者在订立劳动合同时实施了欺诈行为,即使隋某某在假证被发现后取得了真实的特种设备作业证,也不能否认其通过欺诈手段签订劳动合同的事实。无效的劳动合同,从订立时起就没有法律效力,故隋某某关于双方劳动合同有效的主张,缺乏事实和法律依据,法院不予采信。但是需要指出的是,劳动合同被确认无效,劳动者已付出劳动的,用人单位应当向劳动者支付报酬。判决:(1)撤销一审判决;(2)确认某公司与隋某某于2013年11月13日签订的《劳动合同书》无效。[1]

劳动者的学历信息虚假涉及的合同效力问题。一般而言,学历确实是用人单位判断劳动者是否符合录用要求的参考因素之一,如果用人单位对劳动者的学历有特殊要求,应当在录用前明确向劳动者提出,劳动者提供虚假的材料与证明,可以确认劳动者构成欺诈而致使劳动合同无效。但是对用人单位事后提出的此类主张,则不应予以支持。虽然劳动者在入职时填写了虚假的学历信息,违反了诚信原则,但用人单位在首次合同期满后又与劳动者续订了合同,认可了劳动者的能力,依据劳动合同的约定期限内就学历问题未向劳动者主张权利,不能认定其

---

〔1〕 参见北京市高级人民法院研究室编:《审判前沿——新类型案件审判实务》(总第58集),法律出版社2019年版,第29~30页。《人民司法·案例》2018年第8期。北京市第三中级人民法院(2016)京03民终5844号民事判决书。

行为导致双方劳动合同无效。换言之,劳动者的学历信息虚假并不必然导致劳动合同无效。

【案例 4-22】　某学校诉黄某劳动争议纠纷案

二审法院认为,关于黄某入职时是否存在欺诈行为从而导致某学校为其签订劳动合同效力的问题,首先,某学校提交的证据不能证明其在招聘黄某时将本科学历作为35岁以下员工的明确录用条件,亦无证据证明签订劳动合同时违背了其真实意思表示;其次,某学校作为用人单位,亦应就招聘人员的简历进行核实,但其怠于行使核实的权利;最后,根据双方劳动合同第二十五条约定,对于入职后2年内未取得本科学历的35岁以下员工,甲方有权解除合同,但某学校并未在黄某入职2年后就学历问题向黄某主张过权利,而是在劳动合同期满后,与黄某续订了劳动合同。故虽然黄某未能提供某大学毕业并取得学士学位的证据,其在入职时填写了该信息,违反了诚信原则,但不能认定该行为导致了双方的劳动合同无效。黄某以某学校存在未及时足额支付劳动报酬的行为为由与某学校解除劳动合同,经查,某学校确实存在未及时足额支付劳动报酬的情形,一审法院确认黄某与某学校的劳动关系存续期间,并判决某学校向黄某支付解除劳动合同经济补偿金正确,予以维持。某学校上诉主张无需向黄某支付上述解除劳动关系补偿金,无事实及法律依据,不予支持。判决:驳回上诉,维持原判。[1]

夸大工作履历并非导致劳动合同无效。

【案例 4-23】　北京某科技公司诉张某、位某劳动争议纠纷案

判决观点,张某光于2013年11月6日死亡。张某、位某作为张某光的父母,于案件中就张某光主张确认劳动关系事宜主张相关权利,符合法律规定。张某光于2011年7月15日至2013年11月6日在北京某科技公司从事电子产品的销售工作,上述工作作为北京某科技公司的业务组成部分;北京某科技公司对张某光实施考勤管理,按月向张某光支付工资报酬,同时双方具备建立劳动关系主体资格,故虽张某光与北京某科技公司之间未订立书面合同,但已具备形成事实劳动关系的要素。针对北京某科技公司主张因张某光存在扩大工作经历构成欺诈故导致双方间并不存在劳动关系的抗辩理由,法院认为,首先,工作经历是用人单位在招聘时,考察和判断应聘人员工作能力的先决因素之一,用人单位对劳动者提供的该项信息应负有基本的注意和审查义务。现北京某科技公司在张某光入职前怠于履行上述义务,而在张某

---

〔1〕 参见国家法官学院、最高人民法院司法案例研究院编:《中国法院2022年度案例》(劳动纠纷),中国法制出版社2022年版,第59~60页。北京市第二中级人民法院(2020)京02民终6614号民事判决书。

光入职其公司度过试用期,并工作逾2年后,以其虚构工作经历存在欺诈为由主张双方之间不存在劳动关系,显然有失公允亦缺乏依据。再者,如张某光如实陈述工作经历,北京某科技公司必定不会优先录用张某光,但并未举证证明其公司在招聘张某光所在岗位时,对该岗位的任职经历有明确的要求如不能满足将一概不予录用,应承担举证不能的法律后果。综上,法院对该科技公司的该项抗辩理由不予采纳。判决:确认张某光与北京某科技公司自2011年7月15日至2013年11月6日存在劳动关系。〔1〕

隐瞒婚姻状况不构成劳动法意义上的欺诈。

【案例4-24】 蔡某诉某文化传媒公司劳动争议纠纷案

二审法院认为,首先,根据《就业促进法》第二十七条规定:"国家保障妇女享有与男子平等的劳动权利。用人单位招用人员,除国家规定的不适合妇女的工种或者岗位外,不得以性别为由拒绝录用妇女或者提高对妇女的录用标准。用人单位录用女职工,不得在劳动合同中规定限制女职工结婚、生育的内容。"《妇女权益保障法》第二十三条规定:"各单位在录用职工时,除不适合妇女的工种或者岗位外,不得以性别为由拒绝录用妇女或者提高对妇女的录用标准。各单位在录用女职工时,应当依法与其签订劳动(聘用)合同或者服务协议,劳动(聘用)合同或者服务协议中不得规定限制女职工结婚、生育的内容",无论蔡某是结婚、离异还是生育,均应当保障其与男子平等的就业权利,某文化传媒公司不应对其区别对待。其次,《劳动合同法》第八条规定,用人单位有权了解劳动者与劳动合同直接相关的基本情况,劳动者应当如实说明,故劳动者的欺诈行为,应当与工作内容及是否胜任相关工作直接相关,蔡某的婚姻状况与其担任的文案策划工作并不冲突,蔡某在某文化传媒公司实际工作时间半年有余,某文化传媒公司并无证据证明因蔡某离异而导致其无法胜任相关工作,故蔡某隐瞒婚姻状况不构成劳动法意义上的欺诈。最后,《劳动合同法》第二十六条第一款第一项中的"以欺诈、胁迫的手段或者乘人之危,使对方在违背真实意思的情况下订立或者变更劳动合同"中的"真实意思"应当符合法律规定。本案中,某文化传媒公司的真实意思为若知晓蔡某为离异状态将选择不予录用,该意思表示明显与法律规定及法律精神相悖,不应予以保护,否则保障妇女平等就业权利将成为一句空话。基于上述理由,对某文化传媒公司以蔡某隐瞒婚姻状况为由主张劳动关系无效或不存在劳动关系的诉请,不予支持。二审法院判决:驳回上诉,维持

---

〔1〕 参见国家法官学院案例开发研究中心编:《中国法院2016年度案例》(劳动纠纷),中国法制出版社2016年版,第88~89页。北京市海淀区人民法院(2014)海民初字第13574号民事判决书。

原判。[1]

应注意的是,因劳动者的未如实履行说明义务构成欺诈导致劳动合同无效,法律仅仅惩罚欺诈所得,对劳动者已经付出的劳动应当予以保护,所以根据事实劳动关系,用人单位应当支付劳动者工资报酬,并为劳动者缴纳社会保险,如果发生工伤,用人单位还应当依照《工伤保险条例》进行补偿。换言之,劳动合同无效并不影响劳动者报酬请求权。

3. 如实告知与欺诈的关系

《劳动合同法》第八条规定,“用人单位有权了解劳动者与劳动合同直接相关的基本情况,劳动者应当如实说明。”也就是说,劳动者应当如实告知的内容,限于与劳动合同直接相关的基本情况。具体表现为员工的婚育状况是否为其应聘岗位的基本职业资格、是否为其履行职务的实质性要件、是否为其能够胜任工作的决定性因素等。只有在用人单位要求了解的是劳动者与劳动合同直接相关的基本情况时,劳动者才有如实说明的义务。劳动者与劳动合同直接相关的基本情况一般应包括健康状况、知识技能、文化程度、工作技能、工作经历、职业资格等,劳动者不如实说明就可能构成重大误解,甚至构成欺诈、构成对用人单位知情权的侵害。但用人单位不能为了解情况而侵害劳动者的隐私,劳动者对于那些与工作无关且侵害个人隐私权的问题,有权拒绝说明。对于与劳动合同没有直接联系的信息,劳动者即使未如实说明,也不能认定为构成欺诈。实践中,有的用人单位规定“若有不实处,愿无条件接受公司处罚甚至辞退”,一般应理解为劳动者对与劳动合同直接相关的基本情况如健康状况、学历、专业、工作经历、教育背景等的填写如有不实的,用人单位可解除劳动合同。对于与劳动合同没有直接联系的信息如身高、体重、婚姻状况、血型等信息的填写,除非用人单位在招聘时已对某项信息作出明确的要求且与工作岗位直接相关,否则,即使劳动者填写有不实之处,用人单位也不能以此为由解除与劳动者的劳动合同。女性求职者在招聘面试时被问到是否结婚问题时,没有如实告知婚育情况,这种行为并非构成欺诈,用人单位不能据此解除劳动合同,也不能进行任何处罚。个案中,对劳动者构成欺诈应该从严掌握。

(四)规章制度效力优先认定

劳动合同与规章制度不一致时,何者效力优先是实践中的疑难问题。《劳动

---

〔1〕 福建省福州市中级人民法院(2019)闽01民终2420号民事判决书。

争议解释(一)》第五十条第二款规定:“用人单位制定的内容规章制度与集体合同或劳动合同约定的内容不一致,劳动者请求优先适用劳动合同约定的,人民法院应予支持。”该条是关于规章制度与集体合同或劳动合同效力适用的规定。主要包含以下含义:其一,规章制度与集体合同或劳动合同内容不一致,如果二者内容一致不发生争议则不存在适用本条的可能。其二,适用应以劳动者提出为前提,法官不应主动释明、适用,劳动者不提出的限制适用。其三,即使规章制度与劳动合同的内容不一致,“由于企业规章制度是对个别劳动合同之共同内容作出的适用于用人单位全体劳动者的规则,企业规章制度与劳动合同在法律效力上的关系,表现为企业规章制度的效力高于劳动合同”。[1] 只有在规章制度违反法律、法规规定,损害劳动者权益的情况下,才从保护劳动者角度优先适用劳动合同的规定。其四,《劳动争议解释(一)》第五十条第一款规定:“用人单位根据劳动法合同法第四条之规定,通过民主程序制定的规章制度,不违反国家法律、行政法规及政策规定,并已向劳动者公示的,可以作为确定双方权利义务的依据。”规章制度依法可以作为裁判依据,其不应理解为格式条款,它是企业进行自主管理对劳动者所制定的一般性规定,在程序实体合法的情况下,规章制度应予以适用。

实践中,应注意以下方面:其一,第五十条第二款设置劳动者选择权的目的在于,给用人单位和劳动者更多的自主协商空间,同时为复杂事实预留裁量空间。因而对于劳动者未主动提出的情况,法官不应向劳动者释明。其二,当规章制度与劳动合同不一致,劳动者提出优先劳动合同时应按第五十条第二款规定处理。个案中要注意是否在劳动合同之后有无补充协议约定的内容,补充协议对劳动合同内容更改的,应以最后的意思表示为准。要防止片面强调对劳动者权利的保护,无视规章制度,无限扩大第五十条第二款适用范围。其三,当规章制度与劳动合同不一致,劳动者未提出优先适用劳动合同时,法官应审查规章制度是否法律法规要求即效力状况,并根据具体案情作出处理。

【案例4-25】 江西吉安某长运有限公司诉雷某某劳动合同纠纷案

一审法院认为,江西吉安某长运有限公司与雷某某签订的协议书,虽然约定了30万元的奖励,但此后制订的奖励方案经法定程序通过,雷某某参与并同意了激励方案的表决,该激励方案的奖励方案合法有效,且系公司规章制度,对雷某某具有约束力。该激励方案的奖励条件与协议基本相同,但方案明确了在此之前有其他奖励约定的,应按照就高不就低原则奖励,并且不得重复奖励。该部分内容明确无疑义。且申报意见中也明确了协议300,000元与激励方案的关系,雷某某对此明知。雷某某在任职的很长时间

---

〔1〕 参见常凯主编:《劳动关系学》,中国劳动社会保障出版社2005年版,第348页。

中未提出此协议奖励的300,000元,迟至任期届满才提出,不符合常理。雷某某提供的公司认可300,000元协议奖励的证据系雷某某利用职务之便自行盖章获得,不应采信。判决:(1)驳回雷某某的反诉请求;(2)江西吉安某长运有限公司无需向雷某某支付奖励300,000元;(3)驳回江西吉安某长运有限公司的其他诉讼请求。二审法院同意一审法院裁判意见。[1]

公司内部会议纪要不能对劳动合同中约定的工时制度变更发生效力。

【案例4-26】　北京瑞友科技股份有限公司诉郑某雄劳动合同纠纷再审案

一审法院认为,2015年6月前北京瑞友科技股份有限公司(以下简称瑞友公司)一直不对郑某雄进行考勤,郑某雄实行不定时工作制。瑞友公司主张2015年5月28日董事会决定对公司高管人员实行考勤管理,但该会议纪要未曾送达给郑某雄,故对郑某雄不具有约束力。此外,瑞友公司主张自2015年6月1日对郑某雄实行考勤管理,缺乏相应证据。判决:瑞友公司应向郑某雄支付2015年6月至7月工资39,030元。二审法院判决:驳回上诉,维持原判。再审法院支持一审法院的结果,认为瑞友公司在原审庭审中始终以郑某雄旷工为由主张不支付其6月至7月工资,除此之外并未主张郑某雄存在其他违反制度规定的行为,原审将郑某雄是否构成旷工工作为审查焦点并无不当。申诉阶段申请人称所谓严重违反制度规定的行为系指郑某雄不服从公司安排,违反公司组织纪律,但申请人未有充分证据证明郑某雄实施了严重违反公司制度规定的行为。从郑某雄原审提供的证据来看,其在6月至7月主要通过邮件进行部门工资审核、项目款项支付、法律培训讲座等的工作事务,其作为一名高层管理人员,上述通过邮件沟通进行事务决策的工作方式符合其以往工作岗位的要求。瑞友公司并无提供对郑某雄应当承担内容及方式有何特殊要求及明确约定的证据,原审据此认定郑某雄在6月至7月从事了劳动的认定及应取报酬并无不当。裁定:驳回瑞友公司的再审申请。[2]

《劳动法》第四条规定:"用人单位应当依法建立和完善规章制度,保障劳动者享有劳动权利和履行劳动义务"。《劳动争议解释(一)》第五十条规定:"用人单位根据劳动合同法第四条规定,通过民主程序制定的规章制度,不违反国家法律、行政法规及政策规定,并已向劳动者公示的,可以作为确定双方权利义务的依据"。根据上述法律规定,用人单位的规章制度要作为人民法院审理劳动争议案

---

〔1〕 参见国家法官学院、最高人民法院司法案例研究院编:《中国法院2020年度案例》(劳动纠纷),中国法制出版社2020年版,第190页。江西省吉安市中级人民法院(2018)赣08民终1765号民事判决书。

〔2〕 参见国家法官学院案例开发研究中心编:《中国法院2019年度案例》(劳动纠纷),中国法制出版社2019年版,第91~92页。北京市第一中级人民法院(2017)京01民申215号民事裁定书。

件的依据，必须同时满足以下三个条件：(1)规章制度必须经过民主程序制定，即用人单位与工会或职工代表协商制定；(2)规章制度不违反国家法律、行政法规及政策的规定；(3)规章制度已向劳动者公示。

【案例4－27】 张某、肖某某诉河北鑫泰某某重工有限公司劳动争议纠纷案

二审法院认为，本案中，一审法院已经审理查明上诉人未提交有效证据证实其公司规章制度已向涉案劳动者张某、肖某某进行公示，二审审理期间，上诉人亦未提交证据予以证实。同时，我国现行《劳动法》《劳动合同法》等法律并未赋予用人单位对劳动者具有罚款的权利。故上诉人规章制度中关于处罚的规定不能作为对被上诉人张某、肖某某进行经济处罚的合法依据。河北鑫泰某某重工有限公司的上诉请求不能成立，法院不予支持。[1]

(五)仲裁程序自认效力认定

劳动争议案件中，劳动仲裁是前置程序，当事人在仲裁阶段自认的事实，尤其是不利的事实，除非经对方当事人同意，或者有充分证据证明与事实不符的，可以作为法官认定事实的证据。禁反言系基于纠纷解决程序中一方当事人对于对方陈述的信赖，以及裁判机关关于当事人初次的陈述可能更为谨慎、可信的内心推定。劳动仲裁作为处理劳动纠纷的一项重要程序设置，具有程序的严肃性，要求当事人提出主张时务必严谨、明确。在仲裁程序中认可的案件事实，在诉讼程序中予以否认的，除非存在合理的理由并有确凿证据足以推翻原有陈述，否则不予采信。法官在认定案件的事实时，应当遵循证据客观性，对于当事人随意改变陈述且没有充分证据证明其陈述、自认与事实不符，其应当承担不诚信的法律后果。换言之，当事人自认受禁反言规则的约束，其否认自认的事实不产生法律效力。应该注意的是，自认的例外情形，即如果自认涉及可能损害国家利益、社会公共利益或者他人合法权益的事实、违背公序良俗、众所周知的事实、根据法律规定或者已知事实和日常生活经验法则能推出的另一事实等，如果自认的事实与免证事实相反，除非有足够证据，否则应认定该事实自始无效，法官不能以明显虚构的事实作为裁判的基础。

【案例4－28】 李某立诉常德金仙耐磨材料有限公司确认劳动关系纠纷案

判决观点，(1)关于是否存在事实劳动关系的问题。李某立、常德金仙耐磨材料有限公司（以下简称金仙公司）符合法律规定的用工和劳动者主体

---

〔1〕 河北省沧州市中级人民法院(2021)冀09民终1609号民事判决书。

资格,李某立已提交证据证明其因在金仙公司工作时受伤,故李某立与金仙公司存在事实劳动关系。金仙公司在仲裁程序中已认可双方之间存在劳动关系,其未在诉讼程序中提交相反证据足以推翻在仲裁程序中所认可的上述事实,故对该辩称意见不予采纳。(2)关于本案是否超过仲裁申请时效及诉讼时效的问题。李某立在第一次撤回仲裁申请后与金仙公司就工伤待遇问题进行协商,金仙公司表示同意赔偿,已构成仲裁时效中断。申请仲裁期间中断后,李某立一直就赔偿事宜主张权利,申请仲裁时间并未超出仲裁时效。关于本案是否超过诉讼时效的问题,李某立系在收到不予受理通知书之日起15日内向湖南省汉寿县人民法院提起诉讼,故本案未超过诉讼时效。(3)李某立要求赔偿损失的诉讼请求应否支持。李某立因在工作中受伤后的赔偿问题与金仙公司发生纠纷,该争议属于工伤保险待遇纠纷。李某立未就该项请求申请劳动仲裁,违反法定程序,且社保行政部门亦未作出工伤认定结论,故对该项诉讼请求不予处理。判决:李某立与金仙公司之间存在事实劳动关系。〔1〕

〔1〕 参见国家法官学院案例开发研究中心编:《中国法院2019年度案例》(劳动纠纷),中国法制出版社2019年版,第235页。湖南省汉寿县人民法院(2017)湘0722民初298号民事判决书。

三、劳动合同效力纠纷处理

(一)劳动合同无效处理

劳动合同无效,是指合同不具备有效条件,不能产生当事人预期法律后果的合同。一般而言,劳动合同有效需具备四个条件:第一,主体合格,用人单位与劳动者符合法律规定;第二,意思表示真实,主要是指不能欺诈、胁迫或违反诚实信用原则;第三,内容合法,主要是指合同内容不能违反法律的强制性或禁止性规定;第四,形式合法,要采用书面形式。

《劳动争议解释(一)》第四十条规定:“劳动合同被确认无效,劳动者已付出劳动的,用人单位应当按照劳动合同法第二十八条、第四十六条、第四十七条的规定向劳动者支付劳动报酬和经济补偿。由于用人单位的原因订立无效劳动合同,给劳动者造成损害的,用人单位应当赔偿劳动者因合同无效所造成的经济损失。”该条款包含以下含义:其一,劳动合同无效,劳动者已付出劳动的,用人单位应当支付劳动报酬。其二,支付经济补偿。《劳动合同法》第二十六条第一款规定了劳动合同无效的三种情形;依照《劳动合同法》第三十八条第一款第五项规定,由于用人单位存在前述三种情形致使劳动合同无效的,劳动者获得单方解除权;依照《劳动合同法》第四十六条第一项规定,用人单位应当依照第四十七条规定的计算标准向劳动者支付经济补偿。其三,承担经济损失赔偿。该款规定的损害赔偿责任即过错责任,赔偿损失应当以实际损失为限,不同于惩罚性赔偿。[1]

劳动合同缺少法律规定的必备条款,违反法律和行政法规强制性规定的应属无效。劳动合同被认定无效后,关于劳动关系的认定应根据实际的用工情况综合判定。

寒暑假期带薪休假是教师根据教师法规定所享有的法定权利,包括民营学校在内的各类教育机构应当充分保障教师寒暑假期带薪休假的权利。民营学校在聘用合同中约定教师的工资按实际工作时间计算属于用人单位免除自己的法定

---

〔1〕 参见最高人民法院民事审判第一庭编:《民事审判指导与参考》2021 年第 1 辑(总第 85 辑),人民法院出版社 2021 年版,第 228 页。

责任、排除劳动者权利的行为,应属无效。民营学校以教师在寒暑假期间未实际提供劳动为由拒绝支付寒暑假期工资的,教师有权请求学校予以补足。

【案例4－29】　卢某某与丰都县某学校追索劳动报酬纠纷案

二审法院认为,享受国家规定的福利待遇以及寒暑假期的带薪休假是教师根据教师法规定所享有的基本权利,应当依法予以保护。《劳动法》第五十一条规定,劳动者在法定休假日和婚丧假期间以及依法参加社会活动期间,用人单位应当依法支付工资。某学校与卢某某签订的《聘用合同》约定卢某某的工资按实际工作时间计算属于用人单位免除自己的法定责任、排除劳动者权利的行为,实际上否定了教师依法享有的寒暑假期带薪休假的权利,应当认定为无效。某学校以卢某某未实际提供劳动为由拒绝支付卢某某在该学校工作期间的寒暑假工资,缺乏法律依据。遂判决某学校应当向卢某某支付寒暑假期工资。[1]

合同部分条款无效是否导致合同整体无效,需结合合同的全部内容进行综合判断。关于合同无效可以全部无效或部分无效。全部无效,则该合同当然全部无效。如果无效的原因仅存在于合同内容的部分,则有效部分不因无效部分而影响。部分无效以合同可分为前提,在认定合同具有个可分性的前提下,限制劳动者的部分权利如社会保险的权利,则该部分无效。其他条款均系用人单位与劳动者的真实意思表示,亦不存在违反公共利益及公序良序的情形,符合合同有效的要件,应认定为有效。

【案例4－30】　医药公司诉林某劳动合同纠纷案

二审法院认为,首先,医药公司主张双方签订的《离职协议书》约定的232,668元系未足额缴纳社会保险费的补偿。对此,二审法院同意一审法院的认定,且该金额也与按照法定标准补缴社会保险费的用人单位负担部分金额不同。其次,医药公司主张“无争议”的承诺系该公司支付离职补偿金的前提条件。根据《离职协议书》的行文,支付离职补偿金并不是附条件的法律行为,离职补偿金条款和无争议条款系两个独立的合同条款,林某主张社保权利的行为不导致离职补偿金支付条件的不成就。最后,就“无争议”之约定效力问题。社会保险费的及时交纳是用人单位和劳动者的法定义务,所谓双方对社会保险不存在争议、限制主张社会保险权利以及劳动者若主张则应承担不利的约定,均属于违反法律强制性规定、破坏社会保险征缴秩序、损害公共利益的行为,此类约定应为无效。但该无效系部分无效,不影响离职

〔1〕 重庆市高级人民法院发布重庆法院2022年度民事审判十大典型案例之7。审理法院:重庆市第三中级人民法院。

补偿金约定的效力。判决:驳回上诉,维持原判。[1]

工程承包企业在内部承包合同中约定将劳动者的工伤风险转给实力有限的自然人承担,约定损害劳动者合法权益属无效约定。

【案例4-31】 龙某康诉中洲建筑工程公司、姜某国、永胜县交通局损害赔偿公司纠纷案

判决观点,被告中洲建筑工程公司(以下简称中洲公司)是经国家批准有资格承包建设工程的企业,在用人单位用人时应当承担《劳动法》规定的提供劳动保护、对劳动者进行劳动就业训练等义务。中洲公司通过签订《建设工程承包合同》向被告交通局承包了国境线工程。作为该工程的直接承包者和《劳动法》规定的用人单位,中洲公司具体负责施工后,没有履行《劳动法》规定的上述义务,也未对姜某国的工程情况进行监督管理,因而引起工伤事故的发生。对此,中洲公司应承担民事赔偿责任。被告姜某国通过与被告中洲公司签订《工程施工合同》,与中洲公司形成了内部承包关系,代表中洲公司对过境线工程的具体施工和用人负责,因此也应当代表中洲公司履行《劳动法》给用人企业规定的提供劳动保护、对劳动者进行劳动就业培训等义务。但是姜某国在聘用了劳动者以后,只给劳动者泛泛地讲些劳动时的注意事项,并未认真进行劳动就业训练就让劳动者上岗。在劳动过程中,姜某国也只是提供了搭架用的材料,并不督促和指导工人采取有效的安全防护措施。特别是在看到钢筋架没有安全保护措施的情况下,姜某国还指挥工人返工,这种不顾劳动安全的违章行为是导致此次事故发生的直接原因。因此,姜某国对此次事故应承担相应民事责任。由于中洲公司是过境线工程的承包人,姜某国与中洲公司是内部承包关系,所以姜某国不能在本案中直接承担民事责任。被告中洲公司是有资质承包建设工程的企业,这个资格不仅是指其有实力完成一定标准的工程建设,还包括其有实力对待施工过程中发生的事故进行处理、挽救和承担赔偿责任。中洲公司在与被告姜某国签订的内部承包合同中约定:"如发生一切工伤事故,应有姜某国负全部责任",把只有企业才能承担的风险转给实力有限的自然人承担。该约定损害劳动者合法权益,违反了《劳动法》的规定,是无效约定,不受法律保护。鉴于此次事故是由姜某国的违章行为导致的,中洲公司在对原告龙某康承担了民事责任后,可另行追究姜某国应当承担的责任。被告交通局是国境线指挥部工程的发包方,既不是劳动合同中的用人单位,也不是雇佣合同中的雇主,与原告龙

[1] 参见国家法官学院、最高人民法院司法案例研究院编:《中国法院2022年度案例》(劳动纠纷),中国法制出版社2022年版,第114页。北京市第一中级人民法院(2020)京01民终1886号民事判决书。

某康不存在直接的法律关系，且对龙某康所受工伤无过错责任，故不应在本案中承担民事责任。原告龙某康和其弟龙某生是按照被告姜某国的违章命令返工，本身无故意或过失，在本案中不应当承担民事责任。龙某康因工致残，有权利请求赔偿。……鉴于工伤损害赔偿目前尚无统一的标准，故参照《道路交通事故处理办法》（已失效）及云南省规定的标准执行。龙某康的部分诉讼请求超出了当地农业人口中劳动力人均年薪纯收入和平均生活标准，明显过高，对此超出部分不予支持。〔1〕

专职律师与其他企业另行签订劳动合同的应认定为无效。

【案例4－32】　李某某诉海口南青集装箱班轮有限公司等劳动合同纠纷案

二审法院认为，劳动者与用人单位签订劳动合同，除需平等自愿、协商一致外还需遵循合法原则。李某某2006年即取得律师资格并担任专职律师。而根据我国法律规定，律师只能在一个律师事务所执业。律师在从业期间应当专职执业，只有在高等院校、科研机构中从事法学教育、研究工作的人员，经所在单位同意，依照法定程序可以申请兼职律师执业。李某某并不符合可以兼职律师执业的情形，李某某与海口南青集装箱班轮有限公司（以下简称海口南青公司）上海分公司建立劳动关系的同时，保留律师身份并以律师身份参加诉讼，违反了律师职业道德和执业纪律。同时，根据双方约定，李某某同时与其他用人单位建立劳动关系，对完成海口南青公司上海分公司的工作任务造成严重影响或者经海口南青公司上海分公司提出，拒不改正的，海口南青公司上海分公司可以解除劳动合同。2009年李某某与海口南青公司上海分公司建立劳动关系后又担任了上海序伦律师事务所律师，并在海口南青公司上海分公司工作期间以律师身份代理诉讼，明显违反双方劳动合同的约定，现李某某也无证据证明公司对此完全知情并予以准许。故海口南青公司上海分公司在李某某无意注销其律师执业身份的情况下依法解除劳动合同并无不当。李某某要求海口南青公司上海分公司支付违法解除劳动合同赔偿金无事实和法律依据，法院不予支持。另需指出，李某某系专业律师，本应为遵纪守法楷模，但其为个人利益而明知故犯，显然违背了社会公平正义的价值观，故对其上诉请求，法院不予支持。综上所述，一审认定事实清楚，程序亦无不当，判决结果并无不妥。判决：驳回上诉，维持原判。〔2〕

未取得医师资格证和执业证书的非法从医人员与医院等医疗卫生单位建立事实上的劳动合同关系后，双方的合同关系因违反法律的强制性规定应归于无

---

〔1〕参见《最高人民法院公报》2001年第1期。

〔2〕参见邹碧华主编：《2014年上海法院案例精选》，上海人民出版社2014年版，第48页。

效。同时,除对劳动者提供的劳动工资报酬形式折价补偿以外,劳动者主张的诸如解除劳动关系经济补偿金、未签订书面劳动合同的双倍工资差额等不应支持。

【案例4-33】 杨某胜诉重庆蓝天妇产医院有限公司劳动合同纠纷案

二审法院认为,一审法院认定事实清楚,适用法律正确,除经济补偿金因用人单位自愿给付,二审法院对该项请求改判支持以外,对杨某胜上述请求均未支持。[1] 本案中,杨某胜执业期间未取得两证,但诉至法院要求用人单位支付未签订劳动合同双倍工资和解除劳动关系经济补偿金,一审法院判决驳回杨某胜的诉讼请求。

对于用人单位先违法解除劳动合同,事后发现员工简历等造假,是否还需要向员工支付经济赔偿金或恢复劳动关系(继续履行劳动合同),目前法律并未规定,只看法条会存在争议,法院判例表明不需要支付经济赔偿金或恢复劳动关系。

【案例4-34】 徐某诉深圳某公司劳动争议纠纷再审案

一审法院查明:深圳某公司认为徐某无法胜任目前工作岗位的主要理由是徐某虚假应聘和无法完成工作,依照《劳动合同法》第四十条第二款的规定,深圳某公司认为徐某不能胜任工作的,只有在经过培训或者调整工作岗位后仍不能胜任工作的情况下,提前30日以书面形式通知劳动者本人或者额外支付劳动者1个月工资后,可以解除劳动合同。而深圳某公司未对徐某进行培训或者调岗直接解除劳动合同,属于违法解除劳动合同。徐某未主张赔偿金或补偿,系其对自身权利的合法处分。

一审法院认为,徐某在深圳某公司处的最后工作日期为2018年10月31日,之后徐某并未再为深圳某公司工作,且本案情形不符合《广东省工资支付条例》第二十九条的规定,因此徐某主张的2018年11月1日至2019年1月31日的工资84,000元无事实根据,不予支持。此外,徐某拒绝提供学历证书等文件,不符合深圳某公司的招聘条件,故双方继续履行劳动合同的前提条件不成立,深圳某公司无需继续履行劳动合同。

二审法院认为,本案争议的焦点为公司是否属于违法解除劳动合同,是否需要支付相应工资。徐某应聘的岗位为公司副总经理,应聘者的学历及工作履历是用人单位是否录用应聘者的重要参考因素,公司指出徐某一直未能提交学历证书等文件,徐某至本案二审仍不能提交能够佐证其学历和工作经历的文件,公司关于徐某虚假应聘的主张成立,予以采信。徐某以欺诈的手段使公司在违背真实意思的情况下订立劳动合同,依照《劳动合同法》第二

---

〔1〕 参见《人民司法·案例》2018年第32期。重庆市第一中级人民法院(2016)渝01民终2439号民事判决书。

十六条的规定。该劳动合同无效,公司以此辞退徐某,不属于违法解除劳动合同,无需支付其解雇期间的工资。鉴于徐某的诉求未得到支持,其主张公司支付律师费,缺乏依据,法院不予支持。原审未考虑公司关于徐某虚假应聘的主张,认定事实不清,适用法律不当,法院予以纠正。

再审法院认为,本案的争议焦点是:深圳某公司解除与徐某的劳动合同是否违法。徐某入职深圳某公司的职位为副总经理,系公司高级管理岗位,其所涉及的工作及岗位与学历、工作经历有直接关系,徐某应当按深圳某公司要求提交学历证书和工作经历证明。但徐某至本案二审仍未能提交能够佐证其学历和工作经历的证明材料,亦未能提供合理解释,因其虚假应聘,且在工作中未能完成其职责范围内的工作,深圳某公司解除与其的劳动关系并未违反法律规定,二审对徐某支付违法解除劳动关系期间的工资并继续履行劳动合同的主张不予支持并无不当。因徐某在本案的诉讼请求均未得到支持,其要求深圳某公司支付律师费缺乏依据,二审不予支持亦无不当。[1]

诚实守信履行合同、公平确定权利义务既是基本的道德要求,也是民事法律的基本原则。用人单位无视或者规避劳动合同法的规定,制定涉及劳动者切身利益的管理制度未经职工讨论,以负激励之名行克扣工资之实,侵害了劳动者合法权益,违反了劳动法律的强制性规定,应属无效。用人单位以此为据解除劳动合同的,应当向劳动者承担违法解除劳动合同的法律责任。

【案例4-35】 宋某诉某物流公司劳动争议纠纷案

判决观点,某物流公司的安全管理激励方案不具有法律效力,其据此解除与宋某的劳动合同违法。主要理由:(1)某物流公司提交的通过安全管理负激励方案的《职工代表大会决议》在程序和实体上均有瑕疵。首先,在职工代表大会决议上签名的职工与培训会签到表上职工的名字无一重合,无法确定决议上签名的职工代表是否为公司职工。其次,负激励方案涉及驾驶员的奖惩等切身利益,但在决议时没有驾驶员参与,据此,该决议对员工不发生法律效力。(2)激励方案中关于负激励的规定应属无效。激励方案名为负激励,实质上是克扣员工工资和罚款,违反了《劳动法》第五十条“不得克扣或者无故拖欠劳动者的工资”和《劳动合同法》第二十五条“除法定情形外,用人单位不得与劳动者约定由劳动者承担违约金”的强制性规定。通常情况下,驾驶员在交通事故中负次要责任的,属于一般过失,且物流公司系专门从事道路交通运输的公司,在运输过程中潜在的安全风险在所难免。激励方案对交通事故中(包括轻微事故)负次要责任的驾驶员也要予以“负激励”,属

---

〔1〕 广东省高级人民法院(2020)粤民申4513号民事裁定书。

于不合理地免除或者减轻自身责任、加重对方责任、限制对方主要权利的情形，应属无效。本案中，宋某作为驾驶员，本职岗位就是事故高风险岗位，其在本案交通事故中负次要责任，不属于严重违反用人单位规章制度的情形，某物流公司以此为由解除与宋某的劳动合同，违反了法律规定，基于此，宋某要求某物流公司支付违法解除劳动合同赔偿金具有法律依据，应予支持。[1]

实际控制人与公司所签订的劳动合同效力，应根据具体案情确认。

【案例 4－36】 陈某诉支付服务公司劳动争议纠纷案

二审法院认为，其一，从《劳动合同》签订的时间、主体及背景看，陈某作为股权出售前支付服务公司的实际控制人应当知晓《劳动合同》所设定义务与股权收购方之间利益相关联，应对《劳动合同》向股权收购方负有披露义务，但未能举证证明在股权收购事宜履行了相应披露义务。其二，从《劳动合同》内容看，其不考虑实际工作绩效，关于陈某年终奖金、薪资的涨幅与支付的约定更类似于公司利润分配，劳动合同解除及违约责任条款远远超出正常劳动关系的用人单位与劳动者之间权利义务的设定范围，即便支付服务公司股权收购方在收购后同意留用陈某，亦实难认定《劳动合同》所设定义务属于收购方之合理预期范围。其三，从《劳动合同》实际履行看，在案证据不能证明支付服务公司系按照该《劳动合同》约定条款履行相应义务。其四，投资人变更不影响劳动合同继续履行之法律规定的适用，应以劳动合同合法有效为前提，根据《劳动合同法》第二十六条规定，违反法律、行政法规强制性规定的劳动合同无效，再依据系争《劳动合同》签订当时有效的《民法通则》第五十八条规定，恶意串通，损害国家、集体或者第三人利益的民事行为无效。因此，系争《劳动合同》对控股股东股权结构发生变化后的支付服务公司不具有约束力。判决：驳回上诉，维持原判。[2]

用人单位出具的解除劳动关系的离职交接文件中，不乏各类格式条款，常见的有“无任何争议”的格式条款，通常为“双方一次性了结所有争议”“劳动者不得再向用人单位主张任何权利”等表述。如何认定上述格式条款的法律效力，实践中存在不同观点。主流观点认为，此类条款为用人单位单方制定的格式条款，并未经过与劳动者的协商议定程序，其目的是免除自己的法定责任，排除劳动者权利，显然应属无效条款。

---

〔1〕 山东省高级人民法院发布十大劳动争议典型案例。山东省滨州市沾化区人民法院(2022)鲁1603 民初 2933 号民事判决书。

〔2〕 参见国家法官学院、最高人民法院司法案例研究院编:《中国法院 2023 年度案例》(劳动纠纷)，中国法制出版社 2023 年版，第 26 页。上海市第一中级人民法院(2021)沪 01 民终 10803 号民事判决书。

【案例4-37】 养护公司诉张某劳动争议纠纷案

一审法院认为,关于《员工离职工作交接表》的证据效力的认定。其一,该交接表为养护公司的制式表格,应办事项"其他"一项后方,办理情况处显示"无"。依据正常填写习惯理解,该项并无填写内容,但前方"其他"框内又手写添加有对该项内容描述,与后方显示填写内容为"无"的情况矛盾。在该处手写添加内容处并无张某确认且交接表在养护公司处保存的情况下,仅据此无法证明张某同意"其他"框内载明的手写内容。其二,交接表下方"本人对上述离职手续办理情况确认无误。与公司就此解除/终止劳动(劳务)关系无任何争议"内容为养护公司单方出具的格式条款,且结合全文前后文内容可见,"无任何争议"究竟是针对解除劳动关系还是针对劳动关系项下的各项待遇,并未清楚表述。故仅据此无法证明张某与养护公司达成了一次性劳动争议项下所有纠纷的协议。综上,养护公司提举的《员工离职工作交接表》无法实现相应的证明目的。判决:(1)养护公司向张某支付2019年8月1日至12月6日工资差额(按月发放部分)255,970.03元;(2)养护公司向张某支付2019年1月1日至12月工资(按年发放部分)121,657.09元 。二审法院认为,养护公司于2021年11月5日申请撤诉,符合法律规定;张某的上诉请求不能成立,应予驳回。判决:驳回上诉,维持原判。[1]

员工手册中加重劳动者法定义务的条款应属无效。

【案例4-38】 汽车座椅公司诉李某劳动争议纠纷案

一审法院认为,被告2020年8月24日起因病多次至医院就诊,就诊医院为被告出具连续疾病证明单。在原告质疑被告病情的情况下,被告在原告工作人员陪同下到指定医院进行复诊,诊断显示被告存在伤病,并且复诊医院也给予休息两周至2021年1月18日的意见。被告在病休假期间已将疾病证明单交给原告并履行了请假手续,原告对被告病假事实应当清楚。原告员工手册虽规定连续病假一个月的,公司有权要求员工进行劳动能力鉴定,拒不配合的属严重违纪,公司不予批准请假申请,并有权按旷工处理。但职工因病休假是劳动法赋予员工的权利,申请病假也不以员工是否具有劳动能力为前提,原告上述规定加重了员工的法定义务,原告在对被告病假事实清楚的情况下,以被告不配合劳动能力鉴定为由,对被告病假事实不予认可,进而按照旷工解除劳动关系,缺乏依据,属于违法解除劳动合同,原告应当支付被告违法解除劳动合同赔偿金。另病假期间,原告作为用人单位应当支付被

---

〔1〕 参见国家法官学院、最高人民法院司法案例研究院编:《中国法院2023年度案例》(劳动纠纷),中国法制出版社2023年版,第219~220页。北京市第一中级人民法院(2021)京01民终8806号民事判决书。

告病假期间的工资。二审法院同意一审法院裁判意见。[1]

应注意的是,劳动合同因为用人单位的原因而无效,用人单位与劳动者形成了实际的用工关系,但未依法签订书面劳动合同的情况下,所以用人单位应当承担未签订劳动合同而产生的二倍工资责任。劳动合同无效与未签订书面劳动合同是两个不同概念。劳动合同无效的前提是存在劳动合同,劳动者或用人单位需要主张原本存在的合同无效,主张该合同符合法律规定的无效情形,该合同被法律作出否定评价。而未签订劳动合同与劳动合同无效是两个不同的事实状态,不可以等同对待。

(二)劳动合同约定效力处理

《劳动争议解释(一)》第三十五条规定:"劳动者与用人单位就解除或者终止劳动合同办理相关手续、支付工资报酬、加班费、经济补偿或者赔偿金等达成的协议,不违反法律、行政法规的强制性规定,且不存在欺诈、胁迫或者乘人之危情形的,应当认定有效。前款协议存在重大误解或者显失公平情形,当事人请求撤销的,人民法院应予支持。"

1. 劳动合同约定效力理解

实践中,用人单位与劳动者对其工资、奖金等事项的约定有普遍性涉及效力问题。如用人单位通过规章制度及离职协议的方式将企业回款风险转嫁给劳动者约定,应依法认定为无效。在任何情况下,劳动者都不应该承担企业的经营风险,这是劳动者与企业所有人(企业股东)的本质区别。在劳动关系下,劳动者与用人单位具有人身依附性,劳动者成为用人单位的生产要素,因劳动者对企业的经营没有自主权,故不应该承担企业的经营风险。这既是劳动基准的要求,也体现了权利、义务相对等的原则。企业是否因为产品质量有瑕疵导致货款无法收回,这是企业自身应当承担的经营风险,该经营风险不应当转嫁给劳动者,否则将使劳动者处于不确定的巨大风险中,违反劳动法的基本原则。用人单位不应在规章制度或劳动合同中任意扩大自身权利。依据《劳动合同法》第二十六条的规定,用人单位免除自己的法定责任、排除劳动者权利的劳动合同无效或者部分无效。

---

〔1〕 参见国家法官学院、最高人民法院司法案例研究院编:《中国法院2023年度案例》(劳动纠纷),中国法制出版社2023年版,第235~236页。上海市第二中级人民法院(2021)沪02民终10450号民事判决书。

【案例4－39】 李某诉登跃公司劳动争议纠纷案

二审法院认为,本案中,登跃公司所提供的李某在离职过程中签订的《客户单位业务交接单》,一方面,该交接单系因离职引起,属于劳动争议引起的纠纷;另一方面,该交接单约定李某必须协助接手人回笼资金,否则承担连带责任。回笼资金系企业经营风险,而劳动者在任何情况下都不应承担企业的商业经营风险。这是因为劳动合同的本质是劳动者提供劳动,用工者支付报酬,企业风险与劳动者无关。本案中虽然李某与用人单位签订了交接单,但是由于该交接单的本质是将企业的商业经营风险转嫁给劳动者,违反了劳动合同的基本法律性质,侵害了劳动者的利益,因此是无效的。登跃公司上诉称交接单系平等主体之间签订的债权债务协议的理由没有法律依据,不予支持。另外,因李某自愿放弃应得风险激励奖的30%,对此予以确认。判决:(1)撤销一审判决;(2)登跃公司支付李某业务费(风险激励奖)12,582.5元。[1]

用人单位在劳动合同中约定收到薪资后3日内未向公司提出异议即视为无异议有效。

【案例4－40】 庞某诉某旅游公司劳动争议纠纷案

二审法院认为,对于庞某签署的入职承诺书部分条款的效力问题,法院认为,从维护劳动关系的稳定性、及时解决用工单位和劳动者双方的争议事项、同时保护双方的合法权益的角度出发,应当允许用工单位与劳动者平等协商对工资标准存在争议情况下的合理异议期,现庞某仅以该条款系用人单位免除自己的法定责任,排除劳动者权利的约定为由,主张该条款应当属于无效,缺乏充分的法律依据。但本案中某旅游公司确实未提交充分证据证明该入职承诺书是平等主体经有效协商达成一致的条款,且该承诺书中关于工资标准的异议方式条款确实存在约定时间过短的情况,故对于该条款约定的效力,法院不予采信。建议用人单位应当在平等协商的基础上就异议方式达成合理适当的条款。根据一审法院查明的事实情况,法院认为庞某主张休息日加班工资差额、法定节假日加班工资差额缺乏明确事实和法律依据,法院不应予以支持。具体理由如下:首先,根据一审法院查明的事实,庞某本人先后担任某旅游公司的人力行政总监和人力行政副总监职务,故其对于某旅游公司劳动者的相关薪酬制度、自身的工资发放标准、旅游型企业的工作特点等相关情况,应当较有更高的了解度和知情度。其次,其入职的劳动合同、入职承诺书中均书面约定庞某执行的是综合计算工时制度,虽然某旅游公司的

〔1〕 参见国家法官学院、最高人民法院案例研究院编:《中国法院2021年度案例》(劳动纠纷),中国法制出版社2021年版,第227页。江苏省常州市中级人民法院(2019)苏04民终4508号民事判决书。

行政许可手续中对庞某的岗位未作出明确记载,但这样的计算工时方式显然符合该公司作为旅游服务型公司,假日工作要求相对较多的特点,故亦不应当单独计算休息日加班工资。再次,庞某的入职劳动合同中明确约定其月工资标准按北京市最低工资标准执行,但双方均认可庞某实际发放的工资标准远高于合同约定的工资标准,2018 年 3 月之前的月工资实际发放标准为 65,000 元,2018 年 3 月之后的月工资实际发放标准为 55,000 元。最后,庞某在公司入职后的较长的合理时间内,均未对某旅游公司的工资发放标准情况提出过异议,仅在其达到法定退休年龄,从公司离职前向公司提出未足额发放其加班费的问题。综上,法院认为,虽然某旅游公司发放工资单的记载名目有误,但某旅游公司主张的庞某作为公司的人力行政负责人对于公司向自己发放的工资中包含了大量的加班补偿是明确知情且认可的,某旅游公司向庞某实际发放的工资和奖金数额远高于合同约定标准是建立在已经充分考虑了对于其延长工作时间,加班工作补偿的基础上的主张,具有合理依据,法院予以采信;故对于庞某主张某旅游公司向其支付休息日加班工资差额、法定节假日加班工资差额的上诉主张,法院不予支持。二审法院判决:驳回上诉,维持原判。[1]

2. 高管薪酬约定效力

高管薪酬约定效力是一个疑难问题。用人单位虽向劳动者出具有加盖公司印章的承诺函,法定代表人代表用人单位加盖公司印章,承诺函上载明薪酬数额未经公司股东会通过,故该约定因违反了公司章程规定而无效。

3. 工作内容和报酬约定的效力

用人单位依据其制定的劳动规章制度或双方约定建立劳动者的工作内容和工作报酬,只要不存在强迫和显失公平(如低于法定最低标准),一般应认定有效,以此平等保护劳动者和用人单位的利益。固定薪资制度作为一种新的工资支付方式,来源于企业与劳动者双方约定,其内容在于每月工资中不仅包含了正常工作时间的工资,还将加班时间的工资计算在内。如果折算后的小时工资不低于当地的最低工资标准,因其不违反法律的禁止性规定,一般应认可其效力。反之,部分月份小时工资未达到当地最低工资标准,应认定双方约定的此阶段“月薪制”无效。

---

〔1〕 北京市第三中级人民法院(2020)京 03 民终 11741 号民事判决书。

【案例4-41】 刁某梅诉菏泽好达实业有限公司劳动争议纠纷案

二审法院认为,刁某梅与菏泽好达实业有限公司(以下简称好达公司)签订的合同约定工资分配方式为月薪制,月薪制人员在好达公司《员工手册》表述中又称为"固定薪资人员",即"公司发放薪制的人员,其工资中包已经包含了加班费用的支付"。好达公司与刁某梅所约定的工资薪资是否有效,应以月薪工资中的小时工资是否低于当时当地的最低小时工资标准来确定。经折算2011年3月至11月刁某梅工资未达到当地最低工资标准,此阶段的月薪制应为无效,应按菏泽当地的最低小时工资标准为基数,结合其工作时间计算刁某梅的工资,由好达公司支付其差额部分。其他时间约定的工资标准超过菏泽市同期的最低工资标准,应为有效。至于刁某梅要求好达公司承担延迟支付数额责任及加付赔偿金的问题,加付赔偿金若能得到支持有一个劳动者先行向劳动行政部门就拖欠劳动报酬的投诉、劳动行政部门责令用人单位限期支付的前提程序,刁某梅直接主张加付赔偿金的请求不予支持。关于刁某梅要求好达公司承担额外经济补偿金的问题,根据《违反和解除劳动合同的经济补偿办法》(已失效)第十条规定,刁某梅与好达公司解除劳动合同之时,好达公司未按法律规定支付经济补偿金,除全额发放经济补偿金外,还须支付50%的额外经济补偿金,刁某梅此上诉请求成立,应予支持,额外经济补偿金应计算为4182.5元。判决:(1)维持一审判决第二项及案件受理费部分。(2)撤销一审判决第一项。(3)被上诉人好达公司支付上诉人刁某梅经济补偿金8365元、额外经济补偿金4182.5元,支付刁某梅劳动报酬1699.56元,以上合计14,247.06元。[1]

4. 调解协议效力

用人单位与劳动者达成的调解协议效力问题,不能简单地划一处理,而应该综合考虑、区别对待。一般情况下,当事人之间协商达成一致并签字确认的书面和解协议是合法有效的,并可以作为仲裁以及诉讼的证据使用。但也存在例外情况,主要表现为以下几个方面:其一,调解协议不是双方当时的真实意思表示。一方当事人在签订协议时采用欺诈、胁迫、乘人之危等手段迫使相对方签订协议,根据《民法典》规定可以请求变更或撤销。其二,调解协议违反法律、行政法规的强制性规定,包括程序违法和内容违法。程序违法多表现为调解组织者违反双方当事人的意愿,强迫当事人达成调解协议。内容违法主要表现为调解的结果,违反法律及行政法规的强制性规定。其三,调解协议存在重大误解或显失公平情形。

---

〔1〕 参见国家法官学院案例开发研究中心编:《中国法院2015年度案例》(劳动纠纷),中国法制出版社2015年版,第204页。山东省菏泽市中级人民法院(2013)菏民终字第375号民事判决书。

实践中，该种情况主要是用人单位利用劳动者不熟悉劳动争议处理规则和流程、不了解赔偿标准与劳动者签订调解协议，劳动者事后发现调解结果通过仲裁或司法程序的结果相较而言显失公平，对于此种情况，劳动者亦有权请求法院撤销。其四，当时为达成和解的目的做出妥协所涉及的对争议事实的认可，不得在其后的仲裁或诉讼中作为对其不利的证据。实践中，当事人在签订调解协议时为促成调解意向的达成往往会做出一些让步，但此种妥协和让步所涉及的对争议事实的认可，不能在此后的仲裁中作为对承诺一方不利的证据，但若该争议事实的认可系涉案争议的重要事实，在无相反的证据证明不是真实意思表示的情况下，不使用该条的规定。

【案例4－42】 北京天越门窗制造有限公司诉张某志劳动争议纠纷案

判决观点，北京天越门窗制造有限公司（以下简称天越公司）同意支付张某志2007年9月至2011年6月未缴纳养老保险损失赔偿金，法院对此不持异议。天越公司主张张某志行为违反《员工手册》的相关规定，系合法解除，不应支付违法解除劳动合同赔偿金，并提供调解协议予以证明。张某志认可调解协议系其本人签字，虽辩称不是本人真实意思表示、与张某涛并未斗殴，但未能提供确实有效的证据证实其主张。应当指出的是，张某志作为完全行为能力人，应当对调解协议的内容以及签字的法律后果具有明确的认识，故对张某志关于调解协议非本人真实意思表示的主张难以采信，天越公司要求不支付张某志违法解除劳动合同赔偿金的诉请，于法有据，予以支持。判决：（1）天越公司支付张某志2007年9月至2011年6月未缴纳养老保险损失6151.2元；（2）天越公司不支付张某志违法解除劳动合同赔偿金64,000元。[1]

5. 续订固定期限劳动合同

符合订立无固定期限劳动合同条件的情况下，双方续订固定期限劳动合同的约定有效。

【案例4－43】 宋某诉供应链公司劳动争议纠纷案

二审法院认为，本案中，2014年1月30日签订的劳动合同中约定"如果劳动合同双方在本合同期满前的30天内没有提出异议，本合同将自动顺延1年，以此类推"，此系双方对劳动关系延续和劳动合同续订方式的约定，合同在2016年1月31日到期后，宋某未提出异议或要求签订无固定期限劳动合

---

〔1〕 参见国家法官学院案例开发研究中心编：《中国法院2018年度案例》（劳动纠纷），中国法制出版社2018年版，第267页。北京市通州区人民法院（2015）通民初字第26970号民事判决书。

同,可以视为双方协商一致,续订1年期固定期限劳动合同,并不违反法律规定。因此,在双方已经续订劳动合同的情况下,要求供应链公司支付未签订无固定期限劳动合同双倍工资差额,于法无据,不予支持。判决:(1)供应链公司支付宋某未休年休假工资28,689.66元;(2)驳回宋某的其他诉讼请求。二审法院同意一审法院裁判意见。[1]

当劳动者在用人单位工作满10年,双方协商一致,基于自由意愿而订立固定期限劳动合同,或两次签订固定期限劳动合同,应视为劳动者放弃了无固定期限劳动合同的订立选择权,固定劳动合同合法有效,其后任何时候不得再主张订立无固定期限劳动合同。也就是说,双方协商一致签订的固定期限劳动合同具有对抗无固定期限劳动合同的法律效力。

【案例4-44】 葛某芳诉北京宏悦顺化工厂劳动争议纠纷案

判决观点,原告葛某芳在与北京宏悦顺化工厂于2008年1月1日签订书面劳动合同时,原告葛某芳已在北京宏悦顺化工厂工作超过10年,符合应签订无固定期限劳动合同的法定条件,但双方再次订立了固定期限的劳动合同。双方协商一致签订的书面劳动合同属双方的真实意思表示,已经达成签订固定期限劳动合同的合意,因此,对于双方两次签订的期限为2008年至2013年的固定期限劳动合同,法院依法予以认定。双方劳动合同到期后,北京宏悦顺化工厂在支付经济补偿金的条件下可以适用到期终止。根据个人的实际工作时间核算,葛某芳工作期间存在延时加班和休息日加班的情况,北京宏悦顺化工厂工作期间未安排葛某芳休带薪年休假,应依法支付未休年休假工资。判决:(1)确认原告葛某芳与被告北京宏悦顺化工厂于1996年3月18日至2013年1月16日存在劳动关系。(2)被告北京宏悦顺化工厂支付原告葛某芳2012年1月至8月延时加班工资3041.38元、2012年9月至12月加班工资993.10元。(3)被告北京宏悦顺化工厂支付原告葛某芳2012年带薪年休假工资1655.17元。(4)驳回原告葛某芳的其他诉讼请求。[2]

6.脱密期的效力

脱密期,也叫解除劳动合同提前通知期,是指用人单位与掌握企业商业秘密负有保密义务的劳动者约定,劳动合同终止前或劳动者提出解除劳动合同时,用人单位有权将劳动者由涉密岗位调整到非涉密岗位进行一定期限的脱密工作后

---

〔1〕 参见国家法官学院、最高人民法院司法案例研究院编:《中国法院2022年度案例》(劳动纠纷),中国法制出版社2022年版,第63页。北京市第三中级人民法院(2020)京03民终13285号民事判决书。

〔2〕 参见国家法官学院案例开发研究中心编:《中国法院2015年度案例》(劳动纠纷),中国法制出版社2015年版,第52~53页。北京市房山区人民法院(2013)房民初字第7379号民事判决书。

才能解除劳动关系。但《劳动合同法》中并没有规定脱密期,因此实践中对脱密期的效力产生争议。一般认为,《劳动合同法》中虽未规定脱密期,但脱密期的约定目的在于保护用人单位的商业秘密,这与现行《劳动合同法》中规定的劳动者需保守用人单位商业秘密以及基于竞业限制的约定对劳动者的自主择业权做出一定限制的精神是一致的。并且,一些地方法规、规章中仍保留了脱密期的相关规定,可以作为脱密期协议有效的依据。因此,用人单位与劳动者协商一致,依法订立脱密期的协议应具有法律效力,对双方具有约束力。如在脱密期协议中约定劳动者违反脱密期约定的应向用人单位支付违约金,该约定违反了《劳动合同法》第二十五条的规定,应属无效条款。

【案例4-45】 金属公司诉李某劳动争议纠纷案

判决观点,第一,用人单位与劳动者可以在劳动合同中约定保守用人单位的商业秘密与知识产权相关的保密事项。《江苏省劳动合同条例》第二十七条第二款规定,对负有保密义务的劳动者,用人单位可以与其在劳动合同或保密协议中,就劳动者要求解除劳动合同的提前通知期以及提前通知期内的岗位调整、劳动报酬作出约定。提前通知期不得超过6个月。本案中,金属公司与李某签订的《特别协议》中未明确约定劳动者要求解除劳动合同的提前通知期,约定劳动者提前辞职的,必须在用人单位调整后的岗位服务超过3年,此约定使得劳动者至少需要提前3年向用人单位提出辞职,显然违反了《江苏省劳动合同条例》第二十七条第二款不得超过6个月之规定,故该约定内容无效。第二,李某不应支付违约金90万元。《劳动合同法》第二十二条规定……除本法第二十二条、第二十三条规定的情形之外,用人单位不得与劳动者约定由劳动者承担违约金。本案中,《特别协议》约定的劳动者的脱密期不属于用人单位对劳动者进行专业技术培训而约定的服务期,并非双方约定的竞业限制期限,因此《特别协议》中有关李某违反该义务或以个人原因提出解除劳动合同需支付违约金的约定于法有悖,属无效条款,对劳动者不产生约束力。第三,李某不同意在本案中退还金属公司主张的代扣缴的住房公积金及个人所得税。因金属公司代扣缴的2019年4月住房公积金系缴纳至李某的公积金账户,受益人为李某,故李某应予返还。金属公司在李某明确提出辞职并实际再未上班后自行支付4月工资并向税务部门缴纳了个人所得税,李某对此并无过错,也已将实发工资予以退还,故李某对个人所得税并无返还义务。判决:(1)李某退还金属公司2019年4月住房公积金 360 元;(2)驳回金属公司的其他诉讼请求。[1]

用人单位制定的涉密人员管理制度,规定脱密期满后方可办理关系转移手续,该规定与《劳动合同法》相冲突,因侵犯劳动者自由择业权利而不具有法律效力。

【案例 4-46】 陈某王诉江苏南通申通机械有限公司劳动争议纠纷案

判决观点,本案中原告陈某王与被告江苏南通申通机械有限公司(以下简称申通公司)的劳动合同于 2013 年 10 月 31 日到期,双方未续签劳动合同,劳动合同即行终止,申通公司应当为陈某王办理档案和社会保险关系的转移手续,故对申通公司认为与陈某王劳动关系仍未解除的抗辩不予采信。关于申通公司提出涉密人员离职应履行脱密期管理规定,脱密期未满不应办理关系转移手续的主张,法院认为于法无据,理由有三:(1)依据《劳动合同书》约定:乙方(陈某王)掌握甲方(申通公司)商业秘密的,双方应另行签订保守商业秘密协议;乙方工作岗位涉及国家军事秘密的,双方应另行签订保密承诺书。故原告、被告先后签订的《保密与竞业限制协议书》、《保密承诺书》及《涉密人员管理制度》,与履行劳动合同密切相关,应视为劳动合同组成部分。根据上述劳动合同及《涉密人员管理制度》中对涉密人员的定义,可以认定陈某王在被告单位兼具涉及商业秘密和国家秘密人员身份,《涉密人员管理制度》的管理范围涵盖了上述两类人员。针对陈某王涉及商业秘密的身份,根据《劳动部〈关于企业职工流动若干问题的通知〉》第二条规定,用人单位与掌握商业秘密的职工在劳动合同中约定保守商业秘密有关事项时,可以约定在劳动合同终止前或该职工提出解除劳动后的一定时间内(不超过 6 个月),调整其工作岗位,变更劳动合同中相关内容。《江苏省劳动合同条例》第二十七条亦规定:“用人单位与劳动者可以在劳动合同中约定保守用人单位的商业秘密与知识产权的相关的保密事项。对负有保密义务的劳动者,用人单位可以与其在劳动合同或者保密协议中,就劳动者要求解除劳动合同提前通知期以及提前通知期内的岗位调整、劳动报酬作出约定。提前通知期不得超过六个月。”依据上述规定,为保护商业秘密,用人单位与劳动者可以约定在劳动关系终止前或劳动者提出解除劳动合同后一段期限内,将其调离涉密岗位,以便逐步脱离涉密事宜,但该约定应符合在劳动合同存续期内和期限不得超过 6 个月的法定条件。本案中被告申通公司《涉密人员管理制度》中规定脱密期至少为 1 年,并要求劳动者在劳动合同终止后仍对其实

[1] 参见国家法官学院、最高人民法院司法案例研究院编:《中国法院 2022 年度案例》(劳动纠纷),中国法制出版社 2022 年版,第 264~265 页。江苏省无锡市锡山区人民法院(2020)苏 0205 民初 2211 号民事判决书。

行在岗管理,违反了法律、法规中对于提前通知期间的规定。

(2)针对陈某王涉及国家秘密的身份,《保守国家秘密法》第三十九条规定,涉密人员离岗离职实行脱密期管理,涉密人员在脱密期内应当按照规定履行保密义务,不得违反规定就业,不得以任何方式泄露国家秘密。《国家秘密法实施条例》第三十条规定,涉密人员的分类管理,任(聘)用时审查、脱离脱密期管理、权益保障等具体办法,由国家保密行政管理部门会同国务院有关主管部门制定。依据上述规定,被告申通公司作为涉及国家秘密的企业,负有实行保密工作机制、监督管理涉密人员的职责,对涉密人员实行脱密期管理确于法有据。但现行法律、法规并未明确脱密期的具体办法,被告单位自行制定脱密期管理规定亦应遵守法律、法规,不得损害涉密人员合法劳动权益。被告《涉密人员管理制度》中规定涉密人员脱密后方可办理关系转移手续,在原告陈某王劳动合同期满的情况下,被告单位根据该规定要求其实行2年在岗脱密期管理,方可办理关系转移手续,明显违反了《合同法》中"劳动合同期满的,劳动合同终止。用人单位应当在终止劳动合同时出具解除或者终止劳动合同的证明,并在十五日内为劳动者办理档案和社会保险关系转移手续"的法律规定,侵犯了劳动者合法的离职和择业权利。

(3)关于被告申通公司提出原告应遵守脱密期管理规定缴纳保密保证金的抗辩,法院认为,该公司《涉密人员管理制度》中明确,适用保密保证金的人员为"本人坚持申请辞职的非核心涉密人员"。而原告陈某王系劳动合同期满,劳动关系终止后离职,并非在劳动关系存续期间主动辞职,并且被告申通公司确认陈某王系一等涉密人员,未能举证证明其系非核心涉密人员,故原告陈某王不符合适用保密保证金的条件,被告申通公司要求其缴纳保证金,缺乏劳动合同依据,对该项抗辩法院不予采信。判决:被告申通公司为原告办理社会保险关系转移手续。[1]

7. 放弃加班费约定的效力

加班费是劳动者延长工作时间的工资报酬,是劳动者的权利。要求员工以协议的形式放弃加班费的行为,系免除了用人单位的法定责任、排除了劳动者权利,显失公平,应认定无效,劳动者可依法主张加班费。

【案例4-47】 张某诉某快递公司劳动争议纠纷仲裁案

张某于2020年6月入职某快递公司,双方订立的劳动合同约定试用期

〔1〕 参见国家法官学院案例开发研究中心编:《中国法院2016年度案例》(劳动纠纷),中国法制出版社2016年版,第104~106页。江苏省南通市港闸区人民法院(2014)港唐民初字第00592号民事判决书。

为3个月,试用期月工资为8000元,工作时间执行某快递公司规章制度相关规定。某快递公司规章制度规定,工作时间为早9时至晚9时,每周工作6天。2个月后,张某以工作时间严重超过法律规定上限为由拒绝超时加班安排,某快递公司即以张某在试用期间被证明不符合录用条件为由与其解除劳动合同。张某向劳动人事争议仲裁委员会(以下简称仲裁委员会)申请仲裁。申请人请求裁决某快递公司支付违法解除劳动合同赔偿金8000元。仲裁委员会裁决某快递公司支付张某违法解除劳动合同赔偿金8000元(裁决为终局裁决)。仲裁委员会将案件情况通报劳动保障监察机构,劳动保障监察机构对某快递公司规章制度违反法律、法规规定的情形责令其改正,给予警告。

本案的争议焦点是张某拒绝违法超时加班安排,某快递公司能否与其解除劳动合同。《劳动法》第四十一条规定:"用人单位由于生产经营需要,经与工会和劳动者协商后可以延长工作时间,一般每日不得超过一小时;因特殊原因需要延长工作时间的,在保障劳动者身体健康的条件下延长工作时间每日不得超过三小时,但是每月不得超过三十六小时。"第四十三条规定:"用人单位不得违反本法规定延长劳动者的工作时间。"《劳动合同法》第二十六条规定:"下列劳动合同无效或者部分无效:……(三)违反法律、行政法规强制性规定的。"为确保劳动者休息权的实现,我国法律对延长工作时间的上限予以明确规定。用人单位制定违反法律规定的加班制度,在劳动合同中与劳动者约定违反法律规定的加班条款,均应认定为无效。本案中,某快递公司规章制度中"工作时间为早9时至晚9时,每周工作6天"的内容,严重违反法律关于延长工作时间上限的规定,应认定为无效。张某拒绝违法超时加班安排,系维护自己的合法权益,不能据此认定其在试用期间被证明不符合录用条件。故仲裁委员会依法裁决某快递公司支付张某违法解除劳动合同赔偿金。

典型意义,《劳动法》第四条规定:"用人单位应当依法建立和完善规章制度,保障劳动者享有劳动权利和履行劳动义务。"法律在支持用人单位依法行使管理职权的同时,也明确其必须履行保障劳动者权利的义务。用人单位的规章制度以及相应工作安排必须符合法律、行政法规的规定,否则既要承担违法后果,也不利于构建和谐稳定的劳动关系、促进自身健康发展。[1]

8. 离职协议约定的效力

根据《劳动争议解释(一)》第三十五条规定,即使离职协议中约定了这种放

〔1〕 最高人民法院劳动人事争议典型案例(第二批)案例2。

弃权利的条款,也不必然无效。如果在仲裁或者诉讼过程中,用人单位应当支付劳动者的金额远低于合理范围,造成了劳动者权利严重受损的情况,该条款约定显然不符合常理,显失公平,违反法律强制性规定,会被认定为无效。法官会考量条款中是否具体列明了不得主张权利的项目,并判断劳动者是否具备处分权利的意思自治。如果在离职协议中约定,不得主张权利的项目包括经济补偿金、赔偿金、加班费、年休假薪金、高温补贴、公积金、社保等,而并非只是概括性约定不得主张权利。多数观点认为,如果主张撤销离职协议或者离职协议无效的劳动者,不能证明存在欺诈、胁迫或者乘人之危等规定了可撤销或者无效的情形的,一般会认为协议约定内容属于劳动者(作为完全民事行为能力人)对自己权利义务的终局性处分,属于真实意思表示,应当认定为有效,劳动者在事后反悔主张相关权利的,不予支持。而由于离职协议中已经约定了“再无任何争议事项”,有可能就不会再具体考量和审查离职协议中针对相关主张或者要求是否属于概括性约定;应得和所得金额差是否存在合理性等。

应注意的是,实践中有不同观点,有的法院会对此协议约定内容进行审查。常见的情形有,其一,离职协议中约定了“劳动者应缴纳培训违约金”的,因用人单位仅对员工进行了一般常规性岗位培训,属于用人单位对员工应履行的基本义务,而不符合法律规定中用人单位可以与劳动者约定“违约金”的情形。该约定违反了法律强制性规定,属于无效约定,用人单位应将收取的劳动者的培训违约金予以返还。其二,离职协议中约定了“用人单位支付劳动者应得工资后,劳动者不得再以任何理由和方式向用人单位主张任何权利”,约定后在用人单位尚未履行支付劳动者应得工资的义务前,劳动者提起劳动仲裁主张请求的,不违反双方签订的离职协议约定内容。其三,离职协议中存在未经授权或者事后追认的代签行为,如劳动者不予认可,则协议不对其发生法律效力,进而不能认定劳动者与用人单位协商一致而签署了离职协议,同时离职协议中“甲乙双方之间不再有其他任何未了结之纠纷,乙方不可以任何理由、任何形式向甲方及甲方的关联公司主张任何权利”等条款对劳动者不具有约束力。

实践中,部分用人单位在为劳动者办理离职手续时,会与劳动者签订《离职协议》,协议中经常设置类似“劳动者认可在双方签署本协议书后,双方结束基于劳动关系产生的权利义务关系,双方再无任何争议,不再提出以用人单位为相对方的仲裁或诉讼,亦承诺不会再通过投诉、举报等方式向用人单位主张劳动权利事项”的兜底条款。而对于此类兜底条款的有效性,依据《劳动争议解释(一)》第三十五条规定“劳动者与用人单位就解除或者终止劳动合同办理相关手续、支付工资报酬加班费、经济补偿或者赔偿金等达成的协议,不违反法律、行政法规的强制性规定,且不存在欺诈、胁迫或者乘人之危情形的,应当认定有效”可知,若此类兜底条款违反了法律、行政法规的强制性规定,或是在双方当事人约定时存在欺诈、胁迫或者乘人之危的情形，当事人请求撤销的，法院应当予以支持。劳动者离职时承诺再无争议后反悔，不能向用人单位主张赔偿。

【案例4-48】 乔某诉平面媒体中心、融媒体中心劳动争议纠纷案

判决观点，当事人对自己提出的诉讼请求所依据的事实或者反驳对方诉讼请求所依据的事实有责任提供证据加以证明。没有证据或者证据不足以证明当事人的事实主张的，由负有举证责任的当事人承担不利后果。乔某于2014年3月13日入职平面媒体中心，后于2017年9月底进入融媒体中心工作，并在融媒体中心办理了离职手续。乔某因个人原因提出离职，并承诺其与融媒体中心不存在一切纠纷。故对于乔某要求未签订劳动合同二倍工资差额、未足额支付的工资差额、2018年年终奖奖金、解除劳动合同经济补偿金的诉讼请求，法院不予支持。[1]

9. 劳动合同约定解除条件效力

实践中，在劳动合同中约定解除条件有不同观点，其一，不能约定解除条件。解除条件需依据《劳动法》和《劳动合同法》的规定。其二，可以在劳动合同中约定解除条件，此属于双方意思自治，法律并未明文禁止。其三，将劳动合同中的约定解除条件视为法定解除条件进行评判，如是否严重违反规章制度等。

一般认为，约定的解除条件效力判断，应依据《劳动合同法》第二十六条、第三十九条中劳动者欺诈使劳动合同无效的情形，符合法定的解除无效的情形，进行具体解释和判断。对于合同约定的解除条件为严重违反规章制度的，应审查该用人单位的规章制度是否经过民主流程体现了形式要件。比如，劳动合同约定一周旷工2次双方就解除劳动合同，和一年旷工1次双方就解除劳动合同，即使是同一名法官也会有不同的观点选择，对法官的评判标准要求比较高，也对劳动者存在较大风险。

实践中，应正确把握合同约定的解除效力。劳动合同约定解除的情形，是对《劳动合同法》第三十九条规定的细化和具体化，突破了第三十九条即时解除的六种情形，特别是用人单位规章制度中未能作出规定的情形。《劳动合同法》第三十九条中，已没有了“严重违反劳动纪律”的描述，遵守用人单位的劳动纪律和职业道德依然是属于劳动者的一项重要的法定义务，即作为劳动者，应严格遵守用人单位的上下班时间规定，做到不迟到、不早退，不旷工，不消极怠工，不利用上班时间从事与本职工作无关的事情以及不妨碍他人工作等。这也仅仅是因为立法者认为“严重违反劳动纪律”已完全可以通过用人单位的“规章制度”来进行明

---

[1] 北京市昌平区人民法院(2019)京0114民初17005号民事判决书。

确,而非意味着“严重违反劳动纪律”没有适用的余地。所以,如果用人单位把“严重违反劳动纪律”的种种情形在劳动合同中约定为用人单位行使即时解除劳动合同的情形,这应该认为是一种有效的约定。再如,劳动合同里约定“劳动者因赌博或者嫖娼被行政拘留长达3天以上的,用人单位可以解除劳动合同”就属于对严重违反劳动纪律的约定,也应属于一种有效的约定。而且在实践中,法院以劳动者“严重违反劳动纪律”作为支持用人单位行使即时解除权的案例并不在少数。如果在劳动合同中双方把劳动者存在严重违反社会主义核心价值观的行为或者严重存在违反合规义务或者违反公序良俗和诚实信用原则的行为作为用人单位可以依法行使即时解除权的情形时,依然应属于有效的约定。即使规章制度中没有规定和明确,用人单位据此劳动合同中的约定解除劳动合同的,仍应视为是合法解除。因为,如果只是因为用人单位规章制度没有对所有可能发生的严重违反规章制度的行为进行全面的覆盖(而实际上用人单位也不可能对此进行全面的覆盖),就不允许用人单位根据劳动合同中的该种约定解除劳动合同,不仅太过于苛刻和有违公平和诚信原则,也难免不被认定为是对劳动者的一种过度纵容和错误保护,从长远利益讲极其不利于在整个社会构建和发展起和谐的劳动关系。法官在审判中除应遵循《劳动合同法》中的规定外,还应遵循《民法典》的有关原则、精神和规定。因此,在法律没有明确禁止双方在劳动合同中约定解除情形时,劳动合同作为合同中的一种特殊合同,在不违反法律、行政法规、国家政策以及公序良俗的前提下,用人单位与劳动者通过劳动合同约定劳动合同的解除情形依然是符合《劳动合同法》以及《民法典》的有关规定。

10.聘用合同中约定的违约金条款效力

聘用合同是事业单位与受聘人员按照国家的有关法律、政策,在平等自愿、协商一致的基础上,就履行有关工作职责的权利义务所签订的协议。事业单位与受聘人员订立聘用合同时,可以遵循公平、合理的原则约定违反聘用合同的责任及违约金。在聘用合同未到期、不符合解除合同的条件下,受聘人员因个人原因单方面要求解除合同,应依据聘用合同约定的违约金条款支付违约金。

事业单位与受聘人员遵循公平、合理的原则,在聘用合同中约定的违约金条款,具有法律效力。

【案例4-49】 徐某与某人民医院人事争议纠纷案

二审法院认为,《劳动合同法》第九十六条规定,事业单位与实行聘用制的工作人员订立、履行、变更、解除或者终止劳动合同,法律、行政法规或者国务院另有规定的,依照其规定;未作规定的,依照本法有关规定执行。《山东省事业单位实行人员聘用制度暂行办法》第十五条规定,双方当事人应当按照有关规定,遵循公平、合理的原则,在聘用合同中约定违约金的数额,违反聘用合同应按合同约定支付违约金。本案中,徐某在聘用合同未到期、不符合解除合同的条件下,因个人原因单方面要求解除合同,根据聘用合同书约定,徐某应向某人民医院支付违约金。基于此,人民法院对于徐某请求某人民医院返还违约金的请求不予支持。[1]

(三)协商解除合同效力处理

法律规定,用人单位与劳动者协商一致可以解除劳动合同。但怀孕女员工与用人单位签订协商解除劳动合同效力有不同观点。现行法律对于用人单位与女员工怀孕期间是否能够与之进行协商解除劳动关系并无禁止规定。劳动法具有私法、公法双重性,在协商解除劳动关系上,双方可以就是否解除、如何补偿等问题进行磋商,只要不违反法律规定,法律一般不会干涉。从这个意义上讲,双方就劳动关系达成协议解除属于私权处分范畴,用人单位在女员工怀孕期间完全可以协商解除劳动关系,而不论女员工在协商过程结束前是否发现自己怀孕。实际上,从是否知晓女员工怀孕的这一情况看,双方明显信息不对称,女员工对于自己是否怀孕的信息掌握得明显要比用人单位多,故是否怀孕的状态必须由女员工来确认。也就是说,用人单位在协商过程中要求女员工确认是否怀孕并无不妥。如果女员工不能确定自己是否怀孕,完全有权可以不协商、不签字,另行处理双方解除事宜。只要在协商过程中,女员工平等自愿与用人单位协商,真实地表达自己的意思,其与用人单位签订解除劳动合同就是有效的,受法律保护。

对于在怀孕的状态下协商解除劳动关系但事后发现怀孕,是否影响或可以推翻协议的效力有待分析。现实生活中,女员工在签订协议时可能不知道怀孕,事后检查出才发现,其会以属于重大误解为由要求推翻协议。但这种情况一般也不应支持,主要理由:其一,怀孕一般是必须通过性行为并经过一定过程才能产生的生理现象。女员工在怀孕前的同房行为会导致怀孕应当有预见性。尤其是女员工知道自己的生理周期不规律或有生育一胎的经历,在不采取任何避孕措施情况下的同房行为极有可能会导致怀孕。其二,《最高人民法院关于适用〈中华人民共和国民法典〉总则编若干问题的解释》第十九条第一款规定:"行为人对行为的性质,对方当事人或者标的物的品种、质量、规格、价格、数量等产生错误认识,按照通常理解如果不发生该错误认识行为人就不会作出相应意思表示的,人民法院可以认定为民法典第一百四十七条规定的重大误解。"构成重大误解的通常理解

〔1〕 山东省高级人民法院发布十大劳动争议典型案例。山东省潍坊市中级人民法院(2022)鲁07民终8943号民事判决书。

是后果与行为人自己的意思相悖,并造成较大的损失。女员工在签署解除劳动合同协议时,应当知道协商解除劳动合同以及签名确认其无怀孕情况的法律后果,对于如此重要的行为当然要经过谨慎的确认。女员工在合同解除后发现怀孕属于对自身客观情况判断有误,用人单位更无法预知这一情况,并不符合重大误解的概念亦不构成重大误解。协商解除劳动合同协议是用人单位在依据女员工本人的陈述前提下,根据签订协议时的客观情况而与其达成协议。用人单位有妊娠员工补偿方案并据此对确认怀孕的员工有额外补偿,这是建立在公平协商的基础之上的,不存在显失公平的情形,其撤销的诉求不受法律保护。

【案例4－50】 朱某诉广州某电子公司劳动争议纠纷案

一审法院认为,朱某与广州某电子公司劳动关系系协商解除。尽管本案中广州某电子公司因经营问题导致经济性裁员,但根据双方提交的证据及陈述可知,广州某电子公司并未采取裁员方式解除与朱某劳动关系。法律未规定女员工怀孕期间不能与用人单位进行协商解除劳动关系。双方签订了《协商解除劳动合同协议书》,朱某也未提供证据证明广州某电子公司系在以欺诈、胁迫的手段或者乘人之危,使其在违背真实意思的情况下订立《协商解除劳动合同协议书》,该协议书内容亦未违反法律禁止性规定。因此,无论朱某当时是否妊娠状态,该解除行为不违反《劳动合同法》第四十二条规定。关于双方签订《协商解除劳动合同协议书》的效力问题。一方面,朱某在与广州某电子公司签署《协商解除劳动合同协议书》时,应当知道协商解除劳动合同以及签名确认其无怀孕的法律后果,对于如此重要的行为需经过谨慎的确认。朱某在合同解除后发现怀孕属于对自身客观情况判断有误,广州某电子公司更无法得知这一情况,因此朱某主张重大误解不能成立。朱某提出其他怀孕女员工按照“有妊娠”补偿方案获得了补偿金,但《协商解除劳动合同协议书》是广州某电子公司在依据朱某本人陈述前提下,根据签订协议时客观情况而与其达成协议。广州某电子公司存在“有妊娠”员工补偿方案并据此与已确认怀孕的员工协商解除劳动合同,足以表明广州某电子公司在与员工协商解除劳动合同时对怀孕职工有额外补偿。朱某若不确定自己是否怀孕可以不在本案的协议书上签字,等广州某电子公司以裁员方式解除劳动关系。朱某因自身客观情况的变化主张其与广州某电子公司签订的《协商解除劳动合同协议书》显失公平不能成立。另一方面,虽然协议书落款处打印日期为2017年1月31日,但该协议书签订时间为2016年12月29日,双方同意将朱某工资结算至2017年1月31日。朱某实际向广州某电子公司提供劳动止于签订协议书之日,双方的劳动关系于2016年12月29日终止。判决:

驳回朱某的全部诉讼请求。二审法院同意一审法院裁判意见并维持原判。[1]

【案例4-51】　林某桂诉华睿泰科技(北京)有限公司海淀分公司劳动争议纠纷案

一审法院认为,林某桂与华睿泰科技(北京)有限公司海淀分公司(以下简称华睿泰海淀分公司)签订了解除劳动关系协议,载明双方经协商一致解除劳动关系,并约定了补偿金数额。现协议已履行完毕,林某桂已办理完离职手续。经审查协议内容并不违反法律、行政法规的强制性规定,而林某桂提交的证据不足以证明存在欺诈、胁迫或者乘人之危情形,应自行承担相应的法律后果。双方当事人争议之处在于,若林某桂在订立协议时确不知晓自身怀孕这一主张属实,则此情形是否构成重大误解?法院认为,《民法通则》第五十九条规定……可见民事法律意义上"重大误解"指向的客体仅限于针对行为内容。具体到签订解除劳动合同协议这一情形时,行为内容系指劳动者与用人单位之间订立协议内容。在劳动者对协议内容不存在重大误解,仍在协商一致解除劳动关系协议中签字,且协议内容不存在显失公平之处的,则作为民事行为能力人,其理应知悉并须承担其签字行为的法律后果。至于具备完全民事行为能力人的劳动者在订立协议时,对主观动机、客观环境、自身状态等因素是否存在认识偏差,并不构成法律意义中重大误解的范畴。鉴于此,林某桂所持订立协议时不知怀孕的主张,并不构成足以撤销协议重大误解情形,故其要求撤销双方订立的解除劳动关系协议,并基于此要求华睿泰海淀分公司按原劳动合同约定的工作岗位与其履行劳动合同的请求,并无事实与法律依据,法院不予支持。判决:驳回林某桂的全部诉讼请求。二审法院认为,林某柱的上诉请求不能成立,应予驳回;一审判决认定事实清楚,适用法律正确,应予维持。判决:驳回上诉,维持原判。[2]

劳动者与用人单位解除劳动合同关系过程中,只要不违反法律的强制性规定,其签订的处分协议合法有效。

用人单位与劳动者解除劳动关系时达成的无争议协议有效。用人单位与劳动者之间拟定协议时可能不会穷尽列举全部补偿项目,而一般会在协议中额外注明双方当事人之间无任何劳动纠纷,约定并不十分明确,只要是双方的真实意思表示,只要不违反法律、行政法规的强制性规定,对双方均有约束力。

在劳动者因工受伤,尚未进行工伤认定以及劳动能力进行鉴定时,对用人单

---

〔1〕 参见国家法官学院案例开发研究中心编:《中国法院2019年度案例》(劳动纠纷),中国法制出版社2019年版,第107页。广东省广州市中级人民法院(2017)粤01民终22911号民事判决书。

〔2〕 参见国家法官学院案例开发研究中心编:《中国法院2019年度案例》(劳动纠纷),中国法制出版社2019年版,第111页。北京市第一中级人民法院(2017)京01民终2462号民事判决书。

位和劳动者双方签署的劳动合同解除协议效力要做具体分析。对于这种合意解除合同除劳动者自愿外,应重点审查是否符合以下原则:一是诚实信用原则,二是合法原则,三是公序良俗原则。如果用人单位确实有证据能够证明劳动者是自愿、主动提出要求解除劳动合同的,属劳动者对自身权利的处分,应当认定解除协议有效。但用人单位不能仅凭双方共同签署的解除协议,直接证明劳动者解除劳动合同的自愿性。用人单位对劳动者的管理存在人身属性,双方法律地位存在不对等性。在职工工伤后,双方的地位更是加重了倾斜,工伤职工如果欲及时得到工伤赔偿,相关赔偿的支付以及手续办理需要单位的配合,如停工留薪期工资需要有单位支付,而工伤保险基金的领取一般也需要单位的申报,用人单位的优势地位显露无遗。如果用人单位不签署解除协议,就有可能无法及时得到赔偿,影响后续治疗。当然,如果用人单位有证据证明,此时是劳动者主动、自愿解除劳动合同,不在此限,其解除劳动合同协议应为有效。

【案例4-52】 陈某宣诉浙江通达建设集团有限公司劳动争议纠纷案

判决观点,原告、被告之间存在劳动关系,原告在工作过程中受伤害,构成工伤,依法应向原告给付相应的工伤保险待遇。原告、被告于2014年7月31日签订了《解聘协议》,而此时原告刚刚出院,尚未经过工伤认定以及劳动能力鉴定,该《解聘协议》违反了《劳动合同法》以及《工伤保险条例》的相关规定,应认定无效。原告于2015年3月19日申请仲裁时提出解除原告、被告之间的劳动关系,故原告、被告之间的劳动关系依法于原告提出解除劳动关系的请求后才解除。判决:(1)解除原告陈某宣与浙江通达建设集团有限公司劳动关系;(2)被告浙江通达建设集团有限公司支付原告陈某宣一次性伤残就业补助金28,217元、停工留薪期工资18,300元、住院期间护理费4224元,总计50,741元;(3)驳回原告陈某宣的其他诉讼请求。[1]

劳动者与用人单位就解除或终止劳动合同达成协议,事后申请劳动仲裁,不能得到支持。

【案例4-53】 王某诉河南某煤业有限公司劳动争议纠纷再审案

最高人民法院认为,本案再审审查的焦点问题是:王某诉请某煤业公司支付加班工资、年休假工资、探亲假工资、待岗生活费等有无事实及法律依据。一审法院已经查明,2018年8月26日王某(乙方)与某煤业公司(甲方)签订《解除(终止)劳动合同协议书》,其中:第一条主要内容:经协商,从2018年8月26日起,双方解除劳动关系。第二条主要内容:乙方在甲方单位的工

〔1〕 参见国家法官学院案例开发研究中心编:《中国法院2017年度案例》(劳动纠纷),中国法制出版社2017年版,第270页。浙江省三门县人民法院(2015)台三民初字第641号民事判决书。

作年限18年,解除或终止劳动合同前12个月的平均工资为5859元,经济补偿金共计105,462元。同时解除劳动合同前,不欠付乙方工资(生活费)。第三条:甲方为乙方缴纳五险(包括基本养老保险金、基本医疗保险金、工伤保险金、生育保险金)至2018年9月止。第四条:本协议签订后,摒弃以前所有工资、社会保险及劳动关系问题,甲乙双方不存在任何劳动争议及经济纠纷。王某在上述协议乙方处签名并捺指印,某煤业公司在甲方处加盖公章。上述协议系双方真实意思表示,不违反法律、行政法规的强制性规定,合法有效,双方均应遵守该协议约定。王某申请再审称其签署《解除(终止)劳动合同协议书》时受到某煤业公司的欺诈和胁迫,但其并未提供充分证据证明,其主张法院不予采信。此外,依据《民事诉讼法解释》第九十五条"当事人申请调查收集的证据,与待证事实无关联、对证明待证事实无意义或者其他无调查收集必要的,人民法院不予准许"的规定,一审法院对王某申请法院调查收集考勤表、工资台账等证据的申请未予准许,并无不当。综上,王某诉请某煤业公司支付加班工资、年休假工资、探亲假工资、待岗生活费等缺乏事实和法律依据,一审、二审法院未予支持并无不当。综上,王某的再审申请不符合《民事诉讼法》第二百条第二项、第六项规定的情形。裁定:驳回王某的再审申请。[1]

约定解除劳动合同经济补偿的效力,应根据具体案情确认。向劳动者提出优于法定标准的解除劳动合同经济补偿条件,通常是用人单位吸引高级人才的有效途径。这种约定,属于用人单位的真实意思表示,亦无损害劳动者的合法权益,应当坚持适用合同自由的原则,肯定其对用人单位和劳动者的拘束力。相反,如果用人单位故意在合同中约定低于法定的经济补偿,对劳动者明显不公,则应当依法予以干预。如果劳动者请求否定低于法定标准的约定的效力,提出适用法定标准时,法官应予支持。

(四)协商工伤待遇效力处理

1. 协商工伤待遇理解

劳动者发生工伤后,用人单位为了杜绝后顾之忧,于是私下和劳动者签署协议,一次性解决双方已经产生或将会产生的纠纷,欲涵盖所有基于劳动关系产生

---

〔1〕 最高人民法院(2021)民申2865号民事裁定书。

的所有纠纷。实践中,这种私了协议数额往往比《工伤保险条例》所确定的数额低且低很多,因而虽有私了协议但引发的诉讼甚多。

《劳动法》第七十七条第一款规定用人单位和劳动者可以协议解决争议,《工伤保险条例》第五十四条规定了按照发生工伤待遇方面的争议按照处理劳动争议的有关规定处理,这在一定程度上表明应该尊重用人单位和劳动者的自主合意。对此,不应该“一刀切”来认定双方的协议对于工伤待遇约定是否为有效或无效,应该具体审查处理。主要为,其一,工伤发生后,用人单位是否向劳动保障部门申报认定工伤。用人单位并未给劳动者申报工伤,而以协议的方式笼统地一次性解决双方的纠纷,一方面逃脱了劳动监管部门的监管,另一方面也损害了劳动者的健康权利,很容易造成劳动者在对工伤待遇不知情的情况下签订协议。因此,在工伤认定前就签订协议的,一般应认定该协议无效但有例外。其二,双方签订协议的赔偿数额。用人单位和劳动者签订协议赔偿数额明显低于法定工伤待遇的标准显失公平,应当认定该协议无效,应该按照法定的工伤待遇标准支付劳动者工伤待遇。其三,协议是否有具体的条款约定。在协议已经具体明确约定款项中包含劳动者的工伤待遇,并且数额没有明显低于法定工伤待遇标准的,在向劳动者充分释明后,即便未经过工伤认定,该协议也应认定有效。这是基于,工伤赔偿程序周期较长,使劳动者不能及时得到赔偿和救助,同时社会资源也在一定程度被占用了。用人单位和劳动者相互协商相互让步的协议是双方真实意思表示处分自己权利的行为,其在合法合理范围内的协议应受法律保护,在一定程度上可以及时维护劳动者权益,故依法应认定协议有效。

【案例4-54】 北京戮力达停车场管理有限责任公司朝阳分公司诉王某虎劳动争议纠纷案

一审法院认为,双方就仲裁裁决的劳动关系存续期间均无异议,法院予以确认。虽然双方就无争议问题签订了协议书,但该协议书签订的日期为2015年3月30日,而被告工伤认定发生于2015年6月5日,晚于上述协议书的签订,故已支付的补偿不应包括被告应享受的工伤待遇,故原告应向支付被告6个月的停工停薪期工资、一次性伤残补助金、一次性工伤医疗补助金、一次性伤残就业补助金。仲裁裁决计算数额符合法律规定,法院予以确认。判决:(1)确认原告北京戮力达停车场管理有限责任公司朝阳分公司与被告王某虎于2014年3月26日至2015年3月30日存在劳动关系;(2)原告北京戮力达停车场管理有限责任公司朝阳分公司给付被告王某虎于2013年11月10日至2014年5月8日停工留薪工资13,098.85元;(3)原告北京戮力达停车场管理有限责任公司朝阳分公司给付被告王某虎一次性伤残补助金34,474元、一次性工伤医疗补助金58,167元、一次性伤残就业补助金58,167元;(4)驳回原告北京戮力达停车场管理有限责任公司朝阳分公司的诉讼请求。二审期间,原告撤回上诉。[1]

2. 调解协议撤销认定

《民法典》第一百五十一条规定,一方利用对方处于危困状态、缺乏判断能力等情形,致使民事法律行为成立时显失公平的,受损害方有权请求人民法院或者仲裁机构予以撤销。《劳动争议解释(一)》第三十五条规定,劳动者与用人单位就解除或者终止劳动合同办理相关手续、支付工资报酬、加班费、经济补偿或者赔偿金等达成的协议,不违反法律、行政法规的强制性规定,且不存在欺诈、胁迫或者乘人之危情形的,应当认定有效。前款协议存在重大误解或者显失公平情形,当事人请求撤销的,人民法院应予支持。

《人力资源社会保障部、最高人民法院关于劳动人事争议仲裁与诉讼衔接有关问题的意见》第五条规定,劳动者基于同一事实在仲裁辩论终结前或者人民法院一审辩论终结前将仲裁请求、诉讼请求由要求用人单位支付经济补偿变更为支付赔偿金的,劳动人事争议仲裁委员会、人民法院应予准许。劳动者在法定期限内提起仲裁,要求单位按法定标准支付工伤保险待遇,可视为劳动者依法行使了撤销权。劳动者与用人单位签订的《工伤赔偿协议》,若显失公平的,劳动者可在1年内申请撤销该协议。

【案例4－55】　陈某诉金品公司劳动争议纠纷案

一审法院认为,因本案工伤认定是在双方签署调解协议之后,而调解金额又远低于法律规定的赔偿金额,因此,陈某要求按照法律规定计算工伤保险待遇,一审法院予以支持,金品公司已赔偿的28,000元从赔偿总额中扣除。

二审法院认为,在订立合同时显失公平的,当事人一方有权请求人民法院变更或撤销。虽金品公司与陈某就工伤事宜签订了调解协议,约定金品公司向陈某赔偿28,000元后,陈某不得再与公司发生任何纠纷,但因协商赔偿事宜系在工伤认定及伤残等级鉴定作出之前,陈某的法定赔偿额远超出双方约定的28,000元,故该协议约定对陈某而言是显失公平的,符合可撤销情形。陈某在法定期限内向张家港市劳动人事争议仲裁委员会提起仲裁,要求金品公司按法定标准支付工伤保险待遇,可视为陈某依法行使了撤销权。因此,陈某在金品公司工作期间受伤,已被劳动行政部门依法认定为工伤,并经劳动能力鉴定为十级伤残,其依法享有工伤保险待遇的权利应当予以保护。

---

[1] 参见国家法官学院案例开发研究中心编:《中国法院2019年度案例》(劳动纠纷),中国法制出版社2019年版,第220页。北京市第三中级人民法院(2017)京03民终7868号民事裁定书。

因金品公司未为陈某参加工伤保险，故陈某所应享有的工伤保险待遇，应由金品公司支付。[1]

【案例4－56】 启东市启安劳务有限公司诉杨某洪劳动争议纠纷案

二审法院认为，本案中，杨某洪给启东市启安劳务有限公司（以下简称启安公司）提供劳动过程中发生七级工伤，因启安公司未依法为杨某洪缴纳工伤保险，故其负有支付杨某洪各项工伤保险待遇之义务。针对启安公司称其按照双方协议支付了15,000元款项后，杨某洪不得再提出任何补偿。首先，该《协议书》签订时杨某洪尚未进行工伤认定和劳动能力鉴定，双方对杨某洪伤残等级无法确定，杨某洪依法享有的工伤保险待遇无法核算。其次，相较于杨某洪的七级伤残等级依法应享有的工伤保险待遇，该《协议书》中约定的15,000元金额明显显失公平。再者，该《协议书》中约定的15,000元对应的是医疗补助费、经济补偿金、交通费、误工补贴等，并不包括一次性伤残补助金、一次性工伤医疗补偿金和一次性伤残就业补助金此三项工伤保险待遇。判决：驳回上诉，维持原判。[2]

劳动者发生工伤后与用人单位就工伤事故达成调解协议，如协议数额明显低于法定赔偿数额，劳动者要求用人单位予以补足的，法院应予支持。

【案例4－57】 徐州淮海石膏有限公司与娄某某工伤保险待遇纠纷案

二审法院认为，（1）关于双方当事人于2012年12月26日所签订的协议效力如何认定的问题。该赔偿协议是在娄某某已被认定为工伤且伤残等级评定的前提下签订的，虽然娄某某未能举证证明签订协议的当时徐州淮海石膏有限公司（以下简称淮海石膏公司）对此采取的欺诈、胁迫或乘人之危的手段，但是如果该协议存在重大误解或显失公平的情形，娄某某可以诉请法院变更或撤销该协议。单就双方签订协议达成的赔偿数额与仲裁结果相比较数额悬殊三倍。最高人民法院印发《关于贯彻执行〈《中华人民共和国民法通则》若干问题的意见（试行）〉的通知》（已失效）第七十二条规定："一方当事人利用优势或者利用对方没有经验，致使双方的权利义务明显违反公平、等价有偿原则的，可以认定为显失公平"。据此规定，双方2012年12月26日签订的协议显失公平，属于可变更或可撤销的合同，娄某某有依法撤销或变更协议的权利，其在赔偿协议达成后又申请劳动仲裁，实质就是要求撤销双方2012年12月26日签订的协议。（2）关于一审对于一次性伤残补助

[1] 江苏省苏州市中级人民法院（2018）苏05民终3368号民事判决书。

[2] 参见国家法官学院案例开发研究中心编：《中国法院2017年度案例》（劳动纠纷），中国法制出版社2017年版，第258页。北京市第一中级人民法院（2015）一中民终字第4560号民事判决书。

金、一次性工伤医疗补助金、停工留薪期工资、营养费、住院伙食费、交通费、护理费、鉴定费等项的判决是否遗漏或数额过低的问题。娄某某经劳动能力鉴定委员会鉴定为九级伤残,《工伤保险条例》第三十七条规定……据此规定,淮海石膏公司为娄某某办理了工伤保险,一次性伤残补助金和一次性工伤医疗补助金均应由工伤保险基金支付。《工伤保险条例》第三十条第四款规定……据此规定,娄某某主张的住院伙食补助费亦应从工伤保险基金支付。关于鉴定费,邳州市劳动人事争议仲裁委员会邳劳人仲字(2013)第72号仲裁书也载明费用从工伤保险基金支付。关于停工留薪期工资,《工伤保险条例》第三十三条规定……同时,《江苏省实施〈工伤保险条例〉办法》第二十二条规定……据此规定,一审判决结合娄某某两次共住院61天的事实以及娄某某伤残程度,支持其8个月的停工留薪期工资,并无不当。关于护理费,娄某某两次住院期间均由其妻子陈某某护理,而陈某系农民,一审判决参照江苏省农村居民人均纯收入的标准支付护理费2243.7元,并无不当。关于营养费问题。淮海石膏公司在娄某某受伤后已支付200元生活费,且营养费并非《工伤保险条例》赔偿项目,一审判决未予支持娄某某的营养费并无不当。关于交通费问题,因娄某某没有提供交通费的票据,一审判决未予支持,亦是正确的。判决:驳回上诉,维持原判。[1]

用人单位与劳动者就工伤事故达成赔偿协议,但约定的赔偿金额明显低于劳动者应当享受的工伤保险待遇的,应当认定为显失公平。劳动者请求撤销该赔偿协议的,法院应予支持。

【案例4-58】 黄某华诉刘某明债权人撤销权纠纷案

二审法院认为,首先,关于本案案由及被告主体问题。民事案件案由应当依据当事人主张的民事法律关系性质来确定。当事人在一审中请求撤销双方就工伤损害达成的赔偿协议,但其请求不涉及工伤赔偿的实体处理,故本案案由属合同纠纷项下的债权人撤销纠纷。《劳动争议解释(二)》(已失效)第九条规定:“劳动者与起有字号的个体工商户产生的劳动争议诉讼,人民法院应当以营业执照登记的字号为当事人,但应同时注明该字号的业主的自然情况。”《民通意见》(已失效)第四十一条规定:“起字号的个体工商户,在民事诉讼中,应以营业执照登记的户主(业主)为诉讼当事人,在诉讼文书中注明系某字号的户主。”本案双方当事人就工伤损害达成的赔偿协议具有一般合同的属性,故广汉市人民法院将本案按照一般民事诉讼处理,以业主刘某明为当事人并无不妥,并无损当事人的合法权益。其次,关于赔偿协议

---

〔1〕 参见江苏省徐州市中级人民法院(2014)徐民终字第1568号民事判决书。

的效力问题。《劳动争议解释(三)》(已失效)第十条规定……本案中双方当事人就工伤损害达成的赔偿协议,不违反法律、法规效力性强制性规定,上诉人黄某华主张协议违反强制性规定的上诉理由不能成立。关于双方签订的协议是否显失公平问题。所谓显失公平,是指双方当事人的权利义务明显不对等,使一方遭受重大不利。其构成要件为,双方当事人权利义务明显不对等,这种不对等违反公平原则超过了法律允许的限度;不属于因欺诈、胁迫、乘人之危、恶意串通、损害他人利益等原因导致的显失公平。本案中上诉人黄某华伤残等级为十级,其应获得的一次性伤残补助金为7个月本人工资,一次性工伤医疗补助金和一次性伤残就业补助金(10个月统筹地区上年度平均工资)。被上诉人刘某明支付给上诉人的各项赔偿费6927.92元(含医疗费),显著低于上诉人应取得的工伤保险待遇。另外,一般的合同关系均涉及双方当事人的财产权纠纷,而本案中,双方就工伤损害达成的赔偿虽具有一般的合同属性,但本案的处理并非简单的债权债务关系,而是涉及劳动者的生存权益。故综合考虑以上因素,法院认为,双方签订的赔偿协议导致双方权利义务不对等,使黄某华遭受重大利益损失,构成显失公平。[1]

3. 赔偿协议限制变更

劳动者与用人单位在其工伤认定及鉴定伤残等级之后,就工伤赔偿事宜签订协议,劳动者应当预见其可享受的具体工伤保险待遇和后续医疗支出的风险,劳动者自愿与用人单位签订协议书,并约定收到赔偿款后放弃一次性伤残补助金、后续治疗、康复生活等费用请求权,系其对自己权利的处分,不违反法律规定。劳动者在未举证上述协议存在被胁迫等情形,法院认定协议合法有效,劳动者后续再次诉请支付其他工伤待遇项目,不予支持。

【案例4-59】 杜某拯诉福建某一宏业电子商务有限公司、某一世代(福建)贸易有限公司劳动争议纠纷案

一审法院认为,杜某拯自愿与福州市社会劳动保险管理中心协商并签订《工伤职工终止工伤保险关系三方协议书》后,又与某一世代贸易公司签订《协议书》,协议书中约定杜某拯收到赔偿款后自行承担后续治疗费、康复费等,不再向某一世代贸易公司主张权利。杜某拯未提供有效证据证明涉案《协议书》存在合同无效或可撤销的法定情形,该《协议书》与《工伤职工终止工伤保险关系三方协议书》,系双方真实意思表示,未违反法律、行政法规的强制性规定,应为有效,对各方当事人均具有法律约束力。杜某拯诉请某一

〔1〕 参见《最高人民法院公报》2013年第1期(总第195期)。

世代贸易公司支付其后续治疗费及一次性伤残补助金无据，一审法院不予支持。综上所述，经专业法官委员会讨论研究，判决：驳回杜某拯的诉讼请求。

二审法院认为，杜某拯与某一世代贸易公司签订《协议书》是在其工伤认定及鉴定伤残等级之后，应当预见其可享受的具体工伤保险待遇和后续医疗支出的风险，杜某拯自愿与某一世代贸易公司签订《协议书》并约定收到赔偿款后放弃后续治疗、康复生活等费用请求权系其对自己权利的处分，不违反法律规定。且杜某拯在与某一世代贸易公司签订《协议书》后月余再次与福州市社会劳动保险管理中心协商并与某一世代贸易公司等三方签订《工伤职工终止工伤保险关系三方协议书》，应可认定协议内容系各方真实意思表示。杜某拯亦未举证上述协议存在被胁迫等情形，一审法院认定协议合法有效，并无不当。各方当事人均应受该《协议书》约束，杜某拯在某一世代贸易公司依《协议书》实际履行赔偿义务后再次诉请支付后续医疗费，没有事实和法律依据。杜某拯主张实际停工时间超过《协议书》约定的停工留薪期等上诉请求违反前述协议约定，亦无事实依据，应不予支持。另根据《社会保险法》第三十五条规定："用人单位应当按照本单位职工工资总额，根据社会保险经办机构确定的费率缴纳工伤保险费"，本案杜某拯未提交证据证明某一世代贸易公司未按照单位职工工资总额缴交工伤保险费致使其实际领取的一次性医疗补助金少于标准，其主张某一宏业电子公司应向其支付因缴交基数差额造成的一次性医疗补助金差额，没有事实和法律依据，不予支持。综上所述，杜某拯的上诉请求不能成立，应予驳回；一审判决认定事实清楚，适用法律正确，应予维持。判决：驳回上诉，维持原判。[1]

（五）末位淘汰制效力处理

末位淘汰制一直是实务中多发争议，也是疑难问题。末位淘汰制多被认为是一项有效激励员工和提升企业效能的管理机制，已在企业得到广泛运用。但是，只要企业有考核，排名就有末位，用人单位仅凭排名末位就解除劳动合同，严重损害了劳动者的合法权益。

劳动者在绩效考核中位于末位，与其是否能够胜任工作，二者之间并无必然关联。用人单位以末位淘汰替代劳动法规定的解聘条件，并以此解除劳动合同关系的，应属违法。但用人单位依据绩效考核结果，对排名末位的员工采取降级降职或调岗调薪等变更劳动合同措施，只要该行为系基于企业日常生产经营管理需

---

[1] 福建省福州市中级人民法院（2018）闽01民终7806号民事判决书。

要,且不违反企业依法制定的规章制度,不应对此内部管理行为直接作出违法性评价。

【案例4-60】 戴某军诉台玻长江玻璃有限公司劳动争议纠纷再审案

二审法院认为,本案主要争议焦点在于,台玻长江玻璃有限公司(以下简称台玻公司)依据末位淘汰制调整戴某军的工作岗位及薪资是否违反法律规定。劳动者排名末位与劳动者不能胜任工作岗位之间并无必然联系,故用人单位解除劳动关系违反法律规定。但在解除劳动关系情形之外,末位淘汰制并非当然违法。本案中,戴某军调整前担任台玻公司包装股课长,该岗位具有一定的管理性质,要求劳动者具备更优秀、全面的职业技能。用人单位根据劳动者的工作业绩,安排相对更为优秀的劳动者担任该职务,既符合用人单位对于保证和提高产品质量的要求,亦能较大程度激发劳动者的工作积极性,故用人单位依据末位淘汰制调整劳动者工作岗位,在一定条件下应予以支持。台玻公司与戴某军劳动合同中明确约定台玻公司根据工作需要,按照诚信原则,可依法变动戴某军的工作岗位。而戴某军在公台玻司调整后也未提出异议,已实际履行数月,应视为戴某军对本次调整的认可。综上,台玻公司对戴某军的工作岗位进行调整不违反双方劳动合同的约定,亦符合《劳动合同法》第三十五条的规定,应认定为合法,因本次调岗引起的薪资变动亦属合法。一审判决认定事实清楚,适用法律正确,故判决驳回上诉维持原判。再审法院裁定予以准许戴某军撤回再审申请。[1]

实践中,以末位淘汰为由解除劳动合同,实质多为以不能胜任为由解除劳动合同。该解雇行为合法性的判定依据在于其是否符合《劳动合同法》第四十条第二项之规定,其关键在于对劳动者能否胜任工作的认定。

【案例4-61】 王某诉TY视讯传媒有限公司劳动争议纠纷案

二审法院认为,TY视讯传媒有限公司(以下简称TY公司)应对王某不能胜任、进行培训仍不能胜任提供证据。TY公司表示王某4月绩效考核中排名末位,并认为D级属于不能胜任,依据是员工绩效考核第九部分“绩效考核”规定的不合格(D)的规定。经查,第九部分共分三项分别为月度、季度、年度绩效考核。而关于不合格(D)的规定属于季度绩效考核,月度绩效考核中并无此规定。鉴于TY公司2015年未对王某进行季度考核,其以季度绩效考核的标准来认定王某4月不合格,不胜任,缺乏依据。TY公司还认为劳动合同第三十三条对不胜任工作的情形作了约定,经查,该条所指的不

---

〔1〕 参见《人民司法·案例》2021年第11期(总第886期)。江苏省高级人民法院(2018)苏民申120号民事裁定书。

能胜任工作是针对劳动合同第六条，而劳动合同第六条约定的两项内容涉及的是不能胜任后培训合格在原岗位，或另行安排工作岗位，并没有涉及可以解除劳动合同。因此TY公司所属劳动合同第三十三条的约定，不能作为本案中认定王某不能胜任并解除的依据。TY公司认为王某5月、6月考核成绩皆为D为不合格，亦与员工绩效管理办法规定不符。TY公司提供的邮件涉及的是发件人对王某有关工作内容的质疑，要求按时提交日报、周报、月报及反馈，提交工作总结及计划；沟通辅导记录表中记载的近期主要工作遇到的障碍、员工近段时间绩效完成情况评价、改进计划、下一阶段工作安排，都没有表明是对王某不能胜任工作的培训，其内容也难以认定是对此的培训。判决：驳回上诉，维持原判。[1]

末位淘汰考核机制本身存在"客观上必然有人被淘汰"特性，但不应全盘否定，而应根据企业末位淘汰条款是否作为合同的解除条款、工作岗位调整还是作为用工录入条件等，区别不同情形来认定末位淘汰内容是否违反了法律规定、是否超出企业自主经营权范畴，同时要兼顾平衡企业用人自主权，综合判断末位淘汰考核机制的具体内容是否具有合法性。

【案例4-62】　商洛欢笑时光影城有限责任公司诉常某劳动争议纠纷案

一审法院认为，本案主要争议焦点为原告是否违法解除与被告的劳动关系。根据已查明事实，原告对被告考核居末位并不代表被告不能胜任工作，原告依此提出让被告自己自谋职业或予以调岗降薪，致使双方产生纠纷，之后被告要求安排工作，而原告明确表示无岗位安排，被告认为原告对其构成变相辞退的主张，事实清楚，证据充分，在双方无法就变更或解除劳动关系达成一致的情况下，原告已构成单方解除劳动关系，劳动关系解除违法，故被告要求支付赔偿金理由成立，违法解除劳动关系赔偿金按原告应得经济补偿金的2倍计算。被告在与原用人单位的劳动合同履行期间，非因自身原因被原用人单位安排到原告处工作，原用人单位亦未支付被告相应经济补偿，故原告应支付经济补偿。被告工作年限应从2013年11月9日计至2019年2月底。被告此前的12个月平均工资应按被告应得工资计算，据此核定被告应得到违法解除劳动关系赔偿金为29,066.07元。因被告认可仲裁核定的26,435.31元，故对被告常某的主张予以支持。对于未签订书面劳动合同双倍工资的核算，原告于2018年4月对被告实际用工但未与被告签订书面劳动合同。事实上，在案外人与被告常某的劳动合同截止日期之前，原告与被

---

〔1〕　参见《人民司法·案例》2021年第11期（总第886期）。上海市第一中级人民法院（2016）沪01民终10301号民事判决书。

告订立劳动合同存在障碍,仲裁裁决由原告支付被告2019年1月1日至2月底前未签订劳动合同双倍工资差额部分核算为6994.75元,被告常某在诉讼中对此无异议,予以支持。判决:原告支付被告违法解除劳动关系赔偿金26,435.31元、未签订书面劳动合同双倍工资差额部分6994.75元。二审法院认为,上诉人的所谓“考核居于末位”本质上就是末位淘汰,其目的在于解除劳动关系,并非正常行使单位的用人管理权。因此上诉人认为其不存在违法解除劳动关系的理由不能成立。判决:驳回上诉,维持原判。[1]

单方解除劳动合同必须严格限制在法定情形下,用人单位以末位淘汰为由解除劳动合同,或者依托不能胜任工作、严重违反用人单位的规章制度等法定事由,但实质上仍属于末位淘汰的,不符合法定解除事由,法院不予支持。

【案例4-63】 紫金财产保险股份有限公司南京分公司诉章某立劳动争议纠纷案

一审法院认为,本案的争议焦点为紫金财产保险股份有限公司南京分公司(以下简称紫金南京分公司)解除与章某立之间的劳动合同是否违法。用人单位以劳动者严重违反规章制度为由解除劳动合同的,人民法院应当审查用人单位规章制度的制定程序是否合法、劳动者的违纪行为在规章制度中是否有明确规定、规章制度对劳动者严重违纪行为的规定是否公平合理等,以判断劳动者是否严重违反用人单位规章制度、用人单位解除劳动合同行为是否合法有效。本案中,紫金南京分公司以章某立长期排名末位且经培训无明显改善,无法胜任现有工作,多次被客户投诉,对公司造成极坏影响为由解除劳动关系,所依据的规章制度是《管理办法》第十章第十六条,但一审庭审中,紫金南京分公司未提供《管理办法》经民主程序制定并向劳动者公示的证据,故紫金南京分公司的《管理办法》不能作为处理劳动争议案件的依据。《劳动合同法》第四十条第二项规定:“劳动者不能胜任工作,经过培训或者调整工作岗位,仍不能胜任工作的,用人单位提前三十日以书面形式通知劳动者或者额外支付劳动者一个月工资后,可以解除劳动合同。”本案中,紫金南京分公司认为章某立长期考核排名末位不能胜任工作且经培训无明显改善,但一审庭审中紫金南京分公司并未提供对章某立进行培训的证据。综上,紫金南京分公司依据《管理办法》第四章第十六条与章某立解除劳动关系属违法。章某立于2014年11月4日至紫金南京分公司处工作,2018年被解除劳动关系,故紫金南京分公司应向章某立支付违法解除劳动合同赔偿金

---

〔1〕 参见《人民司法·案例》2021年第11期(总第886期)。陕西省商洛市中级人民法院(2019)陕10民终683号民事判决书。

6645 元×3.5 个月×2 倍=46,515 元。判决:(1)确认紫金南京分公司解除与章某立之间的劳动关系违法;(2)紫金南京分公司支付章某立违法解除劳动关系经济赔偿金 46,515 元。二审法院判决:驳回上诉,维持原判。[1]

从《劳动合同法》第三十九条的规定来看,现行法律并未允许用人单位可以"末位淘汰"为由,与劳动者解除劳动合同。这种用人单位仅以"末位淘汰"为由,与员工解除劳动合同,缺乏法律依据,属于违法解除,用人单位要承担相应法律责任,劳动者可以请求用人单位继续履行合同或者支付赔偿金。"末位"并不等同于《劳动合同法》第四十条规定的"不能胜任",前者是绩效管理的考核排名,即使所有人都胜任工作,也会有人排名垫底;而后者则是指不具备完成岗位任务的基本能力,即使所有人都无法胜任工作,也会有人排名首位,两者不能画等号。

【案例 4-64】 中兴通讯(杭州)有限责任公司诉王某劳动争议纠纷案

判决观点,原告中兴通讯(杭州)有限责任公司(以下简称中兴通讯)以被告王某不胜任工作,经转岗后仍不胜任工作为由,解除劳动合同,对此应负有举证责任。根据《员工绩效管理办法》的规定,"C(C1、C2)考核等级比例为 10%",虽然王某曾经考核结果为 C2,但是 C2 等级并不完全等同于"不能胜任工作",中兴通讯仅凭该限定考核等级比例的考核结果,不能证明劳动者不能胜任工作,不符合据此单方解除劳动合同的法定条件。虽然 2009 年 1 月王某从分销科转岗,但是转岗前后均从事销售工作,并存在分销科解散导致王某转岗这一根本原因,故不能证明王某系因不能胜任工作而转岗。中兴通讯主张王某不胜任工作,经转岗后仍然不胜任工作的依据不足,存在违法解除劳动合同的情形,应当依法向王某支付经济补偿标准二倍的赔偿金。判决:原告中兴通讯支付被告王某违法解除劳动合同赔偿的赔偿金 36,596.28 元。[2]

【案例 4-65】 彭某诉尚盟公司劳动争议纠纷案

判决观点,原告彭某与被告尚盟公司之间存在劳动关系,受劳动法及相关法律的调整。本案中,被告以末位淘汰制为由解除与原告的劳动关系,属上述法律规定中违法解除劳动合同的情形,应支付原告违法解除劳动合同的赔偿金。[3]

《八民纪要》第二十九条规定:"用人单位在劳动合同期限内通过'末位淘汰'

---

〔1〕 参见《人民司法·案例》2021 年第 11 期(总第 886 期)。江苏省南京市中级人民法院(2018)苏 01 民终 10443 号民事判决书。

〔2〕 参见最高人民法院指导案例 18 号。

〔3〕 参见罗静、罗诚:《仅以末位淘汰为由单方解除劳动合同违法》,载《人民法院报》2017 年 6 月 22 日,第 6 版。重庆市渝中区人民法院(2016)渝 0103 民初 6151 号民事判决书。

或‘竞争上岗’等形式单方解除劳动合同，劳动者可以用人单位违法解除劳动合同为由请求用人单位继续履行劳动合同或者支付赔偿金。”该条是对用人单方解除劳动合同使用“末位淘汰”或“竞争上岗”等形式的合法性判定规定，有利于统一执法尺度。

专题五　劳动合同责任纠纷

劳动合同责任纠纷是劳动法领域常见多发纠纷案件，包括用人单位的违约责任、劳动者的违约责任等。

一、劳动合同责任理解

(一)劳动合同责任含义

合同责任是当事人违反涉及合同的义务,依法应当承担的不利法律后果。[1]

合同责任以合同债务不履行为前提,以过错为核心,以合同责任的承担方式和赔偿范围的确定方式为保障,构建一个丰满健全的法律制度。[2]

合同责任是责任的一种。有学者认为,从文义上看,责任是指债务人对债权人强制干涉的服从状态,但责任也常被用于表达债务的意义。[3] 也有学者认为,责任指债务人当为给付而未给付或不完全给付时,应服从债权人之强制取得之关系。由于此种强制取得的责任关系,附加于债务关系,债务才有拘束力,从而为实现债之目的,责任乃具有担保作用。[4] 合同责任主要是财产责任,但有例外,即合同责任与侵权责任竞合时,允许当事人有选择非物质性民事责任之权利。合同责任是违反涉及合同义务的不利后果,但其具有相对性,即发生在特定的当事人之间,这是明显区别于侵权责任的。应该看到合同责任相对性的例外,即第三人侵害债权理论的出现。一般来讲,合同责任可以由当事人事先约定,这是基于意思自治原则,即可以由当事人在合同中事先约定违反合同义务应当承担责任的方式和方法,自然可以直接约定违反合同义务的违约金。但合同责任约定要受到法律的限制,因其归根结底是一种国家强制方式,不可能完全自由,对超出法律规定责任范围和方式约定的无效,对约定违约金过高或过低的,可以请求法官进行适当调整。在合同责任除了约定部分之外,还有相当一部分是法定责任,这是不可以由当事人自由约定的,对于强制性规范的责任,即便约定也是无效的,这并未超出意思自治原则范围。借款合同责任是合同责任的一种,自然适用合同责任的理论和制度。

---

〔1〕 参见冉富强等:《合同责任研究》,吉林大学出版社 2008 年版,第 11 页。

〔2〕 参见张礼洪:《罗马法中的合同责任及其在现代中国的发展》,载梁慧星主编:《民商法论丛》(1996 年第 1 号)(第 5 卷),法律出版社 1996 年版,第 634 页。

〔3〕 参见王洪亮:《强制履行请求权的性质及其行使》,载《法学》2012 年第 1 期。

〔4〕 参见林诚二:《民法理论与问题研究》,中国政法大学出版社 2000 年版,第 208 页。

根据《劳动合同法》第二十五条的规定,用人单位与劳动者仅可能就服务期和保密义务约定劳动者违约责任,除此之外用人单位不得约定劳动者违约责任。

(二)劳动合同责任形态

这里讲的责任形态,是指在劳动法领域中哪些环节可以发生承担责任的形态。

在续签劳动合同阶段中,用人单位应签而拒签无固定期劳动合同的应承担何种法律责任,实践中存在不同观点。一般认为,用人单位应签而拒签无固定期劳动合同的行为实质上构成违法解除,对此法官可根据劳动者选择裁决用人单位承担责任形态。劳动者选择接受劳动关系解除的后果,请求用人单位支付经济补偿金的,用人单位承担的是支付经济补偿金责任。劳动者选择继续履行劳动合同,并依据《劳动合同法》第八十二条第二款规定,主张自应当订立无固定期限劳动合同之日起的双倍工资差额,用人单位承担的是继续履行合同和双倍工资差额责任。这是基于,如果用人单位仅承担劳动合同到期终止的经济补偿责任,则用人单位应签而拒签无固定期劳动合同的不作为并未得到惩处,也未体现出立法对劳动者就业权的倾斜保护,即劳动者享有的“应当签订”之权未得以主张。在符合法定的应当续订无固定期的劳动合同的情形时,即使先前劳动合同约定的期限已经届满,双方的劳动关系仍应存续。在劳动合同到期前,是否续订劳动合同以及订立何种性质劳动合同的选择性在于劳动者,而非用人单位。若用人单位在劳动合同到期前,就提前告知不与劳动者续订劳动合同,且在劳动者已明确拒绝该通知的情况下,又坚持不与劳动者续订劳动合同,则无疑是对本应存续的劳动关系的违法终止,理应承担违法解除劳动合同的相应责任。根据《劳动合同法》第四十八条的规定,用人单位违法解除或终止劳动合同的,劳动者可要求继续履行劳动合同或者要求用人单位支付经济赔偿金。该条规定赋予劳动者主张权利的选择权。

【案例5-1】 重庆博腾制药科技股份有限公司诉姚某江劳动合同纠纷案

二审法院认为,本案中,即使姚某江与重庆博腾制药科技股份有限公司(以下简称博腾制药公司)于2012年8月27日签订的《劳动合同书》约定了合同期限,但因本案符合法定的用人单位应当与劳动者续签无固定期限劳动合同的情形,故即使该劳动合同到期,博腾制药公司亦不能单方终止与姚某江之间的劳动关系。博腾制药公司于劳动合同到期前告知姚某江不再续签劳动合同的行为,实质上解除了劳动合同到期后双方本应存续的劳动关系,姚某江主张博腾制药公司违法解除劳动关系理由正当。判决:(1)撤销一审判决;(2)博腾制药公司支付姚某江违法解除劳动关系经济赔偿金42,085.98元。[1]

关于未办理转移人事档案和社保关系的责任,应区分两种情况,其一,用人单位的责任。劳动合同解除或终止后,用人单位没有按照法律规定及时为劳动者办理相关手续,给劳动者造成实际损失的,劳动者可以要求用人单位予以赔偿。其二,劳动者的责任。劳动者未按照劳动合同约定与用人单位办理工作交接手续,用人单位不得以此拒绝转移人事档案和社保关系,劳动者给用人单位造成实际损失的,用人单位也可以另行向劳动者主张赔偿。

关于兜底条款免除用人单位责任问题。劳动者离职时,用人单位大多与劳动者签订解除或终止劳动合同协议书,而协议书中往往会出现"再无其他任何纠纷"的兜底条款。作为支付工资的一方,用人单位约定兜底条款对此非常有利,能够使该协议更周延,有效避免劳动者离职后找后账的情况发生。但兜底条款不能完全免除用人单位的责任。《劳动争议解释(一)》第三十五条明确规定了推翻兜底条款的法律情形,即违反法律、行政法规的强制性规定的无效;存在欺诈、胁迫或者乘人之危情形的无效;存在重大误解或者显失公平情形的可撤销。前两种情形为无效的情形,此种情形下该解除或终止劳动合同协议书自始无效。第三种情形为可撤销情形,根据劳动者的请求,法官予以撤销,该协议被撤销前已发生了法律效力,明显不同于绝对无效的情形。在判断是否存在重大误解、显失公平时,遵循倾斜保护与平衡保护的原则。

【案例5-2】　冯某诉汽车销售公司劳动合同纠纷案

判决观点,终止劳动关系的确认手续单载明双方没有任何与劳动合同有关的纠纷,冯某再行主张2019年6月提成、延时加班工资、休息日加班工资、厂家积分等,难以支持。关于2019年7月提成,发放时间在终止劳动关系的确认及手续签署时间之后,冯某在签署终止劳动关系的确认及手续时并不知晓2019年7月提成发放数额,因此并不能视为双方对此没有争议,结合冯某提交的相关证据材料,汽车销售公司应支付冯某2019年7月提成5000元。判决:(1)汽车销售公司支付冯某2019年7月提成5000元;(2)驳回冯某的其他诉讼请求。[2]

用人单位与劳动者在劳动合同中约定,劳动者达到服务年限后按约定条件分配福利房属于实物性福利待遇。当劳动者服务期满后,劳动者因客观原因无法获

---

〔1〕　参见国家法官学院案例开发研究中心编:《中国法院2018年度案例》(劳动纠纷),中国法制出版社2018年版,第81页。重庆市第一中级人民法院(2016)渝01民终5020号民事判决书。

〔2〕　参见国家法官学院、最高人民法院司法案例研究院编:《中国法院2022年度案例》(劳动纠纷),中国法制出版社2022年版,第155页。北京市丰台区人民法院(2020)京0106民初5977号民事判决书。

得房产时,用人单位应当承担支付福利待遇的责任以及相应的法律后果。

【案例5-3】 黄某诉实业公司劳动合同纠纷案

二审法院认为,相关福利房的分配约定于双方之间的劳动合同,因此本案中争议的福利房为实业公司向黄某所支付的福利待遇,该福利待遇虽然附有一定条件,但是在条件成就后实业公司作为发放福利的主体和享受黄某劳动成果的主体,其应当就福利分房事宜进行沟通,实业公司没有证据证明在黄某符合分配福利房的条件后与黄某就福利房事宜进行协商,据此法院认定在劳动合同履行过程中实业公司没有尽到及时发放福利待遇的义务。之后相关房产政策的变化导致实业公司无法向黄某交付房产,其应当以现金补偿的方式向黄某履行分配福利房的义务。一审判决根据分配标准认定福利房面积为100.18平方米,符合双方签订劳动合同的历史渊源,也符合当时劳动合同约定。实业公司向黄某履行的系支付福利义务,而福利原为房产,因政策性变化导致福利无法实现,由此双方不得已变更履行标的,但是支付福利房的目的不能改变,也就是说支付的价款要足以满足黄某购房的资金需求。黄某在2017年3月6日向实业公司提出分配福利房的要求,因此实业公司以2010年的标准进行补偿已经不能满足2017年的购房要求。基于劳动合同的特性,本案中的现金补偿不是弥补黄某房价上涨的损失,而是基于劳动合同关系完成福利支付的义务。因此,黄某要求以2019年房价计算补偿金额,法院不予支持。一审判决按照2017年标准计算补偿金额认定事实清楚,适用法律正确。判决:驳回上诉,维持原判。[1]

《劳动合同法》第六十九条第一款规定,非全日制用工双方当事人可以订立劳动合同口头协议。从第七十条、第七十一条及第七十二条等规定可以看出,非全日制用工是主流全日制用工的补充形式,用工形式比较灵活,并且劳动者可以从事多份工作,而用人单位所承担的义务相对于全日制用工要少很多,如无需签订书面劳动合同、解除劳动合同时无需支付经济补偿等,于是有些用人单位可能将全日制用工约定成非全日制用工,以逃避相应的责任、不履行义务。

(三)劳动争议连带责任类型

在劳动争议领域中,存在大量的连带责任形态。这些连带责任具有《民法

〔1〕 参见国家法官学院、最高人民法院司法案例研究院编:《中国法院2022年度案例》(劳动纠纷),中国法制出版社2022年版,第200页。广东省深圳市中级人民法院(2020)粤03民终12923号民事判决书。

典》规定连带责任的基本共性,但也有劳动领域的具体特性,需要在实践中认真把握和甄别,准确认定责任人的责任范围。

连带责任,是指依照法律规定或者当事人的约定,两个或者两个以上当事人对共同产生的不履行民事义务的民事责任承担全部责任,并因此引起内部债务关系的一种民事责任。连带责任是一项重要的责任承担方式。连带责任可能基于合同产生,也可能基于侵权行为产生。[1] 连带责任是民事责任的一种类型或型态。在劳动争议领域中的连带责任,是由法律、行政法规、地方性法规以及司法解释予以明确规定。应注意的劳动连带责任依据其他规定涉及的相关内容,地方人社部门的一些关于连带责任的规定如《深圳市员工工资支付条例》(2022 修正);地方法院的相关规定,如广东省高级人民法院粤高法发〔2018〕2 号文件:根据《劳动合同法》第五十七条的规定,劳务派遣单位未取得经营劳务派遣业务行政许可的,劳务派遣协议无效。因劳务派遣协议无效给劳动者造成损害的,劳务派遣单位与用工单位承担连带责任,但用工单位能证明其已尽审查义务的除外。地方中级人民法院的相关规定,如深圳市中级人民法院审理劳动争议案件的深中法发〔2015〕13 号文件:劳务派遣关系中,用工单位违反法定义务,造成劳动者损害的,由用工单位承担赔偿责任,劳务派遣单位承担连带责任。应特别强调的是,在有地方规定、地方法院意见的地方,这些劳动连带责任的认定内容无形中是对现行法律的细化补充和结合本地情况制定的,在当地适用中具有一定优先性。

司法实践中,劳动者依法享有承担责任的选择权,可以选择任何一家用人单位支付裁决金额的权利。既可以选择一家用人单位,也可以同时选择两家用人单位支付裁决金额。一般情况下,劳动者同时选择两家用人单位支付裁决金额,相当于多一家用人单位给予劳动者支付保障,有利于保障当劳动者的合法权益实现。劳动争议中连带责任的种类主要为:

其一,劳务派遣用工关系的连带责任。这为实践中多发的争议类型。(1)单向连带责任:《劳动合同法》第九十二条规定,用工单位给被派遣劳动者造成损害的,劳务派遣单位与用工单位承担连带赔偿责任。(2)互相连带责任:《劳动合同法实施条例》第三十五条规定,用工单位违反劳动合同法和本条例有关劳务派遣规定的,由劳动行政部门和其他有关主管部门责令改正;情节严重的,以每位被派遣劳动者 1000 元以上 5000 元以下的标准处以罚款;给被派遣劳动者造成损害的,劳务派遣单位和用工单位承担连带赔偿责任。根据《劳动合同法》等相关规定,被派遣劳动者在工作中遭受事故伤害,系因用工单位原因造成或用工单位存在过错的,由劳务派遣单位与用工单位承担连带赔偿责任。而用工单位不存在任

---

〔1〕 参见黄薇主编:《中华人民共和国民法典总则编释义》,法律出版社,2020 年 7 月第 1 版,第 466 页。

何过错的,应由劳务派遣单位承担工伤赔偿,劳务派遣单位是否可以向用工单位追偿,依据双方签订的协议处理。

其二,新用人单位的连带责任。《劳动合同法》第九十九条规定,用人单位招用尚未解除劳动合同的劳动者,对原用人单位造成经济损失的,该用人单位应当依法承担连带赔偿责任。

其三,关联单位的连带责任。根据公司法的规定认定关联单位外,多地高级人民法院就关联单位的连带责任做出具体的规定。例如,《吉林省高级人民法院关于审理劳动争议案件法律适用问题的解答(二)》(2019 年)中规定:在工作内容交叉重叠的情况下,劳动者提出的具有给付内容的诉讼请求,可根据劳动者的主张,由一家用人单位承担责任,或由关联企业承担连带责任。又如,内蒙古高级人民法院〔2015〕193 号文件中规定:劳动者虽在被派往的单位工作,应认定其与签订劳动合同的用人单位存在劳动关系。可根据案件审理情况,追加实际用人单位参加诉讼。在判决仅由签订劳动合同的用人单位承担责任,可能损害劳动者实际利益的情况下,可判决由实际用人单位承担连带责任。

其四,合伙人对劳动者的连带责任。例如,《深圳市员工工资支付条例》(2022 修正)第五十一条规定:用人单位为合伙形式的,合伙人对拖欠的员工工资承担连带责任,先行支付拖欠工资的合伙人可以依法向其他合伙人追偿。

其五,筹备组和发起人(法人)对劳动者的连带责任。原劳社厅函〔2006〕341 号文件中规定:用人单位在组建过程中,其筹备组与职工发生劳动争议的,筹备组和发起人(法人)共同作为劳动争议主体,承担连带责任。

其六,混同用工单位的连带责任。混同用工或共享用工是当前用人单位多使用的一种用工方式,也是多发劳动争议纠纷。一般认为,劳动者与用人单位签订劳动合同后,被该用人单位派往其他单位工作,并在其他单位领取工资或办理社会保险,因用工关系发生争议的,指派单位和实际用工单位应作为共同当事人并承担连带责任。也要注意在特殊情形下的共享用工,如江苏高级人民法院《关于做好涉新冠肺炎疫情劳动争议调解和案件审理工作的指导意见》(2020 年)中规定:用人单位在疫情期间按照劳动合同约定或者经与劳动者协商一致,可以临时将劳动者指派到其他单位(以下称实际用人单位)工作。实际用人单位克扣、无故拖欠劳动者工资,劳动者请求用人单位支付工资,并由实际用人单位承担连带责任的,应予支持。

其七,控股单位的连带责任。有的地方法院对此作出明确规定,如浙江省高级人民法院民事审判第一庭〔2019〕1 号文件第二条规定:劳动者被母公司指派到子公司担任法定代表人或总经理等职务的,在确定与谁建立劳动关系时,有书面劳动合同的以书面劳动合同为准;没有书面劳动合同的,可以根据社会保险缴纳、工资支付、工作地点等情况来综合认定。符合《关于审理劳动争议案件若干问题的意见(试行)》(浙法民一〔2009〕3 号)第七条规定的,母公司与子公司作为共同当事人并承担连带责任。

其八,发包人与分包人的连带责任。《劳动合同法》第九十四条规定:个人承包经营违反本法规定招用劳动者,给劳动者造成损害的,发包的组织与个人承包经营者承担连带赔偿责任。主流观点认为,在发生具有发包人(分包人)与不具备用工主体资格的承包人或实际施工人对劳动者、承包人发生劳动争议时,具备用工主体资格的发包单位应当承担用工主体责任。经常可见的是,公司以租赁的方式租用给无经营资质的个人从事其核准登记的生产销售经营的行为,实质上是公司将经营权发包给个人。

其九,挂靠单位的连带责任。例如,四川省高级人民法院民事审判第一庭[2016]1 号文件中规定:用人单位挂靠在其他单位名下或借用其他单位的营业执照进行生产经营,劳动者与用人单位发生劳动争议的,用人单位和被挂靠单位或营业执照出借单位应作为共同当事人并承担连带责任。

其十,其他过错单位连带责任。在劳动者可举证证明其接受了其他单位的管理,并从该单位获取了劳动报酬,同时该单位与用人单位之间存在外包用工等情形的情况下,劳动者可要求其他单位承担连带责任。但是,即使在劳动者无法完成上述举证责任的情况下,若其他单位对承担连带责任没有通过上诉等方式提出异议的,视为认可。

其十一,清算组成员连带责任。公司清算中,清算组给工伤劳动者的利益造成重大伤害的,该行为认定构成重大过失,根据《公司法》第二百三十八条第二款后半段规定,因故意或者重大过失给债权人造成损失的,应当承担赔偿责任。

(四)劳动合同违约金约定

《劳动合同法》第二十二条、第二十三条、第二十五条的规定,确立了劳动法意义上的违约金制度,并对违约金在劳动合同中的适用及数额方面作出了限制性规定,如只能适用于劳动者进行专项培训和负有保密义务两种情形。且在劳动者违反服务期约定的情况下,违约金数额不得超过用人单位提供的培训费用。用人单位要求劳动者支付的违约金不得超过服务期尚未履行部分所应分摊的培训费用。这种规定的原因在于,劳动合同与民事合同在合同主体地位、合同标的等方面存在本质上的区别。鉴于此,为突出保护劳动者的权益,国家对于劳动合同必须进行干预,因而《劳动合同法》更多地体现出社会法的特质,不能完全运用民事合同中的意思自治,劳动合同中的违约金问题也不能完全由双方自由约定。此外,现行《劳动合同法》规定的违约金的功能仍然是以补偿性为主、惩罚性为辅。

考虑到劳动合同的上述特性，劳动合同中的违约金应当是补偿性而非惩罚性的，应与违约造成的实际损失相适应，而不能脱离劳动者的实际支付能力。因此，对于不合理的违约金条款，应当赋予劳动者调整违约金请求权。

实践中，劳动者接受单位委培或者自己主动继续接受在职教育接受是普遍现象。在这种情况下，用人单位与接受继续教育的劳动者通常会约定服务期条款，如劳动者违反服务期约定的需支付一定的违约金。《劳动合同法》第二十二条规定对违反服务期的需支付违约金。该条款的立法目的是在一定程度上保护用人单位的权益，因为用人单位在专业技术培训过程中所付出的先期资产和人力资源投入必然寻求一定期限内的利益回报，希望经过培训的劳动者能为本单位提供更多的服务。但是，劳动者在某一领域的专业技术和实际操作能力得到提升后必然寻求更高的劳动力价格，希望获取更多的劳动报酬或者丰厚的福利待遇。虽然用人单位为培养劳动者付出了相应的代价，但劳动者的择业自主权关乎劳动者的生存权，是基本权利之一，在权利位阶上高于用人单位相对应的权利。因此，应明确违约金设置的目的不是惩罚劳动者或担保劳动合同的履行，而是补偿因为劳动者辞职给用人单位造成的损失，一方面要依法保护用人单位按照服务期条款主张违约金的权利，另一方面也要保护劳动者的择业自主权及在用人单位工作期间已依法取得和享有的劳动报酬的权利。

在《劳动合同法》第二十二条具体适用中，应注意几个问题，其一，违反服务期的需支付违约金不能超过用人单位提供的培训费用，该培训费用不能扩张解释。禁止将劳动者工资、住房公积金、社会保险费及奖金等纳入培训费用范围，这大大超出培训费概念的范畴，且用人单位对其支付具体的培训费用负有举证责任。其二，违约金不得超过服务期尚未履行的部分所应分摊的培训费用，根据劳动者已工作的年限对违约金进行相应的折抵，在劳动者已履行部分服务期的情况下，应当根据已履行部分服务期在原约定服务期所占比例，相应减少违约金数额，该规定兼顾了用人单位与劳动者双方的权利，符合公平对等原则。其三，追究劳动者违反服务期的违约责任，不能因此损害了劳动者在用人单位工作期间已依法取得和享有的劳动报酬的权利。劳动者在接受继续教育期间，仍然属于用人单位的一员，依法享有获得劳动报酬及劳动福利待遇的法定权利，不能因为劳动者服务未满合同约定的期限，就要追回其应当取得的工资及劳动福利待遇。

【案例5－4】 中国人民解放军一七四医院诉李某劳动合同纠纷案

二审法院认为，中国人民解放军一七四医院（以下简称一七四医院）明确要求返还的是李某在职研究生期间的劳动者工资、住房公积金、社会保险费、代办费及奖金，实际上即李某在该期间的劳动报酬，而非因培训产生的费用，一七四医院要求李某返还该费用于法无据。其次，根据查明的事实，双方签订的劳动合同覆盖2013年9月10日至2016年7月1日，一七四医院有法定义务按约支付李某该期间的劳动报酬。一七四医院虽上诉主张李某在上述期间脱产学习，但亦承认李某只在学校学习5个月，之后跟随导师即一七四医院神经外科主任姚某在该院临床实习。而且根据一七四医院提供的考勤统计表，李某接受一七四医院的考勤管理，与其他在职工作人员并无区别。李某在职研究生期间的大部分时间仍在一七四医院正常上班，为一七四医院劳动，应依法享有该期间的劳动报酬。李某主张加班的事实依据不足，此外，医院工作具有特殊性，值夜班期间医院同时提供了睡觉休息场所并不需要持续工作，李某将值夜班等同于加班并提出加班费请求，缺乏依据。故李某要求一七四医院支付177,172元加班费的上诉请求，不予支持。判决：驳回上诉，维持原判。[1]

用人单位与劳动者基于户籍约定服务期的违约金条款，对条款内容进行形式及实质审查的基础上进行效力认定，并可根据双方议价能力的高低、实际履行期的服务期限等案件实际情况对违约金的金额进行认定及调整。

【案例5-5】 某出版社诉陈某劳动合同纠纷案

一审法院认为，北京市户口属于稀缺资源，某出版社根据陈某的个人申请及非京籍留学回国人员就业留学落户的相关政策，为陈某办理北京市户口的行为属于用人单位为劳动者提供特殊待遇的范畴，陈某与某出版社签订《劳动合同书》及续订合同书的行为，亦能表明陈某接受了某出版社为其提供的特殊待遇。双方基于上述事实，经过协商一致签订了劳动合同书及续订合同书，双方均应当诚信守约，现陈某在明知自身北京市户口已经通过某出版社办理完毕，双方存在服务期限约定的情形下，仍然提前向某出版社提交离职报告并从该公司离职，其行为已经违背了诚实信用原则，理应向某出版社依约支付因此造成的经济损失。某出版社提供的证据虽可证明其人力成本支出与为陈某等人员办理了落户手续相关，但不足以证明系因陈某一人造成，依据双方劳动合同约定及履行情况，酌情认定陈某应支付经济损失100,000元。判决：(1)陈某赔偿某出版社经济损失100,000元；(2)驳回某出版社的其他诉讼请求。

二审法院认为，双方劳动合同中关于服务期为5年以及陈某提前离职所需承担责任的约定应当参照适用《劳动合同法》第二十二条之规定。现陈某在明知双方存在5年服务期约定的情形下，仍然选择提前离职，且从未表达将户口迁回原籍的意思表示，表明其基于谋求更高待遇的想法自愿选择违

〔1〕 参见国家法官学院案例开发研究中心编：《中国法院2019年度案例》（劳动纠纷），中国法制出版社2019年版，第74页。福建省厦门市中级人民法院(2017)闽02民终4730号民事判决书。

约,有违公平原则与诚实信用原则,亦给某出版社造成较大的损失,故理应支付相应的经济损失。一审法院综合涉案劳动合同的相关约定及合同履行情况,酌情确定陈某应当支付100,000元,处理妥当,予以维持。陈某上诉主张一审判决确定的金额畸高,缺乏依据,不予支持。判决:驳回上诉,维持原判。[1]

用人单位与劳动者在签订劳动合同时,约定劳动者生产出达到国家相应标准的产品以及违约责任的,该约定违反法律的强制性规定,对双方不具有约束力。

【不同处理】 在《劳动法》《劳动合同法》未作规定的情况下,应认定用人单位与劳动者约定由用人单位承担违约金的条款有效。在审理劳动争议案件中,在不与《劳动法》《劳动合同法》等法律法规相冲突的情况下,可以适用《民法典》等法律法规的相关条款。

---

〔1〕 参见国家法官学院、最高人民法院司法案例研究院编:《中国法院2022年度案例》(劳动纠纷),中国法制出版社2022年版,第256页。北京市第二中级人民法院(2020)京02民终8460号民事判决书。

二、劳动责任法律适用

(一)劳动者违约责任认定

在劳动法领域中,劳动者违反服务期的约定将导致违约责任。《劳动合同法》第二十二条第二款规定:“劳动者违反服务期约定的,应当按照约定向用人单位支付违约金。”

用人单位对劳动者进行培训是一种人力资源投资,劳动者因违反服务期约定会给用人单位造成一定损失,因此由劳动者给付用人单位一定的违约金是正当的,并且法律为了平衡双方利益亦对违约金上限作出了规定,即“违约金的数额不得超过用人单位提供的培训费用。用人单位要求劳动者支付违约金不得超过服务期尚未履行部分所应分摊的培训费用”。

虽然在解除劳动合同时,用人单位可以就相关的补偿问题与劳动者作出“一次性解决”的约定,但其约定违反法律法规相关规定时,“一次性解决”协议本身不再具有一次性解决的终局效力。届时,劳动者依法向社保部门主张社保稽核等相关权益,维护其法定权益时,不会构成“一次性解决”协议的违反,亦不承担违约责任。

【案例5-6】 北京鼎信高科信息技术有限公司诉金某劳动争议纠纷案

判决观点,一方面,双方协议书中虽显示有“最终的、一次性解决方案”字样,但协议书中仅涉及有文件、资料、设备交接、工资等款项的支付等内容,而未涉及有社会保险问题的协商与处理。且协议书中所约定的21,145.71元的款项系由代通知金、工资、经济补偿金及其他加班费、过节费、津贴等项目构成,其中并未包括社会保险的相关费用。因此,双方在协议解除劳动关系时并未对社保费用进行实体处理。另一方面,《劳动法》第七十二条规定:“社会保险基金按照保险类型确定资金来源,逐步实现社会统筹、用人单位和劳动者必须依法参加社会保险,缴纳社会保险费”;《社会保险法》第六十条第一款规定:“用人单位应当自行申报,按时足额缴纳社会保险费,非因不可抗力等法定事由不得缓交、减免。”可见,按时足额为劳动者缴纳社会保险,不仅是用人单位的法定义务,还关系到整个社会保险制度的资金来源。因此,社会保险费用的缴纳问题不仅关系到用人单位和劳动者私权利,还关系到整个社会社保制度的利益,并不属于双方可以自由放弃和处分的权利义务范畴。故从此层面,北京鼎信高科信息技术有限公司(以下简称鼎信高科公司)与金某并无权自行作出约定对社保问题进行处理。再者,从本案中,鼎信高科公司在为金某缴纳社会保险时存有基数差,此行为本身即对社会保险相关法律、法规的违反。金某作为劳动者其向社保部门申请社保稽核的行为是对其相关法律权利的依法行使,并无不当。综上,金某在签署协议书并收取相应款项后再行向社保部门申请社保稽核的行为并未构成对双方协议书的违反,鼎信高科公司依据协议书主张金某违约,要求其支付违约金的主张于法无据,法院不予支持。判决:驳回鼎信高科公司的诉讼请求。[1]

劳动者在原用人单位请病假的同时与新用人单位建立劳动关系的行为,无疑应当受到法律上的否定性评价。因劳动者并未履行向原用人单位的告知义务,造成原用人单位选择权的丧失,导致对原用人单位的不公。用人单位主张劳动者返还病假工资,应得到法律的支持。

劳动者利用职务之便利牟取不正当私利的,对其诉求法院不予支持。

【案例5-7】 罗某诉法国法拉利技术织物公司上海代表处、上海雅泰劳动保障咨询服务有限公司劳动合同纠纷案

一审法院认为,本案中,原告被被告二派遣至被告一处工作,担任销售总监,原告应当履行与被告二签订的劳动合同的约定,在工作期间自觉遵守职业道德,保守服务单位的商业秘密。2011年9月5日被告一对原告作出解雇的处理决定之前,被告一并未向原告作出解除合同的意思表示,而原告自行提出离职,又要求被告一支付经济补偿及保密费缺乏法律依据。根据被告一提供的两份电子邮件的内容及原告、被告一的陈述,法院认定原告利用在职期间掌握的被告一的商业机密、以保守秘密、不到竞争对手处为由要求与被告一签订保密协议、索取离职补偿和保密费的行为,系利用职务便利牟取不当私利。原告若认为被告一在经营管理中存在不当行为应通过合法的途径处理,但原告的上述行为违反了《劳动合同法》及《劳动法》的规定,被告一据此将原告退回被告二处,被告二根据劳动合同的约定,与原告解除劳动关系,符合法律规定。审理中,原告对被告一提供的电子邮件和录音资料的真实性均不予认可,但原告对在职期间曾向亚太总经理反映被告一经营不当行为,

---

〔1〕 参见国家法官学院案例开发研究中心编:《中国法院2015年度案例》(劳动纠纷),中国法制出版社2015年版,第107~108页。北京市海淀区人民法院(2013)海民初字第28154号民事判决书。

并多次向被告一负责人和亚太总经理提出离职补偿和保密费要求的事实予以确认，且原告表示对录音资料的真实性不申请鉴定，故法院认为被告一对原告作出退工处理决定的事实依据充分，原告要求被告一支付违法解除劳动合同的赔偿金，并要求被告二承担连带责任的请求，理由不足，法院不予支持。

被告一因重新调整机构设置及岗位职责，取消销售总监岗位，故安排原告自2011年8月3日至8月31日待岗，并按本市最低工资标准发放原告上述期间工资，并无不当。原告称，其事先对机构设置调整、销售总监岗位取消并不知情，被告一安排其待岗无依据，对此，一审法院认为，被告一对其经营管理具有决策权，被告一最新机构设置安排实际已于2011年7月27日起施行，且于8月2日书面通知原告待岗，原告亦予签收，故原告要求被告一支付待岗期间工资差额的诉请缺乏依据。此外，被告一已补发原告2011年9月1日、2日的工资973.33元(9月3日、4日系双休日)。故对原告要求被告一支付2011年8月3日至9月5日工资差额，并要求被告二承担连带责任的诉请，一审法院亦不予支持。保守商业秘密是劳动者应具备的职业道德。原告称，其在职期间曾与被告一负责人有过保守商业秘密和竞业限制补偿金的口头约定，但被告一予以否认，原告亦未提供相关证据证明其主张，故原告要求被告一支付保守商业秘密费30万元、竞业限制补偿金40万元，并要求被告二承担连带责任的诉求，依据不足，不予支持。判决：对原告罗某的全部诉求均不予支持。二审法院判决：驳回上诉，维持原判。[1]

通过享受对口支援政策入学深造，学成违约拒回原单位工作，应承担违约责任。

【案例5－8】　新疆某大学诉谢某人事争议纠纷案

判决观点，根据国家政策，在为对口支援高校单独招生、定向培养人才的同时约定最低服务期，与我国现行法律法规并不相悖。谢某系利用国家对西部的倾斜照顾政策由新疆某大学推荐录取，应受其读博前签订的两份协议书所约束。其提前离职行为不仅违反了培养协议的约定，也明显有悖于诚实信用原则，判令谢某支付新疆某大学违约金29万余元。[2]

---

〔1〕　参见邹碧华主编：《2014年上海法院案例精选》，上海人民出版社2014年版，第78～79页。

〔2〕　2022年2月23日，最高人民法院发布第二批人民法院大力弘扬社会主义核心价值观典型民事案例之六。

(二)解除合同责任认定

用人单位的责任。《劳动合同法》第二十五条第一项规定,劳动者在试用期内被证明不符合录用条件的,用人单位可以解除劳动合同。目前,理论界主流观点认为,只要劳动者被证明不符合录用条件,用人单位就可以随时解除劳动合同。笔者认为这样理解该条规定有失偏颇,对此不宜"一刀切"。对于何谓"符合录用条件",现行《劳动法》未作出任何规定,但所谓的"录用条件"也不应由用人单位单方决定,而是经过公布,用人单位和劳动者所共知的,以法定的最低就业等基本录用条件以及招用时规定的文化、技术、身体、品质等条件为标准。所以,用人单位如果解除劳动合同的理由不是上述的"不符合录用条件",而是用人单位任意找一个理由解除劳动合同的,则用人单位的行为属于违反《劳动法》的行为,应赔偿劳动者损失或支付劳动者经济补偿金。此外,对于用人单位和劳动者经过协商一致,约定在试用期内即使劳动者不符合录用条件,用人单位单方解除劳动合同的同时给予劳动者一笔经济补偿金的,只要不与法律、法规、规章相抵触,也是应该允许的。

劳动者的责任。《劳动法》第三十二条规定,劳动者在试用期内可以随时通知用人单位解除劳动合同。依此规定,劳动者被证明不符合录用条件的,劳动者在试用期内要单方解除劳动合同须在程序上通知用人单位,可随时通知,无需提前通知但不能不通知。目前,理论界主流观点认为,劳动者在试用期内解除劳动合同没有任何限制条件,劳动者随时单方解除劳动合同不构成违约,不承担违约责任。笔者认为,该观点有待商榷,即对此认定不能绝对化。劳动者在不实施通知行为而单方解除劳动合同,其单方解除权行使程序违法。在上述情形下,劳动者给用人单位造成损失的应承担赔偿责任,否则易造成劳动者任意跳槽,甚至不辞而别,影响了企业劳动力的正常流动和生产秩序。如果是用人单位出资招用的员工,员工在合同期内(包括试用期)解除与用人单位的劳动合同,则该用人单位可依法向员工索赔。劳动者违反劳动法规或劳动合同的约定解除劳动合同(如擅自离职),给用人单位造成经济损失的,应当承担赔偿责任。

劳动者提前解除合同,可以认定为没有完全履行合同,根据合同履行的对等原则,对于合同未履行的部分而劳动者由于事先取得的劳动报酬,用人单位要求劳动者返还的则应当予以返还。

用人单位基于劳动者严重违反规章制度解除合同的,不承担给付经济赔偿金的责任。

【案例 5－9】　付某喜诉天津天丰钢铁有限公司劳动争议纠纷案

一审法院认为,根据已查明的事实,原告确实存在员工手册第八条规定的“13. 不服指挥工作安排者”“21. 因工作疏忽或自身行为,给公司造成重大影响及损失”,以及在调整工作岗位后多次迟到、不打卡等严重违反劳动纪律的情形,应当认定为原告严重违反了公司的管理制度。在原告已经阅读了员工手册的内容,且被告已提供证据证明其已经履行了变更员工手册的法定程序并进行了公示的前提下,被告有权按照员工手册第八条的规定,依照《劳动合同法》第三十九条的规定解除与原告之间的劳动合同。因此,被告解除其与原告之间的劳动合同符合法律规定,原告要求被告支付赔偿金的请求缺乏事实和法律依据,人民法院依法不予支持。判决:(1)被告天津天丰钢铁有限公司支付原告付某喜 2013 年 1 月 1 日至 2014 年 3 月 24 日的未休带薪年休假工资的未支付部分 616.98 元;(2)驳回原告付某喜的其他诉讼请求。二审法院判决:驳回上诉,维持原判。[1]

劳动者未严重违反用人单位规章制度的情况下,用人单位解除劳动合同的应承担给付赔偿金的责任。

【案例 5－10】　王某某诉新疆某公司劳动争议纠纷案

二审法院认为:(1)公司制定的《考勤管理制度》中:“迟到或早退 30 分钟以上者视为半天旷工,3 个小时以上者视为一天旷工”的规定扩大了劳动者的责任,有失合理性,因此该制度不可作为其解除双方劳动关系的依据。(2)公司虽坚称王某某多次出现上班打卡后擅自脱岗的情形,但所提供的查岗记录均无王某某本人的签字确认。故无法证实王某某旷工的事实,公司以此为由解除双方劳动合同违反法律规定。(3)关于赔偿金的计算,公司应当以王某某被解除劳动关系前正常工作的 12 个月平均工资 9817.48 元/月为基数进行计算(扣除 2017 年 4 月至 9 月休产假时间),向王某某支付 2008 年 1 月 1 日至 1 月 4 日经济补偿金 103,083.51 元(9817.48 元 ×10.5 个月)。综上,二审法院判定一审判决认定事实有误,法院予以纠正。二审判定公司支付王某某解除劳动合同经济补偿金 103,083.51 元。[2]

【案例 5－11】　刘某敏诉天龙科技炉业(无锡)有限公司劳动争议纠纷案

一审法院认为,本案中,天龙科技炉业(无锡)有限公司(以下简称天龙公司)以刘某敏私下同他人交流工资数额,提出加薪要求,消极怠工的行为违

---

〔1〕 参见最高人民法院中国应用法学研究所编:《人民法院案例选》2016 年第 9 辑(总第 103 辑),人民法院出版社 2017 年版,第 140 页。天津市第一中级人民法院(2015)一中民四终字第 0668 号民事判决书。

〔2〕 新疆维吾尔自治区乌鲁木齐市中级人民法院(2019)新 01 民终 3981 号民事判决书。

反了公司规章制度为由解除劳动关系,但天龙公司在第一项举证中,仅提供证据证明了刘某敏与他人交流工资数额,与其他共7人联名提出书面加薪要求的事实,而未举证证明刘某敏存在消极怠工、影响正常生产经营的行为。在第二项、第三项中,天龙公司举证证明了提供的规章制度,并经公示,开除行为也历经了合法程序,规章制度中明确规定:“公司员工个人收入情况,严禁互相打听、攀比,影响正常工作,若有违反者,公司一律以除名论处。”综合以上证据,刘某敏存在违反天龙公司“严禁打听、攀比员工个人收入情况”这一规章制度的情况,法院是否可以该条款作为依据认定解除劳动合法呢?法院对天龙公司的该项制度进行了合法性审查,最终认为,虽然劳动法律法规中没有明文规定劳动者的收入是否应当公开,但是《劳动合同法》第十一条规定……从以上条款可以看出,同工同酬是《劳动合同法》的基本要求,实现同工同酬的前提一定是收入的公开,而天龙公司规章制度中载明的所谓“薪酬保密”显然是与法律规定相悖的,故该规章制度不合法,不能作为法院审理的依据。天龙公司解除劳动合同属于违法解除。故天龙公司仅因为刘某敏等七人联名书面申请加薪的行为就解除与刘某敏的劳动合同不符合法律规定,也不合理,应当支付相应的赔偿金,计为27,256.46元。判决:天龙公司支付刘某敏赔偿金27,256.46元。二审法院判决:驳回上诉,维持原判。[1]

用人单位不合法、不合理调整岗位,以劳动者拒绝调岗为由解除劳动关系构成违法解除。

【案例5-12】 刘某诉J公司劳动争议纠纷案

判决观点,本案中,J公司在未与刘某协商的情况下,将刘某调整至Z公司工作,变更了劳动合同中约定的工作岗位和工作地点,J公司也未提供证据证明该公司与Z公司存在关联,对原劳动合同的履行产生了实质性的影响,J公司对刘某调岗不具有合法、合理性。J公司以刘某拒绝调岗为由与其解除劳动合同,属于违法解除。法院判决J公司支付刘某违法解除劳动合同赔偿金7万余元。[2]

---

〔1〕 参见最高人民法院中国应用法学研究所编:《人民法院案例选》2014年第2辑(总第88辑),人民法院出版社2015年版,第151~152页。江苏省无锡市中级人民法院(2013)锡民终字第0543号民事判决书。

〔2〕 安徽省高级人民法院公布劳动典型案例(2023年)。

(三)劳动赔偿责任认定

《劳动争议解释(一)》第四十五条规定:“单位有下列情形之一,迫使劳动者提出解除劳动合同的,用人单位应当支付劳动者的劳动报酬和经济补偿并可支付赔偿金:(一)以暴力、威胁或者非法限制人身自由的手段强迫劳动的;(二)未按照劳动合同约定支付劳动报酬或提供劳动条件的;(三)克扣或者无故拖欠劳动者工资的;(四)拒不支付劳动者延长工作时间工资报酬的;(五)低于当地最低工资标准支付劳动者工资的。”该条规定是用人单位承担赔偿责任的情形。本条解释与劳动者单方解除劳动合同的权利密切相关。依照《劳动合同法》第三十八条规定,用人单位具有本条所列五种情形时,劳动者可以获得单方解除权;在该五种情形下,劳动者被迫提出解除劳动合同的可能性大,用人单位应当支付劳动报酬和经济补偿,如果未按时支付,参照《劳动合同法》第八十五条规定按应付金额50%以上100%以下标准向劳动者加付赔偿金。具体案件中确定具体标准时,要因时制宜,不能追求惩罚过度,否则对用人单位不公平。应当着重考虑以下因素:一是用人单位违法行为严重性及过错程度;二是劳动者因用人单位违法行为所受损害大小;三是用人单位因违法行为获利情况;四是用人单位接受其他处罚情况。[1]

最高人民法院法官认为,《劳动争议解释(一)》第四十五条关于加付赔偿金规定与《劳动合同法》第八十七条关于二倍赔偿金规定的区别。如前所述,前者是劳动者被迫提出解除劳动合同,符合有关条件时,应当加付的赔偿金;如果用人单位按时支付劳动报酬和经济补偿,就不再加付赔偿金;另外,在《劳动争议解释(一)》第四十五条规定的五种情形下,劳动者解除劳动合同符合《劳动合同法》第三十八条规定,属于合法解除,作为解除方的劳动者不承担责任。对于后者,依据《劳动合同法》第八十七条规定,用人单位违反《劳动合同法》等法律规定,解除或者终止劳动合同的,应当依照《劳动合同法》第四十七条规定的经济补偿标准到二倍支付赔偿金;根据《劳动合同法实施条例》第二十五条规定,用人单位依照《劳动合同法》第八十七条规定支付了赔偿金的,不再支付经济补偿;相对前者,后者是用人单位违法解除或者终止劳动合同,作为解除方的用人单位需要承担责任。因此,二者区别明显,不能混同。[2]

---

〔1〕 参见最高人民法院民事审判第一庭编:《事审判指导与参考》2021年第1辑(总第85辑),人民法院出版社2021年版,第231页。

〔2〕 参见最高人民法院民事审判第一庭编:《事审判指导与参考》2021年第1辑(总第85辑),人民法院出版社2021年版,第231页。

需要说明的是,应注意经济补偿金与赔偿金适用条件与区别问题。从二者的性质和适用情形来判断,赔偿金适用于用人单位违法解除劳动合同的情形,经济补偿金适用于用人单位依法解除或终止劳动合同的情形,二者不能同时适用。按照《劳动合同法》第四十八条的规定,赔偿与经济补偿金应是一种替代关系,而不是重叠关系,《劳动合同法》对此没有具体说明,但其立法的意图已很明显,《劳动合同法实施条例》第二十五条对二者关系予以补充,明确规定用人单位违反《劳动合同法》规定或终止劳动合同,依照《劳动合同法》第八十七条的规定支付了赔偿金,不再支付经济补偿。[1]

实践中,诸多用人单位为了规避自身责任,在员工入职时就要求签订《安全承诺书》,承诺其在日常工作中因违反规定而造成安全生产事故,其责任完全由本人承担。《安全承诺书》能否作为用人单位要求劳动者赔偿依据,应从法律上予以分析。基于用人单位与劳动者双方地位不平等,用人单位要求劳动者签订《安全承诺书》时处于一种强势地位,劳动者并非在完全自愿的情形下签订,这种利用自身强势地位免除自身的法定责任,排除劳动者权利的,违反了法律法规的强制性规定,应认定安全承诺书无效或部分无效。企业经营本身就存在风险,劳动者仅仅通过自身劳动从用人单位获取一定报酬,用人单位通过签订《安全承诺书》的方式转移经营风险,使劳动者承担的风险远超出其获取的劳动报酬,对劳动者来讲是显失公平的。且《安全承诺书》多为格式条款,其中有很多免责条款,而格式条款加重对方责任、排除对方主要权利,该条款无效。综上所述,《安全承诺书》是不符合法律规定的,亦不能作为用人单位要求劳动者过错赔偿的依据,其诉求不受法律保护。

【案例5-13】 群星公司诉董某劳动争议纠纷案

判决观点,劳动者和用人单位之间的关系并非平等的民事主体之间的关系,双方具有权利义务上的非对等性。劳动者执行职务时,用人单位既是劳动者职务行为的获益方,同时又可能是劳动者职务行为的受损害方;劳动者履行职务行为受用人单位指派和管理,其履行职务行为并无独立的意志和利益;劳动者的工资与劳动者的职务行为对用人单位所创造的价值不平等;企业经营本身存在经营风险;劳动者履行职务行为亦不是其单独的个体行为,而需要管理层和其他劳动者的配合。因此,在劳动者履行职务行为对用人单位造成损失时,不能简单适用平等主体之间的过错责任原则。通常情况下,只有在劳动者履行职务行为时存在故意或重大过失,给用人单位造成经济损失的情况下,且在劳动合同中约定损失的处理办法,劳动者才负赔偿责任。

---

〔1〕 参见最高人民法院民事审判第一庭编著:《最高人民法院劳动争议司法解释(四)的理解与适用》,人民法院出版社2013年版,第109页。

群星公司应证明董某在履行职务行为时存在故意或重大过失以及劳动合同中约定损失的处理方法。交通事故中的责任是发生交通事故的双方或多方之间的责任分配，劳动者在交通事故中的责任分配与劳动者在执行职务行为时是否存在故意或重大过失并无必然联系。虽然交通部门认定董某对交通事故负全责，但是交通事故责任方面的全责不能简单等同于董某在履行职务行为时存在故意或重大过失。即便董某对交通事故负全责，群星公司亦负有对董某管理不当之责任。关于群星公司的损失。群星公司主张车辆停运183天，但并无证据证实停运，且停运损失系群星公司自行按照公司的司机出车的费用计量方式计算，也无其他证据佐证或者鉴定结论定论，即使该损失存在，也系间接损失。《工资支付暂行规定》第十六条规定，因劳动者本人原因给用人单位造成经济损失的，用人单位可以按照劳动合同的约定要求其赔偿经济损失。该损失在双方未签订书面劳动合同约定的前提下，不能按照《安全承诺书》不公平的约定转移该损失而由董某承担。综上，法院不能确信董某在履行职务行为存在故意或重大过失。因此，群星公司要求董某赔偿其因交通事故造成的停运损失无事实和法律依据，不予支持。判决：驳回群星公司的诉讼请求。[1]

用人单位非法使用童工，发生工伤事故时应承担赔偿责任。

用人单位应签订无固定期限劳动合同却终止劳动合同的，应支付赔偿金。

【案例5－14】　北京宁夏大厦有限公司诉佟某劳动合同纠纷案

二审法院认为，北京宁夏大厦有限公司（以下简称宁夏大厦）与佟某之间的劳动合同于2017年11月5日到期，但宁夏大厦并未提交证据证明在此之前曾与佟某协商过续签劳动合同。因宁夏大厦已与佟某签订过三次固定期限劳动合同，故佟某符合订立无固定期限劳动合同的条件，除佟某提出订立固定期限劳动合同外，宁夏大厦应与佟某订立无固定期限劳动合同。宁夏大厦提交的2017年11月7日录音未明确载明其公司提出与佟某签订无固期限劳动合同，而佟某不同意续签，故一审法院认定在此情况下应由宁夏大厦承担举证不能的不利后果，双方劳动合同因宁夏大厦未提出签订劳动合同而终止，属于违法终止，宁夏大厦应向佟某支付违法终止劳动合同赔偿金，并无不当。宁夏大厦不同意支付佟某违法终止劳动合同赔偿金的上诉请求，缺

---

〔1〕　参见国家法官学院、最高人民法院司法案例研究院编：《中国法院2021年度案例》（劳动纠纷），中国法制出版社2021年版，第207～208页。湖北省武汉市黄陂区人民法院（2019）鄂0116民初5811号民事判决书。

乏事实依据,法院不予支持。判决:驳回上诉,维持原判。[1]

(四)缔约过失责任认定

缔约过失责任是在合同订立过程中,一方因违背依据诚信原则所应负的义务,而致另一方信赖利益的损失,并应承担的责任。在劳动合同缔约过程中与一般合同一样可以成立缔约过失责任,劳动合同中的缔约过失责任,是在劳动合同生效前的缔约阶段而发生的。用人单位发出录用通知书,录用通知书属性为要约,即用人单位向劳动者发出希望订立劳动合同的意思表示,劳动者微信回复接受并向原单位提出辞职,则为承诺。依据诚信原则,双方应签订劳动合同。用人单位反悔的,违反先合同义务,损害劳动者的信赖利益,应当承担缔约过失责任。

劳动合同缔约过失责任制度的归责原则。归责原则,是指确定责任的依据。依照《民法典》规定,民事责任的归责原则包括过错责任、无过错责任和公平责任原则。在民事缔约过失责任制度中,当事人承担的归责原则是过错责任原则,即当事人主观上是否有过错作为承担责任的要件。过错包括故意和过失两种心理状态。但在劳动关系中,劳动者和用人单位实质上处于不平等的法律地位,所以当一个具体的劳动合同产生争议时,要求处于弱势地位的劳动者证明用人单位存在过错非常困难,所以,劳动合同并不完全适用过错责任原则。又因为用人单位履行劳动合同时主要承担法定义务,即劳动者只要证明自身在缔约过程中不存在过失,就可以将责任归结为用人单位一方。

劳动合同缔约过失责任赔偿范围的确定。民事相关缔约过失责任中赔偿范围仍应以信赖利益为限,虽然对于信赖利益现实中存在争议,但是实践中信赖利益仍应考虑直接损失和间接损失。直接损失是指当事人为缔结合同而造成的直接经济利益损失,包括信赖对方而与对方发生联系所产生的交通、住宿、体检等费用及为履约而准备材料等产生的合理支出,也包括劳动者因信赖用人单位而终止与原单位劳动关系所产生的工资损失。至于间接损失是劳动者丧失与第三方另订劳动合同的机会损失,或者用人单位再次招聘所花费的费用,若劳动者能证实确实因信赖用人单位而放弃了与其他单位的商谈,并因此产生该期间的工资损失,法官应予以支持。对于工资损失的计算标准,应考虑用人单位在双方缔约过程中承诺的工资待遇或者劳动者在前工作单位的工资待遇,若两者都没有,则应考虑该地区、该工种行业工资标准。个案中,法官根据具体案情行使自由裁量权

〔1〕 参见国家法官学院、最高人民法院案例研究院编:《中国法院2020年度案例》(劳动纠纷),中国法制出版社2020年版,第136页。北京市第二中级人民法院(2018)京02民终9431号民事判决书。

裁定。

【案例5－15】 陆某诉掘新科技(上海)有限公司劳动合同赔偿纠纷案

判决观点,2018年7月16日,被告人事通过微信向原告发出录用意向书,载明原告的薪资、岗位、拟签订的劳动合同期限等内容,并要求原告于2018年7月18日前签字以表示确认,原告收到后于当日将签完字的录用意向书通过微信发送被告人事。被告确认与原告联系的人系担任人事工作,而向新招聘员工发送录用意向书、商谈入职时间、办理入职手续系人事工作职责之一,即使录用意向书并无被告的盖章,但因系在被告处担任人事工作的员工向招聘员工发出,代表被告的意思表示,由此产生的法律后果应由被告承担。因此,被告人事发出的录用意向书的性质是被告希望与原告订立正式劳动关系的一种要约,该要约经原告于2018年7月16日承诺即发生法律效力,具有劳动关系预约合同的性质,对作出约定的原告、被告均具有法律约束力。原告收到被告的录用意向书后向上一家用人单位提出离职,而在入职被告处之前取得上一家用人单位的离职证明亦是被告提出的要求,2018年8月14日原告从上一家用人单位离职,希望按照录用意向书的约定与被告建立劳动关系,但被告无正当理由未与原告签订劳动合同、建立劳动关系,被告取消录用的行为在双方缔约过程中存在过错,应当承担缔约过失责任。最终结合录用意向书承诺的工资标准、被告的过错、原告自身的就业条件、所应聘岗位的月工资水平、停止工作时间以及因停止工作而可能减少的权益等因素,酌情确定被告赔偿原告未签订劳动合同造成的损失。判决:被告掘新科技(上海)有限公司赔偿原告陆某经济损失10,000元。[1]

【案例5－16】 赵某诉北京丽贝亚建筑装饰工程有限公司合同纠纷案

判决观点,本案中,赵某于2017年9月11日至北京丽贝亚建筑装饰工程有限公司(以下简称丽贝亚公司)面试,丽贝亚公司于9月18日向赵某发送入职通知函。入职通知函载明了录用赵某的意向、提供的职位、劳动合同期限、试用期、薪酬福利、报到时间及需要准备的材料等具体确定的内容,故该入职通知函的性质为丽贝亚公司向赵某发出的要约,并希望与赵某订立正式的劳动合同,具有劳动关系预约合同的性质,具备独立的法律效力。赵某基于合理信赖认为自己可以入职丽贝亚公司,故与原单位办理了解除劳动关系手续。根据赵某与丽贝亚公司的电子邮件、离职证明、电话录音,可以认定赵某为入职丽贝亚公司积极做准备,劳动合同未订立的责任在丽贝亚公司,故丽贝亚公司应承担缔约过失责任。赵某另谋职业必然花费一定时间,客观

---

〔1〕 参见陈昶主编:《2020年上海法院案例精选》,上海人民出版社2022年版,第96页。

上会受到一定损失,综合入职通知函载明的工资标准,法院酌定丽贝亚公司应赔偿赵某12,000元。判决:丽贝亚公司赔偿赵某损失12,000元。[1]

求职者承诺入职后又拒绝按期订立劳动合同的行为既构成对本约合同的缔约过失,又构成预约合同的违约,构成责任竞合。法官应当根据用人单位的诉讼请求确定案由。用人单位以违反预约合同为由要求求职者承担违约责任的,属于民事纠纷(传统民事合同纠纷)而非劳动争议范畴,应当适用《民法典》予以调整,而不适用劳动法律规范调整。劳动者承担的是普通的合同违约责任,而不是劳动法上的缔约过失责任。

用人单位发出聘书系要约行为,劳动者予以接受即成立预约合同,不履行聘书构成违约和缔约过失责任的竞合,用人单位应承担赔偿责任。

【案例5-17】 熊某某诉苹果贸易(上海)有限公司缔约过失责任纠纷案

判决观点,被告于2011年7月4日向原告发出的电子邮件中明确聘书的有效起始日期为2011年7月18日,虽该聘书中约定被告将对原告进行须令被告满意的背景调查,如不能满足,将取消该聘书,但被告于2011年7月7日、7月14日向原告发出的电子邮件,明确要求原告在报到当天和7月17日参加新店开张培训时必须带好"解除劳动关系证明函"和"退工单",原告基于对被告的合理信赖与原单位办理了解除劳动关系手续后,被告仅凭其所谓的供应商中智公司的报告(被告也无明确表明该报告中相关人员对原告在反斗城公司工作的评价属实)于2011年7月19日电话通知原告撤销聘书,明显有违诚实信用的原则,使原告的利益受损,造成原告损失,被告在缔约中确实存在明显的过失,应承担缔约过失责任,但原告在事发后也应面对现实,积极寻找新的工作,避免损失的扩大,具体的损失赔偿数额可由法院根据本案实际情况,酌情予以确定。判决:被告苹果贸易(上海)有限公司赔偿原告熊某某损失35,000元。[2]

(五)特殊情形用工责任认定

所谓用工主体责任,或称工伤保险替代责任,是现行法规、司法解释规定的主体责任,包括转包关系中的替代责任和挂靠关系中的替代责任,是一种独立的责任类型。

---

〔1〕 参见国家法官学院案例开发研究中心编:《中国法院2019年度案例》(劳动纠纷),中国法制出版社2019年版,第238页。北京市石景山区人民法院(2017)京0107民初20238号民事判决书。

〔2〕 参见《劳动争议案件裁判要点与观点》,法律出版社2016年版,第147页。

用工主体责任的法律依据主要有《劳动和社会保障部关于确立劳动关系有关事项的通知》第四条规定、《人力资源和社会保障部关于执行〈工伤保险条例〉若干问题的意见》(人社部发〔2013〕34号)第七条规定和《工伤保险案件规定》第三条规定。

用工主体责任的类型,其一,业务转包。在建筑、矿山、装修等需要特定资质的行业,经常存在违法发包、分包、转包业务的情形。如果具备用工主体资格的单位将业务发包、转包、分包给不具备责任用工主体资格的组织或者自然人,则须对后者招用的人员在从事承包业务时的伤亡承担用工主体责任。其二,挂靠经营。如在运营性车辆的经营中,由于个人不具备经营资格,经常会将车辆挂靠在客运、物流等公司对外经营,并由挂靠人办理运营和保险手续。在这种情形下,被挂靠单位须对挂靠方聘用人员的伤亡承担用工主体责任。

用工主体责任的适用条件和责任范围。用工主体责任必须以法律、法规、规章和司法解释的明文规定为限,法官或他人无权自行创设,归纳已有的成文法规定,其具体的适用条件:其一,劳动者因工伤亡。其二,劳动者的雇主不具备用工主体资格。其三,具有用工主体资格的单位和劳动者的直接雇主之间,存在违法发包、转包、分包业务关系或挂靠经营关系。在同时满足上述三个条件的情况下,由具备用工主体资格的发包人、转包人、分包人或被挂靠人须依法对劳动者承担用工主体责任,这种责任主要是工伤保险责任,且其性质上是一种替代责任,在依法承担用工主体责任后,有权向直接雇主追偿。

用工主体责任与用人单位责任的主要区别:其一,劳动关系合意不同。用工主体责任中没有也不需要劳动关系的合意,而用人单位责任中必须具备劳动关系的合意。其二,用工性质不同。用工主体责任中是直接雇主用工,而不是用工主体用工;用人单位中的用工行为体现劳动关系的本质特征,劳动力与生产资料结合关系和从属关系,劳动者接受用人单位管理。其三,责任作用不同。用工主体责任作用上主要是救济人身损害,形式上主要是工伤保险责任,劳动者不能因此额外获利。用人单位责任中,劳动者除可以主张工伤保险待遇外,还可以主张经济补偿金、经济赔偿金或二倍工资差额等专属于劳动关系的项目。其四,追偿权不同。用工主体承担责任后依法可向直接雇主追偿,而用人单位承担的责任是最终责任,没有向他人的追偿权。

(六)责任竞合认定

用工主体责任与其他民事责任的竞合。在建筑、装修、矿山等行业中存在大量用工主体责任与侵权责任的竞合。如果劳动者决定向发包人、分包人主张权利,则系因同一法律事实的出现两种责任,即用工主体责任和雇员受害责任,两种责任分别被不同法律规范调整,构成责任竞合。在这种情况下,劳动者享有选择权,可以基于用工主体责任的规定请求发包人、分包人承担工伤保险责任,也可以选择《民法典》侵权责任编及司法解释的规定承担侵权赔偿责任。但因两者责任具体赔偿项目及赔偿标准不同,劳动者须结合自身情况慎重考虑、择一行使,不可重复主张。

求职者承诺入职后又拒绝按期订立劳动合同的行为既构成对本约合同的缔约过失,又构成预约合同的违约,构成责任竞合。法官应当根据用人单位的诉讼请求确定案由。用人单位以违反预约合同为由要求求职者承担违约责任的,属于民事纠纷(传统民事合同纠纷)而非劳动争议范畴,应当适用《民法典》予以调整。关于预约合同的违约损害赔偿数额,法官应当遵循的思路:双方对于违约损害赔偿数额有约定的,依照其约定;在没有约定或约定不明时,应当以本约合同履行利益为限,结合预约合同与本约合同的关联程度综合确定违约损害赔偿数额。

【案例5-18】 勃林格殷格翰动物保健(上海)有限公司诉周某合同纠纷案

二审法院认为,本案争议焦点是周某是否需要承担违约责任?根据双方的诉辩意见,该争议焦点包含以下问题:其一,双方纠纷适用何种法律调整?其二,违约责任的法律依据是什么?其三,周某抗辩不承担违约责任的理由是否成立?

(1)关于双方纠纷适用何种法律调整。本案中,周某认为其是为求职之目的而与勃林格殷格翰动物保健(上海)有限公司(以下简称勃林格殷格翰公司)产生法律关系,双方本质上是劳动关系,应适用《劳动合同法》调整双方纠纷,不属于《合同法》调整范围。法院认为,依据《劳动合同法》第七条、第十条的规定,用工是劳动关系建立的唯一标准。本案中,勃林格殷格翰公司仅向周某发出了涉案录用通知书,双方尚未建立用工关系,也未签订劳动合同。双方之间的劳动关系尚未成立,周某在本案中的身份是求职者,而非劳动者,勃林格殷格翰公司也并非用人单位,故本案不属于劳动纠纷。周某主张适用《劳动合同法》调整双方纠纷,缺乏事实和法律依据,法院不予采纳。本案双方纠纷应适用《合同法》予以调整。关于本案案由,周某主张应为劳动合同纠纷,依据法院上述论述,周某的该主张不成立。一审中,勃林格殷格翰公司主张周某承担违约责任,并未主张周某承担缔约过失责任,一审法院适用《合同法》第四十二条作为裁判基础,缺乏依据,本案应为合同纠纷。

(2)违约责任的法律依据是什么?依据一审法院查明的事实,周某经勃林格殷格翰公司多轮面试后,收到勃林格殷格翰公司向其发出的录用通知书,录用通知书中载明了周某工作岗位、工作地点、劳动合同期限、工资福利待遇等内容,并约定了周某入职签订劳动合同具体日期。周某在录用通知书上签名并回复确认。依据上述事实,本案双方实际上以录用通知书的形式约定在将来一定期限内订立劳动合同,双方之间成立预约合同,而录用通知书载明的将来周某作为劳动者所享有的权益内容清楚完备且不违反法律规定,基本上不存在双方还需要进一步磋商的未决事项。故录用通知书对双方均具有法律拘束力,双方应按照录用通知书的入职日期订立劳动合同,任何一方违反上述约定,均应承担相应的违约责任。本案中,在周某拒绝入职之后,勃林格殷格翰公司可以依据《合同法》第一百零七条的规定请求周某承担违反预约合同的违约责任。

(3)周某抗辩不承担违约责任的理由是否成立?依据法院对上述第二个问题的论述,勃林格殷格翰公司可以主张周某承担违约责任。本案中,周某抗辩不应承担违约责任,理由有二:其一,根据《劳动合同法》第二十五条的规定,用人单位与劳动者仅可能就服务期和保密义务约定劳动者违约责任,除此之外用人单位不得约定劳动者违约责任,而本案勃林格殷格翰公司约定的责任条款不属于上述法律规定的情形,属于无效条款。法院认为,上述违约责任约定的排除性条款仅适用于用人单位与劳动者之间,法院在第一个问题中对双方未成立劳动关系已作认定,故周某该抗辩意见缺乏法律依据,法院不予采纳。其二,周某主张勃林格殷格翰公司在招聘过程中的经营风险应自行承担,而非由周某承担。本案中,双方经过多轮面试、平等磋商后,周某于 2019 年 7 月 25 日签字回复勃林格殷格翰公司录用通知书的行为,确认了双方将来一定期限内订立劳动合同的约定。录用通知书约定周某应于 2019 年 8 月 26 日入职,勃林格殷格翰公司对周某履约已产生信赖利益,但周某迟至 2019 年 8 月 22 日拒绝入职勃林格殷格翰公司,且周某在一审中陈述的不入职理由是为找到更适合自己的岗位。法院认为,周某不入职的行为并非其本人无法预见的情形,而是周某经过考量后对自身履约利益作出的权衡和选择。周某将其违约行为归结为勃林格殷格翰公司经营风险的一部分并由勃林格殷格翰公司自行承担的主张,缺乏法律依据,也不合情理,有违诚实信用,法院对该抗辩理由不予采纳。判决:变更一审判决为周某向勃林格殷格翰公司支付违约金 51,500 元。[1]

劳务派遣单位和接受劳务派遣的用工单位的责任形态。一般认为劳务派遣期间,被派遣的工作人员因执行工作任务造成他人损害,被侵权人可以请求接受劳务派遣的用工单位承担侵权人的全部责任,也可以请求劳务派遣单位对不当选派工作人员等过错承担相应的责任。接受劳务派遣的用工单位和劳务派遣单位

---

[1] 参见郭伟清主编:《民法典新规则案例解析》,法律出版社 2020 年版,第 153 ~ 154 页。上海市第二中级人民法院(2020)沪 02 民终 3126 号民事判决书。

为共同被告的,劳务派遣单位在其过错范围内与接受劳务派遣的用工单位共同承担责任,但被侵权人获得的赔偿不应超出损害范围;接受劳务派遣的用工单位主张其与劳务派遣单位承担按份责任的,人民法院不予支持。接受劳务派遣的用工单位或者劳务派遣单位承担侵权责任后,相互之间进行追偿的,人民法院应不予支持,但接受劳务派遣的用工单位与劳务派遣单位另有约定的除外。

三、劳动合同责任处理

(一)用人单位赔偿责任处理

1.续签劳动合同损失

用人单位自用工之日起满1年不与劳动者订立书面劳动合同而依法视为双方形成无固定期限劳动合同关系后,双方又签订的书面固定期限劳动合同,到期后劳动者仍有权选择签订固定期限或无固定期限劳动合同。用人单位拒绝续签的,亦应承担赔偿责任。

【案例5-19】 孙某芹诉北京恒基建筑有限公司劳动合同纠纷案

二审法院认为,北京恒基建筑有限公司(以下简称恒基公司)在未征得孙某芹意见的前提下单方面于2016年12月2日向孙某芹送达劳动合同不续签通知书,构成违法终止劳动合同。判决:撤销一审判决,支持孙某芹要求恒基公司支付违约终止劳动合同赔偿金的请求。[1]

非法定事由终止劳动合同的,用人单位应依法承担赔偿金。

【案例5-20】 邱某丽诉北京海淀区北太平庄街道保洁中心劳动合同纠纷案

二审法院认为,本案中,邱某丽已在北京海淀区北太平庄街道保洁中心(以下简称北太平庄保洁中心)连续工作十余年,并多次签订固定期限劳动合同,符合签订无固定期限劳动合同的条件。北太平庄保洁中心在劳动合同期限届满时未征求邱某丽意见,且其所提交的《解除、终止劳动关系(合同)证明书》上亦没有邱某丽的签字确认,北太平庄保洁中心仍单方以非法定事由的"街道保洁工作外包"为由与邱某丽终止劳动合同不再续签合同属于违法终止的情形,应支付邱某丽终止劳动合同经济赔偿金。经核算,邱某丽所

---

〔1〕 参见刘建刚、唐大利:《已形成无固定期限劳动合同关系后签订书面固定期限劳动合同的性质》,载《人民法院报》2018年5月24日,第6版。北京市第三中级人民法院(2016)京03民终10611号民事判决书。

主张的违法劳动合同赔偿金的数额并未高于法定标准,法院予以支持。判决:(1)撤销一审判决;(2)北太平庄保洁中心支付邱某丽违法终止劳动合同经济赔偿金48,350元;(3)驳回邱某丽的其他诉讼请求。[1]

2. 违法解除劳动合同损失

用人单位违法解除劳动合同并停止为劳动者缴纳生育保险,劳动者主张违法解除赔偿金的同时,能否再向用人单位主张生育津贴差额损失是疑难问题。一般认为,无论用人单位解除劳动合同是否合法,只要用人单位和劳动者均确认劳动关系已经解除,在解除之后用人单位就不具有为劳动者缴纳社会保险包括生育保险的法定义务。劳动者要求用人单位承担违法解除劳动合同的赔偿金后,又要求用人单位赔偿因违法解除劳动合同未能足期缴纳生育保险导致的生育津贴差额损失的主张不能成立。这是基于劳动者在用人单位违法解除劳动合同后,在要求用人单位继续履行或不要求继续履行,要求支付赔偿金之间作出的选择。作出选择不继续履行的,表明双方的劳动合同解除,劳动者不再是用人单位的职工,用人单位没有再为其缴纳生育保险的义务。如果劳动者此时仍处于怀孕期间,还没有生育或可以享受产假,其只能按用人单位缴纳生育保险期间领取相应的生育津贴,对用人单位停止缴纳生育保险后未能领取到的生育津贴损失,只能由劳动者自己承担。

【案例5-21】 朱某诉康洲公司劳动合同纠纷案

二审法院认为,关于康洲公司是否应当对朱某未享有的生育津贴承担赔偿责任的问题。用人单位在劳动关系存续期间为劳动者缴纳基本养老保险、基本医疗保险、工伤保险、失业保险、生育保险系其法定义务。康洲公司与朱某在劳动关系存续期间,康洲公司已经按照法律规定为朱某缴纳了各项社会保险,并不存在未缴纳或未足额缴纳的情形。二审中,双方均确认劳动关系解除的时间为2017年11月16日,在双方劳动关系已经解除的情况下,用人单位已不具有为劳动者缴纳社会保险的法定义务,现朱某选择以康洲公司违法解除双方的劳动合同,要求康洲公司承担违法解除劳动合同的赔偿金后,又要求康洲公司因违法解除劳动合同而未能申领的生育津贴差额,缺乏法律依据,不予支持。一审判决认定事实清楚,但适用法律不当,应予纠正。判决:(1)维持一审判决第一项、第二项;(2)撤销一审判决第三项、第四项;

---

〔1〕 参见国家法官学院案例开发研究中心编:《中国法院2017年度案例》(劳动纠纷),中国法制出版社2017年版,第210页。北京市第一中级人民法院(2015)一中民终字第00755号民事判决书。

(3)驳回朱某的其他诉讼请求。[1]

【案例5－22】　张某明诉京隆科技(苏州)分公司支付赔偿金纠纷案

判决观点,用人单位规章制度在本企业内部实施的,用人单位以劳动者严重违反规章制度为由解除劳动合同,劳动者提起相关诉讼,法院应当依法审查该制度的合法性与合理性。如果用人单位的规章制度超越合理权限对劳动者设定义务并据此解除劳动合同,属于违法解除,损害劳动者的合法权益,用人单位应当依法支付赔偿金。[2]

用人单位在产业已出现危机、经营存在较大风险的情况下仍然轻率地以较高报酬与较优的发展前景诱惑劳动者,而后又很快便随意解除劳动合同,恶意明显,其将经营风险转嫁于劳动者的做法有违诚信原则,依法应承担违法解除劳动合同的赔偿责任。

【案例5－23】　潘某楠诉协鑫太阳能系统集成(苏州)有限公司劳动争议纠纷案

判决观点,对于劳动合同解除是否合法的问题,从协鑫太阳能系统集成(苏州)有限公司(以下简称协鑫公司)与潘某楠订立劳动合同至公司提出解除劳动合同仅1个多月时间,在协鑫公司招聘潘某楠之前,其所经营的光伏产业即存在不容乐观的危机,该危机并非在此1个多月中突然出现,欧盟双反调查也并非不可抗力,协鑫公司未能举证证明其有其他导致不能继续履行的客观经济变化,其对潘某楠劳动合同已构成违法解除,应依法向潘某楠支付赔偿金12,915元。关于潘某楠主张的各项损失,综合考虑潘某楠的自身条件、原工作年限、原劳动合同期限、原工资水平、协鑫公司允诺职位、劳动报酬、期限、就业环境及再就业的可能性等因素除赔偿金以外酌情确定潘某楠的损失。潘某楠择业不慎重可适当免除协鑫公司的赔偿责任。判决:(1)被告协鑫公司支付原告潘某楠违法解除劳动合同赔偿金及损失赔偿款合计45,580.5元;(2)驳回原告潘某楠的其他诉讼请求。[3]

劳动合同到期而服务期尚未届的,用人单位解除劳动合同应承担赔偿责任。

劳动争议中,用人单位以劳动者严重失职致用人单位重大损害为由解除劳动关系的,法官应当先审查用人单位是否已制定明确、有效的规章制度,再对规章制度的适用合理性进行审查。在适用规章制度评判劳动者具体行为时,应综合考虑

---

〔1〕 参见国家法官学院、最高人民法院司法案例研究院编:《中国法院2021年度案例》(劳动纠纷),中国法制出版社2021年版,第194页。重庆市第五中级人民法院(2019)渝05民终1730号民事判决书。

〔2〕 参见《最高人民法院公报》2014年第7期。

〔3〕 参见国家法官学院案例开发研究中心编:《中国法院2014年度案例》(劳动纠纷),中国法制出版社2014年版,第70页。江苏省苏州工业园区人民法院(2013)园民初字第0155号民事判决书。

行为环境、劳动者主观心理、损害后果等因素,认定其是否构成严重失职。

【案例5-24】 湖南鑫湘驾驶员培训有限公司诉黄某劳动争议纠纷再审案

再审法院认为,本案中,黄某与湖南鑫湘驾驶员培训有限公司(以下简称鑫湘公司)签订固定期限劳动合同。合同到期日系2017年12月31日。根据《劳动合同法》第四十二条第一款第四项及第四十五条的规定,劳动合同期满,劳动者在孕期、产期、哺乳期的,劳动合同应当延续至相应的情形消失时终止。鑫湘公司在黄某孕期解除与黄某的劳动合同关系,依法构成违法解除劳动合同。鑫湘公司主张黄某在鑫湘公司遭受诈骗事件中存在重大失职,造成公司重大损失,鑫湘公司系依据《劳动合同法》第三十九条的规定,解除与黄某的劳动关系,不应支付违法解除劳动合同赔偿金。黄某在鑫湘公司遭受网络诈骗事件中,虽有过错,但并不构成《劳动合同法》中可据此解除劳动合同的重大过错,也不是直接责任人,依法不构成重大失职。原审依据《劳动合同法》第四十七条和第八十七条的规定,判决鑫湘公司支付违法解除劳动合同赔偿金是正确的。[1]

用人单位以劳动者未达到军令状上的销售业绩解除劳动合同的,应支付违法解除劳动合同赔偿金。

【案例5-25】 曹某某诉苏州智铸通信科技股份有限公司劳动争议纠纷案

二审法院认为,《劳动合同法》对劳动合同的解除及终止的情形已作出明确规定,上诉人苏州智铸通信科技股份有限公司(以下简称智铸通信公司)主张被上诉人曹某某未达到销售人员的军令状的销售业绩自动离职,但曹某某虽在销售人员军令状上签字,但曹某某从未向智铸通信公司作出过解除劳动合同的意思表示。智铸通信公司表示双方系协商一致解除劳动合同,但提供证据并不能证明其事实主张。此外,曹某某虽在销售人员军令状上签字,但在曹某某的销售业绩达不到预期目标时,智铸通信公司应对其进行培训或者调整工作岗位,仍能不能胜任工作的,智铸通信公司方可依法解除合同。现智铸通信公司直接以曹某某销售业绩未达到目标的30%为由解除双方的劳动合同确属违法,应当依法向曹某支付违法解除劳动合同赔偿金。据此,二审法院驳回智铸通信公司的上诉,维持原判。[2]

劳动者请假照看病危父亲,用人单位应给予适当善意和包容。

---

〔1〕 参见最高人民法院中国应用法学研究所编:《人民法院案例选》2022年第7辑(总第173辑),人民法院出版社2022年版,第108~109页。湖南省高级人民法院(2019)湘民申4987号民事裁定书。

〔2〕 参见陈昶主编:《2022年上海法院案例精选》,上海人民出版社2022年版,第18页。

【案例5-26】 李某诉某电子商务公司劳动争议纠纷案

判决观点，劳动者有自觉维护用人单位劳动秩序、遵守用人单位规章制度的义务；用人单位用工管理权的行使方式亦应善意、宽容、合理。李某因父亲病重需要陪护，向公司申请事假，既是处理突发家庭事务，亦属尽人子孝道。李某父亲患重病病危，在事发紧急的情况下，李某已经向公司请假，在照顾患病父亲期间也将其父患病的相关资料传给了公司。公司在明知其父亲重病的情况下，仍以请假材料不全，未经审批为由，要求李某到岗，未体现出以人为本的发展理念，与社会主义核心价值观中友善的要求不符，亦有悖中华民族的传统孝文化，既不合情也不合理。综上，李某不构成旷工，公司属于违法解除劳动合同，故判决某电子商务公司支付李某违法解除劳动合同赔偿金113,520元。[1]

企业基于自身生产经营需要，有权对内部组织架构、人员工作岗位进行调整，但，但不符合法律规定及规章制度的规定的应承担违法解除合同责任。

【案例5-27】 张某诉某医院劳动争议纠纷案

判决观点，某医院将张某职位明显降低，属于对其工作岗位的不利调整，应对调岗决定的合法性、合理性予以证明。在该医院未提交充足证据证明其对于张某岗位的调整系基于自身经营发展需要或张某工作成绩无法达到医院要求等原因的前提下，结合该医院人力资源部门经理与张某的微信聊天记录，该医院同一天出具的解除通知等证据，认定某医院违法解除劳动合同，判决该医院支付张某违法解除劳动合同赔偿金。[2]

用人单位部门经理通知劳动者解除劳动合同的，应发生法律效力。

【案例5-28】 俞某诉银亿公司劳动争议纠纷再审案

二审法院认为，本案二审争议焦点为银亿公司是否应当向俞某支付6030元违法解除劳动合同赔偿金。原审查明，2020年3月12日，俞某所在物业管理项目的经理通过微信方式告知“你已经被解聘了”，俞某事后离职，据此认定公司单方面解除劳动合同。公司上诉主张其未对管理人员的解聘行为予以授权或追认，双方劳动关系仍未解除。法院认为，即便相关管理人员的解聘行为未得到公司授权或追认，俞某有理由相信其代表公司，表见代理成立，该解聘行为有效。因公司解除劳动合同时未提供相应的法定解除事由，故应当承担支付赔偿金责任。综上，判决：驳回上诉，维持原判。最高人

---

〔1〕 最高人民法院发布第三批人民法院大力弘扬社会主义核心价值观典型民事案例之十。

〔2〕 天津市高级人民法院2023年发布8个劳动争议典型案例之二。

民法院裁定：驳回俞某的再审申请。〔1〕

违法解除劳动合同，应当支付赔偿金。

【案例5－29】 谭某诉某软件公司劳动争议纠纷案

二审法院认为，根据查明事实，某软件公司实行"钉钉考勤"，在距离办公场所一定距离内均可打卡。虽然案涉打卡结果存疑，但某软件公司对谭某存在使用虚拟定位软件打卡的违纪行为系事实推定，所提供的证据尚难形成盖然性认定，法院难以采信。退而言之，即便推定谭某存在上述行为，但因解除劳动合同系用人单位对劳动者作出的最严厉惩戒方式，应审慎为之。就本案而言，一则，该种违纪行为并不与某软件公司规章制度中可予解除劳动合同的"委托他人或代理他人打卡"一致。二则，劳动报酬系劳动者提供劳动的对价，对之扣发应合法有据。谭某于案涉打卡异常的两日实际提供了相应时长的劳动，有权主张对应时长的工资。然某软件公司按照旷工将两日工资全额扣除，即在扣减存疑时长的工资外，又扣除了相应劳动对价。实际上，某软件公司全额扣除工资的处理已对谭某打卡异常行为进行了惩戒。在该惩戒之外，该公司又行更为严厉的惩戒措施，则过于严苛。〔2〕

【案例5－30】 罗某诉普天公司劳动争议纠纷案

二审法院认为，关于普天公司解除与罗某的劳动关系是否合法。首先，普天公司三次通知罗某的时间为2017年11月8日、2017年11月23日和2017年12月26日，而罗某2017年10月9日申请前次劳动仲裁，即普天公司在罗某提出劳动仲裁后才通知罗某上班，因此，可以认定此前普天公司存在难以为罗某安排工作的情形。其次，虽然罗某与普天公司均认可普天公司三次通知罗某到公司报到并接受工作安排，且通知中有逾期将按照公司管理制度予以严肃处理的内容，但无证据证明该工作安排适合工伤六级的罗某，普天公司亦未提供证据证明罗某可以胜任其提供的岗位。再次，《工伤保险条例》第三十六条规定："职工因工致残被鉴定为五级、六级伤残的，享受以下待遇：（一）从工伤保险基金按伤残等级支付一次性伤残补助金，标准为：五级伤残为18个月的本人工资，六级伤残为16个月的本人工资；（二）保留与用人单位的劳动关系，由用人单位安排适当工作。难以安排工作的，由用人单位按月发给伤残津贴，标准为：五级伤残为本人工资的70%，六级伤残为本人工资的60%，并由用人单位按照规定为其缴纳应缴纳的各项社会保

〔1〕 浙江省高级人民法院（2020）浙民终1404号民事判决书；最高人民法院（2021）民申4521号民事裁定书。

〔2〕 上海市第一中级人民法院（2023）沪01民终7826号民事判决书。

险费。伤残津贴实际金额低于当地最低工资标准的,由用人单位补足差额。经工伤职工本人提出,该职工可以与用人单位解除或者终止劳动关系,由工伤保险基金支付一次性工伤医疗补助金,由用人单位支付一次性伤残就业补助金。一次性工伤医疗补助金和一次性伤残就业补助金的具体标准由省、自治区、直辖市人民政府规定。”罗某系因工致残被鉴定为六级伤残,普天公司应保留与罗某的劳动关系,在难以安排工作时,双方劳动关系的解除或者终止需经罗某本人提出。然普天公司未提交证据证明罗某本人提出或同意与普天公司解除或终止劳动关系。最后,普天公司解除与罗某的劳动关系依据的规章制度是2015年修订,其无证据证明罗某对该制度知悉,普天公司解除与罗某的劳动关系的制度依据不充分。综上,普天公司与罗某解除劳动关系不符合法律规定,罗某主张普天公司支付违法解除劳动关系的赔偿金,法院予以支持。《劳动合同法》第八十七条规定,用人单位违反本法规定解除或终止劳动合同的,应当依照本法第四十七条规定的经济补偿标准的二倍向劳动者支付赔偿金。《劳动合同法实施条例》第二十五条规定,用人单位违法解除劳动合同赔偿金的计算年限自用工之日起计算。《劳动争议解释(四)》(已失效)第五条规定,劳动者非因本人原因从原用人单位被安排到新用人单位工作,原用人单位未支付经济补偿,劳动者依照《劳动合同法》第三十八条规定与新用人单位解除劳动合同,或者新用人单位提出解除、终止劳动合同的,在计算支付经济补偿或赔偿金的工作年限时,劳动者请求在原用人单位的工作年限合并计算为新用人单位工作年限的,人民法院应予以支持。依据上述法律规定,考虑到罗某系领取伤残津贴的人员,赔偿金宜以其伤残津贴作为计算基数为宜,共计109,504元。[1]

违法解除劳动关系赔偿金和病假工资、医疗补助费应一并支持。

【案例5-31】 杨某诉某科技公司劳动争议纠纷再审案

再审法院认为,1.残疾人劳动者医疗期内的合法权益应依法保护。用人单位在医疗期内违法解除劳动合同并已支付赔偿金,劳动者主张医疗期内的病假工资及医疗补助费的,人民法院应予支持。2.用人单位未为劳动者参加城镇职工基本医疗保险,劳动者自行参加新型农村合作医疗保险并主张用人单位补足医疗费报销差额的,人民法院应予支持。[2]

用人单位以“疫情期间擅自离京”为由,解除劳动合同属于违法解除。

---

〔1〕 湖北省武汉市中级人民法院(2020)鄂01民终4450号民事判决书。

〔2〕 人民法院案例库2023-16-2-490-008。广东省高级人民法院(2020)粤民再330号民事判决书。

【案例5－32】 某某诉某公司劳动争议纠纷再审案

再审法院认为,本案的争议焦点是原告未经审批擅自离京的行为是否构成严重违纪,是否属于应予解除劳动合同的情形。被告未提交充分证据证明原告的行为造成了严重的后果,足以构成严重违纪并应解除劳动合同。两审法院据此认定被告的解除行为属于违法解除,判令其应向原告支付违法解除劳动关系赔偿金,认定事实清楚,适用法律正确。[1]

3. 养老保险待遇损失

养老保险待遇损失是因用人单位的原因造成的,则应由用人单位承担赔偿责任。养老保险待遇损失的计算方法,如果劳动者在同一用人单位连续工作年限满15年,则应由用人单位按照同等条件的正常退休职工的养老保险待遇按月支付给劳动者。如果劳动者在同一用人单位连续工作年限未满15年,因用人单位在劳动者达到法定退休年龄时客观上已无法继续为劳动者缴纳社会保险,其责任并不完全在于用人单位。对于养老保险待遇损失的计算方法各地不尽相同,多地采取用人单位按照每满一年发给相当于一个月当地上一年度职工月平均工资标准一次性劳动者养老保险待遇赔偿。对于养老保险待遇损失的计算期间,因劳动者达到退休年龄时其养老保险待遇损失已固定,故对于达到法定退休年龄后继续在原用人单位工作的时间,不能计入其养老保险待遇的赔偿年限。详见专题八劳动工伤待遇纠纷阐述。

4. 可得利益损失

在劳动合同(劳务合同)履行中,用人单位违法解除的应当赔偿劳动者的损失。用人单位赔偿损失的范围,包括劳动者的可得利益,即劳动合同(劳务合同)未到期的时间乘以法官确定的赔偿比例。

【案例5－33】 王某芹诉江苏永辉超市有限公司盐城人民路分公司劳务合同纠纷案

判决观点,被告江苏永辉超市有限公司盐城人民路分公司(以下简称永辉超市)单方擅自解除合同的行为已构成违约,应当承担违约责任,赔偿原告王某芹因其违约所遭受的损失,包括合同履行后可以获得的利益。因被告单方终止合同后,王某芹未再到被告公司上班,应视为原告无意让被告继续履行合同,故被告承担违约的方式应为赔偿损失。综合本案案情,原告要求按照合同约定的全部剩余期限造成的损失,显然也不够合理。法院认为将原告

---

〔1〕 北京市高级人民法院(2023)京民申2485号民事裁定书。

王某芹的损失认定为双方未履行部分薪资的30%为宜，原告主张的2400元的工资低于被告公司近半年来支付原告的平均工资，故法院认定原告王某芹的损失为5700元［2400元/月×8个月（距合同到期还有8个月）×30%］。判决：(1)被告永辉超市向原告王某芹支付违约赔偿金5760元；(2)驳回原告王某芹的其他诉讼请求。[1]

5. 用人单位其他过错赔偿责任

用人单位未能及时为劳动者办理转移养老保险关系存在过错的，应承担赔偿责任。

【案例5-34】　蔡某龙诉南京金中建幕墙装饰有限公司劳动争议纠纷案

判决观点，用人单位应依据《劳动合同法》的规定，在解除或终止劳动合同时出具解除或终止劳动合同的证明，在15日内为劳动者办理档案和社会保险关系转移手续，并在合理期限内为劳动者办理专业证件转移手续。用人单位不及时办理上述事项，致使劳动者在再次就业时无法办理相关入职手续，或者无法出示相关证件，严重影响新用人单位对劳动者工作态度和职业能力的判断，从而导致劳动者不能顺利就业，损害劳动者再就业权益的，应对劳动者的未就业损失进行赔偿。[2]

用人单位未能依法及时办理人事档案关系的转移，导致劳动者未享受退休待遇，应当赔偿。

【案例5-35】　付某诉大商公司劳动争议纠纷案

一审法院认为，本案中，双方均认可付某于2014年1月向其提出辞职申请，因此，双方劳动关系应于付某提出辞职申请一个月后即2014年2月解除。依据《劳动合同法》第五十条之规定，用人单位应当在解除或者终止劳动合同时出具解除或者终止劳动合同的证明，并在15日内为劳动者办理档案和社会保险关系转移手续。可见，劳动关系解除后为劳动者出具解除劳动合同证明，并办理档案和社会保险关系转移手续系用人单位的法定义务，故付某要求公司为其出具解除劳动关系证明，并办理档案转移手续的诉讼请求于法有据，法院予以支持。关于付某要求公司支付自2012年7月1日至2019年3月31日的退休金待遇损失513,600元的诉讼请求，如上所述，双方劳动合同自2014年2月解除，公司应及时为付某出具解除劳动合同证明并

〔1〕　参见国家法官学院案例开发研究中心编：《中国法院2018年度案例》（劳动纠纷），中国法制出版社2018年版，第167页。江苏省盐城经济技术开发区人民法院（2016）苏0991民初685号民事判决书。

〔2〕　参见《最高人民法院公报》2020年第4期（总第282期）。

办理档案转移手续,公司未及时履行法定义务,导致付某无法领取退休待遇,应赔偿付某因此产生的损失。但损失应自付某可以办理退休之日即2017年6月28日起算,计算至付某主张的2019年3月31日共计21个月,公司应赔偿付某的损失为6420元/月×21个月=134,820元,对付某主张的超额部分,法院不予支持。付某主张自2012年7月计算退休待遇损失缺乏事实及法律依据,法院不予支持。综上,法院判决大商公司为付某开解除劳动合同证明、转移档案并赔偿自2017年6月至2019年3月的退休待遇损失134,820元。

二审法院认为,付某于2014年1月提出辞职申请,双方的劳动合同应当解除,二审中公司提交的解除劳动合同证明书中记载解除劳动合同的时间为2014年1月20日,付某对此并无异议,法院予以确认。因公司未能依法及时办理人事档案关系的转移,导致付某在符合法定退休年龄时未享受退休待遇,因此受到损失,原审判令公司承担给付责任并无不当。至于公司提出的付某须持有档案接收单位调档文书才能办理人事档案转移手续的主张,因其此项主张并无法律依据,法院不予支持。综上,二审判决:驳回上诉,维持原判。[1]

劳动者能因用人单位未及时开具离职证明而请求损失赔偿。

【案例5-36】 肖某诉诺基亚公司劳动争议纠纷案

二审法院认为,根据《劳动合同法》第五十条第一款的规定,用人单位应当在解除或者终止劳动合同时出具解除或者终止劳动合同的证明,并在15日内为劳动者办理档案和社会保险关系转移手续。该条第二款同时规定,劳动者应当按照双方约定,办理工作交接。用人单位依照本法有关规定应当向劳动者支付经济补偿的,在办结工作交接时支付。上述法律对于用人单位在与劳动者解除或者劳动合同负有向劳动者出具相关证据进行了明确规定,且该项义务的履行并不以劳动者主动提出开具要求作为前提。根据《劳动合同法》第八十九条的规定,用人单位违反本法规定未向劳动者出具解除或者终止劳动合同的书面证明,由劳动行政部门责令改正;给劳动者造成损害的,应当承担赔偿责任。根据本案查明的事实,诺基亚公司在向肖某发出解除劳动合同通知书后,确未在合理期限内向肖某开具离职通知,一审法院据此认为客观上存在怠于履行上述法定义务,并据此判令其赔偿肖某合理损失并无不当。诺基亚公司持原审答辩意见提出上诉,法院不予采纳。关于赔偿的金额问题,首先,虽然诺基亚公司未及时开具离职证明可能造成其暂时无法按照

〔1〕 辽宁省大连市中级人民法院(2020)辽02民终2473号民事判决书。

约定入职下家公司，但并非完全阻碍了王某以其他相对灵活的方式劳动并获得收入，且在诺基亚公司已于2021年4月向其开具离职证明的情况下，其已经具备入职新单位再就业的条件，其主张至今未能就业与诺基亚公司未及时开具离职证明之间不存在必然因果关系；其次，在劳动者与用人单位劳动关系解除的情况下，用人单位已无继续为劳动者缴纳社会保险的法定义务，王某在与诺基亚公司解除劳动关系后，应当根据个人再就业情况，合理确定社会保险缴纳的方式，其以诺基亚公司未为其及时开具离职证明为由，要求支付离职后单位应缴纳的社会保险，缺乏充分依据；最后，其在本案中主张按照月薪15万元标准计算9个月工资损失，其所主张工资标准畸高于其从诺基亚公司离职前12个月的平均工资水平，故其主张数额缺乏合理性。综上，一审法院考虑诺基亚公司未及时向王某开具离职证明，对王某及时实现再就业的影响，综合迟延开具时间、王某离职前工资水平等，酌予确定的金额并无不当。[1]

劳动合同缔约过程中，用人单位过失造成劳动者损失的应承担赔偿责任。

【案例5－37】　苏某诉土地开发公司劳动争议纠纷案

二审法院认为，苏某与赵某的聊天记录显示，2020年7月6日赵某主动要求苏某从原单位离职，并告知苏某入职时间、年薪、试用期、是否需要考勤等，并向苏某发送了《新员工入职通知（苏某）》《计划生育人员信息采集卡》《员工个人信息表》等入职材料。赵某作为土地开发公司的人事，其上述行为足以令人相信土地开发公司决定聘用苏某，苏某基于上述事实，于同日向原公司申请离职。但土地开发最终以自身原因未与苏某建立劳动关系，故土地开发公司在与苏某磋商建立劳动关系的过程中未尽审慎义务，明显违背了诚实信用原则，存在过错，导致苏某从原单位离职，又未能顺利入职土地开发公司，给苏某造成损失，应承担相应的赔偿责任。关于苏某的损失认定问题，苏某未提供充分证据证明其损失。结合苏某从原单位离职的时间、选择入职土地开发公司的原因、苏某在原单位的工资情况、后入职新用人单位的时间、工资等因素，酌定苏某的损失为20,000元。判决：(1)撤销一审判决；(2)土地开发公司赔偿苏某20,000元；(3)驳回苏某的其他诉讼请求。[2]

用人单位对劳动者劳动、工作情况所作的负面评价，足以侵害劳动者名誉的，应承担相应的民事责任。

---

〔1〕 北京市第二中级人民法院(2022)京02民终8345号民事判决书。

〔2〕 参见国家法官学院、最高人民法院司法案例研究院编：《中国法院2023年度案例》(劳动纠纷)，中国法制出版社2023年版，第20～21页。广东省广州市中级人民法院(2021)粤01民终4394号民事判决书。

仲裁、诉讼中的损失赔偿。实践中,如果劳动者要求继续履行劳动合同,还可以要求用人单位支付仲裁和诉讼过程中的工资损失。申请劳动仲裁、一审、二审、再审等一系列流程下来,所花费的时间可能是一两年。也就是说,用人单位违法解除,劳动者要求继续履行劳动关系,仲裁和诉讼花了两年,就可以要求公司支付两年的工资损失。对于一些工作年限比较短的劳动者,要求恢复劳动关系实际上要比赔偿金多很多。一些对劳动法或相关判例比较了解的劳动者也许会选择要求工资损失。换言之,劳动者被违法解除是要求赔偿金还是继续履行取决于劳动者的诉求。

用人单位责任的适用范围不限于劳动关系。一般认为,与用人单位形成劳动关系的员工、执行用人单位工作任务的其他人员,因执行工作任务造成他人损害,被侵权人依照《民法典》第一千一百九十一条第一款规定,请求用人单位承担侵权责任的,人民法院应予支持。个体工商户的员工因执行工作任务造成他人损害,适用《民法典》第一千一百九十一条第一款规定确定民事责任。

职务侵权构成犯罪的用人单位民事责任。一般认为,工作人员以执行工作任务的名义实施的行为造成他人损害,构成自然人犯罪的,工作人员刑事责任的承担不影响用人单位民事责任的认定。用人单位依照《民法典》第一千一百九十一条的规定应当承担侵权责任的,刑事案件已完成的追赃、退赔可以在民事判决书中写明并扣减,也可以在执行程序中予以扣减。

6. 用人单位赔偿责任免除

因劳动者严重违反用人单位的规章制度并造成损失的,用人单位依据规章制度可以解除劳动合同,且不承担支付违法解除劳动合同关系的赔偿金。用人单位对劳动者造成的损失安排多人加班弥补的,应对加班的劳动者支付加班费。无论这笔费用是否已经支付给加班的劳动者,均应当列为用人单位的损失。这项损失达到用人单位内部规定的情况后,就可以认定为严重。

【案例5-38】 陈某诉北京简帛信息科技有限公司劳动合同纠纷案

二审法院认为,因陈某错误地将北京简帛信息科技有限公司(以下简称简帛公司)生产服务器上的数据库删除,导致简帛公司暂停向在线用户提供服务超过8小时,简帛公司为此安排多名员工加班,简帛公司向法院提交了《说明》、《事故说明》、考勤记录、加班费确认单及于某亮的证言,且陈某在仲裁庭审时认可事故说明的真实性,现亦未提交充分有效的证据推翻《事故说明》所载内容,故一审法院确认陈某错误删除公司生产服务器上的数据库,导致公司暂停向在线用户提供服务超过8小时,且简帛公司为降低损失安排十余名员工加班的事实,并无不当。虽证人于某亮称简帛公司未曾向其支付2015年1月30日的加班工资,但简帛公司安排员工加班应向员工支付加班工资，且陈某在仲裁时亦认可考勤记录、加班费确认单的真实性，故对于支付加班费工资损失的事实应当予以确认。故现简帛公司根据公司《奖惩管理制度》规定与陈某解除劳动关系并无不当，一审法院对陈某要求简帛公司支付违法劳动关系赔偿金的诉请不予支持正确。陈某虽主张工资仅由固定工资构成，但其提交的工资单截图证实其月工资由基本工资、岗位工资、绩效工资构成，故应当按照该工资构成发放工资。故应当结合陈某出勤情况及考核成绩给付工资差额，一审法院对此计算有误，二审法院予以改判。陈某关于误工费及竞业限制补偿金的请求未经仲裁前置程序，一审法院不予处理正确。简帛公司关于一审法院判定2015年2月1日至10日的工资差额错误的主张成立，依法予以改判。判决：(1)撤销一审判决；(2)简帛公司向陈某支付2015年1月1日至2月10日工资差额2027.59元；(3)驳回陈某的其他诉讼请求。[1]

劳动者与用人单位在以前历次签订的固定期限劳动合同到期后，均未就新合同是否属于固定期限发生分歧，双方系因劳动合同期限之外的内容未达成一致而导致劳动关系终止，没有证据证明用人单位有违法解除或终止劳动合同的情形，劳动者请求用人单位支付赔偿金的，人民法院不予支持。

【案例5－39】　滕某惠与中国人民政治协商会议城口县委员会办公室劳动争议纠纷再审案

最高人民法院认为，关于原判决判令城口政协向滕某惠支付经济补偿金是否适用法律错误，本案是否应当依照《劳动合同法》第八十七条向滕某惠支付赔偿金的问题。《劳动合同法》第八十七条规定："用人单位违反本法规定解除或者终止劳动合同的，应当依照本法第四十七条规定的经济补偿标准的二倍向劳动者支付赔偿金。"滕某惠认为本案应当适用该条规定判令城口政协支付赔偿金的理由，是城口政协违反了《劳动合同法》第十四条第二款的规定，没有与其订立无固定期限劳动合同。《劳动合同法》第十四条第二款规定……根据该条规定，除用人单位与劳动者协商一致外，有所列三种情形之一的，除劳动者提出订立固定期限劳动合同外，应当订立无固定期限劳动合同。本案中，在2010年4月13日签订的劳动合同期限届满之后，城口政协与滕某惠并未就签订劳动合同一事协商一致，因滕某惠在城口政协连续工作未满十年，因此不符合该条款第一项和第二项规定的情形。而在2008年、2009年和2010年，滕某惠与城口政协签订的均是固定期限劳动合同，没

---

〔1〕 参见国家法官学院案例开发研究中心编：《中国法院2017年度案例》(劳动纠纷)，中国法制出版社2017年版，第216页。北京市第一中级人民法院(2015)一中民终字第9406号民事判决书。

有证据证明城口政协与滕某惠在2010年4月13日劳动合同期限届满之后就新合同是否属于固定期限发生分歧。而且,直到本案一审过程中,滕某惠也没有提出与城口政协订立无固定期限劳动合同的主张。因此,滕某惠与城口政协是在以前历次签订的固定期限劳动合同到期后,因劳动合同期限之外的内容未达成一致而导致劳动关系终止,没有证据证明城口政协存在“违反本法规定解除或者终止劳动合同的”的情形,故本案不应依照《劳动合同法》第八十七条向滕某惠支付赔偿金。原判决依照《劳动合同法》第四十六条、第四十七条的规定,并结合一方当事人自愿的原则,判令城口政协向滕某惠支付2921.27元经济补偿金,不存在适用法律错误的问题,法院予以维持。[1]

7. 加付赔偿金的问题

根据《劳动合同法》第八十五条规定,大多数观点认为,用人单位加付赔偿金的前提是劳动者曾(以用人单位拖欠工资为由)向劳动行政部门投诉并由后者责令用人单位限期支付相关劳动报酬、加班费或者经济补偿等;而用人单位没有按照劳动行政部门规定的履行期限履行其向劳动者支付劳动报酬的法定义务。对此,劳动者应提交证据证明,劳动行政部门曾对用人单位做出责令限期支付劳动报酬的决定,未能证明在劳动行政部门责令限期支付后用人单位存在逾期支付的情况,其提出要求用人单位加付赔偿金不符合《劳动合同法》第八十五条所规定的法定要件,不予支持。

“逾期不支付的,责令用人单位按应付金额百分之五十以上百分之一百以下的标准向劳动者加付赔偿金”,从该条款性质上来说,属于一种类似加处罚款的执行类措施,是为了促使用人单位履行支付义务,保障劳动者的权益。如果用人单位未在劳动行政部门规定的履行期限内向劳动者支付相关费用,则需要加付赔偿金。此时,劳动者可以在申请劳动仲裁的仲裁请求中一并添加加付赔偿金这一请求。否则,主张加付拖欠工资的赔偿金时有可能因为被认为缺乏相应的劳动行政部门的前置处理程序而不被支持。

主张加付赔偿金须劳动行政部门责令限制限期支付前置。

【案例5-40】 熊某诉软件公司劳动争议纠纷案

一审法院认为,第一,关于熊某主张拖欠工资、2018年年终奖赔付金一节。《劳动合同法》第八十五条规定……本案中,熊某未提交相应证据证明劳动行政部门已责令软件公司限期支付上述报酬,其主张缺乏法律依据。第

---

〔1〕 最高人民法院(2016)民再187号民事判决书。

二,关于熊某主张的2018年年终奖及赔付金一节。熊某主张的2018年年终奖已被生效判决驳回,故其在本案提起的诉讼请求构成重复起诉,应当裁定驳回起诉,本案的判决吸收裁定的方式裁定驳回熊某的该部分起诉,不再另行制作送达书面裁定书。熊某主张2018年年终奖赔付金缺乏事实和法律依据。判决:驳回熊某的诉讼请求。二审法院同意一审法院裁判意见。[1]

在实践中,在劳动合同中约定了如果用人单位拖欠工资,应当支付赔偿金,不需要上述前置程序。

【案例5-41】 王某与某公司劳动争议纠纷案

二审法院认为,《劳动合同法》第八十五条规定,该条款是劳动行政部门处理用人单位拖欠劳动者劳动报酬的依据,不能作为法院裁判的依据。根据王某与公司所签劳动合同第二十七条的约定,公司应就其拖欠王某工资报酬的行为加付拖欠报酬25%的赔偿金。王某在与公司协商2021年6月至10月工资及2020年十三薪金额及给付时间时未主张加付赔偿金,且双方达成了就上述事项再无其他劳动争议的一致意见,因此其已无权就该期间的工资报酬主张赔偿金;公司应按照其拖欠王某2021年11月工资报酬金额25%的标准支付王某赔偿金。[2]

8. 多收费用的退回问题

根据《劳动法》的规定,用人单位应当建立职业培训制度,按照国家规定提取和使用职业培训经费,且从事技术工种的劳动者,上岗前须经过培训。所以,组织技术工种的劳动者进行上岗前培训是用人单位的法定义务,虽然有关法律未直接规定培训费用必须由用人单位支付,但从条文的理解以及技术培训的目的来看,培训费用应当由用人单位支出,不应当再向劳动者收取。

用人单位不得以担保的形式收取劳动者任何财物,用人单位在签订劳动合同后收取劳动者的培训费,违反了劳动法的相关规定,应当予以退回。

【案例5-42】 黄某诉晨晖某公司劳动争议纠纷案

2008年10月,黄某被聘请至晨晖某公司处从事车工工作。2008年10月23日,双方签订了《技术工种人员培训合同书》,约定:晨晖某公司负责黄某的车工专项技术学习培训,培训期不低于6个月,黄某一次性缴纳6个月的培训费4800元;黄某为晨晖某公司工作满五年后,从第六年开始,按第一

---

〔1〕 参见国家法官学院、最高人民法院司法案例研究院编:《中国法院2023年度案例》(劳动纠纷),中国法制出版社2023年版,第239页。北京市第一中级人民法院(2021)京01民终9759号民事判决书。

〔2〕 北京市第一中级人民法院(2022)京01民终××××号民事判决书。

年400元,第二年800元,第三、第四、第五年1200元数额,向黄某返回其缴纳的培训费4800元。黄某学成后一直在晨晖某公司处工作,2011年1月至2012年12月,黄某的平均工资为2611.17元。工作期间,晨晖某公司未为黄某办理社会保险。2013年7月以来晨晖某公司因经济不景气,业务量受到影响,处于半停产状态,黄某未正常上班,晨晖某公司未为黄某发放生活补助,亦未解除与黄某的劳动合同。后黄某要求与晨晖某公司解除劳动关系,并要求晨晖公司为其补缴养老保险,支付其生活费、经济补偿金,退还收取的培训费等,双方协商未果,黄某遂申请仲裁,并诉至法院。黄某对仲裁驳回其退还培训费的请求不服,诉至萍乡市湘东区人民法院,该院判决晨晖公司退还黄某培训费4800元。晨晖公司对此不服,上诉至萍乡市中级人民法院,该院维持了该项判决。[1] 本案中,培训费系晨晖某公司先行收取,违反了相关的法律规定,且黄某服务期亦已履行完毕,晨晖某公司应当退还黄某培训费4800元。

(二)劳动者赔偿责任处理

劳动者过错赔偿,是指劳动者在劳动过程中出现过错,使用人单位的财产受到损失,劳动者对其过错造成的损害承担民事赔偿责任。

劳动者对用人单位承担赔偿责任依据。最高人民法院法官认为,尽管《劳动合同法》规定除法定的情形外,用人单位不得与劳动者在劳动合同签订时约定违约金,但是并没有禁止用人单位向劳动者主张损失赔偿。《劳动合同法》第九十条规定:“劳动者违反本法规定解除劳动合同,或者违反劳动合同中约定的保密义务或者竞业限制,给用人单位造成损失的,应当承担赔偿责任。”因此,如果劳动者的辞职行为明显有违诚信原则,且给用人单位造成了损失,用人单位可依据《劳动合同法》第九十条的规定向劳动者主张赔偿损失。[2]

关于劳动者对用人单位承担赔偿责任,现行《劳动法》《劳动合同法》规定了两种情形:一是违反规定解除劳动合同,二是违反劳动合同中约定的保密义务或者竞业限制。上述两种情况下都以给用人单位造成损失为必要条件,但对劳动者履行职务存在过错即本人原因给用人单位造成经济损失的是否应承担赔偿责任,《劳动法》《劳动合同法》对此缺乏明确规定,但主流观点认为,劳动者履行职务过

---

[1] 江西省高级人民法院与江西省人力资源社会保障厅联合发布劳动人事争议十起典型案例之八。

[2] 参见最高人民法院民事审判第一庭编:《民事审判实务问答》,法律出版社2021年版,第216～217页。

程中有过错的，应当赔偿。《工资支付暂行规定》第十六条第一款规定："因劳动者本人原因给用人单位造成经济损失的，用人单位可按照劳动合同的约定要求其赔偿经济损失。"综上，劳动者对用人单位承担赔偿责任的法律依据应包括法律规定、劳动合同约定和依法制定的规章制度。因立法上对于劳动者承担赔偿责任的方式、范围、标准等缺乏明确规定，需要在实践中加大探索裁判规则力度。

其一，确定归责原则。民事侵权领域，要依据归责原则确定行为人应否承担损害后果的赔偿。在劳动关系中，劳动者对用人单位存在人身、财产上的从属性、依附性，劳动者接受用人单位的管理、指挥与监督。由于劳动者较之用人单位处于劣势地位，归责原则的确立也应注重对劳动者的保护，因此不宜适用民事侵权领域的严格责任过错推定责任，可参照适用有利于保护劳动者的过错原则。

其二，确定赔偿标准。从法理角度分析，规定劳动者的损害赔偿责任，主要目的应包括两方面：一是惩戒劳动者过失，补偿用人单位损失；二是促进用人单位完善管理制度，规范日常生产经营。基于此，如果将损失完全转由劳动者承担，则可能导致用人单位松懈自己的管理职责，不利于用人单位健全管理制度，对劳动者而言也有失公平。劳动关系区别于普通民事关系，如果不加限制地要求劳动者为其任何程度的过错均承担全部的损害赔偿责任，是有失公允的。因此，从立法宗旨与社会认同的角度出发，在案件处理中，应衡量的过错程度。劳动者的过错也应限于故意或重大过失，如果仅是轻微过失或疏忽，一般可考虑免除劳动者的赔偿责任。具体确定赔偿额度及比例时，根据过错的大小、损害的程度，参照劳动者的工资收入水平，确定劳动者应赔偿的数额。如劳动者故意造成经济损失的，则应承担全部损害赔偿责任。换言之，劳动者承担赔偿责任的范围，包括劳动者与用人单位之间责任比例，以及劳动者共同造成用人单位损失情况下责任比例的确定。在确定劳动者承担责任范围时，应综合考虑劳动者的主观过错大小、工资收入水平、用人单位与劳动者之间就损害赔偿的约定等因素。对用人单位的赔偿，应从劳动者的工资中扣除赔偿费。

其三，确定赔偿依据。用人单位要求劳动者承担赔偿责任的，需举证证明劳动者存在重大过错，同时证明双方在劳动合同或规章制度中对赔偿事由、赔偿范围、额度和比例等作过约定或规定。换言之，对于劳动者过错的证明责任应由用人单位承担，劳动者不承担自己过错证明责任并有权抗辩其行为未违反劳动合同的约定或规章制度的规定。应注意的是，即便没有劳动合同或规章制度的约定，劳动者只要因自身过错造成用人单位损失的，理应承担赔偿责任。

应强调的是，对劳动者履行职务行为的认定是确定赔偿责任的前提。

应注意的是，劳动者过错赔偿责任应区别于民事侵权归责原则，在法律、法规缺乏明文规定的情形下，对劳动者的赔偿责任应严格限制。用人单位应举证证明劳动者履行职务行为时存在故意或重大过失，在给用人单位造成经济损失的情况下，且在劳动合同中约定损失处理方法，劳动者才负赔偿责任。否则，用人单位不应要求劳动者承担赔偿责任。

1. 过错赔偿

主流观点认为，劳动者在一定合理范围内负有赔偿责任。其主要理由：用人单位与劳动者有无书面约定，用人单位对劳动者提出了具体要求，劳动者的行为有无违反职业道德、劳动纪律或操作规程，劳动者对损失的发生有无故意或重大过失，劳动者的行为与损失之间的因果关系等。

【案例5-43】 张某玮诉北京海淀颐海出租汽车有限责任公司劳动合同纠纷案

判决观点，首先，北京海淀颐海出租汽车有限责任公司（以下简称颐海出租车公司）与张某玮签订有劳动合同、承包运营合同补充协议，明确约定张某玮作为出租车驾驶员在驾驶出租车期间应遵守《道路交通安全法》等法律法规，保证行车安全，并约定个人发生责任交通事故时，应向公司赔偿损失，损失可在预留金中扣除。上述约定，对双方均具有约束力。其次，出租车行业具有一定的特殊性，出租车驾驶员的收入来源于缴纳承包费之后的运营"利润"，此即导致部分出租车驾驶员放松了道路交通安全意识，未能严格遵守道路交通法规。鉴于此，在张某玮对事故负全部责任的情况下，判决其在合理范围内承担赔偿责任，可在一定程度上对出租车驾驶员起到警示作用，督促广大出租车驾驶员自觉遵守交通法律、法规，保证行车安全，自觉维护良好的公共交通秩序。综上，颐海出租车公司以张某玮应承担赔偿责任为由在合理范围内减扣"预留金"并无不当。至于具体金额。其一，交通事故赔偿案款2799元。该部分款项系商业保险中机动车全责情况下的20%免赔部分。故张某玮作为机动车驾驶人员，对该20%免赔人员承担最终赔偿责任，符合公平原则。其二，对于交通事故案件受理费525元、执行费50元部分。该部分款项为颐海出租车公司未能妥善解决与伤者胡某间的事故纠纷、未能自觉履行生效裁判文书所致，故该部分款项应由颐海出租车公司自行承担，以督促颐海出租车公司在日后能够妥善处理纠纷、自觉履行生效裁判文书。其二，对于2000元部分。颐海出租车公司以防止二次诉讼发生为由而减扣2000元，缺乏证据支持且无事实及法律依据，法院难以支持。综上，颐海出租车公司应向张某玮返还款项共计2575元。判决：(1)颐海出租车公司向张某玮返还2575元；(2)驳回张某玮的其他诉讼请求。[1]

---

〔1〕 参见国家法官学院案例开发研究中心编：《中国法院2018年度案例》（劳动纠纷），中国法制出版社2018年版，第113~114页。北京市海淀区人民法院（2015）海民初字第45197号民事判决书。

劳动者未尽到善良管理人的义务,存在重大过失的应承担赔偿责任。

【案例5-44】　某律所诉徐某劳动争议纠纷案

二审法院认为,根据本案查明的事实,某律所并无通过QQ安排徐某工作的情况,徐某主张受骗时误认为QQ号的使用者是某律所主任彭某,但是彭某从未使用QQ与徐某沟通联系,并且存在两个所谓的"彭某律师"分别与徐某联系,聊天界面亦存在明显不同。徐某作为某律所的财务人员,负责用人单位的钱款收付及相关财务工作,负有高度谨慎注意义务,而徐某仅通过QQ聊天就将某律所大额资金转入陌生账户,且在转账前未采取任何以往的公司工作方式进行联系确认,应当认定其明显存在重大过失。一审法院认定徐某与损害结果的发生不具备直接因果关系,徐某仅存在一般过失,明显失当,予以纠正。徐某存在重大过失的行为造成的某律所的经济损失,应当承担相应的赔偿责任。关于具体赔偿金额,根据某律所遭受的损失情况、徐某的过错严重程度等因素,确定徐某应向某律所赔偿经济损失130,000元。判决:(1)撤销一审判决;(2)徐某赔偿某律所经济损失130,000元;(3)驳回徐某的诉讼请求;(4)驳回某律所的其他诉讼请求。[1]

劳动者违反忠实义务的应承担相应的赔偿责任。

实践中,在一些发达地区,用人单位招人时,为留住人才,往往会以提供劳动报酬之外的特殊待遇如解决本市户口、安家费、提供汽车、提供住房等为条件,并与劳动者约定服务期,同时还会约定如劳动者违反服务期约定,提前离职的,应向单位支付违约金。劳动者违反服务期的,应承担赔偿责任。

【案例5-45】　爱奇艺公司诉李某劳动争议纠纷案

一审法院认为,《劳动合同法》第二十五条规定:"除本法第二十二条和第二十三条规定的情形外,用人单位不得与劳动者约定由劳动者承担违约金。"劳动争议案件中,用人单位为其招用的劳动者办理了本市户口,双方据此约定了服务期和违约金,用人单位以双方约定为依据要求劳动者支付违约金的,不应予以支持。确因劳动者违反了诚实信用原则,给用人单位造成损失的,劳动者应当予以赔偿。本案中,其一,李某与爱奇艺公司签订了《非京籍员工落户协议》,协议中约定爱奇艺公司为李某办理户籍进京手续并付出代价与成本,李某应在爱奇艺公司服务满五年,上述条款并未违反法律法规的强制性规定,且双方均确认协议系自愿签订,爱奇艺公司亦履行协议约定为李某办理了户籍进京手续,李某作为完全民事行为能力人,理应知晓并须

〔1〕　参见国家法官学院、最高人民法院司法案例研究院编:《中国法院2022年度案例》(劳动纠纷),中国法制出版社2022年版,第251页。北京市第一中级人民法院(2020)京01民终1568号民事判决书。

承担其签字行为所产生的相应法律后果。其二,针对双方对协议第六条约定的"补偿金"条款的性质产生的不同理解,法院认为,该条款中明确载明"李某知晓计算爱奇艺公司为彭某办理北京市户籍的资源价值和其他隐性投入的具体金额比较困难,因此同意事先确定一个补偿金标准是公平合理的",可见系对爱奇艺公司办理落户手续中付出投入的补偿,在措辞与文意上不存在歧义,属于损失赔偿条款,并非李某主张的违约金条款,法院对其主张不予采纳。其三,依据爱奇艺公司为李某办理户籍进京手续之时的社会现状,户籍进京指标具备稀缺性及吸引力。考虑到以下因素:(1)李某明知其签署的协议中约定了五年的服务期,在户籍进京手续办理完成两个月后即提出辞职,有违诚实信用原则;(2)彼时彭某尚未履行满服务期,其辞职行为势必给爱奇艺公司在人才引进及招用同岗位人员方面带来一定损失,且导致爱奇艺公司为其办理落户手续所付出的人力与费用无法实现目的。另结合未满约定工作年限的实际情况及实际损失情况,法院酌情判定李某应向爱奇艺公司赔偿损失100,000元。对于爱奇艺公司主张超出该数额部分,法院不予支持。二审法院判决:驳回上诉,维持原判。[1]

劳动者违反劳动合同中约定的保密义务,利用职务便利,为用人单位的竞争对手泄露所任职单位客户信息,导致用人单位丢失客户资源,给用人单位造成损失的,应当承担赔偿责任。

【案例5-46】 北京亿美软通科技有限公司诉杨某德劳动合同纠纷案

二审法院认为,本案的争议焦点为杨某德是否应当向北京亿美软通科技有限公司(以下简称亿美软通公司)承担违约赔偿责任以及违约责任的具体数额。以下分别进行阐述:(1)关于杨某德是否应当承担违约赔偿责任。第一,杨某德在亿美软通公司工作期间以云片网络公司名义向该公司客户上海景程公司、上海巨人公司、盟拓公司推广"云片网络"短信业务,将亿美软通公司的客户信息向同样经营短、彩信服务业务的名片网络公司透露,违反了考核责任书、岗位承诺书约定的保密义务。第二,亿美软通公司的已签约客户(上海巨人公司、上海景程公司)与云片网络公司的业务范围高度契合匹配。亿美软通公司的客户信息对云片网络公司极具商业价值。法院考虑目前网络企业激烈的市场竞争环境以及客户资源对企业生存发展的重要意义,杨某德上述违反保密义务的行为导致亿美软通公司丢失签约客户资源并非一种小概率事件,而是存在高度可能性。第三,杨某德的泄密行为隐蔽性大,亿美软通公司与杨某德相比存在掌握证据信息不对称的劣势。亿美软通公

[1] 北京市第一中级人民法院(2021)京01民终818号民事判决书。

司有且只有通过证明违约行为发生后既往收益消失的办法来证明杨某德给其公司造成的经济损失。综上，杨某德的上述行为违反双方保密协议的约定，给亿美软通公司造成了经济损失，应当承担赔偿责任。(2)关于杨某德应当承担违约赔偿数额。劳动者违反保密义务应当承担的赔偿责任为被侵害的经营者的损失或者侵权人因侵权所获得的利润。但由于劳动者的经济承受力有限，其应当在合理的范围内对用人单位的直接损失承担赔偿责任。本案中，亿美软通公司的原有签约客户曾经为其公司带来大约140万元的经济收益，该公司丧失继续签约机会所造成的既往收益损失，是与杨某德违约行为密切相关且已实际发生的损失，应当认定为亿美软通公司的直接经济损失，杨某德应当对此承担赔偿责任。而亿美软通公司并未充分证明潜在商业客户带来现实、确定的经济收入，故不能纳入违约赔偿责任的范围。杨某德虽存在违约过错且性质恶劣，但亿美软通公司尚未因此而导致产生经营秩序出现重大波动。法院既不过分加重又不过分降低杨某德的赔偿责任，酌情确定赔偿数额为8万元。此外，亿美软通公司因本次诉讼进行公证所支付的公证费2000元为必要合理支出，该费用应当由杨某德承担。判决：(1)维持一审判决第一项；(2)撤销一审判决第二项；(3)杨某德赔偿亿美软通公司经济损失8万元；(4)驳回亿美软通公司的其他诉讼请求。[1]

用人单位与劳动者签订落户协议，约定劳动者未满服务期离职应赔偿损失，在双方意思自治平等协商的基础上订立的此类协议，应认定有效。法官酌定劳动者赔偿损失数额时，应结合损失的客观情况、可得利益损失的举证困难、索赔数额相对违约程度是否畸高等因素进行考量，裁判思路应充分体现对诚实信用原则的遵循及对双方合法权益的平衡。

【案例5-47】　北京颖泰嘉和生物科技股份有限公司诉李某倩劳动合同纠纷案

一审法院认为，李某倩与北京颖泰嘉和生物科技股份有限公司(以下简称颖泰公司)签订了《非北京户籍留学回国人员引进特别协议》，约定颖泰公司为李某倩办理户口进京手续并承担所需费用，李某倩在颖泰公司服务满5年，上述条款并未违反法律法规的强制性规定。李某倩虽主张颖泰公司利用强势地位迫使其签订上述协议，但未能就此提供证据，其作为完全民事行为能力人，理应知晓并须承担其签字行为所产生的法律后果。进而，双方协议约定“李某倩服务期未满提前解除与颖泰公司劳动关系的，同意赔偿颖泰公

〔1〕　参见最高人民法院中国应用法学研究所编：《人民法院案例选》2017年第11辑(总第117辑)，人民法院出版社2018年版，第105～106页。北京市第一中级人民法院(2016)京01民终5947号民事判决书。

司由此造成的损失15万元整”。针对双方对该条款的性质产生不同理解,法院认为,该条款明确载明系损失赔偿,措辞与文意不存在歧义,显然并非李某倩所称的违约金条款。最后,依据颖泰公司为李某倩办理户籍进京手续之时社会现状,户籍进京指标具备稀缺性,颖泰公司自觉履行了协议约定为李某倩办理户籍进京手续,而李某倩明知协议约定了5年的服务期,现履行服务期仅满1年即辞职,其辞职行为给颖泰公司在人才引进及招用同岗位人员方面带来一定损失,基于诚实信用原则的考量,法院酌情判定李某倩向颖泰公司赔偿损失24,000元。判决:(1)李某倩向颖泰公司赔偿损失24,000元;(2)驳回颖泰公司的其他诉讼请求。二审法院判决:驳回上诉,维持原判。[1]

“网络并非法外之地”,在网络空间,劳动者仍应注意自身言行,发表言论不应超过合理边界,不得以捏造事实、侮辱、谩骂等形式诋毁用人单位及相关人员。

【案例5-48】 某商业银行诉刘某劳动争议纠纷案

判决观点,爱岗敬业、诚信友善系社会主义核心价值观的重要内容。刘某发布朋友圈的内容,已经超出合理宣泄的界限,与社会主义核心价值观的要求相悖,存在不良的示范效应。劳动者的相关行为违背基本职业伦理和职业道德,违背诚信友善的美德,即便《员工违规行为处理办法》等规章制度没有对劳动者网络言行进行规范,某商业银行基于自身管理职能,解除与刘某的劳动合同,亦符合法律规定,无需支付违法解除赔偿金。[2]

2.赔偿责任划分

个案中,法官根据具体案情裁定劳动者共同赔偿份额相等。

【案例5-49】 无锡某大酒店诉阮某某、陈某、周某劳动合同纠纷案

一审法院认为,劳动者在履行职务过程中因过错造成用人单位经济损失要承担赔偿责任,赔偿范围应当与劳动者的过错大小、工资收入水平相适应,不能将其损失全部转嫁给劳动者。既考虑企业与劳动者各自承担风险的能力,也兼顾用人单位和劳动者利益的平衡。本案中,阮某某、陈某、周某三人虽负有重大过失,但某大酒店在用工过程中职责不明、权责不清,对诈骗案件的发生也负有不可推卸的责任。结合本案中各种因素,酌定阮某某、陈某、周

〔1〕 参见《人民司法·案例》2017年第26期(总第793期)。北京市第一中级人民法院(2017)京01民终3780号民事判决书。

〔2〕 天津市高级人民法院2023年发布8个劳动争议典型案例之八。

某三人各赔偿某大酒店5000元。判决：阮某某、陈某、周某各赔偿某大酒店损失5000元；驳回某大酒店的其他诉讼请求。二审法院判决：驳回上诉，维持原判。[1]

【案例5－50】　宁波都普特商品电子交易中心有限公司诉陈某、包某芳劳动合同纠纷案

二审法院认为，本案二审争议的焦点在于陈某、包某芳是否应当对宁波都普特商品电子交易中心有限公司（以下简称都普特公司）的款项损失承担赔偿责任及相应的责任比例。首先，本案都普特公司的55,000元款项损失虽系案外人诈骗所致，但如果陈某、包某芳履行了基本的会计操作流程，报请公司负责人批准付款，该诈骗损失就不能发生。因此，该损失与陈某、包某芳的本人原因之间存在因果关系，而且陈某、包某芳对此存在过错。陈某主张其对款项被骗不存在过错，与事实不符，法院不予支持。其次，《劳动合同法》允许用人单位和劳动者自用工之日起1个月内订立书面劳动合同，陈某、包某芳在款项被诈骗时在都普特公司的上班时间均未超过1个月。双方当事人之间未签订书面劳动合同，并不违反法律规定。在此情形下，双方之间也有相应的权利义务关系，仍属于劳动合同性质的法律关系。故原审法院参照适用《工资支付暂行规定》第十六条规定，并无不当。关于陈某、包某芳应当承担的责任比例。在劳动关系中，劳动者履行劳动义务，获取劳动报酬，与用人单位不同，劳动者在此过程中并不承担经营风险。因此，在劳动关系中的损失赔偿中，不能要求劳动者承担全部损失，否则会造成劳资之间利益失衡。都普特公司主张陈某、包某芳应承担全部损失的赔偿，缺乏法律依据，理由不能成立，法院不予支持。另外，都普特公司还存在通过法律途径向第三方追回被骗款项的可能。据此，原审法院确定陈某、包某芳承担其中8%的损失，是合理的。综上，二上诉人的上诉请求及理由，均缺乏事实与法律依据，不予支持。原审判决认定事实清楚，适用法律正确，程序合法，予以维持。判决：驳回上诉，维持原判。[2]

个案中，法官根据具体案情裁定劳动者因不同过错赔偿责任份额加以划分。

【案例5－51】　壹鸿公司诉张某平、黄某琳劳动合同纠纷案

一审法院认为，根据《工资支付暂行规定》第十六条的规定和劳动合同约定，张某平和黄某琳轻信冒充壹鸿公司董事长的QQ号码的指示，未尽到

---

〔1〕参见最高人民法院中国应用法学研究所编：《人民法院案例选》2019年第11辑（总第141辑），人民法院出版社2020年版，第126页。江苏省无锡市中级人民法院（2016）苏02民终4752号民事判决书。

〔2〕参见国家法官学院案例开发研究中心编：《中国法院2017年度案例》（劳动纠纷），中国法制出版社2017年版，第110页。浙江省宁波市中级人民法院（2015）浙甬民一终字第352号民事判决书。

财务人员的谨慎和合理注意、核实义务，未履行基本的审批手续，擅自将壹鸿公司款项67万元转至他人账户，造成公司钱款暂时无法追回，具有重大过失，构成严重失职，应当承担一定赔偿责任。壹鸿公司将公司款项存放于黄某琳的私人账户，违反了基本的财务管理制度，财务管理较为混乱，应当自行承担一定责任。综上，酌情确定由张某平、黄某琳承担20%的赔偿责任，共同赔偿壹鸿公司经济损失13.4万元。二审法院认为，虽然张某平与黄某琳的过错共同造成壹鸿公司损失发生，但由于二人在公司日常款项支出流程中主要职责存在区别，因此过错程度也有所不同，应根据其各自的具体过错、过错大小以及其过错与损失结果之间的因果关系分别承担相应责任。故改判张某平、黄某琳各自承担20%赔偿责任中的一半，即各自承担6.7万元的赔偿责任。[1]

【案例5-52】 苏州宝利辰表行有限公司诉无锡优派人力资源服务有限公司等劳动合同纠纷案

一审法院认为，本案中，张某、陈某未按规定将撤柜的手表锁入手表柜内保管，而是随意摆放，陈某又未与李某交接手表撤柜方面的事宜，此乃遗失手表的诱因。李某在清理店内垃圾时未认真核查，将店堂内的纸箱随意当作垃圾清理，张某也未尽到注意义务。因此，李某、张某、陈某对造成宝利辰公司44只手表遗失均负有重大过失责任。鉴于事件发生在履行劳动合同期间，劳动关系具有人身依附性，用工单位与劳动者的法律地位不同，且用工单位支付给劳动者的对价即劳动报酬与劳动者创造的劳动成果具有不对等性，故用工单位作为劳动成果的享有者，亦应承担一定的经营风险，再则用工单位管理缺失也是造成损失发生的因素之一。考虑三位劳动者工资收入情况，结合本案实际，酌定李某赔偿经济损失20,000元，张某、陈某各赔偿经济损失15,000元。苏州宝利辰表行有限公司（以下简称宝利辰公司）在本案中要求优派公司承担赔偿责任，于法无据；要求优派公司承担连带责任也缺乏劳动法律关系中的法律依据及书面约定，故对优派公司的诉讼请求应予驳回。判决：(1)李某赔偿宝利辰公司经济损失20,000元。(2)张某赔偿宝利辰公司经济损失15,000元。(3)陈某赔偿宝利辰公司经济损失15,000元，上述赔偿自本判决生效后的次月起每月在陈某本人工资中扣除，但每月扣除的部分不超过其当月工资的20%，若扣除后的剩余工资低于无锡市最低工资标准，则按最低工资标准支付，直至结清为止；双方劳动合同解除或者终止时，陈某应一次性付清赔偿款。(4)驳回宝利辰公司的其他诉讼请求。二审法院同

---

〔1〕 参见万怡、黄晨：《财务人员遭受电信诈骗给单位造成损失应根据过错承担赔偿责任》，载《人民法院报》2016年12月29日，第6版。重庆市第一中级人民法院(2016)渝001民终4416号民事判决书。

意一审法院裁判意见。[1]

劳动者只有达到重大过失或者故意的情况下才可能被追究赔偿责任,而这种赔偿责任并非简单的全额赔偿,是要根据劳动者和用人单位过错对比,再确定劳动者承担责任的比例。

【案例5－53】 北京鸿达飞扬机电设备有限公司诉杜某劳动争议纠纷案

一审法院认为,杜某作为公司的财务工作人员,就公司的对外付款业务,有义务认真谨慎审查。在本次诈骗事件中,杜某通过QQ接到诈骗人要求汇款的信息后,在未认真核实相关的汇款原因以及汇款相对人的基本信息,也未通过电话或直接确认的方式与公司相关领导沟通确认的情况下,即直接通知出纳转账汇款,杜某在此次事件中具有一定的过错,应当承担一定的责任。而鸿达公司长期使用互联网社交软件处理涉及公司财务的核心事项,公司内部的财务制度亦存在管理不规范的现象,存在管理不当的过错。因双方对损失产生均有过错,故在确定劳动者赔偿责任时,应综合考虑劳动关系的隶属性、劳动者从事工作的性质、薪酬情况、用人单位的经营利益和经营风险以及劳动者的过错程度等因素,并结合权利义务相一致的原则综合确定劳动者的承担责任比例。判决:(1)杜某支付鸿达公司经济损失12万元;(2)驳回鸿达公司的其他诉讼请求;(3)驳回杜某的其他诉讼请求。二审法院判决:驳回上诉,维持原判。[2] 本案中,被网络诈骗损失60万元,杜某承担全部损失的1/5。

依据劳动立法的精神,一般过失属于劳动过程中正常的劳动风险,可归属企业的经营风险,由企业承担。原则上,劳动者仅存在一般过失的不承担赔偿责任。

3. 关于“猎头费”赔偿

“猎头费”,是指为用人单位搜寻高层管理人才和关键技术岗位人才的招募服务组织,由用人单位支付搜寻和推荐候选人所需的佣金,即“猎头费”,收费类型多为服务费、咨询费,数额按招募岗位年薪的一定比例计算。

在现代经济多元化发展的背景下,用人单位不再单纯地依靠人事部门招聘员工,为了更好地寻找符合需求的人才,往往要借助猎头公司的力量,支付猎头费招聘人才,尤其是在互联网行业、科技行业、设计行业等新兴行业盛行。

---

〔1〕 参见国家法官学院、最高人民法院案例研究院编:《中国法院2020年度案例》(劳动纠纷),中国法制出版社2020年版,第199页。江苏省无锡市中级人民法院(2018)苏02民终724号民事判决书。

〔2〕 参见国家法官学院案例开发研究中心编:《中国法院2019年度案例》(劳动纠纷),中国法制出版社2019年版,第249页。北京市第二中级人民法院(2017)京02民终223号民事判决书。

【案例5－54】 北京中广上洋科技股份有限公司诉宁某劳动合同纠纷案

二审法院认为，北京中广上洋科技股份有限公司（以下简称中广上洋公司）主张宁某应赔偿的损失包括其公司招收录用宁某所支付的费用和因违法解除劳动关系造成的经济损失，招录费具体指其公司向埃摩森公司支付的猎头费40,000元。中广上洋公司提交的证据不足以证明该40,000元为其公司招录宁某所产生的费用，且中广上洋公司与宁某亦未在劳动合同中对猎头费的承担予以约定，故法院对中广上洋公司的该主张不予支持。中广上洋公司主张宁某赔偿因其违法解除劳动关系造成的损失，应举证证明损失的客观存在以及损失因宁某未提前30日通知解除劳动关系的行为所致。现中广上洋公司未能提交证据予以证明，应承担举证不能的法律后果。对中广上洋公司要求赔偿违法解除劳动关系对其公司造成经济损失的上诉请求，法院不予支持。判决：驳回上诉，维持原判。〔1〕

4.培训费赔偿

实践中，用人单位为提高生产效率和市场竞争力，经常安排对劳动者进行专项技术培训提升技能，由此必然支出培训费。为避免劳动者借助用人单位的出资培训，在提升职业竞争力后随时离职，造成用人单位损失情况的发生，赋予用人单位对劳动者的服务期限及服务期未满离职应承担责任进行约定的权利，符合诚信原则和公平原则，这也正是《劳动合同法》第二十二条的立法本意。鉴于实践中用人单位与劳动者在约定服务期限时形式的多样性，不应严格局限于《劳动合同法》第二十二条中所体现的协议形式，即使双方未签订相应的协议，在能够证明用人单位对服务期及培训费作出规定且劳动者对此亦是明知的情况下，依据诚信原则，亦应该确认双方存在服务期达成过合意有约定，对违反服务期限的后果有相应的预期，劳动者应当为提前离职的行为承担赔偿责任。具体培训费的损失，可以结合双方的约定、用人单位的支出、劳动者的受益、服务期限等因素，依据公平原则作出认定。

【案例5－55】 叶某诉海湾公司劳动合同纠纷案

一审法院认为，岗前培训指的是员工在已经具备该岗位所要求的专业技能的情况下，用人单位在员工上岗前对其安排的涉及企业文化、规章制度、岗位职责、岗位技能等进行简单、必要的培训。根据查明的事实，叶某参加的培训对应特定机型的维修、放行等，如果不参加相应机型的培训，所持有的执照

---

〔1〕 参见国家法官学院、最高人民法院司法案例研究院编：《中国法院2020年度案例》（劳动纠纷），中国法制出版社2020年版，第215页。北京市第一中级人民法院（2018）京01民终8065号民事判决书。

上将没有该类机型的培训记录,将不具备该类机型的维修、放行的资格。显然,叶某所参加的机型培训非岗前培训,而是能够提升其专业技能、扩大其执业范围的专业技术培训。叶某虽主张未与海湾公司签订培训协议,双方不存在服务期及培训费赔偿的约定,但叶某参加学习了海湾公司制定的《人力资源政策手册》中有关服务期及培训费的规定,叶某对海湾公司关于服务期及培训费的规定是知悉的。根据规定,叶某的服务期应为培训结束后满5年。叶某于2014年9月8日至10月31日接受了海湾公司安排的专业技术培训,于2017年4月27日因个人原因提出辞职致使双方劳动关系于2017年5月22日解除,属于在服务期届满前离职。叶某提前离职,对海湾公司造成的损失是显而易见的:首先,海湾公司失去了叶某这名具有维修、放行G650机型资质的员工;其次,叶某离职后,海湾公司不得不另行安排员工参加G650机型的培训。叶某提前离职的行为不仅违反了海湾公司关于服务期的规定,也违反了诚实信用原则,其应对因此给海湾公司造成的培训费损失承担赔偿责任。具体赔偿数额,应结合海湾公司关于服务期的规定、叶某参加培训产生的费用、叶某参加培训的时间及离职时间等予以确定。判决:(1)叶某支付海湾公司培训费损失339,094元;(2)驳回叶某的诉讼请求;(3)驳回海湾公司的其他诉讼请求。二审法院同意一审法院裁判意见。[1]

劳动者在任职期内受用人单位派遣学习培训相关技术,违反服务期约定,应向用人单位支付违约金。

【案例5-56】　上海腾创文化传媒有限公司诉汪某某劳动争议纠纷案

判决观点,案件争议焦点为2014年5月30日至6月8日在美国的考察学习是否属于原告为被告提供的专业技术培训。培训一般是指用人单位开展的为提高劳动者素质、能力、工作绩效等而实施的有计划、有系统的培养和训练活动,目的在于改善和提高劳动者的知识、技能、工作方法、工作态度以及工作价值观,培训的形式并不限于课堂教育,还包括具体岗位上的能力培养等。视频显示,被告在美国期间参观体验了芭比梦房屋主题乐园及复仇者联盟主题乐园项目,并接收了相关指导,结合被告在2014年5月29日签订的保密协议,可见被告对此次美国考察学习的性质是明确知晓的,且被告从美国考察学习回来后就代表原告与高鸿文化传播(上海)有限公司签订不竞争保密协议。综上,法院认定原告为被告提供了专业技术培训。现被告抗辩其至美国系出差,法院不予采信。根据已查明事实,双方约定被告在原告处

[1] 参见国家法官学院、最高人民法院司法案例研究院编:《中国法院2021年度案例》(劳动纠纷),中国法制出版社2021年版,第218~219页。北京市第三中级人民法院(2019)京03民终2846号民事判决书。

至少服务2年或至相关项目终止和中止,原告为被告提供专项技术培训支出相关费用34,916元,现被告于2014年9月30日离职,违反服务期的约定,应支付违约金。根据法律规定,违约金金额不得超过服务期尚未履行部分所应分摊的培训费用,经核算,被告应向原告支付违约金29,463.36元。关于诉请3,双方均明确8000元系报销款,现原告要求被告返还,缺乏法律依据,法院不予支持。关于诉请4,原告该项诉求未经仲裁前置,法院不予处理。判决:(1)被告汪某某支付原告上海腾创文化传媒有限公司2014年5月30日至2014年6月8日出国费用29,463.36元;(2)驳回原告上海腾创文化传媒有限公司的其余诉讼请求。[1]

劳动者接受用人单位提供的专项培训,违反服务期约定的,应当按照约定向用人单位支付违约金。

5. 飞行员培训费赔偿

飞行员离职引发培训费争议,应根据个案的具体情况确定飞行员应支付的赔偿数额。

违约金与赔偿损失并用问题。劳动者违反服务期的约定,用人单位是否可以同时主张培训费用损失和违约金。主流观点认为,用人单位依据《劳动合同法》第二十二条、第九十条规定同时获得违约金请求权与培训费用损失请求权,因该法第二十二条规定的违约金为赔偿性违约金,是对用人单位支出的培训费损失的赔偿,故用人单位同时获得两项请求权指向同一利益,基于不得因损害赔偿而获利的基本原则,该两项请求权是选择性竞合关系,不应累加主张,原则上用人单位可以选择行使违约金请求权或者培训费用损失请求权。

【案例5-57】 中国联合航空有限公司诉李某兴劳动合同纠纷案

二审法院认为,李某兴在上海航空有限公司完成初始培训,联合航空公司承继上海航空有限公司为李某兴支付的70万元初始培训费用,李某兴入职联合航空公司后该公司对其持续不断的培训并支付了相应培训费用。李某兴提出与联合航空公司解除劳动关系,应当支付联合航空公司相应的招收录用培训费。原审法院综合考虑双方约定的违约金标准并参考中国民用航空局相关规定,对李某兴应该承担的招收录用培训数额予以酌定,并无不当。对联合航空公司上诉请求李某兴支付招收录用培训费3,412,205元的过高请求,不予支持。联合航空公司上诉主张李某兴支付违约金,但双方在劳动合同附件中约定的违约金实质为培训费用损失,在原审法院已判令李某兴支

---

[1] 参见郭伟清主编:《2017年上海法院案例精选》,上海人民出版社2018年版,第105~106页。

付联合航空公司培训费的情况下,联合航空公司再行主张违约金,缺乏依据,对该项上诉请求,不予支持。判决:驳回上诉,维持原判。[1]

6. 其他涉及利益处理

被引进者却只愿享受政策红利而拒绝履行相应义务,在服务期未满时就离职,该行为不仅违反协议约定,且有悖诚实信用原则,对该行为应当进行否定性评价。

【案例5-58】 吴某某与重庆市梁平区某人民医院人事争议纠纷案

一审法院认为,吴某某与重庆市梁平区某人民医院(以下简称梁平区某医院)签订的《研究生引进协议》系双方当事人的真实意思表示,合法有效。吴某某按照《研究生引进协议》的约定享受了安家补助费用等政策优惠,亦应按照《研究生引进协议》的约定履行相应义务。吴某某在服务期限尚未届满的情况下书面申请辞职,违反了《研究生引进协议》的约定,应当承担相应的违约责任。吴某某与梁平区某医院约定的人才引进费用是基于吴某某在该医院工作10年的奖励性酬劳,吴某某已经在梁平区某医院工作2年零9个月,梁平区某医院获得了吴某某在相应期间内的服务,梁平区某医院引进吴某某的目的已部分实现,其要求吴某某全额退还人才引进费用显失公平,费用应当进行分摊。对于违约金,亦应相应予以调减。遂判决吴某某返还人才引进费(安家费)28,000元并支付违约金36,250元。一审判决后,吴某某提起上诉,二审法院驳回上诉,维持原判。[2]

实践中,应注意工资与专项培训费用区别:其一,从性质看,工资是劳动合同履行期间用人单位支付给劳动者的劳动报酬,专项培训费用是用于培训的直接费用。其二,从产生依据看,工资是依据国家有关规定或劳动合同约定产生,专项培训费用是因用人单位安排劳动者参加培训产生。其三,从给付对象看,工资由用人单位支付给劳动者本人,专项培训费用由用人单位支付给培训服务单位等。

公司履行劳动争议生效判决为员工垫付代扣代缴的个人所得税,员工拒不返还,公司以不当得利起诉会获得支持。

【案例5-59】 李某诉某酒店公司劳动争议纠纷案

二审法院认为,不当得利是指没有合法根据取得利益而致使他人遭受损

〔1〕 参见国家法官学院案例开发研究中心编:《中国法院2017年度案例》(劳动纠纷),中国法制出版社2017年版,第117页。北京市第二中级人民法院(2015)二中民终字第11761号民事判决书。

〔2〕 重庆市高级人民法院发布重庆法院2022年度民事审判十大典型案例8。审理法院:重庆市梁平区人民法院。

失的事实。造成他人损失的一方应当将取得的不当利益返还受损失人。本案中,某酒店已按(2017)京0113民初19252号民事判决书向李某支付了税前工资,其中包含李某应当向税务部门缴纳的个人所得税。但某酒店已为李某向税务部门代缴工资中的个人所得税47,864.54元。故其中重复给付李某的47,864.54元无法律根据,造成了某酒店的损失,李某构成不当得利。根据法院向相关税务部门核实的结果,某酒店作为代扣代缴义务人,其代扣代缴李某所得税金额符合法律规定。判决:驳回上诉,维持原判。[1]

(三)劳动责任减免处理

劳动者在解除劳动合同时签署的声明免除了用人单位赔偿的法定义务,双方的纠纷一次性了结。对该免责声明的性质,有不同观点。一般认为,该免责声明本质上是劳动者与用人单位间达成的和解协议。所谓的免责声明并非字面意义的免责声明,不涉及《民法典》合同编免责条款。劳动者未经用人单位同意而自行作出免除用人单位责任,并对己不利的单方法律行为的可能性也很小,由此应认为该声明为用人单位与劳动者之间自愿签订的和解协议。用人单位为劳动者缴纳社会保险就是法律为用人单位设定的法定义务,劳动者在遭受工伤事故伤害后享受工伤保险待遇属于劳动者的权利。即使用人单位与劳动者之间就用人单位对劳动者工伤赔偿达成协商一致,自愿签订和解协议,其该协议也可能违反法律规定,损害劳动者的正当权益,不论是从合同的生效条件来看还是劳动法的强制性规定来看,该免责声明(协议)都不能生效。在和解协议不能生效或无效的情况下,劳动者当然可以反悔。但如果用人单位与劳动者签订和解协议不违反法律和行政法规,履行完毕后,一方当事人反悔,主张双方约定无效的,法律不予支持。但和解协议中双方的权利义务明显失衡、显失公平,法官可以适当调整。用人单位与劳动者就工伤保险待遇达成协议,劳动者又在履行完毕之后以双方约定标准低于法定标准为由,在仲裁时效内要求用人单位按法定标准补足差额部分,法律应予支持。

【案例5-60】 安龙公司诉陈某劳动争议纠纷案

一审法院认为,陈某于离职时签署声明表示与安龙公司再无其他纠纷,该声明免除了安龙公司支付一次性伤残就业补助金的法定义务,限制了陈某的权利,导致陈某已领取的工伤保险待遇远低于法定标准;故安龙公司基于

---

〔1〕 北京市第三中级人民法院(2019)京03民终16737号民事判决书。

该声明主张无需支付陈某一次性伤残就业补助金的陈述不予采纳。十级伤残在终止或者解除劳动关系时，用人单位应当支付的一次性伤残补助金具体标准为解除或者终止劳动关系时3个月的本市上年度职工月平均工资。经核算，安龙公司应支付陈某一次性伤残就业补助金25,401元。安龙公司无需支付该款项的诉讼请求，不予支持。判决：安龙公司支付陈某一次性伤残就业补助金25,401元。二审法院裁定准许安龙公司撤回上诉。〔1〕

一般而言，任何经营型的用人单位在从事频繁的业务活动中，均不可避免地会面临经营风险，这种经营风险一旦发生除用人单位能够提供证据证明劳动者存在促使发生经营风险的故意之外，用人单位应承担此种经营风险，而不应将风险转嫁给劳动者，否则有违公平原则。结合出租行业的特殊性、经营分摊的公平性、劳动者权益保护等方面的因素，当出租车司机因本身过错而导致交通事故发生后，应结合司机的过错程度，综合判断与用人单位所应当承担的责任。

调岗过程中用人单位已尽诚信磋商义务，法官根据具体情况确认调岗合法合理的，用人单位不承担解除劳动合同赔偿责任。

【案例5-61】　上海智造空间家具用品有限公司诉汤某某劳动合同纠纷案

一审法院认为，2014年3月，原告、被告间就被告岗位调整进行了一系列沟通。2014年3月10日、12日原告作出将被告由原任职部门营运部督导主管调任至营运部上海东海岸店经理职务、薪酬待遇不变的移动通知，被告表示不接受此移动安排。2014年3月26日，原告作出将被告移动到上海华徐公路888号公司总部的上海样板店任店长职务，薪酬不变的决定，被告再次表示不接受此次移动处理。2014年4月2日，原告人事行政总监罗某某等人与被告就岗位调整移动进行面谈，明确询问被告原督导、陈列岗位是否愿意接受，被告表示需与家人商量。2014年4月3日，原告人事行政总监罗某某再次与被告就岗位调整异动问题进行面谈，被告对原告询问表示“没法回答做还是不做”。当日，罗某某表示次日在听被告结果。2014年4月4日，被告书面告知原告对公司做出的2014年3月10日、11日、26日的移动安排均不能接受，未回复2014年4月2日、3日谈话中涉及的督导、陈列岗位是否愿意接受。至此，原告于2014年4月4日作出解除被告劳动合同的通知。

法院认为，原告就被告的岗位调整多次与被告沟通，在被告明确表示不能接受岗位调整时进行再次调整。原告询问被告回原岗位是否可以接受，被

---

〔1〕　参见国家法官学院、最高人民法院司法案例研究院编：《中国法院2021年度案例》（劳动纠纷），中国法制出版社2021年版，第183页。北京市第二中级人民法院（2019）京02民终7192号民事裁定书。

告或表示“需与家人商量”或表示“没法回答”，在书面回复内容对此也不予回复。综上，法院认为原告在被告岗位调整一事中已尽到用人单位应尽的诚信磋商义务。

关于解除劳动合同的规范性制度依据，原告提供《员工手册》[SSC2008—(人)—RI(F)—001版]、《员工手册》阅读签收(背面附《职位说明书》阅读签收)、《员工手册》公示照片，证明《员工手册》中明确约定“不服从上级主管的工作安排和管理，工作怠慢与效率低下且经提醒拒不改正的”“拒不接受公司依法或依劳动合同所做的岗位调整的”将被视为严重违纪，可适用《劳动合同法》第三十九条第二款予以解除劳动合同的处分；原告《员工手册》经过公示，被告于2008年5月23日签收《员工手册》。另外，原告提供的上述《员工手册》阅读签收中日期有涂改，原告认为系被告本人修改并就此向法院提起司法鉴定申请。

被告认为原告提供的公示照片真实性无法核实，无法证明原告的待证事实，原告提供的《员工手册》阅读签收存在日期涂改。被告所知原告公司2008年版的《员工手册》已经作废，并当场出示2011年1月1日发布的《员工手册》，认为根据该版《员工手册》第一章第二节第二条第(二)项明确规定原《员工手册》作废，故被告认为这是伪证。

原告认为被告提供的2011年版《员工手册》证明被告对《员工手册》内容知晓，该《员工手册》适用于双方劳动关系，无论是2008年版的《员工手册》还是2011年版的《员工手册》，关于解除劳动合同的规定均一致，原告解除与被告的劳动合同合法有据。

法院认为，被告提供的2011年版《员工手册》与原告提供的2008年版《员工手册》均规定有相同内容，即“不服从上级主管的工作安排和管理，工作怠慢与效率低下且经提醒拒不改正的”“拒不接受公司依法或依劳动合同所做的岗位调整的”将被视为严重违纪，可适用《劳动合同法》第三十九条第二款，予以解除劳动合同的处分。现被告可以提供2011年版《员工手册》，可知原告公司确有《员工手册》，被告持有《员工手册》并知悉内容。据此，原告认为被告已签收2008年《员工手册》，阅读签收记录中的日期系由本人涂改，并就此向法院提起司法鉴定申请，因原告认为应由鉴定确定的情节非本案争议关键事实且与案件处理没有直接利害关系，故法院对其司法鉴定申请不予准许。

综上，法院认为，原告、被告就被告岗位调整一节已进行多次沟通，原告在被告沟通调整一事中已尽到用人单位应尽之诚信义务；原告以《员工手册》的相关规定解除被告的劳动合同并无不当，原告要求不支付被告违法解除劳动合同赔偿金的请求可予支持。……二审法院亦持同样意见,维持原判。[1]

用人单位根据劳动合同约定及生产经营需要合理调整劳动者的工作岗位,属于行使用工自主权和管理权的行为,并不违反法律规定。劳动者对工作岗位的调整持有异议的,应通过适当途径向用人单位反映、沟通。用人单位因劳动者消极怠工、拒不到岗,以严重违反规章制度为由行使劳动合同解除权,不属于违法解除劳动合同情形,无需承担相应赔偿金。

【案例5-62】 苟某诉江苏泰诺医药有限公司劳动争议纠纷案

二审法院认为,劳动者严重违反用人单位规章制度的,用人单位可以解除劳动合同。根据原告、被告最近签订的一份劳动合同即2016年8月1日的《劳动合同书》约定,原告从事销售岗位的工作,工作地点为全国各地,结合具体工作经历来看,原告曾在四川工作,也担任过被告西南区、西北区的大区经理。2019年5月、6月原告所属的大健康事业部及其下的永丰基药业务组在石药集团组织机构调整中被撤销并进入善后工作。基于上述客观原因,原告于2020年1月起待岗,其本身并无过错,被告在此期间向原告发放待岗工资,亦无不当。此后,被告于2020年7月6日向原告邮寄《上岗通知》,要求原告于7日内至昆明办报到上班,并明确告知逾期未报到的法律后果及相关处理依据。虽然劳动合同约定"因工作需要和客观情况发生变化,双方协商可以变更乙方的工作内容和工作地点",但在原告所属的大健康事业部永丰基约业务组已被撤销一年多且原告处于待岗的状态下,被告根据业务需要及原告岗位特点将其安排至邻省工作,并不属于双方劳动合同语境下的工作内容和地点变更,而系用人单位在不违反法律规定下合理行使用工自主权和管理权的体现。原告即使对此持有异议或确实存在家庭情况致难以接受这一工作安排,也应尊重和遵守劳动纪律,通过适当途径及时向被告反映,而不应在未经任何沟通的情况下拒不按被告要求报到上班,严重违反被告的规章制度。原告在劳动合同主文尾部书写"我已悉知公司各项规章制度",被告在《上岗通知》中明确告知逾期未报到的相关后果,且被告作出解除劳动合同通知也依法征求了工会意见,其解除程序合法。原告称其曾与昆明办联系人李某电话联系并表示不接受工作调整,但被告对通话录音真实性不认可,法院难以采信;且从情理上来说,即使通话属实,原告也不应与李某沟通此事,而应直接与被告公司相关负责人或人力资源部门等进行联系沟通。故而,现有证据无法证明被告存在违法解除劳动合同情形,原告据此主张被告

---

〔1〕 参见郭伟清主编:《2016年上海法院案例精选》,上海人民出版社2017年版,第68~70页。

支付违法解除劳动合同赔偿金,法院难以支持。[1]

劳动者对企业合理调岗予以配合,也是劳动关系人身从属性的具体体现。合法解除劳动关系,公司无需支付违法解除的赔偿金。

【案例5－63】 王某诉坦斯电气公司劳动争议纠纷再审案

再审法院认为,首先,劳动者与用人单位建立劳动关系后,理应遵守劳动纪律、职业道德、用人单位的规章制度,用人单位亦应依法建立和完善劳动规章制度,保障劳动者享有劳动权利、履行劳动义务。用人单位通过民主程序制定,内容不违反国家法律、行政法规及政策规定,并向劳动者公示的规章制度,对用人单位与劳动者均有约束力。本案中,公司《赏罚规定》内容和制定程序合法,并已向全体员工公示,可以作为人民法院审理本案的依据。其次,虽然《劳动合同法》第三十五条规定用人单位与劳动者协商一致方能变更劳动合同的约定,但不能因此完全否定企业的用工自主权,劳动者的劳动权与企业的用工自主权受法律平等保护,二者不可偏颇。企业确因生产经营需要调整员工的工作岗位是企业用工自主权的重要内容,是企业正常生产经营所必需。劳动者对企业合理调岗予以配合,也是劳动关系人身从属性的具体体现。本案中,公司因组织架构调整,王某原有岗位取消,将王某调至同为双方劳动合同约定的“普通担当者”的其他岗位,劳动报酬及其他劳动条件并未作不利变更,该具体工作岗位的调整符合必要性、合理性与正当性的判断标准,王某有服从安排的义务。然而王某始终拒绝到新部门报到,经公司多次依据公司规章制度对其作出警告处理后,其仍然滞留原部门,甚至影响、妨碍其他同事工作,对公司生产经营秩序造成影响,王某主张因公司阻扰造成其未能正常出勤,并要求按正常出勤享受工资待遇,缺乏事实与法律依据。最后,作为善良与诚实信用的劳动者应当知晓,到用人单位报到乃是提供新一阶段劳动的开始,在拒绝报到的前提下当无法正常提供劳动,王某主张未按公司要求报到不属于旷工既违反日常生活经验,也违反诚实信用原则。而公司《员工轮岗管理制度》第七条是关于“轮岗期间的薪资待遇的规定”,强调员工轮岗期间在新岗位上的薪资待遇仍按其《劳动合同》及公司《工资规定》执行,但拒绝服从公司的岗位安排且拒绝到新岗位报到的员工则只能享受待岗薪资待遇,并非规定拒绝服从公司岗位安排且拒绝到新岗位报到的员工可无限期待岗。因此,王某不满调岗决定拒绝至新岗位报到,且已经过一定待岗期间,在公司书面催促其报到,并明确否则将根据规章制度处理的情形下,王某仍然未至公司上班,一审、二审判

---

〔1〕 最高人民法院中国应用法学研究所编:《人民法院案例选》2023年第2辑(总第180辑),人民法院出版社2023年版,第132～133页。江苏省泰州市中级人民法院(2021)苏12民终1454号民事判决书。

决认定该行为构成旷工,公司依据《赏罚规定》解除与王某的劳动合同属于合法解除,并无不当。综上,裁定:驳回王某的再审申请。[1]

用人单位因生产经营需要,合理合法行使用工自主权调整劳动者工作岗位的,应受法律保护。

【案例5-64】 韩某诉某燃化公司劳动争议纠纷案

判决观点,某燃化公司因国家能源政策调整等原因,撤销了韩某所在的岗位。为保障劳动者的合法权益,公司制定并经工会表决通过了《员工安置方案》,已向全体员工公示,可以作为人民法院审理本案的依据。企业确因生产经营需要调整员工的工作岗位是企业用工自主权的重要内容,也是企业正常生产经营所必需的,劳动者应对企业合理调岗予以配合。某燃化公司因政策调整,将韩某调整至其他岗位,劳动报酬及其他劳动条件未作不利变更,韩某有服从安排的义务。因韩某拒不签署调岗协议,公司依法进行岗前培训具有合理性。韩某在培训不合格后,以公司未与其协商一致单方面调岗为由向公司发出《被迫解除劳动关系通知书》,不符合劳动者被迫解除劳动关系的情形,某燃化公司无需向其支付经济补偿金。[2]

公司调岗降薪违反合同约定,但员工不能以此为由拒绝到公司上班。

【案例5-65】 王某诉天下公司劳动争议纠纷案

二审法院认为,本案的焦点问题是天下公司与王某解除劳动合同的行为是否违法问题。天下公司与王某于2014年11月1日签订的《劳动合同》系双方的真实意思表示,不违反法律、行政法规的禁止性规定,合法有效,双方均应严格依约履行。2016年4月,天下公司将王某的职务由综合部经理调整为冷链中心协检员,工资标准由7500元/月调整为3000元/月。王某调整后的岗位与劳动合同约定不符,且调整后的工资待遇远低于合同约定的工资标准。王某作为职工,应就公司的上述调岗行为向公司提出异议并与其进行协商,协商不成后,可依法申请劳动仲裁,要求继续履行上述劳动合同。但自2016年5月26日起王某未到天下公司上班,直至2016年8月25日,天下公司通过EMS向王某邮寄《上班通知书》,该通知书因拒收被退回。因王某一直未到天下公司上班,天下公司于2017年1月12日以旷工为由与王某解除了劳动关系。法院认为,虽然天下公司对王某无故调整工作岗位并降低工资标准的行为违反双方合同约定,但王某不能以此为由拒绝到天下公司上班,

---

〔1〕 江苏省高级人民法院(2017)苏民申4439号民事裁定书。

〔2〕 山东省高级人民法院发布十大劳动争议典型案例。山东省滨州市阳信县人民法院(2022)鲁1622民初243号民事判决书。

且其在天下公司向其邮寄上班通知后,仍未回天下公司上班,其行为应属于旷工。据此,天下公司依据公司规章制度并履行相关程序后与王某解除劳动合同的行为符合相关法律规定,王某无权要求天下公司支付违法解除劳动合同赔偿金。综上,王某上诉理由不能成立,其上诉请求法院不予支持。原审判决并无不当,法院予以维持。判决:驳回上诉,维持原判。[1]

永不开除的特殊约定,不能豁免劳动者的违纪责任,用人单位有权解除劳动合同。

【案例5-66】 瞿某诉A公司劳动争议纠纷案

二审法院认为,本案的争议焦点:(1)《承诺书》是否真实有效;(2)如果《承诺书》有效,A公司的解除行为是否违反双方的书面约定;(3)A公司是否应当向瞿某支付赔偿金。关于争议焦点一:《承诺书》系双方真实的意思表示,应当有效。理由如下:A公司主张《承诺书》上的公章虽真实,但经鉴定该《承诺书》的形成过程并不符合一般文书制作习惯,属于被偷盖的情形。法院认为,公司对公章负有保管义务,对负责保管公章、审批用章的人员选择也负有审慎义务,一旦出现公章被偷盖、私刻的情况,公司应当就偷盖、私刻的事实不知情承担举证责任。本案中,一是瞿某的岗位系调度员,并无任意接触公章的机会。二是关于公章的保管和用章的审批,公司前后陈述矛盾。公司在法院鉴定程序启动前,一直主张公章由专人并上锁保管,用章需要经过严格的审批流程,瞿某并无接触公章的可能性,《承诺书》上的公章系伪造。但在鉴定意见出来之后,公司又主张无法对公章进行时刻保管,《承诺书》上的公章系瞿某偷盖。因此,关于公司的上述抗辩,法院不予采信,A公司应当承担举证不利的法律后果。综上,《承诺书》约定的内容并不违反相关法律法规的规定,且双方皆在该承诺书上签字确认,该约定理应合法有效。关于争议焦点二:A公司的解除行为没有违反与瞿某的书面约定。理由如下:(1)从《承诺书》签订的目的和载明的内容来看,《承诺书》系A公司基于瞿某腰伤对其所作的特殊约定,是对老员工的特殊照顾和保护,是为了保障瞿某能够顺利解决腰椎骨裂的补偿问题,而对其所作的书面承诺。但公司并未向瞿某承诺可以无需遵守用人单位的规章制度或直接豁免其履行请假手续的义务。(2)从本案查明的事实情况来看,双方自《承诺书》签订之后,瞿某从未向公司主张处理过工伤事宜。且在公司发现其考勤异常之后,对其进行督促管理,其虽主张因腰伤问题所以存在考勤异常,但也未就《承诺书》的约定与公司进行过协商。因此,公司并未违反双方的书面约定,消极对待瞿

---

[1] 山东省青岛市中级人民法院(2018)鲁02民终6573号民事判决书。

某。公司对瞿某违纪的处理系基于对工作秩序和日常管理的维护,其解除行为并未违反双方的书面约定。关于争议焦点三:A公司是否应当向瞿某支付赔偿金。首先,劳动者对用人单位负有勤勉义务,勤勉义务是劳动者应当恪守的基本职业准则。劳动者在劳动过程中,应当认真遵守用人单位的各项规章制度,服从用人单位的指挥、管理。本案中,瞿某的行为已经严重违背了劳动者应尽的勤勉义务。理由如下:(1)从行为本身来看。2019年7月29日至2019年8月6日瞿某的考勤记录显示,其存在多次上班迟到、下班缺卡的情形,其行为本身已经违反了《员工手册》的规定。(2)从主观态度来看。A公司主张,因发现瞿某考勤存在异常,所以公司于2019年7月2日向其邮寄了《员工手册》,对其重申公司的考勤管理制度。于2019年7月25日又向瞿某邮寄了书面的《通知》,在《通知》中明确告知瞿某,需遵守《员工手册》的相关的考勤规定。且双方在2019年7月25日至2019年8月12日,就上班、履行请假手续的问题也进行过多次电话沟通,但瞿某仍旧多次上班迟到、下班缺卡,不遵守公司的规章制度。(3)瞿某虽主张因腰伤需要治疗,因此存在考勤异常的情况,但并未向公司履行请假手续,且也不存在无法履行请假手续的情形,一直以消极的态度应对公司的督促与管理。综上,瞿某的行为已经严重违反了公司的规章制度。其次,用人单位对其员工存在管理职责,当员工存在违纪行为时,用人单位应当及时通知,并告知其违纪的相关后果。本案中,从公司提交的证据以及双方的陈述来看,A公司已经尽到了上述管理职责,并非直接以罚代管。综上,公司依据规章制度对瞿某作出解除决定,并按照法律规定将解除决定通知了工会,系合法解除,无需向瞿某支付赔偿金。综上所述,A公司的上诉请求成立,法院予以支持;《承诺书》上的公章经鉴定系真实,鉴定费应由A公司负担;一审法院认定事实错误,应予以纠正。[1]

(四)劳动连带责任处理

劳动连带责任,是指多个用人、用工单位对同一个劳动者承担责任。

1. 关联企业混同用工的连带责任

《公司法》中对关联关系有明确界定,是指公司控股股东、实际控制人、董事、监事、高级管理人员与其直接或者间接控制的企业之间的关系,以及可能导致公司利益转移的其他关系。但在劳动法领域,还有一些企业很难归入《公司法》中

[1] 江苏省无锡市中级人民法院(2021)苏02民终586号民事判决书。

关联关系企业的范畴，常见的有几个企业的控制人是亲戚、同学、老乡或朋友，甚至只是熟人的关系，为了逃避用工主体责任，先由一个公司出面与劳动者签订劳动合同，再由一个公司为劳动者缴纳社保，劳动者上班的地点却在第三家公司。在劳动用工实践中，实际控制人相同或者经营范围相关联的部分企业内部组织重合、管理混乱，名义上的用工主体与负责日常管理、支付劳动报酬及实际接受劳动成果的主体互有交织，一旦企业之间推卸、规避用工责任，劳动者往往无法证明谁是适格的用工主体。

在上述情形下，法官在认定劳动者与何公司建立劳动关系和承担用工主体责任带来一定困难。应坚持从事实劳动关系基点出发，不能仅凭书面的劳动合同或者社保缴纳情况认定劳动关系，而是从劳动者为谁提供劳动、其提供的劳动构成了哪家用人单位的业务组成部分、劳动者接受哪家用人单位的管理等角度判断。实践中，对于几个公司交叉使用劳动者的，工作内容亦有交叉重叠的，则应承担连带责任。

【案例5－67】 杜某诉北京敏数科技有限公司、北京茁学教育科技有限公司劳动争议纠纷案

二审法院认为，关于北京茁学教育科技有限公司（以下简称茁学公司）是否承担连带责任问题，茁学公司虽主张其与北京敏数科技有限公司（以下简称敏数公司）不存在混同用工，不应承担连带责任，但茁学公司与敏数公司均与杜某签订了期限一致、岗位一致的劳动合同，敏数公司、茁学公司经营地点一致，且茁学公司的工商登记为开业状态，茁学公司为杜某缴纳社会保险及住房公积金，可以认定双方存在混同用工的情况。同时，茁学公司未在法定期限内就仲裁裁决提起诉讼，故对茁学公司要求不承担连带责任的上诉请求，法院不予支持。判决：驳回上诉，维持原判。[1]

【案例5－68】 风某诉和昌（福建）食品有限公司、昌林（福建）食品有限公司追索劳动报酬纠纷案

二审法院认为，根据一审查明的事实，和昌公司、昌林公司、协昌公司各自财产无法区分，已丧失独立人格，构成人格混同。协昌公司尚欠风某工资及经济补偿金39,610元，且已无力清偿，损害了风某的利益，故协昌公司的关联企业和昌公司、昌林公司应当对该债务承担连带清偿责任。和昌公司上诉称，其与风某之间不存在劳动关系，其与昌林公司、协昌公司为各自独立的法人，应各自承担责任，本案不存在三家公司人员、业务、财务等方面交叉或

---

〔1〕 参见国家法官学院、最高人民法院司法案例研究院编：《中国法院2020年度案例》（劳动纠纷），中国法制出版社2020年版，第74页。北京市第一中级人民法院（2018）京01民终5907号民事判决书。

混同,导致各自财产无法区分、丧失独立人格的情况,但其未能提出充分证据加以证明,亦未能提出足以反驳的相反证据,故法院对其上诉理由,不予采纳。一审判决认定的基本事实清楚,处理结果适当。二审予以维持。判决:驳回上诉,维持原判。[1]

混同用工的关联企业应承担用工连带责任。

【案例5-69】　张某诉某环境科技公司劳动争议纠纷案

某天然气公司系某能源公司的下属子公司。2017年6月,某天然气公司投资入股某环境科技公司,占股34%。2017年7月,张某担任某天然气公司总经理助理,后委派到某环境科技公司从事行政工作,先后担任该公司董事、副总经理。张某在某环境科技公司任职期间,某天然气公司两次发出班子成员分工调整的通知,均载明:张某协助总经理工作,衔接某环境科技公司工作。张某数次以公司员工身份作为某环境科技公司及某天然气公司的委托代理人参与诉讼。2020年12月30日,某市国资委批复同意某能源公司转让某环境科技公司34%股权。2021年5月13日,股权转让完成。某环境科技公司拖欠张某2018年11月至2021年5月工资及2017年8月至2021年5月绩效工资,经某天然气公司及某能源公司多次会议研究张某工资支付事宜,均未果。张某申请仲裁,请求某天然气公司、某环境科技公司支付其2018年11月至2021年5月基本工资、2017年8月至2021年5月绩效工资。仲裁裁决:某天然气公司支付张某2018年11月至2021年5月工资、2017年8月至2019年7月的绩效工资。张某、某天然气公司均不服,诉至法院。一审法院判决:某环境科技公司应于判决生效之日起10日内支付张某2018年11月至2021年5月工资、2017年8月至2021年5月绩效工资,某天然气公司承担连带给付义务。某天然气公司不服一审判决,提起上诉。二审法院判决:驳回上诉,维持原判。[2]

从原则上讲,混同用工主体均实际享有了用人单位的权利,相应地也应承担对劳动者所负的义务,虽然劳动者只能与一个用人单位建立合法劳动关系,但并不影响关联公司就其自身过错对劳动者的损失承担连带责任。如劳动者同时起诉关联公司的,应依法判决承担连带责任,如仅仅起诉其中一个公司的,属于劳动者对自身权利的处分,法官应当予以尊重并在此基础上作出判决。也就是说,关联企业混同用工的,劳动者可择一主张用工主体责任而非绝对是连带责任。

---

〔1〕 参见国家法官学院、最高人民法院司法案例研究院编:《中国法院2020年度案例》(劳动纠纷),中国法制出版社2020年版,第132页。福建省泉州市中级人民法院(2018)闽05民终4575号民事判决书。

〔2〕 福建省高级人民法院、人社厅联合发布劳动人事争议典型案例之四。该案例由漳州市中级人民法院、漳浦县人民法院提供。

【案例5－70】 胡某诉三秦公司劳动争议纠纷案

一审法院认为，原告在被告处工作，2019年第一季度工资由被告工作人员代发，被告向税务机关及其他单位出具证明，认可原告系被告公司员工，并清楚载明原告上班起始日期、职务、身份证号码等信息，可充分证明原告与被告之间建立了劳动关系。虽原告签收工资的工资表上注明用人单位为旧车交易中心，部分工作内容亦与该交易中心相关联，两单位指向的关系与关联企业相类似。两单位混同用工造成劳动者无法准确判断实际用人单位的，该不利后果不应由劳动者承担。除了全日制劳动合同之外，一个劳动者只能与一个用人单位之间建立劳动关系，而被告向案外相关单位出具文书确认原告系单位员工，故原告选择确认与被告之间存在劳动关系，一审法院予以认定。判决：(1)三秦公司支付原告胡某解除劳动合同经济补偿金48,000元、带薪年休假工资6252.87元；(2)驳回胡某的其他诉讼请求。二审法院同意一审法院裁判意见。〔1〕

适用《公司法》法人人格否认规定，裁量关联公司承担连带责任。

【案例5－71】 广州市新宽联数码科技有限公司诉广州市新泛联数码科技有限公司、李某珍劳动合同纠纷案

一审法院认为，关于广州市新宽联数码科技有限公司（以下简称宽联公司）应否承担连带责任的问题，根据劳动合同及社保缴费历史明细，广州市新泛联数码科技有限公司（以下简称泛联公司）与李某珍的劳动关系自2015年3月6日才建立，但从2012年12月起（宽联公司与李某珍合同期内），泛联公司已为李某珍缴纳社会保险费。宽联公司及泛联公司均确认李某珍入职泛联公司前认曾在宽联公司工作。但又未举证证明李某珍是在宽联公司离职后才入职泛联公司的。结合两公司名称、经营地点、股东的情况，对李某珍提出两公司混同用工的主张，一审法院予以采信。判决：宽联公司应承担连带清偿责任。二审法院认为，宽联公司与泛联公司虽在表面上彼此独立，但二者在名称、办公地点、股东、经营范围等方面高度相似，且李某珍先后与二者签订劳动合同，在李某珍与其中一家公司的劳动合同期限内，其社保由另一家公司缴纳，可认定两公司存在混同用工的情况。判决：驳回上诉，维持原判。〔2〕

【不同处理】 劳动者先后在两家关联企业工作但均未签订劳动合同，法官

---

〔1〕 参见国家法官学院、最高人民法院司法案例研究院编：《中国法院2021年度案例》（劳动纠纷），中国法制出版社2021年版，第10页。陕西省宝鸡市中级人民法院（2019）陕03民终1706号民事判决书。

〔2〕 参见国家法官学院案例开发研究中心编：《中国法院2019年度案例》（劳动纠纷），中国法制出版社2019年版，第154～155页。广东省广州市中级人民法院（2017）粤01民终16766、16767号民事判决书。

认定先后、分别对同一劳动者用工两家关联企业应该独立、分别对劳动者承担责任，而不是由关联企业中的一家单位对劳动者承担责任。因为用工单位的原因，劳动关系转移至后一关联企业时，后用工的关联企业不可以主张1个月的签订劳动合同的宽限期。

【案例5-72】　颜某诉上海九源汽车销售服务有限公司等劳动合同纠纷案

一审法院认为，依照《劳动合同法》的规定，建立劳动关系的，应当订立书面劳动合同，用人单位处于何阶段，并不构成用人单位免于签订书面劳动合同的理由，故本案的两被告即使处于筹建阶段，仍有义务与原告签订书面劳动合同。关于二倍工资的承担主体及数额问题，一审法院认为，签书面劳动合同系用人单位的义务，无论是被告上海九源汽车销售服务有限公司（以下简称九源公司）还是上海九炫汽车销售服务有限公司（以下简称九炫公司）均有义务与劳动者签订书面劳动合，两被告未签订书面劳动合同，应各自承担法律责任，这样做有利于用工主体的明确，促使用人单位履行订立书面劳动合同的义务，符合立法本意。虽然法律赋予用人单位1个月签订书面劳动合同的宽限期，但鉴于两被告的法定代表人和主要出资人系同一人，存在关联关系，且原告并非基于本人的原因从被告九源公司调整至九炫公司工作，如果给予被告九炫公司1个月签订书面合同的宽限期，将会使用人单位通过转移劳动关系达到规避双倍工资的目的，有违诚信原则。据此，一审法院认为，应由被告九源公司承担至2009年2月1日至2009年7月的二倍工资差额；由被告九炫公司承担2009年8月至2009年9月9日的二倍工资差额。判决：被告九源公司给付原告颜某2009年2月至2009年7月未签订劳动合同的二倍工资差额人民币48,000元；被告九炫公司给付原告颜某2009年8月至2009年9月9日未签订劳动合同的二倍工资差额人民币10,574.71元。二审期间，上诉人九源公司经法院合法传唤，无正当理由拒不到庭参加诉讼，二审法院依法裁定按撤回上诉处理。[1]

2. 法律规定的连带责任

用工单位将被派遣劳动者违法退回的连带责任。《劳务派遣暂行规定》第二十四条规定："用工单位违反本规定退回被派遣劳动者的，按照劳动合同法第九十二条第二款规定执行。"《劳动合同法》第九十二条第二款规定："……用工单位给被派遣劳动者造成损害的，劳务派遣单位与用工单位承担连带赔偿责任。"该条仅强调了用人单位与用工单位连带责任关系，但如何承担连带责任没有规定。一般

---

〔1〕 参见沈志先主编：《2012年上海法院案例精选》，上海人民出版社2012年版，第107～108页。

认为,需要运用法律漏洞补充方法之一的类推适用方法,即可以类推违法解除的法律责任规则,用人单位与用工单位应当连带赔偿的是劳务派遣协议继续履行后劳动者可以获得的工资利益。

【案例5-73】 外企公司诉英美矿业代表处、董某劳动争议纠纷案

一审法院认为,本案中,英美矿业代表处因其2014年及2015年境外公司巨额亏损,变卖家产,进而取消董某岗位的行为,显然与"客观情况"不可预测的本质属性不符,不符合《劳动合同法》第四十条第三项的规定,不属于客观情况发生重大变化。但鉴于英美矿业代表处确系因经营方式调整需要裁减人员的情形,且董某被退回后经通知亦未到岗上班,按照原工资标准支付有失公平,故按照北京市当年度职工月平均工资标准酌定董某被退回后的工资待遇。判决:(1)英美矿业代表处支付董某2016年3月1日至2017年2月28日工资93,994元(税前),外企公司承担连带责任;(2)英美矿业代表处支付董某2015年奖金差额45,274.8元,外企公司承担连带责任;(3)驳回董某的其他诉讼请求。二审法院主持调解,当事人自愿达成如下协议:(1)英美矿业代表处与董某的劳务派遣关系于2018年6月30日解除,外企公司与董某的劳动合同及劳动关系于2019年3月12日解除;(2)英美矿业代表处向董某支付离职补偿800,000元(税后);(3)外企公司向董某支付生育津贴54,463.93元;(4)上述第二项、第三项履行完毕后,外企公司、英美矿业代表处与董某再无任何劳动争议。[1]

【案例5-74】 陈某松与北京外企人力资源服务有限公司、瑞力盟数控技术(北京)有限公司劳动争议纠纷案

二审法院认为,本案中,瑞力盟数控技术(北京)有限公司(以下简称瑞力盟公司)未能提供将陈某松退回外企服务公司的有效证据,故其退回行为不合法,给陈某松造成了损害,应承担赔偿责任。本案中,陈某松无证据证明其于2010年11月后实际提供了劳动,故在其无工作期间,外企服务公司应按照本市最低工资标准支付其2010年11月至2012年8月的工资25,920元。瑞力盟公司作为用工单位,应承担连带赔偿责任,原审法院未判决瑞力盟公司承担连带责任不符合法律规定,不利于劳动者权益的保护,法院予以更正。判决:(1)维持一审判决第一项。(2)撤销一审判决第三项、第四项。(3)变更一审判决第二项为北京外企人力资源服务公司支付陈某松2010年11月至2012年8月的工资25,920元,瑞力盟公司承担连带赔偿责任。(4)驳

---

〔1〕 参见国家法官学院、最高人民法院司法案例研究院编:《中国法院2021年度案例》(劳动纠纷),中国法制出版社2021年版,第230页。北京市第二中级人民法院(2019)京02民终5198号民事调解书。

回陈某松的其他诉讼请求。(5)驳回北京外企人力资源服务有限公司的其他诉讼请求。[1]

劳务派遣用工中用工单位承担法定连带赔偿责任的问题。实践中,有些劳务公司成立时的注册资金并没有达到最低注册资金的要求其自身不具备劳务的资格,但并非不能承担连带责任。根据《劳务派遣暂行规定》第二十七条规定,用人单位以承揽、外包等名义,按劳务派遣用工形式使用劳动者的,按照本规定处理。劳动者和劳务公司之间没有签订书面劳务派遣合同,但是依据该法条规定,应当认定双方成立劳务派遣关系。工伤赔偿案件中,被派遣劳动者造成损害的,用工单位未代劳务派遣单位缴纳社会保险承担责任有法律依据。根据《劳务派遣暂行规定》第十八条规定,应当在用工单位所在地为被派遣劳动者参加社会保险。用工单位作为劳务派遣单位,并没有为被派遣者办理参保手续,缴纳社会保险费,用工单位没有履行这一法定义务,用工单位未为劳动者缴纳社会保险费存在过错。根据《劳动合同法》第九十二条的规定,劳务派遣单位违反本法规定,给被派遣劳动者造成损害的,劳务派遣单位与用工单位承担连带赔偿责任。《劳动合同法实施条例》第三十五条规定,用工单位违反《劳动合同法》和本条例有关劳务派遣规定,给被派遣劳动者造成损害的,劳务派遣单位和用工单位承担连带责任连带赔偿责任。该两条法条明确了劳务派遣单位和用工单位违反劳动法,给被派遣劳动者造成损害的,劳务派遣单位与用工单位承担连带赔偿责任。

【案例5-75】 北京华联综合超市股份有限公司滁州分公司、安徽安龙服务外包有限公司诉代某玲、戴某伟劳动争议纠纷案

二审法院认为,关于争议焦点1,北京华联综合超市股份有限公司滁州分公司(以下简称华联滁州分公司)与安徽安龙服务外包有限公司(以下简称安龙服务外包公司)签订有保安管理服务合同,从合同涉及的内容、方式、权利义务、违约责任等条款分析,该合同符合劳务派遣协议的实质。用人单位华联滁州分公司虽以外包的形式,但实质上按劳务派遣用工形式使用劳动者方某收。安龙服务外包公司有无劳务资质派遣业务资质,按照《劳务派遣暂行规定》第二十七条规定,不影响本案用工性质的认定。原审判决认定方某收与安龙服务外包公司之间存在事实劳动关系,与华联滁州分公司之间存在劳务派遣关系处理正确,予以确认。安龙服务外包公司未在滁州设立分支机构,根据《劳务派遣暂行规定》第十九条第二款规定,应由劳务派遣公司华联滁州分公司在安龙服务外包公司方某收办理参保手续,缴纳社会保险费,

---

〔1〕 参见国家法官学院案例开发研究中心编:《中国法院2015年度案例》(劳动纠纷),中国法制出版社2015年版,第164页。北京市第二中级人民法院(2013)二中民终字第08449号民事判决书。

但华联滁州分公司并未替方某收参保并缴纳该费用，存在过错，且导致方某收的近亲属无法享受关于工亡保险待遇。《劳动合同法》第九十二条规定，用工单位给被派遣劳动者造成损害的，劳务派遣单位与用工单位承担连带赔偿责任。因此，安龙服务外包公司与华联滁州分公司应当承担连带赔偿责任。……综上，华联滁州分公司、安龙服务外包公司的上诉理由均不能成立，对其上诉请求均不予支持。原判决认定事实清楚，判决结果正确，应予维持。判决：驳回华联滁州分公司、安龙服务外包公司的上诉，维持原判。[1]

劳动者超时加班发生工伤，用工单位、劳务派遣单位承担连带赔偿责任。

【案例5－76】 惠某等诉某服务公司、某传媒公司劳动争议纠纷案

一审法院判决，按照《工伤保险条例》，因用人单位未为李某参加工伤保险，其工亡待遇由用人单位全部赔偿。某服务公司和某传媒公司连带赔偿惠某等医疗费、一次性工亡补助金、丧葬补助金、供养亲属抚恤金合计766，911.55元。某传媒公司不服，提起上诉。二审法院判决，驳回上诉，维持原判。[2] 本案的争议焦点是李某超时加班发生工伤，用工单位与劳务派遣单位是否应承担连带赔偿责任。本案中，某服务公司和某传媒公司协议约定的被派遣劳动者每天工作时间及每月工作保底工时，均严重超过法定标准。李某工亡前每月休息时间不超过3日，每日工作时间基本超过11小时，每月延长工作时间超过36小时数倍，其依法享有的休息权受到严重侵害。某传媒公司作为用工单位长期安排李某超时加班，存在过错，对李某在工作期间突发疾病死亡负有不可推卸的责任。惠某等主张某传媒公司与某服务公司就李某工伤的相关待遇承担连带赔偿责任，应予支持。惠某等虽与某传媒公司达成了赔偿协议，但赔偿协议是在劳动者未经社会保险行政部门认定工伤的情形下签订的，且赔偿协议约定的补偿数额明显低于法定工伤保险待遇标准，某服务公司和某传媒公司应对差额部分予以补足。

《劳动合同法》第九十二条第二款规定，"当用工单位给被派遣劳动者造成损害的，劳务派遣单位与用工单位承担连带赔偿责任"。主要表现为针对劳动报酬，发生的工资性收入损害。其他工资性收入损害，比如福利津贴。

【案例5－77】 张某诉上海外航服务有限公司人力资源分公司等劳动争议纠纷案

二审法院认为，结合上海外航服务有限公司人力资源分公司（以下简称

〔1〕 参见国家法官学院案例开发研究中心编：《中国法院2018年度案例》（劳动纠纷），中国法制出版社2018年版，第212页。安徽省滁州市中级人民法院（2016）皖11民终920号民事判决书。

〔2〕 人力资源社会保障部、最高人民法院发布第二批劳动人事争议典型案例之七。

外航分公司)与毛航代表处签署的劳务派遣合同中也存有向员工支付十三薪的约定(并没有约定支付条件),故张某要求外航分公司承担毛航代表处向其支付2019年1月1日至10月18日的十三薪于法有据,一审法院将相应金额酌定为43,794.83元。同时,对于外航分公司要求无需就毛航代表处应支付张某2019年1月1日至10月18日十三薪43,794.83元承担连带责任的诉讼请求,因缺乏事实与法律依据,一审法院不予支持。[1]

经济补偿金(赔偿金)应当由作为用人单位的派遣单位支付;当派遣职工主张派遣单位与用工单位承担连带赔偿责任的,不能得到支持。

【案例5-78】　徐某诉上海A公司劳务派遣合同纠纷案

一审法院认为,关于徐某要求B珠宝公司(用工单位)承担连带责任的诉请,缺乏事实及法律依据,不予支持……一审法院于2021年8月27日判决:(1)上海A公司(派遣单位)应于判决生效之日起7日内支付徐某违法终止劳动合同赔偿金208,093.97元(按14年计算);(2)驳回徐某的其余诉讼请求……二审法院判决,维持原判。[2]

关于被派遣劳动者与用工单位签订的补偿协议的性质,应认定为普通的民事协议,而非劳动者就有关劳动权利义务与用人单位达成的和解协议。劳务派遣单位为唯一的用人单位,因劳动合同的解除和终止而发生的经济补偿金、赔偿金,民事责任应由劳务派遣单位承担而非用工单位承担,故通过补偿协议不能认定用工单位存在违反《劳动合同法》的行为。在此情况下劳务派遣单位无需承担连带赔偿责任。也就是说,劳务派遣单位和用工单位对派遣劳动者的连带责任通过法律直接规定而产生,不能通过劳务派遣单位和用工单位与协议形式予以排除,劳务派遣单位与劳动者协议的约定,对劳动者与用工单位自行达成补充协议不承担连带责任的,劳务派遣单位免除连带赔偿责任。

【案例5-79】　北京外企人力资源服务有限公司诉郑某钧、德国维润赛润研发有限公司北京代表处劳动争议纠纷案

二审法院认为,首先,北京外企人力资源服务有限公司(以下简称外企人力公司)不承担连带责任有合同依据。外企人力公司与郑某钧签订的劳动合同约定,郑某钧可以与德国维润赛润研发有限公司北京代表处(以下简称德国公司北京代表处)签订协议,但外企人力公司对此不承担连带责任。合同履行期内,郑某钧与德国公司北京代表处签订协议书,约定解除双方的聘用关系,德国公司北京代表处支付郑某钧包含解除聘用关系的经济补偿。此

[1] 上海市第一中级人民法院(2022)沪01民终11065号民事判决书。

[2] 上海市第一中级人民法院(2021)沪01民终13436号民事判决书。

后，德国公司北京代表处未足额支付该款项。依据劳动合同上述约定，由此产生的民事责任，外企人力公司不承担连带责任，该民事责任应由德国公司北京代表处自行承担。其次，郑某钧与德国公司北京代表处签订协议后，因个人原因从外企人力公司辞职，外企人力公司不存在违反《劳动合同法》有关劳务派遣规定的行为。基于上述两点，郑某钧要求外企人力公司对德国公司北京代表处的欠款承担还款责任，缺乏事实及法律依据。判决：(1)撤销一审判决第一项、第二项；(2)德国公司北京代表处支付郑某钧欠款差额60,000元；(3)外企人力公司不支付郑某钧补偿款60,000元。[1]

用工单位给被派遣劳动者造成损失的，劳务派遣单位应承担连带责任。用人单位给被派遣劳动者造成损失的，如非用工单位过错(故意或过失)，用工单位无需承担连带责任。

【案例5-80】 北京国视人力资源管理有限公司诉郭某、中国教育电视台劳动争议纠纷案

二审法院认为，劳务派遣单位仍应一体适用《劳动合同法》第十四条第二款关于签订无固定期限劳动合同的法律规定，北京国视人力资源管理有限公司(以下简称国视公司)构成违法终止。国视公司与郭某终止劳动关系的违法行为系其公司作为用人单位单方作出的，中国教育电视台在此过程中并未对郭某造成损害，故原审法院判令中国教育电视台对国视公司应支付的违法终止赔偿金承担连带责任，与现行法律规定不符，法院对此予以改判。判决：(1)撤销一审判决；(2)国视公司支付郭某劳动合同赔偿金236,195.1元；(3)中国教育电视台无需支付郭某违法终止劳动合同赔偿金236,195.1元；(4)驳回国视公司的其他诉讼请求；(5)驳回中国教育电视台的其他诉讼请求；(6)驳回郭某的其他诉讼请求。[2]

个人承包经营违法招用劳动者造成损害的，发包组织与个人承包经营者承担连带责任。

【案例5-81】 熊某亮诉江阴市林亿达毛料有限公司、汤某林劳动争议纠纷案

判决观点，本案中，汤某林承包了江阴市林亿达毛料有限公司(以下简称林亿达公司)的羊毛打包业务，由于汤某林并不具备用工主体资格，其以个人

---

[1] 参见国家法官学院案例开发研究中心编：《中国法院2017年度案例》(劳动纠纷)，中国法制出版社2017年版，第202~203页。北京市第三中级人民法院(2015)三中民终字第01112号民事判决书。

[2] 参见国家法官学院案例开发研究中心编：《中国法院2017年度案例》(劳动纠纷)，中国法制出版社2017年版，第207页。北京市第二中级人民法院(2015)二中民终字第4937号民事判决书。

名义招用熊某亮的行为系违法招用劳动者,其与熊某亮之间形成的劳动合同无效。由于熊某亮实际为汤某林提供了劳务,无效劳动合同给熊某亮造成的实际损害为工资报酬。因此,承包人汤某林应当承担给付熊某亮工资报酬的赔偿责任。同时,对于劳动合同的无效,林亿达公司亦存在过错,对工资报酬应与汤某林共同承担连带赔偿责任。汤某林对结欠熊某亮工资18,490元无异议,此外,高温津贴系劳动者工资的组成部分,用人单位安排劳动者在室外(日最高气温达到35℃以上)露天工作以及不能采取有效措施将工作场所温度降低到33℃以下的(不含33℃),应当向劳动者支付夏季高温津贴,具体标准为每人每月200元,支付时间为4个月(6月、7月、8月、9月)。熊某亮2014年6月至8月5日在打包车间工作,汤某林未支付熊某亮高温津贴,也未采取有效的降温措施。故对熊某亮主张支付其工资18,490元及2.5个月高温津贴500元的诉讼请求,法院依法予以支持。因熊某亮与林亿达公司之间并不具备建立劳动关系的合意,熊某亮系汤某林以个人名义招用,其报酬发放、工作任务安排及管理均由汤某林负责,故熊某亮与林亿达公司之间不构成劳动关系,对熊某亮主张未签订劳动合同的双倍工资及违法解除劳动合同赔偿金的诉讼请求,法院不予支持。判决:(1)汤某林支付熊某亮工资18,490元、高温津贴500元,上述款项合计18,990元;(2)林亿达公司对上述给付款项承担连带赔偿责任;(3)驳回熊某亮的其他诉讼请求。[1]

分包单位对劳动者的劳务费承担连带责任。

【案例5-82】 贺某林诉谭某连等追索劳动报酬纠纷案

判决观点,被告内蒙古送变电成都分公司将劳务分包给无资质的谭某连承包,属于无效合同,但已形成事实上的劳务分包关系,被告谭某连拖欠原告班组工人的劳务费,给原告等工人造成了损害,被告内蒙古送变电成都分公司是发包人,根据《劳动合同法》第九十四条的规定,"个人承包经营违反本法规定招用劳动者,给劳动者造成损害的,发包的组织与个人承包经营者承担连带赔偿责任"。被告内蒙古送变电成都分公司违反法律规定,应当对被告谭某连所欠原告班组的劳务费承担连带支付责任。但因被告内蒙古送变电成都分公司尚欠被告谭某连工程款100万元,所以被告内蒙古送变电成都分公司应在100万元的范围内承担连带支付责任,又因被告内蒙古送变电成都分公司为内蒙古送变电公司的分公司,无独立财产,应由内蒙古送变电公司来承担内蒙古送变电成都分公司的连带支付责任。判决:(1)被告谭某连

---

〔1〕 参见国家法官学院案例开发研究中心编:《中国法院2016年度案例》(劳动纠纷),中国法制出版社2016年版,第109页。江苏省江阴市人民法院(2014)澄民初字第1046号民事判决书。

向原告贺某林支付劳务费88,930元及利息。被告内蒙古送变电公司在其所欠被告谭某连工程款100万元范围内对被告谭某连欠原告贺某林劳务费88,930元及利息承担连带责任。(2)驳回原告贺某林要求被告内蒙古送变电成都分公司支付劳务费的诉讼请求。[1]

个人独资企业转让后,受让人是否承担转让前的工伤待遇责任是有争议的问题。一般认为,《个人独资企业法》第三十一条规定的“投资人”应当仅仅指原投资人,因为相较于其他形式存在的企业,个人独资企业与其投资者的相对独立性是最小的,其投资人可以对企业资产自由处分,对企业事务自由处理,从这个意义上讲,个人独资企业在经营期间形成的债务实际上是投资人的个人债务,此债务并不随个人独资企业的转让而转移,个人独资企业转让前的债务应当由原投资人承担。连带责任作为一种加重责任,应该有法律的明确规定。在没有法律明确规定的前提下,现投资人对于受让前工伤的发生没有过错,其对原投资人债务承担连带责任是不恰当的。

【案例5-83】 陆某兰等诉陈某维等工伤保险待遇纠纷案

二审法院认为,对于陈某维应由谁承担赔偿责任问题。首先,根据《工伤保险条例》第六十二条第二款的规定,用人单位未依法参加工伤保险,职工发生工伤的,由用人单位按规定支付工伤保险待遇费用。因华隆木材厂未依法为陈某维缴纳工伤保险费,因此应依法承担陈某维按照《工伤保险条例》规定应享受的各项工伤保险待遇费用。又根据《工伤保险条例》第四十三条第一款“用人单位分立、合并、转让的,承继单位应承担原用人单位的工伤保险责任”的规定,虽然陈某维发生工伤事故后华隆木材厂由曾某平转让给了陆某兰经营,但华隆木材厂仍应承担对陈某维的工伤保险待遇的赔偿责任。因此,一审法院判决华隆木材厂支付陈某维的工伤保险待遇赔偿金103,827.76元是正确的。其次,华隆木材厂初始设立登记时是曾某平经营的个体工商户,后变更为曾某平投资经营的个人独资企业。根据法律规定,个人独资企业的投资人以其个人财产对企业债务承担无限责任,企业财产不足以清偿债务的,投资人应当以其个人的其他财产予以清偿。因此,在华隆木材厂的财产不足以支付工伤保险待遇时,应由曾某平以其个人财产承担清偿责任。最后,陈某维的事故发生后,曾某平经与陆某兰协商,将华隆木材厂转让陆某兰经营,并变更登记为陆某兰投资经营的个人独资企业。因为陈某维事故发生在企业转让之前,陆某兰既没有为陈某维缴纳工伤保险费的责任,也对陈某

〔1〕 参见国家法官学院案例开发研究中心编:《中国法院2016年度案例》(劳动纠纷),中国法制出版社2016年版,第182页。四川省华蓥市人民法院(2014)华蓥民初字第167号民事判决书。

维的工伤没有过错，且陆某兰也未曾与曾某平约定由其承担陈某维工伤赔偿责任，因此陆某兰不应对工伤保险待遇承担赔偿责任。一审判决陆某兰与曾某平对工伤保险待遇赔偿金由华隆木材厂支付后的补助部分承担连带清偿责任没有法律依据，予以纠正。至于上诉人主张陈某维对工伤事故有过错，亦应承担相应的过错责任，因为无事实根据和法律依据。故不予采纳。判决：(1)维持一审判决第一项；(2)变更一审判决第二项为华隆木材厂的财产不足以支付陈某维工伤保险待遇赔偿金的，由曾某平承担清偿责任。[1]

公司法定代表人在组织公司清算过程中，明知公司职工构成工伤并正在进行工伤等级鉴定，却未考虑其工伤等级鉴定后的待遇给付问题，从而给工伤职工的利益造成重大伤害的，该行为认定构成重大过失，应当依法承担赔偿责任。作为清算组成员的其他股东在公司解散清算过程中，未尽到其应尽的查知责任，也应认定存在重大过失，承担连带赔偿责任。该类型争议实际是将劳动者视为债权人之一，清算组未将其工伤保险待遇纳入清算债务，损害作为债权人的职工的利益，根据《公司法》第二百三十八条第二款后半段规定，因故意或者重大过失给债权人造成损失的，应当承担赔偿责任。

【案例5－84】　邹某英诉孙某根、刘某工伤事故损害赔偿纠纷案公司工伤待遇纠纷案

一审法院认为，邹某英在新威电器工作期间遭受工伤，依法应当享受工伤待遇。新威电器主体资格已经消灭，而孙某根、刘某作为新威电器原股东及公司清算组成员，已知邹某英遭受工伤，故清算过程中应当考虑到其工伤待遇的给付问题，但仍然遗漏。给邹某英的利益造成了重大损害，应当认定为重大过失，应对邹某英的损失进行赔偿，故判决支持邹某英的诉讼请求。二审法院判决：驳回上诉，维持原判。[2]

劳务派遣公司注销的，法定代表人（股东）对派遣人员伤残承担赔偿责任，用工单位有过错的承担连带赔偿责任。

【案例5－85】　马某兰诉李某明、朱某、新疆中通吉物流有限公司劳动争议纠纷案

一审法院认为，职工因工作遭受事故受伤，经认定为工伤，理应享受相应的工伤待遇，劳动者发生工伤事故，应由用人单位承担工伤保险责任，实行无

〔1〕 参见国家法官学院案例开发研究中心编：《中国法院2016年度案例》（劳动纠纷），中国法制出版社2016年版，第117～118页。广西壮族自治区贵港市中级人民法院（2014）贵民三终字第177号民事判决书。

〔2〕 参见《最高人民法院公报》2010年第3期（总第161期）。

过错责任原则。本案的争议焦点主要在于马某兰工伤保险待遇数额及责任主体的认定。本案马某兰与原乌鲁木齐鑫超晶洋劳务派遣有限公司存在劳动关系，马某兰于2020年6月20日在工作时间和工作场所内，因工作原因受到事故伤害，已认定为工伤，乌鲁木齐鑫超晶洋劳务派遣有限公司虽然于2021年5月31日注销，已丧失用人单位主体资格，但由于原乌鲁木齐鑫超晶洋劳务派遣有限公司在马某兰入职期间未依法为其缴纳社会保险费，马某兰依法可以主张其应当享受的工伤保险待遇，故用人单位应按照相关法律所规定的项目和标准来承担赔偿责任。根据关于马某兰主张的各项工伤保险待遇，法院认定如下：(1)一次性伤残补助金。根据《工伤保险条例》第三十五条第一款第一项的规定，职工因工致残被鉴定四级伤残的，一次性伤残补助金标准为21个月的本人工资，马某兰受伤前工资为每日160元，按30天计算为4800元，一次性伤残补助金100,800元(4800元/月×21个月)。(2)伤残津贴。根据《工伤保险条例》第三十五条第一款第二项的规定，从工伤保险基金按月支付伤残津贴，标准为四级伤残即为本人工资的75%，支付原告2021年7月1日至2022年11月30日伤残津贴61,200元，自2022年12月1日起按照每月3600元的标准，于每月15日之前给付当月伤残津贴至法定退休年龄止。(3)停工留薪期工资。根据《工伤保险条例》第三十三条的规定，职工因工作遭受事故伤害或者患职业病需要暂停工作接受工伤医疗的，在停工留薪期内，原工资福利待遇不变，由所在单位按月支付；停工留薪期一般不超过12个月。根据医嘱及结合马某兰伤情及伤残等级，法院认定马某兰停工留薪期工资为48,000元(4800元/月×12个月)。(4)住院伙食补助费。根据《工伤保险条例》第三十条第四款的规定，工伤职工住院进行治疗或者康复期间的伙食补助费，按照当地最低工资35%的标准，根据住院期间的实际天数计算确定；法院认定为180元(30元/天×6天)。(5)护理费。根据《工伤保险条例》第三十三条第三款的规定，结合当地护工从事同等级别护理的劳务报酬等因素，原告主张19,593元(6531元×3个月)未超过上年度职工月平均工资标准，法院予以认定。(6)鉴定费300元，应当由用人单位承担。(7)营养费。根据医嘱马某兰受伤后应加强营养，法院酌定为2000元。(8)残疾辅助器具费。根据《工伤保险条例》第三十二条的规定，经劳动能力鉴定委员会确认，马某兰需配置残疾辅助器具，其提交购买配置上臂机电价值35,000元票据，法院予以认定；对于之后需更换次数及年限并未确认，故待实际发生后再行主张。(9)交通费。根据《工伤保险条例》第三十条第四款的规定，结合马某兰、就医地点、时间、人数、次数及其必要的陪护人员等因素，酌定1000元。马某兰以上工伤保险待遇合计为268,073元。

原乌鲁木齐鑫超晶洋劳务派遣有限公司为自然人独资有限责任公司，公司注销时李某明向登记机关提交的《股东决定》，说明公司注销后如有遗留问题责任由全体股东按股东出资比例进行承担。本案中，原用人单位明知其与劳动者马某兰存在劳动争议案件及存在承担工伤保险责任的风险，仍然成立清算组，债权债务为0元的虚假清算报告办理法人注销登记，原用人单位的股东应当承担赔偿责任，故李某明作为自然人独资公司的股东不能证明该公司财产独立于其自身财产，公司注销后李某明自然承担上述赔偿责任。对于朱某应负承担赔偿责任，法院认为朱某并非原用人单位的股东，对于其作为清算组成员是否因履职不当及应否承担如此马某兰造成的损失并不属于工伤保险待遇中审查范畴。

根据《劳动合同法》第九十二条规定："用人单位给被派遣劳动者造成损害的，劳务派遣单位与用工单位承担连带赔偿责任。"对于新疆中通吉物流有限公司（以下简称中通吉物流公司）应负承担连带赔偿责任的主张，本案中，劳务派遣单位原乌鲁木齐鑫超晶洋劳务派遣有限公司及用工单位中通吉物流公司存在劳务派遣法律关系，在劳务派遣过程中，因用工单位给劳动者造成损害的，劳务派遣单位与用工单位承担连带责任，故中通吉物流公司应就上述费用承担连带责任。对于原告马某兰现以中通吉物流公司与原乌鲁木齐鑫超晶洋劳务派遣有限公司之间存在劳务派遣，且在劳务派遣协议履行过程中给劳动者造成损害为由要求中通吉物流公司对其所受之工伤承担连带赔偿责任的主张符合法律规定，法院对此项请求予以支持。综上所述，为维护社会主义核心价值观，保护劳动合同当事人的合法权益，判决：(1)被告李某明支付原告马某兰一次性伤残补助金100,800元；停工留薪期工资48,000元；护理费19,593元；住院伙食补助费180元；营养费2000元；交通费1000元；残疾辅助器具费35,000元；鉴定费300元；(2)被告李某明支付原告马某兰2021年7月1日至2022年11月30日伤残津贴61,200元，自2022年12月起逐月按月支付伤残津贴3600元（自2022年12月起逐月按3600元发放至原告法定退休年龄止）；(3)被告中通吉物流公司对上述款项承担连带赔偿责任；(4)驳回原告马某兰的其他诉讼请求。

二审法院认为，本案的争议焦点为上诉人中通吉物流公司能否认定为用工单位。上诉人中通吉物流公司认为根据服务合同的约定，可以反映其将快递分拣、装卸的劳务外包于鑫超晶洋公司，且双方按外包服务费结算，故其不应承担连带赔偿责任。被上诉人李某明认为鑫超晶洋公司将被上诉人马某兰派遣至上诉人中通吉物流公司工作，上诉人作为用工单位应承担连带赔偿责任，对于双方的争议，法院经审查后认为：首先，鑫超晶洋公司的经营范围包括国内劳务派遣，其招用被上诉人马某兰并与之签订劳动合同，而上诉人中通吉物流公司与被上诉人述马某兰之间并未形成劳动关系。其次，鑫超晶洋公司虽然与上诉人中通吉物流公司签订的合同为《外包服务合同》,但双方约定费用是按照《考勤记录清单》上鑫超晶洋公司提供的人员工时总数计算,并非按照外包业务的完成情况结算服务。最后,结合被上诉人马某兰受伤的过程可以反映其工作受上诉人中通吉物流公司工作人员的管理。综上,一审法院认定上诉人中通吉物流公司为用工单位并无不当,法院予以确认。上诉人中通吉物流公司作为用工单位,其未对在岗被派遣劳动者进行工作岗位所必需的培训,导致被上诉人马某兰按照现场人员错误指示提供劳动,造成事故伤害。故上诉人中通吉物流公司按照《劳动合同法》与劳务派遣单位承担连带赔偿责任,并无不当,法院予以确认。综上所述,上诉人中通吉物流公司的上诉请求不能成立,应予驳回;一审判决认定事实清楚,适用法律正确,应予维持。判决:驳回上诉,维持原判。[1]

(五)劳动特殊责任处理

主流观点认为,用人单位除向劳动者支付正常劳动报酬外,与劳动者约定服务期限并提供住房等特殊待遇,劳动者违反劳动合同约定提前解除劳动合同且不符合《劳动合同法》第三十八条规定情形时,用人单位请求劳动者折价补偿服务期限尚未履行部分应分摊费用或者赔偿造成的损失的,人民法院可以判令劳动者承担相应责任。

作为用人单位的法人,在与劳动者尚未产生劳动争议时即办理了注销登记,仲裁委以被申请人主体不适格为由作出不予受理决定。劳动者诉至法院后,法官可以直接在劳动法框架下进行实体审理并作出判决。但采用该种方式、突破民法和公司法对于"注销法人拟制人格已消灭"这一基本限制,法官应审慎审理并审查相关情况。

【案例5-86】 黄某诉王某、武某劳动争议纠纷案

判决观点,本案中,根据生效的法院判决书及劳动争议仲裁委员会裁决书,比得福公司自然股东之一的王某明知其担任法定代表人期间公司与黄某之间存在涉及工伤赔偿给付义务的劳动争议,且黄某医治其所受工伤时植入内固定物需要取出。但在该公司准备注销时,王某作为清算组成员,未向黄某明确告知要求其申报债权。比得福公司在清算过程中,亦未对黄某工伤的后续治疗费用予以考虑,且未在清算报告中载明注销后对公司债务的责任承

〔1〕 新疆维吾尔自治区昌吉市人民法院(2022)新2301民初4081号民事判决书;新疆维吾尔自治区昌吉回族自治州中级人民法院(2023)新23民终143号民事判决书。

担方案，由此导致黄某工伤医疗费未能通过清算程序得以清算。王某、武某对此存在不当之处。另经核实，比得福公司四名自然人股东中，张某与武某实为同一人，陈某查无此人，但比得福公司向工商行政管理部门提供了有四名股东签字的关于办理公司注销并成立清算组的股东会决议；且清算报告落款处公司名称为"孝昌县光耀商贸有限公司"，却加盖比得福公司公章，属于提交虚假的办理注销及清算手续、骗取公司登记机关办理法人注销登记。比得福公司股东王某、武某亦应承担对黄某债务的赔偿责任。判决：(1)王某、武某支付原告黄某工伤二次手术及康复费用25,000元；(2)驳回黄某的其他诉讼请求。[1]

根据我国《公司法》的规定，公司股东应履行其法定的清算组成员职责。公司清算时，清算组应当按照《公司法》的规定，将公司解散清算事宜书面通知全体已知债权人，并根据公司规模和营业地域范围在全国或者公司注册登记地省级有影响的报纸上进行公告。清算组未按照上述规定履行通知和公告义务，导致债权人未及时申报债权而未获清偿，债权人主张清算组成员对因此造成的损失承担赔偿责任的，对此应依法予以支持。另外，有限责任公司的股东、股份有限公司的董事和控股股东，以及公司的实际控制人在公司解散后，恶意处置公司财产给债权人造成损失，或者未经依法清算，以虚假的清算报告骗取公司登记机关办理法人注销登记，债权人主张其对公司债务承担相应赔偿责任的，同样应负相应的责任。因此，如用人单位股东在清算时未依法履行通知及清算义务，即其通过承诺企业申请注销登记前未发生债权债务办理了注销登记，导致劳动者的权益未能通过清算程序进行清偿，对此股东应当承担赔偿责任。故对劳动者要求股东承担工伤赔偿的请求，予以支持。

【案例5-87】 朱某梅与王某诚、章某娣工伤保险待遇纠纷案

一审法院认为，职工在上下班途中发生非因本人负主要责任交通事故的，应当认定为工伤。原告与某蓝公司之间存在劳动关系，原告在本次交通事故中负同等事故责任，故原告之伤应属于工伤，对此工伤已作认定，予以确认。根据《工伤保险条例》的规定，工伤职工进行治疗或者康复，按照国家和省的有关规定享受工伤医疗和工伤康复待遇，治疗工伤所需费用符合工伤保险诊疗项目目录、工伤保险药品目录、工伤保险住院服务标准，从工伤保险基金支付。职工暂停工作接受工伤医疗的，在停工留薪期内原工资待遇不变，由所在单位按月支付。职工因公致残被鉴定五级、六级的，从工伤保险基金

---

〔1〕 参见国家法官学院、最高人民法院司法案例研究院编：《中国法院2020年度案例》(劳动纠纷)，中国法制出版社2020年版，第219～220页。北京市东城区人民法院(2018)京0101民初5988号民事判决书。

按伤残等级支付一次性伤残补助金,劳动关系解除或终止,由工伤保险基金支付一次性工伤医疗补助金,由用人单位支付一次性伤残就业补助金。用人单位应当按时缴纳工伤保险费,应当参加工伤保险而未参加工伤保险的用人单位职工发生工伤的,由该用人单位按照工伤保险待遇和标准支付费用。原告、被告对有关工伤认定、伤残等级的事实均无异议,予以确认,某蓝公司应按照工伤保险待遇和标准支付费用。现某蓝公司已经注销,根据我国《公司法》的规定,两被告作为某蓝公司的股东,应履行其法定的清算组成员职责。公司清算时,清算组应当按照《公司法》的规定,将公司解散清算事宜书面通知全体已知债权人,并根据公司规模和营业地域范围在全国或者公司注册登记地省级有影响的报纸上进行公告。清算组未按照上述规定履行通知和公告义务,导致债权人未及时申报债权而未获清偿,债权人主张清算组成员对因此造成的损失承担赔偿责任的,对此应依法予以支持。另外,有限责任公司的股东、股份有限公司的董事和控股股东,以及公司的实际控制人在公司解散后,恶意处置公司财产给债权人造成损失,或者未经依法清算,以虚假的清算报告骗取公司登记机关办理法人注销登记,债权人主张其对公司债务承担相应赔偿责任的,同样应负相应的责任。现两被告在清算时未依法履行通知及清算义务,即其通过承诺企业申请注销登记前未发生债权债务办理了注销登记,导致原告的权益未能通过清算程序进行清偿,对此两被告应当承担赔偿责任。故对原告要求被告工伤赔偿的请求,予以支持。此外,因第三人侵权造成人身损害同时构成工伤的,依法享受工伤保险待遇,如职工获得侵权赔偿的,其享受的相对应项目中应当扣除第三人支付的医疗费、残疾器具费、工伤职工在停工留薪期间发生的护理费、交通费、住院伙食补助费。原告主张的具体赔偿项目,经审核作如下认定:(1)医疗费。经核对门诊、住院医疗费发票,原告在宁波市第四医院、解放军一一三医院、宁波李惠利医院支出的医疗费283,699.77元,被告未提出异议,予以认定。对象山人民医院方便药房开具的3张计6000元发票,上文已述应予扣除。根据工伤保险的规定,职工工伤治疗应当按照工伤规定的用药目录的规定,象山县社保管理中心审核原告用药中的19,972.87元不符合用药规定,应当予以扣除。原告请求的医疗费289,699元,扣除象山人民医院方便药房6000元、交强险10,000元、不符合工伤保险诊疗项目目录、工伤保险药品目录19,972.87元及由周某栋承担赔偿139,849.50元,医疗费为113,876.63元。(2)住院伙食补助费。根据《关于宁波市工伤职工就医交通、住宿费用支付标准规定的通知》(甬人社发〔2011〕111号)及宁波市人力资源和社会保障局、宁波市财政局《关于调整我市工伤职工就医食宿费用标准的通知》(甬人社发〔2017〕40号)规定,住院伙食补助费为2235元(141天×15元/天+6天×20元/天),扣除由周某栋承担50%赔偿责任2205元,住院伙食补助费为30元。(3)护理费。原告的伤情经鉴定,护理期限为自损伤之日起至鉴定前一日,即护理费为27,810元(147天×110元/天+194天×60元/天),扣除交强险4180.72元及由周某栋承担50%赔偿责任11,815元,护理费为11,815元。(4)交通费。原告未提供交通费发票,该院的(2017)浙0225民初3118号民事调解书载明交通费350元,工伤治疗期间确会产生交通费用,扣除由周某栋承担50%赔偿责任,酌定175元。(5)停工留薪期工资。原告的伤情经鉴定伤后所需误工期限为自损伤之日起至鉴定前一日,虽然被告对原告的工资3316元/月持异议,但被告未提供反驳证据,故按此工资标准及误工期间计算,计为37,692元(3316元/月×341天÷30天/月)。(6)一次性伤残补助金。按照《工伤保险条例》的规定,一次性伤残补助金根据劳动者的本人工资计算,如上所述,原告的工资3316元/月计算,原告的伤情经鉴定为六级,被告应支付一次性伤残补助金39,792元(3316元/月×16个月)。关系终止时上年度全省在岗职工月平均工资计发,原告的一次性伤残就业补助金为117,475元(2016年度浙江省在岗职工月平均工资4699元/月×25个月)、一次性工伤医疗补助金117,475元(2016年度浙江省在岗职工月平均工资4699元/月×25个月)。(7)一次性伤残就业补助金、一次性工伤医疗补助金。某蓝公司于2017年3月31日注销,原告与该公司的劳动关系终止,原告主张一次性伤残就业补助金、一次性工伤医疗补助金,予以支持。一次性伤残就业补助金、一次性工伤医疗补助金按劳动关系终止时上年度全省在岗职工月平均工资计发,原告的一次性伤残就业补助金为117,475元(2016年度浙江省在岗职工月平均工资4699元/月×25个月)、一次性工伤医疗补助金117,475元(2016年度浙江省在岗职工月平均工资4699元/月×25个月)。(8)营养费,因无法律依据,不予支持。上述费用合计438,331元。上述费用合计438,331元。综上所述,原告的诉讼请求部分成立。一审法院判决:(1)被告王某诚、章某娣赔偿原告朱某梅医疗费113,876.63元、住院伙食补助费30元、护理费11,815元、交通费175元、停工留薪期工资37,692元、一次性伤残补助金39,792元、一次性伤残就业补助金117,475元、一次性工伤医疗补助金117,475元等工伤保险待遇损失,合计438,331元;(2)驳回原告朱某梅的其他诉讼请求。

二审法院认为,对涉案事故责任认定时,交警部门已充分考虑到被上诉人未取得机动车驾驶证驾驶机件不符合技术标准的二轮摩托车,转弯时未让直行的车辆先行等违法行为,并根据周某栋驾驶机动车时超速行驶且未按规范安全驾驶机动车的过错,确定双方对事故的发生承担同等责任,原判对此采信,并根据该事故发生在被上诉人下班途中的事实,认定被上诉人因该次事故受伤构成工伤，依据充分，并无不当。至于被上诉人的工资标准，因被上诉人提供的工资单系上诉人出具，而上诉人又无其他证据可以推翻该证据，故其对该工资标准提出的异议，法院难以采信。综上所述，王某诚、章某娣的上诉请求不能成立，应予驳回；一审法院认定事实清楚，适用法律正确，应予维持。判决：驳回上诉，维持原判。[1]

用人单位发生合并或者分立等情况，原劳动合同继续有效，劳动合同由承继其权利和义务的用人单位继续履行。《工伤保险条例》第四十三条第一款规定，用人单位分立、合并、转让的，承继单位应当承担原用人单位的工伤保险责任；原用人单位已经参加工伤保险的，承继单位应当到当地经办机构办理工伤保险变更登记。承继单位与原用人单位签订的合同对工伤保险事项有约定的，亦应按合同约定处理。

【案例5-88】 李某诉腾丰公司劳动争议纠纷案

二审法院认为，腾丰公司与棉麻公司签订转让协议属于法律规定之情形，李某的劳动合同的权利义务由承继其权利和义务的腾丰公司继续履行。根据转让协议约定：对因工致伤残的职工由腾丰公司给予妥善安置。《工伤保险条例》规定：用人单位分立、合并、转让的，承继单位应当承担原用人单位的工伤保险责任。腾丰公司作为用人单位，理应承担原用人单位的工伤保险责任。李某未提前30日以书面形式通知用人单位解除合同，而是主动提出辞职，并非腾丰公司提出解除劳动合同，非因用人单位法律规定的情形，用人单位无需支付经济补偿，故对李某主张棉麻公司支付经济补偿不予支持。判决：驳回上诉，维持原判。[2]

分公司注销后，劳动者受总公司委托处理遗留事务，继续提供劳动，其总公司应对拖欠的工资承担给付责任。

【案例5-89】 四川星星公司诉王某福劳动争议纠纷案

二审法院认为，宜昌分公司是星星公司依法设立并领取营业执照的分支机构，其不具有法人资格，法律责任应由星星公司承担。虽然星星公司2015年9月28日申请注销了宜昌分公司，但星星公司没有依法对宜昌分公司的债权债务进行清算及职工进行安置。2011年3月1日，宜昌分公司与王某福签订《书面劳动合同书》，虽然到期后，宜昌分公司没有与王某福再续签劳动

---

[1] 浙江省宁波市中级人民法院(2019)浙02民终959号民事判决书。

[2] 参见国家法官学院、最高人民法院司法案例研究院编：《中国法院2021年度案例》(劳动纠纷)，中国法制出版社2021年版，第198页。新疆维吾尔自治区阿克苏地区中级人民法院(2019)新29民终659号民事判决书。

合同，但本案证据显示，星星公司在将宜昌分公司注销后，王某福一直都还在宜昌分公司工作，依然为星星公司提供劳动，故应当认定星星公司与王某福在2015年1月至2016年6月存在劳动关系。判决：星星公司支付王某福2015年1月至2016年6月的工资共18万元。[1]

在工伤职工获得工伤补偿之后，是否能对用人单位提起精神损害赔偿，尚待从理论和实践中深入探讨。实践中已经出现工伤补偿外请求支付精神损害赔偿的案例。

【案例5－90】　刘某诉深圳金龙毛绒布织造公司劳动合同纠纷案

1998年8月，刘某与深圳金龙毛绒布织造公司签订了劳动合同，但该公司没有为其办理工伤保险。1998年11月20日下午，刘某在工作中被自己操作的4号梳毛机扣头卷入轧断双臂，治疗后经鉴定为二级伤残，丧失劳动能力100%。由于与公司在经济赔偿问题上无法达成一致意见，刘某向法院提出诉讼，请求判令公司一次性支付伤残补助金、残疾补偿金、精神损害赔偿等共计人民币341.3364万元，一审法院判决刘某获赔133.8801万元。[2]

职工的工伤（伤残、死亡）与用人单位以外的第三人的侵权行为产生竞合，受害人在获得侵权赔偿之后，还可以获得工伤赔偿。受害人能否获得精神损害赔偿，需分两种情况予以确定。

第一种情况，第三人是直接侵权人，可以要求精神损害赔偿。

第二种情况，第三人不是直接侵权人（如雇主），则不可以要求精神损害赔偿。

根据《最高人民法院关于确定民事侵权精神损害赔偿责任若干问题的解释》第八条第二款的规定："因侵权致人损害，造成严重后果，人民法院……可以根据受害人一方的请求判令其赔偿相应的精神抚慰金。"精神抚慰金的赔偿是基于侵权行为直接产生的民事赔偿责任，而雇主责任是无过错责任，雇主不是直接侵权人，因此上述案例原告要求雇主赔偿精神损害抚慰金于法无据。

企业高管身份具有双重性，其既是劳动者，又是用人单位的管理者。因此对于高管各项请求应结合其岗位职责及导致问题产生的实际原因等因素来综合衡量，对于属于正常劳动者权益的主张予以支持，对于与其高管职能有关的相关权益则需作具体分析认定。换言之，企业高管主持制定的政策侵害其自身权益的责任，而应由自身承担。

---

〔1〕　参见国家法官学院案例开发研究中心编：《中国法院2019年度案例》（劳动纠纷），中国法制出版社2019年版，第148页。四川省广安市中级人民法院（2017）川16民终1367号民事判决书。

〔2〕　参见最高人民法院民事审判第一庭编著：《最高人民法院人身损害赔偿司法解释的理解与适用》，人民法院出版社2004年版，第198页。

【案例5－91】 丁某诉山东盛大科技股份有限公司劳动争议纠纷再审案

再审法院认为,本案双方争议的焦点问题为山东盛大科技股份有限公司(以下简称盛大公司)是否应向丁某支付解除劳动合同补偿金22,134.38元。(1)关于盛大公司是否"未及时足额支付劳动报酬"的问题。虽然盛大公司未及时足额支付劳动报酬属实,但这一应对公司经济困难的措施是在丁某向公司提交《关于应对当前资金紧张的措施》建议后实施的,虽然实施的范围和时间段都超出了丁某的建议,但两者之间的因果关系是明确的。丁某提出该建议,对该建议若实施必然影响其个人的薪酬是明知的,其对该建议产生的后果应当承担相应的责任,不能将该后果完全归咎于盛大公司。至于公司最终实施的方案是董事会会议还是高层管理人员会议决定,是否与其建议完全一致,并不影响对丁某建议缓发薪资与盛大公司拖欠薪资之间存在因果关系的认定。这与《劳动法》规定的用人单位未及时足额支付劳动报酬的一般情形,存在明显差别。况且,丁某在该建议被采纳的数月后,就以公司未支付薪酬薪资为由提出辞职,有悖诚实信用原则,综上,丁某的该再审主张,法院依法不予支持。(2)关于公司是否"未依法缴纳社会保险费"的问题。缴纳社会保险的工作是由丁某领导的人力资源部负责,现有证据均证实是丁某主动要求下属停止缴纳其个人的社会保险,丁某主张未缴纳社会保险是盛大公司的责任缺乏依据。(3)关于盛大公司是否存在"规章制度违反法律、法规的规定,损害劳动者权益"的问题。丁某主张盛大公司制定的《关于筹款的工作安排和考核规定》存在强行集资行为。从该考核规定的内容上看,是盛大公司资金紧张期间向董事、副总等高管存款的一个董事会决议,在2011年6月10日之前筹款并打入公司指定账户,董事一级存款100万元(月利息1.5%),如果未完成会扣分,超额完成会加分奖励。考核规定中的扣分、加分与考核薪酬挂钩,超额完成还有相应的奖励,该考核规定也没有其他强制性的条款,不存在违反法律法规的情形。丁某虽提供了几份内部邮件证明盛大公司催促过高管筹款,但这些邮件亦不足以证明考核规定违反法律法规的规定。因此丁某的该再审主张,法院依法不予支持。丁某主张盛大公司违反《劳动合同法》第三十八条规定的理由均不成立,其要求盛大公司支付解除劳动合同补偿金的再审主张应予驳回;原审判决认定事实清楚,适用法律正确,依法应予维持。[1]

受托单位按双方《人力资源外包服务协议书》的约定,为委托单位员工代办社会保险,相关法律后果应由实际用人单位即委托单位承担,受托单位与劳动者

〔1〕 山东省高级人民法院(2014)鲁民提字第109号民事判决书。

之间不存在劳动关系,其无需承担工伤保险待遇赔付责任。

【案例5-92】 胡某帆与合肥某顺服务外包有限公司、安徽某泰保安服务有限公司劳动争议纠纷案

二审法院认为,本案争议焦点为胡某帆之父胡某昂的工亡保险待遇赔偿主体问题。经查,2016年11月18日,胡某昂与安徽某泰保安服务有限公司(以下简称某泰公司)签订一份《劳动合同书》,某泰公司将胡某昂安排至合肥一航航空设备有限公司项目部从事保安工作,而某泰公司与合肥某顺服务外包有限公司(以下简称某顺公司)签订的《人力资源外包服务协议书》约定某顺公司受某泰公司委托,为某泰公司有偿提供社会保险代办服务,某顺公司据此为胡某昂缴纳了2017年2月至11月工伤保险费,鉴于胡某昂、某泰公司分别符合劳动法律、法规规定的劳动者、用人单位主体资格,双方签订了书面劳动合同,胡某昂接受某泰公司管理,从事某泰公司安排的有报酬的工作,胡某昂提供的劳动系某泰公司业务组成部分,故胡某昂与某泰公司之间符合劳动关系基本特征,某泰公司应对胡某昂承担用人单位法定义务。一审认定某顺公司系胡某昂劳务派遣单位,某泰公司系胡某昂用工单位,某泰公司与某顺公司系劳务派遣合同关系,法院不予认同。胡某昂所受伤亡已经行政机构认定为工伤,胡某昂的劳动者权益受法律、法规保护,鉴于某泰公司未为胡某昂足月缴纳在职期间工伤保险,社会保险经办机构拒绝赔付胡某昂工亡保险待遇,故某泰公司应对胡某昂承担工伤保险待遇赔付责任,一审计算某泰公司承担丧葬补助费35,526元、一次性工亡补助金672,320元,于法有据,法院予以确认。某顺公司按《人力资源外包服务协议书》约定,受某泰公司委托为胡某昂代办社会保险,相关法律后果应由某泰公司承担,某顺公司上诉称其与胡某昂不存在劳动关系,其无需承担工伤保险待遇赔付责任,法院予以采纳。综上所述,某顺公司的上诉请求成立,某泰公司的上诉请求不能成立。判决:(1)撤销安徽省合肥高新技术产业开发区人民法院(2018)皖0191民初4107号民事判决;(2)某泰公司向胡某帆支付丧葬补助费35,526元、一次性工亡补助金672,320元;(3)驳回胡某帆的其他诉讼请求。[1]

遭受职场性骚扰有权依法请求精神损害赔偿。

【案例5-93】 王某诉傅某性骚扰损害责任纠纷案

王某与傅某系同事关系。傅某为追求王某,不断拨打王某电话,频繁向王某发送骚扰短信,内容低俗、语言污秽。王某不堪其扰,将此事告知单位。在单位要求下,傅某两次写下保证书,保证不再骚扰王某。但此后傅某仍然

---

〔1〕 安徽省合肥市中级人民法院(2019)皖01民终2844号民事判决书。

通过电话、短信继续骚扰王某。2020 年 5 月 26 日,王某以傅某骚扰、恐吓为由报警。2020 年 6 月 8 日,某市公安局某分局确认傅某于 2019 年 7 月至 2020 年 5 月 15 日,违反法律规定,多次以发送骚扰短信、拨打骚扰电话方式干扰他人正常生活,决定给予傅某行政拘留七日并处罚款 200 元。因傅某频繁骚扰,王某被医院确诊患有抑郁发作,伴精神病性症状。王某认为,傅某的行为给其造成了严重的精神损害,向人民法院起诉请求判令傅某向其书面赔礼道歉,并赔偿其精神损害赔偿金 50,000 元和医疗费等其他财产损失共计 228,300 元。判决观点,《妇女权益保障法》(2018 年修正)第四十条规定,禁止对妇女实施性骚扰。任何人不得以身体、语言、动作、文字或者图像等方式,违背妇女意愿对妇女实施性骚扰。傅某通过电话、短信等方式对王某频繁实施性骚扰,侵害了王某的人格权,并对王某造成了极大的精神负担和身体伤害,其行为背离了社会主义核心价值观的基本要求,应当依法承担相应的法律责任。故判令傅某赔偿王某精神损害抚慰金 30,000 元及医疗费等 61,804.2 元,并向王某书面赔礼道歉。[1]

---

〔1〕 最高人民法院发布第三批人民法院大力弘扬社会主义核心价值观典型民事案例之八。

专题六　劳动合同变更解除纠纷

本专题是对劳动合同纠纷案件中，涉及劳动合同的变更、解除及终止的阐述。因劳动合同解除及终止虽然在法律上有诸多区别，但在劳动合同不再继续履行的后果上是相同的，故放在一个专题项下讨论。

一、劳动合同变更法律适用

(一)劳动合同变更含义

劳动合同变更,是指对现存的劳动合同的权利义务进行改变。或者说,双方当事人依法对已经成立但尚未履行或尚未完全履行的合同内容和条款进行修改和增减的行为。劳动合同的变更包括内容和主体两方面。

《劳动合同法》第三十五条规定:“用人单位与劳动者协商一致,可以变更劳动合同约定的内容。变更劳动合同,应当采用书面形式。变更后的劳动合同文本由用人单位和劳动者各执一份。”该条是劳动合同变更的规定。该条规定包含了以下层面的含义:其一,劳动合同与普通合同一样是可以变更其内容的。其二,变更的主体是用人单位与劳动者。其三,变更的意思表示要形成合意即协商一致,用人单位没有单方决定权,用人单位除了履行告知义务,还应征得劳动者同意。劳动者享有知情同意权,“知情”和“同意”是一个整体缺一不可。其四,变更合同的形式必须采用书面形式,依法排除了口头形式。其五,对变更后持有劳动合同提出明确要求,即劳动者手中必须有一份劳动合同。

《劳动合同法》第三十四条规定:“用人单位发生合并或者分离等情况,原劳动合同继续有效,劳动合同由承继其权利和义务的用人单位继续履行。”该条是关于用人单位合并或者分离的规定。用人单位分离是指将其一部分分出去成立一个新的用人单位,或者用人单位分割为两个以上新的用人单位。前者是派生分立(存续分立),后者是新设分立。无论是哪种分立,用人单位都应当依法处理其分立前与其发生的各种关系。用人单位发生分立,用人单位与劳动者在分立前订立的劳动合同,并不因为分立而失效,仍具有法律效力,应当履行。在这种情况下,劳动关系双方无需签订新的劳动合同,只是因为原用人单位已经发生变化或不再存在,所以履行劳动合同的用人单位一方,应当是承继原用人单位权利义务的用人单位,即应当由分立后继续享有原用人单位权利并继续承担原用人单位义务的用人单位履行。也正是因为劳动合同仍有效,也没有变更劳动合同约定的内容,所以在分立的情形下无需征求劳动者同意。这也是与劳动合同变更的显著区别。

合同变更的要件。关于合同的形式事件。《劳动合同法》第三十五条规定了合同变更应当采用书面形式。《劳动争议解释(一)》第四十三条规定:“用人单位与劳动者协商一致变更劳动合同,虽未采用书面形式,但已实际履行了口头变更的劳动合同超过一个月,且变更后的劳动合同内容不违反法律、行政法规、国家政策以及公序良俗,当事人以未采用书面形式为由主张劳动合同变更无效的,人民法院不予支持。”该条实质上是有条件地认可了口头变更劳动合同的效力。可见,劳动合同变更的形式要件仍以书面形式为原则,口头变更为例外和补充。关于合同的实质要件。广义的合同变更包括主体变更和内容变更,狭义的合同变更仅指内容变更。狭义的合同变更又可分为法定变更和意定变更。就劳动合同的变更而言,法定变更主要包括劳动者不能胜任工作时的岗位调整等情形,意定变更主要是指用人单位和劳动者经协商一致后对劳动合同进行变更。为保护劳动者的合法权益,劳动法律对法定变更的要求非常严格,仅规定了极少的法定变更情形。而对于意定变更法律没有必要过分干涉,应以当事人的意思自治为原则,保障劳动者的就业选择权和用人单位的用工自主权。《劳动合同法》第三十五条设定了劳动合同意定变更的实质要件,即用人单位与劳动者协商一致可以变更劳动合同约定的内容。

合同变更的范围,一般包括内容、用工主体、劳动报酬调整外,常见多发的为调岗、工作地点变动。所谓调岗,又被称为调职,即在相当长的一段时间变更劳动者的职务与工作场所。合同中明确约定的特定岗位,且该岗位有专业技术特征或特殊资格要求的,其调整属于劳动合同的变更。

合同变更的合意,对合同变更必须要求用人单位与劳动者的协商一致,应以双方形成合意为表示。因此,劳动关系的建立是劳动者与用人单位就双方之间劳动权利义务达成合意的结果。用发展和发展的眼光看待劳动关系长期和稳定的履行过程可以看出,劳动关系的履行不仅在建立时需要双方的合意,还需要依靠履行过程中双方达成的一系列不断变化的新的合意来维持。换言之,在个别劳动关系的履行过程中,劳动者与用人单位一系列合意的整体才是劳动合同的本来和完整面目,才构成合意的完整内容。《劳动争议解释(一)》第四十三条规定中允许“默示推定”变更合同,但该规定的适用前提是“用人单位与劳动者协商一致变更劳动合同”,其后劳动者自新岗位工作之日起 1 个月内未提出异议,缺失前提条件则表明双方对合同变更的合意不成立。

劳动者仍在原工作场所、工作岗位工作,劳动合同主体由原用人单位变更为新用人单位的,应当认定属于“劳动者非因本人原因从原用人单位被安排到新用人单位工作”,工作年限应当连续计算。劳动者用人单位发生变动,对于如何界定是否因劳动者本人原因,不应将举证责任简单地归于新用人单位,而应从该变动的原因着手,查清是哪一方主动引起了此次变动。劳务派遣公司亦不应成为工作年限连续计算的阻却因素。2021 年施行的《劳动争议解释(一)》第四十六条对于工龄连续计算问题的细化和适用,是对该观点的继承与明确。无论如何变更,只要前提条件是“非因劳动者原因”,均应适用从严保护劳动者的原则。

(二)劳动合同变更认定

《就业促进法》第八条规定:“用人单位依法享有自主用人的权利。”用人单位作为市场主体,根据自身生产经营需要而对劳动者的工作岗位、工作地点进行适当调整,是行使用工自主权的重要内容,对其正常生产经营不可或缺。但同时,用人单位用工自主权的行使也必须在相关法律和政策的框架内,符合一定条件和范围,如用人单位须对岗位或工作地点的调整作出合理说明,防止用人单位借此打击报复或变相逼迫劳动者主动离职,也即防止其权利的滥用。

对合同变更的认定,应贯彻对企业用工自主权和劳动者合法权益进行平衡保护的原则,结合个案实际对用人单位变更合同动机、变更合同内容对劳动者造成的实际影响、用人单位采取的方式和手段等进行全面审查。对于用人单位确因生产经营需要,或者因订立合同时所依据的客观情况发生重大变化,双方无法协商的,如果变更劳动合同的内容未对劳动者权益实质造成影响,或者用人单位采取合理的弥补措施,如调整岗位并辅之以相关培训,且薪酬待遇维持原标准或适当提高,或在调整工作地点后提供班车、提供交通补贴等,可以有效消除劳动者影响的情况下,应当认定用人单位的正当性与合理性。如果变更劳动合同给劳动者权益造成重大影响无法消除,双方可以提出解除劳动合同,由用人单位支付经济补偿金。对于用人单位合同变更的动机不正当,滥用用工自主权以达到解除劳动合同的目的,或者变相强迫劳动者辞职的,则应认定用人单位的行为违法。

主流观点认为,劳动者因用人单位单方调整工作岗位、工作地点发生的劳动争议,用人单位对调整工作岗位、工作地点的合法性负举证证明责任。劳动者主张调整工作岗位、工作地点违法,有下列情形之一的,人民法院应予认定:(1)不符合劳动合同的约定或者用人单位规章制度规定的;(2)非出于用人单位生产经营客观需要的;(3)劳动者的工资及其他劳动条件存在不利变更且未提供必要协助或者补偿措施的;(4)劳动者客观上不能胜任调整后的工作岗位的;(5)存在歧视性、侮辱性等情形的;(6)违反法律、行政法规等规定的。用人单位违法调整工作岗位、工作地点,劳动者以用人单位不提供劳动条件为由,要求解除劳动合同并支付经济补偿的,人民法院应予支持。

司法实践中,岗位或工作地点调整的合理性一般考虑以下因素:其一,是否基于用人单位生产经营需要。其二,是否属于对劳动合同约定的较大变更。其三,是否对劳动者有歧视性、侮辱性。其四,是否对劳动报酬及其他劳动条件产生较大影响。其五,劳动者是否能够胜任调整的岗位。其六,工作地点作出不便调整后,用人单位是否提供必要协助或补偿措施等。

【案例6-1】 北京旺旺食品有限公司诉王某辉经济补偿金纠纷案

二审法院认为,北京旺旺食品有限公司(以下简称旺旺公司)要将王某辉劳动合同转至大旺公司,在法律意义上并非简单的劳动合同约定范围内转岗,而是要求王某辉解除原劳动合同,与新的用工主体签订新的劳动合同,此种重大变更行为应充分尊重王某辉的意愿,并与其协商一致,不得用不正当方式强迫或变相强迫劳动者妥协。旺旺公司因就变更劳动合同主体问题与王某辉无法协商一致后,采用长期"培训"的方式使劳动者无法从事原岗位工作,经审查,培训理由明显缺乏合同正当性,属于单方对劳动合同的履行进行变更,该做法缺乏法律依据,不具有正当性。在双方劳动争议未解决的情况下,旺旺公司要求王某辉为大旺公司工作,工作岗位由设备维修调整为封箱,结合录音材料中旺旺公司管理人员的表态,应当认定旺旺公司的工作安排已经超出了合法调岗的界限和范围,不具有正当性与合理性。在王某辉拒绝到岗的情况下,旺旺公司以王某辉不服从工作安排违反规章制度为由解除劳动合同,欠缺合法性及合理性,原判认定旺旺公司系违法解除劳动合同应支付经济补偿金定性准确。判决:驳回上诉,维持原判。[1]

用人单位与另一用人单位在股权结构上发生营业转让的,并非公司分立关系,用人单位单方变更劳动合同主体的行为属于合同变更的范畴。

【案例6-2】 华某诉中国移动通信集团北京有限公司劳动争议纠纷案

一审法院认为,现中国移动通信集团北京有限公司(以下简称中国移动公司)未经华某同意,单方变更劳动合同主体的行为无效;且生效判决已确认华某与中国移动公司原劳动合同合法有效,双方之间的劳动合同仍在履行过程中。因此,中国移动公司应对华某继续承担用工主体责任。2016年10月至11月14日华某到中国移动公司人力资源部报到,上述期间华某虽未实际提供劳动,但其是为了解决合同主体变更的个人重大问题,且中国移动公司单方变更行为无效,故上述期间华某未提供劳动的主要责任在于中国移动公司。华某之后一直在原工作岗位工作,故中国移动公司应支付华某2016年10月至12月的工资差额10,573.39元。中移在线公司已按绩效考核结果支付华某中国移动公司2017年1月工资,应视为已代替中国移动公司履行义务,华某虽不认可绩效考核结果,但未能提供证据反驳,华某要求中国移动公

---

〔1〕 参见国家法官学院案例开发研究中心编:《中国法院2019年度案例》(劳动纠纷),中国法制出版社2019年版,第57页。北京市第三中级人民法院(2018)京03民终1349号民事判决书。

司支付2017年1月工资差额2726.02元的诉讼请求,缺乏依据,法院不予支持。关于2016年年终奖49,000元,企业有权根据员工的绩效考核情况核定福利待遇,中国移动公司按18,693.18元加2150元的标准支付华某2016年年终奖并无不妥,华某主张其2015年年终奖标准及2016年同岗人员年终奖标准支付年终奖,没有事实与法律依据,法院对华某的该项诉求不予支持。华某要求中国移动公司支付2016年7月至2017年1月交通费5600元。华某的工作是对前台10086的录音、工单、反映问题的回复进行监督;中国移动公司并不能证明其提出的交通费是按照工作需要实报实销;中国移动公司以应向中移在线公司主张为由不予报销,理由不能成立,故对华某的该项诉求,法院予以支持。判决:(1)中国移动公司支付华某2016年10月至12月工资差额10,573.39元;(2)中国移动公司支付华某自2016年7月至2017年1月交通费5600元;(3)驳回华某的其他诉讼请求。二审法院同意一审裁判意见。[1]

劳动合同变更的,劳动者自新岗位工作之日起1个月内提出异议,不能默示推定为成立合意。

【案例6-3】 嘉立德(厦门)电子科技有限公司诉宋某才劳动合同纠纷案

判决观点,嘉立德(厦门)电子科技有限公司(以下简称嘉立德公司)与宋某才就调岗一事未达成一致。嘉立德公司于2017年2月28日发布的通知,宋某才的岗位调整是从3月1日才开始。该通知中,用人单位单方调岗的意思明确,与嘉立德公司声称的其早在2月即与宋某才就调岗一事达成合意明显存在矛盾,亦不合常理。(1)若双方就调岗已达成合意,通知的内容完全可以体现该调整已与宋某才沟通并协调一致;(2)岗位调整的时间不应该从3月1日才开始;(3)新岗位的工作内容不会在通知发出时仍处于未知的、待安排的状态。此外,考勤表系事后签署,并无载明具体工作内容,故考勤主体虽有变化,并不足以证明宋某才岗位在2月即已发生变化。另外,即便嘉立德公司所述宋某才2月已在欣众达公司上班,但其在2月前3天在补休。2月4日才开始至新岗位工作,至3月1日起即无完整上下班打卡记录,结合宋某才以往的打卡习惯及其向同安区劳动监察大队投诉一事,足以认定宋某才自3月1日起因岗位调整问题与嘉立德公司产生冲突,不同意在新岗位工作;鉴于嘉立德公司与宋某才就调岗一事并未达成书面变更协议,自2月4日起至3月1日,宋某才在新岗位上工作未满1个月即向嘉立德公司提

---

〔1〕 参见国家法官学院、最高人民法院司法案例研究院编:《中国法院2020年度案例》(劳动纠纷),中国法制出版社2020年版,第53页。北京市第二中级人民法院(2018)京02民终3491号民事判决书。

出异议。综上,嘉立德公司与宋某才就变更岗位一事未达成合意,且新岗位与原岗位工种差异明显,用工主体亦不相同,宋某才亦不同意岗位变更,嘉立德公司仍要求宋某才到新岗位工作,可以认定嘉立德公司未能依据原劳动合同约定提供劳动条件,宋某才据此要求解除劳动合同的,嘉立德公司依法应向宋某才支付经济补偿金。[1]

(三)劳动合同工作地点变更

工作地点是劳动合同的重要内容,也是劳动者考虑是否与用人单位建立劳动关系的重要因素之一,明确具体的工作地点是劳动合同的必备内容。在履行劳动合同过程中,劳动关系双方时常因为工作地点的变更导致纠纷发生,调整工作地点系劳动合同内容的重要变更。如果用人单位变更劳动者的地点超出劳动合同约定的范围,属于变更劳动合同,劳动合同法规定用人单位变更劳动合同应与劳动者协商一致。

劳动合同约定工作地点是全国,用人单位能否随意变更工作地点。用人单位与劳动者在劳动合同中宽泛地约定工作地点是"全国""北京"等,属于对工作地点约定不明。劳动者在签订劳动合同后,已经在实际履行地点工作的,视为双方确定具体的工作地点。用人单位不得仅以工作地点约定为"全国""北京"为由,无正当理由变更劳动者的工作地点。

现实社会生活中,很多单位为了用工便利,在劳动合同中约定的工作地点为全国或服从公司安排等,此类工作地点的约定过于宽泛,仅便利了用人单位,忽略了对劳动者权利的保护。对该种约定应结合实际用工岗位等情况综合判断,一般应以劳动合同实际履行地为双方约定的工作地点。对于异地调动未有法律规定,一般认为异地工作地点的调动不仅要符合用人单位生产经营的合理需要,还要对劳动者的实际利益没有造成太大影响。

个案中,判断用人单位调整工作地点是否具有合法性,应当结合劳动合同的约定内容、合同解释规则、合同履行情况等因素综合分析判断。

【案例6-4】 永安财产保险股份有限公司南通中心支公司诉陈某劳动争议纠纷案

二审法院认为,本案中,永安财产保险股份有限公司南通中心支公司(以下简称永安保险公司)与陈某订立劳动合同,约定聘用陈某从事内勤岗位工

[1] 参见国家法官学院案例开发研究中心编:《中国法院2019年度案例》(劳动纠纷),中国法制出版社2019年版,第60~61页。福建省厦门市海沧区人民法院(2017)闽0205民初2386号民事判决书。

作。结合双方劳动合同中对陈某工作岗位的约定分析,陈某从事内勤工作,不同于销售、维修服务等工作对象分布广泛的岗位,内勤岗位服务对象相对固定,工作地点亦相对固定。虽然双方的劳动合同约定工作地点为江苏,但该约定工作地点范围并不明确,合同履行过程中陈某的实际工作地点为江苏省海安县。永安保险公司作为劳动合同格式文本的提供方,其理应提供工作地点约定明确的合同文本供双方使用,但永安保险公司提供的合同文本中工作地点仅显示为“江苏”,并无明确的县市范围。因该约定地点不明确致使双方产生理解上的分歧,对相关条款应根据合同解释规则并结合合同履行情况,按照公平原则进行解释。陈某自2011年3月到永安保险公司海安营销部从事内勤工作,至2017年6月永安保险公司解除双方的劳动合同,长达6年时间的工作地点均在江苏省海安县,该长期履行的实际地点应为双方合意一致的约定工作地点。陈某已在长期工作地点购房置业,固定居住在海安县。永安保险公司与如欲调整其至相距较远的地点工作,应与陈某协商确定。现永安保险公司未经协商即将陈某调整至远离其居住地南通市区工作,且未提供交通、住宿等方面有效的替代方案,致使作为普通员工的陈某收入相对减少,陈某予以拒绝具有合法正当的理由。永安保险公司以违反规章制度为由将陈某开除,属用人单位权利滥用,该行为违反了我国《劳动合同法》规定,构成违法解除劳动合同,永安保险公司依法应向陈某支付赔偿金。判决:驳回上诉,维持原判。[1]

【案例6-5】 佳丽公司诉姚某劳动争议纠纷案

一审法院认为,关于违法解除劳动合同赔偿金,佳丽公司、姚某双方约定的工作地点为服从公司安排,这并非明确的工作地点,佳丽公司在长沙的专柜撤柜后,将姚某调至上海专柜工作,但姚某仅为普通营业员,工作、生活均在长沙,在未与姚某进行协商的前提下,佳丽公司要求姚某远离其经常居住地的上海工作,且未对姚某来沪后的工作生活进行妥善安排,故而佳丽公司调整姚某工作地点缺乏合理性。佳丽公司认为姚某未在公司规定的时间至上海专柜报到即为旷工明显不合理,据此解除与姚某之间的劳动合同之行为欠妥,故姚某要求佳丽公司支付其违法解除劳动合同赔偿金之请求合理,予以支持。二审法院同意一审法院裁判意见。[2]

对于用人单位调整工作地点合理性的判断,应考量是否为企业经营所必需,

---

〔1〕 参见国家法官学院、最高人民法院司法案例研究院编:《中国法院2020年度案例》(劳动纠纷),中国法制出版社2020年版,第62页。江苏省南通市中级人民法院(2018)苏06民终667号民事判决书。

〔2〕 参见国家法官学院、最高人民法院司法案例研究院编:《中国法院2021年度案例》(劳动纠纷),中国法制出版社2021年版,第45页。上海市第一中级人民法院(2019)沪01民终15760号民事判决书。

企业是否为劳动者提供必要的补救和保障措施，考察地点调整是否对劳动者的工资等其他待遇产生不利影响，地点调整是否对劳动者对工作的胜任度产生不利影响。在双方合同约定了可以变更工作地点的情形下，如果用人单位对工作地点的调整是正当合理的，则劳动者应当服从用人单位的安排，工作地点调整是恶意的，且未采取任何补救措施，对劳动者产生重大不利影响的，应当视为未提供法律要求的对劳动者合法权益的保护。

【案例6－6】 白某港诉北京豪特耐管道设备有限公司劳动争议纠纷案

二审法院认为，对于用人单位调整劳动者工作地点的行为，应当本着兼顾劳动者合法权益与用人单位在依法合理的情况下正常行使经营管理职权双方面的原则进行全面考量。首先，涉案劳动合同约定有"工作地点豪特耐公司注册地及在中国境内的其他分公司和项目所在地，豪特耐公司可以根据生产经营状况或需要、白某港工作表现和身体状况调整白某港的工作岗位及工作内容、职务、职级、工作地点"等内容，北京豪特耐管道设备有限公司（以下简称豪特耐公司）对白某港的工作地点进行调整并未明显违反劳动合同约定范围；其次，白某港原工作地点开发区厂区系因租赁合同到期而关闭，豪特耐公司就此情况向白某港进行了明确告知，此次工作地点变动在一定程度上属于豪特耐公司经营所需，具有现实必要性；再次，为了减少厂区变化对劳动者产生的影响，豪特耐公司已经明示将采取增开上下班接驳班车、调整上下班时间、发放餐补等相应措施，考虑到了劳动者的权益保障因素；最后，用人单位对劳动者可以行使正当的管理职权，劳动者在一定程度上需要接受服从管理义务的约束，白某港如对调整工作地点持有异议，可以采取与豪特耐公司进行积极协商和沟通反馈意见等方式进行处理，以拒不到新厂区报到的方式进行抵制存有失当之处。故综合上述情形并综观双方处理的整个过程，白某港的工作地点随豪特耐公司厂区变动而发生改变，并未导致其在劳动关系上的权利义务和其他方面的利益产生重大明显失衡，在豪特耐公司多次释明具体情况及下发通知告知拒不报到和提交请假手续属于严重违反规章制度行为的情况下，白某港仍然拒绝按照豪特耐公司要求的时间、地点向指定负责人报到，其行为欠妥，原审法院据此认定豪特耐公司与白某港解除劳动合同的行为符合法律规定，并无不当。豪特耐公司无需就此向白某港支付解除劳动合同经济补偿或赔偿。判决：驳回上诉，维持原判。[1]

用人单位因行使自主管理权单方变更劳动者工作地点的，如在合理限度内，

---

〔1〕 参见国家法官学院案例开发研究中心编：《中国法院2018年度案例》（劳动纠纷），中国法制出版社2018年版，第162～163页。北京市第二中级人民法院（2016）京02民终10531号民事判决书。

仍得对劳动者发生约束力。

【案例6－7】　王某梅诉软通动力技术服务有限公司北京分公司劳动争议纠纷案

二审法院认为，本案争议焦点有二。一为软通动力技术服务有限公司北京分公司（以下简称软通动力北京分公司）的解除行为是否合法；二为王某梅未休年休假工资的计算标准。就软通动力北京分公司是否违法解除一节。软通动力北京分公司以旷工为由与王某梅解除劳动关系，故其应对王某梅构成旷工这一主张提供证据予以证明。软通动力北京分公司主张其于2018年5月28日通知王某梅至文思海辉项目工作，王某梅之后并未至上述地点进行工作，故构成旷工。王某梅确认其未按照软通动力北京分公司的通知至新的工作地点工作，但主张公司系对其恶意调岗，未与其协商一致。故法院认为双方的主要分歧在于软通动力北京分公司2018年5月28日通知王某梅至文思海辉项目部工作这一行为是否具有充分合理性。

对此，首先，《劳动合同法》第三十五条第一款规定用人单位与劳动者协商一致，可以变更劳动合同约定的内容。但依此并不能“一刀切”地否认用人单位基于自主管理权而单方对劳动者进行工作安排的权利。企业的生产经营状况随着市场竞争的形式和企业自身的情况不断发生变化，企业根据自身生产经营需要调整员工的工作内容及工作地点是企业用人自主权的重要内容。本案中，软通动力北京分公司的业务范围为技术外包，王某梅的工作内容其在外包服务单位提供技术服务。现王某梅之前所在项目已结束近半年，软通动力北京分公司根据企业本身实际需求安排王某梅进入新的项目工作，并无不当。且王某梅在与软通动力北京分公司订立合同时约定其职位为技术岗位，工作地点为“北京及乙方（王某梅）参与的项目或工作任务所涉及的区域”，据此，可以明确的是王某梅对于项目结束后的工作内容及工作地点可能发生变化这一情况应具有明确的预期。

其次，企业根据工作性质、营业需要来调整员工的工作内容及工作地点的，其权利应限制在一定合理期限内。本案中王某梅自述新的工作内容系技术开发，而在先前项目中从事运维工作，但自认运维及技术开发同属技术岗位。法院认为，在用人单位保障劳动者享受劳动权利的情况下，劳动者应积极提升自身素质，以便应对市场优胜劣汰的基本法则。且《劳动法》中明确规定有劳动者应当完成劳动任务、提高职业技能等内容。故即便如王某梅所言，工作内容就在先项目有所不同，但其亦自认新的工作内容并未超出双方约定的岗位职责。结合王某梅负有在劳动中自我学习、提升职业技能的义务，法院认定软通动力北京分公司安排王某梅至文思海辉项目部工作并未改变劳动者订立劳动合同的目的，具备合理性。且据查明，文思海辉项目部的位置与软通动力北京分公司总部所在距离较近,结合王某梅已连续在该总部处出勤数月之久的事实,该工作地点变化不足以给劳动者的正常生活带来不便利的影响,亦未严重影响双方劳动合同目的的实现,故王某梅以工作地点变化为由拒绝用人单位安排工作的主张缺乏依据,法院不予支持。

最后,依据王某梅提供的电子邮件可知,软通动力北京分公司在作出前述工作安排时,未对劳动者作出不利的变化,薪酬及待遇亦未有所降低。

综合前述,法院认为,在先前项目结束近半年的情况下,软通动力北京分公司根据自身生产经营的需要,未降低王某梅薪酬待遇,对其作出新的工作安排,并未严重影响订立劳动合同的目的及正常生活。软通动力北京分公司的该项工作安排具备合理性,王某梅不服从用人单位合理的工作安排,拒绝至新项目处报到,已经构成旷工。基于此,软通动力北京分公司依据规章制度对王某梅做出解除劳动合同的决定,符合法律规定。王某梅所持软通动力北京分公司应支付违法解除劳动合同经济赔偿金的上诉请求,缺乏依据,法院不予支持。判决:驳回上诉,维持原判。[1]

【案例6-8】 吴某威诉南京搏峰电动工具有限公司劳动合同纠纷案

判决观点,因用人单位整体搬迁导致劳动者工作地点变更、通勤时间延长的,是否属于《劳动合同法》第四十条第三项规定的"劳动合同订立时所依据的客观情况发生重大变化,致使劳动合同无法履行"的情形,需要考量搬迁距离远近、通勤便利程度,结合用人单位是否提供交通工具、是否调整出勤时间、是否增加交通补贴等因素,综合评判工作地点的变更是否给劳动者的工作和生活带来严重不便并足以影响劳动合同的履行。如果用人单位已经采取适当措施降低了搬迁对劳动者的不利影响,搬迁行为不足以导致劳动合同无法履行的,劳动者不得以此为由拒绝提供劳动。[2]

劳动合同中并未约定工作地点的变动,认定用人单位对工作地点的调整合法性,需要综合考虑用人单位是否有调整工作地点的合法基础,双方是否有过变更工作地点的合意,是否向劳动者进行权利义务的必要告知。防止用人单位以客观情况发生重大变化之名行使解除合同。

【案例6-9】 财险公司诉任某劳动争议纠纷案

二审法院认为,财险公司上诉主张变更任某工作地点属于劳动合同订立时所依据的客观情况发生重大变化而致使劳动合同无法履行的情形,但其未

---

〔1〕 参见北京市第一中级人民法院编:《裁判方法与法律适用:案例精选(2019年卷)》,法律出版社2020年版,第224~225页。

〔2〕 参见《最高人民法院公报》2020年第9期(总第287期)。

能就此提交相应的证据，故对其于二审中认可仅任某一人涉及工作地点从A大厦调整至B大厦，故对其该项上诉主张不予采纳。因财险公司单方调整任某工作地点缺乏合法性和合理性，故财险公司以任某存在旷工和多次通知拒不到岗的严重违纪行为为由解除劳动合同缺乏事实依据，构成违法解除，其公司应当支付任某违法解除劳动合同赔偿金。判决：驳回上诉，维持原判。[1]

（四）劳动合同工作岗位变更

用人单位与劳动者在劳动合同就概括性授权约定，用人单位享有对劳动者进行调岗的权限，这是双方协商一致变更合同的表示。但用人单位应在劳动基准法的范围内进行，具有合理性，不得滥用权利。合理性具体判断：其一，用人单位所作的调职决定须具有经营上之必要性，反之则无合理性。其二，用人单位所作的调职决定不应使劳动者技能或尊严受损。用人单位对劳动者有保护照顾之义务，因所作的调职决定使劳动者过去的技能突然被否定，导致在行业内失去尊严，则此项调职即违反了雇主保护照顾义务。其三，用人单位所作的调职决定不应影响劳动者家庭生活和社会生活利益。用人单位调岗时应适度考虑劳动者的家庭状况，如变动的岗位影响劳动者的家庭老人照顾、休息时间减少、交通成本增加的，且又未得到一定补偿的，则不应视为其具有合理性。综上，用人单位调岗如违反合理性原则，则不应认定为合理变更，造成劳动者辞职的，应视为推定解雇。

【案例6－10】　苏州海星汽车销售有限公司诉陆某劳动争议纠纷案

一审法院认为，苏州海星汽车销售有限公司（以下简称海星公司）与劳动者签订的《全日制劳动合同》约定，单位根据工作需要，按照合理诚信原则可依法变动劳动者工作岗位，用人单位根据特约行使职权时应受到权利不得滥用的严格限制，应遵循合理诚信原则。刘某与陆某的谈话录音反映，对陆某进行调职时并未就调职决定具有经营上之必要性进行说明，且未就调职后岗位工作期限、薪酬待遇、劳动合同签订等基本事项进行协商，亦未就调职后对劳动者家庭和社会生活带来不利影响有所考虑，径直要求陆某在限定的短时间内完成工作交接，明显有违诚信、合理。在此情况下造成陆某辞职，应当视为"推定解雇"，陆某主张海星公司支付经济补偿金应予以支持。二审法

---

〔1〕　参见国家法官学院、最高人民法院司法案例研究院编：《中国法院2023年度案例》（劳动纠纷），中国法制出版社2023年版，第93～94页。北京市第一中级人民法院（2021）京01民终4596号民事判决书。

院同意一审法院裁判意见。[1]

用人单位与劳动者在劳动合同约定调岗授权的,应当认定为合法有效。但用人单位并不能据此认为有了绝对的调岗权,而应当遵循合理的原则。如果调岗存在合理性,则不构成劳动合同的变更,自然无需协商一致。如果调岗具有明显不合理情形,应当认定构成劳动合同的变更。用人单位必须与劳动者协商一致。除了约定调岗授权外,存在以下情形的换岗则不构成劳动者合同的变更,也可以认定为不构成劳动合同的变更:其一,在同一生产线内或相同的生产线之间的类似岗位,不同部门的通用岗位进行岗位调换的。其二,用人单位基于业务需要,临时性、短期性地指派劳动者至本单位其他部门支援工作,或指派至用人单位外工作。其三,如果调岗未采用书面形式,但实际调岗已超过 1 个月,且该调岗符合合理原则。

虽有劳动合同约定调岗授权,但用人单位单方调岗至存在职业病危害因素的岗位,仍构成劳动合同的变更。

【案例 6-11】 江阴挪赛夫玻璃钢有限公司诉顾某峰经济补偿金纠纷案

判决观点,首先,《职业病防治法》规定,劳动者已订立劳动合同期间因工作岗位或者工作内容变更,从事与所订立劳动合同中未告知的存在职业病危害的作业时,用人单位应当向劳动者履行告知义务,并协商变更原劳动合同相关条款。否则,劳动者有权拒绝从事职业病危害的作业,用人单位不得因此解除与劳动者所订立的劳动合同。其次,从《劳动合同法》的规定来讲,变更劳动合同的内容应当由双方协商一致。尽管本案中双方有调岗的约定,但调岗仍应具备合理性,更不能违反《职业病防治法》的相关规定。本案的调岗将对顾某峰的身体健康产生不利影响,显然不符合合理性原则,属于变更劳动合同的行为,江阴挪赛夫玻璃钢有限公司(以下简称挪赛夫公司)应当与顾某峰协商一致,否则调岗无效。综上,挪赛夫公司因顾某峰不服从调岗单方面解除劳动合同是违法的。经法院调解,双方最终达成调解协议:挪赛夫公司撤销解除劳动合同决定,双方协商解除劳动关系,挪赛夫公司一次性支付顾某峰经济补偿金 13 万元。[2]

劳动者与用人单位签订劳动合同在先,用人单位制定改革方法在后,改革办法对劳动者相关权益的调整未得到劳动者的认可,劳动者请求适用其劳动合同约定时,法院应予支持。

---

〔1〕 参见国家法官学院、最高人民法院司法案例研究院编:《中国法院 2020 年度案例》(劳动纠纷),中国法制出版社 2020 年版,第 107 页。江苏省苏州市中级人民法院(2018)苏 05 民终 2084 号民事判决书。

〔2〕 参见国家法官学院案例开发研究中心编:《中国法院 2019 年度案例》(劳动纠纷),中国法制出版社 2019 年版,第 65 页。江苏省江阴市人民法院(2017)0281 民初 10237 号民事调解书。

【案例6－12】 晏某华诉上海华谊工程有限公司劳动争议纠纷案

二审法院认为，本案中，劳动合同约定晏某华在财务岗位工作，双方均应依约定履行。虽然《公司员工岗位竞聘和安置实施办法》经过上海华谊工程有限公司（以下简称华谊公司）七届一次职工代表大会表决，但晏某华未予接受。一审法院认为职工代表大会决议已直接变更了晏某华的劳动合同，缺乏依据。晏某华未参加竞聘，双方应继续履行劳动合同的约定。即使按华谊公司所述，2017年1月1日起晏某华属待岗状态，该待岗亦非基于双方达成的合意。安置办法规定接到待岗通知书后第二个月起按已公布的上海最低工资标准的80%发放，该工资报酬的调整欠合理。鉴于2016年6月前晏某华月工资合计为19,160元，华谊公司2017年1月以应发工资6697.90元发放，确有不足，应支付当月工资差额12,462.10元。关于华谊公司提出系由经营极端困难而采取全面调整举措，有关改革办法已经过职代会审议通过的意见，法院认为，该意见有相应的文件等证据予以证明，可以说明华谊公司并非滥用用工管理权。但本案中涉工资报酬的调整，从现有证据来看，尚难以证明合理。当然，这并不排斥用人单位在出现法定情形时，可以依照《劳动合同法》的规定对劳动合同作出相应处分。判决：(1)维持一审判决第一项；(2)撤销一审判决第二项；(3)被上诉人华谊公司支付上诉人晏某华2017年1月工资差额12,462.10元。[1]

用人单位虽基于其经营、用工自主权，可合理调整岗位设置。但在对劳动者进行岗位的调整、变更时，基于劳动者所享有的职业选择权，以及劳动合同应协商一致的原则，仍应与劳动者就所变更的岗位进行协商，不应强行变更。

【案例6－13】 黄某诉海天某公司劳动争议纠纷案

2009年9月，黄某与海天某公司签订《劳动合同》，约定：合同期限为无固定期限，工作岗位为生产安全部司机工作；因生产经营变化需要，经双方协商一致，可以调整黄某的工作岗位或生产经营任务；劳动合同订立时所依据的客观情况发生重大变化，致使劳动合同无法履行，经协商，未能就变更劳动合同内容达成协议的，海天某公司提前30日以书面形式通知黄某或者额外支付一个月工资后，海天某公司可以解除劳动合同。2015年7月6日，黄某所开车辆报废，海天某公司通知黄某将其工作岗位由司机调整为挂钩工。按海天某公司的《薪酬管理制度》，挂钩工与司机的岗位级别均为六级，岗位基薪与岗位系数相同。黄某接到岗位调整通知后未按要求到岗，2015年7月

〔1〕 参见最高人民法院中国应用法学研究所编：《人民法院案例选》2019年第12辑（总第142辑），人民法院出版社2020年版，第81页。上海市第一中级人民法院(2018)沪01民终7129号民事判决书。

旷工17天,2015年8月旷工22天,此后虽正常上下班,但未在海天某公司安排的工作岗位上工作。后黄某提起仲裁,请求:(1)双方签订的《劳动合同》真实有效,工作内容条款为有效条款;(2)撤销海天某公司关于黄某工作岗位调整的通知,继续履行《劳动合同》中的工作岗位内容;(3)海天某公司按原工资标准支付仲裁期间的工资损失3000元。九江市劳动人事争议仲裁院裁决,确认双方签订的《劳动合同》真实有效,工作内容条款为有效条款,驳回了黄某的其他仲裁请求。黄某不服裁决,诉至九江市浔阳区人民法院,该院判决双方签订的《劳动合同》有效,工作内容条款为有效条款;撤销海天某公司关于黄某岗位调整的《人事通知》;驳回黄某的其他诉讼请求。[1] 本案中,海天某公司单方将黄某工作岗位由司机调整为挂钩工,未经双方协商一致,海天某公司的行为损害了黄某的职业自主权,有违劳动合同主要条款必须平等自愿、协商一致的基本原则,故对黄某要求撤销岗位变更的通知予以支持。但由于海天某公司司机岗位的减少,致使海天某公司事实上无法安排黄某在司机岗位工作,双方《劳动合同》中关于黄某工作岗位的条款实际已无法继续履行,故对黄某要求继续按原岗位履行劳动合同的诉请不予支持。双方如要继续保留劳动关系,可继续对工作岗位进行协商,也可按《劳动合同法》的相关规定和《劳动合同》的约定解除双方劳动合同关系。

用人单位行使经营自主权变更劳动者工作岗位不合理的,应支付经济补偿。

【案例6-14】 某医院诉周某劳动争议纠纷案

二审法院认为,劳动报酬属于劳动合同的必备条款,工作内容和劳动报酬的变更属于对劳动合同内容的变更。根据《劳动合同法》第四十条之规定,用人单位在劳动者不能胜任工作或劳动者患病、非因工负伤,在规定的医疗期满后不能从事原工作以及劳动合同订立时所依据的客观情况发生重大变化致使劳动合同无法履行时,可以变更劳动者工作岗位,本案不符合上述情形。双方签订的《劳动合同》无“竞聘上岗”约定,虽约定了用人单位可根据劳动者的工作能力及资质调整工作岗位等,但约定不得违反法律规定,本案中已造成劳动者收入等明显降低,不具有合理性,属违法变更劳动合同。一审判决认定某医院降薪属于克扣工资并无不当,判决某医院应向周某支付经济补偿亦符合法律规定。判决:驳回上诉,维持原判。[2]

---

〔1〕 江西省高级人民法院与江西省人力资源社会保障厅联合发布劳动人事争议十起典型案例之二。

〔2〕 参见国家法官学院、最高人民法院司法案例研究院编:《中国法院2023年度案例》(劳动纠纷),中国法制出版社2023年版,第52~53页。四川省达州市中级人民法院(2021)川17民终335号民事判决书。

二、劳动合同解除法律适用

（一）劳动合同解除含义

劳动关系的终止应依照《劳动法》《劳动合同法》相关规定进行，无自行终止一说。根据《劳动合同法》第四章的相关规定，劳动关系的解除一般可分为用人单位解除、劳动者单方解除及协商一致解除三种形式。除此之外，《劳动合同法》第四十四条还规定了劳动合同终止的具体情形。

劳动合同单方解除，从主体上来区分，可以分为劳动者单方解除合同与用人单位单方解除合同。劳动者单方解除合同，是指在劳动合同期限内，劳动者根据法律的规定单方要求不再履行劳动合同所约定的义务并终止与用人单位的劳动关系的法律行为。根据合同解除的条件和程序，劳动者单方解除劳动合同，可以分为即时解除和预告解除两种。即时解除，是指劳动者在法律规定的情况下，劳动者可以无需预告就可以在通知用人单位的同时单方解除劳动合同。预告解除，是指劳动者按照法律规定预先告知用人单位后单方解除劳动合同。

用人单位存在一定期间劳动报酬低于最低工资标准、未依法履行相应社保业务等违法行为，严重违背了社会法保障劳动者权益的基本理念，现实地危害劳动者生存利益。旨在规制类似情形，《劳动合同法》第三十八条的两款规定完善了劳动者单方解除劳动合同制度，并放宽解除权行使的形式、程序标准，允许非要式解除和即时解除。也就是说，对用人单位违法范畴，《劳动合同法》侧重于对劳动者生存权益的救济效率，而并不苛责劳动者在劳动合同解除时意思表示的外观形式和表达规范。

用人单位存在违反法律的强制性规定的行为，劳动者也以实际行为表示不愿意再回单位上班，在用人单位和劳动者双方关于解除劳动合同有明确约定的情况下，要对双方当事人的行为分别作出法律认定，不应简单依据劳动合同中的解除条款，认定劳动合同并未解除。换言之，双方已经以各自的实际行为表示不愿继续履行劳动合同，劳动者可单方解除劳动合同，并不受双方签订的无固定期限劳动合同中约定解除劳动合同的条件限制。

关于解除权行使时间问题，用人单位根据《劳动合同法》第三十九条规定行使过错性解除权应受到行使期限限制。从本源的合同法角度分析,解除权属于形成权,应受除斥期间限制。企业单方解除权作为企业享有的一项权利,应当在一定期限内行使。对于企业而言,如在合理期限内没有行使单方解除权,则应视为企业对劳动者的过错行为接受,企业主动放弃单方解除权。也就是说,用人单位单方解除权行使受除斥期间限制。

(二)劳动合同解除方式

1. 法定解除

根据法律规定,单方提出的解除。《劳动法》规定用人单位和劳动者单方解除劳动合同的法定情形。

劳动者单方解除权属于民法中的形成权,形成权是指民事权利中,权利人凭借其单方意思表示就能导致法律关系的发生、变更或消灭的权利。形成权的行使,无需相对人意思或行为的回应,相对人认可或否定都不影响该形成权的实现,只要形成权变动法律关系的意思表示出来,为相对人所知悉,即产生法律规定或约定的相应法律后果。

【案例6-15】 程某诉正大畜牧投资(北京)有限公司劳动合同纠纷案

二审法院认为,程某于2016年3月8日向公司提出离职申请,此属于劳动者行使单方解除权的行为,不以用人单位的同意为构成要件,亦不能在用人单位收到后撤回。一审法院认定双方劳动关系因程某辞职于2016年4月8日解除,符合法律规定。因此,程某要求正大畜牧投资(北京)有限公司(以下简称正大畜牧公司)支付违法解除劳动合同赔偿金,事实及法律依据均不足,一审法院驳回程某该诉请,并无不当。关于2016年4月8日至7月25日工资,如前所述,因双方劳动关系于2016年4月8日解除,一审驳回程某要求正大畜牧公司支付其上述期间工资的请求,并无不当。关于加班工资,劳动者主张加班费的,应当就加班事实的存在承担举证责任。程某提供的证据不足以证明其主张的加班事实,一审法院驳回程某关于加班工资的诉请,并无不当。程某上诉坚持其请求,因事实依据不足,法院不予支持。判决:驳回上诉,维持原判。[1]

---

〔1〕 参见国家法官学院、最高人民法院司法案例研究院编:《中国法院2020年度案例》(劳动纠纷),中国法制出版社2020年版,第87页。北京市第二中级人民法院(2018)京02民终10944号民事判决书。

2. 协议解除

依照《劳动法》以及相关法规的规定,经劳动合同当事人协商一致,劳动合同可以解除,并未规定协议解除劳动合同应具备何种条件,只要双方当事人依法达成协议,便可提前终止劳动合同的效力,解除双方的劳动关系。

从实践来看,协议解除具有以下特征:其一,双方当事人具有平等的合同解除请求权。其二,必须经双方平等自愿协商一致而达成协议,才可解除劳动合同,任何一方不能强加自己的意志于对方当事人。其三,协议解除不受约定终止合同条件的约束。其四,由用人单位提出解除劳动合同的必须向劳动者支付经济补偿金。由劳动者提出解除劳动合同如给用人单位造成经济损失的应承担赔偿责任。

应注意的是,基于解除权是形成权的法理,用人单位与劳动者在协商解除劳动合同时不得附条件和期限。

实践中,对解除合同原因不明的比照双方协商一致解除劳动合同处理为解决疑难问题的方式。主要为,其一,劳动者的劳动合同到期未与用人单位续签无固定期限劳动合同发生争议,双方均认可劳动关系已解除,但就解除的原因各执一词,且均未提交充分证据。在解除情形已无法查明的情况下,可视为由用人单位提出且经双方协商一致解除劳动合同。其二,往往有部分案件无法查明劳动者离职的真实原因。对解除原因双方说法不同,但都认可劳动合同已经解除。多数情况下,系因用人单位口头辞退,劳动者离开后无法证明劳动关系已经解除及解除原因。考虑到劳动者在劳动关系中的弱势地位,客观上无法获得与案件相关的证据,基于劳动法的倾斜保护原则,采取折中方式,比照协商一致解除判令用人单位支付解除劳动关系经济补偿金。

【案例 6－16】　孟某诉资和信公司劳动争议纠纷案

一审法院认为,孟某主张系资和信公司于 2018 年 10 月 19 日提出解除劳动关系;资和信公司提交的 2018 年 11 月 7 日的《告知函》载明因孟某逾期未办理续签视为劳动合同于 2018 年 9 月 30 日终止,在庭审中又表示双方劳动关系因 2018 年 11 月孟某入职新公司解除。鉴于双方认可劳动关系已经解除,但就解除原因各执一词,且均未提交充分证据予以证明,故视为由资和信公司提出并与孟某协商一致解除劳动关系,现经释明,孟某坚持要求资和信公司支付违法解除劳动关系赔偿金,不予支持。二审法院认为,一审法院根据本案实际情况比照双方协商一致解除劳动关系进行处理并无不当。鉴于一审审理期间孟某明确表示坚持违法解除劳动合同赔偿金的诉求,一审法院判决驳回其该项诉求正确。判决:驳回上诉,维持原判。[1]

(三)劳动合同解除形态

1. 劳动者自动离职解除

《劳动合同法》上的离职是指劳动者与用人单位解除或终止劳动合同后离开用人单位,导致双方劳动关系终结的结果。根据《关于自动离职与旷工除名如何界定的复函》的规定可知,“自动离职”是指劳动者擅自离职的行为。而擅自离职,是指劳动者违反用人单位规章制度或双方劳动合同约定,在未通知用人单位或未征得用人单位同意以及办理工作交接手续的情况下,擅自离开用人单位的行为。从劳动争议纠纷处理实践看,劳动者自动离职主要是本人的原因或因不满用人单位导致劳动者未通知以及未征得用人单位同意并办理相关手续不辞而别,超过规定的时间未回到或不愿意再次回到用人单位处工作,是劳动者的单方行为。

劳动者自动离职的认定,应把握:其一,劳动者是否基于自己的意志主动离开用人单位。其二,劳动者离开前是否有通知用人单位或征得用人单位的批准同意并办理相关手续。其三,劳动者离开后是否有再次回到用人单位处工作。其四,劳动者离开是否存在用人单位以暴力、威胁或者非法限制人身自由的手段强迫劳动者劳动的以及违章指挥、强令冒险作业危及劳动者人身安全等立即解除劳动合同的情形。

劳动者不辞而别,应推定其单方解除了与用人单位的劳动合同关系,且属于违法解除,给公司造成损失的,用人单位可以要求劳动者承担赔偿责任。

【案例6-17】 胡某林诉乳源瑶族自治县名瑶酒店有限公司劳动争议纠纷案

判决观点,解除劳动关系认定问题。本案中,乳源瑶族自治县名瑶酒店有限公司(以下简称名瑶酒店公司)在胡某林工作期间未为其办理社会保险,根据《劳动合同法》第三十八条第一款第三项规定,胡某林享有特别解除权,无需向名瑶酒店公司预告就可通知其解除劳动合同。其自2017年3月1日起主动离开名瑶酒店公司的行为,属于自动离职,双方的劳动关系自胡某林离开之日即2017年3月1日起解除。判决:原告胡某林与被告名瑶酒店

---

〔1〕 参见国家法官学院、最高人民法院司法案例研究院编:《中国法院2021年度案例》(劳动纠纷),中国法制出版社2021年版,第93~94页。北京市第二中级人民法院(2019)京02民终10574号民事判决书。

公司之间的劳动关系自2017年3月1日起解除,驳回原告胡某林的其他诉讼请求。[1]

2. 劳动者辞去职务

公司高级管理人员具有双重身份,既有普通劳动者的身份,又兼任管理职务。当此类人员提出辞去管理职务时,如果未明确表示辞职,双方的劳动关系并不解除。辞去职务并不等于辞职,如果公司因此与劳动者解除劳动关系,将承担违法解除的法律后果。

【案例6-18】 张某诉北京京城国际商务航空有限公司劳动合同纠纷案

二审法院认为,因本案纠纷发生在劳动关系续存续期间,故双方之间是否就解除劳动关系达成一致意思表示是审查的核心。从张某提交的《辞呈》,北京京城国际商务航空有限公司(以下简称京城航空公司)提交的《关于张某同志辞职申请的回复》《告知函》等证据可以看出,张某辞去的是运行副总裁的职务,京城航空公司同意张某辞去该职务,但不同意张某调离其他岗位的请求,由此可以认定,张某本人并未作出解除劳动关系的意思表示,双方此时并不存在解除劳动合同的基础。另外,京城航空公司在2017年4月10日又向张某发出《告知函》,明确告知张某于2017年4月30日前,前往京城航空公司协商解决劳动关系解除等相关问题,京城航空公司认为是其法务人员操作失误所致,但是在张某提出辞呈后到2017年5月,京城航空公司仍在为张某继续缴纳社会保险,各种证据显示,双方之间的劳动关系并未解除。一审法院对此论理充分,认定正确,法院予以维持。京城航空公司主张其与张某于2016年5月29日协解除劳动关系,缺乏事实依据,法院对其相关上诉请求不予支持。判决:(1)维持一审判决第一项、第二项、第四项;(2)撤销一审判决第三项、第五项;(3)京城航空公司支付张某2015年度、2016年度未休带薪年休假工资287,577元;(4)驳回张某的其他诉讼请求。[2]

3. 事实解除

劳动者长期未提供劳动,应认定为劳动关系实际解除。

---

〔1〕 参见国家法官学院案例开发研究中心编:《中国法院2019年度案例》(劳动纠纷),中国法制出版社2019年版,第161页。广东省乳源瑶族自治县人民法院(2017)粤0203民初415号民事判决书。

〔2〕 参见国家法官学院、最高人民法院司法案例研究院编:《中国法院2020年度案例》(劳动纠纷),中国法制出版社2020年版,第83页。北京市第三中级人民法院(2018)京03民终5851号民事判决书。

【案例6-19】 韩某诉利津县国有一千二林场劳动争议纠纷案

一审法院认为,原告自1993年7月起至2004年1月5日在被告处工作,其间原告受被告管理并接受被告安排工作,被告为原告发放工资,应认定双方之间已形成事实劳动关系。但原告自2004年1月6日后未给被告提供过劳动,被告也没有给原告发放过工资及任何福利待遇,说明双方间多年来已不存在权利义务关系,劳动关系已失去了存在的基础,在客观上已经解除,所以原告长期未提供劳动导致原告、被告间劳动关系已于2004年1月5日实际解除,故对原告要求继续履行劳动合同的诉讼请求不予支持。原告要求被告支付社会保险金损失、补发工资的主张也已超过仲裁申请期限,依法不予支持。判决:驳回原告韩某的诉讼请求。二审法院认为,本案二审争议的焦点:上诉人要求被上诉人继续履行合同、支付社会保险金损失、补发工资的诉讼请求是否有事实和法律依据。本案中即使按照上诉人韩某的主张,其自2007年1月离开利津县国有一千二林场,不再继续提供劳动,利津县国有一千二林场没有向其发放福利和工资报酬,双方自2007年1月至今8年多的时间没有联系。在这种情况下,劳动者与用人单位之间多年不存在相互间的权利义务关系,双方的劳动关系已经失去了存在的基础,认定双方的劳动关系已经实际解除符合客观事实,其仲裁时效不适用《劳动争议解释(二)》(已失效)第一条第二款的规定……判决:驳回上诉,维持原判。[1]

(四)劳动合同解除程序

《劳动合同法》第三十七条规定:"劳动者提前三十日以书面形式通知用人单位,可以解除合同。劳动者在试用期内提前三日通知用人单位,可以解除合同。"该条是劳动者解除劳动合同的程序规定。在该条中明确了劳动者解除劳动合同的形式、通知义务和通知时间。

1. 通知形式

实践中,用人单位通过报纸等媒体或直接在单位公告栏张贴通知公告辞退员工的做法相当普遍。这种做法并非不可以,但公告作为一种拟制送达手段,应有严格的适用条件,不能滥用。根据《民事诉讼法》第九十五条第一款规定,只有相对人下落不明,或直接送达、邮寄送达等方式无法送达的情况下,才能视情况采用

---

〔1〕 参见国家法官学院案例开发研究中心编:《中国法院2017年度案例》(劳动纠纷),中国法制出版社2017年版,第48页。山东省东营市中级人民法院(2015)东民一终字第190号民事判决书。

公告送达。即公告方式只能在确有必要的情况下谨慎适用。

【案例6-20】 汤某生诉南京建通官塘水泥有限公司劳务合同纠纷案

二审法院认为,根据本案查明的事实,汤某生曾担任南京建通官塘水泥有限公司(以下简称官塘水泥公司)副书记兼代工会主席,协助党委书记抓好党务工作,分管党群、纪检、工会、精神文明建设、信访,兼管老厂(南京官塘水泥厂)托管人员等方面工作,汤某生一审中举证证明其在2014年1月之后仍办理了有关退休人员、军队转业干部等相关事宜,对其主张的2014年2月之后其一直为官塘水泥公司工作,初步完成了举证责任。而官塘水泥公司对其陈述汤某生退休后拒不交出其保管的档案材料以要挟公司的情形,未提供证据予以证明,法院不予采信。汤某生自2012年9月退休后与官塘水泥公司存在未签订书面协议的劳务关系,官塘水泥公司主张解除劳务关系的,应依据合法理由以合理方式作出,但官塘水泥公司未提交证据证明已将解除通知以合理方式送达汤某生,且2014年2月之后汤某生仍办理职工退续手续、发放补助等事宜的事实不符,官塘水泥公司此项主张,法院不予支持。根据汤某生所从事的工作内容和性质及其一审中提供的证据,汤某生在官塘水泥公司停产后的工作内容和范围没有明显减少,且在企业停产职工面临困境的情况下,作为从事党群、工会、信访等方面的工作人员,汤某生认为其肩负起更为重要的职责亦符合常理,故法院对汤某生在2014年2月至2015年9月正常从事工作的主张予以采信。据此,一审法院按照汤某生2013年1月至2014年1月获取劳务报酬的标准予以支持,并无不当。判决:驳回上诉,维持原判。[1] 本案中,官塘水泥公司在公司门口张贴解除通知引发纠纷。

解除劳动合同应该以明示为原则,特殊情况下才可以采取默示的方式。明示的方式有很多种,如书面通知、口头通知等,甚至直接申请仲裁或者诉讼都是明示的方式。一方在明确解除劳动关系时应该说明理由及解除时间。《劳动合同法》第三十七条和第四十条规定了提前30日书面通知解除劳动合同,这是关于明示的法律规定。默示解除劳动关系是特殊情况下采取的方式,审判中对默示解除劳动关系的认定要谨慎从严把握。例如,劳动者未提出解除劳动关系就不到公司上班,亦未向公司说明不上班的理由,过了一段时间,劳动者到其他公司工作并签订劳动合同。这种情况下,可以认为劳动者以默示的方式解除了劳动关系,这是从劳动者到其他公司上班并签订劳动合同行为来推知。

---

〔1〕 参见国家法官学院案例开发研究中心编:《中国法院2019年度案例》(劳动纠纷),中国法制出版社2019年版,第100~101页。江苏省南京市中级人民法院(2017)苏01民终4740号民事判决书。

2. 通知时间

《劳动合同法》第三十七条规定劳动者解除劳动合同提前30日或提前3日通知,从其立法本意来看,该条规定的劳动者单方解除权是基于弱者利益倾斜保护的特殊理念,赋予劳动者的一项特殊权利。除了该条之外,其第三十八条、第三十九条分别规定了劳动者的单方解除权和用人单位的单方解除权。与第三十七条不同的是,该两条都须以权利人存在列举的不符合法律规定或约定的相关情形为前提,可以说是有条件的形成权。而第三十七条基于劳动者相对于用人单位的弱势地位,为了保障劳动者相对于用人单位的弱势地位,为了保障劳动者择业的自由,使劳动者仅需满足"提前三十日"或"提前三日"即可行使单方解除权。另外,对于劳动者通知时间的规定是基于对用人单位正常生产经营的需求,赋予用人单位的权利,是劳动者形成权实现后的附随义务,这种通知时间规定的要求并不影响劳动者解除劳动合同的意思表示一经送达用人单位即生效的形成权特质。

《劳动合同法》第三十八条第一款规定了劳动者单方解除劳动合同的条件,在这种情况下,劳动者解除劳动合同是否应事先告知用人单位,实践中存在不同观点。一种观点认为,应提前告知用单位用人单位。另一种观点认为,可以即时解除劳动合同。司法实践中各地法院做法不同,这两种观点均有被采用的,但采取前一种观点的较多。

【案例6-21】 福建省涵城建设工程有限公司诉龚某春劳动合同纠纷案

二审法院认为,龚某春请求未参保经济补偿金并主张该项目即解除劳动关系补偿金,但因系龚某春申请劳动仲裁时才提出解除并要求经济补偿金,不符合《劳动合同法》的规定,故对于该请求法院不予支持,一审法院予以支持存在不当,法院依法予以纠正。[1]

3. 通知认定

一般来说,《劳动合同法》关于劳动者以书面形式通知用人单位,解除劳动合同的规定,其强调的书面形式,一般是书面通知用人单位的劳动人事部门、办公室或者董事长办公室。如果用人单位拒绝签收书面通知,劳动者证明已经通知了用人单位的最佳方式是用挂号信的形式邮寄给用人单位,并保留挂号信回执。另外,劳动者还可以采用证人证言的方式证明其已将书面解除劳动合同的通知送达

---

〔1〕 参见国家法官学院案例开发研究中心编:《中国法院2017年度案例》(劳动纠纷),中国法制出版社2017年版,第151页。福建省莆田市中级人民法院(2015)莆民终字第2344号民事判决书。

给了用人单位。[1]

4. 通知工会

工会是职工自愿结合的群众组织，用人单位并无发起设立工会的义务。用人单位单方解除劳动合同，事先通知工会，是以单位已成立工会为前提。由于单位无设立工会的义务，故未建工会不构成违法解除劳动关系的事由。

【案例6－22】 唐某诉隆湖物业公司劳动合同纠纷案

二审法院认为，唐某辱骂、殴打同事的行为违反了劳动合同、公司《员工奖惩条例》的规定，隆湖物业公司依据《员工奖惩条例》对唐某作出解除劳动合同的处罚，符合法律规定的解除劳动合同的实质要件。虽然《劳动合同法》第四十三条规定，用人单位单方解除劳动合同，应当事先将理由通知工会，但该规定的适用是以单位已经成立工会为前提。根据《工会法》第二条的规定，工会是职工自愿结合的工人阶级的群众组织，建立工会组织是企业职工的自愿行为，隆湖物业公司不应对未建工会的后果负责。在隆湖物业公司未建工会的情况下，公司解除劳动合同无法完成通知工会的程序。据此，唐某关于隆湖物业公司没有建立基层工会委员会，解除劳动合同违法的上诉理由不能成立。判决，驳回上诉，维持原判。[2]

【不同处理】 有的法院认为，用人单位提前或者终止劳动合同，应事先征求工会意见；用人单位尚未建立工会的，应通知用人单位所在地工会。如用人单位未履行通知义务，则应承担不利后果。

【案例6－23】 郑某诉塑料制品公司劳动合同纠纷案

一审法院认为，一方面，用人单位在制定涉及劳动者切身利益的规章制度时，应当经职工代表大会或者全体职工讨论，提出方案和意见，与工会或者职工代表平等协商确定。本案中，塑料制品公司提供的证据不足以证明其规章制定的合法性，不能作为解雇员工的依据。另一方面，用人单位单方解除劳动合同，应该事先将理由通知工会，用人单位尚未建立工会的，通知用人单位所在地工会。本案中，塑料制品公司在单方解除与郑某的劳动合同时，未履行法律规定的程序性义务，其解除劳动合同的行为违法。判决：塑料制品公司向郑某支付经济赔偿金47,358.9元。二审法院判决，驳回上诉，维持原判。[3]

---

〔1〕 参见最高人民法院民事审判第一庭编：《民事审判实务问答》，法律出版社2021年版，第215页。

〔2〕 参见吴学文：《未建工会不构成违法解除劳动关系事由》，载《人民法院报》2014年4月10日，第6版。重庆市第一中级人民法院（2013）渝一中法民终字第04880号民事判决书。

〔3〕 参见张朴田、许晓倩：《未建工会的用人单位在解除劳动关系前应通知所在地工会》，载《人民法院报》2016年10月20日，第6版。江苏省无锡市中级人民法院（2016）苏02民终2293号民事判决书。

实践中,即使双方约定了服务期,也不妨碍劳动者行使预告解除权。当然劳动者违反服务期的约定,应当依法承担相应的违约责任。

(五)劳动合同解除事由

劳动合同解除事由在实践中多种多样,应注意区分认定。

1. 违反规章制度

用人单位行使合同解除权必须以劳动者有违反规章制度的行为发生为前提,并且该行为必须达到严重程度。对于什么是"严重违反",目前没有明确的法律界定,一般可以从违反规章制度的动机、次数、后果、影响、损失等几个方面考虑,如造成的后果或者影响是否严重、是否多次违反、是否影响生产工作秩序等。如果偶尔发生或者损失不大、影响很小的,一般不宜认定为"严重"。

一般认为,在界定劳动者"严重"违反规章制度的标准时,可以从以下几个方面进行考量:其一,劳动者行为已经危及企业生产经营秩序或造成重大损失及影响,以至于双方劳动合同的目的已经无法实现。其二,劳动者与企业之间的信赖基础彻底丧失且无法修复,客观上不可能再维系原劳动关系。其三,综合用人单位性质、劳动者职责等因素,基于劳动者违反规则的性质、违约行为频率及纠正效果,劳资双方已经不再具有人合性。此外,在判断劳动者是否严重违反规章制度方面,法院不能完全受限于规章制度规定的范围,一方面,对于劳动者违反基本劳动纪律,依据一般社会观念难以期待用人单位予以容忍的,不能仅因规章制度缺乏明确规定,而否定用人单位解聘的权利。另一方面,规章制度中对于"严重"违反的情形仅作宽泛规定的,宜采取严格审查的司法态度,以缓和规章制度对于劳资双方权利规制的失衡。

【案例6-24】 丁某梅诉上海新型建材岩棉大丰有限公司劳动合同纠纷案

一审法院认为,上海新型建材岩棉大丰有限公司(以下简称岩棉公司)的《员工手册》第九章第二条中规定,以下违纪行为根据情节轻重程度给予撤职、解除劳动合同处理,并不给予经济补偿金;违反岗位职责的、岗位操作规程或安全操作,造成严重损失的(经济损失2万元及以上的);一个自然年度受到一次口头警告和一次书面警告(两次书面警告)的。根据岩棉公司陈述,丁某梅第一次违反操作规定,造成损失7000元,给予口头警告;丁某梅第二次违规的事实系负责的新客户深圳三鑫两批样品送检失败,造成该项目合同解除,公司损失83,000元。首先,解除合同造成的损失约83,000元无充分证据证实;其次,送检样品需多部门配合,岩棉公司提供的证据不足以证明丁某梅负全部责任或主要责任。即使是丁某梅的责任,单位首先应出具书面警告,而不是直接解除劳动合同。另外,《劳动合同法》第三十九条规定的严重违反用人单位的规章制度,用人单位可以解除劳动合同。丁某梅第一次违反操作规定主观上是为了单位的效益,将岩棉公司与新客户之间项目解除的全部责任归并于丁某梅,失之偏颇。而以上两次事实认定丁某梅严重违反规章制度过于严厉、苛刻,故被告以此解除劳动合同系违法解除。判决:(1)被告岩棉公司支付原告丁某梅赔偿金 13,500 元、返还扣发的年终奖金及过节费 2500 元,合计 16,000 元;(2)驳回原告丁某梅的其他诉讼请求。二审法院判决:驳回上诉,维持原判。[1]

【案例 6 -25】　李某诉化学公司劳动合同纠纷案

判决观点,关于化学公司与李某解除劳动合同的行为是否合法的问题,应从规章制度、事实和程序三个方面进行分析。第一,关于规章制度。化学公司有权依据《奖惩管理规则》对李某进行管理,而其明确规定化学公司有权与蓄意怠工、敌视管理者,经批评教育两次仍不悔改的劳动者解除劳动合同,故化学公司与李某解除劳动合同的行为具有规章制度依据。第二,关于事实。首先,根据双方劳动合同中的约定,化学公司可以根据生产经营需要或者特定情况需要变更李某的工作内容,故化学公司调整李某的工作内容具有合同依据。其次,根据生产经营需要,合理调整劳动者的工作岗位或工作内容属于用人单位自主用工行为。对于化学公司调整李某工作内容的合理性问题,李某入职后在品质团队下属的售后服务部门从事数据录入和品质部门的辅助性业务工作。化学公司通知将李某调整至品质团队下属的品质管理部门。调整后李某的工作内容中的品质服务辅助性业务不变,数据录入工作的内容发生了变化,李某的工作地点和工资标准不变。可见,化学公司对李某的工作内容的安排与原工作内容并无实质差别,而李某认可有能力胜任上述工作。化学公司对李某新的工作内容的安排并无不合理之处,李某有义务予以配合。李某关于上述工作内容的调整会导致其工作对接对象范围的变化的主张,不具有正当性;在李某拒绝接受化学公司新的工作内容安排的情况下,其关于加班大量减少而导致其收入水平降低的主张,亦缺乏合理性。最后,虽然李某不服从化学公司的工作安排的做法存在明显不当,不具有合理性,化学公司在继续向李某支付工资的情况下,仍反复向李某进行解释并要求其开展所安排的工作,而李某却一再拒绝,并以在工作时间蓄意怠工应对化学公司的工作安排。化学公司先后给予李某两次批评教育,并基于此认

---

〔1〕 参见国家法官学院案例开发研究中心编:《中国法院 2019 年度案例》(劳动纠纷),中国法制出版社 2019 年版,第 131 页。江苏省盐城市中级人民法院(2017)苏 09 民终 736 号民事判决书。

定李某的行为构成严重违反规章制度,并无不当。第三,关于程序。根据已查明的事实,化学公司在与李某解除劳动合同前已经征得了工会的同意,故化学公司与李某解除劳动合同的行为符合法定程序。综上,化学公司与李某解除劳动合同的行为具有事实依据,符合法律和化学公司的规章制度的规定;李某关于要求化学公司支付违法解除劳动合同赔偿金的诉讼请求,没有依据,不予支持。[1]

实践中,可以劳动者行为的严重性程度作为评判用人单位解除劳动合同的客观标准。

劳动者行为符合员工守则违纪处罚细则规定的情形,其行为构成严重违反用人单位规章制度,用人单位可以解除劳动合同。

【案例6-26】 蔡某山诉江苏鑫悦汽车零部件有限公司劳动合同纠纷再审案

再审法院认为,(1)江苏鑫悦汽车零部件有限公司(以下简称鑫悦公司)的《员工守则》系在《劳动合同法》实施前制定,其制定程序及公示程序不完全符合《劳动合同法》的规定,但已向职工代表、中层以上干部征求意见,且其内容不违反法律、行政法规及政策规定,亦不存在明显不合理情形,并已向劳动者公示或者告知,故依照相关规定,可以作为处理劳动争议的依据;(2)蔡某山作为一名老职工,明知无论是在上班前还是上班时在厂区穿不符合要求的通顶凉鞋都是违反厂规厂纪的行为,单位领导发现后,其应当认识错误及时改正,而不应当采取过激行为,且事发时徐某才已60多岁,卡住脖子往上托举的行为严重危及人身安全。对蔡某山的行为,东台市公安局作出公安行政处罚决定,给予其行政拘留5日的处罚。蔡某山的上述行为符合《员工守则》违纪处罚细则第四项第十款"对他人施以暴行、进行威胁的"、第十一款"滋事顶撞领导,造成极坏影响的行为"的情形,其行为构成严重违反用人单位规章制度。判决:(1)撤销二审判决;(2)维持一审判决,即驳回蔡某山要求撤销鑫悦公司2012年8月21日的与蔡某山解除劳动合同的决定,恢复蔡某山与鑫悦公司劳动关系的诉讼请求。[2]

劳务派遣单位与劳动者约定,用工单位的规章制度对劳动者有约束力,可以作为解除劳动者的劳动合同依据。

---

[1] 参见国家法官学院、最高人民法院司法案例研究院编:《中国法院2022年度案例》(劳动纠纷),中国法制出版社2022年版,第147~148页。北京市大兴区人民法院(2020)京0115民初8309号民事判决书。

[2] 参见国家法官学院案例开发研究中心编:《中国法院2018年度案例》(劳动纠纷),中国法制出版社2018年版,第111页。江苏省高级人民法院(2016)苏民再346号民事判决书。

【案例6－27】　前锦网络信息技术(上海)有限公司、北京信恒合丰餐饮管理有限公司与殷明翠劳动争议纠纷案

二审法院认为,前锦网络信息技术(上海)有限公司(以下简称前锦公司)作为劳务派遣单位将殷某翠派遣至用工单位北京信恒合丰餐饮管理有限公司(以下简称信恒公司)工作,前锦公司与殷某翠签订的劳动合同中约定,前锦公司和信恒公司的《员工手册》或者规章制度在告知殷某翠后,即具有法律效力,对各方均有约束力,如发生冲突,应以信恒公司的《员工手册》或规章制度为准。据此,劳务派遣期间,殷某翠应服从信恒公司的用工管理,遵守信恒公司的规章制度。根据信恒公司的《员工手册》和《餐厅物料有效期间管理制度》规定,殷某翠因未上班却有考勤的代打卡行为,被信恒公司处以书面警告的处罚,后其管理的店铺中又多次出现违反《餐厅物料有效期间管理制度》的情形,故信恒公司以殷某翠严重违反公司规则规章制度为由将其退回前锦公司,属于合法退回。殷某翠主张未收到《餐厅物料有效期间管理制度》,原审法院认为殷某翠认可信恒公司以邮件的方式向其发送的《资深店经理、区经理岗位职责》,但不认可收到了信恒公司通过同样的方式发送的《餐厅物料有效期间管理制度》,不符合日常逻辑,不予采信,一审法院处理并无不当。至于殷某翠主张前锦公司、信恒公司对相关过失的严重程度、责任划分及处罚的界定不明确,考虑到:一方面,殷某翠从事餐饮行业多家门店的管理工作,而餐饮行业对食品有效期需进行严格管理,对负责人相关管理职责要求较高,并对此规定严格的实施细则和处罚制度,具有经营上的合理性;另一方面,殷某翠负责管理的门店多次出现违规情形,其中有两家门店分别出现两次违规情形,故信恒公司认为殷某翠对此存在过失,给予其书面警告,将其退回前锦公司,并无不当,前锦公司据此与殷某翠解除劳动合同,系合法解除,无需支付殷某翠违法解除劳动合同赔偿金。判决:驳回上诉,维持原判。[1]

用人单位的管理人员对被性骚扰员工的投诉,应采取合理措施进行处置。管理人员未采取合理措施或者存在纵容性骚扰行为、干扰对性骚扰行为调查等情形,用人单位以管理人员未尽岗位职责,严重违反规章制度为由解除劳动合同,管理人员主张解除劳动合同违法的,法院予以支持。

【案例6－28】　郑某诉霍尼韦尔自动化控制(中国)有限公司劳动合同纠纷案

二审法院认为,本案争议焦点:(1)霍尼韦尔自动化控制(中国)有限公

---

〔1〕 参见国家法官学院案例开发研究中心编:《中国法院2018年度案例》(劳动纠纷),中国法制出版社2018年版,第154～155页。北京市第二中级人民法院(2016)京02民终7105号民事判决书。

司(以下简称霍尼韦尔公司)据以解除郑某劳动合同的《员工手册》和《商业行为准则》对郑某有无约束力;(2)郑某是否存在足以解除劳动合同的严重违纪行为。

关于争议焦点一,霍尼韦尔公司据以解除郑某劳动合同的《员工手册》和《商业行为准则》对郑某有无约束力。在案证据显示,郑某持有异议的霍尼韦尔公司2017年版《员工手册》《商业行为准则》分别于2017年9月、2014年12月经霍尼韦尔公司工会沟通会议进行讨论。郑某与霍尼韦尔公司签订的劳动合同明确约定《员工手册》《商业行为准则》属于劳动合同的组成部分,郑某已阅读并理解和接受上述制度。在《员工手册》修订后,郑某亦再次签署确认书,确认已阅读、明白并愿接受2017年版《员工手册》,愿恪守公司政策作为在霍尼韦尔公司工作的前提条件。在此情况下,霍尼韦尔公司的《员工手册》《商业行为准则》应对郑某具有约束力。

关于争议焦点二,郑某是否存在足以解除劳动合同的严重违纪行为。一则,在案证据显示霍尼韦尔公司建立有工作场所性骚扰防范培训机制,郑某亦接受过相关培训。霍尼韦尔公司《商业行为准则》要求经理、主管等管理人员在下属提出担忧或问题时能够专业并及时帮助解决,不能进行打击报复。霍尼韦尔公司2017年版《员工手册》还将违反公司《商业行为准则》的行为列为会导致立即辞退的严重违纪行为范围。现郑某虽称相关女职工未提供受到骚扰的切实证据,其无法判断骚扰行为的真伪、对错,但从郑某在2018年8月30日谈话录音中对相关女职工初入职时向其出示的微信截屏所做的"我是觉得有点怪,我也不敢问""我就是不想掺和这个事"的评述看,郑某本人亦不认为相关微信内容系同事间的正常交流,且郑某在相关女职工反复强调间接上级一直对她进行骚扰时,未见郑某积极应对帮助解决,反而说"他这么直接,要是我的话,先靠近你,摸摸看,然后聊聊天"。所为皆为积极促成自己的下级与上级发展不正当关系。郑某的行为显然有悖其作为霍尼韦尔公司部门主管应尽之职责,其相关答复内容亦有违公序良俗。此外,依据郑某自述,其在2018年8月30日谈话后应已明确知晓相关女职工与间接上级关系不好的原因,但郑某不仅未采取积极措施,反而认为相关女职工处理不当。在任某明确表示对邓某性骚扰的抗拒后,郑某于2018年11月中旬向人事经理提出任某性格不合群,希望公司能解除与任某的劳动合同,据此霍尼韦尔公司主张郑某对相关女职工进行打击报复,亦属合理推断。二则,霍尼韦尔公司2017年版《员工手册》明确规定在公司内部调查中做虚假陈述的行为属于会导致立即辞退的严重违纪行为。霍尼韦尔公司提供的2019年1月15日调查笔录显示郑某在调查过程中存在虚假陈述情况。郑某虽称该调查笔录没有按照其所述内容记录,其不被允许修改很多内容,但此主张与郑某对该调查笔录中诸多问题的答复都进行过修改的事实相矛盾,法院对此不予采信。该调查笔录可以作为认定郑某存在虚假陈述的判断依据。

综上,郑某提出的各项上诉理由难以成为其上诉主张成立的依据。霍尼韦尔公司主张郑某存在严重违纪行为,依据充分,不构成违法解除劳动合同。对郑某要求霍尼韦尔公司支付违法解除劳动合同赔偿金368,130元的上诉请求,不予支持。二审法院判决:驳回上诉,维持原判。[1]

劳动者严重违反规章制度,用人单位有权解除劳动合同。

【案例6-29】　王某诉某物流公司劳动争议纠纷案

二审法院认为,《劳动合同法》第三十九条规定,劳动者严重违反用人单位的规章制度的,用人单位可以解除劳动合同。某物流公司提交《关于规章制度生效的会议纪要》等文件,表明相关规章制度已经过职工代表大会讨论通过,并对员工进行了培训,《规章制度汇编》中的“驾驶员岗位职责十不准”对车内吸烟明令禁止。王某驾驶危化品车辆时吸烟,其行为对某物流公司的经营发展及社会公众的人身财产安全均具有重大隐患,王某的行为严重违反公司规章制度,物流公司依据规章制度解除与王某的劳动合同,属于依法行使企业用工自主权。王某以物流公司违法解除劳动合同为由主张赔偿金没有法律依据,人民法院不予支持。[2]

2. 违反纪律

在劳动者严重违反了劳动纪律条件下,用人单位可在缺少规章制度规定时作出解除决定,不构成违法解除。

【案例6-30】　第六医院诉高某劳动合同纠纷案

二审法院认为,本案中,第六医院以高某严重违反规章制度为由解除劳动合同,并提供了照片、高某出具的检讨书以及高某与第六医院人事科科长付某的电话录音等予以佐证。照片显示,配电室墙壁上悬挂有中央空调室安全防火制度,制度规定机房及配电室内非工作人员不得入内,不准私自使用电炉、酒精炉及小家电。另有照片显示,配电室桌子上放有炒锅、碗碟,墙壁上有油烟污渍。结合高某本人出具的检讨书和电话录音内容,高某存在带妻子、孩子进入配电室,并在配电室使用小家电的情况。配电室是第六医院的

---

〔1〕参见最高人民法院指导案例181号。上海市第一中级人民法院(2021)沪01民终2032号民事判决书。

〔2〕山东省高级人民法院发布十大劳动争议典型案例。山东省东营市中级人民法院(2023)鲁05民终90号民事判决书。

特殊场所,其消防安全事关第六医院医患及全体职工的生命财产安全。严格遵守配电室安全防火制度、维护配电室正常运转是高某的基本职责。如果放任其在该场所内漠视消防安全、火灾隐患,将可能对第六医院的全体职工及就医病人等社会公众的生命安全产生巨大威胁,因此第六医院严格要求遵守最基本的劳动纪律并无不当。高某在明知上述安全防火制度的情况下,仍将妻子、孩子带入配电室,并在配电室使用小家电,严重违反了用人单位的规章制度,亦违背了该岗位劳动者应当遵守的最基本劳动纪律。《劳动法》第三条第二款规定……遵守劳动纪律和职业道德是对劳动者最基本的职业要求,即便在规章制度未作出明确规定、劳动合同未明确约定的情况下,如劳动者存在严重违反劳动纪律或职业道德的行为,用人单位亦可以依据《劳动法》的规定与劳动者解除劳动合同,故第六医院与高某解除劳动合同的行为符合《劳动法》第三条第二款及《劳动合同法》第三十九条第二款之规定,并不构成违法解除。一审法院对此认定不当,予以纠正。判决:(1)维持一审判决第一项、第三项、第四项;(2)撤销一审判决第二项、第五项;(3)第六医院无需支付高某违法解除劳动合同赔偿金165,659.9元;(4)驳回高某的其他诉讼请求;(5)驳回第六医院的其他诉讼请求。[1]

违纪行为中所涉财物的数量和价值大小并不是评判劳动者违纪行为严重程度的唯一标准,而应该结合劳动者的岗位、劳动者的主观意图及行为造成的影响等方面进行综合考量。坚持企业文化并不等同于机械适用规章制度,与违反企业文化零容忍并不矛盾。

【案例6-31】 王某诉某某驾校劳动合同纠纷案

一审法院认为,认定某某驾校解除行为是否合法,可以从两个角度进行分析:一是对《员工手册》"处分条例"第3~25条规定的理解,二是对王某违纪行为的性质认定。对《员工手册》"处分条例"第3~25条规定的理解,可以从文义解释、体系解释和目的解释三个方面进行理解。首先,从文义解释角度看,对《员工手册》"处分条例"第3~25条规定的行为是"任何接受在训学员馈赠钱财、物品、食品、宴请有价凭证的行为",结合文义及日常生活经验,这里的"馈赠"食品应理解为较为正式的将食品作为礼品赠送给教练;从体系解释和目的解释角度来看,根据《员工手册》编排体例,"处分条例"第3~25条规定在对《员工手册》中"道德品质"项下,是对公司工作人员廉政道德纪律的规定,其制定的目的是避免其工作人员利用职务之便收受学员财

[1] 参见国家法官学院、最高人民法院司法案例研究院编:《中国法院2021年度案例》(劳动纠纷),中国法制出版社2021年版,第85页。北京市第二中级人民法院(2019)京02民终13465号民事判决书。

物。对王某“违纪行为”的性质认定可以从王某的主观意图和事情的经过综合考虑,考察王某是否存在利用职务之便收受在训学员财物的主观故意、王某接受学员食品的行为是否会影响学员训练体验、损害学员利益,造成损害某某驾校声誉的不利后果。根据某某驾校提交的车载视频,首先,学员给王某“芒果干”是对王某与其分享“山楂片”的回馈,而非基于王某“教练员”的职务;其次,王某对学员作出“馈赠行为”两次表示拒绝,王某主观上并没有利用职务之便收受学员食品的意图,亦不能据此认定王某存在道德品质问题;最后,王某的行为并未产生影响学员体验、损害学员利益的后果。综上所述,不能认定王某与学员共享零食构成严重违纪,某某驾校据此与其解除劳动合同,构成违法解除,应支付违法解除劳动合同赔偿金。判决:(1)某某驾校支付王某违法解除劳动关系赔偿金36,757.4元;(2)某某驾校支付王某2019年1月至8月延时加班工资差额10,839.31元;(3)某某驾校支付王某2019年未休年休假工资822.79元;(4)某某驾校返还王某工服押金500元;(5)驳回王某的其他诉讼请求。二审法院同意一审法院裁判意见。[1]

劳动者在居家办公期间多次、长时间不回应公司工作要求,属于变相拒绝、拖延完成工作任务,其行为严重违反劳动纪律,用人单位可以解除劳动合同。

【案例6－32】　科技公司诉杨某劳动争议纠纷案

二审法院认为,劳动者应完成劳动任务,遵守劳动纪律和职业道德。该规定是对劳动者的基本要求,即便在规章制度未作出明确规定、劳动合同也未明确约定的情形下,如劳动者存在严重违反劳动纪律或职业道德的行为,用人单位可以上述规定与劳动者解除劳动合同。杨某居家办公期间,多次、长时间不回应科技公司的工作要求,违反了劳动者基本的劳动义务;在多次警告之后,仍然不能勤勉履行职责。杨某的行为已经严重违反职业道德,严重违反劳动纪律,使得科技公司与其建立劳动关系的目的落空,科技公司与其解除劳动关系,合理合法。判决:驳回上诉,维持原判。[2]

3. 违反职业道德

劳动者违反了基本职业道德,属于严重失职时,用人单位作出的解除决定符合规章制度及相关法律规定,不构成违法解除。

---

〔1〕 参见国家法官学院、最高人民法院司法案例研究院编:《中国法院2022年度案例》(劳动纠纷),中国法制出版社2022年版,第95～96页。北京市第二中级人民法院(2020)京02民终10220号民事判决书。

〔2〕 参见国家法官学院、最高人民法院司法案例研究院编:《中国法院2023年度案例》(劳动纠纷),中国法制出版社2023年版,第61～62页。北京市第一中级人民法院(2021)京01民终2234号民事判决书。

【案例6-33】 贸易公司诉孙某劳动合同纠纷案

一审法院认为,就双方争议的解除决定合法性,就解除事由而言,其一,孙某确实实施了"以注册商户的账户揽个人快件"的行为,取得并自行处分了站点上全额快递费与折扣快递费之间的"差额"。其二,虚构商务揽收件的行为并非偶发,而是在一定时期内持续发生的违规行为。孙某的行为违反了最基本的职场诚信。其三,虚构商务揽收件的行为不仅产生了"差额"这一不当利益,且使得公司以"折扣"为手段所试图达到商业目的无法实现,据此,贸易公司作出的解除决定具有正当事由。就制度依据而言,其一,双方《劳动合同》中曾约定营私舞弊,给公司造成重大损害的,用人单位可以解除劳动关系。贸易公司已举证证明《奖惩管理制度》的制定经过了民主程序。其二,基本的劳动纪律和职业道德。《劳动法》第三条第二款规定:"劳动者应当……遵守劳动纪律和职业道德",该条款是法律对于劳动者提出的最基本要求。据此,贸易公司作出的解除决定具有制度依据。再就解除决定的送达程序而言,孙某确已收到贸易公司发出的书面解除通知,即解除通知送达程序合法。基于以上几点,贸易公司作出的解除决定合法,故其公司仅需向孙某支付2016年1月1日至2018年9月5日未休年休假工资6126.72元,而无需向孙某支付违法解除赔偿金51,253.3元。判决:(1)贸易公司向孙某支付未休年休假工资6126.72元;(2)贸易公司无需向孙某支付违法解除赔偿金51,253.3元。二审法院同意一审法院裁判意见。[1]

劳动者基础行为本身明显严重违反职业技能、操作规范或职业道德时,无论劳动者是否出现负面曝光信息,都不影响用人单位合法单方面辞退劳动者。劳动者基础行为违反职业道德或职业伦理未达到严重时,负面曝光可能会放大对用人单位的损害后果,从而达到被辞退的条件。劳动者轻微违反职业技能、操作规范或职业道德,即使出现超出期待可能性的负面曝光,也不会导致劳动者被用人单位辞退。

【案例6-34】 国某诉北京某某客运公司劳动合同纠纷案

判决观点,原告主张被告基于2016年8月2日北京电视台的不实报道与其解除劳动关系,但其未提交充分证据予以证明上述报道为不实报道。公交车作为公共交通工具,属于公共服务领域,乘客对于公交车司机具有一定的信赖性。原告作为公交车司机,其带领暗访的记者乘坐不具备营运资质的车辆(俗称黑车),并向司机索要烟,后在记者表示因为价格太贵不准备乘坐

---

〔1〕 参见国家法官学院、最高人民法院司法案例研究院编:《中国法院2021年度案例》(劳动纠纷),中国法制出版社2021年版,第80页。北京市第一中级人民法院(2019)京01民终5362号民事判决书。

黑车去八达岭时，原告建议拼车去，其上述行为明显不当。此过程被北京电视台《锐观察》栏目曝光。北京电视台作为传播媒体，其具有一定的社会影响力，特别是在北京地区，其具有较大的社会影响力。考虑到媒体传播信息的快速性与发散性等特点，原告的上述行为经曝光，势必给公司造成恶劣影响。另外，原告已签字确认对《北京某某客运公司劳动合同管理办法》等文件及具体内容已知晓，该管理办法第四章第二十八条规定，员工有下列情形之一的，依照《劳动合同法》规定的条件、程序，用人单位可以与劳动者解除固定期限的劳动合同，其中具体规定，员工严重失职、营私舞弊给用人单位造成直接经济损失1万元以上或者造成恶劣影响的责任者。同为工作人员，其他人员面对暗访的记者，均未做出与自己身份不符的不当行为，原告则向黑车司机索要烟，谋取私人利益，其行为符合《北京某某客运公司劳动合同管理办法》规定的公司可以解除与劳动者劳动合同的情形。故法院对原告要求法院判决被告恢复其工作，与其签订无固定期限劳动合同的诉讼请求不予支持。判决：驳回国某的全部诉讼请求。[1]

4. 旷工解除

用人单位以旷工为由解除劳动合同的，应从以下几个方面审查，其一，劳动者的岗位特点及出勤规律。劳动者是否能够做到每天按时出勤，如医药、保险等行业的销售人员，家具、家电安装工人，售后维修人员，需经常出差的人员等不具备每天按时出勤的条件。发生争议之前，劳动者每月的出勤情况是否基本一致，有无每月都有人致相当的天数缺勤，还是劳动关系的最后一段时间出勤情况突然变差。上述情况需综合判断，否则影响到对旷工认定的结论。其二，用人单位劳动规章制度的制定或送达程序应当完备。实践中，对于规章制度和送达程序有一定瑕疵，按照用人单位的工作时间要求到岗工作作为社会公众所认可的基本劳动纪律，劳动者也应予以遵守，劳动者严重违反的，用人单位据此解除劳动合同的，一般不宜认定为违法解除。

【案例6－35】 黄某诉北京居然安康超市有限责任公司劳动合同纠纷案

二审法院认为，双方对黄某在职期间的出勤记录以及2017年5月、6月的考勤异常审批均无异议，应予采信。依据黄某5月、6月的出勤记录与考勤异常审批，其在5月、6月中每月均超过10天的考勤异常情形，北京居然安康超市有限责任公司（以下简称居然安康公司）也以审批方式在月末予以认

〔1〕 参见国家法官学院案例开发研究中心编：《中国法院2019年度案例》（劳动纠纷），中国法制出版社2019年版，第103页。北京市延庆区人民法院（2017）京0119民初3905号民事判决书。

可,说明因开展业务需要每月10次以上的异常考勤属于黄某的正常工作状态。在黄某2017年7月的考勤记录与此前的出勤情况并无明显的情况下,居然安康公司以黄某多次无故旷工为由解除劳动合同,属违法解除,应支付违法解除劳动合同赔偿金。二审法院对此予以改判。判决:(1)维持一审判决第一项;(2)撤销一审判第二项;(3)居然安康公司支付黄某违法解除劳动合同赔偿金40,040元;(4)居然安康公司支付黄某2017年7月1日至7月31日的工资差额30,000元;(5)驳回黄某的其他诉讼请求。[1]

劳动者在医疗期满后继续提交假条的主观动因往往是身体状况尚无法从事原岗位工作,医院是否为劳动者继续出具假条往往也将劳动者的工作内容及工作强度作为重要考量因素。不能因劳动者存在医疗期满后继续提交假条的行为直接推定劳动者必然不能从事用人单位另行安排的工作,用人单位在不另行安排工作的情况下径行解除劳动合同一般应认定为违法解除。

【案例6-36】 秦某诉北京东陶有限公司劳动合同纠纷案

一审法院认为,秦某在2016年3月7日医疗期满之后,继续向北京东陶有限公司(以下简称东陶公司)申请病假,东陶公司亦准予其休病假至2017年8月16日。东陶公司未能举证证明在2017年8月8日作出解除劳动合同时,已为秦某另行安排过工作或按照相关规定安排秦某进行了劳动能力鉴定以确定其待遇,东陶公司仅根据秦某提交病假申请即确认秦某不具备劳动能力,无法从事公司安排的任何工作,在秦某尚处在公司批准的病假期间的情况下,直接作出解除劳动关系的决定,缺乏事实与法律依据,系违法解除,东陶公司应当支付秦某违法解除劳动关系赔偿金,对秦某主张的违法解除劳动关系赔偿金的合理部分,法院予以支持,对于其过高的诉请,依据不足,不予支持。判决:(1)东陶公司支付秦某违法解除劳动关系赔偿金88,830元;(2)驳回秦某的其他诉讼请求。二审法院同意一审裁判意见,维持原判。[2]

旷工与行政拘留的关系。行政拘留不是直接开除员工的法定理由。员工被行政拘留,无法为单位提供劳动,单位是不能以此为理由解除劳动合同的。单位和员工之间的劳动关系暂时中止履行,单位也无需支付其被拘留期间的工资。与受到行政拘留后,因人身自由受限客观上无法到岗有一定区别。在实践中发生此类情况,员工一般也会抗辩"无主观恶意"。实践中,对以"旷工"为由开除受行政拘留的员工,法官倾向于认定合法。

---

〔1〕 参见国家法官学院、最高人民法院司法案例研究院编:《中国法院2020年度案例》(劳动纠纷),中国法制出版社2020年版,第99页。北京市第二中级人民法院(2018)京02民终2882号民事判决书。

〔2〕 参见国家法官学院、最高人民法院司法案例研究院编:《中国法院2020年度案例》(劳动纠纷),中国法制出版社2020年版,第95~96页。北京市第二中级人民法院(2018)京02民终970号民事判决书。

【案例6－37】 刘某诉某公司劳动争议纠纷再审案

再审法院认为，刘某因自身不当行为受到行政处罚，需自行承担相应后果。公司据此与刘某解除劳动关系并无不当。[1] 本案中，员工刘某因将粪便涂抹在同事办公桌上，公然侮辱，被行政拘留，此期间未上班，造成旷工。员工极端行为对公司造成恶劣影响的情况下，双方之间已然丧失了维系劳动合同的基础，法院直接认定“旷工”解除系合法。

公司均依据单位内部规章制度明确了违纪缺勤属于旷工，如“职工因违纪行为造成缺勤的按旷工处理”，“因行政拘留造成缺勤的按旷工处理”等，让“旷工开除”更有规可依，用人单位充分行使用工自主权。

【案例6－38】 姜某与某钢集团西安分公司劳动争议纠纷再审案

再审法院认为，2012年5月底姜某请假未获批准，连续旷工已超过7日，其因非正常信访被行政拘留，某钢公司根据内部规章制度《违纪职工处理规定》，解除与姜某的劳动关系并无不当。[2]

【案例6－39】 王某与某高公司劳动争议纠纷再审案

再审法院认为，王某旷工行为不具有正当性，虽然王某辩称提出了口头请假，但某高公司并未同意，某高公司其后调整排班表也不能视为其同意王某的请假事项，某高公司根据规章管理制度解除劳动合同合法。[3] 本案中，某高公司制定了规章制度《劳动人事管理制度》，其中明确规定：职工因违纪行为造成缺勤的按旷工处理，同时规定，职工无正当理由连续旷工超过5天的，公司将予以辞退。王某因盗窃被行政拘留，旷工10天。

受行政拘留处罚的员工，未履行请假手续不能认定为事假，用人单位可以旷工为由解除劳动合同。

【案例6－40】 吴某诉科技公司劳动合同纠纷案

二审法院认为，吴某于2018年3月5日至12日被行政拘留，其虽称已经向主管领导请假，但科技公司予以否认，且吴某提交的证据不能证明其主张；吴某认可3月16日至18日未上班，同时对其所称的3月16日为其休息日未提交充分的证据佐证。基于以上事实，科技公司依据《员工手册》的规定，解除与吴某的劳动合同，并无不妥，故吴某主张科技公司支付违法解除劳动合同赔偿金的诉请，理由不充分，一审判决未予支持，并无不当。综上所述，吴某的上诉请求不能成立，应予驳回；一审判决认定事实清楚，适用法律

---

〔1〕 北京市高级人民法院(2020)京民申3066号民事裁定书。

〔2〕 陕西省高级人民法院(2015)陕赔民申字第00684号民事裁定书。

〔3〕 江苏省高级人民法院(2017)苏民申4813号民事裁定书。

正确,应予维持。判决:驳回上诉,维持原判。[1]

应注意的是,在日常生活中,也存在被错误行政拘留的情形。此种情形下,员工除了可以申请国家赔偿外,单位也有义务继续履行双方之间的劳动合同,故员工应当履行请假手续。

5. 职场性骚扰

《民法典》第一千零一十条第一款规定,违背他人意愿,以言语、文字、图像、肢体行为对他人实施骚扰的,受害人有权依法请求行为人承担民事责任。该条明确了性骚扰行为应承担民事责任,奠定了性骚扰规制的法律基础,受到性骚扰的受害人可向法院提起诉讼。在劳动法领域中,职场性骚扰是否可解除劳动合同,现行劳动法律法规未有规定。根据《劳动法》第三条第二款规定,用人单位可以依劳动者严重违反劳动纪律和职业道德行使解除权。用人单位的规章制度载明对性骚扰可以解除合同的亦为合法依据,员工手册中约定性骚扰可以解除合同的,可以作为解除的事由。

【案例6-41】 王某诉优比速公司劳动合同纠纷案

判决观点,关于劳动关系解除,2018年6月19日,优比速公司向王某送达了书面的《解除劳动合同通知》,以王某对女同事有骚扰的行为,以及引起女同事强烈不满的不适当的肢体接触为由解除与王某的劳动合同。就解除劳动合同的依据,优比速公司提交的由王某书写的《发生事情》显示,王某确实对优比速公司案外女员工陈某有亲脸等亲密行为并造成陈某的不满。陈某向优比速公司投诉了王某的上述行为,优比速公司根据陈某的投诉对王某作出了解除劳动关系的决定。根据优比速公司提交的《员工手册》,有骚扰行为的可以立即解除劳动合同并不做任何补偿。王某签收并学习了该份《员工手册》。王某在知晓优比速公司规章制度的情况下,于工作时间、工作地点,因非工作事由向女员工作出非必要的身体接触,从而引发女员工的不满。王某的行为已经严重违反了劳动纪律及职业道德,优比速公司基于王某的此行为与其解除劳动关系并无不妥,对王某要求优比速公司支付违法解除劳动关系赔偿金的诉讼请求不予支持。判决:(1)被告优比速公司支付原告王某2016年未休年休假工资7356.32元;(2)驳回王某的其他诉讼请求。[2]

---

〔1〕 参见国家法官学院、最高人民法院司法案例研究院编:《中国法院2022年度案例》(劳动纠纷),中国法制出版社2022年版,第118页。北京市第二中级人民法院(2019)京02民终15456号民事判决书。

〔2〕 参见国家法官学院、最高人民法院司法案例研究院编:《中国法院2021年度案例》(劳动纠纷),中国法制出版社2021年版,第97页。北京市朝阳区人民法院(2019)京0105民初12673号民事判决书。

【案例6-42】 赵某诉某公司劳动合同纠纷案

二审法院认为,某公司5位员工出庭所作证言与访谈记录记载内容相吻合,证人证言彼此之间相互印证,结合微信聊天记录等内容,某公司提供的证据已达到高度的可能性并形成证据链,可以证明赵某存在性骚扰行为的事实。同事之间相处保持礼貌、恰当距离,同时需恪守道德底线。赵某对数名女同事均有肢体接触,并有不恰当言论,引发众多女同事反感,给他人带来心理不适及负担。其前述行为不尊重女性且涉及范围较广,严重影响办公室氛围,亦有违劳动者基本职业道德。基于此,某公司依据双方劳动合同相关条款,以赵某严重违反公司劳动纪律及劳动者基本职业道德为由,解除双方劳动合同,并无不当。判决:驳回上诉,维持原判。[1]

性骚扰是我国多项法律法规明确禁止的侵权行为,《民法典》明确规定了用人单位的性骚扰防治义务,此项义务通过用人单位的规章制度与《劳动合同法》相衔接,明确了用人单位对性骚扰实施者的合同解除权,这有利于增强用人单位防治性骚扰的意识,营造健康有序安全的职场工作氛围。企业有权解雇实施性骚扰的职工。

【案例6-43】 吴某诉某电子公司劳动争议纠纷案

判决观点,劳动者应遵守劳动纪律和职业道德。用人单位应当依法建立和完善规章制度,保障劳动者享有劳动权利和履行劳动义务。本案中,吴某利用其管理女实习生的职务便利实施骚扰行为,严重违反了劳动纪律和职业道德,严重侵害了女职工的身心健康,严重扰乱了风清气正的职场环境。某电子公司对吴某作出解除劳动合同的处理,并无不当,故判决驳回吴某的诉讼请求。[2]

6. 不当言论解除

劳动者在微信上发表的对用人单位的不当言论的行为欠妥,但在事后及时删除,未给用人单位造成严重后果,且事件的起因在于用人单位,用人单位解除劳动合同不当。对于员工的过错行为给予什么样的处罚,需要遵循比例原则。对劳动者的不当言论进行处罚时,需要考虑不当言论后传播的范围,是否给用人单位造成损失,劳动者事后是否采取了积极补救措施防止影响的进一步扩大等因素,用人单位违反比例原则解除劳动合同的不受法律保护。

---

〔1〕 参见郭伟清主编:《民法典新规则案例解析》,法律出版社2020年版,第218页。上海市第二中级人民法院(2019)沪02民终5965号民事判决书。

〔2〕 江苏法院2022年度劳动人事争议十大典型案例之六,审理法院:苏州市吴江区人民法院。

【案例6-44】 天脉聚源(北京)教育科技有限公司诉马某劳动合同纠纷案

一审法院认为,本案中,马某在公司发出薪资减发通知后,先是发表了"寒心,我的心路历程"的评论,此后又在朋友圈发布了公司激励计划讲话截图、公司内部薪资减发通知截图,马某称上述朋友圈的内容仅是一种私人情绪的感性记录,朋友圈人数有限,并未产生公开影响。但是马某将涉及公司内部事务的信息发布至朋友圈后,引起了他人的评论,确实造成了公司内部经营信息和商业信息的传播和泄露。不论发布的信息是否属于商业秘密,马某作为一名员工均不应该将公司内部信息随意发布至社交媒体。这么做显然有违员工忠实义务,属于对欠薪行为的一种过激表达。那么对员工的过错行为给予什么样的处罚,需要遵循比例原则,也就是劳动者的过错行为与用人单位的处罚手段之间程度上要相当。本案中,无论是根据用人单位的《员工手册》还是双方签订的《保密协议》,均要求根据员工给公司造成损失的大小来给予员工警告、调岗再到解除劳动合同的处分。马某发布的信息虽然给公司造成了一定的影响,但是公司并未证明马某一事给公司造成损失及后果。况且马某事后已经认识到自己行为有一定的不妥,也及时删除了上述信息,消除了影响。即使根据公司的规章制度,公司也应先给予警告处分或调岗,而不是直接解除劳动合同。因此,天脉聚源(北京)教育科技有限公司(以下简称天脉聚源公司)解除劳动合同的行为欠妥,应依法支付马某违法解除劳动合同赔偿金。对于赔偿金的具体数额,双方认可马某离职前月平均工资,结合马某的工作年限核算,裁决数额不高于法定标准,予以确认。关于仲裁裁决的2016年1天未休年休假工资413.79元,双方认可裁决结果,予以确认。判决:(1)天脉聚源公司支付马某违法解除劳动合同赔偿金135,000元;(2)天脉聚源公司支付马某2016年未休年休假工资413.79元。二审法院认为,天脉聚源公司上诉主张马某在微信朋友圈发布有关其公司的信息系泄露其公司商业秘密,违反其公司规章制度及劳动纪律,使其公司遭受重大损失,故解除与马某的劳动合同行为合法有据。马某则称其在朋友圈发布的有关天脉聚源公司的信息仅是针对天脉聚源公司欠薪行为而实施的个人不满情绪的表达。虽然马某的上述行为确有不妥,可能会对天脉聚源公司造成一定不良影响,但其事后认识到自己行为的不当并及时删除朋友圈的信息,且天脉聚源公司并未提供证据证明马某的行为给其公司造成重大损失,故一审法院认定天脉聚源公司据此解除马某的劳动合同违法,应该向马某支付违法解除劳动合同赔偿金,并无不当,二审法院予以维持。判决:驳回上诉,维持原判。[1]

---

〔1〕 参见国家法官学院、最高人民法院案司法例研究院编:《中国法院2020年度案例》(劳动纠纷),中国法制出版社2020年版,第91~92页。北京市第二中级人民法院(2018)京02民终970号民事判决书。

7. 违反诚信原则

诚信原则作为《劳动合同法》的基本原则，虽然在具体解除条款中没有直接规定，但应当是用人单位与劳动者从始至终都应当遵循的原则。对劳动者提供的虚假材料，用人单位可依据诚信原则解除劳动合同。

【案例6－45】　王某诉洪泰财富（青岛）基金销售有限责任公司劳动合同纠纷案

二审法院认为，本案争议的焦点是一审法院认定王某向洪泰财富（青岛）基金销售有限责任公司（以下简称洪泰财富公司）提供虚假履历、陈述虚假工作经历的事实是否正确，洪泰财富公司解除双方的劳动合同是否合法。诚实信用原则是民事主体应当遵守的最基本原则。用人单位和劳动者在订立劳动合同时均应遵循诚实信用的原则。用人单位有权了解劳动者与劳动合同直接相关的基本情况，劳动者应当如实说明。王某否认系其个人修改嘉华财富公司开具的《离职证明》，并主张该离职证明入职时已交由洪泰财富公司保管，存在他人修改的可能。故王某在嘉华财富公司的工作时间，成为判断王某是否提供不实履历的重要环节。王某确认其在嘉华财富公司的工作时间为《离职证明》上修改后所记载的时间段，即2014年5月21日至2016年8月23日，共计2年多，与洪泰财富公司所述2015年5月21日至2016年8月23日共计1年多的时间段存在差异，一审法院调取了嘉华财富公司《离职证明》留存联进行核实，王某又认为嘉华财富公司可能出具不利于其个人的证据，对一审法院庭审质证未出具留存联原件提出质疑。二审法院审理中，调取了王某的社会保险缴纳记录，与王某签字确认的《员工资料表》中工作履历、时间上存在差异，故王某存在向洪泰财富公司提供假履历、陈述虚假离职证明属于严重违纪，公司可以解除劳动合同。王某的行为已然违反了公司规章制度，亦违反了诚实信用原则，洪泰财富公司据此解除了劳动关系，符合法律规定。关于年度奖金的分配问题，二审法院同意一审法院裁判意见。判决：驳回上诉，维持原判。[1]

劳动者未依据诚信原则行使病休假权利予以配合的，用人单位行合理的病假管理权有权解除劳动合同。

【案例6－46】　毛某诉制药公司劳动争议纠纷案

判决观点，本案中，自2019年5月起，毛某因颈椎病已获得病假近三个

〔1〕参见国家法官学院、最高人民法院司法案例研究院编：《中国法院2020年度案例》（劳动纠纷），中国法制出版社2020年版，第143页。北京市第二中级人民法院（2018）京02民终5604号民事判决书。

月，在此期间，毛某从事多项与其病情不符甚至不利于病情恢复的活动，严重违背企业给其病假的初衷与目的。在此情况下，制药公司对毛某2019年8月的病假给予相对严格的审查具有合理性，毛某对此应当予以配合。后制药公司虽然未批准其该月长期病假，但也表明如有需要可给予短期病假。作为以经营盈利求生存的生产性企业，根据劳动者身体的客观情况，在不损害劳动者合法权益的前提下提出该解决方案，做法并无不妥，毛某应当予以配合，在未获批准的情况下先行恢复工作，如遇到困难再积极与制药公司进行沟通解决。本案中，毛某对制药公司未批准病假并未提出异议，但却未再至制药公司工作，也没有证据显示其就病假事宜与制药公司进行沟通，其未获准休假而擅自不上班的行为按规章制度规定视为旷工，制药公司以严重违纪为由解除与其劳动关系并无不当。判决：驳回王某的全部诉讼请求。[1]

8. 不良征信

劳动者债务较多、不良征信为由单方解除劳动合同理由。鉴于现代劳动岗位的多样性，在特定行业中用人单位针对特定的岗位可以设定某些合理约束。当然，用人单位对劳动者提出特殊要求，应当基于职业本身的内在需求，存在正当性。但前提是符合《劳动法》的相关规定，即合法制定并公示的规章制度，相关要求在规章制度中有明确规定，规章制度中的处罚规定合情合理等。对岗位的特殊性应当在劳动合同中明示，除明显违反公序良俗和社会公德，如吸毒、赌博、嫖娼等行为无需明示告知外，用人单位对劳动者执行职务、工作岗位的特殊要求应当在劳动合同中明确约定，在规章制度中予以细化，即劳动者所犯的违纪行为在规章制度中有明确的规定。对于不明确的情形，不应视为岗位的特殊要求。换言之，用人单位不能以劳动者债务较多、不良征信为由单方解除劳动合同，因为上述理由未纳入规章制度或者明确约定于劳动合同之中，不能构成特殊要求。

【案例6－47】 滨海县公安局诉姜某丰劳动合同纠纷案

判决观点，本案中，原告以被告欠债不还、不良征信等违反“其他不适合继续从事辅警用工的情形”为由解除劳动关系，是否具有合法、合理性？该院认为，被告所欠民间、金融机构等债务毕竟属于“个人债务”，原告也未能证明被告因负债导致无法正常履职，即被告尚未达到对原告规章制度“严重违反”的程度，此时，原告以“其他情形”为由解除劳动关系，明显依据不足。对于劳动者对外负债、不良征信等，如不影响履职，用人单位不应单方解除劳动

〔1〕 参见国家法官学院、最高人民法院司法案例研究院编：《中国法院2023年度案例》（劳动纠纷），中国法制出版社2023年版，第66页。江苏省无锡市滨湖区人民法院（2021）苏0211民初889号民事判决书。

关系;如某一工作岗位对劳动者的征信有"特殊要求"的,用人单位应在劳动合同中与劳动者明确约定。判决:原告滨海县公安局向被告姜某丰支付15,041.62元。[1]

9. 其他解除理由

作为专职党务工作者的劳动者,不仅受用人单位规章制度的约束,也受党的组织纪律的约束。劳动者严重违反党的纪律,被免去党内职务的,劳动合同无法继续履行,用人单位有权解除劳动合同。

(六)劳动合同解除处理

1. 违法解除处理

用人单位明文规定员工需遵守薪酬保密制度的情况下,员工一旦泄露薪资等信息,公司是否当然可以解除劳动合同,需要具体问题具体分析。《劳动合同法》第三十九条第二项在规定用人单位可以解除劳动合同时的用语为"严重违反用人单位的规章制度"。因此,即使用人单位与劳动者签订薪酬保密协议,也并非只要员工有违反薪酬保密义务的行为,用人单位就理所当然地享有单方解除合同的权利。具体而言,违反薪酬保密制度的处理措施和后果应具有合理性,应与员工的过错程度相匹配。要以员工具体行为的严重性作为评判标准,应结合泄露的内容、范围以及有无对公司造成社会评价的降低等方面进行具体分析。对劳动者的一些过失行为,尤其是情节显著轻微的行为,用人单位应当通过合理的管理措施来加强引导与规范,而不是直接给予辞退处理。

【案例6-48】 数据公司诉沈某劳动争议纠纷案

一审法院认为,数据公司与沈某的劳动合同系违法解除,应向沈某支付赔偿金。理由如下:第一,数据公司解除与沈某劳动合同的理由系沈某向第三方泄露个人薪资。第二,证人秦某的证人证言及聊天记录可以证实沈某曾向他人提起个人薪资事宜,但考虑该聊天内容的语境,沈某该行为不足以被认定为故意泄露个人薪资。第三,即使沈某该行为属于故意泄露个人薪资,如前所述,沈某前述行为亦难以认定为情节严重,且数据公司在沈某上述行

---

[1] 参见国家法官学院案例开发研究中心编:《中国法院2019年度案例》(劳动纠纷),中国法制出版社2019年版,第128页。江苏省盐城市滨海县人民法院(2017)苏0922民初3549号民事判决书。

为发生1年后才对沈某作出解除劳动合同,过罚不当。第四,数据公司提供的其他证人均陈述系从他处得知沈某泄露个人薪资事宜,该相应证人证言均系传来、间接证据,不足以证实数据公司相应主张。基于以上分析,数据公司以沈某向第三方泄露个人薪资为由解除与沈某的劳动合同系违法解除,应向沈某支付赔偿金。沈某陈述认可仲裁裁决结果,对此不持异议。判决:数据公司支付沈某违法解除劳动合同赔偿金101,604元。二审法院同意一审裁判意见。[1]

用人单位辞退乙肝病毒携带者构成就业歧视,解除合同行为违法。

【案例6-49】 贸易公司诉石某劳动争议纠纷案

判决观点,贸易公司解除劳动合同行为是否合法的问题,涉及三个争议点。第一,贸易公司是否有权单方组织员工进行乙肝病毒项目检查。根据相关政策,如果用人单位对劳动者进行乙肝病毒项目检查,一是对劳动者从事的行业和岗位应有特殊要求,二是体检时如果进行乙肝病毒项目检查要告知劳动者,保障劳动者的知情权,同时对检查结果不能扩散,要保护劳动者的隐私权。本案中贸易公司在体检时单方通知劳动者进行乙肝病毒项目检查,并未事先征求劳动者的意见,并且原告从事的也并非卫生部门核准的必须进行乙肝病毒检查的职业,因此贸易公司组织员工进行乙肝病毒项目检查的行为不符合卫生部门的相关政策要求。第二,石某从事的岗位是否属于《医疗器械经营质量管理规范》第十五条规定的必须进行健康检查的特殊岗位。贸易公司的业务虽涉及医疗器械行业,但石某是销售内勤,并不直接接触医疗器械,其岗位不属于上述规定中的特殊岗位。石某虽是乙肝病毒携带者,但只是不能从事国家规定的特定行业和岗位,并不是不能从事任何工作和岗位,贸易公司以石某的岗位特殊为由,单方为石某进行乙肝项目检查并且拿到检查结果后提出石某不能从事现岗位工作,缺乏依据。第三,贸易公司能否以其他员工多数人的意见剥夺石某工作的权利。首先,贸易公司对检查结果负有保密的义务,贸易公司擅自传播石某病历资料,属于侵犯公民隐私权的行为,其他员工不可能也不应该知道石某的检查结果,所谓的集体恐慌也本不该出现;其次,医学研究证明乙肝病毒经血液、母婴及性接触三种途径传播,日常工作、生活中不会导致乙肝病毒传播,石某在日常工作、生活中不会导致乙肝病毒传播,也不会影响到公司的集体卫生安全。贸易公司以特殊行业、岗位为由单方解除劳动合同显然是对携带有乙肝病毒劳动者的一种不合理

[1] 参见国家法官学院、最高人民法院司法案例研究院编:《中国法院2022年度案例》(劳动纠纷),中国法制出版社2022年版,第127页。北京市第一中级人民法院(2020)京01民终1393号民事判决书。

的对待。综上所述,贸易公司解除劳动合同的行为违法,根据《劳动合同法》第八十七条的规定,贸易公司应支付石某违法解除劳动合同赔偿金。判决:(1)贸易公司支付石某违法解除劳动合同赔偿金63,378.22元;(2)驳回贸易公司的诉讼请求。[1]

用人单位故意促成劳动合同约定解除条件的,构成违法解除劳动合同。

【案例6-50】　精细材料公司诉吴某劳动争议纠纷案

二审法院认为,精细材料公司作为用人单位,对于双方产生歧义的约定不明条款负有释明义务。双方签订劳动合同使用的是格式文本,精细材料公司系提供合同文本的一方当事人,在双方对劳动合同条款产生争议时,即便是作出不利于劳动者的解释,用人单位也应当详细具体的合理说明。精细材料公司与吴某签订的劳动合同约定:"因乙方的工资系根据乙方的岗位、职务或职位予以确定,故乙方的岗位、职务或职位根据本合同调整时,乙方的工资也应调整。"因双方签订的劳动合同对调岗调薪事宜缺少具体化的详细约定,吴某系根据劳动合同相关条款的约定要求调薪,在此情况下精细材料公司对于争议约定的不明条款负有合理说明义务。案涉劳动合同格式化文本系由用人单位精细材料公司提供,若法律仅将合同约定不明的条款解释权赋予用人单位,而不要求去履行合理说明义务以束缚用人单位调岗调薪的任意性,对劳动者而言显失公平。根据精细材料公司的一审庭审陈述,其认为经过调整的岗位与原来岗位相比,没有调薪必要。即便精细材料公司的主张成立,因双方劳动合同对此问题约定不明,其也应当对员工进行必要的解释说明。吴某向精细材料公司反映工资问题的时间前后不到30分钟,总经理即动用保安强令其离开办公室,并给予警告处分进而解除劳动合同,方式未免过于简单武断,未尽到用人单位应尽的合理说明义务。

在劳动关系中,工资问题是劳动者的核心利益所在,是维系劳动关系的重要因素。因双方劳动合同约定了调岗调薪条款,精细材料公司事先并未制定岗位化的调岗调薪细则予以公示,吴某对调岗而未调薪事宜存疑自在情理之中。双方沟通时间较为短暂,从吴某说明情况到其被强令离开仅短短不到30分钟时间,总经理显然不足以释疑,在此情况下,即使总经理本人不愿意亲自进一步解释,也应交由人事部门和工会组织予以详细说明,以消除员工相应疑虑,而非动辄以强制手段解决问题。鉴于吴某对劳动合同约定不明条款的不同理解而发生,一审法院认定为正常反映职工权益的行为并无不当。

---

〔1〕　参见国家法官学院、最高人民法院司法案例研究院编:《中国法院2022年度案例》(劳动纠纷),中国法制出版社2022年版,第131~132页。北京市东城区人民法院(2020)京0101民初14806号民事判决书。

吴某对精细材料公司书面警告中的内容并不认可,其向总经理口头反映问题之时,其他员工也正在自己的工作岗位。吴某在不到30分钟的时间内即离开总经理办公室,本案并未出现严重违反用人单位规章制度的情形。合同当事人恶意促成约定条件成就的,视为条件不成就。精细材料公司对于员工正常反映问题的行为给予警告处分,忽略了其作为劳动合同格式化文本提供方的合理说明义务,故意促成劳动合同约定的解除条件,滥用了劳动合同解除权,其行为构成违法解除劳动合同。判决:驳回上诉,维持原判。[1]

如果对法律关系的错误认识系行为人的自身原因造成的,也即行为人知道或应当知道法律关系的性质,当行为后果对行为人不利时,行为人更不能以其法律关系认识错误为由作为不承担相应行为责任的正当抗辩理由。用人单位基于自身错误认识解除劳动合同的,并不影响解除劳动合同的后果。

法官在判断用人单位单方解除劳动合同行为的合法性时,应当以用人单位向劳动者发出的解除通知的内容为认定依据。在案件审理过程中,用人单位超出解除劳动合同通知中载明的依据及事由,另行提出劳动者在履行劳动合同期间存在其他严重违反用人单位规章制度的情形,并据此主张符合解除劳动合同条件的,法院不予支持。

【案例6-51】 孙某锋诉淮安西区人力资源开发有限公司劳动合同纠纷案

一审法院认为,用人单位单方解除劳动合同是根据劳动者存在违法违纪、违反劳动合同的行为,对其合法性的评价也应以作出解除劳动合同决定时的事实、证据和相关法律规定为依据。用人单位向劳动者送达的解除劳动合同通知书,是用人单位向劳动者作出解除劳动合同的意思表示,对用人单位具有法律约束力。解除劳动合同通知书明确载明解除劳动合同的依据及事由,人民法院审理解除劳动合同纠纷案件时应以该决定作出时的事实、证据和法律为标准进行审查,不宜超出解除劳动合同通知书所载明的内容和范围。否则,将偏离劳资双方所争议的解除劳动合同行为的合法性审查内容,导致法院裁判与当事人诉讼请求以及争议焦点不一致;同时,也违背民事主体从事民事活动所应当秉持的诚实信用这一基本原则,造成劳资双方权益保障的失衡。

本案中,孙某锋与淮安西区人力资源开发有限公司(以下简称西区公司)签订的劳动合同系双方真实意思表示,合法有效。劳动合同附件《奖励与处罚管理规定》作为用人单位的管理规章制度,不违反法律、行政法规的强

---

〔1〕 参见国家法官学院、最高人民法院司法案例研究院编:《中国法院2022年度案例》(劳动纠纷),中国法制出版社2022年版,第137~138页。江苏省南通市中级人民法院(2019)苏06民终4303号民事判决书。

制性规定,合法有效,对双方当事人均具有约束力。根据《奖励与处罚管理规定》,员工连续旷工3天(含)以上的,公司有权对其处以第五类处罚责任,即解除合同、永不录用。西区公司向孙某锋送达的解除劳动合同通知书明确载明解除劳动合同的事由为孙某锋无故旷工达3天以上,孙某锋诉请法院审查的内容也是西区公司以其无故旷工达3天以上而解除劳动合同行为的合法性,故法院对西区公司解除劳动合同的合法性审查也应以解除劳动合同通知书载明的内容为限,而不能超越该诉争范围。虽然西区公司在庭审中另提出孙某锋在工作期间存在不及时上交营业款、未穿工服、代他人刷考勤卡、在单位公共平台留言辱骂公司主管等其他违纪行为,也是严重违反用人单位规章制度,公司仍有权解除劳动合同,但是根据在案证据及西区公司的陈述,西区公司在已知孙某锋存在上述行为的情况下,没有提出解除劳动合同,而是主动提出重新安排孙某锋从事其他工作,在向孙某锋出具解除劳动合同通知书时也没有将上述行为作为解除劳动合同的理由。对于西区公司在诉讼期间提出的上述主张,法院不予支持。

西区公司以孙某锋无故旷工达3天以上为由解除劳动合同,应对孙某锋无故旷工达3天以上的事实承担举证证明责任。但西区公司仅提供了本单位出具的员工考勤表为证,该考勤表未经孙某锋签字确认,孙某锋对此亦不予认可,认为是单位领导安排停工并提供刷卡失败视频为证。因孙某锋在工作期间被安排停工,西区公司之后是否通知孙某锋到公司报到、如何通知、通知时间等事实,西区公司均没有提供证据加以证明,故孙某锋无故旷工3天以上的事实不清,西区公司应对此承担举证不能的不利后果,其以孙某锋旷工违反公司规章制度为由解除劳动合同,缺少事实依据,属于违法解除劳动合同。

一审法院判决:(1)被告西区公司支付原告孙某锋经济赔偿金18,989.46元。(2)驳回原告孙某锋的其他诉讼请求。二审法院判决:驳回上诉,维持原判。[1]

用人单位客观情况发生重大变化,但此情况并不必然导致岗位削减或业务撤销,进而造成原劳动合同无法继续履行。如果用人单位仅仅出于对商业风险、生产经营策略等方面的考量,作出经营架构调整或部门裁撤的决定而导致劳动合同无法履行,那么此种情形系因用人单位的经营自主行为而非客观情况发生重大变化导致劳动合同无法履行,此时用人单位解除劳动合同就构成违法解除。

---

〔1〕 最高人民法院指导案例180号。江苏省连云港市中级人民法院(2019)苏07民终658号民事判决书。

【案例 6－52】 陈某诉江苏 W 公司劳动争议纠纷案

二审法院认为，客观情况是指发生不可抗力或出现致使劳动合同全部或部分条款无法履行的其他情况，如企业迁移、被兼并、企业资产转移等。本案中，江苏 W 公司一审提交的相关规范性文件及 W 中国公司的人事及架构调整公告，能够反映出因国家推行"多证合一"改革，对 W 中国公司证照与许可团队的工作产生实质影响，W 中国公司基于国家政策变化对证照与许可团队进行统一架构调整，导致江苏 W 公司证照专员岗位被取消，属于客观情况发生变化，致使劳动合同无法履行的情形。但是根据《劳动合同法》第四十条第三项规定，当客观情况发生重大变化，致使劳动合同无法履行的情况发生时，用人单位应当与劳动者就变更劳动合同的内容进行协商，经协商不能达成协议的，用人单位才可以依法解除劳动合同。本案中，江苏 W 公司虽提供了空缺职位信息要求陈某选择是否内部转职，但上述职位均为其他关联企业的工作岗位机会，且仍需要经过所申请部门的面试甄选流程入职，即由新的用人单位决定是否录用，与新的用人单位建立劳动关系。故江苏 W 公司向陈某提供空缺职位信息的行为本质上是以与陈某解除劳动合同为前提，为陈某提供就业机会，并非基于双方原劳动合同内容的变更提出协商。据此，江苏 W 公司未就劳动合同内容的变更与陈某进行协商，其因陈某拒绝接受其提供的岗位机会，即与陈某解除劳动合同，不符合《劳动合同法》第四十条第三项规定的情形，系违法解除。[1]

公司股权变动并非劳动合同订立时所依据客观情况发生重大变化的情形，用人单位不能以此为由解除劳动合同。

【案例 6－53】 黄某诉某房地产公司劳动争议纠纷案

二审法院认为，房地产公司董事会免去黄某的高管职务原因为股权变动，股权变动并不影响公司的正常生产经营，不属于《劳动合同法》所规定"劳动合同订立时所依据的客观情况发生重大变化，致使劳动合同无法履行"的情形。房地产公司解除黄某的劳动合同构成违法解除，应向黄某支付赔偿金。[2]

公司亏损，并不必然属于客观情况，用人单位如以此为由，主张适用《劳动合同法》第四十条第三项的规定，以客观情况为由解除劳动合同，法院不予支持。

【案例 6－54】 吴某龙诉光载无限公司劳动争议纠纷案

二审法院认为，就解除劳动合同一节，《劳动合同法》第四十条第三项规

---

〔1〕 江苏省南京市中级人民法院(2020)苏01民终8558号民事判决书。

〔2〕 2023年4月27日，广东省高级人民法院发布劳动争议典型案例之七，审理法院：珠海市中级人民法院。

定:“有下列情形之一的,用人单位提前三十日以书面形式通知劳动者本人或者额外支付劳动者一个月工资后,可以解除劳动合同:……(三)劳动合同订立时所依据的客观情况发生重大变化,致使劳动合同无法履行,经用人单位与劳动者协商,未能就变更劳动合同内容达成协议的。”“劳动合同订立时所依据的客观情况发生重大变化”一般包括:(1)地震、火灾、水灾等自然灾害形成的不可抗力;(2)受法律、法规、政策变化导致用人单位迁移、资产转移或者停产、转产、转(改)制等重大变化的;(3)特许经营性质的用人单位经营范围等发生变化的。本案中,光载无限公司主张该公司与吴某龙解除劳动合同的事实依据为该公司严重亏损,该事由不属于《劳动合同法》第四十条第三项规定的“劳动合同订立时所依据的客观情况发生重大变化”的情形。光载无限公司据此解除劳动合同属于违法解除,应当向吴某龙支付违法解除劳动合同赔偿金。[1]

2. 解除合同交接处理

后合同义务,是指在合同终止后,当事人根据诚信原则而应当履行的旨在维护给付效果或者妥善处理合同终止事宜的通知、协助、保密等义务。违反后合同义务给对方当事人造成损失的,应当承担赔偿责任。《劳动合同法》第五十条对劳动合同解除或者终止后双方的义务作出了规定,其中用人单位的法定的后合同义务是为离职员工出具解除或者终止劳动合同的证明,并在15日内为劳动者办理档案和社会保险转移手续。其中劳动者的后合同义务是按照双方约定办理工作交接。对于交接的内容,法律并无明确规定。在大多数情况下,对于工作交接的内容,可以根据双方的约定内容进行交接。一般情况下,工作交接指的是劳动者就其工作状况及进展情况与用人单位确定的接收人进行说明,将其未完成的工作内容和已经完成的工作成果转移给他人。但在实践中,用人单位基于其强势地位,在劳动者离职时,对于工作内容作出较多的约定,有些事项甚至无法继续履行。因此对于办理工作交接实质意思,有必要予以明确。在判断是否履行工作交接协议时,不仅要根据双方意思自治原则确认协议效力,还应当审查交接协议的内容是否符合离职后办理工作交接的应有之义,即具有合理可行性。应强调的是,用人单位承担的后合同义务,系基于劳动关系的强制性附随义务,法律为用人单位设立后合同义务具有一定的强制性,不是建立在互负给付义务的双务合同之上,而是基于对劳动者弱势群体的保护,该义务在劳动关系中具有一定的独立性,不受其他因素的制约,不因劳动者的过错而免除。

---

〔1〕 北京市第一中级人民法院(2019)京01民终8391号民事判决书。

【案例6－55】 董某雷诉北京中科联众科技股份有限公司劳动争议案

一审法院认为,本案根据查明的事实,董某雷与北京中科联众科技股份有限公司(以下简称中科联众公司)签订了《工作交接协议》,但该协议中载明的两项交接内容(第一项为“按照中关村信用促进委员会要求完成项目验收”,第二项为“完成物联网项目验收交接工作,由公司确定的交接人出具书面验收报告”)并非就其工作状况及进展情况与公司确定的交接人进行说明,亦非将其未完成的工作内容和已完成的工作成果等转移给他人,不是实际意义上的工作交接。另外,考虑到中科联众公司经与董某雷解除了劳动合同,董某雷现已离职半年,其亦明确表示无法完成上述工作,故上述工作内容已经不具备履行的条件。因此,董某雷要求无需履行双方签订的《工作交接协议》,法院予以支持。判决:确认董某雷无需履行与被告中科联众公司在2016年12月2日签订的《工作交接协议》。二审法院同意一审法院裁判意见,维持原判。[1]

3. 辞职意思的撤销问题

应重点审查劳动者做出辞职行为时其表达意思是否自由、自主,辞职的意愿是否清晰、准确、肯定不存在歧义。劳动者因个人原因要求用人单位确定最终离职日期,辞职的意思意愿清楚、明确、没有协商是否辞职的余地,并没有征求用人单位是否批准的意思表示,只是征求用人单位确定最后的离职时间,已构成了有效的单方辞职权,劳动者在之后又一次用电子邮件的方式申请撤销离职,应征得用人单位的同意。用人单位未明确表示同意的,最终确定劳动者不再是用人单位的职工,双方的劳动关系系劳动者提出辞职而解除。

【案例6－56】 刘某红诉碧优缇商务咨询(上海)有限公司、碧优缇商务咨询(上海)有限公司北京分公司劳动争议案

判决观点,本案争议焦点之一为双方劳动合同关系解除的时间及原因。本案双方劳动合同关系因劳动者行使辞职权而解除。辞职权是劳动者单方享有的形成权,形成权一经作出即生效。故刘某红主张其曾于2014年12月25日撤回辞职申请,理由不足,不予支持;法律之所以规定劳动者辞职应提前30日,是为了给用人单位充足的时间为即将解除劳动关系劳动者的工作岗位找到合适的替代人员,以免因劳动者解除劳动合同而影响用人单位的生产经营,是对劳动者行使单方解除权的一种最低限制,而非用人单位的一种

---

〔1〕 参见国家法官学院案例开发研究中心编:《中国法院2019年度案例》(劳动纠纷),中国法制出版社2019年版,第117页。北京市第一中级人民法院(2017)京01民终7819号民事判决书。

法定义务，而且刘某红辞职邮件中也明确表示"希望你能明确一下我离职的具体日期，以便安排我离职以后的工作"；事实上，此后碧优缇商务咨询(上海)有限公司(以下简称碧优缇上海公司)提出挽留方案。刘某红提出兼职等要求，均可以认定为双方进一步沟通协商的过程。碧优缇上海公司于2014年12月30日明确告知刘某红同意离职，"1月1日起不再是我公司的员工了"。综上，双方劳动关系因系劳动者提出解除劳动合同并与用人单位协商一致而于2015年1月1日解除。现刘某红要求碧优缇上海公司支付未能提前30日通知的通知金及终止劳动合同关系经济补偿金，于法无据，不予支持。此后，刘某红协助碧优缇上海公司处理碧优缇商务咨询(上海)有限公司北京分公司(以下简称碧优缇北京分公司)的善后事宜，碧优缇上海公司应按照此前每月工资标准支付刘某红2015年1月的劳务报酬。

本案争议焦点之二，刘某红能否要求碧优缇上海公司支付劳动合同约定工资数额与实际发放工资数额之间的差额工资。首先，刘某红虽持有碧优缇北京分公司签订的劳动合同，但该合同是其任负责人期间，在公章由其保管的情况下自行形成，在刘某红未能举证证明合同内容条款经过碧优缇上海分公司审核确认的情况下，该证据的形成存在瑕疵；其次，即便合同内容真实，在刘某红为碧优缇北京分公司总经理，负责管理运营该公司的5年时间里，自行统计审核上报全体员工工资，应视为对原劳动合同工资条款内容的变更与默认，现刘某红在劳动合同解除后要求碧优缇上海公司支付所谓工资差额，有悖诚信履行原则，不予支持。同理，刘某红作为碧优缇北京分公司的负责人，根据相关规定，企业中的高级管理人员实行不定时工作制，无需办理审批手续；刘某红每月上报全体员工的考勤、加班调休统计及工资汇总，对碧优缇上海公司高管人员薪酬中不计算加班费应明确知晓且已实际履行多年，碧优缇上海公司该项规定并不违反法律规定，现刘某红要求碧优缇上海公司支付平日延时加班费、休息日加班费以及法定节假日加班费，理由不足，不予支持。

本案争议焦点之三，刘某红要求碧优缇上海公司按照法定年休假标准支付《员工手册》规定的"年资特别假"未休工资能否支持。年资特别假是用人单位为吸引员工长期稳定就业，培养劳动者对企业忠诚度而自行规定的福利假期，碧优缇上海公司在《员工手册》中明确规定"年资假需于一年之内使用，逾期视为放弃"，该规定并未违法，故刘某红要求碧优缇上海公司按照法定年休假标准支付年资特别假工资，理由不足，不予支持。关于刘某红未休的法定年休假工资，依法确定。判决：(1)碧优缇上海公司、碧优缇北京分公司支付刘某红2015年1月劳务报酬13,380元；(2)碧优缇上海公司、碧优缇北京分公司支付刘某红未休年休假工资25,222元；(3)驳回刘某红的其他诉讼请求。[1]

应注意的是,同事代为提交未手写签名的辞职信并非必然能认定为主动辞职,具体问题具体分析。原告的书面辞职信虽系他人代交,但其在现场并未提出异议,之后亦未主动索回辞职信,故应视为其以书面形式通知用人单位解除劳动合同。原告未在辞职信上签名,并不影响其以书面形式通知用人单位解除劳动合同的效力。

4.胁迫解除的处理

对于是否构成胁迫解除,除查明劳动者离职的真实原因外,还应当结合用人单位胁迫的理由是否合法、是否达到强制劳动者自愿辞职的程度等因素综合考虑。胁迫解除是用人单位威胁劳动者迫使其辞职,也就是用人单位不愿意继续雇用劳动者了,但是又不想主动辞退劳动者,因此通过这样一种间接的方式迫使劳动者自己辞职。在劳动法的领域中,胁迫解除的特殊性在于劳动者天然处于法律关系的弱势地位,双方法律地位的不平等决定了在认定用人单位的胁迫行为时,对于胁迫所侵害的权益应该包括除人身权益、财产权益外的其他权利,比如就业权和劳动权,由于用人单位以劳动者不走人就开除为由,胁迫劳动者辞职,通过剥夺劳动者的劳动就业权,直接会影响劳动者获取劳动报酬的权益,间接影响了劳动者的生存权,故劳动法上对胁迫行为所侵害的范围应该作扩张解释,除民法意义上的胁迫行为外,对用人单位以开除、断缴社保、扣留档案等为要挟,要求劳动者放弃权益的,均应认定为胁迫,劳动者的辞职行为无效,应由用人单位承担不利后果。用人单位胁迫解除劳动合同应支付违法赔偿金,用人单位能够证明劳动者是自动辞职的,不用支付赔偿金。应当注意的是,如果用人单位单方调整劳动者工作地点和岗位,劳动者对用人单位调岗决定不服而自己主动离职后,又主张用人单位违法解除的不属于胁迫解除,劳动者可另行主张解除劳动合同经济补偿金。

【案例6－57】 北京崇道广业网络技术有限公司诉刘某涛劳动争议案

判决观点,关于违法解除劳动合同赔偿金,北京崇道广业网络技术有限公司(以下简称崇道广业公司)虽然提供了离职申请表,但是离职申请表中离职理由一栏空白,其他签字均是关于工作交接的内容,因此离职申请表不能表明是刘某涛自己主动辞职。反倒是刘某涛提供的录音可以佐证双方在离职交接过程中,崇道广业公司多次强调交接工作是离职的一种手续,如果

---

〔1〕 参见国家法官学院案例开发研究中心编:《中国法院2018年度案例》(劳动纠纷),中国法制出版社2018年版,第142～143页。北京市东城区人民法院(2016)京0101民初2660号民事判决书。

不签字就按开除算，说明崇道广业公司有解除劳动合同的意思表示，结合刘某涛的陈述，可以得出崇道广业公司存在无理由辞退刘某涛的表意行为，因此崇道广业公司的解除行为不符合法律规定，应依法支付刘某涛违法解除劳动合同赔偿金。关于工资差额，崇道广业公司扣除刘某涛的工资缺乏依据，应予补足差额。判决：(1)依法确认崇道广业公司与刘某涛于2004年6月24日至2015年11月11日存在劳动关系；(2)崇道广业公司支付刘某涛2015年10月工资差额300元，支付刘某涛2015年11月1日至11日工资758元；(3)崇道广业公司支付刘某涛违法解除劳动关系赔偿金55,821元。[1]

对劳动者主张的强制辞退，由法官根据具体案情认定。

【案例6-58】 钟某诉广州某公司劳动争议纠纷再审案

再审法院认为，虽然钟某主张自己是被公司劝退不成后强制辞退的，但根据钟某自己填写的离职审批表中载明，其在离职类别中选择的是“其他”而非“不适应职位要求被辞退”或“违纪被辞退”等可以反映是公司主动辞退其意愿的选项。在具体离职原因上，钟某在离职原因一栏填写的是“工作强度较大，不适应”，也没有体现任何关于公司要求其离职的任何表述。因此，钟某关于自己被强制辞退的主张与其填写的离职审批表的内容不符合。尽管钟某提交的微信聊天记录可以证实公司确实存在劝退行为，但这只能说明公司实施了劝说或者建议行为，最终是否离职的决定权或主动权仍然由钟某自己掌握。故现有证据不足以证明是公司主动行使了劳动关系解除权。鉴于法院审理期间，钟某既未有新的事实与理由，也未提交新的证据予以佐证自己是被强制辞退的主张，故法院对钟某的上诉请求，不予支持。[2]

5. 过错性解除的判定问题

过错性解除的合法性标准确立和运用是处理此类纠纷的关键。在具体案件中如何认定“劳动者违反公司规章制度”以及公司解除行为是否合法，缺乏明确的审查标准。从整体上看，用人单位处于较为强势的地位，为保护劳动者权益，司法实践中应当贯彻全要素审查原则，从解除依据的合法性及解除程序的合法性两个方面判定。其一，解除依据实体合法。主要为规章制度合法有效，不得违反法律、行政法规及政策规定；制定需要遵循民主协商程序。劳动者违反规章制度且行为达到严重程度。在判定“是否达到严重性”时应从多方面来进行考虑：违反

---

〔1〕 参见国家法官学院案例开发研究中心编：《中国法院2018年度案例》(劳动纠纷)，中国法制出版社2018年版，第157页。北京市东城区人民法院(2016)京0101民初19950号民事判决书。

〔2〕 广东省广州市中级人民法院(2018)粤01民终8742号民事判决书。

基本规则、原则,过错及其程度危害,生产经营秩序,对企业造成的损失和影响,企业性质,劳动者的岗位和职责以及工龄,一贯工作表现、违约后的措施,违约行为次数,用人单位或第三人的过错等。其二,解除行为程序合法,解除依据明确且有证据证明告知劳动者。如果规章制度中载有劳动者申辩等权利,还应当适度审查单位是否履行了相应程序,综合判定用人单位解除行为的程序合法性。

比例原则在用人单位即时解除中的应用。《劳动合同法》第三十九条规定,劳动者严重违反用人单位的规章制度,用人单位可以解除劳动合同。对于"严重"的理解应侧重三个方面:一是劳动者的违纪行为必须达到严重的程度。二是解除劳动合同是最严厉的处罚措施,应该是在穷尽了其他处罚手段后才能适用的处罚。三是用人单位在解除劳动合同时应该遵守审慎决策原则,也就是解除确实是因劳动者违纪侵害了用人单位利益而为。根据处罚的比例原则要求,用人单位对于劳动者的处罚应与劳动者的违纪行为在程序上相当,即使劳动者存在违纪行为,也应该先给予警告处理,给予劳动者改正的机会。只有在劳动者屡教不改的情况下,才能作出解除的处罚决定。

【案例6-59】 张某诉网络技术公司劳动争议纠纷案

一审法院认为,第一,从解除理由上看,网络技术公司主张与张某解除劳动合同的理由系张某严重失职,未按照考勤表如实上报部分员工考勤情况,给公司造成重大损失。双方确认张某的工作职责包括制作员工考勤表及根据考勤制作工资明细。本案的争议焦点在于张某是否存在严重失职并给公司造成重大损失的行为,以及该行为是否足以满足解除劳动合同的程度。首先,根据本案证据及当事人的陈述,张某认可其制作的部分表格与原始考勤记录不一致,虽主张已经与相关员工进行核对,申报了加班调休,但其提交的聊天记录缺乏原始载体且无法核实对方身份,难以采信。但是,经双方确认的电子邮件等证据体现出"加班可以申请调休"等内容,与张某的陈述形成了初步印证,同时体现出张某将考勤表和工资表提交主管领导审批的内容。鉴于此,网络技术公司提交证据不足以证明张某需要对最终的审核义务负责,即使张某工作中出现一定失职行为,根据公平原则,将全部责任归咎于张某,单方认定其构成严重失职,有所不妥。其次,《关于贯彻执行〈中华人民共和国劳动法〉若干问题的意见》第八十七条规定……网络技术公司主张未扣除部分员工工资造成的损失,该公司提交的证据不足以证明损失程度达到内部规章中的"重大损害"的标准。综合衡量损失造成的原因、损失类型、损失追回可能性多种因素,认定张某虽有失职行为,但尚未达到严重程度,不足以证明给网络技术公司造成重大损失。第二,从解除程序上看,2018年1月10日网络技术公司发送解除劳动合同通知书通知到达张某时,解除行为即发生法律效力,邮件中表述的解除理由为"经工作评定",但未明确工作评定的标准及结果,属于未明确告知张某解除理由;退一步讲,即使网络技术公司于2018年1月23日发送电子邮件告知了张某存在严重失职的行为,因为解除劳动合同关系关涉劳动者切身利益,根据现有证据,网络技术公司在未与张某就关于员工失职行为及损害后果进行说明的前提下径行作出解除决定,行为也属不妥。综上,张某的工作表现尚未达到严重失职、给公司造成损失的程度,网络技术公司亦未明确告知张某解除的事由,因此该公司行为构成违法解除,张某要求支付违法解除劳动合同关系赔偿金的诉讼请求,予以支持;张某主张的金额不高于法律规定的标准,予以确认。判决:(1)网络技术公司支付张某违法解除劳动关系赔偿金34,622.97元;(2)网络技术公司支付张某工资7831.31元;(3)网络技术公司支付张某2017年年终奖7500元;(4)网络技术公司支付张某未休年休假工资2237.51元;(5)驳回张某的其他诉讼请求。二审法院同意一审法院裁判意见。[1]

【案例6-60】　方某诉北京某公司、某外国航空公司劳动争议纠纷案

二审法院认为,方某不当使用网络的行为在一段时间内持续存在,单就每次不当使用网络行为而言,应属于一般不当行为,外国航空公司认可在退回前并未对方某滥用网络的行为进行书面警告,故某外国航空公司对方某的处罚并不符合《某外国航空公司员工手册》的相应条款。判决:驳回上诉,维持原判。[2]

在对劳动者违规行为是否严重的判断标准上,应以实质性的标准判断劳动者的行为是否严重违规,在查清双方矛盾的缘由和经过的基础上,对于严重的判断标准进行细化,从主观过错、造成损害的程度等方面进行综合考量。如果仅是偶尔发生或者损失不大、情节较轻、未给正常生产经营秩序和管理秩序带来损害的,一般不宜认定为严重。

【案例6-61】　李某诉纺纱公司劳动争议纠纷案

一审法院认为,本案中,纺纱公司的《就业规则》通过民主程序制定,内容不违反国家法律、行政法规及政策规定,李某在签收表上签名,可以认定已告知李某,对李某具有法律约束力。但李某的行为未达到严重违反公司规章制度的情况,首先,事情缘由是李某带公司之外的人员任某到宿舍并与齐某发生冲突,后齐某离职。关于李某在该事件中的责任,王某在与李某的谈话

---

〔1〕 参见国家法官学院、最高人民法院司法案例研究院编:《中国法院2022年度案例》(劳动纠纷),中国法制出版社2022年版,第103~104页。北京市第三中级人民法院(2020)京03民终12970号民事判决书。

〔2〕 参见国家法官学院、最高人民法院司法案例研究院编:《中国法院2023年度案例》(劳动纠纷),中国法制出版社2023年版,第57页。北京市第二中级人民法院(2021)京02民终10263号民事判决书。

中也认可主要责任在任某。后公司对李某进行了警告并取消住宿资格,依据是《住宿规定》第5项第4点,但《住宿规定》第5项第4点规定的处罚为罚款20元,并非取消住宿资格。《住宿规定》列明了取消住宿资格的情形,但并不包括本案上述情况。住宿问题关乎员工的切身利益,公司作出取消住宿资格的处罚更需慎重。因此,纺纱公司并未按照《住宿规定》进行处罚,处罚明显失当。其次,2019年10月17日下午,纺纱公司王某将取消李某住宿资格的处罚决定告知李某时,李某虽使用过激语言,但明显出自其刚得到处罚结果的不服情绪以及没有地方住的焦急心态。视频显示,李某与任某于17时一前一后到总公司门口,李某有多次拉住、阻止任某的动作。时值下班时间,仅有少数人员围观,并未影响他人下班,未扰乱生产、经营秩序、妨碍他人业务。关于纺纱公司提供的2019年10月8日李某拦公司总经理车的视频,因该时间发生在对李某进行处罚之前,解雇书上也未将此作为解雇理由,且拦车的时间为半分钟左右,故纺纱公司将此作为解雇理由之一的抗辩不予采信。综上,李某的上述行为虽存在不当之处,但也事出有因,主要是对纺纱公司取消其住宿资格不服而与纺纱公司有关人员进行交涉,主观过错较轻,也未给单位造成重大损害,达不到严重违反规章制度的程度。因此,纺纱公司解除与李某的劳动关系属违法解除,应当按照经济补偿标准的二倍向李某支付赔偿金。对于纺纱公司认为不构成违法解除的辩解,不予采信。判决:(1)纺纱公司支付李某赔偿金95,294元;(2)驳回李某的其他诉讼请求。二审法院同意一审法院裁判意见。[1]

用人单位以劳动者严重违反规章制度或不胜任工作为由解除劳动合同的合法性,应由法官根据案情具体认定。

【案例6-62】 冯某库诉中投工石置业有限公司劳动争议纠纷案

二审法院认为,中投工石置业有限公司(以下简称中投工石公司)就冯某库不能适应工作,不能完成工作的主张提交了给员工的证言,但冯某库不予认可。上述证据虽能够证明冯某库在工作中曾与领导发生过争执,但不足以证明中投工石公司所主张的冯某库不能胜任工作的事实成立。故中投工石公司以冯某库不能胜任工作为由将其辞退缺乏事实依据。中投工石公司主张冯某库违反公司公章用章管理规定,但冯某库所持的《委托管理人事档案合同书》上所盖公章实际用途与原审用途一致,且中投工石公司的《印章及证照管理规定》中并无法定代表人变更后原用章事项需要重新审批的规

---

〔1〕 参见国家法官学院、最高人民法院司法案例研究院编:《中国法院2022年度案例》(劳动纠纷),中国法制出版社2022年版,第181~182页。江苏省无锡市中级人民法院(2020)苏02民终2603号民事判决书。

定,故法院对中投工石公司关于冯某库再次办理委托存档所持《委托管理人事档案合同书》上所盖公章未经审批的主张不予采信。故中投工石公司以违反公司公章使用管理规定为由辞退冯某库,亦缺乏事实依据。判决:(1)撤销一审判决。(2)撤销中投工石公司于2011年11月25日对冯某库作出的《员工辞退通知书》,双方继续履行劳动合同。(3)中投工石公司支付冯某库2011年11月至2012年1月工资收入损失43,700元。(4)中投工石公司支付冯某库2011年绩效奖金25,974元。(5)驳回中投工石公司的全部诉讼请求。[1]

【案例6-63】　张某某诉京隆科技(苏州)公司支付赔偿金纠纷案

二审法院认为,本案中,被上诉人张某某乘坐黑车行为发生之日正值其休息之日,劳动者有权利支配自己的行为,公司不能以生产经营期间的规章制度来约束员工休息期间的行为。单位职工乘坐何种交通工具上班是职工的私人事务,用人单位无权作出强制规定,如果劳动者确有违法之处,也应由国家行政机关等进行处罚。因此上诉人京隆科技(苏州)公司因张某某乘坐非法营运车辆而作出解除劳动合同系违法解除,损害了劳动者的合法权益,应当按《劳动合同法》之规定,向张某某支付赔偿金。[2]

劳动者上班期间因病临时脱岗不能视为严重违反用人单位规章制度。

【案例6-64】　肯纳金属(徐州)有限公司诉王某某经济补偿金纠纷案

二审法院认为,关于肯纳金属(徐州)有限公司(以下简称肯纳公司)解除与王某某的劳动合同是否合法的问题。肯纳公司以王某某擅自脱岗睡觉为由而解除了与王某某的劳动合同,并提供了孙某某、尚某的证言证实王某某擅自脱岗睡觉的行为存在。而王某某一审期间提供了徐州市第六人民医院2014年6月6日CT检查报告单恰恰印证了其在事发后于2014年6月9日写给肯纳公司的"事情经过"的真实性。王某某向肯纳公司书写的"事情经过"载明:"6月5日上中班,大约9点钟时砸加强板时,不慎将腰扭伤,当时非常痛苦,未能及时通知班长,只和同事说一声,在吸烟区休息一下,未能缓解,自己去更衣室缓解,然后被经理发现,说我在更衣室休息。第二天,我到医院去检查,系腰间盘突出,腰部扭伤。"通过双方举证来看,王某某在2014年6月5日上班期间确有脱岗的行为,但是不属于擅自脱岗,王某某当时之所以脱岗,是身不由己,并非属于故意违反肯纳公司的规章制度和劳动

[1] 参见国家法官学院案例开发研究中心编:《中国法院2015年度案例》(劳动纠纷),中国法制出版社2015年版,第65页。北京市第二中级人民法院(2013)二中民终字第3572号民事判决书。

[2] 参见《最高人民法院公报》2014年第7期(总第213期)。

纪律的行为。故肯纳公司以王某某严重违反劳动规章制度和劳动纪律解除与王某的劳动关系,不能予以支持。判决:驳回上诉,维持原判。[1]

用人单位以劳动者违反规章制度为由解除劳动合同应符合比例原则。

【案例 6-65】 北京某制药公司诉李某某劳动合同纠纷案

二审法院认为,用人单位以劳动者违反规章制度为由解除劳动合同,应审查劳动者的行为是否严重违反公司规章制度,给用人单位业务造成严重影响或损失,或者对他人造成严重人身、财产损失。在用人单位规章制度设置了纪律处分类别的情况下,应判断劳动者的行为属于规章制度中的哪一具体情形及其行为后果,同时考量劳动者的工作岗位和职责要求,判定解除劳动合同的合法性。如果劳动者违反规章制度的行为并未达到规章制度规定的应予解除劳动关系的严重程度,用人单位不能以此为由解除劳动合同。[2]

对于用人单位认为劳动者严重违反规章制度的,处罚单上无劳动者签字的,认定为违法解除劳动合同。

【案例 6-66】 吴某清诉某华声公司劳动争议纠纷再审案

再审法院认为,华声公司认为吴某清存在多次违反《劳动合同》及规章制度等行为,然华声公司提交的处罚单并无吴某清的签字,且通过原审查明的情况可知吴某清对于上述行为也并不完全认可……故此,原审法院结合华声公司的举证情况,认定华声公司系违法解除劳动关系并无不当。[3]

劳动关系转移至关联企业未取得劳动者同意,应承担相应的法律责任。

【案例 6-67】 高某诉工程管理公司劳动争议纠纷案

二审法院认为,关于劳动关系解除时间。首先,劳动关系具有很强的人身属性,工程管理公司将高某的劳动关系转移到案外人某公司的行为,属于变更劳动合同的主体,应取得高某的同意。其次,无锡市用人单位职工调动登记备案表仅有工程管理公司盖章,未有高某意见,落款时间为 2020 年 3 月 19 日,工程管理公司未提供证据证明劳动关系转移征得高某同意,故 2020 年 1 月 15 日的劳动关系关系转移不发生效力。最后,工程管理公司确认收到高某邮寄的劳动关系解除通知书,而工程管理公司未提供证据证明双方劳动关系在 2020 年 1 月 15 日至 2020 年 3 月 21 日解除,故双方劳动合同关系解除时间为 2020 年 3 月 23 日。高某的工资应计算至 2020 年 3 月 21 日,经

---

〔1〕 参见江苏省徐州市中级人民法院(2015)徐民终字第 430 号民事判决书。

〔2〕 人民法院案例库 2023-07-2-186-003。北京市第一中级人民法院(2017)京 01 民终 4436 号民事判决书。

〔3〕 北京市高级人民法院(2022)京民申 5729 号民事裁定书。

计算,工程管理公司应支付高某拖欠工资37,655.17元及经济补偿金33,520.85元。判决:(1)撤销一审判决;(2)确认高某与工程管理劳动关系于2020年3月22日解除;(3)工程管理公司支付高某拖欠工资37,655.17元、经济补偿金33,520.85元;(4)驳回高某的其他诉讼请求。[1]

用人单位以劳动者试用期不合格要求解除劳动合同,其程序违法的法院不予支持。

【案例6-68】　技术公司诉梁某劳动争议纠纷案

二审法院认为,首先,技术公司的聘用函中载明的录用条件"符合并能够通过公司及上级制定的试用期考核,试用期考核合格",但并未明确几次考核不合格不予录用,技术公司也未提交证据证明只要一次考核不合格者不予录用,而梁某在试用期内前两次考核评估均为合格,仅第三次考核评估结果为不合格。其次,技术公司上诉主张梁某在工作期间管理方式简单粗暴等,但技术公司所提交的书面说明不具有可信度,仅凭上述证据无法证明梁某存在前述问题。最后,梁某于2020年8月31日上午收到解除合同的通知,当日下午收到三个月考核不合格的考核表。即便如技术公司所述,其系同一时间向梁某发送解除合同通知和考核表,但技术公司并未再向梁某发送考核表后给予其必要的申辩机会,也未提交证据证明其就解除事宜与梁某进行了沟通,技术公司与梁某解除劳动关系在程序上已存在瑕疵。判决:驳回上诉,维持原判。[2]

员工手册未经民主与公示程序,单位解除劳动合同违法。

【案例6-69】　李某与掌上公司劳动争议纠纷案

二审法院认为,用人单位在制定修改或者直接涉及劳动者切身利益的规章制度或者重大事项时,应当经职工代表大会或者全体职工讨论提出方案和意见,与工会或者职工代表平等协商确定,应当将规章制度和重大事项决定公示或者告知劳动者。掌上公司主张李某多次违反公司纪律,根据掌上公司的员工手册的规定,可以与其解除劳动合同。该员工手册属于涉及劳动者切身利益的规章制度,应当经过民主程序制定并进行有效送达。但掌上公司未能举证证明该员工手册经过民主程序制定且已送达给李某,故该员工手册对李某不具有法律效力,掌上公司据此解除与李某的劳动关系,依据不足,属于

---

〔1〕参见国家法官学院、最高人民法院司法案例研究院编:《中国法院2023年度案例》(劳动纠纷),中国法制出版社2023年版,第49页。江苏省无锡市中级人民法院(2021)苏02民终5203号民事判决书。

〔2〕参见国家法官学院、最高人民法院司法案例研究院编:《中国法院2023年度案例》(劳动纠纷),中国法制出版社2023年版,第81页。北京市第二中级人民法院(2021)京02民终8926号民事判决书。

违法解除。故对掌上公司主张其公司无需向李某支付违法解除劳动关系赔偿金30,400元之诉求,法院不予以支持。二审法院判决驳回上诉,维持原判。[1]

员工入职十年被发现学历造假后遭辞退,再审改判解除合法。

【案例6-70】 小美诉X公司劳动争议纠纷再审案

再审法院认为,小美持虚假的学历证书至公司应聘,有违诚实信用原则,其在应聘资料中提交专科毕业证书,亦能证实其将学历作为应聘的有利条件之一。小美虽于2008年3月通过函授取得沙洲职业工学院相同专业的专科毕业证书,但其在2008年7月1日《员工直系亲属状况表》"学习经历"栏仍然填写"1995.9-1998.6 洛阳工业高等专科学校 电子商务",小美在一审中亦陈述其未向公司提供沙洲职业工学院的毕业证书。小美入职时隐瞒真实的学习经历并向公司提供虚假的毕业证书,该行为在双方续签劳动合后一直持续。结合在劳动合同履行期间,小美还存在故意删除公司重要资料、多次在工作时间浏览与工作无关的网页及网络购物等情形,公司解除与小美的劳动关系,不违反法律规定,不属于违法解除劳动合同,公司无需向小美支付经济赔偿金。[2]

应注意的是,使用虚假学历求职是否属于欺诈可以解除劳动合同视情况而定。核心是用人单位有无损失,工作能否胜任。

6.飞行员劳动合同解除处理

《劳动合同法》第五十条只是从一般规则意义角度出发,规定劳动合同解除后用人单位必须为劳动者办理档案和社会保险移交手续。至于飞行员的档案具体包括哪些、如何移交没有作特殊的规定。虽然《劳动合同法》未作具体说明,但是航空领域相关的规则做了说明。根据中国民用航空总局《关于进一步加强民航飞行队伍管理的意见》(民航发〔2006〕第109号),飞行人员辞职,其飞行执照、技术档案一律移交原用人单位所在地的地区管理局暂存保管。在上位法尚无法做明确说明,下位法有可以参照适用的规则,且不违反上位法的情形下,下位法可以作为特殊的规则参照适用。也就是说,从合同的附随义务上、从立法目的上、从适用特殊规则上,劳动者要求航空用人单位出具解除劳动关系的证明,办理劳动人事档案、社会保险关系的转移手续,将其航空人员健康记录本、体检合格证、飞行技术履历档案、飞行经历记录本、驾驶员飞行记录簿、飞行执照关系、空勤登机证

---

〔1〕 北京市第一中级人民法院(2022)京01民终10835号民事判决书。

〔2〕 江苏省高级人民法院(2021)苏民再332号民事判决书。

移交到中国民用航空当地管理局暂存保管,其依据合法有理。

【案例6-71】 阎某诉中国东方航空股份有限公司西北分公司劳动争议纠纷案

二审法院认为,被上诉人阎某自航校毕业后一直在上诉人中国东方航空股份有限公司西北分公司(以下简称东航西北分公司)工作,双方签有劳动合同,建立了劳动关系。现阎某提前30日以书面的方式通知上诉人,要求解除劳动关系,上诉人应依法为被上诉人办理劳动人事档案、飞行技术履历档案、驾驶员飞行记录簿等资料移交。故上诉人以移交上述资料不属于劳动争议案件受案范围为由拒绝移交的上诉理由不能成立,其要求撤销原审判决第三项、第四项的上诉请求,法院依法不予支持。关于上诉人主张原审判决第五项,判令被上诉人支付上诉人赔偿金210万元数额偏低的问题,因原审是按照国家民航总局《关于规范飞行人员流动管理保证民航飞行队伍稳定的意见》中的最高线210万元作出的判决,上诉人认为数额偏少,但未提供增加赔偿额的法律依据,故其要求撤销原审判决第五项,判令被上诉人赔偿其损失600万元之上述请求理由不能成立,法院不予支持。另外,根据法院查明的事实,航空人员身体档案、飞行技术履历档案、驾驶员飞行记录簿、空勤登机证、健康记录本五项在上诉人处。综上,原审判决第四项应予部分变更。判决:(1)维持一审判决第一项、第二项、第三项、第五项;(2)变更一审判决第四项为被告东航西北分公司将原告阎某航空人员身体档案、飞行技术履历档案、驾驶员飞行记录簿、空勤登机证、健康记录本移交中国民用航空西北地区管理局暂存保管。[1]

7. 医疗期内违法解除劳动合同的处理

虽然立法对医疗期内违法解除劳动合同应否支付医疗补助费的问题未予明确。一般认为,应对劳动者的患病经过劳动鉴定委员会鉴定并达到一定程度,法院方可支持其医疗补助费的诉求。

【案例6-72】 无锡上药众协大药房有限公司诉石某某劳动合同纠纷再审案

再审法院认为,对于医疗期内违法解除劳动合同应否支付医疗补助费的问题,目前法律没有明确规定。关于医疗补助费的支付问题,主要散见于劳动部的相关规定中。劳部发〔1994〕481号《违反和解除劳动合同的经济补偿

---

〔1〕 参见《人民司法·案例》2017年第14期(总第781期)。陕西省西安市中级人民法院(2016)陕01民终943号民事判决书。

办法》(已失效)第六条规定,劳动者患病或者非因工负伤经劳动鉴定委员会确认不能从事原工作也不能从事用人单位另行安排的工作而解除劳动合同的,应发给不低于6个月的工资医疗补助费。劳部发〔1994〕479号《企业职工患病或非因工负伤医疗期规定》第六条规定,企业职工非因工致残和经医生或医疗机构认定患有难以治疗的疾病,在医疗期内医疗终结,不能从事原工作也不能从事用人单位另行安排的工作的应当由劳动鉴定委员会参照工伤与职业病伤残程度鉴定标准进行劳动能力的鉴定。……虽然立法对于医疗期内违法解除劳动合同应否支付补助费的问题未明确,但对于劳动者患病或非因工负伤解除劳动合同或终止劳动合同时,并非在所有情况下均可获得医疗补助费,而是要经过劳动鉴定委员会的鉴定并达到一定等级程度的情况下方可要求支付医疗补助费。现石某某举证证明其患有肾炎,但其病情并未经过劳动能力鉴定委员会鉴定并达到法定等级程度,而石某某也未举证证明上药众协大药房有限公司违法解除劳动合同导致其无法进行劳动能力的鉴定,故其目前主张6个月的医疗补助费无事实和法律依据,法院不予支持。此后石某某的病情经过劳动鉴定委员会的鉴定并达到法定等级程度,可另行主张权利。[1]

8. 合同解除其他处理

劳动者自行离开单位的行为推定为其已经解除劳动关系。用人单位后续的除名决定已经没有行使的前提和基础,该除名决定并不影响当事人之间的法律关系,不构成适用经济补偿金制度的法律障碍,劳动者可以对经济补偿金请求另案主张。

【案例6-73】 陈某华诉重庆聚藏矿业有限公司劳动争议纠纷案

二审法院认为,(1)关于劳动者的行为性质。用人单位存在未依法履行相应社保业务、一定期间劳动报酬低于最低工资标准的双重违法行为,严重违背了社会法保障劳动者权益的基本理念,现实地危害劳动者生存利益。旨在规制类似情形,《劳动合同法》第三十八条其两款规定完善劳动者单方解除劳动合同制度,并放宽解除权行使的形式、程序标准,允许非要式解除和即时解除。可见,前述用人单位违法范畴,社会法侧重于对劳动者生存权益的救济效率,而并不苛责劳动者在劳动合同解除时意思表示的外观形式和表达规范。本案中,劳动者在离开单位前明确表示系工资、社保问题单位严重违法,最后催告单位予以解决,关于其表达的含义到底是“解决好,我才上班”

---

〔1〕 参见江苏省高级人民法院(2014)苏民再提字第0033号、第0034号民事判决书。

还是"不解决,我解除劳动合同",双方虽各执一词,亦无法查实。然而,法律行为的解释不应纠缠于口语化的表达细节,而应综合考虑其真实意思表示的前提和目的,从而契合诚实信用的原则和价值。考虑到劳动者自身法律、文化水平制约及口语环境的表达特点,结合其催告单位工资社保问题未果后即离开单位的实际行为,可以推定其关于"不上班"的真实意思表示实质就是解除劳动合同。(2)关于除名决定的诉讼评判。除名决定的本质为用人单位解除劳动合同。基于前述分析,除名决定作出前,劳动关系即由劳动者解除。因此,诉争的除名决定并不影响当事人之间的法律关系,而形成权的法律构造在于指向确定的法律行为或法律关系,故对于上诉人关于撤销除名决定的诉请,法院予以驳回。综上,一审事实认定和法律适用均存在偏差,涉及裁判文书的争点效力,法院依法予以纠正。但劳动者的上诉理由亦不能成立,上诉请求法院不予支持,对一审判决主文,法院予以维持。判决:驳回上诉,维持原判。[1]

实务中经常有用人单位在员工提交辞职报告后,并未在30日为员工办理离职手续,而是30日通知期届满后继续工作一段时间后才通知员工离职。公司在3个月后以同意辞职申请为由解除劳动关系,显然超过了用人单位处理劳动者申请离职的合理期间。

【案例6-74】 聂某诉北京某会计师事务所劳动争议纠纷案

二审法院认为,本案二审争议焦点为:某公司是否构成违法解除劳动合同,是否应向聂某支付违法解除劳动合同赔偿金。聂某在2021年9月7日向某公司法定代表人提出解除劳动合同,某公司未予以回应,而是继续接受聂某提供的劳动,应认定双方未就解除劳动关系协商一致,双方劳动关系此后继续存续。公司在3个月后的2021年12月13日,以同意聂某辞职申请为由与其解除劳动关系,显然超过了用人单位处理劳动者申请离职的合理期间,且不属于《劳动合同法》规定的用人单位有权解除劳动合同的情形,一审法院据此认定某公司构成违法解除劳动合同,并无不当,法院予以维持。根据《劳动合同法》第四十七条、第四十八条、第八十七条规定,用人单位违法解除劳动合同,劳动者不要求继续履行劳动合同或劳动合同已不能继续履行的,用人单位应当按照经济补偿金二倍标准向劳动者支付违法解除劳动合同赔偿金。一审法院根据上述法律规定及在案事实核算的违法解除劳动合同赔偿金金额准确,法院予以确认。综上所述,某公司的上诉请求不能成立,应

〔1〕 参见国家法官学院案例开发研究中心编:《中国法院2016年度案例》(劳动纠纷),中国法制出版社2016年版,第85~86页。重庆市第五中级人民法院(2014)渝五中法民终字第02750号民事判决书。

予驳回;一审判决认定事实清楚,适用法律正确,应予维持。二审判决如下:驳回上诉,维持原判。[1]

【不同处理】 有的法院对解除劳动合同理由做出了不同认定有待商榷。

【案例6-75】 王某与市政工程公司劳动争议纠纷案

二审法院认为,提供劳动是劳动者在与用人单位劳动关系中的基本义务,虽然劳动者与用人单位之间关于劳动合同的签订及劳动合同的内容有较大的分歧,但这并不是劳动者可以不提供劳动的正当理由。[2] 本案中,在长达12年的时间里,市政工程公司都没有签订劳动合同,无视《劳动合同法》第八十二条的规定。王某经过通知未来上班,暂且认定为是"旷工",旷工就意味着是"违反了用人单位的规章制度"。公司的规章制度必须是经职工代表大会或者全体职工讨论,提出方案和意见,与工会或者职工代表平等协商确定的。但是本案中,法院对规章制度只字未提,在这种情况下,竟然径直认定用人单位这种解除劳动合同的行为是"合法"的。众所周知,劳动合同是劳动者提供劳动合同的前提条件,如果没有劳动合同,就不能保证劳动者的权益。

劳动者递交辞职报告满30天后用人单位未予答复,劳动者撤回辞职的,劳动合同仍然存续。

【案例6-76】 宋某诉甲物业公司劳动争议纠纷再审案

再审法院认为,本案的争议焦点为宋某递交辞职报告满30天后其与甲物业公司的劳动关系是否应当自动解除。……本案中,宋某于2020年1月1日书面通知甲物业公司解除劳动合同,并无证据证明甲物业公司在收到宋某书面通知之日起30天内作出了同意其解除劳动合同请求的决定,故本案中双方劳动合同并未因此解除。且根据原审已查明的事实,同年2月2日,宋某与甲物业公司法定代表人蔡某微信联络,作出了不愿意辞职即撤回辞职的意思表示,该行为可视为宋某放弃了法律赋予其劳动合同的单方解除权,因此,即便宋某解除劳动合同的请求已满足提前30天书面通知用人单位的条件,但在宋某已放弃单方解除权情形下,其与甲物业公司的劳动关系并未得以解除,双方劳动关系继续存续。甲物业公司根据《劳动合同法》第三十七条的规定,宋某提出解除劳动合同30天后双方劳动关系即自行解除的理由并无充分法律依据,该观点不能成立。原审法院根据已查明的事实,在确认甲物业公司与宋某存在劳动关系的事实基础上,认定甲物业公司单方解除劳动合同的行为违反了法律规定,并判决甲物业公司支付宋某赔偿金27,107.46

---

〔1〕 北京市第二中级人民法院(2023)京02民终3123号民事判决书。

〔2〕 辽宁省鞍山市中级人民法院(2023)辽03民终2034号民事判决书。

元具有相应的事实与法律依据,上述判决并无不当。[1]

同事代为提交未手写签名的辞职信,劳动者在场并未提出异议,并不影响其以书面形式通知用人单位解除劳动合同的效力,劳动者行使单方合同解除权,劳动合同解除。

【案例6-77】　杨某诉南京某医院追索劳动报酬经济补偿金争议纠纷案

二审法院认为,根据马某、孙某等证人证言内容及杨某的陈述可知,会议当天他人代替杨某向南京某医院做出辞职的意思表示并代交辞职信,杨某当时在现场并未像马某那样主动明确表示不辞职,也未主动取回辞职信,而是与他人一起离开会议室。可见,杨某关于解除劳动合同的意思表示已经送传达至南京某医院,即杨某享有的单方解除合同的权利已履行完毕,双方之间的劳动合同产生解除的法律效力,杨某主张南京某医院支付违法解除劳动合同关系的赔偿金,缺乏事实和法律依据,不予支持。一审法院判决认定事实清楚,适用法律正确。判决:驳回上诉,维持原判。[2]

用人单位以未完成"军令状"为由解除劳动合同的,人民法院不予支持。

【案例6-78】　曹某诉苏州某通信科技股份有限公司劳动合同纠纷案

二审法院认为,劳动者与用人单位就工作内容、工作目标订立"军令状",未违反法律强制性规定的,应当认定有效。以解除劳动关系作为惩戒措施的"军令状"中,若约定的解除条件违反法律强制性规定的,应当认定约定无效。用人单位以"军令状"约定目标未完成为由主张依据约定解除劳动合同的,人民法院不予支持。[3]

9. 劳动者以拖延支付劳动报酬解除合同的处理

用人单位拖延支付劳动报酬,劳动者以此为由解除劳动合同的,用人单位并非应当支付经济补偿金。

【案例6-79】　某某诉某公司劳动争议纠纷案

二审法院认为,本案的争议焦点在于被上诉人是否应当向上诉人支付经济补偿金。根据《劳动合同法》的相关规定,劳动者以用人单位未及时足额支付劳动报酬为由提出解除合同的,用人单位应当向劳动者支付经济补偿

---

〔1〕 湖北省高级人民法院(2021)鄂民申1507号民事裁定书。

〔2〕 参见国家法官学院、最高人民法院司法案例研究院编:《中国法院2023年度案例》(劳动纠纷),中国法制出版社2023年版,第89页。江苏省南京市中级人民法院(2021)苏01民终1388号民事判决书。

〔3〕 人民法院案例库2023-07-2-186-009。上海市第一中级人民法院(2020)沪01民终11389号民事判决书。

金。但是,劳动报酬的计算标准在实际操作中往往比较复杂,而法律规定的目的就是要促使劳动合同当事人双方都诚信履行,无论是用人单位还是劳动者,其行使权利、履行义务都不能违背诚实信用原则。只有用人单位存在有悖于诚信的情况,从而拖延支付或拒绝支付劳动报酬的,才属于立法所要规制的对象。本案中,上诉人以被上诉人未足额发放2020年1月至3月的劳动报酬为由提出解除劳动合同并要求被上诉人支付经济补偿金。然而2020年1月至3月正逢新冠疫情期间,一方面双方对于如何发放劳动报酬存在一定的争议,另一方面被上诉人在此期间处于停工停产状态,自身也处于困难时期,上诉人作为劳动者,本应与企业共克时艰,给予企业一定的宽容。且被上诉人在此之后亦将上诉人的工资差额予以补足,足以显示被上诉人并无拖欠劳动报酬的主观故意。故一审法院对上诉人要求被上诉人支付经济补偿金的请求不予支持,有事实和法律依据,法院予以认同。[1]

【案例6-80】 章某诉华旺公司劳动争议纠纷案

二审法院认为,市场经济条件下用人单位的经营状况处于动态的发展变化中,并非一成不变,劳动者的劳动报酬及计算标准亦会因其工作岗位、工作能力、工作表现、工作时间的不同而有所区别。用人单位因行业特点,未及时足额支付劳动者劳动报酬特别是加班工资的,劳动者据此解除劳动合同并要求用人单位支付经济补偿金是否可以支持,不能一概而论,应当从未及时足额支付的情形对劳动者影响的大小、未及时足额支付的客观原因等方面综合考量。根据本案现有证据及查明之事实,生效仲裁裁决确认华旺公司应支付章某共计24,148.79元,其中涉及加班工资12,742.82元;华旺公司在裁决生效后支付章某20,407.97元,通过执行支付3740.82元,华旺公司已主动履行了大部分义务。应当注意到,劳动合同的顺利履行需要当事人双方互相配合、互相信任。对于各自履行过程中的瑕疵亦应当及时提出,以便改进。用人单位存在主观恶意并严重损害劳动者利益的行为才是法律规制的对象。华旺公司处存有加班审批制度,章某在劳动关系履行期间,未见其申请加班审批,亦未见其向华旺公司主张加班费。同时,根据查明事实,华旺公司按照劳动合同的约定按月及时支付章某劳动报酬,并依法缴纳社会保险,华旺公司不存在恶意拖延、拒绝支付劳动报酬的行为,且华旺公司在仲裁之后即刻支付相应加班工资差额的行为,也能说明其不存在拖欠劳动报酬的恶意,因此章某向华旺公司提出解除劳动合同的情形,不属于法律规定的公司应当支付经济补偿金的法定情形。一审法院对章某关于经济补偿金的请求予以支

---

[1] 上海市第一中级人民法院(2021)沪01民终16091号民事判决书。

持不当,法院予以纠正。[1]

【案例 6 -81】　殷某诉中物物联上海分公司劳动争议纠纷案

二审法院认为,中物物联上海分公司同意支付殷某诉请的 2020 年 3 月至 7 月工资差额,法院予以准许。鉴于此,本案二审争议集中在中物物联上海分公司未向殷某按照原工资标准支付工资是否存在恶意,殷某以此为由解除劳动合同是否符合用人单位应当支付经济补偿金的法定情形。本案争议发生在新冠疫情大规模暴发、国内大部分企业处于停工停产的背景下,中物物联上海分公司主张受此影响不能及时复工复产,亦在情理之中。自 2020 年 3 月起,中物物联上海分公司数次发出公告明确,因受疫情影响公司持续亏损,未全面恢复生产前,需对高级管理人员降低薪酬标准,并承诺待公司盈利后补发工资。中物物联上海分公司虽无证据证实上述降薪措施系征得员工一致同意,但并不表明中物物联上海分公司存在拖欠劳动报酬的主观恶意。此时用人单位和劳动者应当相互理解,共渡难关,殷某以此为由解除劳动合同并要求中物物联上海分公司支付经济补偿金,依据不足,法院难以支持。[2]

个案中,法官根据具体案情支持劳动者的诉求。

【案例 6 -82】　李某诉爱优威公司劳动争议纠纷案

二审法院认为,自 2020 年 5 月 1 日起李某的用人单位由德誉科技分公司变更为爱优威公司后,爱优威公司确未及时足额支付李某 2020 年 5 月至 7 月的工资。爱优威公司对其延迟支付李某工资该节事实不持异议,但主张其公司因受疫情影响经营状况不佳,并不存在恶意拖欠工资的主观故意。对此,法院认为:一则,爱优威公司虽在一审中提供了其公司的银行流水以及 2019 年度的资产负债表、利润及利润分配表、现金流量表、税务登记材料以证明其上述主张,然 2019 年度的资产负债表、利润及利润分配表、现金流量表均为爱优威公司单方出具,法院对其证明力不予确认。结合爱优威公司在庭审中的陈述以及其公司银行流水,可以确认爱优威公司作为国美通讯(浙江)有限公司的子公司,其员工工资一般由国美通讯(浙江)有限公司通过其公司发放。据此,爱优威公司所举证据尚难以证明系争期间其公司真实的经营情况。二则,即便确如爱优威公司所述因受疫情影响而经营困难,一方面,李某在此期间仍同意变更用人单位主体为爱优威公司,与常理不符;另一方面,在疫情防控的特殊时期,用人单位也可以按照法定程序通过与职代会、工会、职工代表进行民主协商的方式对调岗降薪、延迟支付工资等事项达成公

---

〔1〕 上海市第二中级人民法院(2021)沪 02 民终 11154 号民事判决书。
〔2〕 上海市第二中级人民法院(2021)沪 02 民终 8048 号民事判决书。

平合理的一致意见。爱优威公司虽称疫情期间对像李某这样的高管均采取延迟发放工资的方式,但未能举证证明其与李某就此协商一致或其公司通过民主协商方式就迟延支付工资事宜达成一致意见。综上,爱优威公司主张未及时足额支付李某工资并非其公司主观原因造成故其公司无需支付经济补偿金,依据尚不充足,法院不予支持。一审法院认定其公司需支付李某经济补偿金344,880元,并无不当。[1]

10. 合同僵局下违约方请求解除合同的审查规则

【案例6-83】 钟某甲诉上海某文化传媒有限公司其他合同纠纷案

二审法院认为,演艺经纪合同属于长期性合同,对于涉未成年人的演艺经纪合同,如自然人违约方不存在恶意毁约的情形且继续履行对自然人违约方显失公平,在守约方明知合同缺乏继续履行的信任基础和现实基础但仍拒绝解除合同的情况下,自然人违约方通过诉讼方式主张解除合同的,法院应予支持,但不影响违约责任的承担。[2]

11. 协商解除问题

用人单位能否与未进行离岗前职业健康检查的劳动者协商解除劳动合同。

【案例6-84】 张某诉某劳务服务有限公司、某工业有限公司劳动合同纠纷案

二审法院认为,1. 用人单位安排从事接触职业病危害的作业的劳动者进行离岗职业健康检查是其法定义务,劳动者未明确已经知晓并放弃离岗前职业健康检查的权利的,该项义务并不因劳动者与用人单位协商一致解除劳动合同而免除。用人单位与劳动者协商一致解除劳动合同的,解除协议应认定无效。2. 在劳动者职业病鉴定结论未作出之前,双方的劳动关系并不因协议解除或者劳动合同到期终止。在经过职业病认定及劳动能力鉴定后,如妨碍双方劳动合同解除或者终止的情形均已消失,而用人单位亦无继续履行或者续订的意思表示,在符合终止劳动合同条件的情况下,双方的劳动关系可于劳动者职业病致残程度鉴定结果出具之日依法终止。[3]

---

〔1〕 上海市第一中级人民法院(2021)沪01民终9378号民事判决书。

〔2〕 人民法院案例库2023-14-2-186-001。上海市第一中级人民法院审理。

〔3〕 人民法院案例库2023-07-2-186-006。上海市第二中级人民法院(2015)沪二中民三(民)终字第962号民事判决书。

（七）事实劳动合同解除处理

事实劳动关系的事实解除问题。在现实生活中大量的事实劳动关系纠纷中，伴随着一定数量的事实解除案件，其事实解除在司法实践中较少获得认可，是其疑难问题。

事实劳动关系能否自行灭亡问题。劳动者虽与用人单位之间曾存在劳动关系，但由于某种原因劳动者回家待岗，此后双方在几年甚至十几年没有联系，在此期间劳动者未给单位提供过任何劳动，用人单位也没有给劳动者发放过任何工资及福利待遇。若干年后，劳动者以人事档案一直存放于用人单位处，与用人单位仍存在劳动关系为由诉至法院，要求与原单位继续履行劳动合同，补缴社会保险、支付待岗期间的生活费。这些现象涉及劳动关系是否应依法解除问题，也就是说目前我国劳动法律对劳动关系自生自灭规定的把握和认识。依据我国现行劳动法律的相关规定，劳动关系应当依法建立也应当依法解除，并无劳动关系自生自灭的规定。尤其是针对劳动关系的解除问题，因为涉及劳动者的重大切身利益，《劳动法》为此设定了严格的条件，如《劳动法》第二十六条规定：用人单位解除劳动合同，应当提前30日以书面形式通知劳动者本人。该条规定应是劳动关系包括事实劳动关系在内的解除的法定形式要件，用人单位若违反此项规定将导致解除劳动关系的决定不具有法律效力。换句话说，即便劳动者多年未给用人单位提供劳动，或者因怀孕、生病未上班，但用人单位对此一直未处理，有一定过错，劳动者与用人单位的劳动关系仍旧存在并没有灭亡。

用人单位解除事实劳动关系的，应向劳动者支付经济补偿金。

【案例6－85】　李某诉某医院劳动争议案

二审法院认为，李某于1985年起到某医院从事工勤工作至2007年2月1日，双方已形成事实劳动关系，某医院与李某解除劳动关系时未按规定支付李某相应的经济补偿金，故其还需支付李某额外经济补偿金。某医院上诉称李某未对额外经济补偿金申请仲裁，一审判决错误。经查，李某申请仲裁请求"依法裁决某医院给予李某经济补偿"。2001年的《劳动争议解释（一）》第六条规定：人民法院受理劳动争议纠纷案件后，当事人增加诉讼请求的，若该诉讼请求与诉争的劳动争议具有不可分性，应当合并审理。本案中，李某要求给予额外经济补偿金的请求与经济补偿金具有不可分性，故一审法院合并审理，并作出判决并未违反法律规定，某医院该项上诉请求不能成立，不予采纳。某医院称李某请求撤销仲裁裁决应向有关有管辖权的人民法院申请，一审法院没有管辖权，越权判决，程序违法。经查，该项请求李某已于2007年8月1日申请撤回，一审法院对李某的该项请求并未审理和判决，对某医院的其他诉讼请求一审法院有权管辖，故一审判决认定事实清楚，程序合法，判决适当。判决：驳回上诉，维持原判。[1]

关于事实解除与一般解除的区别。所谓事实解除是指用人单位与劳动者之间的劳动关系的消亡，未作出任何法律上的处理。而一般解除是指依法律的规定对其劳动关系予以明确处理。二者的区别在于用人单位是否依法作出了明确处理，使已经存在的事实劳动关系灭亡，不再存续。

(八)解除权行使限制处理

1.单方解除权行使限制

劳动者根据《劳动合同法》第三十七条规定行使单方解除权后，能否撤回或撤销解除劳动合同的意思表示。根据一般法理，撤回针对未生效的法律行为，撤销针对已生效的法律行为。民法理论认为行使形成权的单方法律行为可以撤回但不可以撤销，即变动法律关系的意思表示到达相对人之前可以撤回该意思表示，停止形成权的行使；当该意思表示已经到达相对人，为相对人所知悉后，该单方法律行为即已生效，形成权已实现，不可再申请撤销。权利人行使单方解除权时，权利相对人只能被动接收相关意思表示，无需认可亦无需干预。权利相对人对行使单方解除权的结果停留在一个安分的、不生变故的状态。因此，单方解除权人不可在相关意思表示到达权利相对人后，撤销该意思表示。除非，权利相对人同意接受撤销该意思表示。

劳动者行使单方解除权利，向用人单位申请离职，用人单位收到申请时，即产生解除劳动合同的法律效果，劳动者在用人单位作出决定前申请撤回离职申请，不能产生撤回解除劳动合同意思表示的法律效力。换言之，劳动者行使劳动合同单方解除权后无法撤回。

【案例6-86】 陈某诉正大公司劳动合同纠纷案

二审法院认为，陈某于2016年3月8日向正大公司提出离职申请，此属于劳动者行使单方解除权的行为，不以用人单位的同意为构成要件，亦不能

[1] 参见最高人民法院民事审判第一庭编：《民事审判指导与参考》(总第35集)，法律出版社2009年版。

在用人单位收到后撤回。判决:驳回上诉,维持原判。[1]

用人单位同意劳动者提出的工作地点变更后,则限制用人单位以工作地点变更为由解除劳动合同。

对于用人单位以孕期女职工严重违反规章制度为由行使单方解除权的,法院应严格审查,保护孕期女职工的合法权益。

【案例6-87】　袁某诉美赞臣营养品(中国)有限公司劳动争议案

一审法院认为,袁某已提前4个月向公司告知其到美国生产,双方就请病假事宜曾多次沟通,袁某申请公司协助出具签证所需材料并按照公司要求提供了相应的资料,在病假期间前往美国待产。美赞臣营养品(中国)有限公司(以下简称美赞臣公司)在未能证明医生开具的证明虚假伪造或存在其他违反相关法律规定情形下,以袁某连续旷工为由作出《解除劳动合同通知书》,应属违法解除行为。判决:(1)撤销美赞臣公司于2016年9月21日作出的《解除劳动合同通知书》,继续履行与袁某签订的期限为2015年3月23日至2018年3月31日的劳动合同,并于2018年3月31日双方劳动合同到期终止;(2)美赞臣公司支付袁某2016年9月1日至2017年12月12日工资损失257,273.04元;(3)驳回袁某的其他诉讼请求。二审法院认为,其一,美赞臣公司并未提供任何证据证明公司存在关于不接受境外医疗机构出具病假建议的规章制度并对劳动者依法履行了告知程序。其二,袁某在因身体状况不能正常上班期间已经向美赞臣公司申请了病假并提供了诊断证明。美赞臣公司并不能证明该证明内容系虚假或伪造。而且,美赞臣公司知晓袁某曾两次流产并于此次怀孕期间存在先兆早产的症状,其未能证明袁某提供的诊断证明系虚假,伪造或存在其他违反相关法律规定,亦未依据《员工手册》的规定,等待袁某恢复上班时向公司提交请假申请及医院出具的有效"病假建议书"和"病历",以袁某连续旷工为由解除劳动合同,不符合用人单位依法行使单方解除权的法定情形,属于违法解除。判决:驳回上诉,维持原判。[2]

女职工孕期内严重违反用人单位规章制度的,用人单位可以解除劳动合同,不受法律对于用人单位单方解除权的限制。

【案例6-88】　惠氏制药有限公司北京分公司诉李某劳动争议案

二审法院认为,沈阳市恒信公证处出具的(2014)沈恒证民字第212号、

[1] 参见周珍:《劳动者行使劳动合同单方解除权后无法撤回》,载《人民法院报》2018年12月20日,第6版。北京市第三中级人民法院(2018)京03民终8725号民事判决书。

[2] 参见国家法官学院、最高人民法院司法案例研究院编:《中国法院2020年度案例》(劳动纠纷),中国法制出版社2020年版,第78~79页。北京市第二中级人民法院(2018)京02民终3491号民事判决书。

第217号公证书载明,经惠氏制药有限公司北京分公司向银联商务客服电话询问并向沈阳市沈河区中街路115号沈阳兴隆大家庭购物中心核实,银联签购单显示的商户编号并非沈阳兴隆大家庭购物中心有限公司,公司接待人员亦表示该发票不是公司的发票;沈阳市恒信公证处出具的(2014)沈恒证民字第216号公证书载明,经惠氏制药有限公司北京分公司向沈阳市和平区太原北街86号中兴商业大厦核实,集团购买服务中心的郭部长表示该发票和签购单均不是该公司开具的。沈阳市恒信公证处出具的(2014)沈恒证民字第215号公证书载明,经惠氏制药有限公司北京分公司向沈阳市沈河区文化路81号家乐福超市核实,家乐福超市工作人员答复发票金额比较大,应该是购卡的发票。原审法院据此认定李某存在违反惠氏制药有限公司北京分公司规章制度的行为,并无不当。因李某存在违反惠氏制药有限公司北京分公司规章制度的行为,惠氏制药有限公司北京分公司可以李某严重违反规章制度为由与其解除劳动合同。李某在原审中主张上述所报销的费用是合理的、适当的、与工作相关并符合公司政策的,及其行为是在惠氏制药有限公司北京分公司知晓并指导下进行的,但未提交充分的证据予以证实,法院不予采信。李某在法院审理中否认其在原审审理中自认的事实,否认其提交的票据为虚假的以及公证书的真实性,但未提交充分的证据予以证实,法院亦不予认可。李某主张惠氏制药有限公司北京分公司为了不支付经济补偿金而对其进行报复,亦未提交相应的证据予以佐证,法院不予采信。李某以惠氏制药有限公司北京分公司在解除劳动合同时未依法通知工会为由主张惠氏制药有限公司北京分公司解除劳动合同的程序违法,但惠氏制药有限公司北京分公司已经补正了有关程序,故对该项主张,法院不予支持。据此,惠氏制药有限公司北京分公司以李某严重违反规章制度为由与其解除劳动合同,并无不当。李某上诉请求继续履行与惠氏制药有限公司北京分公司的劳动合同,依据不充分,法院不予支持。综上,原审法院所作判决并无不当,应予维持。判决:驳回上诉,维持原判。[1]

女职工怀孕期间拒绝合理调岗、违反用人单位的规章制度的,用人单位可以解除劳动合同,这属于女职工怀孕期间特殊保护的排除。

2. 协商解除合同限制

《劳动合同法》第四十二条第一款的规定没有排除用人单位与劳动者协商一致解除劳动合同的情形,但根据我国《职业病防治法》的相关规定,用人单位安排

---

〔1〕 参见国家法官学院案例开发研究中心编:《中国法院2017年度案例》(劳动纠纷),中国法制出版社2017年版,第146页。北京市第二中级人民法院(2015)二中民终字第09763号民事判决书。

从事接触职业病危害的作业的劳动者进行离岗职业健康检查是其法定义务，该项义务并不因劳动者与用人单位协商一致解除劳动合同而当然免除。因此，劳动者未明确已经知晓并放弃离岗前职业健康检查权利的，即使双方就解除劳动关系协商一致，单位也必须安排劳动者进行离岗前职业健康体检，对未进行离岗前职业健康检查的劳动者不得解除或者终止与其订立的劳动合同。也就是说，协商解除劳动合同应受到特别法规定的限制，亦不能免除法定义务。高危风险劳动者离岗前未进行健康检查的情况下，解除劳动关系违法。

【案例 6－89】　张某诉上海某劳务公司劳动合同纠纷案

判决观点，用人单位安排从事接触职业病危害的作业的劳动者进行离岗职业健康检查是其法定义务，该项义务并不因劳动者与用人单位协商一致解除劳动合同而当然免除。本案中，双方并未明确张某已经知晓并放弃进行离岗职业健康检查的权利，且张某亦通过各种途径积极要求某劳务公司为其安排离岗职业健康检查。双方原签订的解除劳动合同应于 2014 年 6 月 30 日到期，但此时张某的职业病等级尚未确定，尚不能认定双方的劳动合同已经到期终止的条件，直至 2014 年 12 月 10 日，张某被鉴定为"职业病致残程度七级"，属于符合用人单位可以解除或到期终止劳动关系的范畴条件。判决：张某与某劳务公司自 2014 年 1 月 13 日起恢复劳动关系至 2014 年 12 月 10 日止。[1]

【案例 6－90】　探矿研究所诉王某劳动合同纠纷案

二审法院认为，探矿研究所虽主张解除前曾与王某就职业病检查等事宜进行协商，但并未提供证据证明双方就此形成一致意见，亦未证明对王某进行离职前健康检查，故探矿研究所在王某未进行职业健康检查的情况下，以客观情况变化而无法继续履行为由解除劳动合同关系，属违法解除。探矿研究所的上诉主张缺乏事实和法律依据。一审法院判令其支付违法解除劳动关系赔偿金并无不当。判决：驳回上诉，维持原判。[2]

女职工与用人单位协商一致解除劳动合同，女职工解除劳动合同后发现解除劳动合同时已经怀孕的，不能要求用人单位继续履行劳动合同。

3. 其他情形的限制解除

劳动者隐瞒或虚假陈述与劳动合同直接相关的事项，是构成欺诈的要件之

---

〔1〕 最高人民法院中国应用法学研究所编：《人民法院案例选》2018 年第 2 辑（总第 120 辑），人民法院出版社 2018 年版，第 5 页。《最高人民法院公报》2017 年第 5 期（总第 247 期）。

〔2〕 参见国家法官学院、最高人民法院司法案例研究院编：《中国法院 2022 年度案例》（劳动纠纷），中国法制出版社 2022 年版，第 91 页。北京市第一中级人民法院（2020）京 01 民终 7671 号民事判决书。

一。如果该事项与劳动合同无关,则劳动者不构成欺诈,亦限制据此解除劳动合同。

【案例6－91】 志荣佳拓公司诉徐某娜劳动合同纠纷案

判决观点,被告的婚姻状况并非从事产品推广岗位的基本职业资格,亦非其履行职务的实质性要件,更非其能够胜任工作的决定性因素。也就是说,被告的婚姻状况与其履行劳动合同无关,而对无关事项的隐瞒并不会使原告作出错误判断,进而违背其真实意思表示而订立劳动合同。因此,尽管被告的隐婚行为有违诚信,法院应对其提出批评,但该行为并不构成欺诈,原告不能据此与被告解除劳动合同。判决:原告继续履行与被告之间的劳动合同。[1]

《劳动合同法》赋予用人单位以劳动者被追究刑事责任为由合法解除劳动关系的权利,但该权利应当在合理期限内行使,一方面促使用人单位及时、合理行使其权利,另一方面也是对劳动者的一种宽宥与保护,促进就业与社会稳定。换言之,用人单位以法律许可的事由行使劳动关系解除权应有限制。

用人单位单方解除权应受除斥期间限制。

【案例6－92】 赵某诉某会议公司劳动争议纠纷案

一审法院认为,本案争议的焦点在于某会议公司以赵某未履行审批手续涨工资违反公司规章制度为由与其解除劳动合同是否构成违法解除。本案中,某会议公司应就赵某存在严重违反用人单位规章制度的行为、解除依据的规章制度经过民主程序且向劳动者履行告知义务、履行通知工会义务、解除行使时间合理等承担举证责任。首先,需认定赵某是否存在严重违反公司规章制度的行为。某会议公司在作出解除决定时未引用具体明确的规章制度条款。其虽在庭审中提出赵某违反了薪酬体系中关于工资晋升、晋级的要求,但赵某主张其不属于此类工资调整。结合曹某与赵某2020年2月1日的对话内容来看,曹某表示签工资表没有同相关领导进行沟通核实,表明其对赵某已经在工资表中涨800元工资是知晓的,但其对赵某未履行审批手续并未提出异议,也未要求赵某履行审批手续,且该工资表需经过部门经理、财务经理、主管人事副总经理、主管财务副总经理、总经理层层审批,上述人员均未对此提出异议,在此过程中,即使赵某自身存在过失,该过失结果的产生并非起决定作用。故赵某未履行审批手续调整工资反映了某会议公司存在管理漏洞及审批流于形式问题,而该公司将上述问题完全归咎于劳动者并据

---

〔1〕 参见牛元元:《法律辩弈:职场隐婚vs就业歧视》,载《人民法院报》2014年5月1日,第6版。北京市朝阳区人民法院(2013)朝民初字03190号民事判决书。

此与其解除劳动合同有失公允。其次,关于解除权行使时间问题,企业单方解除权作为企业享有的一项权利应当在一定期限内行使。对于企业而言,如果在合理期限内没有行使单方解除权,则应视为企业对劳动者的过错行为接受,企业主动放弃单方解除权。本案中,赵某工资调整发生在2019年1月至4月,某会议公司在收到员工举报后于2019年5月停发赵某调整部分但未作出其他处理,此后未就该情况进一步调查处理。2020年2月,某会议公司决定由公司纪委对赵某涨工资事项介入调查于2020年7月7日以此为由与赵某解除劳动合同。故某会议公司未在合理期限内行使单方解除权。综上,某会议公司解除行为欠妥,应支付赵某违法解除劳动合同赔偿金。二审法院同意一审法院裁判意见。[1]

(九)劳动合同特殊解除处理

1.工伤期间解除劳动关系问题

对于工伤期间,用人单位解除劳动关系的,因用工形式的复杂,常常发生争议。在工伤期间劳动者的劳动合同到期的,用人单位不能解除劳动合同。

《劳动法》第二十九条规定:"劳动者有下列情形之一的,用人单位不得依据本法第二十六条、第二十七条的规定解除劳动合同:(一)患职业病或者因工负伤并被确认丧失或者部分丧失劳动能力的;(二)患病或者负伤,在规定的医疗期的……"1995年《劳动部关于贯彻执行〈中华人民共和国劳动法〉若干问题的意见》指出:"在目前工伤保险和残疾人康复就业制度尚未建立和完善的情况下,对因工部分丧失劳动能力的职工,劳动合同期满也不能终止劳动合同,仍由原单位按照国家有关规定提供医疗等待遇。"因此,对劳动者在劳动合同期间受工伤丧失或者部分丧失劳动能力的,劳动合同期满后,用人单位不能解除劳动合同。需要注意的是,对于企业之间的劳务输出,劳务输出企业与劳动者签订的劳动合同,同样约束劳务输出企业。如果劳动者在被输出企业工作时因工受伤,劳务输出企业应承担劳动合同关系上的相应责任。由于《劳动法》第二十九条的规定是强制性的,劳动者在劳务被输出企业的伤残发生,其实质就是在劳务输出企业的伤残发生,也就是履行合同期间,在劳动者反对的情形下,劳务输出企业不能在双方劳动合同到期时解除与劳动者的劳动合同,而应当继续履行。

---

〔1〕 参见国家法官学院、最高人民法院司法案例研究院编:《中国法院2023年度案例》(劳动纠纷),中国法制出版社2023年版,第105~106页。北京市第三中级人民法院(2021)京03民终12184号民事判决书。

患有癌症、精神病等难以治疗的特殊疾病的劳动者,应当享受24个月的医疗期。医疗期内劳动合同期满,劳动合同应当延续至医疗期满时终止。用人单位在医疗期内违法解除或者终止劳动合同,劳动者起诉要求继续履行劳动合同的,人民法院应当判决撤销用人单位的解除或者终止通知书。

【案例6-93】 梁某某诉南京乐府餐饮管理有限公司劳动争议纠纷再审案

原审法院认为,当事人对自己提出的主张,有责任提供证据。2013年6月8日,梁某某向仲裁委申请后,仲裁委以宁宁劳人仲案字(2013)第1383号仲裁裁决书裁决南京乐府餐饮管理有限公司(以下简称乐府公司)支付梁某某经济补偿金3960元和医疗补助费11,880元,与梁某某前几次主张的权利并不重复,故梁某某有权向乐府公司主张经济补偿金和医疗补助费。劳动者患病或者非因工负伤,医疗期满后不能从事原工作,也不能从事由用人单位另行安排的工作的,用人单位可以依法解除、终止劳动合同,并给予经济补偿。梁某某2010年5月患病后已休完24个月的医疗期,乐府公司在医疗期满后终止与梁某某的劳动合同,梁某某要求乐府公司按南京市最低工资标准支付经济补偿金3960元符合法律规定,原审法院予以支持。劳动者经劳动能力鉴定委员会确认丧失或者部分丧失劳动能力的,用人单位还应当给予劳动者不低于本人6个月工资的医疗补助费。患重病或者绝症的还应当增加医疗补助费,患重病的增加部分不低于医疗补助费的50%。梁某某经鉴定符合大部分丧失劳动能力标准,乐府公司应支付梁某某医疗补助费。原审法院对梁某某按照南京市最低工资标准计算的9个月工资的医疗补助费11,880元予以支持,梁某某主张按照工伤六级伤残的标准支付医疗补助费没有法律依据,原审法院不予支持。劳动者患病或者非因工负伤,在规定的医疗期满后不能从事原工作,也不能从事由用人单位另行安排的工作的,用人单位提前30日以书面形式通知劳动者本人,可以解除劳动合同。乐府公司于2012年5月23日作出《劳动合同终止告知书》是提前30日以书面形式通知梁某某解除劳动合同,2013年6月8日梁某某向仲裁委提出申请,要求乐府公司支付经济补偿金和医疗补助费请求,未超过仲裁时效,乐府公司的抗辩不能成立。梁某某要求支付医疗费,因未经过仲裁程序,故原审法院不予理涉。判决:(1)乐府公司支付梁某某经济补偿金3960元和医疗补助费11,880元,合计15,840元,于判决发生法律效力之日起10日内付清。(2)乐府公司为梁某某办理档案和社会保险关系转移手续。

二审法院认为,关于梁某某提起仲裁申请是否超过申诉时效问题。《劳动争议调解仲裁法》第二十七条第二款规定:"前款规定的仲裁时效,因当事人一方向对方当事人主张权利,或者向有关部门请求权利救济,或者对方当事人同意履行义务而中断。从中断时起,仲裁时效期间重新计算。"2012年5

月25日,乐府公司向梁某某邮寄送达了《劳动合同终止告知书》。2012年9月,梁某某曾向仲裁委申请仲裁,仲裁委作出宁宁劳人仲定字(2012)第2197号仲裁决定书,决定终结审理。梁某某向原审法院提起诉讼,原审法院作出(2013)江宁民初字第487号判决,梁某某不服该判决,提起上诉。本院于2013年4月2日对梁某某的上诉立案受理,案号为(2013)宁民终字第1385号。在该案的上诉请求中,梁某某曾向乐府公司主张医疗补助费15,840元、终止劳动合同经济补偿金6600元,并办理档案及社会保险关系转移手续。本院于2013年5月27日作出(2013)宁民终字第1385号判决,并于2013年6月3日向梁某某送达。该判决以梁某某的上述三项诉讼请求未经仲裁前置程序为由,未予处理。梁某某在仲裁时效期限内向本院请求权利救济,构成仲裁时效的中断,仲裁时效应当从2013年6月3日重新计算。故梁某某于2013年6月8日再次向仲裁委提起仲裁,并未超过仲裁申诉时效,本院对于乐府公司的上诉意见不予采纳。关于梁某某要求乐府公司向其赔偿1,106,390.48元的上诉请求。《工伤保险条例》第三十条规定:"职工因工作遭受事故伤害或者患职业病进行治疗,享受工伤医疗待遇。"梁某某患病未经劳动行政保障部门认定为工伤,故其要求乐府公司按照工伤六级的标准支付相应工伤保险待遇没有法律依据,且梁某某此项上诉请求没有经过仲裁程序。综上,对于梁某某要求乐府公司向其赔偿1,106,390.48元的上诉请求,本院不予处理。关于梁某某主张乐府公司为其补交2012年5月至2014年6月社会保险,因该请求亦未经过仲裁前置程序,且补缴社会保险不属于人民法院审理劳动争议案件的受案范围,故本院对于梁某某的该项上诉请求不予理涉。关于梁某某主张的乐府公司按月最低工资标准支付逾期办理转移档案、社会保险的损失,原审法院已经判决乐府公司在判决生效之日起10日内为梁某某办理档案和社会保险关系转移手续,梁某某二审中主张的逾期办理损失问题,其在一审中并未提出,故二审不予处理。综上,原审判决认定事实清楚,适用法律正确。上诉人乐府公司和上诉人梁某某的上诉请求均缺乏事实与法律依据,本院不予支持。判决:驳回上诉,维持原判。

再审法院认为,一审法院(2014)江宁民初字第3707号案件中,梁某某以乐府公司违法终止双方的劳动合同为由请求判令乐府公司支付其2012年5月劳动合同终止后至起诉时的医疗费、劳动能力鉴定费、交通费、工商执照调阅费、精神抚慰金、尚欠的经济补偿金、误工费、营养费、护理费等共计460,000元,该案已由二审法院作出(2015)宁民终字第865号生效判决。本案中,梁某某又以与(2015)宁民终字第865号案件相同的事实与理由向一审法院起诉,要求乐府公司支付医疗费、劳动鉴定费、交通费、工商执照调阅费、病假工资、尚欠的经济补偿金、营养费、护理费以及要求乐府公司为其补缴社会保险,属于重复起诉。故梁某某的再审申请不符合《民事诉讼法》第二百条规定的情形。裁定:驳回梁某某的再审申请。[1]

2. 情势变更解除

《劳动合同法》第四十条第三项被作为"无过失性辞退"条款,该条款体现了情势变更原则在劳动法领域的适用,属于契约严守原则在特定情形下的例外与突破,其实质是诚信原则在合同履行过程中的具体运用,目的在于使合同利益在当事人之间均衡分配,消除在情势变更后继续履行合同造成的不公平后果。用人单位在适用该条款解除劳动合同时,应同时满足以下三个要件:其一,出现劳动合同订立时所依据的客观情况发生重大变化,导致原劳动合同无法继续履行之情形。其二,用人单位与劳动者协商未能就变更劳动合同达成一致意见。其三,用人单位履行通知工会等程序要求。

【案例6-94】 黄某诉对外公司劳动合同纠纷案

二审法院认为,解除劳动合同通知书载明解除原因为"一、经营困难、连年亏损,无力支付劳动者工资。二、在调整机关架构过程中,劳动者未参与竞聘上岗,也未就劳动关系调整达成一致意见"。就第一项理由,无法律依据,不应予以支持。就第二项理由,公司亦不能仅以调整机关架构为由,加重劳动者义务,更不能在未就变更劳动关系协商一致的情况下解除劳动关系。从二者关联性来看,对外公司主张调整机关架构即改制,符合客观情况发生重大变化;主张公司多年负债经营,继续履行劳动合同成本过高、显失公平。就此,对外公司的上述抗辩理由并不充分:一是改制方案已明确说明在岗员工全部进入新公司,可见改制并不必然造成解除劳动关系之后果。二是对外公司主张继续履行劳动合同成本过高,亦非改制之后果,并非客观情况发生重大变化造成。对外公司与劳动者解除劳动关系之情形,并不符合《劳动合同法》第四十条第三项之规定,系违法解除,判决:驳回上诉,维持原判。[2]

劳动合同订立时所依据的客观情况发生重大变化,致使劳动合同无法履行,经用人单位与劳动者协商,未能就变更劳动合同内容达成协议的,用人单位提前30日以书面形式通知劳动者本人或者额外支付劳动者1个月工资后可以解除劳动合同。

---

〔1〕 参见《最高人民法院公报》2013年第6期(总第200期)。江苏省高级人民法院(2015)苏民申字第00064号民事裁定书。

〔2〕 参见国家法官学院、最高人民法院司法案例研究院编:《中国法院2021年度案例》(劳动纠纷),中国法制出版社2021年版,第38页。北京市第一中级人民法院(2019)京01民终10538号民事判决书。

【案例6－95】　唐某某诉旺苍县威旺建材有限责任公司劳动争议纠再审案

再审法院认为，根据原审查明的事实，唐某某系农民工，于1985年至1995年7月在旺苍县尚武镇水泥厂工作；1995年至2005年在贾某某的独资企业旺苍县尚武显福水泥厂工作；2005年12月至2010年9月25日在旺苍县威旺建材有限责任公司（以下简称威旺公司）工作。唐某某虽从工作年限看有近25年工龄，且所在的工作单位之间有关联，但因旺苍县尚武镇水泥厂属乡镇企业，旺苍县尚武显福水泥厂是贾某某的独资企业，威旺公司则是由王某某等三个合伙人经营并向贾某某支付280万元转让费后设立的有限责任公司，其上述单位的性质不同。虽唐某某在上述单位工作过，但因属于不同工作单位和不同用工主体，且由于农民工的用工性质与实行统一对外招工企业的管理不同，故唐某某的工龄不能连续计算。虽威旺公司是由贾某某的独资企业旺苍县尚武显福水泥厂转让而来，在注册威旺公司的工商档案中附有威旺公司与旺苍县尚武显福水泥厂于2007年8月27日签订的《协议书》，《协议书》中有对旺苍县尚武显福水泥厂的现有人员132人全部交由威旺公司安排，威旺公司也同意接收的约定，但事后，威旺公司也同用工者分别签订了劳动合同，这一事实足以证明，用工双方是以签订劳动合同而确定劳动关系。对此，唐某某于1985年至1995年7月在原旺苍县尚武镇水泥厂工作期间及1995年至2005年7月在贾某某独资的企业旺苍县尚武显福水泥厂工作期间的合法权益，应当在法定有效期内向原单位主张权利，并非向威旺公司主张权利。在2010年以后，由于广元地区水泥生产行业及市场行情发生重大变化，威旺公司在出现了设备停运、撤减生产环节，在裁减人员的实际情况下，威旺公司提前30日以书面形式通知唐某某提出与唐某某解除劳动合同，同时承诺额外支付1个月的工资，唐某某也认可收到该通知书，故威旺公司解除与唐某某劳动合同的行为符合《劳动合同法》第四十条第三项“劳动合同订立时所依据的客观情况发生重大变化，致使劳动合同无法履行，经用人单位与劳动者协商，未能就变更劳动合同内容达成协议的”的规定，威旺公司与唐某某解除劳动合同合法。而检察机关认为威旺公司解除与唐某某的劳动合同违反法律规定的抗诉理由以及唐某某对此的申诉理由均不能成立，法院不予支持。再审判决维持二审判决。[1]

3. 劳务派遣单位解除

根据《劳动合同法》第六十五条第二款的规定，在用人单位将派遣劳动者退

〔1〕　四川省高级人民法院（2014）川民提字第114号民事判决书。

回劳务派遣单位后,劳务派遣单位可以解除劳动合同,但应当符合《劳动合同法》中关于解除劳动合同的相关规定。派遣劳动者违反用人单位的规章制度被退回其符合解除劳动关系条件,但劳务派遣单位未有此项规章制度的,劳务派遣单位基于被退回事实解除劳动合同行为不受法律保护。也就是说,劳务派遣单位解除被用工单位退回的劳动者的劳动合同,必须有据可依,而不仅仅是用工单位退回的事由。

【案例6-96】 上海永久自行车有限公司诉陈某、丹阳市人才派遣有限公司劳动合同纠纷案

二审法院认为,一审法院根据上海永久自行车有限公司提供的证据,能够证明陈某的行为违反了上海永久自行车有限公司规章制度,上海永久自行车有限公司以此为由将陈某退回丹阳市人才派遣有限公司符合法律规定。根据上述规定,派遣单位与劳动者解除劳动合同亦应当符合《劳动合同法》的相关规定。本案中,丹阳市人才派遣有限公司系本案的用人单位,其在《关于陈某同志解除劳动合同的通知》中以陈某"严重违反用人单位规章制度《公司员工手册》员工奖励管理办法第6.5.6条"为由,与陈某解除劳动合同。此处的《公司员工手册》是用工单位上海永久自行车有限公司的规章制度,但用人单位丹阳市人才派遣有限公司未能提供其单位规章制度,与陈某解除劳动关系依据不足,故丹阳市人才派遣有限公司与陈某解除劳动关系系违法解除。一审法院认定丹阳市人才派遣有限公司与陈某解除劳动合同符合法律规定,系适用法律错误,应依法予以纠正。根据《劳动合同法》第八十七条规定……本案一审查明,陈某平均月工资为2300元,工作年限从2013年9月至2015年3月,丹阳市人才派遣有限公司应当支付陈某赔偿金9200元(2300元×2个月×2)。故陈某请求丹阳市人才派遣有限公司违法解除劳动合同赔偿金9200元,法院依法支持。陈某要求上海永久自行车有限公司支付解除劳动合同赔偿金9200元的请求,于法无据,法院不予支持。陈某在二审中撤回了要求上海永久自行车有限公司和丹阳市人才派遣有限公司支付带薪年休假工资2420元的上诉请求,予以准许,对该项上诉请求法院不予理涉。综合,陈某的上诉请求部分成立。判决:(1)撤销一审判决;(2)丹阳市人才派遣有限公司支付陈某赔偿金9200元;(3)驳回陈某的其他诉讼请求。[1]

4."可以解除"的适用

根据《劳动合同法》第三十九条的规定,用人单位在劳动者有该条规定的情

---

〔1〕 参见国家法官学院案例开发研究中心编:《中国法院2019年度案例》(劳动纠纷),中国法制出版社2019年版,第121页。江苏省镇江市中级人民法院(2016)苏11民终2897号民事判决书。

形是“可以解除”劳动合同,“可以解除”也意味着可以不解除,而非“必须解除”,也不是“当然解除”。劳动者被依法追究刑事责任时,用人单位表示解除劳动合同的并非导致劳动合同必然解除。

【案例6-97】　商某君诉平顶山市市郊农村信用合作联社劳动合同纠纷案

二审法院认为,本案中,一方面平顶山市市郊农村信用合作联社(以下简称市郊联社)未提供按照法律规定的程序解除商某君劳动关系的证据,不能证明其已经依法解除了与商某君劳动关系;另一方面市郊联社为商某君补发了2009年2月后的工资和福利,且一直为商某君缴纳养老、医疗和住房公积金资金至今。可见双方之间仍然保持着劳动关系,故市郊联社应恢复商某君工作,并补发相应的工资。判决:市郊联社恢复商某君工作、补发商某君工资100,323.2元。[1]

5.附期限单方提出解除劳动合同主体认定

虽双方所附解除劳动合同为同一日,但因劳动者提出解除劳动合同在先,用人单位提出解除劳动合同在后,应认定劳动者为本次提出解除劳动合同的主体。

【案例6-98】　北京天港惠达科技有限公司诉魏某东劳动争议纠纷案

二审法院认为,本案争议焦点为双方劳动合同系由魏某东发出的《解除劳动合同通知》还是天港惠达公司出具的《辞退通知书》而解除。对此,法院具体分析如下:首先,与传统民事契约关系相比,劳动关系具有从属性、持续性等特点,故两者适用不同的法律规定,魏某东在上诉理由中提出的《合同法》相关法律规定及法律意见并不当然适用于劳动争议。具体到本案,魏某东以北京天港惠达科技有限公司(以下简称天港惠达公司)存在《劳动合同法》第三十八条第一款第二项规定的情形为由,向该公司提出解除劳动合同,魏某东的解除行为发生解除双方劳动合同的效力并不以欠薪事实存在为生效要件。其次,双方劳动合同于2018年6月1日解除。魏某东发出的《解除劳动合同通知》与天港惠达公司出具的《辞退通知书》中,均载明双方劳动合同的解除日期为2018年6月1日。另外,虽魏某东主张双方劳动合同于2018年5月31日解除,但天港惠达公司系在收到《解除劳动合同通知》后,要求魏某东于2018年5月31日下午进行工作交接。在此情况下,因天港惠达公司与魏某东双方均对双方劳动合同于2018年6月1日解除存在预期,故天港惠达公司向魏某东提出上述要求且魏某东同意并履行,并不产生双方

---

〔1〕　参见国家法官学院案例开发研究中心编:《中国法院2016年度案例》(劳动纠纷),中国法制出版社2016年版,第59页。河南省平顶山市中级人民法院(2014)平民劳终字第108号民事判决书。

劳动合同于工作交接当天即产生解除的法律效果,即劳动合同于2018年5月31日仍处于存续状态,法院对魏某东上述主张不予采纳。再次,魏某东于2018年5月30日发出的《解除劳动合同通知》并不因天港惠达公司于2018年5月31日出具《辞退通知书》而失效。法院认为,虽然天港惠达公司于2018年6月1日前也作出了与魏某东解除劳动合同的决定,但魏某东提出解除劳动合同在先,且天港惠达公司出具的《辞退通知书》载明其公司已收到魏某东发出的《解除劳动合同通知》。一审法院认定魏某东系本次劳动合同提出主体并无不当,法院予以确认。最后,魏某东在本案仲裁、一审及二审阶段中,均未向海淀区仲裁委员会及一审、二审法院提出要求天港惠达公司支付经济补偿金的要求,均主张双方劳动合同由天港惠达公司违法解除并要求支付违法解除劳动合同赔偿金。而如上所述,双方劳动合同系因魏某东提出解除而于2018年6月1日解除。魏某东要求天港惠达公司支付违法解除劳动合同赔偿金的上诉请求,缺乏依据,法院不予支持。判决:驳回上诉,维持原判。[1]

6. 其他解除劳动合同情形

劳动者因未完成业绩目标而自动离职,用人单位构成违法解除劳动合同。

【案例6-99】 曹某诉苏州智铸公司劳动争议纠纷案

一审法院认为,关于违法解除劳动合同赔偿金,首先,苏州智铸公司认为因为曹某未达到销售人员军令状的销售业绩,曹某自动离职,但曹某从未向苏州智铸公司作出过解除劳动合同的意思表示,故苏州智铸公司的该主张,一审法院不予采信。其次,曹某虽在销售人员军令状上签字,但在曹某的销售业绩达不到预期目标时,苏州智铸公司应对曹某进行培训或者调整工作岗位,仍不能胜任工作的,苏州智铸公司方可依据相关法律规定解除劳动合同。现苏州智铸公司直接以曹某销售业绩未达到目标30%为由解除双方的劳动合同,系属违法,应当向曹某支付违法解除劳动合同赔偿金。曹某向劳动争议仲裁委员会申请仲裁要求苏州智铸公司支付经济补偿,在未获支持的前提下向一审法院起诉要求支付违法解除劳动合同的赔偿金,两诉请系基于苏州智铸公司同一解除劳动合同的行为,为避免诉累,一审法院径行审理。

二审法院认为,《劳动合同法》对于劳动合同的解除及终止的情形作出了明确规定。本案中,苏州智铸公司主张曹某未达到销售人员军令状的销售

---

〔1〕 参见北京市第一中级人民法院编:《裁判方法与法律适用:案例精选(2019年卷)》,法律出版社2020年版,第196页。

业绩,曹某自动离职,但曹某从未向苏州智铸公司作出过解除劳动合同的意思表示,故苏州智铸公司的该主张,法院不予采纳。苏州智铸公司又表示双方系协商一致解除劳动合同,但是苏州智铸公司提供的证据并不能证明其事实主张,法院对苏州智铸公司的该项主张亦不予采纳。曹某虽在销售人员军令状上签字,但在曹某的销售业绩达不到预期目标时,苏州智铸公司应对曹某进行培训或者调整工作岗位,仍不能胜任工作的,苏州智铸公司方可依据相关法律规定解除劳动合同。现苏州智铸公司直接以曹某销售业绩未达到目标30%为由解除双方的劳动合同,确属违法解除,应当依法向曹某支付违法解除劳动合同赔偿金。综上所述,苏州智铸公司的上诉请求不能成立,应予驳回。〔1〕

用人单位以劳动者试用期不合格要求解除劳动合同的标准认定。用人单位以试用期间不符合录用条件或求职条件与劳动者解除劳动合同,要从以下几点进行分析:其一,明确试用期考核标准用人单位作为用工主体,应该在发布聘用信息的时候就明确录用条件、岗位、试用期间等,特别是试用期的考核标准,用人单位要解除劳动合同,就必须举证证明劳动者未达到录用条件。其二,录用条件应当与劳动合同目的一致不能设定劳动者明显不能完成或超过一般劳动者水平、违反法律规定等录用条件。其三,程序合规。试用期解除要在试用期满前告知劳动者。

7. 合同解除后再主张

《劳动争议解释(一)》第三十五条第一款规定:"劳动者与用人单位就解除或者终止劳动合同办理相关手续、支付工资报酬、加班费、补偿或赔偿金等达成的协议,不违反法律、行政法规的强制性规定,且不存在欺诈、胁迫或者乘人之危情形的,应当认定有效。"该条虽然是关于和解协议效力的规定,但从劳动合同解除处理角度讲,该条包含以下几层含义:其一,劳动合同解除时,可以就双方之间尚未结算的工资、加班费及各项补偿进行协商后一并处理。其二,如果不存在欺诈、胁迫或者乘人之危情形的,则协议就是合法、有效的,对劳动双方均具有约束力。其三,如果协议存在重大误解或者显失公平情形的,则协议有效,但劳动者有权向法院申请撤销。其四,在劳动双方协商解除劳动合同中,对其合同中列明的事项即合意结果,原则上限制劳动者重新主张权利。

实践中,协商解除劳动合同是一种最为常见的劳动合同解除方式,一般来讲,双方就劳动合同解除达成了意思一致,按照协议约定履行即可。但是现实生活中

---

〔1〕 上海市第一中级人民法院(2020)沪01民终11389号民事判决书。

解除劳动合同协议签订后产生了诸多纠纷,其主要原因:其一,双方并没有就各方的权利义务问题进行平等、友好协商,劳动者认为协议存在欺诈、胁迫、乘人之危、重大误解或者显失公平情形。其二,用人单位事先拟定好条款,并明确告知劳动者不能作出修改;或者通过限定时间节点让劳动者签字,如果劳动者签字就能得到经济利益,如果超过某个时间点可能得不到利益。因为时间紧迫,劳动者往往尚未考虑清楚就在协议上签了字,其结果劳动者一方的利益未能得到,签字后又反悔。在第一种情况下,双方解除劳动合同的法律效力存在问题,可能是无效的或者是可变更、可撤销的合同,劳动者有权诉至法院请求确认合同效力。在第二种情况下,双方解除劳动合同有效,法律不支持劳动者对已在劳动合同中列明协议内容予以变动。

【案例 6 - 100】 丁某诉雪花公司劳动合同纠纷案

判决观点,本案中,雪花公司与丁某于 2018 年 12 月 18 日就解除劳动合同、工资、社会保险费、住房公积金、年终奖等达成协议,并在协议中约定"丁某确认雪花公司已经和丁某签订了劳动合同,并且在本协议签署前完全履行了用人单位应当履行的全部支付和缴费义务,包括但不限于工资、加班费、福利费、社会保险费、住房公积金等,丁某与雪花公司之间无任何其他劳动争议或民事争议事项"兜底性条款。上述兜底性条款亦是协议的组成部分。雪花公司与丁某的协议书不违反法律、行政法规的强制性规定,且不存在欺诈、胁迫或者乘人之危之情形,应当认定有效。丁某与雪花公司签订协议属于权利自由处分行为,是利弊考量后的结果,若其再就协议中列明的劳动争议事项主张相关权利,有违诚实信用原则。故丁某要求雪花公司支付延时加班费的诉讼请求,不予支持。判决:驳回丁某的诉讼请求。[1]

主流观点认为,用人单位未按照国务院安全生产监督管理部门、卫生行政部门的规定组织从事接触职业病危害作业的劳动者进行离岗前的职业健康检查,双方协商一致解除劳动合同后,劳动者请求继续履行劳动合同的,人民法院应予支持,但有下列情形之一的除外:(1)一审法庭辩论终结前用人单位已经组织劳动者进行职业健康检查且经检查劳动者未患职业病的;(2)用人单位组织劳动者进行职业健康检查,劳动者无正当理由拒绝检查的。

---

〔1〕 参见国家法官学院、最高人民法院司法案例研究院编:《中国法院 2021 年度案例》(劳动纠纷),中国法制出版社 2021 年版,第 73 页。北京市平谷区人民法院(2019)京 0117 民初 5153 号民事判决书。

三、劳动合同终止法律适用

(一)劳动合同终止含义

劳动合同的终止,是指劳动合同的法律效力依法被消灭,亦即劳动合同所确立的劳动关系由于一定的法律事实出现而终结,劳动者与用人单位之间原有的权利和义务不复存在。[1]

劳动合同终止的事由,主要有:其一,合同期限届满。其二,约定的终止条件出现、成立。其三,合同目的实现。其四,劳动者死亡或者被宣告死亡、宣告失踪的。其五,劳动者退休、开始享受基本养老保险待遇。其六,用人单位消灭,即被宣告破产的,被吊销营业执照、责令关闭、撤销或者用人单位决定提前解散的,法律法规规定的其他情形。其七,合同解除。

《劳动合同法》第四十四条第一项规定:劳动合同期满的,劳动合同终止。上述规定系一般规定,《劳动合同法》第十四条第二款则是对劳动合同期满后用人单位负有强制缔约义务特别规定,该规定与《劳动合同法》第四十五条中有关劳动合同期满顺延的规定类似,是对合同自由的限制和国家干预,是对劳动者劳动就业权利的特殊保护。按特别规定优先适用的原则,劳动合同期满并不必然终止,即在满足应当续订无固定期限劳动合同的条件时,或者存在《劳动合同法》第四十二条规定情形时,即使先前劳动合同约定的期限已经届满,劳动合同仍应存续。

(二)劳动合同终止与解除关系

劳动合同终止与劳动合同解除都是劳动合同不再继续履行并为劳动关系消灭的两种情形,从法律后果上看,其结果都是导致用人单位和劳动者之间的法律关系归于消灭,具有一定的相同性。应注意的是,《民法典》(原《合同法》)将合同

---

〔1〕 参见徐智华:《劳动合同法研究》,北京大学出版社2011年版,第127页。

终止作为合同解除的上位概念，即合同权利义务的终止，包括合同解除等情形。但根据《劳动法》和《劳动合同法》的规定，合同的终止与劳动合同的解除属于同位概念。但一般适用中，习惯将合同解除包含在合同终止里。劳动合同终止事由包含劳动合同解除，劳动合同解除是劳动合同终止的一种情形。但劳动合同的解除与终止毕竟是两种劳动关系归于消灭的不同方式，二者在成就条件、程序、法律后果等诸多方面存在很大差异。具体区别：其一，阶段不同。劳动合同终止劳动关系的自然结束，而解除是劳动合同关系的提前结束。其二，条件不同。在劳动合同终止条件中，约定条件主要是合同期满的情形，法定条件主要是劳动者和用人单位主体资格的消灭。在劳动合同解除条件中，约定条件主要是协商一致解除合同情形，法定条件是违法违纪违规等行为。其三，预见性不同。用人单位和劳动者都可以预见到合同期满即可终止，解除劳动合同具有不确定性，一般不能预见。其四，适用不同。劳动合同终止受其双方意思自治的程度多一点，解除合同受法律约束程度较高，更多体现公权力的介入，体现对劳动者的倾斜保护。

劳动合同期满后劳动关系并非自行终止。用人单位未解除劳动合同，则劳动关系继续存在。

【案例6-101】 李某诉化州市印刷厂确认劳动关系纠纷案

二审法院认为，一审判决认定李某与化州市印刷厂至今存在劳动关系正确，法院予以确认，但根据我国《劳动合同法》第十四条的规定，双方并未符合签订无固定期限劳动合同的法定条件，双方无需补签无固定期限劳动合同，一审判决判令双方补签无固定期限劳动合同不当，依法予纠正；虽然李某与化州市印刷厂自1998年12月起一直存在劳动关系，但化州市印刷厂既未与李某解除劳动关系，又未安排李某工作，应按《广东省工资支付条例》第三十五条的规定发放生活费给李某，李某请求化州市印刷厂支付1999年3月至2013年11月的生活费的请求有法律依据。综上所述，原审判决查明事实清楚，但适用法律部分不当，法院予以纠正。判决：(1)维持一审判决第一项；(2)撤销一审判决第二、三项；(3)化州市印刷厂支付1999年3月至2013年11月的生活费70,584元给上诉人李某；(4)驳回上诉人李某的其他诉讼请求。[1]

---

〔1〕 参见国家法官学院案例开发研究中心编：《中国法院2016年度案例》(劳动纠纷)，中国法制出版社2016年版，第63页。广东省茂名市中级人民法院(2014)茂中法民一终字第214号民事判决书。

(三)劳动合同终止认定

劳动者达到退休年龄,劳动合同是否自然终止有两种不同意见。一种意见认为,劳动者达到退休年龄,无论是否开始享受基本养老保险待遇或者领取退休金,双方形成的用工关系按劳务关系处理。另一种意见认为,劳动者达到退休年龄但没有开始享受基本养老保险待遇或者领取退休金的,劳动合同不一定自然终止。一般认为,劳动者达到退休年龄,是其开始享受基本养老保险待遇的基本前提条件。对于法定退休年龄,我国虽有一般性规定,但基于不同时期的政策也有差异性规定,根据劳动者性别不同、从事工作内容不同、劳动能力状况不同及是否可以满足享受退休待遇的条件等区分不同的适龄群体。如对于农民工享受基本养老待遇的条件也有特别规定,其中劳社部发〔2001〕20 号文《关于完善城镇职工基本养老保险政策有关问题的通知》规定农民合同制女职工满 55 周岁并累计缴费年限满 15 年以上的可按规定领取基本养老金,不同于劳社部发〔1999〕8 号文《关于制止和纠正违反国家规定办理企业职工提前退休有关问题的通知》规定女工人的退休年龄为 50 周岁。故对于劳动者个人是否已达到法定退休年龄,政策性较强,应以相关行政机关的审核为准,这也是劳动合同的社会法属性所决定的。至于将《劳动合同法》第四十四条第二项规定作为劳动合同自然终止的情形,即劳动者开始依法享受基本养老保险待遇的,劳动合同终止,在实践中没有异议。从适用法的角度,《劳动合同法实施条例》第二十一条规定系对《劳动合同法》第四十四条规定的补充,法律并没有把"劳动者达到退休年龄但尚未享受基本养老保险待遇或者领取退休金"规定为自然终止劳动合同的法定情形。所以,劳动合同自然终止的情形应同时满足《劳动合同法》第四十四条规定和《劳动合同法实施条例》第二十一条规定,完整的表述:劳动者达到退休年龄后依法享受基本养老保险待遇的,劳动合同自然终止。《劳动争议解释(一)》第三十二条第一款规定,已经依法享受养老保险待遇或者领取退休金的人员发生用工争议按劳务关系处理。上述规定亦可以印证,劳动者是否开始依法享受基本养老保险待遇系划分劳动关系和劳务关系的主要依据。针对达到退休年龄劳动者与用人单位之间劳动合同终止,在法律解释上,也应遵循相同的法律精神,即以劳动者是否享受基本养老保险待遇或者领取退休金为标准。值得注意的是,上述分析仅针对劳动合同自然终止的情况,如对于与明显超过一般法定退休年龄的劳动者建立用工关系的情况等,则应另当别论。

从法律设立该项制度上讲,劳动者达到退休年龄后依法享受基本养老保险待遇后,该制度主要基于公共政策的考虑,劳动者享受基本养老保险待遇后,其基本生活得到了保障,在法律上设定劳动者资格终止的制度,不会影响其生存,同时也是对劳资双方利益的平衡,故不再将其纳入劳动法的调整范围。《劳动法》也只有禁止用人单位招用未满16周岁未成年人的规定,对达到退休年龄仍然从事劳动的人员,法律未作禁止性规定。劳动者达到退休年龄而不享受养老保险待遇,此时其基本生活尚得不到保障,仍然是以劳动收入作为主要生活来源,需要《劳动法》对其特殊保护,不宜剥夺其劳动权利,从而简单认定劳动者资格终止。故劳动者在未依法享受基本养老保险待遇的情况下,用人单位未申请确认劳动者达到退休年龄,劳动者继续在单位工作的,并不违反劳动关系成立要件的要求,从平衡保护劳资双方的合法权益出发,应视为双方继续保持劳动合同关系。

劳动者达到退休年龄只是劳动合同终止的事由,终止劳动合同需要办理相关手续,对于劳动者达到退休年龄,但未办理终止劳动合同手续的,其劳动合同关系可延续至实际办理终止劳动合同时止。换言之,未办理终止劳动合同手续的不能自然终止。

【案例6-102】 浙江兴土桥临时钢结构工程有限公司诉彭某明确认劳动关系纠纷案

判决观点,彭某明与浙江兴土桥临时钢结构工程有限公司(以下简称兴土公司)虽无签订劳动合同,但彭某明在兴土公司管理和安排下工作,兴土公司按月向彭某明支付了劳动报酬,据此可以认定双方存在事实劳动关系;2016年10月8日彭某明达到法定退休年龄后双方劳动关系仍然延续,并无实际终止。首先,《劳动法》并未对达到退休年龄仍然从事劳动的人员作出禁止性规定。其次,《劳动合同法》第四十四条规定……根据上述规定,可见依法享受基本养老保险待遇或领取退休金是认定劳动合同终止或劳动者与用人单位之间形成劳务关系的前提。本案中,虽然彭某明自认其在老家有参加新农合养老保险并已开始领取养老金,但是新农合养老保险属于地方政府政策性补贴,不同于国家法律规定的社会养老保险,故不宜按照上述法律和司法解释的规定确认劳动合同终止或认定为劳务关系。最后,《劳动合同法实施条例》第二十一条规定:"劳动者达到法定退休年龄的,劳动合同终止。"该条例应理解为达到法定退休年龄是劳动合同终止的事由,即通常情况下,自然人建立劳动关系的能力资格始于用工年龄,终于退休年龄,故自然人在退休年龄之后的就业,不应认定为劳动关系;但鉴于劳动者达到退休年龄只是劳动合同终止的事由,终止劳动合同需要办理相关手续,对于劳动者达到退休年龄,但未办理终止劳动合同手续的,其劳动关系可延续至实际办理终止劳动合同时止。本案中,彭某明达到退休年龄后,兴土公司并未办理终止劳动合同手续,双方劳动关系尚未实际终止。判决:(1)驳回兴土公司的诉讼请求;(2)彭某明与兴土公司之间存在事实劳动关系。[1]

涉嫌犯罪的劳动者劳动合同终止问题。涉嫌刑事犯罪,是指劳动者有刑事犯罪的可能性,而有公安司法机关立案侦查的情形。可能出现被判有罪和无罪两种结果,所以,对于涉嫌刑事犯罪的劳动者,用人单位不能解除和终止合同,只能暂时停止劳动合同的履行。劳动合同暂停履行,主要是指在劳动合同履行过程中,出现法定或者约定的情况导致劳动合同不能继续履行,但是劳动关系仍继续保持状态。暂停履行合同,产生的具体后果现行法律未予明确。劳动者涉嫌犯罪应为法定的情况,不管是拘留还是采取取保候审都属于强制措施,在这种情况下,暂停履行劳动合同系客观原因导致,在可解除劳动合同情况出现之前,若劳动者无法提供劳动,一般可由用人单位支付劳动者基本生活费。

【案例6－103】 网络科技公司诉李某劳动争议纠纷案

一审法院认为,网络科技公司主张李某于2017年5月19日离开单位,无法联系上李某,2017年6月19日双方劳动合同到期终止,但其并未向李某发出通知,也并未举证联系过李某,故对网络科技公司关于劳动合同关系于2017年6月19日到期终止之主张不予采信。根据《释放证明书》、(2018)粤0902刑初421号刑事判决书,且双方均认可的网络科技公司原法定代表人杜某与李某确曾因"侵犯著作权案"被刑事拘留且最终无罪释放,对李某主张其自2017年5月20日起不再工作的原因及事由予以采信,确认双方于2017年7月20日至2018年4月20日存在劳动关系,双方劳动关系于2018年4月30日解除,网络科技公司应支付李某的基本生活费。判决:(1)确认网络科技公司与李某2017年7月20日至2018年4月20日存在劳动关系;(2)网络科技公司支付李某基本生活费26,941.37元;(3)驳回网络科技公司的诉讼请求。二审法院裁定:准许网络科技公司撤回上诉。[2]

双方约定劳动者提前30日通知用人单位是否续签劳动合同,若劳动者不履行告知义务将视为终止劳动合同。但是劳动者不履行是否续签劳动合同的义务的后果在于终止既存的劳动合同,而事实上该既存的劳动合同将因期限届满而终止,并不以劳动者是否履行续签劳动合同的告知义务而改变。若劳动者实际上未履行是否续签劳动合同的告知义务,据此约定条款也无法推导出劳动者必然拒绝签订新的劳动合同。

---

〔1〕 参见国家法官学院案例开发研究中心编:《中国法院2019年度案例》(劳动纠纷),中国法制出版社2019年版,第96页。福建省福清市人民法院(2017)闽0181民初6699号民事判决书。

〔2〕 参见国家法官学院、最高人民法院司法案例研究院编:《中国法院2022年度案例》(劳动纠纷),中国法制出版社2022年版,第67～68页。北京市第三中级人民法院(2020)京03民终9658号民事裁定书。

【案例6－104】 安克建设(北京)有限公司诉林某雄劳动争议纠纷案

二审法院认为,虽双方存在上述劳动合同书第二十四条约定,但从文义解释角度分析,林某雄不履行是否续签劳动合同告知义务的后果是终止既存的劳动合同,而该劳动合同将因期限届满而终止,并不以林某雄是否履行续签劳动合同告知义务而改变。此外,双方虽约定林某雄承担劳动合同到期前是否续签的告知义务,但参照《北京市劳动合同规定》第四十条规定,双方约定不当然免除安克建设(北京)有限公司(以下简称安克建设公司)作为用人单位在劳动合同期限届满前,提前30日通知林某雄的告知义务,即公司和林某雄均应履行各自的告知义务。双方连续订立两次固定期限劳动合同,在无证据证明林某雄存在《劳动合同法》第三十九条或第四十条第一项、第二项规定的情形下,该公司应善意推定林某雄符合签订无固定期限劳动合同的条件,但公司在双方签订第二次劳动合同期限届满前未能征询林某雄意见就直接向林某雄作出《终止劳动合同通知书》,并要求办理离职手续,其公司未能履行告知和协商义务。林某雄在终止劳动合同通知后的合理期限内多次与安克建设公司商谈继续工作,表明林某雄具有要求与该公司续订劳动合同的意思表示,此种情况下除非明确提出订立固定期限劳动合同,该公司应当与林某雄订立无固定期限劳动合同。而事实上该公司并未提供与林某雄续订劳动合同的协商机会,剥夺了林某雄的权利,故原审法院根据林某雄的诉请判令安克建设公司支付林某雄违法终止劳动合同赔偿金正确,且数额并不高于法定标准,予以维持。双方对原审判决的其他内容未上诉,法院亦不持异议。判决:驳回上诉,维持原判。[1]

劳动者自行离开工作岗位,未向单位提供劳动,单位也未发放工资,不应简单地认定劳动关系终止,解除和劳动者被开除、除名,应根据案件具体情况确定劳动关系是否存续。

【案例6－105】 余某诉安徽省岳西县电影发行放映公司劳动争议纠纷案

一审法院认为,原告、被告之间虽未订立书面劳动合同,但原告从1989年起一直在被告下属电影管理站工作,已形成事实劳动关系。2003年年底,原告受伤后身体不能胜任原承担的电影放映工作,原告没有证据证明其主动请求被告调整工作岗位而被告不予调整,被告也没有证据证明其主动为原告调整工作岗位而原告不服从调整。此后原告脱离工作岗位回家,没有为被告提供劳动,被告也未发放原告工资或生活费。被告没有证据证明原告向被告

〔1〕 参见国家法官学院案例开发研究中心编:《中国法院2015年度案例》(劳动纠纷),中国法制出版社2015年版,第86页。北京市第二中级人民法院(2013)二中民终字第17274号民事判决书。

申请辞职或申请解除劳动关系，也没有证据证明被告作出了解除劳动关系的决定或作出了对原告予以除名的处理决定。因此，应当认定双方的劳动关系一直持续存在至2016年8月达到法定退休年龄时止，其间没有解除或终止，但劳动关系处于中止履行状态。故原告请求确认双方之间存在劳动关系的主张应予支持，但2004年之后该劳动关系中止，至原告退休年龄届止，双方劳动关系终止。

原告要求被告支付生活费（自2004年1月起至2016年9月止，按岳西县最低工资标准计算）84,770元，因2004年后双方劳动关系处于中止状态，原告没有为被告提供劳动，也不是被告安排其待岗，而是自行脱岗，所以该项请求缺乏事实依据，不应支持。

用人单位为劳动者办理养老保险缴纳养老保险费用是其法定义务，故被告从1996年1月该县养老保险开始统筹起至2003年年底原告在被告实际工作期间，应当为原告办理并缴纳养老保险。2004年后，双方劳动关系中止，被告的该义务也相应中止。因原告现已超过法定退休年龄，无法补办和补缴养老保险，故被告应对原告2016年8月退休后应当享受的养老保险待遇承担相应赔偿责任。原告的该项请求，原则上可予支持。具体数额可参照当地养老金标准，考虑被告负有缴费义务的期间时间长、原告在劳动关系中止期间可以自行缴费的期间时长，以及用人单位养老保险缴费比例（20/28）、劳动者个人养老保险比例（8/20），我国人口平均寿命，劳动者故去时的丧葬费、供养亲属抚恤金待遇等因素，酌情确定为7万元。

本案中，劳动关系一直存续，并未解除或终止，只是2004年后处于中止状态，直至原告达到退休年龄的2016年。而在2014年被告开始改制时起，原告即不断通过申请仲裁、起诉、信访等手段维权，应当认定原告的诉求并未超过仲裁时效。判决：（1）原告与被告自1989年12月起存在劳动关系，至2016年8月原告达到法定退休年龄时该劳动关系终止，其中于2004年1月后该劳动关系处于中止履行状态。（2）被告一次性赔偿原告养老保险待遇损失7万元。（3）驳回原告的其他诉讼请求。[1]

劳动者与用人单位签订停薪留职协议系真实意思表示，且不违反法律法规强制性规定的，应属合法有效。停薪留职期满后，双方未再续签协议，处于"互不找"的状态长达多年，其劳动人事关系基础已不复存在多年，且劳动者未申请回单位工作无合理事由，若再给予其正常工作人员享有的待遇，则对用人单位明显不公，影响单位正常工作秩序。故应认定双方劳动人事关系实际已经终止多年。

---

〔1〕 参见《人民司法·案例》2021年第20期（总第931期）。安徽省岳西县人民法院（2019）皖0828民初1002号民事判决书。

【案例6－106】 中国航空工业空气动力研究院与李某臣人事争议纠纷再审案

最高人民法院认为，关于李某臣与中国航空工业空气动力研究院（以下简称航空研究院）之间的劳动人事关系问题。本案系劳动人事争议，属于人民法院受理范围，可参照《劳动法》的有关规定。首先，双方签订停薪留职协议系真实意思表示，不违反法律法规的强制性规定，是合法有效的。原审查明，双方先后于1987年、1988年、1993年签订三份停薪留职协议，对停薪留职期间缴纳管理费及双方权利义务、违约责任等均作了约定。前两份停薪留职协议双方均认可履行完毕。其次，李某臣未按约缴纳管理费，对"自动离职"的处理决定存有过错。双方于1993年6月25日签订的第三份停薪留职协议约定，李某臣于每年6月底前向航空研究院缴纳2147.52元管理费，逾期一个月不交齐，视为自动离职。签订第三份协议后，李某臣至今仍未缴纳管理费，其知道或应当知道不缴纳管理费的违约责任及后果。再次，双方处于"互不找"的状态长达16年，其劳动人事关系基础已不复存在多年。第三份停薪留职协议约定期限为1993年1月1日至1994年12月31日。一方面，李某臣在停薪留职期满后仍未补缴管理费也未申请回单位或申请延期并续签停薪留职协议，更未提出领取工资等人事关系方面的主张；另一方面，航空研究院主张在单位公示栏张贴了对李某臣按自动离职的处理决定。最后，原审判决双方当事人人事关系存续有违公平原则。双方在签订第三份停薪留职协议后未再续签，李某臣未申请回单位工作也无合理事由，若再给予其正常工作人员享有的工资、奖金、医疗、职工福利补助等待遇，则对航空研究院明显不公，影响单位正常工作秩序。故双方当事人的人事关系实际已经终止多年。[1]

最高人民法院认为，劳动者与用人单位在以前历次签订的固定期限劳动合同到期后，因劳动合同期限之外的内容未达成一致而导致劳动关系终止，用人单位不属于违法终止劳动合同。[2]

最高人民法院认为，"因解除或者终止劳动关系所产生的争议，用人单位不能证明或者受到解除或者终止劳动关系书面通知时间的，劳动者主张权利之日为劳动争议发生之日"，该规定适用的前提是劳动关系存续期间发生的解除或终止，在双方劳动关系不复存在多年的情况下，劳动争议发生之日的确定不应适用上述条款。[3]

主流观点认为，用人单位违法解除或者终止劳动合同后，有下列情形之一的，可以认定为《劳动合同法》第四十八条规定的"劳动合同已经不能继续履行"：

---

〔1〕 最高人民法院(2019)民再126号民事判决书。

〔2〕 最高人民法院(2016)民再187号民事判决书。

〔3〕 最高人民法院(2019)民再126号民事判决书。

(1)劳动合同在仲裁或者诉讼过程中期满且不存在应当依法续签、续延劳动合同情形的;(2)劳动者达到法定退休年龄的;(3)劳动者开始依法享受基本养老保险待遇的;(4)用人单位被宣告破产的;(5)用人单位解散的,但因合并或者分立需要解散的除外;(6)劳动者已经与其他用人单位建立劳动关系,对完成用人单位的工作任务造成严重影响,或者经用人单位提出,拒不与其他用人单位解除劳动合同的;(7)存在劳动合同客观不能履行的其他情形的。

(四)劳动合同终止处理

用人单位终止从事接触职业病危害的劳动者,其劳动合同应当续延至相应的情形消失时终止。

【案例 6－107】　吴某诉江苏省明天农牧科技有限公司经济补偿金纠纷案

二审法院认为,本案争议焦点为江苏省明天农牧科技有限公司(以下简称农牧科技公司)与吴某终止劳动合同是否合法。本案中,农牧科技公司主张吴某 2014 年 4 月即在江苏省人民医院确诊为布鲁氏菌病,但因江苏省人民医院不属于经卫生行政部门批准的职业病诊断机构,该医院也未对吴某是否属于职业病病人作出诊断,故对农牧科技公司的该项主张不予采信。吴某在一审提交了南京市职业病防治院出具的 2018 年 1 月 4 日职业病诊断延期通知书及 2018 年 1 月 17 日职业病诊断证明书,能够证明南京市职业病防治院于 2017 年 5 月 3 日接受吴某的职业病诊断申请,在农牧科技公司于 2017 年 10 月 31 日与吴某终止劳动关系时,吴某作为疑似职业病病人仍处于诊断期间。农牧科技公司另主张其已安排吴某于 2017 年 10 月 23 日至江苏省人民医院进行离职前职业健康检查,但其一审提交的体检报告不能体现出该体检系职业健康检查,对其该项主张亦不予采信。根据《劳动合同法》第四十二条第一项及第四十五条规定,从事接触职业病危害作业的劳动者未进行离岗前职业健康检查,或者疑似职业病人在诊断或者医学观察期间的,劳动合同期满,劳动合同应当续延至相应的情形消失时终止。农牧科技公司于 2017 年 10 月 31 日与吴某终止劳动合同的行为,违反上述法律规定,应当依法向吴某支付违法终止合同的赔偿金 35,840 元。综上,农牧科技公司上诉请求不能成立,应予驳回;一审判决认定事实清楚,适用法律正确。[1]

---

〔1〕 参见国家法官学院、最高人民法院司法案例研究院编:《中国法院 2020 年度案例》(劳动纠纷),中国法制出版社 2020 年版,第 112～113 页。江苏省南京市中级人民法院(2018)苏 01 民终 4457 号民事判决书。

劳动者患病的,劳动合同应当延续至医疗期满时终止。

患有癌症、精神病难以治疗的特殊疾病的劳动者,应当享受24个月的医疗期。医疗期内劳动合同期满,劳动合同应当延续至医疗期满时终止。

【案例6-108】 梁某某诉南京乐府餐厅管理有限公司劳动争议纠纷案

二审法院认为,关于医疗期问题。原审法院根据梁某某的病情,认定病情严重,属特殊疾病,应当享受24个月的医疗期,符合劳部发〔1995〕236号《关于贯彻〈企业职工患病或非因工负伤医疗期规定〉的通知》的内容。梁某某患病在规定的医疗期内,劳动合同的期限应自动延续至医疗期届满为止。南京乐府餐厅管理有限公司于2011年3月7日通知梁某某劳动合同终止,违反《劳动合同法》第四十五条的规定。[1]

劳动合同期满时用人单位终止劳动关系,劳动者才提起工伤认定,不存在劳动合同期限的顺延问题。换言之,工伤认定出具与否并非劳动合同顺延的法定情形。

【案例6-109】 杭某某诉阖盛商务咨询服务有限公司劳动争议纠纷案

二审法院认为,第一,根据查明的事实,杭某某是2010年9月1日正常上班的,整个月都出满勤,工作和之前一样。这说明当时工伤造成的伤害已经治愈,对杭某某停工留薪期已经届满,且杭某某二审庭审中陈述,伤残鉴定之所以2011年9月才出来,是由于杭某某回老家了。如果工伤认定及伤残鉴定的业务是由于劳动者的原因或者鉴定机构的原因造成的,也要由用人单位对劳动者承担《劳动法》上的义务,显然对于用人单位而言是极不公平的。因此,二审法院采纳阖盛商务咨询服务有限公司(以下简称阖盛公司)要求不予恢复劳动关系的主张。第二,关于杭某某要求阖盛公司支付2011年1月1日至9月26日工资的诉求,鉴于阖盛公司是在劳动合同到期后依法终止双方劳动关系的,杭某某主张上述期间的工资缺乏依据,二审法院不予支持。第三,关于2010年5月至8月工资的争议,杭某某主张1440元系双薪及红包,没有提供相应的证据予以证明,而该笔的钱款系杭某某在交通事故后到单位正常上班时阖盛公司所支付,故一审法院采纳阖盛公司的意见,并无不妥。杭某某要求不予归还公司2010年5月至8月病假工资4320元的上诉请求,二审法院不予支持。判决:(1)维持一审判决第一、三、四、五项主文;(2)撤销一审判决第二项主文;(3)杭某某、阖盛公司劳动关系不予恢复。[2]

对在工作期间患职业病的劳动者,因用人单位不作为而导致其为维持生活而

---

〔1〕 参见《最高人民法院公报》2013年第6期。

〔2〕 参见邹碧华主编:《2014年上海法院案例精选》,上海人民出版社2014年版,第74页。

致他处工作的,应视为其为维持基本生存权而为的自救行为。这种情况不应作为阻断双方恢复劳动关系的合理事由。换言之,职业病患者为在申请职业病认定期间短暂就业,不能阻断劳动关系的恢复。

【案例6－110】　陆某某诉上海宝嵘轧钢作业服务有限公司劳动争议纠纷案

二审法院认为,陆某某在上海宝嵘轧钢作业服务有限公司(以下简称宝嵘公司)从事涂漆工作,属于接触职业病危害作业的劳动者。宝嵘公司未对陆某某进行定期检查、未配合陆某某进行职业病检查并提供必要的协助,也未作离岗前检查即终止劳动合同,属违法终止劳动合同。陆某某经鉴定为工伤六级伤残,按照《工伤保险条例》明确规定应当保留与用人单位的劳动关系,由用人单位安排适当工作。宝嵘公司主张其与陆某某的合同可以到期终止缺乏依据。至于宝嵘公司主张陆某某签收了合同到期终止通知书以及收取了经济补偿金,对此,二审法院认为,陆某某提供的证据显示,其并不认可宝嵘公司终止合同的行为。陆某某签收退工单的行为并不能改变该终止劳动合同的行为违法的性质,陆某某要求恢复劳动合同理由正当。鉴于陆某某终止劳动合同后一直在申请职业病认定、工伤认定,在相关结论出来后请求宝嵘公司恢复劳动关系又遭拒绝,在此情况下虽有两段短暂时间在他处工作,确为生活所计,不能将此认定为阻断双方劳动关系恢复的合法理由。陆某某经鉴定为六级伤残,根据法律规定,用人单位不得与其解除、终止劳动合同,故对陆某某要求恢复劳动关系的请求,予以支持。在2014年1月1日至双方恢复劳动关系期间,宝嵘公司未安排工作,根据《工伤保险条例》规定,应支付陆某某伤残津贴补贴至判决生效之日的工资。此后,宝嵘公司应安排陆某某适当工作,不能安排工作的,仍应按《工伤保险条例》的规定继续支付陆某某伤残津贴。陆某某表示不再向宝嵘公司主张其在外短暂工作期间的工资于法无悖,予以准许。陆某某另同意在本判决履行过程中宝嵘公司给付的款项抵扣已拿到的经济补偿金,亦无不可。陆某某的其他上诉请求,一审法院未予支持,并无不当。判决:维持一审法院关于"宝嵘公司支付陆某某2011年1月1日至2012年12月31日的工资差额16,983.48元、就医交通费2000元、2011年1月1日至2013年12月31日医疗费107,774.58元、2011年1月1日至2013年12月31日住院期间伙食费4720元、劳动能力鉴定费700元"的判决;改判宝嵘公司于2014年1月1日起与陆某某恢复劳动关系,并支付陆某某2014年1月1日起至本判决生效之日的工资79,047.7元,对陆某某的其他上诉请求不予支持。[1]

---

〔1〕　参见陈昶主编:《2019年上海法院案例精选》,上海人民出版社2021年版,第94～95页。

劳动关系终止的原因是判决用人单位是否支付终止劳动合同经济补偿金的重要因素。

【案例6－111】 许某诉盛世长城国际广告有限公司劳动争议纠纷案

二审法院认为，《北京市劳动合同规定》第四十条规定，劳动合同期限届满前，用人单位应当提前30日将终止或者续订劳动合同意向以书面形式通知劳动者，经协商办理终止或者续订劳动合同手续。第四十七条规定，用人单位违反本规定第四十条规定，终止劳动合同期限劳动合同未提前30日通知劳动者的，以劳动者上月日平均工资为标准每延迟1日支付劳动者1日工资赔偿金。盛世长城国际广告有限公司（以下简称盛世长城公司）与许某签订的最后一份劳动合同于2012年6月30日到期，盛世长城公司未提前30日将终止劳动合同意向以书面形式通知许某，应依上述规定向许某支付赔偿金。经法院核算，原审判决第三项认定的延迟通知终止劳动合同赔偿金的数额不低于法律规定，许某上诉请求盛世长城公司支付未提前1个月通知终止劳动合同赔偿金12,025元，其中超过原审判决数额的过高部分，缺乏依据，法院不予支持。……许某主张为盛世长城公司提供劳动至2012年7月20日，盛世长城公司不予认可并主张许某工作至2012年6月30日，但盛世长城公司作为用人单位未能提交许某离职交接的相关证据，应承担不利后果。许某离职前的月平均工资标准为11,025元，原审法院据此核算盛世长城公司应支付许某2012年7月1日至7月20日的工资7603.45元，并无不当。许某上诉请求盛世长城公司支付2012年7月1日至7月20日的工资8293元，其中超出原审判决数额的过高部分，缺乏依据，法院不予支持。许某上诉请求盛世长城公司支付2012年7月1日至7月20日工资的25%经济补偿金，依据不足，法院不予支持。盛世长城公司于2012年6月20日出具的《劳动合同终止通知书》明确载明许某未休年假剩余天数为8.5天，许某在仲裁期间自认为已休1天年休假还有7.5天未休。经法院核算，原审判决第二项认定的未休年休假工资数额不低于法律规定，许某上诉请求盛世长城公司支付未休年休假工资12,439.66元，其中超出原审判决数额的过高部分，缺乏依据，法院不予支持。许某上诉请求盛世长城公司支付未休10天婚假工资，缺乏法律依据，法院不予支持。盛世长城公司于2012年6月20日向许某发出《劳动合同终止通知书》，许某收到该份通知书后予以签收，根据许某签收《劳动合同终止通知书》时所注明的内容及其在庭审中的陈述，可以确认同意终止双方的劳动合同，而并无续签劳动合同的意思表示，双方在2012年6月20日已就到期终止劳动合同达成了一致意思表示，故应认定双方签订的终止日期为2012年6月30日的固定期限劳动合同因盛世长城公司提出终止而终止。盛世长城公司于2012年6月29日以口头方式向许某提出维持原待遇续签劳动合同并向许某邮寄《续签通知书》的行为系在向许某发出《劳动合同终止通知书》之后作出，但不应据此认定该情况属于《劳动合同法》第四十六条第五项规定的“用人单位维持劳动合同约定条件续订劳动合同，劳动者不同意续订”的情形，原审法院的认定有误，法院予以纠正。盛世长城公司与许某未就劳动合同终止的经济补偿事宜达成一致意见，盛世长城公司按法院标准支付许某终止劳动合同经济补偿金，具体数额法院依法定标准核算。判决：(1)维持一审判决第一、二、三项。(2)撤销一审判决第四项。(3)盛世长城公司支付许某终止劳动合同经济补偿金59,718.75元。(4)驳回许某的其他诉讼请求。[1]

劳动者在担任工会主席期间，用人单位通知其劳动合同到期终止的，属于违法解除劳动合同。

分公司注销，不属于法定终止劳动合同情形。

【案例6－112】 邵某诉普惠公司劳动争议纠纷案

一审法院认为，普惠公司、邵某均确认承德分公司于2020年9月18日注销。结合劳动合同终止函中，法院认定邵某与承德分公司之间劳动关系因承德分公司注销而终止。邵某主张分公司不属于用人单位，普惠公司明知邵某正处在妊娠期，以分公司注销为由终止双方的劳动关系，系违法终止劳动关系，应当向邵某支付赔偿金，但邵某系与承德分公司存在劳动关系，承德分公司注销系双方劳动关系终止的法定情形，故邵某该项意见于法无据，对此亦不予采信。关于邵某主张法院受理本案即认可普惠公司为用人单位，否则即无管辖权的意见，因邵某起诉的系普惠公司，普惠公司作为总公司对分公司注销后的债务承担给付责任并不等同于其与邵某之间存在劳动关系，故对邵某该项意见不予采信。邵某主张承德分公司违法解除劳动合同依据不足。根据《劳动合同法》第四十六条，承德分公司应支付邵某劳动合同终止经济补偿。承德分公司注销后，普惠公司作为总公司，同意对承德分公司所欠付费用承担责任，法院不持异议。关于离职前12个月平均工资，普惠公司提交的工资表，邵某予以认可，邵某主张按照2019年7月至2020年6月计算平均工资，依据不足。普惠公司应支付邵某经济补偿25,213.5元(3879元×6.5)。判决：普惠公司支付邵某劳动合同终止经济补偿25,213.5元。二审法院判决：驳回上诉，维持原判。[2]

---

〔1〕 参见国家法官学院案例开发研究中心编：《中国法院2015年度案例》(劳动纠纷)，中国法制出版社2015年版，第134～136页。北京市第二中级人民法院(2013)二中民终字第09862号民事判决书。

〔2〕 北京市第三中级人民级人民法院(2021)京03民终13848号民事判决书。

司法实践中，长期“两不找”劳动争议，往往有一定的特殊历史原因。在企业改制过程中，有些用人单位长期不给劳动者安排工作、发放工资。劳动者也长期未向用人单位提供劳动，处于“互不找”的状态长达多年，其劳动人事关系基础实际上已不复存在，双方不享有和承担劳动法上的权利义务。

【案例6-113】 田某某与煤层气公司劳动争议纠纷再审案

最高人民法院认为，田某某与煤层气公司未签订劳动合同，双方均认可自2013年5月起建立事实劳动关系且田某某提供劳动至2014年7月。田某某称2014年8月后煤层气公司委派其到煤层气公司郑禹分公司协助开展选煤加工业务至2015年7月，但其提供的蒋某出具的证明系证人证言，蒋某未出庭作证，真实性无法核实，《煤炭洗选加工投资协议》并无煤层气公司委派其履行该合同的内容，不能证明其主张的受煤气层公司派遣至煤层气公司郑禹分公司工作的事实。劳动者提供劳动属于事实劳动关系的基本构成要件，原审法院认为田某某未举证证明其于2014年8月后提供劳动，从而认定其提供劳动至2014年7月，后双方形成“长期两不找”的事实，自2014年8月起双方劳动关系处于中止履行状态，并无不当。由于此后双方不具有劳动法意义上的权利义务关系，田某某申请再审认为2019年煤层气公司单方解除劳动合同，应当支付经济赔偿金，及煤层气公司应赔偿其2018年生病住院未能取得医保报销的损失，缺乏依据，判决驳回田某的再审申请。[1]

视为订立无固定期限劳动合同后再签订固定期限劳动合同，用人单位不得以合同期满为由单方终止劳动合同。

【案例6-114】 钱某诉设备公司劳动争议纠纷案

二审法院认为，劳动合同期满以后，除钱某拒绝签订劳动合同或者要求签订固定期限劳动合同外，设备公司应当与钱某订立无固定期限劳动合同。本案中，钱某在劳动合同期满后继续在设备公司工作，但是设备公司于2020年1月14日单方通知钱某等候通知上班，并正式办理了退工备案手续，该行为不符合法律规定用人单位可以提出终止或解除劳动合同的情形，故属于违法解除劳动合同，应当支付经济赔偿金。判决：(1)撤销一审判决；(2)设备公司支付钱某经济赔偿金38,397.3元；(3)驳回钱某的其他诉讼请求。[2]

---

〔1〕 最高人民法院(2021)民申3939号民事裁定书。

〔2〕 参见国家法官学院、最高人民法院司法案例研究院编：《中国法院2023年度案例》(劳动纠纷)，中国法制出版社2023年版，第84~85页。江苏省无锡市中级人民法院(2021)苏02民终4352号民事判决书。

专题七 劳动合同报酬补偿纠纷

劳动者的工资和补偿一直是司法实践中的多发纠纷，在劳动争议案件的处理中，工资的认定是最核心、最关键的问题，涉及工伤待遇、经济补偿金、年休假工资等数额的计算，本专题就劳动者的工资和补偿涉及的相关问题展开阐述。

一、劳动报酬补偿理解

(一)劳动报酬补偿含义

这里讲的报酬就是劳动者的工资,而补偿是对未取得劳动对价而应对劳动者的补偿。《劳动部关于贯彻执行〈中华人民共和国劳动法〉若干问题的意见》第十三条规定:《劳动法》中的“工资”是指用单人依据国家规定或劳动合同的约定,以货币形式直接支付给概念及范围,工资定义是“劳动报酬”是劳动者提供劳动所获得的直接收入,是由劳动者全额支配的净收入。

经济补偿金从性质上看是《劳动法》上一项极具特色的制度,它体现的是《劳动法》对劳动者倾斜保护的原则和目的,带有一定的伦理色彩。[1]

关于工资的性质。一般认为,工资是劳动者和用人单位之间的连接件,劳动者和用人单位共同形成一个系统,就是传统的劳方与资方,两者之间因此形成了互相的权利义务关系,劳动者通过提供劳动为用人单位的生产经营作出自己的贡献,而用人单位为劳动者提供劳动保护、劳动报酬和社会保险作为劳动者付出的对价。因此,劳动者的收入为劳动报酬,是一个确定不容曲解的定义,很能体现出工资的本质之一,即劳动的对价性。工资不仅是劳动者个人的事情,也体现为工资具有一定的社会性,即作为社会管理的一个重要内容,所以在确定工资水平的时候,在国家层面也要考虑工资的社会效应,对于用人单位而言,也要承担一定的社会责任。如在《劳动法》中的“工资”一章,就有这样的规定,工资水平在经济发展的基础上逐步提高。用人单位根据本单位的生产经营特点和经济效益,依法自主确定本单位的工资分配方式和工资水平。用人单位支付劳动者的工资不得低于当地最低工资标准。而确定和调整最低工资标准应当综合参考下列因素:(1)劳动者本人及平均赡养人口的最低生活费用;(2)社会平均工资水平;(3)劳动生产率;(4)就业状况;(5)地区之间经济发展水平的差异。从逻辑上讲,既然确定调整最低工资标准要综合参考诸多因素,这应该是一个最基本的要求,由此推延,用人单位在确定本单位的工资水平时,至少也需要考虑这些因素。从工资

---

〔1〕 参见最高人民法院民事审判第一庭编:《民事审判实务问答》,法律出版社 2021 年版,第 207 页。

的社会性来看,工资除了交换的对价性外,还具有社会意义的身份性特征,具体体现为最低工资制度以及劳动者在法定休假日和婚丧假期间以及依法参加社会活动期间,用人单位应当依法支付的工资。而正是基于工资的身份性特征,才使得当用人单位不承担社会责任的时候,对用人单位的惩罚性才具有社会价值的引导意义。全面准确理解把握工资性质,方是处理此类纠纷的基础要求,对此应有清醒的认识。

根据工资的内涵和外延,依据不同的分类标准工资可以分为应得工资、实得工资;也可以分为离职前的月平均工资、工伤前的月平均工资、正常工作时间工资、月缴费工资等。

离职前的月平均工资,也称为劳动合同解除或终止前的月平均工资,是指劳动合同解除或终止前12个月的平均工资。依照《劳动合同法》第四十七条第三款规定,计算经济补偿的月工资是指劳动者在劳动合同解除或终止前12个月的平均工资,即离职前的月平均工资,是指月平均应得工资。根据《劳动合同法实施条例》第二十七条规定:“劳动合同法第四十七条规定的经济补偿的月工资按照劳动者应得工资计算,包括计时工资或者计件工资以及奖金、津贴和补贴等货币性收入。劳动者在劳动合同解除或者终止前12个月的平均工资低于当地最低工资标准的,按照当地最低工资标准计算。劳动者工作不满12个月的,按照实际工作的月数计算平均工资。”根据《国家统计局关于工资总额组成的规定》第三条规定:“工资总额是指各单位在一定时期内直接支付给本单位全部职工的劳动报酬总额。工资总额的计算应以直接支付给职工的全部劳动报酬为根据。”第四条规定:“工资总额由下列六个部分组成:1.计时工资;2.计件工资;3.奖金;4.津贴和补贴;5.加班加点工资;6.特殊情况下支付的工资。”关于劳动者在劳动合同解除或终止前12个月平均工资的计算标准,主流观点认为,应指劳动者前12个月所有收入的平均值,包括基本工资、生活补贴、津贴、奖金、加班费等各项收入。

工伤前的月平均工资,是指劳动者发生工伤事故前12个月的月平均应得工资。

正常工作时间工资,是指劳动者在法定工作时间内提供正常劳动所获得的工资报酬。依照《工伤保险条例》第三十三条第一款规定,劳动者停工留薪期内,原工资福利待遇不变,是指发生工伤事故前正常工作时间的工资待遇,不包括加班费。

企业有权根据职工的劳动技术、劳动强度、劳动责任、劳动条件和实际工作贡献决定工资、奖金的分配档次。企业可以实行技能工资制度或者其他适合本企业特点的工资制度,选择适合本企业的具体分配方式。

应引起注意的是,《劳动合同法》第八十二条说的是工资和第八十五条说的是劳动报酬、加班费或者经济补偿,二者规定的细微差别。第八十二条是关于未签劳动合同需支付二倍工资的规定,是在法律责任的章节,这部分显然是对用人单位不履行第二章劳动合同订立义务的惩罚措施;两者是相互呼应的。即先规定了用人单位在实际用人后的一个月内,有同劳动者签订劳动合同的义务;接下来在规定对不履行义务的用人单位,用具体违法行为明确规定要承担的法律责任——从第二个月起到满一年内,额外支付一倍的工资,作为不履行法定义务的代价。退一步讲,这部分即使作为工资,也是劳动者不劳而获的收入,因为劳动者没有提供相应的劳动而不具有对价性,类似于民法中的不当得利,但因为国家的强制性规定,而赋予了其具有了相应的合法性。而第八十五条的规定,虽然也规定了用人单位的法律责任,但却没有笼统地写为工资,而是明确区分了劳动报酬、加班费或者经济补偿,以及与最低标准工资之间的差额。从常理上讲基于法律条文的严谨性,不会无端地采用不同的名词,而且在同一部法律中,同一个名词应该具有同样的内涵。因此,通过第八十五条可以明确,劳动报酬、加班费或者经济补偿是劳动者的法定收入,所以当用人单位不履行按时支付义务的时候,劳动行政部门可以责令限期支付,以确保劳动者的正常生活;《劳动法》第五十条则规定了用人单位的法定义务:工资应当以货币形式按月支付给劳动者本人。不得克扣或者无故拖欠劳动者的工资。从一定意义上讲,第八十五条的规定范围大于第八十二条的规定,这主要是对用人单位承担法律责任而言,而不是工资和劳动报酬在法律上的根本区别。

(二)劳动工资报酬范围

《劳动合同法》规定的劳动报酬范围,在实践中的理解并不一致。

《国家统计局关于工资总额组成的规定》第三条规定,工资总额是指各单位在一定时期内直接支付给本单位全部职工的劳动报酬总额。工资总额的计算应以直接支付给职工的全部劳动报酬为根据。在讨论工资总额的问题时,应把握工资总额是一个特定的概念,它是特指用人单位支付给本单位全部职工的劳动报酬总额,与劳动者个人工资总额是有差别的。相较于劳动者个人而言,劳动者实际获得的劳动报酬才是其个人的工资总额。《国家统计局关于工资总额组成的规定》第十一条规定,劳动保护的各项支出不列入工资总额的范围。该条规定是针对用人单位而言,意思是说用人单位购买工作服、解毒剂、清凉饮料等用于劳动保护的支出不列入工资总额的范围,但并不意味发放给劳动者的此方面的费用就不计入劳动者个人的工资总额。因此,即使将高温津贴理解为用人单位劳动保护方面的支出,也不意味着能够将其排除在劳动者个人工资总额的范围之外,而个人的工资总额的范围即劳动者的劳动报酬。

实际上,高温津贴是可以认定为津贴和补贴的范围。高温津贴是为保障企业职工在炎夏季节高温条件下进行劳动生产过程中的安全和健康而给予劳动者的一种补贴。从文义解释来讲,高温津贴当然属于津贴和补贴。按照《国家统计局关于工资总额组成的规定》第四条规定,津贴和补贴属于工资总额的组成部分。因此,高温津贴应计入劳动者个人的工资总额计算范围,应属于劳动者的劳动报酬。

国家安全生产监督管理总局等部门出台的《防暑降温措施管理办法》第十七条规定,劳动者从事高温作业的,依法享受岗位津贴。用人单位安排劳动者在35℃以上高温天气从事室外露天作业以及不能采取有效措施将工作场所温度降到33℃以下的,应当向劳动者发放高温津贴,并纳入工资总额。该条明确了高温津贴应纳入工资总额,实际上也明确了高温津贴属于劳动者个人工资总额的计算范围,即劳动报酬的范围。

最高人民法院法官认为,从理论上看,劳动者的工资应当是其基于向用人单位提供劳动所获得的相应报酬。对于劳动者工资的具体组成,由于实践中的情况较为复杂,《劳动法》《劳动合同法》及司法解释等对此没有作出明确具体的规定。……结合劳动者工资的性质和上述规定精神可以看出,在审理劳动争议案件需要确定劳动者工资总额的时候,不能对用人单位发放给劳动者的补贴、补助等一概而论,认为均应或均不应计入劳动者的工资总额,而是应当具体分析这些补助、补贴的性质。需要注意的是,由于各地的房改政策不尽相同,所以用人单位发放给劳动者的住房补贴是否应当计入工资总额,还应具体结合各地的实际情况予以区分,对于那些专款专用,劳动者不能自由支配的住房补贴,一般不应作为工资对待;而对于那些以现金形式发放给劳动者,并且劳动者可以自由支配的住房补贴,则可以考虑计入工资总额。[1]

综合计算工时工作制中双休日报酬。根据《关于企业实行不定时工作制和综合计算工时工作制的审批办法》第五条中“企业对符合下列条件之一的职工,可实行综合计算工时工作制,即分别以周、月、季、年等为周期,综合计算工作时间,但其平均工作时间和平均周工作时间应与法定标准工作时间基本相同。(一)交通、铁路、邮电、水运、航空、渔业等行业中因工作性质特殊,需连续作业的职工;(二)地质及资源勘探、建筑、制盐、制糖、旅游等受季节和自然条件限制的行业的部分职工;(三)其他适合实行综合计算工时工作制的职工”规定,用人单位和劳动者双方根据真实意思协商约定工资标准(或由基本工资和浮动工资组成),且用人单位合理安排劳动者的休息时间。用人单位综合周期内的总实际工作时间也未超过总法定标准工作时间,故不应认定劳动者在双休日工作属于加班,自然

---

〔1〕 参见最高人民法院民事审判第一庭编:《民事审判实务问答》,法律出版社2021年版,第194~196页。

不支付双休日报酬。

节假日“三倍工资”包括范围。《劳动法》第四十四条规定:“有下列情形之一的,用人单位应当按照下列标准支付高于劳动者正常工作时间工资的工资报酬:……(三)法定休假日安排劳动者工作的,支付不低于工资的百分之三百的工资报酬。”对此规定经常发生争议,即按照《劳动法》的规定应支付的三倍工资,是另行支付三倍工资还是与正常工资相加为三倍工资(另行支付两倍)。一般认为,应该对劳动者另行支付三倍工资。主要理由为,其一,用人单位安排劳动者法定休假日工作应另外支付不低于三倍工资的规定有效。其二,《劳动法》第四十四条规定的“工资”是给付劳动者正常工作时间提供劳动的对价。其三,法定节假日按照三倍工资另行支付更符合立法本意。

《劳动合同法实施条例》第二十七条、《劳动部关于贯彻执行〈中华人民共和国劳动法〉若干问题的意见》第十三条规定工资的概念及范围,而不包括报销款。如果有关补贴需要凭票据报销,实际上列入经营成本由用人单位承担,还有劳动者本身并非实际支配该补贴,故不符合工资定义亦不是劳动报酬,也不能认定为工资范围。从这个意义上讲,报销款原则上不属于工资范畴,其是用人单位对劳动者因工发生的相关费用的一种补偿,通常为实报实销,且数额不固定。通常情况下,如果用人单位能够提供员工因工报销的票据,且票据金额与实际金额一致,报销发生时间不固定,报销支付金额不固定,报销款不会被认定为工资。

应当强调的是,如果双方在劳动合同中约定了每月有固定的金额作为补贴工资发放,且每月均可以凭发票报销领取,则可以认定该报销款并非真正意义上凭票报销款项,而是以报销款名义支付的工资。这种报销款是用人单位逃避税收监管的行为,但不影响此种固定报销款模式实为工资的性质,应将其列入劳动者的正常工资收入。实践中,应注意区分用人单位给员工一定额度的补助,但不是直接发放,而是要求员工提供票据报销与单纯的报销款的界限。

【案例 7-1】 张某诉科技公司劳动合同纠纷案

判决观点,关于拖欠工资,因双方均认可科技公司拖欠张某 2014 年 1 月 1 日至 2018 年 5 月 31 日工资 141,603 元,对此法院不持异议。科技公司关于上述欠薪中应扣除 2017 年 1 月至 2018 年 5 月共 17 个月每月 2000 元补助的主张缺乏事实依据,不予采信。依据《劳动法》第五十条“工资应当以货币形式按月支付给劳动者本人。不得克扣或者无故拖欠劳动者的工资”之规定,对于张某主张支付 2014 年 1 月 1 日至 2018 年 5 月 31 日工资 141,603 元的诉讼请求,予以支持。判决:(1)张某自 2010 年 7 月 1 日起至 2018 年 5 月 31 日止与科技公司存在劳动关系;(2)科技公司支付张某 2014 年 1 月 1 日至 2018 年 5 月 31 日拖欠工资 141,603 元;(3)驳回张某的其他诉讼请求。[1]

如用人单位支付的补贴属于定期定额发放,应纳入工资计算的范围。

破产法优先保护的工资、劳动保险费用等职工债权是职工实现生存权的近乎唯一的方式,在个案中对工资认定可能相对宽松,但破产涉及全体债权人的利益,基于"衡平居次"等原则应当对职工债权进行限制,从而综合保护各方利益。破产企业营销职工业务费,不属于工资范围,亦不能作为职工债权优先受偿。

【案例 7-2】 陈某星诉无锡市沪安电线电缆有限公司破产职工债权确认纠纷案

一审法院认为,因陈某星在担任公司工作人员的同时从事电缆销售业务,且关于经营工作的规定也明确了营销经理自负盈亏,对应收款负连带责任,故双方属于平等民事主体之间的债权债务关系,未能体现劳动关系中从属性特征,已经超出了劳动者和用人单位基于劳动关系所能约束的范围,业务费也明显不属于《劳动法》所保护的工资、福利、补偿金等范畴。因此,陈某星与无锡市沪安电线电缆有限公司(以下简称沪安公司)之间除存在劳动关系外,还存在基于平等主体之间的债权债务法律关系,属于两种法律关系的竞合。……本案中,业务明细中结算欠款实质上属于普通平等民事主体之间债权债务结算的约定,已经超出了劳动法律关系及《劳动法》所保护的工资范围。判决:驳回陈某星的诉讼请求。二审法院认为,双方之间既形成了劳动合同关系,也形成了买卖合同关系。宜劳人仲裁字(2015)第 1584 号仲裁裁决书虽认定陈某星主张的款项为工资,但沪安公司已提供证据证明涉案款项为买卖合同项下的费用结算,故并不能免除陈某星就其主张进一步举证的责任。且陈某星自认销售工作开展期间每月收到沪安公司对账单,其对《陈某星业务明细》的形成具有举证能力,也负有举证责任,故应承担就该主张举证不能的责任。判决:驳回上诉,维持原判。[2]

股权激励符合劳动报酬本质特征的,应认定为劳动报酬。

【案例 7-3】 姜某诉快递服务公司劳动合同纠纷案

一审法院认为,就限制性股票是否应计入劳动报酬,用人单位授予劳动者限制股票的基础是双方存在劳动关系,应充分考虑劳动者对用人单位的业绩、贡献、地位和作用,其目的是激发劳动者的工作积极性。单位有权要求激

---

[1] 参见国家法官学院、最高人民法院司法案例研究院编:《中国法院 2021 年度案例》(劳动纠纷),中国法制出版社 2021 年版,第 142~143 页。北京市丰台区人民法院(2019)京 0106 民初 21333 号民事判决书。

[2] 参见国家法官学院案例开发研究中心编:《中国法院 2019 年度案例》(劳动纠纷),中国法制出版社 2019 年版,第 253~254 页。江苏省无锡市中级人民法院(2017)苏 02 民终 3920 号民事判决书。

励对象按其任岗职位要求为公司工作,故从用人单位授予劳动者限制性股票的目的考察,体现了劳动者接受用人单位管理、平衡劳动者报酬与用人单位效益的典型特征。劳动者能够获得股权激励相应收益的前提是劳动者在用人单位支付了相应对价,并实现了股权激励协议中相应的义务。股权激励计划往往涉及企业高管、核心员工、业务骨干等职员,这些劳动者具有的共同点是能为用人单位提供具有高价值的劳动,能够为用人单位的发展发挥重要作用。用人单位根据劳动者股权激励,往往是基于对其原有的知识水平、劳动技能、绩效水平的认可,同时也是对其未来劳动成效的正面预期。正是在这样的背景下,用人单位对这部分劳动者实施股权激励,将可能产生的股权收益与劳动者的劳动绩效予以捆绑。因此,从本质上来看股权激励所产生的收益是劳动报酬的一种形式。具体到本案中,快递服务公司向姜某出示并要求姜某遵守的《员工手册》中规定“薪酬:公司采用整体薪酬制度,其中包含基本工资、奖金、其他现金和以限制性股票(BSU)的形式发放的股权激励”。该规定应视为快递服务公司向姜某作出的单方承诺,且不违反法律规定,予以确认。快递服务公司在履行与姜某的劳动合同时应受该条款制约,快递服务公司主张姜某所获限制性股票不属于劳动报酬,不予采信。判决:(1)快递服务公司支付姜某违法解除劳动合同赔偿金599,091元;(2)快递服务公司赔偿姜某剩余股票价值损失166,123.89元;(3)快递服务公司无需向姜某支付话费报销款200元;(4)驳回姜某的其他诉讼请求;(5)驳回快递服务公司的其他诉讼请求。二审法院同意一审法院裁判意见。[1]

非工资性收入的性质约定不明的,根据具体案情确定,一般认定为工资。用人单位对非工资性收入有明确的规定,并已告知劳动者,而劳动者又愿意接受,则应遵守当事人的意思自治,认定为非工资收入性质。

公司被吊销营业执照后,负有清算义务的实际控制人主张处理善后事务的报酬属于职工优先破产债权的,依法不予支持。

【案例7-4】 张某诉某农业公司职工破产债权确认纠纷案

二审法院认为,根据法律规定,用人单位被吊销营业执照的,劳动合同终止。张某为农业公司的实际控制人、法定代表人,具有清算义务,其处理公司歇业善后事务并非基于劳动关系,对该公司不享有职工优先破产债权,故驳回其诉讼请求。[2]

---

〔1〕 参见国家法官学院、最高人民法院司法案例研究院编:《中国法院2022年度案例》(劳动纠纷),中国法制出版社2022年版,第162~163页。北京市第三中级人民法院(2020)京03民终13230号民事判决书。

〔2〕 2023年4月27日,广东省高级人民法院发布劳动争议典型案例之八,审理法院:广东省高级人民法院。

监事的报酬不属于工资范围。监事与公司之间的关系与职工与公司之间的关系是两种完全不同性质的法律关系,应当由不同的法律加以调整。劳动关系的本质属性是人身隶属性,而监事作为一种公司治理结构,其最主要的功能是保证公司和股东的利益,其权利义务是由《公司法》来进行规范的。按照《公司法》的规定,监事的产生一般由股东会选任。监事会中的职工代表,也规定通过民主选举产生。监事的报酬亦是由股东会决定,而不是由劳动合同约定的。

主流观点认为,用人单位作出解除、终止劳动合同决定被确认违法且劳动合同可以继续履行,劳动者请求用人单位支付上述决定作出后至仲裁或者诉讼期间工资的,用人单位应当按劳动者提供正常劳动时的工资标准向劳动者支付上述期间的工资。双方都有过错的,应当各自承担相应的责任。人民法院可以根据劳动者怠于申请仲裁及提起诉讼、劳动者在争议期间向其他用人单位提供劳动等因素综合确定用人单位、劳动者的过错程度。

工资不仅是每月到手的实发工资,而且还包含单位每月代扣的社会保险费中个人负担部分、个人缴存的住房公积金和个人所得税等。计算加班工资、年休假工资等,应以应发工资而非实发工资为基准计算。

【案例 7-5】 姜某诉某电信公司齐齐哈尔分公司劳动争议纠纷再审案

再审法院认为,省检抗诉成立,理由如下,工资系职工履行劳动义务而获得的劳动报酬。劳动者从用人单位收到的实发工资低于应发工资,应得工资与实得工资主要差别在于社会保险、住房公积金、个人所得税等方面法律法规所规定的各类扣款和费用。《社会保险费征缴暂行条例》第十二条第二款规定,缴费个人应当缴纳的社会保险费,由所在单位从其本人工资代扣代缴。《住房公积金管理条例》第十九条第一款规定,职工个人缴存的住房公积金,由所在单位每月从其工资中代扣代缴。《个人所得税法》第二条规定,个人的工资、薪金所得,应纳个人所得税;第八条规定,个人所得税,以所得人为纳税义务人;以支付所得的单位或者个人为扣缴义务人。从上述规定上看,劳动者是社会保险费应负担部分、个人缴存的住房公积金和个人所得税的承担主体,用人单位仅是上述税费的法定代扣代缴义务人,代扣代缴的对象是职工工资。因此劳动者的工资除实发工资外,还包括社会保险费个人应负担部分、个人缴存的住房公积金和个人所得税。综上,本案中,原审判决以实发工资为基数计算姜某加班工资,未将公司代扣代缴部分工资计入工资总额中,应予纠正。[1]

---

〔1〕 黑龙江省高级人民法院(2020)黑民再309号民事判决书。

(三)劳动补偿金范围

在劳动法领域的立法上,《劳动法》《劳动合同法》中都规定了经济补偿条款,特别是在《劳动合同法》中,规定了用人单位解除或终止劳动合同以及劳动者依法解除劳动合同,用人单位必须向劳动者支付经济补偿的情形有 18 种之多。根据《劳动合同法》的规定,由用人单位依法一次性支付给劳动者经济补偿的情形,主要分为四种,即用人单位与劳动者之间协商解除劳动合同、用人单位依法解除劳动合同(因劳动者严重过失而遭单位解除除外)、劳动者依法解除劳动合同、到期终止用人单位不续签劳动合同。

续订劳动合同经济补偿金。《劳动合同法》第四十六条规定经济补偿金的范围。对于该条第五项,即"除用人单位维持或者提高劳动合同约定条件,劳动者不同意续订的情形外,依照本法第四十四条第一项规定终止固定期限劳动合同的……"的规定,劳动合同期满时,用人单位同意续订劳动合同,且维持或者提高劳动合同约定条件,劳动者不同意续订的,劳动合同终止,用人单位无需支付经济补偿,除此之外,劳动合同期满的,用人单位均应支付经济补偿。该项法律规定旨在鼓励用人单位继续留用劳动者,且不降低劳动条件与劳动报酬,鼓励建立长期稳定用工关系,保护劳动者继续就业的权利。但原劳动合同约定条件可能存在侵犯劳动者合法权益的情形,如果继续沿用原约定续签劳动合同,则属于对劳动者权益继续侵犯的放纵。另外,地区最低工资标准等劳动条件也在逐年提高,如果继续沿用原合同约定标准续签新合同,也属于明显违反劳动法律规定。因此,审查用人单位维持或者提高劳动合同约定法定待遇条件,劳动者不同意续订的则不支付经济补偿金。用人单位降低劳动合同约定条件,损害劳动者合法权益,劳动者当然有权拒绝按此条件续订劳动合同,用人单位当然应向劳动者支付相应经济补偿。

【案例 7 -6】　戴某昌诉无锡申达电机有限公司经济补偿金纠纷案

一审法院认为,戴某昌与无锡申达电机有限公司(以下简称申达公司)原劳动合同期满后,申达公司提出按原劳动合同约定条件续订劳动合同,但双方对此未能达成续约合意。审查原劳动合同标准,戴某昌自 2015 年 1 月起月基本工资为 1000 元,应得业务费 1661 元,核算戴某昌在劳动期间的月平均工资,已低于无锡市当年最低工资标准 1630 元/月,故申达公司要求按原劳动合同约定标准与戴某昌续签劳动合同,已明显侵犯了戴某昌最低薪酬保护利益,不符合法律鼓励用人单位维持或者提高劳动合同约定条件续订劳动合同的本意,双方就续签劳动合同协商无果的非正当性缘由在于申达公司所提供的原劳动报酬标准违反了法律规定,申达公司不应受《合同法》第四十六条第五项规定中除外情形之保护。基于此,申达公司虽无需向戴某昌支付违法解除劳动合同赔偿金,但申达公司的行为符合终止劳动关系后应支付经济补偿金的法律规定。从保护劳动者权利考量。在法院向戴某昌释明后,戴某昌确认如果符合支付经济补偿金情形要求在本案中一并主张,故法院确认申达公司应支付戴某昌经济补偿金3840元。判决:(1)申达公司支付戴某昌经济补偿金3840元。(2)驳回戴某昌、胡某林的其他诉讼请求。二审法院判决:驳回上诉,维持原判。〔1〕

《劳动合同法》没有关于劳动者自动离职后有获得经济补偿金的规定,劳动者自动离职提出经济补偿金的诉求不受法律支持。但其被迫解除劳动合同且在离职时提出的,因非自愿离职一般可予支持其诉求。

【案例7－7】 胡某林诉乳源瑶族自治县名瑶酒店有限公司劳动争议纠纷案

判决观点,是否支付解除劳动关系经济补偿金的问题。本案中,胡某林自动离职,自身存在过错,其违法解除劳动合同,应当承担相应的责任。且《劳动合同法》并没有关于劳动者自动离职后有获得经济补偿金的规定,对胡某林关于解除劳动关系经济补偿金6300元的主张,理据不足。判决:原告胡某林与被告乳源瑶族自治县名瑶酒店有限公司之间的劳动关系自2017年3月1日起解除,驳回原告胡某林的其他诉讼请求。〔2〕

经营期限届满不再继续经营经济补偿金。用人单位经营期限届满不再继续经营,导致劳动合同终止或者不能继续履行劳动合同的,用人单位是否应当向劳动者支付经济补偿,《劳动合同法》未作规定。《劳动争议解释(一)》第四十八条规定:“劳动合同法施行后,因用人单位经营期限届满不能继续经营导致劳动合同不能继续履行,劳动者请求用人单位支付经济补偿的,人民法院应予支持。”对该条规定主要把握以下几个方面的构成要件:其一,劳动合同不能继续履行。其二,用人单位经营期限届满且用人单位不能再继续经营。其三,用人单位由于企业经营期限届满不能再继续经营同劳动合同的不能继续履行之间存在因果关系。

---

〔1〕 参见国家法官学院案例开发研究中心编:《中国法院2019年度案例》(劳动纠纷),中国法制出版社2019年版,第165页。江苏省无锡市中级人民法院(2017)苏02民终2539号民事判决书。

〔2〕 参见国家法官学院案例开发研究中心编:《中国法院2019年度案例》(劳动纠纷),中国法制出版社2019年版,第161页。广东省乳源瑶族自治县人民法院(2017)粤0203民初415号民事判决书。

(四)劳动报酬补偿计算

司法实践中,常见的劳动者工资争议计算的依据为:其一,劳动者对按工资单的工资构成计算工资报酬并实际执行多年的情况应当知晓,却未提出异议,应视为劳动者对工资报酬变更的认同。其二,用人单位通过扣除绩效和奖金的方式对员工缺勤进行管理,如果该制度已经向劳动者进行公示,并且用人单位每月向劳动者发放的工资总额不低于基本工资,则可以认定用人单位并未损害劳动者的合法权益,不属于罚款。其三,劳动者在用人单位工作尚未满1个月,无法根据其工资支付周期来确定月工资收入情况,应当按照用人单位所属行业,参照该行业工资指导价位类别的月薪中位数作为劳动者计算工伤待遇的月平均工资标准。工伤停工留薪期满后继续治疗的,继续治疗期间为医疗期,并非停工留薪期,以最低工资标准计算该期间劳动者的工资。停工留薪期以劳动能力鉴定委员会鉴定的期限为准。其四,停工留薪期工资的计算标准。如果劳动者实发工资低于当年当地在岗职工平均工资的60%,以当年当地在岗职工平均工资的60%为标准计算劳动者停工留薪期的工资。

劳动者入职不满1个月即解除劳动合同或发生工伤事故情形,由于工作时间不足一个工资支付周期,尚未实际支付工资,故无法核算月平均工资。在此情况下,为了保障双方的合法权益,在劳动者入职时双方应及时签订劳动合同,并明确约定工资报酬的构成和数额。在双方没有任何书面凭证以证明工资报酬的情况下,根据举证责任的分配原则以及双方的举证责任作出裁判,也可以参照当地月平均工资或者同岗位劳动力市场工资指导价酌情裁判。

【案例7-8】　东莞市道滘天洋模具加工店诉李某劳动合同纠纷案

判决观点,对于李某工伤事故前的月平均工资问题。东莞市道滘天洋模具加工店(以下简称天洋加工店)作为用人单位应对李某的工资报酬支付情况负举证责任。天洋加工店提供的工资条没有李某的签名确认,且工资条显示李某的出勤情况,天洋加工店核算李某的工资数额亦低于东莞市同期最低工资标准,故对于工资条不予采纳。天洋加工店确认已支付李某4000元,并主张是支付医疗费,并非支付工资,但未能提供医疗费发票、收据等证据予以证明其该主张,且李某确认天洋加工店已支付李某3900多元,并主张是支付2016年6月的工资。结合李某2016年6月12日入职的事实,以及双方提供的证据以及陈述,故采信李某的主张,认定李某每月工作28天,每天工作8小时,固定月薪6500元,李某工伤前的月平均工资6500元。天洋加工店与李某之间的劳动关系已解除,李某因工伤致十级伤残，依据《工伤保险条例》《广东省工伤保险条例》的相关规定，天洋加工店应支付一次性伤残补助45,500元、一次性工伤医疗补助金6500元和一次性伤残就业补助金26,000元。对于李某停工留薪期间工资的问题。李某因工伤需要暂停工作接受工伤医疗，在停工留薪期内，原工资福利待遇不变。原工资福利待遇应指正常工作时间的工资待遇，不包括加班费。根据李某的工作时间制度以及工资报酬标准，经折算李某的时薪为23.72元，即正常工作时间的工资待遇为4127.28元/月。天洋加工店与李某确认李某的停工留薪期为2016年7月10日至2016年9月15日，天洋加工店应支付李某停工留薪期工资8942.44元。判决：(1)确认天洋加工店与李某之间的劳动关系已解除；(2)天洋加工店支付李某2016年7月的工资1991.94元、一次性伤残补助45,500元、一次性工伤医疗补助金6500元、一次性伤残就业补助金26,000元、停工留薪期工资8942.44元；(3)驳回天洋加工店的其他诉讼请求。[1]

对于劳动合同到期终止后，劳动者获得的经济补偿金的工作年限应否包括2008年1月1日前的连续工作时间，应遵循分阶段计算有利于劳动者原则计算，更符合经济补偿的性质。在2008年1月1日前按旧法计算补偿，2008年1月1日后按《劳动合同法》的规定计算补偿。两项分别计算，再合并相加。

生育津贴低于本人产假工资标准的，差额部分由用人单位补助，如何确定女职工产假期间的工资标准，从而确定生育津贴的差额，现行法律法规并没有明确的规定，在实践中就此有不同的观点。一般认为，应当以女职工上一年度职工月平均工资标准为女职工产假期间的工资标准。参照当地政府相关规定，如《北京市企业职工生育保险规定》第七条第二款、第三款的规定，上述规定虽然没有明确女职工产假期间的工资标准，根据行文可以得出结论的是，女职工生育保险的缴纳及生育津贴的计算均是由上一年度职工月平均的工资决定而生育津贴即产假工资。

【案例7-9】 北京易迅思达科技开发有限公司诉高某劳动争议纠纷案

二审法院认为，本案的争议焦点为高某产假期间应得的工资标准。根据《北京市企业职工生育保险的规定》第七条及第十五条之规定可以确定，女职工产假期间应得的工资标准，一般应为其本人上一年月平均工资。本案中根据查明的事实，高某于2014年10月生育，其2013年的月平均工资在1万元以上，高某请求北京易迅思达科技开发有限公司（以下简称易讯思达公

---

〔1〕 参见国家法官学院案例开发研究中心编：《中国法院2019年度案例》（劳动纠纷），中国法制出版社2019年版，第271~272页。广东省东莞市第一人民法院(2017)粤1971民初2936号民事判决书。

司）按1万元标准补足产假工资，符合政策规定，应当支持。而易讯思达公司所称劳动合同约定的6000元标准补足产假工资，与政策规定不符，法院不予采纳。判决：（1）撤销一审判决；（2）易讯思达公司支付高某生育津贴差额31,097.7元。[1]

---

〔1〕 参见国家法官学院案例开发研究中心编：《中国法院2018年度案例》（劳动纠纷），中国法制出版社2018年版，第183页。北京市第一中级人民法院（2016）京01民终646号民事判决书。

二、劳动报酬补偿法律适用

(一)劳动报酬标准认定

用人单位在聘用工作人员时可以根据本单位的生产经营特点和经济效益,依法自主确定工资水平和分配方式,聘用人员可以接受用人单位的工资水平和分配方式也可以不接受或者提出自己的条件,在用人单位与聘用人员达成一致意见后双方签订劳动合同,劳动合同中约定的工资标准一般可以作为支付工资的判断标准。

合同中未明确约定工资标准,用人单位通过开会的形式已向全体员工公布各岗位的工资标准,劳动者的工资应按同岗位其他员工的标准确认。

劳动者在发生工伤或者患职业病停止工作接受治疗时,依法享有正常工作时单位应当支付的各项待遇。劳动者被诊断为职业病,依法享有停工留薪的待遇,在用人单位没有举证证明劳动者停工留薪期内已工作治愈的情况下,劳动者提前上班所获得的劳动报酬低于合同履行地最低工资标准和正常劳动报酬标准,于法、于情、于理均不符,不受法律保护。

【案例7-10】 沈某诉上汽依维柯红岩商用车有限公司劳动争议纠纷案

二审法院认为,沈某被诊断为职业性中度噪声聋,根据《重庆市工伤职工停工留薪分类目录(试行)》的规定,沈某对应的停工留薪期为6个月。《重庆市工伤职工停工留薪期管理办法》第七条规定,工伤职工停工留薪期未满,但经工伤医疗服务机构出具的工伤治愈的,停工留薪终止。上汽依维柯红岩商用车有限公司(以下简称依维柯公司)没有举示工伤期医疗服务协议机构出具的工伤治愈证明沈某已工伤治愈,故不能以沈某未暂停工作为由认定沈某不需要治疗,并认定沈某不符合享受停工留薪待遇的条件。沈某工伤后继续在依维柯公司多技能培训中心学习期间,依维柯公司按照正常的上班时间对沈某进行考勤,故该期间应视为沈某正常上班。在停工留薪期间,依维柯公司每月向沈某支付的工资仅为1375元,不仅低于沈某正常上班劳动报酬标准,也低于合同履行地最低工资标准,即沈某上班比不上班所获待遇还低,与法律规定相抵触,也于理不符。对沈某主张的停工留薪待遇差额,法院予以支持。一审判决以沈某没有暂停工作接受治疗,而是继续在依维柯公司工作为由,不予支持沈某主张停工留薪待遇不妥,法院予以纠正。判决:(1)撤销一审判决;(2)依维柯公司支付沈某停工留薪期工资差额15,081.25元;(3)驳回沈某的其他诉讼请求。[1]

在"双轨制"的用工体制下,体制内的用工与体制外用工在选拔程序、成员构成、收入分配、政治权利其他方面存在诸多差异。在体制外劳动者与用人单位根据《劳动合同法》平等协商建立的劳动关系,双方签订合同时协商约定好劳动报酬数额且用人单位按时足额给付,劳动者要求体制内同工同酬标准补发工资的依法不予支持。

【案例7-11】 王某维诉山西煤炭运销集团吕梁孝义有限公司劳动争议纠纷案

二审法院认为,被上诉人山西煤炭运销集团吕梁孝义有限公司(以下简称煤运孝义公司)无需向上诉人王某维补发工资31万元。我国现行用工体制为"双轨制",以劳动者有无正式编制为标准,分为正式编制的体制内劳动者(正式工)与体制外的劳动者,体制外劳动者又包括合同工(劳务工)、临时工、劳务派遣工等多种用工形式。正式工完全服从国家安排,无自主择业权。为解决正式工流动性差的特点,1981年《中共中央、国务院关于广开门路、搞活经济、解决城镇就业问题的若干规定》指出,要实行合同工、临时工、固定工等多种形式的用工制度,鼓励体制外用工,实行劳动合同制,并出台《劳动合同法》《劳动争议调解仲裁法》等法律保护劳动者的合法权益。固定工制与劳动合同工制并存,正式工与非正式工在选拔程序、成员构成、收入分配、政治权利及其他方面均有差异。用工单位招录正式工与非正式工条件不同,招考前者对学历经验,专业技能、工种匹配及后续可发展性均有全面考虑和考试考核要求,录用后者仅以双方合意即可建立劳动关系,从这一点上讲,劳动力作为一种商品,虽然劳动力价值均系凝聚在人类社会无差别的劳动,但前者的劳动力价值与后者的劳动力价值有差别,此种差别不仅体现在工种不同,更体现在从事相同工种劳动力价值的差别,从而导致即便从事同种工作,劳动者工资亦有所差别;正式工工资由国家财政统一拨款,而非正式工工资由用工单位与劳动者自主协商以合同形式确定,以用工单位名义向劳动者发放,正式工的工资考核晋级制度与非正式工的工资完全不同,同一岗位不同工资发放与考核制度差异导致工资差别必然存在;另非正式工在合同期满后

---

〔1〕 参见国家法官学院、最高人民法院司法案例研究院编:《中国法院2020年度案例》(劳动纠纷),中国法制出版社2020年版,第116页。重庆市第一中级人民法院(2017)渝01民终5807号民事判决书。

可以自由选择与原用工单位继续建立劳动关系或选择更好、更适合的就业岗位，正式工要离开用人单位限制条件会更多，有些工作岗位甚至被限制离职，从劳动力在增长的角度考虑，流动性强的劳动者与固定劳动者间工资差别也属合理。本案上诉人王某维作为体制外用工中的合同工，其与被上诉人煤运孝义公司正式工之间"同工种而不同工资"的客观存在系我国劳动用工多种体制并存的必然结果，当前多元用工机制条件下亦属合法合理。上述人王某维与被上诉人煤运孝义公司2002年签订的《孝义市煤运公司临时工合同书》、2008年签订的《季节性用工劳动合同书》系双方根据我国《劳动合同法》平等协商建立的劳动合同关系，被上诉人煤运孝义公司应付上诉人王某维劳动报酬的具体数额双方签订劳动时已协商约定，上诉人煤运孝义公司已按时足额给付，故双方之间不存在补发劳动工资报酬之事实基础，上诉人王某维此项上诉请求不予支持。判决：驳回上诉，维持原判。[1]

用人单位与劳动者有两次劳动报酬的约定，第一次约定的报酬高，而第二次约定的劳动报酬低，在此种情况下，劳动者的工资标准应以何种为准，应区分情况确定。一般认为，劳动报酬在不低于最低工资标准的前提下，系劳动者与用人单位的自由约定，双方在约定过程中，往往要对劳动者的工作能力、工作的重要性、工作强度等因素进行考量，且在劳动合同履行工作中，亦可以对工资约定进行变更。如果变更后的工资标准高于变更之前，则对劳动者有利，以变更后的标准认定劳动者的工资并无不当。如果变更后的工资标准低于变更之前，如变更有合理理由，双方实际履行相当的时间，亦无不可。在无确凿证据证明用人单位恶意在劳动合同上损害劳动者利益的情况下，劳动报酬原则上应以书面劳动合同约定为准，不应否认书面劳动合同的意义和效力，尤其是对发生在后的以书面劳动合同形式作出的工资约定效力应给予肯定，并对该标准予以采纳。换言之，工资的约定存在多种形式和内容时，应结合工资数额、工作内容及约定时间综合判断。

【案例7-12】 张某来诉北京忠诚卫士保安服务有限公司劳动争议纠纷案

二审法院认为，依法订立的劳动合同对用人单位和劳动者具有约束力，用人单位和劳动者应当履行劳动合同约定的义务。张某来主张其曾在月工资标准为1800元的岗位工作，并提交录音为证，但其在北京忠诚卫士保安服务有限公司（以下简称忠诚卫士公司）答复基本工资1800元之后又与忠诚卫士公司签订书面劳动合同并约定月工资1560元，且其提交的录音中也体现忠诚卫士公司曾告知其因年纪大，会给其安排轻松的岗位，并相应的降低工

---

〔1〕 参见国家法官学院案例开发研究中心编：《中国法院2018年度案例》（劳动纠纷），中国法制出版社2018年版，第131～132页。山西省吕梁市中级人民法院（2015）吕民一终字第1004号民事判决书。

资标准。故对张某来关于月工资标准1800元的主张不予采纳。判决:驳回上诉,维持原判。[1]

同工同酬是指用人单位对于从事相同工作,付出等量劳动且取得相同业绩的劳动者,应支付同等的劳动报酬,以工龄相同要求获得同等报酬,不符合同工同酬的原则。

【案例7-13】 曾某与南丰民爆某公司劳动争议纠纷案

曾某于1984年1月25日分配到南丰县物资局下属单位江西省南丰县物资某公司工作,职务为营业员。后江西省南丰县物资某公司进行改制,职工一次性获得安置补偿费用了断身份关系,后江西省南丰县物资某公司对原职工进行返聘,并重新签订《劳动用工合同》,约定公司聘用曾某,试用期3个月,工资500元/月,试用期满后,根据企业经营效益制定工资报酬。同时返聘的人员还有周某超、胡某明等人。后南丰民爆某公司成立,并继受了江西省南丰县物资某公司员工。2009年5月5日,南丰民爆某公司任命周某超担任副总经理,胡某明担任副经理,周某林担任仓库主任,曾某为一般的仓库管理员。2012年12月20日,周某林担任工会主席。2013年6月21日,周某超担任南丰民爆某公司执行董事兼经理、法人代表。2013年3月至2015年12月,周某超和胡某明工资分别为2830元/月和2630元/月,曾某工资为1930元/月。其间,曾某多次要求加工资。2015年12月,南丰民爆某公司给曾某增加工资200元/月,但曾某不满意,要求按照同工同酬原则,享受与胡某明相同的工资待遇,即将工资增加到2630元/月,并补发相应的工资待遇。2016年6月23日,南丰民爆某公司召开职工大会讨论曾某加工资请求,会议讨论后一致认为曾某工作不服从分配,把情绪带到工作中、违反工作纪律等,否决了曾某加工资的要求。后曾某以其在公司连续工作33年,工龄最长,工资却最低,多次要求公司加工资未果为由,申请仲裁,并诉至法院,请求公司按照胡某明相同的工资待遇,即2630元/月,从2013年3月计发。南丰县劳动人事争议仲裁委员会认为曾某的申请不符合受理条件,决定不予受理。曾某不服该裁决,诉至抚州两级法院,南丰县人民法院、抚州市中级人民法院均未支持曾某的该诉请,驳回了其该诉讼请求。[2] 本案中,胡某明系副经理兼安全管理技术员,曾某为一般仓库管理员,工作岗位不同,工作内容不同,从每星期值班时间看,工作时间也不同,工资收入当然也不同。曾某以工龄相同要求与胡某明获得相同工资待遇,是对同工同酬的误解,因此不能获得支持。

---

〔1〕 参见国家法官学院案例开发研究中心编:《中国法院2017年度案例》(劳动纠纷),中国法制出版社2017年版,第90页。北京市第二中级人民法院(2015)二中民终字第12024号民事判决书。

〔2〕 江西省高级人民法院与江西省人力资源社会保障厅联合发布劳动人事争议十起典型案例之四。

出租车工资标准确定是疑难问题。一般认为,应该按照其缴纳个人所得税来倒推出其月工资标准。

用人单位提交了工资表,该份工资表记录了劳动者的工资构成,劳动者签名对此工资构成的认可。且双方在劳动合同中约定的基本工资能与工资报表相对应,且劳动者提交的工资卡的银行对账单基本与用人单位提交的工资表显示的每月总收入相对应,亦应认定为劳动者的工资标准。

用人单位与劳动者达成内退协议,其发放的生活费不应低于当地最低工资标准。

用人单位不得以年度考核调薪降低的方式降低“三期”(孕期、产期和哺乳期)女职工的基本工资。

(二)劳动报酬支付认定

用人单位对劳动者报酬支付的争议主要两种情形,一是是否支付,二是是否及时足额支付。

1. 足额支付劳动报酬认定

获得劳动报酬是劳动者的基本权利,用人单位不得以节能减排、绿色发展为由将经营成本转嫁给劳动者,变相克扣劳动者报酬。

【案例7-14】 唐某诉某科技公司劳动争议纠纷案

判决观点,唐某不存在工作以外原因消耗公司电力的情形,科技公司从唐某应发工资中扣除办公场所的电费,不符合法律规定。故判令科技公司将每月扣除的电费如数返还给唐某。[1]

劳动者停职检查期间被降低工资数额,是否构成《劳动合同法》规定的“未及时足额支付劳动报酬”,应审查用人单位行使停职检查权利行为的合法性和合理性。一般可从以下四个方面进行综合审查,其一,用人单位事先印发有关纪律处理的文件规定。其二,用人单位掌握被停职者违纪行为的证据,并在调查过程中向被停职者出示了有关证据。其三,审查确定用人单位降低报酬并未违反法律规定,即降低后的工资金额达到当地的最低工资水平。其四,审查用人单位行使停职调查权并未超出合理限度,即停职调查的期间还在合理范围之内,被停职者对

---

〔1〕 2023年4月27日,广东省高级人民法院发布劳动争议典型案例之一,审理法院:珠海市香洲区人民法院。

停职调查决定不服有相应的救济途径。而用人单位的停职处理是否具有合理性至关重要，具有合理性的则不构成未足额支付，反之则构成足额支付。

【案例7－15】　王某诉江苏省苏盐连锁有限公司无锡分公司劳动合同纠纷案

一审法院认为，双方争议的江苏省苏盐连锁有限公司无锡分公司（以下简称苏盐无锡公司）是否应支付经济补偿金问题，关键看苏盐无锡公司的行为是否属于《劳动合同法》规定的未及时足额支付劳动报酬的情形。王某被停职后苏盐无锡公司实际按基本工资标准支付薪酬，现双方发生纠纷，应对该公司调整王某薪酬的合法性和合理性进行审查。由于实施方案确定了基层单位经营者较高的薪资待遇，停职调查期间按基本工资标准调整薪酬后，王某工资与之前相比差额较大，但是，王某停职接受调查期间不再履行原职务，按基本工资标准支付工资，既不违反法律规定，也符合按劳取酬的原则；王某对停职调查的决定不服有正常的救济途径，苏盐无锡公司停职调查的期间也并未明显超出合理的范围，王某并不构成被迫解除劳动关系，故法院认定苏盐无锡公司的行为并不构成《劳动合同法》规定的未及时足额支付劳动报酬的情形，王某主张支付经济补偿的理由不能成立。判决：(1)苏盐无锡公司支付王某2015年度5%绩效年薪5852.10元；(2)驳回王某的其他诉讼请求。二审法院认为，二审审理中，苏盐无锡公司提供的证据可以证明其对王某采取停职措施源于群众的反映，公司在作出停职措施前已初步掌握了王某违反劳动纪律的事实，在调查过程中，公司亦向王某出示了有关证据，因此公司通知王某停职配合调查并不违法。王某在2017年2月13日发函催促公司恢复工作，在2月18日即发函解除劳动合同，王某未为公司预留必要的合理期间，在诉讼中王某亦未证明公司有故意拖延等滥用措施的行为。因此，王某应当自行对解除劳动合同的后果负责，对于其主张的经济补偿不予支持。判决：驳回上诉，维持原判。[1]

以违反规章制度为由克扣工资是否合法，关键要对规章制度本身进行合法性和合理性审查。通过民主程序制定并已向劳动者公示的规章制度，只要其不违反法律法规的强制性规定，就可以作为用人单位管理的依据和法院裁判的依据。

【案例7－16】　北京中铁工业有限公司诉郭某劳动争议纠纷案

二审法院认为，用人单位通过民主程序制定的规章制度，不违反国家法律、行政法规及政策规定，并已向劳动者公示的，可以作为人民法院审理劳动

---

〔1〕 参见国家法官学院、最高人民法院司法案例研究院编：《中国法院2020年度案例》（劳动纠纷），中国法制出版社2020年版，第125页。江苏省无锡市中级人民法院(2018)苏02民终1931号民事判决书。

争议案件的依据。《员工日常管理规定》内容合法,制定过程有企业职工的民主参与,经过了民主程序及公示,故该规定具有法律效力。根据《员工日常管理规定》第二十四条,员工在停职调查期间停发岗位工资和各项奖金、补贴,工资按当地最低标准发放。根据北京中铁工业有限公司提交的立案审批表、调查谈话笔录、立案通知书等证据并结合郭某在职期间确实存在被纪检部门立案并停职调查的事实,且北京中铁工业有限公司已对郭某作出了相关处理决定。故公司请求不予支付郭某调查待岗期间的差额工资及奖金的主张,有事实和法律依据,一审法院支持北京中铁工业有限公司的诉讼请求,并无不当,法院予以维持。现郭某上诉主张由中铁工业有限公司向其支付未足额支付的工资及绩效奖金,事实与法律依据不足。判决:驳回上诉,维持原判。[1]

双方签订的劳动合同中约定的工资包含国家或上级的政策补助,当国家补助数额增加时,用人单位不能以此为由在保证工资总额不变的情况下,降低自己应支付的相应部分的工资数额。国家补助由国家相关政策决定,不属于用人单位或者劳动者可以左右的部分,但用人单位应支付的那部分工资,必须及时足额支付,不能随意克扣。换言之,国家补助提高不能用于充抵用人单位支付报酬。

【案例 7-17】 北京市丰台区花乡新发地村社区卫生服务站诉李某蔚劳动争议纠纷案

二审法院认为,关于2014年7月至10月工资差额,北京市丰台区花乡新发地村社区卫生服务站主张因李某蔚享受国家的补助增长1000元,双方签订的劳动合同中约定的工资包含国家和上级政策补助,故应相应扣减李某蔚工资1000元,缺乏相关的法律依据,故北京市丰台区花乡新发地村社区卫生服务站应当支付李某蔚2014年7月至10月工资差额3000元。判决:驳回上诉,维持原判。[2]

用人单位不得以代扣代缴个税为由,降低劳动者的工资。

【案例 7-18】 陈某诉某学校劳动争议纠纷案

一审法院认为,劳动合同中对年薪的约定薪资总额511,560元的基础上,在扣除所得税后发放薪金。某学校的解释不符合日常一般理解,且即使该条款存在争议也应当作出不利于提供劳动合同文本一方的解释。某学校作为个人所得税的扣缴义务人,应当按照国家规定办理全员全额扣缴申报并

---

〔1〕 参见北京市第一中级人民法院编:《裁判方法与法律适用:案例精选(2019年卷)》,法律出版社2020年版,第232页。

〔2〕 参见国家法官学院案例开发研究中心编:《中国法院2017年度案例》(劳动纠纷),中国法制出版社2017年版,第184页。北京市第二中级人民法院(2015)二中民终字第13238号民事判决书。

向纳税人提供其个人所得和已扣缴税款等信息,所以陈某作为纳税人是在其工资所得的基础之上予以核算并扣缴,在国家对个人所得税制度进行改革的情况下,某学校作为扣缴义务人,不应成为减少个人所得税的受益人。综上,某学校应当支付2018年10月至2019年7月的工资差额24,500元。某学校在征求陈某关于下一学年的想法时,明确表示回复并不意味着承诺,陈某的回复亦不能代表其是否同意终止劳动合同,某学校在未与陈某明确是否续签劳动合同的情况下即作出不再续签劳动合同的通知已经构成单方终止劳动合同,陈某有权要求某学校支付单倍的终止劳动合同补偿金。判决:(1)某学校给付陈某终止劳动合同经济补偿金105,435元;(2)某学校给付陈某2018年10月至2019年7月工资差额24,500元;(3)某学校为陈某出具终止劳动合同证明;(4)驳回陈某的其他诉讼请求。二审法院同意一审法院裁判意见。[1]

用人单位调整降薪行为具有合法性的,对劳动者的诉求不予支持。

【案例7-19】　张某诉中国农业银行股份有限公司北京东城支行劳动争议纠纷案

一审法院认为,《工伤保险条例》对于职工因工致残被鉴定为七级至十级伤残应享受的待遇中,对于工伤职工工作岗位的安排及次数没有强制性规定。张某工伤停工留薪期满上班后,其原工作岗位撤销后,中国农业银行股份有限公司北京东城支行(以下简称农行东城支行)给其安排值夜班的工作,张某因个人原因不同意;2010年农行东城支行又给张某安排了ATM加钞的工作,张某在工作了7天后又表示不能胜任工作,但张某并不能证明其因身体原因不能胜任该项工作。依法订立的劳动合同具有约束力,用人单位与劳动者应当履行合同约定的义务。双方在劳动合同中约定,根据张某的工作岗位及贡献大小确定劳动报酬。2010年1月后张某没有具体工作岗位,农行东城支行于2010年1月至4月支付了张某基础工资、绩效工资,5月起按本市最低工资标准支付张某工资,并支付了年中奖金,并无不妥,张某继续要求农行东城支行支付基本工资、绩效工资及年中、年终奖不符合合同约定,法院不予支持。判决:(1)被告农行东城支行支付尚欠原告张某的防蚊防暑降温费300元及劳保费900元。(2)被告农行东城支行给付原告张某京客隆购物卡四张(总计金额1140元),已履行。(3)被告农行东城支行支付原告张某2010年至2012年年休假工资4050元。(4)驳回原告张某的其他诉讼

〔1〕　参见国家法官学院、最高人民法院司法案例研究院编:《中国法院2022年度案例》(劳动纠纷),中国法制出版社2022年版,第190~191页。北京市第三中级人民法院(2020)京03民终12992号民事判决书。

请求。二审法院认为,其所持的理由与一审法院一致。综上所述,原审法院认定事实清楚,实体处理恰当,张某的上诉请求不能成立,法院不予支持。判决:驳回上诉,维持原判。[1]

高级管理人员经董事会决议被公司单方调岗降薪的,视为未足额支付劳动报酬。

【案例7-20】 隋某诉科技公司劳动争议纠纷案

二审法院认为,双方签订的劳动合同中虽未明确隋某的月工资标准,但已以实际履行的方式确定隋某的月工资标准为35,000元。科技公司于2020年4月通知隋某月薪调整为5500元,并未与隋某协商取得一致意见。固然董事会可以依据《公司法》的规定行使聘用或解聘经理、副总经理等高级管理人员的权利,但同时科技公司与隋某之间的权利义务应受劳动法律法规的约束。确定隋某的新任职务以及调整隋某薪酬标准属于双方劳动合同履行过程中的重大变更,依法仍应由双方协商确定,科技公司单方确定的,应具备合法性及合理性。科技公司单方降级降薪未取得隋某的接受和认可,亦未充分举证证明合理性。故科技公司按照其公司单方变更决定发放隋某2020年4月工资,构成未足额支付隋某劳动报酬,判决:驳回上诉,维持原判。[2]

工资属于劳动合同约定的必备条款,用人单位单方调整工资结构必须以不影响员工的收入标准为前提。用人单位将每月固定发放的工资变更为底薪绩效模式,这就意味着劳动者每月固定到手的工资从可预期的固定数值可能变为可预期的浮动数值。此时由于绩效工资根据绩效考核的因素而发生变化,由此带来了浮动和不确定性。因此,正常情况下,用人单位需要与劳动者协商一致,才可以变更劳动合同约定的工资。规章制度规定考评结果与绩效工资挂钩,但劳动合同中并没有附加这个条件,在二者的内容不一致时,该规章制度中的绩效考核内容不应作为确定双方权利义务的依据。因此,如劳动合同与规章制度在内容冲突情况下,应从有利于劳动者的角度选择适用,劳动者有权要求公司依照劳动合同约定,如数支付工资。

【案例7-21】 谭某某诉某公司劳动争议纠纷案

一审法院认为,对于公司主张的2021年1月1日至2021年12月24日工资差额,公司发出的录用通知可知谭某某工资并无组成部分,劳动合同主

[1] 参见国家法官学院案例开发研究中心编:《中国法院2016年度案例》(劳动纠纷),中国法制出版社2016年版,第235~236页。北京市第二中级人民法院(2014)二中民终字第08494号民事判决书。

[2] 参见国家法官学院、最高人民法院司法案例研究院编:《中国法院2023年度案例》(劳动纠纷),中国法制出版社2023年版,第126页。北京市第二中级人民法院(2021)京02民终9905号民事判决书。

体变更协议书中也明确谭某某工资不发生变更。现公司没有证据证明双方对工资结构重新进行过约定,公司提供的绩效考核表上也无谭某某签字,难以证明谭某某知晓且认同该考核结果。虽然考勤管理制度中有绩效考核的约定,但该制度实际与劳动合同约定内容不一致,劳动者可以优先适用劳动合同约定。故公司绩效考核为由扣除谭某某工资缺乏依据,鉴于双方对扣除金额 5954.43 元无异议,故予以确认。二审法院认为,就绩效工资差额,根据本院另查明事实,在谭某某否认的情况下,公司并未提供充分证据证明其公司已对谭某某进行公允有据的考核并告知结果,应承担举证不能的不利后果。一审法院判令公司应补足工资差额,并无不当,本院予以认同。[1]

2. 符合支付劳动报酬条件认定

现行法律规定工资应当以法定货币的形式支付,因此,以非货币形式发放工资的行为违反了效力性规定,自然不发生工资支付的法律效果,劳动者可以主张工资差额。至于已经发放的非货币工资,由于民事行为无效,用人单位可以依据《民法典》第一百五十七条向劳动者主张返还。

【案例 7-22】 吴某诉两极公司劳动合同纠纷案

二审法院认为,以非货币形式支付工资的行为,显然严重冲击了我国的财政、税收及社会保险等体系制度,应当严格禁止。故以非货币形式支付工资的行为,不发生工资支付的效力,一审判决适用法律有误,应予纠正。两极公司应向吴某支付 2016 年 9 月 1 日至 2018 年 6 月 13 日未足额发放的货币工资部分。判决:(1)撤销一审判决;(2)两极公司支付吴某 2016 年 9 月 1 日至 2018 年 6 月 13 日工资差额 167,403.03 元;(3)两极公司支付吴某 2016 年 9 月 1 日至 2016 年 12 月 31 日、2018 年 1 月至 2018 年 6 月十三薪 17,300 元;(4)驳回吴某的其他诉讼请求。[2]

劳动者有权拒绝用人单位以虚拟货币支付工资。

【案例 7-23】 沈某某诉胡某、邓某劳动争议纠纷案

判决观点,用人单位应当按照劳动合同约定和法律规定,向劳动者及时足额支付劳动报酬。《中国人民银行法》第十六条规定,中华人民共和国的法定货币是人民币。《工资支付暂行规定》第五条规定:"工资应当以法定货币支付。不得以实物及有价证券替代货币支付。"以虚拟货币作为工资支付

---

〔1〕 上海市第一中级人民法院(2023)沪 01 民终 7826 号民事判决书。

〔2〕 参见国家法官学院、最高人民法院司法案例研究院编:《中国法院 2021 年度案例》(劳动纠纷),中国法制出版社 2021 年版,第 147 页。北京市第一中级人民法院(2019)京 01 民终 8364 号民事判决书。

给劳动者违反法律规定,应认定为无效。胡某称应以虚拟货币支付工资的主张于法无据,沈某某要求以人民币支付工资符合法律规定,应予以支持。胡某、邓某办理公司注销时承诺的公司不存在未结清工资事宜与事实不符,应对某公司的债务承担责任。故判决胡某、邓某支付沈某某工资等合计人民币278,199.74元。[1]

劳动合同在产假前就终止的,用人单位不必支付产假工资。

用人单位在劳动解除后得知女职工怀孕,是否应向女职工赔偿“三期”工资应根据具体案情确认。

绩效工资应当是现行法定报酬形式之一,其发放的标准、是否应当发放等问题是多发的争议焦点。

用人单位公司董事会免除劳动者高管职务后,双方劳动关系仍然存在,用人单位仍应按照劳动合同约定支付劳动者绩效工资。

【案例7-24】 上海家得利超市有限公司诉陈某某劳动合同纠纷案

一审法院认为,在我国《公司法》中,集团并非一个法定概念,而是指具有控股关系的多家独立法人所形成的共同体。在实际运营管理中,存在上级控股公司或者母公司管理下级单位或子公司的情况。具体到本案中,双方争议最大的焦点为上级公司即海航集团颁布的规章制度是否适用于被告。关于这一问题,我国《劳动法》已经明确,用人单位在制定、修改或者决定有关劳动报酬等直接涉及劳动者切身利益的规章制度或重大事项时,应当经职工代表大会或者全体职工讨论,提出方案和意见,与工会或者职工代表平等协商确定。所以,在规章制度的制定及实行中即使控股单位或者母公司制定的,对于下级单位或者子公司来说,还应经过法定程序予以通过。

关于原告扣除被告2012年4月绩效工资事件,现原告主张被告泄露了公司信息,被告作为主要负责人缺乏保密意识给海航实业造成了负面影响,但从其查明的事实来看,原告未举证证明其将《海航集团保密工作规定》告知过被告,也未按照该文与被告签订保密责任书或类似文件,故无法明确被告应当保密的范围,根据双方签订的劳动合同,只有员工违反保密义务造成实际损失的承担赔偿责任,故原告现扣除被告2012年4月绩效工资缺乏依据,应向被告支付该笔欠款18,750元。

关于原告扣除被告2012年10月至12月绩效工资事宜,原告现主张上级集团单位将其认定为黄牌企业,根据相关规定,将扣除经营团队一个季度的日常绩效。现原告未举证证明海航集团文件已经向本案被告在内的原告

---

〔1〕 最高人民法院发布第三批人民法院大力弘扬社会主义核心价值观典型民事案例之九。

员工送达,也未证明该份文件通过民主程序而成为原告的规章制度,且黄牌企业的认定标准也未予以明确,更不能证明该黄牌企业认定的责任人为被告,故法院无法认可原告据此扣除被告 3 个月绩效工资的做法,原告应当支付被告 2012 年 10 月至 12 月绩效工资 56,250 元。

关于对于被告的免职以及免职后工资降低的评判,董事会作为依法设立的公司业务执行机关负责公司业务经营活动的指挥和管理,根据《公司法》规定,公司董事会具备任免公司高管的权利。被告作为原告处总裁,属于我国《公司法》规定的公司高级管理人员,故在无证据证明原告董事会决议存在违反法律、法规或者公司章程的情况,法院确认其效力,据此法院认为原告董事会对于被告的免职有效。被告被免职后原告一直未与被告协商确定新的劳动岗位及相关权利义务。现原告主张按照《管理干部不在职期间管理办法》的规定执行免职后的工资标准,但是该份文件并非原告的规章制度,也未向被告告知,法院对该份文件不予确认。结合被告被免职后未向原告提供劳动,双方对工资新约定前,法院认定被告免职后的工资标准为劳动合同约定的月度固定工资 18,750 元,不再享有月度绩效工资,据此原告应当补足被告 2013 年 3 月基本工资差额 11,360.60 元,2013 年 1 月、2 月不存在基本工资差额。

关于被告主张的 2012 年度绩效工资。根据原告所述,被告的绩效工资依据《上海家得利超市有限公司经营管理层 2012 年年终绩效考核管理办法》《2012 年度绩效年薪及年终奖发放方案的通知》的相关条款计算,该两份文件均涉及劳动报酬,并未经过原告处的职工代表大会或全体职工讨论决定,故法院无法认定其属于原告处的规章制度。根据查明事实,原告执行的《绩效考核管理办法(试行)的通知》也有关于绩效考核的规定,但原告未依据此项规定对被告进行年度考核,结合被告 2011 年度实际取得的绩效年薪高于双方约定的金额,对此,原告只是笼统地表述海航集团的业绩出色,但并未举证证明金额计算的标准及依据,故法院认为原告未有效对被告的 2012 年度绩效年薪进行考核,原告主张应支付被告 2012 年度绩效年薪 78,712.50 元缺乏依据,应按照双方约定的金额 30 万元予以支付。判决:(1)原告上海家得利超市有限公司支付被告陈某某 2012 年 4 月 1 日至 4 月 30 日及 2012 年 10 月 1 日至 12 月 31 日被扣除绩效工资总计 75,000 元;(2)原告上海家得利超市有限公司支付被告陈某某 2013 年 3 月基本工资差额 11,360.60 元;(3)原告上海家得利超市有限公司支付被告陈某某 2012 年度绩效工资 30 万元。二审法院判决:驳回上诉,维持原判。[1]

---

[1] 参见郭伟清主编:《2015 年上海法院案例精选》,上海人民出版社 2016 年版,第 83～85 页。

一般情况下，在借调时，原用人单位与借调单位之间应就工资的数额及由谁负担进行协商，在没有协商的情况下，劳动者可以向原单位主张工资，因劳动者在借调期间为借用单位提供劳动，其也可以要求借用单位支付劳动报酬。

劳动关系存续期间，非因劳动者原因造成单位停工，且超过一个工资支付周期的，劳动者虽未提供正常劳动，用人单位仍应向劳动者支付工资。由于单位处于停工状态，故可参照城乡最低生活保障线标准支付劳动者的工资，以保障其生存权。

因用人单位无故不向劳动者安排工作导致劳动者无法正常提供劳动的，支付劳动报酬的义务并不因劳动者未提供劳动而完全免除。同时，用人单位虽存在过错，但因未实际使用和支配劳动力以获取经济效益，不应要求按照既定薪金标准支付劳动报酬，法官在裁判时应根据实际情况对支付标准做适当调整。

【案例7－25】 上海相宜本草化妆品有限公司诉刘某劳动合同纠纷再审案

一审法院认为，双方劳动关系于2017年8月8日解除，且2017年6月15日之后上海相宜本草化妆品有限公司（以下简称相宜本草公司）未再向刘某安排工作导致后者无法提供劳动，相宜本草公司应当支付刘某劳动报酬。故判决2017年5月5日至6月14日的劳动报酬按约定标准计算，2017年6月15日至8月8日的劳动报酬按照相宜本草公司企业平均工资计算。二审法院调解结案。[1]

劳动合同中约定，劳动者月薪以外的工资根据年度业绩考核情况作为绩效奖励一次性支付，公司因实际绩效不佳，经议定程序对相应期间的绩效工资基数按照低于设计水平一定比例的标准下发，劳动者主张自己的报酬不应扣减的，人民法院不予支持。

【案例7－26】 马某蔚与武钢集团有限公司追索劳动报酬纠纷再审案

最高人民法院认为，依据原审查明的事实，2014年7月30日，武钢集团有限公司与马某蔚签订《聘用合同》，约定武钢集团有限公司聘请马某蔚担任武钢防城港钢铁公司冷轧厂总工程师，武钢集团有限公司按照60万元年薪（税前）待遇标准聘任，具体由武钢集团有限公司每月13日前向马某蔚支付月薪3.5万元（税前），其余部分根据年度业绩考核情况作为绩效奖励一次性支付。本案中，马某蔚的报酬是否与年度业绩考核情况挂钩，双方存在争议，马某蔚认为合同约定年薪60万元是固定的，与业绩考核无关，武钢集团有限公司则认为应当按照业绩考核相关情况核算实发报酬。事实上，合同的

---

〔1〕 参见最高人民法院中国应用法学研究所编：《人民法院案例选》2020年第9辑（总第151辑），人民法院出版社2021年版，第83页。上海市第二中级人民法院（2019）沪02民终1878号民事判决书。

上述约定中已经写明马某蔚有一部分报酬是根据年度业绩考核情况发放的,通常理解该部分报酬并非固定金额,而是根据业绩表现存在浮动,这符合企业业绩工资的通常发放模式,亦与公司相近岗位劳动者的报酬发放模式保持一致,符合本案实际情况。因此,原审判决根据业绩考核情况计算马某蔚的应发报酬,并无不当。同时,马某蔚在公司工作期间应遵守公司的各项规章制度。公司因实际绩效不佳,经议定程序作出《关于2017年2月绩效考核及绩效工资发放的情况通报》,对2017年3月绩效工资基数按设计水平的90%下发,此种情况下,马某蔚仍坚持自己的报酬不应扣减,原审未予支持,并无不当。[1]

用人单位应补足生育津贴低于工资的差额部分。

【案例7-27】　陈某某诉方某劳动争议纠纷案

判决观点,国家对女职工产假期间实施特殊保护,女职工产假期间享受的生育津贴低于其产假前工资标准的,由用人单位予以补足;高于产假前工资标准的,用人单位不得截留。本案中,陈某某于2019年8月30日入院待产,其主张从2019年8月16日起计算产假工资,符合法律规定,计算128天截至2019年12月21日,某医疗美容诊所虽然于2019年12月4日注销,但客观上产假期间应至2019年12月21日,产假工资也应共计19,826元,扣除陈某某领取生育津贴9479.17元,用人单位仍应向陈某某支付产假工资10,347元(精确到元)。现因某医疗美容所注销,方某系美容诊所投资人,其应承担相应责任。判决:方某支付陈某某产假工资10,347元。[2]

3. 特殊情形下支付劳动报酬条件认定

实践中,经常有公司通过拆分支付工资的方式来控制用工成本,例如,银行卡+现金、公账+私账、公账+报销发票等。尽管此种情况下,公司通常都会以实现"避税"、增加到手收入为由,获得员工的"同意",但不可否认的是,这样的行为依然还是违法的。

【案例7-28】　某某诉某公司劳动争议纠纷案

一审法院认为,本案中,原告、被告争议焦点主要在于原告的月工资标准。对此,虽双方劳动合同约定了工资标准,但从前述查明的事实以及原告提供的证据来看,首先,原告的《录用薪资审批》表中载明其试用期拟定薪资

---

〔1〕 最高人民法院(2019)民申6289号民事裁定书。

〔2〕 参见刘强等:《用人单位应补足生育津贴低于工资的差额部分》,载《人民法院报》2022年7月14日,第7版。江苏省淮安市清江浦区人民法院(2021)苏0812民初5640号民事判决书。

18,000 元/月,转正后薪资 20,000 元/月,该金额远超劳动合同约定的薪资标准……其次,用人单位必须书面记录支付劳动者工资的数额、时间、领取者的姓名以及签字,并保存两年以上备查。然现被告并未提供相应的原始财务账册核查。结合原告入职前的工资情况,本院对被告主张其工资标准仅为 4000 元不予采纳……本院按该考核汇总中的 18,000 元为其工资标准。审理中,原告、被告一致确认原告最后工作至 2018 年 2 月 28 日,被告虽主张原告 2 月存在 5 天病假,但未提供相应证据,且遭原告否认,本院不予采纳。原告自愿从相应金额中扣除 1 万元,于法不悖。综上,经核算,被告应支付原告 2017 年 8 月 1 日至 2018 年 2 月 28 日的工资差额 96,000 元。判决:被告某公司于本判决生效之日起 10 日内支付原告 2017 年 8 月 1 日至 2018 年 2 月 28 日的工资差额 96,000 元。二审法院:驳回上诉,维持原判。[1]

受疫情影响,用人单位部分停工停产的,不能按照停工停产规定支付工资待遇。

【案例 7-29】 郭某诉公司劳动争议纠纷案

张某为某汽车公司客户俱乐部员工,该公司业务涉及汽车零部件生产、汽车组装和车辆销售等工作。双方签订的劳动合同约定张某月工资为 8000 元,汽车公司每月 10 日发放上月 4 日至本月 3 日工资。2 月 3 日以后,汽车公司零部件生产、汽车组装、车辆销售部门陆续复工,但因新冠疫情防控要求客户俱乐部暂时无法对外开放,导致客户俱乐部未能同步复工复产,张某所在客户俱乐部中的 10 余名劳动者均处于停工状态。3 月 10 日汽车公司按照劳动合同约定支付了张某 2 月工资,4 月 10 日按照生活费标准支付了张某 3 月工资待遇。张某认为汽车公司恶意以停工为由降低其工资待遇,遂向劳动人事争议仲裁委员会(以下简称仲裁委员会)申请仲裁。仲裁委员会裁决驳回张某的仲裁请求。[2] 本案的争议焦点是受疫情影响,汽车公司部分停工停产,能否按照停工停产规定支付张某工资待遇。本案中,尽管汽车公司的零部件制造等部门均已复工,但因各部门工作具有相对独立性,其所依赖的复工条件并不相同,张某认为汽车公司恶意以客户俱乐部停工为由降低其工资待遇,事实依据不足。经查,汽车公司部分停工的安排并非针对张某一人,而是无差别地适用于客户俱乐部的 10 余名劳动者。因此,仲裁委员会对张某关于汽车公司安排部分停工存在主观恶意的主张不予采信,该公司安排张某所在部门停工,并适用 5 号文件规定支付张某工资待遇,并无不当,故依法

---

[1] 上海市第一中级人民法院(2019)沪 01 民终 3561 号民事判决书。

[2] 人力资源社会保障部、最高人民法院发布第一批劳动人事争议典型案例之五。

驳回张某的仲裁请求。

应注意的是,新冠疫情是突发公共卫生事件,属于不能预见、不能避免且不能克服的不可抗力。不可抗力是民法的一个法定免责条款。最高人民法院《关于依法妥善审理涉新冠肺炎疫情民事案件若干问题的指导意见(一)》第二条规定:"人民法院审理涉疫情民事案件,要准确适用不可抗力的具体规定,严格把握适用条件。"人力资源社会保障部、最高人民法院等七部门《关于妥善处置涉疫情劳动关系有关问题的意见》第一条规定:"受疫情影响导致原劳动合同确实无法履行的,不得采取暂时停止履行劳动合同的做法,企业和劳动者协商一致,可依法变更劳动合同。"因此,受疫情影响的民事合同主体可依法适用不可抗力条款,但劳动合同主体之一,也就是用人单位,不可以此为由就不履行劳动合同中支付工资的义务。不过,停工停产的用人单位也无需一直持续全额支付公司,可以按照《关于妥善处理新型冠状病毒感染的肺炎疫情防控期间劳动关系问题的通知》第二条规定,支付给职工不低于当地最低工资标准的工资。

用人单位经营困难情况下仍决议为高级管理人员加薪和支付加班费的,应做实质性审查。

【案例 7-30】 周某诉 E 公司劳动争议纠纷案

二审法院认为,首先,根据《公司法》规定,股份有限公司董事的报酬事项由股东会决定,经理的报酬事项由董事会决定,周某作为 E 公司董事长的报酬争议不属于劳动争议案件处理范畴。周某提交的董事会记录中虽显示有对周某欠薪及加班工资问题的讨论,但从会议记录内容看,会议的主持人为周某本人,周某在会上所称的其月薪 5 万元与其当时所持劳动合同约定的月薪 3 万元不相符,该 5 万元金额也未区分董事长和总经理报酬。其次,周某所持期限为 2017 年 6 月 6 日至 2020 年 6 月 5 日的劳动合同虽显示月薪 3 万元,但从周某所述的劳动合同签订过程看,难以认定该薪酬标准系 E 公司与周某根据合法程序、代表 E 公司真实意思所作约定。最后,周某对所主张的每周加班 60 小时高强度工作量,除其自述外,并无其他证据予以佐证,在 E 公司经营状况未见好转的情况下,E 公司董事会仍经周某主持讨论确定支付周某高额欠薪及加班工资之行为,亦有悖常理。故周某提供的董事会会议记录及劳动合同难以成为其诉求成立的充足依据,判决维持原判。[1]

股权激励收益是否符合劳动报酬性质应根据个案确认。

---

〔1〕 上海市第一中级人民法院发布涉高管劳动争议案件典型案例。

【案例7-31】 杨某诉家具公司劳动争议纠纷案

二审法院认为,判断股权激励是否属于劳动报酬,关键在于劳动者获得的股权激励是否具有劳动报酬的本质属性,即人身从属性和劳动对价性。如果此类收益建立在劳动者和用人单位存在劳动关系的基础上,劳动者履行劳动合同的效果(如绩效)等因素有关,劳动者据此获得的股权激励收益应属于劳动报酬。本案中,案涉限制性股票激励基于杨某与家具公司之间的劳动关系产生,家具公司根据杨某的职务、工作性质及业绩考核等综合因素予以发放,是对杨某劳动力价值的体现。杨某获得案涉限制性股票是基于自身向家具公司提供劳动而获得经济利益,而非出于投资增值目的而出资购买,故应属于劳动报酬。关于案涉股票激励收益是否应计入经济补偿金的问题,用人单位在授予劳动者限制性股票时并非以法定货币形式支付,但由于劳动者在获得限制性股票时支付的对价低于股票市场价格,在股票解禁时,必然会为劳动者带来差价的收益,这部分收益是可以以货币形式体现的,故应计入经济补偿金的计算基数。但股权激励属于用人单位的一项长期性激励措施,对应的期间为劳动者获得股权激励之日至其权益实现之日。故在将股权激励计入劳动者离职前12个月平均工资时,应根据实际情况对劳动者取得股权激励对应的时间段进行区分,对于劳动者离职前12个月范围外的激励获益予以剔除。本案中,杨某获得的限制性股票虽不具有货币的外在表现形式,但在其符合条件出售时获得的收入可以表现为货币形式,且事实上杨某也因此获得116,900元。一审法院认为案涉限制性股票收益不应纳入经济补偿金的计算基数,失之偏颇,依法予以纠正。杨某2020年5月离职,2017年6月28日取得案涉限制性股票,2019年1月29日股票解禁获得相应收入116,900元,家具公司应向杨某支付经济解除劳动关系经济补偿金数额应为151,402.46元。[1]

特殊岗位津贴未满足履职期限不符合发放激励性离任津贴条件。

【案例7-32】 艺术品交易公司诉吕某劳动争议纠纷案

二审法院认为,本案的争议焦点在于吕某是否满足特殊岗位离任津贴的发放条件。艺术品交易公司与包括吕某在内的特殊岗位人员签订离任合同的目的是激励吕某等人长期稳定为公司提供劳动,离任津贴的计发系鼓励吕某在工作中认真履职尽责,圆满完成各年度工作任务。履职期限是离任合同的重要条款,故吕某获得特殊岗位离任津贴必须满足离任合同关于履行期限

---

〔1〕 参见国家法官学院、最高人民法院司法案例研究院编:《中国法院2023年度案例》(劳动纠纷),中国法制出版社2023年版,第141~142页。广东省广州市中级人民法院(2021)粤01民终13145号、13146号民事判决书。

的约定，即以其工作到履职期限为前提，以保持权利义务具有一致性。因吕某于2019年5月31日自愿离职，既未工作到离任合同载明的履职期限届满日，亦未工作到最后一份劳动合同中载明的劳动合同期限截止日，故不符合离任津贴的领取条件。[1]

用人单位不应以劳动者未盈利要求退还已发放的佣金奖励。

【案例7-33】　房地产经纪公司诉韦某劳动争议纠纷案

二审法院认为，本案中，《员工手册》就佣金支付条件作出约定，以所涉及的交易已经办理完毕，且需以公司已实际收到交易方所支付的全部费用（含佣金、奖励等）为前提条件。根据本案所查事实，房地产经纪公司在韦某促成案涉交易后即实际向韦某发放了佣金，现其主张因案涉交易退单导致其向开发商退还佣金故其未“实际收到”费用，据此要求韦某退还佣金，但其认可在支付韦某佣金时符合佣金支付条件，并未对其支付佣金行为有误作出合理解释，故应当视为房地产经纪公司认可韦某符合领受该单交易佣金条件。且《员工手册》并未对退单情况下应当退还佣金作出约定，在韦某已经实际提供劳动并达成双方约定的佣金支付条件的情况下，房地产经纪公司要求韦某退还佣金缺乏依据。房地产经纪公司是否向开发商退还佣金亦属于与其开发商之间的权利义务关系范畴，并不直接对韦某产生约束力，故一审法院综合全案事实驳回房地产经纪公司的诉讼请求并无不当。房地产经纪公司上述理由依据不足，不予采信。判决：驳回上诉，维持原判。[2]

用人单位拖延支付工资的应承担法律责任。

【案例7-34】　刘某诉某纺织公司劳动争议纠纷再审案

再审法院认为，依据《深圳市员工工资支付条例》第十二条“工资支付周期不超过一个月的，约定的工资支付日不得超过支付周期期满后第七日”以及第十三条“用人单位因故不能在约定的工资支付日支付工资的，可以延长五日；因生产经营困难，需延长五日以上的，应当征得本单位工会或者员工本人书面同意，但最长不得超过十五日”的规定，按月发放工资，当月工资发放时间最晚不得晚于下个月22日。某纺织公司与刘某劳动合同中关于每月28日发放上个月工资的约定违反了《深圳市员工工资支付条例》相关规定。而且，本案刘某提出解除劳动关系后，某纺织公司亦未按照《深圳市员工工资支

---

〔1〕 参见国家法官学院、最高人民法院司法案例研究院编：《中国法院2023年度案例》（劳动纠纷），中国法制出版社2023年版，第151页。北京市第一中级人民法院（2021）京01民终6758号民事判决书。

〔2〕 参见国家法官学院、最高人民法院司法案例研究院编：《中国法院2023年度案例》（劳动纠纷），中国法制出版社2023年版，第156页。北京市第三中级人民法院（2021）京03民终7462号民事判决书。

付条例》第十三条的规定,在劳动关系解除之日起3个工作日内一次性付清刘某的工资。刘某以某纺织公司未及时支付工资为由主张被迫解除劳动合同理由成立,一审、二审认定某纺织公司应向刘某支付解除劳动合同的经济补偿金,理据充分。裁定驳回某纺织公司的再审申请。[1]

(三)劳动二倍工资认定

《劳动合同法》第八十二条规定:"用人单位自用工之日起超过一个月不满一年未与劳动者订立书面劳动合同的,应当向劳动者每月支付二倍的工资。用人单位违反本法规定不与劳动者订立无固定期限劳动合同的,自应当订立无固定期限,应当向劳动者每月支付二倍的工资。"司法实践中,如何适用该条款的二倍工资有不同理解。

1. 二倍工资理解

劳动合同是劳动者与用人单位确立劳动关系的书面证据,是明确双方权利和义务的协议。国家立法将签订书面劳动合同确定为用人单位的法定义务,并设立未履行该义务应承担的惩罚性赔偿责任,即未签订书面劳动合同的二倍工资罚则,其意义在于,一方面,将劳动合同明确为劳动关系的法定外化形式,以书面形式固定劳动关系双方的权利义务,保障劳动者的合法权利。另一方面,二倍工资罚则加大了用人单位的违法成本,作为一种惩罚性规范,有利于防止用人单位利用事实劳动关系逃避缴纳社会保险等法定义务,侵害劳动者权益。劳动者之所以和用人单位就未签劳动合同的二倍工资差额发生争议,根源在于国家立法确立用人单位要承担一定的社会责任,而社会责任的承担是有一定限度,而不能无限扩大。但两者的争议焦点,却落脚在了双方微观的经济利益方面,而忽视了社会层面的宏观价值和意义。换言之,未签合同的二倍工资差额,应该属于工资中具有身份性意义社会价值部分,而不是具有契约性意义的对价交换部分。

实践中,未签订劳动合同主要表现为,其一,新设劳动关系时未签订书面劳动合同。劳动关系新设立时,劳动合同是用人单位与劳动者就劳动合同期限、工作岗位及地点、工作时间及休息休假、劳动报酬、社会保险等协商一致的书面依据。若未签订书面劳动合同,用人单位与劳动者在劳动关系中的权利义务将处于不确定状态,由于劳动者在劳动关系中通常处于弱势地位,未签劳动合同不利于劳动者的权利保护。其二,劳动合同期满未签书面劳动合同。该情形又可细分为两

---

〔1〕 广东省高级人民法院(2021)粤民申4160号民事裁定书。

种，一种是劳动合同期满终止后，双方自愿继续用工，双方形成了新的事实劳动关系，用人单位仍负有与劳动者签订书面劳动合同的义务。另一种是劳动合同期满后，用人单位依法应当续签无固定期限劳动合同，这属于用人单位的法定义务。

关于二倍工资的起算上限问题。一般认为，用人单位未订立书面劳动合同超过1年的，自用工之日起满1年的当日至订立书面劳动合同的前1日不属于《劳动合同法》第八十二条第二款规定的用人单位应当向劳动者支付二倍工资情形，不应再支付二倍工资。首先，从立法本意考量，该问题产生实质上是由于对《劳动合同法》第八十二条第二款适用范围的理解不同。《劳动合同法》第十四条将第三款与第二款中三种情形区别开来，第二款、第三款情形虽均产生无固定期限劳动合同的法律后果，但第二款规定更多从公平角度调整用人单位和劳动者实体权利的保障；而第三款则更多是从推动规范签订书面劳动合同的用工行为角度，突出对于用人单位的一种程序性惩罚。立法没有将第三款合并为第二款的一种情形，适用法律时就应当区别对待。在适用《劳动合同法》第八十二条第二款时，违反该规定不签订无固定期限劳动合同的，是专指用人单位违反《劳动合同法》第十四条第二款三种情形的规定，应当订立而不与劳动者订立无固定期限劳动合同的行为。而第十四条第三款不属于第八十二条第二款应当签订而不签订无固定期限劳动合同的情形，即视为已订立无固定期限劳动合同与应当订立无固定期限劳动合同是两个不同概念，不能混为一谈。其次，从未订立劳动合同二倍工资性质分析，未订立劳动合同二倍工资中的一倍不是基于劳动者提供的劳动，而是基于用人单位的违法行为，在法律性质应属于惩罚性赔偿金。用人单位自用工之日起超过1个月不满1年未与劳动者订立书面劳动合同，已承担了支付二倍工资的惩罚责任，而且法律又推定双方建立了无固定期限劳动合同，与固定期限劳动合同相比，加强了对用人单位的约束，更是对用人单位违法行为的一种惩罚。在此情况下，再对用人单位科以未订立无固定期限劳动合同的二倍工资义务，则有失公平。根据《劳动合同法实施条例》第七条规定也可得出这种结论，该条并未规定未订立无固定期限劳动合同的二倍工资，也就是不论是否订立无固定期限劳动合同都不再支付二倍工资。

《劳动合同法实施条例》第七条规定："用人单位自用工之日起满一年未与劳动者订立书面劳动合同的，自用工之日起满一个月的次日至满一年的前一日应当依照劳动合同法第八十二条的规定向劳动者每月支付两倍工资，并视为自用工之日起满一年的当日已经与劳动者订立无固定期限劳动合同，应当立即与劳动者补订书面劳动合同。"该条规定包含两层含义：其一，用工之日起满1个月的次日至满1年的前一日应当向劳动者支付两倍工资，并没有进一步规定用工满1年当日至补订书面劳动合同期间，用人单位应当支付二倍工资，劳动者请求用人单位支付用工满1年以后的二倍工资缺乏法律依据。其二，后半句视为已经订立了无固定期限劳动合同,应当立即与劳动者补订书面劳动合同,实际上法律认可了已经订立了无固定期限劳动合同,补订书面合同应属补签书面劳动合同的问题。双方之间已经建立了无固定期限的劳动合同,说明用人单位未签订无固定期限劳动合同的情形已经消失,再支付二倍工资缺乏事实依据。

2022 年 2 月 21 日,最高人民法院与人社部联合发布了《关于劳动人事争议仲裁与诉讼衔接有关问题的意见(一)》(人社部发〔2022〕9 号),对此进行了明确,该意见第二十条规定,用人单位自用工之日起满一年未与劳动者订立书面劳动合同,视为自用工之日起满一年的当日已经与劳动者订立无固定期限劳动合同。存在前款情形,劳动者以用人单位未订立书面劳动合同为由要求用人单位支付自用工之日起满一年之后的第二倍工资的,劳动人事争议仲裁委员会、人民法院不予支持。

2. 二倍工资认定

司法实践中,就劳动合同涉及的二倍工资的形态具有多样性和复杂性。

【案例 7－35】 李某诉永善博爱医院劳动争议纠纷案

二审法院认为,本案中,永善博爱医院聘用李某工作满 1 年未与李某签订书面劳动合同,根据《劳动合同法》第十四条第三款之规定,视为李某与永善博爱医院已订立无固定期限劳动合同。法院认可李某与永善博爱医院已经订立了无固定期限劳动合同,说明永善博爱医院未签订无固定期限劳动合同的情形已经消失,李某请求支付自用工之日起满 1 年后的二倍工资无事实和法律依据,依法不予支持。〔1〕

【案例 7－36】 任某诉某工程租赁公司劳动合同纠纷案

判决观点,用人单位应支付任某 2014 年 2 月至 12 月 11 个月的二倍工资,但因任某在工作期间就签订书面劳动合同一事未曾主张过相关权益,且用人单位提出时效抗辩,故该期间的二倍工资不予支持;2015 年 1 月解除劳动合同之日的二倍工资不属于《劳动合同法》第八十二条第二款用人单位应当向劳动者支付二倍工资的情形,亦不予支持。〔2〕

【不同观点】 起算时用工之日起满一个月的次日,至满一年当日用人单位被视为同劳动者签订无固定期限劳动合同,并应当立即同劳动者补签劳动合同,否则,用人单位必须继续向劳动者支付二倍工资,也就是说至签订书面合同时为

〔1〕 参见国家法官学院案例开发研究中心编:《中国法院 2017 年度案例》(劳动纠纷),中国法制出版社 2017 年版,第 171 页。云南省昭通市中级人民法院(2015)昭中民二终字 1013 号民事判决书。

〔2〕 参见刘宇、魏萌:《未签订书面劳动合同支付二倍工资的责任》,载《人民法院报》2017 年 8 月 3 日,第 7 版。

止。因为《劳动合同法》的立法主旨就是为了督促用人单位同劳动者签订书面的劳动合同,从而明确双方的权利关系,最大限度地保护弱势群体劳动者的合法权益。如果一概“视为签订无固定期限劳动合同”而对该种合同的具体内容是什么不加以明确,就会给用人单位留下钻法律空子的机会,显然不利于保护作为弱势群体的劳动者的合法权益。并且《劳动合同法实施条例》第七条规定,“应当立即与劳动者补订书面劳动合同”,如果失去了二倍工资的约束,即使用人单位不立即与劳动者补订书面劳动合同,也不用承担什么责任,则后果必将造成该条款的形同虚设。

根据《劳动合同法》第八十二条的规定,二倍工资分为两种类型:第一种是未依法签订劳动合同二倍工资;第二种是未依法签订无固定期限二倍工资。上述二倍工资的两种类型是各自独立的,实践中应注意不能混淆。根据《劳动合同法》第十四条规定,未签订书面劳动合同二倍工资的上限规定为11个月。对未依法签订无固定期限的二倍工资上限问题,《劳动合同法》第八十二条第二款并未对二倍工资期限进行限制。对此一般认为,有必要对支付二倍工资的期限进行限制。用人单位不订立无固定期限劳动合同与不订立书面劳动合同,在行为违法性本质上是一样的,因此对两类二倍工资的支付期限作同一理解适用,都限定最长期限为11个月,符合同类情形、类似处理的基本公平原则。

对于劳动者在用人单位注册之前就在本单位工作的,未签订劳动合同双倍工资的起算时间是从工作之日还是从公司注册之日,法律并无明确规定。一般认为,对此情况,应认定用人单位自注册之日才具有劳动法规定的用人单位主体资格与劳动者签订劳动合同的条件。筹建中的公司不具有合法的劳动用工权,即使其与劳动者签订劳动合同也属于无效合同,因此要求筹建中的公司支付未签劳动合同的双倍工资,缺乏法律依据。

【案例7-37】　周某彬诉淄博盈源工业废渣综合利用有限公司劳动争议纠纷案

二审法院认为,在公司注册成立之前,筹建中的公司不是法律意义上的用人单位,不是《劳动合同法》的适格主体,其无能力与劳动者签订劳动合同;在公司成立后应当按照法律规定,与劳动者签订劳动合同。但淄博盈源工业废渣综合利用有限公司(以下简称盈源公司)在公司成立后怠于履行上述义务,按照法律规定,应从满1个月的次日即2012年7月19日支付劳动者双倍工资,直至周某彬离职之日即2013年1月24日,故周某彬的双倍工资差额共计99,996元(月工资16,666元×6个月)。原审判决计算周某彬双倍工资起算时间正确,但截止时间错误,法院予以纠正。根据《劳动合同法实施条例》第六条规定……盈源公司主张未签订劳动合同的过错在于周某彬,但未提供证据证明,且没有与周某彬书面终止劳动关系,双方劳动关系继续存在,盈源公司应支付周某彬未签订劳动合同的双倍工资差额。综上,原审判决适用法律错误,法院予以纠正。判决:(1)维持一审判决第一项;(2)撤销一审判决第三项;(3)盈源公司向周某彬支付2012年7月19日至2013年1月24日双倍工资差额99,996元;(4)驳回周某彬的其他诉讼请求。〔1〕

用人单位未与劳动者签订书面劳动合同的可归责性问题。劳动合同本质上还是合同,其订立与否取决于劳动关系双方的合意。如果是用人单位的原因导致未签订书面劳动合同,用人单位应当支付二倍工资。如果是其他不可归责于用人单位的原因,用人单位不需要支付二倍工资。在劳动者不愿签订书面劳动合同时,用人单位未书面通知劳动者终止劳动关系继续留用的,则应支付二倍工资。

【案例7-38】 博明斯自动化设备江阴有限公司诉元某劳动合同纠纷案

二审法院认为,用人单位自用工之日起超过1个月不满1年未与劳动者订立书面劳动合同的,应当依照《劳动合同法》第八十二条的规定向劳动者每月支付二倍的工资,并与劳动者补订书面劳动合同;劳动者不与用人单位签订书面劳动合同的,用人单位应当书面通知劳动者终止劳动关系。根据此规定,劳动者不愿意签订劳动合同的,用人单位可以书面通知劳动者终止劳动关系,继续留用须支付二倍工资。一审法院适用法律错误,二审法院予以改判。元某的上诉请求成立,予以支持。判决:(1)撤销一审判决;(2)博明斯自动化设备江阴有限公司支付元某未签订书面劳动合同二倍工资差额39,355元。〔2〕

【案例7-39】 北京创景天呈数字科技有限公司诉吉某劳动合同纠纷案

一审法院认为,北京创景天呈数字科技有限公司(以下简称创景公司)主张未签订书面劳动合同系吉某一方原因所致,并提交了书面证言。因证人系创景公司的股东且未出庭作证,同时该书面证言系复印件,创景公司未提交原件予以核对,故仅凭书面证言不足以证明创景公司之主张,进而创景公司应就其在法定期限内未与吉某签订书面劳动合同的过错行为承担二倍工资的惩罚性赔偿责任。具体而言,首先,劳动争议申请仲裁时效期间为1年,吉某于2015年12月15日提出仲裁申请,故其要求创景公司支付2014年9月19日至12月15日未签劳动合同二倍工资差额的请求已超过诉讼时效,法院不予支持。其次,根据《劳动合同法实施条例》第七条的规定……吉某

〔1〕 参见国家法官学院案例开发研究中心编:《中国法院2016年度案例》(劳动纠纷),中国法制出版社2016年版,第178~179页。山东省淄博市中级人民法院(2014)淄民三终字第190号民事判决书。

〔2〕 参见国家法官学院、最高人民法院案例研究院编:《中国法院2020年度案例》(劳动纠纷),中国法制出版社2020年版,第139页。江苏省无锡市中级人民法院(2018)苏02民终3251号民事判决书。

于2014年8月19日入职创景公司，即2015年8月19日可视为已与创景公司订立无固定期限劳动合同，故吉某主张2015年8月19日至9月20日未签劳动合同二倍工资差额没有依据，法院不予支持。综上，法院按照已确定的工资标准及工资发放周期计算吉某2014年12月16日至2015年8月18日未签劳动合同二倍工资差额。判决：(1)创景公司支付吉某2015年2月20日至9月20日工资差额66,000元；(2)创景公司支付吉某2014年12月16日至2015年8月18日未签书面劳动合同合同二倍工资差额88,919.54元。创景公司在二审中撤回上诉。[1]

【不同处理】 劳动者主张劳动合同非本人签订，但合同履行期间，用人单位并未侵犯其权益，合同解除时劳动者主张双倍工资差额不应得到支持。

用人单位与劳动者补签劳动合同，用人单位仍需承担未签订劳动合同的责任。

【案例7－40】　某某诉辉鑫龙公司劳动争议纠纷再审案

再审法院认为，劳动者在2020年9月12日至11月15日未与用人单位签订书面劳动合同，案涉劳动合同系在劳动者提出辞职申请后补签，用人单位亦陈述其要求劳动者补签劳动合同才同意劳动者辞职。本案补签劳动合同不能视为双方对过去已履行部分的追认以及对未来权利义务的约定。不能免除辉鑫龙公司支付未签订劳动合同二倍工资差额的义务。[2]

用人单位与劳动者之间签署的其他有效书面文件若具备书面劳动合同的性质，无需支付未订立劳动合同的二倍工资。

【案例7－41】　北京泛太物流有限公司诉单某某劳动争议纠纷案

一审法院认为，关于未签订劳动合同的二倍工资差额。原告北京泛太物流有限公司(以下简称泛太物流公司)提出曾与被告单某某订立书面劳动合同，单某某负责保管员工档案并借此将所签订的劳动合同取走。对此法院认为，依据泛太物流公司提供的《工作职责》的内容，单某某负责公司员工的档案管理工作，其虽否认负责上述工作，且否认《工作职责》中自己签字的真实性，但经法院释明，其未申请对上述签字的真伪进行鉴定，应当承担上述事实不能查明的不利法律后果，即法院对《工作职责》的证明力予以确认，采信泛太物流公司关于单某某负责员工档案管理的主张，但仅凭借单某某负责保管档案以及其持有部分泛太物流公司文件的事实并不足以证实泛太物流公司

---

〔1〕 参见国家法官学院案例开发研究中心编：《中国法院2018年度案例》(劳动纠纷)，中国法制出版社2018年版，第189页。北京市海淀区人民法院(2016)京0108民初9465号民事判决书。

〔2〕 贵州省高级人民法院(2022)桂民申4316号民事裁定书。

曾与单某某签订有书面劳动合同书。反而，单某某持有的《员工录用审批表》中明确约定了其工作部门、工作地点、聘用期限、试用期、工资待遇等，并附有泛太物流公司法定代表人苏某平的签字，上述审批表内容已经具备劳动合同的要件，特别是上述《员工录用审批表》现由单某某持有并由其作为证据提供，即其认可上述审批表的内容，因此法院认为该审批表具有劳动合同的性质。故单某某要求泛太物流公司支付2011年7月30日至8月30日未签订劳动合同的二倍工资差额，其中2011年7月30日至8月17日系包含在上述审批表所载明的合同期限内，其中2011年8月17日后双方已经解除劳动合同关系，故泛太物流公司无需支付上述期间二倍工资差额。综上，对泛太物流公司提出的无需支付未签订劳动合同的二倍工资差额的主张，法院予以支持。

二审法院认为，关于双方是否签订劳动合同一节，双方各执一词，该节争议的核心即是否能对被上诉人泛太物流公司予以二倍工资惩罚。由于双方均认可填有《员工录用审批表》且该表为上诉人单某某持有和提举，所以该节争议的实质就演化为该《员工录用审批表》能否视为双方的书面劳动合同。对此，法院认为，应结合《劳动合同法》未签订书面劳动合同予以双倍工资惩罚的立法目的予以分析。首先，《劳动合同法》第八十二条针对实践中劳动合同签订率低以及《劳动法》第十六条仅规定"建立劳动关系应当订立劳动合同"而没有规定违法后果的立法缺陷，增设了二倍工资的惩罚，该第二倍差额的性质并非劳动者劳动所得而是对用人单位违反法律规定的一种惩戒。二倍工资的立法目的在于提高书面劳动合同签订率，明晰劳动关系中的权利义务而非劳动者可以从中谋取超出劳动报酬的额外利益。其次，结合单某某持有的《员工录用审批表》分析，该表已基本实现了书面劳动合同的功能。表中明确约定了单某某的工作部门、工作地点、聘用期限、试用期、工资待遇等，并附有泛太物流公司法定代表人苏某某的签字，该审批表内容已经具备劳动合同的要件，既能够明确双方的劳动关系又固定了双方的权利义务，实现了书面劳动合同的功能。一审法院认定该审批表具有劳动合同的性质、驳回单某某要求泛太物流公司支付二倍工资差额的诉讼请求正确，法院予以确认。单某某该节上诉请求没有事实和法律依据，不予支持。[1]

关于劳动合同到期未续签劳动合同的二倍工资问题。劳动合同终止后继续用工的，第一次的劳动合同关系已经终止，继续用工的属于新的劳动合同关系确定，应当支付二倍工资。因为没有任何法律确认继续用工属于第一次用工的延续

---

〔1〕 参见《最高人民法院公报》2013年第12期(总第206期)。

进而使用第一次劳动合同的约定，一旦发生争议，劳动者的权益将得不到保障。如果适用二倍工资将更符合立法者本意，督促用人单位积极同劳动者签订劳动合同，明确双方的权利，更有利于保障劳动者的利益。

两次劳动合同到期之后未签订书面劳动合同，法院判用人单位赔两年未签订无固定期限劳动合同的二倍工资。

【案例7－42】　王某诉某会计师事务所劳动争议纠纷案

二审法院认为，用人单位违反《劳动合同法》规定不与劳动者订立无固定期限劳动合同的，自应当订立无固定期限劳动合同之日起向劳动者每月支付二倍的工资。本案中，某会计师事务所与王某已签署两次固定期限劳动合同，且第二次固定期限劳动合同于2020年1月1日到期后王某仍在某会计师事务所工作，至2022年4月7日前某会计师事务所未与王某签订无固定期限劳动合同，违反法律规定，应当向王某支付未签订无固定期限劳动合同二倍工资差额。如前所述，因某会计师事务所在仲裁阶段未提出仲裁时效抗辩，王某主张2020年1月2日至2021年11月22日未签订无固定期限劳动合同二倍工资差额，依法应予支持。判决：驳回上诉，维持原判。[1]

关于二倍工资的计算标准问题。一般认为，二倍工资计算标准，以劳动者正常出勤下的基本工资为准，不应包括加班工资、销售提成之类的非固定收入，但可以包括固定的福利性补贴，如奖金、津贴等。具体可参照《关于工资总额组成的规定》第三条、第四条、第十一条等规定。

《劳动合同法》规定自用工之日起超过1个月不满1年未与劳动者订立书面劳动合同的，用人单位应当向劳动者每月支付二倍的工资，但未就劳动合同到期后续签劳动合同是否仍享有1个月的宽限期进行明确规定，导致相关类型案件的裁判中存在较大争议。一般认为，用人单位不享有1个月的宽限期。

【案例7－43】　北京九鼎易物科贸有限责任公司诉李某劳动合同纠纷案

一审法院认为，本案中，李某于2012年9月24日入职北京九鼎易物科贸有限责任公司，双方自该日期起即已建立劳动关系，该日期为用工之日。双方1年劳动合同期满后未及时续签劳动合同，显然不属于《劳动合同法》第十条规定的自用工之日起1个月内，由此可以推论出未及时续签劳动合同在双倍工资的支付上，不享有1个月的宽限期；按照《北京市劳动合同规定》第四十条的规定，北京九鼎易物科贸有限责任公司有义务在双方劳动合同期满前提前30日通知是否续签，并进行协商，该30日可以视为对是否续签以及协商如何续签劳动的一个宽限期。综上，在劳动合同期满后，劳动者仍在用

---

〔1〕北京市第一中级人民法院(2022)京01民终10545号民事判决书。

人单位工作,用人单位未及时与劳动者续签劳动合同的,不享有1个月的宽限期,支付未签订劳动合同二倍的工资的起算点为自劳动合同期满的次日,截止点为双方补订书面劳动合同的前一日。故,法院对于北京九鼎易物科贸有限责任公司提出的劳动合同期满后仍享有1个月宽限期的抗辩,不予采纳。仲裁裁决的未续签劳动合同工资差额数额15,678.16元,不高于法律规定,法院予以确认。判决:北京九鼎易物科贸有限责任公司支付李某2013年5月24日至6月25日未续签劳动合同二倍工资差额15,678.16元。二审法院裁定:准许双方撤回上诉。[1]

劳动者因工负伤,在确定停工留薪期的结束日期以前,不应认定用人单位支付二倍工资。

集体合同的目的是确定一个整体上的劳动标准,而非确定具体劳动关系,不能代替劳动合同,用人单位未与劳动者签订劳动合同时,用人单位不能以已签订的集体合同为由拒绝支付二倍工资。

在劳动者被认定为工伤,因劳动者原因未签订无固定期限劳动合同,用人单位按原固定期限劳动合同按时支付的工资等劳动报酬的情况下,用人单位不应向劳动者再承担每月支付二倍工资差额的责任。也就是说,用人单位不应支付自主选择不签无固定期限劳动合同者的双倍工资差额。

【案例7-44】 重庆紫光化工股份有限公司诉梁某劳动争议纠纷案

二审法院认为,虽重庆紫光化工股份有限公司(以下简称紫光股份公司)与梁某连续订立两次固定期限劳动合同后,紫光股份公司应当与劳动者订立无固定期限劳动合同,但在紫光股份公司告知梁某按原告合同内容与其订立无固定期限劳动合同后,梁某却以未明确加班工资标准及支付方式为由不与紫光股份公司订立无固定期限劳动合同,而加班工资标准系法定,加班工资支付方式也非《劳动合同法》规定的合同要件。因此,对双方未订立无固定期限劳动合同,紫光股份公司没有故意或过失,且主要系梁某原因导致双方无法达成协议。由于梁某被认定为工伤,若紫光股份公司依据《劳动合同法实施条例》第五条、第六条规定书面通知终止劳动关系,则涉嫌违反《劳动法》第四十二条违法解除劳动关系,并应承担相应赔偿金。因此,对紫光股份公司而言,两权相较取其轻,其未向梁某书面通知终止劳动关系有其正当理由。此外,在梁某继续上班期间,紫光股份公司仍按原合同足额支付了相关劳动报酬,并未损害梁某的权益。一审认定事实清楚,适用法律错误。判

---

〔1〕 参见国家法官学院案例开发研究中心编:《中国法院2016年度案例》(劳动纠纷),中国法制出版社2016年版,第95页。北京市朝阳区人民法院(2014)朝民初字第04331号民事判决书。

决：撤销一审判，驳回梁某的诉讼请求。[1]

用人单位主张未签订劳动合同系因新冠疫情，但自用工之日满1个月时新冠疫情尚未暴发，用人单位应当向劳动者支付二倍工资。

【案例7-45】　李玲利诉张店区征月火锅店劳动争议纠纷再审案

再审法院认为，劳动者自用工之日满1个月时，新冠疫情尚未暴发，故用人单位主张劳动者工作期间正值新冠疫情高发期，系因不可抗力不能订立书面合同即缴纳社会保险费，没有事实根据，法院不予支持。[2]

用人单位主张未签订劳动合同系因劳动者不具备任职资格，但未能证明任职所需资格，用人单位应当向劳动者支付二倍工资。

【案例7-46】　某某诉某公司劳动争议纠纷再审案

再审法院认为，作为用人单位，理应充分知悉劳动用工法律相关规定以及未签订书面劳动合同的法律后果，同时，招聘时应对劳动者的入职资格、条件等进行核查。用人单位主张劳动者未取得有效监理资格证书、未如实告知执业情况，存在欺诈行为，但用人单位未与劳动者签订书面劳动合同，未能提供有效证据证明劳动者应聘时应具备的资格、条件等要求，提供的证据未反映曾对劳动者的任职资格提出异议，且未能签订书面劳动合同的原因完全在于劳动者。认定用人单位应支付劳动者未签订劳动合同二倍工资。[3]

劳动者拒绝签订劳动合同后，用人单位应当进行催告并形成完备的用工材料或拒绝用工，才能免除其支付未签订劳动合同二倍工资的责任。

【案例7-47】　青海俐府餐饮管理有限公司诉樊某英劳动争议纠纷再审案

再审法院认为，依据《劳动合同法》的规定，用人单位应当建立完善的企业制度，这一制度当然地包含了完备的与劳动者签订劳动合同的制度。这要求用人单位应当对于劳动者是否存在拒不签订劳动合同的主观恶意负有举证责任，同时也要求用人单位在与劳动者建立劳动关系时应当第一时间签订劳动合同，明确双方权利义务；而在面临拒不签订劳动合同的劳动者时亦应当进行催告并形成完备的用工材料或者拒绝用工。只有在用人单位充分履行了其法定义务之后，才能免除其支付未签订劳动合同二倍工资的责任。本案中，青海俐府餐饮管理有限公司（以下简称俐府公司）提供鄂尔多斯市东胜区劳动人事争议仲裁委员会对案外人法某平及鄂尔多斯市雍贵酒店管理

---

〔1〕 参见《人民司法·案例》2017年第5期（总第772期）。重庆市第一中级人民法院（2016）渝01民终6882号民事判决书。

〔2〕 山东省高级人民法院（2022）鲁民申1635号民事裁定书。

〔3〕 广东省高级人民法院（2021）粤民申11230号民事裁定书。

有限公司作出的裁决书等证据主张樊某英恶意拒绝签订劳动合同,不能达到该证明目的。樊某英拒绝签订劳动合同后,因俐府公司未进行进一步催告或者拒绝用工,原一审、二审法院判决俐府公司支付樊某英未签订书面劳动合同期间的二倍工资并无不当。……关于原判决适用法律确有错误的问题。基于前述分析,原一审、二审法院适用《劳动合同法》第八十二条之规定,判决俐府公司支付樊某英未签订书面劳动合同期间的二倍工资,适用法律正确。综上,樊某英的再审申请不符合《民事诉讼法》第二百零七条第二项、第三项、第四项、第五项、第六项、第十一项规定的情形。俐府公司的再审申请不符合《民事诉讼法》第二百零七条第二项、第六项规定的情形。裁定:驳回樊某英、俐府公司的再审申请。[1]

用人单位未与劳动者签订劳动合同,自用工之日满一年之后,应当向劳动者支付未签无固定期限劳动合同二倍工资。二倍工资仲裁时效为劳动者主张权利之日往前倒推一年。

【案例7-48】 孙某国诉广东联进高信息技术股份有限公司劳动争议纠纷再审案

再审法院认为,本案争议焦点是广东联进高信息技术股份有限公司(以下简称联进高公司)应否向孙某国支付未签订劳动合同的二倍工资差额,即2014年8月23日至2015年7月22日未签订书面劳动合同二倍工资差额173,250元及入职满一年后(2015年8月23日至2018年4月10日)未签订无固定期限劳动合同二倍工资差额497,700元。本案中,孙某国与珠海通飞三维系统工程有限公司签订的劳动合同约定期限为2014年7月23日至2016年7月23日,已经发生法律效力的珠海市中级人民法院(2019)粤04民终242号民事判决认定珠海通飞三维系统工程有限公司与联进高公司为关联公司,因此,孙某国主张联进高公司应支付该期间未签订书面劳动合同二倍工资差额没有事实依据。依照《劳动争议调解仲裁法》第二十七条的规定,劳动争议申请仲裁的时效期间为一年,因此,用人单位应支付的二倍工资差额从劳动者主张权利之日起往前倒推一年,按月计算。孙某国第一次主张联进高公司支付未签订书面劳动合同二倍工资差额是2018年8月15日,结合孙某国与联进高公司于2018年4月10日解除劳动关系的事实,一审、二审法院认定可予支持二倍工资差额的期间为2017年8月16日至2018年4月10日止共计7个月零24天,核算该期间二倍工资差额共计122,850元,合理有据。综上,孙某国的再审理由缺乏事实和法律依据,其证据不足以证

---

[1] 青海省高级人民法院(2022)青民申748号民事裁定书。

明其主张,本院对其再审申请不予支持。裁定:驳回孙某国的再审申请。[1]

用人单位与劳动者补签劳动合同,用人单位仍需承担未签订劳动合同的责任。

【案例7-49】 黄某春诉广西辉鑫龙酒店管理有限公司劳动争议纠纷再审案

再审法院认为,本案中,黄某春在2020年9月12日至11月15日未与广西辉鑫龙酒店管理有限公司(以下简称辉鑫龙公司)签订书面劳动合同,案涉劳动合同系在黄某春提出辞职申请后补签,辉鑫龙公司亦陈述其要求黄某春补签劳动合同才同意黄某春辞职。本案补签劳动合同不能视为双方对过去已履行部分的追认以及对未来权利义务的约定。原判决根据《劳动合同法》第十条和第八十二条关于应当及时订立书面劳动合同的规定认定"不能免除辉鑫龙公司支付未签订劳动合同二倍工资差额的义务,并判决辉鑫龙公司支付黄某春未签订劳动合同的二倍工资差额5536.9元"并无不当。综上所述,原判决认定事实清楚,适用法律正确,申请人辉鑫龙公司的再审申请无事实和法律依据,裁定:驳回辉鑫龙公司的再审申请。[2]

面试登记表和转正申请表载明了劳动者的基本信息、工作内容、劳动报酬等内容,但并不能替代书面劳动合同。用人单位仍需承担未签订劳动合同的责任。

【案例7-50】 山东东阀制冷科技有限公司诉刘某浩劳动争议纠纷再审案

再审法院认为,用人单位与劳动者签订书面劳动合同是《劳动合同法》的强制性规定,是用人单位应当承担的法定义务。签订书面劳动合同是规范用人单位用工管理、确定和保障劳动者权益的重要依据。用人单位无正当理由未与劳动者签订书面劳动合同,应当按照《劳动合同法》第八十二条的规定向劳动者每月支付二倍的工资。山东东阀制冷科技有限公司(以下简称东阀公司)在原审中提供的面试登记表、转正申请表不能替代书面劳动合同,原审判决东阀公司向刘某浩支付未签订书面劳动合同的双倍工资,认定事实和适用法律均无不当。综上,东阀公司的再审申请不符合《民事诉讼法》第二百零七条第六项规定的情形。裁定:驳回东阀公司的再审申请。[3]

3. 高级管理人员二倍工资

公司高管人员兼具劳动者与"雇主"的属性决定了其适用"二倍工资罚则"时

---

〔1〕 广东省高级人民法院(2021)粤民申13139号民事裁定书。

〔2〕 广西壮族自治区高级人民法院(2022)桂民申4316号民事裁定书。

〔3〕 山东省高级人民法院(2022)鲁民申9177号民事裁定书。

也应当有别于普通劳动者。一般认为,公司高管人员未签订书面劳动合同是否适用“二倍工资罚则”,应当考量以下几个方面的因素:其一,公司高管人员的岗位职责与职权范围。在公司内部高管人员人力资源经理与业务部门经理,其适用二倍工资上是应加以区分的。人力资源经理因其对劳动法律、法规的知悉程度通常远强于普通劳动者,深知其未签劳动合同的法律后果,专门代表用人单位与员工签订劳动合同、进行劳动人事管理之职,在用人单位未拒绝与其签订或续签劳动合同的前提下,理所当然地有义务主动向用人单位要求签订书面劳动合同,假如未签订书面合同,应视为人力资源经理严重失职,自行承担未签订书面合同的后果,自然不得向用人单位主张二倍工资。公司高管人员属于其他岗位的经理,比如专业技术研发岗位经理、市场营销岗位经理、财务总监等,因其不参与劳动人事管理,往往对劳动法律、法规的了解比较生疏,此种情形下,他们的境况与普通劳动者基本相同,法官在审理时应依是否签订书面劳动合同决定支付二倍工资。其二,公司高管人员是否存在过错,是否存在恶意直接影响其适用二倍工资的情况。实践中,有些公司高管人员为达到攫取非法利益之目的,利用职务之便任意篡改、隐匿、伪造、偷窃、销毁劳动合同或故意不予签订书面劳动合同,有违诚信与公平原则,法官对此类二倍诉求不予支持。反之,公司高管人员并无过错,亦无恶意的,应支持未签书面劳动合同的二倍工资。要杜绝法官随意对公司高管人员有过错推定,合理限制法官自由裁量权。其三,用人单位对未签订书面劳动合同存在过错。用人单位若能提供充分证据证实其履行了签订合同的必要程序和行为,高管人员明显得到了签订合同的机会、合同条款公平合理、尽职尽责履行了劳动合同义务等情况,就足以认定其在主观上没有不签订书面劳动合同的过错,理应可以免除二倍工资支付责任。反之,用人单位未能提供充分证据证实其无过错,则应承担未签书面劳动合同二倍工资的责任。

【案例 7-51】 蓝某诉厦门市扬权纸品包装有限公司劳动争议纠纷案

二审法院认为,厦门市扬权纸品包装有限公司(以下简称扬权公司)主张蓝某的工作职责包含人事管理工作,应就其主张承担举证责任,但其未能举证证明蓝某的工作职责包括主管人事工作、签订劳动合同。所以扬权公司关于蓝某利用主管人事等职权故意不签订劳动合同的主张不予采信。另外,扬权公司主张工资包含加班费,计算二倍工资时应予扣除。扬权公司应对此承担举证责任,但其举示的工资条上无蓝某签名,蓝某也不予认可,所以对工资条不予采信。扬权公司无法证明其发放工资包含加班费,故承担举证不利后果,一审法院认定双方约定工资包含加班费属于事实认定错误,应予以纠正。因此,扬权公司主张计算二倍工资时应扣除加班费缺乏事实和法律依据。综上所述,一审判决认定蓝某与扬权公司约定的工资已包含加班费,认定事实错误,予以纠正,但一审判决结果正确。故对扬权公司的上诉请求不予支持。判决:驳回上诉,维持原判。[1]

人事经理的主要职责就是代表用人单位行使劳动人事管理,帮助用人单位合法履行劳动法律规定,避免因违法行为而导致用人单位的利益受到损害。因此人事经理理应知道用人单位与劳动者不订立书面劳动合同将承担向劳动者支付二倍工资的法律责任,理应履行用人单位赋予的与员工签订书面劳动合同岗位职责,原则上对其主张未签订劳动合同的二倍工资请求不予支持,但有证据证明非自身原因签订劳动合同的除外。

【案例7-52】 郑某诉立成公司劳动争议纠纷案

一审法院认为,郑某于2018年3月入职立成公司处担任人事部门负责人,其在任期间也代表单位招聘其他员工并签订了劳动合同,上述事实证明郑某的工作职责范围包括订立劳动合同等职责,也表明其有提供劳动合同规范文本的便利。郑某作为立成公司人力资源管理部门负责人应当知悉与员工签订劳动合同是其工作职责,也应当清楚用人单位不与员工签订劳动合同的法律后果。因此,郑某在立成公司任职期间未与立成公司签订劳动合同,该责任应系郑某未履行工作职责所致,应由郑某承担相应的法律后果。郑某虽主张立成公司多次拒绝与其签订劳动合同,但未能就此提交相应的证据予以印证,不予采信。郑某要求立成公司支付未签订劳动合同的二倍工资差额,理据不足。判决:驳回郑某的全部诉讼请求。二审法院裁定准许郑某撤回上诉。[2]

【案例7-53】 刘某萍诉南京仁创物资有限公司劳动争议纠纷案

判决观点,南京仁创物资有限公司(以下简称仁创公司)与刘某萍之间存在劳动关系,仁创公司提交的工资表足以确认其预留刘某萍2015年5月工资833元,仁创公司应当按照合同约定和国家规定按时足额支付。仁创公司辩称2015年5月工资表系刘某萍恶意制作,但未提交证据证明,不予采信。故对刘某萍要求仁创公司支付2015年3月至7月的预留工资,予以部分支持。关于刘某萍主张的经济补偿金2917元,仁创公司虽未足额支付刘某萍2015年5月工资,仁创公司预留2015年5月工资有正当理由,刘某萍主张经济补偿金缺乏事实和法律依据,不予支持。关于刘某萍主张的二倍工资11,666元,仁创公司确实未与刘某萍签订劳动合同,但劳动合同签订属于人力资源负责的事项,刘某萍作为公司的人事主管,其工作职责范围应该包

〔1〕 参见国家法官学院、最高人民法院案例研究院编:《中国法院2020年度案例》(劳动纠纷),中国法制出版社2020年版,第120页。福建省厦门市中级人民法院(2018)闽02民终4559号民事判决书。

〔2〕 参见国家法官学院、最高人民法院案例研究院编:《中国法院2021年度案例》(劳动纠纷),中国法制出版社2021年版,第108页。广东省汕头市中级人民法院(2018)粤05民终1068号民事裁定书。

括代表单位依照法律规定处理与劳动者之间劳动合同签订及履行方面的相关事宜,避免单位因违反法律法规被追究法律责任,也应当知晓订立书面劳动合同的相关规定及不签订书面劳动合同的法律后果,因此,刘某萍有义务主动向仁创公司要求签订书面劳动合同。但刘某萍并未提交证据证明其曾主动要求仁创公司与其签订劳动合同。故综合考量刘某萍的岗位职务等因素后,法院对刘某萍主张的未签订书面劳动合同的二倍工资的诉讼请求不予支持。判决:(1)仁创公司支付刘某萍2015年5月工资833元;(2)驳回刘某萍的其他诉讼请求。[1]

公司高管未与自己签订书面劳动合同,主张二倍工资差额,法律不予支持。

【案例7-54】 欧阳某诉深圳风某云合生态环境有限公司劳动争议纠纷再审案

再审法院认为,本案系劳动合同纠纷。根据深圳风某云合生态环境有限公司(以下简称风某公司)的再审请求和欧阳某的答辩意见,本案的主要争议焦点为风某公司应否向欧阳某支付未签订书面劳动合同的双倍工资差额及解除劳动合同经济补偿金。关于风某公司应否支付未签订书面劳动合同的双倍工资差额问题。《劳动合同法》第八十二条规定,用人单位自用工之日起超过1个月不满1年未与劳动者订立书面劳动合同的,应当向劳动者每月支付二倍的工资。立法目的在于引导用人单位规范用工,积极签订劳动合同,为劳动者维权提供便利,以实现劳动用工关系的规范有序,和谐稳定。从风某公司提交的证据来看,欧阳某是作为风某公司的授权代表与公司19名员工签订劳动合同,同时也是风某公司人事管理制度的审核人。因此,欧阳某的工作职责包含了劳动合同签订事务。本案中,未有证据证明风某公司拒绝与欧阳某签订劳动合同,或者风某公司明确欧阳某的工作职责不包含欧阳某本人与风某公司的劳动合同签订事宜。因此,欧阳某未与风某公司签订劳动合同系因其自身未勤勉履行工作职责所致。劳动者因不履行工作职责而获得额外利益,不合情理。欧阳某主张风某公司应支付未签订劳动合同的二倍工资差额,违反了《劳动合同法》第八十二条第一款的立法目的,与诚实信用原则和公平原则相悖,本院不予支持。关于风某公司应否向欧阳某支付解除劳动合同的经济补偿金的问题。风某公司主张欧阳某违反公司财务纪律,导致公司财务混乱,对欧阳某进行调岗调薪处理。但风某公司未能提供证据证明欧阳某存在上述失职行为,亦未与欧阳某就工作岗位及薪酬变更协商一

---

〔1〕 参见国家法官学院案例开发研究中心编:《中国法院2018年度案例》(劳动纠纷),中国法制出版社2018年版,第197~198页。江苏省南京市江宁区人民法院(2015)江宁民初字第4477号民事判决书。

致。欧阳某从公司高管被调整为业务员，职位和薪酬都发生了较大的改变，其在请假后再未回到风某公司上班，可视为以实际行动解除与风某公司的劳动合同。综合本案事实及证据，二审判决认定风某公司应向欧阳某支付解除劳动合同的经济补偿金，并无不当。风某公司主张无需支付经济补偿金的再审理由缺乏事实和法律依据，本院不予支持。关于律师费的问题。根据《深圳经济特区和谐劳动关系促进条例》第五十八条的规定及欧阳某在本案中的胜诉金额比例，风某公司应向欧阳某支付律师费2034.37元(28,952.35÷338,000×23,750)。二审法院对此处理有误，本院予以纠正。欧阳某主张二审判决存在事实认定上的错误，但未向本院提出再审申请，本院不予审查。欧阳某在再审审理阶段向本院提交的司法鉴定和调查取证申请不影响本案事实认定，亦缺乏法律依据，本院依法不予准许。综上所述，风某公司有关无需支付未签订劳动合同二倍工资差额的再审理由有理，本院予以采纳。二审判决适用法律错误，部分实体处理不当，本院予以纠正。判决：(1)撤销广东省深圳市中级人民法院(2017)粤03民终17702号民事判决；(2)维持广东省深圳前海合作区人民法院(2017)粤0391民初311号民事判决。[1]

企业人事高管主张未签订书面劳动合同二倍工资的，不予支持，但有证据证明其提出与用人单位订立劳动合同被拒绝的除外。

【案例7－55】　刘某诉某美容公司劳动合同纠纷案

二审法院认为，《劳动合同法》第八十二条规定，“用人单位自用工之日起超过一个月不满一年未与劳动者订立书面劳动合同的，应当向劳动者每月支付二倍的工资。”基于此，用人单位不与劳动者签订书面劳动合同，应承担相应法律责任。但刘某作为人力资源高管，本人具有督导公司与员工签订劳动合同的职责，对于自身未签订劳动合同具有过错，其再行请求公司承担未签订书面劳动合同期间的二倍工资，有违诚信公平原则，在刘某没有证据证明其本人向公司提出签订劳动合同而被公司拒绝的情形下，对刘某主张未签订书面劳动合同二倍工资的请求不应支持。[2]

公司负责签订劳动合同的管理人员应证明自身未签订劳动合同不存在过错，否则法律不予支持未签劳动合同的二倍工资诉求。

【案例7－56】　梁某新诉珠海同益制药有限公司劳动争议纠纷案

二审法院认为，梁某新在珠海同益制药有限公司(以下简称同益公司)

---

〔1〕 广东省高级人民法院(2019)粤民再35号民事判决书。

〔2〕 山东省高级人民法院发布十大劳动争议典型案例。山东省菏泽市中级人民法院(2022)鲁17民终3174号民事判决书。

任人事行政经理,虽然如其所述,其本人不能代表同益公司与自己签订劳动合同,但根据其工作职责,其清楚本人的劳动合同到期的时间,在期满前应当启动续签劳动合同这一程序,提请同益公司是否同意续签,但梁某新并没有提交证据证明其启动了这一程序而同益公司拒绝续签。因此,梁某新对双方未能续签劳动合同存在重大过错,原审法院不予支持其未签劳动合同的二倍工资并无不当,法院予以维持。[1]

需要注意的是,高管人员(含管理人员)不能自行经手代表公司与自己订立劳动合同。因为劳动合同是特殊合同,必须由双方当事人达成合意方能签订,若高管人员能够代替用人单位与自己订立劳动合同,则双方主体存在事实竞合,并不符合合同成立的一般要件。如果允许此种做法,身为劳动者高管人员就能毫无顾忌地坐地起价,显然有违《劳动合同法》的立法目的。高管人员负责签订劳动合同本身就是用人单位的一种授权委托,代替公司与自己签订劳动合同这种自己代理也是法律所规制的行为。高管人员应当与聘任他的上级部门或董事会签订劳动合同。

【案例 7-57】 梁平县丰疆生物科技有限公司诉杨某劳动争议纠纷案

一审法院认为,原告、被告已于2014年5月25日建立劳动关系,原告应当在2014年6月25日之前与被告签订书面劳动合同,原告称被告作为办公室主任,其职责包括代表公司与劳动者签订书面劳动合同,但并未提供证据证明,即使被告的职责包括代表公司与劳动者签订书面劳动合同,原告也无证据证明被告有职责包括代表公司与被告本人签订书面劳动合同,且其提供的签订书面劳动合同书通知书并不能证明被告拒绝与原告签订书面合同。原告并无证据证明已与被告签订了书面劳动合同,应当向被告每月支付二倍的工资。在原告已向被告每月支付工资后,还应当从2014年6月25日起向被告支付二倍工资差额,原告支付被告工资至2015年4月25日,2015年5月被告在岗工作3天,因此,原告应向被告支付的二倍工资差额为51,839.08元(5000元/月×10个月+5000元/月÷21.75天×8天),对于被告要求支付11个月的二倍工资差额不予采纳。判决:(1)由原告梁平县丰疆生物科技有限公司向杨某一次性支付二倍工资差额51,839.08元;(2)驳回原告的其他诉讼请求。二审程序中,双方当事人自愿达成调解协议:梁平县丰疆生物科技有限公司一次性支付杨某二倍工资差额35,000.00元。[2]

---

〔1〕 参见国家法官学院案例开发研究中心编:《中国法院2016年度案例》(劳动纠纷),中国法制出版社2016年版,第97页。广东省珠海头市中级人民法院(2014)珠中法民一终字第357号民事判决书。

〔2〕 参见国家法官学院案例开发研究中心编:《中国法院2017年度案例》(劳动纠纷),中国法制出版社2017年版,第163~164页。重庆市第二中级人民法院(2015)渝二中法民终字第02078号民事调解书。

个案中,有的法院认为未签劳动合同的责任不在于高管的,则用人单位应支付二倍工资。

劳动者负责用人单位人事管理的,除非能证明用人单位拒绝与其签订劳动合同,否则劳动者主张二倍工资不予支持。

【案例7-58】 高某诉华线公司劳动争议纠纷再审案

再审法院认为,向用人单位主张"二倍工资"的,如用人单位能够证明订立劳动合同属于该人事管理部门负责人的工作职责,可不予支持。有证据证明人事管理部门负责人向用人单位提出签订劳动合同,而用人单位予以拒绝的除外。本案中,双方庭审陈述及相关证据显示,高某在华线公司工作期间负责人事管理、行政等工作,应当视为签订劳动合同系高某的工作职责范围。高某主张其曾向公司负责人发送过劳动合同文本要求华线公司签订劳动合同,但华线公司不予理睬。华线公司主张该劳动合同文本系公司拟与员工签订劳动合同的模板,系高某完成本职工作。因高某未提交充分证据证明其发送的系其本人的劳动合同,结合高某发送文件前后的聊天内容及并未有针对该文件提出任何催促华线公司签署协议的说明,原审法院认定此种情况下不宜由华线公司向高某支付未签订劳动合同二倍工资差额,并无不当。综上,高某申请再审的理由不能成立,其再审申请不符合《民事诉讼法》第二百零七条规定的情形。裁定:驳回高某的再审申请。[1]

【案例7-59】 雄某诉快活林公司劳动争议纠纷再审案

再审法院认为,关于快活林公司是否应承担未与雄某签订书面劳动合同的责任的问题。首先,《劳动合同法》第八十二条第 款规定:"用人单位自用工之日起超过一个月不满一年未与劳动者订立书面劳动合同的,应当向劳动者每月支付二倍的工资。"该条款的立法目的在于引导用人单位规范用工,积极签订劳动合同,为劳动者维权提供便利,以实现劳动用工关系的规范有序,和谐稳定。其次,根据本案查明的事实,雄某在快活林公司任总经理,全面负责公司的经营,公司没有专职负责人力资源管理的主管,故雄某的工作职责范围应该包括代表公司依法与劳动者签订劳动合同,避免公司因违反法律法规被追究法律责任。再次,雄某应当知晓订立书面劳动合同的相关规定及不订立书面劳动合同的法律后果,其有义务主动向快活林公司要求订立书面劳动合同,但雄某并未提交证据证明其曾主动要求与快活林公司签订劳动合同,故雄某未与快活林公司签订劳动合同系因其自身未勤勉履行工作职责所致。最后,在关联案件中,雄某的代理人陈述雄某曾代表公司招录其他员

---

〔1〕 北京市高级人民法院(2022)京民申1647号民事裁定书。

工入职,故雄某主张其工作职责不包含本人与快活林公司签订劳动合同,缺乏事实依据。综上,雄某主张快活林公司应向其支付未签订劳动合同的二倍工资差额,既缺乏事实与法律依据,亦与社会主义核心价值观相悖,本院不予支持。一审、二审法院判决快活林公司向雄某支付未签订劳动合同的二倍工资差额147,413.79元,处理不当,本院予以纠正。[1]

4.劳动者自愿放弃订立书面劳动合同二倍工资

用人单位与劳动者签订书面劳动合同是一种法律责任,该法律责任旨在明确劳动合同双方当事人的权利和义务,保护劳动者的合法权益,构建和发展和谐稳定的劳动关系。劳动者自愿放弃订立劳动合同,用人单位仍需支付未签订书面合同的双倍工资。

【案例7-60】 黄某诉M公司劳动争议纠纷案

二审法院认为,签订书面劳动合同系用人单位的法定义务,用人单位不得以劳动者自愿不签订劳动合同为由免除其与劳动者签订书面劳动合同的义务。一审法院判决M公司支付黄某2013年5月20日至2014年3月17日未签订书面合同双倍工资28,982元。二审法院予以维持。[2]

【不同处理】 劳动者自愿放弃订立劳动合同,用人单位不需要支付双倍工资。

【案例7-61】 李某诉T公司劳动争议纠纷再审案

再审法院认为,本案中,再审申请人李某在入职T公司时,T公司已经书面通知其与公司签订劳动合同,但李某签名承诺自愿不签订劳动合同。由于李某承诺自愿不签订劳动合同是导致双方未能签订书面劳动合同的主要原因,李某在被用人单位解除事实劳动关系后又以双方未签订书面劳动合同为由要求T公司支付二倍工资,违反诚实信用的原则,原审未判决T公司支付双倍工资并无不当。[3]

【案例7-62】 许某诉A公司劳动争议纠纷案

判决观点,本案中,就未签劳动合同问题,《承诺书》明确载明系许某不愿意签订劳动合同,尽管该《承诺书》落款时间系双方解除劳动关系之后,但应视为许某自愿放弃主张权益的意思表示,故许某要求支付未签订劳动合同

---

〔1〕 广东省高级人民法院(2020)粤民再327号民事判决书。
〔2〕 浙江省杭州市中级人民法院(2014)浙杭民终字第3028号民事判决书。
〔3〕 广西壮族自治区高级人民法院(2019)桂民申3645号民事裁定书。

二倍工资差额的主张，法院不予支持。[1]

5. 二倍工资支付责任的例外

主流观点认为，因下列情形未订立书面劳动合同，劳动者请求用人单位支付未订立书面劳动合同第二倍工资的，人民法院不予支持：(1)因不可抗力导致未订立的；(2)因劳动者自身原因未订立的；(3)因存在《劳动合同法》第四十五条、《劳动合同法实施条例》第十七条、《工会法》第十九条规定的情形，在劳动合同期满续延期内未订立的；(4)法律、行政法规规定的其他情形。

主流观点认为，存在《劳动合同法》第十四条第三款规定情形，劳动者以用人单位未及时补订书面劳动合同为由，要求用人单位支付视为已与劳动者订立无固定期限劳动合同期间第二倍工资的，人民法院不予支持。

主流观点认为，符合订立无固定期限劳动合同条件的劳动者与用人单位协商一致订立固定期限劳动合同，劳动者请求用人单位支付未订立无固定期限劳动合同第二倍工资的，人民法院不予支持。

个别劳动者专门钻企业劳动管理漏洞，俗称“职场碰瓷”，上岗工作一段时间后以企业没有签订劳动合同为由向仲裁机关申请和向法院提起诉讼，要求二倍工资赔偿。对此，不能机械地适用《劳动合同法》第八十二条第一款的规定，应考虑个别公正因素进行综合考量。可以通过双方行为的外在表现与内在动机进行综合考虑，个别劳动者外在行为表现是“职场碰瓷”，其内在动机是谋取不正当利益，法律应给予否定性的评价。在二倍工资支付责任排除的司法裁判中由于目的在于防范劳动者的道德风险以及构建平衡的利益保护状态，故还应本着利益平衡的原则，根据劳动者道德风险的具体样态，考量相关法律要件的事实以查明问题，尽量提高事实认定的盖然性。

【案例 7－63】 邹某邦诉温州东球鞋业有限公司劳动争议纠纷案

二审法院认为，劳动关系中，双方当事人的地位不对等，故劳动立法对弱者的劳动者一方适度倾斜保护，以期将双方利益校正到相对平衡的状态，但不应理解为对劳动者的无限度保护。据不完全统计，邹某邦自 2019 年以来先后与七家鞋类制造企业发生劳动争议，仅 2015 年就有三起劳动争议诉至原审法院。邹某邦在各用人单位的在职时间短则 1 个多月，最长也未超过 1 年，离职后即申请劳动仲裁，索赔金额高达数万元，远超其在该用人单位的工资收入，有以劳动仲裁及诉讼收入为业之嫌疑，有违《劳动合同法》第三条规定的公平、平等、诚实信用等基本原则。本案中，邹某邦在温州东球鞋业有限

---

〔1〕 北京市海淀区人民法院(2016)京 0108 民初 6970 号民事判决书。

公司（以下简称东球鞋业公司）仅工作 30 多天，东球鞋业公司关于其仍在考察邹某邦是否胜任工作的抗辩意见具有一定合理性。原判对邹某邦主张的未签订劳动合同二倍工资不予支持，处理妥当，法院予以维持。判决：驳回上诉，维持原判。〔1〕

地方法院、地方劳动行政部门认为，双方将劳动合同的签字日期倒签在法定期限内，劳动者以劳动合同倒签为由主张未签订书面劳动合同二倍工资差额的，不予支持。但有证据证明存在欺诈、胁迫情形的除外。双方补签劳动合同的，劳动者主张实际用工之日至补签前一日扣除 1 个月订立书面劳动合同宽限期的二倍工资差额，应予支持。〔2〕

“拟制”用人单位对招用、管理、发放报酬均不知情的，应排除未签订书面劳动合同二倍工资的支付义务。

甲公司与劳动者签订劳动合同并为其缴纳社保和支付工资，劳动者为乙公司提供劳动，劳动者要求甲、乙公司支付二倍工资不予支持。

【案例 7 – 64】 某某诉某公司劳动争议纠纷再审案

最高人民法院认为，劳动者与甲公司签订有劳动合同，甲公司为劳动者办理了社会保险，并通过向劳动者发放工资，劳动者亦自认与甲公司签订劳动合同，且从劳动者提交的工伤认定资料来看，均表明劳动者为甲公司员工。故认定劳动者与甲公司存在劳动关系并无不当。乙公司虽租用甲公司的厂房，双方存在合作经营关系，但并非混同经营，认定劳动者与乙公司不存在劳动关系。鉴于此，不予支持劳动者主张的未签订劳动合同二倍工资差额。〔3〕

劳动合同中约定到期双方无异议自动延续，到期后用人单位未与劳动者重新签订劳动合同，无需向劳动者支付二倍工资。

【案例 7 – 65】 某诉某公司劳动争议纠纷再审案

再审法院认为，用人单位作为甲方、劳动者作为乙方签订合同期限为 2019 年 11 月 1 日至 2020 年 10 月 31 日的《劳动合同》，该份《劳动合同》中记载“合同到期双方无合同争议，本合同将自动延续。”因用人单位与劳动者在前述《劳动合同》中已经约定劳动合同到期续延，在劳动合同到期后，劳动者仍继续工作，双方均未提出解除或终止劳动合同时，属于双方意思表示一致续延劳动合同，可视为双方订立一份与原劳动合同内容和期限相同的合

---

〔1〕 参见国家法官学院案例开发研究中心编：《中国法院 2018 年度案例》（劳动纠纷），中国法制出版社 2018 年版，第 193 页。浙江省温州市中级人民法院（2015）浙温民终字 3319 号民事判决书。

〔2〕《江西省高级人民法院、江西省人力资源和社会保障厅印发〈关于办理劳动争议案件若干问题的解答（试行）〉的通知》（赣高法〔2020〕67 号）。

〔3〕 最高人民法院（2017）民再 347 号民事裁定书。

同，故对于劳动者主张2020年11月1日至12月2日未签订书面劳动合同二倍工资差额的诉讼请求不予支持。[1]

劳动者符合与用人单位签订无固定期限劳动合同的条件后，又与用人单位签订固定期限劳动合同，劳动者要求用人单位支付二倍工资不予支持。

【案例7-66】　尖某诉西宁市城市建设发展有限公司劳动争议纠纷再审案

再审法院认为，尖某主张2019年1月至2021年3月未签订无固定期限劳动合同的二倍工资。虽然尖某与西宁市城市建设发展有限公司（以下简称城建公司）符合签订无固定期限劳动合同的条件，但从第二次签订固定期限劳动合同后，尖某又与城建公司两次签订固定期限劳动合同，该两份合同已履行完毕，没有证据证明该两份合同的订立存在欺诈、胁迫、乘人之危等情形或尖某向城建公司提出签订无固定期限劳动合同而城建公司拒绝签订，也没有证据证明在合同履行过程中尖某就不签订无固定期限劳动合同提出过异议，故二审法院对尖某主张未签订无固定期限劳动合同的二倍工资不予支持并无不当。[2]

【不同处理】　劳动者2014年2月22日到公司处工作，分别于2014年2月22日、2017年2月22日即签订两次固定期限劳动合同，而后又签署了两次固定期限劳动合同，最后一份劳动合同合同的到期日为2022年2月21日，2022年2月21日公司通知劳动者劳动合同到期不再续签，劳动者当日停止工作，双方劳动关系终止。

【案例7-67】　王某某诉齐鲁公司劳动争议纠纷案

二审法院认为，王某某与齐鲁公司多次签订了固定期限的书面劳动合同，可以认定双方协商一致续定了固定期限合同。[3] 本案中，法院根据王某某与齐鲁公司签订的第三、第四份合同，推定王某某同意签订固定期限合同，并以此为由，不支持王某某主张应该签订无固定期限劳动合同而未签应支付二倍工资的诉求。这种推定模式是否违背《劳动合同法》，需要进一步研究。从法律规定的层面上讲，法律假定劳动者是不知道劳动合同是有固定期限和无固定期这两种类型，在这种情况下，如果劳动者愿意签订第三份合同的时候，用人单位是理应告知劳动者有无固定期限劳动合同的。如果告知之后，劳动者知道了有两种类型的合同，这时劳动者还提出，要签订固定期限合同，如此才能签署固定期限合同。在本案中，劳动者王某某主张并未“提出”签

---

〔1〕 北京市高级人民法院（2022）京民申1621号民事裁定书。

〔2〕 青海省高级人民法院（2022）青民申581号民事裁定书。

〔3〕 内蒙古自治区呼和浩特市中级人民法院（2023）内01民终2852号民事判决书。

订固定期限劳动合同的时候，举证责任应当是阻却事由即可，而用人单位主张的是王某某“提出”签订固定期限劳动合同，就需要证明这个“提出”事实的存在，如果无法举证，则就应当承担举证不能的不利后果。

未签劳动合同超过1年，满1年之后的二倍工资不支持。

【案例7-68】 王某诉河南某财务管理公司劳动争议纠纷再审案

再审法院认为，根据公司的再审申请理由，本案审查的重点是公司应当向王某支付二倍工资的期间范围。王某于2018年10月24日入职公司工作，从事代理记账工作，于2020年7月31日离职。双方未签订书面劳动合同。故根据《劳动合同法》第八十二条的规定，公司应当向王某支付2018年11月25日起至2019年10月23日止11个月的二倍工资。而根据《劳动合同法》第十四条的规定，自2019年10月24日后，王某与公司之间已被视为订立无固定期限劳动合同。王某再主张公司支付用工满1年之后未签订书面劳动合同的二倍工资没有法律依据。综上，一审、二审判决适用法律错误，公司的再审申请符合《民事诉讼法》第二百条规定的情形。裁定如下：(1)指令河南省郑州市中级人民法院再审本案。(2)再审期间，中止原判决的执行。[1]

二倍工资赔偿针对的是用人单位不与劳动者签订书面劳动合同的行为，而用人单位与劳动者签订了书面劳动合同但拒不交付劳动者的，不等同于未签订书面劳动合同的情形，所以不能适用二倍工资赔偿的规定。用人单位与劳动者签订劳动合同后，未将劳动合同文本交付劳动者的，劳动者可以向劳动行政部门反映，由劳动行政部门责令用人单位改正。因用人单位拒绝交付劳动合同文本给劳动者造成损害的，用人单位应当承担赔偿责任。

【案例7-69】 周某强与厦门永英晟供应链有限公司劳动争议纠纷再审案

再审法院认为，首先，《劳动合同法》第八十一条、第八十二条之规定内容，对用人单位与劳动者未订立书面劳动合同与劳动合同未载明必备条款或未交付劳动者，分别规定了不同的法律责任。根据该法第八十一条规定：“用人单位提供的劳动合同文本未载明本法规定的劳动合同必备条款或者用人单位未将劳动合同文本交付劳动者的，由劳动行政部门责令改正；给劳动者造成损害的，应当承担赔偿责任。”据此，周某强以双方订立的劳动合同缺少必备内容以及厦门永英晟供应链有限公司（以下简称永英晟公司）未交付劳动合同，可依据前述规定要求永英晟公司承担赔偿责任，但其要求支付双倍工资，缺乏法律依据，不予支持。其次，周某强入职时间是2017年9月26

---

〔1〕 河南省高级人民法院(2021)豫民申8769号民事裁定书。

日，双方于2018年1月1日签订劳动合同。根据《劳动合同法实施条例》第七条规定："用人单位自用工之日起满一年未与劳动者订立书面劳动合同的，自用工之日起满一个月的次日至满一年的前一日应当依照劳动合同法第八十二条的规定向劳动者每月支付两倍的工资，并视为自用工之日起满一年的当日已经与劳动者订立无固定期限劳动合同，应当立即与劳动者补订书面劳动合同。"永英晟公司系在用工之日起1年以内与周某强订立书面劳动合同。故周某强主张永英晟公司应当向其支付2017年11月5日至12月31日未签订劳动合同二倍工资差额，没有法律依据，不予支持。[1]

【案例7－70】　关某飞与清远市乐驾无忧驾驶培训有限公司劳动争议纠纷案

二审法院认为，关某飞上诉认为其入职时清远市乐驾无忧驾驶培训有限公司(以下简称乐驾无忧公司)未在劳动合同上签名并签署日期，亦未将合同交由关某飞持有，故应属于未签订书面劳动合同。但由乐驾无忧公司提供的《劳动合同》可见，其作为用人单位，关某飞作为职工，双方均在合同中签名并加盖了用人单位公章，关某飞也确认该《劳动合同》的签名为其本人入职时所签。且关某飞在英城街道办劳动监察中队所作的《劳动保障监察调查询问笔录》中亦确认其与乐驾无忧公司有签订合同。由此可见，双方确已签订书面的劳动合同。另外，乐驾无忧公司是否在关某飞入职时将上述合同交由关某飞持有并不影响合同的效力，且根据《劳动合同法》第八十一条关于"用人单位提供的劳动合同文本未载明本法规定的劳动合同必备条款或者用人单位未将劳动合同文本交付劳动者的，由劳动行政部门责令改正；给劳动者造成损害的，应当承担赔偿责任"的规定，用人单位未将劳动合同文本交付劳动者的，应由劳动行政部门责令改正，造成损害的应由用人单位承担赔偿责任。现关某飞并未能提供证据证明其因未收到劳动合同文本而造成的损失情况，而其主张乐驾无忧公司未向其交付劳动合同应视同没有签订劳动合同，没有法律依据。因此，一审判决确认乐驾无忧公司已与关某飞签订书面劳动合同且无需向关某飞每月支付未签订书面劳动合同的二倍工资差额，并无不当，本院予以维持。[2]

【案例7－71】　何某与广东奇正模架科技有限公司劳动争议纠纷案

二审法院认为，关于奇正模架科技有限公司(以下简称奇正模架公司)应否因不与何某签订书面劳动合同支付二倍工资的问题。奇正模架公司已与何某签订了书面劳动合同，何某请求奇正模架公司支付因未签订书面劳动

---

〔1〕 福建省高级人民法院(2020)闽民申1477号民事裁定书。

〔2〕 广东省清远市中级人民法院(2020)粤18民终2132号民事判决书。

合同应付的二倍工资的理由不成立。何某主张奇正模架公司未向其交付劳动合同致使其造成损失,应当承担赔偿责任。但何某并未向人民法院举证证明其因未收到劳动合同文本而造成损失的情况。而何某主张奇正模架公司未向其交付劳动合同应视同没有签订劳动合同亦无法律根据。奇正模架公司已与何某签订了书面劳动合同,无需向何某每月支付二倍的工资。[1]

(四)劳动年终奖认定

对于年终奖的概念,现行法律未有明确规定。但《国家统计局关于工资总额组成的规定》第四条规定:"工资总额由下列六个部分组成:(一)计时工资;(二)计件工资;(三)奖金;(四)津贴和补贴;(五)加班加点工资;(六)特殊情况下支付的工资。"其中,奖金是指支付给职工的超额劳动报酬和增收节支的劳动报酬,包括生产奖等。对于生产奖的范围,根据《国家统计局〈关于工资总额组成的规定〉若干具体范围的解释》的规定,主要包括超产奖、质量奖、年终奖(劳动分红)等。一般认为,实践中年终奖可细分为五类,第一类薪金类年终奖,本身就是工资的一种。第二类考核类年终奖,属于绩效类的工资。第三类福利类年终奖,用人单位自主决定发放的福利。第四类,奖励类年终奖。第五类提成类年终奖,员工完成某项工作后理应获得的奖金。

《劳动法》第四十七条规定,用人单位根据本单位的生产经营特点和经济效益,依法自主确定本单位工资分配方式和工资水平。故是否发放年终奖及相关事项,属于用人单位自主经营权的范围,法律并没有强制要求用人单位发放年终奖。具体来讲,用人单位有权根据本单位的经营状况、劳动者的工作岗位及绩效表现等综合因素,自主确定年终奖等各类奖金是否发放、发放的条件及发放标准。换言之,如何发放年终奖是用人单位行使自主经营权的行为受法律保护。

实践中,离职员工年终奖的发放是多发争议。在区分年终奖性质的前提下,对薪金类、考核类年终奖,因属于工资范畴应予发放,而不应再根据员工是否离职决定。如果用人单位规章制度规定对于离职员工不发放此种性质年终奖的,属于无效条款,不受法律保护。对于福利类年终奖,应由用人单位自主决定,法律不予干涉。对于奖励类、提成类年终奖,只要离职员工符合发放条件就应该发放,与在岗员工同等待遇。在评判离职员工年终奖是否予发放上应坚持约定优先,如果劳动合同约定或规章制度规定了年终奖的发放条件和发放标准,就应当依约定或者根据规定发放,除非有正当理由不予发放。没有约定发放标准的,按照同工同酬

---

〔1〕 广东省阳江市中级人民法院(2018)粤17民终195号民事判决书。

原则,依照相应工作时间折算年终奖的发放标准。

【案例7-72】 王某诉地铁一公司劳动争议纠纷案

二审法院认为,本案中,地铁一公司与王某签订的《劳动合同书》约定的工资按照《地铁一公司工资管理制度》执行,而上述管理制度中已经明确将年度奖励纳入工资管理;同时,王某亦提交了银行流水证明其在职期间的年终奖系作为工资发放,一审法院据此认定地铁一公司应按照《劳动合同书》约定及此前惯例继续向王某支付2018年的年终奖,并无不当。王某在地铁一公司工作至2018年12月3日,地铁一公司主张适用其公司职工代表大会于2018年12月27日审议通过的《关于发放2018年度员工奖励的通知》来考核王某是否符合发放年终奖金明显有欠妥当,一审法院对其公司该项主张未予支持,正确合理。判决:驳回上诉,维持原判。[1]

【案例7-73】 燕某诉D租赁北京公司劳动争议纠纷案

二审法院认为,根据各方当事人的诉辩意见,本案二审的争议焦点为:(1)D租赁北京公司应支付燕某2015年度年终奖的金额;(2)D租赁北京公司应支付燕某诉争期间未休年休假的工资金额;(3)D租赁北京公司是否应支付燕某防暑降温费。

关于争议焦点一,《劳动合同法》第三十条第一款规定:“用人单位应当按照劳动合同约定和国家规定,向劳动者及时足额支付劳动报酬。”《员工手册》中规定,工资包括月薪、奖金、津贴、补助、加班费和特殊情况下支付的工资。二审中,D租赁北京公司认可上述工资中的奖金即为年终奖。现D租赁北京公司主张未承诺过支付燕某2015年度年终奖,于法无据,本院不予采纳。

年终奖属于劳动报酬,用人单位虽具有发放年终奖的自主权,但亦应按照规章制度规定或劳动合同约定,向劳动者及时足额支付年终奖。本案中,燕某2015年度全年提供劳动,D租赁北京公司应当向其支付2015年度年终奖。《员工手册》中关于年终奖支付所涉及“在此工资及福利到期应支付时,仍由公司雇佣的员工”的条件,D租赁北京公司主张上述规定应理解为“我们的奖金受领适格主体是发放时还在我公司任职的人员”,根据D租赁北京公司上述意见,其理解的上述规定系指离职时未到支付日期的劳动报酬均不再予以支付。基于上述理解,本院认定,该规定应属违反法律强制性规定之情形,应为无效。燕某2015年度履行劳动合同,D租赁北京公司应支付其

---

〔1〕 参见国家法官学院、最高人民法院案例研究院编:《中国法院2021年度案例》(劳动纠纷),中国法制出版社2021年版,第127页。北京市第二中级人民法院(2019)京02民终10639号民事判决书。

2015年度年终奖。D租赁北京公司《员工手册》中关于"劳动者每年享有金额不低于一个月工资的奖金"以及"奖金金额由公司总经理决定"的规定,并未直接指向年终奖超过一个月工资的部分由总经理决定的规定的意思表示,D租赁北京公司的意见亦始终为其总经理有权确定燕某年终奖为0元,且燕某年终奖金亦主要应依据客观情况作出确定。

就D租赁北京公司主张的总经理根据公司每年集团经营状况、公司经营状况和员工情况以及员工在未来年度努力工作的激励情况等综合条件,确定劳动者年终奖,本院认为,首先就该内容,并未有明确经劳动者确认的规范性载体予以记载。经告知,D租赁北京公司亦未向本院提供其关于公司业绩考核的相关规范。其次,D租赁北京公司并未就其所称的集团经营状况、公司经营状况和员工情况以及基于上述情况应支付燕某年终奖为0元的主张提供充分证据予以证明。同时,D租赁北京公司虽曾称燕某工作量没有按照年初计划完成,其2015年业绩表现导致年终奖为0元,但并未提供证据证明燕某工作量的完成情况、与公司年初计划差距及因此不应支付燕某2015年度年终奖之情形。故在D租赁北京公司缺乏充分证据证明燕某不符合享受年终奖之客观条件的情况下,D租赁北京公司以《员工手册》包含奖金金额由公司总经理决定的规定,即通过《总经理决定》取消了燕某2015年度年终奖的行为,于法无据,本院不予采纳。

关于应支付年终奖的金额,《民事诉讼法解释》第九十条规定:"当事人对自己提出的诉讼请求所依据的事实或者反驳对方诉讼请求所依据的事实,应当提供证据加以证明,但法律另有规定的除外。在作出判决前,当事人未能提供证据或者证据不足以证明其事实主张的,由负有举证证明责任的当事人承担不利的后果。"同时,《北京市工资支付规定》第十三条规定:"用人单位应当按照工资支付周期编制工资支付记录表,并至少保存二年备查。工资支付记录表应当主要包括用人单位名称、劳动者姓名、支付时间以及支付项目和金额、加班工资金额、应发金额、扣除项目和金额、实发金额等事项。"用人单位应当按照工资支付周期编制工资支付记录表,并至少保存二年备查。劳动者与用人单位因劳动报酬问题产生争议时,在二年备查期间内,由用人单位承担举证责任。本案中,在D租赁北京公司应支付燕某2015年度年终奖的事实确认之情况下,D租赁北京公司应就燕某2015年度年终奖金额负有举证义务。鉴于D租赁北京公司不认可燕某提交的《2015财年至2016财年员工意见:个人业绩评估》及《2015财年至2016财年员工意见总结》的真实性,且亦未向本院递交根据燕某工作考核应支付其2015年度年终奖具体金额的证据,故其应当承担举证不能的责任。故就燕某2015年度年终奖金额,本院同时综合燕某工资金额、以往劳动报酬发放情况、当事人陈述内容及现有证据等因素，对燕某上诉主张的该项金额为28,884元予以支持。一审法院认定有误的部分，本院依法予以调整。

关于争议焦点二，首先，燕某未举证证明其入职D租赁北京公司前的工作情况，故其2013年12月未休年休假工资的上诉主张于法无据，本院不予支持；同时，燕某依法应自2014年12月1日起享有每年5天的带薪年休假。其次，《员工手册》中有关带薪年休假的规定，其中超出法定年休假天数的部分，应当按照《员工手册》执行，亦即过期未休不予补偿，故燕某无权就未休的额外年休假要求支付工资报酬的差额部分。再次，D租赁北京公司提交的经公证的2014年燕某发出的申请年休假电子邮件，能够证明燕某2014年申请相关年休假的事实，故一审法院认定D租赁北京公司无需支付燕某2014年未休年休假工资并无不妥。故此，D租赁北京公司应当支付燕某2015年5天未休年休假工资4426.67元。燕某关于其余未休年休假工资的上诉主张，缺乏事实及法律依据，本院不予采纳。

关于争议焦点三，关于燕某上诉提出的高温津贴的问题，本院认为，D租赁北京公司曾向燕某支付"额外补偿"，分别为320元及540元，燕某认可收到上述款项。D租赁北京公司称该款项即为应支付燕某的高温补贴，燕某虽上诉提出上述款项并非高温补贴并称证明责任应由D租赁北京公司承担，但对于款项性质D租赁北京公司已经作出说明，而燕某并未就其收到的款项性质进行说明，故一审法院认定D租赁北京公司已经支付燕某高温补贴，于法有据，本院予以确认，D租赁北京公司无需再支付燕某高温补贴费用。[1]

关于年终一次性奖励的定性问题。年终奖是企业事业单位根据自身当年的经济效益给予员工的一种年终奖励。属于用人单位内部自主管理的范畴，用人单位可以根据业绩来衡量是否发放、如何发放。年终奖的发放一般存在以下三种情形：(1)截留部分工资作为年终奖。将平时向劳动者发放的月工资一部分扣下来，等年终时作为年终奖一并发放，这实际上还是劳动者自己应得的部分工资。(2)推迟发放年终奖。用人单位担心核心管理、技术人员跳槽或者劳动者流失，推迟到次年的年初和年中发放上一年度的年终奖。(3)盲目发放年终奖。少数用人单位没有年终奖的发放标准，随意发放。根据《国家统计局〈关于工资总额组定的规定〉若干具体范围的解释》规定，年终奖属于奖金的范围。因此，工资总额包括年终奖，年终奖属于劳动报酬的组成部分。在年终考核期内退休的，除非在工资协议中明确约定不属于薪酬范围或者约定中途离职不予发放年终奖的，一

---

〔1〕北京市第三中级人民法院(2017)京03民终12620号民事判决书。

般来说,法官对于因中途离职而排除劳动者获得年终奖励的条款不予支持。也就是说,劳动者在年终考核期内退休的可以享受年终奖。

【案例7－74】 李某荣诉高教社(天津)印务有限公司劳动合同纠纷案

判决观点,高教社(天津)印务有限公司的年终一次性奖励由该公司根据自身的经营状况和支付能力,在年终时结合员工完成工作情况予以发放。高教社(天津)印务有限公司《管理人员目标管理考核办法》中明确约定不在职人员即考核期内离职的、退休的不享受年终一次性奖励。另外,根据李某荣本人的陈述,其于2016年6月退休时,高教社(天津)印务有限公司已参考李某荣的工作期间和上一年度年终一次性奖励发放情况,向其发放了在职期间的年终一次性奖励4000元,李某荣实际受领该笔款项且并未对此金额提出异议,所以视为双方已对李某荣在职期间的年中一次性奖励金额达成合意并实际履行。李某荣于庭审中亦未能举证证实根据单位规章制度、双方合同约定或单位承诺,其有权再行主张年终一次性奖励差额。因此,对李某荣的诉讼请求,法院依法不予支持。判决:驳回李某荣的诉讼请求。[1]

根据绩效考核薪酬制度的规定,将工资的绩效部分在年终结合企业效益发放,是有制度保证的、有比例的,称之为年终效益奖。用人单位通过考核,将考核结果作为是否发放年终绩效奖金以及确定发放数额的依据。

【案例7－75】 曾某诉网络科技公司劳动争议纠纷案

二审法院认为,曾某上诉年终奖是其固定收入,但对此未提交有效证据予以证明,且网络科技公司向曾某出具的录用通知书显示,根据个人绩效确定奖金系数,故年终奖并非曾某的固定收入,对其该项上诉理由不予采信。曾某上诉主张网络科技公司给其的年终评价不符合其真实表现,年终奖的评定依据掌握在网络科技公司手中,网络科技公司应就其不予支付年终奖的依据进行举证。但网络科技公司提交的绩效考核管理截屏显示其考核体系较为完整,网络科技公司结合区细化的考核标准对曾某作出的考核评价,属于其行使用工管理权的范畴。故在考核结果对应的奖金系数为0的情况下,对曾某要求网络科技公司支付年底三薪的上诉请求不予支持。综上所述,一审判决认定事实清楚,适用法律正确,应予维持。判决:驳回上诉,维持原判。[2]

---

〔1〕 参见国家法官学院案例开发研究中心编:《中国法院2018年度案例》(劳动纠纷),中国法制出版社2018年版,第206~207页。天津市东丽区人民法院(2017)津0110民初1753号民事判决书。

〔2〕 参见国家法官学院、最高人民法院司法案例研究院编:《中国法院2022年度案例》(劳动纠纷),中国法制出版社2022年版,第177页。北京市第一中级人民法院(2020)京01民终4210号民事判决书。

对发放年终奖要求的在岗工作天数不足的,应根据具体案情由法官裁量。

【案例7-76】　薛某诉保安服务公司、交管局劳动争议纠纷案

一审法院认为,保安服务公司、交管局自2012年起均为薛某发放年度考核奖金,亦认可2018年度考核奖金数额为3800元。薛某在2018年12月28日达到法定退休年龄,终止了与被告保安服务公司的劳动关系,并实际工作至该日。保安服务公司、交管局主张不满足2018年12月31日在职状态的要求,故不应当享受年度奖金。根据《市公安局政治部关于开展警务辅助人员2018年度考核奖励工作的通知》文件的相关规定,工作时间不满半年的,不享受年度考核奖金,工作满半年不满一年的,按月进行折算。具体到本案中,薛某2018年度实际在岗工作时间距整年余3天,此种情况下应视为全年在职工作。保安服务公司应按照交管局关于警务辅助人员考核标准,向薛某支付年度考核奖金3800元,交管局应就此承担连带责任。保安服务公司、交管局称薛某不符合年终奖发放条件的辩称意见缺乏依据,不予采信,对薛某的诉讼请求予以支持。判决:保安服务公司支付薛某2018年1月1日至2018年12月31日的年终奖金3800元,交管局对此承担连带责任。二审法院认为,根据查明的事实,薛某因达到法定退休年龄导致其客观上无法继续在岗工作,薛某2018年度实际在岗工作距整年只余3天,故一审法院综合上述情况认定此种情况应视为薛某全年在职工作,并判令保安服务公司按照交管局关于警务辅助人员考核标准向薛某支付年度考核奖金3800元,交管局应就此承担连带责任。一审法院的认定及处理并无不当,符合本案的实际情况。保安服务公司的上诉请求不能成立,应予驳回;一审判决认定事实清楚,适用法律正确,应予维持。判决:驳回上诉,维持原判。[1]

用人单位与劳动者约定奖金的情况下,双方应就奖金支付的条件、义务及豁免情况进行充分协商。在双方没有明确约定的情况下,应当结合奖金支付的初衷及奖金的性质综合进行判断,一方面切实保证劳动者的权利,另一方面对于降低企业经营可控成本风险也是一种保护,对建立更加和谐的劳动关系具有重要意义。在未达到如期约定的经济目标,未给用人单位带来效益的情形下,用人单位可以不支付劳动者奖金。

年终奖发放前离职的劳动者主张用人单位支付年终奖的,法院应当结合劳动者的离职原因、离职时间、工作表现以及对单位的贡献程度等因素进行综合考量。用人单位的规章制度规定年终奖发放前离职的劳动者不能享有年终奖,但劳动合

〔1〕 参见国家法官学院、最高人民法院司法案例研究院编:《中国法院2022年度案例》(劳动纠纷),中国法制出版社2022年版,第186~187页。北京市第二中级人民法院(2020)京02民终5977号民事判决书。

同的解除非因劳动者单方过失或主动辞职所导致，且劳动者已经完成年度工作任务，用人单位不能证明劳动者的工作业绩及表现不符合年终奖发放标准，年终奖发放前离职的劳动者主张用人单位支付年终奖的，法院应予支持。

【案例7－77】 房某诉中美联泰大都会人寿保险有限公司劳动合同纠纷案

本案的争议焦点系用人单位以客观情况发生重大变化为依据解除劳动合同，导致劳动者不符合《员工手册》规定的年终奖发放条件时，劳动者是否可以获得相应的年终奖。对此，一审法院认为，中美联泰大都会人寿保险有限公司（以下简称大都会公司）的《员工手册》明确规定了奖金发放情形，房某在大都会公司发放2017年度奖金之前已经离职，不符合奖金发放情形，故对房某要求2017年度奖金之请求不予支持。二审法院经审理后认为，现行法律法规并没有强制规定年终奖应如何发放，用人单位有权根据本单位的经营状况、员工的业绩表现等，自主确定奖金发放与否、发放条件及发放标准，但是用人单位制定的发放规则仍应遵循公平合理原则，对于在年终奖发放之前已经离职的劳动者可否获得年终奖，应当结合劳动者离职的原因、时间、工作表现和对单位的贡献程度等多方面因素综合考量。本案中，大都会公司对其组织架构进行调整，双方未能就劳动合同的变更达成一致，导致劳动合同被解除。房某在大都会公司工作至2017年12月29日，此后两日系双休日，表明房某在2017年度已在大都会公司工作满1年；在大都会公司未举证房某的2017年度工作业绩、表现等方面不符合规定的情况下，可以认定房某在该年度为大都会公司付出了1整年的劳动且正常履行了职责，为大都会公司作出了应有的贡献。基于上述理由，大都会公司关于房某在年终奖发放月之前已离职而不能享有该笔奖金的主张缺乏合理性。故对房某诉求大都会公司支付2017年度年终奖，应予支持。一审法院判决：（1）大都会公司向原告房某支付2017年8～12月未签劳动合同双倍工资差额人民币192，500元；（2）房某的其他诉讼请求均不予支持。二审法院判决：（1）维持一审民事判决第一项；（2）撤销一审判决第二项；（3）大都会公司支付房某2017年度年终奖税前人民币138，600元；（4）房某的其他请求不予支持。[1]

年终奖属于奖金的一种，系用人单位根据本单位全年经营情况、员工年度业绩表现等对员工发放的奖励。奖金的设置与发放是直接涉及劳动者切身利益的重要事项，用人单位在发放年终奖时不可以随意决定分配对象及分配标准，在制定发放年终奖规则时亦应遵循公平合理的原则。从公平角度审查规章制度内容

---

〔1〕 最高人民法院指导案例183号。上海市第二中级人民法院（2018）沪02民终11292号民事判决书。

的合理性。从年终奖的性质来看，其不仅是用人单位对下一年度继续工作员工的激励，更是对员工过去成绩的肯定，故在审理个案时要综合审查劳动者离职的具体原因、劳动者在年终奖覆盖时间内的工作表现以及为单位作出的贡献等因素，认定劳动者是否有权享有年终绩效奖。

劳动者在年终奖发放前离职的，一定条件下可以享有年终奖。

【案例7－78】　隋某诉某置业公司劳动争议案纠纷案

二审法院认为，年终奖系用人单位对员工年度工作业绩的奖励，用人单位虽对奖金发放的条件拥有自主权，但根据《关于工资总额组成的规定》，奖金属于工资性质，故用人单位在制定发放规则时应遵循公平合理的原则，对于在年终绩效奖金发放之前已经离职的劳动者可否获得年终绩效奖金，应当结合劳动者的离职原因、时间、工作表现和对单位的贡献程度等多方面因素综合考量。本案中，隋某已在2020年度内提供了全年的劳动，且亦因工作业绩荣获季度经营达人荣誉证书，2020年度其所在部门的考核结果符合发放年度奖金的条件，结合上述情况，隋某有权向某置业公司主张2020年度年终绩效奖金，某置业公司仅以发放年终奖时隋某不在职为由拒绝发放，不符合公平原则。判决某置业公司支付隋某2020年度绩效奖金。[1]

很多公司制度规定："只有当年12月31日仍在职的员工方有资格享受年终奖金（十三薪）"。因此自行离职、公司合法解除劳动关系的情况下，员工是无法依据当年度在公司工作的天数按比例折算获得年终奖金（十三薪）。公司违法解除劳动合同的情况下，不可以依据上述规定不发放员工年终奖金（十三薪）。

【案例7－79】　王某某诉某公司劳动争议纠纷案

二审法院认为，虽然《员工手册》规定"只有当年12月31日仍在职的员工方有资格享受十三薪"，但系公司违法解除劳动关系，过错完全在于公司，即员工系想12月下旬仍在职而不能，而据民法原理，不正当地阻止条件成就的视为条件已成就，故法院认定公司应当支付十三薪。[2] 本案法院采纳王某某主张并认定计算基数为3192元/月、十三薪则为2992元（3129元÷365天×249天）。

用人单位规章制度不应剥夺退休人员合法权益。

【案例7－80】　王某诉某制造公司劳动争议纠纷案

二审法院认为，用人单位可以根据自身的经营状况和劳动者的具体工作

〔1〕 山东省高级人民法院发布十大劳动争议典型案例。山东省威海市中级人民法院（2022）鲁10民终2999号民事判决书。

〔2〕 广东省广州市中级人民法院（2016）粤01民终8572号民事判决书。

表现,通过其内部规章制度或者劳动合同约定等方式确定奖励分配制度,但规章制度的内容要具有正当性,并符合公平原则。本案中,规章制度明确每年的10月1日至次年3月31日为夏季奖金的考核周期,而王某与某制造公司的劳动合同因其于2021年5月1日达到法定退休年龄而终止,劳动合同的终止并非因王某单方过失或主动辞职所致,且在夏季奖金对应的考核周期内王某完成了工作任务,某制造公司亦无证据证明王某的工作业绩及表现不符合夏季奖金发放标准,其主张相应奖励的权利不应被剥夺,故判决某制造公司支付王某夏季奖金。[1]

用人单位违法解除劳动合同的,应当向劳动者发放年终奖。

【案例7-81】 陈某诉北京新一酒店公司劳动争议纠纷再审案

再审法院认为,本案争议焦点在于公司是否应向陈某发放2020年年终奖金。案涉《员工手册》虽规定"在奖金发放之日(含当日)前以任何形式离职的员工都不予发放本年度的奖金",但陈某未能提供劳动的原因系公司于2020年12月11日违法解除与陈某的劳动合同所致,而根据查明的事实,公司已于2021年1月29日向员工发放了2020年的年度奖金,且未提供充分有效证据证明经考核认定陈某不应享有年终奖,故其应向陈某发放2020年年终奖金。公司所提即便发放2020年的年度奖金也应按照1665.04元标准发放的主张依据不足,不予采信。二审法院根据查明的事实并结合相应证据所作判决,并无不当。公司的再审申请不符合《民事诉讼法》第二百零七条规定的情形。综上,裁定:驳回公司的再审申请。[2]

因用人单位违法解除劳动合同而导致员工离职的,不能成为用人单位拒付年终奖的理由。

【案例7-82】 刘某诉北京某公司劳动争议纠纷案

二审法院认为,用人单位违法解除劳动合同致使劳动者不满足年终奖发放条件,但未提供充分证据证明劳动者存在其他不应享有年终奖情形的,应认定劳动者满足年终奖发放条件。用人单位以其年终奖发放的限制性规定拒绝支付劳动者年终奖的,人民法院不予支持。[3]

用人单位可以自主决定发放年终奖。

---

〔1〕 江苏法院2022年度劳动人事争议十大典型案例之三,审理法院:无锡市新吴区人民法院、无锡市中级人民法院。

〔2〕 北京市高级人民法院(2022)京民申2418号民事裁定书。

〔3〕 人民法院案例库2024-07-2-186-001。北京市第二中级人民法院(2021)京02民终13615号民事判决书。

【案例7－83】　某某诉同仁堂公司劳动争议纠纷再审案

二审法院认为,被告主张考虑业绩完成情况,其公司管理层决定2019年度、2020年度整体不予发放年终奖金,此举并不违反相关法律规定。故维持原判。

再审法院认为,是否向原告发放年终奖金应属被告自主决策权限的范畴,被告有权决定不向原告支付年终奖金。原告未举证证明被告向其他员工发放了案涉两年度的年终奖金,且其符合发放年终奖的条件,应承担不利后果,故两审法院对原告要求支付目标年终绩效奖金的诉讼请求不予支持,并无不当。[1]

(五)劳动补偿金认定

确定劳动者工资构成,以便确定计算经济补偿金基数。

【案例7－84】　苏州海星汽车销售有限公司诉陆某劳动争议纠纷案

一审法院认为,关于应支付的经济补偿金金额。对于2016年度绩效奖及第一季度、第四季度绩效问题。用人单位应当书面记录支付劳动者工资的应发项目及数额、实发数额、支付周期、依法扣除项目及数额、领取者姓名等内容,用人单位应当将工资支付给劳动者本人,并同时提供本人的工资清单。陆某与苏州海星汽车销售有限公司(以下简称海星公司)签订的劳动合同明确约定劳动者的工资实行基本工资和绩效工资相结合的内部工资分配办法,其中基本工资为1820元,以后根据内部工资分配办法予以调整,绩效工资根据劳动者的工作业绩、劳动成果、实际贡献按照内部分配办法考核确定。对此陆某提供了销售经理薪资审核表、2016年销售副经理考核方案证据及张乙于2016年2月6日支付其2015年度奖金57,536.45元,张甲于2016年12月19日支付其2016年第二季度、第三季度奖金42,080.84元的银行转账材料予以佐证。海星公司表示没有保存工资发放明细的记录及绩效考核原始材料。在处于举证优势地位的单位未能提供证据且未能作出合理说明,劳动者提供了初步证据,该初步证据未存在疑点且反映的部分信息能够相互印证的情形下,海星公司应当承担举证不能的不利后果。另外,考虑张甲、张乙的身份及苏州海昌集团公司与海星公司系关联关系,且陆某表示其与张甲、张乙平时并无经济往来,法院对陆某陈述张甲于2016年12月19日支付第

〔1〕　北京市高级人民法院(2023)京民申3654号民事裁定书。

二季度、第三季度奖金42,080.84元予以采信。据此陆某主张补发2016年度第一季度、第四季度奖金合计42,080.84元具有合理性,法院予以支持。综上,根据陆某2016年度实发工资、第二季度、第三季度奖金42,080.84元及第一季度、第四季度奖金42,080.84元进行核算,海星公司与陆某解除劳动关系前12个月的平均工资为每月17,236.09元。经济补偿按劳动者在本单位工作的年限,每满1年支付1个月工资,6个月以上不满1年的,按1年计算。陆某工作期间为2010年4月至2017年1月,海星公司应支付陆某7个月工资的经济补偿金120,652.60元。判决:(1)海星公司支付陆某经济补偿金120,652.60元;(2)海星公司支付陆某2016年第一季度、第四季度绩效奖金合计42,080.84元;(3)驳回陆某的其他诉讼请求。二审法院同意一审法院裁判意见。[1]

待岗生活费是否作为月平均工资计算经济补偿金,现行《劳动合同法》对此未有明确规定。一般认为,待岗生活费不应作为月平均工资依据计算经济补偿金。

【案例7-85】 腾翔公司诉潘某劳动争议纠纷案

一审法院认为,腾翔公司与潘某解除劳动关系的原因系生产经营发生严重困难,符合《劳动合同法》第四十六条第四项用人单位依照本法第四十一条规定解除劳动合同,应当向劳动者支付经济补偿金的规定。故腾翔公司应向潘某支付经济补偿金。潘某于2009年入职,2018年8月腾翔公司与其解除劳动关系,按照每满1年支付1个月工资的标准,腾翔公司应向潘某支付10个月工资的经济补偿金。因劳动者在用人单位的安排下待岗,劳动合同进入非常履行状态,待岗生活费不能客观反映劳动者的收入水平,故不能将待岗生活费作为计算月平均工资依据。腾翔公司主张根据潘某的工资实际发放情况及当地最低工资的80%(待岗生活费)计算经济补偿金数额,不予采纳。鉴于双方解除劳动关系前腾翔公司正常生产情况下潘某12个月的工资数额双方均未能举证,根据《江苏省工资支付条例》第五十一条规定,法院参照本单位同岗位的平均工资或者当地在岗职工平均工资,按照有利于劳动者的原则,以当地2017年度职工月平均工资4826元作为潘某月平均工资,腾翔公司应支付潘某经济补偿金48,260元。因潘某对仲裁裁决的经济补偿金45,540.5元不持异议,是对自身权利的处分,予以确认。判决:(1)腾翔公司向潘某支付经济补偿金45,540.5元;(2)驳回腾翔公司的诉讼请求。二审

---

〔1〕 参见国家法官学院、最高人民法院案例研究院编:《中国法院2020年度案例》(劳动纠纷),中国法制出版社2020年版,第108页。江苏省苏州市中级人民法院(2018)苏05民终2084号民事判决书。

法院认为,劳动者合法权益受法律保护。因腾翔公司生产经营发生严重困难,现提出与潘某解除劳动合同,符合用人单位支付经济补偿金的规定。因双方均不能对工资数额进行举证,且待岗生活费并非劳动者享有的正常工资收入,一审法院确定的经济赔偿金额并无当,腾翔公司要求按照最低工资的80%计算经济补偿金没有法律依据。判决:驳回上诉,维持原判。[1]

劳动者以用人单位未及时足额支付值班加班费、未休年假工资主张解除合同的,用人单位应支付经济补偿金。换言之,劳动关系解除事由被认定符合《劳动合同法》第三十八条后,用人单位应支付经济补偿金。

【案例7－86】　刘某伟诉北京巴拿巴化妆品有限公司劳动争议纠纷案

二审法院认为,北京巴拿巴化妆品有限公司(以下简称巴拿巴公司)未及时足额向刘某伟支付加班费、未休年休假工资,2013年6月7日,刘某伟以巴拿巴公司拖欠工资等为由提出解除劳动合同,符合《劳动合同法》第三十八条第一款第二项的规定。巴拿巴公司应向刘某伟支付解除劳动合同的经济补偿金。判决:(1)维持一审判决第一项、第二项、第四项。(2)撤销一审判决第三项、第五项。(3)巴拿巴公司支付刘某伟加班工资9919.33元。(4)巴拿巴公司支付刘某伟经济补偿金19,544.01元。(5)驳回刘某伟的其他诉讼请求。[2]

职工主张经济补偿不可违背诚信原则。

【案例7－87】　秦某诉某服饰公司劳动争议纠纷案

二审法院经审理认为,因用人单位的过错造成劳动者被迫辞职的,劳动者可以解除合同并主张经济补偿。本案中,秦某在2014年7月至12月、2019年1月至12月参加了"大众助保基金"。再结合秦某出具的《声明书》、工资表等,可以认定秦某系主动要求某服饰公司不缴纳社会保险,且社会保险补偿已经随每月工资一并发放。在某服饰公司不缴纳社会保险后,秦某对此长期未提出异议,现又以此为由解除劳动合同从而主张经济补偿,有违诚信。故判决驳回了秦某经济补偿的诉讼请求。[3]

劳动报酬属于劳动合同的重要内容,不得单方随意变更。用人单位单方降低

〔1〕 参见国家法官学院、最高人民法院案例研究院编:《中国法院2021年度案例》(劳动纠纷),中国法制出版社2021年版,第101～102页。江苏省连云港市中级人民法院(2019)苏07民终2295号民事判决书。

〔2〕 参见国家法官学院案例开发研究中心编:《中国法院2016年度案例》(劳动纠纷),中国法制出版社2016年版,第173页。北京市第一中级人民法院(2014)一中民终字第1688号民事判决书。

〔3〕 江苏法院2022年度劳动人事争议十大典型案例之九,审理法院:淮安经济技术开发区人民法院、淮安市中级人民法院。

劳动报酬员工未提异议不应视为默认同意降薪。

【案例 7 –88】 冯某某诉某某食品公司劳动争议纠纷案

二审法院认为,劳动报酬的调整事关劳动者切身利益,属于变更双方劳动合同。用人单位降低劳动者的劳动报酬应当与劳动者协商确定。食品公司单方降低冯某某的岗位技能薪资,冯某某未提异议不能视为默认,食品公司应当补足上述期间冯某某应得的工资差额及支付解除劳动合同的经济补偿。[1]

(六)劳动加班费认定

所谓加班费,是指劳动者在用人单位安排的工作任务之外付出的劳动取得的报酬。

加班费与工作时间存在内在联系。工作时间一般具有“支配性”“关联性”“目的性”三个基本特征,其中“支配性”主要体现在用人单位对员工工作时间的支配程度,“关联性”强调从事与本职工作相关的业务,“目的性”以体现实现劳动者利益还是用人单位的利益为出发点。

在一般情况下,标准工作时间超过后即可认定加班时间。在“互联网 +”时代背景下,网络主播、网约车司机、外卖骑手等为代表的非典型性行业的工作时间及加班费认定是新问题。工作时间是劳动者为履行劳动义务而消耗时间和劳动报酬的计发依据,但工作时间不完全等同于实际劳动时间,这在非典型行业中的表现尤为明显。对于这类劳动者主张的加班费,仍应当从“支配性”“关联性”“目的性”上考虑,但只是在“关联性”“目的性”方面有所弱化。

【案例 7 –89】 刘某诉点米公司劳动合同纠纷案

一审法院认为,关于刘某主张点米公司支付延时加班费及双休日加班费的请求,其依据的是本人统计的在线时长,但是在线时长不等同于工作时长,刘某所提交的证据只能证明其本人登录 App 的在线时间,而无法证明其真正的工作时间,刘某以此累加主张加班费依据不足。同时,刘某对其岗位特殊性和工作时间的特殊性是明知的,配送员的工作时间包括外出送餐时间和待命时间,其提供的服务为餐饮产品的配送,特殊的岗位性质决定无法按照标准工作时间安排工作,其工作时间也不限于工作日,其外出送餐按照订单数量享受相应的提成,并呈阶梯式增长,送单提成是其收入的绝大部分构成。

---

[1] 2023 年 4 月 27 日,广东省高级人民法院发布劳动争议典型案例之九,审理法院:深圳市中级人民法院。

在刘某不进行外卖待命的情况下，其仍然享有保底工资，其多付出的劳动通过提成的形式予以体现。对刘某要求被告点米公司支付延时加班费及双休日加班费的请求不予支持。关于法定节假日加班工资，双方均认可仲裁裁决，予以确认。判决：(1)点米公司支付刘某2017年2月9日至2018年3月31日法定节假日加班工资差额2228.71元；(2)驳回刘某的其他诉讼请求。二审法院同意一审法院裁决意见，判决：驳回上诉，维持原判。[1]

工作时间包含值班、休息时间的特殊岗位劳动者加班事实和加班工资的认定是多发争议。

实践中，对于用人单位特殊岗位的加班工资存在特殊性，主要表现在工作时间弹性大、工作时间与生活时间相互交织、上班时间、值班时间、加班时间、休息时间难以区分等特点，如果双方在加班方面未明确约定，极易发生争议。劳动者一方往往仅以单位规章制度、打卡记录、考勤记录等对应普通岗位的日常上下班时间及固定工作制主张加班事实，法官在认定加班事实，标准并不统一，难免存在未考虑其岗位特殊性而直接套用日常固定工作时间、机械认定加班事实的问题。一般认为，各行各业分工不同，特殊岗位是客观存在的，用人单位根据特殊岗位的职责需要灵活安排劳动者的工作方式和工作时间，属于其用工自主权，只要不违反法律强制性规定，均应认定为合法。劳动者在入职这类岗位之初，即清楚知晓岗位的性质和具体工作时间，但其在工作期间内未提出异议，却在离职后主张在职期间的所有加班工资，应提供充分证据，如仅以单位规章制度、打卡记录、考勤记录等主张加班事实，应不予支持。关于工资，包括延时工资、休息日加班工资，依照《劳动法》第四十四条规定处理。

【案例7-90】　南昌恒兴物业管理有限公司青山湖分公司诉聂某平劳动合同纠纷案

二审法院认为，(1)关于聂某平月工资金额。结合聂某平提供的工资银行流水及庭审陈述，一审认定其月平均工资2620元，二审予以维持。(2)关于加班。①休息日。聂某平排班时间大部分是商业场所的非营业时间，根据日常生活常识，该排班与普通意义的上班明显不同，实际上包含了值班，且和休息时间有交织。即便需要巡逻和检修，但大部分时间仍是休息，在非营业时间内，水电工8小时不眠不休地进行巡视、检修明显违反常理。综合考虑到聂某平的岗位性质和排班时间，二审法院认为，聂某平的日常工作日和休息日不能机械地按日划分，一审判决不当，二审予以改判，对聂某平休息日加

---

〔1〕参见国家法官学院、最高人民法院案例研究院编：《中国法院2021年度案例》(劳动纠纷)，中国法制出版社2021年版，第130页。北京市第二中级人民法院(2019)京02民终1828号民事判决书。

班工资的主张不予支持。②法定节假日。聂某平每月工资较为稳定，日薪在120元左右，众所周知，10月法定节假日较为集中，如用人单位依法发放了该项加班工资，则聂某平该月工资金额较其他月应超出至少1000元，但其工资流水并未反映出这一变化。仅在2016年2月有一笔914元的额外收入，但该月系春节期间，不排除系年底双薪或年终奖的可能。综合考虑，二审法院认为，南昌恒兴物业管理有限公司青山湖分公司（以下简称恒兴物业青山分公司）主张已向聂某平支付法定节假日加班工资，证据不足，其主张已安排调休，亦未提供证据且不符合法律规定，故一审判决法定节假日加班工资1927.36元，二审予以维持。(3)关于解除劳动合同。恒兴物业青山分公司存在未缴纳社保等情形，一审判决经济补偿金2620元，二审法院予以维持。(4)关于未签书面劳动合同双倍工资。因聂某平在仲裁中有此项诉请，且仲裁裁决了15,720元，一审判决未违反不告不理原则，二审予以维持。综上，一审判决认定事实不清，二审法院予以补充查明；适用法律基本正确，判决结果部分错误，二审法院予以部分改判。判决：(1)维持一审判决第一、三、四项；(2)撤销一审判决第二、五项；(3)驳回恒兴物业青山分公司的其他诉讼请求；(4)驳回聂某平的其他诉讼请求。[1]

综合工时制劳动者加班费的计算又分两部分：一是确定综合计算周期；二是确定综合周期内的法定工时。综合计算周期分为周、月、季、年四种，对于一周为计算周期的，法定工作时长为40小时，该周期内，超出40小时的工作时间为加班时间。对于以月、季、年为周期的《劳动和社会保障部关于职工全年月平均工作时间和工资折算问题的通知》第一项确定年工作日为250天，季工作日为62.5天/季，月工作日为20.83天/月，工作小时数的计算系以月、季、年的工作日乘以每日的8小时。因此以月、季、年为综合计算周期的法定工作时长相对应即166.64小时/月，499.92小时/季，2000小时/年。个案中，用人单位与劳动者在劳动合同中约定的计算周期的，应依照约定判断加班时间。

【案例7－91】 戴某锋诉北京晟邦物业管理有限公司劳动合同纠纷案

二审法院认为，关于焦点一，根据《劳动和社会保障部关于职工全年月平均工作时间和工资折算问题的通知》第一项规定职工月工作日为20.83天。结合查明的事实，戴某锋每月工作时间为208小时，比法定标准166.64(20.83小时×8)小时高了41.36小时，即戴某锋每月延时加班时间应为41.36小时。一审认定戴某锋每月延时加班34小时，与事实不符，法院应依

---

〔1〕 参见国家法官学院案例开发研究中心编：《中国法院2019年度案例》（劳动纠纷），中国法制出版社2019年版，第151页。江西省南昌市中级人民法院(2017)赣01民终1278号民事判决书。

法予以纠正。关于焦点二，戴某锋提交的北京市社会保险个人权益记录单显示累计工作9年5个月，一审认定与事实不符二审法院依法予以纠正。判决：(1)撤销一审法院判决；(2)北京晟邦物业管理有限公司支付戴某锋2013年7月6日至2015年9月30日的延时加班工资7247元、未休年休假工资1839元；(3)驳回戴某锋的其他诉讼请求。[1]

执行综合计算工时工作制的企业职工，工作日正好是休息日的，属于正常工作；工作日正好是法定节假日时，要依照《劳动法》第四十四条第三项规定支付职工的工资报酬。执行综合计算工时工作制的职工，若存在延长工作时间情况，则只存在延时加班工资、法定节假日加班工资，不存在休息日加班工资情况。

【案例7－92】　夏某与重庆驰丰物业管理有限公司劳动争议纠纷案

二审法院认为，关于夏某主张2014年3月休息日加班工资问题。根据双方劳动合同约定以及重庆市南岸区人力资源和社会保障局作出的南岸人社〔2014〕62号《关于同意重庆市驰丰物业管理有限公司部分工作岗位实行非标准工作制度复函》的内容，夏某所在的安全事务部系实行综合计算工时工作制，重庆驰丰物业管理有限公司(以下简称驰丰公司)实际系按照综合计算工时制度对夏某进行管理。依据《劳动部关于贯彻〈中华人民共和国劳动法〉若干问题的意见》第六十二条的规定，实行综合计算工时工作制的企业职工，工作日正好是休息日的，属于正常工作；工作日正好是法定节假日时，要依照《劳动法》第四十四条第三项规定的支付职工的工资报酬。因此，即使夏某的工作时间存在超出法定标准工作时间的事实，夏某也不能请求驰丰公司支付休息日加班工资。故夏某要求驰丰公司支付2014年3月休息日加班工资，缺乏法律依据，法院不予支持。

关于夏某主张2014年3月延时加班工资问题。根据《劳动部关于企业实行不定时工作制和综合计算工时工作制的审批办法》第五条的规定，综合计算工时工作制采用的是以周、月、季、年等为周期综合计算工作时间，但其平均日工作时间和平均周工作时间应与法定标准工作时间基本相同。也就是说，在综合计算周期内，如果劳动者的实际工作时间总数超过了该计算周期的法定标准工作时间总数，超过部分应视为延长工作时间，应按《劳动法》第四十四条第一款的规定支付工资报酬。换言之，如果整个综合计算周期内的时间实际工作时间总数不超过该计算周期的法定标准工作时间总数，只是该综合计算周期内某一具体日(或周、或月、或季)的实际工作时间超过了法

〔1〕参见国家法官学院案例开发研究中心编：《中国法院2018年度案例》(劳动纠纷)，中国法制出版社2018年版，第170页。北京市第二中级人民法院(2016)京02民终9553号民事判决书。

定标准工作时间,其超过部分不应视为延长工作时间。首先,驰丰公司认可夏某2014年3月存在延时加班情况,并已足额支付了6.5天的加班工资1150元。夏某一审、二审皆明确认可其3月实际领取1645.57元,并已领取了1150元加班工资。现夏某主张加班工资没有发足,并称其3月每天工作12小时,证据以驰丰公司指纹考勤记录为准,但对驰丰公司提交的3月考勤记录,夏某却不予认可,亦未举示证明其3月每天工作12小时的证据。其次,虽然双方劳动合同中约定加班、加点工资计算基数为1050元,但是驰丰公司支付夏某3月6.5天加班工资1150元,已经超过了据重庆市最低工资标准计算出的额度560.30元(1250元÷21.75天×6.5天×1.5倍)。即使夏某3月在6.5天的加班时间内实际每天加班12小时,所得加班工资应为840.52元(1250元÷21.75天÷8小时×12小时×6.5天×1.5倍),也未超驰丰公司已经支付的加班工资1150元,故驰丰公司6.5天加班工资已经足够支付。再次,即使夏某3月还存在其他超过法定标准工时工作的情形,根据综合工时工作制的特点,需1年周期届满后,再与1年标准工时总的时间对比,计算确定是否存在其他加班,而不能将3月一个月的上班时间超过法定标准工时的时间即视为延时工时,并据此计算加班费。最后,现夏某自己提出离职,与驰丰公司合意解除劳动合同时,1年综合计算公司制期限尚未结束,无法确认在夏某在1年综合计算工时制期限内的工作时间是否超过一年法定标准工时工作时间。故夏某主张驰丰公司另行支付2014年3月延时加班工资的请求缺乏相应事实和法律依据,法院不予支持。判决:驳回上诉,维持原判。[1]

用人单位与劳动者能否概括约定工资中包含加班工资,实践中存在不同意见。一般认为,用人单位可以与劳动者概括约定工资中包含加班工资,主要基于以下理由,一是现行法律法规中并没有对此作禁止性的规定,二是劳动就业的有关情况对此有需求,三是有利于减少对加班工资存在的分歧所引发的纠纷。

【案例7-93】 吴某诉劳务公司劳动合同纠纷案

二审法院认为,劳务公司与吴某所签2015年6月1日至2017年5月31日《劳务派遣员工劳动合同》约定每月休息4天,月工资为3007元。对于每月存在休息日加班及相应的月工资数额有明确约定,3007元对应的是吴某每月休息4天的月工资,是双方对劳务公司应支付吴某包括休息日加班工资在内的月工资数额进行的概括性约定。经核算,吴某在正常工作时间可获得的工资数额不低于最低工资标准。故劳务公司已向吴某足额支付了上述期

---

〔1〕 重庆市第一中级人民法院(2014)渝一中法民终字第07031号民事判决书。

间的休息日加班工资。劳务公司与吴某所签2017年6月1日至2019年5月31日《派遣员工劳动合同》未约定休息日加班。吴某提交的证据不足以证明存在休息日加班,故其主张该期间休息日加班工资,缺乏事实及法律依据。判决:(1)维持一审判决第一、二、四项;(2)撤销一审判决第三、五、六、七项;(3)劳务公司无需支付吴某休息日加班工资42,969.92元;(4)西城某环卫队对劳务公司应支付吴某的延时加工资及违法解除劳动合同经济赔偿金,承担连带赔偿责任;(5)驳回劳务公司的其他诉讼请求;(6)驳回吴某的其他诉讼请求。[1]

用人单位未经民主程序制定的加班制度,不得对抗劳动者要求支付加班费的主张。

用人单位以规章制度形式否认劳动者加班事实不受法律保护。

【案例7-94】 常某诉某网络公司劳动争议纠纷案

常某于2016年4月入职某网络公司。入职之初,某网络公司通过电子邮件告知常某,公司采取指纹打卡考勤。员工手册规定:"21:00之后起算加班时间;加班需由员工提出申请,部门负责人审批。"常某于2016年5月至2017年1月,通过工作系统累计申请加班126小时。某网络公司以公司规章制度中明确21:00之后方起算加班时间,21:00之前的不应计入加班时间为由,拒绝支付常某加班费差额。常某向劳动人事争议仲裁委员会(以下简称仲裁委员会)申请仲裁,请求裁决某网络公司支付其加班费差额。某网络公司不服仲裁裁决,诉至人民法院。一审法院判决:某网络公司支付常某加班费差额32,000元。双方不服,均提起上诉。二审法院判决:驳回上诉,维持原判。[2] 本案的争议焦点是某网络公司以规章制度形式否认常某加班事实是否有效。本案中,一方面,某网络公司的员工手册规定有加班申请审批制度,该规定并不违反法律规定,且具有合理性,在劳动者明知此规定的情况下,可以作为确定双方权利义务的依据。另一方面,某网络公司的员工手册规定21:00之后起算加班时间,并主张18:00至21:00是员工晚餐和休息时间,故自21:00起算加班。鉴于18:00至21:00时间长达3小时,远超过合理用餐时间,且在下班3小时后再加班,不具有合理性。在某网络公司不能举证证实该段时间为员工晚餐和休息时间的情况下,其规章制度中的该项规定不具有合理性,人民法院依法否定了其效力。人民法院结合考勤记录、工

---

〔1〕 参见国家法官学院、最高人民法院司法案例研究院编:《中国法院2022年度案例》(劳动纠纷),中国法制出版社2022年版,第194~195页。北京市第二中级人民法院(2020)京02民终11015号民事判决书。

〔2〕 人力资源社会保障部、最高人民法院发布第二批劳动人事争议典型案例之八。

作系统记录等证据,确定了常某的加班事实,判决某网络公司支付常某加班费差额。

劳动者在离职文件上签字确认加班费已结清,有权请求支付欠付的加班费。

【案例7-95】 肖某诉某科技公司劳动争议纠纷案

2017年7月,肖某与某科技公司(已依法取得劳务派遣行政许可)订立劳动合同,被派遣至某快递公司担任配送员,月工资为基本工资加提成。肖某主张某快递公司在用工期间安排其双休日及法定节假日加班,并提交了工资表。工资表加盖有某科技公司公章,某科技公司和某快递公司均认可其真实性。该工资表显示,2017年7月至2019年10月肖某存在不同程度的双休日加班及法定节假日加班,但仅获得少则46.15元、多则115.40元的出勤补款或节假日补助。2019年11月,肖某向某科技公司提出离职,当日双方签署离职申请交接表。该表"员工离职原因"一栏显示:"公司未上社会保险,工作压力大、没给加班费。""员工确认"一栏显示:"经说明,我已知悉《劳动合同法》上的权利和义务,现单位已经将我的工资、加班费、经济补偿结清,我与单位无其他任何争议。本人承诺不再以任何理由向某科技公司及用工单位主张权利。"员工签名处有肖某本人签名。肖某对离职申请交接表的真实性认可,但认为表中"员工确认"一栏虽系其本人签字,但并非其真实意思,若不签字,某科技公司就不让其办理工作交接,该栏内容系某科技公司逃避法律责任的一种方法。肖某不服仲裁裁决,诉至人民法院。一审法院判决:驳回肖某加班费的诉讼请求。肖某不服,提起上诉。二审法院改判:某科技公司与某快递公司连带支付肖某加班费24,404.89元。[1] 本案的争议焦点是肖某是否与用人单位就支付加班费达成合法有效的协议。本案中,肖某认为离职申请交接表"员工确认"一栏不是其真实意思表示,上面记载的内容也与事实不符。该表中"员工离职原因"与"员工确认"两处表述确实存在矛盾。两家公司均未提供与肖某就加班费等款项达成的协议及已向肖某支付上述款项的证据,且肖某否认双方就上述款项已达成一致并已给付。因此,离职申请交接表中员工确认的"现单位已将我的工资、加班费、经济补偿结清,我与单位无其他任何争议"与事实不符,不能认定为肖某的真实意思表示。本案情形并不符合《劳动争议解释(一)》第三十五条之规定,故二审法院依法支持肖某关于加班费的诉讼请求。

符合"用人单位安排""法定标准工作时间以外工作"情形的,用人单位应当依法支付劳动者加班费。用人单位未按规章制度履行加班审批手续,能认定劳动

---

〔1〕 人力资源社会保障部、最高人民法院发布第二批劳动人事争议典型案例之九。

者加班事实。

【案例7－96】　吴某诉某医药公司劳动争议纠纷案

吴某于2019年12月入职某医药公司,月工资为18,000元。某医药公司加班管理制度规定:“加班需提交加班申请单,按程序审批。未经审批的,不认定为加班,不支付加班费。”吴某入职后,按照某医药公司安排实际执行每天早9时至晚9时,每周工作6天的工作制度。其按照某医药公司加班管理制度提交了加班申请单,但某医药公司未实际履行审批手续。2020年11月,吴某与某医药公司协商解除劳动合同,要求某医药公司支付加班费,并出具了考勤记录、与部门领导及同事的微信聊天记录、工作会议纪要等。某医药公司虽认可上述证据的真实性但以无公司审批手续为由拒绝支付。吴某向劳动人事争议仲裁委员会(以下简称仲裁委员会)申请仲裁。仲裁委员会裁决某医药公司支付吴某2019年12月至2020年11月加班费50,000元。某医药公司不服仲裁裁决起诉,一审法院判决与仲裁裁决一致,某医药公司未上诉,一审判决已生效。[1] 本案的争议焦点是某医药公司能否以无公司审批手续为由拒绝支付吴某加班费。本案中,吴某提交的考勤记录、与部门领导及同事的微信聊天记录、工作会议纪要等证据形成了相对完整的证据链,某医药公司亦认可上述证据的真实性。某医药公司未实际履行加班审批手续,并不影响对“用人单位安排”加班这一事实的认定。故仲裁委员会依法裁决某医药公司支付吴某加班费。

包薪制是指在劳动合同中打包约定法定标准工作时间工资和加班费的一种工资分配方式,在部分加班安排较多且时间相对固定的行业中比较普遍。虽然用人单位有依法制定内部薪酬分配制度的自主权,但内部薪酬分配制度的制定和执行须符合相关法律的规定。实践中,部分用人单位存在以实行包薪制规避或者减少承担支付加班费法定责任的情况。实行包薪制的用人单位应严格按照不低于最低工资标准支付劳动者法定标准工作时间的工资,同时按照国家关于加班费的有关法律规定足额支付加班费。也就是说,用人单位与劳动者约定实行包薪制,并非不依法支付加班费。

【案例7－97】　周某诉某汽车服务公司劳动争议纠纷案

周某于2020年7月入职某汽车服务公司,双方订立的劳动合同约定月工资为4000元(含加班费)。2021年2月,周某因个人原因提出解除劳动合同,并认为即使按照当地最低工资标准认定其法定标准工作时间工资,某汽车服务公司亦未足额支付加班费,要求支付差额。某汽车服务公司认可周某

[1] 人力资源社会保障部、最高人民法院发布第二批劳动人事争议典型案例之三。

加班事实,但以劳动合同中约定的月工资中已含加班费为由拒绝支付。周某向劳动人事争议仲裁委员会(以下简称仲裁委员会)申请仲裁。仲裁委员会裁决某汽车服务公司支付周某加班费差额17,000元(裁决为终局裁决),并就有关问题向某汽车服务公司发出仲裁建议书。[1] 本案的争议焦点是某汽车服务公司与周某约定实行包薪制,是否还需要依法支付周某加班费差额。本案中,根据周某实际工作时间折算,即使按照当地最低工资标准认定周某法定标准工作时间工资,并以此为基数核算加班费,也超出了4000元的约定工资,表明某汽车服务公司未依法足额支付周某加班费。故仲裁委员会依法裁决某汽车服务公司支付周某加班费差额。

【不同处理】 劳动合同约定实行“包薪制”有效,“包薪制”的员工不能另行主张加班费。

【案例7-98】 杨某诉某科技公司劳动争议纠纷案

一审法院认为,发生劳动争议,当事人对自己提出的主张,有责任提供证据。杨某与某科技公司签订的劳动合同多处明确约定杨某每月领取的工资已包含加班工资,系包含了岗位的每月全部加班工资的包干,上述约定系双方达成的合意,对双方均有约束力,故本院采信某科技公司关于工资中已含加班费、杨某入职时已知晓的主张。现某科技公司每月按约定支付杨某含加班费的工资25,000元,杨某再以25,000元作为标准要求某科技公司支付加班费的请求,缺乏依据。另杨某提交的2020年在家办公期间的打卡记录,也不足以证明其存在加班;故杨某要求某科技公司支付加班工资的请求,缺乏依据,本院不予支持。判决某科技公司无需支付杨某延时加班费129,310.34元、休息日加班工资37,888元。二审法院认为加班是指用人单位在正常工作时间以外安排劳动者进行工作,是基于用人单位根据生产经营需要对劳动者的工作时间进行额外安排而产生。劳动者主张加班费的,应当就加班事实的存在承担举证责任。本案,首先,双方签订的劳动合同多处明确约定杨某每月领取的工资已包含加班工资,系包含了岗位的每月全部加班工资的包干。杨某主张上述约定无效,缺乏依据,本院不予采信。其次,杨某提交的公证书中的打卡记录,只能说明杨某进行了打卡操作,但并不足以证明杨某从事了某科技公司安排的加班工作,杨某提交的其他证据亦不足以证明其所主张的加班事实。判决驳回上诉,维持原判。[2]

用人单位与劳动者自行约定实行不定时工作制的,应按标准工资支付加

---

〔1〕 人力资源社会保障部、最高人民法院发布第二批劳动人事争议典型案例之四。

〔2〕 北京市第三中级人民法院(2021)京03民终13868号民事判决书。

班费。

【案例7－99】　张某诉某物业公司劳动争议纠纷案

2017年11月1日，张某与某物业公司签订3年期劳动合同，约定张某担任安全员，月工资为3500元，所在岗位实行不定时工作制。物业公司于2018年4月向当地人力资源社会保障部门就安全员岗位申请不定时工作制，获批期间为2018年5月1日至2019年4月30日。2018年9月30日，张某与物业公司经协商解除了劳动合同。双方认可2017年11月至2018年4月、2018年5月至2018年9月，张某分别在休息日工作15天、10天，物业公司既未安排调休也未支付休息日加班工资。张某要求物业公司支付上述期间休息日加班工资，物业公司以张某实行不定时工作制为由未予支付。2018年10月，张某向劳动人事争议仲裁委员会（以下简称仲裁委员会）申请仲裁。仲裁委员会裁决物业公司支付张某2017年11月至2018年4月的休息日加班工资4828元（3500元÷21.75天×15天×200%），张某不服仲裁裁决起诉，一审法院判决与仲裁裁决一致，后不服一审判决向上一级人民法院提起上诉，二审判决维持原判。[1] 本案的争议焦点是未经审批，物业公司能否仅凭与张某的约定实行不定时工作制。本案中，张某所在的安全员岗位经审批实行不定时工作制的期间为2018年5月1日至2019年4月30日，此期间内根据《工资支付暂行规定》（劳部发〔1994〕489号）第十三条规定，物业公司依法可以不支付张某休息日加班工资。2017年11月至2018年4月，物业公司未经人力资源社会保障部门审批，对张某所在岗位实行不定时工作制，违反相关法律规定。因此，应当认定此期间张某实行标准工时制，物业公司应当按照《劳动法》第四十四条规定"休息日安排劳动者工作又不能安排补休的，支付不低于工资的百分之二百的工资报酬"支付张某休息日加班工资。

企业内部承包协议的性质认定不能一概而论，而是要根据协议的主体、内容以及实际履行的情况加以考量。劳动者入职后与用人单位另行签订的内部承包协议，应视为具有劳动合同性质，双方之间形成劳动关系，但劳动者不应再行主张加班工资。

在停工留薪期间，原工资福利待遇不变，是指劳动者在受伤前正常出勤情况下应支付的工资，劳动者病事假造成的工资减少或加班造成的工资增加，均不属于正常出勤情况下应支付的工资。停工留薪期工资待遇性质上属于劳动者提供正常劳动所获得的报酬，而加班费是劳动者提供额外劳动获得的收入，不属于正常工作时间工资的范畴，且在停工留薪期内也不可能发生加班的事实，故停工留

〔1〕 人力资源社会保障部、最高人民法院发布第一批劳动人事争议典型案例之十三。

薪期内原工资不应包含加班工资。

【案例7-100】 饶某会与福州开发区某点食品有限公司劳动合同纠纷案

二审法院认为,关于停工留薪期工资。《工伤保险条例》第三十三条第一款规定,“职工因工作遭受事故伤害或患职业病需要暂停工作接受工伤医疗的,在停工留薪期间,原工资福利待遇不变,由所在单位按月支持”。所谓原工资福利待遇不变,应理解为按照劳动者正常出勤的工资福利待遇。饶某会受伤前,其在正常工作之外存在加班,某点公司对饶某会额外付出的劳动支付了相应的加班费,符合法律规定;饶某会受伤后,并未提供劳动,亦不存在加班的情形,一审法院以饶某会工伤前扣除加班费后的平均工资计算停工留薪期工资,并无不当,本院予以维持。至于停工留薪期,两份案涉榕劳鉴伤字(2017)2013号(补)福州市劳动能力鉴定结论书中已明确为10个月,饶某会主张停工留薪期为11个月没有依据。停工留薪期内,某点公司共计向饶某会发放工资10,40.24元,饶某会主张其中包含2016年4月正常工作的7天工资,依据不足,本院不予采纳。综上,饶某会的上诉理由不能成立,一审法院认定事实清楚,适用法律正确,应予维持。判决:驳回上诉,维持原判。[1]

计算加班费是否应以基本工资为基数的问题。《劳动法》第四十四条规定:“有下列情形之一的,用人单位应当按照下列标准支付高于劳动者正常工作时间工资的工资报酬:(一)安排劳动者延长工作时间的,支付不低于工资的百分之一百五十的工资报酬;(二)休息日安排劳动者工作又不能安排补休的,支付不低于工资的百分之二百的工资报酬;(三)法定休假日安排劳动者工作的,支付不低于工资的百分之三百的工资报酬。”一般认为,主张加班工资计算基数应是劳动者在正常工作时间,正常提供劳动的情况下,从用人单位取得的全部工资收入或者全部劳动报酬。而原劳动部办公厅印发的《关于〈劳动法〉若干条文的说明》规定,《劳动法》第四十四条规定的“工资”,实行计时工资的用人单位,指的是用人单位规定的其本人的基本工资,其计算方法是:用月基本工资除以月法定工作天数即得日工资,用日工资除以日工作时间即得小时工资。

劳动合同的约定只有在违反法律、行政法规的强制性规定时方可认定无效,依据政府规章计算加班费基数有效。

【案例7-101】 刘某诉青岛铠的公司劳动争议纠纷再审案

再审法院认为,根据《民事诉讼法解释》第三百八十六条之规定,本案再审审查的焦点问题是原审认定公司已足额支付加班费是否具有事实和法律依据。刘某主张公司应当按照《山东省企业工资支付规定》第二十五条之规

[1] 福建省福州市中级人民法院(2018)闽01民终6256号民事判决书。

定计算加班费基数,双方劳动合同中关于加班费计算基数的约定违反了上述规定应认定无效,但根据《劳动合同法》第二十六条之规定,劳动合同的约定只有在违反法律、行政法规的强制性规定时方可认定无效,《山东省企业工资支付规定》仅系政府规章,而非法律或行政法规,且该规定第二十五条也并非效力性强制规定,原审据此认定涉案劳动合同系双方真实意思表示,合法有效,具有法律依据。根据该劳动合同中关于加班费计算基数的约定及刘某提交的工资单,原审认定公司已足额支付加班费,并无不当。裁定:驳回刘某的再审申请。[1]

【案例7－102】　于某诉某公司劳动争议纠纷再审案

再审法院认为,《劳动法》第四十四条规定,用人单位应当向劳动者支付高于正常工作时间工资的加班费,《山东省企业工资支付规定》第二十条、第二十五条规定:企业安排劳动者在法定标准工作时间以外工作的,应当支付加班工资,加班工资计算的工资基数应当按照劳动者上一月份提供正常劳动所得实际工资扣除该月加班工资的数额确定,即加班工资的计算基数是正常劳动情形下的工资收入。双方劳动合同第十一条的约定并不违反上述规定,应当认为有效。于某亦未提供证据证明该条约定具有其他无效的情形,故原审认定双方劳动合同第十一条有效认定事实和适用法律均无不当。[2]

特定行业加班工资的核算可参照行业特性并结合双方约定综合认定。

【案例7－103】　杜某与某信息咨询公司劳动争议纠纷案

判决观点,计算加班工资时可以根据不同的行业、不同的岗位进行区别化看待,特定行业的加班工资可综合劳动者岗位工作的情况、用人单位的业务特点、报酬的给付标准及案件证据来认定,而不能机械地将一般加班工资的计算方式“一刀切”地用于所有行业、所有岗位加班工资的计算。本案劳动者所从事的业务是金融产品销售,基于该销售行业多劳多得的特性,金融产品销售行业从业人员基本存在工作时间之外仍积极主动与客户进行沟通以提升销售业绩的行为,因为销售业绩的提升会直接转变为销售人员工资提成的增加。实践中,在个别行业确实存在无法将正常工作时间的业务提成与加班时间的业务提成区别开来,而劳动者即便存在正常工作时间之外加班的情况,其加班所付出的劳动也已经通过业务提成体现到劳动者的工资收入中的情形。[3]

---

[1] 山东省高级人民法院(2020)鲁民申1441号民事裁定书。

[2] 山东省高级人民法院(2020)鲁民申2739号民事裁定书。

[3] 广东省佛山市中级人民法院《2020年劳动争议典型案例》10。

解除劳动关系协议中约定的加班费低于最低工资标准的,即使协议已履行完毕,劳动者仍有权主张用人单位按最低工资标准支付加班费。

【案例7-104】 冯某诉某公司劳动争议纠纷案

判决观点,经查,冯某在酒店工作期间,确存在工作日、双休日及法定节假日加班且未安排补休的情形,而《解除劳动合同协议书》中约定的一次性支付款项中的加班工资低于最低工资标准,故酒店应依照最低工资标准支付冯某加班工资。[1]

保安的待岗、休息时间不应等同于加班时间,不应支付加班费。

【案例7-105】 何某诉某公司劳动争议纠纷案

判决观点,对于何某的待岗、休息时间是否等同于加班时间的问题。首先,何某从事的是银行钱箱的押运工作,由于银行营业时间的限制,其主要的押运工作集中于早上9:00银行营业之前以及下午17:00银行关门之后,中间存在较长的待岗时间,在该段时间内何某可以在公司宿舍或者银行所在地休息并且可以请假外出,故何某的工作具有较长的间歇性,与需要连续生产、工作的其他行业劳动者确实存在明显区别。其次,何某在待岗期间具有一定的自由度,在此期间请假外出办理私事,不影响双方约定的劳动报酬收入,故不应将何某的待岗时间视同加班时间。最后,劳动关系虽然以用人单位与劳动者之间的管理与被管理关系为特征,但是劳动关系建立及长期履行本身亦系用人单位以及劳动者双向选择的结果以及劳动力价格市场水平的反映。从何某的工资发放情况来看,对于何某待岗时间较长的岗位特点,保安公司已经通过岗位津贴等形式予以了补偿,何某在多年劳动用工过程中,对于其工作模式以及工资发放数额,均未提出异议。综上,法院对其加班费的请求不予支持。[2]

加班工资支付在个案中由法官根据具体案情裁定。

【案例7-106】 来某诉某物业公司劳动争议纠纷再审案

再审法院认为,一、某物业公司是否应向来某支付解除关系经济补偿金的问题。本案劳动关系解除的时间及原因的问题。虽然来某在2019年6月25日申请仲裁时主张经济补偿金,但在仲裁庭期间仍为某物业公司提供劳动,某物业公司也未提出过辞退来某,因此,双方劳动关系在佛顺劳人仲案终字〔2019〕3672号案仲裁期间并未解除。来某在收到该案仲裁结果后不服向

〔1〕 江苏省扬州市中级人民法院发布《2021年劳动争议十大典型案例》。
〔2〕 广东省广州市中级人民法院发布《2021年劳动争议十大典型案例》。

本院起诉,明确要求解除劳动关系,并主张经济补偿金,因此,本院认定双方劳动关系在2019年8月28日由来某单方提出解除,在来某已提出解除劳动关系的情况下,某物业公司在2019年9月12日作出的《解除劳动合同通知书》对来某不产生解除的效力。来某最初提出解除劳动关系并主张经济补偿金的理由为自2019年6月起无故被降薪。某物业公司确认来某自2019年6月起工资有降低,但认为是因来某的工作时间调整为每周工作5天,每天工作8小时,所减少的部分只是加班工资。对于来某自2019年6月起薪酬待遇及工作时间调整的合法性及合理性,本院分析如下:第一,《劳动法》第三十六条规定,国家实行劳动者每日工作时间不超过8小时、平均每周工作时间不超过44小时的工时制度。第三十八条规定,用人单位应当保证劳动者每周至少休息一日。第四十一条规定,用人单位由于生产经营需要,经与工会和劳动者协商后可以延长工作时间,一般每日不得超过1小时;因特殊原因需要延长工作时间的,在保障劳动者身体健康的条件下延长工作时间每日不得超过3小时,但是每月不得超过36小时。根据本院在(2019)粤0606民初18517号案件中查明的事实,来某每天工作12小时,每月上班27天到31天不等,来某的加班时间明显超过法定的时间。另外,双方签订的劳动合同约定来某为标准工时工作制,每日工作8小时,每周工作6天,每周至少休息一天。自2019年6月1日起,某物业公司将来某的工作时间调整为每天上班8小时,每周上班5天。调整后的工作时间对来某的生活、休息是有利的,也是某物业公司是对自身违法行为的纠正,符合法律规定,也符合双方劳动合同的约定。第二,某物业公司出于提升安管队伍的安全管理服务,降低公司人力成本,提高服务水平的需要,将部分安管业务进行外包,由专业的保安服务机构对保安人员进行系统培训管理,确实属有利于安保队伍建设及管理。第三,某物业公司出于生产经营需要将保安服务外包给专业的保安服务公司,在现有保安员人手充足的情况下,按双方劳动合同约定实行8小时工作制,属于企业生产经营自主管理权的体现,来某应予以服从。第四,调整工作时间前后对于来某收入及劳动强度的影响方面。双方签订的劳动合同约定来某正常工作时间工资为1720元,其他各种费用合计为1030元,其他各种费用包括但不限于加班工资、职务工资、奖金等。而来某提供的工资条载明了来某每月工资构成包括基本工资、加班工资、高温补贴及其他,并没有职务工资及奖金两项,也就是说,来某每月工资主要由基本工资及加班工资构成,即合同约定的1030元实际上就是加班工资。来某工作时间调整后,基本工资相较于调整前没有变化,仅减少了加班工资,但在工作时间上,来某较调整前工作时间大大缩短了,即来某的劳动强度明显较调整前减轻了。在调整后,来某的收入与其付出的劳动强度相适应。综上,某物业公司作为用人单位,具有用工自主权,其基于自身业务发展需要,根据法律规定及双方劳动合同约定对来某的工作时间进行调整,调整后的工作时间与来某的劳动能力和身体状况相适应,且来某的收入与其付出的劳动强度也相适应,没有损害劳动者权益,具有合法性及合理性。来某以某物业公司无故降薪为由提出解除劳动关系没有事实依据,本院不予支持。

二、某物业公司是否应向来某支付2019年6月、7月、8月工资差额的问题。

根据某物业公司提供的工资条,来某2019年6月出勤19天,7月出勤23天,8月出勤16天,本院已认定来某正常工作时间工资为1720元。经折算,来某2019年6月至8月应发工资分别为1652.53元、1968.85元、1374.38元。某物业公司主张2019年9月来某个人应缴部分社保费由某物业公司垫付,应在8月工资中扣减有理,本院予以支持。综上,扣除来某个人应承担部分社保费,其2019年6月至8月应发工资分别为1310.2元(1652.53元-342.33元)、1604.44元(1968.85元-364.41元)、645.56元(1374.38元-364.41元-364.41元)。某物业公司已向来某发放2019年6月工资1527.67元,2019年7月工资1505.59元,2019年8月工资709.36元,其中2019年6月及8月已足额支付,2019年7月扣除某物业公司已付部分,尚需向来某支付差额98.85元。在没有加班的情况下来某要求按调整前的工资标准支付工资差额没有事实依据,本院不予支持。[1]

现行法律、法规中对于"加班"尤其是"隐形加班"都没有明确界定,这对如何认定加班提出难题的同时,也赋予其较大的裁量权。现在,随着数字化时代的来临,劳动者的工作方式由过去那种按工时或计件的线下"搬砖",变成了线下计时+线上"24小时待命"。但是,用人单位却还在沿用以前对"加班"的定义,认为线上这种工作时间以外,用社交软件的沟通,不属于在定义中"固定场所、固定时间"的加班范畴,随时随地回复信息,变成了员工应尽的义务,对未尽"义务"的员工,用人单位认为是员工不满足用人要求。而这些义务却没有写进劳动合同里。在这种用工的新形势下法官应综合考虑"非工作时间+实质性劳动+周期性和固定性+明显占用劳动者休息时间"四个因素,认定劳动者在下班时间用微信回复工作消息属于加班,对于利用微信等社交媒体开展工作的情形,如果劳动者在非工作时间使用社交媒体开展工作已经超出了一般简单沟通的范畴,劳动者付出了实质性劳动内容或者使用社交媒体工作具有周期性和固定性特点,明显占用了劳动者休息时间的,应当认定为加班。"隐形加班"也是加班,用人单位应当支付加

[1] 广东省高级人民法院(2021)粤民申4564号民事裁定书。

班费。关于加班费数额。利用社交媒体加班的工作时长、工作状态等难以客观量化，用人单位亦无法客观掌握，若以全部时长作为加班时长，对用人单位而言有失公平。因此，在无法准确衡量劳动者"隐形加班"时长与集中度的情况下，对于加班费数额，应当根据证据体现的加班频率、工作内容、在线工作时间等予以酌定，以平衡好劳动者与用人单位之间的利益。

【案例7－107】　李某艳诉北京某科技公司劳动争议案

二审法院认为，虽然双方在合同中约定实行"不定时工作制"，但北京某科技公司未进行"不定时工作制"审批。李某艳的工作岗位为"产品运营"，李某艳主张的加班为利用微信、钉钉等社交媒体与客户及员工的沟通，从在案证据来看，李某艳往往以微信等作为工作媒介进行沟通，从李某艳提供的微信记录等证据特别是李某艳提交的《假期社群官方账号值班表》分析，北京某科技公司在部分工作日下班时间及休息日安排李某艳工作。随着经济发展及互联网技术的进步，劳动者工作模式越来越灵活，可以通过电脑、手机随时随地提供劳动，不再拘束于用人单位提供的工作地点、办公工位，特别是劳动者在非工作时间、工作场所以外利用微信等社交媒体开展工作等情况并不少见，对于此类劳动者"隐形加班"问题，不能仅因劳动者未在用人单位工作场所进行工作来否定加班，而应虚化工作场所概念，综合考虑劳动者是否提供了实质工作内容认定加班情况。对于利用微信等社交媒体开展工作的情形，如果劳动者在非工作时间使用社交媒体开展工作已经超出一般简单沟通的范畴，劳动者付出了实质性劳动内容或者使用社交媒体工作具有周期性和固定性特点，明显占用了劳动者休息时间的，应当认定为加班。本案中，虽然北京某科技公司称值班内容就是负责休息日客户群中客户偶尔提出问题的回复，并非加班，但根据聊天记录内容及李某艳的工作职责可知，李某艳在部分工作日下班时间、休息日等利用社交媒体工作已经超出了简单沟通的范畴，且《假期社群官方账号值班表》能够证明北京某科技公司在休息日安排李某艳利用社交媒体工作的事实。该工作内容具有周期性和固定性的特点，有别于临时性、偶发性的一般沟通，体现了用人单位管理用工的特点，应当认定为加班，北京某科技公司应支付加班费。对于加班费数额，法院综合考虑李某艳加班的频率、时长、内容及其薪资标准，酌定北京某科技公司支付李某艳加班费3万元。[1]

---

〔1〕 人民法院案例库2024－18－2－490－002。北京市第三中级人民法院（2022）京03民终9602号民事判决书。

（七）业务提成奖励认定

用人单位规定劳动者在完成一定绩效后可以获得奖金，其无正当理由拒绝履行审批义务，符合奖励条件的劳动者主张获奖条件成就，用人单位应当按照规定发放奖金的，法院应予支持。

【案例7－108】 彭某翔诉南京市城市建设开发（集团）有限责任公司追索劳动报酬纠纷案

二审法院认为，本案争议焦点为南京市城市建设开发（集团）有限责任公司（以下简称城开公司）应否依据《奖励办法》向彭某翔所在的投资开发部发放无锡红梅新天地等六项目奖励。首先，从《奖励办法》设置的奖励对象来看，投资开发部以引进项目为主要职责，且在城开公司引进各类项目中起主导作用，故其系该文适格的被奖主体；从《奖励办法》设置的奖励条件来看，投资开发部已成功为城开公司引进符合城开公司战略发展目标的无锡红梅新天地、扬州GZ051地块、如皋约克小镇、徐州焦庄、高邮鸿基万和城、徐州彭城机械六项目，符合该文规定的受奖条件。故就案涉六项目而言，彭某翔所在的投资开发部形式上已满足用人单位规定的奖励申领条件。城开公司不同意发放相应的奖励，应当说明理由并对此举证证明。但本案中城开公司无法证明无锡红梅新天地项目、如皋约克小镇项目存在亏损，也不能证明彭某翔在二项目中确实存在失职行为，其关于彭某翔不应重复获奖的主张亦因欠缺相应依据而无法成立。故而，城开公司主张彭某翔所在的投资开发部实质不符合依据《奖励办法》获得奖励的理由法院不予采纳。其次，案涉六项目奖励申请未经审核或审批程序尚未完成，不能成为城开公司拒绝支付彭某翔项目奖金的理由。城开公司作为奖金的设立者，有权设定相应的考核标准、考核或审批流程。其中，考核标准系员工能否获奖的实质性评价因素，考核流程则属于城开公司为实现其考核权所设置的程序性流程。在无特殊规定的前提下，因流程本身并不涉及奖励评判标准，故而是否经过审批流程不能成为员工能否获得奖金的实质评价要素。城开公司也不应以六项目的审批流程未启动或未完成为由，试图阻却彭某翔获取奖金的实体权利的实现。此外，对劳动者的奖励申请进行实体审批，不仅是用人单位的权利，也是用人单位的义务。本案中，《奖励办法》所设立的奖励系城开公司为鼓励员工进行创造性劳动所承诺给员工的超额劳动报酬，其性质上属于《国家统计局关于工资总额组成的规定》第七条第五项规定中的“其他奖金”，此时《奖励办法》不仅应视为城开公司基于用工自主权而对员工行使的单方激励行为，还应视为城开公司与包括彭某翔在内的不特定员工就该项奖励的获取形成的约定。现彭某翔通过努力达到《奖励办法》所设奖励的获取条件，其向城开公司提出申请要求兑现该超额劳动报酬，无论是基于诚实信用原则，还是基于按劳取酬原则，城开公司皆有义务启动审核程序对该奖励申请进行核查，以确定彭某翔关于奖金的权利能否实现。如城开公司拒绝审核，应说明合理理由。本案中，城开公司关于彭某翔存在失职行为及案涉项目存在亏损的主张因欠缺事实依据不能成立，该公司也不能对不予审核的行为作出合理解释，其拒绝履行审批义务的行为已损害彭某翔的合法权益，对此应承担相应的不利后果。综上，法院认定案涉六项目奖励的条件成就，城开公司应当依据《奖励办法》向彭某翔所在的投资开发部发放奖励。一审法院判决：驳回彭某翔的诉讼请求。二审法院判决：(1)撤销一审民事判决；(2)城开公司支付彭某翔奖励1,259,564.4元。[1]

新金融产业模式下激励性提成是疑难问题。提成制度的创设可在劳动合同中约定，也可通过制定奖励办法设定。与规章制度不同，奖励办法的制定不需要通过民主程序，其权利在用人单位，一旦公示或送达特定人即应生效，用人单位不得以内部审批程序存在瑕疵而进行否定。同理，员工亦应接受激励提成机制、奖励办法的效力。但提成机制带有用人单位意志和管理行为，对用人单位免除法定责任、排除劳动者权利的内容，劳动者有权主张否定该部分的效力，至少工资加奖励的总和不得低于当地最低工资标准。个案中，法官根据具体案情裁量是否提成及提成数额。

【案例7－109】　周某诉无锡金投通商融资租赁有限公司劳动合同纠纷案

一审法院认为，关于周某在藕塘项目中是否应当给予一定提成奖励的问题，法院认为藕塘项目应定为公司项目，无论周某在此项目中发挥的作用有多大，均离不开无锡金投通商融资租赁有限公司（以下简称通商公司）作为通道机构的牌照功能和平台作用，同时公司内部的各个职能部门、各个相关人员均为该项目的推进作出了贡献，但从证据的角度看，公司亦不能否定周某在藕塘项目中于承揽、承做、承销各个环节中是主要的角色与力量，无论周某是项目经理还是业务员，其所付出的努力应当是藕塘项目成功的关键；但周某主张承揽、承做、承销各按10%比例提成，因激励方案仅对承销提供按10%提成的机会，而承揽、承做是否应当提成、如何提成以及奖励用途的表述并不明确、缺少公司意志的体现，综合周某在藕塘项目中的作用地位、通商公

[1] 最高人民法院指导案例182号。江苏省南京市中级人民法院(2018)苏01民终10066号民事判决书。

司业务部门及其他部门对藕塘项目的参与度及贡献以及按年计算的实际收益率等因素，法院确定周某在藕塘项目上按1个10%提成17.4184万元，对其他提成主张不予支持。判决：(1)通商公司支付周某违法解除劳动合同赔偿金23,152.83元、业务提成174,184元，合计197,336.83元。(2)驳回周某的其他诉讼请求。二审法院同意一审法院裁判意见。[1]

用人单位和劳动者有约定的，提成款的支付应当按照合同双方约定的比例进行。

【案例7-110】 徐州高压开关厂与卢某某劳动争议纠纷案

二审法院认为，关于徐州高压开关厂是否欠付卢某某工资及提成问题。首先，双方当事人签订了聘书及劳务协议，在卢某某没有按照协议约定完成销售任务时，徐州高压开关厂作为单位也应当向卢某某支付不低于最低工资标准的工资，不应因劳动者是否超过退休年龄而有例外。其次，关于双方约定的提成标准问题，一审过程中卢某某向法院提供了徐州高压开关厂支付提成款的证据，证据证明双方实际执行的提成比例高于双方约定的4%，故卢某某有权按照双方协议约定的4%提成比例向徐州高压开关厂要求提成款。对于徐州高压开关厂主张的该400,000元的合同是由其单位技术人员联系，由卢某某签字的理由不符合常理且与其支付的提成款比例不符。徐州高压开关厂应当按照双方约定的提成比例向卢某某支付提成款。最后，关于卢某某向徐州高压开关厂借款如何抵扣的问题，此类款项共计15,990元，对于其中的工资及未注明用途的借款10,990元，应予以抵扣。对于注明为业务用或出差用款5000元部分，属于双方当时约定的开展业务所用，该费用的使用及抵扣均不是人民法院受理的范围，故对该5000元法院不予理涉。综上，徐州高压开关厂的上诉请求不能成立，二审法院不予支持。一审判决认定事实清楚，适用法律正确，二审法院依法予以维持。判决：驳回上诉，维持原判。[2]

用人单位有证据证明其计发薪酬的依据，标准与实际发放金额能够互相对应，劳动者未提出异议，应当认定其主张的薪酬条款已实际履行，构成劳动合同的补充约定，对双方均具有约束力。劳动者主张薪酬发放方案已经变更，但方案约定不明确，且未得到履行的，不应视为双方已达成变更原劳动合同约定的合意。

【案例7-111】 陈某昌诉南京大全电气有限公司劳动争议纠纷案

一审法院认为，陈某昌与南京大全电气有限公司(以下简称大全公司)

---

〔1〕 参见国家法官学院案例开发研究中心编：《中国法院2019年度案例》(劳动纠纷)，中国法制出版社2019年版，第257~258页。江苏省无锡市中级人民法院(2017)苏02民终3527号民事判决书。

〔2〕 江苏省徐州市中级人民法院(2014)徐民终字第03565号民事判决书。

签订的劳动合同中明确约定，其劳动报酬需经绩效考核后发放，2016 年 3 月至 6 月及 9 月至 12 月的工资表陈某昌已签字确认，大全公司在工资表中明确提示签字即表示对工资无异议，若有异议可向人力资源提出，陈某昌亦未对工资表提出过异议，能够证明大全公司对其岗位绩效工资经考核后发放。陈某昌虽然对 2016 年 7 月、8 月中签名的真实性提出异议，但上述月份的工资均不低于其平均工资水平，因陈某昌提交离职申请，2017 年 2 月、3 月工资表无其签名，但不能反映出双方已经改变原有的绩效工资发放方式，据此，陈某昌主张应当按照绩效考核基数 5100 元补发全额绩效工资，缺乏证据支持支撑，不予支持。

大全公司提交的货款回笼资金发放明细中载明的回笼金额，回款时间除安徽世界村功能饮品有限公司案件外，陈某昌均不持异议，对应的款项性质、支付奖金的比例及扣减比例均能够与银行交易明细的发放金额及大全公司提交的《2016 年应收账款管理规定》中载明的发放方式一一对应，能够形成完整的证据链证明大全公司 2016 年 6 月至 12 月系根据该份《2016 年应收账款管理规定》向陈某昌发放货款回笼奖金。陈某昌提交的钉钉软件聊天记录中 2016 年 5 月 27 日大全公司总经理徐某陈述的“法务人员独立完成的货款诉讼，按照公司与外部合作律师楼的结算标准结算奖金；前提是不能耽误岗位基本工作，控制诉讼项目笔数”，未明确具体比例和标准，且该标准并未得到实际执行，陈某昌亦未能提交证据证明曾向大全公司提出过异议，应当视为其认可大全公司按照《2016 年应收账款管理规定》的标准及条件向其发放货款回笼奖金，据此，因大全公司提交的证据足以证明其在劳动合同实际履行过程中系依据《2016 年应收账款管理规定》向陈某昌发放货款回笼奖金，法院对大全公司提交的《2016 年应收账款管理规定》真实性予以确认。因大全公司提交的《2016 年应收账款管理规定》中“由其他律师事务所代理的诉讼案件，法务人员有义务做好配合工作”的情形下，不存在“在规定时间内予以回笼的，可与现场配合人员共同参与 0.5% 的货款回笼奖励”的规定，对陈某昌主张的协助外部律师处理案件的货款回笼奖励，法院不予支持。判决：(1)大全公司支付陈某昌工资(含加班工资)1019 元；(2)驳回陈某昌的其他诉讼请求。二审法院判决：驳回上诉，维持原判。[1]

用人单位有权根据自己的经营状况，对劳动者设置激励措施，鼓励劳动者多劳多得。倘若劳动合同或规章制度有约定，用人单位则应当按约定发放。一般而言，用人单位作为市场经济主体，独立经营，自负盈亏，经营风险应由其自身承担。

---

[1] 参见最高人民法院中国应用法学研究所编：《人民法院案例选》2020 年第 5 辑(总第 147 辑)，人民法院出版社 2020 年版，第 114 ~ 115 页。江苏省南京市中级人民法院(2018)苏 01 民终 3481 号民事判决书。

劳动关系中，劳动者的劳动力和生产资料均是用人单位的生产要素，劳动者对用人单位的生产经营没有自主权，也无需为企业的经营风险承担责任。劳动者为用人单位完成销售任务或项目指标，已按约定完成了相应工作任务，用人单位则应当按照约定予以发放。倘若事后，因市场原因或合同履行出现瑕疵等因素，导致最后成交价或实际经营收入减少用人单位以此为由少发放，不予发放，是将经营风险变相转嫁给劳动者的行为。也就是说，用人单位对客户降价打折，从而降低劳动者的奖金不合法。

【案例7－112】 何某诉某地产公司劳动争议纠纷案

二审法院认为，开发商以房屋抵债方式全额支付了代理费，应视为代理费已全额结算。某房地产公司后期对房屋降价销售，系其自主经营行为，不能将自行降价销售的损失转嫁到劳动者身上。何某已经按照公司的要求完成了工作任务，某地产公司应当按照《奖励金考核管理办法》的规定向何某支付奖励金。[1]

用人单位应按照规定支付绩效工资。

【案例7－113】 某材料公司诉任某劳动争议纠纷案

一审法院认为，关于某材料公司是否应支付任某2021年第二季度、第三季度的绩效工资差额问题。某材料公司主张任某未完成绩效考核工作，绩效考评成绩低于70分，不符合支付绩效工资的条件。任某对某材料公司主张的事实不予认可。任某第二季度、第三季度的绩效考评得分，某材料公司主张系综合《劳动合同补充协议》约定的考核标准、任某提交的《工作计划》，并结合工作实际完成情况确定的。任某对某材料公司主张的绩效考评得分不予认可。双方签订的《劳动合同补充协议》中虽有岗位职责及考评标准的相关内容，但与某材料公司提交的绩效考评表中的评价标准仍存在差异，且某材料公司提交的绩效考评表没有任某的签字确认。某材料公司亦未提交充足的证据证明绩效考评表中的全部评价标准已经任某知晓并认可。且某材料公司已向任某支付部分绩效工资，并未严格按照其提交的绩效考评成绩执行。因此某材料公司要求不支付任某2021年第二季度、第三季度的绩效工资差额，证据不足，不予支持。一审法院判决：某材料公司于本判决生效后5日内向任某任某支付2021年4月1日至11月5日的工资差额42,383.02元（24,645.60元＋17,737.42元）。二审法院判决驳回上诉，维持原判。[2]

---

〔1〕 山东省高级人民法院发布十大劳动争议典型案例。山东省济南市中级人民法院（2022）鲁01民终2746号民事判决书。

〔2〕 天津市第一中级人民法院（2023）津01民终604号民事判决书。

三、劳动报酬补偿纠纷处理

(一)劳动调岗降薪处理

因为岗位变动降低薪金而引发的劳动纠纷带有普遍性。用人单位没有与劳动者协商一致的前提下,擅自将其降职降薪,承担相应的法律后果。对用人单位降职降薪,要突出审查其合理性和必要性,由此引发的劳动者要求解除劳动合同请求用人单位承担加班工资、经济补偿金一并处理。

用人单位不合理调岗降薪导致劳动者辞职,应向劳动者支付经济补偿金。

【案例7-114】 陆某诉酒店公司劳动争议纠纷案

一审法院认为,本案中,陆某主张酒店公司降职降薪缺乏合理性,经查,酒店公司调整陆某工作岗位的理由之一为其酒店于2019年7月6日、7月7日有大型接待任务,因陆某休假未在场,导致前台接待出现重大疏漏。对此,陆某提供证据证明其事先履行了请假手续。前台出现接待疏漏及客人投诉现象的原因是多方面的,并不能完全归结于陆某未能安排好工作。酒店公司调整陆某工作岗位的理由之二为陆某升任房务部副总监后,酒店公司对其安排了两项任务,陆某未完成工作任务。对此,陆某并非没有完成工作,酒店公司一方面对工作的质量考核应有明确标准,另一方面又未举证陆某完成的工作存在明显的缺陷与不足,故上述理由尚不能证明陆某存在不能胜任工作的情形,酒店公司对陆某的降职调薪决定缺乏合理性。陆某因酒店公司的降职调薪而辞职,应视为"推定解雇",酒店公司应当支付经济补偿金。判决:酒店公司支付陆某经济补偿金90,090元。二审法院同意一审法院裁判意见。[1]

用人单位因劳动者原因进行调岗时,应当符合劳动合同的约定或者用人单位规章制度的规定,并且符合用人单位生产经营的客观需要。用人单位单方调岗应保障劳动者的工资及其他劳动条件未发生明显变更,并且不应存在歧视性、侮辱性等情形。只有符合上述条件,用人单位在单方调岗引发纠纷时,才能因具有合

---

〔1〕 参见国家法官学院、最高人民法院司法案例研究院编:《中国法院2022年度案例》(劳动纠纷),中国法制出版社2022年版,第152页。江苏省无锡市中级人民法院(2020)苏02民终2935号民事判决书。

理合法性而获劳动者的认可及法律的支持。

【案例 7－115】 张某诉某制造公司劳动争议纠纷案

张某于2005年1月入职某制造公司,双方于2010年5月签订无固定期限劳动合同,张某的工作岗位为机械维修工,月平均工资为6000元。2019年6月,制造公司因张某亲属从该公司退休后在外省具有同业竞争关系的企业工作,决定将张某调离岗位,从事不涉及公司商业秘密的工作。2019年8月,制造公司下发通知,将张某调整到保洁岗位,并按新岗位核定薪酬。2019年9月张某到新岗位报到上班,制造公司向张某发放2019年8月工资1900元、9月工资2300元。后张某以制造公司调岗违法为由申请劳动仲裁,要求恢复原工作岗位及工资待遇。本案经过仲裁及人民法院两审判决,均裁判认定制造公司调岗违法,恢复张某的工作岗位以及相关工资待遇。[1]

《劳动合同法》第三十五条规定,用人单位与劳动者协商一致,可以变更劳动合同约定的内容。变更劳动合同,应当采用书面形式。劳动报酬是劳动合同的必备条款之一,调整薪酬显然属于劳动合同变更。如果调薪的事情并未与劳动者协商一致,用人单位直接单方降薪,也没有采取书面形式,并非一定生效《劳动争议解释(一)》第四十三条规定:用人单位与劳动者协商一致变更劳动合同,虽未采用书面形式,但已经实际履行了口头变更的劳动合同超过1个月,变更后的劳动合同内容不违反法律、行政法规且不违背公序良俗,当事人以未采用书面形式为由主张劳动合同变更无效的,人民法院不予支持。考虑到实际情况,为平衡企业经营自主权和保护劳动者权益二者之间的关系,这一条其实明确变更劳动合同,并不一定必须采取书面形式。因部门撤销,用人单位跟劳动者沟通调岗事宜,表示调整到新部门新岗位以后,薪酬待遇不变。劳动者按照要求,已经在新岗位工作了1个月以上。如果此时觉得不能适应新岗位,提出未采用书面形式主张岗位变更无效,法院基本不会支持劳动者的主张。这一条其实往往也是用人单位在劳动仲裁中对于调岗调薪的重要抗辩理由。

【案例 7－116】 赵某诉北京通州某文化传媒公司劳动争议纠纷案

二审法院认为,本案中,公司虽主张其与赵某经过口头协商已经就月工资由15,000元降至8000元达成一致,并实际履行超过1个月,但赵某对此不予认可,公司亦未提交任何证据证明其与赵某经口头协商对降薪达成一致意见,故在此前提下公司依据该司法解释的规定主张不应支付赵某2021年9月1日至10月31日的工资差额14,000元,缺乏事实和法律依据,本院不予

[1] 陕西省高级人民法院、陕西省人力资源和社会保障厅联合发布第一批劳动人事争议典型案例之十。

采信。判决如下：驳回上诉，维持原判。[1]

公司调岗符合劳动合同的约定，是行使用工管理职权的表现，不具备侮辱性和惩罚性。

【案例7－117】　王某诉广州万源公司劳动争议纠纷案

二审法院认为，本案二审的争议焦点为：公司是否应向王某支付解除劳动关系经济补偿。根据公司提供的与王某签订的《劳动合同》以及2018年10月7日、2019年4月公司法定代表人与王某的微信对话记录可知，王某的工作包括招生。公司向王某发出《调岗通知》，将王某从教务主管岗位调整到销售岗位，符合劳动合同的约定，是公司行使用工管理职权的表现，不具备侮辱性和惩罚性。即使王某认为从教务主管岗位调整到销售岗位后将降低其工资，其也应该向公司提出，双方进行协商，而王某并未向公司提出上述意见，而是在收到上述《调岗通知》后，立即向公司提出要求离职。因此，王某是主动提出离职，王某未提供证据证明其离职符合法律规定的公司应向其支付经济补偿的情形，故王某要求公司向其支付经济补偿没有依据，本院不予支持。综上所述，王某的上诉请求不能成立，应予驳回；一审判决认定事实清楚，适用法律正确，应予维持。二审判决：驳回上诉，维持原判。[2]

（二）劳动补偿金处理

经济补偿金是在劳动合同解除或终止后，用人单位依法一次性支付给劳动者的经济上的补助。

1. 经济补偿金处理

企业因政策性原因外迁致使劳动合同无法履行时，可以认定劳动合同订立时所依据的客观情况发生重大变化，应按照《劳动合同法》第四十条第三项规定处理。

【案例7－118】　北京驰创达空气悬架有限公司诉赵某劳动合同纠纷案

二审法院认为，北京驰创达空气悬架有限公司（以下简称驰创达公司）因政策行政管理原因，将其公司生产部自北京通州区迁往河北省霸州市，考虑到上述两地之间的客观距离，此时搬迁导致的工作地点变更势必对劳动者

〔1〕北京市第三中级人民法院（2023）京03民终6542号民事判决书。

〔2〕广东省广州市中级人民法院（2021）粤01民终13287号民事判决书。

的工作及个人生活造成重大影响,据此可以视为双方劳动合同订立时所依据的客观情况发生重大变化,《劳动合同法》第四十条第三项对劳动合同订立时所依据的客观情况发生重大变化致使劳动合同无法履行的情形作出了明确规定。驰创达公司本应依照前述规定与劳动者协商,经双方协商未能就变更劳动合同达成协议的,方可提前30日以书面形式通知劳动者本人或者额外支付劳动者1个月工资后解除劳动合同。但驰创达公司并未依照上述法律规定履行法定程序,而是径直向劳动者发出短期内不到新工作地点上班即视为自行离职且不予补偿的通知,该公司的上述作为已经足以构成解除劳动合同的不当行为,应当就此承担不利后果。现双方均认可劳动关系已经解除,而劳动者仅就解除劳动合同补偿金及代通知金提出诉讼请求,请求的数额并未超过驰创达公司就其不当行为应承担的赔偿责任,一审法院予以支持,并无不当。判决:驳回上诉,维持原判。[1]

在劳动争议中,如果用人单位因金融危机或其他非主观因素的影响,存在拖欠劳动者工资及社会保险的情形,不应一律按《劳动合同法》所规定的劳动者可以解除劳动合同并索要经济补偿金的酌定情形。

【案例7-119】 吴某勇诉如皋市如皋港船舶服务有限公司劳动争议纠纷案

判决观点,法院在审理具体劳动争议案件中,对劳动者与用人单位合法权益应视个案情况,结合特定阶段的经济发展形式与平衡保护,以达到保护劳动者合法权益,企业的可持续发展的目的。故在本案中是否适用"经济补偿金"制度应当结合迟延支付劳动报酬的性质、原因、用人单位是否存在主观故意,有无及时改正自己的行为等多种因素来综合考量。本案中,首先,被告迟延支付工资并非主观故意。2013年江苏熔盛集团公司经营状况出现严重困难,被告作为熔盛重工集团公司的下属子公司,其经营运转主要依赖于集团公司,受集团公司的影响,被告企业经营状况亦发生困难,由此可以看出,被告延迟支付工资的原因是客观不能,并非主观故意。其次,被告延迟支付工资的期限并未过长。无论是在原告提交辞职前,还是在其后,被告在经营并不景气的情况下,延迟支付工资的时间未超过3个月。最后,被告积极采取了补救措施。原告提起劳动仲裁后,被告积极采取补救措施,于劳动仲裁决定书作出前足额支付了原告的工资,并依法为原告缴纳了社会保险费。综上,被告因受集团公司经营困难的影响延迟支付原告工资,后积极依法履行支付工资和交缴纳社会保险费的职责,无主观故意,客观上原告的实体权利

---

〔1〕 参见国家法官学院、最高人民法院案例研究院编:《中国法院2020年度案例》(劳动纠纷),中国法制出版社2020年版,第128页。北京市第二中级人民法院(2018)京02民终7470号民事判决书。

受损并不明显，原告对此应予理解、包容，故不适用经济补偿金制度。对原告的该项诉求，法院碍难诉求。原告、被告双方已经于2014年1月21日办理离职交接手续，仲裁裁决准予解除劳动关系，法院对此无异。判决：(1)原告、被告双方劳动关系自2014年1月21日起解除。(2)驳回原告的其他诉讼请求。[1]

无故拖欠是指非人力所能抗拒的自然灾害、战争等原因以及用人单位确因生产经营困难、资金周转受到影响暂时无力无法按时支付工资的情形外，超过规定的日期未支付劳动者工资的行为。用人单位超过规定的付薪日期未支付，即在能够按时支付工资的情况下主观恶意拖欠工资的行为。但并非无故拖欠工资的，不承担解除合同的经济补偿金。

【案例7-120】　张某梅诉淄博金升印刷有限公司劳动合同纠纷案

二审法院认为，本案中，淄博金升印刷有限公司(以下简称金升印刷)在2009年和2010年均被确认为淄博市张店区困难企业，拖欠上诉人张某梅的工资因企业经营困难导致无法发放而非故意拖欠，金升印刷已在仲裁前补发了所欠员工的工资及社会保险。因此，张某梅以此要求用人单位支付经济补偿金，与立法目的相违背，依法不予支持。张某梅提出解除劳动关系，金升印刷明确予以同意，双方的劳动关系已实际解除，原审法院在判决中已经予以确认，因此无需另行判决双方解除劳动关系。综上，原审判决认定事实清楚，适用法律正确，依法予以维持。判决：驳回上诉，维持原判。[2]

在劳动者离职原因不明的情况下，应根据具体情形决定用人单位是否支付经济补偿金。

【案例7-121】　宏福公司诉杨某劳动合同纠纷案

二审法院认为，杨某与宏福公司就劳动关系解除原因均未能提交证据，同时，考虑到双方一直在协商续签事宜但未能达成一致的实际情况，一审法院比照协商一致解除劳动关系，判令宏福公司支付杨某解除劳动关系经济补偿金，并无不当，予以维持。判决：驳回上诉，维持原判。[3]

劳动者自动离职的，在法律性质上用属于违法解除劳动合同，存在一定过错，

---

〔1〕参见国家法官学院案例开发研究中心编：《中国法院2016年度案例》(劳动纠纷)，中国法制出版社2016年版，第164～165页。江苏省如皋市人民法院(2014)皋民初字第651号民事判决书。

〔2〕参见国家法官学院案例开发研究中心编：《中国法院2015年度案例》(劳动纠纷)，中国法制出版社2015年版，第89页。山东省淄博市中级人民法院(2013)淄民三终字第339号民事判决书。

〔3〕参见国家法官学院、最高人民法院案例研究院编：《中国法院2021年度案例》(劳动纠纷)，中国法制出版社2021年版，第152页。北京市第二中级人民法院(2019)京02民终1784号民事判决书。

无权获得经济补偿金。

劳动者以未付年休假工资报酬为由提出解除劳动合同的,依法应获得经济补偿金。

用人单位擅自变更劳动者工作岗位,未依法缴纳社会保险费,应支付解除劳动关系经济补偿金。

【案例 7-122】 新疆众联劳务派遣有限公司诉陈某玉劳动争议纠纷案

一审法院认为,本案中,陈某玉与新疆众联劳务派遣有限公司(以下简称众联公司)虽然在自愿、协商一致的基础上,签订劳动合同,但该合同中有关社会保险约定的内容违反了国家现行法律、行政法规的规定,从而导致双方合同中约定的部分条款无效,应当依法予以纠正。众联公司现以合同约定为由不支付陈某玉经济补偿金的理由不能成立。我国法律规定,变更劳动合同内容需经用人单位与劳动者双方协商一致。中泰公司、众联公司未与陈某玉协商一致,擅自变更陈某玉的工作岗位,导致陈某玉工资降低,致使陈某玉被迫离职,陈某玉不存在过错,众联公司以此为由不支付陈某玉经济补偿金的理由也不能成立。原告、被告对解除劳动关系无异议,予以确认。第三人新疆中泰化学股份有限公司、第三人新疆烧碱厂劳动服务公司在本案中无过错,不应承担责任。判决:(1)原告新疆众联劳务派遣有限公司与被告陈某玉解除劳动合同,原告为被告办理解除劳动关系手续;(2)原告新疆众联劳务派遣有限公司支付被告陈某玉解除劳动关系经济补偿金 12,170.9 元。二审法院判决:驳回上诉,维持原判。[1]

劳动者与用人单位可以约定股权激励,作为劳动合同解除补偿金。

【案例 7-123】 马某诉医疗集团公司劳动争议纠纷案

一审法院认为,关于第一个争议焦点。首先,马某主张 300 万元补偿金的依据是《股权激励及补偿协议》,虽然补偿金约定在股权激励及补偿协议中,但医疗集团公司支付马某补偿金的前提,一是马某离职前公司尚未实施员工股权激励计划;二是马某非主动离职,也就是由用人单位解除劳动合同,而不是劳动者主动辞职,满足了上述条件才给予补偿金。上述约定该补偿金依附与解除劳动合同的原因,是对离职劳动者的补偿,属于劳动争议的范畴。其次,本案中公司并未实施股权激励计划,因此不是基于股权激励计划的行权纠纷,医疗集团公司主张本案建立在公司法基础上,不属于《劳动法》调整

---

〔1〕 参见国家法官学院案例开发研究中心编:《中国法院 2014 年度案例》(劳动纠纷),中国法制出版社 2014 年版,第 141~142 页。新疆维吾尔自治区乌鲁木齐市中级人民法院(2013)乌民五终字第 38 号民事判决书。

范围的抗辩，不予采信。最后，双方均认可未实施股权激励计划，也认可马某离职系由医疗集团公司单方解除，因此根据协议的约定，马某主张医疗集团公司支付300万元补偿金的条件已经成就。《劳动合同法》对用人单位给予劳动者离职补偿金虽然有明确规定，但是并未限制用人单位与劳动者在法定的补偿标准之上约定额外的离职补偿金，因此即使医疗集团已经依法支付离职补偿金，也不影响医疗集团公司依约定另行给予马某额外的离职补偿。关于第二个争议焦点。从《股权激励及补偿协议》签订主体看，马某是与医疗集团签订的协议，虽有李某签字，但李某是公司的董事长，同时任法定代表人，其签订的协议的行为是一种代表行为。因此，李某是代表公司签订协议，该协议的法律后果应由医疗集团公司承担。在约定的补偿金支付条件成就的情况下，医疗集团公司应以约定支付马某离职补偿金300万元。马某主张的利息损失缺乏依据，不予支持。判决：(1)医疗集团公司支付马某补偿金300万元；(2)驳回马某的其他诉讼请求。二审法院认为，根据本案查明的事实，股权激励是对马某离职的一种补偿，并且离职补偿金所附条件已经成就，属于劳动争议的范畴。医院集团公司应依约定支付马某离职补偿金300万元，原审判决正确，应予维持。判决：驳回上诉，维持原判。[1]

用人单位以职工代表大会形式通过调整公司薪酬制度属于企业经营自主管理的范围，程序合法，符合法律规定，并未损害劳动者的合法权益。在此前提下，劳动者单方解除劳动合同并请求用人单位支付经济赔偿金，不符合支付经济补偿金的法律规定，其诉求法律不予支持。

【案例7-124】　林某华诉广州龙穴管业有限公司等劳动合同纠纷案

一审法院认为，林某华、广州龙穴管业有限公司（以下简称龙穴管业公司）签订劳动合同，建立劳动关系，双方的权利义务受劳动法律法规的调整。龙穴管业公司董事会会议通过调整公司内部管理机构的议案，进行组织机构调整，是企业自主经营权的体现，并未违反劳动法律的相关规定，法律对此不应该干涉。由于龙穴管业公司的机构精简，已经不存在原来的行政部，故龙穴管业公司不再具备安排林某华在原岗位工作的条件。虽然林某华提出工作岗位已非行政部副部长职务，薪酬计发方式已经改变，要求与龙穴管业公司协商解除劳动合同关系，但双方当时并没有解除劳动关系。由于林某华实际上没有离职，龙穴管业公司与林某华进行协商，安排林某华到生产部，要求与林某华协商工作岗位和薪酬。林某华此时明知龙穴管业公司已经不存在

---

〔1〕参见国家法官学院、最高人民法院司法案例研究院编：《中国法院2022年度案例》（劳动纠纷），中国法制出版社2022年版，第162～163页。北京市第二中级人民法院(2020)京02民终11320号民事判决书。

行政部副部长的职务,却要求该公司明确其原工作岗位和待遇。可见,未安排林某华在行政部任副部长工作并非林某华解除劳动合同的原因。正如林某华回复龙穴管业公司所称,林某华是因为其认为龙穴管业(2012)94号文违反《劳动法》的规定损害其权益而解除劳动合同的。林某华和龙穴管业公司对双方的劳动合同已经解除没有异议,法院予以确认。因此龙穴管业(2012)94号文是否损害了林某华的合法权益,薪酬制度的实施是否违反了法律、法规规定,龙穴管业公司是否应支付经济补偿金,是本案主要争议焦点。

对于龙穴管业(2012)94号文是否损害了林某华的合法权益问题,根据《劳动法》第四条规定,用人单位在制定修改或者决定有关劳动报酬等直接涉及劳动者切身利的规章制度或重大事项时,应当经职工代表大会或全体职工讨论,提出方案和意见,与工会或者职工代表平等协商确定。在规章制度和重大事项决定实施过程中,工会或职工认为不适当的,有权向用人单位提出,通过协商与修改完善。龙穴管业(2012)94号文是由龙穴管业公司单方面做出的对职工薪酬制度的重大调整,不符合上述规定。但是龙穴管业公司已在2013年1月11日召开职工代表大会通过了新的龙穴管业(2013)10号文,停止执行龙穴管业(2012)94号文,明确新的薪酬制度,并对2013年1月11日未到新岗位的人员保留其原薪酬待遇。龙穴管业(2013)10号文的制度符合法律规定的程序,该文确定的相应薪酬计发制度合法有效。龙穴管业(2013)10号文原定从2013年1月执行,根据龙穴管业公司的薪酬计发制度和林某华签订的劳动合同,劳动报酬在每月20日前发放,而林某华在2013年1月16日离职。故龙穴管业(2012)94号文实际在双方解除劳动合同和发放2013年1月劳动报酬之前已经失效,故龙穴管业(2012)94号文从其制定到废止,并未实际损害林某华的权益。

对于龙穴管业公司薪酬制度的实施是否违反法律法规规定问题,双方在劳动合同中约定正常工作时间工资明确按公司管理规定执行,初始工资为4633.20元。因此,龙穴管业公司管理规定是林某华工资计发的主要依据。林某华的薪酬待遇并非一成不变,而是根据考评情况、按公司工资管理规定计发的。工资管理规定通过合法程序变更,也将影响林某华的实际薪酬待遇。龙穴管业(2010)21号文和龙穴管业(2013)10号文均是龙穴管业公司计发工资的合法依据。现龙穴管业公司提供的工资单和管理人员工资总额及分配明细表证实,该公司根据龙穴管业(2010)21号文,以职级工资4633.20元为基数,在每月20日前发放当月的职级工资,并根据各项考核系数计发上月绩效工资。龙穴管业公司在2013年1月仍按上述薪酬计算方式在1月支付林某华2250元职级工资和3112.5元绩效工资,在2月支付林某华上月绩效工资1511.25元。另外,龙穴管业公司提供新岗位时将工资计算基数变为4650元,高于原来合同约定的初始工资额。因此,龙穴管业公司向林某华计发工资合乎双方的约定,并未违反相关法律法规。

对于是否应支付经济补偿金的问题,林某华以龙穴管业公司违反《劳动合同法》第四条为由解除合同,符合该法第三十八条的情况。故应以林某华提出的上述理由考虑是否应支付经济补偿金。根据《劳动合同法》第四十六条的规定,劳动者依照本法第三十八条规定解除劳动合同的,用人单位应当向劳动者支付经济补偿金。根据《劳动合同法》第三十八条规定,用人单位的规章制度违反法律、法规的规定,损害劳动者权益的,劳动者可以解除劳动合同。正如上所述,龙穴管业公司根据生产经营的需要调整林某华的工作岗位,该公司发出的龙穴管业(2012)94号文并未实施。此后,该公司根据经营情况,通过职工代表大会以合法的程序通过调整公司薪酬制度措施并无不当。龙穴管业公司提供的新岗位的工资计算基数并不低于双方劳动合同约定的工资水平,该公司在林某华未到新岗位的情况下一直按原薪酬计算方式计发工资给林某华。因此,龙穴管业公司并无损害林某华的合法权益。林某华解除劳动合同不符合《劳动合同法》第三十八条规定的情形,林某华据此要求支付经济补偿金不符合法律规定,法院不予支持。判决:(1)确认林某华与龙穴管业公司的劳动关系已经解除;(2)驳回林某华的其他诉讼请求。

二审法院认为,一审判决认定事实清楚,合理合法,且理由阐述充分。林某华在二审期间并未有新的事实与理由,未提交新的证据证实其上述主张。判决:驳回上诉,维持原判。[1]

劳动者主张的绩效考核不包含在劳动合同解除或终止协议的经济补偿金中,用人单位应支付劳动者相应的绩效奖金。换言之,劳动合同解除或终止协议的签署并不代表一方不得以任何理由向对方主张权利。

【案例7-125】 肖某芹诉北京市方优技术服务有限公司劳动争议纠纷案

二审法院认为,北京市方优技术服务有限公司(以下简称方优公司)与肖某芹的争议焦点是肖某芹与方优公司签署了协议书并领取了经济补偿金的情况下,其主张绩效奖金差额是否应得到支持。方优公司上诉主张绩效奖金已经包含在协议书约定的补偿金范围内,且协议书已经约定双方之间再无其他纠纷,故一审法院对此不应判付。对此,法院认为,一审法院支持肖某芹主张的2012年1月1日至2012年3月31日的绩效奖金差额,并无不当。理

---

〔1〕 参见国家法官学院案例开发研究中心编:《中国法院2016年度案例》(劳动纠纷),中国法制出版社2016年版,第159~161页。广东省广州市中级人民法院(2014)穗中法民一终字第1297号民事判决书。

由如下:(1)方优公司上诉主张,与其公司在2012年4月进行的一季度考核的事实不符。根据相关法律规定,劳动者与用人单位就解除或者终止劳动合同办理相关手续、支付工资报酬、加班费、经济补偿或者赔偿金等达成的协议,不违反法律、行政法规的强制性规定,不存在欺诈、胁迫或者乘人之危情形的,应当认定有效。肖某芹与方优公司就解除劳动合同的补偿事宜进行了协商,并达成了一致意见双方签署的协议书合法有效,肖某芹与方优公司协商一致解除劳动合同。方优公司与肖某芹于2012年3月23日签订协议书,但双方约定劳动关系于2012年5月31日终止,而2012年一季度的考核系在2012年4月进行,考核奖金亦在考核后才能确定,故双方在签署协议时,方优公司未进行一季度的考核工作,方优公司并无证据证明签署协议之时即已对肖某芹进行了考核,告知了肖某芹绩效考核的结果以及双方已就考核的奖金给付达成了协议,故基于在协议书签署后新出现的事实,肖某芹有权另行主张。(2)方优公司称协议书中约定的补偿金已经包含了绩效奖金一项,与事实不符。方优公司在与肖某芹达成协议后,于2012年5月17日给付肖某芹绩效奖金714元,后又在2012年6月14日给付了肖某芹协议书中约定的补偿金数额,由此可以证明,协议书中的补偿金不包含肖某芹一季度考核奖金一项。故基于方优公司与肖某芹达成协议之后,又向肖某芹支付绩效奖金的事实,可以认定,协议书约定的项目是将绩效奖金排除在外的。(3)方优公司称给付肖某芹的补偿金数额包含了绩效奖金的数额,与事实不符。方优公司在本院审理期间,对于肖某芹离职前1年的月平均工资数额、解除劳动合同经济补偿金之外的其他补偿款的项目与数额、方优公司另行支付肖某芹714元的原因等均陈述不清,故其主张在补偿金中包含已经包含了绩效奖金一节,不能自圆其说。现一审法院判决方优公司应全额支付肖某芹上述期间的绩效奖金,补足肖某芹绩效奖金差额2136元,并无不当。综上所述,一审法院判决正确,法院予以维持。判决:驳回上诉,维持原判。[1]

支付经济补偿金是经由劳动立法课以用人单位的法定义务,不应当允许用人单位通过和劳动者订约来排除。至于经济补偿金能否经双方当事人协商变更,应区分情况讨论。一般而言,在劳动合同中用人单位不能凭借自己的优势地位来强化劳动者接受经济补偿标准的降低,因为对于这种情况,劳动者很难对其进行举证。如果协议中明确劳动者知晓经济补偿金支付的法定标准,仍同意减少经济补偿金数额的要求,明确表示放弃的,这是劳动者的真实意思表示,劳动者应受其意思表示的约束。

---

〔1〕 参见国家法官学院案例开发研究中心编:《中国法院2015年度案例》(劳动纠纷),中国法制出版社2015年版,第149~150页。北京市第一中级人民法院(2013)一中民终字第7473号民事判决书。

用人单位长时间对员工进行不必要培训、未按约定提供劳动条件、迫使员工离职的，用人单位应向劳动者支付经济补偿。

【案例7－126】　张某与某劳务公司劳动争议案纠纷案

判决观点，一般情形下，学习公司规章制度仅是公司培训内容的一部分，且所占比例较小，培训的主要内容应为提升员工工作能力等业务内容。A公司的培训显然与一般情形不符。A公司对张某进行培训长达6个多月，培训主要内容为公司各项规章制度。在培训期间，A公司未按劳动合同的约定为张某提供劳动条件，致使张某的工资水平较培训前显著下降，张某以此解除劳动合同，符合《劳动合同法》第三十八条关于劳动者单方解除劳动合同的规定情形，因此判决支持了张某关于经济补偿的诉讼请求。[1]

用人单位与员工进行离职结算时利用优势地位签订显失公平《薪酬结算单》的，应予撤销。

【案例7－127】　陈某与某水电公司劳动争议纠纷案

判决观点，首先，双方签订《住房补贴协议书》，约定劳动者"在本公司连续任职未满五年的，应当返还住房补贴"，其真实意思系对于因劳动者原因离职所致劳动者连续任职未达到五年以上服务期的，需返还住房补贴。通过上述措施，确保员工服务企业的稳定性。本案中，陈某服务期未满五年系水电公司在劳动合同到期后不愿与陈某续签劳动合同，此种情形下劳动者并不负有返还住房补贴款的义务。其次，陈某与水电公司结算确认陈某应返还公司支付44，410元的当天，恰是新用人单位对陈某在水电公司进行背景调查之时。水电公司利用自己的优势地位及陈某迫切需要公司配合进行任职背景调查等因素，将已向陈某发放的住房补贴与应支付陈某的经济补偿相互品迭后，陈某还需向水电公司退还44，410元。从《薪酬结算单》签订的过程和内容看，是用人单位利用其优势地位违背劳动者真实意思表示而签订，符合《劳动争议解释（一）》第三十五条关于解除劳动合同后，劳动者与用人单位就支付经济补偿等达成协议存在显失公平的规定情形，应予撤销，故判决水电公司支付陈某经济补偿。[2]

应注意的是，劳动者拒绝签订劳动合同，双方解除劳动关系的，用人单位仍旧需要支付劳动报酬，可以不用支付经济补偿金。缴纳的失业保险与劳动者取得经济补偿金两者并不冲突，劳动者解除劳动合同关系，并非是劳动者个人原因，领取失业金是法律赋予其权利的，而用人单位以领取失业金代替经济补偿金是没有法

---

〔1〕　四川省高级人民法院发布10个劳动争议典型案例（2023.5.1）之八。

〔2〕　四川省高级人民法院发布10个劳动争议典型案例（2023.5.1）之九。

律依据的,这是违法的。

退休年龄后继续工作属特殊劳动关系,公司可随时解除且不支付补偿。

【案例7-128】 林某诉江苏某机械公司劳动争议纠纷再审案

再审法院认为,《劳动合同法实施条例》第二十一条规定,“劳动者达到法定退休年龄的,劳动合同终止”,据此,林某在达到企业职工法定退休年后,与公司的劳动合同依法自动终止。林某退休后在公司继续工作,与公司之间形成特殊劳动关系,公司可以随时解除双方劳动关系且无需支付经济补偿金。故公司在林某达到退休年龄后书面通知其终止双方的劳动合同,不违反法律规定,亦不应支付经济补偿金,也不属于《劳动合同法》第四十二条规定的不得解除劳动合同的情形。林某申请再审认为公司属于违法解除劳动合同并应支付经济赔偿金,无事实和法律依据。裁定:驳回再审申请人林某的再审申请。[1]

解除或终止劳动合同经济补偿金的支付可否附条件。

【案例7-129】 北京某贸易有限公司诉王某劳动合同纠纷案

二审法院认为,1.解除或终止劳动合同经济补偿是用人单位在非因劳动者主观过错的情况下解除劳动合同时,为保障劳动者在离职后一段时间内的生活,依法需一次性支付给劳动者的补偿。在用人单位、劳动者签订《解除劳动合同协议书》已经解除劳动关系且协议目的已经达成的情况下,经济补偿金的给付具有必要性和确定性,用人单位应当根据协议约定向劳动者支付解除劳动关系经济补偿金。2.用人单位与劳动者可以在离职协议中约定经济补偿金的支付附条件,但该条件应以达成双方解除劳动关系为目的,限于对劳动者解除劳动合同之前已发生的工作或者行为成就与否的约定,同时不违反法律、行政法规的强制性规定,且不存在欺诈、胁迫或者乘人之危的情形。3.在用人单位与劳动者解除劳动合同后,竞业限制主要约束劳动者离职后的行为,在经济补偿金支付时间到来时劳动者能否履行竞业限制义务具有不确定性。劳动者竞业限制义务的承担通常由保密及竞业禁止协议规制,法律亦对劳动者违反竞业限制义务应承担的赔偿责任作出规定。用人单位主张以劳动者离职后履行保密、竞业限制等义务作为支付解除劳动合同经济补偿金条件的,人民法院不予支持。[2]

---

〔1〕 江苏省高级人民法院(2018)苏民申5600号民事裁定书。

〔2〕 人民法院案例库2023-07-2-186-004。北京市第二中级人民法院(2021)京02民终12085号民事判决书。

2. 经济补偿金计算

劳动者因单位未缴社保离职，尽管劳动合同法实施前入职，经济补偿从2008年计算。

【案例7－130】　冯某诉甲公司劳动争议纠纷再审案

二审法院认为，冯某主张2004年8月2日至2007年12月31日该段工作年限的经济补偿，无法律依据。具体理由如下，《劳动合同法》自2008年1月1日起施行，第九十七条第三款规定：应当支付经济补偿的，经济补偿年限自本法实行之日起计算；本法施行前按照当时有关规定，用人单位应当向劳动者支付经济补偿的，按照当时有关规定执行。《劳动合同法》施行前，并无用人单位未依法为劳动者缴纳社会保险应支付经济补偿金的有关规定。因此，冯某的经济补偿金应自2008年1月1日起计算至解除合同之日。综上，二审法院再审认为原二审判决认定经济补偿金符合法律规定，对冯某关于应自入职之日本已计算经济补偿金的请求不予支持。判决：维持原判。[1]

用人单位在缴纳了劳动者社保一段时间后，根据劳动者的要求不再为其缴纳社保，并将相关费用折成工资按月发放给劳动者本人。劳动者自动放弃社保又以此为由离职，系主动离职无权主张经济补偿。

【案例7－131】　罗某诉甲公司劳动争议纠纷再审案

再审法院认为，罗某以甲公司未为其购买社保为由离职，该主张难以成立，离职属于个人原因主动离职，依法不应领取经济补偿金。具体理由如下，本案中，甲公司已经为罗某缴纳了2010年11月至2011年12月的社保，此后停止长达6年多时间。依据《社会保险法》第六十三条第一款的规定："用人单位未按时足额缴纳社会保险费的，由社会保险费征收机构责令其限期缴纳或者补足。"甲公司已为罗某办理了社会保险费登记手续并缴纳了一定期限的社会保险费用，后续未依法缴纳社保费用，罗某可以要求甲公司补缴或者要求社保征收机关责令甲公司限期缴纳或补足应缴纳的费用。但在本案，甲公司从2012年1月开始未再为交罗某缴纳社保，直至2018年6月14日罗某离职，长达6年半时间内，罗某未曾就未缴纳社保费用问题向甲公司主张过权利，未曾就甲公司未足额缴纳社保费用而向社保征收机关寻求权利救济。直至本案仲裁、诉讼，罗某均未曾就补足应缴纳的社保费用向甲公司提出主张，亦无证据证明社保征收机构明确未为罗某缴纳的社保费用不能补缴。综上，罗某直接以甲公司未按规定为其购买社保为由提出解除劳动关系

---

〔1〕 山东省中级人民法院（2021）鲁02民再334号民事判决书。

的理由不能成立。罗某主动离职,其提交的证据不足以证明存在《劳动合同法》第三十八条规定的劳动者解除劳动合同而用人单位应当支付经济补偿的情形,其要求甲公司支付解除劳动合同的经济补偿理据不足。判决:撤销一审、二审判决,改判甲公司无需支付罗某经济补偿金。[1]

支付二倍赔偿金应自劳动者入职之日起连续计算。

【案例7-132】 杨某某诉重庆某公司劳动合同纠纷再审案

再审法院认为,在劳动合同法实施前已经成立并存续至实施后的劳动合同关系,用人单位违法解除劳动合同的,应自实际用工之日(入职之日)起向劳动者支付二倍赔偿金,不应对该法实施前后的赔偿金进行分段计算。[2]

经济补偿金是劳动纠纷中的多发争议,其中,双重上限条款的适用处理,在司法实践中尚未形成统一的适用标准,各地法院执法尺度并非一致。

根据《劳动合同法》第四十七条规定:"经济补偿的计算经济补偿按劳动者在本单位工作的年限,每满一年支付一个月工资的标准向劳动者支付。六个月以上不满一年的,按一年计算;不满六个月的,向劳动者支付半个月工资的经济补偿。劳动者月工资高于用人单位所在直辖市、设区的市级人民政府公布的本地区上年度职工月平均工资三倍的,向其支付经济补偿的标准按职工月平均工资三倍的数额支付,向其支付经济补偿的年限最高不超过十二年。本条所称月工资是指劳动者在劳动合同解除或者终止前十二个月的平均工资。"该条明确了根据劳动者工作年限和工资基数计算经济补偿的方式,但同时也明确了经济补偿受到双重上限的限制,以避免用人单位对高管等工资基数高、工作年限长的劳动者进行经济补偿时,支付过分高额费用的情况发生。其目的是体现法律规定经济补偿金制度,实现公平原则和劳动者倾斜保护目标,在劳动合同解除后或终止后,分为弱势地位的低端劳动者、高端劳动者两种情形处理。由用人单位依法一次性支付给劳动者经济上的补助,保护处于弱势地位的低端劳动者的基本劳动权利。在经济补偿部分对高端劳动者作了一定的限制,通过法律强制性规定和市场调节并举的方式保护其合法劳动权益,即从工作年限和月工资基数两个方面作了封顶。规定劳动者月工资高于用人单位所在设区的市级人民政府公布的本地区上年度职工月平均工资三倍的,向其支付经济补偿的标准按职工月工资平均工资三倍的数额支付,向其支付经济补偿的年限最高不超过十二年。具体可分以下几种情况处理:

---

〔1〕 广东省高级人民法院(2020)粤民再408号民事判决书。

〔2〕 人民法院案例库2023-16-2-186-003。重庆市第二中级人民法院(2015)渝二中法民提字第00009号民事判决书。

其一，超过当地上一年度职工月平均工资三倍的数额限制。

经济补偿支付标准按当地上一年度职工月平均工资三倍的数额支付的，支付年限受十二年上限的限制。

【案例7－133】　王某诉东聚公司劳动争议纠纷再审案

再审法院认为，月工资高于当地上年度职工月平均工资三倍的劳动者被违法解除劳动关系后所获赔偿金的计算，应按照《劳动合同法》第四十七条第二款就相同情形下规定的计算经济补偿金的方法的二倍来计算，即赔偿金的支付标准应按当地上一年度职工月平均工资三倍的数额支付，支付赔偿金的年限亦应当受最高不超过十二年的年限限制。因此，二审判决适用法律正确，王某主张赔偿金的计算年限不受最高十二年的限制缺乏法律依据，本院不予支持。王某离职前应发月平均工资为23,900元，已经高出东莞市2017年度职工月平均工资标准4454元的三倍。又，王某于1993年4月26日入职，并于2018年2月8日被东聚公司违法解雇，其在东聚公司的工作年限已经将近25年。据此二审法院计算东聚公司应向王某支付违法解雇的赔偿金320,688元（13,362元×12年×2）并无不当。王某申请再审的理由不成立，本院不予支持。[1]

用人单位违反《劳动合同法》的规定解除或终止劳动合同，应当依法支付劳动者赔偿金，赔偿金的计算年限自用工之日起计算，若劳动者离职前12个月的月平均工资高于本市上年度职工月平均工资三倍的，根据《劳动合同法》第八十七条规定，应当按照第四十七条第二款规定的经济补偿标准计算，即经济补偿的标准按职工月平均工资三倍的数额支付，且年限最高不超过十二年。

【案例7－134】　宋某诉某公司劳动争议纠纷案

二审法院认为，对于宋某的月工资，其中的7100元虽然需要宋某提供发票以报销形式支付，但每月固定发放，且金额也固定，显然不符合通常意义上的实报实销，故宋某辩称该部分收入亦属于其工资组成部分，一审法院予以采信。加上该笔收入，宋某每月收入合计29,000元，显然已超出了本市上年度职工平均工资7832元的3倍即23,496元，故一审法院以23,496元为基数核算赔偿金。经核算，金额为563,904元（23,496元×12×2）。[2]

其二，未超过当地上一年度职工月平均工资三倍的数额不限制。

月平均工资不超过上一年度职工月平均工资三倍的，其经济补偿支付年限不受十二年上限的限制。

---

〔1〕 广东省高级人民法院（2019）粤民申3048号民事裁定书。

〔2〕 上海市第一中级人民法院（2019）沪01民终13089号民事判决书。

【案例7－135】 陈某诉蒲甘公司劳动争议纠纷案

二审法院认为，对于工作年限问题，蒲甘公司虽对补充协议内容中约定的"蒲甘公司同意陈某在新利多公司1999年5月1日至2016年10月31日工作的服务年限带入蒲甘公司并享有劳动合同法规定的相关权利及福利"不予认可，但未提供有效证据予以反驳，且陈某的陈述亦较符合常理，故一审法院采信该补充协议，认定陈某工作年限自1999年5月1日起算；对于工资标准问题，陈某主张报销及第三方支付款项均系工资，对此陈某应负举证责任，但陈某未提供充足证据证明，一审法院难以采信，故根据陈某、蒲甘公司陈述，陈某离职前12个月平均工资标准为12，750元[（12，000元×9＋15，000元×3）÷12个月]。综上，蒲甘公司应支付陈某终止劳动合同经济补偿金242，250元（12，750元×19个月）。[1]

【案例7－136】 施某诉上海世展实业有限公司劳动争议纠纷案

二审法院认为，关于解除劳动合同经济补偿金，如前所述，本院确认施某每月工资为16，000元，世景公司存在拖欠施某劳动报酬的情形，施某据此解除劳动合同，要求世景公司支付解除劳动合同经济补偿金，并无不当。关于工作年限，施某于1997年10月进入上海世展实业有限公司工作，1999年上海世展实业有限公司当时法定代表人许某将施某调整至世景公司工作，而许某当时又系世景公司的法定代表人及股东，其情形符合劳动者非因本人原因从原用人单位被安排到新用人单位工作的情形，故施某要求将上海世展实业有限公司的工作年限并入世景公司计算，本院予以支持。现施某要求按照16，000元标准主张解除劳动合同经济补偿金，并无不当，经核算，世景公司应支付施某解除劳动合同经济补偿金296，000元（16，000元×18.5）。[2]

【案例7－137】 李某诉交河技工公司劳动争议纠纷案

二审法院认为，本案中，郑某、高某曾担任交河技工公司及交河塑料公司的高级管理人员，故应认定交河技工公司与交河塑料公司系关联企业，在计算李某的赔偿金时应将其在两家公司的工作年限合并计算为共21年零7个月。《劳动合同法》第四十七条第三款规定："本条所称月工资是指劳动者在劳动合同解除或者终止前十二个月的平均工资。"本案中，李某2021年6月的工资并非整月，故其解除劳动合同前12个月的平均工资应为2020年7月至2021年5月的月平均工资2520元（4200元×60%），交河技工公司应向李某支付违法解除劳动合同赔偿金110，880元（2520元×22个月×2倍）。[3]

---

〔1〕 上海市第二中级人民法院（2019）沪02民终7572号民事判决书。

〔2〕 上海市第一中级人民法院（2016）沪01民终13969号民事判决书。

〔3〕 山东省青岛市中级人民法院（2022）鲁02民终8518号民事判决书。

其三，分段计算经济补偿金。

对工作期间跨越2008年1月1日的劳动者，应分段计算经济补偿金及违法解除劳动关系赔偿金。

根据《劳动合同法》第九十七条第三款规定："本法施行之日存续的劳动合同在本法施行后解除或者终止，依照本法第四十六条规定应当支付经济补偿的，经济补偿年限自本法施行之日起计算；本法施行前按照当时有关规定，用人单位应当向劳动者支付经济补偿的，按照当时有关规定执行。"该条明确了分段计算，这是法律的强制性规定应予遵守。应注意的是，用人单位因劳动者医疗期满，或因客观情况发生重大变化或者经济性裁员原因与劳动者解除劳动合同的，补偿年限不受12个月工资的限制。

【案例7－138】　周某诉健康元药业集团股份有限公司劳动争议纠纷案

二审法院认为，本案中，双方对于周某于1998年10月1日入职健康元药业集团股份有限公司的事实无异议，因此对于解除与周某劳动关系的相关经济补偿应自用工之日起连续计算工作年限。2008年《劳动合同法》实施以前，当时的法律规定用人单位违法解除劳动关系并未规定支付经济赔偿金，故本案中周某的经济赔偿金应分段计算。2008年《劳动合同法》实施以前，用人单位违法解除劳动关系应按照劳动者工作年限每满一年发给相当于一个月工资的经济补偿金，工作时间不满一年发给相当于一个月工资的经济补偿金，即自1998年10月1日至2007年12月31日，健康元药业集团股份有限公司应支付周某的经济补偿金应为179,739元（19,971元/月×9）。《劳动合同法》实施以后，用人单位违法解除劳动关系，应按照经济补偿金的双倍支付违法解除劳动合同赔偿金。根据本院上述认定，周某的月工资标准并未超过2018年度合肥职工月平均工资7089.5元/月的三倍，本案应按周某实际月工资标准和2008年之后的实际工作年限作为计算经济赔偿金的基数，因此周某2008年之后的赔偿金数额为479,304元（19,971元/月×12×2），两项合计为659,043元。[1]

【案例7－139】　某某诉台湾德谦公司劳动争议纠纷案

二审法院认为，原告主张自2000年1月至2019年3月26日与被告存在劳动关系，本院予以采纳。……现双方一致确认被告发放原告的前12个月平均工资为29,426元，另结合存折单、收入证明、薪资确认信等计算台湾德谦公司发放的部分，本院酌定原告月工资标准为88,682元。根据《劳动合同法》的相关规定，劳动合同订立时所依据的客观情况发生重大变化，致使劳动

〔1〕　安徽省合肥市中级人民法院（2021）皖01民终1576号民事判决书。

合同无法履行,经用人单位与劳动者协商,未能就变更劳动合同内容达成协议的,用人单位提前30日以书面形式通知劳动者本人或者额外支付劳动者一个月工资后,可以解除劳动合同,用人单位应当向劳动者支付经济补偿。劳动者月工资高于用人单位所在直辖市、设区的市级人民政府公布的本地区上年度职工月平均工资三倍的,向其支付经济补偿的标准按职工月平均工资三倍的数额支付,向其支付经济补偿的年限最高不超过十二年。另符合《劳动合同法》规定三倍封顶的情形,实施封顶计算经济补偿年限自《劳动合同法》施行之日起计算,《劳动合同法》施行之前的工作年限仍按以前规定的标准计算经济补偿金。本案中,双方对劳动合同系因客观情况发生重大变化致无法履行而解除并无异议,故原告主张经济补偿金于法有据,本院予以支持。根据上述认定的工作年限及月工资标准,按照上述经济补偿金"分段计算"的标准,经核算,被告应支付原告经济补偿金1,011,848.50元(88,682元/月×8个月+8765元×3×11.5个月)。[1]

《劳动合同法实施条例》第二十二条规定,以完成一定工作任务为期限的劳动合同因任务完成而终止的,用人单位应当依照《劳动合同法》第四十七条的规定向劳动者支付经济补偿。经济补偿按劳动者在本单位工作的年限,每满1年支付1个月工资的标准向劳动者支付。6个月以上不满1年的,按1年计算;不满6个月的,向劳动者支付半个月工资的经济补偿。以完成一定工作任务为期限的劳动合同的工作期限算法与固定期限劳动合同的期限算法一样,都是以实际工作时间为准,来计算经济补偿金。

3. 试用期经济补偿

试用期内解除劳动合同的经济补偿问题。最高人民法院法官认为,关于用人单位试用期内解除劳动合同应否向劳动者支付经济补偿问题。《劳动合同法》第四十六条规定了用人单位向劳动者支付经济补偿的具体情形。第二十一条规定,用人单位在试用期内可以劳动者有该法第三十九条和第四十条第一项、第二项规定情形为由,与其解除劳动合同。因此,用人单位在试用期内解除劳动合同是否支付经济赔偿金取决于解除依据。如果用人单位解除劳动合同的依据是《劳动合同法》第三十九条,则不需要支付劳动者经济补偿金;如果用人单位是依据《劳动合同法》第四十条第一项、第二项解除劳动合同,则应当支付劳动者经济补偿金。[2]

---

〔1〕 上海市第一中级人民法院(2020)沪01民终12027号民事判决书。

〔2〕 参见最高人民法院民事审判第一庭编:《民事审判指导与参考》2022年第3辑(总第91辑),人民法院出版社2022年版,第132页。

试用期是否给予劳动者经济补偿金应区分两种情况。其一，试用期内被证明不符合录用条件，用人单位因而解除劳动合同的，没有经济补偿金。用人单位在录用劳动者时，应当向劳动者明确告知录用条件，用人单位在解除劳动合同时应当向劳动者说明理由及法律依据。如果用人单位有证据证明在招聘时明确告知劳动者录用条件，并且提供证据证明劳动者在试用期间不符合录用条件，其用人单位就可以依据《劳动合同法》第三十九条第一项的规定与劳动者解除劳动合同，且不需要支付经济补偿金。劳动者不符合录用条件的情况主要有以下情形：(1)劳动者违反诚实信用原则，隐瞒或虚构自身情况，且对于履行劳动合同有重大影响，包括提供虚假学历证书、身份证、护照等，对个人履历、知识、技能、健康等个人情况说明与事实有重大出入。(2)在试用期间存在工作失误的，对此认定可以结合劳动法相关规定、劳动合同约定、规章制度规定等。其二，试用期内解除劳动合同是依据《劳动合同法》第四十条规定，其用人单位就应当向劳动者支付经济补偿。《劳动合同法》第四十条是用人单位无过失性辞退劳动者的情形，因此需要支付经济补偿的。

在法定最长试用期内延长试用期属于二次约定试用期，用人单位应当依法支付赔偿金。

【案例 7－140】　某教育公司诉王某劳动争议纠纷案

二审法院认为，用人单位与劳动者协商顺延试用期因违反同一用人单位与同一劳动者只能约定一次试用期的法律规定，属于二次约定试用期，用人单位应当按照《中华人民共和国劳动合同法》第八十三条的规定向劳动者支付违法约定试用期赔偿金。[1]

4. 经济补偿金计算基数中的工资问题

实践中，双方对经济补偿金的计算办法发生争议，劳动者认为应当按照税前月平均工资确定补偿金基数，而用人单位则认为应当按照税后金额确定，此类案件不在少数，司法实践中也确实存在两种不同的观点。从《劳动合同法实施条例》的规定来看，经济补偿计算基数的工资是“应得工资”，“应得工资”和“应发工资”两个概念可以理解为同一个意思。“应得工资”是从劳动者获得工资角度表述的，“应发工资”是从用人单位支付工资角度表述的。劳动者每月应得工资与实得工资的主要差别在于各类扣款和费用，所以实务中“应发(应得)工资”也称为税前工资，“实发(实得)工资”也称为税后工资。应得工资是指未扣社会保险

---

〔1〕 人民法院案例库 2024－07－2－490－002。北京市第一中级人民法院(2020)京 01 民终 5195 号民事判决书。

费、住房公积金、个人所得税及其他扣款的所有应发工资总和。而实得工资是指实际到手的工资,即已扣除所得税、社保费、公积金等费用。用人单位代扣的社会保险费、税费、其他扣款等均为个人劳动所得的组成部分,用人单位只是承担代扣代缴义务,用人单位代扣代缴所扣除的部分实际上是劳动者的工资。从这个意义上讲,在计算经济补偿金时应当以税前的、未扣社保等费用的应得工资作为计算基数。这为多数法院观点。

【案例7-141】 殷某诉某公司劳动争议纠纷再审案

再审法院认为,首先,原审判决计算殷某终止劳动关系经济补偿金时系以(2021)鲁03民终1770号民事判决认定的殷某2020年1~8月的月平均工资为计算基数。该月平均工资应按照劳动者应得工资计算,包括计时工资或者计件工资以及奖金、津贴和补贴等货币性收入。但原审计算依据中2020年7月、8月工资均为实发工资,据此计算出的殷某月平均工资数额不当,本案应予再审。[1]

【案例7-142】 张某诉某公司劳动争议纠纷再审案

再审法院认为,《劳动合同法实施条例》第二十七条规定:"劳动合同法第四十七条规定的经济补偿的月工资按照劳动者应得工资计算,包括计时工资或者计件工资以及奖金、津贴和补贴等货币性收入……"按照上述规定,计算经济补偿金时应当以劳动者税前的、未扣社保等费用的"应发工资"作为计算基数。用人单位代扣的社会保险费、税费、其他扣款等均为个人劳动所得的组成部分,用人单位只是承担了代扣代缴的义务,所扣除的部分实际上仍然是劳动者的工资,故该部分款项应当计入工资性收入。原二审判决对此认定有误,应该予以纠正。[2]

【案例7-143】 刘某诉某公司劳动争议纠纷再审案

再审法院认为,关于刘某主张经济补偿金计算标准问题。根据《劳动合同法实施条例》第二十七条规定:"劳动合同法第四十七条规定的经济补偿的月工资按照劳动者应得工资计算,包括计时工资或者计件工资以及奖金、津贴和补贴等货币性收入。"据此,计算经济补偿金的月工资应当按照劳动者应得工资计算,以劳动者税前的、未扣社保等费用前的全部应发工资作为计算基数。刘某主张还应包括奖金、车补等作为计算工资标准的依据。原审法院仅以刘某实发工资数额计算经济补偿金不当。重审中,应在查明刘某应得

[1] 山东省高级人民法院(2022)鲁民申7829号民事裁定书。
[2] 湖南省高级人民法院(2016)湘民再109号民事判决书。

工资数额后，对经济补偿金数额予以确定。[1]

【不同处理】 司法实践中，也有少部分法院持有相反的观点，认为应当按照"税后工资"计算经济补偿金的金额。按照"税后工资"即实发工资计算经济补偿金，或是因为用人单位和劳动者签订《劳动合同》没有明确约定劳动报酬的构成，实际履行时工资的发放无法进行充分解释；或是出于便利解决的目的，直接采用简单计算方式确定金额。

【案例7－144】 陆某诉海星公司劳动争议纠纷案

二审法院认为，陆某与海星公司签订的劳动合同明确约定劳动者的工资实行基本工资和绩效工资相结合的内部工资分配办法，其中基本工资为1820元，以后根据内部工资分配办法予以调整，其中绩效工资根据劳动者的工作业绩、劳动成果、实际贡献按照内部分配办法考核确定。根据陆某2016年度实发工资、第二、第三季度奖金42,080.84元及第一、第四季度奖金42,080.84元进行核算，海星公司与陆某解除劳动关系前12个月的平均工资为17,236.09元。[2]

员工休病假后，解除劳动合同经济补偿金中的月工资计算标准按劳动合同解除或者终止前劳动者正常工作状态下12个月的平均应发工资确定。

【案例7－145】 王某诉H公司劳动争议纠纷再审案

再审法院认为，关于经济补偿金的月工资标准。根据《劳动合同法》第四十七条第三款的规定，月工资标准为劳动合同解除或者终止前12个月的平均工资。原审判决结合本案劳动者工作年限、患病治疗等事实，将该规定理解为劳动合同解除或者终止前劳动者正常工作状态下12个月的平均应发工资，符合公平原则，并无不当。H公司主张经济补偿金应以王某解除劳动合同前12个月（包括医疗期非正常工作时间）平均工资计算，低于最低工资标准的按照最低工资标准计算，不符合法律规定的精神，本院不予支持。再审法院裁定驳回H公司的再审申请。[3]

【案例7－146】 欧某诉某公司劳动争议纠纷案

判决观点，本院采用欧某受伤前12个月的月平均工资作为其2020年5月后工资的计算标准，欧某离职前12个月的月平均工资为5110.44元（计算方式为每月实发工资之和÷12个月）。[4]

---

〔1〕 黑龙江省高级人民法院（2021）黑民再465号民事判决书。
〔2〕 江苏省苏州市中级人民法院（2018）苏05民终2084号民事判决书。
〔3〕 江苏省高级人民法院（2020）苏民申1909号民事裁定书。
〔4〕 广东省佛山市禅城区人民法院（2021）粤0604民初37067号民事判决书。

5. 其他应支付经济补偿金的情形

《劳动争议解释(一)》第四十八条规定:“劳动合同法施行后,因用人单位经营期限届满不再继续经营导致劳动合同不能继续履行,劳动者请求用人单位支付经济补偿的,人民法院应予支持。”本条规定适用的构成要件为:(1)劳动合同不能继续履行。(2)用人单位经营期限届满,且用人单位不再继续经营。(3)用人单位由于经营期限届满不再继续经营与劳动合同继续履行之间存在因果关系。〔1〕

【案例7-147】 胡某东诉武某公司劳动争议纠纷案

一审法院认为,武某公司经营期限届满后,其股东武某集团公司向湖北省武汉市中级人民法院申请对武某公司强制清算并已立案,胡某东与武某公司签订的劳动合同因上述客观情况发生重大变化已无法履行。在双方未能就变更劳动合同内容达成协议的情况下,武某公司提前1个月通知胡某东终止(解除)劳动合同符合《劳动合同法》第四十条第三项的规定,双方劳动关系于2013年12月31日解除。根据《劳动合同法》第四十六条第三项的规定,武某公司应按胡某东的工作年限(17.5年)向胡某东支付解除劳动合同经济补偿。二审法院认为,因用人单位经营期限届满不再继续经营导致劳动合同不能继续履行,应视为劳动合同随着用人单位期限经营期限到期而终止。经济补偿计算年限从劳动合同法实施之日起计起算。〔2〕

6. 不支付经济补偿情形

解除或终止劳动合同,用人单位无需向劳动者支付经济补偿的情形:其一,劳动者开始依法享受基本养老保险待遇的。其二,劳动者死亡,或者被人民法院宣告死亡或者宣告失踪的。其三,劳动合同期限届满,用人单位维持或者提高劳动合同约定条件续订劳动合同,劳动者不同意续订的。其四,劳动者提前30日以书面形式或在试用期内提前3日通知用人单位,解除劳动合同的。其五,劳动者在试用期间被证明不符合录用条件的。其六,劳动者严重违反用人单位的规章制度的。其七,劳动者严重失职,营私舞弊,给用人单位造成重大损害的。其八,劳动者同时与其他用人单位建立劳动关系,对完成本单位的工作任务造成严重影响,或者经用人单位提出,拒不改正的。其九,劳动者以欺诈、胁迫的手段或者乘人之

〔1〕 参见最高人民法院民事审判第一庭编著:《最高人民法院新劳动争议司法解释(一)理解与适用》,人民法院出版社2021年版,第593页。

〔2〕 参见最高人民法院民事审判第一庭编著:《最高人民法院新劳动争议司法解释(一)理解与适用》,人民法院出版社2021年版,第603页。

危，使对方在违背真实意思的情况下订立或者变更劳动合同的。其十，被依法追究刑事责任的。其十一，劳动者主动提出解除劳动合同，经与用人单位协商一致解除的。

劳动合同到期终止，用人单位无需支付经济补偿金情形的认定。

【案例7－148】 张某诉上海某国际货物运输代理有限公司劳动合同纠纷案

二审法院认为，劳动合同到期终止后，用人单位主张无需支付经济补偿金的，应就其以维持或者提高劳动合同约定的条件续订劳动合同而劳动者不同意续订承担举证责任。续订条件是否相对维持或提高的识别应以原合同终止前所达成的约定条件为基准。劳动者因不满降薪决定而拒绝续订合同，用人单位需举证证明双方就此达成一致或者降薪具备合理性，否则用人单位以劳动者不同意续订为由主张无需支付经济补偿金的，人民法院不予支持。[1]

（三）破产劳动补偿处理

破产企业高管人员经济补偿金的计算。在企业破产案件中，董事、监事等高管人员的工资应优先适用《企业破产法》的相关规定，并以此作为经济补偿金的计算依据。这是基于以下两个方面原因，其一，适用《企业破产法》的立法依据。《劳动合同法》与《企业破产法》均对劳动者“工资”作出了规定，一般认为应该按照《立法法》的规定作为选择法律的依据。《立法法》第八十三条规定，同一机关制定的法律、行政法规、地方性法规、自治条例和单行条例、规章，特别规定与一般规定不一致的，适用特别规定；新的规定与旧的规定不一致的，适用新的规定。《立法法》的这一条文规定了两个法律适用的基本原则，即特别法优于一般法原则和新法优于旧法原则，并且这两个原则有先后之别，首先判断两部法律的规定是否是特别法与一般法的关系，在不构成特别法与一般法关系时才能适用新法优于旧法原则。《企业破产法》与《劳动合同法》均为全国人大常委会制定的法律，其关于“工资”的规定恰恰构成特别法与一般法的关系，应适用特别法，而不适用新法优于旧法的原则。《劳动合同法》调整的是普通劳动者与企业之间的权利义务关系，而董事、监事等公司高管人员则属于特殊的劳动者。按照《公司法》的相关规定，公司高管人员享有普通职工不享有的权利，其任职资格、任职期限、任职程序都是按照《公司法》以及公司章程的规定操作，普通职工只要与企业签订劳

---

〔1〕 人民法院案例库2023－07－2－186－005。上海市第一中级人民法院（2021）沪01民终10455号民事判决书。

动合同即可,既没有《公司法》上特殊任职资格的要求,也不需要履行任免等程序,也没有任职期间的规定。在现实生活中,公司高管人员的工资等各项报酬的计算和发放也往往不同于普通职工。可见,公司董事、监事等高管人员不同于一般的劳动者。其二,按照《劳动合同法》的规定计算公司高管人员的经济补偿金不合理。如果适用《劳动合同法》第四十七条的规定,按照劳动者本人解除或者终止劳动关系前12个月平均工资计算其工资,则显然违背了破产企业保护普通职工基本权益的立法精神。企业破产前,高管人员的工资一般远超普通劳动者的工资水平,如果在企业破产时仍然按照"普通职工"与"高管人员"两条线支付工资,在有限的清偿财产范围内,显然对普通劳动者不利,也对后序的债权产生不利影响。从情理上讲,管理层本身对破产企业经营不善局面的造成也负有一定的责任,且考虑到破产程序中对劳动者未来损失的补偿有失业救济的性质,而高级管理人员一般有良好的就业条件,按照职工平均工资计算高管人员的工资,进而计算其经济补偿金体现了对弱者的保护和对高管人员经营不善的鞭策。也就是说,《劳动合同法》调整的是普通劳动者与企业之间的权利义务关系,而董事、监事等高级管理人员则属于特殊的劳动者,其权利义务也受公司法的调整。《企业破产法》第一百一十三条第三款规定,破产企业的董事、监事和高级管理人员的工资按照该企业职工的平均工资计算。

【案例7－149】　才某诉上海红湖排气系统有限公司劳动争议纠纷案

判决观点,本案中,原告系被告的法定代表人,在被告处担任总经理职务,属于被告的高级管理人员。现被告已被法院宣告破产,原告作为被告的高级管理人员,根据《企业破产法》第一百一十三条第三款规定,破产企业的董事、监事和高级管理人员的工资按照该企业职工的平均工资计算,被告主张原告的工资应按照该企业职工的平均工资计算,于法有据。管理人对原告的职工债权的调整,属于管理人的权限,是否已经公示不影响管理人调整的权力。……本院认为被告主张的经济补偿金基数不能反映企业正常生产经营状况下的职工平均工资,被告以此为基数计算原告的经济补偿金明显不利于原告,本院对经济补偿金的基数予以酌情调整。本院酌情根据2018年上海市职工平均工资标准每月8765元确定原告的经济补偿金基数。鉴于被告认可原告的经济补偿金年限为24年,本院经审查后认为该年限并不违反法律规定,本院予以确认。经计算,原告的经济补偿金为210,360元,该金额可作为职工债权。[1]

破产管理人应以《劳动合同法》的规定确定经济补偿金标准问题。在破产过

---

〔1〕 上海市嘉定区人民法院(2021)沪0114民初11048号民事判决书。

程中,管理人并非不能对所有职工的经济补偿金调整,普通职工认为经济补偿金过低的,可以向法院提起诉讼请求重新确定经济补偿金的数额。

企业法人不能清偿到期债务,其资产不足以清偿债务或者明显缺乏清偿能力的,其高级管理人员在客观上已经丧失了获取绩效奖金的基础,故对于董事、监事和高级管理人员利用职权从企业获取的非正常收入的认定,并不以对企业资不抵债具有主观认识为前提。上述人员主张将绩效奖金作为职工工资列入破产债权,按破产清偿第一顺序清楚的,法院不予支持。

【案例 7－150】 周某忠诉江苏省扬州三叶散热器有限公司管理人劳动争议纠纷案

二审法院认为,依据《最高人民法院关于适用〈中华人民共和国企业破产法〉若干问题的规定(二)》第二十四条第三款规定,债务人的董事、监事和高级管理人员因返还第一款第一项、第三项非正常收入形成的债权,可以作为普通破产债权清偿。周某忠主张的绩效奖金合计 9.8 万元应认定为《企业破产法》第三十六条规定的非正常收入,周某忠可以要求被告江苏省扬州三叶散热器有限公司管理人将其 9.8 万元绩效奖金列入普通债权予以清偿,而不能要求将上述奖金作为职工工资列入破产债权按破产清偿第一顺序予以清偿。判决:驳回上诉,维持原判。[1]

违法解除劳动合同赔偿金在破产债权确认中的认定。

【案例 7－151】 某某诉某公司劳动争议纠纷案

二审法院认为,用人单位违法解除或终止劳动合同的,应向劳动者支付赔偿金。解除劳动赔偿金不同于经济补偿金,因其兼具补偿性与惩罚性,在破产债权确认中不应参照经济补偿金全部列为职工债权,而应就其中补偿性和惩罚性的部分分别确认为职工债权和普通债权。[2]

(四)医疗产假期工资处理

在劳动争议案件中,涉医疗期的纠纷越发常见。医疗期纠纷往往牵涉许多具体或特殊的情形,是疑难问题且执法尺度不一致。

《企业职工患病或非因工负伤医疗期规定》第二条规定,医疗期是指企业职

---

〔1〕 参见《人民司法·案例》2019 年第 8 期(总第 847 期)。江苏省扬州市中级人民法院(2018)苏 10 民终 3130 号民事判决书。

〔2〕 江苏省宿迁市中级人民法院(2021)苏 13 民终 3813 号民事判决书。

工因患病或非因工负伤停止工作治病休息不得解除劳动合同的时限。因此,医疗期在性质上属于解雇保护期限。设置医疗期的目的之一在于保护劳动者在患病或非因工负伤情形下享受治疗的权利。医疗期并不是劳动者享受病假的最长期间。

在劳动者医疗期期满后,其劳动关系及相关待遇如何处理是医疗期的关键,不但涉及劳动者的合法权益,也涉及用人单位的用工权利。综合《劳动合同法》第四十条第一项,《企业职工患病或非因工负伤医疗期规定》第六条、第七条,《劳动部关于贯彻〈企业职工患病或非因工负伤医疗期规定〉的通知》第二条等规定,劳动者医疗期满后的处理可分为延长医疗期、继续履行劳动合同、另行安排工作、解除劳动合同给予补偿和医疗补助费等。

劳动者在医疗期期满后无正当理由未能返岗工作,其自然无权享受工资报酬或病假待遇。一般认为,医疗期期满后,劳动者继续享受病假工资待遇应满足两个条件:其一,劳动者医疗期期满后无法从事原工作或用人单位另行安排的工作,或经医疗机构出具证明需继续病休。其二,双方劳动合同未解除或终止,包括用人单位未行使解除劳动合同的权利或违法解除劳动合同。

【案例 7 -152】 王某诉玛丽公司劳动合同纠纷案

一审法院认为,王某于 2010 年参加工作,于 2016 年 10 月 11 日入职玛丽公司,至其开始病休即 2016 年 12 月 27 日时,其在玛丽公司年限不足 1 年,依照《企业职工患病或非因工负伤医疗期规定》第三条之规定,王某的医疗期应为 3 个月。本案中,王某的医疗期截至 2017 年 3 月 26 日,但玛丽公司在其医疗期满时依法解除劳动合同,而其此后同年 6 月所作解除劳动合同亦被生效裁决确认违法,进而被撤销。故双方的劳动关系仍然存续。王某提交的《诊断证明书》载明其自 2017 年 2 月 28 日出院后全休 3 个月,故其仍有权享受该期间病假工资待遇,对于王某主张的 2017 年 3 月 30 日至 5 月 31 日的病假工资予以支持。王某未就其于 2017 年 6 月 1 日后应继续病休举证,对于其主张的此后的病假工资不予支持。判决:(1)玛丽公司支付王某 2017 年 3 月 30 日至 5 月 31 日的病假工资 3163.03 元;(2)驳回王某的其他诉讼请求。二审法院同意一审法院裁判意见。[1]

患有癌症、精神病等难以治疗的特殊疾病的劳动者,应当享受 24 个月的医疗期。医疗期内劳动合同期满,劳动合同应当延续至医疗期满时终止。用人单位在医疗期内违法解除或者终止劳动合同,劳动者起诉要求继续履行劳动合同的,法

〔1〕 参见国家法官学院、最高人民法院案例研究院编:《中国法院 2021 年度案例》(劳动纠纷),中国法制出版社 2021 年版,第 139 页。北京市第三中级人民法院(2019)京 03 民终 16834 号民事判决书。

院应当判决撤销用人单位的解除或者终止通知书。

对于劳动者医疗期的保护,散见于原劳动部以及各类地方规范性文件之中,医疗期是法定劳动合同延长期间,与劳动合同约定期间不一致时,适用“就长不就短”原则。在该期限范围内,除非劳动者自行辞职或者行使单方解除权,用人单位不得单方解除,否则该解除行为因违反法律强制性规定而无效,劳动者有权主张赔偿金或者继续履行劳动合同。

女职工有充分证据证明应当享受纯母乳喂养产假的,用人单位应按照相关规定为其提供生育保障。

【案例7-153】 成都某公司诉罗某纯母乳喂养产假工资报酬劳动争议纠纷案

判决观点,《关于确保实行纯母乳喂养的女职工增加一个月产假的通知》(川卫妇发〔1997〕第004号)、《关于认真落实纯母乳喂养婴儿的女职工增加一个月产假的通知》(成卫字〔1998〕第37号)等地方性规定确定了女职工享受纯母乳喂养产假的条件为:各单位必须凭爱婴医院出具的盖有“爱婴医院纯母乳喂养产假专用章”的证明,安排女职工一个月纯母乳喂养产假,享受出勤待遇。本案中,罗某虽于2021年11月在社交平台发布信息称小孩存在母乳过敏的情形,但病历资料显示,发现该过敏情况后小孩一直在接受脱敏治疗。此后,医院才结合治疗情况出具病情证明书并加盖了“爱婴医院纯母乳喂养产假专用章”,表明医疗机构已确认罗某的小孩经治疗后符合纯母乳喂养条件。公司仅凭社交平台信息不足以推翻爱婴医院的诊断,罗某凭案涉纯母乳喂养产假证明可以享受纯母乳喂养产假,遂驳回了公司的诉讼请求。[1]

休产假期间,公司不得扣除绩效工资。用人单位不得因女职工怀孕、生育、哺乳降低其工资。

【案例7-154】 孙某诉深圳闻讯公司劳动争议纠纷案

一审法院认为,统计表为公司单方制作,采购单只载明订单信息,无法证明是谁下的订单、有无实际送货、付款及是否有损失,故该两项证据不足以证明公司关于因孙某原因造成重大损害及具体损失金额的主张。因此,公司单方与孙某解除劳动关系理由不成立,应依法支付被告解除劳动合同赔偿金。公司未举证证明孙某离职前12个月平均工资,故法院对孙某主张8500元工资标准予以采信。经核算,孙某入职时间超过2年不足2.5年,故公司应依法支付被告违法解除劳动合同赔偿金42,500元(8500元×2.5个月×2)。

---

〔1〕 四川省高级人民法院发布10个劳动争议典型案例(2023.5.1)之十。

关于2017年10月1日至2018年3月31日的工资差额。孙某主张公司未支付其2017年10月1日至2018年3月31日绩效工资,故公司应补足支付该期间工资差额。公司对此不予认可,称因孙某该期间休产假,绩效工资为零,故其只需按基本工资6000元标准发放被告工资。法院认为,依据法律规定,用人单位不得因女职工怀孕、生育、哺乳降低其工资。本案中,孙某休产假前每月平均工资为8500元,故公司以6000元的标准支付孙某上述产假期间工资的行为不符合法律规定,其应依法予以补足支付。经核算,公司应依法补足支付孙某2017年10月1日至2018年3月31日工资15,000元[(8500元-6000元)×6个月]。综上,一审判决公司支付违法解除劳动合同赔偿金42,500元及补足产假期间工资15,000元。

二审法院认为,关于劳动合同赔偿金,公司主张孙某造成的实际损失为35,873.77元,但其没有提交证据予以证明;孙某因工作失误重复提交的订单损失为3510元,不属于严重损失,公司以孙某严重失职为由解除劳动合同,属于违法解除。关于休产假期间的工资,孙某的工资构成包含了绩效工资,依据法律规定,用人单位不得因女职工怀孕、生育、哺乳降低工资标准,因此,孙某休产假期间,公司不得扣除绩效工资。因此,公司的该上诉理由不能成立。综上,公司的上诉意见理由不充分,其上诉意见本院不予支持。原审判决认定事实清楚,适用法律正确,本院予以维持。判决:驳回上诉,维持原判。[1]

【案例7-155】 某某诉某公司劳动争议纠纷案

二审法院认为,根据《女职工劳动保护特别规定》第五条、第八条的规定,用人单位不得因女职工怀孕、生育、哺乳降低其工资;女职工产假期间的生育津贴,对未参加生育保险的,按照女职工产假前工资的标准由用人单位支付。据此,在被上诉人产假期间,不得降低其工资,上诉人应按照被上诉人产假前工资的标准向被上诉支付生育津贴。被上诉人于2018年9月10日开始休产假,被上诉人2018年8月的实发工资为6325元,故应按照6325元/月的标准计算被上诉人产假期间的工资(生育津贴)75,900元(6325元/月×12个月)。上诉人的该项上诉理由不能成立,本院不予支持。[2]

“劳动合同解除或终止前12个月”是否包括医疗期、产假等非正常工作期间?目前法律法规未对上述问题作出明确规定,因此司法实践中存在不同观点。多数人认为,计算经济补偿的月工资按解除或者终止劳动关系前12个月的应得工资

---

〔1〕 广东省深圳市中级人民法院(2019)粤03民终29214号民事判决书。
〔2〕 西藏自治区拉萨市中级人民法院(2021)藏01民终461号民事判决书。

计算,一般情况下,“前12个月”不区分劳动者是否处于正常工作状态,不向前顺推。劳动者因患病、工伤、产假、婚丧假、事假、探亲假等原因,用人单位按一定比例或者标准支付的工资,属于特殊情况下支付的工资,因此,用人单位按月向工伤职工支付的停工留薪期工资、鉴定期间生活津贴等属于特殊情况下支付的工资,应当作为平均工资的计算基数。

【案例7-156】 李某诉号百公司劳动争议纠纷案

一审法院认为,双方对于2020年3月31日终止劳动关系无异议,但对于号百公司应该支付李某终止劳动合同经济补偿金的前12个月李某月平均工资有异议。根据号百公司支付李某前12个月的工资,及号百公司应补发李某的考勤扣款5.29元×2个月=10.58元,李某前12个月的平均工资应为7544.74元+10.58元÷12个月=7545.62元,因此号百公司应支付李某终止劳动合同的经济补偿金7545.62元×8.5个月=64,137.77元。二审法院认为,解决劳动争议,应当根据合法、公正、及时处理的原则,依法维护劳动争议当事人的合法权益。本案中,李某主张按照其正常工作时的月平均工资计算经济补偿金。对此,本院认为,首先,双方确认,双方劳动关系于2020年3月31日终止,李某在派遣公司的工作年限计入其在号百公司的工作年限,故而李某在号百公司的工作年限为8.5年。其次,关于经济补偿金的计算基数,一审以李某离职前12个月的实际应得月平均工资7545.62元作为系争经济补偿金的计算基数,符合法律规定。李某以其离职前12个月处于长期病假的特殊情况为由,要求按照其正常出勤时的月工资数额为标准作为系争经济补偿金的计算基数,缺乏法律依据,本院实难采纳。综上,一审法院认定号百公司应支付李某终止劳动合同的经济补偿金64,137.77元正确,本院予以维持。[1]

在计算经济补偿时应以病假工资作为劳动合同解除前12个月平均工资的计算基数。“应得工资”理解为劳动者在具备正常劳动条件下通过正常劳动所获得的工资,符合公平原则和劳动法保护劳动者合法权益的立法目的。

【案例7-157】 某客运公司诉赖某劳动争议纠纷案

2011年6月底,赖某入职某客运公司,岗位为客运驾驶员。2019年3月19日,双方签订劳动合同,合同期限为2019年3月19日至2022年3月18日。赖某月工资构成为每趟客运基本工资加营业收入抽成。2020年6月29日,赖某因患急性白血病前往医院治疗,未再回客运公司工作,客运公司按最低工资标准每月1720元的80%支付工资。后赖某请求与客运公司解除劳动

---

〔1〕 上海市第二中级人民法院(2020)沪02民终10445号民事判决书。

关系,由客运公司支付相应经济补偿金。双方就计算经济补偿金的工资标准产生争议。一审法院判决:某客运公司应于判决生效之日起10日内支付赖某解除劳动合同经济补偿60,939.38元。某客运公司不服一审判决,提起上诉。二审法院判决:驳回上诉,维持原判。[1]

劳动者在工伤停工留薪期内返岗工作,无需用人单位同意,应兼得停工留薪期工资及正常工作期间的工资。

【案例7-158】 汪某诉工程公司劳动争议纠纷案

二审法院认为,汪某的出院诊断为右手中指末节掌侧皮肤缺损,依据《福建省工伤职工停工留薪期分类目录》所载,四肢损伤中的皮肤缺损的停工留薪期为1个月至2个月,结合汪某的伤情及劳动能力鉴定结论,酌定汪某的评估留薪期为2个月,《工伤保险待遇核定表》中载明汪某的月工资为7031.17元,汪某的停工留薪期工资为14,062.34元,工程公司应当予以支付。一审判决认定汪某的停工留薪期为受伤之日至定残之日期间已经超出了汪某的伤情所需,且与《福建省工伤职工停工留薪期分类目录》所载不符,予以纠正。一审判决认定的汪某月工资数额亦依据不足。关于汪某在停工留薪期未满时即返岗工作,工程公司已经支付其正常工作期间的工资,是否仍需支付停工留薪期工资的问题。停工留薪期工资与工伤医疗待遇一样,属于工伤职工所应享受的法定待遇,停工留薪期即为享受该待遇的法定期间。在此期间,汪某作为劳动者本可以不参加工作而获得原有的工资福利待遇,但汪某仍提前恢复工作,应当在已经获得正常工作报酬的情形下额外获得一部分工资收入,工程公司明确知道汪某在未满停工留薪期就已经恢复工作,故工程公司应当同时支付停工留薪期工资及正常工作期间的工资。另外,工程公司在汪某恢复工作期间支付的工资属汪某正常工作所取得的报酬,工程公司并无证据证明该款为额外支付的停工留薪期工资。故工程公司上述主张无需支付汪某停工留薪期工资缺乏依据,不予支持。[2]

女职工无权单方缩减哺乳期并主张终止劳动合同经济补偿金。

【案例7-159】 仇某诉服装公司劳动争议纠纷案

一审法院认为,哺乳期女职工无权单方缩减哺乳期,案件处理关键在于哺乳期性质的决定。根据《女职工劳动保护特别规定》第九条第一款"对哺乳未满一周岁婴儿的女职工,用人单位不得延长劳动时间或者安排夜班劳

---

〔1〕 福建省高级人民法院、人社厅联合发布劳动人事争议典型案例之六。由泉州市中级人民法院提供。

〔2〕 参见国家法官学院、最高人民法院司法案例研究院编:《中国法院2023年度案例》(劳动纠纷),中国法制出版社2023年版,第135~136页。福建省南平市中级人民法院(2021)闽07民终891号民事判决书。

动”等规定,女职工的哺乳期应当为自婴儿出生至满一周岁止,该期限不以喂养方式、个人身体原因是否具备哺乳条件而发生变化。同时,《劳动合同法》规定,劳动合同期满,存在女职工在孕期、产期、哺乳期情形的,劳动合同应当延续至该情形消失时终止。根据本案查明的事实,仇某在2020年3月16日生育,哺乳期应当在2021年3月15日止,故双方原本于2020年9月8日期满的劳动合同应当延续至2020年3月15日终止。现仇某以2021年1月1日起自身不具备哺乳条件、哺乳期情形消失为由主张劳动合同顺延至2021年1月1日终止,于法无据。此外,服装公司已多次明确告诉仇某如果在劳动合同期日期2021年3月15日前离职将无法获得经济补偿金,由此可见服装公司已尽充分告知义务,在此情形下仇某仍坚持要求办理离职手续,并已实际领取了退工单,现仇某要求服装公司支付经济补偿金依据不足。判决:驳回仇某的诉讼请求。二审法院同意一审法院裁判意见。[1]

(五)劳动合同年薪制处理

年薪制目前在我国尚未形成成熟的模式或者制度规范,理论上述有诸多讨论空间。主流观点认为,应当根据《劳动合同法》的相关规定进行处理。在依照《劳动合同法》公平、诚信等原则的基础上,结合案件的具体情况,对合同有关条款文字表述,对年薪制条款作出合理的解释,体现劳动者表现与成效决定岗位薪酬,与付出回报对等、权利义务对等的普遍道理相符,也符合按劳分配原则。换言之,不应纠缠于年薪制的理论解读,而应立足于现行《劳动合同法》之规定,对合同签订中某些瑕疵有较为明确的认识,依据劳动合同的法律原则与实际履行情况,妥当衡量并裁判诉讼当事人之间的利益。

【案例7-160】　陆某诉麦王环境技术股份有限公司劳动合同纠纷案

一审法院认为,原告以劳动合同第七条第二款为据,主张系争300,000元是固定、保底薪资1,500,000元的一部分,系名为年终奖实质系固定工资,被告应如数支付,被告则认为此系须考核发放的奖金,原告、被告就条款“保证薪资待遇不动”“2019年8月31日后将视情况调整工资”等约定产生分歧,对此一审法院认为,对合同条款的理解应全面,并应结合实际履行作出认定。

---

〔1〕 参见国家法官学院、最高人民法院司法案例研究院编:《中国法院2023年度案例》(劳动纠纷),中国法制出版社2023年版,第146~147页。上海市第二中级人民法院(2021)沪02民终8144号民事判决书。

仅从条款文字来看,第二条确有即便撤职换岗调薪也应保证3年总裁任职期间“保证薪资待遇不动”等内容,然第七条薪资待遇条款在言明年薪1,500,000元的同时又分项明确月工资、月津贴、年终奖金等构成,就劳动报酬系区分了年薪、工资、津贴、奖金,同条末句又称3年后将视情况决定是否调整工资。也就是说,被告关于薪酬待遇不动并非系指1,500,000元不变,1,500,000元有工资、奖金之分,3年内不得调整工资,300,000元明确是年终金的辩称尚属有据可依。还应看到,合同未就300,000元奖金的发放作出具体约定。

进一步考察实际履行,原告称收到的380,000元是2016年年终奖与额外奖。100,000元仅系2017年额外奖,须就额外奖提供证据证明,现无证据故不成立。应予认定,上述380,000元及100,000元分别是被告发放的2016年及2017年原告年终奖。原告称担任总裁前部门经理任期内每年都有劳动合同约定报酬之外相当于2个月工资的年终奖,所称的额外奖就是指该笔奖金,然经理任期内享有该笔奖金,但在双方就总裁岗位重新签订劳动合同并就年终奖作出明确之后,原告认为仍享合同之外的其他奖金的,须有证据证明,没有证据的,应以合同为准。被告提供的《审计报告》真实客观关联,没有证据证明董事会决议系伪造,被告关于交付审计的数据本系被告提供的辩称亦符财务审计现实,故报告与决议对本案具有证明效力。被告以2016年及2017年利润数据为凭,以2017年较2016年效益下降65%为据,来证明380,000元及100,000元的考量有其事实与数据来源,亦属有据可依。

一审法院注意到,其一,在被告撤销原告总裁职务直至4个月后原告离职,原告未如常工作,但被告仍按期如数支付月工资及月津贴共计100,000元,此节事实履行与被告关于调动原告职务时仍保持其工资不变的辩称相符;其二,合同亦有约定,原告应履职遵规,尽到勤勉职责,被告可视原告表现与成效决定岗位与薪酬,这与付出回报对等、权利义务对等、也符合按劳分配原则。原告主张不问任何情势自己均应获得1,500,000元年薪,有违缔约本意亦不符合法理常情。

综上,原告以300,000元是固定工资为由作2017年年终工资及2018年离职前折算工资等诉请,不成立。

关于解除劳动合同经济补偿金之争。原告主张的理由是认为被告未按期足额支付劳动报酬,事由即认为被告未付2017年300,000元年终工资,然经审查上述事由不成立,并且,法律关于未足额支付报酬致合同解除用人单位应付经济补偿金的宗旨,意在约束恶意拖欠劳动者赖以生存的劳动报酬之行为,因就支付名目与数额产生争议不属条款规定范围,原告主张不成立。

另外,原告关于要求被告配合理赔一次性工伤医疗补助金的请求,不属人民法院处理范围,故不作处理。原告原有诉请要求被告支付2018年4月1日至4月16日工资差额36,144.36元,后撤回,因仲裁前置就该请求系不予支持,故起诉后又撤回,仲裁前置就此裁决即生效,为避免诉累一并明确。原告、被告原有仲裁请求,如原告要求被告支付一次性伤残就业补助金21,396元、被告要求原告返还暂支款100,000元,均得仲裁支持,就此未起诉或未列入诉请的,视为认可裁决,为避免诉累亦一并明确。

一审法院判决:(1)陆某要求麦王环境技术股份有限公司支付2017年1月1日至12月31日年终工资300,000元之诉讼请求,不予支持;(2)陆某要求麦王环境技术股份有限公司支付2018年1月1日至4月16日折算年终工资87,500元之诉讼请求,不予支持;(3)陆某要求麦王环境技术股份有限公司支付解除劳动合同经济补偿金537,158元之诉讼请求,不予支持;(4)陆某要求麦王环境技术股份有限公司支付2018年4月1日至4月16日工资差额36,144.36元之诉讼请求,不予支持;(5)麦王环境技术股份有限公司支付陆某一次性伤残就业补助金21,396元;(6)陆某返还麦王环境技术股份有限公司暂支付款100,000元。二审法院判决:驳回上诉,维持原判。[1]

(六)年休假工资处理

劳动者与用人单位达成解除劳动合同的合意后,用人单位有足够时间安排工作交接以及处理劳动关系存续期间的未尽事宜,劳动者未休年休假属于未尽事宜范畴,且离职前集中休年休假合理可行。用人单位有证据证明其主动安排过法定带薪年休假,而劳动者无法休息系其本人原因造成并以书面提出放弃,则用人单位可以免除支付应休未休年休假额外工资报酬的责任。

【案例7-161】 温某明诉安华高半导体科技(上海)有限公司北京海淀分公司劳动合同纠纷案

一审法院认为,根据查明的事实,原告、被告均认可截至2017年1月31日离职日,原告总计应休年休假的额度为130.19187小时,法院对此不持异议。现原告主张上述时间均为法定未休年休假,被告主张部分为法定、部分为公司奖励假,但未就此提供确实、有效的证据予以证实,应当承担举证不能的法律后果,故法院采信原告关于130.19187小时均为法定年休假的主张。根据《企业职工带薪年休假实施办法》第十条第二款的规定,用人单位安排

[1] 参见陈昶主编:《2020年上海法院案例精选》,上海人民出版社2022年版,第92~93页。

职工休年休假,但是职工本人因个人原因且书面提出不休年休假的,用人单位可以只支付其正常期间的工资收入。现被告为原告安排了2017年1月13日至1月26日共计10天(80小时)的年休假,原告通过电子邮件方式予拒绝,被告无需支付原告上述期间的未休年休假工资。剩余的未休年休假50.19187小时,被告仅支付原告补偿17,048.54元,该数额低于法定的补偿标准,应当予以补足。故对原告主张的未休年休假的合理部分,法院予以支持,对于其过高的诉请,依据不足,法院不予支持。判决:(1)安华高半导体科技(上海)有限公司北京海淀分公司(以下简称安华高半导体海淀分公司)支付温某明未休年休假工资17,050.1元;(2)驳回温某明的其他诉讼请求。

二审法院认为,根据双方的辩主张,本案二审争议焦点为安华高半导体海淀分公司是否应当支付温某明80小时未休年休假工资。对此,安华高半导体海淀分公司主张其已于2017年1月11日通过电子邮件和快递的方式要求温某明2017年1月13日至1月26日休假,上述期间共计80小时,但是温某明通过电子邮件方式予以拒绝。根据相关法律规定,用人单位安排职工休年休假而职工本人因个人原因且书面提出不休年休假的,用人单位可以只支付其正常期间的工资收入。现温某明上诉要求安华高半导体海淀分公司支付其上述期间的未休年休假工资,依据不足,法院不予支持。判决:驳回上诉,维持原判。[1]

根据相关法律法规的规定,无固定期限劳动合同中,劳动者享有带薪休假的权利。虽然用人单位向劳动者支付疗养补贴,但不能因此抵销劳动者应得的休假工资。

【案例7-162】 杨某诉中国邮政航空有限责任公司劳动争议纠纷案

判决观点,根据《企业职工带薪年休假实施办法》计算,杨某2011年带薪年休假天数为10天,2012年带薪年休假天数为5天。中国邮政航空有限责任公司应支付杨某2011年未休年休假工资9246.52元÷21.75天×10天×200%=84,272.66元,2012年未休年休假工资差额为9426.69元÷21.75天×5天×200%=42,035.26元。中国邮政航空有限责任公司向杨某支付疗养补贴,不能因此抵销杨某应享受的年休假。[2]

相较于普通的劳动者,出租车司机的工作模式比较特殊,主要体现为劳动报酬不是领取固定工资,而是运营收入扣减支付给出租公司的承包金,工作时间不

---

〔1〕 参见国家法官学院案例开发研究中心编:《中国法院2019年度案例》(劳动纠纷),中国法制出版社2019年版,第275~276页。北京市第一中级人民法院(2017)京01民终8213号民事判决书。

〔2〕 参见国家法官学院案例开发研究中心编:《中国法院2015年度案例》(劳动纠纷),中国法制出版社2015年版,第48页。北京市西城区人民法院(2013)西民初字第1749号民事判决书。

是定时工作制，而是不定时工作制。在承包金额特定、工作和休息休假时间自由安排的情况下，出租车司机在最大提高运营收入从而赚取高收入的思想支配下，自行放弃休息休假权利。在此情形下，出租车司机主张未休年假工资有违公平原则，且与劳动法保障劳动者休息休假权利的本意相悖，其诉求法律不予支持。

【案例7－163】　蒋某平诉北京中真出租汽车公司劳动争议纠纷案

判决观点，用人单位应根据生产、工作的具体情况，并考虑劳动者本人意愿统筹安排职工年休假。本案中，双方在劳动合同中约定原告执行不定时工作制度，原告在保证安全行车、完成被告方任务的前提下，工作、休息和休假由原告自行安排，同时结合原告作为出租车驾驶员承包运营车辆的工作特点，原告对于自己的工作时间、休息时间及年休假等确实享有自主安排的自由，故法院对原告要求被告支付未休年假工资的诉讼请求不予支持。判决：驳回原告蒋某平的诉讼请求。[1]

用人单位有权统筹安排劳动者带薪年休假，与劳动者协商是用人单位需履行的程序，但并未要求“必须协商一致”。无论劳动者是否同意，企业都可以在履行协商程序后统筹安排带薪年休假。8号文件明确引导企业与劳动者优先使用带薪年休假、企业自设福利假等各类假，把新冠疫情对企业经营和劳动者收入损失降到最低。也就是说，受疫情影响延迟复工复产期间，用人单位有权单方面安排劳动者休带薪年休假。

【案例7－164】　李某诉公司劳动争议纠纷案

李某在某餐饮公司担任厨师，月工资为8000元，2019年开始李某可以享受每年5天带薪年休假，其书面提出要求跨年休假并征得餐饮公司同意。2020年2月3日，当地市政府要求全市所有非涉及疫情防控企业延迟复工复产至2月17日。餐饮公司即通知李某延迟复工，并要求李某2月3日至14日休完2019年度、2020年度的带薪年休假。李某表示不同意，餐饮公司要求李某服从安排并支付了李某2月3日至14日工资。3月9日，餐饮公司复工复产后，因李某多次旷工，餐饮公司与其解除劳动合同。李某提出餐饮公司未征得本人同意就安排休假不合法，该期间工资应当视为停工停产期间工资，并要求支付2019年度、2020年度未休年休假工资报酬，餐饮公司拒绝。李某遂向劳动人事争议仲裁委员会（以下简称仲裁委员会）申请仲裁。仲裁委员会裁决驳回李某的仲裁请求。[2]　本案的争议焦点是餐饮公司未经李某

〔1〕　参见国家法官学院案例开发研究中心编：《中国法院2015年度案例》（劳动纠纷），中国法制出版社2015年版，第160页。北京市西城区人民法院（2013）西民初字第19263号民事判决书。

〔2〕　人力资源社会保障部、最高人民法院发布第一批劳动人事争议典型案例之六。

同意安排其在延迟复工复产期间休带薪年休假是否合法。本案中,餐饮公司在市政府要求延迟复工复产期间,主动与李某沟通后安排李某休带薪年休假符合法律和政策规定,而且李某2月3日至14日已依法享受2019年度、2020年度带薪年休假并获得相应的工资。李某要求餐饮公司支付2019年度、2020年度未休带薪年休假工资无事实依据,故依法驳回李某的仲裁请求。

对于待岗期间是否还应该享受带薪年休假,在实务界有两种观点。一种是不能再享受带薪年休假。因为员工已处于实际休息的状态,也支付相应待遇。若要求用人单位承担具有处罚性质的应休未休年休假补偿不合理。另一种是应当享受,用人单位应当向其支付应休未休年休假补偿。因为《职工带薪年休假条例》明确规定了职工不享受当年年休假的条件,不包括待岗。而按照《职工带薪年休假条》的立法本意是保障劳动者的休假权,而待岗时员工已经享受了充分的休息权,不应该再给企业附加未安排带薪年休假的二倍工资处罚。一般认为,员工处于长期待岗状态,已超过当年应休年休假天数,对于待岗期间的应休未休年休假工资报酬的请求,不予支持。

专题八　劳动工伤待遇纠纷

按照我国《劳动法》和《工伤保险条例》之规定，为保障因工作遭受事故伤害的职工获得医疗救治和经济补偿，促进工伤预防和康复，分散用人单位的工伤风险，我国境内各类企业的职工和个体工商户的雇工均依法享受工伤保险待遇的权利。在司法实践中，工伤保险待遇的纠纷不断增多，纠纷形态日趋复杂，现就几种较为典型和普遍的问题作一探讨。本专题就劳动工伤待遇相关问题予以阐述。

一、劳动合同期限理解

(一)劳动工伤待遇含义

社会保险是一个数量化的概念,一般表现为一定货币数额的物质帮助,保险人必须按法定计算规则,确定被保险人或受益人应得社会保险待遇的具体数额。在法定计算规则中,一般只就决定和制约保险待遇数额的各种相关因素和各因素与保险待遇数额的函数关系作出规定,对不同保险项目的保险待遇来说,其具体计算规则不尽相同。[1]

工伤保险制度即针对劳动者在从事劳动过程中遇到风险(意外事故、职业病等)而导致的伤、残、疾病、死亡等人身损害的一种医疗保障制度,被认定为工伤的职工可以依法从国家和社会获得一定的物质帮助。工伤保险制度遵循无责任补偿原则,客观上存在工伤事实,用人单位即承担工伤保险赔偿责任。

工伤保险是社会保险的一种,在《社会保险法》第二条中有明确规定,由国务院颁布的《工伤保险条例》具体落实和实施。此外,在《劳动法》《劳动合同法》以及国务院颁布的《劳动合同法实施条例》、最高人民法院颁布的原《劳动争议解释(二)》《劳动争议解释(三)》《劳动争议解释(四)》也有所补充,现修正的《劳动争议解释(一)》进一步完善。

工伤保险待遇是劳动者因遭受暂时或者永久性的人身健康或者生命损害的一种补救或补偿,其作用是使伤残者的医疗、生活有保障。工伤保险待遇为法定待遇,非因法定事由不得剥夺。《工伤保险条例》第四十二条规定,工伤职工有下列情形之一的,停止享受工伤保险待遇:丧失待遇条件的,拒不接受劳动能力鉴定的,拒绝治疗的。据此,用人单位与工伤职工解除劳动合同并不属于工伤职工被剥夺工伤保险待遇的情形。

《工伤保险条例》第三十条规定中对停工留薪期的期限如何认定和具体待遇,并没有作出明确界定。关于停工留薪期的结束时间认定有不同观点,一般认

---

〔1〕 参见最高人民法院民事审判第一庭编著:《最高人民法院劳动争议司法解释(三)的理解与适用》,人民法院出版社2010年版,第33~34页。

为,将医疗机构出具的意见,即建议休息治疗的最后一天,作为计算停工留薪期的结束时间。应根据工伤职工的伤情、病情来确定其享受多长时间的停工留薪期,具体程序是由签订服务协议的治疗工伤机构提出意见,出具相关证明,并经社会保险经办机构确认。另外,将判断停工留薪期有无及其长短根据伤情、病情界定在相对稳定期比较合适。许多地方的社会保险保障机构均制定有《停工留薪目录》,均是按照相应病情结合医疗实践确定的治疗各类伤病一般所需的时间和期限。

关于停工留薪期的待遇标准。根据《工伤保险条例》规定,工伤职工在停工留薪期间可以享受的待遇主要有两项,一是用人单位按月支付的原工资福利待遇;二是对生活不能自理的劳动者,用人单位负责对其进行护理。在实践中,职工的工资待遇福利有可能是在受伤前刚刚调整过,在这种情况下如何确定原工资福利待遇,其中具体包括的内容,单位实施绩考核制度的,工伤职工在停工留薪期间还有没有绩效奖金,这些都容易发生争议也需要确定,一般认为,《工伤保险条例》所称的原待遇是指职工在受伤或被确诊患职业病前,原用人单位按照职工正常出勤对待而发给的全部工资和福利待遇。按照正常出勤对待,说明不包括加班的情形,即原待遇的工资总额不包括加班的工资。应当以工伤职工遭受事故伤害或者患职业病前12个月平均月工资加班工资的剩余工资为准,如果尚未工作12个月的,以实际工作时间的月平均工资扣除加班工资的剩余工资。对于实绩考核的单位,由于职工治疗工伤没有工作绩效,故员工的绩效奖金给付的标准应该是依据员工受伤前的平均绩效来计算确定。

应注意的是,劳动保险待遇和养老保险待遇能够同时享受。理由如下:首先,两种待遇均是依照规定享受的。劳动保险待遇的依据为《劳动保险条例实施细则修正草案》第四十五条第二项的规定。享受养老保险待遇的规定为,地方出台的各项具体规定,如天津市出台的《关于未参保集体企业退休人员参加城镇企业职工养老保险有关问题的通知》,在该通知中未规定享受养老保险待遇的不能申请养老保险待遇,且申请养老保险待遇在后,故两种待遇均可按规定享受。其次,国家并未明令禁止两种待遇同时享受。最后,劳动保险待遇与养老保险待遇的设立目的不一致,劳动保险待遇尤其是供养人享受的劳动保险待遇在于保障供养人暂时的基本生活,而养老保险待遇在于保障退休职工的生活,两者设立的目的并不相同。

(二)劳动工伤待遇范围

我国工伤保险待遇共分为工伤医疗保险待遇、工伤伤残保险待遇和工亡待遇。

受到职业伤害致残的劳动者都会产生劳动力的损失,工伤伤残待遇具有弥补这一劳动力损失且保障受到劳动力损失后的劳动者基本生活的重要作用。根据社会风险理论,现代社会的风险是广泛且难以预防的,社会中的人依靠个人的力量不再拥有传统的安全。为了防范现代社会风险必须对社会中的公民提供最基本的风险防范机制。工伤保险伤残待遇作为防范现代社会的风险的重要措施,其主旨不是损害赔偿,而是对工伤职工及其家属提供生存支援。因此,发生工伤之后,劳动者经过劳动能力鉴定且被认定为因工致残的,应当享受工伤伤残待遇。

一次性工伤医疗补助金和一次性伤残就业补助金属于工伤伤残待遇。依据我国法律制度,劳动者在因工致残并鉴定为五级至十级伤残的,应当享受一次性工伤医疗补助金和一次性伤残就业补助金。劳动者在遭受因工致残后,劳动能力或多或少会受到一定的影响,工伤保险基金和用人单位因此分别给予一定的补偿,保障劳动者在面临工伤时能够维持基本的生活水平,同时也可以缓解其在没有找到新工作、没有收入来源的时期所面临的生存压力和就业困难。

从《工伤保险条例》的立法本意来看,劳动者在解除劳动关系后依法只应享受两个"一次性补助金",不应再另行享受残疾辅助器具费等其他医疗康复类费用。劳动者因工伤残,其可以选择保留劳动关系,享受各项工伤保险待遇(包括配制残疾辅助器具),但其选择与用人单位解除劳动关系,用人单位按照《工伤保险条例》的规定仅需支付一次性工伤医疗补助金和一次性残疾就业补助金,无需再行向其支付残疾辅助器具费。劳动者在选择解除劳动关系的情况下,主张残疾辅助器具费于法无据,其该项请求依法不应得到支持。

【案例8-1】 孙某国诉山东祥和集团股份有限公司浩祥分公司劳动争议纠纷案

二审法院认为,孙某国因工伤残达到五级,其可以选择保留劳动关系享受各项工伤保险待遇(包括配制残疾辅助器具),但其选择与用人单位解除劳动关系,用人单位除依法支付已实际发生的费用外,仅需支付一次性工伤医疗补助金和一次性残疾就业补助金。故孙某国在选择解除劳动关系的情况下再行主张残疾辅助器具费于法无据,其该项请求依法不应得到支持。本人工资依法应为工伤职工因工作遭受事故伤害或者患职业病前12个月的平均缴费工资,低于统筹地区职平均工资60%的按统筹地区职工平均工资的60%计算。双方解除劳动合同前山东省职工月平均工资为3916.5元,故孙某国主张一次性伤残补助金应为42,298.2元(3196.5元×60%×18个月)。原审判决对此认定错误,应予纠正。判决:改判祥和集团支付孙某国一次性伤残补助金因为42,298.2元,对一审其他判项予以维持。[1]

工伤保险立法并未明确,在用人单位因出现《劳动合同法》第四十四条法定事由(破产、提前解散等)而终止劳动关系的情况下,用人单位是否向劳动者支付一次性伤残津贴。一般认为,在法律缺乏明确规定而存在漏洞的情况下,应根据工伤保险立法的精神作出有利于劳动者的解释,用人单位应支付一次性伤残津贴。其理由为,首先,劳动者本身有选择的权利,公司提前解散并非劳动者的原因,由此给劳动者造成无法按月获得伤残津贴的损失应由用人单位承担。其次,从立法的精神来看,立法关于工伤津贴的规定,旨在保障此类达到特定伤残等级的工伤劳动者能够按月获得收入以保障基本的生活。在非因劳动者的原因导致劳动关系终结的情况下,因用人单位已丧失按月支付津贴的条件,此时劳动者要求用人单位提前支付劳动者至退休之日的伤残津贴,符合工伤保险立法的精神,应予支持。再次,为防止用人单位(特别是小型用人单位)利用提前解散来恶意逃避支付伤残津贴的责任,应赋予劳动者选择请求一次性支付的权利。最后,支付伤残津贴的前提是保留劳动关系,正常情况下,劳动者领取伤残津贴是无法获得因劳动关系终止而产生的相关工伤待遇及经济补偿金的,因此,用人单位一次性支付伤残津贴即无需再支付相应的工伤待遇和经济补偿金。

【案例8-2】 刘某兰诉广州钜东娱乐用品有限公司工伤待遇纠纷案

二审法院认为,在非因劳动者原因导致劳动关系终结的情况下,如本案因用人单位已丧失按月支付津贴的条件,此时要求用人单位提前支付劳动者至退休之日的伤残津贴,符合工伤保险立法精神。故对刘某兰关于一次性支付伤残津贴的请求应予以支持。然而,本案双方劳动关系因用人单位解散而终止,工伤保险基金及用人单位已依法支付劳动关系终止时的工伤待遇及经济补偿金。正常状态下劳动者保留劳动关系领取伤残津贴,上述待遇及经济补偿金则无需支付。故本案一次性计付刘某兰伤残津贴数额,应扣除刘某兰已获得的一次性伤残就业补助金、一次性工伤医疗补助金、经济补偿金等待遇。判决:(1)撤销一审判决;(2)广州钜东娱乐用品有限公司向刘某兰一次性支付伤残津贴247,010元。[2]

---

〔1〕 参见国家法官学院案例开发研究中心编:《中国法院2017年度案例》(劳动纠纷),中国法制出版社2017年版,第283页。山东省淄博市中级人民法院(2015)淄民三终字第156号民事判决书。

〔2〕 参见国家法官学院案例开发研究中心编:《中国法院2017年度案例》(劳动纠纷),中国法制出版社2017年版,第286~287页。广东省广州市中级人民法院(2015)穗中法民一终字第5682号民事判决书。

(三)劳动工伤待遇计算

实践中,对于如何计算一次性工亡补助金存在较大的争议。根据《社会保险法》第三条及《工伤保险条例》第一条的规定可知,工伤保险作为社会保险制度的分支,同样应当坚持广覆盖、保基本、多层次、可持续的方针,相关赔偿的设定系为了保障因工作遭受事故或者患职业病的职工获得医疗救治和经济补偿,且应与经济社会发展水平相适应。与人身损害赔偿相同,一次性工亡补助金本质上亦是基于对受害人的基本物质补偿,强调的是普适性与有限性。因此,对于达到法定退休年龄务工人员发生的工伤适用《工伤保险条例》进行赔偿时应当依法考虑未达到退休年龄的一般职工的差异。

根据《工伤保险条例》第三十九条的规定,一次性工亡补助金标准为上一年度全国城镇居民人均可支配收入的 20 倍。该计算方式与《最高人民法院关于审理人身损害赔偿案件适用法律若干问题的解释》(以下简称《人身损害赔偿解释》)第十五条而确定的死亡赔偿金计算方式几乎完全一致,仅在于后者基数存在城镇居民人均可支配收入与农村人均纯收入的标准之分,应注意有的地方法院已经取消了城镇居民和农村居民的收入标准区分,而采用统一的城镇居民收入标准。从这个意义上讲,《工伤保险条例》与《人身损害赔偿解释》标准确定的死亡赔偿金计算方式趋于一致。因此,一次性工亡补助金的标准同样应该计算方式统一确定,亦是采用定额赔偿法,通过对在岗职工可以获取到合理的预期收入,以抽象化、定型化方式确定工亡职工未来收入的损失,这种计算方法是科学的,也是合理的。《工伤保险条例》规定的计算方法适用对象是一般的劳动者,对于达到法定退休年龄但由于用工单位形成劳动关系的务工人员是否适用该种计算方式未作出区分规定。对于已经超过法定退休年龄,其劳动能力和持续状态及未来因务工取得收入的年限明显短于普通职工的高龄职工,但《工伤保险条例》对此未作出明确规定,从立法宗旨和公平原则出发亦应有所区别。基于与《人身损害赔偿解释》死亡赔偿金计算方式相似性,对于已经达到或超过退休年龄的务工人员发生工亡的,同样以受到一般合乎该赔偿项目基本计算逻辑的制约,同样应当类比考虑工亡职工可以获取务工收入的年龄因素。一般认为,对于达到退休年龄的务工人员发生工亡的,确定一次性工作补助金具体金额时,应当参照《人身损害赔偿解释》第十五条所确定的限制赔偿规则,即亦遵循“六十周岁以上的,年龄每增加一岁减少一年;七十五周岁以上的按五年计算”的计算方式予以确定。司法实践中,亦有实例判法,如后文的环境工程公司诉赵甲、赵乙工伤保险待遇纠纷案。[1]

根据《工伤保险条例》的规定,职工被认定工伤后,并不是全部工伤保险待遇均由工伤保险基金支付,而是由工伤保险基金和用人单位分别支付不同的项目。根据《工伤保险条例》第三十条至第三十九条的规定,工伤保险基金支付的有工伤诊疗费、一次性伤残补助金,一级至四级的伤残津贴,五级至十级的一次性工伤医疗补助金,工亡职工的丧葬补助金、供养亲属抚恤金和一次性工亡补助金。除此之外,职工住院治疗工伤的伙食补助费,以及经医疗机构出具证明,报经办机构同意,工伤职工到统筹地区以外所需的交通、食宿费用从工伤保险基金支付。已经评定伤残等级的工伤职工经劳动能力鉴定委员会确认需要生活护理的,从工伤保险基金按月支付生活费。工伤职工因日常生活或者就业需要经劳动能力鉴定委员会确认,安装假肢、矫形器、假眼、假牙和配置轮椅等辅助器具所需费用按照国家规定的标准从工伤保险基金支付。工伤职工到签订服务协议的医疗机构进行工伤康复的费用,符合规定的,从工伤保险基金支付。如地方出台的办法另有规定的,按地方规定的项目进行支付。如《山西省实施〈工伤保险条例〉试行办法》规定,劳动能力鉴定费、工伤认定调查核实费、宣传和科研费、法律法规规定的用于工伤保险的其他费用均由关工伤保险基金支付。用人单位应支付的项目有五级、六级伤残津贴、五级至十级一次性伤残就业补助金、停工留薪期间工资福利待遇、停工留薪期间的护理费。

职工发生工伤,经治疗伤情相对稳定后存在残疾、影响劳动能力的进行劳动能力鉴定。劳动能力鉴定是指劳动功能障碍程度和生活自理障碍程度的等级鉴定。劳动能力障碍分为十个伤残等级,最重的为一级,最轻的为十级。生活自理障碍分为三个等级:生活完全不能自理、生活大部分不能自理和生活部分不能自理。除一些共性保险待遇项目外,不同伤残等级所获得的其他多项保险待遇标准有很大不同。

【案例8-3】 温州锐峰矿山建设有限公司、温州锐峰矿山建设有限公司一处驻山西紫金山矿业有限公司项目部诉彭某庆劳动争议纠纷案

二审法院认为,一次性伤残就业补助金计算的基础为缴费工资,而非实际工资,本案中彭某庆参保的月缴费工资基数为4200元,依照《山西省实施〈工伤保险条例〉试行办法》(已失效)的规定,温州锐峰矿山建设有限公司应当支付彭某庆一次性伤残就业补助金为12个月的本人工资,即50,400元。

---

[1] 参见国家法官学院、最高人民法院司法案例研究院编:《中国法院2022年度案例》(劳动纠纷),中国法制出版社2022年版,第232~233页。江苏省无锡市中级人民法院(2020)苏02民终1906号民事判决书。

关于留薪期工资的问题应当参照彭某庆原工资福利待遇，被上诉人主张彭某庆工资2434.81元所依据的工资情况明细表并未经过彭某庆确认，不足以证实彭某庆所领实际工资，而且双方在劳动合同中明确约定了彭某庆月薪4200元，因此依照《山西省工伤职工停薪期管理办法(试行)》的规定，彭某庆留薪期工资应为6个月的工资，即25,200元。综上，原审判决认定彭某庆工资为2434.81元缺乏依据，工伤保险机构和用人单位各自应承担的赔偿义务，工伤保险机构依照规定的赔偿项目与用人单位无关，彭某庆并不构成不当得利。原审判决认定事实不清，适用法律错误，应予纠正。判决：(1)撤销一审判决；(2)温州锐峰矿山建设有限公司支付彭某庆停工留薪期工资25,200元、一次性伤残就业补助金50,400元；上述款项共计75,600元，由温州锐峰矿山建设有限公司一次性付清。[1]

---

[1] 参见国家法官学院案例开发研究中心编：《中国法院2016年度案例》(劳动纠纷)，中国法制出版社2016年版，第134页。山西省忻州市中级人民法院(2014)忻中民终字第540号民事判决书。

二、劳动工伤待遇法律适用

（一）劳动工伤待遇认定

冒名劳动者发生工伤的待遇认定是疑难问题。用人单位已投保工伤保险的情况下，是否还应承担赔偿责任有不同观点。一般认为，由于劳动者冒用他人身份，使其不是工伤保险的被保险人，无法从社保机构获得工伤保险赔偿，该社保损失是由劳动者冒名重大过错行为造成的，应由其自行承担，用人单位无需承担本应由工伤保险基金支付的赔偿责任。

虽然现行工伤保险制度实行无过错责任及强制性工伤社会保险制度，构成工伤的劳动者，应依法享有工伤保险待遇，但在劳动者冒用他人名义入职的案件中，应考虑其特殊之处。毕竟工伤保险不仅有保障因工作遭受事故伤害或者患职业病的劳动者获得医疗救治和经济补偿目的，也有分散用人单位工伤风险的作用。冒名劳动者发生工伤的，在用人单位已经为劳动者投保工伤保险的情况下，用人单位已经履行了相应的投保义务，造成不能享受工伤保险待遇是由于劳动者冒用他人名义入职这一过错行为造成的，况且该行为本身已违反了《劳动合同法》规定的劳动者有如实告知义务以及诚信原则，故对此劳动者应自行承担责任。否则就会出现用人单位不仅缴纳了工伤保险费，还需要承担本已经转移由工伤保险基金支付的那部分工伤保险待遇，致使用人单位投保工伤保险没有实际意义。关于用人单位对冒名是否有审查义务及审查义务的程度。由于入职材料基本上由劳动者提供，按照法律规定劳动者本就应当如实提供材料，而用人单位并非专业的审核机并，故不能课以过重的审查义务，用人单位一般对入职材料进行形式审查即可。在用人单位未进行形式审查或未认真形式审查，即在形式审查中存在一定过错的应承担责任，由法官根据过错确定责任比例，而并非用人单位对其自身的过错绝对不承担责任。换言之，劳动者冒名入职行为，欺诈的对象是用人单位，并非社保中心。用人单位通过社保机构审批为冒名入职的劳动者缴纳工伤保险费用，社保登记机构已承保，则应认定劳动者即与社保机构成立工伤保险法律关系。在该关系成立后，参保人（受益人）是真实的劳动者，而非被冒名的第三人，因为第三人不是真实的劳动者，也不是工亡者。一般认为，只要满足以下三个条件，社保机构就应当向劳动者支付工伤保险待遇:一是劳动者因伤亡被认定工伤;二是用工单位为劳动者参保并按时足额缴纳保费;三是无法律法规禁止支付之情形。

【案例 8-4】 来宾市保安服务公司诉韦某才等劳动争议纠纷案

二审法院认为,韦某华冒用韦某堂的名字到保安公司工作,单位已以韦某堂的名字办理了工伤保险。保安公司以韦某堂的名字缴纳工伤保险费,致使工伤事故发生后,韦某华的亲属无法从社保部门获得工伤保险赔偿。对此用人单位以劳动者假冒身份为其投保而遭受社会保险损失,由工伤保险基金承担的工伤保险待遇部分,应由用人单位和劳动者根据过错承担责任。保安公司提供的政审表、韦某华在个人情况和家庭成员情况处分别填写了韦某堂及韦某堂亲属的名字,并贴上照片,来宾市公安局南泗派出所盖章且由承办人签字。韦某堂在接受法院询问时,陈述政审表上的照片不能确定是其本人,反正就是不能一眼看出是本人。公安机关作为户籍、居民信息的专业行政管理部门,其审查能力、严格程度应高于保安公司。来宾市公安局南泗派出所在对政审表进行审查时都未能审查准备入职保安公司的是韦某华而非韦某堂,结合韦某堂对政审表上照片的陈述,可以认定保安公司已经尽到了审查的审慎义务。韦某华作为具有完全民事行为能力人,其向用人单位保安公司提供虚假身份证明,冒用韦某堂的名义入职,明显违反《劳动合同法》规定的告知义务和诚实信用原则,导致用人单位未能正确办理社会保险事宜,进而造成发生工伤事故后本应能从保险机构中领相关保险待遇不能实现,其自身存在严重过错,故对于该损失其应自行承担责任。但基于韦某华与保安公司存在事实劳动关系,韦某华确因工伤事故死亡,根据公平原则及医疗费和丧葬补助金依附于人身损失由用人单位保安公司承担,故由保安公司向韦某才等人支付医疗费和丧葬补助金合计 30,094.25 元。判决:(1)撤销一审判决;(2)保安公司向韦某才、韦某庆、韦某渊、韦某萍、黄某英支付医疗费 11,287.25 元、丧葬补助金 18,807 元,合计 30,094.25 元。[1]

假冒他人身份入职,后用人单位以被冒名者名义购买工伤保险,冒名职工发生工伤的,社保机构是否应当赔付工伤待遇,各地法院判决不一致。我国劳动立法承认并保护事实劳动关系,冒用身份的职工与用人单位建立了事实劳动关系,同样属于《工伤保险条例》第一条所规定的"职工"范围以内,事实劳动关系中的职工与用人单位均受《工伤保险条例》的保护。在用人单位参加工伤保险的情况下,冒用身份的职工被认定为工伤后应当依法享受工伤保险待遇,社会保险机构

---

〔1〕 参见国家法官学院案例开发研究中心编:《中国法院 2018 年度案例》(劳动纠纷),中国法制出版社 2018 年版,第 67~68 页。广西壮族自治区来宾市中级人民法院(2016)桂 13 民终 328 号民事判决书。

应当依据《工伤保险条例》的规定承担赔付责任。

【案例 8－5】 王某先等人诉被告重庆市某区工伤保险管理所、第三人重庆某煤矿公司不履行行政给付义务案

判决观点，根据相关法律规定，用人单位应当为本单位职工缴纳工伤保险费。本案中，煤矿公司根据陈某东提供的“陈某强”的身份信息，以“陈某强”名义为陈某东缴纳工伤保险费，其真实意思表示应理解为投保对象实际为该公司职工陈某东，而不是与公司不具备劳动关系的陈某强，即陈某东与社会保险行政部门之间在事实上成立了工伤保险关系。本案中，陈某东已经相关部门认定为工伤死亡，煤矿公司亦为其缴纳了工伤保险费，故工伤保险管理部门应对陈某东核定工伤死亡保险待遇。据此，当地工伤保险管理部门在庭审过程中改变了原具体行政行为，原告遂撤回了诉讼。[1]

【案例 8－6】 N 公司诉工伤保险管理中心保险待遇争议纠纷再审案

再审法院认为，本案中，L3 虽然冒用他人身份，但与 N 公司之间建立了事实劳动关系，属于《工伤保险条例》规定的法律意义上的职工，故其工伤死亡的情形符合工伤死亡保险待遇的范畴。最后，根据《工伤保险条例》规定，用人单位应当为本单位职工缴纳工伤保险费。对于非本单位职工的，用人单位没有缴费义务。因此，用人单位根据职工提供的虚假身份信息，错误地以他人名义为该职工缴纳工伤保险费的，其真实意思表示的投保对象仍为该职工，而非被冒用身份的人。本案中，L3 已经相关部门认定为工伤死亡，N 公司亦为其缴纳了工伤保险费，故工伤保险管理部门应对 L3 核定工伤保险待遇。[2]

【不同处理】 冒名入职者违反诚信原则，以虚假身份入职，在发生工伤后以虚假身份申请社保基金支付工伤保险待遇，属于“以欺诈、伪造证明材料或者其他手段骗取社会保险待遇”的行为。冒名入职者工伤保险待遇不应由社会保险基金支付。

【案例 8－7】 L5 诉中山市社保基金局工伤保险待遇争议纠纷再审案

再审法院认为，《广东省社会保险基金监督条例》第六十一条规定：“以欺诈、伪造证明材料、冒用他人证件、虚构劳动关系等手段办理社会保险业务的，保险行政部门、社会保险费征收机构、社会保险经办机构不予办理。”本案中，L5 冒用“L6”身份证件入职，并冒用“L6”的姓名和公民身份号码参加工伤保险的事实清楚，中山市社保基金局根据上述法律规定，决定不予办理工

---

〔1〕 最高人民法院 2015 年发布的十九起合同纠纷典型案例之十一。

〔2〕 广东省珠海市中级人民法院(2019)粤 04 行再 1 号行政判决书。

伤保险待遇于法有据。L5冒用他人身份违反了《劳动合同法》第八条规定的“如实说明”的法定义务，也违反了诚实信用原则，由此而产生的不利后果只能自行承担。[1]

劳动者采用欺诈手段与用人单位建立劳动关系，用人单位不承担工伤保险待遇的赔偿责任。

劳动者在达到法定退休年龄之前未与用人单位签订劳动合同，在达到法定退休年龄之后与用人单位签订用工协议，在这期间劳动者与用人单位属于劳务关系，既不属于《工伤保险条例》第三十七条所规定的劳动、聘用合同期满终止，也不是劳动者本人提出解除劳动合同、聘用合同的情形，用人单位依法不应支付劳动者一次性工伤医疗补助金和一次性伤残就业补助金。

【案例8－8】　杨某星诉北京昌隆工贸有限责任公司劳动争议纠纷案

判决观点，原告在被告单位工作期间，被告为原告缴纳了工伤保险。工伤鉴定后，继续在被告单位工作，2014年1月16日，原告达到法定退休年龄后，继续在被告单位工作至2014年9月。原告要求被告支付一次性工伤医疗补助金、一次性伤残就业补助金，不符合《工伤保险条例》第三十七条规定的劳动聘用合同期满终止，或者职工本人提出解除劳动、聘用合同的情形。原告要求被告支付一次性工伤医疗补助金、一次性伤残就业补助金，法院不予支持。判决：驳回原告杨某星的诉讼请求。[2]

下岗人员在新的用人单位先后受两次工伤，就其高享受一次性工伤医疗补助和伤残就业补助金。

【案例8－9】　陆某诉特变电工（上海）中发依帕超高压电器有限责任公司劳动争议纠纷案

二审法院认为，关于一次性工伤医疗补助金和伤残就业补助金，陆某已另案就高主张了九级工伤一次性工伤医疗补助金和伤残就业补助金获得支持，现陆某再行要求特变电工（上海）中发依帕超高压电器有限责任公司（以下简称中发公司）支付因工伤残十级的一次性工伤医疗补助金和伤残就业补助金，于法无据，不予支持。公司的员工手册载明公司每年组织一次的员工旅游，但陆某并未提供中发公司组织旅游的相关依据，而且双方就旅游的价值及折现等于无具体约定，在此情况下，法院对陆某要求中发公司兑现旅游四次支付旅游费8000元的诉求，难予支持。陆某要求中发公司支付交通费，

---

〔1〕　广东省高级人民法院（2018）粤行申933号行政裁定书。

〔2〕　参见国家法官学院案例开发研究中心编：《中国法院2016年度案例》（劳动纠纷），中国法制出版社2016年版，第137～138页。北京市密云县人民法院（2014）密民初字第6110号民事判决书。

缺乏事实依据,亦不符合法定情形,不予支持。关于高温费,原判已经阐明了判决理由,法院予以认同。综上,陆某的上诉请求,理由不成立,法院不予支持。判决:驳回上诉,维持原判。[1]

(二)事实劳动关系中的工伤待遇认定

用人单位在用工期间与劳动者虽未订书面劳动合同,但劳动者在用人单位付出劳动,用人单位给付劳动者报酬或工资,劳动者在此受伤能否认定为工伤,实践中常引发争议。

对是否存在事实劳动关系与劳务关系有争议,劳动行政部门作出工伤认定决定,但用人单位放弃对工伤认定情况提起行政复议或行政诉讼的,其工伤结论发生法律效力,劳动者以工伤认定为依据提出权利请求的,应受到法律支持,用人单位抗辩的理由不能成立。

在事实劳动关系中,因用人单位未给劳缴纳社会保险,劳动者依照《工伤保险条例》的规定享受相应的工伤保险待遇。

从《劳动法》和《老年人权益保障法》的立法精神看,未达到退休年龄的大龄人员甚至达到法定退休年龄的人员均享有劳动的权利,其因工伤亡被认定为工伤的,用人单位依法则应按照《工伤保险条例》支付有关工伤待遇,包括一次性伤残就业补助金。

【案例8-10】 邱某林诉吉安市志强力车有限责任公司劳动争议纠纷再审案

再审法院认为,根据本案查明的事实,邱某林确系于2007年4月进入吉安市志强力车有限责任公司(以下简称志强力车公司)从事炼钢工作,并在同年11月2日工作期间受伤,该事实有同厂工作的李某然、侯某德的出庭证言以及林某然制作的工资清单等证据为证,足以证实。原二审过程中,虽然志强力车公司提出邱某林系林某然雇请,并由林某然发放工资,与邱某林之间不存在劳动合同关系的上诉意见,但志强力车公司对于邱某林在其生产车间内工作以及工作期间受伤的事实并无异议,而如何计算工资以及由谁经手发放工资等系志强力车公司经营管理的问题,并不能以此否定其与邱某林之间形成的事实劳动关系。因此,原一审、二审判决认定邱某林与志强力车公司形成事实上的劳动关系正确。

关于本案按何种标准计算邱某林工伤待遇的问题。对于邱某林起诉主

---

〔1〕 参见国家法官学院案例开发研究中心编:《中国法院2015年度案例》(劳动纠纷),中国法制出版社2015年版,第155~156页。上海市第一中级人民法院(2013)沪一中民三(民)终字第40号民事判决书。

张的治疗工伤而支出的医疗费12,656.41元、住院伙食补助费144元、护理费801元、鉴定费290元、因双方当事人无争议,且原判决予以认定,法院再审予以确认。而对于停工留薪期工资、一次性伤残补助金、一次性工伤医疗补助金、一次性伤残就业补助金应按何种标准计算问题,双方存在争议。邱某林认为,应按照其2007年4月至10月的月平均工资2001元的标准计算。而志强力车公司认为,邱某林工作未满1年,应按照当地上一年度职工月平均工资计算。对此,法院认为,邱某林在志强力车公司工作虽只有7个月,未满1年,但其从事的是高强度劳动,且从志强力车公司提供工资表来看,除4月外,5月至10月的职工月平均工资均为本地上年度职工月平均工资1020元的二倍以上,故从切实保护劳动者的合法权益角度,本案应按邱某林2007年4月至10月的月平均工资的标准计算停工留薪期工资、一次性伤残补助金、一次性工伤医疗补助金和一次性伤残就业补助金。即原一审、二审判决对劳动仲裁裁决参照本地职工月平均工资1020元的标准计算有关工伤待遇予以支持不当,有失公平,应予纠正。但邱某林提出其本人月平均工资为2001元的意见与法院根据其提供的工资清单的实际核算结果不完全相符,应以实际核算的月平均工资1912元为标准计算有关工伤待遇。经计算,志强力车公司应向邱某林支付自工伤日至定残日共7个月11天的停工留薪期工资14,085元(保留整数位)、8个月的一次性伤残补助金15,296元、1.6个月一次性工伤医疗补助金3059元(保留整数)、8个月的一次性伤残就业补助金15,296元。另外,邱某林在原二审诉讼过程中还提出经济补偿金和经济赔偿金的主张,因邱某林在申请劳动仲裁时和起诉时均未提出该项主张,且其受伤时间发生于2007年11月2日,而对经济补偿和经济赔偿作出规定的《劳动合同法》系于2008年1月1日起实施,该法对于既往争议纠纷并不具有溯及力,故其在二审增加该项主张既不符合《民事诉讼法》关于程序的规定,又于法不符,原判决对此不予支持正确。邱某林在原二审期间还上诉提出,其和亲属的交通食宿费用按票据核算为8668元。因邱某林在吉安市中心人民医院实际住院只有18天,其系四川籍务工人员,在吉安治疗出院后的维权期间又无固定居所,故原判决酌情确定由志强力车公司补偿1500元交通食宿费并无不当。

对最高人民法院有关问题作出专门规定的,按专门规定的内容认定事实劳动关系中的工伤范围。最高人民法院(2006)行他字第17号《关于车辆挂靠其他单位经营车辆实际所有人聘用的司机工作中伤亡能否认定为工伤问题的答复》(已失效):个人购买的车辆挂靠其他单位且以挂靠单位的名义对外经营的,其聘用的司机与挂靠单位之间形成了事实劳动关系,车辆运营中伤亡的,应当适用《劳动法》和《工伤保险条例》的有关规定认定构成工伤。

据此答复，注意应是车辆挂靠其他单位经营车辆，实际所有人聘用的司机亦应认定为事实劳动关系，可以认定为工伤。

综上，原判决按照1020元/月的标准计算邱某林的相关工伤待遇不当，应予以纠正。另外，原一审判决事实认定和判决主文部分存在多处笔误，对此一并予以纠正。判决：(1)撤销二审判决；(2)维持一审判决第二项、第三项；(3)变更一审判决第一项为：志强力车公司支付邱某林工伤保险待遇医疗费12,656.4元、住院伙食补助费144元、护理费801元、鉴定费290元、交通食宿费1500元、停工留薪期工资14,085元、一次性伤残补助金15,296元、一次性工伤医疗补助金3059元、一次性伤残就业补助金15,296元，合计63,127.4元。[1]

(三)达到法定退休年龄工伤待遇认定

劳动者达到退休年龄，仅代表其已经被认为不再适合参加劳动，并不代表不能或者不可以再提供劳动以获取收入来源。我国社会保障制度实施时间不长，还未实现社会保障全覆盖目标。而当今社会，越来越多的超过法定退休年龄的"劳动者"身体状况良好，愿意继续工作，发挥余热，创造社会财富，对于这类人员应当给予相应保障。对于已经达到退休年龄，却不能享受到基本养老保险待遇，不得不继续以提供劳动的方式来获取劳动报酬的人，如果剥夺一次性工伤医疗补助金和一次性伤残就业补助金的权利，显然违背了工伤保险的立法宗旨，背离了建立工伤保险制度的初衷。如劳动者未办理相关退休手续，未享受基本养老保险待遇，就不能认为其与用人单位之间的劳动关系已经终止，仍应视为用人单位与劳动者的劳动合同关系存在，在此期间发生的工伤事故，仍应属于《工伤保险条例》的调整范围。

一般认为，是否达到退休年龄并非确定因工致残能否享受一次性工伤医疗补助金和一次性伤残就业补助金的唯一标准，对于虽然已经达到退休年龄，却不能享受养老保险待遇、仍继续提供劳动以维持生计的人员，应当给予其继续享受一次性工伤医疗补助金和一次性伤残就业补助金的待遇。

【案例8－11】 吴某光诉上海锦悦家具有限公司工伤保险待遇纠纷案

二审法院认为，吴某光系外来务工人员，经鉴定为工伤九级伤残。其在上海锦悦家具有限公司(以下简称锦悦家具公司)工作期间，锦悦家具公司

〔1〕 参见国家法官学院案例开发研究中心编：《中国法院2017年度案例》(劳动纠纷)，中国法制出版社2017年版，第265～266页。江西省吉安市中级人民法院(2015)吉中民再终字第12号民事判决书。

并未依法为其缴纳社会保险,发生事故后不久虽因其达到法定退休年龄而使劳动合同终止,但并无证据显示吴某光达到法定退休年龄后已经可以通过社保部门依法享受养老及医疗保险待遇,其仍需通过提供劳动维持生计,其因工伤产生的医疗困难及劳动能力下降带来的就业困难并无相应的弥补途径,在此情况下,剥夺其享受一次性工伤医疗补助金和一次性伤残就业补助金的权利,违背了工伤保险的立法精神。根据法律规定,九级伤残的一次性工伤医疗补助金和一次性伤残就业补助金分别为6个月的上年度全市职工月平均工资。鉴于锦悦家具公司未为吴某光缴纳社会保险费,相应由工伤基金承担的工伤待遇部分亦应由该公司负担。2013年12月26日吴某光达到退休年龄,吴某光亦未再提供劳动,双方劳动合同终止。而此前上一年度全市职工月平均工资为4692元。锦悦家具公司应支付吴某光该日前发生的工伤医疗费并支付吴某光劳动合同终止后的一次性工伤医疗补助金28,152元和一次性伤残就业补助金28,152元。[1]

【案例8-12】　陈某诉某某中专劳动合同纠纷案

一审法院认为,本案中,某某中专未为陈某办理社会保险手续,陈某已达到法定退休年龄,无法补办,且未能享受社会保险待遇,故陈某要求某某中专赔偿养老保险损失,于法有据,法院予以支持。关于陈某的入职时间,陈某提供2019年1月17日的《证明》、银行流水明细并对其工资发放方式、发放人员进行了详细陈述。因某某中专未提供任何证据证实其主张,故陈某2006年9月入职的事实具有高度可能性。根据《江苏省高级人民法院、江苏省劳动人事争议仲裁委员会关于审理劳动人事争议案件的指导意见(二)》(已失效)第二十条规定之精神,劳动者达到退休年龄时,因用人单位应缴未缴养老保险致使劳动者养老保险缴费年限未达到按月领取退休金条件的,如果劳动者在同一用人单位连续工作年限未满15年的,自用人单位依法应当为劳动者办理社会保险之日起,按照每满1年发给相当于1个月当地上一年度职工月平均工资标准一次性劳动者养老保险待遇赔偿。陈某2006年9月至2019年1月29日在某某中专工作,某某中专应从2006年9月起依法为陈某办理社会保险,直至2011年2月9日陈某达到退休年龄之日。然而某某中专未为陈某办理,故应按照每满1年发给南通市2010年度在岗职工月平均工资3287元的标准,一次性支付陈某养老保险待遇损失,计13,148元(3287元/月×4个月)。对于陈某主张的达到法定年龄后继续在某某中专的工作时间,因在实践操作中,对于达到法定退休年龄前未缴纳社会保险的劳动者,在

〔1〕　参见国家法官学院案例开发研究中心编:《中国法院2019年度案例》(劳动纠纷),中国法制出版社2019年版,第196页。上海市第二中级人民法院(2017)沪02民终5764号民事判决书。

达到退休年龄时用人单位无法为其补缴社会保险,亦无法律、行政法规强制性规定用人单位在法定退休年龄后继续为劳动者缴纳社会保险,故陈某达到法定年龄后继续在某某中专的工作年限不能计入其养老保险待遇赔偿的连续工作年限。……判决:某某中专支付原告陈某养老保险待遇损失13,148元。二审法院判决:驳回上诉,维持原判。[1]

劳动者达到退休年龄并不必然导致劳动合同的终止,用人单位续聘超过法定退休年龄且尚未依法享受养老保险待遇的劳动者,双方形成劳动关系。劳动者在工作时间内、因工作原因受伤时,应当依法享受工伤保险待遇。

【案例8-13】 黄某与顺安某公司劳动争议纠纷案

黄某(女)于2009年12月5日(46岁)进入顺安某公司工作,约定黄某工资按件计酬,双方未签订劳动合同。2013年8月11日,黄某年满50岁。2015年4月7日,黄某上班途经仓库附近时,被大风吹动的停放在旁边的厂车车门撞伤。2016年2月3日,黄某被吉水县人社局认定为工伤,经吉安市劳动能力鉴定委员会鉴定为伤残十级。事故发生后,顺安某公司仅支付医疗费用,并以黄某已达退休年龄,未缴纳工伤保险等为由拒绝支付其他赔偿项目。后黄某以在工作期间受伤系工伤,顺安某公司应依法支付各项工伤赔偿费用及其他费用为由,提起仲裁,并诉至法院。法院认定双方存在事实劳动关系,支持了黄某的诉讼请求,判决顺安某公司向黄某支付一次性伤残补助金15,561元、一次性工伤医疗补助金8892元、一次性伤残就业补助金28,899元。宣判后,双方当事人均未上诉。[2] 本案中,黄某在2013年8月11日达到法定退休年龄时,顺安某公司并未选择与黄某终止劳动关系,而是继续按以前的约定履行劳动合同,同时顺安某公司并未提供证据证明黄某已享受基本养老保险待遇,黄某亦未丧失劳动能力,因此双方劳动关系并未终止。在黄某被劳动部门认定为工伤后,由于顺安某公司未替黄某缴纳工伤保险,导致黄某无法由工伤保险基金赔偿,顺安某公司则应按照法律规定支付黄某因工伤所产生的各项赔偿费用。

劳动者至用人单位处工作时已超过法定退休年龄,其与用人单位之间不属劳动关系,主张未签订书面劳动合同双倍工资、未休年休假工资及解除劳动合同经济补偿金没有法律依据,不予支持。对于劳动者的工伤保险待遇,用人单位应比照《工伤保险条例》规定的项目与标准予以赔偿。用人单位无需支付劳动者一次

---

[1] 参见国家法官学院、最高人民法院司法案例研究院编:《中国法院2021年度案例》(劳动纠纷),中国法制出版社2021年版,第201~202页。江苏省南通市中级人民法院(2019)苏06民终2808号民事判决书。

[2] 江西省高级人民法院与江西省人力资源社会保障厅联合发布劳动人事争议十起典型案例之五。

性伤残就业补助金，但一次性伤残补助金、一次性工伤医疗补助金、停工留薪期工资、护理费、住院伙食补助费、医疗费、鉴定费等，仍应支付。

【案例8-14】　吴某霞诉合肥市菲力某斯电子科技有限公司劳动争议纠纷案

一审法院认为，吴某霞于1965年8月出生，至合肥市菲力某斯电子科技有限公司（以下简称菲力某斯公司）处工作时已超过法定退休年龄，其与菲力某斯公司之间不属劳动关系，主张未签订书面劳动合同双倍工资、未休年休假工资及解除劳动合同经济补偿金没有法律依据，本院不予支付。对于吴某霞的工伤保险待遇，菲力某斯公司应比照《工伤保险条例》规定的项目与标准予以赔偿。吴某霞的工伤保险待遇为：医疗费7076.4元、住院伙食补助费220元（20元/天×11天）、护理费2612.5元（6457元/月÷21.75天×80%×11天）、停工留薪期工资6813元（2271元/月×3个月）、鉴定费280元，交通费该院酌定500元，吴某霞主张一次性伤残补助金26,460元、一次性工伤医疗补助金25,200元，未超过其依法应得数额，本院予以支持。吴某霞已超过法定退休年龄，其主张一次性伤残就业补助金不符合法律规定，本院不予支持。判决：(1)菲力某斯公司于判决书生效后10日内支付吴某霞医疗费7076.4元、住院伙食补助费220元、护理费2612.5元、停工留薪期工资6813元、鉴定费280元、交通费500元、一次性伤残补助金26,460元、一次性工伤医疗补助金25,200元，合计69,161.9元。(2)驳回吴某霞的其他诉讼请求。

二审法院认为，吴某霞2018年9月19日所受伤害为工伤的事实，已经由巢湖市人力资源和社会保障局认定，合肥市劳动能力鉴定委员会认定吴某霞劳动功能障碍程度为十级。菲力某斯公司未为吴某霞办理工伤保险，应当按照《工伤保险条例》规定的项目和标准承担工伤保险责任，其主张无需支付一次性工伤医疗补助金意见，本院不予采纳。菲力某斯公司陈述未向劳动能力鉴定机构提出异议，其上诉称未收到合肥市劳动能力鉴定委员会作出的《因工负伤劳动能力鉴定书》且一审法院未予重新鉴定系程序错误的意见，没有事实和法律依据，本院不予支持。菲力某斯公司提供的工资表没有吴某霞签字确认，其要求扣除工资表里的社保补贴计算吴某霞平均工资的意见，依据不足，吴某霞亦不予认可，本院不予采信。一审法院酌定吴某霞交通费500元、按照吴某霞的工资转账记录计算平均工资并无不当，本院予以维持。综上，菲力某斯公司的上诉请求不能成立，应予驳回；一审判决认定事实清楚，适用法律正确，应予维持。判决：驳回上诉，维持原判。[1]

---

〔1〕　安徽省合肥市中级人民法院(2019)皖01民终10254号民事判决书。

【案例8－15】 李某文与某洽食品股份有限公司劳动争议纠纷案

二审法院认为,至双方劳动关系解除时,劳动者已满50周岁,已达到法定退休年龄。依据《安徽省实施〈工伤保险条例〉办法》第二十六条、第二十七条规定,劳动者不享受一次性伤残就业补助金待遇,用人单位主张不支付劳动者一次性伤残就业补助金,有事实和法律依据,予以支持。[1]

超过法定退休年龄的进城务工农民可以享受工伤保险待遇。

【案例8－16】 北京丽豪园物业管理有限公司诉刘某启劳动争议纠纷案

二审法院认为,根据刘某启及北京丽豪园物业管理有限公司的诉辩主张,本案争议的焦点问题主要在于以下两点:一是超过60岁的进城务工农民因工受伤的,能否享受工伤保险待遇。生效的仲裁裁决已确认刘某启与北京丽豪园物业管理有限公司2008年12月1日至2010年7月18日存在劳动关系,北京市西城区人力资源和社会社保局2011年11月10日认定刘某启因2009年8月26日交通事故造成的伤情为工伤。刘某启的工伤保险待遇应当由北京丽豪园物业管理有限公司参照《工伤保险条例》的规定支付。刘某启伤残十级,北京丽豪园物业管理有限公司应当支付一次性伤残补助金15,649.20元,停工留薪工资3600元。二是因第三人侵权造成的工伤,工伤保险赔偿与第三人侵权赔偿的关系。因第三人侵权造成的造成工伤的职工,从第三人处获得民事赔偿后,可以获得工伤保险赔偿,但医疗费不应双重赔偿。且就本案而言,北京市西城区劳动争议仲裁委员会西劳仲字(2012)第1962号裁决对刘某启要求北京丽豪园物业管理有限公司支付医疗费2922.26元的请求未予支持,刘某启同意仲裁裁决,未提起诉讼。故其要求北京丽豪园物业管理有限公司支付医疗费2922.26元的上诉请求,不予支持。综上,刘某启的上诉请求部分成立,应予支持。原判决适用法律错误,应予改判。判决:(1)撤销一审判决。(2)北京丽豪园物业管理有限公司支付刘某启停薪期工资3600元、一次性伤残补助金15,649.2元。(3)北京丽豪园物业管理有限公司无需支付刘某启医疗费2922.26元。[2]

(四)企业破产中涉及工伤待遇认定

市场经济发展过程中,一些企业破产而引发的职工工伤待遇纠纷,有必要进

〔1〕 安徽省合肥市中级人民法院(2019)皖01民终5565号民事判决书。

〔2〕 参见国家法官学院案例开发研究中心编:《中国法院2015年度案例》(劳动纠纷),中国法制出版社2015年版,第100~101页。北京市第一中级人民法院(2013)一中民终字第7863号民事判决书。

行探讨。

关于受伤职工主张工伤认定和工伤待遇诉讼时效认定的问题。现实中,职工受伤后因各种原因当时并未申请工伤认定和工伤待遇,等若干年后又提出请求,是否超过时效?根据1996年10月1日起试行的《企业职工工伤保险试行办法》(已失效)第十条规定,企业应当自工伤事故发生之日或者职业病确诊之日起,15日内向当地劳动行政部门提出工伤报告;工伤职工或其亲属应当自工伤事故发生之日或者职业病确诊之日起,15日向当地劳动行政部门提出工伤保险待遇申请。遇有特殊情况,申请期限可以延长30日。这里就存在超过30日是否就不予受理了?答案是否定的。因为,该条规定的期限是对申报时间的限制,不是法律上的诉讼时效。即使当事人申报超过了规定的时间,劳动行政部门也应当依法受理,而不发生丧失工伤认定和工伤待遇请求权的问题。《劳动法》规定的仲裁时效为"自劳动争议发生之日起60日内"。职工因工伤残后,是否为工伤及享受何级工伤待遇,应以劳动能力鉴定委员会的劳动能力等级鉴定为依据。如因职工受伤后双方都未能及时申请工伤等级鉴定,使职工的伤残等级一直处于一种不确定状态,因此,双方并不存在"劳动争议发生"的问题。

关于工伤待遇承担主体的确定。劳动者因工伤残是个人为企业在工作中付出的代价,从公平的角度讲,企业应当补偿职工因此遭受的损失。在正常情况下,工伤待遇的承担主体应当由职工发生工伤时的用人单位承担。但在用人单位发生变化,如合并、分立或破产改制等情况下,因原单位已不存在,这时工伤待遇主体的承担要具体问题具体分析。笔者认为,应当依据以下原则:其一,如果劳动者与原用人单位终止劳动关系后,又与新用人单位签订了独立的劳动合同,并且两个单位没有权利义务承接关系,这时工伤待遇应由工伤时的用人单位承担;其二,如果是原用人单位与新用人单位权利义务承接情况下的合同主体变更,例如,用人单位发生分立或合并的,分立或合并后的用人单位,可作为原用人单位债权债务的承受者和主体地位的继受者,承担职工工伤待遇;其三,企业破产兼并的,即以承担债务形式接收破产企业资产及员工,新企业为工伤待遇承担主体。

三、劳动工伤待遇纠纷处理

(一)劳动工伤待遇处理

用人单位未按规定足额缴纳社会保险致使劳动者工伤保险待遇降低的赔偿责任。

【案例 8－17】 冯某诉大连某公司北京研发中心劳动争议再审案

再审法院认为,用人单位未按照相关规定为劳动者足额缴纳社会保险,其向有关部门补缴应当缴纳的工伤保险费、滞纳金后,工伤保险基金按照规定向劳动者支付相应费用,其有证据证明工伤保险待遇仍然降低,劳动者要求用人单位承担差额损失赔偿责任的,人民法院应予支持。[1]

在劳动关系存续期间,员工因工受伤的,应当依法享受相关的工伤保险待遇。若用工单位降低社会保险缴费标准,在员工受伤后,应承担补足工伤保险待遇差额部分的责任。

【案例 8－18】 叶某诉湖北某肥业公司劳动合同纠纷案

判决观点,原告、被告在劳动关系存续期间,原告因工受伤,依法应当享受相关的工伤保险待遇。湖北某肥业公司在为叶某缴纳工伤保险费时,没有按《工伤保险条例》《社会保险费征缴暂行条例》的规定足额缴纳工伤保险费,才造成了缴费工资与实际工资之间的差距,导致工伤发生后叶某从工伤保险基金领取的一次性伤残补助金低于《工伤保险条例》规定的数额,应依法承担未足额缴纳工伤保险费给原告带来的损失。判决:湖北某肥业公司支付叶某一次性伤残补助金差额 26,895.42 元[(4035.86 元－2541.67 元/月)×18 个月]。[2]

---

[1] 人民法院案例库 2023－16－2－490－007。北京市高级人民法院(2020)京民再 84 号民事判决书。

[2] 参见赵香平、刘玮:《降低工伤保险缴费标准的工伤赔偿法律归责》,载《人民法院报》2018 年 10 月 11 日,第 6 版。湖北省荆门市东宝区人民法院(2017)鄂 0802 民初 256 号民事判决书。

劳动者疑似职业病期间产生的相关费用,应由用人单位承担。但应注意的是,用人单位需承担的部分为扣除医保统筹及补偿部分后的费用,劳动者不能重复主张。

【案例8－19】　周某诉万某(清新)鞋业有限公司工伤保险待遇纠纷案

一审法院认为,本案系因周某患职业病肿瘤,不服劳动仲裁而引起的工伤保险待遇纠纷。根据周某和万某(清新)鞋业有限公司(以下简称清新鞋业公司)的诉辩意见,法院根据庭审查明的事实,归纳本案的争议焦点:一是周某所主张的相关费用应否由清新鞋业公司支付;二是周某所主张疑似职业病期间治疗的费用如何确定。关于周某所主张的相关费用应否由清新鞋业公司支付的问题。周某于2016年5月13日向广东省职业病防治院职业病诊断办公室要求职业病诊断,广东省职业病防治院职业病该断办公室于2016年10月8日认定其为疑似职业性肿瘤病人,其疾病于2017年2月17日经广东省职业病防治院诊断为职业性肿瘤(苯所致白血病),于2017年6月14日经广州市职业病鉴定委员会维持原职业病诊断结论,于2017年6月29日经清远市清新区人力资源和社会保障局认定为工伤。法院认为,广东省职业病防治院和广州市职业病诊断鉴定委员会均依据周某、清新鞋业公司和湖南凯某鞋业有限公司提交的资料认定,不能排除周某6个月以上过量苯职业接触史,潜伏期2年以上。周某从清新鞋业公司处离职至发现疾病,不超过2年,且在工作期间有接触苯,法院对广州市职业病诊断鉴定委员会认定的鉴定意见即周某属职业性肿瘤(苯所致白血病)予以认定。清新鞋业公司认为湖南凯某鞋业有限公司应承担周某疑似职业病期间的损失,但未提交有效证据来证明其主张,法院不予认定。根据《职业病防治法》第五十五条第三款规定,周某于2016年10月8日被广东省职业病防治院认定疑似职业性肿瘤病人,其疾病于2017年2月17日经广东省职业病防治院诊断为职业性肿瘤(苯所致白血病),其于2016年3月16日至2017年2月17日治疗疾病所花费的医疗费属于疑似职业病在诊断、医学观察期间的费用,应由用人单位承担,周某参加城乡居民医疗保险,属于其依法享有的社会福利,其所产生的医疗费、扣除医保统筹报销及补偿部分后,应由清新鞋业公司予以支付。关于周某所主张的费用如何确定的问题。根据提交的证据和相关法律规定,法院认定周某所主张的费用:医疗费312,329.47元、护理费46,273.55元、住院伙食补助费16,170元、交通费5000元,合计379,733.02元。判决:(1)清新鞋业公司应向周某支付医疗费312,329.47元、护理费46,273.55元、住院伙食补助费16,170元、交通费5000元;(2)驳回周某的其他诉讼请求。

二审法院认为,一是清新鞋业公司提出该职业病的诊断结论的效力异议问题,经查明该诊断结论确是广东省职业病诊断办公室向清新鞋业公司发出职业病诊断有关业务处理通知书,但《职业病诊断证明书》是广东省职业病防治院出具,该院具有承担职业病诊断资质的医疗卫生机构,加盖的是广东省职业病防治院职业病诊断专用章。清新鞋业公司对该职业病诊断结论有异议,向广州市职业病诊断鉴定委员会申请二次鉴定,二次鉴定维持了鉴定意见,故广东省职业病防治院作出的诊断结论能作为证据使用,具有证据的证明力。二是周某于2017年2月17日之前治疗的相关费用应由清新鞋业公司承担。判决:驳回上诉,维持原判。[1]

《工伤保险条例》对工伤保险诊疗项目、工伤保险药品项目、工伤保险住院服务标准目录有明确规定,工伤职工应在规定的目录和标准范围内治疗,工伤保险仅报销属于上述三个目录规定内的费用。工伤保险报销范围外的费用应由谁承担,现行法律没有明确规定,理论界和实务界有不同观点。一般认为,应从立法目的、立法精神、请求权基础等方面分析得出,工伤保险报销外的合理费用应由用人单位承担。《工伤保险条例》立法目的、立法精神就是对实现劳动者权利保护,虽未对工伤保险报销范围外的合理费用作出明确规定,但基于该条例是对劳动者权利保障的行政法规,应尽可能朝着有利于劳动者利益的角度解释,其得出予以报销结论是应有之义,亦是支持劳动者报销合理费用的法律依据。对于劳动者工伤花费的医疗费的合理性、必要性是应考虑和审查的重点方面,即应该对抢救和维持生命所必需的合理费用予以支持,实际也并未覆盖工伤职工的全部损失。工伤事故和职业病对劳动者及其家庭造成的除了身上的伤痛,还有无尽的精神痛苦。劳动者不可再生的劳动力会造成陷入困境且还承担巨额费用,显失公平,甚至会引发严重的社会危机和社会问题,不利于实现社会的安定与和谐。

【案例8-20】 杨某诉蒂森公司劳动争议纠纷案

一审法院认为,工伤保险报销范围外的医疗费(含辅助器具费)、护理费应由谁承担,当前法律未作直接明确规定,应依据工伤保险立法精神、相关法律、司法解释以及法理进行综合、体系考量。第一,工伤保险制度的首先目的在于及时救治、补偿工伤职工,同时通过社会化方式分散用人单位的工伤风险,但分散风险并不代表免除全部损害责任。第二,相关法律规定:职业病病人和因生产安全事故受到损害的从业人员,除依法享有工伤保险外,依照有关民事法律,尚有获得赔偿权利的,有权向用人单位提出赔偿要求。据此可知,对劳动者在工伤保险外主张民事赔偿的权利,立法持肯定态度。第三,

---

〔1〕 参见国家法官学院、最高人民法院案例研究院编:《中国法院2020年度案例》(劳动纠纷),中国法制出版社2020年版,第174~175页。广东省清远市中级人民法院(2018)粤18民终2818号民事判决书。

《人身损害赔偿解释》第十一条第三款宜理解为工伤保险范围内不适用雇主责任。该解释第十二条第一款宜理解为工伤保险在程序上应先主张工伤保险责任。上述规定均未否定劳动者在享受工伤保险待遇后,还享有就其他损失向用人单位主张赔偿的实体权利。第四,根据举重以明轻法理,雇主对雇员从事雇佣活动所受人身损害系承担无过错赔偿责任。法律关于用人单位应支付劳动者停工停薪的工资福利待遇的规定,即说明用人单位在工伤保险报销范围外,应承担劳动者的部分间接损失。若因工伤产生更为严重的直接损失,却由受害职工自行承担,有悖法律体系的内在逻辑。故,工伤保险报销范围外的医疗费,应由用人单位按无过错原则承担。同理,工伤职工生活不能自理,接受护理是基本人权的体现,呼吸机、咳痰机等辅助器具属维持生命所需,故工伤保险报销外合理的护理费、工伤辅具器具费亦应由用人单位承担。具体费用由法院综合案情予以核算或酌定。判决:(1)蒂森公司支付杨某2007年7月13日至2015年12月31日社会保险及商业保险未报销的医疗费用(含辅助器具费)共计110万元;(2)蒂森公司支付杨某2010年1月1日至2016年4月25日社会保险未报销的护理费用共计42万元;(3)驳回杨某的其他诉讼请求。二审法院、再审法院同意一审法院审判意见。[1]

一次性伤残就业补助金是在终止或解除劳动合同时,工伤职工应当享受的由用人单位支付的费用。在用人单位解除劳动合同的情形下,用人单位仍有义务向工伤职工支付一次性伤残就业补助金。

【案例8-21】　侯某军诉上海隆茂建筑装潢有限公司劳动合同纠纷案

二审法院认为,工伤保险待遇是职工因工作原因受到伤害而得到补救和补偿,它不应受劳动关系解除原因等因素的影响。且根据相关规定,工伤职工在丧失享受待遇条件、拒不接受劳动能力鉴定、拒绝治疗的情况下,停止享受工伤保险待遇,而用人单位合法解除劳动合同不符合以上三种情形,故上海隆茂建筑装潢有限公司(以下简称隆茂公司)应支付侯某一次性伤残就业补助金。根据法律规定,一次性工伤医疗补助金系由工伤保险基金支付,隆茂公司已为侯某缴纳了上海市城镇社会保险费,侯某要求隆茂公司支付一次性工伤医疗补助金缺乏法律依据。判决:(1)撤销一审判决;(2)隆茂公司支付侯某一次性伤残就业补助金14,076元;(3)驳回侯某的其余诉讼请求。[2]

用人单位已为劳动者缴纳工伤保险费,劳动者发生工伤并被鉴定为七级至十

---

〔1〕参见国家法官学院、最高人民法院案例研究院编:《中国法院2021年度案例》(劳动纠纷),中国法制出版社2021年版,第178~179页。北京市第三中级人民法院(2018)京03民终2903号民事判决书。

〔2〕参见郭伟清主编:《2015年上海法院案例精选》,上海人民出版社2016年版,第98~99页。

级伤残，用人单位依据《劳动合同法》第三十九条规定与劳动者合法解除劳动合同后，劳动者要求用人单位支付一次性工伤医疗补助金的，法院不予支持。

【案例8－22】　北京市海淀区汽车驾驶学校诉胡某西劳动争议纠纷案

二审法院认为，本案二审争议焦点为北京市海淀区汽车驾驶学校(以下简称海淀驾校)是否支付胡某西一次性工伤医疗补助金。《社会保险法》第三十八条规定："因工伤发生的下列费用，按照国家规定从工伤保险基金中支付：……(七)终止或者解除劳动合同时，应当享受的一次性医疗补助金……"该法第三十九条规定："因工伤发生的下列费用，按照国家规定从工伤保险基金中支付：(一)治疗工伤期间的工资福利；(二)五级、六级伤残职工按月领取的伤残津贴；(三)终止或者解除劳动合同时，应当享受的一次性伤残就业补助金。"本案中，在海淀驾校已为胡某西缴纳工伤保险费的情形下，海淀驾校并非支付一次性工伤医疗补助金的责任主体，故胡某西要求海淀驾校支付一次性工伤医疗补助金的诉讼请求缺乏法律依据，法院不予支持，一审法院对该争议款项的处理有误，法院予以纠正。判决：(1)维持一审判决第一项、第三项；(2)撤销一审判决第二项、第四项、第五项；(3)海淀驾校无需支付胡某西一次性工伤医疗补助金23，118元；(4)驳回胡某西的其他诉讼请求。[1]

停工留薪期时长与待遇的争议，在个案中由法官根据具体案情裁量确认。

【案例8－23】　马某各诉博尔塔拉蒙古自治州恒昌棉业有限公司劳动争议纠纷案

二审法院认为，根据《新疆维吾尔自治区实施〈工伤保险条例〉办法》第九条规定，因博尔塔拉蒙古自治州恒昌棉业有限公司(以下简称恒昌棉业公司)已为马某各缴纳了工伤保险，故马某各上述主张的住院伙食费、护理费、一次性伤残补助金、交通费、残疾器具辅助费等费用，依据上述规定应由工伤保险基金予以支付。现工伤保险部门已将马某各的一次性医疗补助金36，595元、一次性伤残补助金39，888元、住院伙食补助费1836元、工伤医疗费43，197.53元、辅助器具费3700元和劳动能力鉴定费300元支付给被告，因工伤医疗费43，197.53元、辅助器具费3700元和劳动能力鉴定费300元系恒昌棉业公司垫付，故恒昌棉业公司尚应当按照工伤保险部门审核支付的项目及金额给马某各支付一次性医疗补助金36，595元、一次性伤残补助金39，888元及住院伙食补助费1836元，马某各主张要求恒昌棉业公司支付上

[1] 参见北京市第一中级人民法院编：《裁判方法与法律适用：案例精选(2019年卷)》，法律出版社2020年版，第204页。

述费用无法律依据。根据《工伤保险条例》第三十三条及《关于贯彻〈新疆维吾尔自治区实施工伤保险条例办法〉有关问题的通知》(新人社发〔2013〕79号)第十二条的规定,本案中马某各于2013年9月入职,同年10月6日受工伤,故其本人工资应当以2012年度博州职工月平均工资2973元为标准计算。马某各主张其每月工资为4500元,但不能提供相关证据予以证实,故法院不予支持。上诉人马某各的伤属《自治区停工留薪期分类目录》中手指伴有腕和手其他部分的创伤性切断(S68.3项),停工留薪期应当为6个月,故原审法院确认马某各停工留薪期为6个月及停工留薪期工资为17,622元并无不当。根据《工伤保险条例》第三十六条规定,伤残津贴是工伤职工在保留与用人单位的劳动关系的前提下所享受的保险待遇,因马某各提出解除劳动关系,其能够享受的工伤保险待遇为一次性工伤医疗补助金和一次性伤残补助金,故对马某各主张的伤残津贴法院不予支持。上诉人马某各的上述理由不能成立,原审判决认定事实清楚,适用法律正确,依法应予维持。判决:驳回上诉,维持原判。[1]

用人单位为劳动者购买商业性人身意外伤害保险的,不因此免除其为劳动者购买工伤保险的法定义务。劳动者获得用人单位为其购买人身意外保险赔付,不影响主张工伤保险待遇权利。换言之,商业保险与工伤保险可以兼赔。工伤保险是社会保险制度的组成部分,用人单位参加工伤保险是一种法定义务,商业保险区别于工伤保险的法律强制性,属于用人单位给予劳动者的福利待遇,故用人单位为劳动者购买的商业保险不能冲减工伤保险。

【案例8-24】　安某重、兰某姣诉深圳市水湾远洋渔业有限公司工伤保险待遇争议纠纷案

一审法院认为,2012年9月1日至2013年8月5日,安某卫受被告深圳市水湾远洋渔业有限公司(以下简称水湾公司)聘用在"中洋26"轮上进行远海捕鱼作业,安某卫与水湾公司存在劳动合同关系。水湾公司没有为安某卫缴纳工伤保险,根据《广东省工伤保险条例》第四十三条关于"职工所在用人单位未依法缴纳工伤保险费,发生工伤事故的,由用人单位支付工伤保险待遇"和第五十七条第一款关于"用人单位依照本条例规定应当参加工伤保险而未参加或者未按时缴纳工伤保险费,职工发生工伤的,由该用人单位按照本条例规定的工伤保险待遇项目和标准向职工支付费用"的规定,水湾公司应向原告安某重和兰某姣支付安某卫依法应享有的工伤保险待遇。水湾公

〔1〕参见国家法官学院案例开发研究中心编:《中国法院2018年度案例》(劳动纠纷),中国法制出版社2018年版,第122~123页。新疆维吾尔自治区博尔塔拉蒙古自治州中级人民法院(2016)新27民终400号民事判决书。

司虽然为安某卫购买了意外伤害商业保险,并与安某卫在聘用合同中约定在聘用期内如因工伤亡,按有关意外保险条款执行,但依法缴纳工伤保险是用人单位的法定义务,该项义务不能通过当事人协商予以免除。安某重和兰某姣以意外伤害保险单受益人身份取得商业保险赔偿金后,仍有权主张工伤保险赔偿。水湾公司关于安某重和兰某姣已取得60万元商业保险金即无权再主张工伤保险赔偿金的抗辩不能成立。综上,判决:(1)被告水湾公司向原告安某重、兰某姣支付安某卫的工资、奖金共计26,709.2元;(2)水湾公司向安某重、兰某姣支付丧葬补助金、一次性工亡补助金共计520,808元;(3)驳回安某重、兰某姣的其他诉讼请求。

二审法院认为,在上诉人水湾公司未为安某卫缴纳工伤保险费的情况下,水湾公司应向安某卫的父母被上诉人安某重和兰某姣支付工伤保险待遇。水湾公司为安某卫购买的商业性意外伤害保险,性质上是水湾公司为安某卫提供的一种福利待遇,不能免除水湾公司作为用人单位负有的法定的缴纳工伤保险费的义务或支付工伤保险待遇的义务。此外,法律及司法解释并不禁止受工伤的职工或其家属获得双重赔偿。《工伤保险案件规定》第八条第一款规定,"职工因第三人的原因受到伤害,社会保险行政部门以职工或者其近亲属已经对第三人提起民事诉讼或者获得民事赔偿为由,作出不予受理工伤认定申请或者不予认定工伤决定的,人民法院不予支持",第三款规定:"职工因第三人的原因导致工伤,社会保险经办机构以职工或者其近亲属已经对第三人提起民事诉讼为由,拒绝支付工伤保险待遇的,人民法院不予支持,但第三人已经支付的医疗费用除外",由此可见,上述规定并不禁止受工伤的职工同时获得民事赔偿和工伤保险待遇赔偿。上诉人水湾公司称被上诉人安某重和兰某姣同时获得保险金和工伤保险待遇属一事二赔、违反公平原则,没有法律依据,不予支持。一审法院判决水湾公司向安某重和兰某姣支付工伤保险待遇正确,予以维持。综上,一审法院认定事实清楚,适用法律正确,处理结果恰当,应予维持。水湾公司上诉理据不足,予以驳回。判决:驳回上诉,维持原判。〔1〕

【案例8-25】 环境工程公司诉赵甲、赵乙工伤保险待遇纠纷案

一审法院认为,关于工伤保险赔偿与第三人侵权赔偿的关系。用人单位未依法缴纳工伤保险费,劳动者因第三人侵权造成人身损害并构成工伤,侵权人已经赔偿的,劳动者有权请求用人单位支付医疗费外的工伤保险待遇。尽管赵甲、赵乙已经获得赔偿款627,500元,一次性工亡补助金不属于医疗

〔1〕 参见《最高人民法院公报》2017年第12期(总第254期)。

费，故环境工程公司关于本案中扣除交通事故赔偿款的主张于法无据，不予支持。关于工伤保险赔偿与商业赔偿的关系，劳动者因受到工伤依人身意外保险或其他商业保险合同获得赔偿的，还可享受工伤保险赔偿，二者不能互相替代。本案中，尽管赵甲、赵乙从环境工程公司为赵某投保的意外保险中获得了理赔款，但环境工程公司要求扣除相应款项的主张于法无据，不予支持。关于一次性工亡补助金能否按《人身损害赔偿解释》中计算死亡赔偿金的相关规定按年龄予以计算的问题，一次性工亡补助金与死亡赔偿金分属于不同性质的赔偿机制，计算办法也不同，故环境工程公司的相关主张亦于法无据，不予支持。综上，环境工程公司未为赵某缴纳工伤保险，应当赔偿赵甲、赵乙一次性工亡补助金 727,920 元。判决：(1)驳回环境工程公司的诉讼请求；(2)环境工程公司赔偿赵甲、赵乙因赵某工程造成的损失一次性工亡补助金 727,920 元。

二审法院认为，一审判决认定事实清楚，适用法律基本正确，但因对超过60周岁的劳动者的一次性工亡补助金的如何计算，现有法律、司法解释并未有明确规定，对该损失的计算方式上存在认识上的差异，故对相关赔偿项目的金额作出调整。判决：(1)撤销一审判决及仲裁裁决书；(2)环境工程公司支付赵甲、赵乙因赵某工亡造成的损失一次性工亡补助金 545,940 元；(3)驳回环境工程公司的其他诉讼请求及赵甲、赵乙的其他劳动仲裁请求。[1]

用人单位不能以劳动者参加新型农村合作医疗为由，免除其未参加基本养老保险导致损失的赔偿责任。用人单位未举证证明劳动者的医疗费已得到报销，依法应向劳动者支付非因工患病属社会保险统筹基金应报销的医疗费。

【案例 8－26】　中山市长顺五金制品有限公司诉黄某华福利待遇争议纠纷案

二审法院认为，本案争议焦点为，中山市长顺五金制品有限公司（以下简称长顺公司）是否应向黄某华支付医疗费 67,573.93 元。为劳动者参加社会保险是用人单位的法定义务，职工应当参加职工基本医疗保险，用人单位不能以劳动者不同意为由不为劳动者参加社会保险。长顺公司称其没有为黄某华参加社会保险，是因为黄某华不同意参加社会保险，既未举证证明，也于法无据。长顺公司未为黄某华参加社会保险，致使黄某华非因工患病后无法享受社会保险待遇，长顺公司依法应向黄某华支付属社会保险统筹基金应报销的医疗费用。黄某华提交疾病证明书、疾病诊断（出院）证明书、遗失住院

〔1〕 参见国家法官学院、最高人民法院司法案例研究院编：《中国法院 2022 年度案例》（劳动纠纷），中国法制出版社 2022 年版，第 232～233 页。江苏省无锡市中级人民法院(2020)苏 02 民终 1906 号民事判决书。

收据证明、住院病人费用清单等证据已充分证实其非因工患病所产生的医疗费用,且该医疗费用又经中山市社会保险基金管理局核算。长顺公司称黄某华未提供因患病所产生医疗费用发票原件,从而应承担举证不能的不利后果,法院不予采纳。至于长顺公司主张黄某华已在其户籍所在地参加了新型农村合作医疗,应在户籍所在地报销其因本次患病所产生的医疗费,由于职工基本医疗保险和新型农村合作医疗为不同性质医疗保险,长顺公司不能以黄某华参加新型农村合作医疗为由免除其应承担的法定责任,且长顺公司并未举证证明黄某华的医疗费已得到报销。因此,对于长顺公司这一主张,法院亦不予支持。[1]

《劳动争议解释(一)》第一条规定:"劳动者与用人单位之间发生的下列纠纷,属于劳动争议,当事人不服劳动争议机构作出的裁决,依法提起诉讼的,人民法院应予受理:……(五)劳动者以用人单位未为其办理社会保险手续,且社会保险经办机构不能补办导致其无法享受社会保险待遇为由,要求用人单位赔偿损失发生的纠纷。"该条包含以下几层含义:其一,明确将社会保险损失纠纷纳入诉讼解决范围,扩大到在职的劳动者,适用时间不限于劳动者退休后。其二,规定了适用的条件。一是用人单位未给劳动者缴纳社会保险,二是社会保险机构不能补办,三是因为用人单位未交纳,导致劳动者无法享受社会社保待遇。这三个条件必须同时具备。

关于计算未缴纳社会保险而且单位给劳动者造成的损失。主流观点认为,应根据不同社会保险险种,判决用人单位按缴费标准和待遇标准补偿劳动者相应损失。用人单位所在地设区的人民政府相关劳动政策对基本社会保险有明确补偿标准的,法官可以按该标准判决。社会保险待遇损失难以界定的,法官可委托社会保险机构核定。

【案例8-27】 陈某嫔诉广州江迅清洁服务有限公司、广州仕丰人力资源有限公司从化分公司劳动合同纠纷案

二审法院认为,关于陈某嫔要求广州仕丰人力资源有限公司从化分公司(以下简称仕丰从化分公司)、广州江迅清洁服务有限公司(以下简称江迅公司)赔偿延迟退休损失问题。根据《社会保险法》第十条第一款规定,"职工应当参加基本养老保险,由用人单位和职工共同缴纳基本养老保险费"。陈某嫔提交的《缴费历史明细表》显示,2012年6月至2013年2月仕丰从化分公司仅为陈某嫔缴纳社会保险工伤一项,并未缴纳基本养老保险,截至2015

[1] 参见国家法官学院案例开发研究中心编:《中国法院2017年度案例》(劳动纠纷),中国法制出版社2017年版,第254页。广东省中山市中级人民法院(2015)中中法民六终字第593号民事判决书。

年8月陈某嫔累计缴纳养老保险费171个月,未达到办理退休领取退休金的缴费180个月的标准。如果仕丰从化分公司依法为陈某嫔缴纳社保,或在2015年陈某嫔法定退休年龄到来前及时补缴,陈某嫔即可于2015年9月及时办理退休并领取退休金。因此,仕丰从化分公司未依法按时为陈某嫔缴纳社保是导致陈某嫔迟延退休的直接原因。仕丰从化分公司虽于2016年1月28日向陈某嫔发出缴交社保补缴个人应缴部分的通知,但因双方对于补缴事项未达成一致意见而未进行补缴,且仕丰从化分公司发出上述通知书的时间晚于陈某嫔依法可以退休的时间,迟延退休的事实已经发生。现陈某嫔自行办理的社保并已办理了退休手续,仕丰从化分公司无法也无需再办理补缴手续,因此,陈某嫔要求仕丰从化分公司赔偿其延迟退休的待遇损失,按照每月1113元计算12个月共13,356元,法院予以支持。综上所述,陈某嫔上诉有理,对于其上诉请求,法院予以支持。原审法院对于陈某嫔迟延退休待遇损失问题判决有误,法院予以纠正。判决:(1)撤销一审判决;(2)仕丰从化分公司向陈某嫔支付迟延退休待遇损失13,356元;(3)驳回陈某嫔的其他诉讼请求。[1]

用人单位未办理社保,非因工死亡的职工的遗属可以享受相关待遇,用人单位应支付丧葬费和抚恤金。

【案例8-28】 唐某权等诉华蓥市石林煤业有限公司劳动争议纠纷案

判决观点,唐某国系被告华蓥市石林煤业有限公司的职工,其非因工死亡,应依法享受遗属津贴。《社会保险法》第十七条规定:“参加社会参加基本养老保险的个人,因病或非因工死亡的,其遗属可以领取丧葬补助金和抚恤金……所需资金从基本养老保险基金中支付。”被告华蓥市石林煤业有限公司本应自用工之日起30日内为唐某国办理社会保险登记,但未按相关规定办理,致使五原告无法从基本养老保险基金中领取唐某国非因工死亡的待遇。因此,本案中唐某国非因工死亡的丧葬补助金及抚恤金因由被告华蓥市石林煤业有限公司支付。判决:(1)被告华蓥市石林煤业有限公司支付原告唐某权、陈某清、邓某琴、唐某林、唐某静因唐某国非因工死亡丧葬补助金11,991.25元、抚恤金13,048元,合计25,039.25元。(2)驳回原告唐某权、陈某清、邓某琴、唐某林、唐某静的其他诉讼请求。[2]

因工致残达到法定退休年龄后,并不当然丧失享受工伤伤残待遇的权利,是

---

〔1〕 参见国家法官学院案例开发研究中心编:《中国法院2018年度案例》(劳动纠纷),中国法制出版社2018年版,第230页。广东省广州市中级人民法院(2016)粤01民终15976号民事判决书。

〔2〕 参见国家法官学院案例开发研究中心编:《中国法院2016年度案例》(劳动纠纷),中国法制出版社2016年版,第112~113页。四川省华蓥市人民法院(2014)华蓥民初字第2003号民事判决书。

否能够享受工伤伤残待遇,应当以享受养老保险待遇或者退休金为判断依据。若其已经依法享受养老保险待遇或者退休金,则丧失继续享受工伤保险待遇的权利;反之,则能够享受工伤伤残待遇。换言之,因工致残者达到法定退休年龄后亦得享受工伤伤残待遇。

【案例8-29】 吴某光诉上海锦悦家具有限公司工伤保险待遇纠纷案

二审法院认为,并无证据显示吴某光达到法定退休年龄后已经可以通过社保部门依法享受养老及医疗保险待遇,其仍需通过提供劳动维持生计,其因工伤产生的医疗困难及劳动能力下降带来的就业困难并无相应的弥补途径。在此情况下,剥夺其享受一次性工伤医疗补助金和一次性就业补助金的权利,违背立法精神。吴某光经鉴定为工伤九级伤残,九级伤残的一次性工伤医疗补助金和一次性伤残就业补助金分别为6个月上年度全市职工月平均工资。鉴于上海锦悦家具有限公司(以下简称锦悦公司)未为吴某光缴纳社会保险费,相应由工伤基金承担的工伤待遇部分应由该公司负担。2013年12月16日,吴某光达到法定退休年龄,双方劳动合同终止。而此前上一年度全市职工月平均工资为4692元。锦悦公司应支付吴某光该日前发生的工伤医疗费并支付吴某光劳动合同终止后的一次性工伤医疗补助金28,152元和一次性伤残就业补助金28,152元。[1]

现行法律、法规虽未规定后续治疗费是否享受工伤保险待遇,但劳动者工伤复发的仍可以享受工伤待遇,后续治疗工伤的劳动者仍可以享受工伤保险待遇。

劳动者在劳动关系存续期间因发生工伤而享有的工伤保险待遇不因劳动关系终止而丧失。

【案例8-30】 夏某诉某电力设备制造公司劳动争议纠纷案

夏某于2013年7月就职于某电力设备制造公司处从事制作水泥电杆工作,工作期间未签订书面劳动合同,受伤前12个月的平均工资为3275元/月。2015年3月10日下午,夏某在公司制作水泥电杆时,被模具砸伤头部致昏迷且流血不止,当即由公司同事送至医院抢救,入院诊断为脑挫伤、左颞叶创伤性脑血肿、多处头皮裂伤。后经江西省劳动能力鉴定委员会鉴定,夏某为9级伤残。2015年5月25日,夏某至公司处协商医药费事宜,协商过程中,将公司生产车间的供配电柜总闸拉下,造成公司停电30分钟。2015年8月18日,公司以夏某推电闸事件为由,决定从2015年5月25日起给予夏某开除出厂并解除劳动关系,并不再承担夏某的医疗费等相关费用。公司于

〔1〕 参见《人民司法·案例》2019年第8期(总第847期)。上海市第二中级人民法院(2017)沪02民终5764号民事判决书。

2015年10月12日将该决定以快递的形式寄给夏某,夏某于第二日签收。后夏某通过仲裁、诉讼请求公司支付一次性伤残补助金、一次性工伤医疗补助金等费用。渝水区劳动人事争议仲裁委员会于2016年5月13日作出裁决,裁定公司支付夏某一次性伤残补助金、一次性工伤医疗补助金共计149,583元。公司对仲裁结果不服,以夏某系违纪而被解除劳动合同,不应继续享受工伤保险待遇为由,诉至新余市渝水区人民法院。该院未支持公司的诉讼请求,判决其仍应向夏某支付一次性工伤医疗补助金、一次性伤残就业补助金。公司遂又上诉至新余市中级人民法院,该院二审驳回上诉,维持原判。[1] 夏某的工伤保险待遇在公司解除与夏某的劳动关系前即应享受,劳动关系解除并不能免除公司应承担的支付工伤职工工伤保险待遇的法定义务。

个案中,确定劳动者的工作年限是计算工伤保险待遇的必要条件。

【案例8-31】 包某英诉上海申美饮料食品有限公司劳动争议纠纷案

二审法院认为,根据本案查明的事实,上诉人包某英自2006年4月4日起一直在上诉人上海申美饮料食品有限公司(以下简称申美公司)处从事销售相关工作,其用人单位先后从人资公司、支点公司变更为安普公司,2010年2月1日起变更为申美公司,自2006年4月4日至2010年3月,包某英的工作场所并未变化,且从事的工作内容也没有变化。申美公司主张用人单位的变更系包某英本人原因造成,但申美公司并未提供充分证据予以证明。从上述事实分析可以得知,包某英的劳动合同主体虽然由人资公司变为支点公司、再变为安普公司,但是包某英的工作场所没有变化,包某英一直从事销售相关工作,申美公司亦承认由于公司人员需要,申美公司从2010年2月1日起与包某英建立劳动关系。根据《劳动争议解释(四)》(已失效)第五条第二款第一项之规定,可以认定本案的情形属于"劳动者非因本人原因从原用人单位被安排到新用人单位工作"。因此,依照《劳动合同法实施条例》第十条的规定,可以确认包某英在申美公司工作处的工作年限应从2006年4月4日起计算。

依照上述人包某英在上诉人申美公司处的工作年限,计算包某英可以享受的医疗期,一审法院认定双方劳动关系顺延至2013年12月24日医疗期届满终止,并无不当。现包某英要求恢复劳动关系至判决生效之日的上诉请求,不予支持。

关于病假工资的请求,依照《上海市企业工资支付办法》第九条第一款第三项(现为第九条第三款第三项)的规定,并参照上诉人包某英在上诉人

---

[1] 江西省高级人民法院与江西省人力资源社会保障厅联合发布劳动人事争议十起典型案例之六。

申美公司工作处的工作年限，一审法院确定包某英2013年4月1日至8月31日的病假工资，并无不妥。包某英主张以2179.24元/月作为计算病假工资的标准，法院不予采纳。包某英据此标准要求申美公司支付2013年4月1日至8月31日病假期间的工资差额的上诉请求，不予支持。鉴于包某英、申美公司的劳动合同延续至2013年12月24日终止，故申美公司应支付包某英2013年9月3日至9月24日的病假工资。申美公司要求不支付包某英2013年9月3日至9月24日的病假工资的上诉请求，亦不予支持。

关于疾病救济费的请求，鉴于双方劳动关系顺延至2013年12月24日医疗期届满终止，因此，上诉人包某英要求上诉人申美公司支付疾病救济费至判决生效之日的上诉请求，不予支持。根据包某英在申美公司处的工作年限以及病假超过6个月的情况，一审法院确定包某英2013年9月25日至12月24日的疾病救治救济费3840.31元，亦无不妥。包某英主张以1991.97元/月的标准计算2013年9月的疾病救治费，以1327.98元/月的标准计算2013年10月以后的疾病救济费，不予采纳。申美公司要求不支付2013年9月25日至12月24日疾病救济费的上诉请求，亦不予支持。

综上，一审法院根据查明的事实所作判决正确，应予维持。上诉人包某英、申美公司的上诉请求、理由均不成立，亦不予支持。判决：驳回上诉，维持原判。[1]

即将达到法定退休年龄的劳动者发生工伤，一次性伤残就业补助金应按当地政府相关规定赔付。

【案例8-32】 尹某芝诉某果超市(安徽)有限公司庐江分公司劳动争议纠纷案

一审法院认为，劳动者的合法权益受法律保护。本案尹某芝在工作中受伤，被认定为工伤，劳动功能障碍程度评定为十级，尹某芝依法应当享受各项工伤保险待遇。尹某芝的各项工伤保险待遇中，应由某果超市(安徽)有限公司庐江分公司(以下简称某果庐江分公司)支付的一次性伤残就业补助金，因为尹某芝受伤时距其法定退休年限已不足4年，其一次性伤残就业补助金应当按照全额的80%计算，该院核定合理数额为23,684元(5921元×5个月×80%)。关于尹某芝的停工留薪期工资。2018年12月10日至2019年1月14日尹某芝工伤治疗休养期间，某果庐江分公司已经支付。2019年

---

〔1〕 参见最高人民法院中国应用法学研究所编：《人民法院案例选》2016年第12辑(总第106辑)，人民法院出版社2017年版，第24~25页。

1月15日尹某芝恢复上班后,其正常的上班工资亦已发放到位,不存在支付停工留薪期工资问题。判决:(1)某果庐江分公司与尹某芝于2019年6月28日解除劳动关系;(2)某果庐江分公司于判决生效之日起10日内按照相关规定为尹某芝到社会保险经办机构办理一次性伤残补助金、一次性工伤医疗补助金、医疗费、鉴定费等由工伤保险基金支付部分待遇申领手续;(3)某果庐江分公司于判决生效之日起10日内支付尹某芝一次性伤残就业补助金23,684元。

二审法院认为,关于一次性伤残就业补助金,参照安徽省实施《工伤保险条例》第二十六条的规定,享受一次性伤残就业补助金待遇的职工,距法定退休年龄不足四年的,按照全额的80%支付。尹某芝1972年8月29日出生,2018年12月9日发生工伤,距其法定退休年龄2022年8月29日不足四年,故一审法院判决某果庐江分公司按照全额的80%支付一次性伤残就业补助金,并无不当,本院予以确认。尹某芝在停工留薪期内恢复工作,其主张某果庐江分公司安排其上班,非其自愿行为,未提供证据证明,本院不予采纳。尹某芝主张某果庐江分公司在停工留薪期内安排员工上班,应按照休息日加班的标准支付劳动报酬,无事实及法律依据,本院不予支持。综上,尹某芝的上诉请求不能成立,应予驳回;一审判决认定事实清楚,适用法律正确,应予维持。判决:驳回上诉,维持原判。[1]

劳动者因患难以治愈的特殊疾病,医疗期满后因继续治疗的需要,仍然无法为用人单位提供劳动的,用人单位负有为上述情况的劳动者申请劳动能力鉴定的义务。用人单位未履行该义务,而以劳动者医疗期满未到岗的行为构成旷工及严重违反单位规章制度为由,解除双方劳动关系的行为违法。劳动者有权要求恢复劳动关系或向用人单位主张违法解除劳动合同的赔偿金。对待患有特殊疾病的劳动者,不应机械地适用《劳动合同法》第四十条第一项的规定,认为医疗期届满劳动者即必须回岗工作,否则就构成旷工。面对此类情况,用人单位应当关心劳动者的身心健康,积极地为劳动者申请劳动能力鉴定,以便劳动者在生活陷入困难时,能够依法获得相应的社会保障。同时,也能避免用人单位承担违法解除劳动合同的法律责任。

患有特殊疾病的劳动者在医疗期满后仍不能返岗的,用人单位未对劳动者进行劳动能力鉴定即解除劳动合同属违法解除。

【案例8-33】　周某诉某饮品公司劳动争议纠纷案

二审法院认为,旷工是指劳动者故意不到岗上班,拒绝向用人单位提供

---

〔1〕安徽省合肥市中级人民法院(2019)皖01民终9751号民事判决书。

劳动的行为。周某自2021年8月确诊胰腺导管腺癌后,一直在连续地接受医学治疗,其所患的疾病属于众所周知的严重难以治愈的疾病。某饮品公司也在确定医疗期的过程中,对周某的患病情况有所了解。因此,周某未返岗上班系基于其自身存在严重性疾病需继续接受治疗的客观原因,而非主观上拒绝向某饮品公司提供劳动,周某的行为不构成旷工,某饮品公司无权以周某存在旷工行为为由,认定周某严重违反单位规章制度。另外,《企业职工患病或非因工负伤医疗期规定》第七条规定:"企业职工非因工致残和经医生或医疗机构认定患有难以治疗的疾病,医疗期满,应当由劳动鉴定委员会参照工伤与职业病致残程度鉴定标准进行劳动能力的鉴定。被鉴定为一至四级的,应当退出劳动岗位,解除劳动关系,并办理退休、退职手续,享受退休、退职待遇。"周某所患疾病为难以治疗的胰腺导管腺癌,在其医疗期满后,参照上述规定,应当由劳动能力鉴定委员会对周某的劳动能力进行鉴定。被鉴定为一级至四级的,可解除劳动关系。基于此,某饮品公司解除与周某的劳动关系,既没有旷工的事实依据,也没有直接解除的法律依据。某饮品公司向周某作出《解除劳动合同通知书》的行为违法,遂判决撤销某饮品公司作出的《解除劳动合同通知书》,双方签订的《劳动合同书》继续履行。[1]

劳动者在医疗期内主动提出停止休病假返岗工作的受法律保护。

【案例8-34】 机械公司诉徐某劳动争议纠纷案

一审法院认为,从事劳动是公民一项基本权利,非依法定事由不得限制或者剥夺。机械公司援引《保险条例实施细则》第十六条、第十七条及《企业职工患病或非因工负伤医疗期规定》第四条之规定,作为向徐某作出停工通知的法律依据。而上述关于职工医疗期规定的立法目的实为保障职工在患病或非因工负伤期间的合法权益,用人单位援引该规定作出限制职工劳动权利的行为不符合该项规定的立法意旨。具体到本案中,徐某在患脑出血疾病后,经过一段时间的治疗休养,虽经诊断尚有"小脑软化灶形成"后遗症,但通过庭审中听其言、观其行,其谈吐自然、声音清亮、思路清晰、行动自如,言谈举止、逻辑思维似常人无异,医院出具的医疗诊疗证明书也表示徐某可以正常生活和工作。徐某积极要求返岗工作,自愿放弃机械公司给予的医疗待遇,机械公司应当尊重徐某的要求,安排徐某从事原工作,如果徐某不能从事原工作,机械公司也应当另行为徐某安排工作。而机械公司径自认为不能从

---

〔1〕 山东省高级人民法院发布十大劳动争议典型案例。山东省济南市中级人民法院(2023)鲁01民终792号民事判决书。

事原工作，又没有为徐某另行安排工作，直接对徐某作出停工通知，此行为没有事实和法律依据，属于限制徐某工作机会和劳动权利。机械公司要求徐某提交能够从事工作的鉴定意见及申请对徐某进行鉴定均无法律依据，对其辩解不予采信，对其鉴定申请不予准许。判决：(1)驳回机械公司的诉讼请求；(2)撤销机械公司于2020年3月27日作出的不安排徐某工作的通知；(3)机械公司为徐某安排工作。二审法院裁定准许机械公司撤回上诉。[1]

(二)雇佣工伤保险待遇处理

在单位与个人的劳务雇佣关系中，雇工发生工伤事故后，能否按照《工伤保险条例》的有关规定享受工伤待遇？这是经常发生的争议问题。

现实社会生活中存在大量雇佣劳动者，相较于建立劳动关系的劳动者而言，其权益难以得到劳动法律法规的全面保护，故明确雇工是否享受工伤保险待遇问题有现实重大意义。

雇工享受工伤保险待遇的法律依据。笔者认为，根据《工伤保险条例》第二条的规定，我国境内的各类企业应当依照本条例规定参加工伤保险，为本单位全部职工或者雇工缴纳工伤保险费。在该条例下文中将职工或者雇工统称为职工。根据上述规定，雇工已被纳入《工伤保险条例》的调整范围，也就是说，无论是存在劳动关系的职工还是存在雇佣关系的雇工，在参加工伤保险统筹、享受工伤保险待遇上是没有区别的。"从现有的规定看，工作人员在工作过程中受到工伤损害的，用人单位原则上承担无过错原则。只要工作人员是因工作遭受事故伤害或者患职业病的职工就可以依照相关规定获得医疗救治和经济补偿。"[2]

实践中因雇工受到损害的情况复杂，当前也未有明确具体的区分职工与雇工的标准，职工与雇工难以区分，常常发生只能由职工享受工伤保险待遇，而雇工不能享受工伤保险待遇的情况，更加剧了雇工享受工伤保险待遇问题的难度。《工伤保险条例》中的上述规定特别有利于解决现实生活中高风险行业大量雇工的合法权益。关于雇工主张赔偿是否先劳动仲裁，还是先诉讼问题。《人身损害赔偿解释》第十二条规定，依法应当参加工伤保险统筹的用人单位的劳动者，因工伤事故遭受人身损害，应按《工伤保险条例》的规定处理。企业雇工因工伤事故遭受

---

〔1〕 国家法官学院、最高人民法院司法案例研究院编：《中国法院2023年度案例》(劳动纠纷)，中国法制出版社2023年版，第223～224页。江苏省连云港市中级人民法院(2021)苏07民终3805号民事裁定书。

〔2〕 参见全国人民代表大会常务委员会法制工作委员会编：《中华人民共和国侵权责任法释义》，法律出版社2010年版，第177页。

人身损害,是按照普通民事诉讼案件受理和受理,或判令企业按照普通侵权造成人身损害赔偿的标准承担赔偿责任;还是雇工的工伤事故也应该先由主管机关进行工伤认定,即雇工与企业就工伤事故发生争议后首先进行劳动仲裁,是有待深入研究的。笔者认为,雇工有两种请求权,可以自行选择,对用人单位既提出工伤保险赔偿又提出人身损害赔偿的,先走工伤保险赔偿程序,其后不足部分再提起人身损害赔偿之诉。

(三)事业单位工伤保险待遇处理

《工伤保险条例》第二条规定,工伤保险费的缴纳单位为中华人民共和国境内的各类企业、有雇工的个体工商户,并没有明确事业单位的工伤保险义务。实务中,对事业单位员工是否能享受工伤保险待遇极有争议。

事业单位引发的工亡保险待遇争议属于劳动争议范畴,其依据是劳动和社会保障部、人事部、民政部、财政部《关于事业单位、民间非营利组织工作人员工伤有关问题的通知》(劳社部〔2005〕36号)。该通知第一条明确规定对事业单位参加工伤保险的总的原则:"事业单位、民间非营利组织工作人员因工作遭受事故伤害或者患职业病的,其工伤范围、工伤认定、劳动能力鉴定、待遇标准等按照《工伤保险条例》的有关规定执行。"该通知第二条至第四条则对事业单位进行分类,确定它们不同的工伤政策,即(1)不属于财政拨款支持范围或没有经常性财政拨款的事业单位,参加统筹地区的工伤保险;(2)依照或者参照国家公务员制度管理的事业单位工作人员,执行国家机关工作人员的工伤政策;(3)前述两种之外的事业单位,可参加统筹地区的工伤保险,也可按照国家机关工作人员的有关工伤政策执行,具体办法由省级人民政府根据当地经济社会发展和事业单位的具体情况确定。也就是说,如果全额拨款的事业单位,没有依照或参照国家公务员制度管理的,其工伤保险政策依第(3)种政策确定,由省级政府规定执行,即明确了认定依据是省政府的具体规定。北京市劳动和社会保障局、人事局、民政局、财政局《关于转发劳动和社会保障部事业单位、民间非营利组织工作人员工伤有关问题的通知》(京劳社工发〔2006〕61号)第一条就明确规定:"本市行政区域内具有法人资格的事业单位、民间非营利组织(不含参照公务员制度管理的事业单位、社会团体)应当参加北京市工伤保险社会统筹。工伤范围、工伤认定、劳动能力鉴定及工伤待遇标准等按照《工伤保险条例》和《北京市实施〈工伤保险条例〉办法》的有关规定执行。"所以,被告应当参加工伤保险社会统筹并执行《工伤保险条例》的规定。《工伤保险条例》第五十二条规定:"职工与用人单位发生工伤待遇方面的争议,按照处理劳动争议的有关规定处理。"

规章与行政法规是否冲突的认定问题。劳社部〔2005〕36号文作为劳动和社会保障部等四部委联合制定的规章,其对事业单位参加工伤保险的规定,已经突破了作为上位法的行政法规《工伤保险条例》的立法范围,但“从我国立法精神、法律规范的相关规定以及执法现状看,在没有得到授权的情况下,突破上位法立法范围,在一定程度上是允许的,有时甚至是必要的,并且也是客观存在的。”这种突破的前提就是下位法必须不违背上位法立法目的和意图、不违背强制性规定、符合上位法基本原则和精神。基于上述三点标准,劳社部发〔2005〕36号文完全符合《工伤保险条例》保护劳动者合法权利、分散用人单位的工伤风险的立法目的和意图,也符合《工伤保险条例》的基本原则和精神,且不违背强制性规定,因此该文的规定是合法的。

(四)特殊情况工伤待遇处理

1. 犯罪工伤待遇

现实社会生活中,工伤致残职工因犯罪被判处刑罚后能否享受工伤待遇,是极有争议的问题。

劳动者在因公伤残的情况下是否因犯罪被判处刑罚其所在单位应当然地与其解除劳动合同,是否丧失工伤保险待遇的权利,该项权利是否适用服刑期间等问题。在处理时应注意以下问题:

其一,关于职工伤残后犯罪的解除劳动合同问题。《劳动法》第二十五条规定,劳动者被依法追究刑事责任的,用人单位可以解除劳动合同。《劳动合同法》第三十九条第六项也作了相同规定。因此,劳动者具有被依法追究刑事责任情形的,用人单位可以解除劳动合同并予以开除,但并非必须或者应当开除。法律规定是可以解除,而非必须解除,即赋予一定的自由裁量空间,根据实际情况确定是否解除劳动合同。

其二,关于职工伤残后犯罪的工伤保险待遇权利问题。按照我国相关的劳动政策法规的规定,工伤保险待遇是劳动者在因工负伤致残的情况下享有的正当权利,不因劳动者犯罪被判处刑罚而丧失,但该项权利不适用服刑期间。故本案管某福因工负伤所应享受的社会保险待遇,不因劳动者犯罪被判处刑罚而完全丧失。一审、二审法院对此认定是错误的,违背法律规定。

其三,工伤保险待遇的标准和起算问题。我国自2004年1月1日起施行的《工伤保险条例》第三十三条和第六十四条规定,本条例施行前已受到事故伤害或者患职业病的职工尚未完成工伤认定的,按照本条例的规定执行。职工因工致残被鉴定为一级至四级伤残的,保留劳动关系,退出工作岗位,享受获得一次性伤残补助金,按月获取伤残津贴、达到退休年龄办理退休手续后停发伤残津贴,享受基本养本保险待遇。该条例第四十条第四项明确规定,工伤职工具有被判刑正在收监执行的,停止享受工伤保险待遇。也就是说,工伤职工享受工伤保险待遇第一次起算时间应为刑满释放之日。

2. 非法用工工伤待遇赔偿

非法用工中劳动者发生伤亡不被认定为"工伤"时,用工单位应给予赔偿。

【案例 8 -35】 谢某荣、欧阳某琼诉刘某忠等劳动争议纠纷案

判决观点,两原告与刘某华之间虽未签订书面劳动合同,但构成事实上的劳动关系。2010 年修订的国务院《工伤保险条例》第六十六条以及 2010 年人力资源和社会保障部修订的《非法用工单位伤亡人员一次性赔偿办法》第二条对非法用工的相关赔偿进行了规定,根据上述规定,两原告承担赔偿责任的两个要件:两原告存在非法用工事实;死者刘某华所发生之交通事故属于工伤事故。本案两原告经营的"过粥隐"饮食店没有办理工商营业执照,招聘死者刘某华用工,因此两原告构成非法用工。死者刘某华对所发生的事故承担全部责任,不属于《工伤保险条例》第十四条第六项规定"受到非本人主要责任的交通事故伤害"的范围,其发生的事故不能认定为工伤,故被告主张适用《非法用工单位伤害伤亡人员一次性赔偿办法》要求两原告承担赔偿责任,于法无据,法院不予支持。鉴于两原告未履行用人单位为职工购买社会保险的法定义务,致使刘某华的权利在受到意外伤害时无法从社会保险部门得到相应的救济。因此两原告仍应对刘某华的死亡承担用人单位的法律责任与社会责任,可以参照《广东省企业职工假期待遇死亡抚恤待遇暂行规定》对本案进行处理,并按照该规定第十条规定计算补助费、供养直系亲属一次性救济金与一次性抚恤金,合共 79,695 元,扣除两原告在前支付给刘某华家属的慰问金 10,000 元,两原告还需支付 69,695 元。又因两原告是合伙关系,前述欠款为合伙期间债务,根据《民法通则》(已失效)第三十五条规定,应按出资比例分担合伙债务,对外承担连带责任。故原告谢某荣承担前述欠款 40% 即 27,878 元,原告欧阳某琼承担 60% 即 41,817 元。关于受偿主体资格,被告刘某鸿是刘某华的哥哥仅为第二顺序继承人,被告唐某文是刘某华的堂舅不享有继承权,因此被告刘某鸿、唐某文不是本案的适格受偿主体,被告刘某忠、唐某荣才具有合法的主体资格。判决:(1)驳回原告谢某荣、欧阳某琼无需承担丧葬补助费、一次性赔偿金等赔偿责任的诉讼请求。(2)原告谢某荣支付丧葬补助费、一次性救济金与一次性抚恤金共计 69,695 元的 40% 即 27,878 元给被告刘某忠、唐某荣。(3)原告欧阳某琼支付丧葬补助费、一次性救济金与一次性抚恤金共计69,695元的60%即41,817元给被告刘某忠、唐某荣。(4)原告谢某荣、欧阳某琼对本判决第二、三项确定的债务承担连带责任。[1]

3. 退休后被诊断为职业病的工伤待遇

劳动者退休后被诊断为职业病的,可以享受哪些工伤保险待遇,《工伤保险条例》没有明确,各地的做法也不统一。一般认为,对于职工退休后被诊断为职业病的具体工伤保险的项目,不宜直接参照《工伤保险条例》规定的工伤保险待遇处理,因为按照《工伤保险条例》规定处理,许多项目在实践中都难以操作,真正能落到实处的基本上也就是围绕"医疗待遇"展开的项目,主要体现为《工伤保险条例》第三十条规定的费用和护理费等,对于退休职工个人承担的医疗、护理等产生的费用工伤保险基金应予以报销。对于一次性就业补助金和一次性医疗补助金而言,按照《工伤保险条例》规定,需要符合法定的条件才予以给付,而退休职工已经不需要再依法就业,其医疗费也已通过社保机构报销,不需要额外补偿。换言之,退休后被诊断为职业病的,劳动者可以享受部分工伤保险待遇。

【案例8-36】　杨某根诉无锡市第四纺织机械有限公司等工伤保险待遇纠纷案

二审法院认为,《工伤保险条例》等行政法规、部门(地方)规章对于退休以后诊断为职业病的情形未作规定,故无锡市人民政府的有关规定可以在审理本案时参照,按照锡政发〔2005〕356号文件第十三条的规定,退休人员即使在退休后诊断为职业病的可享受部分的工伤待遇。《江苏省城镇企业职工工伤保险规定》于1999年10月1日起施行。其第二条规定,国有企业、城镇集体企业、外商投资企业、城镇私营企业和其他城镇企业均适用该规定。因此,原审判决以时效及当年尚未推行工伤保险为由驳回杨某根的诉讼请求不当。但是,杨某根在求诊职业病及申请鉴定时未如实向有关机构告知四纺机公司的情况,市疾控中心作为诊断依据的《职业病危害因素接触情况证明》亦非由四纺机公司提供,四纺机公司非因自身原因未能依法参与诊断与鉴定的过程。故职业病诊断证明书、劳动能力鉴定结论通知书不能作为杨某根职业病的依据。由于杨某根主张的职业病事实不能成立,故法院对其主张工伤保险待遇均不予支持。原审判决虽然理由不当,但是其结果可以维持。判

---

〔1〕 参见国家法官学院案例开发研究中心编:《中国法院2016年度案例》(劳动纠纷),中国法制出版社2016年版,第112~113页。广东省从化市人民法院(2014)穗从法民一重字第7号民事判决书。

决：驳回上诉，维持原判。[1]

4. 二次以上工伤保险待遇

劳动者在用人单位工作期间遭受二次以上工伤，且都取得了工伤认定和劳动能力鉴定。劳动合同解除或终止后，用人单位应按就高不就低原则向劳动者支付一次性伤残就业补助金。劳动者主张每次工伤均应分别补偿一次性伤残就业补助金，于法无据，不应支持。

【案例8-37】 王某军与深圳市某泰木业有限公司工伤保险待遇纠纷案

二审法院认为，深圳市某泰木业有限公司（以下简称某泰木业公司）与王某军之间的劳动合同合法有效，双方的权利义务均应受劳动法律法规的保护和约束。根据双方二审诉辩意见，本案二审主要争议焦点为：1. 某泰木业公司应否支付王某军2018年5月至7月1日、2日的工资及具体数额；2. 某泰木业公司应否支付王某军2017年、2018年未休年休假工资差额及具体数额；3. 某泰木业公司应否支付王某军违法解除劳动合同赔偿金及具体数额；4. 某泰木业公司应否支付王某军一次性伤残就业补助金及具体数额；5. 某泰木业公司应否向王某军支付2017年高温补贴750元；6. 某泰木业公司应否支付王某军律师费及具体数额。

关于焦点1，首先关于王某军的工资构成，某泰木业公司主张王某军的工资构成是2130元/月+加班费，由于某泰木业公司提交的工资条未经王某军签名确认，而且王某军正常出勤月份的应发工资均为4900元，故原审采信王某军关于包月制工资4900元/月的主张符合优势证据规则，本院予以确认。其次，根据《深圳市员工工资支付条例》第二十八条的规定，非因员工本人过错，用人单位部分或者整体停产、停业的，用人单位应当按照下列正常工作时间支付停工员工在停工期间的工资：(1)停工一个月以内的，按照员工本人正常工作时间工资的80%支付；(2)停工超过一个月的，按照不低于最低工资的80%支付。双方均认可2018年5月4日至7月2日用人单位处于停工放假状态，因此某泰木业公司应当支付王某军上述期间停工工资，原审核算的停工工资符合法律规定，本院予以确认。

关于焦点2，本案中王某军实行的是包月工资制，因无法区分确定王某军加班工资，原审以全部包月工资4900元/月作为未休年休假工资的计算基数并无不当，原审核算的王某军2017年和2018年未休年休假天数亦符合法

---

[1] 参见国家法官学院案例开发研究中心编：《中国法院2015年度案例》（劳动纠纷），中国法制出版社2015年版，第104页。江苏省无锡市人民法院（2013）锡民终字第0283号民事判决书。

律规定。由于某泰木业公司已经向王某军发放了该休年休假期间的正常工作时间工资,故原审按正常工作时间工资200%标准核算王某军未休年休假工资差额正确,王某军主张按300%计算理由不能成立。

关于焦点3,某泰木业公司提交的证据不足以证明王某军存在严重违反规章制度和劳动纪律且依据有效的管理依据用人单位可以单方解除劳动合同的行为,应承担举证不力法律后果。原审认定某泰木业公司违法解除劳动合同并无不当,本院予以维持。根据深圳市中级人民法院作出的(2018)粤03民终3646号民事判决认定王某军入职某泰木业公司的时间为2011年6月7日,在无证据推翻上述生效判决认定事实情况下,原审核算的违法解除劳动合同赔偿金具有事实依据,本院予以维持。

关于焦点4,王某军在某泰木业公司工作期间遭受二次以上工伤,且都取得了工伤认定和劳动能力鉴定。劳动合同解除或终止后,某泰木业公司应按就高不就低原则向工某军支付一次性伤残就业补助金。王某军主张每次工伤均应分别补偿一次性伤残就业补助金于法无据,原审核算和支持的一次性伤残就业补助金符合法律规定,本院予以维持。

关于焦点5,某泰木业公司提交的工资单未经王某军签名确认,其提交的证据不足以证明其已向王某军支付高温津贴,应承担相应举证不能法律后果,原审判令某泰木业公司向王某军支付2017年高温津贴750元正确,本院予以维持。

关于焦点6,根据《深圳经济特区和谐劳动关系促进条例》第五十八条的规定,在劳动争议仲裁和诉讼过程中,劳动者胜诉的,劳动者支付的律师费用可以由用人单位承担,但最高不超过5000元;超过5000元的部分,由劳动者承担。本案王某军关于律师费的主张符合相关法律规定,原审按照王某军胜败比例,判令某泰木业公司承担2602.56元律师费用符合法律规定,本院予以维持。

关于足额补缴社会保险问题不属于法院的审理的劳动争议范畴,原审法院不作处理并无不当,王某军可向相应的行政职能部门主张权利。王某军要求支付的财产保全费用并非本案诉讼产生的费用,本院依法不予处理。

综上,某泰木业公司与王某军的上诉主张均不能成立,应予驳回;一审判决认定事实清楚,适用法律正确,应予维持。判决:驳回上诉,维持原判。[1]

5. 其他工伤保险待遇

违法转包人与农民工之间并非典型的劳动关系,而是法律拟制的用工主体责

---

〔1〕 广东省深圳市中级人民法院(2019)粤03民终6543号民事判决书。

任关系。民事损害赔偿系农民工在未进行伤残等级鉴定的情况下与包工头调解达成,赔偿金额可能低于工伤保险赔偿金额。依法享受工伤保险待遇是劳动者享有的法定权利,仅以农民工签订调解协议并领取损害赔偿款为由,撤销《认定工伤决定书》,可能损害农民工的法定权利,应当予以纠正。需要说明的是,农民工在认定工伤、鉴定劳动能力后,若实际获得的医疗费、损害赔偿款少于应当享受的工伤保险待遇,有权要求补齐。

【案例8-38】 周某华与广东省东莞市人民政府工伤认定纠纷再审案

最高人民法院认为,《工伤保险条例》第二条第二款规定,中华人民共和国境内的各类企业的职工和个体工商户的雇工,均有依照本条例的规定享受工伤保险待遇的权利。第十四条第一项规定,职工在工作时间和工作场所内,因工作原因受到事故伤害的,应当认定为工伤。《工伤保险案件规定》第三条规定,用工单位违反法律、法规规定将承包业务转包给不具备用工主体资格的组织或者自然人,该组织或者自然人聘用的职工从事承包业务时因工伤亡的,社会保险行政部门认定用工单位为承担工伤保险责任单位的,人民法院应予支持。承担工伤保险责任的单位承担赔偿责任或者社会保险经办机构从工伤保险基金支付工伤保险待遇后,有权向相关组织、单位和个人追偿。本案中,东锐公司将承包的"一村山庄宴会厅"等工程分包给不具备用工主体资格的谢某坤,谢某坤聘用的周某华从事承包工程时受伤,周某华以东锐公司为用工单位申请认定工伤,东莞市社会保障局作出《认定工伤决定书》,符合法律规定。

东锐公司不服,申请行政复议。东莞市人民政府以周某华已领取了谢某坤支付的损害赔偿款,其因工作遭受的事故伤害已获医疗救治和经济补偿,不再具有工伤认定所保护的权利为由,撤销了《认定工伤决定书》。本院认为,东锐公司与周某华之间并非典型的劳动关系,而是法律拟制的用工主体责任关系,周某华在劳动仲裁机构认定其与东锐公司不存在劳动关系的情形下,对其能否要求工伤保险赔偿存在认识不足。而且,民事损害赔偿系周某华在未进行伤残等级鉴定的情况下与谢某坤调解达成,赔偿金额可能低于工伤保险赔偿金额。依法享受工伤保险待遇是劳动者享有的法定权利,东莞市人民政府仅以周某华签订调解协议并领取损害赔偿款为由,撤销《认定工伤决定书》,可能损害周某华的法定权利,应当予以纠正。需要说明的是,周某华在认定工伤、鉴定劳动能力后,若实际获得的医疗费、损害赔偿款少于应当享受的工伤保险待遇,有权要求补齐。[1]

---

〔1〕 最高人民法院(2020)行再118号行政判决书。

【案例 8－39】　邓某龙诉深圳市社会保险基金管理局工伤保险待遇决定纠纷案

判决观点，国务院《工伤保险条例》第三十三条第二款和《广东省工伤保险条例》第二十六条第一款规定的停工留薪期最长期限不能超过 24 个月，应是指工伤职工治疗时单次享受的停工留薪期最长不能超过 24 个月，而非指累计最长不能超过 24 个月。职工工伤复发，经确认需治疗的，可重新享受《工伤保险条例》规定的停工留薪期待遇。[1]

"钟点工"亦属于用人单位的员工，用人单位有义务为其缴纳工伤保险。"钟点工"是普通公众的通俗叫法，其属于劳动法意义上的非全日制用工。《劳动合同法》第六十八条明确规定：非全日制用工，是指以小时计酬为主，劳动者在同一用人单位一般平均每日工作时间不超过 4 小时，每周工作时间累计不超过 24 小时的用工形式。针对非全日制用工是否应当缴纳工伤保险事宜，人社部在《关于非全日制用工若干问题的意见》（劳社部发〔2003〕12 号）第十二条中明确规定："用人单位应当按照国家有关规定为建立劳动关系的非全日制劳动者缴纳工伤保险费。从事非全日制工作的劳动者发生工伤，依法享受工伤保险待遇。"人社部在《关于实施〈工伤保险条例〉若干问题的意见》（劳社部函〔2004〕256 号）第一条明确规定："职工在两个或两个以上用人单位同时就业的，各用人单位应当分别为职工缴纳工伤保险费。职工发生工伤，由职工受到伤害时其工作的单位依法承担工伤保险责任。"也就是说，劳动者分别在两家公司工作，两家公司均应当为劳动者办理工伤保险，一旦劳动者在工作中遭受伤害，则由其受到伤害时提供工作的单位承担工伤保险责任。

根据《劳动法》《劳动合同法》《妇女权益保障法》等相关法律规定，用人单位应当保障怀孕、分娩、哺乳期女职工的合法劳动权益。

【案例 8－40】　张某诉某时装公司劳动争议纠纷案

判决观点，某时装公司明知张某产假津贴与其产假前的工资存在差额，以发放惯例为由不予补足，属于未及时足额支付劳动报酬的情形，张某以此为由要求解除劳动合同关系并要求经济补偿，某时装公司应支付经济补偿。法院判决某时装公司支付张某产假期间工资差额、经济补偿等各项待遇。[2]

在停工留薪期满后仍需治疗的，继续享受工伤医疗待遇，但工伤医疗待遇并非停工留薪期待遇，故劳动者在停工留薪期满且无延长、定残或旧伤复发的情形下应恢复正常工作。在保障劳动者权益的同时，对"小伤大养"及"休工无期限"

---

〔1〕 参见《最高人民法院公报》2019 年第 11 期（总第 277 期）。

〔2〕 天津市高级人民法院 2023 年发布 8 个劳动争议典型案例之三。

问题给予否定性评价，用人单位可以解除劳动合同。

【案例8－41】 王某诉某酒店劳动争议纠纷案

判决观点，王某已被认定为工伤，应按照有关规定享受工伤待遇。王某在停工留薪期满后以病情为由未返岗工作，某酒店对此按照医疗期处理。医疗期满后，王某仍以病情为由拒绝到岗，某酒店无法为其安排任何工作，结合王某的伤情、工伤鉴定情况及王某病休期间没有相应治疗手段的事实，不属于因伤情无法到岗工作的情形，故某酒店通知王某解除劳动合同符合相关法律规定，判决驳回王某的诉讼请求。〔1〕

职业病患者在申请职业病认定期间的权利应予保障。

【案例8－42】 陆某诉某轧钢作业服务有限公司劳动合同纠纷案

二审法院认为，《中华人民共和国职业病防治法》明确，用人单位应当采取措施保障劳动者获得职业卫生保护，并对本单位产生的职业病危害承担责任。用人单位的保障义务包括对从事接触职业病危害作业的劳动者进行上岗前、在岗期间和离岗时的职业健康检查。对未进行离岗前职业健康检查的劳动者不得解除或者终止与其订立的劳动合同。对用人单位在劳动者离职前拖延履行相应的义务，在劳动者离职后被认定职业病时，又以双方劳动合同已经终止或者劳动者在外有过就业行为为由逃避履行《中华人民共和国职业病防治法》上相关义务的，应结合过错程度，分析职业病认定结论的时间先后、劳动合同终止的原因以及劳动者在外就业等因素进行综合判断。处理结果应既能保障职业病患者的生存和康复，又能起到惩戒用人单位违法行为、引导规范用工的作用。〔2〕

6. 挂靠工伤待遇

【案例8－43】 项某敏诉六盘水市政府改变原行政行为行政复议决定案

判决观点，在车辆挂靠关系中，被挂靠人向挂靠人收取挂靠费，应与挂靠人共同承担经营运输风险，仅以协议约定不能免除其作为被挂靠人应承担的风险和责任。个人挂靠其他单位对外经营，其聘用的人员因工伤亡，被挂靠单位以不存在劳动关系为由，主张不承担工伤保险责任的，人民法院不予支持。依照《最高人民法院关于适用〈中华人民共和国行政诉讼法〉的解释》第八十九条规定，人民法院经审理认为复议决定改变原行政行为错误的，在判

---

〔1〕 天津市高级人民法院2023年发布8个劳动争议典型案例之六。

〔2〕 人民法院案例库2023－07－2－186－007。上海市第二中级人民法院（2018）沪02民终2013号民事判决书。

决撤销复议决定时，可以一并判决恢复原行政行为的法律效力。[1]

7. 职工因病或非因工死亡直系亲属一次性救济金

《社会保险法》实施后，对于职工因病或非因工死亡只规定了需支付丧葬补助金和抚恤金，并未规定供养直系亲属一次性救济金，尤其是遗属待遇标准统一，实践中，关于此项诉求是否应予支持出现很多分歧。

【案例8-44】 葛瑞特公司诉某某公司劳动争议纠纷案

二审法院认为，本案中，葛瑞特公司申请撤销佛南劳人仲案字〔2022〕4042号仲裁裁决的理由是南海仲裁委员会适用《广东省企业职工假期待遇死亡抚恤待遇暂行规定》裁决供养直系亲属一次性救济金属于适用法律错误。经审查，2021年9月1日起施行的《企业职工基本养老保险遗属待遇暂行办法》第二条规定："参加企业职工基本养老保险的人员（包括在职人员和退休人员）因病或非因工死亡的，其遗属可以领取丧葬补助金和抚恤金（合称遗属待遇）。"该办法规定的遗属待遇不包含供养直系亲属一次性救济金，对1997年4月28日施行的《广东省企业职工假期待遇死亡抚恤待遇暂行规定》关于遗属待遇的规定进行了修改，属于新规定。曾某和于2022年4月23日非因工死亡，其已参缴社会保险，其遗属可以领取的待遇应适用《企业职工基本养老保险遗属待遇暂行办法》相关规定确定，即可以领取丧葬补助金和抚恤金，不包含供养直系亲属一次性救济金。因此，本案仲裁依据《广东省企业职工假期待遇死亡抚恤待遇暂行规定》相关规定裁决葛瑞特公司支付供养直系亲属一次性救济金属于适用法律法规错误，案涉仲裁裁决第一项应予以撤销。[2]

【案例8-45】 彭某等诉兜兜公司劳动争议纠纷案

二审法院认为，关于丧葬补助费、供养直系亲属一次性救济金、一次性抚恤金问题，彭某成在2021年9月19日非因公死亡，兜兜公司未为彭某成缴纳社会保险，彭某成于2021年9月19日去世时其儿子彭某未满18周岁，符合领取供养直系亲属一次性救济金标准，广州市2020年在岗职工月平均工资为11,262元，经核算，兜兜公司应支付彭某、彭某1、黄某1丧葬补助费合计33,786元（11,262元/月×3个月）、供养直系亲属一次性救济金67,572元（11,262元/月×6个月）、一次性抚恤金67,572元（11,262元/月×6个月）。[3]

---

〔1〕 参见《最高人民法院公报》2022年第11期（总第315期）。

〔2〕 广东省佛山市中级人民法院（2022）粤06民特716号民事裁定书。

〔3〕 广东省广州市中级人民法院（2022）粤01民终12980号民事判决书。

8. 工伤保险待遇先行支付

《社会保险法》的立法目的是保障劳动者权利，在劳动者因工作原因遭遇伤害，造成死亡、暂时或永久丧失劳动能力时，给予职工及其相关人员工伤保险待遇。但在用人单位未依法为职工缴纳工伤保险费的情况下，工伤职工无法享受工伤保险待遇，工伤的风险直接转嫁给工伤职工本人，这与工伤保险制度的设立宗旨相悖，所以《社会保险法》设立了工伤保险待遇先行支付制度。社会保险行政部门对用人单位依法参保、缴费负有法定的监督责任，在用人单位未依法参保、缴费的情况下，社会保险行政部门应当首先对用人单位进行督促。而工伤保险待遇先行支付制度，实质上是社会保险机构为监督不力的行为承担责任的一种体现，不能将社会保险机构监督不力的后果交由职工承担。《社会保险法》第四十一条第一款中"用人单位未依法缴纳工伤保险"既包含职工参加工伤保险但未按时足额缴费的情形，也包含职工未参加工伤保险的情形，在这种情形下满足工伤保险待遇先行支付的条件。因此，法院可以作出履行先行支付工伤保险的判决。

（五）工伤保险与侵权竞合处理

工伤保险赔偿和侵权损害赔偿的竞合，是现实生活中的多发现象也是处理的疑难问题。

1. 工伤保险与侵权竞合处理理解

《社会保险法》第四十二条规定：由于第三人的原因造成工伤，第三人不支付工伤医疗费用或者无法确定第三人的，由工伤保险基金先行支付。工伤保险基金先行支付后，有权向第三人追偿。

《人身损害赔偿解释》第三条规定："依法应当参加工伤保险统筹的用人单位的劳动者，因工伤事故遭受人身损害，劳动者或者其近亲属向人民法院起诉请求用人单位承担民事赔偿责任的，告知其按《工伤保险条例》的规定处理。因用人单位以外的第三人侵权造成劳动者人身损害，赔偿权利人请求第三人承担民事赔偿责任的，人民法院应予支持。"因而有人得出受害人获得工伤保险而排除获得民事损害赔偿的结论。这在实践中，争议大且处理上也有较大的区别。

在现实社会生活中如何把握工伤保险待遇与民事损害赔偿适用关系问题。有学者认为，用人单位承担的赔偿责任应属于补充责任，即先根据侵权法的相关规定承担确定用人单位的责任，再确定保险补偿的额度，然后用前者减去后者，即用人单位应该承担的实际赔偿数额。其实质是在相同的赔偿范围内,用人单位不再赔偿,工伤保险未包括其他法律规定的赔偿范围,或者民事法律规定的赔偿标准超过工伤保险条例规定的部分,受害人可以要求用人单位赔偿。[1] 笔者认为,劳动者享有两个基本相同的请求权,可以同时行使工伤保险给付和主张侵权行为损害赔偿请求,但其最终所获得的补偿或赔偿,不得超过其实际遭受之损害。这种补充模式是工伤赔偿的现代规则,相较于择一选择、取代、兼得三种模式逻辑更为严密,也符合社会公平正义的观念。[2] 也就是说,在解决工伤造成的人身损害赔偿问题时,将社会保障和损害赔偿结合起来,实现民事赔偿对工伤的补充。对用人单位赔偿是否采用过错归责、要求什么样的过错,是限于故意,还是包括重大过失,学者的意见为,应采用狭义的过错归责原则,即只有在用人单位故意或重大过失导致劳动者患职业病或受到人身伤害的情况下,劳动者或其近亲属才可以获得工伤保险补偿的情况下,再向用人单位主张赔偿权利。[3] 修订后的《工伤保险条例》所作出的重大修改之一是将一次性工亡补助金从原来的 48 ~ 60 个月改变为"上一年度全国城镇居民人均可支配收入的 20 倍",笔者认为,该条规定体现出在用人单位为赔偿义务人的情况下,未考虑用人单位的过错程度。在其行使两个请求权的顺序上,学者主张,受害人应当先向社会保险机构请求保险补偿,然后再向用人单位主张赔偿。[4] 在具体案件审理过程中,法院在适用《人身损害赔偿解释》第三条时应将其作扩张解释,工伤保险救济是提起民事侵权救济的前置程序,法院应当告知劳动者或者其近亲属首先按《工伤保险条例》的规定处理工伤事故,当事人就工伤保险不能满足的差额再对用人单位提起侵权之诉。其理由:第一,工伤保险从根本上说是社会保险制度中的重要组成部分,工伤保险立法具有强烈的社会法功能,通过工伤保险使受到职业伤害的劳动者及时获得医疗救治、生活保障、经济补偿和职业康复。工伤保险制度强调社会保障,社会保障着眼于补偿受害人的损害,不考虑损害的原因和侵权责任;而在侵权之债中,个体利益尤其是弱者个体利益的保护首当其冲,强调是多少损失多少赔偿。在我国工伤保险制度存在重大不足、远未健全,法院应重视侵权法的利用,弥补工伤保险制度的缺位造成的审判结果不公。实践中就出现同样的工伤事故,没有参加工伤保险的职工反而比参加工伤保险的职工获得更多赔偿的情形,特别是最近几年的案例显示,未参加工伤保险的工伤职工通过民事诉讼获得远高于工伤保险赔偿,相差 2

---

[1] 参见张新宝:《工伤保险赔偿请求权与普通人身损害请求权的关系》,载《中国法学》2007 年第 2 期。

[2] 参见吕琳:《工伤保险与民事赔偿适用关系研究》,载《法商研究》2003 年第 3 期。

[3] 参见甄增冰:《劳动者因工负伤的赔偿责任研究》,载《法学杂志》2011 年第 1 期(总第 203 期)。

[4] 参见甄增冰:《劳动者因工负伤的赔偿责任研究》,载《法学杂志》2011 年第 1 期(总第 203 期)。

倍至3倍,[1]造成已参加工伤保险和未参加工伤保险的职工在获得救济上的巨大落差,引起社会不公。第二,从可行性上分析,《人身损害赔偿解释》第三条还存在扩张解释的空间,可以通过进一步解释使侵权赔偿责任作为工伤保险的补充。从文意角度解释该条,法院告之参加工伤保险统筹的用人单位的劳动者或其家属首先主张工伤保险的补偿,如果工伤保险补偿未能完全达到救济劳动者的目的,劳动者或其家属可以继续向用人单位主张民事赔偿。

对法律有明确规定可以享受工伤保险还可以对用人单位提出赔偿请求的,如《安全生产法》《职业病防治法》等,则应支持工伤职工对用人单位的赔偿请求。《安全生产法》第四十八条第二款规定:"因生产安全事故受到损害的从业人员,除依法享有工伤保险外,依照有关民事法律尚有获得赔偿的权利的,有权提出赔偿要求。"这是针对特定情况下工伤保险可能难以完全补偿因生产安全事故所受到的损害。因此,因生产安全事故受到损害的从业人员,除依法享有工伤社会保险外,依照有关民事法律尚有获得赔偿的权利的,有权向本单位提出赔偿要求。根据侵权民事责任的规定,对从业人员造成损害的,生产经营单位应当承担赔偿责任,以补偿受害人的经济损失。在生产安全事故中,从业人员因事故受到损害的,如果生产经营单位对事故发生负有责任,从业人员有权要求民事赔偿。因此,因生产安全事故受到损害的从业人员,除依法享有工伤社会保险外,根据民事法律规定可以获得赔偿的,还有权向本单位提出赔偿。在这方面,工伤保险和民事赔偿不能互相取代,从业人员实际上可以享受双重赔偿。[2]

用人单位既应按照《民法典》承担侵权责任,又要按照工伤保险规定向劳动者及其亲属支付工伤保险待遇时,因劳动者与用人单位存在劳动关系,劳动者又因工死亡,其亲属可以向用人单位主张侵权赔偿后,有权再依据工伤保险的相关规定,要求用人单位支付相应的工伤保险待遇。

2. 工伤保险与侵权竞合处理

劳动者与侵权人二者属于同一单位,故工伤保险赔偿和人身损害赔偿具有一定的重合,但工伤赔偿是单位职工的一种保险待遇,是为尽快解决赔偿而设,并不当然免除侵权人的侵权责任,对于工伤保险赔偿不足以弥补受害人损失的,不足部分仍应由侵权人承担赔偿责任。应由侵权人在其应当承担的责任比例中予以补足,并因其职务行为进而由其用人单位替代承担。也就是说,工伤赔偿不足以弥补受害人损失的,不足部分应由用人单位承担。

---

〔1〕 参见《姜俊禄在"工伤保险法理论理论与实务研讨会"上的发言》,载《人民法院报》2003年12月17日,第1版。

〔2〕 参见王利明主编:《判解研究》2005年第1辑(总第21辑),人民法院出版社2005年版,第4页。

【案例8-46】　张某某诉投资公司等机动车交通事故纠纷再审案

再审法院认为，(1)关于投资公司是否应当承担相应人身损害赔偿责任的问题。行为人因过错侵害他人民事权益，应当承担侵权责任。本案中，张某驾驶的肇事车辆与刘某某驾驶的肇事车辆相撞导致张某某受伤，理应由张某和刘某某承担相应的赔偿责任。同时《侵权责任法》第三十四条规定：用人单位的工作人员因执行工作任务造成他人损害的，由用人单位承担侵权责任。用人单位承担的赔偿责任是一种替代责任。根据查明的事实，张某与刘某某均在履行职务行为时发生了本案的交通事故，故应由投资公司与卫生管理公司按照相应的责任比例承担赔偿责任。其中由刘某某承担并转而由卫生管理公司替代承担的部分，一审、二审法院判决正确，再审予以维持。张某某系搭载同事车辆前往公司年会会场，参加公司年会的途中受伤，故张某某受伤属于工伤，应当依照《工伤保险条例》的规定向工伤保险机构请求工伤保险赔偿。对于用人单位投资公司而言，其主要责任在于按时缴纳工伤保险费，并及时向工伤保险机构提出申请。本案中，由于张某某与张某二者属于同一单位，故工伤保险赔偿和人身损害赔偿具有一定的重合，但工伤赔偿是单位职工的一种保险待遇，是为尽快解决赔偿而设，并不当然免除侵权人的侵权责任，对于工伤保险赔偿不足以弥补受害人损失的，不足部分仍应由侵权人承担赔偿责任。本案中应由张某在其应当承担的责任比例中予以补足，并因其职务行为进而由其单位投资公司替代承担。张某某的各项损失共计602,609.76元，扣除卫生管理公司承担的201,782.93元，工伤保险赔偿的240,220元，投资公司已支付的5万元以及保险公司承担的部分，剩余部分由投资公司负担。(2)关于甲保险公司是否应承担相应赔偿责任的问题。责任保险是指以被保险人对第三者依法应负的赔偿责任为保险标的的保险。保险人以被保险人对第三人承担赔偿责任作为赔偿前提。交强险、商业第三者责任保险以及车上责任险，均属于责任保险的范围。责任保险区别于其他险种的最大特点，在于最终的保护对象并非被保险人，而是受害之第三人。本案中，肇事车辆在甲保险公司处投保有车上责任险(乘客)，涉诉事故发生在保险期限内属于保险事故，且在一审时，甲保险公司明确同意在车上责任险(乘客)限额内按照70%的比例承担赔偿责任。故甲保险公司应当按照保险合同的约定在车上责任险(乘客)限额内予以赔付。张某投保的车上人员责任险每座的限额是10,000元，而张某在此次事故中的责任是70%，故被告甲保险公司在车上人员责任险(乘客)限额内给付张某某各类损失7000元。判决：(1)撤销北京市第三中级人民法院(2018)京03民终7228号民事判决及北京市通州区人民法院(2016)京0112民初26207号民事判决第四项；(2)维持北京市通州区人民法院(2016)京0112民初26207号民事判决第

一、二、三项;(3)投资公司于本判决生效后10日内赔偿张某某各项损失共计人民币103,606.83元;(4)甲保险公司北京分公司在车上责任险限额内赔偿张某某各项损失共计人民币7000元;(5)驳回张某某的其他诉讼请求。[1]

工伤与用人单位以外的第三人对劳动者造成的侵害行为竞合,是劳动者与之构成侵权之债的法律关系,与用人单位之间形成工伤赔偿关系。侵权之债的法律关系成立与否,与被侵权人获得工伤保险赔偿无关,即侵权人进行了赔付也不能免除用人单位给予工伤补偿。工伤赔偿关系成立与否,无需考察工伤事故发生的原因,即使工伤事故系第三人侵权所致,都不影响受伤职工主张工伤赔偿。

劳动者因第三人侵权造成人身损害并构成工伤的,在停工留薪期间内,原工资福利待遇不变,由所在单位按月支付。用人单位以侵权人已向劳动者赔偿误工费为由,主张无需支付停工留薪期间工资的,人民法院不予支持。

【案例8-47】 吴江市佳帆纺织有限公司诉周某坤工伤保险待遇纠纷案

一审法院认为,《工伤保险条例》实施后,职工因工作遭受事故受伤,经认定为工伤,理应按照《工伤保险条例》的规定享受相应的工伤保险待遇。周某坤于2019年5月14日的仲裁庭审中,要求解除与吴江市佳帆纺织有限公司(以下简称佳帆公司)的劳动关系,故双方的劳动关系于2019年5月14日解除。因佳帆公司已为周某坤缴纳了社会保险,故相关的工伤保险待遇项目分别由工伤保险基金和佳帆公司向周某坤赔偿,其中医疗费、一次性伤残补助金、一次性工伤医疗补助金应由工伤保险基金支付。关于周某坤主张的一次性伤残就业补助金,一审法院认为,根据《工伤保险条例》第三十七条的规定,周某坤被鉴定为十级伤残,周某坤提出与佳帆公司解除劳动关系,佳帆公司应支付周某坤一次性伤残就业补助金15,000元。另根据法律规定,职工因工作遭受事故伤害需要暂停工作接受工伤医疗的,在停工留薪期间内,原工资福利待遇不变,由所在单位按月支付,停工留薪期工资应当凭伤者就诊的签订服务协议的医疗机构出具的休假证明确定。停工留薪期工资与误工费系基于不同的法律关系而产生,伤者可以兼得,故对佳帆公司的相关主张,一审法院不予采信。在周某坤受伤后,医疗机构共计为周某坤开具了休息35天的休假证明,故一审法院认定停工留薪期为35天;关于停工留薪期的工资标准,因双方均未提交证据证明周某坤的工资标准,仲裁裁决认定佳帆公司应提交考勤、工资计算标准等材料予以核算,但佳帆公司未提交,应承担不利后果,并认为周某坤受伤前的工资每月为8000元,属于合理范围,据此认定停工留薪期工资为7028元在法定范围内,一审法院认为,仲裁裁决并

---

[1] 北京市高级人民法院(2019)京民再163号民事判决书。

无不当,一审法院予以支持。判决:(1)佳帆公司与周某坤之间的劳动关系于2019年5月14日解除。(2)佳帆公司支付周某坤停工留薪期工资7028元、一次性伤残就业补助金15,000元,共计22,028元。(3)佳帆公司无需支付周某坤医疗费、一次性伤残补助金、一次性工伤医疗补助金。

二审法院认为,职工因工作遭受事故伤害进行治疗,享受工伤医疗待遇。本案中,周某坤遭受工伤,应享受相应工伤待遇。因佳帆公司已为周某坤缴纳了社保,故周某坤可享有的一次性伤残补助金和一次性工伤医疗补助金应由工伤保险基金支付。关于一次性伤残就业补助金。周某坤构成十级伤残,佳帆公司应当支付周某坤一次性伤残就业补助金15,000元。关于停工留薪期工资。周某坤因工伤休息35天,应视同其正常提供劳动而享有工资,一审酌定佳帆公司支付周某坤停工留薪期工资为7028元并无不当。关于佳帆公司认为周某坤系因第三人侵权构成工伤,其已经获得误工费赔偿,故不能同时享有停工留薪期工资。本院认为,一方面,现行法律并未禁止工伤职工同时享受工伤保险待遇和人身损害赔偿;另一方面,工伤保险待遇与民事侵权赔偿二者性质不同,前者属公法领域,基于社保法律关系发生,后者属私法领域,基于民事法律关系发生,不宜径行替代。综上,一审判决认定事实清楚,适用法律正确,应予维持。判决:驳回上诉,维持原判。[1] 案例中的误工费与停工留薪待遇所依据的是两种独立的不同法律关系,本质上不存在双重赔偿的问题。

【案例8-48】 东营顺吉汽车销售有限公司诉马某敏等劳动合同纠纷案

二审法院认为,本案二审争议的焦点为,原审判决上诉人东营顺吉汽车销售有限公司(以下简称顺吉公司)支付被上诉人马某敏、张某、张某进、郭某聚一次性工亡补助金142,045元、丧葬补助金13,830元,并于2009年6月起向被上诉人张某每月支付供养亲属抚恤金463.2元直至张某年满18周岁有无事实和法律依据。根据《人身损害赔偿解释》第十二条和《工伤保险案件规定》第八条第三款的规定,本案中存在用人单位以外的侵权第三人赵某才,且上诉人未为张某军缴纳工伤保险,被上诉人在向第三人以及上诉人等主张侵权赔偿后,有权再向上诉人主张工伤保险赔偿。原审判决在认定工伤保险数额时扣除了上诉人在侵权纠纷中应当承担且已经赔付的相关赔偿款项,上诉人替赵某才垫付的赔偿款,其仍可依原审法院(2009)东民初字第1740号民事判决向其进行追偿,因此,原审判决上诉人赔偿被上诉人因张某军工亡的工亡保险赔偿并不当。《工伤保险案件规定》第八条第三款只规定

〔1〕 参见《最高人民法院公报》2021年第5期(总第295期)。江苏省苏州市中级人民法院(2019)苏05民终10330号民事判决书。

了医疗费不能双重赔偿，并未规定丧葬补助金、供养亲属抚恤金不能进行双重赔偿，上诉人主张不应赔偿上诉人丧葬补助金、供养亲属抚恤金无法律依据，法院不予支持。被上诉人张某进、郭某聚经法院合法传唤，无正当理由拒不到庭参加诉讼，视为对其诉讼权利的放弃。判决：驳回上诉，维持原判。[1]

民法和劳动法各自从人身损害和社会保险的角度对工伤事故加以规范，从而使工伤的劳动者具有民事侵权赔偿和社会赔偿双重性质。工伤的劳动者存在两个请求权：一个是基于工伤保险关系而享有的工伤保险待遇请求权；另一个是基于人身损害而享有的民事侵权损害赔偿请求权。

【案例8－49】 杨某伟诉宝二十冶公司人身损害赔偿纠纷案

判决观点，因用人单位以外的第三人侵权造成劳动者人身损害，构成工伤的，劳动者因工伤事故享有工伤保险赔偿请求权，因第三人侵权享有人身损害赔偿请求权。二者虽然基于同一损害事实，但存在两个不同的法律关系之中，互不排斥。首先，根据工伤事故的发生，劳动者与用人单位之间形成工伤保险赔偿关系。国家设置工伤保险制度，目的是保障因工作遭受事故伤害或者患职业病的职工获得医疗救治和经济补偿。只要客观上存在工伤事故，就会在受伤职工和用人单位之间产生工伤保险赔偿关系，确认该法律关系成立与否，无需考察工伤事故发生的原因，即使因用人单位以外的第三人侵权所致，或者是由于受伤职工本人的过失所致，都不影响受伤职工向用人单位主张工伤保险赔偿。其次，基于侵权事实的存在，受伤职工作为被侵权人与侵权人之间形成侵权之债的法律关系，有权向侵权人主张人身损害赔偿。侵权之债成立与否，与被侵权人是否获得工伤保险赔偿无关，即使用人单位已经给予受伤职工工伤保险赔偿，也不能免除侵权人的赔偿责任。[2]

【案例8－50】 某某诉某社保中心工伤保险待遇争议纠纷案

二审法院认为，法律和行政法规均未对工伤职工兼得人身损害赔偿和工伤保险待遇进行限制，这是因为，第三人造成人身损害的，应当承担私法领域的赔偿，而用人单位缴纳工伤保险费后，职工就有权享受工伤保险待遇，工伤保险基金不能因为第三人侵权而免除其支付工伤保险待遇的义务。因此，受伤职工有权根据人身损害和工伤保险的相关法律规定，分别主张权利。[3]

民事侵权赔偿不能免除用人单位的工伤保险责任。

---

〔1〕 参见国家法官学院案例开发研究中心编：《中国法院2017年度案例》（劳动纠纷），中国法制出版社2017年版，第278～279页。山东省东营市中级人民法院（2015）东民一终字第315号民事判决书。

〔2〕 参见《最高人民法院公报》2006年第8期。

〔3〕 湖北省鄂州市中级人民法院（2017）鄂07行终24号行政判决书。

【案例 8－51】　谢某诉某物流公司劳动争议纠纷案

二审法院认为,《广东省工伤保险条例》规定,职工所在用人单位未依法缴纳工伤保险费,发生工伤事故的,由用人单位支付工伤保险待遇。物流公司未为谢某缴纳工伤保险费,其应承担相应的工伤保险责任,该责任是法定责任,不因谢某家属获得民事侵权赔偿而减轻或免除。遂判令物流公司向黄某等人支付工伤保险待遇 897,788 元。[1]

新业态从业者具有"用工关系灵活、工作地点不固定、工作时间弹性化、组织管理弱化"等特点,在劳动关系认定上存在一定争议。严格审查劳动关系的核心特征,对新业态从业者工伤保险待遇予以充分保护的同时。

【案例 8－52】　陈某诉某商贸公司劳动争议纠纷案

陈某系外卖配送骑手,负责某商贸公司合作区域内的外卖配送工作。陈某在送餐过程中发生交通事故,被认定为工伤。后陈某提起仲裁,申请某商贸公司与其解除劳动关系违法并支付经济补偿及工伤保险待遇等。仲裁委员会对陈某工伤保险待遇相关费用予以确认,但因交通事故已获赔的数额超过工伤待遇数额,未支持陈某工伤保险待遇的请求,同时以双方不存在劳动关系为由驳回了陈某的其他请求。陈某不服,向法院提起诉讼。

判决观点,用人单位并未对陈某进行考勤管理,陈某工作时间不固定,工作自主性强,且劳动报酬数额主要取决于送单数量,陈某工作时需自行准备交通工具、配送箱、工作服,且每月需在劳动报酬中扣除固定费用购买雇主责任保险。因此,对陈某主张的其与某商贸公司存在劳动关系未予支持。但因陈某已被认定为工伤,对陈某主张的各项工伤保险待遇予以支持。[2]

工伤治疗期间遭遇医疗过错的,人身损害赔偿与工伤保险待遇的赔付应区分两种情况处理。在有条件通过鉴定确定医疗损害参与度的情况下应酌情予以扣除,尤其是伤残等级所影响的一次性伤残补助金。在无法分辨参与度时,应从保护无过错方的角度出发,进行赔付。

【案例 8－53】　侯某诉建设公司工伤保险待遇纠纷案

判决观点,关于工伤保险待遇中的一次性工伤医疗补助金 80,000 元、一次性伤残就业补助金 35,000 元,侯某与建设公司均无异议,予以确认。关于侯某在工作过程中发生事故受伤,被依法认定为工伤,建设公司认为在工伤治疗过程中医疗机构存在过错,工伤赔偿时应当扣建医疗机构赔偿部分的主

---

〔1〕 2023 年 4 月 27 日,广东省高级人民法院发布劳动争议典型案例之五,审理法院:茂名市中级人民法院。

〔2〕 天津市高级人民法院 2023 年发布 8 个劳动争议典型案例之四。

张,没有事实和法律依据。首先,建设公司未提供证据证明医疗机构的诊疗行为导致了侯某伤残等级的加重,即便在此次审理过程中提起的两次司法鉴定,也未能得出参预度等相关结论;其次,建设公司在收到常州市劳动能力鉴定委员会的鉴定意见后,未在规定的期间提出复核或重新鉴定,是其对自己权利放弃的表现;最后,侯某接受两次手术治疗并非其过错造成,且在治疗过程中其身心也必然受到伤害,故从保护劳动者、无过错方的角度出发,结合案件事实,对于建设公司的主张不予认可。关于住院伙食补助费、护理费,侯某共住院两次 13 天,第二次 7 天是某医院治疗不当再次手术导致,该次住院的伙食补助费、护理费也已经在某医院与侯某的纠纷中得到了解决,故伙食补助费、护理费的天数应为 6 天。侯某主张 50 元/天的伙食费补助标准以及 125 元/天的护理标准于法无据,变更伙食补助费为 20 元/天、护理费 84 元/天,即伙食补助费 120 元、护理费 504 元。关于停工留薪期工资、一次性伤残补助金,对于停工留薪期间有医疗证明佐证,为 4 个月,一次性伤残补助期间为 11 个月;对于侯某的工资标准,侯某虽然在庭审中提交了部分收支工资的记录,但该记录仅能反应其短时间内的收入,无法证明其每月的固定收入,故对于侯某的工资标准,参照 2018 年度江苏省建筑安装业就业人员平均工资 65,693 元/年。故变更停薪留薪期工资为 21,897.67 元、一次性伤残补助金 60,218.58 元。关于交通费和食宿费,尽管侯某未提供足够证明力的票据证明,但结合其往返多地进行治疗、鉴定、仲裁、诉讼的事实,酌情认定为 5000 元。[1]

3. 工伤保险与侵权竞合处理例外

个人挂靠经营发生聘用人员因伤亡的,被挂靠单位承担的工伤保险责任属于替代责任。在受害人人身损害赔偿请求权得到完全救济的情况下,该替代责任的基础不存在。如加害人未能获得侵权赔偿,则被挂靠单位承担工伤保险赔偿后,再向侵权人追偿。也就是说,被挂靠单位不应同时承担侵权和工伤保险责任。

【案例 8－54】 江苏省滨海县金鑫货运有限公司诉程某等工伤保险待遇纠纷再审案

一审法院认为,劳动者获得侵权工伤双重赔偿应当符合两个条件:劳动者与用人单位之间存在劳动关系,实施侵权行为的人系用人单位之外的第三人。因江苏省滨海县金鑫货运有限公司(以下简称金鑫货运公司)仅是被挂靠单位,无为死者程某缴纳工伤保险的法定义务,在该公司与死者程某无劳

〔1〕 参见国家法官学院、最高人民法院司法案例研究院编:《中国法院 2023 年度案例》(劳动纠纷),中国法制出版社 2023 年版,第 201～202 页。江苏省溧阳市人民法院(2021)苏 0481 民初 198 号民事判决书。

动关系的情形下，被挂靠单位承担的仅是替代责任，而非履行用人单位存在劳动法上的义务。鉴于4名被告在道路交通事故责任纠纷中已获得1,262,444元的赔偿，金鑫货运公司承担替代责任的基础不存在，不应再承担本案工伤保险赔偿责任。判决：(1)金鑫货运公司不支付程某、董某芹、程某豪、程某楠一次性工亡补助金672,320元；(2)金鑫货运公司不支付程某豪、程某楠自2017年9月7日起满18周岁止的供养亲属抚恤金。二审法院判决：驳回上诉，维持原判。再审法院裁定：驳回再审申请。[1]

(六)工伤保险与第三人赔偿处理

因第三人侵权引发的工伤事故时有发生，比如劳动者因公外出工作受到伤害或在上下班途中遭遇机动车交通事故等特殊情形。在此情况下，法律上会产生工伤保险赔偿和侵权损害赔偿的竞合，劳动者因第三人侵权造成工伤时，可以同时获得工伤保险赔偿和人身损害赔偿。

在现实社会生活中，因用人单位以外的第三人造成职工工伤，经常发生获工伤保险赔偿后再要求第三人赔偿或在获得民事赔偿后再获得工伤保险赔偿等现象，对此在实务的处理有偏差。笔者认为，在前两种情况下，请求权人(受到工伤的职工或其家属)可以兼得工伤保险赔偿与第三人的赔偿，二者是并存关系。不论是先获得工伤保险赔偿，还是先获得民事赔偿均不影响权利的行使。

1. 工伤保险赔偿与民事赔偿兼得的依据

工伤保险是一种隶属于劳动法体系下的社会保险制度，对劳动者而言是一种具有国家强制性的福利制度。用人单位为劳动者缴纳工伤保险费后，劳动者在发生工伤事故时有权依照法律规定享受工伤保险待遇，包括停工留薪待遇。《工伤保险条例》并未对享受工伤保险待遇设置任何附加条件。

根据《工伤保险案件规定》第八条规定："职工因第三人的原因受到伤害，社会保险行政部门以职工或者其近亲属已经对第三人提起民事诉讼或者获得民事赔偿为由，作出不予受理工伤认定申请或者不予认定工伤决定的，人民法院不予支持。职工因第三人的原因受到伤害，社会保险行政部门已经作出工伤认定，职工或者其近亲属未对第三人提起民事诉讼或者尚未获得民事赔偿，起诉要求社会保险经办机构支付工伤保险待遇的，人民法院应予支持。职工因第三人的原因导

---

[1] 参见《人民司法·案例》2022年第32期(总第979期)。江苏省高级人民法院(2021)苏民申5282号民事裁定书。

致工伤,社会保险经办机构以职工或者其近亲属已经对第三人提起民事诉讼为由,拒绝支付工伤保险待遇的,人民法院不予支持,但第三人已经支付的医疗费用除外。"对此,笔者理解为,无论是先申请工伤保险待遇还是先取得民事赔偿,均可以兼得,二者不产生冲突或排斥。

在适用范围上,以上规定适用于因用人单位以外第三人造成职工工伤的所有行政案件。用人单位以外的第三人侵权损害,最典型的就是交通事故。《道路交通安全法》亦明确规定,法院应当支持当事人的合法请求。但是,用人单位以外的第三人侵权损害,并非仅指交通事故一类情况,亦包括其他情况,如单位保安在维持商场秩序中被第三人打伤、产品质量不合格造成员工伤亡等情况。

《八民纪要》第九条规定:"被侵权人有权获得工伤保险待遇或者其他社会保险待遇的,侵权人的侵权责任不因受害人获得社会保险而减轻或者免除。根据社会保险法第三十条和第四十二条的规定,被侵权人有权请求工伤保险基金或者其他社会保险支付工伤保险待遇或者其他保险待遇。"

《八民纪要》第十条规定:"用人单位未依法缴纳工伤保险费,劳动者因第三人侵权造成人身损害并构成工伤,侵权人已经赔偿的,劳动者有权请求用人单位支付医疗费之外的工伤保险待遇。用人单位先行支付工伤保险待遇的,可以就医疗费用在第三人应承担的赔偿责任范围内向其追偿。"

2. 工伤保险赔偿与民事赔偿兼得的范围

对于工伤保险赔偿与民事赔偿兼得的范围,笔者认为,坚持平衡工伤职工和用人单位双方之间的利益前提下,在扣除工伤职工民事赔偿款时,应遵循两个原则:一是相同项目原则,即只有工伤待遇和侵权损害赔偿中相同的支付项目才发生扣除问题,不同的项目则不存在扣除。二是差额补充原则,即工伤待遇项目应支付金额如果高于侵权损害赔偿项目的赔付金额,则扣除后的差额部分应由用人单位补足。《工伤保险案件规定》第八条规定确立了职工因第三人侵权导致工伤能获得双重赔付的规则,但也有一些除外条件,即治疗工伤的医疗费不得重复赔偿,工伤职工医疗费仅能择其一主张。

最高人民法院民一庭认为,现行司法解释对于属于立法权限的事项,本着不突破司法权,不逾越基本法理的原则,作出了工伤职工对于第三人原因导致的侵权损害赔偿和工伤保险待遇支付可以有限兼得的规定。最高人民法院对于因第三人侵权导致工伤职工出现人身伤亡的损害进行了分类处理,此种情形下的损害分为两部分:一是现实损害,根据"损害填补原则",不论何种法律关系,对现实损害均按实际损失赔偿,如医疗费用。即工伤职工对于现实损害存在工伤保险待遇支付请求权与侵权损害赔偿请求权两项请求权。实践中,工伤职工在向工伤保险基金申请工伤保险待遇或请求侵权人承担人身损害赔偿赔偿责任,其需按照规定提供医疗费用和其他费用的原始发票(或者票据),否则仅凭复印件,难以获得赔偿。因此,工伤职工对于医疗费、交通费、住宿费、安装假肢等辅助器具等实际发生的费用只能取得一份赔偿。如果工伤保险基金先行支付的工伤医疗费用,依法享有追偿权,可以向赔偿义务人主张权利。二是抽象损害,同样的客观损害后果,法律关系不同,赔偿标准往往不同,甚至赔偿项目的名称也不同,即法律上的损害并不相同。如造成死亡的,在人身损害赔偿法律关系中称为死亡赔偿金,在工伤保险法律工作中关系中称为一次性工亡补助金,二者的计算标准明显不同。对抽象损害,工伤职工有权获得双重赔偿。[1]

工伤保险赔偿和人身损害赔偿可以兼得,在侵权诉讼中获得民事赔偿,不影响其工伤保险待遇的支付,二者为部分兼得的关系。劳动者因为侵权行为而实际支出的医疗费、护理费、营养费、交通费、住院伙食补助费、残疾器具辅助费和丧葬费等费用无法重复获赔。第三人侵权赔偿的伤残赔偿金、死亡赔偿金,工伤待遇中的一次性伤残补助金、一次性工亡补助金、一次性工伤医疗补助金、一次性工伤就业补助金,属于兼得项目可以同时获赔,各地区法院争议不大。但对于康复费用、被抚养人生活费、误工费(工伤称为停工留薪期)能否获得双重赔偿各地区法院理解尚存在争议,处理的尺度并不相同。

劳动者因第三人侵权造成人身损害并构成工伤,侵权人已经赔偿的,劳动者有权请求用人单位支付除医疗费之外的工伤保险待遇。用人单位先行支付工伤保险待遇的,可以就医疗费用在第三人应承担的赔偿责任范围内向其追偿。此处的医疗费应作广义理解,包括医疗费、护理费、营养费、交通费、住院伙食补助费、残疾辅助器具费等基于治疗工伤发生的费用,但不包括停工留薪期工资和丧葬费。不得因一个侵权行为而非法获益,因此实际发生的费用不得双赔,把医疗费用扩大为在医疗过程中所支付的费用,以兼顾用人单位工伤保险赔偿责任与第三人民事侵权赔偿责任的关系。

【案例8-55】　某某诉某社保管理中心工伤保险待遇争议纠纷案

二审法院认为,通过侵权责任四要件、是否存在劳动关系、工伤三要素共同来认定第三人侵权责任与工伤保险责任是否产生竞合。第三人侵权责任与工伤保险责任竞合时,应确定双重赔偿模式,在获得民事赔偿的同时享受工伤保险待遇,但医疗费、丧葬费除外。[2]

【案例8-56】　某某诉某公司劳动争议纠纷案

二审法院认为,因用人单位以外的第三人侵权造成劳动者身体残疾,同

〔1〕 参见最高人民法院民事审判第一庭编:《民事审判指导与参考》2022年第2辑(总第90辑),人民法院出版社2022年版,第219~220页。

〔2〕 湖南省郴州市中级人民法院(2018)湘10行终44号行政判决书。

时构成工伤的,劳动者一方面可依侵权行为法向侵权人请求损害赔偿,另一方面可依工伤保险的规定请求保险赔付,二者之间为“部分兼得、部分补充”的关系。此种情形下,用人单位和侵权人应当依法承担各自所负的赔偿责任,不因劳动者先行获得一方赔偿或者损失得到弥补而免除责任。[1]

个案中,法官根据具体案情裁量赔偿项目。

【案例8-57】 杨某光、黄某芬诉中国路桥工程有限责任公司劳动争议纠纷案

二审法院认为,原审判决及(2014)东民初字第07964号民事判决均是基于同一法律事实及中国路桥工程有限责任公司(以下简称路桥公司)存在违法转包的过错向杨某光、黄某芬承担赔偿责任,先后两次赔偿所依据的事实及原因均存在一致性,故应予折抵。经综合考虑,决定对(2014)东民初字第07964号民事判决所涉死亡赔偿金、丧葬费、被抚养人生活费及其精神损害抚慰金共计286,327元,在路桥公司应向杨某光、黄某芬支付的一次性工亡补助金中予以折抵,折抵后路桥公司仍需向杨某光、黄某芬支付一次性工亡补助金204,973元。判决:(1)维持一审判决第二、三、四、五项;(2)变更一审判决第一项为,路桥公司支付杨某光、黄某芬一次性工亡补助金204,973元;(3)驳回杨某光、黄某芬的其他诉讼请求。[2]

【案例8-58】 某某诉某公司劳动争议纠纷案

二审法院认为,由于第三人的原因造成工伤,工伤职工或者因工死亡职工的近亲属可以同时请求第三人承担侵权损害赔偿责任、社会保险经办机构及用人单位支付相应的工伤保险待遇,但医疗费用不得重复主张。[3]

工亡受害人亲属已获得的侵权赔偿款应否从工伤保险赔偿中扣除。

【案例8-59】 蒋某甲等诉浙江某公司劳动争议纠纷再审案

再审法院认为,1.劳动者发生交通事故因工死亡的,产生第三人侵权和工伤保险责任竞合,受害人亲属有权分别起诉,既有权向侵权第三人请求民事损害赔偿,也有权向用人单位请求工伤保险赔偿。2.劳动者一方因第三人侵权已经获得赔偿的,受害人亲属起诉用人单位要求赔偿工伤保险款项时,

---

[1] 江苏省扬州市中级人民法院(2021)苏10民终3173号民事判决书。

[2] 参见国家法官学院案例开发研究中心编:《中国法院2018年度案例》(劳动纠纷),中国法制出版社2018年版,第262页。北京市第二中级人民法院(2016)京02民终4160号民事判决书。

[3] 重庆市第五中级人民法院(2021)渝05民终8840号民事判决书。

其已获得的第三人侵权赔偿不应从用人单位应赔付的工伤保险中予以扣除。[1]

以第三人侵权最典型的交通肇事为例,分析两种赔偿请求权的区别。

两种请求权的基础不同。因道路交通事故的人身损害的请求权基础是侵权行为的损害赔偿请求权。简言之,即赔偿权利人向赔偿义务人,依据《道路交通安全法》《道路交通安全法实施条例》《民法典》及其司法解释的相关规定,主张损害赔偿请求权;工伤保险赔偿请求权的基础是工伤保险待遇请求权。也可以说,遭受道路交通事故伤害的职工或者职工因工死亡,其直系亲属向社会保险经办机构或者用人单位依据《劳动法》和《工伤保险条例》的规定,主张工伤保险待遇赔偿请求权。因此,对这两种不同的请求权,不能参照《民法典》关于违约责任和侵权责任竞合的规定。

权利的内容、对象不同。职工发生工伤后享有工伤待遇是法律赋予的权利,也是保险经办机构和用人单位法定的义务,如扣减工伤保险待遇造成权利义务不对等。《劳动法》第七十三条规定:劳动者在因工伤残或者患职业病的情形下,依法享受社会保险待遇。《职业病防治法》第五十二条和《安全生产法》第四十八条规定,职业病病人和因生产安全事故受到损害的从业人员,除依法享有工伤社会保险外,依照有关民事法律,尚有获得赔偿权利的,有权向用人单位提出赔偿要求。

法律关系不同。职工发生工伤事故并依法认定为工伤的,保险经办机构和用人单位就应按照《工伤保险条例》第五章的规定给付相应的工伤保险待遇。工伤职工与保险机构之间就工伤保险待遇问题形成的是一种行政法律关系。这与工伤职工和侵害人之间形成的民事法律关系是完全不同的。

《工伤保险条例》第三十七条并没有对职工及其直系亲属在获得工伤保险金的权利作出任何限制性规定,故职工因交通事故工亡,其直系亲属在获得交通事故损害赔偿后,有权再获得工伤保险金。

应特别强调的是,交通事故与工伤竞合时,劳动者能获得双重赔偿。首先,劳动者在交通事故纠纷中是人身侵权的受害人,可获得侵权赔偿;其次,劳动者基于劳动者身份,在发生工伤时,与用人单位之间产生工伤保险赔偿关系,工伤保险制度遵循无责任补偿原则,客观上存在工伤事实,用人单位即承担工伤保险赔偿责任。侵权赔偿与工伤保险赔偿二者基于同一损害事实,但存在于不同的法律关系中,适用不同的法律规范,承担责任的主体也不同,互不排斥,所以,受害人可依照相对应的法律规定获得用人单位与侵权人的双重赔偿。用人单位与侵权人各自

---

〔1〕 人民法院案例库2023－16－2－490－003。河南省焦作市中级人民法院(2017)豫08民再31号民事判决书。

承担所负赔偿责任,不因受伤职工是否先行获得一方赔偿、实际损失已经得到全部或部分补偿而减轻或免除另一方的责任。

劳动者因第三方侵权构成工伤的情形下,其有权分别主张工伤保险待遇项下的停工留薪期工资与侵权损害赔偿项下的误工费。

【案例8-60】 中国某某财产保险股份有限公司无锡市锡山支公司与孙某衍、陈某青、无锡交通出租汽车有限公司机动车交通事故责任纠纷案

二审法院认为,劳动者因第三方侵权构成工伤的情形下,其依法主张工伤保险待遇与侵权损害赔偿,两者属于不同法律关系。虽然劳动者分别主张工伤保险待遇项下的停工留薪期工资与侵权损害赔偿项下的误工费时,确实会发生性质相近的赔偿项目竞合,但在法律并未明确将此情形作为免除被侵权人赔偿责任的法定事由时,被侵权人获得工伤保险待遇项下的停工留薪期工资并非侵权人免除赔偿误工费的合法抗辩事由。中国某某财产保险股份有限公司无锡市锡山支公司(以下简称人寿锡山公司)主张因孙某衍已认定工伤,其公司不应赔偿误工费损失的上诉意见,本院不予采纳。关于人寿锡山公司的第二顺位上诉意见,本院认为用人单位对非因公受伤人员的病假待遇发放标准与误工费发放标准并无实质关联,人寿锡山公司主张孙某衍的误工费应参照事故发生前的平均收入与非因工受伤患病期间其单位应发收入之间的差额的进行认定,无法律依据,本院亦不予采纳。综上,上诉人人寿锡山公司的上诉请求不能成立,应予驳回;一审判决认定事实清楚,适用法律正确,应予维持。判决:驳回上诉,维持原判。[1]

【案例8-61】 湖北省清江路桥建筑有限公司诉刘某工伤保险待遇纠纷案

二审法院认为,关于工伤保险待遇如何享受的问题。工伤保险待遇与第三人侵权赔偿项目存在性质上相同和相近部分,根据充分保障工伤职工合法权利不受损害的原则,受伤职工从侵权责任人处未获得或者赔偿未实际履行的,用人单位应当按照《工伤保险条例》的相关规定履行义务后再依法行使追偿权。经审查,一审法院审理中实际考虑了刘某获得侵权赔偿以及侵权赔偿与工伤赔偿项目的不同性质等情况,并对刘某交通事故人身损害赔偿纠纷的案件执行情况核查清楚的判决。综上,一审判决认定事实清楚,适用法律并无不当,湖北省清江路桥建筑有限公司的上诉理由不能成立,应予维持。判决:驳回上诉,维持原判。[2]

---

〔1〕 江苏省无锡市中级人民法院(2023)苏02民终2453号民事判决书。

〔2〕 参见国家法官学院案例开发研究中心编:《中国法院2015年度案例》(劳动纠纷),中国法制出版社2015年版,第119页。湖北省宜昌市中级人民法院(2013)鄂宜昌中民三终字第00033号民事判决书。

劳动者因第三人侵权造成人身损害构成工伤,侵权人已赔偿的,劳动者有权请求用人单位支付医疗费以外的工伤保险待遇。停工留薪期工资不属于医疗费用范畴,即使受伤职工获得第三人支付的误工费之后,用人单位也应当支付停工留薪期工资。

【案例8-62】 朱某诉R公司劳动争议纠纷案

二审法院认为,关于停工留薪期工资与误工费是否存在重复赔偿的问题。《侵权责任法》第十六条规定,侵害他人造成人身损害的,应当赔偿医疗费、护理费、交通费等为治疗和康复支出的合理费用,以及因误工减少的收入。《工伤保险条例》第三十三条规定,职工因工作遭受事故伤害或者职业病需要暂停工作接受工伤医疗的,在停工留薪期内,原工资福利待遇不变,由所在单位按月支付。依据上述法律规定,劳动者有权获得工伤保险待遇,用人单位的用工责任不因职工获得了侵权赔偿而减轻或免除;劳动者也有权获得人身损害赔偿,侵权人的侵权责任也不因受害人获得工伤保险待遇而减轻或免除。因此,侵权人已经赔偿的,劳动者仍然有权请求用人单位支付除医疗费之外的工伤保险待遇。停工留薪期工资不属于医疗费,劳动者有权获得双重赔偿。本案中,朱某在机动车交通事故责任纠纷一案中所获得的误工费,不影响其在本案中主张停工留薪期工资的权利。关于朱某月工资标准的问题。朱某机动车交通事故责任纠纷一案中,常州市中级人民法院(2019)苏04民终459号判决载明,结合朱某的年龄、事故发生前的收入以及制造业上一年度在岗职工平均收入等实际情况,酌情认定误工费为22,156元。本案中,原审法院根据朱某提供的受伤前朱某的工资银行流水清单以及个人所得税缴纳凭证,认定朱某受伤前实际工资收入为每月6154.53元[(6561.5元+6125元+5900元+6031.6元)/4个月],证据充分,并无不当。综上,R公司的上诉理由及上诉请求,不能成立;原审判决认定事实清楚,适用法律正确,应予维持。判决:驳回上诉,维持原判。[1]

劳动者上下班途中发生交通事故在获得第三人侵权赔偿后,仍然有权主张工伤保险赔偿。

【案例8-63】 张某、李某等诉某厨房制造酒店劳动争议纠纷案

2014年10月李某兰入职某厨房制造酒店处,共领取了9个月工资,每月工资额为1475元至1774元不等。2015年8月28日20时57分许,李某兰下班回家途中遇交通事故死亡,后经分宜县交警大队作出的道路交通事故认定书,认定李某兰不负事故责任。本案中张某为李某兰丈夫,张某平、张某波分别为李

---

[1] 江苏省常州市中级人民法院(2020)苏04民终1802号民事判决书。

某兰的长子和次子,李某星、陈某英为李某兰的父母。交通肇事方与该五人达成赔偿协议,赔偿其60万元,已支付40万元。2015年10月27日,分宜县人力资源和社会保障局作出分人社伤认字第201556号工伤认定决定书,认定李某兰为工伤。张某等五人因与某厨房制造酒店就李某兰的工伤赔偿问题协商不成,向分宜县劳动人事争议仲裁委员会申请仲裁,后又诉至新余两级法院。分宜县劳动人事争议仲裁委员会裁决某厨房制造酒店向张某、张某平、张某波、李某星、陈某英支付一次性工亡补助金90,700元,每月分别向李某星、陈某英支付供养亲属抚恤金602元。张某、李某等对仲裁不服,诉至法院。新余市渝水区人民法院判决某厨房制造酒店向张某、张某平、张某波、李某星、陈某英支付一次性工亡补助金576,880元,分别向陈某英、张某平支付一次性供养抚恤金1883元,向张某波支付一次性供养抚恤金72,802元。后某厨房制造酒店不服,向新余市中级人民法院提起上诉,该院维持了一审判决。[1]

工伤保险和交通事故赔偿项目比对表。

表1　工伤保险和交通事故重复赔偿项目(原则限制同时获取)

工伤保险	交通事故
停工留薪待遇	误工费
医疗费	医疗费
护理费	护理费
住院伙食补助费	住院伙食补助费
交通费	交通费
外省市就医食宿、伙食费	外省市就医住宿、伙食费
康复治疗费	康复费、康复护理费、适当整容费、后续治疗费
残疾辅助器具费	残疾辅助器具费
丧葬补助金	丧葬费
供养亲属抚恤金	被扶养人生活费

表2　工伤保险和交通事故兼得项目(可以同时获取)

工伤保险	交通事故
一次性伤残补助金、一次性工亡补助金	残疾赔偿金、死亡赔偿金
伤残津贴	精神抚慰金
一次性医疗补助金	营养费
一次性就业补助金	处理事故的费用

---

〔1〕江西省高级人民法院与江西省人力资源社会保障厅联合发布劳动人事争议十起典型案例之三。

【不同处理】 交通事故赔偿中,被侵权人的部分医疗费用已经获得了社保报销,又要求侵权人赔付,是否存在了双重赔偿,违反了"任何人不能从侵害行为中获利"的原则,有不同观点。获得社保报销与侵权赔偿,是不同法律法规体系所保护的权益。在交通事故责任纠纷案件中,被侵权人基于侵权人的侵权行为主张赔偿医疗费,属于侵权法调整的范畴,而被侵权人部分医疗费用获得社保报销,是基于被侵权人缴付了社会医疗保险(农村合作医疗保险)金而可以依据当前的医疗保险救济政策所享有的医疗保险收益,属于社会法调整的范畴,与交通事故侵权纠纷非属同一法律关系,两者所保护的权益也不同。根据《社会保险法》(2018年修正)第三十条规定:"下列医疗费用不纳入基本医疗保险基金支付范围:(一)应当从工伤保险基金中支付的;(二)应当由第三人负担的;(三)应当由公共卫生负担的;(四)在境外就医的。医疗费用依法应当由第三人负担,第三人不支付或者无法确定第三人的,由基本医疗保险基金先行支付。基本医疗保险基金先行支付后,有权向第三人追偿。"虽然第三人(侵权人)负担的医疗费本就不应纳入基本医疗保险基金支付的范围,在第三人(侵权人)不支付或者无法确定第三人的,基本医疗保险基金在支付后获得追偿权,但至于医疗保险机构如何追偿也不属交通事故责任纠纷案件中所要解决的问题。

【案例8-64】 某某诉某某公司劳动争议纠纷再审案

再审法院认为,根据《社会保险法》的相关规定,由第三人负担的医疗费本就不应纳入基本医疗保险基金支付的范围。在第三人不支付或者无法确定第三人的,基本医疗保险基金在支付后获得追偿权。案涉部分医疗费虽已由医保报销,但实际侵权人的侵权责任并不因此而减轻或免除,保险公司仍应在承保的保险范围内向受害人赔付医疗费。[1]

【案例8-65】 郭某忠诉人寿财险日照公司交通事故纠纷案

二审法院认为,本案争议焦点为医保已经报销的医疗费是否应从总医疗费中予以扣除。孙某的侵权行为给郭某忠的人身造成损害,应承担侵权赔偿责任。孙某与人寿财险日照公司签订保险合同,赔付风险转移,人寿财险日照公司应在承保范围内对本案事故导致的损失承担赔偿责任。郭某忠通过社会医疗保险报销的医疗费用系其与社会保险机构之间的法律关系,与前述侵权事实属不同法律关系,本案不予处理。故虽然本案部分医疗费已由医保报销,实际侵权人的侵权责任也并不因此减轻或免除,人寿财险日照公司仍应在承保范围内赔付医疗费。[2]

---

〔1〕 云南省高级人民法院(2020)云民申691号民事裁定书。
〔2〕 山东省日照市中级人民法院(2023)鲁11民终1032号民事判决书。

【案例8-66】 陆某娟诉永安常州公司交通事故纠纷再审案

再审法院认为,关于医保统筹费用应否扣除问题。涉案交通事故发生后,陆某娟发生的医疗费中,有部分费用由医保统筹基金支付,此系陆某娟基于医疗保险救济政策所享有的医疗保险收益。医疗保险与涉案侵权纠纷非属同一法律关系,并不因陆某娟参加了医疗保险从而减轻侵权人的赔偿责任,至于医保机构如何追偿非属本案所理涉。永安常州公司主张保险理赔时扣除医保统筹支付的医疗费,一审、二审法院未予支持,并无不当。[1]

3. 工伤保险赔偿与第三人赔偿的先后顺序和赔偿总额

《工伤保险条例》第三十七条并没有对职工获得工伤保险金的权利作出任何限制性规定,现行法律法规、司法解释对工伤保险赔偿与第三人赔偿的顺序和总额没有明确规定,只是肯定了劳动者可以获得双份赔偿,即职工及其直系亲属获得足额民事赔偿后,有权再获得工伤保险金。这实际意味着工伤保险赔偿与第三人赔偿的请求权可以同时行使,不应有先后之分。如向第三人赔偿诉讼在前,则在其后或同时可请求工伤保险赔偿。同时表明劳动者获得的双份赔偿总额,既可以等于实际损失,也可以大于实际损失。司法实践中,一些法院判决侧重于工伤保险赔偿与第三人赔偿总额等于工伤职工的实际损失。如交通事故赔偿已给付了的部分,企业或者工伤保险经办机构不再支付。企业或者工伤保险经办机构先期垫付有关费用的,职工或其亲属获得交通事故赔偿后应当予以偿还。但交通事故赔偿给付的死亡补偿费或者残疾生活费低于工伤保险的一次性工伤补助金或者一次性伤残补助金的,由企业或者工伤保险经办机构补定差额部分。

在第三人交通肇事致工伤赔偿案件中,对于已经在民事赔偿中获得赔偿的部分,工伤保险赔偿中不再重复支付,工伤保险只承担补充赔偿责任。

一些法院判决则表现在获得第三人足额赔偿之后,又支持职工向用人单位请求工伤保险赔偿,即工伤职工可以兼得,这实际上是工伤保险赔偿与第三人侵权赔偿相加总和大于实际损失,且不可以对第三人侵权赔偿数额在工伤保险赔偿中予以扣减。

4. 应当注意的问题

其一,除《工伤保险条例》第十六条规定的不得认定或视同工伤情形外,对工伤职工不能因其有过错而减少工伤补偿金。根据民事侵权赔偿的理论,受害人的过错造成的扩大损失部分,应当由受害人承担,从而减轻侵害人的赔偿责任。但

---

〔1〕 江苏省高级人民法院(2020)苏民申5620号民事裁定书。

是,工伤赔偿采取的是无过错责任,也就是说,无论受害人有无过错,只要因工伤给其造成多大的损失,就应按照该损失的情况,依据有关规定的标准予以补偿。因此,法院确定这类案件的补偿标准时,一般无需考虑工伤职工主观上有无过错。

其二,有无参加工伤保险,不影响享受工伤保险待遇和请求第三人承担相应的赔偿责任。

其三,劳动者请求权的限制。由于劳动者向不同主体主张权利所依据的法律关系不同,导致不同主体承担的责任也不相同,侵权人承担的责任是基于过错原则,而工伤保险基金和用人单位此种情况下承担责任是基于无过错原则,更应严格按照法律规定承担法律责任。《社会保险法》第四十二条"由于第三人的原因造成工伤,第三人不支付工伤医疗费用或者无法确定第三人的,由工伤保险基金先行支付。工伤保险基金先行支付后,有权向第三人追偿"之规定,工伤保险基金对工伤医疗费用承担的是垫付责任,有权向侵权人追偿。但法律未规定用人单位负有责任并享有追偿权,用人单位无承担责任的义务。劳动者在明知其医疗费数额的情况下,未向侵权人足额主张医疗费,而将部分支付医疗费的责任加于用人单位,于法无据,不应得到支持。

【案例8-67】 向某碧诉重庆美心翼申机械制造有限公司工伤保险待遇纠纷案

二审法院认为,本案中,重庆美心翼申机械制造有限公司(以下简称美心翼申公司)已经为向某碧参加了工伤保险,故第三人不支付工伤医疗费用或者无法确定第三人的,应由工伤保险基金先行支付,向某碧已经王某东、重庆光银汽车运输有限公司、中国太平洋财产保险股份有限公司渝中支公司、王某强主张医疗费,故其不能再请求美心翼申公司承担医疗费支付责任。向某碧在美心翼申公司已经为其参加工伤保险的情况下,请求美心翼申公司承担先行支付责任,没有法律依据,应驳回其诉讼请求。判决:(1)撤销一审判决;(2)驳回向某碧的诉讼请求。[1]

5. 先行支付工伤保险待遇

先行支付工伤保险待遇制度是国家在用人单位未依法缴纳工伤保险费且用人单位不支付工伤保险待遇时给予工伤职工或其近亲属的一种保障。

---

〔1〕 参见国家法官学院案例开发研究中心编:《中国法院2016年度案例》(劳动纠纷),中国法制出版社2016年版,第147页。重庆市第三中级人民法院(2014)渝三中民终字第00413号民事判决书。

【案例8－68】 邱某、刘某先诉临沂市罗庄区社会保险事业管理中心支付工伤保险待遇再审案

再审法院认为,《社会保险基金先行支付暂行办法》第六条规定,“职工所在用人单位未依法缴纳工伤保险费,发生工伤事故的,用人单位应当采取措施及时救治,并按照规定的工伤保险待遇项目和标准支付费用。职工被认定为工伤后,有下列情形之一的,职工或者其近亲属可以持工伤认定决定书和有关材料向社会保险经办机构书面申请先行支付工伤保险待遇:……(三)依法经仲裁、诉讼后仍不能获得工伤保险待遇法院出具中止执行文书的;……”第八条规定,“用人单位未按照第七条规定按时足额支付的,社会保险经办机构应当按照社会保险法和《工伤保险条例》的规定,先行支付工伤保险待遇项目中应当由工伤保险基金支付的项目”。《工伤保险条例》第三十九条规定,职工因工死亡,其近亲属可按照规定从工伤保险基金领取丧葬补助金、供养亲属抚恤金和一次性工亡补助金。本案中,用人单位C公司未依法为职工刘某1缴纳工伤保险费,刘某1上班途中发生交通事故身亡,已被临沂市罗庄区人力资源和社会保障局认定为工伤。其近亲属经过仲裁、诉讼仍不能获得工伤保险待遇,临沂市罗庄区人民法院于2017年3月21日作出(2016)鲁1311执1962号执行裁定书,终结了申请执行工伤保险待遇民事判决案本次执行程序。在此情况下,工亡职工刘某1的近亲属向临沂市罗庄区社会保险事业管理中心提出先行支付申请,符合上述规定。另,邱某、刘某2(本案原审第三人刘某裕)与C公司劳动争议一案,临沂市中级人民法院作出(2016)鲁13民终907号民事判决已确认,依据《工伤保险条例》第三十九条,C公司应支付邱某、刘某2因工死亡丧葬补助金、工亡补助金及供养亲属抚恤金合计616,030元。故原一审、二审法院判令临沂市罗庄区社会保险事业管理中心按照人民法院生效法律文书确定的金额,向邱某、刘某裕履行先行支付职责,并无不当。综上,临沂市罗庄区社会保险事业管理中心的再审申请不符合《行政诉讼法》第九十一条规定的情形。裁定:驳回临沂市罗庄区社会保险事业管理中心的再审申请。[1]

---

〔1〕 山东省高级人民法院(2020)鲁行申1307号行政裁定书。

专题九　劳动保险缴费纠纷

劳动争议围绕社会保险、工伤保险新问题日益突出，本专题就其劳动保险缴费纠纷予以展开阐述。本专题侧重劳动保险缴费的理解、认定以及未缴费产生的法律后果处理展开，而区别专题八劳动工伤待遇纠纷的是在用人单位已缴费产生的争议，进而突出理解用人单位未缴费这个普遍又难以治理顽疾问题的必要性和紧迫性。

一、劳动保险缴费理解

(一)劳动保险缴费含义

《社会保险法》第五十八条第一款规定:“用人单位应当自用工之日起三十日内为其职工向社会保险经办机构申请办理社会保险登记。未办理社会保险登记的,由社会保险经办机构核定其应当缴纳的社会保险费。”

社会保险是一种为丧失劳动能力、暂时失去劳动岗位或因健康原因造成损失的劳动者提供收入或补偿的社会和经济制度,具有强制性、福利性、基本保障性和性,兼具风险防范、稳定社会生活、收入再分配等功能,使劳动者享受到社会保险保险福利,待其工伤、年老、失业、生病之时获得相应社保补助等待遇,以维持劳动者的正常生活。因社会保险属于法律规定的强制性保险,故其不具有协商性和自愿性。

工伤保险制度以采取无过错原则和用人单位承担缴费义务为主要特征。[1]即无论过错在谁,受到伤害的劳动者均可以获得赔偿,工伤保险制度的缴纳义务完全由用人单位承担,劳动者不承担此义务。若用人单位未为劳动者缴纳工伤保险而发生工伤的,由用人单位承担相应的赔偿义务,对此《工伤保险条例》第六十二条第二款已作明确规定。

为劳动者缴纳社会保险是用人单位的法定义务,但规避该项义务的用人单位在实践中也是屡见不鲜,劳动者的相关社会保障权益无法得到实现。为惩戒用人单位的上述违法行为,《社会保险法》《工伤保险条例》等法律法规作出明确规定,除需要接受罚款等行政处罚外,劳动者所在用工单位未依法缴纳工伤保险费,发生工伤事故的,由用人单位支付工伤保险待遇。现实中好多用人单位都存在不依法足额为劳动者缴纳社会保险,导致劳动者无法享受社保待遇,比如不能办理退休领取养老金、不能享受医疗报销待遇、不能享受生育津贴、不能享受工伤待遇等,给劳动者造成了很大损失。如遇用人单位没有给劳动者缴纳社保、公积金费用的同时又出现了企业解散、破产的情况时,劳动者的劳动保障权益的实现就会

---

〔1〕 参见郭捷主编:《劳动法与社会保障法》,法律出版社 2011 年版,第 369 页。

更加艰难,尤其是企业面临破产时。虽然,按照《企业破产法》的规定,企业破产时,破产财产在结清破产费用和共益债务后,必须优先清偿职工的工资、医疗伤残费、抚恤金,欠缴的养老保险、医疗保险费用以及与职工解除劳动合同关系的补偿金。但是,如果遇到企业破产资金不足以支付上述费用时,就会出现劳动者权益难以维护的问题。

(二)劳动保险缴费甄别

劳动合同工伤保险是为了维护社会稳定与安全而设立的,具有社会属性,缴纳工伤保险是用人单位的法定义务,不得约定免除。

工伤保险与商业保险的关系问题。这里就团体人身意外险和雇主责任险两种商业险与工伤保险关系展开分析。

团体人身意外险是商业性质的保险,用人单位为投保人,已参加工伤保险的用人单位员工为被保险人。保险责任为支付工伤员工伤待遇中的"医疗费用""安装康复器具费用"给投保单位,支付"一次性工伤医疗补助金和一次性伤残就业补助金"给被保险人。用人单位购买上述险种的初衷是好的,投保该补充工伤保险并非用人单位应尽的法定义务,其投保的目的是将用人单位支付工伤保险待遇的风险转移给保险公司。团体人身意外险在性质上属于商业保险中的人身保险,被保险人只能是用人单位的员工,且受益人一般也指定为被险人。一旦发生保险事故,保险公司支付保险金的对象是被保险人,即工伤员工。员工获得赔偿是基于商业保险合同的约定,其性质属保险公司赔偿金,而不属于工伤待遇。工伤待遇中一次性工伤医疗补助金和一次性伤残就业补助金属于工伤待遇,支付该工伤待遇是用人单位的法定义务。用人单位不得以保险公司已支付商业保险理赔款为由,主张免除其向工伤员工支付工伤保险待遇的义务。虽然投保时用人单位支付了保险费,但用人单位购买这种商业保险并非其法定义务,也不能代替缴纳工伤保险费的法定义务,只能认定是用人单位给予员工的一种福利。

雇主责任险是商业性质的保险,是被保险人所雇佣的员工在受雇过程中从事与被保险人经营业务有关的工作而遭受意外或者患与业务有关的国家规定的职业性疾病,所致残或死亡,被保险人根据有关法律及劳动合同应承担的医药费及经济赔偿责任,由保险公司在规定的赔偿限额内负责理赔的一种保险。雇主责任险与团体人身意外保险同属为商业险,但不同的是雇主责任险的受益人为用人单位而非劳动者,在招用不符合工伤保险条件的劳动者,用人单位可以为其投保雇主责任险,以此来分担用工风险。

养老保险、工伤保险不同于新型农村社会养老保险。劳动者享受的新型农村社会养老保险待遇,不能成为阻却劳动者与用人单位之间存在劳动关系的理由,用人单位仍应该为劳动者缴纳社会保险。

关于缴纳社保的标准问题。在社会生活中,一些用人单位为了降低人力成本都是按照社保最低基数给员工缴纳社保的。实际上,人社部早已发文明确这个行为是不合规的。劳动者离职后,用人单位不能按最低基数缴纳社保索要补偿金。因为最低工资≠社保缴费。北京2023年最低工资标准为2320元,但是北京2023年最低社保缴费下限为5869元。根据《关于规范社会保险缴费基数有关问题的通知》(劳社险中心函〔2006〕60号)的规定:职工的社保缴费基数一般是按职工上一年度月平均工资(或个人上月工资)来确定,职工工资越高,社保缴费基数就会越高。同时,该文件也对缴费基数设置了上下限,即上限:如果缴费基数高于各地规定的最高缴费基数(当地社平工资的300%),就按照最高缴费基数缴纳社保。下限:缴费基数低于各地规定的最低缴费基数(当地社平工资的60%),就按照最低缴费基数缴纳社保。社保按照当地最低缴费基数进行缴纳是不合法的,劳动者社保缴费基数需要按照员工上一年度平均工资来确定。新员工的社保缴费基数也不是随意定的。根据劳动部办公厅发布的《企业职工基本养老保险个人帐户管理暂行办法》中可以明确新员工以起薪当月工资作为缴费基数,失业后再就业的职工的缴费基数也是以起薪当月工资作为当年缴费基数。

(三)劳动保险费变通约定

根据《社会保险法》第五十八条的规定,为劳动者依法申请办理社会保险和缴纳社会保险费用是用人单位的法定义务,劳动关系双方不可以通过协商的方式变更用人单位的此项义务。在社会生活中,常见两种情况:一是用人单位将其应缴的社会保险费以现金的形式发放给个人。二是用人单位凭劳动者自缴的养老费发票报销应由本单位承担的部分。这两种情况是实践中经常发生的用人单位与劳动者,就用人单位申请办理社会保险和缴纳社会保险费法定义务约定的变通方式。从法律上讲,第一种情况,用人单位将社会保险费以现金的形式发放给劳动者,此种变通导致用人单位支付的现金不能实现社会保险费所具有的社会保障功能,故该部分现金实为工资的一部分。即便用人单位支付的金钱与应缴纳的社会保险费数额相同,亦不能认定其履行了缴纳社会保险费的义务。社会保险费以现金的形式发放给劳动者看似既提高了劳动者的待遇,又方便了用人单位,实质剥夺了劳动者享受社保福利的权利,还可能给用人单位造成巨大的经济损失。如劳动者工伤时用人单位需支付高额的医疗费,双方解除合同时用人单位需支付经济补偿金等。用人单位将社会保险费以现金的形式发放给劳动者同时降低劳动者和企业双方抵御风险的能力，与立法精神相违背，这种变通约定应属于无效。第二种情况，个人参保、单位报销社会保险费的，因其行为结果与单位申请办理社会保险登记和缴纳社会保险费的结果相同，故可认定用人单位为职工缴纳了社会保险费。但为职工申请办理社会保险登记和缴纳社会保险费是单位的义务而非职工个人的义务，故应尽量避免采取此种方式，以免发生不必要的纠纷。也就是说，用人单位和劳动者约定社会保险费以现金的形式发放给劳动者的，不受法律保护，法律禁止这种变通形式。

主流观点认为，用人单位与劳动者有关不缴纳社会保险费的约定无效。劳动者与用人单位约定不缴纳社会保险费，劳动者以用人单位未依法缴纳社会保险费为由请求支付经济补偿的，人民法院应予支持。用人单位补缴社会保险费后，请求劳动者返还已给付的社会保险补偿的，人民法院应予支持。

【案例9－1】 田某诉华蓥市溪口煤矿有限责任公司劳动合同纠纷案

一审法院认为，田某于2011年10月24日开始在华蓥市溪口煤矿有限责任公司（以下简称溪口公司）工作，与溪口公司建立了劳动关系，溪口公司应当依法为田某办理社会保险。在田某工作期间，溪口公司虽然为其报销了其个人缴纳的养老保险的保险费中应当由单位承担的部分费用，将失业和医疗保险费以现金的形式发放给田某，并与其签署不再要求支付和补偿社会保险费的承诺书，但其行为违反了《社会保险法》的强制性规定，此约定与法律规定相悖，属无效约定和承诺。田某在溪口公司没有完全办理社会保险和缴纳社会保险费的情况下，提出要求与溪口公司解除劳动合同，并请求溪口公司支付经济补偿金的理由充分，符合《劳动合同法》的规定，应予支持。2013年5月，华蓥市溪口镇人民政府组织双方代表进行调解时，田某等人推荐的代表提出如果不解决补缴社会保险费的问题，将要求与溪口公司解除劳动合同，此时田某已经履行了解除劳动合同的告知义务，解除劳动合同的时间认定为2013年5月。判决：(1)解除田某与溪口公司的劳动合同；(2)溪口公司支付田某经济补偿金16,594.80元。二审法院判决：驳回上诉，维持原判。[1]

劳动者与用人单位约定不购买社会保险，用人单位不能据此不予赔偿工伤损失。

---

〔1〕 参见国家法官学院案例开发研究中心编：《中国法院2018年度案例》（劳动纠纷），中国法制出版社2018年版，第225页。四川省广安市中级人民法院(2016)川16民终41号民事判决书。

【案例9-2】 北京奥德清洁服务有限公司上海分公司诉上海市长宁区人力资源和社会保障局工伤认定纠纷案

判决观点,职工应当参加工伤保险,缴纳工伤保险费是用人单位的法定义务,不能由职工和用人单位协商排除用人单位的法定缴纳义务。认定工伤并不以用人单位是否缴纳工伤保险费为前提。用人单位未依法缴纳工伤保险费的,职工在被认定工伤后可以依法请求用人单位承担相应的工伤保险待遇。[1]

【案例9-3】 揭东翔峰容器有限公司诉江某彬工伤保险待遇纠纷案

一审法院认为,根据《工伤保险条例》第三十条第一款"职工因工作遭受事故伤害或者患职业病进行治疗,享受工伤医疗待遇"的规定,江某彬在劳动过程中受伤,后被揭东县人力资源和社会保障局认定为工伤,应当享受工伤保险待遇。根据《广东省工伤保险条例》第四十三条第一款"职工所在用人单位未依法缴纳工伤保险费,发生工伤事故的,由用人单位支付工伤保险待遇"的规定,揭东翔峰容器有限公司(以下简称翔峰公司)作为用人单位没有为江某彬投保工伤保险,应该按照该条例的规定支付江某彬的工伤保险待遇。翔峰公司主张江某彬自愿出具《员工自愿不购买社保责任书》,承诺承担不购买社保的法律后果,故翔峰公司无需支付江某彬相关的工伤待遇。虽然江某彬自愿要求翔峰公司不购买社保,并自愿承担没有购买工伤保险的后果,但根据《工伤保险条例》第二条"中华人民共和国境内的企业、事业单位、社会团体、民办非企业单位、基金会、律师事务所、会计师事务所等组织和有雇工的个体工商户,应当依照本条例规定参加工伤保险,为本单位全部职工或雇工缴纳工伤保险费"和《社会保险法》第三十三条"职工应当参加工伤保险,由用人单位缴纳工伤保险费,职工不缴纳工伤保险费"的规定。用人单位为本单位职工缴纳工伤保险费是法律规定用人单位应履行的强制性义务,用人单位不得以任何理由拒绝为本单位职工缴纳工伤保险费。发生工伤后,用人单位翔峰公司以江某彬自愿不购买社保为由拒付工伤待遇,不仅违反法律的强制性规定,也违反社会道德,故翔峰公司主张不支付江某彬的工伤待遇,不予支持。

江某彬因工致残被鉴定为六级伤残,要求解除劳动关系,翔峰公司也同意解除,可予准许。参照《广东省工伤保险条例》第三十二条和第三十六条的规定,由用人单位一次性支付工伤保险待遇。对于江某彬的工伤保险待遇,因为江某彬没有提起诉讼,应在仲裁部门裁决的范围内予以审查。江某

---

〔1〕 参见《最高人民法院公报》2020年第1期(总第279期)。

彬的一次性伤残互助补助金、一次性工伤医疗补助金、一次性伤残就业补助金132,459.52元(2069.68元/月×64个月)。对于停工留薪期工资,江某彬发生工伤是2013年6月6日,江某彬的停工留薪期是5个月,即2013年6月7日至2013年11月6日。参照《广东省工伤保险条例》第二十六条第一款和第二款的规定,停工留薪期间工资待遇不变,鉴定伤残等级后,停发原待遇,按有关规定享受伤残待遇。停工留薪期间,翔峰公司只支付江某彬每月1400元,翔峰公司还应支付(2069.68元-1400元)×5=3348.4元。对于住院期间的护理费,参照上述规定,应当参照当地护工从事同等级别护理的劳务报酬标准计算,因为当地没有护工工资标准,可以参照广东省上一年度其他服务业平均工资47,019元/年计算,即47,019元/年÷365天×48天=6183元,高于仲裁部门裁决,按照仲裁部门裁决的数额计算。对于住院伙食补助费参照《广东省工伤保险条例》第二十五条第二款规定,可以按照广东省上一年度伙食补助费100元/天70%计算,即100元/天×48天×70%=3360元,高于仲裁部门裁决,按照仲裁部门裁决的数量计算。综上所述,翔峰公司应赔偿江某彬工伤总值损失包括江某彬的一次性伤残补助金、一次性工伤医疗补助金和一次性伤残就业补助金共132,459.52元,停工留薪期工资3348.4元、住院期间护理费5904元和住院期间伙食补助费1680元,合计143,391.92元。判决:(1)解除翔峰公司与江某彬的劳动关系;(2)翔峰公司赔偿江某彬143,391.92元;(3)驳回翔峰公司的其他诉讼请求。二审法院判决:驳回上诉,维持原判。[1]

实践中,许多劳动者由于无法长期固定在某地工作,为了减少社保扣款、多得工资或免去转移社保关系的麻烦,往往与用人单位协商,不要求用人单位为其缴纳社会保险,用人单位也同意,并将相关内容写入劳动合同。其后劳动者又以用人单位不为其缴纳社会保险,违反《劳动合同法》第三十八条第一款第三项规定,迫使其解除合同为由,要求用人单位支付经济补偿,而用人单位也往往以劳动者自愿放弃缴纳社会保险为由进行抗辩,对此有不同观点。一般认为,此种情况下用人单位仍需给付劳动者经济补偿金。劳动者与用人单位虽然在自愿、协商一致的基础上,签订了劳动合同,合同中有关社会保险的约定内容违反了国家现行法律、行政法规的规定,从而导致双方合同中约定的部分条款无效,应依法予以纠正。用人单位未为劳动者缴纳社会保险,违反国家规定的法定义务,劳动者以此为由解除合同后,即便劳动者及自愿放弃缴纳社会保险,但只要离职情况符合《劳动合同法》第三十八条的规定,用人单位也应当向劳动者支付经济补偿金。

---

〔1〕 参见国家法官学院案例开发研究中心编:《中国法院2016年度案例》(劳动纠纷),中国法制出版社2016年版,第140~141页。广东省揭阳市中级人民法院(2014)揭中法民终字第150号民事判决书。

【案例9-4】　张某兰诉北京新立基真空玻璃技术有限公司劳动争议纠纷案

一审法院认为,用人单位未依法为劳动者缴纳社会保险费的,劳动者可以解除劳动合同,用人单位应当向劳动者支付经济补偿金。根据查明的事实,张某兰与北京新立基真空玻璃技术有限公司(以下简称新立基公司)系劳动关系,新立基公司作为用人单位,为其员工缴纳社会保险系其法定义务,非能以张某兰书面放弃保险而免责,故新立基公司应支付张某兰未缴纳养老保险及失业保险的损失补偿,但其已以保险补偿形式支付的金额应予扣除,故对张某兰要求新立基公司支付养老保险及失业保险赔偿金的诉讼请求,合理部分,法院予以支持,过高要求,依据不足,法院不予支持。新立基公司未依法为张某兰缴纳社会保险费,张某兰可以解除劳动合同,新立基公司应当支付张某兰解除劳动关系经济补偿金,故对张某兰要求新立基公司支付解除劳动合同经济补偿金的诉请,合理部分,法院予以支持,过高要求,依据不足,法院不予支持。判决:(1)被告新立基公司支付原告张某兰2008年2月至2009年12月及2010年3月至2011年6月未缴纳养老保险赔偿金3014元。(2)被告新立基公司支付原告张某兰2008年2月至2011年6月未缴纳失业保险赔偿金2034元。(3)被告新立基公司支付原告张某兰解除劳动合同经济补偿金6210元。二审法院认为,为劳动者缴纳社会保险是用人单位的法定义务。新立基公司所称经双方协商张某兰不在其公司缴纳社会保险,其公司每月以现金形式补贴给张某兰的方式,不符合法律规定,故新立基公司以此为由,不同意支付张某兰未缴纳养老及失业保险的赔偿金的上诉请求,法院不予支持。判决:驳回上诉,维持原判。[1]

用人单位与劳动者协议不参加社会保险的行为,不受法律保护。劳动者书面承诺放弃参加社会保险,用人单位仍需承担社会保险责任。

【案例9-5】　杨某诉J公司劳动争议纠纷案

判决观点,杨某签署的承诺书系J公司提供,有关自愿放弃参加社会保险的相关条款,同时该承诺书免除了用人单位的法定责任、排除了劳动者权利,应属无效。J公司基于承诺书主张无需向杨某承担工伤保险责任,无法律依据。因J公司未为杨某办理工伤保险,杨某在工作期间发生工伤产生的工伤待遇应由J公司予以赔偿。法院判决J公司向杨某支付工伤保险待遇20余万元。[2]

---

〔1〕　参见国家法官学院案例开发研究中心编:《中国法院2015年度案例》(劳动纠纷),中国法制出版社2015年版,第113~114页。北京市第二中级人民法院(2013)二中民终字第03999号民事判决书。

〔2〕　安徽省高级人民法院公布劳动典型案例(2023年)。

以签订承诺书的形式降低社会保险费基数的承诺条款无效。

【案例9-6】 陈某某与泸州南苑宾馆有限公司劳动争议纠纷再审案

再审法院认为,关于陈某某缴纳社会保险费标准的承诺书效力问题。根据《社会保险费征缴暂行条例》第四条第一款“缴费单位、缴费个人应当按时足额缴纳社会保险费”、第十二条第三款“社会保险费不得减免”、第二十三条“未按规定申报应缴纳的社会保险费数额的,由劳动保障行政部门责令限期改正”的规定,社会保险制度是国家强制实行的一项制度,企业单位和个人都必须参加,违反社会保险制度的承诺条款应属无效,原二审判决认定陈某某签订的承诺书合法有效错误,应予纠正。故泸州南菀宾馆有限公司应严格按照法律法规及社会保险相关政策的规定为其职工购买社会保险。判决:(1)维持二审判决第一项;(2)变更二审判决第二项为泸州南苑宾馆有限公司向陈某某支付解除劳动合同经济补偿金8460.83元。[1]

为职工缴纳各种社会保险法定义务不能通过用人单位和劳动者的约定进行变更或放弃。因此,法院认为约定由职工自行负担应由单位负担的社保费用,违反了国家社会保险征缴强制性规定,从而作出无效的认定,并无不当。

【案例9-7】 张某诉衡水市机械工业供销总公司与王某职工破产债权确认纠纷再审案

最高人民法院认为,本案再审审查的焦点问题是二审认定案涉承诺书、职工代表大会通过的关于本案缴纳社会保险方面决议无效是否错误。首先,《劳动法》第七十条、第七十二条分别规定“建立社会保险制度,使劳动者在年老、患病、工伤、失业、生育等情况下获得帮助和补偿”“用人单位和劳动者必须依法参加社会保险,缴纳社会保险费”。劳动者的社会保险是由法律明确规定的,依法参加社会保险是劳动者和用人单位的法定义务。单位为职工缴纳各种社会保险,是完善、执行国家社会保障制度的要求,维护的不仅是职工的个人利益,也是国家和社会的整体利益,此项法定义务不能通过用人单位和劳动者的约定进行变更或放弃。因此,二审法院认为,约定由职工自行负担应由单位负担的社保费用,违反了国家社会保险征缴强制性规定,作出无效的认定,衡水市机械工业供销总公司(以下简称机械公司)没有充分理由推翻。其次,机械公司主张双方对王某个人缴纳全部社会保险的约定无异议并一直这样履行。但根据二审法院查明的事实,2013年至2014年王某医保缴费中,机械公司应负担部分系由机械公司全部缴纳。机械公司该项主张依据不足。此外,机械公司所称相关类案,与本案情况并不一致,不足以推翻

---

〔1〕 四川省高级人民法院(2013)川民提字第35号民事判决书。

本案二审的认定。综上,机械公司的再审申请不符合《民事诉讼法》第二百零七条第六项规定的情形。裁定:驳回机械公司的再审申请。[1]

用人单位与劳动者约定的减轻或者免除其缴纳社会保险费义务的条款应认定无效。

劳动者给用人单位出具承诺书,承诺用人单位已向其支付了社会保险补助并随工资一并发放,该承诺对劳动者具有效力。

劳动者与用人单位约定不缴纳社保,用人单位应支付经济补偿。

【案例9-8】　褚某辉诉福源地公司劳动争议纠纷案

二审法院认为,褚某辉出具的自愿放弃社保承诺书,不具有法律效力。同时,福源地公司也没有证据证明其按照自愿放弃社保承诺书的约定,向褚某辉每月支付了社保补贴,导致褚某辉无法享受社会保险,褚某辉以此为由提出解除劳动合同,符合《劳动合同法》第三十八条的规定,根据《劳动合同法》第四十六条规定,劳动者依照本法第三十八条规定解除劳动合同的,用人单位应当向劳动者支付经济补偿。[2]

---

〔1〕 最高人民法院(2022)民申28号民事裁定书。

〔2〕 湖北省武汉市中级人民法院(2022)鄂01民终21067号民事判决书。

二、劳动保险缴费法律适用

(一)劳动保险缴费认定

根据《社会保险法》的规定,缴纳社会保险是用人单位的法定义务,故派遣单位应当依法为被派遣劳动者缴纳各类社会保险。在跨区域劳务派遣用工形式中,劳务派遣单位以何种标准、在何地为被派遣劳动者缴纳社会保险,法律层面仍属空白。2014 年 3 月 1 日起施行的《劳务派遣暂行规定》第十八条规定,劳务派遣单位跨地区派遣劳动者的,应当在用工单位所在地为被派遣劳动者参加社会保险,按照用工单位所在地的规定缴纳社会保险费,被派遣劳动者按照国家规定享受社会保险待遇。但根据法不溯及既往的原则,对其《劳务派遣暂行条例》颁布之前的行为无溯及力。换言之,用人单位在住所地为跨区域被派遣劳动者缴纳社会保险行为合法。

【案例 9-9】 杭某诉广州市华才人力资源顾问有限公司从化分公司、宝洁(中国)营销有限公司经济补偿金纠纷案

二审法院认为,首先,《劳务派遣暂行规定》的施行日期是 2014 年 3 月 1 日,其对 2014 年 3 月 1 日之前劳务派遣社会保险费的缴纳并无溯及力,不能以此评价 2014 年 3 月 1 日前广州市华才人力资源顾问有限公司从化分公司(以下简称华才从化分公司)的缴纳行为。其次,华才从化分公司缴纳社会医疗保险依据的是《广州市社会医疗保险条例》,该条例的效力等级为地方性法规,《劳务派遣暂行规定》的效力等级为部门规章。根据《立法法》第九十五条的规定,地方性法规、规章之间不一致时,由有关机关依照法律规定的权限作出裁决。杭某认为华才从化分公司依据的地方性法规与规章冲突,应按照法定程序呈请相关部门解决,华才从化分公司依据《广州市社会医疗保险条例》缴费的行为并未被认定违法。最后,华才从化分公司并无主观上不为杭某缴纳社会保险的故意,客观上也不存在不缴纳的行为,且其缴纳行为严格按照《社会保险法》及用人单位所在地广州的规定进行。自杭某入职华才从化分公司以来,华才从化分公司已经按照相关规定的要求为杭某办理社会保险登记并缴纳社会保险费(包括基本医疗保险费),并根据政策调整自

2015年7月起为杭某办理职工社会医疗保险。可以看出,华才从化分公司已经依法尽到用人单位缴纳社会保险的义务。判决:驳回上诉,维持原判。[1]

实践中,存在诸多不规范缴纳社会保险的现象引发纠纷。最为普遍的经营不规范的单位出于种种原因为非本单位的员工代缴社保,社保关系缴纳的混乱给劳动关系的认定带来了困难,亦会对社会保险事业造成不利影响。部分人以缴纳社保为由要求确认与用人单位存在劳动关系继而要求提出其他主张。有的人找挂靠单位缴纳社保,而在用人单位提供劳动,其后向提供劳动的用人单位主张赔偿在挂靠单位缴纳社保的费用。

社保挂靠是指由于个人的原因(自由工作者、无单位等),导致没有公司为其缴纳社会保险,而自己又想购买社会保险,从而由代理(专门处理社保挂靠的公司)办理社保,并在旗下公司购买社保的一种违法行为。按照《劳动法》《社会保险法》的有关规定,用人单位与劳动者建立劳动关系后应当为其缴纳社会保险。而所谓的"挂靠单位"与没有单位的个人之间是不存在劳动关系的。按现行的社保政策,必须和用人单位有劳动关系的员工方可参加社保,而且是以用人单位名义由单位缴纳,本地户籍的自由职业者则允许以个人身份在个人缴费窗口缴纳,但非本地户籍的自由职业者尚未纳入社保体系,这就给挂靠参保留出了空间。而参保挂靠的存在,不仅使一些重病人群、无业人员可以享受社会保险待遇,危害社保基金的安全,同时也导致出现了异地工作、此地参保现象,养老基金后期支付压力大。

从法律层面上讲,员工挂靠缴纳保险行为的本质是骗取参保资格,属于违法行为,将受到法律惩罚。《社会保险领域严重失信人名单管理暂行办法》明确规定,以欺诈、伪造证明材料或者其他手段违规参加社会保险,违规办理社会保险业务,以及骗取社会保险待遇或社会保险基金支出的,将被列入社会保险严重失信人名单。《社会保险法》第八十八条规定:"以欺诈、伪造证明材料或者其他手段骗取社会保险待遇的,由社会保险行政部门责令退回骗取的社会保险金,处骗取金额二倍以上五倍以下的罚款。"第九十四条规定:"违反本法规定,构成犯罪的,依法追究刑事责任。"

个案中,由于行政干预单位为个人缴纳社保的,其个人与代缴社保单位不成立劳动关系。

---

〔1〕 参见国家法官学院、最高人民法院司法案例研究院编:《中国法院2020年度案例》(劳动纠纷),中国法制出版社2020年版,第171页。江苏省无锡市中级人民法院(2018)苏02民终4053号民事判决书。

【案例9－10】 刘某佳诉北京密云司马台长城旅游工贸公司劳动争议纠纷案

判决观点，结合本案来看，虽然被告公司为原告缴纳了2009年5月至7月的社会保险费，并为其办理了2006年6月至2009年4月的社会保险补缴手续，但在此期间，双方并无建立劳动关系的意思表示，即原告未向被告提供过劳动，被告亦未对原告进行管理并支付相应的劳动报酬，不符合劳动关系的构成要件，故原告要求确认双方存在劳动关系的诉讼请求，无事实依据，法院不予支持。缴纳社会保险系用人单位的法定义务，在认定双方之间未形成劳动关系的前提下，原告要求被告为其缴纳社会保险费的诉讼请求，于法无据，法院无法支持。判决：驳回刘某佳的诉讼请求。[1]

（二）保险缴费区别认定

缴纳社会保险费是用人单位的法定义务，不能由用人单位与劳动者约定免除。劳动者自愿承诺不缴纳社会保险费，而不能免除用人单位的工伤保险待遇赔偿责任。

【案例9－11】 东莞某某有限公司无锡分公司诉李某某工伤保险待遇纠纷案

一审法院认为……根据该规定，为职工缴纳工伤保险费是用人单位的法定义务，该法定义务不得通过任何形式予以免除或变相免除。劳动者自愿承诺不缴纳社会保险费，发生工伤的，并不能免除用人单位的工伤保险待遇赔偿责任。用人单位应当参加工伤保险，为本单位全部职工或者雇工缴纳工伤保险费。应当参加工伤保险而未参加的用人单位职工发生工伤的，由该用人单位按照《工伤保险条例》规定的工伤保险待遇项目和标准支付费用。因此，为劳动者缴纳工伤保险费系用人单位的法定义务，当劳动者发生工伤时，并不因劳动者自愿承诺不缴纳社会保险费，而免除用人单位的工伤保险待遇赔偿责任。二审法院同意一审法院裁判意见，驳回上诉，维持原判。[2]

代缴社会保险实务中颇为常见，其情形不外乎：(1)关联企业间劳动者（包括异地和本地）流动未及时办理或公司觉得没必要办理变更；(2)公司异地招工，劳

---

〔1〕 参见国家法官学院案例开发研究中心编：《中国法院2018年度案例》（劳动纠纷），中国法制出版社2018年版，第55页。北京市密云区人民法院(2016)京0118民初8560号民事判决书。

〔2〕 参见国家法官学院、最高人民法院司法案例研究院编：《中国法院2020年度案例》（劳动纠纷），中国法制出版社2020年版，第162页。江苏省无锡市中级人民法院(2018)苏02民终3064号民事判决书。

动者要求办理其所在城市的社会保险；(3)公司本地招工，劳动者要求办理异地社会保险；(4)公司替没有劳动关系的熟人缴纳社会保险。[1] 单位委托第三方代缴劳动者社会保险，也是常见情形。上述种种代缴社会保险的行为存在相当大的风险，主要为，对委托公司和代缴公司而言，都存在风险，不仅可能面临行政处罚，还可能因为劳动纠纷而存在额外支付。如前文列举的第四种情形为熟人代缴社保，就可能面临虽无劳动关系却可能被法院认定为存在劳动关系并承担法律后果的风险。对于劳动者而言，可能出现社会保险缴纳地不承认代缴公司缴纳社会保险效力的问题，致使其不能享受其社会保险待遇，只能选择诉讼程序向用人单位主张权利。造成上述风险的主要原因在于，我国的户籍制度客观上形成了社会保险赔偿标准存在区别，加之社会保险被纳入政府财政预算，[2] 地方政府不愿意承担非本地企业劳动者的社会保险负担。从规范角度分析企业间代缴社会保险的劳动者工伤待遇承担问题，涉及社会保险费缴纳中用人单位的地位问题、代缴公司的代缴效力问题及代缴不合法时的责任承担问题等。从规范上看，代缴社会保险可能导致所交纳的社会保险在赔付时被当地主管机关否认，从而致使用人企业承担由此造成的劳动者损失。换言之，第三方公司代替用人单位为劳动者缴纳社会保险不合法且不受法律保护，劳动者发生工伤事故因此不能获得工待遇的，用人单位应支付工伤保险待遇。

【案例9－12】　乔某诉武汉国丹医药有限公司工伤保险待遇纠纷案

二审法院认为，为职工缴纳社会保险是用人单位的法定义务，用人单位应当向其所在地的社会保险经办机构办理社会保险登记。社会保险登记实行属地管理，开户和缴费单位应当是用人单位，即与劳动者建立劳动关系的用人单位，用人单位委托第三方代缴职工社会保险不合法。一般而言，劳动者享受社会保险待遇的前提应当是与参保单位存在劳动关系。而在社会保险代缴的情况下，用人单位所在地与社会保险缴纳地、社会保险缴纳主体与实际工作单位均存在不一致。代缴是直接以社保代缴公司的名义为职工缴纳社保，此种情形不是代理而是代替。由于社保涉及人身性质，代缴公司虽代替用人单位缴纳社保费用，却不能代替用人单位为劳动者申请工伤待遇，而在账户名义上，却又显示用人单位并为其职工缴纳工伤保险。根据《社会保险法》第四十一条规定，“职工所在地用人单位未依法缴纳工伤保险费，发生工伤事故的，由用人单位支付工伤保险待遇”，所以应由用人单位承担职工应享受的所有工伤保险待遇。就本案而言，武汉国丹医药有限公司（以下简

---

〔1〕 参见周曜峻：《企业为非员工代缴社保的法律风险及防范》，载《上海企业》2017年第10期。

〔2〕 参见熊伟、张荣芳：《财政补助社会保险的法学透析：以二元分立为视角》，载《法学研究》2016年第1期。

称国丹公司)委托友邦公司为其职工乔某代缴工伤保险,而社保代缴单位所在地保险经办机构未向乔某支付工伤保险待遇,乔某享受工伤保险待遇损失应当由用人单位国丹公司承担。因此,国丹公司应支付乔某的一次性伤残补助金3.6万元;一次性医疗补助金43,816元,但乔某仅主张41,244元,超过部分视为乔某自动放弃;一次性伤残就业补助金65,724元。[1]

用人单位为劳动者缴纳工伤保险费系必须履行的法定义务,不因办理意外伤害保险而免除。

【案例9-13】 范某兴、俞某萍、高某诉上海祥龙虞吉建设发展有限公司、黄某兵提供劳务者受害责任纠纷案

判决观点,根据《建筑法》第四十八条规定,为职工参加工伤保险缴纳工伤保险费系建筑施工企业必须履行的法定义务,为从事危险作业的职工办理意外伤害保险并支付保险费系倡导性要求。建筑施工企业为从事危险工作的职工办理的意外伤害保险,并不因此免除企业为职工缴纳工伤保险费的法定义务。根据《保险法》第三十九条规定,投保人为其有劳动关系的劳动者投保人身保险不得指定被保险人及其近亲属以外的人为受益人。建筑施工企业作为投保人为劳动者投保团体意外伤害险,该保险的受益人只能是劳动者或其近亲属。劳动者在工作中发生人身伤亡事故,建筑施工企业或实际施工人以投保人身份主张在赔偿款中扣除意外伤害保险金,变相成为保险受益人的,有违立法目的。依法不予支持。[2]

劳动者在两个或两个以上用人单位同时就业的,各用人单位应当分别为职工缴纳工伤保险费。

【案例9-14】 北京国玉大酒店有限公司北京市朝阳区劳动和社会保障局工伤认定行政纠纷案

判决观点,"职工在两个或两个以上用人单位同时就业的,各用人单位应当分别为职工缴纳工伤保险费。发生工伤职工受到伤害时其工作的单位依法承担工伤保险责任"。根据该规定,下岗、待岗职工又到其他工作的,该单位也应单位职工缴纳工伤保险费;在该单位工作时发生工伤的,该单位应当依法承担工伤保险责任。[3]

现行法律、法规和规章对缴纳社会保险进行了明确的规定,用人单位未进行

---

〔1〕 参见《人民司法·案例》2019年第35期(总第874期)。湖北省武汉市中级人民法院(2018)鄂01民终3245号民事判决书。

〔2〕 参见《最高人民法院公报》2021年第10期(总第300期)。

〔3〕 参见《最高人民法院公报》2008年第9期。

属地社会保险登记，委托第三方代缴公司缴纳社会保险，本身也是一种违法行为。根据《民法典》第一百五十三条规定："违反法律、行政法规的强制性规定的民事法律行为无效。"用人单位与代缴公司之间签订的代缴协议由于违反了社会保险法等法律、行政法规的强制性规定，应归于无效。

【案例9-15】　胡某某诉某国际公司保险交费争议纠纷案

二审法院认为，根据《劳动合同》《协议书》《胡某某工资明细表》《询问笔录》等在案证据材料，可以认定胡某某于2009年8月至2018年8月与某国际公司存在劳动关系，某国际公司未依法在其社会保险登记地北京市某某区为胡某某缴纳该期间的社会保险，违反《社会保险法》《社会保险费征缴暂行条例》《社会保险稽核办法》等法律规范规定的用人单位应为职工足额缴纳社会保险费的法定义务，某国际公司委托其他单位为胡某某在山东省某某市缴纳社会保险，不能取代其在社会保险登记地依法应当承担的社会保险费缴纳义务。[1]

应当注意的是，有些代缴行为在法律法规规定的特殊情形下，也并不违法。根据《劳务派遣暂行规定》第十八条规定："劳务派遣单位跨地区派遣劳动者的，应当在用工单位所在地为被派遣劳动者参加社会保险，按照用工单位所在地的规定缴纳社会保险费，被派遣劳动者按照国家规定享受社会保险待遇。"第十九条规定："劳务派遣单位在用工单位所在地设立分支机构的，由分支机构为被派遣劳动者办理参保手续，缴纳社会保险费。劳务派遣单位未在用工单位所在地设立分支机构的，由用工单位代劳务派遣单位为被派遣劳动者办理参保手续，缴纳社会保险费。"《人力资源社会保障部关于执行〈工伤保险条例〉若干问题的意见（二）》第七条规定："用人单位注册地与生产经营地不在同一统筹地区的，原则上应在注册地为职工参加工伤保险；未在注册地参加工伤保险的职工，可由用人单位在生产经营地为其参加工伤保险。建筑施工企业按项目参保的，应在施工项目所在地参加工伤保险。"

（三）社保缴费补偿认定

用人单位未给劳动者缴纳社会保险，导致劳动者一直以个人委托存档的身份自行缴纳社会保险，用人单位承担的义务转嫁到劳动者身上。很显然对此行为，用人单位因其违法行为而获利，劳动者不应负担这一义务。劳动者已自行缴纳了

〔1〕北京市第三中级人民法院（2021）京03行终368号行政判决书。

各项保险费用,用人单位不存在补缴的问题,用人单位应该向劳动者支付该补偿费用。

劳动者自行缴纳社保,向用人单位主张社保追偿。

【案例9-16】 吴某友诉泰禾公司劳动争议纠纷案

二审法院认为,根据《社会保险法》第十条、第二十三条规定,职工应当参加基本养老保险、职工基本医疗保险,由用人单位和职工共同缴纳基本养老保险费和基本医疗保险费。用人单位为职工缴纳社会保险费系其法定义务,具有强制性。因用人单位未依法办理社会保险,劳动者已在个人窗口办理社会保险的,应该由用人单位支付劳动者已经缴纳应由单位缴纳的社会保险部分。2020年8月1日至2021年3月31日,吴某友自行缴纳社保共支付保险费10,527.44元。泰禾公司未给吴某友缴纳社保,也未举证证明其作为用人单位应承担的金额为多少。现吴某友主张按武汉市社保缴费基数月标准下限要求泰禾公司按900元/月标准补偿社保费用支付吴某友社保费用7200元符合法律规定。[1]

---

〔1〕 湖北省武汉市中级人民法院(2022)鄂01民终17874号民事判决书。

三、劳动保险缴费疑难问题

(一)劳动保险缴费程序处理

《劳动争议解释(一)》第一条规定:"劳动者与用人单位之间发生的下列纠纷,属于劳动争议,当事人不服劳动争议仲裁机构作出的裁决,依法提起诉讼的,人民法院应予受理:……(五)劳动者以用人单位未为其办理社会保险手续,且社会经办机构不能补办导致其无法享受社会保险待遇为由,要求用人单位赔偿损失的纠纷。"该条规定是用人单位未为劳动者办理社会保险手续程序性处理规定。对于该条可从以下几个方面理解:其一,社会保险争议的特殊性。(1)社会保险争议是一种特殊的劳动争议,体现在保险待遇的计算依据比较复杂。(2)社会保险争议是一种特殊的劳动争议,体现在司法职能与行政职能相互交叉、重叠、界限不清。(3)社会保险争议是一种特殊的劳动争议,体现在社会保险纠纷案件的执行离不开社会管理部门的密切配合。[1] 其二,在涉及社会保险争议案件的受案范围上,本解释与其他劳动争议解释有区别,一是适用主体上有所变化,二是适用时间上有所变化。其三,社会保险经办机构不能补办的举证责任理解。就本条的举证责任而言,社保经办机构不能补办社保手续是一种法律事实,对于这一法律事实,按照有关法理应由劳动者一方承担。但劳动者欲证明这一事实,只有向社保管理部门申领书面证据,而社保管理部门由于种种原因一般不会出具这样的书面材料。如果就此对劳动者加以苛刻的要求,甚至以此作为不予受案的理由,则不利于保护劳动者的合法权益。因此,在这种情况下,只要劳动者能够证明用人单位没有为其办理社会保险手续导致其损失即可,至于证明社保经办机构是否能够补办的举证责任,则不应作为是否受案的标准。如果用人单位能够证明社保经办机构还能够补办,人民法院应不受理该劳动争议案件,而应告知劳动者向劳动行政部门申请解决。[2] 其四,劳动者与用人单位因住房公积金发生的争议,不属

〔1〕 参见最高人民法院民事审判第一庭编著:《最高人民法院劳动争议司法解释(三)的理解与适用》,人民法院出版社2010年版,第33~37页。

〔2〕 参见最高人民法院民事审判第一庭编著:《最高人民法院劳动争议司法解释(三)的理解与适用》,人民法院出版社2010年版,第41页。

于劳动争议。其五,用人单位未为劳动者办理社会保险手续是前置条件。其六,因不能补办导致劳动者无法享受社会保险待遇而遭受损失。

用人单位未足额缴纳社会保险费,发生工伤事故时保险如何处理的问题,《工伤保险条例》并未明确规定。虽有观点认为工伤保险缴费由社保部核定征收,未足额缴纳工伤保险费引发的纠纷也应由社保部门处理,法院不应当受理。但在司法实践中一般认为,足额缴纳工伤保险费属于法律的强制性规定,因用人单位未履行法定义务而导致工伤保险待遇差额,损害劳动者的合法权益,属于法院的受理范围。

《劳动争议解释(一)》第一条的规定仅适用于用人单位未为劳动者办理社会保险手续,且社会保险经办机构不能补办导致劳动者无法享受社会保险待遇而要求用人单位赔偿损失的情形。对劳动者自行缴纳的社会保险请求用人单位赔偿,不属于民事诉讼的受案范围,法院不予受理。

【案例9-17】 廖某甲、廖某乙诉深圳市裕民股份有限公司劳动争议纠纷再审案

再审法院认为,根据相关行政法规及司法解释的规定,缴纳社会保险费的争议不属于民事案件受理范围,故原一审、二审判决对申诉人廖某甲、廖某乙(曹某某因故死亡,法院依法通知继承人廖某甲、廖某乙参加诉讼)的该项诉讼请求不予审理并无不当。……本案中,深圳市裕民股份有限公司(以下简称裕民公司)已为曹某某办理了社会保险手续,不属于上述司法解释规定的情形。故曹某请求判决裕民公司支付曹某某已自行补缴的社会保险费的诉讼请求不属于民事诉讼的受案范围。即使人民法院对申诉人的该项诉讼请求予以审理,申诉人的该项诉请仍然缺乏法律依据及事实依据。首先,根据《社会保险费征缴暂行条例》第三条等规定,裕民公司作为用人单位应为其签订并履行合同的劳动者曹某某缴纳社保费用。但曹某某在被裕民公司违法裁员后,没有继续履行劳动合同义务,双方劳动合同关系已实际解除,双方劳动合同关系并非尚在存续状态。申诉人认为裕民公司仍应履行劳动合同中有关为曹某某缴纳社会保险费用的合同义务,缺乏事实依据。其次,曹某某未能主张并举证证明本案存在曹某某不补缴社会保险费用,其将无法退休并领取养老金等事实,故申诉人请求裕民公司偿还曹某某自行补缴的社会保险费,缺乏合理依据。最后,根据劳动部《违反〈劳动法〉有关劳动合同规定的赔偿办法》第二条、第三条的规定,用人单位违反规定解除劳动合同,对劳动者造成损害的,除应赔偿劳动者本人应得工资收入25%的费用外,还应赔偿劳动合同约定的其他赔偿费用。而裕民公司与曹某某所签订的劳动合同并未约定如果裕民公司违法解除合同,应赔偿曹某某有关社会保险费用的损失。故即使对申诉人的该项诉请予以受理,申诉人的该项诉请仍然依据不足。裁定:驳回廖某甲、廖某乙的申诉申请。[1]

劳动者请求用人单位缴纳社会保险费的,法院不予受理。

【案例 9－18】 谷某奎诉吉林大学劳动争议纠纷案

判决观点,关于原告要求被告为其缴纳 2007 年 10 月 17 日至 2014 年 10 月 24 日的养老保险、医疗保险、失业保险的问题,法院认为,劳动者以用人单位没有为其办理社会保险手续、欠缴社会保险费或未按规定的工资基数足额缴纳社会保险费为由,要求用人单位履行上述义务而诉至人民法院的,一般不予受理,但告知劳动者依据《社会保险费征缴暂行条例》《社会保险稽核办法》《劳动保障监察条例》的规定,通过相关主管部门解决。故原告的此部分诉讼请求,法院不予支持,原告应通过相关劳动主管部门解决。[2]

【案例 9－19】 侯某滨与沈阳红梅企业集团有限责任公司劳动争议纠纷再审案

最高人民法院认为,关于侯某滨诉请补缴社会保险金及住房公积金是否属于人民法院受理劳动争议案件受案范围的问题。依据《劳动争议调解仲裁法》第二条第四项的规定,因社会保险发生的争议,属于劳动争议。但是,并非所有的社会保险争议都属于人民法院受理劳动争议案件的范围,主要区分两种情形:(1)对于已经由用人单位为劳动者办理了社会保险手续,但因用人单位欠缴、拒缴社会保险费或者劳动者对缴费年限、缴费基数有异议等发生的争议,因《社会保险费征缴暂行条例》(国务院令第 259 号)、《劳动保障监察条例》(国务院令第 423 号)等行政法规赋予了劳动行政部门对用人单位为劳动者办理社会保险的专属管理权、监察权和处罚权,用人单位、劳动者和社会保险机构就欠费发生争议,是征收与缴纳之间的纠纷,属于行政管理的范畴,带有社会管理的性质,不是单一的劳动者与用人单位之间的社会保险争议。因此,此类纠纷应由社会保险管理部门解决处理,不属于人民法院受理劳动争议案件的受案范围。(2)对于用人单位没有为劳动者办理社会保险手续,且社会保险经办机构不能补办导致劳动者不能享受社会保险待遇,要求用人单位赔偿损失发生的争议,人民法院应予以受理。《劳动争议解释(三)》(已失效)第一条所规定的人民法院应予受理的社会保险争议即是上述第二种情形,该条规定:“劳动者以用人单位未为其办理社会保险手续,且社会保险经办机构不能补办导致其无法享受社会保险待遇为由,要求用人

---

[1] 广东省高级人民法院(2014)粤高法审监民提字第 2 号民事裁定书。

[2] 参见国家法官学院案例开发研究中心编:《中国法院 2016 年度案例》(劳动纠纷),中国法制出版社 2016 年版,第 168 页。吉林省长春市高新技术开发区人民法院(2014)民初字第 2147 号民事判决书。

单位赔偿损失而发生争议的,人民法院应予受理。”本案中,侯某滨诉请沈阳红梅企业集团有限责任公司(以下简称红梅集团)补缴除医疗保险以外的养老、工伤、生育、失业等四种社会保险,但本案用人单位为其办理了医疗、养老、失业、工伤、生育的社会保险手续,其享有以上社会保险账户。据此,侯某滨关于补缴社会保险金的诉讼请求应属于上述第一种情形即已经由用人单位办理了社会保险手续,但因用人单位欠缴保险费引发的争议,不属于司法解释所规定的人民法院应予受理的情形,故本案一审、二审法院认定侯某滨的该项诉讼请求不属于人民法院受理劳动争议案件的范围,适用法律并无不当。关于补缴住房公积金是否属于人民法院受理劳动争议案件受案范围的问题。根据《住房公积金管理条例》第三十七条规定:“违反本条例的规定,单位不办理住房公积金缴存登记或者不为本单位职工办理住房公积金账户设立手续的,由住房公积金管理中心责令限期办理;逾期不办理的,处1万元以上5万元以下的罚款。”第三十八条规定:“违反本条例的规定,单位逾期不缴或者少缴住房公积金的,由住房公积金管理中心责令限期缴存;逾期仍不缴存的,可以申请人民法院强制执行。”依据上述规定,劳动者与用人单位因住房公积金发生争议,应当由住房公积金管理中心负责催缴,故一审、二审法院认定侯某滨要求红梅集团补缴其住房公积金的诉讼请求不属于人民法院受理劳动争议案件的范围,亦无不当。[1]

为职工缴纳社会保险费是用人单位的法定义务,如未依法缴纳,社会保险经办机构有权核定社会保险费数额,要求用人单位补缴。

【案例9-20】 许某玉与海南益某药业贸易有限公司、原海南省社会保险事业局(现海南省社会保险服务中心)劳动和社会保障行政管理再审案

最高人民法院认为,本案被诉行政行为是省社保中心于2017年9月25日作出的通知书,故本案审查焦点系该行政行为作出的事实依据是否充分、法律适用是否准确。《最高人民法院关于行政诉讼证据若干问题的规定》第七十条规定,生效的人民法院裁判文书或者仲裁机构裁决文书确认的事实,可以作为定案依据。本案中,329号判决、2442号判决、1635号判决等裁判文书主文和判项中包括“限益某公司在本判决书生效之日起10日内与许某玉签订无固定期限劳动合同”“双方自2010年9月1日起至今仍存在劳动关系”“限益某公司于本判决生效后10日内支付许某玉未签订无固定期限劳动合同自2010年10月1日至2011年8月31日的二倍工资和自2011年

[1] 最高人民法院(2017)民申1121号民事裁定书。

9月1日至2013年3月31日的工资”“致使双方劳动关系于2013年3月31日终止”等内容，尽管未在判项中明确表述许某玉与益某公司自2011年9月1日至2013年3月31日存在劳动关系的字句，但从判决主文和判项内容中可以明确得出这一结论，逻辑清晰，并无歧义，足以认定。既然双方存在劳动关系，那么在该期间内许某玉仍为益某公司职工，益某公司仍负有为许某玉缴纳社会保险费的法定义务。省社保中心据此作出本案行政行为，理据充分。许某玉和省社保中心关于双方在2011年9月1日至2013年3月31日存在劳动关系的主张于法有据，本院予以支持。《社会保险法》第五十八条规定……《社会保险费征缴暂行条例》第十二条规定，缴费单位和缴费个人应当以货币形式全额缴纳社会保险费。缴费个人应当缴纳的社会保险费，由所在单位从其本人工资中代扣代缴。社会保险费不得减免。根据上述规定，为职工缴纳社会保险费是用人单位的法定义务，如未依法缴纳，社会保险经办机构有权核定社会保险费数额，要求用人单位补缴。本案中，省社保中心根据许某玉的申请，依据前述法院裁判文书认定的事实，核查发现益某公司存在漏缴社会保险费问题后，于2017年9月25日作出通知书，要求益某公司办理社会保险费补缴申报。故省社保中心作出本案行政行为的程序合法，适用法律正确。关于益某公司所提2010年8月31日后，许某玉未实际提供劳动，不应享有劳动法上权利的主张。本院认为，尽管许某玉与益某公司自2010年9月1日至2013年3月31日无实际用工关系这一节属实，但经前述生效裁判，均认为该期间内益某公司应与许某玉签订劳动合同而未签订，且责任在于益某公司，依据《劳动合同法》等相关法律，认定该期间双方存在劳动关系这一法律事实。基于这一事实，许某玉也依法应享有劳动法上的相关权利，包括要求用工单位为其缴纳社会保险费的权利，而社保机构亦有监督督促用工单位为员工缴纳相关费用的法定职权。益某公司该项主张于法无据，本院不予支持。[1]

当事人主张用人单位未缴纳社会保险费劳动监察时效应注意的问题。

【案例9-21】 龚某诉某市某区人力资源和社会保障局不履行劳动监察职责案

二审法院认为，劳动保障行政部门依据《劳动保障监察条例》第二十条规定，以企业未依法缴纳社会保险费行为在2年内未被发现，也未被举报、投诉为由不再查处的，人民法院不予支持；当事人请求履行上述查处职责，能够提供相应材料初步证明企业存在未依法缴纳社会保险费用的，人民法院应当

〔1〕 最高人民法院(2020)行再507号行政裁定书。

判决责令有关劳动保障行政部门履行相应职责。追缴社会保险费有一定特殊性,是否适用2年查处时效,应受到以下两个条件的限制。第一,职工需提交初步证明。职工举报、投诉企业未依法缴纳社会保险费不受2年时效限制、人民法院责令劳动保障行政部门履行相应职责的前提是职工有初步证据证明企业存在未依法缴纳社会保险费的行为。否则,如果职工提交的证据或者劳动行政部门经核查发现的证据不能证明企业存在未依法缴纳社会保险费的情形时,即使法院责令劳动保障行政部门履行相应职责,也没有意义。第二,用人单位未缴纳社会保险费的违法行为需呈持续状态。当职工与用人单位解除、终止劳动关系时,用人单位缴纳社会保险费的义务即告终止,其不作为违法行为也相应终止,故应此时起算用人单位欠缴社会保险费的追诉时效。本案中,龚某原就职的建筑安装公司已改制为建设集团公司,1995~1997年,建设集团公司属于乡镇企业,不在当时必须参加企业职工基本养老保险的参保范围内,且从龚某1997年4月离职起,建设集团公司便没有再为龚某缴纳社会保险费的义务。龚某要求某区人社局责令建设集团公司补缴1995~1997年龚某的社会保险费的投诉事项,已超过2年的劳动保障监察查处时效,且无初步证据证明建设集团公司存在未依法为龚某缴纳社会保险费用的情形。判决:驳回上诉,维持原判。〔1〕

(二)劳动工伤保险费处理

1.关于补缴后的工伤保险待遇问题

用人单位未参加工伤保险期间,其职工发生工伤的,要由该用人单位按《工伤保险条例》规定的工伤保险项目和标准向工伤职工支付有关费用。但是,一旦用人单位参加工伤保险并补缴应当缴纳的工伤保险费、滞纳金后,如果用人单位的职工再发生工伤,则由工伤保险基金和用人单位依照条例的规定支付新发生的费用。条例之所以作出这样的规定,其立法目的和精神一方面在于对未参保的用人单位的一种惩罚,因为如果用人单位在职工发生工伤事故前参加工伤保险并按时足额缴纳工伤保险费的,那么原本应由社保基金支付的工伤保险待遇就不至于由用人单位承担,并且多数工伤事故发生后大部分费用往往都是在治疗初期产生

〔1〕 参见国家法官学院、最高人民法院司法案例研究院编:《中国法院2022年度案例》(行政纠纷),中国法制出版社2022年版,第220~221页。江苏省南通市中级人民法院(2020)苏06行终431号行政判决书。

的,工伤事故发生后补缴工伤保险费的并不能给企业减轻负担;另一方面工伤保险作为社会保险,不同于商业保险,其首要目的在于维护工伤职工的权利,对事后参保的工伤职工,只要用人单位补交了应当缴纳的工伤保险费、滞纳金后,就可以由用工伤保险基金和用人单位依照条例的规定支付新发生的费用。[1]

用人单位没有为劳动者缴纳工伤保险的情况下,劳动者的工伤费用应由用人单位承担。即便用人单位为劳动者购买了团体人身意外险,但该保险赔偿只能作为给劳动者的福利,不得抵扣用人单位应支付的工伤费用。

【案例9-22】 东莞某某有限公司无锡分公司诉李某某工伤保险待遇纠纷案

一审法院认为,法律及司法解释并不禁止受工伤的职工或其家属获得双重赔偿。……上述规定并不禁止受工伤的职工同时获得民事赔偿和工伤保险待遇赔偿。用人单位为劳动者投保了人身意外伤害保险的,即使劳动者作出承诺,亦不能免除用人单位的赔偿责任。本案中,东莞某某有限公司无锡分公司为李某某投保了团体人身保险,该保险不属于责任险,受益人为李某某,其可以兼得。因此,李某某虽然获得了保险理赔款,但并不能在赔偿款中扣除,亦不能免除东莞某某有限公司无锡分公司应承担的工伤保险待遇赔偿责任。即使李某某承诺以保险公司理赔为准,但保险公司理赔款与其应获得的工伤保险待遇差距甚大,显失公平,李某某也以提出仲裁申请的方式明示推翻了原先作出的承诺。东莞某某有限公司无锡分公司应当依法支付李某某各项工伤保险待遇。判决:(1)由东莞某某有限公司无锡分公司支付李某某一次性伤残补助金32,703元、一次性工伤医疗补助金80,000元、一次性伤残就业补助金35,000元、医疗费69,409.59元、住院伙食补助费440元,合计217,552.59元。(2)驳回东莞某某有限公司无锡分公司的诉讼请求。二审法院同意一审法院裁判意见,驳回上诉,维持原判。[2]

对于欠缴工伤保险费期间职工发生工伤事故,用人单位未足额缴纳工伤保险费的(在足额缴纳工伤保险费之前),工伤职工的工伤保险待遇应由用人单位支付。如果用人单位补缴应缴纳的工伤保险费后,工伤职工的工伤保险待遇就应当由工伤保险基金支付。

工伤保险待遇纠纷案中,用人单位未给职工购买社会保险而将应当代缴的保险费用直接以工资的名义发放给职工的,发生工亡事故时,“供养亲属抚恤金”项下的“月平均工资”应当以工亡职工生前月平均实领工资为标准,用人单位主张

---

〔1〕 参见程琥:《工伤保险前沿问题审判实务》,中国法制出版社2014年版,第381页。

〔2〕 参见国家法官学院、最高人民法院司法案例研究院编:《中国法院2020年度案例》(劳动纠纷),中国法制出版社2020年版,第163页。江苏省无锡市中级人民法院(2018)苏02民终3064号民事判决书。

养老保险费、医疗保险费已经以工资形式发放给职工，要求从实领工资中扣除上述费用后计算“平均工资”的，法院不予支持。

在名为外包实为派遣的情形下，用人单位未为劳动者缴纳工伤保险，派遣单位和用工单位对劳动者的工伤赔偿承担连带责任。

【案例9－23】 上海津照汽车零部件有限公司诉黄某等劳动合同纠纷案

一审法院认为，被告恒兆公司作为用人单位未依法为被告黄某缴纳社会保险费，致使被告黄某发生工伤后无法从社会保险基金中获得理赔，被告桓兆公司和原告上海津照汽车零部件有限公司（以下简称津照公司）应当连带承担相应的替代支付责任。关于被告恒兆公司辩称被告黄某只能就商业保险和社会保险择一主张的意见，法院认为，用人单位为劳动者缴纳社会保险费是其法定义务，用人单位为劳动者购买商业保险不能替代缴纳社会保险。被告恒兆公司的辩称意见，于法无据，法院不予采纳。关于被告黄某主张的一次性伤残补助金31,168元，被告恒兆公司和原告津照公司均表示，对该金额无异议，但不应由自己承担。法院认为，基于被告京兆公司和原告津照公司对该金额无异议，法院予以确认，依法应当由被告京兆公司和原告津照公司连带承担。关于被告黄某主张的一次性工伤医疗补助金28,152元和一次性伤残就业补助金28,152元，根据《上海市工伤保险实施办法》第四十一条的相关规定，工伤人员依照《劳动合同法》第三十八条规定提出解除劳动合同的，一次性工伤医疗补助金和一次性伤残就业补助金不能扣减。经核算，被告黄某主张的一次性工伤医疗补助金和一次性伤残就业补助金金额正确，法院予以确认。关于被告黄某主张的2013年5月4日至2013年10月22日停工留薪期工资差额8694元，被告恒兆公司和原告津照公司亦均表示，对该金额无异议，但不应由自己承担。法院认为，基于被告恒兆公司和原告津照公司对该金额无异议，法院予以确认，依法应当由被告恒兆公司和原告津照公司连带承担。判决：（1）恒兆公司支付黄某一次性伤残补助金人民币31,168元；（2）恒兆公司支付黄某一次性工伤医疗补助金人民币28,152元；（3）恒兆公司支付黄某一次性伤残就业补助金人民币28,152元；（4）恒兆公司支付黄某2013年5月4日至2013年10月22日停工留薪期工资差额人民币8694元；（5）津照公司对上述四项判决中恒兆公司应当清偿的款项承担连带责任。二审法院判决：驳回上诉，维持原判。[1]

用人单位未为劳动者缴纳社会保险，劳动者向法院提出申请要求社保机构测算其养老金损失，而此类养老金损失的测算无明确标准，社保机构无法提供精确

---

〔1〕 参见郭伟清主编：《2016年上海法院案例精选》，上海人民出版社2017年版，第81页。

的测算结果时，法官应根据养老保险待遇受劳动者工作年限、退休时间、缴费金额、政策变化等因素影响，参照劳动者达到退休年龄时的上年度城镇职工养老保险企业退休人员月人均养老金的水平，结合劳动者的工作年限以及本区人口平均寿命，确定其养老金损失。

【案例9－24】　昌江欣达实业有限公司诉潘某娟劳动合同纠纷案

二审法院认为，本案主要的争议焦点是如何计算潘某娟的养老金损失。在本案一审诉讼过程中，潘某娟向一审法院申请社保机构对其养老金损失进行测算，海南省社会保险事业局提供了2004年度至2015年度城镇职工基本养老保险企业退休人员月人均养老金数额。潘某娟于2005年达到退休年龄，一审法院参照海南省社会保险事业局提供的企业退休人员月人均养老金数额，潘某娟退休之年的上一年度即2004年度月人均养老保险金额确定潘某娟养老金损失的结果并无不当，应予维持。潘某娟与昌江欣达实业有限公司（以下简称欣达公司）自1986年7月至1997年7月及2003年1月至2005年2月存在劳动关系，已由生效的民事判决书予以认定，潘某娟与海钢公司没有劳动关系，潘某娟上诉称一审判决其养老金损失过低以及请求海钢公司承担赔偿养老金损失的理由不成立，不予采信。欣达公司上诉称与潘某娟不存在劳动关系的理由没有事实基础，不予采信。潘某娟于2015年1月23日向劳动仲裁部门提起仲裁申请，其请求赔偿养老金损失并未超过法律规定的1年期限，欣达公司的上诉称潘某娟主张社会养老保险费用已超过法定期限的理由没有事实基础，不予支持。判决：驳回上诉，维持原判。〔1〕

用工单位应对被派遣劳动者的工伤担责。

【案例9－25】　韩某诉人力公司、机械公司劳动争议纠纷案

二审法院认为，根据《劳动合同法》第九十二条第二款规定，应当参加工伤保险而未参加工伤保险的用人单位职工发生工伤的，由该用人单位按照工伤保险条例规定的工伤保险待遇项目和标准支付费用。用工单位给被派遣劳动者造成损害的，劳务派遣单位与用工单位承担连带赔偿责任。本案中，因人力公司未为韩某缴纳工伤保险，应当向韩某支付各项工伤保险待遇。机械公司在用工过程中未尽安全保障义务，致使韩某受伤，对韩某工伤事故的发生存在过错，故应当与人力公司承担连带责任。人力公司与机械公司签订协议约定派遣员工遭受工伤由人力公司承担，该约定对韩某不发生法律效力，故判决人力公司与机械公司对韩某的工伤保险待遇承担连带赔

---

〔1〕　参见《人民司法·案例》2017年第8期（总第775期）。海南省第二中级人民法院（2016）琼97民终30号民事判决书。

偿责任。[1]

2. 第三方代缴的处理

用人单位负有自行申报、按时足额缴纳社会保险费的法定责任，开户和缴费单位应当是用人单位，即与劳动者建立劳动关系的用人单位。而委托第三方并使用第三方社保账户进行社保缴费，隐藏了真实的劳动关系，架空了我国的用工登记制度，不利于维护劳动者参加社会保险和享有社会保险待遇的权益。

实际用工和缴纳社保不一致的常见情形为，甲公司存在实际用工，有劳动合同，未缴纳社保，并不影响劳动关系的建立；乙公司不存在实际用工，没有劳动合同，虽有社保缴纳记录，但劳动关系不成立。发生工伤后，社保部门不承担工伤保险待遇，由用人单位承担工伤保险待遇。根据《社会保险法》第四十一条规定："职工所在用人单位未依法缴纳工伤保险费，发生工伤事故的，由用人单位支付工伤保险待遇"，社保涉及人身性质，承担工伤责任的前提是实际用工，代缴公司虽代替用人单位缴纳社保费用，但却不能代替用人单位为劳动者申请工伤保险待遇，工伤保险待遇应由用人单位承担。对已缴纳社会保险费的劳动者能否以现用人单位未为其缴纳社保费为由解除劳动合同要求支付经济补偿存在争议有不同观点。一种观点认为，根据《劳动合同法》第三十八条规定，用人单位未依法为劳动者缴纳社会保险费的，劳动者可以解除劳动合同。第四十六条规定，劳动者依照本法第三十八条规定解除劳动合同的，用人单位应当向劳动者支付经济补偿。因此，不论劳动者是否已缴纳社会保险费，只要用人单位未为其缴纳，劳动者可以据此解除劳动合同并要求支付经济补偿金。另一种观点认为，用人单位未为劳动者缴纳社会保险费的情形下，认定劳动者能否解除劳动合同并要求支付经济补偿的关键在于用人单位没有给劳动者缴纳社会保险费是否存在过错。社会保险费不能重复缴纳，意味着在劳动者已经参加社会保险并缴纳社会保险费的情况下，用人单位不能也不应缴纳社会保险费，也就是说此种情形下，用人单位不缴纳不是"未依法"，而是"依法不"缴纳。所以，此种情形并不符合"未依法为劳动者缴纳社会保险费"，不适用该法第三十八条的规定。后一种观点为主流观点。

【案例 9 – 26】 某金属制品厂与某人力资源公司合同争议纠纷案

一审法院判决，确认某金属制品厂与某人力资源公司于 2018 年 2 月签订的《劳动事务代理合同》以及 2019 年 2 月签订的《社会保险代理合同》无效；某人力资源公司于判决生效之日起 10 日内向某金属制品厂返还合同款

[1] 江苏法院 2022 年度劳动人事争议十大典型案例之五，审理法院：南通经济技术开发区人民法院、南通市中级人民法院。

100,000 元。某金属制品厂和某人力资源公司均不服,向山东省青岛市中级人民法院提起上诉,二审法院判决驳回上诉,维持原判。本案中,某金属制品厂与某人力资源公司签订的《劳动事务代理合同》与《社会保险代理合同》不仅违反了法律、行政法规的规定,也有损社会公共利益,应属无效合同。某金属制品厂作为用人单位、某人力资源公司作为专业的人力资源管理公司,双方明知由某人力资源公司代交工伤保险的行为违反了法律、行政法规的强制性规定,仍签订涉案协议,故双方对协议无效的法律后果均具有过错,应当分担无效合同的法律后果。某金属制品厂已将工伤保险费和商业保险费共计331,280 元交付给了某人力资源公司,某人力资源公司亦认可为某金属制品厂代交了保险费用,故某人力资源公司对每年为前程金属交纳保险的基数、系数以及人数应是知悉的,某人力资源公司对此负有举证责任,现某人力资源公司以相关人员已离职为由辩称对以上事项均不清楚,与常理不符,对此某人力资源公司应承担举证不能的法律后果。在某人力资源公司未能提交相应证据反驳某金属制品厂主张的前提下,对某金属制品厂所主张的案涉工伤保险缴费系数为 0.48、缴费人数为 2243 人次,已给付工伤保险费用为246,730 元(2243 人次×110 元/人/次),予以采信,并认定某人力资源公司为某金属制品厂缴纳工伤保险的费用为 30,594 元。因该费用已实际发生,且系缴纳给社保机构,某金属制品厂对于该工伤保险费用已经实际享有保险利益,故某人力资源公司无需向某金属制品厂返还已代交的保险费用。对于剩余费用 216,136 元(246,730 元 - 30,594 元),根据双方的过错程度,某人力资源公司为某金属制品厂缴纳工伤保险费用所付出的实际劳动等因素综合考虑,酌情由某人力资源公司向某金属制品厂返还合同款差额100,000 元。[1]

用人单位委托第三方代缴社会保险的,应承担劳动者工伤待遇的责任。

【案例 9-27】 李某诉甲公司劳动争议纠纷案

二审法院认为,李某在与甲公司劳动关系存续期间,在工作中受伤,被认定为工伤及伤残十级。用人单位为员工缴纳社会保险费是其法定义务,甲公司作为用人单位,未依法为李某缴纳工伤保险,致使李某无法获得社保基金赔付,该公司应支付李某工伤保险待遇。为劳动者缴纳社会保险是用人单位的法定义务,缴纳主体需是与劳动者建立劳动关系的用人单位。用人单位委托第三方代缴社会保险不合法,如因此导致工伤保险基金拒绝支付劳动者工

[1] 山东省青岛市中级人民法院(2023)鲁 02 民终 4716 号民事判决书。

伤待遇,则由用人单位承担责任。[1]

【案例9-28】 某某诉某公司劳动争议纠纷案

二审法院认为,一般而言,劳动者享受社会保险待遇的前提应当是与参保单位存在劳动关系。而在社会保险代缴的情形下,用人单位所在地与社会保险缴纳地、社会保险缴纳主体与实际工作单位均存在不一致。代缴是直接以社保代缴公司的名义为职工缴纳社保,此种情形不是代理而是代替。由于社保涉及人身性质,代缴公司虽代替用人单位缴纳社保费用,但却不能代替用人单位为劳动者申请工伤待遇,而在账户名义上,却又显示用人单位并未为其职工缴纳工伤保险,根据《社会保险法》第四十一条规定:"职工所在用人单位未依法缴纳工伤保险费,发生工伤事故的,由用人单位支付工伤保险待遇",所以应由用人单位承担职工应享受的所有工伤保险待遇。[2]

3. 用人单位停缴社保与单方解除劳动关系

劳动关系存续期间,用人单位应当依法为员工缴纳社会保险。一般情况下,只有在劳动关系终止后,用人单位才可以停缴社保并办理转出手续。但在实践中,由于种种原因(如财务人员忘记缴纳、公司经营困难降低成本、员工无故旷工等),有些单位在未出具解除或终止劳动合同证明的情况下就办理了社保停缴手续。如用人单位已经口头、微信通知员工无需再上班或将员工列入解除名单之中,则应视为用人单位实际已经做出了解除劳动关系的意思表示。但在没有证据证明用人单位做出过前述意思表示的情况下,用人单位在劳动关系存续期间停缴员工社保能否等同于解除劳动关系,有不同观点。从理论上讲,法官会结合其他事实综合判断用人单位实质上是否具有解除劳动合同的意思表示并做出相应判断。有法院认为由于员工未能举证证明单位以口头或书面方式做出过解除劳动关系的意思表示,不认同员工的主观判断,因此不能认定单位单方解除了劳动合同。也有法院结合整体案情,比照协商一致解除劳动关系进行处理。第三种观点认为停缴社保、停发工资事实上解除了劳动关系,要求用人单位举证证明其停缴社保的行为具有合理理由或员工主动/同意离职,否则视为违法解除。一般认为,应坚持具体案情具体分析的原则处理此类纠纷。劳动关系解除是停缴社保的充分条件,但社保停缴并不必然基于劳动关系解除这一单一原因发生,也不能反推出是解除劳动关系逻辑结果。停缴社保只是一种表现形式,在认定劳动关系是否单方解除时,应从用人单位和员工实质上是否仍在履行劳动合同项下的权利义

---

〔1〕 2023年4月北京市第二中级人民法院发布典型案例之五。
〔2〕 湖北省武汉市中级人民法院(2018)鄂01民终3245号民事判决书。

务、是否存在继续履行可能性、员工是否知情等方面进行综合判断。例如,用人单位仅停缴社保,公积金正常缴纳或工资正常发放的,不应认定构成单方解除。用人单位停缴社保公积金且停发工资,但具有合理原因,明确要求员工正常上班的或承诺事后补发,亦不应认定为用人单位意图解除劳动合同。

4. 劳动者自愿放弃社会保险

劳动者自愿放弃社会保险,劳动者以自身原因为由主动提出辞工后又以用人单位未给其缴纳社会保险要求经济补偿,不应得到支持。

【案例9-29】 曾某诉会达某食品公司劳动争议纠纷案

曾某自2001年12月起在会达某食品公司工作。工作期间,公司于2005年5月16日书面征求曾某意见,曾某明确表示不参加养老保险,其后公司一直未给曾某缴纳养老保险。2012年7月10日,曾某受聘于公司新任厂直条车间副主任职务(部门副经理待遇)。2014年8月13日,曾某转任品控部副经理职务。2016年9月1日,公司免去曾某品控部副经理职务,转任为生产部下属车间直条线班长。曾某不服,遂于2016年9月2日向公司提出辞工申请,主要内容为"由于从品控部副经理职务调到车间直线任班长,本人不胜任,无法在公司继续工作,现正式向公司提出辞工申请,将于2016年9月3日离职,对此给公司带来的不便,深感歉意,望公司领导批准"。后曾某以会达某食品公司一直未为其缴纳养老保险,并要求会达某食品公司支付经济补偿金46,428元及补交2001年至2016年8月的社会养老保险费为由,申请仲裁并诉至法院。会昌县劳动仲裁委员会裁决,会达某食品公司为曾某补缴2001年12月至2016年8月的社会养老保险费单位部分,个人部分由曾某自担,并驳回了曾某要求会达某食品公司支付经济补偿金46,428元的请求。曾某对仲裁委员会驳回了其经济补偿金的请求不服,遂诉至会昌县人民法院,该院驳回曾某的诉讼请求。[1]

【案例9-30】 刘某诉天津市济浓劳动服务有限公司等劳动争议纠纷案

二审法院认为,本案争议焦点为刘某自愿放弃缴纳社会保险,由此产生失业金待遇损失是否应由用人单位承担。为劳动者缴纳社会保险是用人单位的法定义务,无论劳动者是否声明放弃社会保险,用人单位均不能得到豁免。本案中,刘某虽书面承诺因其自身原因不愿缴纳社会保险,但该承诺违反法律的强制性规定,应属无效。刘某主张济浓公司、苏州东吴公司承担失

---

[1] 江西省高级人民法院与江西省人力资源社会保障厅联合发布劳动人事争议十起典型案例之九。

业金待遇损失于法有据,应予支持。[1]

【不同处理】 有的法院认为,劳动者自愿放弃缴纳社保,又以此主张解除劳动合同的,不支持解除劳动合同补偿金。

由于职工医社保费用,单位和个人是按照法定的缴费比例缴纳因此公司个别员工基于成本考虑不愿意用人单位为其缴纳工作期间的社会保险,提出以"现金补偿"的形式支付并出具自愿放弃缴纳社会保险的书面承诺,该种情况用人单位可以免责。

【案例9-31】 谢某诉西安利君物业管理有限责任公司、西安利君物业管理有限责任公司渭南分公司等劳动争议纠纷案

一审法院认为,民事主体从事民事活动,应当遵循诚实信用原则,秉持诚信、恪守承诺。本案中,谢某作为完全民事行为能力人,先后两次申请自愿放弃缴纳社会保险,系其真实意思表示,现又以未为其足额缴纳社会保险为由解除劳动关系并要求支付经济补偿金,有违诚实信用原则,不予支持。二审法院认为,就谢某要求用人单位支付解除劳动关系经济补偿金,本院认为谢某在职期间,多次向西安利君物业管理有限责任公司(以下简称利君物业公司)申请自愿放弃缴纳社会保险,现以利君物业公司未依法为其缴纳社会保险为由主张经济补偿金,理由亦不能成立,故一审判决对谢某要求利君物业公司支付经济补偿金的请求不予支持正确,依法应予维持。[2]

【案例9-32】 北京普金冷机科技有限公司与田某劳动争议纠纷案

一审法院认为,关于解除劳动关系经济补偿金问题。田某以未缴纳社会保险提出解除劳动关系,北京普金冷机科技有限公司(以下简称普金公司)认可未缴纳,虽普金公司提交证据证明系田某自愿放弃缴纳社保,但依法缴纳社会保险是我国《劳动法》规定的用人单位的法定义务,故其公司应支付田某解除劳动关系经济补偿金。二审法院认为,关于解除劳动关系经济补偿金,田某于2019年4月7日以普金公司未签订劳动合同、拖欠加班工资及未缴纳社会保险为由向普金公司提出解除劳动关系,并提交了解除劳动关系通知书及快递单,普金公司认可收到该通知书,亦认可未依法为田某缴纳社会保险,故田某以此为由提出解除,普金公司应当向其支付解除劳动关系经济补偿金。普金公司上诉主张其公司因田某在职期间累计旷工三次已于2019年4月3日将其辞退,但普金公司并未提交其向田某送达解除劳动关系通知的证据;其公司另主张田某系自愿放弃缴纳社会保险,因用人单位按照国家

---

[1] 天津市第二中级人民法院(2021)津02民终4324号民事判决书。

[2] 陕西省西安市中级人民法院(2022)陕01民终2578号民事判决书。

法律法规规定为劳动者缴纳社会保险是用人单位的应尽义务,故普金公司仍应支付田某解除劳动关系经济补偿金,一审法院所作处理适当,本院予以确认。[1]

劳动者对放弃社会保险反悔,可在劳动关系存续期间向用人单位提出补缴社会保险的请求,用人单位应及时补缴以纠正违法情形。如用人单位在合理期限拒绝补缴,劳动者可据此解除劳动合同,并可依照《劳动合同法》第三十八条和第四十六条的规定要求用人单位支付经济补偿金。

5. 用人单位少缴工伤保险费

用人单位少缴工伤保险费的应担责。

【案例9-33】 杨某诉新疆某铝电公司劳动争议纠纷再审案

新疆某铝电公司系四川某铝业公司的子公司。2008年7月开始,四川其亚铝业集团为杨某缴纳社会保险至2011年5月,停缴17个月后,2012年11月继续为其缴纳社会保险至2018年5月,但并未缴纳工伤保险。2011年5月29日,杨某被派往新疆某铝电公司处工作。2017年12月31日,双方签订了劳动合同。合同约定期限为两年,即自2018年1月1日起至2019年12月31日止,并约定了工作地点为发电公司部门从事维修岗位工作,同时约定"因生产经营管理和发展上的需要,乙方同意并服从工作地点和工作岗位的调整,即用人单位可对劳动者的工作岗位和工作地点可以在其关联公司(四业其亚铝业集团与新疆某铝电公司、贵州其亚铝电有限公司、山西其亚铝电有限公司、乐山海虹发电有限公司等子公司和今后成立的分公司和子公司)之间进行相互调整,也可以在各关联分公司或子公司之间进行相互调整……劳动者如属从母公司以及从母公司下属其他分、子公司调入的,则劳动关系转至用人单位,且工龄连续计算",还约定了加班工资以标准工资支付等。2018年5月4日,杨某向新疆某铝电公司请假77天,请假时间为2018年5月10日至2018年7月25日,2018年7月16日,杨某以新疆某铝电公司未给其缴纳工伤保险为由,向仲裁委提出申请解除劳动关系等申诉请求。2018年8月24日,吉木萨尔县劳动人事争议仲裁委员会作出吉劳人仲字(2018)30-1号仲裁裁决书,杨某不服,提起诉讼。

一审法院判决新疆某铝电公司支付杨某解除劳动合同经济补偿金55,820元。新疆某铝电公司不服,向新疆维吾尔自治区昌吉回族自治州中级人民法院提起上诉,二审法院判决驳回上诉,维持原判。新疆某铝电公司

[1] 北京市第二中级人民法院(2020)京02民终5365号民事判决书。

不服,向新疆维吾尔自治区高级人民法院申请再审,再审法院裁定驳回新疆某铝电公司的再审申请。[1] 新疆某铝电公司称并非未给劳动者缴纳社保,仅是未缴纳社会保险中的工伤保险,属于未足额缴纳,不应适用《劳动合同法》第三十八条第三项之规定。我国《劳动合同法》中关于社会保险的规定,是指国家建立的劳动者在患病、伤残、失业、工伤、年老以及其他生活困难情况下,给予物质帮助的制度。它包括养老保险、疾病保险、失业保险、工伤保险和生育保险。根据《劳动法》第七十二条的规定,"用人单位和劳动者必须依法参加社会保险,缴纳社会保险费"。因此可以看出社会保险具有国家强制性,用人单位应当依照有关法律、法规的规定,负责缴纳各项社会保险费用,并负有代扣、代缴本单位劳动者社会保险费的义务。因此,如果用人单位未依法为劳动者缴纳上述社会保险费,是对劳动者基本权利的侵害,劳动者可以与用人单位解除劳动合同。根据前述法律规定及立法本意,社会保险的范畴应是泛指包含工伤保险在内的五大险种,新疆某铝电公司作为用人单位应当为与其建立劳动关系的劳动者全额缴纳社会保险。新疆某铝电公司以参缴地缴费费率标准过高为由,自与杨某建立劳动关系的2008年7月起就一直未缴纳工伤保险费明显违反法律法规关于依法为劳动者缴纳社会保险的相关规定。原审法院依据《劳动合同法》关于劳动者单方解除劳动合同和经济补偿的规定判决解除新疆某铝电公司与杨某之间的劳动关系并判令新疆某铝电公司支付经济补偿金具有相应的法律依据。

(三)劳动医疗保险费处理

用人单位未按照国家规定为劳动者缴纳基本医疗费,有关医疗费待遇损失的赔偿标准,劳动者可依法主张的医疗费待遇损失,并不同于其实际已产生的相关医疗费用,该待遇损失应当严格依照假定用人单位依法缴纳社会保险费、劳动者依法实际可享受的医疗保险待遇标准进行核算:其一,《社会保险法》第二十八条规定:"符合基本医疗保险药品目录、诊疗项目、医疗服务设施标准以及急诊、抢救的医疗费用,按照国家规定从基本医疗保险基金中支付",故劳动者主张的相关医疗损失范围,应当限于基本医疗保险基金按照国家规定所应支付的部分,即医保统筹支付部分。其二,《社会保险法》第二十六条规定:"职工基本医疗保险、新型农村合作医疗和城镇居民基本医疗保险的待遇标准按国家规定执行",故劳动者主张的相关医疗保险待遇损失数额,应当限于劳动者根据国家有关基本医疗保险

---

[1] 新疆维吾尔自治区高级人民法院(2019)新民申992号民事裁定书。

可享受的待遇标准，即医保统筹支付限额。劳动者主张的医疗保险待遇损失超出上述两部分的，依法不予支持。

【案例9－34】　深圳市玉禾田物业清洁管理有限公司厦门分公司诉廖某泽劳动争议纠纷案

一审法院认为，本案中，深圳市玉禾田物业清洁管理有限公司厦门分公司（以下简称玉禾田厦门分公司）作为用人单位，在廖某泽于2015年3月1日入职后，未依法为其办理社保登记手续并缴纳社保费用，导致其2015年6月2日至2015年7月18日因病住院后无法享受相应的医疗保险待遇，依法应对廖某泽由此产生的实际损失承担赔偿责任。廖某泽系于2015年3月1日入职、2015年6月2日住院治疗、2015年7月18日治愈出院，而廖某泽并未举证证明其系具有本市城镇户籍的从业人员且已在厦门市连续参保，故参照《厦门市2015年度外来从业人员医疗保险划转与待遇》的相关规定，即使玉禾田厦门分公司在廖某泽入职当月即为其依法办理社保登记并缴纳社保费用，截至2017年7月（连续参保5个月），廖某泽因门诊和住院实际可享受的医保统筹支付最高限额比例亦仅为3万元（连续参保半年以内的标准）；至于截至2015年7月，廖某泽因玉禾田厦门分公司未依法为其缴纳社保费用而产生的个人账户及健康账户划拨等损失，因双方后续社保费用的缴纳、补缴、划拨等相关事宜尚未发生，廖某泽是否会实际产生损失尚无法确定，故廖某泽应待上述损失实际发生后另行主张。因经鉴定廖某泽2015年6月2日至2015年7月18日在厦门市中医院住院治疗期间，实际因玉禾田厦门分公司未依法为其办理社保登记并缴纳社保费用产生的医疗费损失为30,000元，玉禾田厦门分公司对此应承担赔偿责任。判决：玉禾田厦门分公司支付廖某泽医疗费损失30,000元。二审法院判决：驳回上诉，维持原判。[1]

劳动者在用人单位工作期间，用人单位未按照国家规定为劳动者缴纳基本医疗费，导致劳动者因病产生的医疗费不能享受医疗基本补贴，而职工医疗费属于预缴保险费又不能实行补缴，必然造成劳动者的损失，为保护劳动者的合法权益，用人单位应当予以赔偿。但劳动者已自行参加农村医保，不能重复得到医保补贴，用人单位应对医疗保险差额部分进行赔偿。

【案例9－35】　俞某鑫诉莆田市涵江区私立银河学校劳动争议纠纷案

一审法院认为，对于俞某鑫患病的事实，莆田市涵江区私立银河学校（以下简称银河学校）应当知道。俞某鑫在聘用期内患病，银河学校理应予以关

---

〔1〕　参见国家法官学院案例开发研究中心编：《中国法院2019年度案例》（劳动纠纷），中国法制出版社2019年版，第213页。福建省厦门市中级人民法院（2018）闽02民终91号民事判决书。

怀、了解病情进展和治愈程度,待其痊愈时及时通知履职。俞某鑫现尚处在法定医疗期内,银河学校可及时催告俞某鑫补办相关病假手续,其认定俞某鑫系自动离职,不符合法律规定,不予支持。因俞某鑫患右侧乳腺癌,符合《关于贯彻〈企业职工患病或非因工负伤医疗期规定〉的通知》规定的特殊疾病,应当享受24个月的医疗期,故俞某鑫尚处在法定医疗期内。参照《关于贯彻执行〈中华人民共和国劳动法〉若干问题的意见》第五十九条的规定,银河学校主张应按涵江区月最低工资标准1350元支付俞某鑫的病假期工资,于法有据,予以支持。经核算,俞某鑫的病假工资为1350元/月×15个月=20,250元(2015年10月至2017年1月5日)。《社会保险法》第五十八条第一款规定:"用人单位应当自用工之日起三十日内为其职工向社会保险经办机构申请办理社会保险登记。未办理社会保险登记的,由社会保险经办机构核定其应当缴纳的社会保险费。"银河学校应当为俞某鑫缴纳职工基于医疗保险,但其一直未按规定缴纳,致使俞某鑫患病后无法向职工基本医疗保险机构核保医疗费,只能向新农合机构报销,故银河学校应当赔偿差额损失。经鉴定,俞某鑫治疗费用中职工基本医疗保险可报销费用为85,539.92元,且其已向新农合机构报销医疗费37,301元,因新农合与城镇职工基本医疗保险均具有补偿性质,只能择一参保,不能重复享受待遇,故银河学校应当补足其中的差额部分共计48,283.92元。对俞某鑫要求超出的部分,法院不予支持。判决:(1)银河学校赔偿俞某鑫医疗费48,238.92元;(2)银河学校支付俞某鑫病假期工资20,250元;(3)驳回俞某鑫的其他诉讼请求。二审法院判决:驳回上诉,维持原判。[1]

用人单位在劳动者依法享受生育保险待遇,但因用人单位未依法履行缴纳生育保险的义务造成劳动者损失的情况下,用人单位依法承担赔偿职工生育保险待遇损失的责任。但劳动者属未婚女职工,其因异位妊娠这种生育并发症产生的医疗费不属于生育保险范畴,用人单位不承担赔偿责任。

法律规定退休人员不需要缴纳医疗保险费的目的:一是由于社会医疗保险的性质决定的,社会医疗保险要体现互助共济,健康人帮助生病的人,退休职工一般患病较多,是需要社会照顾的脆弱人群。二是考虑到退休人员在以前的工作期间,已经为社会作出了贡献,退休后收入低特别是现在已经退休的职工,没有足够的用于医疗支出的积累,医疗负担较重。根据《社会保险法》第二十七条的规定,劳动者退休后,用人单位仍应为劳动者缴纳医疗保险费。退休人员垫付的医疗保险费,应由用人单位予以返还。

---

〔1〕 参见国家法官学院案例开发研究中心编:《中国法院2019年度案例》(劳动纠纷),中国法制出版社2019年版,第208~209页。福建省莆田市中级人民法院(2017)闽03民终2811号民事判决书。

【案例9－36】　徐某珍诉惠州市下角市容环境卫生管理所劳动争议纠纷案

判决观点，本案中，原告、被告双方对以下事实均无异议，包括：原告于1995年6月入职被告处，2013年9月23日离职。双方争议的主要问题：原告达到法定退休年龄后，继续缴纳医疗保险费的义务应该由原告、被告哪方承担。法院认为，根据《社会保险法》第二十七条规定，"参加职工基本医疗保险的个人，达到法定退休年龄时累计缴费达到国家规定年限的，退休后不再缴纳基本医疗保险费，按照国家规定享受基本医疗保险待遇；未达到国家规定年限的，可以缴费至国家规定年限"。《实施〈中华人民共和国社会保险法〉若干规定》第七条第一款"社会保险法第二十七条规定的退休人员享受基本医疗保险保险待遇的缴费年限按照各地规定执行"及《惠州市社会基本医疗保险办法》第十二条第三款"参加职工医保的人员退休后，其所在的单位应选择下列缴费方式中的一种，为其缴纳职工医保费。1. 一次性缴纳：单位选择一次性按全市上年度社平工资、以每年递增10%为基数，按7%的缴费比例（含补充医疗保险）缴纳十周年的职工医疗保险费。2. 逐月缴纳：以退休人员本人缴费工资为基数（退休人员本人缴费工资低于全市上年度社平工资的，按全市上年度社平工资计算的，下同），用人单位按7%缴费比例（含补充医疗保险）逐月缴纳，直至缴满十周年"的规定，原告退休后，被告仍应为原告缴纳医疗保险费。本案中，因被告未及时缴纳医疗保险费，导致原告自行垫付的2013年11月至2014年2月医疗保险费968.56元，现原告诉请被告支付2013年11月至2014年2月医疗保险费968.56元，有事实和法律依据，法院予以支持。判决：被告惠州市下角市容环境卫生管理所向原告徐某珍返还2013年11月至2014年2月医疗保险费968.56元。[1]

（四）缴纳保险费特殊处理

1. 公司未经清算保险费处理

《最高人民法院关于适用〈中华人民共和国公司法〉若干问题的规定（二）》第二十条第二款明确规定，公司未经依法清算即办理注销登记，股东或者第三人在公司登记机关办理注销登记时承诺时公司债务承担责任，债权人主张其对公司债务承担相应民事责任的，人民法院应依法予以支持。这是公司未经清算，股东承

〔1〕　参见国家法官学院案例开发研究中心编：《中国法院2016年度案例》（劳动纠纷），中国法制出版社2016年版，第130～131页。广东省惠州市惠城区人民法院（2014）惠城民一初字第818号民事判决书。

担民事责任的法律依据。用人单位明知存在受伤劳动者后续生活费,未通知又未缴纳社会保险的,应由股东承担责任。换言之,用人单位未为劳动者缴纳社会保险,劳动者发生工伤后,用人单位未经清算进行注销,其公司股东应依据《工伤保险条例》承担相应责任即支付工伤保险待遇义务。

【案例9-37】 冠某昌诉刘某丰劳动争议纠纷案

一审法院认为,本案中,冠某昌工作中受伤,被鉴定为工伤四级、部分护理依赖,而北峰杰公司只为冠某昌缴纳部分工伤保险,且北峰杰公司已于2015年11月11日注销,无法为冠某昌补缴在职期间其余欠缴月的工伤保险,导致冠某昌的工伤保险属于欠缴状态,无法从工伤保险基金领取2014年8月起的伤残津贴和生活护理费,故根据上述规定,北峰杰公司需支付相应的伤残津贴和生活护理费。同时,《北京市实施〈工伤保险条例〉若干规定》第二十三条规定:"参加工伤保险的用人单位破产、解散的,其一级至四级伤残职工、享受供养亲属抚恤待遇的人员、退休的工伤人员享受的由工伤保险基金支付的工伤待遇,由街道办事处或者乡、镇人民政府设立的社会保障事务机构发放。"根据上述规定,2015年11月11日北峰杰公司注销后,冠某昌作为该公司的四级工伤职工按月享有的伤残津贴和生活护理费应当不变。尽管刘某丰与案外人签订了《股权转让协议》,但未办理股权转让的工商变更登记,故刘某丰仍为北峰杰公司的唯一股东。北峰杰公司在办理工商注销登记时提交的股东决定显示该公司注销后的未尽事宜由全体股东承担,即由刘某丰承担。因此,冠某昌2014年8月起至2016年11月28日本案庭审时止的伤残津贴和生活护理费,应由刘某丰支付。

刘某丰主张,依据《协议书》第四条第二款的约定,其在支付工伤一次性赔偿180,000元后,冠某昌不能再就工伤主张赔偿。法院认为,(2015)丰民初字第01094号民事判决书确定的冠某昌享有的停工留薪期工资、一次性伤残补助金、2014年4月至7月伤残津贴和生活护理费共计222,951.6元,将远超过18,000元,若按照《协议书》约定,冠某昌不能再主张赔偿,势必侵害冠某昌作为工伤职工的合法权益,造成双方权利义务的严重失衡,属于显失公平的情形,故该约定应予以撤销,法院对刘某丰主张不予采信。判决:(1)刘某丰向冠某昌支付2014年8月1日至2016年11月28日伤残津贴125,637.93元和生活护理费55,198.38元;(2)驳回冠某昌的其他诉讼请求。二审法院同意一审法院裁判意见,判决:驳回上诉,维持原判。[1]

---

〔1〕 参见国家法官学院案例开发研究中心编:《中国法院2019年度案例》(劳动纠纷),中国法制出版社2019年版,第203页。北京市第一中级人民法院(2017)京01民终1680号民事判决书。

2. 劳动者死亡保险费的缴纳

工伤事故发生后劳动者死亡，用人单位停止缴纳事故当月工伤保险费导致工伤保险基金拒绝支付工伤保险待遇的事件，在实践中时有发生。用人单位是否应当继续为劳动者缴纳当月工伤保险费，以及如何界定用人单位的缴费时间观点不同。一般认为，不能机械理解死亡事故当月也应当交费，这种理解缺乏事实和法律依据。用人单位未给工亡职工继续缴纳死亡当月的社会保险费用，是因为该职工死亡事件出现，该操作符合正常人的思维习惯，不能因职工死亡当月未缴纳保险费用而否认其以前连续足额缴纳保险费用的事实以及相关的保险目的和保险利益。

【案例 9－38】 精工建筑公司诉某市某区社会保险管理服务中心工伤保险待遇行政给付纠纷案

一审法院认为，职工死亡当日，关于其个体的相关权利义务均已终止，保险目的和保险利益也在死亡之日终止。系统中操作虽由精工建筑公司工作人员主动进行，但在未明确告知社会保险费是次月扣缴的情况下，其中断操作符合常规操作思维。精工建筑公司在发现肖某死亡当月的工伤保险费并未扣缴后，主动要求补缴，可见此种情况的产生并非精工建筑公司主观上不想交缴，而是因为征缴机构当月社会保险费次月扣缴的设置，导致精工建筑公司客观上不能缴，不能据此认定为精工建筑公司未依法为肖某缴纳工伤保险费。另从被告提交的证据“人员月交易信息”来看，上面记载的“应收年月、到账年月、结算年月”均是当月，并未反映出扣缴要延后 1 个月的情形，故肖某死亡当月工伤保险费不能扣缴的后果，不能由精工建筑公司承担。判决：(1)撤销区社保中心于 2019 年 11 月 18 日作出的《不予支付告知书》；(2)责令区社保中心对精工建筑公司提出的关于肖某因公死亡工伤保险待遇的理赔申请重新作出审核决定。

二审法院认为，被诉《不予支付告知书》所记载的法律依据为《社会保险法》第四十一条规定，即“职工所在用人单位未依法缴纳工伤保险费，发生工伤事故的，由用人单位支付工伤保险待遇”。但本案中，被上诉人在工亡职工肖某入职当月(2018 年 7 月)，即已为其缴纳工伤保险费，直至肖某因工死亡当月(2019 年 7 月)，期间共计 12 个月，从未中断，应认定其具备依法缴纳工伤保险费的主观意图，并实际履行了从职工工亡当月的缴纳义务。被上诉人已就争议当月社会保险费未能被扣缴说明合理理由，上诉人在此情况下机械地认为被上诉人“未依法缴纳”明显不当，不利于鼓励和肯定用人单位工伤保险缴费的积极性，亦不利于彰显《社会保险法》第一条规定的“维护公民参加社会保险和享受社会保险待遇的合法权益”之立法目的。同时，上诉人亦未在被诉告知书中就被上诉人能否补缴作出全面答复，亦属不当。判决：驳回上诉,维持原判。[1]

3.用人单位赔偿社会保险费处理

用人单位迟延履行代缴义务,可主张社会保险中心退回多缴的保险费,但应受到行政处罚。劳动关系终止后,用人单位继续为劳动者代缴社会保险费的,可向劳动者请求其返还自己应承担的部分。

【案例9-39】 南京名都家具广场逸尚家具经营部诉王某连社会保险纠纷案

判决观点,原告现主张缴费延期系被告造成,缺乏证据佐证,其在双方劳动关系终止后为劳动者垫付的部分因缺乏交费依据应该由其自行承担。根据法律规定,缴纳社会保险费亦是劳动者的法定义务,用人单位在劳动关系存续期间为劳动者垫付的应由劳动者本人承担的部分,劳动者应予返还。故对原告主张被告返还2010年3月至2012年7月个人应缴纳的养老保险费和失业保险费的请求,法院予以支持。原告欠缴保险费用存有过错,故对其主张被告承担垫付费用利息的请求,法院不予支持。判决:(1)被告王某连给南京名都家具广场逸尚家具经营部4364.73元。(2)驳回原告南京名都家具广场逸尚家具经营部的其他诉讼请求。[2]

劳动者在超过法定退休年龄后,申请投保了新型农村社会养老保险,用人单位也为劳动者支付了部分保险费。劳动者达到退休年龄时,依法按月享受到新型农村社会养老保险。在此情况下,限制劳动者向用人单位主张未缴纳社会基本养老保险造成的损失。

【案例9-40】 张某连诉精源(南通)化纤制品有限公司劳动争议纠纷案

一审法院认为,(1)根据《社会保险法》第十六条规定,"参加基本养老保险的个人,达到法定退休年龄时累计缴费满十五年的,按月领取基本养老金;参加基本养老保险的个人,达到法定退休年龄时累计缴费不足十五年的,可以缴费至满十五年,按月领取基本养老金;也可以转入新型农村社会养老保险或者城镇居民社会养老保险"。由此可见,劳动者达到退休年龄后可通过多种渠道解决享受养老保险待遇问题。原告已投保新型农村社会养老保险,被告也为原告支付了部分保险费,原告已自2012年1月1日起按月领取了

[1] 参见国家法官学院、最高人民法院司法案例研究院编:《中国法院2022年度案例》(劳动纠纷),中国法制出版社2022年版,第241~242页。浙江省绍兴市中级人民法院(2020)浙06行终260号行政判决书。

[2] 参见国家法官学院案例开发研究中心编:《中国法院2015年度案例》(劳动纠纷),中国法制出版社2015年版,第97页。江苏省南京市秦淮区人民法院(2013)秦民初字第1355号民事判决书。

养老金,故原告主张被告赔偿养老金的损失没有法律依据,法院不予支持。(2)2007年4月13日至2015年5月,原告虽已年满50周岁,达到法定退休年龄,但原告一直在被告单位工作,未享受养老金待遇,故双方仍然存在劳动关系,而非雇佣关系。2012年6月起原告已享受养老金待遇,双方的劳动关系就此终结,此后,双方之间系劳务关系。2013年4月1日,被告正式通知原告不再安排任何工作,系被告主动解除与原告的劳务关系。故原告要求被告支付未提前1个月解除劳动合同的代通知金2500元,没有法律依据,法院不予支持。(3)原告主张的未订立劳动合同二倍工资差额27,500元,已超过时效,法院不予支持。判决:驳回原告的诉讼请求。在二审审理期间,原告(上诉人)撤回上诉。[1]

用人单位未缴纳失业保险,在对劳动者客观存在的3个月失业进行赔偿后,其今后6个月是否仍然失业不能确定的情况下,不应一并赔偿。

用人单位已为劳动者开立社保账户但并未缴费,劳动者要求用人单位赔偿社会保险损失,不能获得支持。

【案例9-41】 杨某军诉合肥某策房地产策划咨询有限公司、合肥某策房地产策划咨询有限公司淮南分公司、王某亚劳动争议纠纷案

二审法院认为,本案二审争议焦点为:一审法院对于杨某军主张的未签劳动合同双倍工资、拖欠工资、经济补偿金、社保损失的认定是否妥当。二审法院认为,用人单位和劳动者补签劳动合同,该补签行为是双方真实意思表示,劳动者主张补签之日前劳动合同期内的双倍工资,不予支持。本案中,杨某军与合肥某策房地产策划咨询有限公司(以下简称某策公司)于2016年9月27日建立劳动关系,双方未签订书面劳动合同。2017年3月21日,双方签订劳动合同,劳动合同约定的工作时间系从2016年9月27日开始计算。杨某军在一审、二审中并未举证证明该劳动合同不是其所签。故其主张2016年9月至2017年3月未签劳动合同双倍工资,依据不足,不予支持。一审法院支持杨某军的该项主张不当,予以纠正。杨某军与某策公司签订的劳动合同约定了工资标准,其中基本工资为1500元,补贴为8500元,一审法院认定杨某军的工资为10,000元,并无不当。某策公司上诉主张杨某军的工资不固定,其公司是依据考勤等情况向杨某军发放工资。对此,双方签订的劳动合同无依据考勤发放工资的约定,某策公司向杨某军发放的工资基本与合同约定的月工资10,000元相符,且某策公司亦未举出充分的证据证明其

---

〔1〕 参见国家法官学院案例开发研究中心编:《中国法院2015年度案例》(劳动纠纷),中国法制出版社2015年版,第110~111页。江苏省南通市中级人民法院(2013)通中民终字第1244号民事裁定书。

主张。故一审法院根据按月工资10,000元认定杨某军的工资,并根据某策公司已发放工资的数额,认定某策公司拖欠杨某军工资6390.50元,并无不当。《劳动合同法》第三十八条规定……本案中,某策公司未按规定为杨某军缴纳社会保险,杨某军虽系主动辞职,依据上述规定,某策公司仍应向杨某军支付经济补偿金。一审法院按照杨某军月工资10,000元的标准支持经济补偿金,符合法律规定。某策公司上诉主张不应支付经济补偿金及经济补偿金标准错误,依据不足,不予支持。《劳动争议解释(三)》(已失效)第一条规定,劳动者以用人单位未为其办理社会保险手续,且社会保险经办机构不能补办导致其无法享受社会保险待遇由,要求用人单位赔偿损失而发生争议的,人民法院应予受理。本案中,某策公司为杨某军开设了社保账户,但未按规定给杨某军缴纳社保费用,此情形属于欠缴,应由社会保险行政管理部门负责追缴,不属于人民法院民事案件受理范围,对杨某军此项主张,不予审理。一审法院判令某策公司赔偿杨某军社保损失不当,予以纠正。综上所述,某策公司的上诉请求部分成立,部分予以支持;一审法院对于杨某军主张的双倍工资、社保损失的认定不当,予以纠正。判决:(1)维持安徽省淮南市田家庵区人民法院(2018)皖0403民初3654号民事判决第一、二、四、五项即“杨某军与合肥某策房地产策划咨询有限公司自2016年9月27日至2017年9月27日存在劳动关系”“合肥某策房地产策划咨询有限公司于本判决生效之日起10日内向杨某军出具劳动合同解除证明书”“合肥某策房地产策划咨询有限公司于本判决生效之日起10日内一次性支付杨某军经济补偿金10,000元”“合肥某策房地产策划咨询有限公司于本判决生效之日起10日内一次性支付拖欠杨某军工资6390.5元和返还杨某军保险扣款1287.60元,合计7678.10元”;(2)撤销安徽省淮南市田家庵区人民法院(2018)皖0403民初3654号民事判决第三、六、七项即“合肥某策房地产策划咨询有限公司于本判决生效之日起10日内一次性支付杨某军未签订劳动合同的双倍工资差额47,666.67元”“合肥某策房地产策划咨询有限公司于本判决生效之日起10日内一次性支付杨某军养老保险损失6988.2元、失业保险损失183.9元、医疗保险损失2942.4元、工伤保险损失147.12元,合计10,261.62元”;(3)驳回杨某军的其他诉讼请求。[1]

法院在争议处理的基础上加强与人民检察院、劳动行政、工会等部门协作共治,完善纠纷解决的综合机制,不断扩大司法的社会效益。移送线索、依法制裁,助力堵塞骗领失业金漏洞。

---

〔1〕 安徽省淮南市中级人民法院(2019)皖04民终1033号民事的判决书。

【案例9－42】　宋某诉某酒店劳动争议纠纷案

二审法院认为,用人单位自用工之日起满一年未与劳动者订立书面劳动合同的,自用工之日起满一个月的次日至满一年的前一日应当依照《劳动合同法》第八十二条的规定向劳动者每月支付二倍的工资。但本案中,某酒店向社保机构出具的《合同制工人解除、终止合同证明》不能作为认定双方劳动关系解除的依据,宋某以其2018年11月离职后重新入职为由主张未签订书面劳动合同的二倍工资,系建立在虚假的事实之上,故判决驳回宋某二倍工资的诉讼请求。因本案涉嫌骗领失业保险金,法院将相关线索移送有关部门。相关部门责令宋某全额退回骗取的失业保险金,同时责令某酒店限期补足欠缴的社会保险费,并在全市范围开展专项核查整治,目前已追回被违规领取的失业保险金25万余元。〔1〕

职工代表大会决议员工承担公司和个人应缴部分全部社保费用、员工亦承诺承担无效,员工事后可要求公司返还。

【案例9－43】　贾某诉某机械公司劳动争议纠纷再审案

二审法院认为,社会保险具有社会统筹性质,用人单位和劳动者必须依法参加社会保险,缴纳社会保险费。缴纳社会保险费不仅是用人单位的法定义务也是劳动者的法定义务,关乎职工、单位和社会三方的利益,不能通过用人单位和劳动者的约定进行变更或放弃。贾某本人书写的承诺书、2010年3月15日以及2010年12月20日职工代表大会通过的关于本案缴纳社会保险方面决议,违反国家关于社会保险的强制性法律规定,应属无效。故2010年度至2016年度,应当由单位缴纳的各项社会保险,由劳动者个人已缴纳的部分,应当作为职工债权予以确认。

最高人民法院认为,依法参加社会保险是劳动者和用人单位的法定义务。单位为职工缴纳各种社会保险,是完善、执行国家社会保障制度的要求,维护的是不仅是职工个人利益,也是国家和社会的整体利益,此项法定义务不能通过用人单位和劳动者的约定进行变更或放弃。因此,二审法院认为约定由职工自行负担应由单位负担的社保费用,违反了国家社会保险征缴强制性规定,作出无效的认定,某机械公司没有充分理由推翻。再审法院裁定:驳回某机械公司的再审申请。〔2〕

---

〔1〕　江苏法院2022年度劳动人事争议十大典型案例之十,审理法院:镇江市润州区人民法院、镇江市中级人民法院。

〔2〕　最高人民法院(2022)民申29号、28号民事裁定书。

4. 用人单位追偿社会保险费处理

用人单位以发放社会保险补贴的形式代替为劳动者缴纳社会保险费义务的，违反法律规定，应属无效合同。用人单位应承担为劳动者缴纳社会保险费义务，但其向劳动者发放的社会保险补贴，劳动者应予以返还。

【案例9-44】 王某诉某公司劳动争议纠纷再审案

再审法院认为，本案的焦点问题在于用人单位主张劳动者向其返还社会保险补贴是否有依据。焦点一：关于劳动合同中约定用人单位以发放社会保险补贴的形式代替缴纳社会保险的条款是否合法有效的问题。根据《劳动法》第七十二条……本案中，虽然王某向用人单位申请不缴纳社会保险，但劳动者是否参加社会保险不在其权利处分范围之内，其与用人单位关于不缴纳社会保险改为发放保险补贴之约定不仅有损个人社会保险利益，也侵害了全体社会的整体利益，违反了法律、行政法规的强制性规定，属于无效约定。原审法院认定双方签订的合同中关于向劳动者发放社会保险补贴之条款因违反法律、行政法规的禁止性规定而无效，符合本案实际，法院予以支持。焦点二：关于用人单位是否有权向劳动者追偿社会保险补贴及其主张该项诉讼请求是否超过诉讼时效的问题。双方于2019年5月9日终止劳动关系，王某申请劳动仲裁，经仲裁裁决：要求甲公司为王某补缴2011年5月3日至2019年5月8日的各项社会保险。用人单位依该生效仲裁裁决履行了缴纳社会保险的义务。因双方约定的该条款无效，用人单位根据《合同法》第五十八条的规定，有权主张劳动者向其返还已发放的保险补贴费用50,400元。原审法院结合本案已查明的事实，劳动者在剔除保险补贴后的部分月份的月工资数额低于当地最低工资标准，认定补差数额13,460元，综合认定王某向用人单位返还社会保险补贴36,940元，并无不当。本案系因劳动争议纠纷引起的返还社会保险补贴之诉，并非申请人主张的不当得利之诉。2019年9月24日用人单位收到仲裁裁决书，认定其未向劳动者缴纳社会保险费，应由其承担相应补缴责任。用人单位此时才知道其向王某发放的保险补贴无效，在履行社会保险缴纳义务后，于2020年1月2日申请劳动仲裁主张王某返还保险补贴，未超过法定的仲裁时效。故申请人以被申请人主张返还保险补贴超过3年诉讼时效之再审理由不能成立，法院不予支持。综上，裁定如下：驳回王某的再审申请。〔1〕

公司忘记停社保，不可以要求员工返还社保费。在企业劳动关系管理实务

〔1〕 陕西省高级人民法院(2020)陕民申3067号民事裁定书。

中,一般操作是员工入职即参保、离职即停保,确保双方劳动关系存续期间处于正常参保状态,依法缴纳社会保险费。员工离职后如果用人单位忘了停保,一直为员工缴纳社保费。员工虽然名义上取得了公司缴纳的社会保险利益,但客观上员工对该利益并未实际占有,也无法对该利益进行支配和控制,并不符合取得财产利益的本质特征,属于未成就的不当得利,待条件成就时,公司方可主张返还。

【案例9-45】 王某诉某公司劳动争议纠纷案

一审法院认为,王某离职后公司未及时办理停保手续,虽系公司自身管理问题所致,但公司损失属于给付不当,根据法律规定,王某没有法律依据取得不当利益,公司有权请求王某返还不当利益。一审判决王某向公司酌情返还所缴社保费37,000余元。

二审法院认为,王某名下虽取得了该笔社保费,并不属于王某所有,王某不能随意处分,客观上尚未实际取得诉争的保险利益,其要享受该保险利益,必须满足一定条件,而这些条件现在尚未成就,故公司主张王某构成不当得利,依据不足,也显失公平,公司可等条件成就后,王某实际取得了该保险利益,再另行主张返还。二审法院判决撤销一审判决,王某无需返还该笔保险费。[1]

自愿放弃缴纳社保的承诺违反法律规定,无效。既然协议无效,双方权利义务回到初始状态,则单位仍负为员工缴纳社保的法定义务,单位未履行,则由此产生的法律后果仍由单位承担。实践中,如果放弃缴纳社保是员工主动提出且强烈要求的,滞纳金由谁承担?一般认为,仍然是由用人单位承担,毕竟其对于依法缴纳社保是法定义务这件事是明知的,对其后果也是明知的。

【案例9-46】 张三诉某公司劳动争议纠纷案

一审法院认为,社会保险基金按照保险类型确定资金来源,逐步实行社会统筹。用人单位和劳动者依法参加社会保险,缴纳社会保险费。违反法律、行政法规强制性规定的劳动合同条款无效。社会保险是国家强制保险,为职工办理社会保险是用人单位的法定义务,无论是用人单位还是劳动者都不能随意处分。某公司与张三签订的劳动合同书关于放弃缴纳社会保险的条款违反法律规定,应属无效条款。某公司作为用人单位应当承担为张三缴纳社会保险的义务。某公司为张三补交社会保险产生滞纳金25,325.71元。合同无效或者被撤销后,双方均有过错的,应当各自承担相应的责任。本案中,某公司与张三在签订合同中均有过错,应各自承担50%的法律过错责任,即各自承担12,662.855元。故,一审法院对某公司关于张三赔偿损失

---

〔1〕 安徽省合肥市中级法院(2018)皖01民终5870号民事判决书。

25,325.71 元的主张部分予以支持。二审法院认为,“双方均认可被上诉人所主张的损失实系天津市津南区人力资源和社会保障局因上诉人举报被上诉人未缴纳保险的行为,而向被上诉人下达劳动保障监察限期整改指令书,由此被上诉人缴纳上诉人社会保险而产生的滞纳金 25,325.71 元。被上诉人因违反《劳动法》第七十二条中“社会保险基金按照保险类型确定资金来源,逐步实行社会统筹。用人单位和劳动者必须依法参加社会保险,缴纳社会保险费”的法律强制性规定,被相关行政部门责令缴纳滞纳金,其责任不应归因于上诉人,被上诉人要求上诉人承担该损失,理据不足,一审法院对此认定有误,本院予以更正。因此,二审法院撤销一审判决,改判驳回某公司的诉讼请求。[1]

5. 缴纳保险费的行政处理

为职工缴纳社会保险费是用人单位的法定义务,如未依法缴纳,社会保险经办机构有权核定社会保险费数额,要求用人单位补缴。现行法律关于社保部门就双方间的劳动关系并未规定需先经仲裁裁决程序,其在行政管理过程中对劳动关系予以直接确认,进而作出处理决定,属于其职权范围,并不违反法律规定。社保部门经审查直接作出处理决定符合行政效率的原则,也与《劳动法》《劳动合同法》《社会保险法》等保护劳动者合法权益的立法目的一致。另外,(2009)行他字第 12 号《最高人民法院行政审判庭关于劳动行政部门在工伤认定程序中是否具有劳动关系确认权请示的答复》中认定,根据《劳动法》第九条和《工伤保险条例》第五条、第十八条的规定,劳动行政部门在工伤认定程序中,具有认定受到伤害的职工与企业之间是否存在劳动关系的职权。

【案例 9-47】 于某诉海南某贸易有限公司海南省社会保险服务中心劳动和社会保障行政管理纠纷再审案

最高人民法院认为,本案被诉行政行为是省社保中心于 2017 年 9 月 25 日作出的通知书,故本案审查焦点系该行政行为作出的事实依据是否充分、法律适用是否准确。《最高人民法院关于行政诉讼证据若干问题的规定》第七十条规定,生效的人民法院裁判文书或者仲裁机构裁决文书确认的事实,可以作为定案依据。本案中,329 号判决、2442 号判决、1635 号判决等裁判文书主文和判项中包括“限海南某贸易有限公司在本判决书生效之日起 10 日内与于某签订无固定期限劳动合同”“双方自 2010 年 9 月 1 日起至今仍存在劳动关系”“限海南某贸易有限公司于本判决生效后 10 日内支付于某未签

[1] 天津市第二中级人民法院(2021)津 02 民终 5361 号民事判决书。

订无固定期限劳动合同自2010年10月1日至2011年8月31日的二倍工资和自2011年9月1日至2013年3月31日的工资”“致使双方劳动关系于2013年3月31日终止”等内容,尽管未在判项中明确表述于某与海南某贸易有限公司自2011年9月1日至2013年3月31日存在劳动关系的字句,但从判决主文和判项内容中可以明确得出这一结论,逻辑清晰,并无歧义,足以认定。既然双方存在劳动关系,那么在该期间内于某仍为海南某贸易有限公司职工,海南某贸易有限公司仍负有为于某缴纳社会保险费的法定义务。省社保中心据此作出本案行政行为,理据充分。于某和省社保中心关于双方在2011年9月1日至2013年3月31日存在劳动关系的主张于法有据,本院予以支持。《社会保险法》第五十八条规定,用人单位应当自用工之日起30日内为职工向社会保险经办机构申请办理社会保险登记。未办理社会保险登记的,由社会保险经办机构核定其应当缴纳的社会保险费。第六十三条规定,用人单位未按时足额缴纳社会保险费的,由社会保险征收机构责令其限期缴纳或者补足。《社会保险费征缴暂行条例》第十二条规定,缴费单位和缴费个人应当以货币形式全额缴纳社会保险费。缴费个人应当缴纳的社会保险费,由所在单位从其本人工资中代扣代缴。社会保险费不得减免。根据上述规定,为职工缴纳社会保险费是用人单位的法定义务,如未依法缴纳,社会保险经办机构有权核定社会保险费数额,要求用人单位补缴。本案中,省社保中心根据于某的申请,依据前述法院裁判文书认定的事实,核查发现海南某贸易有限公司存在漏缴社会保险费问题后,于2017年9月25日作出通知书,要求海南某贸易有限公司办理社会保险费补缴申报。故省社保中心作出本案行政行为的程序合法,适用法律正确。关于海南某贸易有限公司所提2010年8月31日后,于某未实际提供劳动,不应享有劳动法上权利的主张。本院认为,尽管于某与海南某贸易有限公司自2010年9月1日至2013年3月31日无实际用工关系这一节属实,但经前述生效裁判,均认为该期间内海南某贸易有限公司应与于某签订劳动合同而未签订,且责任在于海南某贸易有限公司,依据《劳动合同法》等相关法律,认定该期间双方存在劳动关系这一法律事实。基于这一事实,于某也依法应享有劳动法上的相关权利,包括要求用工单位为其缴纳社会保险费的权利,而社保机构亦有监督督促用工单位为员工缴纳相关费用的法定职权。海南某贸易有限公司该项主张于法无据,本院不予支持。

关于本案省社保中心在作出本案催缴社会保险费决定程序中能否直接认定双方存在劳动关系。

本院认为,省社保中心在作出本案行政行为中能够直接认定双方存在劳动关系,理由包括:(1)省社保中心系根据前述生效裁判作出的认定,理据充分且于法有据；(2)现行法律关于社保部门在行使该项职权时就双方间的劳动关系并未规定需先经仲裁裁决程序，故省社保中心在行政管理过程中对劳动关系予以直接确认，进而作出处理决定，属于其职权范围，并不违反法律规定；(3)社保部门经审查直接作出处理决定符合行政效率的原则，也与《劳动法》《劳动合同法》《社会保险法》等保护劳动者合法权益的立法目的一致。另外，(2009)行他字第12号《最高人民法院行政审判庭关于劳动行政部门在工伤认定程序中是否具有劳动关系确认权请示的答复》中认定，根据《劳动法》第九条和《工伤保险条例》第五条、第十八条的规定，劳动行政部门在工伤认定程序中，具有认定受到伤害的职工与企业之间是否存在劳动关系的职权。该答复尽管是针对工伤认定，但亦能佐证本案行政行为的合法性。

综上，省社保中心作出通知书并无不当。一审判决依据《社会保险法》第五十八条、第六十三条、第八十六条、《社会保险费征缴暂行条例》第十二条和海南省人力资源和社会保障厅《关于补缴社会保险费收取利息及滞纳金有关问题的通知》，肯定了省社保中心要求海南某贸易有限公司办理社会保险费补缴申报的行为，符合法律规定，本院予以支持。二审判决以于某与海南某贸易有限公司之间没有实际的用工关系为由，认定省社保中心作出的通知书证据不足，否定了前述生效裁判的既判力，缺乏事实和法律依据，依法应予纠正。判决：(1)撤销海南省高级人民法院(2019)琼行终299号行政判决；(2)维持海南省海口市中级人民法院(2018)琼01行初37号行政判决。[1]

劳动者因其自身原因导致补办社保未成的，在其达到法定退休年龄后申请补办的不受法律保护。

【案例9-48】 张某诉宜兴市社会保险基金管理中心不履行法定职责案

一审法院认为，宜兴市社会保险基金管理中心(以下简称宜兴社保中心)承担本市社会保险基金的登记、征缴、审核、支付和管理职责。《〈江苏省企业职工养老保险规定〉实施意见》第二条第三款规定，参保人员首次参加企业职工基本养老保险不超过国家和省规定的退休年龄。本案中，张某于2016年2月26日向宜兴人社局劳动监察大队投诉金鱼公司未在其工作期间缴纳社会保险费，监察大队即立案调查并责令金鱼公司于2016年5月10日前到社会保险经办机构为张某申请办理社会保险登记手续并按规定缴纳社会保险费，在办理过程中，因张某对补缴的时限有异议，社会保险登记手续未

〔1〕 最高人民法院(2020)行再507号行政裁定书。

办成。2017年9月，张某要求依法为其补办养老保险事宜，张某于2016年12月4日已达到法定退休年龄，宜兴社保中心告知张某提出申请时已超过法定退休年龄，不符合办理条件的答复并无不当。张某要求确认宜兴社保中心不予办理社会保险行为违法，并责令社保中心采取补救措施的主张，没有事实和法律依据。判决：驳回张某的诉讼请求。二审法院同意一审法院裁判意见。[1]

6. 其他缴费情况的处理

【案例9－49】　张某某诉祁阳县某清洁有限公司劳动争议纠纷案

原告张某某于2006年4月应聘至被告单位祁阳县某清洁有限公司，在合同期间被安排在祁阳县政府机关事务局从事保洁工作，但被告未为其缴纳社会保险费。2018年9月28日，祁阳县劳动社会保障中心通知被告祁阳县某清洁有限公司补缴2006年4月至2012年12月包括原告在内的10余名保洁员的职工基本养老保险断档补缴及滞纳金。被告在员工微信群里发消息称，自己可以买或等政府批了再买。原告于是从被告处拿《职工基本养老保险断档补缴（含滞纳金）通知单》到祁阳县劳动社会保险中心缴纳了应补缴的社会保险费。之后，原告要求被告返还其补缴的社会保险费，双方协商未果。原告向祁阳县劳动仲裁委员会申请仲裁，祁阳县劳动仲裁委员会以不属于仲裁受理范围为由，决定不予受理。原告与其他10余名保洁员遂向湖南省祁阳县人民法院提起诉讼。一审法院为，用人单位未为劳动者缴纳社会保险，劳动者自行缴纳后请求用人单位返还的，依法属于人民法院应当受理的案件范围。用人单位之间的劳务派遣合同法律关系不改变用人单位的法定义务，被告某清洁有限公司系劳务派遣单位，应当为原告张某某承担社会保险费，判决被告祁阳县某清洁有限公司返还原告张某某垫付的社会养老保险断档补缴及滞纳金共计5万余元。湖南省永州市中级人民法院二审维持原判。

【典型意义】社会保险作为社会保障制度的核心内容之一，在维护社会稳定、促进社会公平、保证经济平稳健康运行方面发挥着重要作用。为劳动者及时足额缴纳社会保险费是用人单位的法定义务。劳务派遣单位作为劳动者的用人单位，无论用工单位是否按照约定及时、足额支付社会保险费，都应当依法及时为劳动者向社会保险经办机构缴纳社会保险费。用人单位因

---

〔1〕 参见国家法官学院、最高人民法院司法案例研究院编：《中国法院2021年度案例》（行政纠纷），中国法制出版社2021年版，第6页。江苏省无锡市中级人民法院（2019）苏02行终74号行政判决书。

与用工单位之间的劳务派遣协议约定不明导致某一时间段未为劳动者缴纳社会保险,用人单位不能以此为由将风险转嫁给劳动者。本案中,用人单位未依法为劳动者缴纳社会保险,劳动者自行缴纳后请求用人单位返还垫付的社会保险费用的,不属于一般的社会保险纠纷。本案原告虽然以劳动争议案由起诉,但一审法院根据查明的法律关系,按照不当得利纠纷予以审理,没有要求原告另行提起诉讼,极大地减轻了当事人的诉累。本案从维护劳动者合法权益角度出发,依法判决被告祁阳县某清洁有限公司返还原告张某某垫付的社会养老保险断档补缴及滞纳金,兼顾事理、法理与情理,妥善地化解了矛盾纠纷,实现了法律效果与社会效果的有机统一。[1]

劳动者向用人单位送达了要求补缴社保公积金的通知书。履行了《深圳经济特区和谐劳动关系促进条例》中的程序要求,从而认定单位构成未依法为劳动者缴纳社会保险费,符合第三十八条被迫解除的法定理由。

【案例9-50】 李某诉深圳某某公司劳动争议纠纷案

二审法院认为,我国《社会保险法》《社会保险费征缴暂行条例》规定,及时足额缴纳员工社保费用是用人单位的义务,社保费的费基、费率依照有关法律、行政法规和国务院的规定执行,用人单位按低于员工实际工资标准缴纳社保费用,显然不符合法律规定。另外,《深圳经济特区和谐劳动关系促进条例》规定,用人单位未依法缴纳社保费用的,在劳动者提出要求的情况下,应在一个月内按规定缴纳,否则劳动者可以解除劳动合同,用人单位应按照法律规定的标准支付经济补偿。该条例系全国人大授权深圳人大制定的法规,效力高于办案指导意见或其他规范性文件,应优先适用。公司未足额为员工李某缴纳社保费用,在收到员工补足社保费用的书面请求后,仍未在条例规定的时间补交,应按照法律规定的标准支付经济补偿。二审法院最终判定公司应支付李某经济补偿40,282.02元。再审法院认为,根据本案事实和现有证据,公司虽为李某办理了社会保险参保手续,但未按规定为李某缴纳社会保险费,且在收到李某要求依法购买社保的函后,仍未在一个月内按规定缴纳,二审判决认定其行为构成未依法为劳动者缴纳社会保险费的情形并无不当。李某据此提出解除劳动合同的,公司应当支付经济补偿金。为此,二审法院经核算确定公司应向李某支付解除劳动关系经济补偿金并无不当。公司主张无需支付解除劳动合同经济补偿金,理由不成立,本院不予支持。[2]

---

〔1〕 最高人民法院发布4个涉劳动用工践行社会主义核心价值观典型案例之三,二审湖南省永州市中级人民法院。

〔2〕 广东省高级人民法院(2020)粤03民终5642号民事判决书。

虽然依法缴纳社会保险是用人单位的法定义务,但在劳动者自愿不予办理的情况下,其再以用人单位未依法为其缴纳社会保险为由,要求解除劳动合同并支付经济补偿金,明显有违诚实信用原则。原判决对其该项诉讼请求未予支持,并无不当。

【案例9-51】 王某雪诉滨州魏桥科技工业园有限公司劳动争议纠纷再审案

再审法院认为,因双方对一审判决第一项、第三项无异议,本院予以维持。因此,围绕双方争议,确定本案审理的焦点问题为:(1)滨州魏桥科技工业园有限公司(以下简称魏桥公司)应否支付王某雪经济补偿金;(2)魏桥公司应否支付王某雪加班工资,加班工资数额如何计算。关于魏桥公司应否支付王某雪经济补偿金问题。本案中,王某雪对于其曾书面申请公司不为其缴纳社会保险无异议,并认可书面申请上签名的真实性。在其未提供证据证实魏桥公司存在欺诈、胁迫、乘人之危等行为时,应当认定为其真实意思表示,其应对其签字的行为承担相应法律后果。虽然依法缴纳社会保险是用人单位的法定义务,但在王某雪自愿不予办理的情况下,其再以魏桥公司未依法为其缴纳社会保险为由,要求解除劳动合同并支付经济补偿金,明显有违诚实信用原则。原判决对其该项诉讼请求未予支持,并无不当。关于魏桥公司应否支付王某雪加班工资,加班工资数额如何计算问题。为支持自己关于加班的主张,王某雪提交了25张职工签到表和2个月的工资表照片,关于考勤问题,魏桥公司做了以下陈述:在一审法院2019年8月7日《法庭审理笔录》中载明"问:被告,能否提供与原告提交的25份签到表时间相一致的考勤表?李某梅(被申请人委托诉讼代理人):现在不能提供,我方庭后3日内可提供留存于电脑中的电子版考勤记录。该电子版是根据每个车间提交的考勤表汇总后制作的电子考勤。"在二审法院2020年3月12日《调查笔录》中载明"问:被上诉人,对一审上诉人方提到的考勤表和工资表的原件,是否在你公司?被上诉人:并不在我公司,且我公司在一审时对其提交证据已质证,不予认可。""……其次上诉人在一审时所提交的考勤表、工资表并非我公司所有,我公司在没有相关证据的情况下,无法提交其所需材料。在此上诉人主张加班费应由其提交证据予以证实,我公司不负举证责任。"即,魏桥公司于一审中已经自认存在考勤表,在二审中否认存在相关证据,主张无法提交。根据"禁止反言"原则,在魏桥公司未提交证据证明其二审中的主张真实的情形下,应当采信其第一次的陈述,认定其持有相关证据但拒绝提供,判令其承担不利后果,推定王某雪的主张成立,对于王某雪请求判令魏桥公司支付加班费19,456元的主张予以支持。综上所述,王某雪的再审请求部分成立,予以改判。判决:(1)撤销山东省滨州市中级人民法院(2020)鲁16民终963

号民事判决及山东省滨州经济技术开发区人民法院(2019)鲁1691民初769号民事判决第四项;(2)维持山东省滨州经济技术开发区人民法院(2019)鲁1691民初769号民事判决第一项、第二项、第三项,即"一、原告王某雪与被告魏桥公司之间的劳动关系解除;二、被告魏桥公司于本判决生效之日起10日内支付原告王某雪工资2818元;三、被告魏桥公司于本判决生效之日起15日内为原告王某雪办理档案关系转移手续";(3)魏桥公司于本判决生效之日起10日内支付原告王某雪加班工资19,456元;(4)驳回王某雪的其他诉讼请求。[1]

---

〔1〕 山东省高级人民法院(2021)鲁民再11号民事判决书。

专题十　劳动合同竞业限制纠纷

随着商业秘密和知识产权的价值在企业竞争力比拼中的意义被广泛认可，大量的企业尤其是高新技术相关企业，为保护自己的商业秘密及抵御竞争企业高薪挖人的行为，多与掌握相关商业秘密的员工签署竞业限制协议，甚至“一刀切”地将竞业限制协议作为劳动合同的附件之一要求劳动者签署。竞业限制在保护用人单位利益的同时，必然对劳动者的自主择业权构成影响，由此引发诸多劳动争议纠纷。本专题就围绕竞业限制相关问题予以阐述。

一、劳动竞业限制理解

(一)竞业限制含义

竞业限制,是指负有特定义务的员工在任职期间或者离开岗位后一定期间内不得自营或为他人经营与其任职的企业同类的业务。竞业限制分为法定和约定定两种。现行法律对约定竞业限制的义务的规定,存在于《劳动合同法》中。

《劳动合同法》第二十三条第二款规定:“用人单位可以在劳动合同或者保密协议中与劳动者约定竞业限制条款,并约定在解除或者终止劳动合同后,在竞业限制期限内按月给予劳动者经济补偿。劳动者违反竞业限制约定的,应当按照约定向用人单位支付违约金。”该条是关于竞业限制的规定。该条包含以下几层含义:其一,用人单位与劳动者可以在劳动合同中约定竞业限制条款,也可以不约定竞业限制条款。是否约定应是双方的合意。但实践中,用人单位不管企业经营性质和需要,强行要求劳动者签署。一般由用人单位提供协议条款,劳动者仅有签署权,协商余地不足甚至没有。其二,约定竞业限制期间,为任职期间、解除或者终止劳动合同后的一段时间内。具体的时间段,在劳动合同中载明。其三,约定竞业限制条款的,用人单位应每月向劳动者支付经济补偿。其用人单位支付经济补偿时间在约定竞业限制条款约定的期间。其四,约定竞业限制条款的,劳动者违反的应承担违约责任。

竞业限制条款是用人单位对负有保守用人单位秘密的劳动者,在劳动合同、知识产权归属协议或技术保密协议中约定的条款。竞业限制协议在形式上还可能表现为劳动合同条款的一部分或劳动合同的附件而非独立的协议。[1]

竞业限制对象,一般限定于用人单位的高级管理人员、高级技术人员和其他负有保密义务的人员,如总经理、副总经理、各部门负责人;高级研究开发人员、技术人员及关键岗位的技术工人;市场计划和营销人员能够接触商业秘密的其他人员。在互联网平台中,任课老师虽挂靠在平台,但掌握着教育培训机构的核心教

---

〔1〕 参见最高人民法院民事审判第一庭编著:《最高人民法院劳动争议司法解释(四)的理解与适用》,人民法院出版社 2013 年版,第 146 页。

育信息,其自愿与教育培训机构对保密及竞业限制进行约定,故其应属于负有保密义务的人员,符合履行保密及竞业限制义务的主体资格。个案中,对于竞业限制对象由法官根据具体案情认定。主流观点认为,用人单位与高级管理人员、高级技术人员和其他负有保密义务的人员约定在职期间竞业限制条款,劳动者以在职期间不得约定竞业限制、未支付经济补偿为由请求确认竞业限制条款无效的,人民法院不予支持。

竞业限制期限,一般限定为2年。《劳动合同法》第二十四条第二款规定,离职后的竞业限制期限不得超过2年。如果竞业限制协议约定的竞业限制期限超过了2年,当法定的2年期间届满后劳动者依照约定继续履行竞业限制义务时,基于对其信赖利益的保护,用人单位可能需要继续支付竞业限制经济补偿。

竞业限制补偿请求。《劳动争议解释(一)》第三十六条第一款规定,“当事人在劳动合同或者保密协议中约定了竞业限制,但未约定解除或者终止劳动合同后给予劳动者经济补偿,劳动者履行了竞业限制义务,要求用人单位按照劳动者在劳动合同解除或终止前十二个月平均工资的30%按月支付经济补偿的,人民法院应予支持。”

竞业限制违约金,法律在衡量用人单位的商业利益与劳动者的择业自由后,允许用人单位与负有保密义务的劳动者约定竞业限制条款,劳动者违反约定的,需要向用人单位支付违约金,其主要目的在于保护用人单位的商业秘密。

竞业限制权力救济,在用人单位不支付竞业限制经济补偿金的情况下,劳动者享有解除权、追偿权等。

竞业限制义务构成要件。根据《劳动合同法》第二十三条的规定,约定竞业限制义务有以下构成要件,其一,必须有合同约定。用人单位和劳动者之间必须签订书面合同对竞业限制作出明确约定。义务主体为负有保密义务的一般劳动者。按照《劳动合同法》的规定,负有竞业限制义务的主体应当为知悉单位商业秘密的人员,主体范围不得任意扩大。其二,竞业限制应当区分为在职限制和离职限制。用人单位与劳动者之间约定包括在职期间的竞业限制和离职后的竞业限制。在职期间的竞业限制以劳动者在用人单位工作期间为限。关于离职后的竞业限制期限,应当考虑对用人单位商业密秘的最大限度保护,又考量对劳动者劳动权及择业自由的保护。《劳动合同法》规定竞业限制的期限不得超过2年。其三,经济补偿金的问题。离职后的竞业限制,会导致劳动者的劳动权及择业自由受到影响,进而造成其经济利益的损失。因此,用人单位应当在合理范围内,给予劳动者经济补偿。根据《劳动法》第三条第二款规定,劳动者有遵守职业道德的义务。劳动者与用人单位签订劳动合同后,应当依法履行自觉保护用人单位商业秘密的义务,因此,在职期间的竞业限制,用人单位不必给付劳动者经济补偿。

竞业限制的适用条件。根据法律规定,竞业限制主体除有要求外,其竞业限制的范围、地域、期限由用人单位与劳动者加以约定,但竞业限制约定不得违反法律、法规的规定。但现行的法律规定中很少提及具体的竞业限制的范围、地域、期限等,基本均由用人单位与劳动者协议约定,争议集中在两个方面:其一,保护利益之存在。一般来讲,用人单位依竞业限制特约保护的利益存在,也即用人单位的固有知识和商业秘密有保护之必要,这是竞业限制有效的前提。对于没有特别技能、技术且职位较低的员工,因为其任职期间无法接触用人单位的商业秘密,即使离职后到相同或类似的用人单位任职,只要用人单位需保护的利益存在、泄露原用人单位的商业秘密会妨碍原用人单位的经营,就存在约定竞业限制的必要。其二,保护范围之合理。根据法律规定,竞业限制协议保护范围合理主要包括主体合理性、地域合理性和期限合理性。后两者均有具体的法律规定,但在主体合理性未有明确法律规定、用人单位管理制度粗糙的情况下,因部分公司缺乏细致化区别,以条文方式统一规定竞业限制义务,如何甄别判决竞业限制对象、如何确定竞业限制协议适用的主体范围至关重要。

竞业限制经济补偿形式。《劳动合同法》第四十七条将解除或终止劳动合同的经济补偿形式限定在货币形式,而对竞业限制经济补偿的给付并没有严格限定在货币支付,以股票、股票期权等非货币形式作为竞业限制经济补偿并非绝对不可。但是,《劳动合同法》是兼具公法性质的社会法,为了保护劳动者的合法权益,限制用人单位的行为界限,该法的很多条文对于用人单位而言都是强制性规定。该法第二十三条第二款明确规定竞业限制补偿需按月给付,目的在于解决劳动者因就业受限而可能的生活困难,为其生存提供持续稳定的经济保障。因此,能否约定以股票、股票期权等作为竞业限制经济补偿,要受该规定的规制。

竞业限制经济补偿强制性。主要表现在以下几个方面,其一,即使竞业限制协议因劳动者不属于竞业限制义务主体而被认定为无效,但是当劳动者已经依约履行竞业限制义务并请求用人单位支付经济补偿的,基于对信赖利益的保护,用人单位仍应当向劳动者支付经济补偿。其二,竞业限制协议未约定解除或者终止劳动合同后给予劳动者经济补偿,劳动者履行了竞业限制义务,要求用人单位按照劳动者在劳动合同解除或者终止前12个月平均工资的30%按月支付经济补偿的,用人单位应予支付。月平均工资的30%低于劳动合同履行地最低工资标准的,按照劳动合同履行地最低工资标准支付。其三,劳动者离职后,在竞业限制期限内,用人单位可以随时单方面解除竞业限制协议。但是在解除竞业限制协议时,基于对劳动者信赖利益的保护,劳动者请求用人单位额外支付3个月竞业限制经济补偿的,用人单位应予支付。其四,劳动者违反竞业限制约定,向用人单位支付违约金后,用人单位仍可以要求劳动者按照约定继续履行竞业限制义务。

竞业限制义务审查的必要性。在涉及竞业限制义务纠纷进入诉讼程序中,法官有必要对竞业限制义务进行合法、合理性审查。在劳动关系中,劳动者作为被管理一方,在签订相关协议时往往无法与用人单位处于平等地位,且绝大多数竞业限制协议均系用人单位一方提供的格式合同,而非双方实际协商的结果。实践中,用人单位滥用竞业限制的情形带有一定普遍性,严重背离了竞业限制制度的设置初衷。如一些用人单位不区分劳动者是否为法律规定之负有保密义务的人员,一律要求签订竞业限制协议,将竞业限制的范围扩大化,导致劳动者择业困难。在竞业限制协议中约定用人单位有权在劳动者离职后一定期限内明确其是否履行竞业限制义务,使劳动者在离职后无法明确自己的择业范围。用人单位与劳动者约定较低的竞业限制补偿金和高额的违反竞业限制违约金,使得双方权利义务明显失衡。各种情形五花八门竞业限制现象丛生,产生竞业限制争议增多。因此,在对涉及竞业限制劳动争议案件审理时,需要对竞业限制约定的合法性、合理性进行审慎审查,既要在协议内容不违反法律法规等效力性强制性规定的情况下尊重意思自治,也要注意防止用人单位排除劳动者权利、免除自身责任,在对用人单位提供的格式合同理解发生争议时,作出对用人单位一方不利的解释。也就是说,竞业限制协议的内容应合法、合理。最高人民法院法官认为,(1)竞业限制应遵循立法目的。(2)竞业限制期限应具体明确。(3)竞业限制期限应协商确定。[1]

竞业限制义务与保密义务的关系紧密,只要用人单位与劳动者订立劳动合同时约定了两类义务,双方均应该遵守。但是违反了保密义务是否违反了竞业限制义务,还不能直接认定。因为保密义务和竞业限制义务不能等同,保密义务的外延更广,包括在职期间的保密义务和离职后的竞业限制义务。在职期间的保密义务为劳动者的法定义务,不以劳动者与用人单位的约定为前提。而离职后的竞业限制义务则需用人单位与劳动者加以明确约定,且用人单位与劳动者约定竞业限制条款的同时,也应约定在解除或者终止劳动合同后,在竞业限制期限内按月给付劳动者经济补偿。因此,竞业限制补偿费是因对劳动者离职后一定年限从事相关职业进行限制,而由用人单位在劳动者离职后的竞业限制年限里向劳动者按月支付的经济补偿。根据竞业限制补偿费的性质,该笔费用不应在劳动者在职期间支付。用人单位与劳动者约定劳动者在职期间每月向劳动者支付的款项包含竞业限制补偿费的,应属无效条款。而在职期间的保密费,用人单位可以在在职期间支付,劳动者违反在职期间的保密义务,用人单位可以要求劳动者返还保密费并支付违约金。

劳动者竞业限制义务是忠实义务的重要内涵,由于其不仅涉及雇主的财产权、经营权和劳动者劳动权、自由的权利等基本权益,还关系到公平、自由竞争的市场经济秩序,需要在雇主秘密信息保护、竞争优势维持和劳动者工作权、生存

---

[1] 参见《人民司法·案例》2023年第23期(总第1006期)。

权、发展权等权益之间作出利益衡量。劳动者竞业限制义务是一项默示的合同义务，即使没有法律的明文规定和合同约定，也不能免除。劳动者离职后竞业限制义务是一项明示的合同义务，也是雇主保护秘密信息的最佳手段，但离职竞业限制对劳动者基本权利影响更大，必须满足特定条件，并给予合理的补偿方能发生效力。[1]

主流观点认为，竞业限制条款约定的竞业限制范围、地域、期限等内容应当与劳动者知悉、接触的商业秘密和与知识产权相关的保密事项、具有的商业价值和形成的竞争优势相适应。劳动者违反竞业限制约定，用人单位按照约定依法要求劳动者返还违反竞业限制约定期间已经支付的经济补偿、支付违约金的，人民法院应予支持。

（二）竞业限制协议形式

竞业限制从形式上看一般有两种形式，一种形式是作为劳动合同条款的一部分或者作为劳动合同的附件，另一种形式是另行单独订立协议。从签订时间上看，有的是与劳动合同一并签订，有的是在劳动合同履行过程中签订，还有的则是在劳动合同解除时予以签订。不管竞业限制限制协议是以何种形式签订，在什么阶段形成，均不影响其效力。

离职后的竞业限制协议是双务、有偿合同，且涉及对劳动者生存权、就业权的保护，因此应当依法与劳动者进行协商约定，其形式既包括劳动合同中的竞业限制条款，也包括独立的竞业限制协议，但是不能在公司章程、员工手册、规章制度中进行笼统的规定。以公司章程、规章制度的形式规定劳动者离职后竞业限制义务的，可能会被认定为对劳动者一方不具有约束力。

竞业限制协议与劳动合同之间存在种属关系，但同时竞业限制也有其相对独立性。这种独立性主要表现为，一方面从竞业限制签订的目的来讲，其目的在于对劳动关系消灭后劳动者的就业行为进行规范，即劳动者不得利用原用人单位的商业秘密，不得从事相竞争的行业，用人单位对此支付相应的对价即经济补偿。另一方面从竞业限制发挥功能的时间上讲，其主要是在劳动关系消灭之后发挥功能。根据《劳动争议解释（一）》第三十七条的规定，相较于《劳动合同法》的规定，其条文更进一步明确了不管劳动合同因何原因解除，除非当事人另有约定，否则竞业限制协议仍然有效。

---

〔1〕 参见王喜荣：《劳动者忠实义务研究》，法律出版社2021年版，第189页。

【案例10－1】 联茂(无锡)电子科技有限公司诉陈某福竞业限制争议纠纷案

二审法院认为,作为《劳动合同》附件的《竞业限制协议书》是双方当事人的真实意思表示,且不违反法律禁止性规定,应当是合法有效的。具体理由:(1)虽然竞业限制协议与劳动合同属于从合同与主合同的关系,但竞业限制仍然具有一定的独立性,竞业限制是以合同附件的形式签订还是单独另行签订,并不影响其效力。事实上,劳动合同的消灭并不必然导致竞业限制协议的消灭,竞业限制的目的在于劳动关系消灭后劳动者不得利用原用人单位的商业秘密、不得从事相竞争的行业以及用人单位的经济补偿义务,从而保护用人单位商业秘密、知识产权等权益,在劳动关系消灭后方发挥其功能。(2)竞业限制期限内,劳动者是否需要遵守竞业限制义务的选择权在用人单位。根据法律规定,在劳动合同或者保密协议中约定了竞业限制和经济补偿的,当事人解除劳动合同时,除另有约定外,用人单位要求劳动者履行竞业限制义务的,人民法院应当支持。在竞业限制期限内,用人单位请求解除竞业限制时,人民法院应予支持。本案中,陈某福与联茂(无锡)电子科技有限公司(以下简称联茂公司)在劳动合同中签订了《竞业限制协议书》,在劳动关系解除时并没有需要进行离职评估、另行签订补偿协议等约定,联茂公司在陈某福离职后有权要求陈某福履行竞业限制义务,客观上公司也积极主动支付了经济补偿金,虽然最终没有支付成功,但并非联茂公司的原因导致。(3)陈某福在联茂公司的制造岗位工作,《竞业限制协议书》对陈某福工作性质有了进一步明确,即"具有联茂公司劳动所需专业技术、知识与经验……担任制造部门协理一职,从事协助经理一般工作及特殊专案的处理;制造、研发等部门的管理工作……"符合法律规定的竞业限制的人员范围,关于地域的约定也未违反法律、法规的规定。判决:驳回上诉,维持原判。[1]

(三)竞业限制法律甄别

竞业限制是否适用劳动者在职期间有不同观点。《劳动合同法》第二十三条第二款规定,对负有保密义务的劳动者,用人单位可以在劳动合同或者保密协议中与劳动者约定竞业限制条款,并约定在解除或者终止劳动合同后,在竞业限制期间内按月给予劳动者经济补偿。由于该规定有"在解除或终止劳动合同后"的

〔1〕 参见国家法官学院案例开发研究中心编:《中国法院2017年度案例》(劳动纠纷),中国法制出版社2017年版,第224页。江苏省无锡市中级人民法院(2015)锡民终字第0065号民事判决书。

限制性条件,故对该条款是否排斥用人单位与劳动者就在职期间的竞业限制义务的约定产生分歧。一般认为,如果用人单位与劳动者在劳动合同中明确约定了在职期间的保密义务和竞业限制义务,则该义务源于双方签订的合同;如果用人单位与劳动者未明确约定,则该义务根源于合同解释规则对劳动合同作出的解释结论,可推知法律不排斥双方约定在职期间的竞业限制。竞业限制义务根源于合同义务,其依附于劳动合同而自始存在。也就是说,竞业限制义务是劳动合同中应有的义务,不论是否有明确约定均存在劳动者在职期间。

《劳动法》《公司法》《反不正当竞争法》中竞业限制的竞合。《公司法》第一百四十八条所规定的竞业禁止义务最主要的特征在于其是一种具有强制性或半强制性的,法定竞业禁止义务,公司有权将公司负责人违反法定竞业禁止义务之特定行为所获利益归公司所有。劳动法中竞业限制的特点在于用人单位与劳动者在劳动合同中的竞业限制条款。《劳动合同法》第二十三条规定:"……劳动者违反竞业限制约定的,应当按照约定向用人单位支付违约金",而非公司法中规定"归公司所有"。《公司法》中的竞业禁止限于约定在职竞业禁止,而《劳动法》中的竞业禁止不仅限于离职竞业禁止,还包括对约定的在职竞业禁止的限制。《反不正当竞争法》第九条第四项明确了第三人明知或者应知商业秘密权利人的员工、前员工或者其他单位、个人泄密,仍获取、披露、使用或者允许他人使用该商业秘密的行为的性质。商业秘密侵权诉讼中,侵权行为人共同侵害权利人依法享有的商业秘密,侵权的劳动者依法应当承担连带责任。竞业限制问题可涉及不同法律体系的法律法规,除劳动争议外,还可能存在违约、侵权等交叉情形,情节严重的还可能涉及刑事犯罪。

法律规定竞业限制补偿金应当在解除或终止劳动合同后的竞业限制期内按月支付,但现行法律并未明确界定该补偿金的性质及提前支付、随工资支付的法律后果。实践中,经常出现用人单位将其竞业限制补偿金混同与劳动报酬一同发放的情形。对于劳动者竞业限制的义务是起始于离职之时,抑或向前追溯到在职期间,理论界尚存在争议。一般认为,竞业限制协议限制劳动者在一定期限和范围内从事同类工作,实质上是在一定时间内阻碍劳动者从事其最熟练的工作,可能导致劳动者在离职后因不能发挥优势丧失工作机会和较高的薪酬待遇,为了弥补劳动者的损失,用人单位须给付相对公平合理的竞业限制经济补偿金。从这个意义上讲,竞业限制协议属于附条件的合同,条件成就时,合同生效。作为一种制度安排,经济补偿金只能发生在离职之时及之后,而不能提前。如果允许经济补偿金提前发放,则经济补偿则成为工资的一部分,实质上等于否定了经济补偿的存在。实践中,用人单位对竞业限制条款的订立以及竞业限制补偿金的支付往往占有主导地位,其通过企业内部的制度设计来达到规避法律的目的。如果用人单位将竞业限制补偿金混同于劳动报酬的一部分或者补偿金的发放附加与竞业限制义务无关的条件，将会对劳动者的合法权益造成威胁。因此，应当严格将竞业限制补偿金与劳动报酬相区别。补偿金是用人单位对劳动者履行竞业限制义务所支付的补偿，不得附加其他无关条件，并应按照约定足额、按期支付、不得随意扣减。而劳动报酬是劳动者在职期间提供劳动所支付的对价，支付的基础是劳动者按约定履行了工作义务，完成工作内容，遵守了单位的规章制度，其与竞业限制并不存在交叉和混同，二者的性质完全不同。

【案例10－2】 张某新诉北京建研机械科技有限公司劳动争议纠纷案

二审法院认为，根据查明的事实，张某新本身具有高级工程师的职称，并在北京建研机械科技有限公司（以下简称建研公司）的项目中担任方案设计工作，且建研公司与张某新签署了《保密协议》明确要求其保守商业秘密，故张某新系竞业限制义务的适格主体。本案中，张某新与建研公司签订的《保密协议》将竞业限制经济补偿提前至张某新在职期间，随工资一同发放，并未考虑张某新离职后的就业情况，且根据《员工手册》，如张某新缺勤、旷工，建研公司将依照《考勤与休假制度》扣罚保密费，故以上情形不符合竞业限制的经济补偿金的基本特征。根据法律规定，竞业限制的期限不得超过2年，该规定属禁止性规定，张某新与建研公司签订的《保密协议》超出了法定期限的部分应属无效。张某新主张已履行竞业限制义务，建研公司对此未予否认或提供反证，建研公司依法应当支付张某新离职后2年内的竞业限制经济补偿金。判决：驳回上诉，维持原判。〔1〕

以商业秘密、知识产权保护为前提，为防止用人单位滥用优势地位，法官应对劳动者是否负有保密义务进行审查。虽然竞业限制是对劳动者忠实义务的延伸，但这并不意味着所有劳动者都负有竞业限制。用人单位将所有劳动者都纳入竞业限制范围，就违反了竞业限制制度设立的初衷。对于劳动者是否属于其他负有保密义务的人员，用人单位应当承担举证责任，不能提供证据或者提供的证据不足以证明该事项的，不能认为劳动者属于该类人员。对于此类纠纷，应首先查明劳动者是否负有保密义务，否则即便劳动合同或竞业限制协议约定了保密义务，亦是无效的。

【案例10－3】 实业公司诉赵某竞业限制纠纷案

二审法院认为，竞业限制制度的实质是通过对劳动者劳动择业自由权加以合理限制以充分保护用人单位的商业秘密，法律均规定对负有保密义务的劳动者用人单位才可以在劳动合同或保密协议中约定竞业限制条款。故在

---

〔1〕 参见国家法官学院案例开发研究中心编：《中国法院2017年度案例》（劳动纠纷），中国法制出版社2017年版，第239～240页。北京市第三中级人民法院（2015）三中民终字第06630号民事判决书。

评判赵某与实业公司签订的保密及竞业限制协议是否有效时,应先行判定赵某是否负有保密义务。本案中,第一,实业公司主张赵某为高级管理人员。首先,双方签订的劳动合同中约定赵某从事业务工作,担任销售职务,并没有明确其为销售主管;其次,实业公司提供的电子邮件无法直接证明赵某系公司高级管理人员,故对实业公司的该项主张不予采信。第二,实业公司主张赵某接触公司的产品配方,但未提供证据予以证明,故不予采信。关于经营秘密,实业公司提供的经营信息仅显示正常业务往来信息,不能达到证明其为经营商业秘密的目的。另外,对于其主张经营秘密,实业公司亦未提供证据证明采取何种特殊保密手段;至于实业公司提到的客户名单,实业公司未能说明系区别于相关公知信息的特殊客户信息,不应认定为需要保密的信息。综上,赵某不属于法律规定的竞业限制主体,实业公司未提供证据证明赵某接触了公司的商业秘密,故实业公司与赵某签订的保密及竞业限制协议无效,其要求赵某支付竞业限制违约金及代理费,无事实和法律依据,不予支持。一审法院未对赵某是否属于法律规定的竞业限制主体进行分析,径自认为竞业限制协议以用人单位向劳动者支付经济补偿金为生效要件,属于适用法律瑕疵,依法予以纠正。综上,对实业公司的上诉请求不予支持。判决:驳回上诉,维持原判。〔1〕

竞业限制条款的本质是契约,竞业限制的内容应由双方平等协商决定,不应通过规章制度来事先确定。用人单位在规章制度中规定竞业限制义务的,对劳动者不具有法律约束力。换言之,员工手册不可以作为劳动者承担竞业限制义务的依据。

【案例 10-4】 郭某诉资管北京分公司劳动争议纠纷案

判决观点,对负有保密义务的劳动者,用人单位可以在劳动合同或者保密协议中与劳动者约定竞业限制条款,并约定解除或者终止劳动合同后,在竞业限制期限内按月给予劳动者经济补偿。因此,竞业限制义务的承担需以用人单位与劳动者存在竞业限制约定为前提。该约定可以在劳动合同中设置相关条款,也可以单独签署保密协议或竞业限限制协议予以明确。竞业限制条款的本质是契约,需在用人单位与劳动者平等协商的基础上,形成双方真实的合意。而《员工手册》是用人单位规章制度的一种,是用人单位行使用工管理权的方式之一,通常在劳动者入职以前已经制定。用人单位通过《员工手册》要求劳动者承担竞业限制义务有可能导致竞业限制对全体员工

---

〔1〕 参见国家法官学院、最高人民法院司法案例研究院编:《中国法院 2022 年度案例》(劳动纠纷),中国法制出版社 2022 年版,第 222~223 页。江苏省无锡市中级人民法院(2022)苏 02 民终 3434 号民事判决书。

统一使用,不当扩大竞业限制的使用范围,影响无关人员的择业自由。因此,用人单位在《员工手册》中规定竞业限制义务的对劳动者不具有法律约束力。本案中,资管北京分公司与郭某签订的劳动合同中亦约定若需承担竞业限制义务需另行签订竞业限制协议,现资管北京分公司依据《员工手册》的规定要求郭某承担竞业限制违约金,缺乏法律依据,故对郭某要求无需支付资管北京分公司竞业限制违约金150,000元诉讼请求,予以支持。判决:郭某无需支付资管北京分公司竞业限制违约金150,000元。[1]

(四)通知履行条款

实践中,对用人单位对竞业限制协议约定通知履行条款理解不同,且表述不同处理亦不相同。

用人单位对竞业限制协议额外设定生效及解除条款的行为,如在竞业限制协议中载明"竞业限制义务自用人单位向劳动者发出竞业禁止履行通知且依法支付竞业禁止补偿之时起生效""用人单位将在离职时开始的3个月内通知劳动者是否需要履行竞业限制义务,如果届时未通知,则视为无需履行"等条款,企图通过这种方式限制劳动者的权利,免除己方义务。对此,不应仅依照书面约定对当事人的权利义务进行判断,应在公平、诚信的基础上通过对用人单位在竞业限制协议中明显免除己方义务,侵害劳动者合法权益的格式条款进行无效认定或对劳动者的损失依法予以填平的方式平衡双方权益。也就是说,法律对用人单位对竞业限制协议的此类条款不予保护。如赵某诉北京小度信息科技有限公司劳动合同纠纷案,详见其后内容。[2]

【不同处理】 用人单位尤其是互联网企业,为了使自身利益最大化,在与劳动者明确约定竞业限制期限的前提下,同时又加约定"通知履行"条款,即如未在约定期限内通知履行竞业限制义务的,则劳动者无需履行。对于该约定应从两个方面审查,其一,用人单位与劳动者约定了劳动合同解除后的竞业限制义务,该约定不违反法律的强制性规定,合法有效,对双方均有约束力。其二,在劳动合同解除后是否履行竞业限制义务不应处于待定状态。用人单位与劳动者在劳动合同

---

〔1〕 参见国家法官学院、最高人民法院司法案例研究院编:《中国法院2022年度案例》(劳动纠纷),中国法制出版社2022年版,第228~229页。北京市朝阳区人民法院(2020)京0105民初21792号民事判决书。

〔2〕 参见国家法官学院、最高人民法院司法案例研究院编:《中国法院2020年度案例》(劳动纠纷),中国法制出版社2020年版,第147~148页。北京市海淀区人民法院(2018)京0108民初45621号民事判决书。

中约定了履行竞业限制条款。用人单位如在此后认为不必履行竞业限制约定的，应当明确告知劳动者。在用人单位告知前劳动者履行竞业限制义务，可以要求用人单位支付履行期间的经济补偿。如张某诉更美公司劳动争议纠纷案，详见其后内容。[1]

---

〔1〕 参见国家法官学院、最高人民法院司法案例研究院编：《中国法院2021年度案例》（劳动纠纷），中国法制出版社2021年版，第156～157页。北京市第一中级人民法院（2019）京01民终4975号民事判决书。

二、劳动合同竞业限制法律适用

（一）竞业限制认定

认定劳动者是否违反了保密义务和竞业限制义务，需具备的主要条件：其一，保密义务主体和竞业限制义务主体限于高级管理人员、高级技术人员和其他负有保密义务的人员。其二，竞业限制义务需用人单位与劳动者加以约定，同时用人单位还应在解除或者终止劳动合同后，在竞业限制期限内按月给付劳动者经济补偿。其三，负有保密义务的劳动者在劳动关系存续期间实施了泄露商业秘密或者技术秘密的行为和负有竞业限制义务的劳动者在离职后到原单位生产与经营同类产品，从事同类业务的有竞争关系的其他用人单位或者自己开业生产或者经营同类产品、从事同类业务。

竞业限制纠纷中，负有保密义务的劳动者违反劳动合同约定竞业限制义务的行为，应认定为竞业限制。

【案例 10－5】　张某诉更美公司劳动争议纠纷案

一审法院认为，双方劳动合同中第三十九条约定劳动合同解除后 24 个月张某负有竞业限制义务，又于第四十一条中约定，更美公司将在张某离职后 3 个月内通知其是否履行竞业限制义务，如果届时未通知，则视为无效。就此，在双方关于履行竞业限制义务的约定已经发生法律效力的情形下，是否无效并非通过约定途径即可实现，加之从维护合同稳定性及保护张某守约者权益角度考虑，此处“无效”应作“解除”解释。更美公司通过上述第四十一条的约定，意在赋予自身在竞业限制期开始之后的解除权而未载明自身法律的义务，则相应的法律后果应依法予以填平，以保障劳动者的合法权益，但尚不足以推翻双方劳动合同第三十九条关于竞业限制约定的法律效力。进而，更美公司已在双方劳动合同解除 3 个月内，通知张某履行竞业限制义务，故对张某所持其无需履行竞业限制义务的主张不予采纳。张某在职更美公司期间即已担任更富公司法定代表人，离职后亦在更富公司开展竞争业务，其两项行为均已违反了双方劳动合同关于竞业限制的约定，故依据双方劳动合同第四十六条的约定，张某应向更美公司支付违反竞业限制违约金。至于违约金数额,张某提出了约定过高的意见,就此考虑到其担任更美公司高级副总裁期间,掌握有该公司的客户资源、市场报价等核心商业秘密,从事竞争业务势必给更美公司造成损失,以此为基础,兼顾竞业限制约定的履行情况、张某在更美公司的多名团队成员亦入职更富公司的情况、张某的过错情况、预期利益等综合因素,根据公平原则和诚实信用原则,酌定张某应向更美公司支付竞业限制义务违约金 500,000 元。判决:(1)张某向更美公司返还竞业限制补偿金 72,000 元并支付利息 504 元;(2)张某向更美公司支付竞业限制义务违约金 500,000 元;(3)张某继续履行与更美公司履行双方劳动合同中约定的竞业限制义务、保密义务及不招揽义务。二审法院同意一审法院裁判意见。[1]

竞业限制纠纷中,对劳动者的新单位是否属于与原用人单位存在竞争关系是认定争议的焦点。一般认为,竞争关系应根据约定内容、经营范围、实际运营以及是否存在竞业风险予以认定。具体来讲,其一,约定内容。根据双方在劳动合同中的约定内容判断是否构成竞争关系,尤其要看是否属于列举的竞争对手,这是最直观的方面。但需注意的是,不应苛求列举穷尽,未列举不代表不存在竞争关系,竞争关系的判断仍应以实际情况为准。其二,经营范围。审查两家单位的经营范围,这是必不可少的审查方面。经营范围是企业在设立登记时依据国家相关规定在营业执照上刊载的经营活动内容。如两家的经营范围存在重合,则实际运营中极有可能与本单位生产或者经营同类产品、从事同类业务,构成竞争关系。主营业务是指企业为完成其经营目标而从事的主要活动,可根据企业营业执照上规定的主要业务范围确定。但主要业务方向不同不能也不应直接排除存在竞争关系,非主要业务也可构成竞争关系。换言之,主要业务或非主要业务都有构成竞争关系,但非主要业务的业务量多少是应考虑的问题,应予慎重处理。其三,实际运营。审查两家单位的实际运营情况,这是强调新用人单位经营该业务活动客观存在的事实。实际运营中存在经营同类或类似业务的,必然构成竞争关系。即便营业执照上未能体现经营范围的重合,用人单位超出经营范围但实际经营该业务,也可以与劳动者就该业务的竞业限制进行约定,该约定合法有效。但用人单位应就其约定的实际竞业限制该业务承担举证责任,举证不能的则不能成立实际经营该业务,其约定是无效的。其四,竞争风险。审查两家单位是否存在竞争风险,这是进一步从原用人单位劳动者角度上的分析判断,要着重点从劳动者的职务以及作用上进行判断。如劳动者在新单位和原单位均属负责运营管理的高级

---

〔1〕 参见国家法官学院、最高人民法院司法案例研究院编:《中国法院 2021 年度案例》(劳动纠纷),中国法制出版社 2021 年版,第 156～157 页。北京市第一中级人民法院(2019)京 01 民终 4975 号民事判决书。

管理人员,从事的工作关乎两单位在本行业中的核心竞争力,劳动者的职务和作用其入职的新用人单位后对于原用人单位来说具有经营同类或类似业务的竞争风险。也就是说,判断劳动者是否违反竞业限制协议,最为核心的是评判原用人单位与劳动者自营或者新入职的单位之间是否形成竞争关系,即竞业限制从形式要件审查向实质要件审查迈进。这就意味着劳动者违反竞业限制义务,要从两家公司之间是否具有竞争关系进行衡量。而竞争关系,具体是指通过对比两家公司实际经营的产品面向的市场是否大致相同予以体现。而市场则可以根据地域、人口、心理、行为、受益等分类予以界定。用人单位在竞业限制协议中列明竞业限制公司包括但不限于的方式可能会因市场的不重合而导致劳动者无需遵守竞业限制协议。应当注意的是,可以约定竞业限制义务的地域不限于国内和国外,但是考虑到对劳动者就业权的保护以及对用人单位可能滥用竞业限制的限制,约定竞业限制义务的地域范围应当以公司开展的业务现实拓展到的地域为限,而不应该是所有的地域范围。

【案例 10-6】 刘某诉安迅公司劳动争议纠纷案

一审法院认为,关于宅急送公司是否为安迅公司的竞争企业。从经营范围看,两家公司的业务范围存在一定的重合;从实际运营看,两家公司存在经营同类或类似业务的行为,故两家公司应属竞争企业。从刘某的职务看,其在两家公司均担任总裁,负责两家公司的全面运营管理,对于经营同类或类似业务存在竞争风险。安迅公司与宅急送公司的主要业务虽不一致,但主营业务方向不同不能直接排除存在竞争关系。双方协议中虽未列举宅急送公司,但竞争关系的判断应以实际存在竞争为准,不应苛求穷尽,且该条文亦表述为"包括但不限于"。对安迅公司关于宅急送公司为该公司竞争企业的主张,予以采信。二审法院同意一审法院裁判意见。[1]

【案例 10-7】 北京嘉纳福新型建材有限公司诉吉佐某批劳动争议纠纷案

二审法院认为,根据易品名堂公司于 2012 年 8 月 20 日出具的《聘用通知书》、2012 年 12 月 31 日出具的《聘用通知书》,以及 2013 年 4 月 30 日金硕方舟公司与吉佐某批签订的《劳动合同书》,吉佐某批从北京嘉纳福新型建材有限公司(以下简称嘉纳福公司)离职后,在双方协议书约定的竞业限制期限内入职易品名堂公司及金硕方舟公司。嘉纳福公司的营业执照副本及易品名堂公司与金硕方舟公司的工商登记注册基本信息显示,嘉纳福公司与易品名堂公司与金硕方舟公司的经营范围存在同类经营。同时,嘉纳福公司

---

〔1〕 参见国家法官学院、最高人民法院司法案例研究院编:《中国法院 2021 年度案例》(劳动纠纷),中国法制出版社 2021 年版,第 160 页。北京市第三中级人民法院(2019)京 03 民终 2100 号民事判决书。

与金硕方舟公司签订的《模具维修承揽合同书》及付款申请显示，两家公司之间存在业务往来。综上，吉佐某批在与嘉纳福公司解除劳动关系后，在双方协议约定的竞业限制期限内任职与嘉纳福公司同类经营性质的企业，构成对竞业限制协议的违反，嘉纳福公司无需向吉佐某批支付竞业限制补偿金。吉佐某批的上诉请求缺乏事实及法律依据，法院不予支持。一审法院查明事实清楚，适用法律并无不当，法院应予维持。判决：驳回上诉，维持原判。〔1〕

在劳动者离职时用人单位告知不涉及竞业限制，即无需履行竞业限制义务。但在得知入职其他竞争公司后则又向其发出竞业限制通知书，要求履行竞业限制协议。这种根据劳动者离职后的就业去向来决定是否需要履行竞业限制协议的行为明显规避了用人单位一方支付竞业限制补偿金义务，亦是对竞业限制的一种滥用。劳动者在离职时即已被免除竞业限制义务，用人单位主张其违反竞业限制义务，要求支付违约金的请求不能得到支持。换言之，用人单位不得仅以劳动者自行填写的择业去向选择是否要求劳动者履行竞业限制义务。

【案例10－8】　蔡某诉麒麟公司劳动争议纠纷案

判决观点，在蔡某入职时，麒麟公司与其签订了《保密及竞业禁止协议》，根据该协议，双方劳动关系解除或终止时，若麒麟公司继续要求蔡某按照约定履行竞业限制义务，应在劳动关系解除或终止后30日内书面通知。但在蔡某离职时，麒麟公司在相关审批表上对是否涉及竞业禁止作了否定的意思表示。麒麟公司对此主张因双方事先已约定有竞业限制协议，故不需要在离职时再次填写相关情况。但该“离职申请表”是麒麟公司在处理职工离职时的重要审批文件，公司管理人员对于审批表中相关事项的处理应当是审慎的。在审批表中已明确蔡某并不涉及竞业禁止，不需要履行《保密及竞业禁止协议》。麒麟公司还主张因蔡某在离职时自称父母生病、返回南京，却在离职后2天即入职与公司有竞争关系的瑞地公司，对其有欺骗行为。但劳动者离职后的去向不应作为用人单位解除竞业限制协议的依据。若允许用人单位依据劳动者的去向判断是否履行竞业限制协议，则用人单位会规避自己应承担的给付经济补偿金之义务。本案证据表明，麒麟公司在蔡某离职时，得知其将“回南京”时，表明不需要履行竞业限制协议；在得知蔡某入职瑞地公司后，即立即向其发送竞业限制通知。对其规避义务、滥用权利的行为，法院不予认可。根据在案证据，认定蔡某办理离职手续时，双方已明确解除竞

---

〔1〕 参见国家法官学院案例开发研究中心编：《中国法院2017年度案例》（劳动纠纷），中国法制出版社2017年版，第228页。北京市第三中级人民法院（2015）三中民终字第4017号民事判决书。

业限制协议。麒麟公司在此之后又向蔡某发送竞业限制通知书,未取得蔡某同意,对其不产生法律上的约束力。同理,麒麟公司向蔡某的账户支付竞业限制补偿金亦不能证明蔡某同意继续履行竞业限制协议。综上所述,蔡某请求判令无需支付违反竞业限制义务违约金理由正当,予以支持。对于麒麟公已支付的竞业限制补偿金,蔡某应予返还。判决:(1)蔡某返还麒麟公司竞业限制补偿金11,505元;(2)蔡某无需支付麒麟公司违反竞业限制义务违约金306,830元。〔1〕

劳动者承担保密义务期限的约定,不同于竞业限制期限。劳动者据此条款要求用人单位支付竞业限制补偿金没有依据。

【案例10-9】 李某武诉北京国投公路建设发展有限公司劳动争议纠纷案

判决观点,李某武与北京国投公路建设发展有限公司(以下简称国投公路公司)在《保密和竞业禁止协议》第二项竞业限制第六条约定的竞业期限为“乙方在甲方工作期间”,该期限并非劳动合同终止或解除后的期限。李某武称国投公路公司与其约定的竞业期限为无限期,其所依据的是《保密和竞业禁止协议》第一项商业秘密保护第四条规定的对商业秘密的保密期限。该期限并不是《劳动合同法》第二十四条所规定的竞业限制期限,两种期限是完全不同的概念。因此,李某武的诉称属于对法律概念及法律规定理解有误,法院在此予以释明。对于李某武要求国投公路公司支付其竞业限制补偿金42,353.17元的诉讼请求不予支持。判决:驳回李某武的诉讼请求。〔2〕

用人单位不履行竞业限制协议,符合竞业限制协议约定的终止条件的,不能认定劳动者违反竞业禁止义务。

【案例10-10】 许某婷诉合肥锦雯言语康复中心劳动争议纠纷案

二审法院认为,本案的争议焦点为许某婷是否违反了竞业禁止义务,是否应向合肥锦雯言语康复中心(以下简称锦雯康复中心)支付违约金并赔偿损失。许某婷与锦雯康复中心虽然签订了《保密及竞业禁止协议》,但在该协议中约定的竞业限制期内锦雯康复中心给予许某婷经济补偿金仅为300元,违反了相关法律关于竞业限制补偿金应按劳动合同履行地最低工资标准支付的规定,无法满足许某婷基本生活保障。且锦雯康复中心在许某婷离职以后长达1年的时间从未向许某婷支付过竞业限制补偿金,该行为已构成双

---

〔1〕 参见国家法官学院、最高人民法院司法案例研究院编:《中国法院2021年度案例》(劳动纠纷),中国法制出版社2021年版,第174~175页。北京市海淀区人民法院(2019)京0108民初47531号民事判决书。

〔2〕 参见国家法官学院案例开发研究中心编:《中国法院2018年度案例》(劳动纠纷),中国法制出版社2018年版,第222页。北京市延庆区人民法院(2016)京0119民初7055号民事判决书。

方签订的《保密及竞业禁止协议》第3.1条“甲方不履行本条款第二条的义务，拒绝向乙方支付竞业禁止补偿金”的情形，根据约定，该协议自行终止。尽管锦雯康复中心主张其曾多次邮件通知许某婷领取补偿金，但锦雯康复中心提供的两张国内特快专递邮件详情单上的许某婷的收件地址并非许某婷在劳动合同中向锦雯康复中心提供的地址，锦雯康复中心也未提供该邮件实际投递及签收的相关证据，故法院对锦雯康复中心的该项主张不予采信。双方签订的《保密及竞业禁止协议》终止，许某婷无需再履行竞业限制义务。故锦雯康复中心要求许某婷支付违约金及赔偿损失的请求，没有法律依据，法院不予支持。判决：驳回上诉，维持原判。[1]

【案例10-11】　王某诉万得信息技术股份有限公司竞业限制纠纷案

二审法院认为，人民法院在审理竞业限制纠纷案件时，审查劳动者自营或者新入职单位与用人单位是否形成竞争关系，不应仅从依法登记的经营范围是否重合进行认定，还应当结合实际经营内容、服务对象或者产品受众、对应市场等方面是否重合进行综合判断。劳动者提供证据证明自营或者新入职单位与原用人单位的实际经营内容、服务对象或者产品受众、对应市场等不相同，主张不存在竞争关系的，人民法院应予支持。[2]

审判实践中，人民法院认为不负有保密义务的劳动者即使签订了竞业限制协议，也无需承担竞业限制义务。人民法院不仅要审理新用人单位与原用人单位之间是否存在竞争关系，更要审理劳动者是否属于应当承担竞业限制义务的人员。

【案例10-12】　某公司与李某竞业限制纠纷案

审理法院认为，李某系某公司的推拿师及培训师，不属于公司的高级管理人员及高级技术人员。李某掌握的客户资料是提供服务过程中必然接触到的基本信息，例如客户名称、联系方式等；李某接触到的产品报价方案对服务的客户公开，潜在的客户经过咨询即可获得；某公司提供的培训课程虽然为自己制作的课件，但课件内的知识多为行业内中医小儿推拿的常识性内容。此外，李某在公司工作期间通过培训获取的按摩推拿知识及技能也是该行业通用的专业知识及技能。某公司提供的证据仅能证明李某在日常工作中接触到该公司的一般经营信息，而非核心经营信息。在正常履职期间仅接触用人单位一般经营信息的劳动者不属于劳动合同法第二十四条第一款规

---

〔1〕 参见国家法官学院案例开发研究中心编：《中国法院2016年度案例》（劳动纠纷），中国法制出版社2016年版，第201页。安徽省合肥市中级人民法院（2014）合民一终字第02325号民事判决书。

〔2〕 最高人民法院指导案例190号。上海市第一中级人民法院（2021）沪01民终12282号民事判决书。

定的其他负有保密义务的人员。某公司主张李某属于负有保密义务的竞业限制人员,证据不足。审理法院判令驳回某公司要求李某支付竞业限制违约金的诉讼请求。[1]

对隐蔽竞业行为的审查认定。

【案例10-13】 上海某实业股份有限公司诉韩某某劳动合同纠纷案

二审法院认为,审查劳动者配偶持股行为是否构成该劳动者违反竞业限制义务,应综合考虑行为发生时间、业务重合性、夫妻财产独立状况、劳动者本人技术条件等。在原用人单位已提供初步证据使法官产生劳动者存在隐蔽竞业行为的合理怀疑时,可根据具体案情将举证责任适当分配给劳动者。若配偶行为与劳动者存在实质牵连关系,行为间接与劳动者自身技术有关,在无其他相反证据情况下,可认定劳动者违反竞业限制协议。劳动者主张违约金过高的,可综合考察违反竞业限制的行为与用人单位损失的关联度等因素予以合理调整。[2]

(二)竞业限制违约金

《劳动合同法》上竞业限制违约金在性质和功能上具有特殊性,而与《民法典》合同编中违约金有区别。后者规定的违约金主流观点认为兼具补偿和惩罚的特性,但主要是为了弥补违约行为给当事人造成的损失,而竞业限制违约金则具有"惩罚性",即通过对劳动者的再就业自主权作出限制,进行事先预防以达到保护用人单位商业秘密的目的。劳动者在签订竞业限制协议时就对违约责任的承担有一定的预期,因此如果劳动者违反竞业限制约定,根据当事人意思自治的原则,一般应当按照约定支付违约金。

实践中,对于竞业限制违约金是否可以调整存在两种不同观点,一种是可以调整,另一种是不可以调整。一般认为,约定的竞业限制违约金过高或者过低,都不利于双方权利义务的平衡,更不利于竞业限制制度的有效发挥,在此种情况下应以劳动者在与用人单位订立劳动合同时,双方是否具备平等磋商基础、劳动者是否能够充分预见违约法律后果为审查前提,区别对待,法官需要酌情对竞业限制违约金进行调整。若劳动者在订立竞业限制协议时,与用人单位处于对等地位、具有平等磋商能力,能就竞业限制范围、期限、补偿、违约金充分与用人单位进

[1] 2024年4月30日最高人民法院发布劳动争议典型案例之3。

[2] 人民法院案例库2023-07-2-186-012。上海市第一中级人民法院(2020)沪01民终13707号民事判决书。

行沟通，并可充分预见违约责任时，法官仍应当遵循当事人意思自治、契约自由的原则，对违约金不予调整。若劳动者在订立竞业限制协议时，与用人单位并不具备平等磋商地位，劳动者无法充分表达个人意愿，无法对竞业限制补偿、违约金数额提出异议时，如法官对高额的违约金不加以调整，则势必加剧竞业限制违约金的高涨趋势，一定程度上会损伤劳动者的生存权益。从立法初衷出发，虽现行《劳动法》《劳动合同法》中并未规定竞业限制违约金的酌减问题。但基于劳动合同是一种公力可以干预的合同，同样应遵循合同的一般规律。而公力之所以能介入用人单位与劳动者间的私领域，其初衷即平衡用人单位与劳动者间平等地位，为维护推进合法、公平、平等自愿、协商一致、诚实信用的劳动关系，避免用人单位利用资源优势地位损害劳动者的合法权益。为避免用人单位过度使用竞业限制制度，基于劳动法律平衡劳动者与用人单位双方利益的立法初衷，法官确有必要在双方约定竞业限制违约金过高，而劳动者一方提出抗辩的情况下，行使自由裁量权，对于"畸高"情形下竞业限制违约金做出调整。换言之，要综合考虑竞业限制补偿金的数额、违约的情节、给用人单位带来的实际损失、劳动者非法获益等多种因素，并根据公平原则和诚信原则予以衡量，同时还应当适度体现竞业限制违约金对劳动者违约行为的惩罚特性。

《八民纪要》第二十八条规定："用人单位和劳动者在竞业限制协议中约定的违约金过分高于或低于实际损失，当事人请求调整违约金数额的，人民法院可以参照《最高人民法院关于适用〈中华人民共和国合同法〉若干问题解释（二）》第二十九条的规定予以处理。"该条明确了竞业限制违约金可以调整，亦是法官调整违约金的法律依据。

在认定劳动者入职的新用人单位与原用人单位存在竞争关系的前提下，具体判断竞业限制违约金是否畸高以及可调整的数额，可以考量的主要因素：其一，劳动者工资标准。劳动者在职期间的劳动报酬系其劳动成果的对价，在一定程度上可以反映出用人单位商业秘密的价值。其二，劳动者在用人单位从业时间。劳动者在用人单位工作时间的长短，决定对用人单位商业秘密的掌握、熟悉程度。其三，劳动者的职务或岗位。劳动者在用人单位职务特点是判断掌握商业秘密的重要组成部分。其四，竞业限制补偿金标准。竞业限制补偿金是用人单位通过向劳动者支付费用，从而使劳动者让渡出自由择业的权利，该金额支付的多少，亦能反映出用人单位对劳动者掌握商业秘密价值的评估。其五，用人单位损失情况。考虑到竞业限制违约金具有损失补偿的性质，法官在酌减违约金时，仍应以弥补用人单位损失为前提。其六，劳动者主观过错程度。违约金也兼具惩罚特性，故基于此，考虑违约金酌减时也应将劳动者的违约行为是否具备主观恶意作为考量因素。其七，是否采取弥补措施。用人单位在向劳动者明确要求履行竞业限制义务时，劳动者如能及时从竞争用人单位脱离，采取弥补措施，弥补用人单位损失，也可作为考量违约金酌减因素。其八,其他可酌减的因素,如当地的经济发展水平等案件具体情况。换言之,应将补偿金额和用人单位遭受的实际损失这两个可量化因素作为考量基础。

参照《劳动争议解释(一)》第三十六条规定,可将劳动者在劳动合同解除或终止前12个月平均工资的30%作为用人单位支付竞业限制经济补偿的法定标准,也是调整违约金数额的标准。

【案例10-14】 昆山国宝过滤机有限公司诉张某竞业限制纠纷案

二审法院认为,本案双方协议约定违约金为1,000,000元,但昆山国宝过滤机有限公司(以下简称国宝公司)每月应支付的补偿金仅为1680元,不足张某离职前月平均工资的15%,远低于法定标准。竞业限制补偿是对劳动者履行竞业限制的对价,也是竞业限制期间劳动者的生活来源之一,用人单位支付补偿金标准过低往往会成为劳动者无法恰当履行竞业限制的对价,也是竞业限制期间劳动者的生活来源之一,用人单位支付补偿金标准过低往往会成为劳动者无法恰当履行竞业限制义务的诱因。法院认为,《保密与竞业限制协议》约定的权利义务明显不对等,一审法院将违约金调整为约定的1/2仍显过高,不利于双方利益的平衡,故有进一步调整的必要。竞业限制违约金的调整既要考虑劳动者竞业行为给用人单位带来的实际损失,还应当适当体现对劳动者违约行为的惩罚。因国宝公司并未举证其损失数额,可以参照张某在国宝公司创造的劳动价值也即工资收入情况做出推定。张某在离职1年后发生违约行为,其年收入约为160,000元,此可以作为认定国宝公司损失的参考金额,同时综合考虑竞业限制补偿金额、张某的违约情节等因素,并适度体现对劳动者违约行为的惩罚性,法院酌情将张某应当支付的违约金调整为300,000元。判决:(1)维持一审判决第一项;(2)撤销一审判决第二项;(3)张某向国宝公司支付违反竞业限制义务违约金300,000元;(4)驳回国宝公司的其他诉讼请求。[1]

【案例10-15】 刘某诉安迅公司劳动争议纠纷案

一审法院认为,关于竞业限制违约金是否畸高,显失公平。竞业限制违约金兼具补偿性及惩罚性,其目的在于预防商业秘密被泄露的可能性,并不以用人单位遭受实际损失为前提。但根据公平原则和诚实信用原则,竞业限制违约金不能畸高,不能造成劳动者生活困窘,导致双方权利义务严重失衡。故,综合考量劳动者给用人单位造成的损害、劳动者的主观过错程度、收入水

---

〔1〕 参见国家法官学院、最高人民法院案例研究院编:《中国法院2020年度案例》(劳动纠纷),中国法制出版社2020年版,第151页。江苏省苏州市中级人民法院(2018)苏05民终2523、2524号民事判决书。

平、职务、在职时间、违约期间、竞业限制经济补偿数额等案件具体情况，双方约定的违反竞业限制违约金数额失衡。判决：(1)刘某支付安迅公司违反竞业限制义务违约金220万元；(2)驳回刘某的其他诉讼请求。二审法院同意一审法院裁判意见。[1]

掌握企业技术秘密的工作人员离职后违反竞业限制义务的，应当承担违约责任。

【案例10－16】　刘某与某科技公司竞业限制纠纷案

判决观点，刘某汇报的就业情况与其社保及个人所得税缴纳情况、其与A公司的关系明显不符，对此，刘某无法作出合理说明，亦未举证证明其竞业限制期间的具体工作情况，故法院认定刘某在竞业限制期限内向与科技公司存在竞争关系的A公司提供了劳动，违反了竞业限制义务。综合考虑刘某任职情况、工资标准以及违反竞业限制义务而获得高额工资收入等情况，认为约定的竞业限制违约金数额并未明显过高，故不予调减违约金，支持了科技公司的诉讼请求。[2]

法官酌定违约金应平衡竞业禁止协议与劳动者自由择业之间的价值冲突。

【案例10－17】　毕某诉甲培训学校劳动争议纠纷案

二审法院认为，就毕某是否应向甲培训学校承担违约责任，二审法院同意一审法院裁判意见。关于违约金数额，因违约金兼具补偿性与惩罚性，故在补偿守约方的同时应适当对违约方予以惩罚，但一般不超过实际损失的30%。《竞业禁止协议》虽约定了如损失难以计算，违约金为100万元，但考虑到毕某从事工作的性质、收入、违约行为、过错程度以及实际可能对甲培训学校造成的损失等情况，《竞业禁止协议》约定的违约金过高，应予以调整。一审法院酌情认定违约金20万元并不当。判决：驳回上诉，维持原判。[3]

【案例10－18】　潘某诉甲公司劳动争议纠纷案

二审法院认为，潘某出资并入职乙公司，乙公司经营的业务与甲公司开展的业务存在重合，该情形势必影响甲公司该项业务的开展，故乙公司与甲公司存在竞争关系。潘某出资并入职乙公司显属违反了《保密、不竞争及知识产权协议》《补充协议》约定的竞业限制义务。潘某应当依照约定支付甲

---

〔1〕　参见国家法官学院、最高人民法院司法案例研究院编：《中国法院2021年度案例》(劳动纠纷)，中国法制出版社2021年版，第160页。北京市第三中级人民法院(2019)京03民终2100号民事判决书。

〔2〕　四川省高级人民法院发布10个劳动争议典型案例(2023.5.1)之七。

〔3〕　参见国家法官学院、最高人民法院司法案例研究院编：《中国法院2022年度案例》(劳动纠纷)，中国法制出版社2022年版，第209页。北京市第一中级人民法院(2020)京01民终6027号民事判决书。

公司违反竞业限制义务违约金，但二审法院认为协议约定的违约金数畸高，应对违约金的数额进行调整，同时一审法院酌定的违约金过低，综合考虑潘某的违约情况、收入状况、约定的补偿金数额等因素，酌定潘某应当支付甲公司违反竞业限制违约金 1,386,000 元。判决：(1)维持一审判决第一项、第二项；(2)撤销一审判决第三项、第四项；(3)潘某支付甲公司违反竞业限制违约金 1,386,000 元；(4)驳回甲公司的其他诉讼请求。〔1〕

实践中，用人单位处于强势地位，劳动者因其对用人单位的人身依附和经济依附无法取得实质的、平等的协商权，故大量竞业限制协议约定的违约金畸高。为扭转双方地位实质不对等，防止用人单位利用强势地位损害劳动者的权益，法官应当参照《民法典》合同编的规定，经劳动者请求后调整违约金。对于具体的调整标准，法律并无具体规定，由法官综合考虑多种因素酌定。

【案例 10－19】 甲公司诉高某劳动争议纠纷案

一审法院认为，关于争议焦点一，高某主要从事甲公司核心产品的销售和推荐，对于核心产品无论是技术还是销售渠道都非常了解，且高某从事此项工作较久，对于公司的经营秘密均有接触，应属于负有保密义务的人员，甲公司可与高某签订竞业限制协议。关于争议焦点二，根据双方的约定，高某离职后不得到具有竞争关系的企业提供任何形式的咨询服务、代理、合作或劳务，并不局限于竞争关系企业建立劳动关系，双方均认可与乙公司所销售的产品为同一类海洋工业配套设备，属于存在竞争关系的企业。甲公司提交的证据足以证明高某在为乙公司提供服务，并且服务内容明显与甲公司存在竞争关系。因此高某已经违反了竞业限制的约定，应依约承担违约金。关于争议焦点三，双方在《竞业限制补充协议》中约定的违约金标准为竞业限制补偿金总和的 5 倍，但高某提出违约金约定过高，并且甲公司也未提交证据证明存在损失。违约金具有补偿功能，当一方存在违约情形时，通常由违约方通过承担违约金额赔偿责任对守约方所受损失进行补偿。但是在竞业限制约定中，一旦劳动者违反竞业限制约定，用人单位的商业秘密等保密事项即已泄露，一般无法挽回，因此竞业限制中的违约金兼具惩罚性，这种惩罚性考虑到了用人单位损失的不可预估性。但应当考虑，劳动者在劳动关系中处于弱势地位，其偿付能力有限，违约金的约定也应考虑劳动者的工资收入，对损失的可预知性等因素。本案中，高某离职前月工资为 2 万元，离职后甲公司支付的月补偿金为 8024 元。按照 18 个月的竞业限制期核算，违约金明显

〔1〕 参见国家法官学院、最高人民法院司法案例研究院编：《中国法院 2022 年度案例》(劳动纠纷)，中国法制出版社 2022 年版，第 218 页。北京市第一中级人民法院(2020)京 01 民终 4989 号民事判决书。

超过正常工资收入,另外违约金的基本功能在于填补损失,甲公司主张高某损害了公司的经营秘密,给公司造成了损失,但是并未提供证据证明高某实际是否泄露了交易信息,侵犯何种商业秘密,也没有提供证据证明具体的损失数额,因此甲公司主张的违约金明显过高,综合甲公司支付的竞业限制补偿金金额,高某的违约程度、工资收入、损失范围等因素酌情确定高某应承担的违约金数额。判决:(1)确认高某违反《劳动合同》及《竞争限制补偿协议》约定的竞业限制义务;(2)高某返还甲公司已付的一次性竞业限制经济补偿金130,766.32元;(3)高某支付甲公司违约金288,864元;(4)高某继续履行竞业限制义务至2021年10月31日;(5)驳回甲公司的其他诉讼请求;(6)驳回高某的其他诉讼请求。二审法院同意一审法院裁判意见。[1]

【案例10－20】 某饲料公司诉高某劳动争议纠纷案

判决观点,高某离职前为某饲料公司区域销售经理,双方明确约定了竞业限制条款。高某离职后随即入职的公司与某饲料公司处于同一区域,且经营范围基本相同,二公司为存在竞争关系的同类企业,高某的行为违反了《竞业限制协议》约定,应承担违约责任。因约定的违约金数额明显过高,故酌定高某向某饲料公司支付违反竞业限制义务的部分违约金并判令高某返还竞业限制补偿金。[2]

竞业限制期限内入职存在竞争关系的其他单位需承担违约责任。

【案例10－21】 某电子公司诉甘某劳动争议纠纷案

二审法院认为,甘某和某电子公司签订的竞业限制协议书中对竞业限制义务、竞业限制补偿金以及违约金进行了约定,是双方的真实意思表示。甘某从某电子公司离职后在竞业限制期限内到存在竞争关系的科技公司工作,违反了竞业限制义务,需向某电子公司归还已经支付的补偿金201,501.93元。结合甘某离职前的工作岗位、工资水平及某电子公司每月支付的竞业限制补偿金的标准,甘某应向某电子公司支付违约金346,485.72元。[3]

在竞业限制纠纷中,通常情况下,违约金以货币为表现形式。但只要违约金具备可预期性与明确性,并且能够实际支付或者执行,法律并不禁止当事人约定可作价的,有直接经济性的其他财产或者使当事人无法获得的某收益或财产性权利作为违约金。也就是说,只要能够以相对确定的方式实现违约金所具备的惩罚

---

〔1〕 参见国家法官学院、最高人民法院司法案例研究院编:《中国法院2023年度案例》(劳动纠纷),中国法制出版社2023年版,第186～188页。北京市第二中级人民法院(2021)京02民终15092号民事判决书。

〔2〕 天津市高级人民法院2023年发布8个劳动争议典型案例之五。

〔3〕 2023年4月27日,广东省高级人民法院发布劳动争议典型案例之二,审理法院:东莞市中级人民法院。

或者赔偿功能,违约金的形式可以多样,并不限于货币一种。

【案例10-22】 腾讯科技(上海)有限公司诉徐某某劳动合同纠纷案

二审法院认为,徐某某与双方商谈合作而认为腾讯科技(上海)有限公司(以下简称腾讯上海公司)放弃要求其履行竞业限制义务,难以成立。而且根据徐某某所述与杭泽公司等商谈的是深圳腾讯公司,并非腾讯上海公司,更不能证明其主张。《协议书》是当事人的真实意思表示,双方均应履行约定的义务。徐某某在职期间以及竞业限制期限内设立四家竞争性公司,明显违反竞业限制义务。劳动合同约定报酬体系中200元/月为不竞争义务的补偿费,并不违反法律的强制性规定。《协议书》明确约定有母公司腾讯控股有限公司授予徐某某限制性股票作为对价。徐某某虽坚持认为腾讯上海公司没有支付竞业限制的经济补偿,但其亦未请求解除竞业限制约定,约定有效。双方2012年10月25日签订《协议书》构成对劳动合同中违约责任的变更。徐某某取得了限制性股票,理应根据《协议书》的约定承担违约责任,即腾讯上海公司有权向徐某某追索所有限制性股票所生之收益。一审以"行使"限制性股票即解禁日确定收益,与约定不符。由于徐某某不提供交易记录导致收益数额难以确定,因此应以腾讯上海公司采取法律行为当日股票市值计算。二审法院改判徐某某支付腾讯上海公司19,403,333元。[1]

需要进一步研究的问题是,竞业限制违约金与赔偿责任的关系。用人单位与劳动者签订竞业限制协议的主要目的,在于保护用人单位的商业秘密。在涉及劳动者违反竞业限制义务后的法律责任问题上,《劳动合同法》中有两个条款。第二十三条第二款规定:"……劳动者违反竞业限制约定的,应当按照约定向用人单位支付违约金。"第九十条规定:"劳动者违反本法规定解除劳动合同,或者违反劳动合同约定的保密义务或者竞业限制,给用人单位造成损失的,应当承担赔偿责任。"但该法未明确二者之间的关系。不明确的规定造成的问题,即劳动者违反竞业限制义务时可能同时侵犯了用人单位的商业秘密,也可能未侵犯。对前一种情况,用人单位能否主张支付违约金外,另行要求承担赔偿经济损失。对后一种情况,用人单位未因商业秘密受侵犯而遭受损失能否要求劳动者支付违约金。对于这两个问题需要深入探讨取得共识,尤其是对竞业限制违约金性质的定位。也就是说,竞业限制违约金应定位于赔偿(补偿)性违约金,其数额应当与实际损失相当。

违约金额没有明确约定的,由法官根据具体案情裁定。

【案例10-23】 A电气公司诉张某劳动争议纠纷案

一审法院认为,张某离职前作为A电器公司的技术人员,其知悉并且掌

---

〔1〕 参见陈昶主编:《2019年上海法院案例精选》,上海人民出版社2021年版,第56~57页。

握A电器公司的商业秘密信息,属劳动法上负有保密义务的人员,A电器公司可以与其就竞业限制问题进行约定,同时给予张某一定经济补偿。现涉案的劳动合同、竞业限制合同、保密协议及重要员工承诺函等多份文件材料均反映有竞业限制的内容,应当依法认定双方之间存在合法有效的竞业限制约定。根据原告提供的工商档案信息等证据相互印证,可以证明第三人从事吸尘器、电机的研发、生产和销售业务,关联案件中邱某某在仲裁时对第三人从事吸尘器研发的事实亦表示认可。故法院认定第三人属于与原告A电器公司有竞争关系的企业。现被告自原告处离职的当月即至第三人处工作,被告的行为已构成违约,原告有权要求其继续履行竞业限制义务,并赔偿违约金。违约金额没有明确约定的则要综合考虑竞业限制补偿金的数额、劳动者违约行为的情节、给用人单位带来的实际损失、劳动者非法获利等多种因素,还应当适度体现对劳动者违约行为的惩罚性。判决:(1)被告张某向原告A电器公司支付违约金315,000元;(2)被告张某继续履行竞业限制义务至2021年3月1日;(3)驳回原告A电器公司的其余诉讼请求。二审法院同意一审法院裁判意见。[1]

【案例10-24】　甲棋艺培训中心诉何某竞业限制纠纷案

一审法院认为,竞业限制经济补偿金条款的缺失及用人单位未履行支付经济补偿金的情形并不必然导致竞业限制无效。何某作为象棋老师,能够掌握学员信息、运营模式等对甲棋艺培训中心业务经营具有重大影响的资料。《劳动合同书》约定了竞业限制条款,系双方的真实意思表示,合法有效。何某在离职后两个月内系在莆田市内开班招生,有三名学生转至其开设的培训班,已违反竞业限制约定,应承担违约责任。因甲棋艺培训中心为莆田市个体工商户,其主张竞业限制范围为福建省,范围过广,故依法调整为何某自离职起两年内不得在莆田市内设点开班。因甲棋艺培训中心未举证具体损失,结合何某的违约程度、时间、工资情况等因素酌情调整违约金为3万元。二审法院同意一审法院裁判意见。[2]

(三)竞业限制协议在第三人适用认定

竞业限制协议能否对签订用人单位的关联公司发生效力,即关联公司能否适

---

〔1〕 参见国家法官学院、最高人民法院司法案例研究院编:《中国法院2023年度案例》(劳动纠纷),中国法制出版社2023年版,第178~179页。江苏省苏州市中级人民法院(2021)苏05民终571号民事判决书。

〔2〕 参见国家法官学院、最高人民法院司法案例研究院编:《中国法院2023年度案例》(劳动纠纷),中国法制出版社2023年版,第182~183页。福建省莆田市中级人民法院(2021)闽03民终265号民事判决书。

用原用人单位与劳动者签订竞业限制协议是有争议的疑难问题。一般认为,以遵守劳动法合同相对性为原则。从本质上讲竞业限制协议也是合同的一种,只是其订立主体限定于存有劳动关系的用人单位和劳动者,但同样应适用合同相对性原则。根据合同相对性原则,合同项下的权利义务对缔约合同双方当事人具有法律拘束力,而对合同之外的第三人不产生法律拘束力。一般情况下,未与劳动者签订竞业限制协议的用人单位,无权依据关联公司与劳动者签订的竞业限制协议主张权益。而且竞业限制协议是以一定程度上限制劳动者离职后的择业自由为代价,以保护企业的商业秘密制度设计,因此其制度设计应谨慎对待劳动者就业权保护。据此,也不应允许竞业限制协议的过度扩张适用产生负面后果。但应看到,并非在所有情形下该竞业限制协议均不可适用第三人,如果满足一定条件,新用人单位可以援引劳动者与原用人单签订的竞业限制协议,即以存在混同用工及三方协商一致为例外。具体来讲,其一,企业以集团方式经营。所谓集团方式,即各公司之间存在十分紧密的管理上、业务上关联关系。其二,劳动关系转移时已经对竞业限制问题进行了约定。换言之,如果关联公司中仅有一家公司与劳动者签订了竞业限制协议,根据合同相对性原则,该竞业限制协议不能在其他关联企业之间适用。但如果各关联企业在管理上、业务上存在紧密的关联关系,且三方已经对相关权利义务问题进行了协商,则该竞业限制协议可以在劳动者与被转移劳动关系后的用人单位之间适用。

【案例10-25】 北京恒天易开科技股份有限公司诉谭某劳动合同纠纷案

一审法院认为,其一,基于各方确认的芜湖公司与北京恒天易开科技股份有限公司(以下简称北京公司)之间的关联关系及“集团”形式以及三方在《劳动关系转移协议书》中明确作出的“芜湖公司在其与谭某签订的劳动合同及与双方劳动关系相关的文件项下所有权利义务将由北京公司承继”约定,本案中谭某与芜湖公司、谭某与北京公司之间的两段劳动关系及对应期间的竞业限制协议文本不应僵化地割裂看待。其二,本案中涉及竞业限制义务的多份协议文本,其约定内容未违反相关法律规定。其三,数份协议均属有效协议,本案中应以双方最新、最近协议,即2016年10月12日《补充协议》为准。其四,《补充协议》中明确双方应遵守《保密及竞业禁止协议》所约定的内容,在此基础上,双方以特别约定的形式,对竞业限制期间、经济补偿金等问题达成了新的合意。综上,谭某与北京公司之间竞业限制约定应以《保密及竞业禁止协议》与《补充协议》中的约定为准;如《保密及竞业禁止协议》与《补充协议》所作出特别约定相冲突,则以《补充协议》中“特别约定”内容为准。谭某于在职期间掌握了公司的商业秘密,并于离职后到竞争性企业就职,故谭某存在违约行为,应承担违约责任。根据约定,违约金金额为“已支付竞业禁止补偿金数额的双倍”。因客观上公司并未向谭某支付竞业限制补偿金，则谭某应向北京公司支付竞业限制违约金为0元。判决：驳回北京公司的全部诉讼请求。二审法院准许北京公司撤回上诉。[1]

劳动者违反了与前一用人单位的竞业限制约定，前一用人单位向法院起诉主张解除劳动者与后一用人单位劳动合同的，基于解除劳动合同这一救济方式在此类纠纷中不能适用的限制，其诉讼请求不能得到法律支持，前一用人单位只能向劳动者主张相应赔偿责任。

利用工作便利将商业秘密据为己有并允许新任单位使用，造成特别严重后果的，构成侵犯商业秘密犯罪。新任职单位在因使用该商业秘密给原用人单位造成经济损失，应承担赔偿损失的民事责任。

就竞业限制条款对第三人适用来说，劳动争议司法解释制定者认为，劳动者解除或者终止劳动合同后，违反竞业限制约定到与原用人单位有竞争关系的新用人单位工作时，新用人单位是否要与劳动者一起对原用人单位承担连带赔偿责任问题，需要区分情况对待：(1)如果用人单位以劳动者违反竞业限制约定为由，主张适用本条（现指第四十条，下同）要求新用人单位与劳动者一起就违约金承担连带责任时，其显然主张的是违约之诉。此时，由于新用人单位并非竞业限制约定的订约方，不受该约定的约束，自然也就不存在承担违约责任的可能。故应判决驳回原用人单位对新用人单位承担违约责任的主张。(2)如果用人单位以新用人单位与劳动者构成共同侵权为由，主张新用人单位与劳动者就损失赔偿承担连带责任，则应考察其请求权基础。首先，应排除本条的适用，因为本条规范是违约之诉而非侵权之诉。其次，应排除《劳动合同法》第九十一条的适用。理由是两者规范对象不同，《劳动合同法》第九十一条针对的是与其他用人单位尚未解除或终止劳动合同的劳动者，而本条所指的劳动者是已经解除或终止劳动合同的劳动者。事实上，就新用人单位与劳动者对原用人单位的共同侵权行为，现实中主要表现为劳动者在新用人单位利诱、教唆下违反竞业限制约定，泄露相关商业秘密给新用人单位或者新用人单位出于取得竞争优势的需要，在明知劳动者还在竞业限制期限内的情况下，仍将其招用至该单位。对此，实务中更多地适用《侵权责任法》和《反不正当竞争法》来处理。[2]

---

〔1〕 参见国家法官学院、最高人民法院司法案例研究院编：《中国法院2020年度案例》（劳动纠纷），中国法制出版社2020年版，第154～155页。北京市第一中级人民法院（2019）京01民终4975号民事判决书。

〔2〕 参见最高人民法院民事审判第一庭编著：《最高人民法院劳动争议司法解释（四）的理解与适用》，人民法院出版社2013年版，第207～208页。

三、劳动合同竞业限制纠纷处理

(一)竞业限制纠纷处理

劳动者作为用人单位主要业务部门的核心技术人员,在劳动关系存续期间自己开业经营与用人单位有竞争性的同类业务,违背劳动者的基本义务,损害用人单位的合法权益,导致双方信任关系根本破裂,劳动关系赖以存在的基础丧失。用人单位据此解除劳动合同应认定为合法。

【案例10-26】 谢某诉广州欧科信息技术股份有限公司、广州启慧城市信息有限公司劳动合同纠纷案

二审法院认为,劳动者在劳动过程中应秉持诚实、善意的动机为正当行为,忠实维护用人单位的合法权益,此为劳动者的忠实义务,是劳动关系中诚实信用原则的体现和要求,亦是劳动关系的附随义务,系劳动者理应遵守的基本职业道德。因此,劳动者在职期间,基于忠实义务,未经用人单位许可不得从事与用人单位有竞争性的同类工作或类似工作,这种竞业限制义务无需约定即视为存在。本案中,广州欧科信息技术股份有限公司(以下简称欧科公司)和铭图公司的工商登记信息均包含信息系统集成服务、测绘服务等方面,原审法院认为两公司的经营范围存在较多项目的重合,据此认定两公司具有竞争关系,并无不当。谢某系欧科公司地理信息事业部项目经理,从其专业和职务来看,并非技术含量不高、可替代性强的普通劳动者,而是用人单位主要业务部门的核心技术人员。但谢某在与欧科公司劳动关系存续期间,于2015年6月10日入股铭图公司,系自己开展经营与欧科公司有竞争性的同类业务,显然严重违背劳动者的基本忠实义务,损害了用人单位的合法权益,导致双方诚信关系根本破裂,劳动关系赖以存续的基础丧失。原审法院据此认定欧科公司解除与谢某的劳动关系合法,并无不当。退一步说,欧科公司依据《员工手册》的相关规定解除与谢某的劳动关系亦属合法。本案仲裁及一审期间,谢某均陈述其入职时曾签收过《员工手册》,只是签收的版本并非欧科公司提供的版本,但二审期间谢某则辩称只是签名,并未收到员工手册。《最高人民法院关于民事诉讼证据的若干规定》第七十四条规定……

因谢某未提供相反证据推翻其自认的签收《员工手册》之事实，故法院对此项事实予以确认。原审法院认定欧科公司的《员工手册》已经向谢某公示或告知，并将《员工手册》作为审理本案的依据，并无不当。上述《员工手册》明确规定，员工任职期间未经公司书面同意不得兼职或从事其他工作，违反的可以给予解除劳动关系处理。故举轻以明重，员工任职期间自己开办与用人单位有竞争关系的企业，情节显然更为严重，故欧科公司据此解除与谢某的劳动关系，属合法解除。综上，谢某的上述行为违反了劳动者的基本忠实义务以及欧科公司的规章制度，原审法院认定欧科公司解除与谢某的劳动关系合法，无需向谢某支付经济补偿金或赔偿金，并无不当，应予维持。判决：驳回上诉，维持原判。[1]

附条件竞业限制协议，限制劳动者权利加重劳动者义务的不受法律保护。

【案例 10－27】 赵某诉北京小度信息科技有限公司劳动合同纠纷案

判决观点，根据本案查明的事实，赵某与北京小度信息科技有限公司（以下简称小度信息公司）签署的《劳动合同》中约定了赵某离职后 1 年内需要履行竞业限制义务，但双方签署的《离职交接单》明确将小度信息公司是否向员工发出《竞业限制补偿金通知》作为确认员工是否需履行竞业限制义务的附加条件，故赵某是否需要履行竞业限制业务以小度信息公司是否向其发送《竞业限制补偿金通知》为准。鉴于竞业限制义务系对自主择业权利的限制，为保障权利义务的确定性，用人单位应在解除或劳动合同终止的同时向劳动者履行告知义务。现小度信息公司并未在赵某离职时向其发送《竞业限制补偿金通知》，要求其履行竞业限制义务，故赵某无需履行竞业限制义务。小度信息公司于 2017 年 11 月 30 日向赵某发送《竞业限制补偿金通知》的行为明显超过合理期限，对赵某不产生效力。小度信息公司所持以 2017 年 11 月 30 日通过向赵某发送《竞业限制补偿金通知》的方式要求其履行竞业限制义务的主张不合常理，违背了基本的诚实信用原则，且小度信息公司并未举证证明该公司于赵某离职后 2 个月有余的时间才通知其履行竞业限制义务的合理性，小度信息公司上述意见依据不足，法院不予采信。鉴于赵某无需履行竞业限制义务，小度信息公司亦无需向赵某支付竞业限制补偿金，因小度信息公司实际向赵某发放竞业限制补偿金金额为 77，912.64 元，故赵某应当对此予以返还。判决：（1）赵某向小度信息公司返还竞业限制补偿金

---

〔1〕 参见最高人民法院中国应用法学研究所编：《人民法院案例选》2019 年第 9 辑（总第 139 辑），人民法院出版社 2020 年版，第 87～88 页。广东省广州市中级人民法院（2017）粤 01 民终 16714 号民事判决书。

77,912.64 元;(2)驳回赵某的诉讼请求。[1]

解除劳动合同经济补偿金,不能约定为之后的竞业限制义务的履行作为补偿金支付的条件。

【案例 10-28】 A 网络贸易公司诉王某劳动争议纠纷案

二审法院认为,离职协议系双方当事人就劳动关系事宜达成的一致意见,其目的和结果是解除双方之间的劳动关系;其一,解除劳动关系经济补偿金具有补偿性和救济性特征,案涉劳动关系已解除且离职协议的目的已经达成的情况下,经济补偿金的给付具有必要性和确定性。其二,根据双方离职协议的约定,双方劳动关系解除时间及补偿金支付时间明确而具体,并不能就此成为约束除达到解除劳动关系之目的的以外其他时间标准。其三,离职协议约定,解除日后王某继续履行保密及竞业限制义务其中有关保密期以及竞业限制期终止日的约定均晚于经济补偿金的支付时间。A 网络贸易公司主张以王某未履行保密义务及竞业限制义务制约经济补偿金的支付,缺乏逻辑。其四,从离职协议订立的目的来看,该协议约定支付经济补偿金的前提应理解为,王某应履行"办理工作交接、离职手续、移送并归还办公用品、各类材料、财务借款等"为达成双方解除劳动关系以及支付经济补偿金之目的义务。综上,本案的审理不以是否违反保密及竞业限制义务的相关认定为前提。判决:驳回上诉,维持原判。[2]

未足额支付的竞业限制补偿金属于"属于未支付经济补偿金"范畴。劳动者因竞业限制可能在一定时间内无法获得收入,相应地,用人单位的经济补偿可能成为劳动者维持生活的唯一来源。如果用人单位未足额支付经济补偿,可能危及劳动者的生存利益。另外,《劳动争议解释(一)》第三十八条给了用人单位长达 3 个月的时间补足少付的经济补偿,用人单位如非恶意拖欠,完全可以在此期间补足差额以避免劳动者解除竞业限制。如果用人单位在此期间届满之日仍未支付该差额,可视为严重违约,此时支持劳动者有关解除竞业限制请求,不会造成双方利益失衡。也就是说,从解除劳动合同起,用人单位未足额支付竞业限制补偿金应认定竞业限制条款对劳动者不具有约束力。

【案例 10-29】 夏某诉基金公司劳动合同纠纷案

二审法院认为,第一,诉权是当事人请求法院行使审判权保护其民事权

---

〔1〕 参见国家法官学院、最高人民法院司法案例研究院编:《中国法院 2020 年度案例》(劳动纠纷),中国法制出版社 2020 年版,第 147~148 页。北京市海淀区人民法院(2018)京 0108 民初 45621 号民事判决书。

〔2〕 参见国家法官学院、最高人民法院司法案例研究院编:《中国法院 2023 年度案例》(劳动纠纷),中国法制出版社 2023 年版,第 131 页。北京市第二中级人民法院(2021)京 02 民终 12085 号民事判决书。

益的权利,当事人行使诉权需要具备当事人之间存在现实争议和诉的利益两个要件。本案中,双方当事人就夏某是否应当履行案涉竞业限制协议所约定义务的争议已经存在,而且夏某存在诉讼明确其是否应按约履行的确认利益,由此避免争议导致的不确定性。因此,夏某提出确认案涉竞业限制协议中竞业限制条款对其不具有约束力的主张,不违反法律规定。第二,关于本案应适用的地方性法规的确定问题。已生效的(2018)苏10民辖终225号民事裁定书认定,根据夏某提供的证据,可以证实其工作地点隶属于扬州市邗江区,并由此确认一审法院对本案有管辖权,因此,本案审理中适用江苏省相关地方性法规的规定并无不当。第三,夏某主张案涉竞业限制中竞业限制条款对其不具有约束力,系由于认为基金公司并未足额支付竞业限制补偿金。对此,根据《劳动争议解释(四)》(已失效)以及《江苏省劳动合同条例》的相关规定,基金公司向夏某支付竞业限制补偿金的计算基础应为夏某的实际月平均工资。本案中,夏某所主张的工资数额包括基金公司向其支付的月工资和提成奖金以及孙某慧向其的汇款。鉴于二审中,基金公司对其与夏某签订的《解除劳动雇佣关系协议书》约定的264,187元为夏某的提成奖予以认可,根据《江苏省劳动合同条例》有关"月经济补偿额不得低于该劳动者离开用人单位前12个月的月平均工资的1/3"的规定。在这种情况下,夏某认为己方可以不履行案涉竞业限制协议约定义务,主张竞业限制协议中竞业限制条款对其不具有约束力可以成立。判决:驳回上诉,维持原判。[1]

用人单位与劳动者签订的竞业限制条款,约定的竞业限制经济补偿金数额过低、不符合相关规定的,该竞业限制条款对劳动者不具有约束力。

【案例10-30】 王某某诉施耐德电气(中国)投资有限公司上海分公司劳动争议纠纷案

判决观点,本案中,原告王某某与被告施耐德电气(中国)投资有限公司上海分公司(以下简称施耐德上海分公司)签订的《保密和竞业禁止协议》所约定的竞业禁止协议经济补偿金仅为原告离职前1个月的基本工资,即根据被告的陈述,其实际支付给原告的竞业禁止经济补偿金也仅是原告3个月的基本工资,仍低于《江苏省劳动合同条例》规定的标准。因此可以认定,涉案《保密和竞业禁止协议》中的竞业禁止条款对原告不具有约束力,即使原告从被告处离职后又到菲尼克斯公司工作的行为违反了该竞业禁止义务,原告

---

〔1〕 参见国家法官学院、最高人民法院司法案例研究院编:《中国法院2021年度案例》(劳动纠纷),中国法制出版社2021年版,第170~171页。江苏省扬州市中级人民法院(2019)苏10民终1758号民事判决书。

亦不应承担违约责任。被告关于原告应按实际领取的竞业禁止补偿金的三倍支付违约金的诉讼主张不成立,依法不予支持。判决:(1)原告王某某与被告施耐德上海分公司签订的《保密和竞业禁止协议》中约定的竞业禁止条款无效;(2)被告施耐德上海分公司要求原告支付王某某支付违约金的诉讼主张不成立,不予支持。[1]

【案例 10－31】 陆某某诉某影像公司劳动争议纠纷案

二审法院认为,竞业禁止和竞业限制是对劳动者择业权的限制,并一定程度上影响劳动者解除劳动合同之后的经济收入,而作为对择业权限制的经济补偿,应当与择业受限制而可能造成的经济损失相对应,故竞业限制补偿金不应明显过低。本案中,虽然双方约定了竞业禁止和竞业限制补偿金,但每月的补偿额仅为 100 元,与择业受限制而可能造成的经济损失明显不符,远低于北京市最低工资标准,该约定标准显失公平。因法律对于竞业限制补偿金明显过低时应使用何种补偿没有具体约定,故一审法院参照《劳动争议解释(四)》(已失效)第六条第一款的规定标准,计算补偿数额并不当。综上所述,某影像公司的上诉请求及理由不能成立,一审判决认定事实清楚,适用法律正确,应予维持。[2]

竞业限制经济补偿标准与竞业限制违约金失衡是现行竞业限制纠纷核心焦点,如何平衡二者亦是处理的难点。《劳动争议解释(一)》第三十六条的适用条件为双方未约定经济补偿。在双方约定有经济补偿时,不应适用该条款的规定。但作为对择业限制的补偿,竞业限制补偿金应符合公平原则。其违约金的调整一个重要考量依据是竞业限制补偿金数额,调整后的违约金最大限度地寻求用人单位与劳动者之间的最佳平衡点和结合点,符合立法精神和现今的裁判理念。应注意的是,如果劳动者迫于生计从事了违反竞业限制义务的行为,但未及时要求解除竞业限制合同,则不可避免地承担竞业限制的违约责任。

【案例 10－32】 北京市东城区学而思培训学校诉安某劳动争议纠纷案

一审法院认为,本案中,安某熟悉北京市东城区学而思培训学校(以下简称东城学而思)的授课体系,掌握大量教研信息,且其自愿与东城学而思对于保密及竞业限制进行约定,故应属于负有保密义务的人员,符合履行保密及竞业限制义务的主体资格。根据现有证据,安某确实存在竞业限制违约行为,故其应承担违约责任。虽然东城学而思未严格按月支付竞业限制补偿,但安某并未在东城学而思未按规定支付竞业限制补偿金的情况提出过解除

---

〔1〕 参见《最高人民法院公报》2009 年卷。

〔2〕 参见安凤德主编:《劳动争议案件疑难问题裁判精要》,法律出版社 2021 年版,第 280 页。

竞业限制合同，故安某应受该《竞业限制合同》的约束，虽然双方约定了违约条款，但双方约定的每月1000元的竞业限制补偿金的数额与10万元竞业限制违约金的数额显失平衡；且该每月1000元的竞业限制补偿也显著低于劳动者劳动合同解除前12个月平均工资的30%。现用人单位并未提交相关证据证明安某离职给其造成的实际损失，综合考虑用人单位支付的经济补偿数额、劳动者的工资收入水平、劳动者的职务、劳动者的主观过错程度以及给用人单位造成的损害等因素，根据公平原则和诚实信用原则予以衡量，法院对竞业限制违约金数额进行酌减。现已超过双方约定的6个月的竞业限制期间，故安某无需继续履行竞业限制义务。安某自东城学而思离职后的收益系其劳动所得，而并非安某违反竞业限制义务给东城学而思造成的损失。现东城学而思未向法院提交证据证明安某离职后所获的全部收益，且双方通过签订竞业限制合同已经约定了竞业限制违约金，用以平衡用人单位与劳动者之间的利益。故用人单位要求安某返还收益，证据不足，不予支持。判决：(1)安某支付东城学而思竞业限制违约金60,000元；(2)驳回东城学而思的其他诉讼请求；(3)驳回安某的其他诉讼请求。二审法院判决：驳回上诉，维持原判。[1]

个案中，法官根据具体案情对双方争议的焦点作出裁判。

【案例10－33】　魏某明诉百度在线网络技术(北京)有限公司劳动争议纠纷案

二审法院认为，本案争议的焦点问题：(1)《竞业限制协议》的效力。竞业限制是用人单位对员工采取的以防止不正当竞争和保护商业秘密为目的的一种法律措施。我国《劳动合同法》规定的竞业限制制度为用人单位和劳动者进行竞业限制的约定提供了明确的法律依据。本案魏某明与百度在线网络技术(北京)有限公司(以下简称百度在线公司)签订的《竞业限制协议》对竞业限制适用范围、期限等的约定不违反法律规定，且魏某明未能举证证明协议的签订违背其真实意思，故魏某明与百度在线公司签订的《竞业限制协议》应为有效，双方均应该严格遵守协议。(2)百度在线公司是否履行了《竞业限制协议》约定的义务。作为劳动者遵守竞业限制的对价，用人单位应当支付相应的竞业限制补偿金。魏某明与百度在线公司签订的《竞业限制协议》约定了补偿金计算标准及支付方式，魏某明上诉主张百度在线公司少支付约定数额20%的经济补偿金，百度在线公司主张该20%款项系代扣代

---

〔1〕 参见国家法官学院案例开发研究中心编：《中国法院2019年度案例》(劳动纠纷)，中国法制出版社2019年版，第172～173页。北京市第二中级人民法院(2017)京02民终10918号民事判决书。

缴的税款。经法院审查,百度在线公司向魏某明支付的数额确系按协议约定的标准扣缴20%税款后的款项,百度在线公司已履行了《竞业限制协议》约定的支付补偿金的义务。(3)魏某明是否应承担违约责任。履行竞业限制义务的劳动者,在解除或终止劳动合同后,不得到与原单位生产或经营同类产品、从事同类业务的有竞争关系的其他用人单位工作。百度在线公司的关联公司北京百度网讯科技有限公司经营百度地图业务,而魏某明入职的北京协进科技发展有限公司的关联公司高德软件有限公司经营高德地图,魏某明入职北京协进科技发展有限公司的行为,违反了《竞业限制协议》约定的竞业限制义务,应当承担违约责任。魏某明在明知自己应当履行竞业限制义务,并且可以获得百度在线公司支付相应竞业限制补偿金的情况下,在离职当月即入职竞争对手的公司,主观故意明显,一审判决已经对双方约定的违约金进行了调整,魏某明关于违约金过高的上诉主张不能成立,法院不予支持。判决:驳回上诉,维持原判。[1]

用人单位认为根据竞业限制协议约定,竞业限制期间劳动者应当向其书面报备履行竞业限制的情况,并经审核通过后,才能给付相应补偿。但应该肯定。这不符合相关立法精神,对劳动者不公平。立法意图在于,用人单位与劳动者作出竞业限制约定之后,劳动者将在限制期限内一直受到约束,除非用人单位明确通知不必履行,或者达到竞业限制的最长2年期限劳动者可以不再履行,并获得相应的合理的补偿。在此期间,用人单位应当主动审核劳动者竞业限制履行情况,而不能怠于审核,更不能强行要求劳动者书面报备,并以此为借口拒绝给付竞业限制补偿。虽然对于已经与劳动者解除劳动关系的用人单位来说,主动审查也存在一定的难度,但从平衡用人单位和劳动者的利益来说,将主动审查的义务及法律后果交由用人单位承担较为公平合理。

竞业限制协议未约定违约金,用人单位主张定额赔偿损失的法律不予支持,但劳动者应返还经济补偿金。

【案例10-34】 健鼎(无锡)电子有限公司诉王某莉竞业限制纠纷案

二审法院认为,王某莉与健鼎(无锡)电子有限公司(以下简称健鼎公司)是否存在竞业限制的法律关系以及违约方应当如何承担法律责任是本案的争议焦点。王某莉在职时间较长且担任一定的职务,在双方签订的竞业禁止合约书中即指明其掌握商业秘密,而在王某莉离职后健鼎公司又愿意按照其在职时的全额工资发放竞业限制的补偿金,上述事实均指向王某莉属于适

---

〔1〕 参见国家法官学院案例开发研究中心编:《中国法院2016年度案例》(劳动纠纷),中国法制出版社2016年版,第186~187页。北京市第一中级人民法院(2014)一中民终字第09158号民事判决书。

用竞业限制的人员,王某莉虽然否认其系适用主体的意见,但是其未提供充分证据予以反驳,故法院不予采信。按照《劳动合同法》第二十三条、第二十四条关于掌握商业秘密的劳动者在离职后的一定期间内不得在同业内就业的规定,可得出就业受限是此类劳动者的基本义务,因此虽然劳动者在离职时可以就竞业限制的内容与用人单位进行协商,但是劳动者的意思表示应当受到一定的限制,如果用人单位就竞业限制的范围、期限、待遇等提出的条件不违反法律法规的规定,劳动者应当受到用人单位意思表示的约束。本案中,虽然王某莉未在离职时与健鼎公司签订协议,但是相关的安排在2007年9月双方所签订的竞业禁止合约中亦有所涉及,在王某莉提出辞职要求后,健鼎公司于2013年3月7日发出了通知,其有关竞业限制期间及补偿金的标准的意思表示均不违反法律规定,王某莉不得主张不受其约束。根据竞业禁止合约书及2013年3月7日的通知,王某莉与健鼎公司存在竞业限制的法律关系,实施竞业限制的期间为2013年3月21日至2014年3月20日,竞业限制的补偿金为每月15,824元。王某莉进入昆颖公司工作违背了竞业限制的义务,且在原审判决时实施竞业限制的期间已经届满,虽然王某莉并未实际履行义务,但是要求延展竞业限制期间的主张缺乏法律依据,法院不予支持。对此采纳王某莉的有关意见。健鼎公司可以利用竞业限制的规定保护商业秘密,也可以运用不正当竞争等其他法律机制依法维护商业秘密。劳动者违反竞业限制义务的,用人单位可以按照约定要求其支付违约金或者要求劳动者赔偿损失,但是法律未规定可以适用定额赔偿。本案中,因双方未约定违约金,亦未证明除支付首笔竞业限制补偿金外还发生了其他的实际损失,故法院不予支持健鼎公司要求王某莉赔偿10万元的主张。综上所述,原审法院查明事实清楚,适用法律正确,所作判决并无不当。上诉人健鼎公司、上诉人王某莉的上诉请求均不能成立。判决:驳回上诉,维持原判。[1]

劳动者并非直接与受限制用人单位建立劳动关系,而是通过其妻投资经营与原人单位经营范围有交集之公司,意图以此规避己方义务,对此行为亦应按违反竞业限制义务处理。

董事、高管对公司负有的竞业禁止义务来源于法律的强制性,公司原则上无权放弃对董事、高管的竞业禁止要求,董事、高管互相之间亦无权通过私下协议免除该义务,否则是对公司利益和外部债权人利益均造成损害,该协议应当无效。各方均违反竞业禁止义务时,应当将各方所得的收入均归入公司后再行处理,而不能简单加以抵销。

---

〔1〕 参见国家法官学院案例开发研究中心编:《中国法院2016年度案例》(劳动纠纷),中国法制出版社2016年版,第205~206页。江苏省无锡市中级人民法院(2014)锡民终字第912号民事判决书。

【案例10-35】 胶尔公司诉蔡某、俞某竞业限制纠纷再审案

再审法院认为,蔡某、俞某作为胶尔公司的董事和财务管理人员,不能提供胶尔公司的股东曾经召开股东会并同意其自营或者为他人经营与胶尔公司同类业务的证据。原审也查明无证据证明蔡某和俞某曾与梁某达成解散公司且双方各自设立公司经营的口头协议。蔡某、俞某在胶力公司经营与胶尔公司同类的业务,属于利用职务便利为自己或者为他人谋取属于胶尔公司的商业机会,构成对胶尔公司的侵害,应当将其收入归于胶尔公司。[1]

用人单位与劳动者可以在竞业限制协议中约定竞业限制补偿金非按月支付,若该约定是双方真实意思表示,由于其并不违反法律、行政法规的强制性规定,应当认定有效。

【案例10-36】 谢某敏诉重庆云天化纽米科技股份有限公司劳动合同纠纷案

二审法院认为,(1)禁止协议中甲方每4个月向乙方支付一次竞业禁止补偿金的约定是双方的真实意思表示,并未违反法律、行政法规的强制性规定,应当认定有效。(2)竞业禁止协议中关于双方违约责任的约定并未显失公平,双方的权利义务是较为对等的,且谢某敏也从未因相应条款显失公平而主张撤销权。(3)重庆云天化纽米科技股份有限公司(以下简称云天化公司)营业执照、思博瀚宇公司工商登记信息等书证,已证明谢某敏所供职的思博瀚宇公司与云天化公司从事同类业务,两公司存在竞争关系,谢某敏的相关行为违反竞业禁止协议的约定。(4)竞业限制禁止协议中并未将竞业禁止地域范围限定在重庆市范围内,因此谢某敏给云天化公司的函件也表明其认可成都在竞业限制的地域范围内,因此谢某敏称该协议约束的地域范围应只能在重庆范围的理由不能成立。此外,本案的关键点还在于,当云天化公司长达7个月未支付谢某敏的经济补偿金后,谢某敏可以依约要求云天化公司支付违约金,也可以依法行使竞业禁止协议的解除权,但谢某敏仅发商榷函要求云天化公司明确是否继续履行协议,而云天化公司随即三次继续支付了经济补偿金,谢某敏收到了相应款项,表明云天化公司继续履行的协议,而谢某敏也予以认可。因此,无法认定双方的竞业禁止协议已经解除,双方应继续按约履行义务,而一旦违反约定,就应当承担相应的违约责任。综上,二审法院认为一审判决认定事实清楚,但认定竞业禁止协议书第五条第二款系无效条款有误,应予纠正。一审判决适用法律虽有瑕疵,但裁判结果正确,故

---

〔1〕 参见《人民司法·案例》2017年第11期(总第778期)。上海市第二中级人民法院(2016)沪02民再26号民事判决书。

纠正后可维持。判决：驳回上诉，维持原判。[1]

用人单位与劳动者在劳动书中约定的竞业限制补偿实为劳动报酬的，劳动者不受竞业禁止的限制。

用人单位与劳动者在竞业限制条款中约定，因履行竞业限制条款发生争议申请仲裁和提起诉讼的期间不计入竞业限制期限的，属于《劳动合同法》第二十六条第一款第二项规定的“用人单位免除自己的法定责任、排除劳动者权利”的情形，应当认定为无效。

【案例10－37】　马某楠诉北京搜狐新动力信息技术有限公司竞业限制纠纷案

一审法院认为，本案争议焦点为《不竞争协议》第3.3款约定的竞业限制期限的法律适用问题。北京搜狐新动力信息技术有限公司（以下简称搜狐新动力公司）上诉主张该协议第3.3款约定有效，马某楠的竞业限制期限为本案仲裁和诉讼的实际审理期限加上12个月，以实际发生时间为准且不超过2年，但法院对其该项主张不予采信。（1）竞业限制协议的审查。法律虽然允许用人单位可以与劳动者约定竞业限制义务，但同时对双方约定竞业限制义务的内容作出了强制性规定，即以效力性规范的方式对竞业限制义务所适用的人员范围、竞业领域、限制期限均作出明确限制，且要求竞业限制约定不得违反法律、法规的规定，以期在保护用人单位商业秘密、维护公平竞争市场秩序的同时，亦防止用人单位不当运用竞业限制制度对劳动者的择业自由权造成过度损害。（2）“扣除仲裁和诉讼审理期限”约定的效力。本案中，搜狐新动力公司在《不竞争协议》第3.3款约定马某楠的竞业限制期限应扣除仲裁和诉讼的审理期限，该约定实际上要求马某楠履行竞业限制义务的期限为仲裁和诉讼程序的审理期限＋实际支付竞业限制补偿金的月数（最长不超过12个月）。从劳动者择业自由权角度来看，虽然法律对于仲裁及诉讼程序的审理期限均有法定限制，但就具体案件而言该期限并非具体确定的期间，将该期间作为竞业限制期限的约定内容，不符合竞业限制条款应具体明确的立法目的。加之劳动争议案件的特殊性，相当数量的案件需要经过“一裁两审”程序，上述约定使得劳动者一旦与用人单位发生争议，则其竞业限制期限将被延长至不可预期且相当长的一段期间，乃至达到2年。这实质上造成了劳动者的择业自由权在一定期间内处于待定状态。另外，从劳动者司法救济权角度来看，对于劳动者一方，如果其因履行《不竞争协议》与搜狐新动力公

〔1〕　参见《人民司法·案例》2017年第17期（总第784期）。重庆市第一中级人民法院（2016）渝01民终8807号民事判决书。

司发生争议并提起仲裁和诉讼，依照该协议第3.3款约定，仲裁及诉讼审理期间劳动者仍需履行竞业限制义务，即出现其竞业限制期限被延长的结果。如此便使劳动者陷入“寻求司法救济则其竞业限制期限被延长”“不寻求司法救济则其权益受损害”的两难境地，在一定程度上限制了劳动者的司法救济权利；而对于用人单位一方，该协议第3.3款使得搜狐新动力公司无需与劳动者进行协商，即可通过提起仲裁和诉讼的方式单方地、变相地延长劳动者的竞业限制期限，一定程度上免除了其法定责任。综上，法院认为，《不竞争协议》第3.3款中关于竞业限制期限应将仲裁和诉讼的审理期限扣除的约定，即“但如因履行本协议发生争议而提起仲裁或诉讼时……乙方应履行竞业限制义务的期限，在扣除仲裁和诉讼审理的期限后，不应短于上述约定的竞业限制月数”的部分，属于《劳动合同法》第二十六条第一款第二项规定的“用人单位免除自己的法定责任、排除劳动者权利”的情形，应属无效。而根据该法第二十七条规定，劳动合同部分无效，不影响其他部分效力的，其他部分仍然有效。(3)本案竞业限制期限的确定。据此，依据《不竞争协议》第3.3款仍有效部分的约定，马某楠的竞业限制期限应依据搜狐新动力公司向其支付竞业限制补偿金的月数确定且最长不超过12个月。鉴于搜狐新动力公司已向马某楠支付2017年3月至2018年2月共计12个月的竞业限制补偿金，马某楠的竞业限制期限已经届满，其无需继续履行对搜狐新动力公司的竞业限制义务。一审法院判决：(1)马某楠向搜狐新动力公司双倍返还2017年3月、4月竞业限制补偿金共计177,892元；(2)确认马某楠无需继续履行对搜狐新动力公司的竞业限制义务。二审法院判决：驳回上诉，维持原判。〔1〕

入职竞争企业窃取商业秘密属违约行为应承担赔偿责任。

【案例10－38】 某卫浴公司诉黄某某劳动争议纠纷案

二审法院认为，黄某某身为与某卫浴公司经营业务有竞争关系的其他公司股东、法定代表人，隐瞒身份入职，将包含某卫浴公司商业秘密的内部资料上传至其个人百度网盘，违反双方有关保密义务的约定，应当承担违约责任。综合双方约定和黄某某的行为情节，判令黄某某向某卫浴公司赔偿50,000元。〔2〕

虽然刑事层面的责任犯罪，但在民事层面仍需承担赔偿责任。

---

〔1〕 参见最高人民法院指导案例184号。北京市第一中级人民法院(2018)京01民终5826号民事判决书。

〔2〕 2023年4月27日，广东省高级人民法院发布劳动争议典型案例之六，审理法院：中山市中级人民法院。

【案例 10 – 39】　大西洋公司诉宋某、恒谷公司劳动争议纠纷再审案

最高人民法院认为,在民刑交叉案件中,刑事判决认定的事实通常对后续的民事诉讼具有先决效力。然而,对于先行刑事案件中认定无罪的事实,需要根据具体情况进行区分。虽然刑事判决认定无罪,但并不意味着民事案件必然认定侵权行为或违约行为不存在。在判断相关行为是否存在时,需要结合证据进行判断和认定。民事和刑事案件认定事实的标准存在明显差异。即使在刑事案件中被认定无罪,如果有证据证明被告存在侵权行为,法院仍然可以判决被告承担侵权责任。本案中,现有证据已经足以证明宋某是恒谷公司的实际出资人,其在离职后以隐蔽方式成立了与大西洋公司具有同行业竞争关系的恒谷公司,违反了竞业禁止协议。因此,原审判决认定错误,本院予以纠正。[1]

用人单位的关联公司与劳动者签订的竞业限制协议,原则上效力不及于用人单位,但在用人单位及关联公司人格混同、混同用工的两种情况下效力及于用人单位。

【案例 10 – 40】　A 计算公司诉刘某劳动争议纠纷案

二审法院认为,本案争议焦点为《保密及竞业禁止协议的补充协议》是否对《竞业禁止协议》中相关条款,特别是竞业期限条款发生补充及变更的法律效力。对此,《保密及竞业禁止协议的补充协议》的签订主体系 A 科技公司与刘某,A 科技公司与 A 计算公司分别具有独立的法人资格,《保密及竞业禁止协议的补充协议》中未约定对 A 计算公司与刘某之间签订的《竞业禁止协议》进行补充及变更,现无充分有效证据证明 A 计算公司实际履行了《保密及竞业禁止协议的补充协议》的内容,刘某所持《保密及竞业禁止协议的补充协议》对《竞业禁止协议》相关条款进行补充及变更的主张,缺乏事实依据。一审法院依据《竞业禁止协议》认定刘某在离职后 24 个月对 A 计算公司负有竞业限制义务并无不当,二审法院予以确认。现有证据能够证明刘某在离职后为 B 公司提供劳动相关服务的行为,该公司与 A 计算公司具有竞争关系,故刘某违反了竞业限制义务,应依据《竞业禁止协议》返还竞业限制经济补偿金并支付违反竞业限制义务违约金。综上所述,刘某的上诉请求不能成立,应予驳回;一审判决认定事实清楚,适用法律正确,应予维持。[2]

劳务派遣员工可以作为竞业限制的适格主体,但用人单位应举证劳动者属于

---

〔1〕 参见最高人民法院(2019)民再 135 号民事判决书。

〔2〕 参见国家法官学院、最高人民法院司法案例研究院编:《中国法院 2023 年度案例》(劳动纠纷),中国法制出版社 2023 年版,第 192 页。北京市第一中级人民法院(2021)京 01 民终 5237 号民事判决书。

竞业限制的人员范围(负有保密义务的其他人员应充分举证)。

【案例10-41】 何某某诉上海亿方信息技术有限公司竞业限制纠纷案

二审法院认为,杨某军基于其系劳务派遣员工、上海亿方信息技术有限公司(以下简称亿方公司)系用工单位而主张双方均非签订竞业限制协议的适格主体。然而,在劳务派遣该种雇佣与使用相分离的特殊用工情形下,商业秘密和与知识产权相关秘密的所有者和知悉者通常为实际用工单位和劳务派遣员工,该二者之间签订竞业限制协议符合竞业限制制度的立法初衷。而且,劳动合同法虽对劳务派遣作出专门规定,但并未涉及派遣用工情形下的竞业限制问题,故不能得出法律禁止用工单位与劳务派遣员工签订竞业限制协议的结论。因此,杨某军所提该项主张,缺乏法律依据,本院难以支持。一审法院基于亿方公司与杨某军之间系用工单位与劳务派遣员工的关系,认定双方均非签订竞业限制协议的适格主体,有欠妥当,本院予以纠正。关于杨某军是否属于法律规定的竞业限制义务适格主体的问题,现亿方公司已确认杨某军并非高级技术人员,而系"其他负有保密义务的人员",亿方公司应当对此进一步加以举证证明。……亿方公司既未举证证明上述项目信息构成需要保密的商业秘密,也未举证证明杨某军存在接触其他商业秘密的可能。基于上述分析,亿方公司仅凭现有证据及双方陈述,尚不足以证明杨某军系"其他负有保密义务的人员"。鉴于竞业限制制度本身系立法者对用人单位的商业秘密与劳动者的择业自由两种法益进行利益衡量后作出的制度安排,竞业限制制度客观上对劳动者的择业自由构成一定限制,故竞业限制义务主体应当严格限缩在法律规定的主体范围内,否则不仅会影响劳动者的合法就业权利,也会影响整个社会劳动力资源的正常流动。本案中,亿方公司并未能举出确凿、充分的证据证明杨某军属于竞业限制义务适格主体,实际是将竞业限制协议扩大适用于普通劳动者,违反了法律的强制性规定。于此情形,杨某军主张其并非竞业限制义务适格主体,故而双方所签竞业限制协议应属无效,具有事实和法律依据,可予支持。[1]

竞业限制报告义务难以作为拒付竞业限制补偿的依据,难以就此设定违约责任。

【案例10-42】 杨某某诉上海锐天投资管理有限公司劳动合同纠纷案

二审法院认为,一则,用人单位支付的竞业限制补偿金系劳动者择业自由权受限之对价,锐天公司与杨某某所签订协议中将杨某某未每月提供一份履行竞业义务证明作为锐天公司认定杨某某违反保密及竞业限制义务的依

[1] 上海市第一中级人民法院(2023)沪01民终5678号民事判决书。

据，锐天公司并据此主张无需支付杨某某竞业限制补偿金，本即与法相悖。二则，从双方《雇员保密、竞业限制和创新成果权利归属协议》第2.4条约定内容看，除约定竞业限制补偿金的支付方式为离职后24个月每月支付外，还约定了杨某某未能及时汇报就业情况导致锐天公司多支付补偿金情形下的双倍退还责任，并未约定不汇报就业情况就不支付补偿金。三则，从双方就竞业限制补偿金支付的实际履行情况看，杨某某在锐天公司2021年4月向其支付上月竞业限制补偿金前并未进行过就业汇报或提交履行竞业限制证明之事实，与锐天公司所持竞业限制补偿金需以履行报告义务为支付前提之主张相悖。锐天公司虽称此系因竞业限制对其公司非常重要，为让杨某某继续遵守竞业限制协议而支付第一个月竞业限制补偿金，但也未有在案证据证明截至杨某某因锐天公司不支付竞业限制补偿金而提出解除竞业限制约定之时，锐天公司曾采取告知或督促杨某某履行报告义务以便支付竞业限制补偿金之举措。再结合杨某某在2021年9月7日邮寄解除竞业限制通知书前，还曾于2021年8月27日发送电子邮件告知竞业限制协议将因3个月没有支付竞业限制补偿金而自动解除，而锐天公司仍未支付竞业限制补偿金，对于所称的电话告知杨某某未支付原因之主张也未有证据予以佐证等事实，实难认定锐天公司超过3个月未向杨某某支付竞业限制补偿金系杨某某原因所致。杨某某以锐天公司超过3个月未支付竞业限制补偿金为由解除竞业限制约定，于法有据。鉴于锐天公司未有证据证明杨某某在双方竞业限制协议解除前存在同业竞争行为，杨某某入职A公司亦发生在竞业限制协议解除之后，杨某某主张无需支付锐天公司违反竞业限制的违约金，确有依据，本院予以支持。〔1〕

(二)竞业限制未约定补偿处理

现行劳动法律法规明确当事人约定竞业限制，但对未约定经济补偿金效力没有规定。双方劳动关系解除或终止后用人单位未支付竞业限制补偿金，劳动者要求解除竞业限制约定，对此，理论界和实务界有不同观点。一般认为，未约定竞业限制补偿金条款应当认定有效并对劳动者具有约束力，并应当适用劳动法律中对竞业限制补偿金、解除权规则等规定。劳动争议司法解释制定者认为，对于未约定经济补偿金的竞业限制条款，不宜认定为无效。从合同解释的规则、合同效力

---

〔1〕 上海市第一中级人民法院(2022)沪01民终9691号民事判决书。

的制度等角度考虑，本条（现为第三十六条）司法解释对未约定经济补偿金的离职竞业限制条款未约定为无效条款，而是承认其效力。[1] 在劳动合同约定劳动者负有竞业限制义务的前提下，双方分别负有对待给付义务，用人单位的竞业限制补偿金支付义务具有强制性，即便双方未约定补偿金，其竞业限制补偿金的支付仍具有效力，应作为默示条款补充竞业限制协议。也就是说，根据合同补充原理，对于约定补偿金竞业限制协议，"用人单位按照劳动者在劳动合同前十二个月平均工资的30%按月支付经济补偿"的内容应当作为默示条款补充。在用人单位与劳动者解除劳动合同后3个月未支付竞业限制补偿金的，用人单位收到劳动者催告即时支付，则应限制解除竞业限制约定。换言之，对于劳动者的诉求，依据法律规定结合案情作出处理。

【案例10－43】 姜某诉博恩公司劳动合同纠纷案

二审法院认为，就双方《竞业禁止协议书》效力，双方签订的《竞业禁止协议书》约定劳动者的竞业限制义务，但未约定用人单位支付经济补偿。《劳动合同法》第二十三条第二款规定："对负有保密义务的劳动者，用人单位可以在劳动合同或者保密协议中与劳动者约定竞业限制条款，并约定在解除或者终止劳动合同后，在竞业限制期限内按月给予劳动者经济补偿……"据此，在约定竞业限制的前提下，经济补偿的给付具有强制性。未约定经济补偿的竞业限制条款，为欠缺合同必备条款，应当进行补充。而《劳动争议解释（四）》（已失效）第六条为未约定经济补偿的竞业限制规定了补偿金标准。上述规定以法定形式对欠缺的竞业限制条款作出了补充，故竞业限制约定对双方当事人仍具有约束力。就姜某对竞业限制约定解除行为的效力，《合同法》第九十四条规定："有下列情形之一的，当事人可以解除合同……（三）当事人一方迟延履行主要债务，经催告后在合理期限内仍未履行……"而合理期限和解除方式的认定应适用《劳动争议解释（四）》（已失效）第八条规定。也就是说，因用人单位的原因导致3个月未支付经济补偿，劳动者可不经催告程序径行解除竞业限制约定。而本案中，姜某就解除劳动合同后未达3个月即行使解除权，且博恩公司在收到姜某通知后及时按法律规定的标准补充支付了竞业限制经济补偿金，故姜某的解除行为缺乏法律依据，法院对其解除《竞业禁止协议书》的上诉请求不予支持。判决：驳回上诉，维持

---

〔1〕 参见最高人民法院民事审判第一庭编著：《最高人民法院劳动争议司法解释（四）的理解与适用》，人民法院出版社2013年版，第133、136页。

原判。[1]

【案例10-44】 温某华诉北京医信横通管理咨询有限公司劳动争议纠纷案

判决观点，双方的劳动合同虽未约定竞业限制经济补偿金，现温某华已履行竞业限制义务，北京医信横通管理咨询有限公司（以下简称医信公司）依法应支付温某华相应的经济补偿。医信公司应以明示的方式解除竞业限制协议的意思表示，其不支付补偿金不能视为对竞业限制协议的解除。医信公司在2012年6月25日仲裁开庭时，明确告知温某华不要求其履行竞业限制义务，因此双方关于竞业限制的约定，应自当日解除。温某华要求医信公司继续履行竞业限制协议的请求，法院不予支持。竞业限制协议解除后，公司依法支付温某华3个月的额外经济补偿，但因温某华对经济补偿金均主张至2012年6月，故医信公司支付温某华至2012年3月19日至6月30日的经济补偿金，具体数额按照温某华离职前12个月的平均工资的30%进行计算。温某华要求在职期间竞业限制的补偿金，于法无据，法院不予支持。判决：医信公司给付温某华2012年3月19日至6月30日的竞业限制补偿金8303元。[2]

对丁约定了竞业限制条款但未约定经济补偿，当地政府对竞业限制补偿有规定的按当地的规定执行。

【案例10-45】 王某诉某软件公司劳动合同纠纷案

判决观点，王某与某软件公司在劳动合同中约定了竞业限制条款，虽未约定解除或者终止劳动合同后给予王某经济补偿，但因王某在离职后已按约定履行了竞业限制义务，故某软件公司应向王某支付竞业限制经济补偿。同时，因《深圳经济特区企业技术秘密保护条例》第二十四条规定：限制协议约定的补偿费按月计算不得少于该员工离开企业前最后12个月的平均工资的1/2。约定补偿费少于上述标准或者没有约定补偿费的，补偿费按照该员工离开企业前最后12个月的平均工资的1/2计算，故对于王某的诉求依法予以支持。[3]

经济补偿金的具体数额和支付方式未约定或者约定不明，属于合同可弥外之

---

〔1〕 参见国家法官学院、最高人民法院司法案例研究院编：《中国法院2021年度案例》（劳动纠纷），中国法制出版社2021年版，第164～165页。北京市第一中级人民法院（2019）京01民终2016号民事判决书。

〔2〕 参见国家法官学院案例开发研究中心编：《中国法院2015年度案例》（劳动纠纷），中国法制出版社2015年版，第169页。北京市朝阳区人民法院（2013）朝民初字第04296号民事判决书。

〔3〕 参见最高人民法院民事审判第一庭编著：《最高人民法院劳动争议司法解释（四）的理解与适用》，人民法院出版社2013年版，第143页。

缺陷情形,可以通过合同解释、另行协商或其他法定方式加以补充。在合同履行过程中,用人单位未付补偿金也不表示其选择不要求劳动者履行竞业限制义务。劳动者在3个月之内入职竞争公司的,违反了竞业限制协议约定义务,用人单位可以不支付经济补偿金。

【案例10-46】 葛某某诉美乐家(中国)日用品有限公司劳动合同纠纷案

一审法院认为,涉案《竞业限制协议》自双方签订日起生效。针对原告第一项诉请,首先,协议仅明确被告选择不要求原告不履行竞业限制义务的后果为不支付经济补偿,无法反向推导出若被告未支付经济补偿则表示其选择不要求原告履行竞业限制义务。其次,协议已明确被告选择原告需履行竞业限制义务,被告若免除该义务,应明示。从原告在美国诉讼案中确认的被告监事曾问其是否需要《竞业限制协议》副本等事实,可以认定被告并未放弃要求原告履行竞业限制义务。因此,对原告确认其无需履行竞业限制义务的诉请不予支持。针对原告第二项诉请,虽相关司法解释规定:当事人约定竞业限制和经济补偿,劳动合同解除或者终止后,因用人单位的原因导致3个月未支付经济补偿,劳动者请求解除竞业限制约定的,应予支持。但本案原告离职后3个月内即违约加入竞争公司,被告在上述期间未付经济补偿非被告原因,而是原告违约行为所致,故对原告请求解除竞业限制约定诉请不予支持。判决:对原告诉请均不予支持。二审法院判决:驳回上诉,维持原判。[1]

竞业限制协议未约定经济补偿,且在双方就此无法协商一致的情况下,应确认无效。

劳动者与用人单位约定经济补偿金或实际履行竞业限制义务是劳动合同的竞业限制条款生效的前提。

用人单位与劳动者未约定竞业限制义务经济补偿金,用人单位也未实际支付,劳动者未解除竞业限制条款且违反了竞业限制义务,用人单位请求劳动者承担违约责任的,法官应当支持。

【案例10-47】 焦作市振林磁业有限公司诉刘某鸣劳动争议纠纷案

一审法院认为,第一,关于未约定经济补偿金的竞业限制条款的效力问题。本案中,刘某鸣与焦作市振林磁业有限公司(以下简称振林公司)签订保密协议约定竞业限制,但未约定解除或终止劳动合同后振林公司给予刘某鸣经济补偿问题,由于经济补偿金的给付具有强制性,且该保密协议系双方的真实意思表示,双方未约定经济补偿的问题并不影响该保密协议中竞业限

---

〔1〕 参见陈昶主编:《2020年上海法院案例精选》,上海人民出版社2022年版,第28页。

制条款的效力。第二,关于刘某鸣是否应支付振林公司违约金的问题。刘某鸣与振林公司解除劳动合同后,振林公司超过3个月未支付其经济补偿,依照法律规定,刘某鸣可以要求振林公司支付经济补偿,也可以请求解除竞业限制约定,但刘某鸣未行使法律赋予自己的权利,在其离职四五个月后擅自到与振林公司相似的名泽磁业公司工作,违反了保密协议。由于竞业限制义务是一种不作为义务,为确保竞业限制条款目的的实现,劳动者不能以履行抗辩权为由拒绝履行竞业限制义务或免除其违约责任。但由于经济补偿金是合同内容的一部分,不管当事人是否在合同中明确约定,用人单位都应当支付,而振林公司在刘某鸣离职后一直未实际支付刘某鸣经济补偿,亦存在违约行为,应当承担相应责任。判决:被告刘某鸣给付原告振林公司违约金5万元。二审法院判决:驳回上诉,维持原判。[1]

竞业限制的解除补偿经常成为案件争议焦点,但目前司法解释的规定,在双方当事人约定解除的情形出现时如何进行补偿却没有涉及。用人单位应在解除限制时向劳动者额外支付竞业限制补偿金、解除劳动关系经济补偿金、未休年假工资。

【案例10-48】　周某明诉北京四维图新科技股份有限公司劳动争议纠纷案

二审法院认为,因北京四维图新科技股份有限公司(以下简称四维图新公司)提交的《通知》及对应的EMS快递单显示该邮件已被退回,四维图新公司并未完全尽到送达义务,故不能视为四维图新公司已告知周某明无需履行竞业限制协议。双方当事人虽然约定了竞业限制协议终止情形,但劳动者停止履行竞业限制义务后需要获得必要的生活保障,用人单位应当根据《劳动争议解释(四)》(已失效)第九条规定,向劳动者额外支付3个月的竞业限制经济补偿。故周某明与四维图新公司竞业限制约定解除或终止的情形下,四维图新公司还应向周某明支付额外3个月竞业限制补偿金。四维图新公司作为负有管理责任的用人单位应就周某明休假情况承担举证责任,四维图新公司上述主张用人单位仅对2年内的休假情况承担举证责任没有法律依据,法院不予支持。周某明于2013年9月11日提出提起仲裁申请,未超过1年仲裁时效,且四维图新公司上诉主张周某明已休完年假,但未提交相应证据予以证明,四维图新公司应向周某明支付2008年1月1日至2013年8月14日未休假工资,但一审判决的未休年假工资数额超出了周某明的诉讼请求,法院予以纠正。判决:(1)维持一审判决第二项;(2)撤销一审判决第一、

[1] 参见最高人民法院中国应用法学研究所编:《人民法院案例选》2017年第6辑(总第112辑),人民法院出版社2017年版,第77页。河南省焦作市中级人民法院(2015)焦民劳终字第00324号民事判决书。

三项;(3)四维图新公司支付周某明2008年1月1日至2013年8月14日未休年假工资30,114元;(4)驳回周某明的其他诉讼请求。[1]

股票及股票期权作为竞业限制经济补偿的,被法院认定无效应视为未约定经济补偿。

【案例10-49】 高某诉培训公司劳动争议纠纷案

二审法院认为,高某主张其2018年8月支付的预付行权价,指向的并非竞业限制经济补偿。法院为查清事实,要求培训公司提交期权授予相关协议,培训公司却不予提交,故培训公司需承担不提供相关证据的不利后果。因此,推定高某的相关陈述属实,培训公司仍需向高某给付竞业限制经济补偿。劳动法是社会法,且由于劳动者在劳动关系中处于弱势地位,该法立法目的之一就是保护劳动者的权益。因此,对于用人单位来说,《劳动合同法》的许多条文属于强制性规定。《劳动合同法》第二十三条第二款就是这样的条款,该款规定,用人单位应当在解除劳动后在竞业限制期限内按月给予劳动者经济补偿。这样规定的目的在于解决劳动者因竞业限制造成的就业受限而可能带来的生活困难,为其生存提供一定的经济保障,而按月给付的方式更有利于实现这一立法目的。这意味着,当补偿给付方式的约定较之上述强制性规定的对劳动者不利,且劳动者亦如是主张,则从保护劳动者生存角度出发,可否定该约定的效力。本案中,双方约定发放股票期权作为竞业限制经济补偿,而是否行使股票期权,很大程度上取决于在行权期间内,股票价格与购买期权价格之间是否存在差价从而能否获得盈利。培训公司的母公司未公开上市,其股权并不存在一个各方接受的、约定的交易价格,高某能否行使而盈利、盈利能否达到法定补偿的最低标准都是难以确定的;并且因未公开上市,该股票期权无法随时兑现,欠缺流动性。该约定相较于前述强制性规定,对劳动者显著不利。因此,法院认定相关约定无效,视为未约定经济补偿,高某按照其离职前月平均收入的30%主张经济竞业限制经济补偿,于法有据。[2]

---

〔1〕 参见国家法官学院案例开发研究中心编:《中国法院2016年度案例》(劳动纠纷),中国法制出版社2016年版,第192页。北京市第一中级人民法院(2014)一中民终字第5793号民事判决书。

〔2〕 参见国家法官学院、最高人民法院司法案例研究院编:《中国法院2023年度案例》(劳动纠纷),中国法制出版社2023年版,第169页。北京市第一中级人民法院(2021)京01民终1751号民事判决书。

(三)竞业限制继续履行处理

《劳动争议解释(一)》第四十条规定:“劳动者违反竞业限制约定,向用人单位支付违约金后,用人单位要求劳动者按照约定继续履行竞业限制义务的,人民法院应予支持。”

继续履行和支付违约金可以同时适用。履行竞业限制义务与支付违约金并不冲突,两者可以先后行使,也可以同时行使。

【案例10-50】　S公司诉李某劳动争议纠纷案

二审法院认为,李某在职期间与他人共同实际出资了在香港成立T公司,并与卢某将S公司的埃及客户资料和报价泄露给T公司,导致埃及客户取消订货合同,而S公司与国内供货商的供货购销合同已无法履行,造成S公司赔偿国内供货商违约金等损失。李某出资的T公司与S公司的埃及客户签订了购销合同的行为违反了《竞业禁止协议书》规定的不得自营、合营公司等企事业单位,而该公司等企事业单位从事研发、生产、销售与S公司具有竞争性关系的约定。S公司主张的损失证据不足,不予支持。判决:(1)被上诉人李某继续履行《竞业限制协议书》约定的竞业限制义务;(2)被上诉人支付上诉人S公司竞业限制违约金1万元;(3)驳回S公司的其他上诉请求。[1]

劳动者因违约已承担返还已支付竞业限制补偿金、限制违约金等违约责任的情况下,用人单位若要求继续履行竞业限制协议,仍需支付竞业禁止补偿金。

【案例10-51】　黄某某诉上海悠枚商务信息咨询有限公司竞业限制纠纷案

二审法院认为,竞业限制是通过对劳动者择业自由进行一定程度的限制,来保障用人单位的商业秘密和竞争优势的一项法律制度。劳动者违反竞业限制约定,向用人单位支付违约金后,用人单位有权要求劳动者继续履行竞业限制协议。现黄某某要求不履行竞业限制协议,于法无据。然而需要指出的是,在竞业限制制度中,劳动者的就业权与生存权均受到一定影响,法律通过用人单位对劳动者进行补偿的方式,来实现劳动者和用人单位之间的利益平衡,故竞业限制补偿金的给付具有强制性。用人单位不得利用自身优势地位通过合同约定方式免除其支付限制竞业限制补偿金的法定义务。只要

---

〔1〕　参见最高人民法院民事审判第一庭编著:《最高人民法院劳动争议司法解释(四)的理解与适用》,人民法院出版社2013年版,第210~211页。

劳动者履行了竞业限制协议,即有权主张竞业限制补偿金。在劳动者违反竞业限制协议的情况下,用人单位可通过主张违约金的方式维护权益、弥补损失,并同时要求劳动者继续履行竞业限制协议。基于前述原因,劳动者在支付履约金后继续履行竞业限制协议的,用人单位仍需支付竞业限制补偿金。本案中,上海悠枚商务信息咨询有限公司(以下简称悠枚公司)已主张违约金用以弥补其遭受的损失并对黄某某的违约行为进行了惩罚,嗣后,双方若继续履行竞业限制协议公司仍需支付其竞业限制补偿金。一审法院认为悠枚公司可按照约定不再支付竞业限制补偿金有失妥当,予以纠正。判决驳回上诉,维持原判。[1]

用人单位与劳动者订立保守技术、商业秘密协议书,在发生纠纷进入诉讼程序后,用人单位明确表示不需要继续履行竞业限制义务的,法官可依法确认。但用人单位要求继续履行的除外,其竞业限制期限届满的可终止履行。换言之,竞业限制义务履行基于履行期限和用人单位的意思表示。

【案例 10-52】 张某亮诉常州鑫仁超声波设备有限公司劳动争议纠纷案

一审法院认为,本案中,原告、被告所签订的《保守技术、商业秘密协议书》系双方真实的意思表示,内容不违反法律禁止性条款,其效力应当予以确认,对双方当事人均具有约束力。双方在《保守技术、商业秘密协议书》明确约定了被告向原告支付800元/月保密费,保密费列入原告每月的薪酬总额内,同薪发放,原告对于每月领取的薪酬签字确认且并未提出异议,法院对被告主张其在双方签订协议至原告离职前已按约支付保密费的意见依法予以采纳。原告、被告关于竞业限制的约定且具体。原告在被告公司任期期间与他人共同开设与被告具有竞争性的公司的行为,显然违反了上述协议的约定,应当承担相应的法律责任。原告虽提供了部分证据试图证明其并未实际经营,也未给被告造成任何实质性的损害,但其行为的违约性与过错性是显而易见的,故应当承担相应的违约责任。至于原告辩称双方在协议中所约定的违约金过高,因违约金是否过高应综合考虑用人单位应支付的经济补偿金数额、是否及时支付经济补偿金、劳动者在用人单位工作年限、劳动者主观过错程度以及给用人单位造成的损害等因素,新北仲裁委员会酌情调整为70,000元并无不当,法院依法予以确认。至于原告是否需要继续履行保守技术、商业秘密义务,被告在庭审中明确表示不需要原告继续履行,系被告对其民事权利的自由处分,法院依法予以确认,本案不再审理被告在仲裁阶段的该项请求。综上,在本案的审理过程中,法院依法组织调解,但因双方差距

---

〔1〕 参见陈昶主编:《2021年上海法院案例精选》,上海人民出版社2022年版,第29~30页。

过大，致使调解未果。判决：(1)原告张某亮向被告常州鑫仁超声波设备有限公司支付违约金70,000元。(2)驳回原告张某亮的诉讼请求。二审法院判决：驳回上诉，维持原判。[1]

【案例10－53】　赵某诉北京市海淀区乐加乐培训学校劳动争议纠纷案

一审法院认为，本案中，赵某系于北京市海淀区乐加乐培训学校(以下简称乐加乐学校)从事教学工作，其所掌握的课程安排、课程规划、课程讲义等确属乐加乐学校商业秘密，属于负有保密义务的劳动者，符合签署竞业限制义务的主体资格。鉴于此，法院对于赵某所持并非适格的竞业限制义务的主体之抗辩理由不予采信。加之，赵某作为具有一定文化水平的成年人，理应知晓签署《竞业限制合同》之法律后果，其主张系被强迫所签，但未能提交相应证据。综上，法院确认双方签署的《竞业限制合同》合法有效，乐加乐学校与赵某均应按照《竞业限制合同》约定内容履行相关权利义务。

乐加乐学校提交的公证书公证时间为2016年9月28日，此时"乐课力"网络中所推荐的秋季课程已载有赵某姓名及其开设的课程，而法院于庭审中关注"乐课力在线"微信公众号，该公众号中亦有赵某的教师信息介绍，法院有理由相信赵某存在违反竞业限制之行为。赵某亦曾向法院提交书面意见，认可离职后存在违反竞业限制的行为，故赵某应向乐加乐学校支付违反《竞业限制合同》的违约金。鉴于赵某与乐加乐学校约定乐加乐学校每月支付赵某竞业限制补偿金数额为1000元，而违约金数额为100,000元，确属违约金约定畸高的情形，故法院就违约金数额予以酌减。

赵某与乐加乐学校签署的《竞业限制合同》约定竞业限制期限为"在解除或终止劳动合同后6个月内"，而赵某于2016年8月9日离职，2017年2月9日竞业限制期满，故赵某无需再履行与乐加乐学校签订的《竞业限制合同》。乐加乐学校要求赵某自"北京乐课力分校"离职后继续履行《竞业限制合同》，缺乏事实与法律依据，法院对此不予支持。

就返还违约行为产生的收益一节，《竞业限制合同》中约定的"收益"系因赵某违约行为产生，并非乐加乐学校之实际经济损失，其实质是对双方约定"违约金"数额之调整。鉴于法院已酌情判令赵某向乐加乐学校支付《竞业限制合同》的违约金，故对乐加乐学校要求支付赵某因违约行为所获得的收益的诉讼请求，法院不予支持。判决：(1)赵某无需继续履行与乐加乐学校签署的《竞业限制合同》；(2)赵某支付乐加乐学校违反《竞业限制合同》的违约金5万元；(3)驳回乐加乐学校的其他诉讼请求。二审法院认为，赵某、

---

〔1〕　参见国家法官学院案例开发研究中心编：《中国法院2019年度案例》(劳动纠纷)，中国法制出版社2019年版，第176～177页。江苏省常州市中级人民法院(2017)苏04民终701号民事判决书。

乐加乐学校的上诉请求均不能成立,应予驳回;一审判决认定事实清楚,适用法律正确,应予维持。判决:驳回上诉,维持原判。[1]

用人单位解除竞业限制协议应明确通知劳动者,解除通知送达劳动者之日起无需承担补偿义务。

【案例 10－54】 北京法意科技有限公司诉柴某伟竞业限制纠纷案

二审法院认为,北京法意科技有限公司(以下简称法意公司)主张在柴某伟离职时已明确告知其不用履行竞业限制义务,后 2014 年 12 月 5 日柴某伟再次向法意公司询问此事时,法意公司再次明确表示其不用履行竞业限制义务,并于 2014 年 12 月 8 日将无需履行竞业限制协议的书面声明通过电子邮件和快递方式告知柴某伟,并提交了张某剑与柴某伟的通话记录查询单、电子邮件截图及附件声明、证人证言为证。从通话记录查询单来看,相应通话系柴某伟主叫,且柴某伟并未对此提供相反证据予以反驳;法意公司称经之前的电话沟通,已向柴某伟提供的电子邮箱发送无需柴某伟履行竞业限制义务的声明,证人周某研一审时亦出庭作证。依据法院向深圳市腾讯计算机系统有限公司、中国移动通信集团北京有限公司调取的相关信息可知,上述 QQ 账号所绑定的密保手机号码系柴某伟之妻蔡某林登记使用,蔡某林曾系柴某伟仲裁、一审及二审阶段的委托代理人,柴某伟及蔡某林虽坚持否认电子邮箱系蔡某林使用,但未能就此作出令人信服的合理解释。综合双方当事人的陈述、举证质证情况及法院调查收集证据情况,对法意公司上述已告知柴某伟无需履行竞业限制义务的主张,法院予以采信。法意公司上诉请求无需支付柴某伟竞业限制补偿金,法院予以支持。柴某伟上诉请求法意公司支付其 2014 年 4 月 1 日至 2016 年 2 月 18 日的竞业限制补偿金及额外 3 个月的竞业限制补偿金,无事实和法律依据,法院不予支持。另外,仲裁裁决未支持柴某伟关于 2014 年 4 月 1 日至 2015 年 1 月 13 日竞业限制补偿金的请求,柴某伟未起诉,其仲裁时亦未提出额外 3 个月的竞业限制补偿金的请求,故法院对其相应的上诉请求亦不予支持。综上所述,法意公司的上诉请求成立,予以支持。柴某伟的上诉请求不成立,不予支持。判决:(1)撤销一审判决;(2)法意公司无需支付柴某伟 2014 年 4 月 1 日至 2016 年 2 月 18 日的竞业限制补偿 22,359.54 元。[2]

个案中,法官根据具体案情裁量竞业限制协议继续履行。

---

〔1〕 参见国家法官学院案例开发研究中心编:《中国法院 2019 年度案例》(劳动纠纷),中国法制出版社 2019 年版,第 180 页。北京市第一中级人民法院(2019)京 01 民终 6738 号民事判决书。

〔2〕 参见国家法官学院案例开发研究中心编:《中国法院 2019 年度案例》(劳动纠纷),中国法制出版社 2019 年版,第 191 ~192 页。北京市第二中级人民法院(2017)京 02 民终 4367 号民事判决书。

【案例10－55】　早教中心诉黎某竞业限制劳动争议纠纷案

2020年1月黎某到某早教中心从事教学及相关教育软件的销售工作，双方签订了劳动合同，合同期限3年。合同约定黎某担任该早教中心的教学主管，负责教学质量监督和评估，工资8000元/月，年终按工作绩效考核结果发放绩效工资。同日，双方订立了《保密协议》，约定黎某在职期间应当履行对早教中心包含用户信息、教育软件产品销售渠道、知识产权等在内的商业秘密的保密义务。黎某在离职后应当履行竞业限制义务，竞业限制期限为2年，竞业限制范围为本市，竞业限制补偿金标准为3400元/月。若违反竞业限制义务则应承担相应违约责任。该早教中心的营业执照显示其经营范围为教育教材及软件的开发、销售；早期婴幼儿智力开发服务等。早教中心使用的幼教专业教材系其独立开发且拥有自主知识产权的产品，并在当地享有唯一销售和使用权。2022年1月30日，黎某与早教中心劳动合同期满终止。黎某离职后，早教中心按照双方签订的《保密协议》按月向黎某支付竞业限制补偿金3400元/月。2022年3月，早教中心发现黎某应聘至本市某少儿培训中心工作。早教中心随即申请劳动仲裁，请求依法裁决黎某支付违反竞业限制义务的违约金135,000元，并请求裁决黎某继续履行竞业限制义务。该少儿培训中心作为本案第二被申请人参加仲裁活动，少儿培训中心的营业执照显示其经营范围为“少儿音乐培训、舞蹈培训、美术培训等”，其课程安排中不包含早教中心开发的教材课程或与之雷同的相关课程内容。仲裁裁决认定黎某未违反竞业限制义务，驳回早教中心关于支付竞业限制违约金的仲裁请求，并裁决双方继续履行竞业限制协议的相关内容。早教中心不服，起诉至人民法院，法院一审判决结果与仲裁裁决结果一致，双方当事人均未上诉，一审判决生效。本案中，早教中心以其开发的教材为其教学特色开展经营活动，该教材内容系具有商业价值和使用价值的商业秘密，且教材本身受知识产权保护。早教中心与黎某建立劳动关系后签订了书面保密协议，并约定了竞业限制条款，该协议合法有效，双方均应当全面履行各自义务，享有各自权利。早教中心称黎某离职后在某少儿培训中心工作违反了竞业限制条款，经核实，少儿培中心与早教中心经营范围不存在相同或类似内容，相关课程及教材亦无抄袭或雷同内容。早教中心亦未能提供证据证明黎某在少儿培训中心工作时存在泄露早教中心商业秘密、知识产权之行为。早教中心仅凭“少儿培训中心”的名称及两用人单位同属一个市级行政区域即称黎某违反了竞业限制义务，缺乏事实及法律依据。故黎某与早教中心均应当继续遵守竞业限制条款，履行相关义务。[1]

---

〔1〕　参见陕西省高级人民法院、陕西省人力资源和社会保障厅联合发布第一批劳动人事争议典型案例之三。

(四)竞业限制其他处理

这里讲的竞业限制其他处理,是指用人单位与劳动者签订协议约定竞业限制义务与保密义务,法官认定不构成违反竞业限制义务,而构成违反保密义务并应承担违约责任。需要研究的问题是劳动者在职期间能否成立竞业限制义务。

【案例10-56】 闫某东诉北京中天星云科技有限公司劳动争议纠纷案

一审法院认为,闫某东与北京中天星云科技有限公司(以下简称中天星云公司)于2008年10月30日签订的保密和竞业限制协议关于保密义务、保密费支付及违反保密义务的相关责任的约定为双方的真实意思表示,不违反相关法律规定,应为有效。闫某东作为中天星云公司大客户运营部门经理,为中天星云公司的高级管理人员,应遵守与中天星云公司签订的保密和竞业限制协议关于保密义务相关条款的约定,履行相应的保密义务。中天星云公司的经营范围包括制造、加工密封材料,“西冷”牌密封胶是中天星云公司制造加工的主要产品。东君胶美公司生产销售的“新冷”牌密封胶与中天星云公司主营业务相同,而闫某东为东君胶美公司的股东之一,闫某东的妻子为东君胶美公司的股东兼法定代表人,综合以上事实可以认定闫某东违反其与中天星云公司签订的保密和竞业限制协议关于保密义务,根据双方签订的保密和竞业限制协议,闫某东应该按一定标准返还已经从中天星云公司领取的保密费并对中天星云公司承担相应的违约责任。中天星云公司与闫某东签订的保密和竞业限制协议中约定的违约金标准过高,法院酌情调整为闫某东按领取保密费的五倍的标准向中天星云公司支付违约金。中天星云公司与闫某东签订的保密和竞业限制协议约定中天星云公司每月向闫某东发放一定数额的保密费,闫某东也曾在部分月的技术保密费领取表上签字确认,由以上事实和证据看出闫某东应该知道其每月领取的工资中包含了一定数额的保密费。但中天星云公司和闫某东签订的保密和竞业限制协议中未约定保密费的具体数额,中天星云公司提交的技术保密费领取表上也未显示其公司每月为闫某东发放保密费的具体数额;且中天星云公司和闫某东签订的保密和竞业限制协议中约定中天星云公司每月向闫某东发放一定数额的保密费和竞业限制补偿费,也即中天星云公司每月支付闫某东的工资中包含了保密费和竞业限制补偿费两项内容,但竞业限制补偿费是对劳动者离职后一定年限从事相关职业进行限制而由用人单位在劳动者离职后的竞业限制年限里的向劳动者按月支付的经济补偿,根据竞业限制补偿费的性质,该笔费用不应在劳动者在职期间支付。综上,鉴于中天星云公司每月支付保密费数额无法核定,法院酌情参照中天星云公司提交的2014年11月至2015年10月(闫某东与中天星云公司解除劳动关系前12个月)的闫某东工资显示的技术保密总额作为计算闫某东应返还中天星云公司的保密费和向中天星云公司支付违反保密义违约金的基数。判决:(1)中天星云公司支付闫某东2015年10月23日至2015年11月17日工资670.78元。(2)中天星云公司支付闫某东违法解除劳动合同赔偿金117,000元。(3)中天星云公司支付闫某东报销费用65,045.32元。(4)闫某东返还中天星云公司保密费32,400元。(5)闫某东支付中天星云公司违反保密义务违约金162,000元。(6)驳回闫某东的其他诉讼请求。(7)驳回中天星云公司的其他诉讼请求。二审法院判决:驳回上诉,维持原判。[1]

用人单位在与员工,尤其是高管人员,约定离职后的竞业限制条款时,出于减少现金支出或考虑到已授予激励股权或员工已套现获益的状况,会将激励股权约定为向员工给付的竞业限制经济补偿,又称竞业对价或股权/股票竞业。将权益结算类的激励股权约定为向劳动者给付的竞业限制经济补偿,该约定违反法律的强制性规定,应属无效。

【案例10-57】 高某诉某帮公司劳动争议纠纷案

二审法院认为,双方约定以发放股票期权的形式作为竞业限制经济补偿,但是劳动者是否行权很大程度上取决于在合约规定的行权期间,股票价格与购买期权价格之间是否存在差价从而能够获得盈利。而某帮公司的母公司目前并未公开上市,因此,其股权并不存在一个各方接受的、确定的交易价格,高某能否因行权而盈利、盈利能否达到法定的竞业限制补偿的最低标准都是难以确定的。并且,因未公开上市,该股票期权无法像货币一样随时兑现,也就是欠缺流动性,这些特征使得,如果按照双方的约定,则相对于劳动合同法的强制性规定,对劳动者较为不利,因此,法院认定相关约定无效。[2]

(五)竞业限制条款解除处理

对于竞业限制条款的解除,劳动者和用人单位都可以提出解除。竞业限制条款作为协商一致的条款,并非不可以提前解除。其一,劳动者因用人单位原因,

---

[1] 参见国家法官学院案例开发研究中心编:《中国法院2019年度案例》(劳动纠纷),中国法制出版社2019年版,第184~185页。北京市第二中级人民法院(2017)京02民终7813号民事判决书。

[2] 北京市第一中级人民法院(2021)京01民终1751号民事判决书。

3个月未收到经济补偿金，即可以依据《劳动争议解释(一)》第三十八条规定申请解除竞业限制条款。其二，用人单位可以依据《劳动争议解释(一)》第三十九条规定，在竞业限制期限内请求解除竞业限制协议。在竞业期限内，用人单位对竞业限制协议有任意解除权。[1]

【案例10-58】 贺某诉清控科创股份有限公司劳动争议纠纷案

一审法院认为，关于竞业限制的问题，贺某的工作岗位先后为行政人事主管和人事主管，其岗位职责包括负责总经理办公会、公司工作会议等会议记录、公司绩效考核与评优工作、公司员工的劳动关系管理等，且双方签订的《劳动合同》和《保密协议》明确约定贺某需遵守清控科创公司的保密和竞业限制的有关规定，清控科创公司以贺某不属于高管，没有掌握公司的商业秘密为由，主张贺某不属于适用竞业限制条款的人员，无事实依据，不予采信。故贺某以其已履行竞业限制义务要求支付经竞业限制经济补偿，于法有据。同时，鉴于竞业限制期内，清控科创公司于2015年6月11日向贺某送达了通知其无需履行竞业限制义务的《告知函》，故根据《劳动争议解释(四)》(已失效)第九条规定，应视为清控科创公司请求解除竞业限制协议，因而其应向贺某支付至2015年1月30日至9月11日的竞业限制经济补偿，基于《保密协议》中并未约定经济补偿的具体数额，故依照《劳动争议解释(四)》(已失效)第六条第一款的规定计算标准，清控科创公司应向贺某支付上述期间的竞业限制补偿20,186.14元，对于贺某主张超出上诉的范围的金额不予支持。二审法院认为，清控科创公司上诉请求改判，理由不能成立支持。判决：驳回上诉，维持原判。[2]

【案例10-59】 何某华诉北京德纳鑫科技发展有限公司劳动争议纠纷案

判决观点，原告、被告签订了《商业机密保密协议书》，上述协议有关竞业限制的详细约定，原告对此未提出异议。在原告、被告解除劳动合同时，被告未明确表示原告无需履行竞业限制义务，原告也已实际履行了竞业限制义务，故被告应当向原告支付竞业限制的补偿金。原告、被告签订的《商业机密保密协议书》中并未约定竞业限制补偿金的标准。故依据《劳动争议解释(四)》(已失效)第六条的规定，被告应当向原告支付竞业限制补偿金。在本案审理过程中，被告以书面形式表示原告无需再履行竞业限制义务，但不同意向原告支付相应的经济补偿金。经询，原告对被告的要求未提出异议，但

---

〔1〕 参见最高人民法院民事审判第一庭编著：《最高人民法院劳动争议司法解释(四)的理解与适用》，人民法院出版社2013年版，第176页。

〔2〕 参见国家法官学院案例开发研究中心编：《中国法院2018年度案例》(劳动纠纷)，中国法制出版社2018年版，第217页。北京市第一中级人民法院(2016)京01民终1377号民事判决书。

表示被告应当依法向其支付竞业限制的经济补偿金。为便利当事人诉讼,节约诉讼资源,经询,原告、被告均同意在本案中将该纠纷一并予以解决。根据《劳动争议解释(四)》(已失效)第九条的规定,判决在法院作出判决之日起,原告无需再履行竞业限制义务,被告额外向原告支付3个月的竞业限制补偿金,具体数额法院将根据现有证据依法予以确定。判决:(1)被告给付原告2012年7月23日至9月19日的通信补助200元。(2)被给付原告竞业限制补偿10,080元。(3)被告为原告出具解除劳动合同证明。(4)驳回原告的其他诉讼请求。[1]

解除竞业限制协议,应当以劳动者知道或应当知道的方式。

【案例10-60】 田某诉中冀公司劳动争议纠纷案

一审法院认为,中冀公司主张田某不属于竞业限制人员的范围,但其与田某签订的《竞业禁止协议书》开宗明义地称田某知悉其公司的商业秘密。故在中冀公司主动与田某签订《竞业禁止协议书》的情况下,现又称田某不属于竞业限制人员的范围,法院对其抗辩意见不予采纳。用人单位与劳动者关于是否需要遵守竞业限制的约定应当明确。中冀公司抗辩称因《竞业限制协议书》约定若其公司在田某离职后未按月支付经济补偿,则视为田某不受竞业限制约束。该种约定具有极大的不确定性,特别是在双方劳动关系解除之初,因竞业限制经济补偿按月支付,田某无法预知中冀公司接下来是否会按月支付经济补偿,给田某是否需要遵守竞业限制以不可预期性,导致田某在是否遵守竞业限制约定还是自由择业方面而难以判断,间接地排除了田某在一定期限内的自由择业权,该种约定条款无效。当事人在劳动合同或者保守秘密协议中约定了竞业限制和经济补偿,劳动合同解除或终止后,因用人单位的原因导致3个月未支付经济补偿,劳动者请求解除竞业限制约定的,人民法院应予支持。在竞业限制期限内,用人单位请求解除竞业限制又未举证证明田某违反竞业限制约定的情况下,中冀公司应当向田某支付竞业限制经济补偿。当事人在劳动合同或者保密协议中约定了竞业限制,但未约定解除或者终止劳动合同后给予劳动者经济补偿,劳动者履行了竞业限制义务,要求用人单位按照劳动者在劳动合同解除或终止前12个月平均工资的30%按月支付经济补偿的,人民法院应予支持。前款规定的月平均工资的30%低于劳动合同履行地最低工资标准的,按照劳动合同履行地最低工资标准支付。因双方劳动关系解除前12个月田某平均工资的30%低于最低工资标

---

〔1〕 参见国家法官学院案例开发研究中心编:《中国法院2015年度案例》(劳动纠纷),中国法制出版社2015年版,第172~173页。北京市朝阳区人民法院(2013)朝民初字第17733号民事判决书。

准,故中冀公司每月需按照最低工资标准支付竞业限制补偿金。综上,中冀公司需支付田某2013年12月16日至2015年2月15日共14个月经济补偿金21,290元(1400元/21.75天×12天+1400元×3个月+1560元×10个月+1560元/21.75天×10天)。判决:(1)中冀公司支付田某2013年2月6日至2015年2月15日竞业补偿21,290元;(2)驳回田某的其他诉讼请求。二审法院认为,一审法院认定事实清楚正确,但是在法律适用上存在问题,故改判:(1)撤销一审判决;(2)中冀公司支付田某竞业限制补偿金人民币5761.38元;(3)驳回田某的其他诉讼请求。[1]

用人单位未支付竞业限制经济补偿,视为解除竞业限制约定,劳动者不需承担竞业限制违约责任。

【案例10-61】 乐某诉某银行劳动争议纠纷案

2013年7月,乐某入职某银行,在贸易金融事业部担任客户经理。该银行与乐某签订了为期8年的劳动合同,明确其年薪为100万元。该劳动合同约定了保密与竞业限制条款,约定乐某须遵守竞业限制协议约定,即离职后不能在诸如银行、保险、证券等金融行业从事相关工作,竞业限制期限为2年。同时,双方还约定了乐某如违反竞业限制义务应赔偿银行违约金200万元。2018年3月1日,银行因乐某严重违反规章制度而与乐某解除了劳动合同,但一直未支付乐某竞业限制经济补偿。2019年2月,乐某入职当地另一家银行依旧从事客户经理工作。2019年9月,银行向劳动人事争议仲裁委员会(以下简称仲裁委员会)申请仲裁。仲裁委员会驳回银行的仲裁请求。[2] 本案中,双方当事人在劳动合同中约定了竞业限制条款,劳动合同解除后,竞业限制约定对于双方当事人发挥约束力。用人单位未履行竞业限制期间经济补偿支付义务并不意味着劳动者可以“有约不守”,但劳动者的竞业限制义务与用人单位的经济补偿义务是对等给付关系,用人单位未按约定支付经济补偿已构成违反其在竞业限制约定中承诺的主要义务。具体到本案中,银行在竞业限制协议履行期间长达11个月未向乐某支付经济补偿,造成乐某遵守竞业限制约定却得不到相应补偿的后果。根据公平原则,劳动合同解除或终止后,因用人单位原因未支付经济补偿达3个月,劳动者此后实施了竞业限制行为,应视为劳动者以其行为提出解除竞业限制约定,用人单位要求劳动者承担违反竞业限制违约责任的不予支持,故依法驳回银行的仲裁请求。

---

〔1〕 参见安凤德主编:《劳动争议案件疑难问题裁判精要》,法律出版社2021年版,第285~287页。

〔2〕 参见人力资源社会保障部、最高人民法院发布第一批劳动人事争议典型案例之十二。

【不同处理】 竞业限制补偿金是劳动者离职后用人单位为了保障竞争优势需按月支付的费用,如果因用人单位的原因导致3个月未支付经济补偿,则劳动者有权请求解除竞业限制约定。但竞业限制约定的解除需要当事人明示,若劳动者并未提出解除竞业限制协议,则该协议仍是有效的,用人单位和劳动者之间应当继续履行该竞业限制约定。也就是说,竞业限制期内,即使用人单位未支付竞业限制补偿金,劳动者在未请求解除竞业限制协议前,仍要遵守竞业限制义务,否则需承担赔偿责任。

【案例10-62】 x与上海y公司的竞业限制纠纷案

二审法院认为,y公司并未能提供证据证明其按法律规定支付了相应的补偿金,其应就此承担相应的后果,即x可以向公司主张要求其支付补偿金,也可以在公司连续3个月不付补偿金的情况下提出解除劳动合同。竞业限制约定的解除需要当事人明示,现x并未提出解除竞业限制协议,该协议仍是有效的。x怠于行使权利的后果应当由其自行承担。根据诚实信用的原则,双方当事人应继续履行该竞业限制约定。[1]

【案例10-63】 z诉某公司劳动争议纠纷案

二审法院认为,z在某公司超过3个月未支付经济补偿的情况下有权请求解除竞业限制协议,但在其未请求解除竞业限制协议之前,其仍需履行竞业限制义务,故本院对z的该项上诉主张不予采纳。[2]

应注意的是,尽管用人单位超过3个月未支付竞业限制补偿金不会自动导致竞业限制协议被解除,但在劳动者违反竞业限制义务,用人单位主张赔偿金时,法院一般会结合该因素综合考虑,对赔偿金额酌情减少。

---

〔1〕 上海市第二中级人民法院(2019)沪02民终7553号民事判决书。

〔2〕 北京市第一中级人民法院(2022)京01民终7724号民事判决书。

专题十一　劳动合同争议程序纠纷

本专题针对劳动争议发生纠纷之后，涉及的受案范围、诉讼管辖、证据认定、证人出庭等相关程序问题予以阐述。

一、劳动合同争议程序理解

(一)劳动争议程序含义

1.劳动争议程序理解

劳动争议的仲裁程序是法院受理劳动争议案件必经的前置程序。根据《劳动法》第八十三条、《劳动争议调解仲裁法》第五十条之规定,劳动争议当事人对仲裁裁决不服的,可以自收到仲裁裁决书之日起15日内向人民法院提起诉讼。期满不起诉的,裁决书发生法律效力。一般认为,在法定期限内当事人向法院起诉的,该仲裁裁决不发生法律效力。

【案例11-1】 锦州市盖伦培训学校诉阎某等竞业限制纠纷再审案

再审法院认为,本案系当事人于劳动关系解除后,在履行原劳动合同中有关竞业限制条款发生的争议,案件性质应确定为劳动争议。劳动仲裁是法院受理劳动争议案件的前置程序,即未经过劳动仲裁的劳动争议案件,法院不应直接受理。本案中,双方当事人诉争的劳动争议事项未经过劳动争议仲裁委员会仲裁,一审法院对本案直接受理,违反了劳动仲裁作为受理劳动争议案件前置程序的相关规定,在程序上是错误的。再审法院裁定:(1)撤销二审民事判决和一审民事判决。(2)驳回锦州市盖伦培训学校的起诉。[1]

【案例11-2】 王某诉北京泰宁科创雨水利用技术股份有限公司劳动争议纠纷再审案

二审法院认为,关于王某要求北京泰宁科创雨水利用技术股份有限公司(以下简称泰宁公司)支付经济补偿金、额外经济补偿金、报销费用、在公司期间休假工资、欠薪期间利息、打官司期间产生的误工费、交通费、咨询律师费、代理人误工费、交通费、由于案件发回重审造成的误工费、差旅费以及申请泰宁公司注销工作居住证的系统中注册信息的上诉请求,因未经过仲裁前

---

〔1〕 参见国家法官学院案例开发研究中心编:《中国法院2015年度案例》(劳动纠纷),中国法制出版社2015年版,第167页。辽宁省高级人民法院(2013)辽审二民抗字第8号民事裁定书。

置程序,法院不予处理。[1]

用人单位不服劳动仲裁提起诉讼未获支持的,法官判决时不能机械地适用“不告不理”原则,判决驳回原告的诉讼请求,而应对劳动争议事实进行全面审理。应当判决用人单位承担具体的赔偿责任,无需考虑是否与原告的诉讼请求相符。因为劳动争议仲裁是劳动争议诉讼的前置程序,进入诉讼后,意味着劳动仲裁裁决自然失效,法官在审理这类纠纷时并不是以仲裁裁决书作为审理对象的,而是应当将其当成一个全新的民事诉讼来对待,理应对该案进行实体判决。

当事人对劳动仲裁裁决中的部分事项不服,向法院起诉的,劳动仲裁裁决不发生法律效力,对未起诉的劳动仲裁事项,法官应当尊重当事人处分的权利,不应主动审查。

【案例 11 -3】 信隆珠宝行诉蒋某美劳动争议纠纷案

二审法院认为,信隆珠宝行依法应支付蒋某美解除劳动关系经济补偿金及双倍工资差额。关于一次性生活补助金(失业保险损失)应否支付的问题:蒋某美虽在劳动仲裁阶段提出该项请求,但劳动仲裁委员会并没有支持蒋某美的该项请求。仲裁裁决作出后,信隆珠宝行不服,向一审法院起诉,蒋某美未起诉。对于失业保险损失一项,当事人双方均未向法院起诉,一审法院不应将其作为审理对象。判决:(1)维持一审判决第一项;(2)撤销一审判决第二项;(3)信隆珠宝行支付蒋某美经济补偿金 3894 元、双倍工资差额 7788 元,合计 11,682 元。[2]

劳动仲裁的终局裁决是指劳动争议仲裁庭在案件审理终结时对当事人提交的全部实体争议所作的裁决书自作出之日发生法律效力。劳动纠纷实行劳动仲裁前置,即劳动仲裁是当事人向人民法院提起诉讼的必经程序。而劳动仲裁的裁决书,包括“非终局裁决”和“终局裁决”两种,以下是终局裁决的事项。《人力资源社会保障部、最高人民法院关于劳动人事争议仲裁与诉讼衔接有关问题的意见(一)》第十条规定:“仲裁裁决涉及下列事项,对单项裁决金额不超过当地月最低工资标准十二个月金额的,劳动人事争议仲裁委员会应当适用终局裁决:(一)劳动者在法定标准工作时间内提供正常劳动的工资;(二)停工留薪期工资或者病假工资;(三)用人单位未提前通知劳动者解除劳动合同的一个月工资;(四)工伤医疗费;(五)竞业限制的经济补偿;(六)解除或者终止劳动合同的经济补偿;

---

〔1〕 参见国家法官学院案例开发研究中心编:《中国法院 2015 年度案例》(劳动纠纷),中国法制出版社 2015 年版,第 189 页。北京市第一中级人民法院(2013)一中民终字第 121 号民事判决书。

〔2〕 参见吴学文:《法院不应对未起诉的劳动仲裁事项进行审查——重庆一中院判决信隆珠宝行诉蒋光美劳动合同纠纷案》,载《人民法院报》2016 年 12 月 15 日,第 6 版。重庆市第一中级人民法院(2016)渝 01 民终 2104 号民事判决书。

(七)《中华人民共和国劳动合同法》第八十二条规定的第二倍工资;(八)违法约定试用期的赔偿金;(九)违法解除或者终止劳动合同的赔偿金;(十)其他劳动报酬、经济补偿或者赔偿金。”

2. 劳动争议程序疑难问题

裁、审程序的有效衔接可以提高劳动争议案件的审理效率。程序上,劳动争议诉讼不应机械适用不告不理原则,即不能仅围绕当事人起诉事项,而是应围绕劳动仲裁中当事人申请的全部事项进行审理。事实认定上,应遵循禁反言原则,当事人在劳动仲裁中所举之证据、所为之行为、所作之意思表示均可作为诉讼中认定事实的依据。实体处理上,应遵循处分原则,具体区分两种情形:(1)对起诉一方不服劳动仲裁结果并提出具体诉请的事项,经审理查明后作出判决;(2)对起诉一方认可劳动仲裁结果(必要时可释明确认),而起诉时又未提出具体诉请的事项,直接依劳动仲裁的结果作出判决,未起诉一方在诉讼中仅提出抗辩,但未经法定程序提出诉请的,不得作为改变劳动仲裁结果的依据。对于劳动争议案件,即使当事人仲裁后仅针对部分裁决事项起诉,人民法院也应根据仲裁申请事项全案审理,但在实体上仍应遵循处分原则,对当事人在仲裁中所为行为予以认定。

【案例11-4】 彭某诉南昌某医院劳动争议纠纷案

彭某自2004年11月15日入职南昌某医院担任司机一职。双方分别于2004年11月15日、2005年12月31日、2007年5月16日签订聘用合同书至2007年11月30日,并约定彭某的工资为每月700元。2008年4月16日、2014年2月10日,双方分别签订了两份非全日制用工劳动合同,约定彭某的工作时间为平均每日不超过4小时,每周不超过24小时,劳动报酬为14.58元/小时。2015年4月24日,南昌某医院口头通知彭某办理工作交接,双方于2015年4月27日解除劳动关系。工作期间,南昌某医院未为彭某缴纳社保,但按月向其支付了夜班补贴。后彭某因与南昌某医院就解除合同应支付的各项费用产生纠纷,遂申请仲裁,后又诉至法院。仲裁委裁定:(1)南昌某医院为彭某补缴2003年5月至2015年4月的社会保险(个人应缴纳部分由彭某承担);(2)南昌某医院支付彭某最低工资差额2970元;(3)南昌某医院支付彭某解除劳动关系的经济补偿金21,600元;(4)驳回彭某的其他仲裁请求。彭某对仲裁裁决第一、二、三项均无异议,仅对第四项不服,遂诉至南昌市西湖区人民法院,诉请判决:南昌某医院向其支付晚班补贴10,080元、行车补贴金25,920元、月奖金和年终奖金69,200元。西湖区人民法院判决:(1)南昌某医院支付彭某2013年4月至2013年12月低于南昌市最低工资标准的工资差额2970元;(2)南昌某医院支付彭某解除劳动关系的经济补偿金18,900元;(3)南昌某医院无需支付彭某晚班补贴10,080元、行车补贴金25,920元、月奖和年终资金69,200元。彭某不服西湖区人民法院的判决,上诉至南昌市中级人民法院,南昌市中级人民法院进行了改判:(1)维持原审判决第一、三项;(2)变更原审判决第二项为南昌某医院于本判决生效之日起10日内支付彭某解除劳动合同经济补偿金21,600元。[1] 就本案而言,彭某申请仲裁的事项包括补缴社保、向其支付晚班补贴、行车补贴、月奖、年终奖、最低工资差额、经济补偿金解除劳动合同经济补偿金7项,仲裁裁决支持了补缴社保、最低工资差额、经济补偿金3项,驳回了其他申请。裁决后,彭某向一审法院起诉,诉请仅针对仲裁驳回事项,并明确表示对仲裁裁决南昌某医院为其补缴社保、向其支付经济补偿金21,600元、最低工资差额2970元无异议。一审判决进行全案审理并无错误,但在解除劳动合同经济补偿金的处理上,违反了民事诉讼的处分原则。仲裁中彭某主张经济补偿金21,600元,仲裁亦裁决了21,600元,彭某明确对此金额无异议,而南昌某医院也未对此起诉,表明其对仲裁裁决的金额是认可的。故本案中解除劳动合同经济补偿金的金额,应结合仲裁裁决的结果、裁决后当事人主张权利的程序及具体诉讼请求直接判决21,600元,不能应双方均未提出诉请,反而作出对起诉一方更为不利的判决。

对既有终局事项又有非终局裁决事项的处理,最高人民法院法官认为,对既有终局事项又有非终局裁决事项的仲裁裁决,劳动人事争议仲裁机构在作诉权指引时,应当告知当事人可就该裁决向法院提起诉讼。依据《劳动争议解释(一)》第二十一条规定,“劳动者依据调解仲裁法第四十八条规定向基层人民法院提起诉讼,用人单位依据调解仲裁法第四十九条规定向劳动仲裁机构所在地的中级人民法院申请撤销仲裁裁决的,中级人民法院应当不予受理;已经受理的,应当裁定驳回申请”。同时,应告知用人单位可以依据《劳动争议调解仲裁法》的规定向基层人民法院提起诉讼。[2] 换言之,在一个仲裁裁决书中既有终局事项又有非终局裁决事项,其劳动者不服和用人单位亦不服的,全部通过基层法院诉讼处理。

对不履行劳动争议和解协议的可否再次仲裁,现行法律没有明确规定,实践中的处理不尽相同。就不履行劳动争议和解协议的可否再次仲裁,最高人民法院法官认为,在这种情况下,应当允许就同一次纠纷再次申请仲裁。主要理由:(1)在劳动争议仲裁程序中自行和解,既是当事人双方享有的法定程序性权利,也是当事人处分实体权利的直接表现。《劳动争议调解仲裁法》第四十一条明文规定:“当事人申请劳动争议仲裁后,可以自行和解。达成和解协议的,可以撤回

---

〔1〕 江西省高级人民法院与江西省人力资源社会保障厅联合发布劳动人事争议十起典型案例之一。

〔2〕 参见最高人民法院民事审判第一庭编:《民事审判实务问答》,法律出版社2021年版,第197页。

仲裁申请。”由此可见，立法通过赋予当事人一定的程序权利，来维护其按照自己的意思处分实体权利的自由。(2)当事人自行达成和解协议不同于仲裁委员会作出的调解书，并没有获得完全的法律强制力。从某种意义上讲，自行达成的和解协议未经法定程序认可，不具有当然的法律执行力。为获得具有强制力的法律评价，应当允许当事人再次申请仲裁。(3)撤回仲裁申请是当事人对已经进行的仲裁程序作出终结的肯定性反应，是当事人意思自治的具体体现。法律并没有明确禁止撤回仲裁申请后不能再次申请仲裁从而恢复仲裁程序，从“法无禁止即可行”的角度出发，赋予当事人再次申请仲裁的权利同样也是尊重当事人意思自治的应然性评价。从与仲裁程序相似的民事诉讼角度来看，《民事诉讼法解释》第二百一十四条第一款规定：“原告撤诉或者人民法院按撤诉处理后，原告以同一诉讼请求再次起诉的，人民法院应予受理。”即在民事诉讼中，当事人一方起诉后，双方达成和解协议撤诉的，任何一方都有权就同一纠纷再次提起诉讼。(4)调和与和解贯穿了劳动争议调解程序的全过程。如《劳动争议调解仲裁法》第十五条规定：“达成调解协议后，一方当事人在协议约定期限内不履行调解协议的，另一方当事人可以依法申请仲裁。”如果将这一规定平行位移于仲裁程序中，则将出现“在仲裁程序过程中达成和解协议，一方当事人在协议约定期限内不履行调解协议的，另一方当事人可以依法再次申请仲裁”的后果。而且，双方权利义务在程序位移中并没有发生一方扩大、一方减少的情形，立法对此也就没有必要采取禁止性态度。[1]

3. 劳动仲裁前置程序的例外情形

实践中，绝大多数劳动争议案件必须要经过劳动仲裁这一前置程序，对于劳动仲裁裁决不服的才可向法院起诉。但法律也规定了劳动仲裁前置程序的例外情形。(1)劳动者以工资欠条为依据，直接向法院起诉请求支付工资的，不必经过劳动仲裁前置程序，属于普通民事案件。但实务中需要特别注意：工资欠条的内容必须明确且只能包含劳动报酬，否则一般会认定为无效。(2)劳动者与用人单位就拖欠劳动报酬、工伤医疗费、经济补偿或者赔偿金达成的调解协议为依据，请求依法履行调解协议的，并经过督促程序的，可直接向法院起诉。需要特别注意：其一，调解协议必须是法定调解组织主持下达成的，不得为双方私自达成其他第三方主持下达成。其二，调解协议的内容仅涉及劳动报酬、工伤医疗费、经济补偿、赔偿金的内容。(3)由于海上船员其工作的特殊性，针对这一群体所发生的劳动争议可以不经过劳动仲裁，直接向相关有管辖权的海事法院起诉。(4)当事

[1] 参见最高人民法院民事审判第一庭编：《民事审判实务问答》，法律出版社 2021 年版，第 221～222 页。

人在诉讼阶段,基于同一案件事实将诉讼请求由支付经济补偿变更为支付赔偿金的,可以不再经过劳动仲裁。

(二)劳动争议受案范围

1.属于受案范围

人事档案纠纷属于法院劳动争议受案范围。

【案例11-5】 刘某诉青岛恒元达实业有限公司劳动争议纠纷案

一审法院认为,人事档案管理及保存,属于企业内部管理事宜,并非平等主体之间的民事法律关系,刘某要求青岛恒元达实业有限公司为其补办人事档案的诉讼请求,因涉及企业内部管理,不属于人民法院受理民事诉讼的范围,驳回刘某的起诉。刘某要求赔偿丢失人事档案造成的损失,属于劳动争议,应以劳动仲裁为前置程序,本案中,刘某未对其该项请求申请仲裁,故该项诉讼请求未经仲裁,法院不予处理。

二审法院认为,根据现有的司法解释,本案属于劳动争议,需经劳动仲裁前置程序。刘某并未就其案涉诉请先申请劳动仲裁,故一审法院裁定驳回刘某的起诉并无不当。[1]

【案例11-6】 刘某诉某人民医院劳动争议纠纷案

判决观点,根据《劳动合同法》第五十条第一款“用人单位应当在解除或者终止劳动合同时出具解除或者终止劳动合同的证明,并在十五日内为劳动者办理档案和社会保险关系转移手续”的规定,刘某要求判令出具解除劳动合同证明、办理档案转移手续的诉讼请求,于法有据,予以支持;鉴于某人民医院未为刘某办理社会保险关系,尚不具备办理社会保险关系转移手续的条件,刘某可在具备办理社会保险关系转移手续的条件后,另行主张权利。判决:(1)某人民医院为刘某办理档案转移手续;(2)驳回刘某的其他诉讼请求。

最高人民法院民一庭意见:人事档案纠纷属于劳动争议,劳动者诉请用人单位办理人事档案转移手续的,人民法院可依据《劳动合同法》第五十条,根据案件

---

〔1〕 山东省青岛市中级人民法院(2022)鲁02民终2190号民事裁定书。

情况判决是否支持劳动者的请求。[1]

国家机关、事业组织、社会团体和与之建立劳动合同关系的劳动者适用《劳动法》。双方产生的争议属于法院受理范围。

关于未足额缴纳工伤保险,发生工伤事故时保险待遇差额如何处理的问题,《工伤保险条例》并未明确规定。虽有观点认为工伤保险缴费由社保部核定征收,未足额缴纳工伤保险费引发的纠纷也应由社保部门处理,法院不应当受理。但在司法实践中一般认为,足额缴纳工伤保险费属于法律的强制性规定,因用人单位未履行法定义务而导致工伤保险待遇差额,损害员工的合法权益,属于法院的受理范围。

属于事业编但未签订聘用合同的事业单位工作人员因被辞退产生的争议属于法院受理范围。根据《最高人民法院关于事业单位人事争议适用法律等问题的答复》(法函〔2004〕30号)第一条,法释〔2003〕13号中规定的"事业单位与其工作人员之间因辞职、辞退及履行聘用合同所发生的争议,适用《中华人民共和国劳动法》的规定处理"是指人民法院审理事业单位人事争议案件的程序依据劳动法关于争议解决程序的规定。实体处理应当适用人事方面的法律规定,但涉及事业单位工作人员劳动权利的内容在人事法律中没有规定的,适用《劳动法》相关规定。因此,程序上依据《劳动法》关于争议解决程序的规定及法释释〔2003〕13号第二条的规定,当事人对人事争议应先申请仲裁,对人事仲裁机构所作的人事争议裁决不服,自收到仲裁裁决之日起5日内向人民法院提起诉讼的,人民法院应当依法受理。在《民事案件案由规定》中,人事争议也作为一个独立的案由,列于第十八条。所以,对于甲和该事业单位之间的人事争议,甲应先向人事争议仲裁机构申请仲裁,对仲裁不服的,再向人民法院提起诉讼,人民法院应当依法受理。[2]

劳动者主张因用人单位降低工伤保险费率导致其本人应享受的一次性伤残补助金降低,降低的差额部分属于法院的受理范围。

【案例11－7】　曾某诉新三洲公司工伤保险待遇纠纷案

一审法院认为,曾某的诉讼请求并非要求补交社会保险费,其主张的一次性伤残补助金差额属工伤保险待遇。《无锡市工伤保险实施办法》第二十二条第二款规定,因用人单位的过错,造成工伤职工享受的工伤保险待遇降低的,差额部分由用人单位承担。曾某于2015年8月9日进入新三洲公司工作,新三洲公司一直未为曾某缴纳社保,直至曾某于2016年12月7日发

---

〔1〕　参见最高人民法院民事审判第一庭编:《民事审判指导与参考》(总第58辑),人民法院出版社2014年版,第118~120页。

〔2〕　参见最高人民法院民事审判第一庭编:《民事审判实务问答》,法律出版社2021年版,第199页。

生工伤事故后,新三洲公司才为曾某缴纳社保,且缴社保时间是从2016年12月开始,社保缴费基数为2678元/月,远低于曾某受伤前的月平均工资12,900元。新三洲公司具有过错,其过错直接导致曾某不能按照12,900元/月×9个月=116,100元领取一次性伤残补助金,曾某所能领取的工伤保险待遇显著降低。在目前的情况下,即使新三洲公司为曾某按正常标准补足社保,由于系用人单位的原因造成工伤职工享受的工伤保险待遇降低,曾某也无法再从社会保险基金管理中心领取一次性伤残补助金差额部分,故该差额部分90,504元(116,100元-25,596元)应由新三洲公司赔偿给曾某。对新三洲公司认为曾某的诉讼请求不属法院受诉范围的意见不予采纳。关于一次性伤残补助差额90,504元中,是否要考虑曾某个人需缴纳和承担的相关款项。工伤保险金均应由单位缴纳,故90,504元中无需扣除曾某应缴纳和承担的款项。关于新三洲公司辩称曾某对社会保险一直未提出异议,视为曾某对实际缴费情况予以认可,曾某无权再主张一次性伤残补助金差额,该意见无事实和法律依据,法院不予采信。判决:新三洲公司支付曾某一次性伤残补助金差额90,504元。二审法院同意一审法院裁判意见。[1]

劳动合同解除后劳动者与用人单位签订提成协议。该协议约定的支付提成的对价条件是销售成功这一状态。劳动者仅有销售义务及协助回收义务,并无追回回款义务。成功销售这一状态发生在劳动关系存续期间,提成收益亦发生在劳动关系存续期间,应属劳动报酬的一部分,故属于法院受理劳动争议范围。

【案例11-8】 陈某诉北京航天航嘉管业有限公司劳动争议纠纷案

二审法院认为,劳动争议案件的范围不仅限于正在履行过程中的劳动合同产生的争议。虽然双方签订协议时陈某已离职,但协议内容涉及的标的产生在劳动关系存续期间,属于劳动报酬的一部分,故一审法院将本案作为劳动争议予以处理并无不当。2016年11月8日,北京航天航嘉管业有限公司(以下简称航天航嘉公司)法定代表人廖某辉在协议上确认该协议继续有效,故本案未超过时效。航天航嘉公司以中阳钢厂未向其回款为由拒绝支付陈某项目收益,而航天航嘉公司未能举证证明未支付回款的原因在于陈某,且陈某在劳动关系解除后难以掌握回款情况或主动行使航天航嘉公司权利,且航天航嘉公司与中阳钢厂一直有业务往来,怠于行使权利,不能成为拒付陈某项目收益的理由,故一审法院判令航天航嘉公司支付陈某项目收益并无

[1] 参见国家法官学院、最高人民法院司法案例研究院编:《中国法院2021年度案例》(劳动纠纷),中国法制出版社2021年版,第189~190页。江苏省无锡市中级人民法院(2019)苏02民终4971号民事判决书。

不当。判决:驳回上诉,维持原判。[1]

主流观点认为,用人单位基于劳动关系以股权激励方式为劳动者发放劳动报酬,劳动者请求用人单位给付股权激励标的或者赔偿股权激励损失发生的纠纷属于劳动争议,但因行使股权发生的纠纷除外。当事人不服劳动争议仲裁机构作出的裁决,依法提起诉讼的,人民法院应予受理。

因用人单位行使用工管理权引发的股权激励争议,属于劳动争议。

【案例11－9】　文某诉博彦科技(深圳)有限公司、博彦科技股份有限公司劳动争议纠纷案

二审法院认为,关于股票回购损失是否属于劳动争议,文某获授权限制性股票起因基于其高管身份及对公司的贡献,体现了用人单位对劳动者基于身份关系及劳动成果予以奖励的特征;公司授予股票的目的系希望文某继续为公司服务且需符合绩效考核,体现了用人单位对劳动者激励管理特征;文某实现收益的条件系其年度绩效评价合格并不得违反规章制度以及公司整体业绩盈利,体现了用人单位对劳动者考核管理特征;从文某获得的限制性股票的法律性质来看,根据《上市公司股权激励管理办法》中关于公司董事会下设的薪酬和考核委员会负责拟订股权激励计划草案的规定以及《财政部、国家税务总局关于个人股票期权所得征收个人所得税问题的通知》中关于员工股权激励行权收益按"工资、薪金所得"适用的规定计算缴纳个人所得税的规定,限制性股票收益均被定性为用人单位因劳动者的突出劳动贡献以及激励劳动者继续积极工作而向劳动者支付附条件的经济性薪酬。因此,本案双方限制性股票纠纷属于劳动争议。[2]

员工期权收入属于劳动报酬是基于劳动关系的非固定报酬,是一种新型的劳动报酬。期权纠纷属于劳动纠纷必须经过劳动仲裁。

【案例11－10】　张某东诉北京易联致远无线技术有线公司劳动争议纠纷案

一审法院认为,本案中,原告张某东起诉的直接依据主要涉及劳动合同变更书与补充协议两项。对此,法院认为:第一,劳动合同变更书属于张某东与北京易联致远无线技术有线公司(以下简称易联公司)所签劳动合同书的重要组成部分,其中虽有涉及易联公司授予张某东期权的内容,但该部分内容已属于双方劳动合同关系范围内的具体权利义务关系。换言之,没有双方

---

〔1〕 参见国家法官学院案例开发研究中心编:《中国法院2019年度案例》(劳动纠纷),中国法制出版社2019年版,第246页。北京市第二中级人民法院(2017)京02民终5927号民事判决书。

〔2〕 参见国家法官学院案例开发研究中心编:《中国法院2019年度案例》(劳动纠纷),中国法制出版社2019年版,第263页。广东省深圳市中级人民法院(2017)粤03民终1326号民事判决书。

当事人之间的劳动合同关系,则不可能出现上述具体权利义务关系。第二,补充协议系张某东与易联公司双方在解除劳动合同关系的过程中,就劳动关系解除后双方的权利义务分配问题所作具体约定,其内容亦属于双方劳动合同关系的范畴,至于其中与期权有关的内容,如上所述,亦属于双方之间劳动合同关系范围以内。第三,结合双方当事人的诉辩意见分析,双方当事人围绕劳动合同变更书抑或补充协议而产生的有关纠纷,实际均系发生于劳动者张某东与用人单位易联公司履行双方劳动合同的过程中。根据相关法律规定,劳动者与用人单位在履行劳动合同过程中发生的纠纷,属于《劳动争议调解仲裁法》第二条规定的劳动争议。因此,张某东与易联公司之间的上述纠纷内容应属于劳动争议的范畴。因此,张某东与易联公司的上述纠纷内容,应先通过其他纠纷解决程序解决。裁定:驳回原告张某东的起诉。二审法院认为,根据双方的诉辩意见,本案的争议焦点为张某东的诉求是否属于劳动争议。张某东的诉求来源于双方劳动合同的变更和补充协议约定的内容,这属于关于张某东待遇的问题,根据《劳动争议调解仲裁法》第二条的规定,此类争议属于劳动争议的范畴,故应先通过劳动仲裁程序解决。裁定:驳回上诉,维持原审裁定。[1]

人民法院受理的人事争议案件为当事人不服劳动争议仲裁机构所作的劳动人事争议仲裁裁决而提起诉讼的案件,且人事争议案件由用人单位或聘用合同履行地的基层人民法院管辖。[2]

2. 不属于受案范围

法院受理的事业单位人事争议纠纷限于事业单位与其工作人员之间因解除人事关系,辞职、履行聘用合同发生的争议。对教师与事业编制学校之间职级、职称、职务或者岗位调动等产生的争议,法院不予受理。因事业单位人事制度改革引起的人事争议纠纷,不属于法院的受案范围。换言之,对事业单位人事争辩法院原则上是不予受理的。

社区工作者与街道办事处之间不是劳动关系双方的纠纷,也不属于劳动争议案件的受案范围。

因国家行政机关给职工办理退休手续,属于行政管理的范畴,带有社会管理的性质。对于办理退休手续的合法性争议,不是民事诉讼意义上的劳动者与用人单位之间的劳动争议,不属于人民法院受理劳动争议民事案件的受案范围。如果

---

〔1〕 参见国家法官学院案例开发研究中心编:《中国法院 2015 年度案例》(劳动纠纷),中国法制出版社 2015 年版,第 129 ~ 130 页。北京市第一中级人民法院(2013)一中民终字第 13605 号民事裁定书。

〔2〕 最高人民法院(2018)民申 1791 号民事裁定书。

劳动者对于办理退休手续、工龄认定等存在争议的,由人力资源和社会保障行政部门行使相关审核权限。因此,办理退休手续、工龄认定等属人力资源和社会保障行政部门作出的具体行政行为。按照《行政复议法》和《行政诉讼法》的相关规定,劳动者对此具体行政行为不服的,可以依法申请行政复议;对行政复议决定不服的,再向人民法院提起诉讼;当然也可以不经过行政复议程序直接向人民法院提起行政诉讼。因此,劳动者如对办理退休手续、工龄认定等有异议,一定要在法律规定的期限内选择正确的维权途径和法律程序维护自身合法权益。

【案例 11 - 11】 赵某荣某诉唐山市棉纺织厂劳动争议纠纷再审案

最高人民法院认为,综合本案一审、二审及再审申请人的主张,确定本案的焦点问题是:本案是否属于人民法院受理民事诉讼的范围。因国家行政机关给职工办理退休手续,属于行政管理的范畴,带有社会管理的性质。对于办理退休手续的合法性争议,不是民事诉讼意义上的劳动者与用人单位之间的劳动争议,不属于人民法院受理劳动争议民事案件的受案范围。本案中,赵某荣提供给法院的《工人退休审批表》上载明:经赵某荣本人签署“同意”意见,所在单位原唐山市棉纺织厂签署“同意”意见,唐山市劳动行政部门签署审批意见“同意退职”。赵某荣提起本案诉讼的诉讼请求是:(1)确认原唐山市棉纺织厂给其办理退职行为违法;(2)按照劳动部 1988 年 3 号文件和 1999 年 8 号文件,给赵某荣办理正式退休手续;(3)赔偿因退职造成的经济损失 25 万元。赵某荣的退职决定是由劳动行政部门作出,赵某荣提出“给其办理正式退休手续”的诉讼请求,属于行政管理的范畴,所提“确认退职行为违法”的合法性争议,不是民事诉讼法意义上的劳动者与用人单位之间的劳动争议,不属于人民法院受理劳动争议的民事诉讼受案范围。《最高人民法院关于审理劳动争议案件适用法律若干问题的解释》第一条规定:“劳动者与用人单位之间发生的下列纠纷,属于《劳动法》第二条规定的劳动争议,当事人不服劳动争议仲裁委员会作出的裁决,依法向人民法院起诉的,人民法院应当受理:(一)劳动者与用人单位在履行劳动合同过程中发生的纠纷;(二)劳动者与用人单位之间没有订立书面劳动合同,但已形成劳动关系后发生的纠纷;(三)劳动者退休后,与尚未参加社会保险统筹的原用人单位因追索养老金、医疗费、工伤保险待遇和其他社会保险费而发生的纠纷。”(现为《劳动争议解释(一)》第一条第一、二、六项)赵某荣所提“赔偿因退职造成的经济损失 25 万元”的诉讼请求,是基于其认为退职行为违法而产生的争议,该争议不属于上述司法解释规定的劳动争议范围。综上,赵某荣的再审申请理由不能成立。[1]

欠缴社会保险费引发的纠纷不属于法院受理范围。

【案例11－12】 杜某珍诉罗城仫佬族自治县文物管理所、罗城仫佬族自治县文化体育局劳动争议纠纷案

判决观点，用人单位未为劳动者办理社会保险、欠缴社会保险费或未按规定的工资基数足额缴纳社会保险费的，劳动者要求予以补缴的，不属于人民法院受理劳动争议案件的范围，故杜某珍要求县文物所、县文体局为其补缴各项社会保险费不属于本案审理范围，杜某珍可向劳动行政主管部门申请解决。《劳动争议解释（三）》（已失效）第一条规定……按上述规定，受理该类案件应具备两方面的条件：用人单位未为劳动者办理社会保险手续，且社会保险经办机构不能补办导致劳动者无法享受社会保险待遇，杜某珍未经社会保险经办机构是否能补办的程序，杜某珍应先到社会经办机构补办，如经补办未果，杜某珍可再另案起诉。其在本案中要求县文物所、县文体局支付失业金5880元的诉讼请求，法院不予受理。判决：(1)县文物所支付给杜某珍2015年9月15日至2016年8月1日的一倍工资共计21,000元；(2)县文物所支付给杜某珍解除劳动合同的赔偿金4000元；(3)驳回杜某珍的其他诉讼请求。[2]

劳动者主张保险费的诉求，不属于法院受案范围。

【案例11－13】 王某怀诉炎陵阿尔发冶金化工有限责任公司劳动争议纠纷案

判决观点，用人单位为劳动者办理社会保险登记、缴纳社会保险费均系其法定义务，用人单位未按时足额缴纳社会保险费的，应由社会保险保险费征收机关责令其限期缴纳或者补足，劳动者不享有向用人单位主张保险费的权利。故王某怀要求炎陵阿尔发冶金化工有限责任公司支付养老保险金及医疗保险金，于法无据，不予支持。[3]

---

〔1〕 最高人民法院(2018)民申8号民事裁定书。

〔2〕 参见国家法官学院案例开发研究中心编：《中国法院2018年度案例》（劳动纠纷），中国法制出版社2018年版，第234页。广西壮族自治区罗城仫佬族自治县人民法院(2016)桂1225民初773号民事判决书。

〔3〕 参见国家法官学院案例开发研究中心编：《中国法院2018年度案例》（劳动纠纷），中国法制出版社2018年版，第238页。湖南省炎陵县人民法院(2016)湘0225民初399号民事判决书。

【案例11－14】 郭某江诉三门峡致先汽车销售服务有限公司劳动争议纠纷案

二审法院认为,依据法律规定,用人单位承担的缴费义务是向社会保险费用征缴机构承担,用人单位违反该义务应向国家承担的是行政责任,而不是向劳动者承担赔偿责任,劳动者不能依据《劳动法》的规定要求用人单位直接给付。上诉人郭某江要求被上诉人三门峡致先汽车销售服务有限公司将其已缴纳的医疗保险和养老保险费用支付给自己缺乏法律依据。判决:驳回上诉,维持原判。[1]

缴纳社保劳动仲裁一般不管,也不属于法院管辖,因为社保缴纳的问题是属于行政管辖的问题。

【案例11－15】 孟某诉某市人力资源和社会保障局等履行行政职能纠纷再审案

最高人民法院认为,根据《劳动保障监察条例》的相关规定,市人社局是本市的劳动保障监察部门,负有劳动保障监察的法定职权。孟某认为其用人单位不与其签订劳动合同,不为其缴纳社会保险等行为,违反劳动保障法律,侵犯其合法权益,有权向市政府、市人社局投诉反映。市政府作为非职能部门,根据相关工作职责和流程告知、引导孟某到相关职能部门申请解决或者通过法律途径解决,已履行相应职责,处置行为合法适当。市人社局接到孟某投诉后,向其用人单位发出劳动保障监察调查询问通知,要求提供相关文件资料,亦符合相关程序规定。根据《劳动保障监察条例》第二十一条第二款规定,对应当通过劳动争议处理程序解决的事项或者已经按照劳动争议处理程序申请调解、仲裁或者已经提起诉讼的事项,劳动保障行政部门应当告知投诉人依照劳动争议处理或者诉讼的程序办理。《劳动争议调解仲裁法》第二条规定……据此,孟某投诉反映的签订劳动合同、工作时间、休息休假、福利待遇等事项,若与用人单位存在争议,则属于调解仲裁法调整的范围。市人社局结合孟某的投诉反映与用人单位提供的证据,认为孟某反映事项双方存在争议,告知其通过劳动争议仲裁程序解决,符合上述法律、法规的规定。一审判决驳回孟某的诉讼请求,二审判决驳回孟某上诉,维持一审判决,并无不当。综上,再审申请人孟某的再审申请理由不能成立,裁定如下:驳回再审申请人孟某的再审申请。[2]

---

〔1〕 参见国家法官学院案例开发研究中心编:《中国法院2017年度案例》(劳动纠纷),中国法制出版社2017年版,第244页。河南省三门峡市中级人民法院(2015)三民终字第487号民事判决书。

〔2〕 最高人民法院(2017)行申8507号行政裁决书。

《劳动争议解释(一)》第一条的规定仅适用于用人单位未为劳动者办理社会保险手续,且社会保险经办机构不能补办导致劳动者无法享受社会保险待遇而要求用人单位赔偿损失的情形。对劳动者自行缴纳的社会保险请求用人单位赔偿,不属于民事诉讼的受案范围,法院不予受理。

劳动者以用人单位医疗保险险种选择不当为由要求用人单位赔偿损失的,不属于劳动争议案件受理范围。

【案例 11-16】 李某诉公交客运公司劳动争议纠纷案

判决观点,本案中,李某已于 2018 年 7 月办理了退休手续,并经社保机构核算了基本养老保险待遇,现李某因就公交客运公司为其缴纳的医疗保险险种产生异议并要求公交客运公司补偿 2005 年 4 月至 2011 年 11 月在职期间本应由单位承担的 10% 的医疗费用,不符合劳动争议纠纷的受理范围,应予驳回。裁定:驳回李某的起诉。[1]

已享受社保待遇的劳动者,主张退休金损失不属于法院的受案范围。

【案例 11-17】 郭某诉北京正通翔实商贸有限公司劳动争议纠纷案

二审法院认为,本案中,郭某已办理正式退休手续,并开始享受基本养老保险待遇,并不存在不能享受社会保险待遇的情况,不符合上述法律法律规定的无法享受社会保险待遇的情形。郭某主张北京正通翔实商贸有限公司欠缴其社会保险造成的退休金损失,不属于上述司法解释所规定的劳动争议案件的受理范围,故对于郭某的起诉应予驳回。综上所述,一审法院裁定驳回郭某的起诉,适用法律正确,应予维持。郭某的上诉请求无法律依据,不予支持。裁定:驳回上诉,维持原裁定。[2]

劳动者向用人单位追偿垫付的社会保险费,不属于法院的受理范围。

【案例 11-18】 王某华诉山东环泵科技有限公司劳动争议纠纷案

二审法院认为,本案中,王某华主张因山东环泵科技有限公司(以下简称环泵科技)未为其缴纳社会保险费其自行缴纳了养老保险费、医疗保险费、档案费 25,857.2 元,环泵科技应赔偿该费用,并因此支付其赔偿金 13,937.6 元。因本案系因环泵科技欠缴、拒缴社会保险费引发的争议,故本案不属于法院民事诉讼的范围,对王某华的起诉也不予受理。裁定:撤销原判,驳回王

---

〔1〕 参见国家法官学院、最高人民法院案例研究院编:《中国法院 2021 年度案例》(劳动纠纷),中国法制出版社 2021 年版,第 186 页。北京市东城区人民法院(2019)京 0101 民初 22483 号民事裁定书。

〔2〕 参见国家法官学院案例开发研究中心编:《中国法院 2017 年度案例》(劳动纠纷),中国法制出版社 2017 年版,第 247 页。北京市第一中级人民法院(2016)京 01 民终 44 号民事裁定书。

某华的起诉。[1]

对撤销劳动仲裁裁定不服而申请再审,不属于受理范围。

【案例 11-19】 张某与某学院劳动争议纠纷再审案

再审法院认为,根据《劳动争议调解仲裁法》第四十九条规定,张某的申请再审不予受理。[2]

关于退休待遇标准的不属于民事诉讼范围。

退休后主张社保待遇损失不属于劳动纠纷范围。

【案例 11-20】 陈某英诉华星荣公司劳动争议纠纷再审案

再审法院认为,本案中,根据陈某英的诉讼请求以及所述事实和理由可知,陈某英已办理退休手续并享受养老保险待遇,其系因提前退休导致的工龄减少以及工资基数原因导致的社会养老保险基数问题而要求华星荣业公司赔偿未给其足额缴纳社会养老保险费造成的退休待遇损失,其所诉不属于劳动争议的受案范围。[3]

应注意的是,最高人民法院在个案中的裁定意见。

涉案企业改革改制属于政府有关部门主导的企业改制行为,并非企业自主进行改制,企业职工与企业在改制过程中产生的纠纷不属于人民法院民事诉讼受案范围。

【案例 11-21】 王某泉与山东省棉麻有限公司劳动争议纠纷再审案

最高人民法院认为,山东省供销合作社联合社(以下简称省社)是山东省供销合作社的联合组织,为山东省直属正厅级事业单位,行使山东省政府授权的行政职能。山东省棉麻有限公司(以下简称棉麻公司)的企业改制行为是在政府主导下进行的,改制过程中涉及困难职工安置有相应政府解决途径、涉及省社资产处置问题必须先行评估并且报批、各企业改制均在改革改制领导小组的指导下进行,省社在棉麻公司改制过程中履行的是政府的行政管理职能。因此,棉麻公司的企业改革改制属于政府有关部门主导的企业改制行为,并非企业自主进行改制。王某泉所诉本案争议系其作为棉麻公司的职工在国有企业改制过程中产生的纠纷,不符合《劳动争议解释(三)》(已失效)第二条有关“因企业自主进行改制引发的争议,人民法院应予受理”[现

---

〔1〕 参见国家法官学院案例开发研究中心编:《中国法院 2017 年度案例》(劳动纠纷),中国法制出版社 2017 年版,第 250 页。山东省淄博市中级人民法院(2015)淄民三终字第 567 号民事裁定书。

〔2〕 最高人民法院民事审判第一庭编:《民事审判指导与参考》(总第 45 辑),人民法院出版社 2011 年版。

〔3〕 北京市高级人民法院(2022)京民申 4132 号民事裁定书。

为《劳动争议解释(一)》(法释〔2020〕26号)第一条第九项]的规定,据此,原审法院驳回王某泉的起诉,适用法律并无不当。[1]

因职工家庭人口减少而导致用人单位与职工对福利分房待遇引发的争议,不属于人民法院受理民事诉讼的范围。

【案例11-22】 赵某东与天津天铁冶金集团有限公司劳动争议纠纷再审案

最高人民法院认为,根据原审法院查明的案件事实,赵某东诉天津天铁冶金集团有限公司(以下简称天铁冶金公司)劳动争议一案的焦点为赵某东的起诉是否属于人民法院受理民事诉讼的范围。赵某东系天铁冶金公司职工,其按照该公司住房分配文件规定享受企业内部福利分房待遇。本案形式上是天铁冶金公司从赵某东工资中扣除部分费用而引发的纠纷,但实质上是双方因赵某东家庭人口减少而致双方对福利分房待遇发生的争议。原审法院依据《最高人民法院关于房地产案件受理问题的通知》第三条之规定认定赵某东的起诉不属于人民法院受理民事诉讼的范围并无不当。[2]

国家行政机关给职工办理退休手续属于行政管理的范畴,带有社会管理的性质,对于办理退休手续的合法性争议,不是民事诉讼意义上的劳动者与用人单位之间的劳动争议,不属于人民法院受理劳动争议民事案件的受案范围。

【案例11-23】 赵某荣与唐山华新纺织集团有限公司破产清算组劳动争议纠纷再审案

最高人民法院认为,因国家行政机关给职工办理退休手续属于行政管理的范畴,带有社会管理的性质。对于办理退休手续的合法性争议,不是民事诉讼意义上的劳动者与用人单位之间的劳动争议,不属于人民法院受理劳动争议民事案件的受案范围。本案中,赵某荣提供给法院的《工人退休审批表》上载明:经赵某荣本人签署"同意"意见,所在单位原唐山市棉纺织厂签署"同意"意见,唐山市劳动行政部门签署审批意见"同意退职"。赵某荣提起本案诉讼的诉讼请求是:(1)确认原唐山市棉纺织厂给其办理退职行为违法;(2)按照劳动部1988年3号文件和1999年8号文件,给赵某荣办理正式退休手续;(3)赔偿因退职造成的经济损失25万元。赵某荣的退职决定是由劳动行政部门作出,赵某荣提出"给其办理正式退休手续"的诉讼请求,属于行政管理的范畴,所提"确认退职行为违法"的合法性争议,不是民事诉讼法意义上的劳动者与用人单位之间的劳动争议,不属于人民法院受理劳动争议

〔1〕 最高人民法院(2020)民申6275号民事裁定书。
〔2〕 最高人民法院(2019)民申2832号民事裁定书。

的民事诉讼受案范围。《最高人民法院关于审理劳动争议案件适用法律若干问题的解释》第一条规定:“劳动者与用人单位之间发生的下列纠纷,属于《劳动法》第二条规定的劳动争议,当事人不服劳动争议仲裁委员会作出的裁决,依法向人民法院起诉的,人民法院应当受理:(一)劳动者与用人单位在履行劳动合同过程中发生的纠纷;(二)劳动者与用人单位之间没有订立书面劳动合同,但已形成劳动关系后发生的纠纷;(三)劳动者退休后,与尚未参加社会保险统筹的原用人单位因追索养老金、医疗费、工伤保险待遇和其他社会保险费而发生的纠纷。”[现为《劳动争议解释(一)》(法释〔2020〕26号)第一条第一、二、六项]赵某荣所提“赔偿因退职造成的经济损失25万元”的诉讼请求,是基于其认为退职行为违法而产生的争议,该争议不属于上述司法解释规定的劳动争议范围。综上,赵某荣的再审申请理由不能成立。[1]

劳动者与用人单位因住房公积金发生争议,应当由住房公积金管理中心负责催缴。劳动者要求用人单位补缴其住房公积金的诉讼请求不属于人民法院受理劳动争议案件受案范围。

【案例11-24】　侯某滨与沈阳红梅企业集团有限责任公司劳动争议纠纷再审案

最高人民法院认为,关于补缴住房公积金是否属于人民法院受理劳动争议案件受案范围的问题。根据国务院《住房公积金管理条例》第三十七条规定:“违反本条例的规定,单位不办理住房公积金缴存登记或者不为本单位职工办理住房公积金账户设立手续的,由住房公积金管理中心责令限期办理;逾期不办理的,处1万元以上5万元以下的罚款。”第三十八条规定:“违反本条例的规定,单位逾期不缴或者少缴住房公积金的,由住房公积金管理中心责令限期缴存;逾期仍不缴存的,可以申请人民法院强制执行。”依据上述规定,劳动者与用人单位因住房公积金发生争议,应当由住房公积金管理中心负责催缴,故一审、二审法院认定侯某滨要求红梅集团补缴其住房公积金的诉讼请求不属于人民法院受理劳动争议案件的范围,亦无不当。[2]

聘用合同当事人一方未经劳动争议仲裁机构裁决,直接向用人单位所在地中级人民法院起诉,均不符合《民事诉讼法》规定的起诉条件,人民法院应当裁定不予受理。

---

〔1〕 最高人民法院(2018)民申8号民事裁定书。

〔2〕 最高人民法院(2017)民申1121号民事裁定书。

【案例 11－25】 邓某和与丽水学院聘用合同争议纠纷再审案

最高人民法院认为，邓某和与丽水学院系在履行《丽水学院聘用合同书》中发生争议，属于聘用合同争议纠纷。因用人单位丽水学院属于事业单位，本案属于事业单位人事争议纠纷。《劳动法》第七十九条规定：劳动争议发生后，当事人可以向本单位劳动争议调解委员会申请调解；调解不成，当事人一方要求仲裁的，可以向劳动争议仲裁委员会申请仲裁。当事人一方也可以直接向劳动争议仲裁委员会申请仲裁。对仲裁裁决不服的，可以向人民法院提起诉讼。《最高人民法院关于人民法院审理事业单位人事争议案件若干问题的规定》第三条规定：本规定所称人事争议是指事业单位与其工作人员之间因辞职、辞退及履行聘用合同所发生的争议。第二条规定：当事人对依照国家有关规定设立的人事争议仲裁机构所作的人事争议仲裁裁决不服，自收到仲裁裁决之日起 15 日内向人民法院提起诉讼的，人民法院应当依法受理。一方当事人在法定期间内不起诉又不履行仲裁裁决，另一方当事人向人民法院申请执行的，人民法院应当依法执行。《最高人民法院关于事业单位人事争议案件适用法律等问题的答复》（法函〔2004〕30 号）第二条规定：事业单位人事争议案件由用人单位所在地或者聘用合同履行地的基层人民法院管辖。据此，人民法院受理的劳动人事争议案件为当事人不服劳动争议仲裁机构所作的劳动人事争议仲裁裁决而提起诉讼的案件，且人事争议案件由用人单位所在地或者聘用合同履行地的基层人民法院管辖。本案中，邓某和与丽水学院的聘用合同争议纠纷，一是未经劳动争议仲裁机构裁决，二是邓某和直接向浙江省丽水市中级人民法院起诉，均不符合《民事诉讼法》第一百一十九条（现第一百二十二条）规定的起诉条件。故原审裁定不予受理本案，适用法律并无不当。[1]

（三）劳动诉讼与劳动仲裁关系

在劳动争议案件中，原告不服劳动仲裁在法定期限内提起诉讼后，无正当理由拒不到庭参加诉讼或者未经法庭许可中途退庭，法官根据《民事诉讼法》的规定按撤诉处理后，仲裁裁决书是否发生法律效力。现行法律法规对此并没有明确规定，仍属于立法空白，因此有必要填补法律漏洞。主流观点认为，在上述情况下，法院按撤诉处理后，仲裁裁决书将发生法律效力。这主要基于以下理由：其一，仲裁裁决书经原告起诉后绝对不生效，易造成仲裁裁决书效力空白，当事人将

〔1〕 最高人民法院（2018）民申 1791 号民事裁定书。

失去获得司法保护的权利凭证,无法申请强制执行。其二,参照《民事诉讼法》第一百四十六条规定,原告提起诉讼后无正当理由拒不到庭诉讼或者未经法庭许可中途退庭,法院将按撤诉处理,这就相当于法院没有对劳动纠纷或劳动仲裁进行审判,类比"期满不起诉"即生效的法律效果,仲裁裁决书应当认定为发生效力。其三,在裁审文书效力衔接方面,亦应当参考《民事诉讼法》及相关批复中关于一审、二审程序文书效力的有关规定。

【案例 11-26】 段某诉北京肯德基有限公司劳动争议纠纷案

一审法院认为,肯德基公司已按照北京市西城区社会保险基金管理中心核定金额向段某支付一次性伤殊补助,现段某再次主张该项补助,无法律依据,法院不予支持。京东劳人仲字(2017)第2405号裁决书认定双方劳动关系于2017年3月14日终止,段某起诉后无正当理由拒不到庭,人民法院按撤诉处理,京东劳人仲字(2017)第2405号裁决书生效,双方劳动关系于2017年3月14日终止,段某要求继续履行劳动合同的诉讼请求,无事实及法律依据,法院依法予以驳回。判决:驳回段某的诉讼请求。二审法院认为,段某在法院审理阶段提交的证据均不足以推翻已生效的北京市东城区人民法院(2017)京0101民初17386号裁定书,因此京东劳人仲字(2017)第2405号裁决书生效,段某与肯德基公司之间的劳动关系于2017年3月14日终止。故段某要求继续履行劳动合同的诉讼请求,无事实及法律依据,法院对其该项上诉请求不予支持。因一次性伤残补助金的金额由北京市西城区社会保险基金管理中心核定,并非段某自行核定的数额,且肯德基公司已向段某支付一次性伤残补助金,故段某再次主张该项补助,无事实及法律依据,法院对其该项上诉请求亦不予支持。[1] 本案中,段某不服仲裁裁决向东城区人民法院起诉,因无正当理由不到庭,法院作撤诉处理。段某再次申请仲裁,仲裁会驳回段某仲裁请求。段某又向东城区人民法院起诉,北京市第二中级人民法院指定西城区人民法院审理。

劳动工资债权在企业破产案件中无需申报,应由债务人提交有关职工工资的支付和社会保险费用缴纳情况,管理人调查核实后公示。职工对清单记载有异议的,可以要求管理人更正;管理人不予更正的,职工可以向法院提起诉讼。也就是说,破产案件中劳动工资债权争议的解决程序是提出更正申请和直接起诉,而非劳动仲裁。

---

[1] 参见国家法官学院、最高人民法院案例研究院编:《中国法院2020年度案例》(劳动纠纷),中国法制出版社2020年版,第179页。北京市第二中级人民法院(2018)京02民终10406号民事判决书。

【案例 11－27】 龙某诉包装公司职工破产债权确认纠纷案

二审法院认为，一审法院以本案系劳动争议纠纷且未经过劳动争议仲裁前置程序为由驳回龙某的起诉，属于适用法律不当，应予纠正。首先，《企业破产法》第四十八条第二款规定，债务人所欠职工的工资和医疗、伤残补助、抚恤费用，所欠的应当划入职工个人账户的基本养老保险、基本医疗保险费用，以及法律、行政法规规定应当支付给职工的补偿金，职工作为债权人不必向管理人申报该项债权，管理人调查后，列出清单予以公示；职工对清单记载有异议的，可以要求管理人更正；管理人不予更正的，职工可以向人民法院提起诉讼。可见，该法赋予了劳动者不经劳动争议仲裁直接起诉的权利。相对于《劳动法》《劳动争议调解仲裁法》，在处理破产企业职工债权方面，《企业破产法》属于特别法，按特别法优于一般法的原则，破产企业职工就职工债权可以直接向人民法院起诉，不必经过劳动争议仲裁前置程序。其次，职工破产债权确认纠纷案件，是指债务人的职工对于管理人依据《企业破产法》第四十八条第二款所列清单记载的内容有异议，其要求管理人更正，管理人不更正的，向人民法院提起的确认上述清单记载的费用数额及相关事项民事诉讼案件。在管理人调查过程中，劳动关系的确认是确定债务人拖欠职工工资、补偿金等费用金额的前提，如果清单载明的职工名单与实际职工名单不一致，职工破产债权确认纠纷案件当然能够解决劳动关系的确认问题。故龙某就其与包装公司是否存在劳动关系以及包装公司享有职工债权的数额产生的纠纷，实质上属于职工破产债权确认纠纷而非一审法院认定的劳动争议案件。最后，仲裁前置是劳动争议处理的一般程序，但劳动争议仲裁前置程序设立的初衷就是快速有效的解决劳动争议案件，维护劳动者合法权益。企业进入破产程序后，仲裁机构已不能裁决破产企业限期支付相关债权，申请人要求企业限期支付劳动报酬、经济补偿等主张，客观上已不能实现。此外，前置程序并非当然具有终局效力，仲裁之后再行提起诉讼耗费的时间也弱化了仲裁高效的职能，而受理破产案件的法院对于破产企业职工情况等基本事实更为了解，相较于劳动争议仲裁机构更具优势，劳动关系的确认及职工债权的一并处理也符合破产程序的效率原则。裁定：(1)撤销一审裁定；(2)本案指令江苏省泗阳县人民法院审理。[1]

关于劳动争议案件诉裁程序对接问题。基于劳动仲裁前置程序的制度设计，法官在审理劳动争议案件时需对仲裁请求与诉讼请求的范围进行审查。仲裁裁

〔1〕 参见国家法官学院、最高人民法院司法案例研究院编：《中国法院 2023 年度案例》(劳动纠纷)，中国法制出版社 2023 年版，第 205～207 页。江苏省宿迁市中级人民法院(2021)苏 13 民终 4378 号民事裁定书。

决作出后当事人未起诉,或裁决有多项内容,当事人仅就部分内容提起诉讼的,法官只需审理当事人在法定期限内起诉的请求,保持当事人诉讼请求与审理内容的一致性。因此,对于双方当事人均未起诉的结果部分,一般应在"本院认为"中予以确认,并直接写入判决主文。

劳动争议案件中,劳动者要求与用人单位签订书面劳动合同的应区分不同情况处理。劳动合同虽较为特殊,但其仍应遵循合同制度的基本共性,即契约自由及合同主体的选择空间。订立书面劳动合同需要当事人意思一致,由劳动者与用人单位平等协商,以确定合同期限、工作内容、劳动报酬等事项。如果劳动者与用人单位协商,双方就劳动合同必要条款达成一致,则仲裁员、法官可以裁判双方订立书面劳动合同,并在裁判文书中就达成一致的条款予以表述。但是,如果双方就劳动合同必要条款不能达成一致,其仲裁员或法官直接判令双方订立书面劳动合同将有违当事人意思自治原则,直接造成根本无法履行或执行。在这种情况下,劳动者要求与用人单位签订书面劳动合同的,仲裁员或法官可向劳动者释明变更诉讼请求,主张确认双方存在劳动关系,并依据事实和法律作出确认与否的裁判。对于经释明劳动者未变更请求的,则应裁判驳回诉讼请求。对于仲裁、一审未向劳动者释明变更而直接判决双方签订书面劳动合同的,二审法院应撤销一审判决,告知劳动者另行起诉确认双方存在劳动关系。

【案例 11-28】 北京一路平安汽车救援服务有限公司诉刘某光劳动争议纠纷案

二审法院认为,针对案件焦点一,京门劳人仲字(2017)第 120 号裁决第一项确认刘某光与北京一路平安汽车救援服务有限公司(以下简称一路平安公司)自 2009 年 6 月 24 日至 2017 年 1 月 24 日存在劳动关系,双方当事人对此项判决均未起诉,法院应予以确认,并直接写入判决主书。但一审判决并未将该项仲裁结果写入判决主文,系处理不当。故二审法院对此予以纠正,在终审判决第二项确认刘某光与一路平安公司自 2009 年 6 月 24 日至 2017 年 1 月 24 日存在劳动关系。针对案件焦点二,《劳动合同法》第十四条第二款规定……结合本案事实可知,刘某光符合签订无固定期限劳动合同的条件。但本案中双方就劳动合同必要条款不能达成一致,直接判令双方订立书面劳动合同将有违当事人意思自治原则,亦无法确定具体执行内容和申请强制执行,故一审法院应在一审程序中向刘某光释明其应变更诉讼请求确认双方存在无固定期限劳动关系。鉴于本案一审法院未进行释明,二审程序亦不允许刘某光再进行变更诉讼请求,故本案中,刘某光要求与一路平安公司签订自 2017 年 1 月 25 日起的无固定期限劳动合同的请求不能成立。刘某光可以另行主张确认双方存在无固定期限劳动关系。判决:(1)撤销一审判决;(2)确认刘某光与一路平安公司自 2009 年 6 月 24 日至 2017 年 1 月 24

日存在劳动关系;(3)驳回一路平安公司的诉讼请求。[1]

劳动行政部门已经作出工伤认定,民事审判具有对工伤认定所依据的劳动关系进行审查认定的司法权力。在民事诉讼审判实务中,行政行为是具有行政管理职权的机关在其职权范围内作出的具有法律约束力的行为,根据现有《行政诉讼法》及有关行政法律法规的规定,该行为非经行政诉讼程序、行政程序,不得被改变,民事诉讼中不能对行政行为的合法性进行审查,否则就属于民事审判对行政权的不当干预。而对于劳动关系的认定而言,就其实质是法律问题而不是事实问题,尤其当工伤职工或者其近亲属、工会和用人单位就劳动关系认定意见有异议时,工伤认定行为实质是一种裁决行为,其行为的裁决性决定了工伤认定是一种纠纷解决机制,则应当确定民事审判最终原则。从另一个角度讲,在工伤保险待遇民事争议中认定劳动关系时虽有行政权的介入,但赋予劳动行政部门认定劳动关系的行政组职权主要着眼于简化工伤认定程序的需要,现行法律法规未明确授权劳动行政部门进行劳动关系的确认。从这个意义上讲,劳动关系的确认在本质上属于民事纠纷,则应主要适用民事诉讼程序。民事诉讼程序中,法官应当避免对行政行为的合法性进行审查,直接运用民事法律和其他事实根据对劳动关系作出实质性的认定,进而作出裁判。

【案例 11 -29】 黄某河诉洪某工伤保险待遇纠纷案

二审法院认为,在本案中,从双方陈述可以认定,上诉人自备工具、以安装门的数量按件计酬,也可自行承接其他业务,其与被上诉人之间的关系实质在于为被上诉人提供劳务成果。上诉人对被上诉人安装防盗门的安排有自主选择权,被上诉人对上诉人的考勤、作息不享有管理权。除此之外,被上诉人对上诉人没有进行其他考核管理,双方没有隶属关系,没有管理与被管理、支配与被支配的权利和义务,上诉人与被上诉人之间系平等民事主体、彼此独立,形成的是按劳动成果支付劳动报酬的承揽合同关系,而不是劳动关系。伤者享受工伤保险待遇要以劳动关系的存在为先决条件,在工伤保险待遇赔偿案件审理中,人民法院有权对上诉人与被上诉人之间是否存在劳动关系进行审查认定。计件计酬、非全日制用工均可以成为劳动关系中的用工形式,前提是双方存在紧密稳固的管理与被管理、支配与被支配的权利和义务,在本案中并不适用。故原审对于被上诉人是上诉人雇主的主张不予采信,从而认定事故发生时双方存在承揽关系,上诉人无权向被上诉人要求享受相关工伤保险待遇并据此驳回了黄某河请求,并无不当。综上,上诉人黄某河的

---

〔1〕 参见国家法官学院案例开发研究中心编:《中国法院 2019 年度案例》(劳动纠纷),中国法制出版社 2019 年版,第 231 ~232 页。北京市第一中级人民法院(2017)京 01 民终 7338 号民事判决书。

上诉请求不能成立，法院不予支持。原审判决认定事实清楚，适用法律正确，法院依法予以维持。判决：驳回上诉，维持原判。[1]

非基于同一法律关系的诉请应当另案处理。

【案例11－30】　吴某诉建筑劳务公司、工程公司工伤保险待遇纠纷案

二审法院认为，本案二审争议焦点为，对于一审法院在工伤保险待遇项下未支持吴某主张的部分费用，是否应当在医疗保险待遇项下在本案中予以一并处审理。虽然工伤保险和医疗保险均属于社会保险项下的险种，但工伤保险和医疗保险在法律规定、报销程序、报销项目、报销范围等方面存在明显不同，工伤保险待遇与医疗保险待遇纠纷亦属于不同的案由，且一审中法院已向各方充分释明工伤保险待遇与医疗保险待遇的区别，吴某选择在本案中主张工伤保险待遇，并不影响今后另行主张医疗保险待遇，故吴某上诉要求二审中按照医疗保险待遇的相关规定支持其费用损失的意见，二审法院不予支持。若吴某认为其还存在医疗保险损失的问题，可依法另行解决。故一审判决认定事实清楚，适用法律正确，应予维持。判决：驳回上诉，维持原判。[2]

《劳动争议调解仲裁法》第五十条规定，当事人对本法第四十七条规定以外的其他劳动争议案件的仲裁裁决不服的，可以自收到仲裁裁决书之日起十五日内向人民法院提起诉讼；期满不起诉的，裁决书发生法律效力。根据上述法律条文，当事人在收到仲裁裁决书后未在15日内向法院起诉的，法院会以此为由，对案件不予受理，已经受理的裁定驳回起诉。但在实践中，当事人向劳动仲裁委提起劳动仲裁后，劳动仲裁委会可能根据案件情况分别作出《不予受理通知书》《仲裁裁决书》《仲裁决定书》等仲裁法律文书，对于《不予受理通知书》《仲裁裁决书》超过15日起诉，法院是否应当受理，不同的法院的观点不同。

【案例11－31】　张某金诉某公司劳动争议纠纷再审案

再审法院认为，(1)《劳动争议调解仲裁法》第五条规定："发生劳动争议，当事人不愿协商、协商不成或者达成和解协议后不履行的，可以向调解组织申请调解；不愿调解、调解不成或者达成调解协议后不履行的，可以向劳动争议仲裁委员会申请仲裁；对仲裁裁决不服的，除本法另有规定的外，可以向人民法院提起诉讼。"张某金在向人民法院提起诉讼前，向劳动争议仲裁委员会申请仲裁，完成了仲裁前置程序，而在仲裁程序中，2021年6月3日，大安

---

〔1〕　参见国家法官学院案例开发研究中心编：《中国法院2016年度案例》（劳动纠纷），中国法制出版社2016年版，第127页。江苏省徐州市中级人民法院(2014)徐民终字第04164号民事判决书。

〔2〕　国家法官学院、最高人民法院司法案例研究院编：《中国法院2023年度案例》（劳动纠纷），中国法制出版社2023年版，第197～198页。北京市第三中级人民法院(2021)京03民终5888号民事判决书。

市劳动人事争议仲裁委员会作出《不予受理案件通知书》，以张某金已超法定退休年龄，不属于劳动人事仲裁调整范围为由，决定不予受理。故《不予受理案件通知书》系由劳动争议仲裁委员会作出的仲裁文书。根据《不予受理案件通知书》内容，劳动争议仲裁委员会明确意见为“决定不予受理”，能够认定不予受理张某金的仲裁申请是劳动争议仲裁委员会的决定，属于仲裁裁决范围。依照《劳动争议调解仲裁法》第五十条“当事人对本法第四十七条规定以外的其他劳动争议案件的仲裁裁决不服的，可以自收到仲裁裁决书之日起十五日内向人民法院提起诉讼；期满不起诉的，裁决书发生法律效力”的规定，原裁定认为张某金在收到大安市劳动人事争议仲裁委员会大劳人仲不字〔2021〕12号《不予受理案件通知书》后超出法定起诉期限，驳回张某金的起诉，适用法律正确。张某金主张劳动争议仲裁委员会作出的《不予受理案件通知书》不受15日起诉期限的限制，向人民法院起诉的期限应适用民事诉讼时效3年的规定，于法无据。(2)本院审查再审申请期间，张某金的委托诉讼代理人提供江苏省高级人民法院(2021)苏民再231号民事裁定书，主张系类似案例。本院审查认为，该案系针对劳动争议仲裁委员会作出的终止审理仲裁决定书作出的裁定，案件基本事实与本案亦不相一致。且该民事裁定书不属于最高人民法院发布的指导性案例或者最高人民法院生效类案裁判。故张某金该再审事由不成立。〔1〕

【不同处理】 有的法院持完全相反的观点。

【案例11－32】 沈某诉某公司劳动争议纠纷再审案

再审法院认为，《劳动争议调解仲裁法》第五十条规定，当事人对除一裁终局以外的其他劳动争议案件的仲裁裁决不服的，可以自收到仲裁裁决书之日起15日内向人民法院提起诉讼；期满不起诉的，裁决书发生法律效力。该规定的15日时效应仅限于当事人对仲裁裁决不服提起的诉讼，不应包括当事人收到仲裁委作出的终止审理仲裁决定书后，向人民法院提起的诉讼。当事人收到仲裁委作出的终止审理仲裁决定书后，向人民法院提起诉讼，不受15日时效的限制。故一审、二审以沈某收到仲裁决定书后，提起诉讼已超过法定的15日期限为由，驳回其起诉，适用法律错误，应予纠正。〔2〕

---

〔1〕 吉林省高级人民法院(2021)吉民申4435号民事裁定书。

〔2〕 江苏省高级人民法院(2021)苏民再231号民事裁定书。

(四)劳动争议案件管辖

判断劳动争议案件能否由双方约定管辖,在目前法律及司法解释没有明确的具体规定情况下,可从约定管辖的立法目的、适用范围结合劳动争议案件具体案件为依托进行分析。其一,《民事诉讼法》第三十五条规定了约定管辖,体现两便原则,在本质上该条规定体现的是对双方当事人在法律适用上平等保护和对当事意思自治原则的尊重。约定管辖的适用应符合两个基本前提:一是当事人地位平等,人身完全自由,没有人身的依附性和政治上的从属性,合同由双方自由约定。二是订立合同目的是获得财产(经济)利益,在经济交往中实现财产增值。其二,劳动合同与一般民事合同存在本质区别,劳动关系的两个主体虽然法律地位是平等的,但实际生活中的地位是不平等的,劳动者与用人单位存在被管理、被领导、被监督的关系,事实上的弱者地位和强者地位的巨大反差,适用约定管辖的两个前提已经不存在亦没有正当基础。其三,《劳动争议调解仲裁法》第二十一条规定了劳动争议管辖地,仲裁法和司法解释均没有按照《民事诉讼法》有关约定管辖的规定来规定劳动争议的约定管辖。可见,立法机关和司法机关并没有明确劳动争议案件实行约定管辖,反映的是法律对劳动合同签订者强制干预。

《劳动争议解释(一)》第三条规定:"劳动争议案件由用人单位所在地或者劳动合同履行地的基层人民法院管辖。劳动合同履行地不明确的,由用人单位所在地的基层人民法院管辖。法律另有规定的,依照其规定。"该条款确立了劳动争议案件由用人单位所在地或者劳动合同履行地法院管辖原则,约定管辖条款违背了该解释的精神。劳动合同约定由用人所在地法院管辖的,该约定不具有法律效力。

劳动争议案件涉及的法律关系为用人单位与劳动者之间的劳动关系,具有人身属性,不适用协议管辖的有关规定,劳动合同约定的管辖条款无效。

【案例 11-33】　李某东与北京海天致远劳务服务有限公司劳动争议纠纷案

最高人民法院认为,根据《民事诉讼法》第三十四条(现为该法第三十五条)的规定,合同或者其他财产权益纠纷的当事人可以书面协议选择被告住所地、合同履行地、合同签订地、原告住所地、标的物所在地等与争议有实际联系的地点的人民法院管辖,但不得违反本法对级别管辖和专属管辖的规定。可见,协议管辖的适用领域为合同或者其他财产权益纠纷,这里的合同纠纷包括因合同订立、履行、变更、解除、违约等所产生的纠纷,其他财产权益纠纷包括因物权、知识产权中的财产权而产生的民事纠纷,因身份关系产生民事纠纷的不能协议选择管辖法院。劳动争议案件涉及的法律关系为用人单位与劳动者之间的劳动关系，具有人身属性，不适用协议管辖的有关规定。故本案中《劳动合同》中所约定的管辖条款无效。[1]

【案例 11－34】 陈某全诉武汉艾德蒙科技股份有限公司劳动争议纠纷案

二审法院认为，陈某全系以武汉艾德蒙科技股份有限公司（以下简称艾德蒙公司）违法解除与其的劳动合同为由提起的诉讼，并请求判令艾德蒙公司支付陈某全违法解除劳动合同赔偿金等。虽然陈某全与艾德蒙公司签订的《劳动合同书》对于劳动争议的管辖进行了约定，但陈某全称《劳动合同书》系艾德蒙公司提供的格式合同，故本案不适用协议管辖的约定。本案应当依据《最高人民法院关于审理劳动争议案件适用法律若干问题的解释》（已失效）第八条第一款“劳动争议案件由用人单位所在地或者劳动合同履行地的基层人民法院管辖”之规定确定管辖法院。综合本案现有证据，可以认定北京市朝阳区是劳动合同履行地，故北京市朝阳区人民法院依法对本案有管辖权。艾德蒙公司的上诉请求，法院不予支持。综上，一审法院裁定结果正确，应予维持。裁定：驳回上诉，维持原裁定。[2]

劳动争议发生后，劳动者依法向有管辖权的劳动仲裁委员会、法院提起诉讼，用人单位以劳动合同或者以其他形式中有劳动仲裁和诉讼管辖约定为由提出管辖异议的，法官不应支持。否定劳动争议纠纷案件约定管辖的效力，有利于减少甚至避免用人单位以管辖权为由不当拖延诉讼，也能充分维护处于弱势地位劳动者的合法权益。

【案例 11－35】 唐某成诉北京洁丽雅保洁有限公司劳动争议纠纷管辖权异议案

二审法院认为，结合唐某成的诉讼请求、事实理由已经起诉的依据来看，本案系因劳动争议纠纷提起的诉讼。本案中，用人单位与劳动者双方在劳动合同中约定劳动争议的处理只能向北京市丰台区人民法院起诉。但该约定管辖条款系劳动合同中的格式条款，排除了劳动者的诉讼权利，给劳动者诉讼造成不便利，该条款应属无效。根据《最高人民法院关于审理劳动争议案件适用法律若干问题的解释》（已失效）第八条第一款规定，“劳动争议案件由用人单位所在地或者劳动合同履行地的基层人民法院管辖”。结合本案而言，劳动合同履行地在重庆市渝北区，因此，重庆市渝北区人民法院依法对本案享有管辖权。北京洁丽雅保洁有限公司上诉理由不能成立，法院不予采

---

〔1〕 最高人民法院（2020）民辖 24 号民事裁定书。

〔2〕 参见国家法官学院案例开发研究中心编：《中国法院 2016 年度案例》（劳动纠纷），中国法制出版社 2016 年版，第 74 页。北京市第三中级人民法院（2014）三中民终字第 10006 号民事裁定书。

纳。一审裁定正确,应予维持。裁定:驳回上诉,维持原裁定。[1]

域外劳务用工管辖问题。主流观点认为,只要是涉及劳动者权益保护的,涉及我国社会公共利益的,可以强制适用主权管辖原则,直接适用我国《劳动法》。涉外劳动关系的定性,亦可以通过我国法律来判断。这就意味着与境外订立的劳动合同,可以依据我国《劳动合同法》来定性,从而给予劳动者以我国《劳动法》上的保护。我国《劳动法》和《劳动合同法》又明确规定了用人单位的属地管辖原则,也即一个国家的劳动法仅仅适用于本国领土管辖范围内所建立的劳动关系。实践中域外用工中的一部分通过《对外劳务合作管理条例》得以规制,也即以取得国家资格的对外劳务合作企业作为中介,劳动者的权益可以通过与对外劳务合作企业之间签订劳动合同或服务合同得到保护。

【案例 11-36】　王某宏诉中国成套设备进出口(集团)总公司劳动争议纠纷案

一审法院认为,根据我国《对外劳务合作管理条例》的规定,中成糖业公司系境外企业,不符合法律规定的对外合作经营资格。王某宏通过中国成套设备进出口(集团)总公司(以下简称中成集团总公司)派出工作,未与中成集团总公司签订书面服务合同,也违反了前述法律规定,无法确认双方间系服务合同关系。中成集团总公司系商务部批准的,具有向境外派遣各类技术劳务人员资格的企业,王某宏的出国手续系由中成集团总公司办理,工资及补贴亦由中成集团总公司账户发放,符合劳动关系的构成要件。故确认王某宏与中成集团总公司之间存在劳动关系。中成糖业公司虽不符合《劳动合同法》规定的用人单位,但其与王某宏签订的合同明确约定了合同期限、工作地点、工作内容、待遇、双方权利义务等项,系王某宏本人所签,且双方按照合同内容实际履行,故该聘用合同真实有效。因已具备了劳动合同应当具备的必要条款,明确了双方权利、义务,实现了书面劳动合同的功能,可视为双方已订立书面劳动合同;因中成集团总公司系中成糖业境内投资主体,该聘用合同的约束力及于中成集团总公司,故中成糖业公司与中成集团总公司应共同承担该聘用合同项下的法律义务。判决:(1)中成集团总公司、中成糖业公司支付王某宏2012年1月14日至3月13日带薪休假期间工资33,685元;(2)中成集团总公司、中成糖业公司支付王某宏2012年3月14日至2013年9月24日工资24,445.28元;(3)中成集团总公司支付王某宏终止劳动合同经济补偿金49,056元;(4)驳回王某宏的其他诉讼请求。二审法院同意一审

---

〔1〕 参见国家法官学院案例开发研究中心编:《中国法院2018年度案例》(劳动纠纷),中国法制出版社2018年版,第271页。重庆市第一中级人民法院(2015)渝一中法民管异终字第01295号民事裁定书。

法院裁决意见,判决:驳回王某宏的上诉,维持一审判决。[1]

关于双方当时同时起诉的法院管辖,《劳动争议解释(一)》第四条后半段规定:“双方当事人就同一仲裁裁决分别向有管辖权的人民法院起诉的,后受理的人民法院应当将案件移送给先受理的人民法院”。从有利于管辖恒定,减少裁判尺度不一致引发的法律适用现象看,《劳动争议调解仲裁法》第二十一条规定,双方当事人对同一仲裁裁决不服提起诉讼的,由该劳动争议仲裁机构所在地人民法院管辖,更具有合理性。

(五)劳动争议管辖异议

劳动争议纠纷中,涉及管辖法院的确定存在两个问题。其一,劳动者与两个以上关联的用人单位建立混合用工关系,如何确定管辖法院。一般认为,确定管辖法院应考虑两个方面的因素,一是用工年限的长短,二是距离争议发生时间的长短。劳动者在用人单位的工作时间越长,或者与某一单位距离争议的时间越近,劳动者与该用人单位存在的联系越紧密,相较于存在关联关系的其他用人单位,法官在审理案件过程中需要查明的事实与该用人单位存在关联性也就越大,因此在混合用工关系中,劳动者在用人单位工作的年限,以及争议发生时间的远近,应作为确定用人单位所在地法院的衡量标准。其二,用人单位所在地与合同履行地不一致时,如何确定管辖法院。一般认为,劳动仲裁是劳动争议诉讼的前置程序,立法机关对劳动争议的诉讼管辖没有设立特殊规定,但对劳动仲裁的管辖问题作出过规定。《劳动争议调解仲裁法》第二十一条第二款规定:“劳动争议由劳动合同履行地或者用人单位所在地的劳动争议仲裁委员会管辖。双方当事人分别向劳动合同履行地和用人单位所在地的劳动争议仲裁委员会申请仲裁的,由劳动合同履行地的劳动争议仲裁委员会管辖。”可见,该条确定了仲裁管辖有劳动合同履行地和用人单位所在地仲裁委员会管辖的原则,且劳动合同履行地的仲裁委员会具有优先管辖权。《劳动争议解释(一)》第三条确立劳动争议诉讼管辖,即由用人单位所在地和合同履行地法院管辖的原则。该条款明确用人单位所在地与合同履行地出现分离时,劳动合同履行地法院优先管辖权,但管辖法院的确定应方便当事人的诉讼,有利于案件事实的查明,而劳动合同履行地多为劳动者的经常居住地,便于劳动者参加诉讼,降低诉讼成本,且与劳动争议纠纷的联系最为紧密,有利于法官调查取证,因此劳动合同履行地的法院的优先诉讼管辖法

---

〔1〕 参见国家法官学院案例开发研究中心编:《中国法院2018年度案例》(劳动纠纷),中国法制出版社2018年版,第75~76页。北京市第二中级人民法院(2016)京02民终9283号民事判决书。

院的原则得以确立。个案中,对于用人单位在合同履行地以外法院起诉的,劳动者提出管辖异议的应得到法官的支持。

【案例 11－37】 西门子(中国)有限公司西门子沈阳分公司、西门子(中国)有限公司诉徐某辉劳动合同纠纷案

二审法院认为,本案中,徐某辉自 2008 年 4 月起即与西门子(中国)有限公司西门子沈阳分公司(以下简称西门子沈阳分公司)签订了劳动合同,劳动合同履行地为沈阳市沈河区;西门子沈阳分公司作为用人单位,其所在地亦为沈阳市沈河区。加之徐某辉的住所地亦在辽宁省沈阳市沈河区,本案所涉及的西门子沈阳分公司认为徐某辉虚报、谎报工作情况的服务报告所涉及的场所均位于辽宁省,故一审法院从有利于查明案件事、方便劳动者进行诉讼的角度综合考虑,将本案移送劳动合同履行地及用人单位所在地法院辽宁省沈阳市沈河区人民法院审理并无不当。因此,西门子沈阳分公司及西门子(中国)有限公司的上诉理由不成立,其上诉请求应予驳回。裁定:驳回上诉,维持原裁定。[1]

应该注意的是,《劳动争议解释(一)》第三条第三款规定:关于法律另有规定的依照其规定。例如,《劳动争议调解仲裁法》第四十九条规定用人单位申请撤销终局仲裁裁决的,向劳动争议仲裁委员会所在地中级人民法院提出。这不是约定管辖,也不是管辖异议,而是法律的直接规定。

---

〔1〕 参见国家法官学院案例开发研究中心编:《中国法院 2017 年度案例》(劳动纠纷),中国法制出版社 2017 年版,第 299 页。北京市第三中级人民法院(2015)三中民终字第 11928 号民事裁定书。

二、劳动合同争议证据认定

（一）劳动争议举证责任理解

举证责任又称证明责任，是指当事人对自己提出的主张应当提供证据进行证明的责任。具体而言，证明责任是指在诉讼过程中，当事人为避免对自己不利的裁判，负有义务向法院提交证据对其主张加以证明；当主张的事实真伪不明时，必须承担因法院不认可该事实所产生的不利诉讼后果。举证责任分为两个层次，一是行为意义上的举证；二是结果意义上的举证。行为意义的举证是指负有举证责任的一方应当向法院或仲裁机构提供证据，用来证明自己的主张；结果意义上的举证是指负有举证责任的一方提供的证据，要能够证明自己的主张和事实。只有负有举证责任的一方既完成了行为意义上的举证，且所举证据能够证明自己的主张才算完成了举证责任。

合同纠纷案件的证明责任分配问题最为繁杂。在诉讼中不存在原告与被告之间证明责任相互转移的问题，因为证明责任由哪一方当事人承担，原则上是由法律、法规或司法解释预先确定的。[1] 通常情况下，合同法律关系的证明责任分配体系是，谁主张合同法律关系存在，谁举证合同法律关系产生的事实；谁主张合同法律关系阻碍或消灭，谁举证合同法律关系阻碍或消灭的事实。

劳动争议案件，用人单位对劳动关系的发生、变更、解除等法律要件事实的证明始终处于优势举证地位，而劳动者在未发生争议之前一般不太注重相关证据的收集。故法官在审理劳动争议案件时，应依据法律、司法解释的规定，科学、合理确定举证责任的承担。

1. 主张争议事实成立一方承担举证责任

劳动合同关系是否成立，应由劳动者承担举证责任。

【案例 11 －38】　钟某波诉大安区谢八食品加工厂劳动争议纠纷案

判决观点，原告主张邱某真与被告之间存在劳动关系，应当提交相应的

---

〔1〕 参见潘剑峰：《中国语境下的证明责任理论反思》，载《政治与法律》2016 年第 11 期。

劳动合同、工资领取、社会保险、福利待遇及工作管理的证据、提供用人单位即被告向邱某真所发的“工作证”“服务证”等能够证明其身份的证件及劳动者证实劳动关系存在的证言，本案中原告未提供上述相应证据(不含证人证言)，原告在仲裁时申请出庭的证人均未证实邱某真与被告存在劳动关系，原告不能证明其主张，故原告的诉讼请求不能成立。判决：邱某真与被告大安区谢八食品加工厂之间不存在劳动关系。[1] 本案原告钟某波与邱某真系夫妻关系。

社会保险缴费记录可以作为劳动关系存在的证据，但社会保险并非劳动关系存在的充分证据，亦仍应其举证实际提供劳动的相应证据证明劳动关系的存在。

【案例 11－39】　张某诉北京盖尔烟花爆竹经销有限公司劳动争议纠纷案

判决观点，本案中，张某的诉求均建立在其与北京盖尔烟花爆竹经销有限公司(以下简称盖尔公司)存在劳动关系基础之上。因此，张某与盖尔公司是否存在劳动关系系争议焦点。张某所提交的商户表打印件系其自行制作，因此无法证实其与盖尔公司存在劳动关系，故法院对该证据不予采信。张某所提交的银行对账单，其主张系在盖尔公司工作之前每月的工资收入，法院对其关联性不予认可，对该证据不予采信。张某所提交的社会保险个人权益记录，虽然显示盖尔公司为张某缴纳 2015 年 4 月至 10 月的社会保险，但盖尔公司对此作出了合理解释，在无其他证据佐证的情况下，社会保险缴费情况不能单独作为认定劳动关系的依据。现张某未能提供充分有效的证据证明其与盖尔公司存在劳动关系，故张某所主张的要求盖尔公司支付其 2015 年 4 月至 10 月工资 35,000 元、未签订劳动合同双倍工资 30,000 元、解除劳动合同经济补偿金 10,000 元，2015 年 4 月 1 日至 10 月 3 日加班工资 6896 元的诉讼请求，缺乏事实与法律依据，法院不予支持。判决：驳回原告张某的诉讼请求。[2]

未签订劳动合同，劳动者证明存在劳动关系需要有充分证据。

【案例 11－40】　朱某恒诉北京首高发公路工程有限公司劳动合同纠纷案

一审法院认为，原告称(2014)朝民初字第 38388 号判决书中载明其为被告员工，该内容并非审理查明和确认的内容；证人应当出庭作证，原告提供的两份证人证言，虽提及原告在被告处上班，但两名证人均未出庭作证，此证言

---

〔1〕 参见国家法官学院案例开发研究中心编：《中国法院 2018 年度案例》(劳动纠纷)，中国法制出版社 2018 年版，第 17 页。四川省自贡市大安区人民法院(2016)川 0304 民初 479 号民事判决书。

〔2〕 参见国家法官学院案例开发研究中心编：《中国法院 2018 年度案例》(劳动纠纷)，中国法制出版社 2018 年版，第 52 页。北京市房山区人民法院(2016)京 0111 民初 10471 号民事判决书。

不能单独作为认定案件事实的依据；原告当庭出示工作服并提交照片，虽该服装上载有被告公司的字样，但仅该服装照片不足以认定原告与被告存在劳动关系。被告提交的承包合同证实其已将施工工程分包给阳光育坡公司，并提交了职工名册、缴纳社保记录、工资表、银行转账流水明细，前述证据中均未记载原告及原告曾为其发放工资的刘某江为被告员工。原告无充分证据用来证明其与被告存在劳动关系，且其工资并非被告发放，故此种关系不宜认定为双方建立直接的劳动关系，现其坚持要求确认其与被告存在劳动关系，无事实和法律依据，法院不予支持。故此，其基于劳动关系存在而主张的要求被告支付未签订书面劳动合同双倍工资的诉讼请求，法院不予支持。判决：驳回原告朱某恒的诉讼请求。二审法院认为，朱某恒在一审中提交的证据并不足以证明其与北京首高发公路工程有限公司（以下简称首高发公司）之间存在劳动关系，且其亦无证据证明朱某恒的工资发放人刘某江系首高发公司的员工，故朱某恒要求确认其与首高发公司存在劳动关系，无事实和法律依据，法院不予支持。朱某恒基于劳动关系存在，主张首高发公司支付未签订书面劳动合同双倍工资的上述请求，法院也不予支持。判决：驳回上诉，维持原判。[1]

临时性工作人员应对从事用人单位安排的工作承担举证责任，不能举证其工作是受用人单位安排的，则不能认定其与用人单位存在劳动关系。

在劳动者未能提供劳动合同、工资支付记录等直接证据情况下，对其与用人单位存在劳动关系的认定，综合分析间接证据的关联，作出综合判断。

2. 被告抗辩的应承担举证责任

用人单位应对非全日制用工性质承担举证责任。

【案例 11-41】 北京呈色结构服饰有限公司诉庞某劳动合同纠纷案

二审法院认为，本案中，北京呈色结构服饰有限公司（以下简称呈色服饰公司）主张庞某为非全日制工作人员，每天工作 4 小时；庞某称其系全日制工作，每天工作 8 小时，双方对此各执一词。庞某就其主张提交了考勤表照片、谈话录音及书面整理材料予以证明，呈色服饰公司虽对上述证据不予认可，但其公司仅提交了单方制作的计时表作为证据，其上无庞某签字确认，庞某亦表示不予认可；同时，呈色服饰公司未能就公司所称招聘条件明确为非全日制工作人员提供任何证据。而在此情况下，呈色服饰公司作为用人单位应

---

〔1〕 参见国家法官学院案例开发研究中心编：《中国法院 2017 年度案例》（劳动纠纷），中国法制出版社 2017 年版，第 45 页。北京市第一中级人民法院（2016）京 01 民终 663 号民事判决书。

当对双方之的用工性质承担主要举证责任。故一审法院综合双方的举证情况，并结合呈色服饰公司以月为周期向庞某发工资的事实，认为呈色服饰公司应承担举证不能的法律后果并认定双方属于全日制劳动关系，并无不当。据此，庞某于2016年4月7日入职呈色服饰公司后，一直工作至2016年12月初，呈色服饰公司未与庞某签订书面劳动合同，应当按法律规定支付相应的未签订劳动合同二倍工资差额。呈色服饰公司以双方之间为非全日制用工为由不同意支付2016年5月7日至12月7日未签订劳动合同二倍工资差额，理由不能成立，法院不予支持。综上，呈色服饰公司上诉请求，不能成立；应予驳回；一审判决结果正确，应予维持。判决：驳回上诉，维持原判。〔1〕

用人单位向公安机关报警时提交的报案材料，公安机关未能依据上述证据确认劳动者构成犯罪，但上述证据仍可以作为双方认定劳动关系的证据。

项目投保不能证明劳动关系。

【案例11－42】 於某标诉筱野芯公司劳动争议纠纷案

二审法院认为，筱野芯公司为武汉K11项目投保了乐享装修PLUS保险，该保险属于不记名投保，被保险人以工程实际施工人员为准，无投保名单，无需以双方存在劳动关系为前提，不能据此推定於某标与筱野芯公司存在劳动关系。〔2〕

关于出具解除或离职书面证明原因的举证，作出解除劳动合同或离职书面证明的义务人，若用人单位未能举证证明曾与劳动者联系或直接送达过该证明，则应当对劳动者因此造成的经济损失承担赔偿责任。若用人单位已穷尽可知手段送达，劳动者怠于领取扩大损失，其应对损失后果自行承担责任。

3. 其他主要争议事实的举证

关于因果关系的举证，新的用人单位终止对于劳动者的录用可能是由很多原因造成的，劳动者如果主张终止录用与原用人单位未出具解除或离职证明有关，则应就二者存在因果关系进行举证，以形成完整的证据链证明用人单位未出具解除或离职证明的行为导致劳动者被新用人单位终止录用并产生工资损失。换言之，因劳动者与原用人单位存在纠纷，与新用人单位地位不对等，法官应当对其初步提交的证据材料进行审查，引导当事人进行举证，必要时可依职权调取证据，如

---

〔1〕 参见国家法官学院案例开发研究中心编：《中国法院2019年度案例》(劳动纠纷)，中国法制出版社2019年版，第47～48页。北京市第二中级人民法院(2017)京02民终9270号民事判决书。

〔2〕 湖北省武汉市中级人民法院(2022)鄂01民终20197号民事判决书。

劳动者已向劳动监察部门投诉举报的，可调取相关证据材料审查。

关于存在损害后果的举证，这种损害后果主要体现在劳动者从原用人单位离职后，被其他用人单位录用，因未交解除或离职证明后被终止录用。劳动者应完成：其一，新用人单位的招聘流程真实存在，应当针对招聘流程各个环节进行举证。其二，劳动者被新用人单位录用，新的用人单位向劳动者发出了录用通知书，录用通知书中一般应当载明录用的岗位、职务以及薪资标准。其三，新用人单位终止录用劳动者后又终止录用程序，决定不再与劳动者建立劳动关系，一般会向劳动者发出终止录用通知书。应注意的是，若劳动者无法举出证明损失的具体数额，可按照上年度在岗职工平均工资标准计算损失，期限则应当依据双方的过错程度进行确定。

【案例11－43】 李某诉金海能国际机电设备（北京）有限公司劳动合同纠纷案

二审法院认为，金海能国际机电设备（北京）有限公司（以下简称金海能公司）未举证证明其曾向李某送达离职证明并在15日内办理相关手续，导致李某无法入职瑞庆公司，金海能公司应对李某因此造成的经济损失承担赔偿责任，但李某在明知瑞庆公司要求期限内提供离职证明，时隔5个月后才要金海能公司开具离职证明，亦有一定过错。判决：撤销一审判决，改判金海能公司赔偿李某18,000元。[1]

【案例11－44】 田某诉淘气公司劳动合同纠纷案

二审法院认为，淘气公司与田某解除劳动合同后，田某曾于2016年5月27日向朝阳仲裁委员会申请仲裁，要求继续履行双方的劳动合同，仲裁裁决双方继续履行劳动合同后，淘气公司不服故起诉至法院，法院于2018年2月6日判决无需继续履行劳动合同，双方对该判决不服，提起上诉，后被判决驳回上诉，维持原判。至此，双方上述期间一直处于劳动仲裁及诉讼过程中，在田某要求淘气公司继续履行劳动合同的请求尚未作出终审判决的情况下，田某向淘气公司主张上述期间内因未开具离职证明导致其不能就业的工资损失，缺乏事实及法律依据，不予采信。对于田某所主张的2018年4月24日的工资损失，因其所提供证据显示其被其他单位录用及因缺少离职证明而不能就业的时间均为上述劳动争议期间，而其提供的2018年4月24日后的面试通知情况亦难以证明其已被录用但因缺少离职证明而导致损失，故对其该部分主张亦不予采信。综上所述，田某的上诉请求不能成立，应予驳回；一审

〔1〕 参见刘栋：《劳动关系赔偿责任的归责原则与举证责任分配——北京三中院判决李某诉金河能国际机电设备（北京）有限公司劳动争议案》，载《人民法院报》2017年5月25日，第6版。北京市第三中级人民法院（2016）京03民终972号民事判决书。

判决认定事实清楚，适用法律正确，应予维持。判决：驳回上诉，维持原判。[1]

（二）劳动争议举证责任分配

关于举证责任的基本原则，《民事诉讼法》及相应司法解释、证据规定均作出了原则性规定。然而，相关规定及学理解释并不能很好地确定举证责任的归属，简单依据“谁主张，谁举证”原则无法应对复杂的现实情况。在实践中，能够反映案件事实真相的有关材料因时间推移、客观环境的变化以及人为破坏等原因而丧失其证明价值，加上证明手段的匮乏以及科技发展水平的制约，以至于经常会出现法官及当事人虽已穷尽所有的方法来发现和调查证据，仍不能认定案件事实的状况。即使案件事实的真伪无法确定，法官仍然必须对案件作出裁判，此时只能依赖举证责任的分配。在证据僵局出现时，其双方当事人的证据均不能达到法官的内心确信标准时，案件事实将陷入真伪不明的状态，法官只能加重一方当事人的举证责任，以通过其举证不能的方式来否定其主张事实之存在，在此过程中，自由裁量权即自由心证的存在就具备了必要性。因此，不加区分地适用“谁主张，谁举证”的法定证明责任分配规则，难免会造成责任分配上明显失当，使法院判决背离社会的普遍公正观，形成司法与社会的“断层”，此时应赋予法官从案件具体情形出发，基于公正性考量作出适当的举证责任转移，以实现司法的实质公正与个案公正。[2]

与举证责任倒置相比，两者均是对可能导致适用失当的一般证明责任分配规则的调整，均是将部分责任从一方当事人转移至另一方当事人，但举证责任倒置具有法定性，而举证责任转移制度则是法官根据实际案件中出现的可能导致举证责任分配失衡的情形，在相对确定的举证责任分配的前提下，依据自由裁量权要求对具体案件中的举证责任作出部分转移，避免出现裁判显失公平的情形。[3]

举证责任转移应要考虑的主要因素：一是公平正义。诉讼的价值体现为矫正违法，实现公平正义。如不加区分地遵循所谓程序正义，现实中容易出现实质不正义。所以在实践中，为实现实质正义，需要在程序上做适当的调整，对举证责任

---

〔1〕 参见国家法官学院、最高人民法院司法案例研究院编：《中国法院 2021 年度案例》（劳动纠纷），中国法制出版社 2021 年版，第 136 页。北京市第三中级人民法院（2019）京 03 民终 619 号民事判决书。

〔2〕 参见程春华、洪秀娟：《论民事诉讼举证责任转移的正当性及其制度构建》，载《法律适用》2008 年第 C1 期。

〔3〕 参见程春华：《举证责任分配、举证责任倒置与举证责任转移——以民事诉讼为考察范围》，载《现代法学杂志》2008 年第 2 期。

的分配进行适当调整。二是诉讼平衡。现实中,不仅有当事人自身原因造成的举证能力强弱差别,也有所处行业、领域等非当事人自身原因造成的举证责任能力强弱差别,如不加区分地适用“谁主张,谁举证”的举证分配原则,忽略举证能力强弱差别,容易出现当事人举证责任远超出自己举证能力的情况,进而造成诉讼力量的严重失衡。三是定分止争的需要。诉讼的目的在于定分止争、解决纠纷,这一目的实现地前提是尽可能还原案件事实,举证责任的配置应当有利于真实地再现有争议的案件事实,而不是为此设置障碍。[1] 举证责任转移是由法官根据案件的具体情况裁量,以实现根据当事人与证据远近、获取证据的可能性即举证难易等因素确定举证责任的分配目标,进而利于诉讼目的的实现,更有效率地解决纠纷,把保护劳动者合法权益落到实处。

1. 存在劳动关系举证分配

用人单位尚有其他劳动争议纠纷在仲裁委审理,用人单位提交的考勤表、工资表中确有劳动者的姓名,上述证据会法院调取后并被法官采纳的情况下,由劳动者承担的对劳动关系的举证责任发生了转移,即用人单位应就双方不存在劳动关系承担举证责任。

一些用人单位为了规避用工风险,通过与个人签订所谓的厂房租赁协议、承包协议等形式,名义上将公司的部分业务专有个人经营,实际上仍有公司幕后操纵、管理,形成了所谓的“厂中厂”模式。劳动者为证明与用人单位之间存在事实劳动关系,提供了工作服照片、录音资料等证据予以证明,初步证明了与用人单位之间的劳动关系。在此情况下,根据《民事诉讼法》举证责任分配的原则,用人单位应当对双方不存在劳动关系负举证责任。

【案例 11 -45】 刘某平诉无锡市中恒汽配有限公司确认劳动关系纠纷案

二审法院认为,本案中,对刘某平在无锡市中恒汽配有限公司(以下简称中恒公司)所有的厂房内受伤这一事实,双方当事人均无异议。双方存有争议的问题在于,是否认定刘某平是中恒公司的员工,中恒公司认为其公司将厂房租赁给了李某松,刘某平系李某松雇用的员工。刘某平为证明其与中恒公司之间存在事实劳动关系,提供了工作服照片、录音资料等证据予以证明,初步证明了与中恒公司之间的劳动关系。中恒公司则提供了与李某松的厂房租赁协议、送货单以及证人证言,证明其主张的事实。对此,法院认为,中恒公司未能提供租赁协议实际履行的依据,即使其所称的租赁事实存在,但刘某平是看到中恒公司门口的招聘启事应聘的,李某松租用的厂房并没有指

---

〔1〕 参见李浩:《民事证明责任研究》,法律出版社 2003 年版,第 130 页。

示牌，且李某松在庭审中陈述，其平时税收有中恒公司代为处理，以中恒公司的名义开具票据，刘某1又有中恒公司的工作服，事发后又是中恒公司股东刘某领与其协商相关赔偿事宜。因此，刘某平有理由相信其是与中恒公司之间建立的劳动关系。中恒公司所称的租赁关系即使真实，其也没有提供证据证明刘某平对此是明知的，且无法证明刘某平与李某松之间建立雇佣关系的合意。判决：驳回上诉，维持原判。[1]

劳动者提交辞职申请书上载明欲离职时间在前，事故发生在其后，期间双方存在劳动关系的证明责任应分配给用人单位。

2. 解除劳动关系举证责任分配

用人单位行使劳动合同解除权，应当证明解除劳动合同符合法律规定，具体主要为：其一，用人单位应当承担证明其解除劳动合同符合法律规定。《最高人民法院关于审理劳动争议案件适用法律若干问题的解释》第十三条规定："因用人单位作出的开除、除名、辞退、解除劳动合同、减少劳动报酬、计算劳动者工作年限等决定而发生的劳动争议，用人单位负举证责任。"其二，用人单位证明解除劳动合同所依据的事实存在，即劳动者被解除劳动合同待证事实需要有充分有效的证据作支撑，具有高度可能性，达到足以认定该事实真实存在的程度。其三，用人单位证明解除劳动合同的事实真实存在的证据应当具有合法性。《民事诉讼法解释》第一百零六条规定："对以严重侵害他人合法权益、违反法律禁止性规定或者严重违背公序良俗的方法形成或获取的证据，不得作为认定案件事实的根据。"

【案例11－46】 中国邮政集团公司济南市分公司诉郑某劳动合同纠纷案

二审法院认为，本案中，中国邮政集团公司济南市分公司（以下简称邮政济南分公司）主张郑某在工作中不执行验视规定，违反邮政济南分公司的规章制度，其与郑某解除劳动合同符合法律规定。为此，提交北京信通博雅管理咨询有限公司出具的《有关中国邮政集团公司济南市分公司邮电新村支局服务检查情况的说明》、郑某书写的《关于邮件验视说明》复印件等证据并申请证人出庭作证证实。北京信通博雅管理咨询有限公司出具的《有关中国邮政集团公司济南市分公司邮电新村支局服务检查情况的说明》载明，调查员在检查中，邮寄了禁寄物品打火机。《邮政法》第二十四条规定，邮政企业收寄邮件和用户交寄邮件，应当遵守法律、行政法规以及国务院有关部门关于

---

〔1〕 参见国家法官学院案例开发研究中心编：《中国法院2016年度案例》（劳动纠纷），中国法制出版社2016年版，第3页。江苏省无锡市中级人民法院（2014）锡民终字第1877号民事判决书。

禁止寄递或者限制寄递物品的规定。《民事诉讼法解释》第一百零六条规定……据此,《有关中国邮政集团公司济南市分公司邮电新村支局服务检查情况的说明》系通过违反禁止性规定方法取得的证据,不具有合法性,法院不予采信,邮政济南分公司提交的其他证据不足以证实郑某存在违反单位规章制度的情形,故济南分公司作出的解除双方之间的劳动合同不符合法律规定。郑某要求撤销邮政济南分公司作出的解除劳动合同决定,法院予以支持。鉴于邮政济南分公司的解除决定已被撤销,且郑某表示与案外人济南吉飞快递有限公司订立的劳动合同可以解除,故对郑某要求恢复与邮政济南分公司劳动合同关系的主张,法院予以支持。综上所述,邮政济南分公司的上诉请求不能成立,一审判决认定事实清楚,适用法律正确,应予维持。判决:驳回上诉,维持原判。[1]

【案例 11-47】 某某杰诉 B 教育公司劳动争议纠纷案

二审法院认为,本案中 B 教育公司以某某杰"消极怠工"为由,解除与某某杰的劳动合同。B 教育公司提交的考勤记录显示某某杰自 2021 年 4 月确实存在上班时间未准时考勤的事实。B 教育公司提交工作记录,显示自 2021 年 5 月以来给某某杰发送工作邮件,某某杰确未回复。在劳动合同履行过程中,用人单位与劳动者存在管理与被管理的关系,某某杰理应服从 B 教育公司的正常管理。B 教育公司以邮件形式安排某某杰工作并无不当。某某杰认为以邮件形式向其布置工作系领导有意为之,所以不予回复,采取了置之不理的方式,故 B 教育公司主张某某杰不回复工作邮件的行为系消极怠工并无不妥。B 教育公司依据《劳动合同法》第三十九条第二项规定,与某某杰解除劳动合同,并无不当。[2]

用人单位不能提供解除劳动合同依据的规章制度是通过民主程序制定并公示的证据,其承担违法解除的后果。

【案例 11-48】 陈某平诉武汉新业商品砼有限责任公司劳动争议纠纷案

二审法院认为,本案中,首先,武汉新业商品砼有限责任公司(以下简称新业公司)是以陈某平严重违反公司规章制度为由解除劳动合同,在二审审理中,新业公司明确表示,陈某平违反的条款为《规章制度汇编》中"惩罚制度"的第四项第七条,该条所指向的行为:营私舞弊、谋取私利、私吃回扣,索贿、受贿。对于陈某平是否存有上述行为,新业公司应承担举证责任,但新业

---

〔1〕 参见国家法官学院、最高人民法院司法案例研究院编:《中国法院 2020 年度案例》(劳动纠纷),中国法制出版社 2020 年版,第 103~104 页。山东省济南市中级人民法院(2018)鲁 01 民终 1360 号民事判决书。

〔2〕 北京市第一中级人民法院(2023)京 01 民终 2758 号民事判决书。

公司在本案审理过程中,并未提供证据证明陈某平是为谋取私利而与新业公司的另一员工合谋,侵吞新业公司的财务以及存在私吃回扣,索贿、受贿的行为,对此新业公司应承担举证不能的不利后果。同时新业公司另一员工在事后已将所涉混凝土的款项交于新业公司,新业公司未产生实际损失。其次,新业公司未提供《规章制度汇编》在制定过程中经过了民主程序并已将内容进行了公示或告知了陈某平的证据,对此,新业公司解除与陈某平之间劳动合同的行为系违法解除。判决:驳回上诉,维持原判。[1]

【案例 11 -49】　陈某诉模具公司劳动争议纠纷案

二审法院认为,模具公司主张陈某违反了公司《员工手册》,恐吓、威胁公司管理人员,严重扰乱公司正常生产经营秩序和严重损害公司形象和声誉等行为,故有权依法解除劳动合同。对于该主张应当由模具公司举证证明,但其已举依据证据不足以证明其主张。一审法院对于陈某在模具公司发生的案涉行为认定客观,性质界定合理,论证翔实。判决:驳回上诉,维持原判。[2]

【案例 11 -50】　石某诉西宇嘉业公司劳动争议纠纷案

二审法院认为,本案中,石某主张其因西宇嘉业公司不提供劳动条件被迫提出解除劳动合同,应当提供证据加以证明,但石某就此未提供有足够证明力的证据。相反,西宇嘉业公司提供的证据可以证明该公司对石某进行了两次调岗,两次调整均未降低工资待遇,工作地点亦在合理范围之内,但石某均未同意。西宇嘉业公司的调岗行为属于用人单位根据生产经营需要自主用工行为,亦没有违反双方劳动合同的约定。因此,石某要求西宇嘉业公司支付被迫解除劳动合同经济补偿金及赔偿金,缺乏事实及法律依据,本院不予支持。[3]

一般认为,辞退还是自动离职应由用人单位负举证责任。

3. 混同用工的举证责任分配

对是否混同用工发生争议时,需要双方分别进行举证证明。鉴于劳动者处于举证的弱势地位及生产经营模式的内部性特征,依据公平原则,可由劳动者承担基础事实的证明责任,举证证明单位之间具有主体混同的较大可能,使法官产生

---

〔1〕 参见国家法官学院案例开发研究中心编:《中国法院 2019 年度案例》(劳动纠纷),中国法制出版社 2019 年版,第 124 ~ 125 页。湖北省武汉市中级人民法院(2016)鄂 01 民终 6399 号民事判决书。

〔2〕 参见国家法官学院、最高人民法院司法案例研究院编:《中国法院 2023 年度案例》(劳动纠纷),中国法制出版社 2023 年版,第 71 页。江苏省盐城市中级人民法院(2021)苏 09 民终 1995 号民事判决书。

〔3〕 北京市第一中级人民法院人民法院(2021)京 01 民终 9436 号民事判决书。

合理怀疑,进一步的举证责任则转移至单位,由单位举证排除合理怀疑。

【案例 11-51】 罗某诉匠师公司、廖某劳动合同纠纷案

二审法院认为,罗某请求确认与匠师公司之间存在劳动关系,但其提供的录音和证人证言等证据不足以证明匠师公司对其进行管理、支付劳动报酬等事实,因此罗某与匠师公司之间的关系不符合《劳动和社会保障部关于确立劳动关系有关事项的通知》规定的"用人单位依法制定的各项劳动规章制度适用于劳动者,劳动者受用人单位的劳动管理,从事用人单位安排的有报酬的劳动"这一劳动关系的成立要件,故应当认定罗某与匠师公司之间不存在劳动关系。罗某的上诉请求不能成立,应予驳回。一审法院判决认定事实清楚,适用法律正确,应予维持。判决:驳回上诉,维持原判。[1]

4. 劳动者主张年终奖举证责任分配

应根据年终奖的性质及劳动者离职原因进行区分处理,劳动者主张年终奖的,应承担用人单位存在发放年终奖的事实、有资格获得年终奖和数额两项举证责任。在劳动者初步举证之后,由用人单位承担相应的举证责任。

【案例 11-52】 张某诉众信公司劳动合同纠纷案

二审法院认为,关于年终奖的问题,众信公司虽表示该公司并无年终奖一项,但根据众信公司的陈述,张某的工资流水中未显示奖金的内容,对于张某提供的 2016 年 2 月 24 日奖金入账,亦未能给出合理解释。众信公司存在根据公司业绩情况及员工表现等发放绩效或奖金的情况,且众信公司认可张某在职期间仅在 2016 年年初发放过一笔此种形式的奖金。张某在庭审中亦表示不再主张其他形式的奖金。综合以上事实情况,一审判决采信张某的主张,并结合 2015 年年终奖数额及张某 2016 年在岗时间,判令众信公司支付年终奖,该认定并无不当。综上所述,众信公司的上诉理由不能成立,应予驳回;一审法院判决认定事实清楚,适用法律正确,应予维持。判决:驳回上诉,维持原判。[2]

---

〔1〕 参见国家法官学院、最高人民法院司法案例研究院编:《中国法院 2021 年度案例》(劳动纠纷),中国法制出版社 2021 年版,第 6~7 页。福建省泉州市中级人民法院(2019)闽 05 民终 4128 号民事判决书。

〔2〕 参见国家法官学院、最高人民法院司法案例研究院编:《中国法院 2021 年度案例》(劳动纠纷),中国法制出版社 2021 年版,第 123~124 页。北京市第三中级人民法院(2019)京 03 民终 3365 号民事判决书。

5. 劳动合同变更协商一致举证分配

就劳动合同是否发生变更,用人单位应举证证明劳动合同已进行书面或者口头变更。根据《劳动合同法》第三十五条等规定以及《民法典》合同编的基本原理,劳动合同变更应以双方协商一致为前提。用人单位主张向劳动者发送邮件通知岗位和薪资发生变动,但通知邮件的发送不等于双方协商一致,且劳动者主张曾就该邮件提出异议。故用人单位不能视为完成了举证责任。

【案例 11－53】　田某诉雕刻时光公司劳动合同纠纷案

二审法院认为,其一,田某于二审中提交的证据足以证明,公司在向第三方出具的证明认可田某工作职责超出公司所称的调整后的 3 项内容以及田某月固定工资为 7500 元。其二,公司以每月 3000 元工资标准要求田某签订无固定期限劳动合同缺乏事实和法律依据,应支付违法终止劳动合同赔偿金。判决:(1)维持一审判决第一项;(2)撤销一审判决第二项、第三项;(3)雕刻时光公司支付田某 2018 年 4 月 1 日至 11 月 27 日的工资差额 35,431.03 元;(4)雕刻时光公司支付田某违法终止劳动合同赔偿金 142,500 元;(5)驳回田某的其他诉讼请求。[1]

【案例 11－54】　北京天韵京师酒店管理有限责任公司诉周某华劳动合同纠纷案

二审法院认为,对于争议焦点一,北京天韵京师酒店管理有限责任公司(以下简称天韵京师酒店)以周某华不能胜任厨师长一职为由对其进行调岗降薪处,但从天韵京师酒店提供的证据来看,会议记录、宾客对菜品的意见及厨房问题汇总系天韵京师酒店单方制作整理,无周某华签字确认,二审出庭的证人与天韵京师酒店存在利害关系,且证言内容也不足以证明周某华不能胜任厨师长工作,故法院对天韵京师酒店所持依法依规对周某华进行了调岗调薪的上诉理由不予采纳。对于争议焦点二,《劳动争议解释(四)》(已失效)第十一条规定系对《劳动合同法》第三十五条的补充和完善,必须建立在劳资双方合意的前提下。本案中,天韵京师酒店主张周某华从 2014 年 4 月 1 日开始已在新的厨师岗位上实际工作了 2 个月以上,应认定双方已实际变更劳动合同,但从天韵京师酒店提供的证据来看,证人证言在周某华是否到新的岗位履职以及具体履职的时间等方面存在诸多矛盾之处,考勤统计表及员工休假申请单已不足以证明周某华已接受天韵京师酒店调岗降薪处理,相

[1] 参见国家法官学院、最高人民法院司法案例研究院编:《中国法院 2021 年度案例》(劳动纠纷),中国法制出版社 2021 年版,第 41 页。北京市第一中级人民法院(2019)京 01 民终 8355 号民事判决书。

反,从天韵京师酒店陈述及岗聘确认书的通知等证据可见,周某华一直拒绝与天韵京师酒店签订新的岗聘确认书,本案难以认定周某华与天韵京师酒店就调岗调薪达成了合意,故本案并不符合适用《劳动争议解释(四)》(已失效)第十一条的条件。综上,天韵京师酒店于2014年4月起降低周某华工资缺乏依据,周某华以天韵京师酒店未足额支付工资为由提出解除劳动关系,天韵京师酒店应支付周某华2014年3月26日至6月11日工资差额1202.235元及解除劳动合同经济补偿金94,500元。判决:驳回上诉,维持原判。[1]

用人单位主张双方口头协商变更一致对工资标准进行了变更,而劳动者否认双方的口头变更,用人单位应当举证证明双方协商一致口头变更和变更后劳动合同已实际履行超过1个月,否则应承担举证不能的不利后果。

6. 提成工资案件举证分配

《民事诉讼法》第六十七条第一款规定:"当事人对自己提出的主张,有责任提供证据。"也就是说,原则上应当由主张权利存在的当事人,对该权利发生原因的事实承担证明责任,而主张权利不存在的当事人,对权利消灭原因的事实承担证明责任。在法律没有对劳动者的提成工资明确规定举证责任倒置的情况下,劳动者所主张的提成工资显然属于主张劳动报酬请求权,因此,应当由劳动者对提成工资发生的原因事实即双方约定的提成工资产生的事实承担举证责任。

在现实生活中,各行各业的提成工资的计算方法纷繁复杂,可能涉及合同额、工程成本、基本定额、人员成本等多种计算参数,这些参数的确定,是确认劳动者提成工资数额的关键因素,因而也往往成为案件中当事人的争议焦点。在确定这些具体参数时,不应机械地将举证责任全部加于劳动者一方。实践中,用人单位扣押劳动者的劳动合同书等本应由劳动者保管的文书的现象比较普遍,在劳动争议发生后用人单位往往拒不提供由其管理的对劳动者有利的关键证据,导致劳动者举证不能,无法维护自身的合法权益。针对这种情况,《劳动争议调解仲裁法》第六条规定……根据这一规定,在确定这些具体参数时,法院还应当考虑双方当事人的举证能力,即由距离争议内容较近的一方,也就是更容易取得证据的一方承担某一参数的具体举证责任。比如,涉及用人单位经营管理状况或者法定的完税义务等方面的数字,用人单位更有能力也有义务向法院提供证据证明;而对于劳动者已经达到约定的提成工资的支付条件,以及具体完成的工作任务数量等,

---

〔1〕 参见国家法官学院案例开发研究中心编:《中国法院2017年度案例》(劳动纠纷),中国法制出版社2017年版,第121~122页。北京市第一中级人民法院(2015)一中民终字第3508号民事判决书。

一般由劳动者一方举证证明。[1]

7. 旷工的举证分配

根据规定,用人单位负有证明劳动者没有上班这一消极事实的责任。消极事实的证明方法:诉讼上的自认、直接证明、法律上的推定、运用间接事实+经验法则来进行证明。从证明标准看,法官对当时的证据要求是不同的,负有举证责任的当事人要求其证据证明力必须达到高度盖然性标准,而不负举证责任的当事人提供的证据只要达到动摇本证的证明力即可。

【案例 11－55】　刘某某诉某公司劳动争议纠纷再审案

再审法院认为,被申请人虽对申请人提交的原始考勤记录的真实性不予认可,但其认可有对员工进行考勤,故被申请人应提供其掌握的对申请人的考勤记录,以进一步查明申请人是否存在加班以及加班费的数额等诉争事实,本案应予再审。综上,刘某某再审申请符合《民事诉讼法》第二百条第一、二项规定的情形。裁定:(1)指令山东省青岛市中级人民法院再审本案;(2)再审期间,不中止原判决的执行。[2]

8. 竞业限制举证责任

竞业限制争议的举证责任,根据用人单位主张权利依据法律不同而有所不同。

劳动法中竞业限制举证主要围绕商业秘密的范围、侵犯商业秘密的行为是否存在、竞业限制的有效性等。用人单位主要举证内容为:被侵害的事项是否属于商业秘密,存在竞业限制协议约定,劳动者的行为是否属于竞业限制范围、是否存在违反竞业限制的行为、劳动者是否在竞业限制期内入职有竞业关系的其他用人单位、用人单位受到损失数额、损失与违反竞业限制之间的因果关系等。劳动争议纠纷中,劳动者违反竞业限制义务区别于《反不正当竞争法》第九条、第十七条规定之举证责任。《反不正当竞争法》第九条、第十七条系法定义务,而劳动法的竞业限制系约定义务。《反不正当竞争法》第十七条第三款规定:“因不正当不正当竞争行为受到损害的经营者的赔偿数额,按照其被侵权所受到的实际损失确定;实际损失难以计算的,按照侵权人因侵权所获得的利益确定……赔偿数额还应当包括经营者为制止侵权行为所支付的合理开支。”举证主要围绕是否属于商业秘密、劳动者是否与竞业公司恶意侵犯商业秘密、侵权行为与损失的因果关系、

---

〔1〕 参见最高人民法院民事审判第一庭编:《民事审判实务问答》,法律出版社2021年版,第208～209页。

〔2〕 山东省高级人民法院(2020)鲁民申10924号民事判决书。

实际损失数额、侵权获利数额、制止侵权行为的合理开支进行。

【案例 11 -56】 智行时代国际传媒(北京)有限公司诉汪某劳动合同纠纷案

二审法院认为,智行时代国际传媒(北京)有限公司(以下简称智行时代公司)应当提供证据证实该公司确有损失发生,且该损失的发生与汪某的行为之间存在必然的因果关系,但智行时代公司提供的证据不足以证实该公司的实际损失,以及实际损失与汪某的行为之间存在因果关系,因智行时代公司的各项上诉请求均无充分证据证实,故法院不予支持。判决:驳回上诉,维持原判。本案中智行时代公司在劳动争议纠纷中,依据《反不正当竞争法》第九条第一款第三项之规定,以汪某侵犯其公司商业秘密之行为起诉,同时依据《公司法》第一百四十八条规定求偿,其法律依据并不属于劳动争议范围。智行时代公司主张汪某违反竞业限制义务,仅提供证据证明汪某有兼职竞业公司实际控制人的行为,但未举证证明公司是否确有损失发生、发生损失的具体数额、其损失与汪某兼职行为之间的因果关系。一审、二审法院采信了汪某的不属于劳动争议范围、不存在侵害商业秘密行为的抗辩,均认为智行时代公司主张依据不足,驳回了智行时代公司主张汪某支付其侵犯商业秘密的诉讼请求。[1]

用人单位主张劳动者违反竞业限制义务,应当提供证据加以证明。不但要证明劳动者入职存在竞争关系的单位,还应与其生产经营相同产品,存在竞争关系。

【案例 11 -57】 郭某诉北京彩讯科技有限公司劳动争议纠纷案

二审法院认为,根据查明的事实,郭某从北京彩讯科技有限公司(以下简称彩讯公司)离职后,于 2013 年 3 月开始先后入职北京北航天华公司、湖北泰兴公司。彩讯公司主张郭某 2013 年年初到 2013 年 7 月曾在广州科灿公司就职,但其提交的未经核实的录音证据不足以证明上述事实主张,且彩讯公司所述的郭某广州科灿公司就职时间予以查明的 郭某入职北京北航天华公司的时间相互矛盾。故彩讯公司应当承担举证不利的法律后果,本院对其上诉事实主张不予采信。

用人单位主张劳动者没有遵守竞业限制义务,应当提供证据加以证明。本案中,彩讯公司与郭某在保密协议中约定郭某离职后两年内不得到与该公司生产经营相同的产品竞争行业和企业任职。彩讯公司主张郭某入职北京北航天华公司、湖北泰信公司即违反了竞业限制约定,其应当举证证明北京北海天华公司、湖北泰信公司与其生产经营相同产品,存在竞争关系。诉讼

---

〔1〕 参见国家法官学院、最高人民法院司法案例研究院编:《中国法院 2020 年度案例》(劳动纠纷),中国法制出版社 2020 年版,第 158 页。北京市第二中级人民法院(2018)京 02 民终 5836 号民事判决书。

中,彩讯公司提交的经公证的相关网页打印件,网页载明的经营范围等信息内容并不足以证明三家公司生产经营相同产品,存在竞争关系。故彩讯公司应当承担举证不能的不利后果,本院无法确认郭某入职北京北海天华公司、湖北泰信公司的行为即违反竞业限制约定的行为。一审法院以郭某自认北京北航天华公司、湖北泰信公司系大屏幕系统的使用商为由认定郭某没有遵守竞业限制义务,该事实认定错误,本院予以纠正。

彩讯公司上诉主张双方均未履行竞限制约定的情况下,最多判3个月的补偿金。根据《劳动争议解释(四)》(已失效)第八条的规定……上述规定系针对劳动者请求解除竞业限制约定的情形,不能理解为竞业限制约定自动解除。彩讯公司的该项上诉理由不能成立。

彩讯公司主张其在双方解除劳动合同时、仲裁期间以及2014年年初均已告知郭某无需再遵守竞业限制约定,应当提供证据加以证明。诉讼中,彩讯公司对于解除劳动合同涉及仲裁期间的告知情形,均未提交相关证据加以证明,本院对此不予采信。但是彩讯公司提交的邮政快递单、投递证明、短信、短信详单等证据可以证明该公司于2014年1月27日通知郭某解除竞业限制约定。郭某对此虽否认,但并未提交证据反驳上述事实。因此,可以认定彩讯公司于2014年1月27日通知郭某无需再遵守竞业限制义务。根据《劳动争议解释(四)》(已失效)第九条的相关规定……彩讯公司与郭某之间的竞业限制约定于2014年1月27日解除。同时,彩讯公司应当额外支付郭某3个月的竞业限制补偿。因此,彩讯公司应当按郭某离职前最后一个年度从公司获得报酬总额2/3的标准,支付郭某2012年9月至2014年4月27日的竞业限制经济补偿,具体数额以本院核算为准。判决:(1)维持一审判决第一项、第二项、第三项和第四项;(2)撤销一审判决第五项、第六项;(3)彩讯公司支付郭某2012年9月至2014年4月27日竞业限制补偿金279,834.5元;(4)驳回郭某的其他诉讼请求。[1]

原告为证明被告入职竞争公司违反竞业限制义务的,应承担举证责任。被告抗辩不违反竞业限制义务的,亦应承担抗辩举证责任。

【案例11-58】 上海合全药业股份有限公司诉吉某某竞业限制纠纷案

一审法院认为,本案的争议焦点之三在于被告是否违反竞业限制义务。根据规定,当事人对自己提出的诉讼请求所依据的事实或者反驳对方诉讼请求所依据的事实,应当提供证据加以证明,但法律另有规定的除外。在作出

---

〔1〕 参见国家法官学院案例开发研究中心编:《中国法院2017年度案例》(劳动纠纷),中国法制出版社2017年版,第233~234页。北京市第一中级人民法院(2015)一中民终字第4942号民事判决书。

判决前,当事人未能提供证据或者证据不足以证明其事实主张的,由负有举证责任的当事人承担不利的后果。本案中,原告为证明被告入职博腾公司,违反竞业限制义务,提供了视频资料(2018年5月31日至6月29日,出入博腾公司上海研发中心、重庆园区)、2018年6月12日博腾公司网页发布的文章(被告为博腾公司进行培训)、微信公众号于2019年1月12日博腾公司网页发布的文章(被告作为博腾公司研发副总裁发表主旨演讲)等一系列证据,而被告对此予以反驳,针对视频资料认为,其出入上海市闵行区紫竹科技园区紫月路1299号是受峹岭公司的邀请前去访问,但其仅提供一份书面证言,未提供其他证据予以印证,结合博腾公司2016年6月12日发布的被告为该公司学员在上海研发中心进行培训这一事实,故对被告的此项辩解意见,法院难以采纳;针对出入重庆园区,被告主张系其履行与润生公司顾问咨询协议,因润生公司租赁博腾公司办公楼用于办公,故而出现出入该园区的情况,但被告并未提供其实际履行顾问咨询协议的相关证据,再结合博腾公司在其网页及微信公众号发布的文章,润生公司与博腾公司存在的关联性,故对被告的此项抗辩意见,法院已难以采纳。另外,根据规定,人民法院认为有必要的,可以要求当事人本人到庭,就案件有关事实接受询问。负有举证证明责任的当事人拒绝到庭,拒绝接受询问或者拒绝签署保证书,待证事实又欠缺其他证据证明的,人民法院对其主张的事实不予认定。法院要求被告本人于2018年12月11日、2019年2月15日及3月22日到庭,而被告三次均未到庭,仅提供一张2018年11月25日从无锡飞往重庆的机票,无法成为其不到庭的客观理由,故应当对其主张的事实承担不利的后果。此外,法院认为,在审理劳动争议案件中,亦应当运用诚实信用原则。其一,根据双方竞业限制协议的约定,被告有义务提供就业或失业相关材料用于证明其履行了竞业限制协议,该义务是支付经济补偿金的前提。原告处法务于2018年6月21日要求被告提供其履行竞业限制义务的相关材料,而被告认可其待业在家,却告知不提供材料是其权利,其不需要原告补偿。其二,被告从仲裁直至2018年12月11日庭审,一直陈述其目前没有工作,处于无业状态。在2019年2月15日庭审中,原告提供了博腾公司微信公众号发布的文章,用于证明被告担任该公司研发副总裁,之后,被告才认可其于2018年10月1日(在竞业限制期满后)已入职博腾公司,但认为不违反竞业限制义务,此后才向法院提交了相关劳动合同等。鉴于被告与博腾公司之间存在利害关系,且被告存在不属实的陈述,故法院难以认定其于2018年10月1日才与博腾公司建立劳动关系。综上,法院认为被告最晚于2018年5月31日已经在为博腾公司工作。关于原告与博腾公司之间是否存在竞争关系,对照双方营业执照上的经营范围及双方在仲裁阶段确认博腾公司与原告系竞争对手、存在竞争关系的事实，故对原告主张其与博腾公司之间存在竞争关系的意见，法院予以采纳，从而对原告主张被告已违反竞业限制协议的意见，法院亦予以采纳。二审法院亦持同样意见，维持原判。[1]

违约方请求减少高违约金时，应当按照"谁主张，谁举证"的原则，负有证明违约金过高的举证责任。劳动者主张竞业限制协议中约定的违约金过高要求减少违约金，劳动者应当承担约定的违约金过分高于用人单位损失的证明责任。但是，鉴于衡量违约金过高的标准是用人单位的损失，用人单位更了解劳动者违反竞业限制义务造成的损失和相关证据而具有较强的举证能力，劳动者的举证责任也不能绝对化，用人单位亦需对损失情况进行举证。

【案例 11－59】 王某诉文化传媒公司劳动争议纠纷案

二审法院认为，关于王某是否应向文化传媒公司支付违约金及违约金的数额，文化传媒公司提交的相关证据证明显示王某作为影视发展公司的CEO参与了影视发展公司的新媒体业务线"××大胃王"项目。王某在文化传媒公司负责运营"××吃播""大胃王××"，两个项目都是吃播类节目，内容相近，由此认定王某的行为违反了双方签订的《保密、竞业禁止以及知识产权保护协议》的相关约定，其应按照该份协议约定支付文化传媒公司违约金。本案中，王某并未就双方约定的违约金数额过分高于其违约行为给文化传媒公司造成的损失提交充分有效的证据予以证明，应承担举证不能的不利后果，故对王某主张违约金过高应当酌减不予采信。判决：驳回上诉，维持原判。[2]

9. 其他举证分配

法律行为对法人发生效力的要件涉及举证责任问题。法人无法自己作出意思表示，须由另一自然人以法人名义为之。该自然人以法人名义所作意思表示，要对法人发生效力，以该自然人有代表权或代理权为要件。就此，主张该行为生效的一方负举证责任。若合同上仅盖有法人公章，却无法证明此章系有代表权或代理权之人所盖，合同不生效力；反之若仅该自然人签字而未盖公章或所盖系假章，若能证明该自然人有代表权或代理权，合同仍可生效。就此，《九民纪要》第四十一条已有相关规定。若合同加盖法人印章，相对人系控制或保管公章的自然人，该自然人更应证明合同系何人代表或代理法人与自己签订，否则合同不生效力。

---

〔1〕 参见陈昶主编：《2021 年上海法院案例精选》，上海人民出版社 2022 年版，第 77～78 页。

〔2〕 参见国家法官学院、最高人民法院司法案例研究院编：《中国法院 2022 年度案例》（劳动纠纷），中国法制出版社 2022 年版，第 213 页。北京市第三中级人民法院（2020）京 03 民终 12507 号民事判决书。

【案例 11-60】 夏某诉达盟(上海)财务管理咨询有限公司劳动合同纠纷案

一审法院认为,补充协议上公章印文经鉴定是真实的,且于 2013 年 10 月 8 日之后形成。而夏某系于 2014 年 11 月 28 日起才占有达盟(上海)财务管理咨询有限公司(以下简称达盟公司)原公章,因此不能排除该公章印文形成于 2013 年 10 月 9 日至 2014 年 11 月 27 日的可能性。现达盟公司未能证明夏某私自加盖公章,故该协议真实有效,达盟公司应按约履行。判决:(1)达盟公司支付夏某 2014 年 12 月 2 日至 2016 年 6 月 16 日尚未履行劳动合同期间的工帮 3,701,149 元;(2)达盟公司支付夏某违法解除劳动合同赔偿金 45,324 元。二审法院认为,被上诉人夏某就补充协议的签署日期、经过等细节,多次陈述不一。虽经鉴定补充协议上达盟公司公章印文真实,但鉴定的加盖时间为 2013 年 10 月 8 日之后,与夏某陈述不一致,亦不能排除该公章印文于 2014 年 11 月 28 日之后形成的可能性。夏某曾担任达盟公司法定代表人及高级管理人员,且曾与该公司就公章返还事宜产生诉讼。在存在诸多疑点的情况下,该补充协议难以作为判定本案双方权利义务的唯一依据。综上,夏某未能提供充分证据证明补充协议属其与达盟公司达成的真实意思表示,故其依据补充协议所主张的相关期间的工资,难以支持。判决:(1)撤销一审判决;(2)驳回夏某在一审中提出的所有诉讼请求。[1]

【案例 11-61】 王某入诉某保安公司劳动争议纠纷案

一审法院认为,根据某保安公司制定的《保安工作手册》请销假及考勤制度规定,因病、因事须提前一天向队长提出申请,以便队长人员安排,特殊情况可越级向中队长请假,请假必须征得同意后方能离岗。两天内假期由队长批准,三天内假期由中队长批准,超过三天的必须向公司提出申请。故员工请假需要经过某保安公司的批准。现王某主张其请假经过其队长审批通过,然不能提供证据对此予以证实,且保安队长到庭作证称其对王某离岗并未准许,故王某系在未经某保安公司批准的情况下擅自离岗,属于旷工。王某明知某保安公司要求员工新冠疫情期间前往人流密集场所返岗后需要隔离 14 天,但仍执意前往,严重违反劳动纪律,给某保安公司的工作安排造成不利影响。其旷工时间已将超过 2 个工作日,符合解除条件。故某保安公司解除与王某的劳动合同,符合法律规定,系合法解除。判决驳回王某的诉讼请求。

二审法院认为,王某自 2020 年 3 月 3 日起未出勤,某保安公司以王某旷工为由解除双方劳动关系。王某主张其当时曾向队长请事假且获批准。就

[1] 参见陈昶主编:《2020 年上海法院案例精选》,上海人民出版社 2022 年版,第 111 页。

"请假获批"这一积极事实,应由王某承担相应的举证责任,而非由某保安公司承担"未批假"这一消极事实的举证责任。判决:驳回上诉,维持原判。[1]

用人单位应对劳动者构成严重违纪承担举证责任。

【案例 11-62】　某卫浴公司诉许某劳动合同纠纷案

判决观点,某卫浴公司有多种销售模式,部分产品允许转售,部分产品不允许转售。公司未能提供证据证明许某存在将禁止转售的产品对外转售的行为。许某转售商品的行为亦不构成兼职。据此,某卫浴公司解除双方的劳动合同,缺乏事实与法律依据。[2]

(三)劳动争议举证责任倒置

劳动争议兼具公法性质与私法性质,如果劳动争议中仅仅适用"谁主张,谁举证"的一般举证责任分配规则,必然导致诉讼的不公平,不利于当事人利益的正当维护。因此劳动争议案件中有特别的举证责任分配规则即举证责任倒置。《劳动争议解释(一)》第四十二条规定,劳动者主张加班费的,应当就加班事实的存在承担举证责任。但劳动者有证据证明用人单位掌握加班事实存在的证据,用人单位不提供的,由用人单位承担不利后果。

【案例 11-63】　中航公司诉王某劳动争议纠纷案

二审法院认为,王某与中航公司就王某驻外期间的考勤记录所反映的客观情况各执一词。中航公司称上述考勤记录显示王某驻外期间系日历日全部出勤,初衷系为了给参加海外工程的工作人员增加补助,故将王某的"驻外天数"记录为"出勤天数",实际上王某并不存在加班事实。鉴于中航公司依据该考勤记录所显示的自然天数,向王某支付了驻外期间的海外工资,现中航公司未能提供其他充分证据证实王某的实际出勤情况,故对中航公司关于王某并不存在加班事实的主张,法院不予采信。王某称上述考勤记录上显示的"出勤天数"即代表了其所主张的周六、周日加班的情况,故中航公司应依法向其支付相应的加班工资。考虑到用人单位海外工程项目人员工作和生活难以完全分开的特殊性,以及劳动者不可能长期几乎处于全年无休状态的生活常理,现王某亦未提供其他充分证据证实其实际出勤情况,对王某要求依据上述考勤记录确认其加班事实的主张,法院亦不予采信。综上所述,双

[1] 参见上海市第一中级人民法院(2021)沪01民终3710号民事判决书。

[2] 上海市长宁区人民法院发布劳动争议典型案例6。

方提交的考勤记录不能反映王某的实际出勤情况,导致法院无法依据上述考勤记录判断中航公司是否向王某足额支付劳动报酬,法院亦无法排除王某海外工作期间存在加班事实的可能性。该情况系中航公司未规范执行其管理制度所致,故中航公司就王某实际出勤情况需承担举证不能的责任,法院考虑到本案的特殊性,对王某诉请的加班费予以酌情判处。判决:(1)撤销一审判决;(2)中航公司支付王某2014年12月31日至2016年7月31日加班工资20,000元;(3)驳回王某的其他诉讼请求。[1]

【案例11-64】 孟某诉S公司劳动争议纠纷案

一审法院认为,关于孟某主张的加班费问题。对于孟某存在加班的事实双方无异议。劳动合同约定孟某的劳动报酬计算加班工资基数的计时工资标准为2200元/月,对于孟某每月的实发工资中高于2200元的部分,S公司已提供证据证明其中包含加班工资的事实,现孟某无证据证明其实际加班应获得的加班工资高于S公司已支付的加班工资的事实,故对孟某在本案中主张加班费56,000元的诉讼请求,不予支持。判决:(1)确认孟某与S公司之间的劳动关系于2020年6月17日解除;(2)驳回孟某的其他诉讼请求。

二审法院认为,S公司在本案中提交的证据显示其每月向孟某实际发放的工资中已包含加班工资,孟某在已领取加班工资的情况下主张S公司还应再向其支付加班工资56,000元,孟某应就S公司支付的加班工资存在不足的情形予以举证。因孟某未能提交充分、有效的证据证明S公司支付的加班工资存在不足的情形,对其关于加班费的主张本院不予支持。二审法院判决:驳回上诉,维持原判。[2]

劳动者主张加班费的案件中,提交以微信为代表的电子证据予以证明加班事实的存在,对于微信电子证据的真实性审查、是否存在加班事实存在关联关系,是否有其他证据予以佐证以及如何通过微信记录认定加班的具体时间等成为法官在审理此类案件的难点。

【案例11-65】 宋某诉同仁堂公司劳动争议纠纷案

一审法院认为,宋某为证明其存在相应的加班事实,提交自行制作的加班统计表打印件、于某发送考勤打卡记录的微信及相应的考勤打卡记录、微信聊天记录及附件、滴滴打车单和微信聊天记录等证据。微信聊天中大多或为简单的工作汇报、请示、回复或发送文档及照片,或无宋某的任何信息,上

---

〔1〕 参见国家法官学院、最高人民法院案例研究院编:《中国法院2021年度案例》(劳动纠纷),中国法制出版社2021年版,第112~113页。北京市第二中级人民法院(2019)京02民终5784号民事判决书。

〔2〕 安徽省合肥市中级人民法院(2021)皖01民终5188号民事判决书。

述几种内容不能显示宋某存在明确、充分且实际开展的工作内容，据此不足以认定宋某所主张的延时加班和法定节假日加班的事实，只能够证明其存在5天休息日加班。判决：(1)劳动合同中的关于宋某的工作岗位执行不定时工作制的条款无效；(2)同仁堂公司向宋某支付上述的休息日加班费9961.8元；(3)同仁堂公司向宋某支付上述期间的年终绩效奖金20,981.77元；(4)驳回宋某的其他诉讼请求。二审法院认为，宋某不存在延时加班和法定节假日加班的事实，同仁堂公司无需支付加班费。理由如下：(1)关于延时加班和法定节假日加班的事实，宋某虽提交自行制作的加班统计表打印件、微信记录、打卡记录、滴滴打车记录等证据，但上述证据不能证明其具体的加班工作内容。(2)关于休息日加班费，宋某提交的部分证据涉及其休息日实际开展工作的情况，一审法院综合考虑本案实际情况确定之加班天数及加班费计算基数并无不当，依法判决同仁堂公司支付宋某2018年8月1日至11月27日的休息日加班费9961.8元亦无不妥。判决：驳回上诉，维持原判。[1]

【案例11-66】 李某鹏诉国新健康公司、国新健康北京分公司劳动争议纠纷再审案

再审法院认为，关于李某鹏所提延时及休息日加班工资问题，两审法院根据李某鹏提交的微信聊天记录、相关合同文件、谈话录音等证据及当事人陈述，认定其存在延时及休息日工作的情况，并结合在案证据及案件具体情况酌情确定国新健康公司、国新健康北京分公司向李某鹏支付延时及休息日加班工资具体数额，并无不妥。[2]

非全日制用工形式的加班费，劳动者不能举证加班事实的，不能按全日制加班认定。

【案例11-67】 马某超诉中国华治科工集团有限公司劳动争议纠纷案

二审法院认为，上诉人与被上诉人签订的劳动合同注明了适用非全日制从业人员。上诉人主张其与被上诉为全日制劳动合同关系，工作时间每天8小时，存在加班情况，对此被上诉人予以否认，上诉人没有证据证明其主张，故应按照双方签订的劳动合同内容认定上诉人属于非全日制工作制。上诉人主张的解除劳动合同赔偿金、加班费、法定节假日加班费和未休假工资等没有事实和法律依据。综上所述，马某超的上诉请求不成立，应予驳回。判

---

〔1〕 参见国家法官学院、最高人民法院案例研究院编：《中国法院2021年度案例》(劳动纠纷)，中国法制出版社2021年版，第115～116页。北京市第二中级人民法院(2019)京02民终13247号民事判决书。

〔2〕 北京市高级人民法院(2022)京民申7076号民事裁定书。

决:驳回上诉,维持原判。[1]

【案例11-68】 上海某某保安服务有限公司诉某某劳动争议纠纷案

判决观点,上海某某保安服务有限公司(以下简称某某公司)确认某某岗位为门岗和巡逻岗,某某认可入职时岗位为巡逻岗,这两个岗位实行综合计算工时工作制,有双方签订的劳动合同及某某公司提供的准予企业实行其他工作时间制度决定书予以证明。不仅如此,某某自行提供的考勤表中亦明确载明"公司实行综合工时制"。某某虽主张之后调至监控岗,对此未提供有效证据予以证明,故本院认定某某实行以月为周期的综合工作制。如前所述本院对双方提供的考勤表均不予确认,而劳动者的出勤情况应当由用人单位承担举证责任,某某公司当庭否认某某提供的考勤表所体现的考勤方式,庭后又提供了相同形式的考勤表,且存在诸多不合理之处,与其发放某某加班工资的情况亦不相符,本院据此认定某某公司作为用人单位未能就某某的出勤情况进行举证证明,应承担举证不能的法律后果,本院采信某某主张的加班情况,以双方确认一致的本市当年最低工资为标准,核算某某应得的加班工资差额。经核算,某某公司应支付加班工资差额共计41,557.36元。某某未对其余仲裁裁决提起诉讼视为服从,仲裁裁决未支持其部分,因无执行内容,故不在判决主文中予以表述。[2]

高级管理人员主张加班工资,应当证明工作时间及工作强度均超过了法定的工作标准。

【案例11-69】 上海冶方机电设备安装有限公司诉唐某某劳动争议纠纷案

一审法院认为,关于延时加班工资。本案中原告和被告各提供了一份考勤记录表,原告提供的考勤记录表有部分月份系被告自行制作,部分月份被告制作且有涂改,但对于部分非被告制作的考勤记录表,被告曾在庭审中表示确实曾经委托原告员工谢某某制作部分月份的考勤。被告提供的考勤记录均系被告自行制作,但被告自认此前从未提交给原告。法院认为,被告系高级管理人员,其自身负责考勤工作,应对自己的行为负责。现其主张向原告提交的考勤表记录表未实际反映其实际工作时间,对此意见法院不予采信。因原告提供的考勤中有部分将"/"(正常出勤)改成了"休",且基本针对被告一人作出的修改,现原告对修改未能作出合理解释,故对于改动部分,法院采信被告的主张。对于原告提供的考勤记录表中显示"加"的,原告主张因为

---

[1] 参见国家法官学院案例开发研究中心编:《中国法院2019年度案例》(劳动纠纷),中国法制出版社2019年版,第144~145页。天津市第二中级人民法院(2017)津02民终3463号民事判决书。

[2] 上海市徐汇区人民法院(2018)沪0104民初3580号民事判决书。

短暂的加班，但未能提供证据予以证明，法院采信被告每次加班时间为8小时的意见。另被告提供的考勤中2013年6月1日至7月10日，原告为全休，但根据原告证人一钢公司轧制保修中心车间主任的陈述，该阶段被告未有长时间的休假，且被告于2013年7月11日发生工伤，此前均为全休不合常理，故对该段期间，法院采信被告的主张。综上，扣除调休后，法院认定原告于2011年1月至2012年7月，共存有延时加班312小时，双休日加班14天。被告自认曾收到过1500元加班费，应予以扣除，原告还应支付被告双休日加班工资5406.90元，延时加班工资9796.55元。二审法院亦持相同意见，维持原判。[1]

（四）劳动争议证据举证采信

从理论上讲，对证据采信就是对证据的判断，就是自由心证的过程。判断证据证明力强弱及其取舍、斟酌，实践中主要凭借法官的自我理性判断，进而对案件事实的认定必须建立在内心深处对自己主观判断确认真实无疑的基础之上。这种自由心证的强度依次分为微弱的心证、盖然的心证、盖然的确信心证和必然的确信心证四个程度。这就要求法官必须具有良好的法律知识、社会经验、逻辑推理和道德良知，最大限度地发挥高度盖然性的积极作用，以使得法律事实尽可能地接近客观事实。

当事人对同一事实分别举出相反的证据，但没有足够的依据否定对方证据，一方提供的证据证明力明显大于另一方提供的证据证明力的，该证据应予采纳。

证明标准是指在诉讼中法官所认定案件事实要达到的证明程度，即举证责任人所提交的证据所反映案件事实的程度。证明标准的高低，直接影响到诉讼当事人的诉讼结局。关于证明标准主要有客观真实说和盖然性说两种观点。客观真实说强调客观真实性，要求查明案件事实确实充分，据以定案的证据均已查证属实，并已排除合理怀疑，所得出的结论是唯一的。但该观点主张民事诉讼与刑事诉讼的证明标准一致，而该标准并不符合民事诉讼的客观实际，故该观点近年来不断受到质疑。盖然性说指的是待证事实具有存在与否的某种可能性，分为低的盖然性、较高的盖然性、高度盖然性。高度盖然性证明标准可适用民事诉讼的一般情形，但在个别情形下，对于举证责任特别困难的案件，为减轻举证责任人的举证负担，从有利于权利维护考虑，也可以要求较高的高度盖然性。《民事诉讼法解释》第一百零八条规定，明确现行《民事诉讼法》采纳高度盖然性说，即当事人举证证明待证事实具有高度可能性，法官应认定该事实的存在。

---

〔1〕参见郭伟清主编：《2015年上海法院案例精选》，上海人民出版社2016年版，第94～95页。

在民事案件中,法官职权的介入及心证的运用一般发生在当事人的证明方法皆已穷尽的情形之下,因法官无法以事实不清为由拒绝裁判,此时案件进展的推动力由当事人转至法官。民事诉讼待查的事实均系既往事件,法官审理案件只能立足于过去,依据证据认证规则衡量各方当事人提交的证据,据此认定案件事实,并对案件进行裁判,这个过程是法官心证产生的过程。法官须依照逻辑规律和经验法则对证据的证明力进行分析判断。有关司法解释亦规定,法院应当结合劳动合同约定、履行、当事人的经济能力、当地或者当事人之间的交易方式、交易习惯以及证人证言等事实和因素,综合判断查证争议事实是否发生。但鉴于劳动争议案件的复杂性、特殊性,如此规定在司法实践中仍显得过于笼统,实践中,法官主要依据自身的经验法则,结合当事人本人的陈述,以及对细节的反复推敲,运用高度盖然性的证明标准,最终达到自身的内心确信。并在判决说理部分对争议焦点进行充分、合理、合情的阐述,展示其行使自由裁量权的过程,使其采信证据确认争议事实让当事人接受,实现判决达到定分止争的目的。

原告、被告双方对同一事实分别举出相反的证据,但都没有足够的依据否定对方证据的,法官应当结合案件情况,判断一方提供证据的证明力是否明显大于另一方提供证据的证明力,并对证明力较大的证据予以确认。因证据的证明力无法判断导致争议事实难以认定的,法官应当依据举证责任分配规则作出裁判。直接证据的证明力一般大于间接证据。

劳动者主张未签订劳动合同二倍工资,由用人单位承担举证责任。劳动者对其劳动合同的签名真实性否认的,其应承担申请鉴定及提供充分样本的举证责任。如因样本不充分,导致鉴定不能,劳动者应承担举证不利的后果,法官可以采信用人单位提交劳动合同的真实性。

【案例 11 - 70】 恒润公司诉曹某劳动合同纠纷案

二审法院认为,曹某主张从未与恒润公司签订劳动合同,现恒润公司提交劳动合同予以反驳,曹某对劳动合同书上“曹某”签名的真实性不予认可,并申请进行笔迹鉴定,但因样本比对条件不充分,两次被终止鉴定。一审法院考虑以上情况及未签订劳动合同二倍工资差额的惩罚性质等因素,判决恒润公司无需支付曹某 2017 年 11 月 16 日至 2018 年 6 月 29 日未签订劳动合同二倍工资差额,并无不当,对此予以维持。曹某主张恒润公司支付上述期间未签订劳动合同二倍工资差额的上诉请求,依据不足,不予支持。判决:驳回上诉,维持原判。[1]

---

〔1〕 参见国家法官学院、最高人民法院司法案例研究院编:《中国法院 2021 年度案例》(劳动纠纷),中国法制出版社 2021 年版,第 120 页。北京市第二中级人民法院(2019)京 02 民终 9787 号民事判决书。

经销商为销售人员代发工资的,不能据此认定双方存在事实劳动关系。

【案例 11－71】 董某娟诉山东新星集团有限公司劳动合同纠纷案

二审法院认为,比较双方证据,山东新星集团有限公司(以下简称新星集团)认可董某娟工资由其发放,依其提交的拜尔公司人员周某元、房某邮件证明,董某娟的工资组成、数额、发放形式完全由迪尔公司决定,新星集团没有决定权,对用人单位而言,工资组成、数额、如何发放等恰恰是用人单位经营权主要组成部分,湖北丝宝日化公司被拜尔公司兼并后董某娟继续从事原工作,虽然负责区域减少,但是工作内容并未改变,董某娟不能证明拜尔公司与其解除了劳动合同,也不能证明其与新星集团达成了新的用工协议。综合来看,新星集团的证据具有优势证明力,董某娟的证据不能证实其与新星集团存在事实劳动关系,须承担举证不能法律后果。故对董某娟主张与新星集团存在事实劳动关系及相关劳动报酬的主张,不予支持。判决:驳回上诉,维持原判。[1]

实践中,用人单位以无活可干为由,通知劳动者回家,其后拒绝向劳动者支付工资和缴纳相关社会保险。劳动者主张用人单位违法解除劳动合同,用人单位则依据约定的解除条款,认为劳动合同并未解除。劳动者提供的证据不足以支持其主张。双方对劳动合同是否解除在实践中争议较大,并具有一定的普遍性。处理劳动争议适用法律过程中,应遵循保护劳动者的立法价值取向。应该严格按照劳动法律法规的规定,综合全案,多角度考虑,以减轻劳动者的举证责任,实现保护劳动者合法权益,维护社会秩序的价值和作用。换言之,法官在不能采信劳动者主张请求举证的情况下,并非不能对劳动者的合法权益不予保护。

【案例 11－72】 冯某忠诉宝鸡市石油矿山机械配件厂劳动争议纠纷案

二审法院认为,冯某忠认为宝鸡市石油矿山机械配件厂(以下简称宝鸡石油配件厂)系违法解除合同,也不同意回去继续工作。冯某忠提交的证据系与其情形一致的其他工人出具的证言材料,与本案的结果存在间接利害关系,又无其他证据相互佐证。结合本案客观具体情况,考虑到宝鸡石油配件厂未按照《劳动合同法》相关规定为劳动者办理相关社会保险,冯某忠不愿继续回去上班,可单方解除劳动合同。故,双方劳动关系应于2016年9月19日解除。宝鸡石油配件厂应向冯某忠支付解除劳动合同的经济补偿金72,480元。一审法院虽认定冯某忠提供的证据不足以证实宝鸡石油配件厂违法解除劳动合同,但未对冯某忠已明确表示不再回原工作单位工作的实际

---

〔1〕 参见国家法官学院案例开发研究中心编:《中国法院2019年度案例》(劳动纠纷),中国法制出版社2019年版,第36页。山东省淄博市中级人民法院(2017)鲁03民终2890号民事判决书。

状态进行法律评价，亦未对此作出法律上的结论，不利于保护劳动者基本的合法权益。判决：(1)维持一审判决第一项及一审案件受理费免收；(2)撤销一审判决第二项；(3)宝鸡石油配件厂向冯某忠支付经济补偿金72,480元；(4)驳回冯某忠的其他诉讼请求。[1]

《劳动争议解释(一)》第四十二条规定："劳动者主张加班费的，应当就加班事实的存在承担举证责任。但劳动者有证据证明用人单位掌握加班事实存在的证据，用人单位不提供的，由用人单位承担不利后果。"该规定明确了加班事实的举证责任首先在于劳动者，同时又设置了相应的证据推定规则，即在劳动者初步举证证明用人单位掌握劳动者加班事实证据的前提下，当用人单位无法予以有效反驳且拒不提供相关证据时，法官可直接推定劳动者主张的加班事实存在并依法判令用人单位支付加班费。换言之，该条规定赋予了法官适用推定规则采信证据。

【案例11－73】 韩某诉北京市均豪物业管理有限公司淄博分公司劳动合同纠纷案

二审法院认为，韩某提供的2015年2月2日至2016年1月30日指纹考勤打印件中2015年10月4日至2015年10月31日原始的打卡记录与北京市均豪物业管理有限公司(以下简称均豪物业)提供的2015年10月4日至2015年10月31日原始的打卡记录完全一致，均豪物业一审时提交手写的考勤表也是根据原始的打卡记录制作。在此情况下，均豪物业应掌握韩某在其他时间的原始考勤记录，但均豪物业未提交，应当承担不利后果。故对韩某主张的2015年10月1日、3日加班的事实予以采信。韩某提供的工资发放银行交易明细、社保部门出具的淄博市社会保险参保缴费证明、住房公积金管理部门出具的公积金职工流水账证明其2015年10月应发工资2850元，因此，其2015年10月1日、3日的法定节假日加班工资为786.21元。韩某主张每天工作9小时，均豪物业主张1小时的吃饭时间，均豪物业的抗辩理由符合日常生活常识，予以采信，故韩某主张延时加班工资的理由不能成立。综上所述，韩某主张2015年10月1日、3日加班工资的上诉请求成立，予以支持；韩某主张每日延时加班工资的上诉请求不成立，不予支持。判决：(1)撤销一审判决；(2)均豪物业支付韩某主张的2015年10月1日、3日的加班工资为786.21元；(3)驳回韩某的其他诉讼请求。[2]

---

[1] 参见国家法官学院案例开发研究中心编：《中国法院2019年度案例》(劳动纠纷)，中国法制出版社2019年版，第114页。陕西省宝鸡市中级人民法院(2017)陕03民终1323号民事判决书。

[2] 参见国家法官学院案例开发研究中心编：《中国法院2019年度案例》(劳动纠纷)，中国法制出版社2019年版，第158页。山东省淄博市中级人民法院(2017)鲁03民终3503号民事判决书。

公司股东或经理等高级管理人员主张欠薪的证据不充分的，其证据不能被采信。

【案例11－74】　叶某诉广西金瑶山生物科技有限公司劳动合同纠纷案

二审法院认为，广西金瑶山生物科技有限公司（以下简称金瑶山公司）系由原金昊公司经过几次的股东变更、法定代表人变更、公司名称变更演变而来。叶某原为金昊公司的股东、总经理。金昊公司的性质系有限责任制公司，依据《公司法》理论，公司债务不因公司名称、股东等变更而消亡。因此，叶某仍享有对金瑶山公司的诉权。本案的争议焦点为欠薪事实是否存在，以及由此解除劳动关系而产生经济补偿金的支付问题。叶某证实欠薪事实的主要证据为加盖了金昊公司公章的2014年8月至2015年10月未发工资表。按公司财务制度的相关规定，未发工资表的制作应属财务人员的职责范围。二审期间，金瑶山公司申请了原公司财务人员李丙出庭，李丙否认制作过该表格，该证据来源存疑。叶某提交的其他证据没有记录欠薪的内容或佐证未发工资表的真实性。因此，叶某提交的证据没有形成证据链证实欠薪事实的存在。叶某主张的欠薪形成于股权转让之前，股权转让涉及公司债务的清理，若确实存在欠薪的事实，同为公司股东法定代表人的杨某书、财务人员李丙以及购买公司股权的李甲均不知情，不符合常理。在公司微信群聊天中，涉及公司股权转让、财务债务清理的内容时，若存在欠薪，在提及补发工资时，对欠薪的问题包括叶某本人在内只字不提，也不符合逻辑。综上，对于欠薪的事实不予认定。叶某系自行从公司辞职的，欠薪事实不能认定，公司也不存在《劳动合同法》第三十八条规定的其他行为，公司不应向其支付经济补偿金。一审认定欠薪事实存在错误，判决金瑶山公司支付所欠劳动报酬和经济补偿金不符合法律规定，法院予以纠正。判决：(1)撤销一审判决；(2)驳回被上诉人叶某的诉讼请求。[1]

原告提供的证据均非直接证据，而作为间接证据亦未能形成证据链条，不能充分证明其与用人单位之间的劳动关系。

【案例11－75】　刘某诉天津麦克莱恩国际贸易有限公司劳动争议纠纷案

一审法院认为，关于原告要求确认与被告之间存在劳动关系的诉讼请求，原告应就双方存在劳动关系提交证据予以证明。根据《劳动和社会保障部关于确立劳动关系有关事项的通知》，判断双方是否形成劳动关系，应当从用人单位与劳动者是否符合法律、法规规定的主体资格，用人单位依法制定

---

〔1〕参见国家法官学院案例开发研究中心编：《中国法院2019年度案例》（劳动纠纷），中国法制出版社2019年版，第169页。广西壮族自治区来宾市中级人民法院（2017）桂13民终62号民事判决书。

的各项劳动规章制度是否适用劳动者,劳动者是否受用人单位的劳动管理,从事用人单位安排的有报酬的劳动,以及劳动者提供的劳动是否属于用人单位的业务组成部分等方面考量。劳动者应当提供用人单位对其进行劳动管理、发放工资、缴纳社会保险费用等能够证明双方存在劳动关系的直接证据。本案原告提交的津滨保劳人仲裁字(2014)50692号仲裁裁决书,因原告向法院提起诉讼,该仲裁裁决不发生法律效力;原告提交的中国农业银行对账单不能证明被告向原告支付劳动报酬,故法院不予采纳;原告提交的报销凭证,尽管有被告法定代表人的签字,但报销凭证本身并不能充分证明双方存在劳动关系,且从报销凭证制作的时间上看,原告自述2014年5月13日离职,但其提供的报销凭单有一份记载时间为2014年7月17日,这与原告以报销凭单证明双方存在劳动关系的主张相矛盾,故法院不予采纳;原告提交的名片,并不能证明系被告印制,且被告对名片的真实性不予认可,故法院对该证据不予采纳;关于原告提交的检验报告、房屋租赁合同及房屋登记备案证明,案外公司相关营业资料等均无法证明原告为被告提供了劳动,故法院不予采纳;原告提供的购销合同显示原告为被告公司的委托代理人,也不能直接证明原告与被告之间存在劳动关系,故法院对该证据不予采纳;原告提交的电子邮件记录截图,被告当庭称未收到该邮件,且原告未提交被告法定代表人回复的邮件信息,故该证据不能证明原告与被告的法定代表人之间就业务进行过沟通,即不能证明原告为被告提供了劳动;原告提交的短信记录、证人证言及安装合同,均无法直接证明原告接受被告管理提供劳动。综上,原告提供的各项证据既不能充分证明其为被告提供劳动,被告为其发放工资、缴纳社会保险,其享受被告公司的相关福利待遇,也不能证明其接受被告公司规章制度的管理和监督,故原告主张其与被告之间具有事实劳动关系的诉讼请求不能成立。基于此,原告所主张的因劳动关系产生的未签劳动合同双倍工资差额、未休带薪年假工资、防暑降温费、冬季采暖补贴,没有法律依据,法院均不予支持。判决:驳回刘某的全部诉讼请求。二审法院判决:驳回上诉,维持原判。[1]

劳动者提供的证据形成了一个完整的证据链,且该证据链的证明力已经达到了排除虚假可能性的证明标准,法官可以采信间接证据欲证明的事实。

【案例11-76】 郭某春诉北京市继远斋食品厂劳动争议纠纷案

二审法院认为,双方的争议焦点为是否存在劳动关系。北京市继远斋食

〔1〕 参见国家法官学院、最高人民法院司法案例研究院编:《中国法院2020年度案例》(劳动纠纷),中国法制出版社2020年版,第39~40页。天津市第二中级人民法院(2016)津02民终1142号民事判决书。

品厂(以下简称继远斋食品厂)在一审中辩称郭某春仅上班两天半,二审中明确与郭某春存在劳务关系。郭某春提交的继远斋食品厂宣传册印刷精美,还提交了密云县疾控中心出具的体检费单据、说明以及录音等证据,可以证明2013年5月前后郭某春就在继远斋食品厂工作。结合郭某春对继远斋食品厂的厂区分布、生产材料的用途、生产工艺的陈述,继远斋食品厂辩称郭某春只工作两天半,法院不予采纳。在此情况下,继远斋食品厂提交的考勤表及工资表法院亦不予采信。判决:驳回上诉,维持原判。[1]

由于劳动关系以各种形式体现,要认定劳动关系的成立,除了工资台账、考勤记录、社会保险费缴纳记录等能证明劳动关系的直接证据外,法官应从保护劳动者合法权益的角度出发,对于商业保险合同等间接证据,只要符合一定的条件,且形成证据链条,就可以推定用人单位与劳动者之间劳动关系的存在。

【案例11-77】　新会区会城清源古典家具厂诉韩某勇劳动合同纠纷案

一审法院认为,原告主张其把本场的刨料部发包给韩某鹏,韩某鹏雇用被告,韩某鹏支付工资给被告,被告不是原告的员工,原告应承担举证责任。原告提供的《协议书》上面没有被告的签名确认,韩某鹏也无证据证明系其雇用被告,故该《协议书》不能证明是韩某鹏雇用被告,原告提供梁某荣的《辞职书》以及韩某鹏的收款收据均不能证明韩某鹏雇用被告,原告应承担举证不能的法律效果,故原告主张韩某鹏雇用被告,被告不是原告的员工,证据不足,理由不充分,不予支持。被告申请调取的《参保证明》证实,自2012年3月11日起至2015年3月8日止,原告连续3年为被告购买商业保险,原告没有证据证明被告属于《保险法》第三十一条第一款第一项、第二项、第三项以及第二款所规定的情形,故可以认定被告属于《保险法》第三十一条第一款第四项所规定的"与投保人有劳动关系的劳动者"。因此,原告与被告存在劳动关系。判决:(1)确认被告韩某勇与原告新会区会城清源古典家具厂自2012年3月20日至2012年5月5日存在劳动关系;(2)驳回原告新会区会城清源古典家具厂的诉讼请求。二审法院判决:驳回上诉,维持原判。[2]

法官认为劳动者从事的工作是用人单位的组成部分,实际上接受了用人单位的管理,虽然用人单位与案外人签订了装卸承揽合同,但劳动者在工作中有理由相信其为用人单位提供劳动,并接受用人单位的管理,双方之间符合劳动关系的

---

〔1〕　参见国家法官学院案例开发研究中心编:《中国法院2017年度案例》(劳动纠纷),中国法制出版社2017年版,第32页。北京市第三中级人民法院(2015)三中民终字第01117号民事判决书。

〔2〕　参见国家法官学院案例开发研究中心编:《中国法院2017年度案例》(劳动纠纷),中国法制出版社2017年版,第82页。广东省江门市中级人民法院(2015)江中法民四终字第427号民事判决书。

特征,故应认定劳动者与用人单位存在劳动关系。用人单位虽然提供了一些其与案外人存在承包关系的表面证据,但其并未提交职工名册及支出凭证、借款单相对应的财务账目手续,未能举证证实劳动者知悉上述承包关系,故并未采信用人单位的相应主张,用人单位提交的反证与其容易事后制作,或证人与其用人单位有一定的利害关系,在无进一步相关证据予以佐证的情况下,劳动者主张其与用人单位之间存在劳动关系的事实仍然能够达到盖然性的标准。换言之,在用人单位提交了一系列证据,相关业务承包给案外人的情况下,这些证据并不能动摇法官已经形成内心确认。

【案例 11 -78】 京汉捷通储运(北京)有限公司诉孙某金劳动争议纠纷案

一审法院认为,本案查明,孙某金的工作地点在京汉捷通储运(北京)有限公司(以下简称京汉捷通公司)厂区内,孙某金受伤后由京汉捷通公司员工送往医院并垫付医疗费;京汉捷通公司员工高某平在孙某金病历上签名,并填写孙某金工作单位为京汉捷通公司;王某军作为京汉捷通公司员工曾多次就孙某金受伤就医一事与孙某金的家人进行沟通。因此,虽然京汉捷通公司与李某平签订了装卸承揽合同,但孙某金在工作中有理由相信其为京汉捷通公司提供劳动,并接受京汉捷通公司管理。综上,孙某金所从事的工作是京汉捷通公司业务的组成部分,孙某金事实上接受了京汉捷通公司管理,双方之间符合劳动关系的特征,法院认定孙某金与京汉捷通公司存在劳动关系。用人单位对劳动者的入职时间负举证责任,京汉捷通公司未就此进行举证,应承担举证不能的法律后果。因此,法院认定孙某金与京汉捷通公司2014 年 3 月 3 日至 5 月 14 日存在劳动关系。用人单位对于劳动者 2 年内的工资支付记录负举证责任,京汉捷通公司未提交相关证据,应承担举证不能的法律后果。因此,关于孙某金的月工资数额,法院采信孙某金的主张。京汉捷通公司未支付孙某金 2014 年 3 月 3 日至 3 月 25 日的工资,应向孙某金支付,具体数额法院结合现有证据予以确定。孙某金要求京汉捷通公司支付其上述期间未付工资 25% 的经济补偿金,没有法律依据。因此,京汉捷通公司无需支付孙某金 25% 的经济补偿金。判决:(1)确认原告京汉捷通公司与被告孙某金于 2014 年 3 月 3 日至 5 月 14 日存在劳动关系;(2)原告京汉捷通公司支付被告孙某金 2014 年 3 月 3 日至 3 月 25 日工资 2850 元;(3)原告京汉捷通公司无需支付被告孙某金拖欠工资的 25% 经济补偿金 735.63 元;(4)驳回京汉捷通公司的其他诉讼请求。二审法院判决:驳回上诉,维持原判。[1]

---

〔1〕 参见国家法官学院案例开发研究中心编:《中国法院 2017 年度案例》(劳动纠纷),中国法制出版社 2017 年版,第 75 ~76 页。北京市第二中级人民法院(2015)二中民终字第 12686 号民事判决书。

用人单位认可劳动者提供录音证据的真实性，法官应结合录音内容及双方陈述、考勤表、现场调查等情况，最终认定劳动者与用人单位存在劳动关系。也就是说对录音证据的采信，要全面审查、仔细甄别、综合判断。

【案例 11－79】　王某水诉北京科创盛业科技有限公司劳动争议纠纷案

一审法院认为，劳动者对于劳动关系是否存在应承担举证责任。王某水提交的 2013 年 8 月的考勤表上有韩某的本人签名以及字样为“韩某之印”的签章，北京科创盛业科技有限公司（以下简称科创公司）仅认可韩某本人签名的真实性，主张字样为“韩某之印”的签章为伪造的，并提交印样申请对上述签章的真实性进行鉴定。因字样为“韩某之印”的印章并非备案签章，故科创公司的鉴定申请不符合法定条件，无法进行鉴定。结合高某佛与韩某通话录音的内容以及科创公司的当庭陈述，可以确定王某水在科创公司工作过，为科创公司提供过劳动。科创公司主张双方之间属于临时的劳务关系，则应该对其上述主张承担举证责任。在法院规定的期限内，科创公司未就上述主张进一步进行举证，亦未进一步说明王某水报酬的结算标准、结算形式等情况，故对于科创公司关于双方之间属于临时劳务关系的主张，法院不予采信。综合王某水的考勤表、高某伟与韩某的通话录音以及牛坊村村委会曾于 2013 年 8 月对科创公司进行限电的事实等全案证据，可以认定王某水与科创公司存在劳动关系。判决：（1）被告科创公司支付原告王某水 2013 年 4 月 1 日至 8 月 18 日未签订劳动合同的双倍工资差额 20，937.93 元；（2）被告科创公司支付原告王某水 2013 年 3 月 1 日至 8 月 18 日延时加班工资 396.55 元；（3）被告科创公司支付原告王某水 2013 年 3 月 1 日至 8 月 18 日的周六、周日加班工资 1691.95 元；（4）被告科创公司支付原告王某水解除劳动关系的经济补偿金 2300 元；（5）驳回原告王某水的其他诉讼请求。二审法院判决：维持一审判决、驳回科创公司的上诉。[1]

劳动者和用人单位提举的证据中大部分为电子证据，所涉电子证据的类型包括电子邮件、网上办公系统发布的文件、考勤打卡记录等，法官通过对上述电子证据反映情况的综合分析，认定案件事实。

对于劳动者的工资标准应当由用人单位承担举证责任，用人单位逾期举证丧失提交证据的权利，其产生的法律后果是不被法官采信。

用人单位在二审上诉期间找到的劳动合同不能认定为二审新证据，用人单位应承担举证不能的法律后果。

---

〔1〕　参见国家法官学院案例开发研究中心编：《中国法院 2016 年度案例》（劳动纠纷），中国法制出版社 2016 年版，第 218 页。北京市第二中级人民法院（2014）二中民终字第 08621 号民事判决书。

个案中,法官根据采信证据决定是否支持原告或被告的合理诉求。

【案例 11-80】 张某诉魏德曼检测技术(上海)有限公司、上海外服(集团)有限公司劳动争议纠纷案

一审法院认为,根据规定,当事人对自己提出的诉讼请求所依据的事实有责任提供证据加以证明。没有证据或者证据不足以证明当事人的事实主张的,由负有举证责任的当事人承担不利后果。就张某要求上海外服(集团)有限公司(以下简称外服公司)支付其违法解除劳动合同的赔偿金390,240元并由魏德曼检测技术(上海)有限公司(以下简称魏德曼公司)对此承担连带责任之诉请,一审法院认为,张某在魏德曼公司担任总经理一职,其相较于普通员工应享有更高的职业操守,应切实履行忠诚勤勉义务。本案中,根据现有证据显示张某在职期间,其近亲属担任法定代表人的公司作为供方与魏德曼公司间存在长期的、大量的交易。张某并未提供充分有效之证据证明魏德曼公司知晓合同的相对方与张某间的关系并许可上述交易。张某的行为有违职业操守,外服公司与其解除劳动合同并无不当。张某此项诉请,于法无据,一审法院实难支持。同理,就外服主张其无需支付张某违法解除劳动合同的赔偿金之诉请,有依据,一审法院予以支持。

就张某要求魏德曼公司支付其2017年度未休年休假工资86,261元之诉请,一审法院认为,张某在职期间存在严重违纪,其无法享受该年度的年休假的原因归咎于本人,故张某此项诉请,因缺乏依据,一审法院实难支持。同理,魏德曼公司有关无需支付张某2017年度未休年休假工资之诉请,有依据,一审法院予以支持。就张某要求魏德曼公司支付其2017年终酬金85,280.77元之诉请,一审法院认为,魏德曼公司员工手册规定公司根据公司效益及员工个人表现、岗位与职责的绩效考评结果等,实行不同的奖金形式,包括年终酬金、浮动奖金等形式,奖金的发放与否由公司管理层决定。本案中,张某在职期间存在严重违纪,根据其工作表现,魏德曼公司不予发放张某2017年度的年终酬金,并无不当。故张某此项诉请,因缺乏依据,一审法院实难支持。同理,魏德曼公司有关无需支付张某2017年年终酬金74,413.70元之诉请,有依据,一审法院予以支持。

就张某要求魏德曼公司支付其2016年度绩效奖金、2015年至2016年销售提成之诉请,本案中,张某就其所主张的上述奖金和提成提供了经公证的电子邮件。上述经公证的电子邮件中魏德曼公司财务向张某妻子抄送的电子邮件与张某转发至其妻子姜某的电子邮件能相互印证。张某此项诉请,于法有据,一审法院予以支持。就张某要求魏德曼公司支付其2017年销售提成之诉请,因依据不足,一审法院难以支持。就张某要求外服公司支付其2017年11月1日至11月23日工资66,656.23元,并由魏德曼公司承担连带责任之诉请及外服公司有关其无需支付张某2017年11月1日至11月23日工资66,656.23元之诉请、魏德曼公司有关无需其对此款承担连带责任之诉请,经计算外服公司应支付张某上述期间的64,569.98元,魏德曼公司作为用工单位应对此款承担连带责任。一审法院对张某此项主张之合理部分予以支持。同理,外服公司及魏德曼公司的有关诉请,因缺乏依据,一审法院实难支持。

就魏德曼公司有关无需支付张某2015年绩效奖金90,371.82元之诉请及张某要求魏德曼公司支付其2015年绩效奖金90,371.82元之诉请,诉讼中,张某已确认收到此款,故魏德曼公司及张某此部分诉请,一审法院不再予以处理判决:(1)外服公司支付张某工资64,569.98元;(2)魏德曼公司支付张某绩效奖金106,008元;(3)魏德曼公司支付张某销售提成42,212.70元;(4)魏德曼公司对判决第一项之应付款承担连带赔偿责任;(5)魏德曼公司无需支付张某2017年年终酬金74,413.70元;(6)魏德曼公司无需支付张某2017年未休年休假折算工资78,266.11元;(7)外服公司无需支付张某违法解除劳动合同的赔偿金390,120元;(8)驳回张某的其他诉讼请求。

二审法院认为,劳动者提供了劳动,则用人单位应支付工资。根据《劳动合同法》第五十八条的规定,劳务派遣单位应当履行用人单位对劳动者的义务,一审判决外服公司支付工资正确。外服公司以魏德曼公司未将工资支付给其为由拒绝承担义务,与法律规定不符。仲裁庭审中,各方对张某2017年9月、10月工资单真实性均无异议,由此可以按该两个月基本工资83,061.16元及餐费500元作为张某11月的工资标准。以11月共22个计薪日,1日至23日共17个计薪日计算,一审判决外服公司支付张某2017年11月1日至11月23日工资64,569.98元并无不当。根据《劳动合同法》第六十二条的规定,用工单位应当支付加班费,提供相关福利待遇。该法第九十二条规定,用工单位给被派遣劳动者造成损害的,劳务派遣单位与用工单位承担连带赔偿责任。本案中,外服公司与张某签订的派遣协议约定工资由魏德曼公司支付,魏德曼公司持有该协议,对约定亦系明知,一审判决魏德曼公司支付工资承担连带赔偿责任,没有超出其应承担的范围,判决并无不当。2017年9月26日有关2016年绩效奖金、2015年销售提成、2016年销售提成的邮件已予公证,公证书并附在案卷袋中。一审中,魏德曼公司对有关邮件真实性不持异议,只是表示转发邮件可能存在篡改,但其并未提供相应的证据。根据邮件,魏德曼公司发放2016年绩效奖金的意思表示是明确的。一审根据邮件判决魏德曼公司支付绩效奖金及销售提成正确。虽然一审认定张某有违职业操守,但正是基于该认定,一审没有支持张某关于违法解除劳动合同赔偿金的请求。魏德曼公司认为亦应据此否定其已作出的支付2016年绩效奖金的意思表示,难以支持。当事人对自己提出的主张,有责任提供证据。W公司、Z公司、X公司、Y公司的法定代表人均为张某的岳母等,有关股东也是张某的母亲或妻子。在张某没有特别向魏德曼公司披露的情况下,魏德曼公司无从得知有关公司与张某的关系。因此,虽然本案一审、二审期间张某提供了大量的证据,二审中在上诉所依据的事实与事由部分陈述了大量的有关交易的过程,但这些证据或所谓的事实都只能证明魏德曼公司应当知道与这些公司存在交易,不能证明魏德曼公司知道这些公司系张某的亲属所设立或投资。一审据此认定张某有违职业操守,并判决外服公司无需支付违法解除劳动合同赔偿金正确。虽然张某二审提供的第二组证据中,2017年2月2日的邮件显示,对××业务不同的净利润计算0至5%不等的佣金,但仅此并不足以支持张某相应的主张。张某虽就2017年的年终酬金、未休年休假工资、销售提成提出上诉,但并没有新的事实与理由,其上诉请求不成立。综上所述,魏德曼公司、张某、外服公司的上诉请求均不能成立,应予驳回;一审判决认定事实清楚,适用法律正确,应予维持。判决:驳回上诉,维持原判。[1]

依法设立的分公司具有用人主体资格,可以与劳动者建立劳动关系。

【案例11-81】 徐某诉安保公司劳动争议纠纷案

二审法院认为,徐某主张孙某与安保公司存在劳动关系,则需要就安保公司对孙某存在劳动法的用工承担举证证明责任。但是一方面,徐某认可孙某通过周某介绍被安保北京分公司招聘为保安,在某产业园从事安保工作;另一方面,徐某自认,孙某从事由安保北京分公司安排的、受安保北京分公司管理的、有报酬的劳动。也就是说,徐某的陈述以及其他在案证据都将对孙某进行劳动法上用工的主体指向了安保北京分公司,而不是安保公司。因此,从举证角度看,徐某未能证明孙某与安保公司存在劳动关系。徐某主张,依照法律规定分支机构以自己的名义从事民事活动,产生的民事责任由法人承担,据此,安保北京分公司不具备用工主体资格,其法律责任应由安保公司承担,故应当认定孙某与安保公司之间存在劳动关系。但是民事责任的承担主体与劳动关系用工主体是两个不同的法律概念,并不必然具有同一性。《劳动合同法实施条例》第四条规定,劳动合同法规定的用人单位设立的分支机构,依法取得营业执照或者登记证书的,可以作为用人单位与劳动者订立劳动合同。本案中的安保北京分公司即属于由安保公司设立的、依法取得营业执照的分支机构,因此其具备与劳动者订立劳动合同、建立劳动关系的

---

〔1〕 上海市第一中级人民法院(2019)沪01民终11048号民事判决书。

主体资格。判决：驳回上诉，维持原判。[1]

银行的个人信用报告不能作为确认劳动关系的依据。

【案例11-82】　王某诉保安公司劳动争议纠纷案

二审法院认为，就王某要求确认与保安公司存在劳动关系的诉讼请求，保安公司提出时效抗辩。而确认法律关系的诉讼请求并非债权请求权，不适用诉讼时效的相关规定，故对该抗辩意见不予采信。王某主张2013年5月21日至2013年11月18日与保安公司存在劳动关系，在一审、二审期间提交报告时间不同的两份《个人信用报告》。两份报告虽记载王某的工作单位曾为保安公司，但两份报告关于保安公司部分内容记载不一致，对此缺乏合理解释；报告内容亦载明征信中心不保证查询记录外信息的真实性和准确性；此外，王某主张相应信息系其办理信用卡时所申报，银行对办卡工作单位的记载情况欠缺公信效力。鉴于此，《个人信用报告》不能证明其目的，不予采信。王某对自己提出的诉讼请求所依据的事实负有举证责任，现其提交的证据不足以证明其诉讼主张，应承担举证不能的不利后果，保安公司是否提出反证，均不影响举证责任的承担，王某要求保安公司提交2013年度工资表证明王某的诉讼主张，缺乏法律依据。判决：驳回上诉，维持原判。[2]

实践中，劳动者加班证据的采信是有争议的问题。

【案例11-83】　唐某诉华润超市劳动争议纠纷再审案

最高人民检察院抗诉认为，重庆市高级人民法院(2014)渝高法民提字第153号民事判决认定案件基本事实缺乏证据证明。理由如下：第一，电子考勤表不完整，不能够如实、全面反映员工的作息时间；第二，排班表系公司张贴于公告栏内、告知职工上下班时间的书面通知，也是职工上下班的唯一依据，能够反映职工的工作时间，应当以此为依据认定任某会的作息时间。如果出现有病、事假及旷工等情况，应当由公司提供证据予以扣除。第三，现有证据可以证明劳动者存在休息日加班情况。从排班表可以看出每日工作时间在8小时以上，每周工作6天。华润超市代理人亦多次在庭审时陈述，工作时间为每周工作6天。合同约定每周至少休息一日，不是仅能休息一

〔1〕参见国家法官学院、最高人民法院司法案例研究院编：《中国法院2023年度案例》(劳动纠纷)，中国法制出版社2023年版，第30～31页。北京市第一中级人民法院(2021)京01民终8322号民事判决书。

〔2〕参见国家法官学院、最高人民法院司法案例研究院编：《中国法院2023年度案例》(劳动纠纷)，中国法制出版社2023年版，第39～40页。北京市第一中级人民法院(2021)京01民终8952号民事判决书。

日，而是在每周工作时间不超过40小时的情况下，最多可以安排每周工作6天，若前5日已完成40小时工作时间，每周第六日工作应视为休息日加班。第四，未填写按员工手册加班申请表不能否定员工加班。华润超市一直按照每天8小时、每周六天工作日在执行。职工是按照公司安排加班，公司对职工工作情况自然明知并许可，因此不能以未填写加班申请表为由否定劳动者休息日存在加班情况。最高人民法院认为，关于上班时间。根据双方当事人在法庭上的陈述，可以确认唐某每周工作时间为6天。关于每天工作时长，虽然华润超市认为排班表只是工作计划，不能据此认定具体工作时间，但并未否定每个班次工作时间。华润超市主张工作时间段中含有1.5～2小时吃饭时间，每周工作时间不超过40小时。但排班表上并未标注吃饭时间，也未有吃饭时间增加工作人员的安排，电子考勤卡亦未有吃饭时间刷卡记录，显系职工轮换吃饭，且吃饭期间的工作任务由其他人承担，每人工作任务并未因吃饭而减少，所以华润超市主张扣减1.5～2小时吃饭时间的主张无法支持。据此可以认定，唐某每周工作时间为6天，每天工作8小时。关于休息日加班天数。依据《国务院关于职工工作时间的规定》第三条规定，“职工每日工作8小时、每周工作40小时”。而唐某每周工作时间为6天，每天工作8小时，对每周超出法定工作时间的天数，应视为休息日加班。在唐某主张的2011年3月1日至2012年6月30日时间段内，共计70周。除2011年9月工资表表明唐某存在请假外，华润超市未提交其他证据证明唐某存在其他请假情形，而病事假并非对加班的补休，都已经扣减了工资，且请假天数较少，因而不影响加班的认定。据此认定唐某休息日加班时间为70天。关于休息日加班费。根据《劳动法》第四十四条第二项规定，“休息日安排劳动者工作又不能安排补休的，支付不低于工资的百分之二百的工资报酬”。日工资标准的计算方法为月基本工资除以法定工作天数，而根据《劳动和社会保障部关于职工全年月平均工作时间和工资折算问题的通知》，职工全年月平均工作天数为20.92天，故唐某应得休息日加班费为1479.17÷20.92×70×200%＝9898.84元。

最高人民法院再审判决：(1)撤销重庆市高级人民法院(2014)渝高法民提字第153号民事判决、重庆市第五中级人民法院(2013)渝五中法民终字第3294号民事判决和重庆市南岸区人民法院(2012)南法民初字第8589号民事判决；(2)解除唐某与重庆华润万家生活超市有限公司所订立的劳动合同；(3)重庆华润万家生活超市有限公司自本判决生效之日起10日内向唐某支付2011年3月1日至2012年6月30日休息日加班工资9898.84元；(4)重庆华润万家生活超市有限公司自本判决生效之日起10日内向唐某支付2011年3月1日至2012年6月30日国家法定节假日加班工资855.98

元;(5)重庆华润万家生活超市有限公司自本判决生效之日起10日内向唐某支付解除劳动合同经济补偿金 2218.76 元;(6)驳回唐某的其他诉讼请求。[1]

用人单位抗辩其在未签订劳动合同的问题上无过错,系劳动者不愿意签订劳动合同,则用人单位应当对此承担举证责任。

【案例 11－84】　胡某某诉桐乡市雪影服饰有限公司劳动争议纠纷案

二审法院认为,关于争议焦点一。签订书面合同是为了保护劳动者的合法权益,防止用人单位侵害劳动者的权益而无约束,如因劳动者的原因不愿意与用人单位签订劳动合同的,用人单位在未签订劳动合同的问题上并无过错,则用人单位无需向劳动者支付2倍工资。但是用人单位需要对自己没有签订书面劳动合同的问题没有过错,而劳动者本身有过错承担举证责任。本案中,桐乡市雪影服饰有限公司(以下简称雪影公司)提供了其与唐某某等五人的劳动合同意欲证明因胡某某的原因导致双方未签订书面劳动合同,胡某某则反驳主张雪影公司仅与部分劳动者签订劳动合同,以规避法律,并提出除胡某某外,雪影公司未与骆某等人签订劳动合同。对此,雪影公司未能进一步证明其与前述人员未签订劳动合同的原因,或者提供证据证明双方实际签订了劳动合同。此外,即使雪影公司与员工签订了劳动合同,仍然未为部分员工缴纳社保,存在并未将工资与劳动者的权利义务关系完全纳入法律约束的事实。虽然胡某某多次与多家用人单位产生纠纷并提起仲裁、诉讼,其对于相关法律规则存在一定程度的熟知,但该情形并不能成为本案事实的判断依据,也不能导致举证责任发生转移。据此,雪影公司提供的证据不足以证明其在不签订书面劳动上合同上不存在过错而胡某某有过错,须承担举证不能的不利后果。关于争议焦点二。《民事诉讼法解释》第九十一条第二项规定……因此,劳动者主张用人单位违法解除劳动合同并要求支付赔偿金的,首先应由劳动者用人单位单方解除提供相应证据,再由用人单位对解除决定的合法性举证。本案中,胡某某提供了唐某某等证人证言意欲证明是雪影公司要求解除劳动合同关系,但是唐某某作证时称其离职原因是听"原告说的"等,缺乏其他证据印证,无法作为单独认定案件事实的依据。一审法院对胡某某的该项诉讼请求不予支持,并无不当。胡某某上诉主张雪影公司存在克扣工资的情况。经查,胡某某提供的微信聊天记录产生于其与案外人之间,雪影公司对此持有异议,无法证明雪影公司存在克扣工资的事实,胡某某的该项上诉请求不能成立。胡某某关于雪影公司应当直接向其支付职工养

---

〔1〕 最高人民检察院(2016)民抗 125 号抗诉书,最高人民法院(2017)民再 21 号民事判决书。

老保险费和提前解除劳动合同后的后期工资的主张,同样缺乏法律依据,无法成立。综上所述,胡某某的上诉请求部分成立,判令雪影公司支付胡某某未签订书面劳动合同二倍工资 39,867 元。[1]

〔1〕 参见最高人民法院中国应用法学研究所编:《人民法院案例选》2023 年第 3 辑(总第 181 辑),人民法院出版社 2023 年版,第 125 ~ 126 页。浙江省嘉兴市中级人民法院(2021)浙 04 民终 878 号民事判决书。

三、劳动合同争议程序疑难问题

(一)劳动者直接起诉处理

劳动者持有用人单位工资欠条的亦可以直接起诉,这是基于将工资欠条作为普通债权的处理。

《劳动争议解释(一)》第十五条明确规定,劳动者以用人单位的工资欠条为证据直接提起诉讼,诉讼请求不涉及劳动关系其他争议的,视为拖欠劳动报酬争议,人民法院按照普通民事纠纷受理。这一规定简化了欠薪时争议解决的程序,减少维权的时间和成本。劳动者依据上述规定起诉需要注意以下问题:首先,对于用人单位拖欠劳动报酬,劳动者直接按普通债务向法院起诉的条件是较为严格的,即诉讼请求的支持证据为用人单位出具的工资欠条,且诉讼请求不涉及劳动关系其他争议。也就是说,双方对于劳动报酬发生之事实、劳动报酬未按法律规定或约定支付的原因、劳动合同效力等用人单位和劳动者都没有争议。只有在同时满足上述两个条件的情况下,劳动者才可以普通债务直接起诉。其次,《劳动合同法》第三十条第二款还规定,用人单位拖欠或者未足额支付劳动报酬的,劳动者可以依法向当地人民法院申请支付令,人民法院应当依法发出支付令。因此,对于符合前述条件的劳动者,不仅可以直接向法院提起民事诉讼,还可以选择优先申请支付令。[1]

《劳动争议解释(一)》第十五条规定:"劳动者以用人单位的工资欠条为证据直接提起诉讼,诉讼请求不涉及劳动关系其他争议的,视为拖欠劳动报酬争议,人民法院按照普通民事纠纷受理。"该条是劳动者可以用工资欠条起诉的规定。应从以下方面理解该条的内涵,其一,劳动者可以依据用人单位的工资欠条起诉主张权利,但有限制条件即"劳动关系其他争议"。其二,"劳动关系其他争议"是指诉讼请求处于不稳定状态的涉劳动关系的有关事实。如是否存在劳动关系、劳动报酬发生之事实、劳动报酬未按法律规定或约定支付的原因、劳动合同的效力、工

---

〔1〕 参见最高人民法院民事审判第一庭编:《民事审判实务问答》,法律出版社2021年版,第203~204页。

资欠条制作的事实基础,如果双方对这些事实内容中的任何一项存在争议,都说明工资欠条制作的基础作为事实内容尚未明确,其真实性受到质疑,该工资欠条则失去作为诉讼请求直接依据的作用,使劳动者主张的诉讼权利处于不确定、不稳定状态。其三,"劳动关系的其他争议"中的"争议"是指能够初步证明的用人单位提出的异议成立。用人单位对双方劳动关系和工资欠条提出异议,并非当然认为双方对诉讼请求所涉劳动关系存在其他争议,认定存在"争议",需要用人单位的初步证明其提出的异议成立,或者综合全案证据可以初步认定用人单位提出的异议成立。如果用人单位对劳动者提交的工资欠条、劳动报酬发生之事实、劳动报酬未按法律规定或约定支付的原因、劳动合同效力等提出异议,但不能初步证明,不应视为双方对此存有争议。

应当注意的是,用人单位提出的异议能够初步证明成立,并非当然支持用人单位的相关抗辩意见,法官应该根据相关的庭审情况并综合全案证据予以认定。在劳动关系中,劳动者处于弱势地位,实务中应加强审查用人单位是否存在"异议"替代"争议"并达到其拒绝和拖延支付劳动报酬的目的,防止劳动者的合法权益受到侵害。

【案例 11 -85】 郑某永诉湖南鸿安电力建设有限公司劳动争议纠纷案

二审法院认为,对于用人单位拖欠劳动报酬,劳动者直接按普通债务向法院起诉的,应当严格审查是否符合《劳动争议解释(二)》(已失效)第三条规定,即诉讼请求的支持证据为用人单位出具的工资欠条;诉讼请求不涉及劳动关系其他争议。也就是说,双方对于劳动报酬发生之事实、劳动报酬未按法律规定或约定支付的原因、劳动合同效力等都没有争议。只有同时满足上述两个条件,劳动者方可以普通债务直接向法院起诉。本案中,郑某永和湖南鸿安电力建设有限公司对《工资结算单》的真实性以及合同效力均存在争议。原审法院以本案应遵循仲裁前置原则为由驳回郑某永的起诉并无不当。裁定:驳回上诉,维持原裁定。[1]

【案例 11 -86】 房某诉广西罗城伟隆煤业有限公司等追索劳动报酬纠纷案

判决观点,本案中,原告在广西罗城伟隆煤业有限公司新村煤矿工作,合同期满后广西罗城伟隆煤业有限公司新村煤矿出具欠条给房某,承认尚欠房某年薪工资、安全奖 51,800 元,原告、被告形成债权债务关系。原告诉请被告支付年薪工资及安全奖共计人民币 51,800 元合法有据,法院予以支持。广西罗城伟隆煤业有限公司新村煤矿属于广西罗城伟隆煤业有限公司的下

〔1〕 参见国家法官学院案例开发研究中心编:《中国法院 2018 年度案例》(劳动纠纷),中国法制出版社 2018 年版,第 204 页。浙江省台州市中级人民法院(2016)浙 10 民终 1899 号民事裁定书。

属机构,其不具备法人资格和法律规定的合法的用人单位主体资格,不能独立承担民事责任。本案民事责任应由具备法人资格和用人单位主体资格的广西罗城伟隆煤业有限公司承担。判决:广西罗城伟隆煤业有限公司支付原告房某2012年1月至6月劳动报酬(工资、安险风险金)人民币51,800元。[1]

在追索劳动报酬的纠纷中,持欠条追索劳动报酬的劳动者可以选择按照普通劳动争议申请劳动仲裁,也可以直接提起诉讼。实践中,劳动者选择劳动仲裁程序,又未在法定期间内对仲裁裁决提起诉讼,而在仲裁裁决生效后依据《劳动争议解释(一)》第十五条的规定,直接向法院起诉,构成了重复起诉,法院应依据"一事不再理"的规定进行处理,裁定驳回劳动者的起诉。个案中,有的法院对此种情形进行了实体处理不当。在二审程序中,双方当事人自愿达成调解协议,二审以调解结案。

【案例11-87】　郑某诉北京路和兴信息技术有限公司追索劳动报酬纠纷案

一审法院认为,北京路和兴信息技术有限公司(以下简称路和兴信息公司)确未发放郑某提成51,315.52元。本案的争议焦点为,在郑某所做业务中路和兴信息公司未收到全部货款的情况下,此笔提成应否给付郑某。首先,路和兴信息公司未举证证明其提供的路和兴公司销售人员业务提成发放原则系与郑某协商结果或作为公司规章制度已向郑某公示。故此提成发放原则无法适用于郑某。其次,路和兴信息公司主张,应由郑某追回余款后再发放其提成。郑某已离职,再要求其追回欠款与常理不符,对此主张,法院无法认可。最后,2013年11月16日,郑某离职,当时确有1,479,185元欠款未追回,但路和兴信息公司未提供到现在为止,其还有欠款未追回的证据,故应承担不利后果。综上,路和兴信息公司应给付所欠郑某提成款51,315.52元。判决:路和兴信息公司支付郑某提成款51,315.52元。二审程序中,双方当事人自愿达成调解协议:路和兴信息公司支付郑某提成款26,000元。[2] 本案中,郑某提起劳动仲裁要求路和兴信息公司支付提成款。仲裁委员会以已过仲裁时效为由驳回郑某的仲裁请求,仲裁裁决生效后,郑某又持结算清单直接向法院起诉,起诉请求与仲裁请求一致。

---

〔1〕 参见国家法官学院案例开发研究中心编:《中国法院2016年度案例》(劳动纠纷),中国法制出版社2016年版,第176页。广西壮族自治区河池市罗城仫佬族自治县人民法院(2015)罗民初字第45号民事判决书。

〔2〕 参见国家法官学院案例开发研究中心编:《中国法院2017年度案例》(劳动纠纷),中国法制出版社2017年版,第180页。北京市第一中级人民法院(2015)一中民终字第3165号民事调解书。

(二)公司诉讼代表人处理

在法定代表人起诉公司案件中,如何确立诉讼代表人是首先应解决的问题。法定代表人是依法代表法人行使民事权利履行民事义务的主要负责人。《民事诉讼法》第五十一条第二款规定:“法人由其法定代表人进行诉讼。其他组织由其主要负责人进行诉讼。”法定代表人起诉所在公司时法定代表人已不能自行代表公司出庭应诉,否则将造成自己告自己的诉讼现象,另一方面法定代表人的自身诉权亦应该受到保障。在此种情形下,如何确定诉讼代表人,司法实践中并无相关的立法指引,具体操作亦无统一的和规范的做法。《上海市高级人民法院关于担任公司法定代表人的股东、董事与公司之间引发诉讼应如何确定公司诉讼代表人的解答》指出,为确保诉讼的正常进行维护公司的合法权益,法院应当明确告知股东或董事不得代表公司参加诉讼,并要求公司另行确定诉讼代表人。主流观点认为,基于现行《公司法》在上述情形下对公司诉讼代表权的确定未作规定,法官在诉讼过程中应当及时进行释明和指导,一般可以采取以下方式进行确定:其一,公司章程对公司诉讼代表人的人选确定有约定,按章程约定。其二,公司可召开临时股东会,或股东协商的方式确定公司诉讼代表人。其三,公司不能通过股东会或协议方式确定诉讼代表人的,对没有董事会的公司,通知副董事长代表公司参加诉讼。对未设董事会的公司,通知其他董事代表公司参加诉讼。其他董事有两人以上的,协商确定其中之一。协商不成的,法官可以指定。其四,公司董事会或董事中无合适人选的,鉴于公司的法定职责,法官可指定公司监事会主席或执行监事代表公司参加诉讼。其五,通过以上途径仍不能确定,法官可指定与担任法定代表人的股东董事提起的诉讼没有明显利害关系的其他股东作为公司诉讼代表人。实践中,公司章程约定诉讼代表人的极为罕见,发生纠纷之后,公司股东亦很难就诉讼代表人协商一致。更多的情况下,是由法官根据案件情况指定诉讼代表人。

【案例11-88】 张某龙诉北京比格迪特科技有限公司劳动争议纠纷案

判决观点,法定代表人是法人的代表机关。本案中张某龙的身份有别于接受用人单位管理的劳动者一方,其系北京比格迪特科技有限公司(以下简称比格迪特公司)的股东、法定代表人、代表公司意志,实际行使管理权的一方。现比格迪特公司已进入解散清算程序,张某龙担任清算组负责人,所主张的比格迪特公司拖欠工资所引发的纠纷,实系其与公司另一股东吴某明之间因股东权益产生的纠纷,应适用《公司法》的规定作为解决纠纷的法律依据。现张某龙主张与比格迪特公司之间存在劳动关系并无依据。经法院释明后张某龙仍坚持在劳动关系基础之上主张工资相关权利，故对张某龙要求比格迪特公司支付2005年7月1日至2016年4月30日的工资100,000元及拖欠工资的10%赔偿金，法院均不支持。判决：驳回张某龙的全部诉讼请求。[1]

（三）特殊情形先行处理

这里的特殊情形，是指劳动争议案件涉及的部分事实有待刑事案件查明的，是否可以就已查明部分先行作出裁判问题。

主流观点认为，在劳动争议案件中，可以参照《劳动争议调解仲裁法》第四十三条第二款的规定，"仲裁庭裁决劳动争议案件时，其中一部分事实已经清楚，可以就部分先行裁决"，对不以另一案件的审理结果为依据即作出认定的部分，先行作出判决，而对需要以尚处在刑事侦查阶段的案件确定的事实为依据进行裁判，待该刑事案件获得最终处理结果后，再行处理。[2]

（四）确认之诉处理

实践中，"确认违约"是否可以单独作为诉讼请求由法院审理，是否属于"确认之诉"的审理范围，有待于分析。现行立法未对确认之诉作出一般性规定，但在司法实践中，参照《最高人民法院民事案件案由规定》，明确使用"确认"的案由分别是物权确认纠纷、确认合同效力纠纷、请求确认人民调解协议、确认不侵害知识产权纠纷、企业出资人权益确认纠纷、股东资格确认纠纷、确认债务人行为无效纠纷、证券权利确认纠纷、确认票据无效纠纷、申请确认仲裁协议效力、确认收养关系纠纷和共有权确认纠纷。

一般认为，确认之诉的内涵应当是请求法院确认其主张的法律关系存在或不存在，不具有给付内容；诉讼标的应当是法律关系。从民事诉讼的原理和确认之诉的逻辑出发，其提起的前提应当是法律关系处于不稳定之状态，即原告提出确认之诉，应当具备独立的诉讼利益。就原告要求确认被告存在违约行为的诉讼请求，应认定为不属于"确认之诉"的范围。这是基于"存在违约行为"属于要求被

---

[1] 参见国家法官学院案例开发研究中心编：《中国法院2018年度案例》（劳动纠纷），中国法制出版社2018年版，第186页。北京市海淀区人民法院（2016）京0108民初17101号民事判决书。

[2] 参见最高人民法院民事审判第一庭编：《民事审判实务问答》，法律出版社2021年版，第202～203页。

告承担违约责任的前提性事实,应当由法官在审理过程中进行认定,以便确定违约责任,但其本身并不能在原有的合同之债关系之外形成独立的法律关系,不能构成确认之诉的诉讼标的。

【案例 11-89】 北京罗兰盛世音乐教育科技有限公司诉贺某劳动合同纠纷案

一审法院认为,关于第一项争议焦点。经询,北京罗兰盛世音乐教育科技有限公司(以下简称罗兰盛世公司)主张双方签订的协议性质为保密协议,罗兰盛世公司明确其要求贺某支付违约金的依据系其泄露了商业秘密,违反了保密条款。根据法律规定,除非劳动者违反服务期约定或劳动者违反竞业限制约定,否则用人单位不得与劳动者约定由劳动者承担违约金。因罗兰盛世公司主张违约金的理由亦系认为贺某泄露商业秘密,而非违反竞业限制约定,故罗兰盛世公司要求贺某支付违约金的诉讼请求,违反法律禁止性规定,法院不予支持。关于罗兰盛世公司要求确认贺某违反"保守商业秘密协议书"的约定,向乐斯公司泄露罗兰盛世公司的商业秘密,首先,罗兰盛世公司的该项诉讼请求对事实的确认,在学理上,不属于民事诉讼中"确认之诉"的审理对象。其次,判断贺某是否违约是考量贺某是否应当支付违约金的前提条件,因罗兰盛世公司的两项诉讼请求具有不可分割性,其要求确认贺某违约、泄露商业秘密的请求不属于民事诉讼中独立的诉讼请求。最后,根据罗兰盛世公司的举证,不能形成完整证据链证明贺某做出过泄露罗兰盛世公司商业秘密的行为,因此罗兰盛世公司的主张,因证据不足,法院不予采信。法院鉴于对其要求贺某支付违约金的诉讼请求不予支持,对于该项诉讼请求,亦一并予以驳回。判决:驳回罗兰盛世公司的全部诉讼请求。二审法院同意一审法院裁判意见。[1]

(五)重复起诉处理

《最高人民法院关于人民法院对经劳动争议仲裁裁决的纠纷准予撤诉或驳回起诉后劳动争议仲裁裁决从何时起生效的解释》第一条规定:"当事人不服劳动争议仲裁裁决向人民法院起诉后又申请撤诉,经人民法院审查准予撤诉的,原仲裁裁决自人民法院裁定送达当事人之日起发生法律效力。"因此,劳动争议案件进

---

〔1〕 参见国家法官学院、最高人民法院司法案例研究院编:《中国法院 2020 年度案例》(劳动纠纷),中国法制出版社 2020 年版,第 183~184 页。北京市第三中级人民法院(2018)京 03 民终 14898 号民事判决书。

入诉讼程序,当事人申请撤诉并得到法院允许的,原仲裁裁决在裁定送达之日起生效,当事人不得以同一诉讼请求再次提起诉讼。用人单位经传票传唤无正当理由不到庭,法院依法作出按撤诉处理的裁定并送达当事人后,该用人单位再以解除与劳动者劳动关系理由充分,程序合法,相关劳动仲裁裁决错误为由,提出相同请求,向法院提起诉讼,违背一事不再理原则,构成重复诉讼。法院不应受理,已经受理的,应裁定驳回起诉。

【案例 11 -90】 重庆星格泵业集团有限公司诉蔡某劳动合同纠纷案

二审法院认为,本案中,重庆星格泵业集团有限公司(以下简称星格公司)的起诉应予驳回。合川劳人仲案字(2015)第 21 号仲裁裁决书已经发生法律效力。首先,《最高人民法院关于人民法院对经劳动争议仲裁裁决的纠纷准予撤诉或驳回起诉后劳动争议仲裁裁决从何时起生效的解释》第一条规定……该法条中虽未规定当事人不服劳动争议仲裁裁决向法院起诉后,开庭时因当事人无故不到庭人民法院裁定按撤诉处理的,原仲裁裁决何时发生法律效力,但法院认为,第一,当事人申请撤诉和按撤诉处理在实质上都是放弃诉讼的意思表示,二者的法律后果相同,区别在于行为人作出的意思表示方式不同,一个是当事人通过书面方式向人民法院申请撤诉,自行放弃诉讼,接受仲裁裁决,另一个是当事人通过不到庭参加诉讼这一行为表示表明放弃诉讼,接受仲裁裁决。第二,按撤诉处理的劳动争议案件,如原仲裁裁决不生效,易导致恶意诉讼,使原仲裁裁决处于不确定的状态,这种结果既对对方当事人不公平,也与前述法条的立法精神相悖。因此,当事人不服劳动争议仲裁裁决向法院起诉后,开庭时因当事人无故不到庭,人民法院裁定按撤诉处理的,原劳动争议仲裁裁决自人民法院裁定送达当事人之日起发生法律效力。

星格公司与蔡某劳动合同纠纷一案,合川区劳动人事争议仲裁委员会作出合川劳人仲字(2015)第 21 号仲裁裁定书,星格公司对该裁决不服向人民法院起诉,该院依法予以受理,立案案号为(2015)合法民初字第 01541 号。在该案的审理过程中,星格公司经传票合法传唤无正当理由拒不到庭参加诉讼,该院依法裁定该案按撤诉处理。裁定送达星格公司后即发生法律效力,如前所述,合川劳人仲案字(2015)第 21 号仲裁裁决书即发生法律效力。

其次,星格公司以同一诉讼请求再次起诉,应驳回起诉。普通民事纠纷中,原告起诉后又撤诉或按撤诉处理,当事人的实体权利未经生效裁判予以处理,根据《民事诉讼法解释》第二百一十四条第一款"原告撤诉或者人民法院按撤诉处理后,原告以同一诉讼请求再次起诉的,人民法院应予受理"的规定,原告再次起诉,人民法院应予受理。劳动争议与普通民事纠纷相比则不同,《劳动法》第七十九条规定……依据前述规定,调解、仲裁、诉讼是解决劳动争议的三种方式，而诉讼须以劳动仲裁作为前置程序。如果一方当事人不履行生效仲裁裁决，另一方当事人可向人民法院申请强制执行。因此，劳动争议案件中，原告起诉后又撤诉或按撤诉处理的，由于仲裁裁决已经发生法律效力，一方当事人不履行生效仲裁裁决，另一方当事人可向人民法院申请强制执行。原告以同一诉讼请求再次起诉的，依据《民事诉讼法解释》第二百四十七条……的规定，应驳回起诉。本案中，星格公司的起诉，与(2015)合法民初字第01541号案的当事人相同、诉讼标的相同、诉讼请求亦相同，已构成重复起诉，由于人民法院已经受理本案，故应驳回星格公司起诉。裁定：驳回上诉，维持原裁定。〔1〕

〔1〕 参见国家法官学院案例开发研究中心编：《中国法院2017年度案例》(劳动纠纷)，中国法制出版社2017年版，第290~292页。重庆市第一中级人民法院(2015)渝一中法民终字第03514号民事裁定书。

专题十二　劳动合同其他纠纷

本专题是对劳动合同涉及的相关问题产生的纠纷阐述。

一、劳动合同期间理解

（一）工作日时间

现行我国规范劳动者工作时间的工时制度主要有三种：标准工时制、不定时工时制和综合工时制。

标准工时制是由法律确定每天工作时间长度和每周工作日天数，要求各用人单位和一般职工普遍实行的基本工时制度。它是特殊工时制度的参照标准。

综合工时制是指针对工作性质特殊，需要连续作业或者受季节性、自然条件限制的企业部分职工采用的以周、月、季、年为周期的综合计算工作时间的一种特殊工时制度。

不定时工作制是相对于标准工作制而言的一种特殊工时制度，它是指劳动者没有固定上下班时间限制，因生产特点、工作性质特殊需要或工作职责的限制，无法按标准工作时间衡量或是需要机动作业的职工所采用的一种工作时间制度。

1. 工作日时间

实践中，综合工时制的劳动合同较为少见，法官在确定综合工时制法定工作时间时容易错误地按照每月174小时为标准进行认定。一般认为，在确定延时工作时长时，首先应区分法定工作日和计薪日两个概念。

法定工作日是指按照法律规定劳动者最多工作的时间，休息日及法定节假日因劳动者无需工作，因此应予以剔除。《劳动和社会保障部关于职工全年月平均工作时间和工资折算问题的通知》第一项确定劳动者年工作日为250天，季工作日为62.5天/季，月工作日为20.83天/月，工作小时数的计算以月、季、年的工作日乘以每日的8小时。计薪日是指计算薪酬的有效天数。《劳动法》第五十一条规定，法定节假日用人单位应当依法支付工资。由此可知，计薪日包括劳动者的法定工作日及11天法定节假日，具体到年即261天（250天工作日 +11天节假日），月21.75天（261天 ÷12个月）。以小时为单位则每月174小时（21.75天 × 8小时）。区分上述概念的现实意义在于，确定延时工作时间时，应以法定工作时间为基数，劳动者的实际工作时长超过上述基数的部分即延长工作时长。

在明确延时工作时间的确定应以法定工作时间而非计薪时长为基础的前提下，综合工时制劳动者延时加班费的认定应分两步计算，其一，确定综合计算周期。《北京市企业实行综合计算工时工作制和不定时工作制办法》第七条规定，企业实行综合计算工时工作制，应分别以周、月、季、年为周期综合计算工作时间。由此可以确定，综合计算周期为周、月、季、年四种。个案中，应根据劳动者所在用人单位规定的岗位计算周期作为涉案的综合计算周期。其二，确定综合计算周期的工作时间标准。根据《北京市企业综合计算工时工作制和不定时工作的办法》对于以周为计算周期的，法定工作时间标准为40小时。对于以月、季、年为周期的，如前所述，月、季、年为综合计算周期的法定工作时间标准相对应为166.64小时/月，499.92小时/季，2000小时/年。应注意的是，各地对综合计算周期有规定的亦作为认定依据。

依据《劳动法》第四十二条、原劳动部《关于〈国务院关于职工工作时间的规定〉的实施办法》的规定，有下列情形之一的，延长工作时间不受《劳动法》第四十一条规定的限制：第一种，发生自然灾害、事故或者因其他原因，使人民的健康安全和国家财产遭到严重威胁，需要紧急处理的；第二种，生产设备、交通运输线路、公共设施发生故障，影响生产和公众利益，必须及时抢修的；第三种，必须利用法定节日或公休假日的停产期间进行设备检修、保养的；第四种，为完成国防紧急任务，或者完成上级在国家计划外安排的其他紧急任务，以及商业、供销企业在旺季完成收购、运输、加工农副产品紧急任务的。在发生上述非常紧急有特殊的情况下，用人单位可以不经协商单方面安排劳动者加班，劳动者必须服从加班安排，且可以有条件的突破加班时长的限制，劳动者不得拒绝。如2020年新冠疫情蔓延，基于疫情防控需要企业接受国家订货任务或指令性任务需要加班的，员工就不得拒绝。一些法院，在疫情期间也相继发布了劳动争议案件的裁审意见，明确规定承担疫情防控保障任务的用人单位，要求劳动者加班无正当理由拒绝的，用人单位可以解除劳动合同且无需支付经济补偿金。

2. 年休假时间

从立法本意上来说，年休假是对劳动者休息权利的保护，无论劳动者在几家用人单位工作，累计工作年限是劳动者劳动能力、工作经验、自身价值的体现，另外，也是累计疲劳程度的反映和体力、精力得以恢复所需时间的体现，故对年休假时间的计算具有特别的意义。《企业职工带薪年休假实施办法》第三条规定，职工连续工作满12个月以上的享受带薪年休假。但该规定往往被用人单位错误解读为，职工在本单位连续工作满12个月以上的，享受带薪年休假。实践中，职工入职新的单位之后，新的用人单位往往要求劳动者在该单位连续工作满1年以上才允许休年休假，这种做法实际上是对上述规定的误读。一般认为，劳动者无论是在同一用人单位连续工作满1年还是在不同用人单位累计工作时间满1年的可以休年休假,不会因为劳动者更换单位而重新计算连续工作满1年的期间。也就是说,劳动者在原单位已经休过或部分休过年休假到了新单位后,仍可按规定再休年休假,只要劳动者满足累计工作时间和进新单位的时间即可。不过,当年在新单位年休假的天数需要按照规定折算后确定。折算的方法:在新单位当年年休假的休假天数=(当年度在本单位剩余的日历天数÷365天)×职工本人全年应当享受的年休假天数。不足1整天的部分不享受年休假。

【案例12-1】　徐某良诉北京市三一重机有限公司劳动争议纠纷案

二审法院认为,北京市三一重机有限公司(以下简称三一重机公司)主张徐某良已休带薪年休假,并提供考勤表予以证明。但从考勤表记载的内容来看,并未具体显示徐某良于何时已休带薪年休假,仅凭三一重机公司单方在考勤表上注明"年假加班已全部调休完毕",不足以证明徐某良已休带薪年休假,故三一重机公司应支付徐某良未休带薪年休假工资12,709.2元,对于三一重机公司不同意支付徐某良未休带薪年休假工资的上诉请求,法院不予支持。判决:驳回上诉,维持原判。[1]

劳动者在同一或不同用人单位工作期间应当累计为工作时间。

3.非标准工时制

不定时工作制作为特殊工时制的一种特有方式,对实现用人单位的劳动用工自主权和灵活性、平衡用人单位劳动管理效率和劳动者权益保障具有非常重要的意义。

在不定时工作制中,实行不定时工作制的用人单位和劳动者,由于无法确定职工延长工作的时间,不实行加班加点制度,一般也不存在支付加班费的问题。《工资支付暂行规定》第十三条第四款规定,实行不定时工时制度的劳动者,不执行有关加班加点的规定。一些地方也作出了相应规定,如《广东省工资支付条例》第二十三条规定:经人力资源社会保障部门批准实行不定时工作制的,不适用本条例第二十条的规定。(第二十条是关于加班或者延长工作时间的工资报酬支付标准)。《江苏省工资支付条例》第二十五条规定,经人力资源社会保障行政部门批准实行不定时工作制的,不执行本条例第二十条的规定。

非标准工作时制度下,劳动者每周六上班不能视为加班。

---

〔1〕　参见国家法官学院案例开发研究中心编:《中国法院2015年度案例》(劳动纠纷),中国法制出版社2015年版,第146页。北京市第一中级人民法院(2013)一中民终字第7454号民事判决书。

【案例 12 -2】 宾某与重庆华润万家生活超市有限公司、重庆华润万家生活超市有限公司南坪店劳动争议纠纷再审案

再审法院认为,关于工时制度问题。合同当事人所订立的劳动合同第三条关于工作时间的约定为“标准工时制,即每日工作不超过 8 小时,每周工作不超过 40 小时,每周至少休息一日”。根据《劳动法》和《国务院关于职工工作时间的规定》的规定,标准工时制是指每日工作 8 小时,每周工作 40 小时,每周休息 2 日的工时制度。而“每日工作不超过 8 小时,每周工作不超过 40 小时,每周至少休息一日”属于标准工时制之外的其他工时制,这种工时制亦符合法律规定。由此可见,当事人在劳动合同中关于工作时间的约定,实际包含了两种不同的工时制度。对于应采用何种工时制度,可结合合同的其他约定,进行分析判断。劳动合同第十三条约定,《华润万家员工手册》等公司规章制度为其附件,与劳动合同具有同等效力,因此,可结合《华润万家员工手册》等来确定合同当事人约定采取的工时制度方式。宾某收到《华润万家员工手册》关于工作时间的约定内容为“原则上每周工作时间不超过 40 小时,每周至少休息一天”,该内容文字表述明确,当事人不会对此产生歧义。故合同当事人关于工作时间的约定实为,每日工作不超过 8 小时,每周工作不超过 40 小时,每周至少休息一日。原一审、二审认定合同当事人约定的工时制度为标准工时制不当,法院予以纠正。据此,劳动者一周工作的第 6 天不应视为休息日加班。关于出勤情况的依据问题。在一审诉讼中,宾某对华润万家提出提交的电子考勤记录表的真实性予以认可,而华润万家及华润万家南坪店对宾某提交的排班表的真实性不予认可,故电子考勤记录可以作为认定宾某出勤情况的依据。再审申请人提交的证人证言,被申请人对其真实性不予认可,证人亦未出庭接受咨询,故对其应不予采信。关于延长工作时间的计算周期问题。原审法院根据本案实际情况,从公平角度出发,以宾某诉讼请求所涉期间整个时间段作为计算周期,并无不当。在诉讼中,宾某主张不应扣除吃饭时间再计算延长工作时间。按照《劳动法》规定,职工每周工作 40 小时。在此期间的用餐时间是否计算为工作时间,尚无法律规定,因此对宾某的相关主张,不予支持。判决:维持二审原判。[1]

经批准实行不定时工作制的劳动者延长工作时间,不受《劳动法》第四十一条规定的日延长工作时间标准和月延长工作标准的限制。实行不定时工作制的劳动者,一般情况下,除法定节假日工作外,其他时间工作不存在加班。

---

〔1〕 参见重庆市高级人民法院(2014)渝高法民提字第 00133 号民事判决书。

【案例 12－3】　提某某与烟台丹顶鹤大酒店劳动争议纠纷再审案

再审法院认为，本案当事人的争议焦点问题是提某某主张的加班工资诉请能否成立。依据《劳动法》第三十六条、第三十九条的规定，企业因生产特点不能实行标准工作制的，经劳动行政部门批准，可以实行其他工作和休息办法。据已查明的事实，提某某工作一天，休息一天，工作时间安排为早6时至晚24小时，但其门卫值班期间由丹顶鹤大酒店提供床位，可以休息。但因提某某城市的门卫工作不符合不定时工作制的实质特点，且双方所签订的不定时工作制和劳动合同已经劳动行政部门鉴证，故应认定丹顶鹤大酒店对提某某采取的是集中工作、集中休息、弹性工作时间等适当的不定时工作和休息方式，提某某请求支付加班工资无事实和法律依据，法院不予支持。判决维持二审判决。[1]

应注意的是，对于执行不定时工作制的劳动者在法定节假日加班，是否需要支付加班费，各地关于特殊工时制审批办法及司法实践存在不同标准。实行不定时工作制的员工一般不执行有关加班加点的规定，但在法定节假日加班并非一定不享有加班工资报酬，具体适用应当参照各地的政策规定。《上海市企业工资支付办法》第十三条则规定：经人力资源社会保障行政部门批准实行不定时工时制的劳动者，在法定休假节日由企业安排工作的，按本条第三项的规定支付加班工资。《深圳市员工工资支付条例》第二十条规定，用人单位安排实行不定时工作制的员工在法定休假节日工作的，按照不低于员工本人正常工作时间工资的300%支付员工加班工资。《山西省劳动和社会保障厅关于加强对企业实行综合计算工时工作制和不定时工作制管理的通知》（晋劳社厅发〔2008〕25号）第四条规定，企业安排实行不定时工作制的劳动者在法定休假日工作的，应按《劳动法》第四十四条第三款的规定支付劳动者工资报酬。

工时制未经审批但实际适用，员工可以主张加班费。

【案例 12－4】　李某诉F公司劳动争议纠纷案

二审法院认为，F公司结合工作需要，以综合工时制安排李某工作并无不当之处，李某主张双方签订的劳动合同中用工时间为固定工时，且F公司认定综合工时制并未向相关部门审批，因而本案不能适用综合工时制而是应认定为固定工时制。本院认为，劳动者与用人单位之间的工作时间和休息休假制度的认定，应考察其实际用工状态。F公司为李某提供了轮班制的工作模式，确定了工作内容，提供了休息场所，保证了常人可以理解接受的休息时间，系尽到了用人单位对于采取综合工时制的劳动者应提供的劳动保障相关

〔1〕参见山东省高级人民法院(2013)鲁民提字第265号民事判决书。

责任,故从李某工作岗位的特殊性及双方实际采取的轮班制履行方式等内容看,本案一审对于综合工时制的认定并无不当。F公司提交了2016年至2021年的部分月份的考勤表,李某对于考勤表的真实性认可。依据该考勤表记载的李某出勤记录,以及李某的就餐、休息时间,经核算,李某不存在平日延时加班。二审法院判决:驳回上诉,维持原判。[1]

4. 非标准工时制疑难问题

关于不定时工作制适用范围问题。原劳动部《关于企业实行不定时工作制和综合计算工时工作制的审批办法》(以下简称《审批办法》)(劳部发〔1994〕503号)第二条规定,本办法适用于中华人民共和国境内的企业。大多数地区的审批办法规定只适用于企业,企业以外的其他用人单位,如国家机关、事业单位、社会团体等不能申请实行不定时工作制。但也有一些地方的审批办法扩大了适用范围,如浙江、广东、湖北、河南、新疆、大连、天津等地的规定都明确将国家机关、事业单位、社会团体、个体经济组织和民办非企业单位等用人单位纳入了不定时工作制和综合计算工作制的审批范围,如2023年5月1日起施行的《天津市特殊工时工作制行政许可管理办法》第二条规定:"本市行政区域内的企业、个体经济组织、民办非企业单位等组织(以下统称用人单位)申请实行特殊工时工作制,适用本办法。国家机关、事业单位、社会团体和与其建立劳动关系的劳动者申请实行特殊工时工作制,依照本办法执行。"《天津市人社局关于印发〈天津市特殊工时工作制行政许可管理办法〉的通知》这样的规定改变了目前特殊工时制仅适用于企业的现状,更好地满足了企业以外的用人单位对于特殊工时制度的需求,能更有效地减少机关事业等单位因工作时间等不明确产生的劳动争议。对此类纠纷的处理,当地法院按照本地的相关规定作为审理依据。

关于不定时工时制度下休息休假权问题。《审批办法》第六条规定,对于实行不定时工作制和综合计算工时工作制等其他工作和休息办法的职工,企业应根据《劳动法》第一章、第四章有关规定,在保障职工身体健康并充分听取职工意见的基础上,采用集中工作、集中休息、轮休调休、弹性工作时间等适当方式,确保职工的休息休假权利和生产、工作任务的完成。各地出台的具体审批办法均作出了和《审批办法》一致的规定。如《山西省劳动和社会保障厅关于加强对企业实行综合计算工时工作制和不定时工作制管理的通知》(晋劳社厅发〔2008〕25号)第八条规定,企业要采用集中休息和轮休、调休等方式,切实保障职工的休息休假权利。应特别强调的是,不定时工时制下的劳动者同样享有劳动法上规定的休

---

〔1〕 北京市第二中级人民法院(2023)京02民终1065号民事判决书。

息休假权，遵守国家工时制度是用人单位的法定义务，不定时工作制并不意味着用人单位可以随意延长劳动者的工作时间而不安排休息，侵害劳动者的合法权益。

关于未经审批，只在劳动合同中约定实行不定时工时制度的效力问题。根据《审批办法》第七条规定，实行不定时工作制需要经过行政审批，且这种审批具有时限性，过期则企业需要重新申请。该条明确规定了实行不定时工时制是需要审批后才能予以实施的，而不是双方仅仅在劳动合同中约定即可。但是很多用人单位没有按照审批办法申请报批，只在劳动合同中约定是否有效呢。对此，司法实务中主要存在约定有效说、约定无效说、综合认定说三种观点和做法。主流观点为约定无效说。该观点认为，认定实行不定时工时制必须以劳动行政部门审批为前提，如果未经审批，不能认定为不定时工时制。人力资源社会保障部、最高人民法院于2020年7月10日联合发布的第一批劳动人事争议典型案例13《用人单位与劳动者自行约定实行不定时工作制是否有效》中明确指出，"用人单位对劳动者实行不定时工作制，有严格的适用主体和适用程序要求。只有符合国家规定的特殊岗位劳动者，并经过人力资源社会保障部门审批，用人单位才能实行不定时工作制，否则不能实行。"

【案例12－5】　徐某培诉大旺食品公司苏州分公司劳动争议纠纷案

判决观点，大旺食品公司苏州分公司主张徐某培应适用不定时工作制，但未能提供苏州市劳动保障行政部门的行政审批手续，故本院认为，尽管在劳动合同中约定是不定时工作时制，但在未获得行政审批手续的情况下，不定时工作制不能适用于双方，双方之间仍系标准工时制。[1]

【案例12－6】　徐某印诉某公司劳动争议纠纷案

二审法院认为，劳动合同中约定徐某印的岗位实行不定时工作制，根据相关法律规定，实行不定时工作制应报劳动行政部门的审批，如未审批通过，则徐某印的工作岗位不能实行不定时工作制，该条款无效。[2]

（二）劳动合同无固定期限认定

按照合同的基本原理，是否订立劳动合同应当由双方当事人达成合意。但由于劳动合同主体双方天然的不平等性决定了劳动合同显著区别于其他民事合同

〔1〕 江苏省苏州市姑苏区人民法院（2019）苏0508民初4139号民事判决书。

〔2〕 重庆市第一中级人民法院（2015）渝一中法民终字第03353号民事判决书。

的特殊性。因此在一定条件下强制用人单位与劳动者订立无固定期限劳动合同，成为实现《劳动合同法》“保护劳动者合法权益，构建和发展和谐稳定的劳动关系”立法宗旨的有力措施。

对于因法定事由顺延至满10年工龄的劳动者是否可以要求签订无固定期限劳动合同的问题，目前法律法规没有明文规定。虽然有部分地区制定了相关规定，但理解上仍存在分歧。一般认为，劳动合同的终止与劳动合同的订立并不互相矛盾，而是在时间上的前后衔接。劳动合同的终止意味着该劳动合同约定的权利义务不再对合同当事人具有法律约束力，但并不表示不能再订立劳动合同。

《劳动合同法》第四十五条规定："劳动合同期满，有本法第四十二条规定情形之一的，劳动合同应当延续至相应的情形消失时终止。"这实质上是劳动合同约定的期限届满时，法律将合同期限延长一定的期限。法定事由消失时，延长的期限届满，劳动合同终止。此时，劳动合同的终止与双方约定的合同期限届满劳动合同终止并无本质区别，其法律后果都是劳动合同将因期限届满终止。而劳动合同终止后是否再订立劳动合同应当适用《劳动合同法》中关于订立劳动合同的规定。

《劳动合同法》第十四条第一项规定的应当订立无固定期限劳动合同的情形为“劳动者在该用人单位连续工作满十年”，1996年劳动部对上海市劳动局的复函中对“连续工作”进行了说明："同一用人单位连续工作时间是指劳动者与同一用人单位保持劳动关系的时间。"因法定事由顺延劳动合同，使得劳动者在同一用人单位连续工作时间已满10年，如果是劳动者提出订立劳动合同的，应当订立无固定期限劳动合同。

(三)劳动合同服务期

所谓劳动合同服务期，是指用人单位和劳动者约定的、对劳动者有特殊约束力的、劳动者因获得特殊条件而应当与用人单位保持劳动关系的服务期限。

劳动合同服务期是对劳动者辞职自由的一种限制，但这种限制并非针对劳动者的人身自由，劳动者仍享有遵守程序性规则前提下的辞职自由，但需以承担一定数额的违约金为代价。基于保护劳动者辞职自由原则，服务期的设定应当受到严格限制，也就是说，只有当用人单位为劳动者提供了特殊待遇或出资招用、培训的情况下，经双方协商一致才能约定服务期。对基于特殊待遇服务期而设定违约金，应当予以严格限制，即原则上该违约金应当低于基于专业技术培训服务期而设定的违约金标准。具体而言，该违约金应当受到《民法典》第五百八十五条第二款以及《劳动合同法》第二十二条第二款的限制。

【案例 12－7】　北京合康新能科技股份有限公司诉孙某劳动合同纠纷案

二审法院认为,孙某所享有的进京落户指标属于稀缺资源,为孙某办理进京落户手续并非北京合康新能科技股份有限公司(以下简称合康新能公司)的法定义务。因此,合康新能公司为孙某办理进京落户手续的行为属于用人单位为劳动者提供特殊待遇的范畴,双方基于上述情况并考虑孙某的岗位特性订立《劳动合同补充协议》,其中关于5年最低工作年限及孙某提前离职所需要承担的损失赔偿责任的约定应当参照适用《劳动合同法》第二十二条之规定。孙某既可以选择工作至5年期限届满,也可以选择将户口迁回原籍,亦可以选择提前离职并向合康新能公司支付相应损失。现孙某在明知双方存在5年服务期之约定的情况下,仍然选择在工作约4年半之时提起离职,且从未表达将户口迁回原籍的意思表示,表明其基于谋求更高待遇想法自愿选择了最后一种方式,理应向合康新能公司予以赔偿。在确定损失方面,孙某工作满4年不满5年,一审法院基于《合同法》第一百一十四条第二款以及《劳动合同法》第二十二条第二款的规定,酌情确定孙某赔偿合康新能公司损失20,000元,并无不当。判决:驳回上诉,维持原判。[1]

劳动合同期限与服务期的关系问题。《劳动合同法实施条例》第十七条规定:"劳动合同期满,但是用人单位与劳动者依照劳动合同法第二十二条的规定约定服务期尚未到期的,劳动合同应当延续至服务期满;双方另有约定的,从其约定。"从上述规定可以看出,除非用人单位与劳动者就劳动合同期满而服务期尚未届满处理作了明确约定,否则用人单位亦应受服务期的约束,将劳动合同延续至服务期满。

(四)劳动关系存续期间认定

《劳动争议解释(一)》第四十六条第一款规定:"劳动者非因本人原因从原用人单位被安排到新用人单位工作,原用人单位未支付经济补偿,劳动者依照劳动合同法第三十八条规定与新用人单位解除劳动合同,或者新用人单位向劳动者提出解除、终止劳动合同,在计算支付经济补偿或赔偿金的工作年限时,劳动者请求把原用人单位的工作年限合并计算为新用人单位工作年限的,人民法院应予支持。"该条规定涉及劳动者工作年限确定问题。

实践中,面对企业合并,更换频繁的行业,劳动者工作场所、工作岗位工作未

---

〔1〕 参见国家法官学院、最高人民法院司法案例研究院编:《中国法院2020年度案例》(劳动纠纷),中国法制出版社2020年版,第187页。北京市第二中级人民法院(2018)京02民终1285号民事判决书。

变化,但用人单位变更的发生劳动者工作年限的纠纷不断。在劳动者非因本人原因变更用人单位的情况下,合并计算的工作年限与劳动关系存续期间是不完全相同的概念。二者主要区别为,其一,内涵与外延不同。合并计算的工作年限是一种法律拟制的劳动者连续工作年限,是指劳动者在一个或者多个用人单位工作,按规定连续算的工作时间。劳动关系存续期间是指劳动者与用人单位建立劳动关系起至劳动关系终止或解除的期间。劳动关系存续期间是狭义的本单位工作年限,包含在合并计算的工作年限中,合并计算的工作年限是广义的本单位工作年限。其二,依据不同。劳动关系存续期间来源于《劳动合同法》第七条规定,合并计算的工作年限体现在《劳动合同法实施条例》第十条和《劳动争议解释(一)》第四十六条。其三,计算方式不同。劳动关系存续期间自用人单位用工之日起计算,合并计算的工作年限是全部用人单位按规定计算的工作年限的总和。其四,适用情形不同。合并计算的工作年限适用于五类情形,原用人单位未支付经济补偿金的、违法解除或终止劳动合同关系的、职工患病或非因公负伤需要停止工作医疗的、应当订立无固定期限劳动合同、不得解除劳动关系的法定情形。劳动关系存续期间适用于四类情形,未订立书面劳动合同的、视为已订立无固定期限劳动合同、应在30日办理社会保险登记的、发生劳动争议应自劳动关系终止1年内提出。

【案例12-8】 付某诉威远县侨生能源有限公司劳动合同纠纷案

二审法院认为,结合威远县侨生能源有限公司(以下简称侨生公司)出具的介绍信、职业健康体检报告、工伤保险缴费明细及侨生公司在一审中陈述付某是从其他公司转过来的事实,根据《劳动合同法实施条例》第十条的规定,对付某的工作年限应依法连续计算即自1993年至2017年7月28日。因侨生公司作为合法的用工主体与付某之间的劳动关系存续时间应从2000年7月25日起计算至2017年7月28日。判决:(1)维持一审判决第二项、第三项,即“侨生公司向付某支付经济补偿金等64,191元”“驳回付某的其他诉讼请求”;(2)撤销一审判决第一项,即“确认付某与侨生公司自1993年起至2017年7月26日存在劳动关系”;(3)付某与侨生公司自2000年7月25日起至2017年7月28日存在劳动关系。[1]

实践中,非因劳动者本人的原因工作调动,其原用人单位的工作年限合并计算为新用人单位工作年限,并作为计算补偿金或赔偿金的依据。需要注意的是,如果原用人单位已经向劳动者支付经济补偿的,新用人单位在依法解除、终止劳

---

〔1〕 参见国家法官学院、最高人民法院司法案例研究院编:《中国法院2020年度案例》(劳动纠纷),中国法制出版社2020年版,第203页。四川省内江市中级人民法院(2018)川10民终82号民事判决书。

动合同计算工作年限时,不再计算在原用人单位工作年限。

【案例12-9】 刘某荣诉巍然屹立服装服饰有限公司劳动合同纠纷案

一审法院认为,章氏时代公司的法定代表人章甲与巍然屹立服装服饰有限公司(以下简称巍然屹立公司)的法定代表人章乙系兄弟关系。章乙在同刘某荣的谈话录音中谈及在2013年公司接手事宜,章氏时代公司在庭审中亦认可章氏时代公司在2013年将所有商场柜台交付给巍然屹立公司负责。结合章氏时代公司及章乙银行账户给刘某荣发放工资的情况、巍然屹立公司与刘某荣签订劳动合同及章氏时代公司给刘某荣缴纳社会保险直至2015年3月的事实,认定刘某荣从章氏时代公司到巍然屹立公司工作符合法律规定的劳动者非因本人原因从原用人单位被安排到新用人单位工作的情形。关于违法解除劳动关系赔偿金问题。巍然屹立公司以华堂商场右安门口关闭为由辞退刘某荣,并未与刘某荣协商变更劳动合同且未履行提前通知义务,不符合法律规定,应属违法解除,依法应支付刘某荣违法解除劳动关系赔偿金。刘某荣非因本人原因从章氏时代公司到巍然屹立公司工作,章氏时代公司亦未证实已向刘某荣支付经济补偿,在计算支付赔偿金的工作年限时,应将刘某荣在章氏时代公司的工作年限合并计算为巍然屹立公司工作年限。关于2015年4月1日至5月20日工资问题。刘某荣非因本人原因于2015年4月1日至5月20日不能正常工作,巍然屹立公司应当支付刘某荣2015年4月1日至5月20日基本生活费。判决:(1)巍然屹立公司支付刘某荣违法解除劳动关系赔偿金87,413元;(2)巍然屹立公司支付刘某荣2015年4月1日至5月20日工资及基本生活费4417.19元;(3)驳回刘某荣的其他诉讼请求。二审法院同意一审法院裁判意见,判决:驳回上诉,维持原判。[1]

关联企业轮流与劳动者签订劳动合同的,工作年限应合并计算。

【案例12-10】 叶某凤诉厦门上杰光学科技有限公司劳动争议案

二审法院认为,根据查明的事实:(1)厦门上杰光学科技有限公司(以下简称上杰公司)与万成公司在经营范围、公司股东、主要控股股东、生产地址均一致,属关联公司。2014年2月12日,万成公司与上杰公司合并后注销。(2)2011年11月,万成公司与包括叶某凤在内的三四十名员工办理了解除劳动关系手续,该三四十名员工随后又均在同一时间到上杰公司上班。上述事实结合原审证人苏某平的证言,可以认定是在万成公司、上杰公司的统一

---

〔1〕 参见国家法官学院案例开发研究中心编:《中国法院2019年度案例》(劳动纠纷),中国法制出版社2019年版,第140~141页。北京市第二中级人民法院(2017)京02民终6288号民事判决书。

安排下到上杰公司工作,其在万成公司所填写的《离职申请单》非个人真实意思表示。上杰公司主张叶某凤系其个人原因从万成公司离职到其处上班,不足以采信。因此,本案符合《劳动争议解释(四)》(已失效)第五条规定的情形,原审判决将叶某凤在万成公司的工作年限合并计算解除劳动合同赔偿金是正确的。综上,原审判决认定事实清楚,适用法律正确。上杰公司的上诉请求不能成立,依法予以驳回。判决:驳回上诉,维持原判。[1]

【案例12-11】 时某芳诉江苏隆力奇生物科技有限公司劳动争议纠纷案

一审法院认为,对于补偿金数额应根据时某芳的工资标准及工作年限予以确定。关于时某芳的工作年限问题,根据时某芳入职江苏隆力奇生物科技有限公司(以下简称江苏隆力奇公司)后北京隆力奇公司仍为时某芳缴纳社会保险的事实,并结合北京隆力奇公司通州2011年房租费的申请签呈中"终端运作中心审批意见"一栏有江苏隆力奇公司法定代表人徐某伟签字的事实,能够认定江苏隆力奇公司与北京隆力奇公司存在关联关系。而时某芳从北京隆力奇公司到江苏隆力奇公司工作应当属于劳动者非因本人原因原用人单位被安排到新用人单位工作,故在计算支付经济补偿金的工作年限时,时某芳主张把原用人单位的工作年限合并计算为新用人单位工作年限,法院应予支持。根据时某芳提供的《供销协议书》《商品供货合同》《商品购销合同》《隆力奇专柜专架协议书》内容,并结合时某芳与北京隆力奇公司所签订的两份劳动合同,能够认定2002年11月1日至2010年6月30日时某芳与北京隆力奇公司存在劳动关系。故其经济补偿金的计算年限应从2002年11月开始计算,江苏隆力奇公司应按照10.5个月为标准时间标准支付时某芳解除劳动合同经济补偿金。二审法院亦持同样意见。[2]

对于劳动者非因本人原因的判断标准可以从以下两个方面进行分析:一是符合《劳动争议解释(一)》第四十六条第二款的情形之一,且用人单位未支付经济补偿的前提下,是否能够直接得出工作年限连续计算的结论,单独审查是否符合非因劳动者本人的原因要件的必要性;二是审查劳动者提出辞职意思表示和外在形式即辞职信的效力。一般认为,按照该条司法解释的规定,应得出工作年限连续计算的结论,用人单位不能证明劳动者的非本人原因的应承担举证不能的法律后果。

---

〔1〕 参见国家法官学院案例开发研究中心编:《中国法院2017年度案例》(劳动纠纷),中国法制出版社2017年版,第127页。福建省厦门市中级人民法院(2015)厦民终字第350号民事判决书。

〔2〕 参见国家法官学院案例开发研究中心编:《中国法院2015年度案例》(劳动纠纷),中国法制出版社2015年版,第140~141页。北京市第二中级人民法院(2013)二中民终字第9645号民事判决书。

【案例 12-12】　赵某诉麦斯兰服装有限公司劳动争议案

二审法院认为,关于核算违法解除劳动关系赔偿金的工作年限,麦斯兰服装公司虽提交赵某在 2011 年 3 月 22 日写的《辞职信》,但赵某已对此做出合理解释,结合易才人力公司在 2011 年 3 月前后持续为赵某交纳社会保险的事实,并综合考虑以下因素:(1)赵某在 2008 年 3 月 31 日至 2013 年 3 月均被派遣麦考林邮购公司工作,此后赵某在 2013 年 4 月与麦斯兰服装公司签订劳动合同,但《员工手册》显示麦考林邮购公司、麦斯兰服装公司系麦考林企业集团的组成部分,即赵某在上述期间实际提供的对象之间存在密切的关联;(2)麦斯兰服装公司作出的两份《员工违纪处罚单》均载明赵某的入职时间为 2008 年 3 月 31 日,表明了其公司对于赵某实际工作年限的认可;(3)《员工手册》载明麦考林集团公司包括麦考林邮购公司、麦斯兰服装公司,虽在 2008 年 3 月 31 日至 2014 年 11 月存在劳动合同关系的用人单位以及实际用人单位发生变更,赵某始终受同样的《员工手册》的规范和管理;(4)劳动合同书、岗位说明书以及《员工违纪单》反映出赵某在 2008 年 3 月 31 日至 2014 年 11 月的工作地点、工作岗位均未发生变化等,在上述期间提供劳务的经历应属于"劳动者非因本人原因由用人单位被安排到新用人单位工作"的合理情形。判决:(1)维持一审判决第一、三、四项;(2)变更一审判决第二项为麦斯兰服装有限公司无需支付赵某 2013 年 4 月 1 日至 2014 年 11 月 25 日未休年假工资 24,188.77 元;(3)驳回赵某的其他诉讼请求。[1]

确定经济补偿金、赔偿金应将劳动者在关联单位的工作年限合并计算。个案中,应注重审查两个用人单位的关联程度,最大限度地保护劳动者的合法权益。

【案例 12-13】　泰州市泰帆工业用布有限公司诉卢某萱劳动合同纠纷案

一审法院认为,泰州市泰帆工业用布有限公司(以下简称泰帆公司)以卢某萱违反劳动规章制度为由与其解除劳动合同,但未能充分举证证明卢某萱存在诉称的违纪行为及其已将所依据的规章制度告知卢某萱,故泰帆公司解除劳动合同的行为缺乏事实和法律依据,构成违法解除劳动合同。卢某萱在申请劳动争议仲裁时主张泰帆公司为其办理离职及失业登记手续,故其本意应为不要求继续履行劳动合同。现卢某萱主张泰帆公司给付赔偿金符合法律规定,予以支持。泰帆布厂注销与泰帆公司成立具有时间上的先后延续性,泰帆布厂法定代表人陈某荣亦为泰帆公司股东,且卢某萱即 2007 年 7 月至 2015 年 12 月的社会保险费缴纳呈连续状态,故该两企业为关联企业。泰

---

〔1〕 参见国家法官学院案例开发研究中心编:《中国法院 2018 年度案例》(劳动纠纷),中国法制出版社 2018 年版,第 175～176 页。北京市第二中级人民法院(2016)京 02 民终 1612 号民事判决书。

帆公司认可泰帆布厂未对卢某萱进行经济补偿,故应将卢某萱在泰帆布厂及泰帆公司的工作年限合并计算。双方关于卢某萱在泰帆布厂及泰帆公司的工作起止时间陈述不一,且均未举证证明。故法院参照社会保险缴费记录载明的起止时间2007年7月至2015年12月计算,经核算赔偿金应为29,520元(1640元×9个月×2倍)。卢某萱申请劳动争议仲裁还主张泰帆公司为其办理相关离职、失业保险手续,因卢某萱现已办理了失业保险手续,故该诉请已不存在,法院依法不予支持。判决:(1)泰帆公司支付卢某萱违法解除劳动合同赔偿金29,520元。(2)驳回卢某萱的其他仲裁请求。二审法院裁定:允许泰帆公司撤回上诉,原审判决即发生法律效力。〔1〕

劳动者被用人单位主管部门借调,属于"劳动者非因本人原因从原用人单位被安排到新用人单位工作"的范围,可以在计算支付经济补偿或赔偿金的工作年限时进行合并计算。

【案例12-14】 刘某华诉淄博金雁达通信有限公司劳动合同纠纷案

二审法院认为,关于原审判决认定淄博金雁达通信有限公司(以下简称金雁达公司)计算刘某华违法解除劳动合同赔偿金的年限是否正确的问题。金雁达公司认可与刘某华的劳动合同到期日为2014年10月24日,金雁达公司主张2014年10月11日多次通知刘某华上班未果的情况下,作出与刘某华解除劳动关系的决定,但金雁达公司对该主张未提供证据证实,依法不予采信。故原审认定金雁达公司系违法解除劳动合同并无不当。刘某华自2000年4月入职金雁达公司,工作期间被主管部门借调工作,该借调行为是金雁达公司与其主管部门的内部行为,并非刘某华本人原因所致,故金雁达公司应当依法支付刘某华违法解除劳动合同赔偿金的年限为15个月,原审法院对此认定并无不当,依法予以确认。原审法院判决认定事实清楚,适用法律正确,审判程序合法,应当依法予以维持。判决:驳回上诉,维持原判。〔2〕

在破产程序中,劳动者未实际领取安置费的,在计算经济补偿金时可以连续计算工龄。

《劳动争议解释(一)》第四十六条对于工龄连续计算问题的细化和适用,是对该裁判观点的继承与明确。无论如何变更,只要前提条件是"非因劳动者原因",均应适用从严保护劳动者的原则。

---

〔1〕 参见国家法官学院案例开发研究中心编:《中国法院2018年度案例》(劳动纠纷),中国法制出版社2018年版,第200页。江苏省泰州市中级人民法院(2016)苏12民终1129号民事裁定书。

〔2〕 参见国家法官学院案例开发研究中心编:《中国法院2017年度案例》(劳动纠纷),中国法制出版社2017年版,第135页。山东省淄博市中级人民法院(2015)淄民三终字第559号民事判决书。

【案例12－15】　包某英诉上海申美饮料食品有限公司劳动合同纠纷案

判决观点，劳动者仍在原工作场所、工作岗位工作，劳动合同主体由原用人单位变更为新用人单位的，应当认定属于“劳动者非因本人原因从原用人单位被安排到新用人单位工作”，工作年限应当连续计算。劳动者用人单位发生变动，对于如何界定是否因劳动者本人原因，不应将举证责任简单地归于新用人单位，而应从该变动的原因着手，查清是哪一方主动引起了此次变动。劳务派遣公司亦不应成为工作年限连续计算的阻却因素。[1]

（五）工作年限合并计算认定

用人单位通知劳动者续订劳动合同的合理期限，主流观点认为，该合理期限为1个月。其一，1个月是法律规定签订劳动合同的期限。《劳动合同法》第十条和《劳动合同法实施条例》第五条规定，对于已建立劳动关系但未签订书面劳动合同的，应当自用工之日起1个月内订立书面劳动合同。劳动合同终止后续订劳动合同的，用人单位与劳动者成立新的劳动关系。基于用工延续性及连续性，新的用工关系始于前一份劳动合同终止之（次）日。依照前述规定，用人单位需于一个月内续订书面劳动合同。其二，超过1个月未签订劳动合同的，法律另有规制，即用人单位应向劳动者支付1个月起至订立书面劳动合同期间的双倍工资差额；此规则对于续订劳动合同的情形同样适用。故，1个月的续订时限有利避免法律的重复规制。其三，1个月是劳动法领域颇为统一的时限标准。如劳动者或用人单位单方解除劳动合同的，提前通知解除的时限为1个月。又如劳动合同应于用工之日起1个月内订立等。因此，续订劳动合同亦适用1个月时限，合乎同一法律领域内的标准统一。

【案例12－16】　黄某诉钢宇公司劳动合同纠纷案

判决观点，本案双方劳动合同期限于2018年8月27日到期，结合录音录像及放假内容，钢宇公司所举证据不足以其在劳动合同期满后1个月内有通知黄某续签劳动合同，应承担相应法律后果。结合钢宇公司未向黄某支付2018年9月起的工资，也未为黄某缴纳2018年9月起的社会保险费，足以表明钢宇公司以其行为表明不愿与黄某续签劳动合同，且双方最终也没有续签劳动合同。因此，钢宇公司依法应向黄某支付经济补偿金。此外，钢宇公司制造中心的品管工作主要是焊接生产及零部件等的品质检测，而生产中心的

---

〔1〕　参见《最高人民法院公报》2016年第12期（总第242期）。

品管工作则是整机的品质检测及品质策划等，两者工作内容明显不同，且根据双方提交的组织构架图，钢宇公司制造中心并无品管部门，在此情况下，钢宇公司通知将黄某调整至制造中心，黄某有理由相信新旧岗位工作条件等存在差异并予以拒绝。而钢宇公司未能按法院要求提供其员工整本的岗位职责与责任切结书或相关手册以供核对，在法院要求钢宇公司指派其员工李某出庭接受询问的情况下，李某未能出庭，故无法确认钢宇公司提交证据材料中李某签名的真实性，也无法确定李某所在部门及具体的工作内容和职责，故钢宇公司所举证据不足以证明其向黄某提供了不低于原劳动合同约定条件的续签合同，应承担相应法律后果。综上，钢宇公司应依法支付黄某经济补偿金。黄某于2015年8月28日入职钢宇公司，其劳动合同终止前12个月平均工资为4936.33元，则经济补偿金为14,808.99元。判决：(1)确认黄某与钢宇公司之间劳动关系于2018年8月28日终止；(2)钢宇公司支付黄某经济补偿金14,808.99元。[1]

〔1〕 参见国家法官学院、最高人民法院司法案例研究院编：《中国法院2021年度案例》(劳动纠纷)，中国法制出版社2021年版，第60～61页。福建省厦门市海沧区人民法院(2019)闽0205民初246号民事判决书。

二、劳动合同履行法律适用

（一）劳动合同继续履行认定

1. 劳动合同继续履行理解

“继续履行”作为一种重要的违约救济措施，是指在合同一方不履行合同义务或者履行义务不符合约定时，经守约一方当事人的请求，由法院以国家命令的形式强迫违约一方按照合同约定继续履行原合同义务。

劳动合同违法解除后，劳动者或用人单位要求继续履行劳动合同，其必然涉及劳动合同是否能够继续履行的问题。《劳动合同法》第四十八条规定的“劳动合同已经不能继续履行”，一般包括：其一，用人单位被依法宣告破产、吊销营业执照、责令关闭、撤销，或者用人单位决定提前解散的。其二，劳动者在仲裁或诉讼过程中达到法定退休年龄的。其三，劳动合同在仲裁或诉讼过程中到期终止且不存在《劳动合同法》第十四条规定应当订立无固定期限劳动合同情形。其四，劳动者原岗位对用人单位的正常业务开展具有较强的不可替代性和唯一性（如总经理、财务负责人等），且劳动者原岗位已被他人替代，双方不能就新岗位达成一致意见。其五，劳动者已入职新单位。其六，在仲裁或诉讼过程中，用人单位向劳动者送达复工通知，但劳动者拒绝。其七，劳动者原岗位、部门、项目撤销或终止的。其八，其他原因致使无法继续履行合同的。应注意的是，劳动者被违法解除是要求赔偿金还是继续履行取决于劳动者的诉求，按照法律规定用人单位是不能拒绝的。在法院确认劳动合同无法继续履行的情况下，劳动者仍旧可以就违法解除劳动合同赔偿金另行主张权利。

《劳动合同法》第四十八条规定了用人单位违法解除或终止劳动合同后，劳动者享有的权利以及用人单位应承担的法律后果。根据该条规定“劳动合同继续履行”可以理解为：用人单位违反本法规定解除或终止劳动合同，劳动者要求继续履行劳动合同，并且该劳动合同能够继续履行的，用人单位应当继续履行。即《劳动合同法》继续履行的前提是存在劳动合同能够继续履行的可能性。劳动合同不能继续履行，可从用人单位原因和劳动者原因两个层面分析。用人单位原因的不能履行包括:其一,用人单位丧失用工主体资格。用人单位被依法宣告破产、吊销或注销营业执照、责令关闭、撤销,或者用人单位决定提前解散的。其二,劳动者原岗位不存在。劳动者原岗位对用人单位的正常业务开展具有较强的不可替代性和唯一性(如总经理、财务负责人等),且劳动者原岗位已被他人替代,双方不能就新岗位达成一致意见的。应注意的是,用人单位仅以劳动者原岗位已被他人替代为由进行抗辩的,不宜认定为“劳动合同确实无法继续履行的”情形。因劳动者原因不能履行包括:其一,劳动者不具备建立劳动关系主体资格。劳动者在仲裁或者诉讼中达到法定退休年龄的。其二,劳动者已入职新单位的。劳动合同继续履行的目的在于维持劳动关系的长期稳定发展,而当劳动者已入职新单位后,如继续履行原劳动合同,将导致劳动者与新用人单位、原用人单位之间的关系混乱,不利于劳动关系的和谐与稳定。对此,原用人单位可以作为合同不能继续履行的抗辩事由。其三,仲裁或诉讼过程中,用人单位向劳动者送达复工通知要求其继续工作,劳动者明确拒绝的。应当注意的是,劳动合同在仲裁或者诉讼过程中到期终止且不存在《劳动合同法》第十四条应当订立无固定期限劳动合同情形的,也无需继续履行。其他明显不具备继续履行劳动合同条件的,作为兜底条款,赋予法官一定的自由裁量权,衡平劳资双方利益,作出最符合实际裁判。

《劳动合同法》第四十八条虽从最大限度地为保护劳动者的角度考虑,规定以继续履行为优先、经济赔偿为例外,但是不能简单理解为只要劳动者主张继续履行劳动合同,法官就必须对其主张无条件地予以支持,应考虑案件中是否存在“劳动合同已经不能继续履行”的情形,对于该情形的认定是实践中争议较大的问题。对此应结合具体案情,考虑用人单位的行业背景、岗位对于人才要求及岗位变化情况,劳动者自身履职能力以及双方是否还存在互信基础等因素综合评定,其中互信基础是劳动合同能否继续履行的关键。也就是说,除审查前述条件外,还应重点审查续续履行劳动合同客观基础和主观基础是否存在,缺少任何一方面基础都不宜继续履行。

一般而言,只有在用人单位违法解除劳动合同的情况下,劳动者才享有主张继续履行劳动合同的权利。在劳动双方协商一致解除情形下,劳动者不享有主张劳动合同继续履行的权利。

应强调的是,在双方确无“无法履行”可能的情形下,法官应依法裁判无需继续履行劳动合同,以避免强制性地维持劳动关系给劳动者和用人单位造成二次伤害。

2. 劳动合同无法继续履行

劳动者原岗位不存在的,一般不支持继续履行诉求。

【案例 12－17】　联联新产业投资基金管理（北京）有限公司诉费某佳劳动合同纠纷案

判决观点，本案中，联联新产业投资基金管理（北京）有限公司（以下简称联联新公司）以试用期内的表现不能胜任公司总经理职位为由与费某佳解除劳动合同，并就其主张提交了相应的考核标准及考核结果予以证明。首先，从《高管季度考核标准》的内容看，该标准中规定的考核结果系作为判定岗位薪资的依据，并未显示考核系费某佳是否符合录用条件的依据。其次，《高管季度考核标准》虽约定了试用期的考核标准，但也约定了考核周期为季度考核，现联联新公司仅考核了2个月，亦无法客观反映是否达到试用期的标准。最后，《高管季度考核标准》约定考核评定须考核双方签字确认，而《基金公司总经理考核》上并没有费某佳的签字确认。综上，联联新公司以此作为的考核依据不当，继而判定费某佳不能胜任总经理工作亦缺乏依据，因此，联联新公司以此为由与费某佳解除劳动合同亦存在不当，法院确认联联新公司与费某佳解除劳动合同违法。……本案中，首先，联联新公司与费某佳解除双方劳动关系后，联联新公司已经聘请了新的总经理，费某佳的原工作岗位已被他人替代，故费某佳要求继续回联联新公司担任总经理的事实基础已不存在；其次，费某佳主张如果没有总经理岗位的情况下，其同意在不调薪的情况下调到其他岗位，但是费某佳曾是联联新公司的最高管理者，因此其要求以最高管理者的薪资水平去其他岗位工作缺乏合理性，显然双方无法就新的岗位达成一致意见；最后，无论从联联新公司表述的其公司现阶段的构架看，还是从费某佳在职期间对公司搭建的设想看，联联新公司均是一个10人左右规模的小公司，因此联联新公司无法提供费某佳新的岗位亦具有合理性。综上，法院对联联新公司要求确认双方无需继续履行劳动合同的请求，予以支持。如前所述，联联新公司系违法解除劳动合同，故费某佳仍可就联联新公司违法解除赔偿金的请求另行主张权利。判决：确认联联新公司与费某佳无需履行原劳动合同。[1]

【案例 12－18】　北京恒信嘉业物业管理有限公司诉王某东劳动争议纠纷案

一审法院认为，本案中，王某东自述其在职期间只有其一个人作为法务，而北京恒信嘉业物业管理有限公司（以下简称恒信嘉业公司）解除双方劳动关系后，已经聘用了本案中该公司一方的委托代理人崔树某为该公司法务，王某东的原工作岗位已被崔树某接任，故王某东要求继续回恒信嘉业公司担任法务岗位的事实基础已不存在。另外，双方已有数个劳动争议案件，矛盾

---

〔1〕　参见国家法官学院案例开发研究中心编：《中国法院2019年度案例》（劳动纠纷），中国法制出版社2019年版，第77～78页。北京市海淀区人民法院（2017）京0108民初24639号民事判决书。

较为激励,劳动合同继续履行基础较弱。再者,王某东担任法务期间除处理日常法律事务外,还需作为委托诉讼代理人在法庭上的陈述与恒信嘉业公司的利益密切相关,要求双方有较高的信任度。鉴于以上情况,法院认为王某东与恒信嘉业公司之间的劳动合同已无继续履行的基础和可能。经法院释明,王某东坚持继续履行原劳动合同,恢复法务岗位工作,不接受恒信嘉业公司支付违法解除劳动关系赔偿金。综上,法院确认双方劳动关系于2016年5月25日解除,无需继续履行劳动合同。判决:(1)确认恒信嘉业公司与王某东之间劳动关系于2016年5月25日解除,双方无需继续履行原劳动合同;(2)确认恒信嘉业公司无需向王某东支付2016年5月25日至5月31日工资2206.89元。二审法院认为,在法务岗位已经由他人接替、双方矛盾较为激烈、法务岗位工作需要用人对此岗位人员高度信任的情况下,一审法院关于王某东与恒信嘉业公司之间的劳动合同已无继续履行之可能,进而确认双方劳动关系于2016年5月25日解除的认定并无不当。判决:驳回上诉,维持原判。〔1〕

劳动合同违法解除后,客观上已不能继续履行,劳动者要求恢复劳动关系的一般不予支持。

【案例12－19】 王某林诉眼力健(上海)医疗器械贸易有限公司劳动合同纠纷案

二审法院认为,《劳动争议解释(一)》第五十三条第一款规定,“用人单位对劳动者作出的开除、除名、辞退等处理,或者因其他原因解除劳动合同确有错误的,人民法院可以依法判决予以撤销。”劳动者对用人单位的违规开除、辞退等处理行为,有权申请法院予以撤销处理,而非确认开除、辞退等处理行为无效。据此,王某林提出的确认眼力健(上海)医疗器械贸易有限公司(以下简称眼力健公司)于2021年8月13日作出的《解除劳动合同通知》无效的诉讼请求,于法无据,不应予以支持。对于眼力健公司解除与王某林的劳动关系是否合法的问题。依据《劳动争议解释(一)》第四十四条的规定,因用人单位作出的开除、除名、辞退、解除劳动合同、减少劳动报酬、计算劳动者工作年限等决定而发生的劳动争议,用人单位负举证责任。故而本案中眼力健公司需承担证明其解除合法的举证责任。《劳动合同法》第三十九条规定……从上述规定可知,用人单位的处罚手段与劳动者的过错行为、损害后果之间应当程度相当,符合比例原则。只有当劳动者的过错程度、损害

〔1〕 参见国家法官学院案例开发研究中心编:《中国法院2018年度案例》(劳动纠纷),中国法制出版社2018年版,第98页。北京市第一中级人民法院(2016)京01民终7321号民事判决书。

后果达到严重的情形下,用人单位才能行使单方解除劳动合同的权利。而对于"严重"的判断,应结合用人单位的规章制度、用人单位的行业特点和劳动者的具体工作岗位等因素,综合考量劳动者违反规章制度的动机、是否多次违反、造成的后果或影响是否严重、是否造成重大损失、是否危及生产工作秩序等情形。具体到本案中,眼力健公司作为承担举证责任的一方,所举证据不足以证明王某林的不当行为已经达到其可以不经协商直接解除劳动合同的严重程度。故而原审法院认定眼力健公司解除其与王某林的劳动合同违法,并无不当。眼力健公司上诉主张其解除劳动关系合法,事实依据不足,本院对此不予支持。

对于眼力健公司与王某林之间的劳动关系是否应予恢复的问题。本院认为,与民商事合同不同,劳动合同具有较强的人身属性及人合性。劳动关系能否建立、能否健康稳固地持续下去,关键在于劳动者与用人单位能否建立互信基础,如用人单位对于劳动者知识、技能、敬业心的信任以及劳动者对用人单位提供必要的劳动条件和一定的发展空间的信任等。本案双方当事人在2017年即因解除劳动关系发生诉讼,被判恢复劳动关系后双方仍纠纷不断,至今已持续数年;本次诉讼中眼力健公司明确表示双方的信任已经完全破裂,不愿意继续履行劳动合同。上述事实表明,双方当事人已经缺乏继续履行劳动合同所需的信任基础,如强行判决继续履行合同,不仅无益于争议的解决,还可能引发更多的次生纠纷,既无助于用人单位和劳动者个人的发展,也有悖于《劳动合同法》关于"构建和发展和谐稳定的劳动关系"的立法目的。原审法院认定双方的劳动合同客观上已不能继续履行,符合常理常情,并无不妥。本案一审审理期间,王某林当庭表示如认定客观不能履行则愿意主张赔偿金,原审法院综合本案案情并考量双方诉求,依照《劳动合同法》第四十八条的规定,判决眼力健公司给付违法解除劳动合同的赔偿金,于法有据,金额核算亦无不当,本院予以支持。王某林提出的继续履行劳动合同的上诉主张及眼力健公司提出的不予给付赔偿金的上诉主张,本院均不予支持。对于王某林提出的眼力健公司向其支付2019年4月30日至2021年7月31日工资差额的诉求,本院认同原审判决分析意见,对此不再赘述。

综上,王某林与眼力健公司的上诉主张均不能成立。原审判决认定事实清楚,判决结果正确,应予维持。判决:驳回上诉,维持原判。[1]

3. 法官根据具体案情裁定是否履行

个案中,法官根据具体案情认定能否继续履行劳动合同的条件成就。

---

〔1〕 参见江苏省连云港市中级人民法院(2022)苏07民终4578号民事判决书。

【案例 12 - 20】 中信信托有限责任公司诉杨某劳动合同纠纷案

二审法院认为,对于一审认定的中信信托有限责任公司(以下简称中信信托)系违法解除与杨某的劳动关系,二审不持异议。本案二审主要的争议焦点为双方之间的劳动合同是否应当继续履行。法院认为涉案劳动合同已经不具有继续履行的条件,理由如下:第一,基于信托行业的特殊性,信托即委托人基于对受托人的信任,将其财产权委托给受托人进行管理。中信信托丢失委托人的财产,严重损害了中信信托的信誉。第二,中信行业从业人员需要发挥比其他行业更大的主观能动性和勤勉精神。此事件虽然未能查明原因,但杨某作为负责该项目的小组成员、信托执行经理、保险箱的开箱人之一,即便艺术品丢失并非杨某所为,杨某对财产的丢失也有难以推卸的责任。第三,双方之间已失去相互信任基础,现双方发生劳动争议已 2 年有余,中信信托一直明确表示拒绝与杨某恢复劳动关系,且双方在调查、交涉此事过程中均提交了诸多谈话录音作为证据,可以看出,因财产丢失事件,杨某与中信信托矛盾颇深,继续履行劳动合同已失去相互信任的基础条件,势必对中信信托的正常经营产生重大影响,同时杨某也无法顺利开展工作。第四,杨某之前的岗位已经取消,根据中信信托的陈述,杨某的工作能力和学历已不满足中信信托目前招聘工作人员的工作要求,且杨某有 2 年多未实际工作,客观上亦不具备继续履行劳动合同的条件。判决:(1)撤销一审判决第一项、第二项;(2)撤销中信信托作出的编号为 2017 - 001 的解除劳动合同书,中信信托与杨某之间的劳动关系于本判决生效之日起解除;(3)驳回中信信托的其他诉讼请求。[1]

实践中,能否继续履行劳动合同,除尊重劳动者的选择权外,亦应审查双方间劳动合同能否继续履行。如劳动者有无入职新用人单位、原岗位有无招录新员工、原岗位或部门有无裁撤等。除考虑上述客观"无法履行"情形下,亦应考察双方间是否丧失基本信任等主观情况。

【案例 12 - 21】 奇弩(北京)科技有限公司诉刘某军劳动争议纠纷案

判决观点,对于解除劳动合同的合法性问题,从事实理由方面,奇弩(北京)科技有限公司(以下简称奇弩科技公司)以"无法完成工作内容,领导发生冲突,浏览无关网页"三点原因解除双方之间劳动合同关系,但其公司所述三点解除理由均缺乏必要的有效证据支持;从程序方面,奇弩科技公司系 2015 年 12 月 22 日谈话过程中口头解除双方劳动合同,且未向刘某军出具书

---

〔1〕 参见国家法官学院、最高人民法院司法案例研究院编:《中国法院 2020 年度案例》(劳动纠纷),中国法制出版社 2020 年版,第 58 页。北京市第三中级人民法院(2018)京 03 民终 10173 号民事判决书。

面文件,未对解除事由进行说明并出示依据,故奇弩科技公司在解除程序方面亦有违法律规定。综上,奇弩科技公司确系违法解除双方劳动合同关系。对于继续履行问题。虽刘某军作为劳动者有权要求继续履行劳动合同,但考虑到:其一,刘某军2015年6月15日入职奇弩科技公司,在职工作6个月后,双方即发生本案所涉争议。结合录音等证据材料,法院认为,刘某军与奇弩科技公司间的确存在较大矛盾冲突;双方间矛盾冲突并未因时间的自然流逝或仲裁阶段的彼此沟通而有所削减,对比两份录音中的谈话内容,双方之间矛盾在一定程度上甚至有加剧的可能。其二,刘某军为硬件研发主要责任人员,其与奇弩科技公司法定代表人及投资人孙某齐间缺乏基本的互信关系及沟通可能性。在此情况下,一方面劳动关系双方缺乏互信基础及合作意愿,另一方面则可能导致双方矛盾进一步加剧,双方矛盾存在升级为肢体冲突、危及人身安全的可能性。故综合以上情况,法院对刘某军要求继续履行双方间劳动合同的主张不予支持,刘某军可依法另行要求奇弩科技公司依法支付违法解除赔偿金。判决:确认奇弩科技公司与刘某军劳动合同关系于2015年12月22日解除(违法解除),双方无需继续履行劳动合同。[1]

在一方当事人不同意的前提下,尤其是用人单位往往处于优势、管理地位,法官强行判决用人单位继续履行劳动合同对于双方争议并无实际意义,不宜支持劳动者继续履行的诉求。

【案例12-22】 付某霞诉北京丰台区妇幼保健院劳动争议纠纷案

判决观点,在丰台妇幼保健院解除劳动合同行为系违法解除的情形下,付某霞要求丰台妇幼保健院继续履行劳动合同。法院认为,医生作为特殊的职业,负有救死扶伤,维护公共安全的义务,亦要求医生与医疗机构之间存在高度的信任基础,但经法院调解,双方之间业已丧失信任的基任,无法达成一致意见,且该义务性质亦不宜强制履行,故对付某霞要求继续履行劳动合同的诉讼请求,法院难以支持。付某霞可另行主张要求丰台妇幼保健院支付违法解除劳动合同赔偿金。[2]

劳动者违背诚信原则,其要求继续履行劳动合同的诉求法律不予支持。

【案例12-23】 吴某诉中都物流公司劳动合同纠纷案

二审法院认为,关于劳动合同继续履行,2016年1月至2018年6月,吴

---

〔1〕 参见国家法官学院案例开发研究中心编:《中国法院2018年度案例》(劳动纠纷),中国法制出版社2018年版,第94~95页。北京市海淀区人民法院(2016)京0108民初14897号民事判决书。

〔2〕 参见国家法官学院案例开发研究中心编:《中国法院2018年度案例》(劳动纠纷),中国法制出版社2018年版,第102页。北京市丰台区人民法院(2016)京0106民初4230号民事判决书。

某曾向北京市海淀区人力资源和社会保障局提交了北京鸿运中天科技有限公司为其办理北京市工作居住证的申请报告、诚信声明、任职声明、劳动合同书、税收完税证明等材料，该局等单位对吴某所提交的材料予以认定并据此为其办理了北京市工作居住证。在吴某已经通过北京鸿运中天科技有限公司缴纳社会保险、代扣代缴个人所得税及申办北京市工作居住证的情况下，现其又以北京鸿运中天科技有限公司并非劳动关系为由要求与中都物流公司继续履行劳动合同，该主张与实际行为相悖且有违诚实信用原则。故对吴某要求与中都物流公司继续履行的上诉请求，不予支持。吴某的其他各项上诉请求，均无事实及法律依据，亦不予支持。判决：驳回上诉，维持原判。[1]

在用人单位违法解除劳动合同的前提下，判断双方是否能够继续履行合同时，除考虑是否存在客观不能履行的情况外，还应基于劳动关系中“人身隶属性”的特殊属性作为有限的主观考量，一是双方是否建立了履行劳动关系所需的信任基础，二是双方是否存在继续履行原劳动合同的现实可能性。

【案例12－24】 能源科技公司诉王某劳动合同纠纷案

一审法院认为，针对解除行为是否合法，能源科技公司作为劳动关系中负有管理责任的用人单位一方，应就劳动关系解除事由承担举证责任。科技公司主张以王某试用期不符合录用条件为由与其解除劳动合同，但并未就解除时将此事由告知王某提举证据，应承担举证不能的不利后果。退一步讲，即使能源科技公司以王某试用期不符合录用条件为由解除劳动合同，现有证据中关于王某试用期不符合录用条件的证据大部分由能源科技公司单方作出，缺乏客观的考核程序和考核标准，能源科技公司未就王某试用期不符合录用条件事宜与王某沟通确认提举证据，亦应承担举证不能的不利后果。综上，能源科技公司与王某解除劳动合同，缺乏事实依据，系违法解除。针对双方劳动关系能否继续履行，首先，王某被辞退时，其在能源科技公司工作时间刚满1个月，任职时间较短，王某的上级领导及其所在项目的上级领导均对王某作出负面评价，上述主客观原因均导致王某与能源科技公司之间的信任基础较为薄弱。其次，王某对能源科技公司的管理方式、业务水平亦不认可，能融洽地继续履行劳动合同的可能性不大。最后，劳动关系是兼具人身的隶属性与财产依附性的法律关系，在履行劳动合同的期间，双方相互信任、互相体谅在和谐的劳动关系中尤为重要。综合本案现有情形进行审慎考量及利益衡量，双方劳动合同已经不具备继续履行的基础。判决：能源科技公司无

---

〔1〕 参见国家法官学院、最高人民法院司法案例研究院编：《中国法院2021年度案例》（劳动纠纷），中国法制出版社2021年版，第49页。北京市第二中级人民法院（2019）京02民终703号民事判决书。

需与王某继续履行劳动合同。二审法院同意一审法院裁判意见。[1]

4. 劳动合同可以继续履行

用人单位要求解除双方签订的劳动合同没有事实及法律依据,双方签订的劳动合同应当继续履行。

【案例12-25】　玛纳斯县农村信用合作联社诉赵某文劳动争议纠纷案

一审法院认为,本案原告、被告订立无固定期限劳动合同,在合同履行过程中,由于被告赵某文犯非国家工作人员受贿罪,被玛纳斯县人民法院判处免予刑事处罚。原告认为被告违反其单位规章制度即《新疆维吾尔自治区农村信用合作社员工违反规章制度处理规定》第一百四十四条第四款规定,遂依据《劳动合同法》第三十九条"劳动者有下列情形之一的,用人单位可以解除劳动合同;……(二)严重违反用人单位的规章制度的;(三)严重失职,营私舞弊,给用人单位造成损害……"的两项规定,单方解除了与被告签订的劳动合同,被告对原告解除劳动合同持有异议,提出原告对此作出的两次处理违背了一事二理,因原告作出玛农信党发〔2012〕15号文件,系原告针对被告所犯之错开会讨论作出的拟处理结果,无论是何种处理结果,在文件未正式下发之前并未生效,该处理结果的请示上级未获批准的情况下,原告又开会研究作出玛农信〔2012〕第138号文件即关于解除赵某文劳动合同的决定,此不属于一事不二理,被告的辩解意见不成立,本院不予采纳。审查的重点是原告作为用人单位单方解除劳动合同时适用的两项依据是否成立。……所谓"用人单位制定的规章制度"是指企业等用人单位依照法律和民主程序制定的,在本单位范围内实行的组织生产经营和进行劳动管理的规则。其作为审理劳动争议案件的依据,必须具备以下条件:(1)制定主体合法;(2)内容必须合法;(3)制定程序必须符合民主程序,即规章制度必须经过职工代表大会或其他民主程序通过;(4)备案程序必须合法即必须向劳动行政部门备案;(5)必须经过公示,规章制度制定后必须尽到向职工告知的义务。告知,可以有多种形式,如在职工守则、劳动手册中告知,或通过组织职工学习的相关记录等。用人单位的规章制作即使符合法律法规,也通过了民主程序,但用人单位有没有尽到告知职工的义务,其制定的规章制度仍不具有效力。本案中,虽然原告制定的规章制度的主体和内容合法,但其规章制度的制定是否经过职工代表大会讨论和其他民主程序通过,其是否向劳动行政部门履行

〔1〕 参见国家法官学院、最高人民法院司法案例研究院编:《中国法院2022年度案例》(劳动纠纷),中国法制出版社2022年版,第71~72页。北京市第一中级人民法院(2020)京01民终6195号民事判决书。

备案义务，原告均未对此向法庭提交相关证据加以证实，加之被告提出其并不知晓原告制定《新疆维吾尔自治区农村信用合作社员工违反规章制度处理规定》的内容，而原告未就其已向被告公示或明确告知《新疆维吾尔自治区农村信用合作社员工违反规章制度处理规定》内容提交相关证据，故此规章制度不具有效力，在此情况下，原告适用《劳动合同法》第三十九条……即被告行为给原告单位造成何种重大损害，原告亦未提交相关证据加以证实，故原告作为用人单位单方解除劳动合同时适用两项法律依据的事实证据不足，从而导致其适用的法律依据有误。在程序方面，原告解除劳动合同的行为违反《新疆维吾尔自治区农村信用合作社劳动合同制管理办法》第二十四条“有下列情形之一的，甲方可以解除劳动合同，但应提前三十日以书面的形式通知乙方……”之规定，原告于2012年9月8日下发玛农信〔2012〕第138号文件即关于解除赵某文劳动合同的决定，同日，原告向被告送达了解除劳动合同通知书。9月9日，原告即向被告出具了解除劳动关系证明书。原告未就解除劳动合同之行为履行提前30日通知被告之义务，其解除劳动合同的程序明显违法。综上，原告作出解除劳动合同的决定缺乏事实依据，程序违法，依据《最高人民法院关于审理劳动案件适用法律若干问题的解释》第二十条第一款……之规定，本院依法予以撤销。故对原告主张维持作出玛农信〔2012〕第138号文件即关于解除赵某文劳动合同的决定、确认2012年9月9日出具的解除劳动关系证明书有效、不再履行劳动合同等各项诉讼请求，因事实证据不足，且程序违法，本院不予支持。原告、被告之间的劳动合同应继续履行，原告应依法为被告缴纳劳动合同履行期间被告应享有的各项社会保险及住房公积金等福利待遇。判决：(1)撤销原告玛纳斯县农村信用合作联社作出的玛农信〔2012〕第138号文件即关于解除赵某文劳动合同的决定、原告于2012年9月9日出具的解除劳动关系证明书无效，原告、被告签订的劳动合同继续履行。(2)原告玛纳斯县农村信用合作联社为被告赵某文补发2012年9月至今少发的工资、福利及奖金。(3)原告玛纳斯县农村信用合作联社为被告赵某文补缴2012年9月至今的社会保险费及住房公积金(具体缴费数额以经办机构核算为准，个人承担部分由原告交至被告)。二审法院判决：驳回上诉，维持原判。[1]

在劳动法和公司法有所交叉制度的空白领域下，公司高管的解除劳动合同问题，依据相应的法律原则和规则进行裁判。

---

〔1〕 参见国家法官学院案例开发研究中心编：《中国法院2015年度案例》(劳动纠纷)，中国法制出版社2015年版，第92~94页。新疆维吾尔自治区玛纳斯县人民法院(2013)玛民一初字第323号民事判决书。

【案例 12－26】　上海家化联合股份有限公司诉王某劳动合同纠纷案

二审法院认为,我国目前尚未建立独立于劳动关系外的委任制职业经理人制度。对于建立劳动关系后董事会聘任的高级管理人员而言,董事会通过的决议解除其职务应视为对此岗位的变更,并不必然导致劳动关系的解除。董事会决议是否有效应根据《公司法》的规定进行审查。公司基于劳动法享有的解雇权与其基于公司法享有的对高级管理人员的解聘权虽有牵连,但并不冲突。上海家化有限公司董事会决议撤销王某总经理职务后即与王某解除了劳动合同欠妥,综合王某的工作经历、工作能力和双方合同签订的情况及上海家化有限公司的实际状况,法院认为双方应继续履行劳动合同,但因王某已被撤销总经理职务,仲裁及诉讼期间王某工资支付标准按该公司 2014 年职工平均工资支付更符合公平合理原则。判决:维持一审判决第一项;撤销一审判决第二项;改判上海家化有限公司支付王某 2014 年 6 月 1 日至 6 月 24 日的工资人民币 10,520.77 元。[1]

女职工身患不孕症,且已逾女性黄金生育年龄,为了圆做母亲的梦想,接受现代辅助生育技术的帮助,系人伦之常情、社会之常理,值得肯定和包容。用人单位不仅不给予请假的便利,反而以旷工为由解除劳动关系,显属滥用解雇权,其行为既不合情,亦不合理,更不合法。

【案例 12－27】　刘某与中国某设计研究院有限公司劳动争议纠纷案

判决观点,劳动者应当遵守用人单位规章制度,用人单位行使用工管理权亦应合情合理合法。于法而言,刘某为接受辅助生育手术向中国某设计研究院有限公司(以下简称某设计研究院)履行了请假手续并提供了诊断证明等资料予以佐证,并不违反单位规章制度,并非无故不到岗工作;于情而言,刘某因患有不孕症而不得不实施人工辅助生殖手术,且其实施人工辅助生殖手术时已逾三十岁,已是晚生晚育的年龄,某设计研究院对此理应予以包容和理解;于理而言,生育不仅是女性员工自己的事,也是一个家庭的大事,更是关系国家和民族持续发展繁荣的大事,全社会都有义务鼓励、保障女性生育权的行使。因此,某设计研究院在刘某明确告知其需进行人工辅助生殖手术的情况下,仍要求刘某到岗,甚至以旷工为由与刘某解除劳动关系,缺乏最基本的人文关怀,既不合情,亦不合理,更不合法。遂判决某设计研究院应当继续履行劳动合同,并从 6 月 17 日起向刘某支付工资。[2]

---

〔1〕　参见郭伟清主编:《2016 年上海法院案例精选》,上海人民出版社 2017 年版,第 76 页。

〔2〕　重庆市高级人民法院发布重庆法院 2022 年度民事审判十大典型案例 6。审理法院:重庆市南岸区人民法院。

违法解除劳动合同后,法官支持继续履行合同的诉讼请求,根据具体案情并非支持劳动者回复原岗位的诉求。

【案例12-28】 韩某诉笔克展览展示公司劳动争议纠纷再审案

再审法院认为,关于韩某所提恢复原岗位问题。笔克展览展示公司违法解除韩某双方间的劳动合同,应继续履行与韩某间的劳动合同。鉴于韩某2022年4月8日已经年满50周岁,达到法律规定的退休年龄,且笔克展览展示公司亦陈述韩某原岗位职责已经分配给其他人员,故两审法院未对韩某要求恢复原岗位的主张予以支持,并无不妥。[1]

(二)客观情况重大变化认定

《劳动合同法》第四十条第三项规定,劳动合同订立时所依据的客观情况发生重大变化,致使劳动合同无法继续履行,经用人单位与劳动者协商,未能就变更劳动合同内容达成协议的,用人单位提前30日以书面形式通知劳动者本人或者额外支付劳动者1个月工资后,可以解除劳动合同。上述条文是情势变更原则在《劳动合同法》中的体现,根据该条文的规定,当双方订立劳动合同时所依据客观情况发生重大变化,致使劳动合同无法履行时,用人单位可以解除劳动合同。

实践中,对客观情况发生重大变化产生矛盾分歧的原因多集中于"客观情况"和"重大变化"这两个要素的衡量标准不一致上,即什么情况可以成为客观,变化到什么程度才能算得上重大。就其含义上讲,"客观情况发重大变化"的规定是依据情势变更原则建构,情势变更是"客观情况发生重大变化"的理论基础,但二者又有所区别。所谓情势变更原则,是指在当时双方签订合同之后,出现双方无法预见且无法克服的问题,从而导致签订合同的基础发生变化,当事人双方之间的权利义务关系出现重大失衡,合同约定难以履行或者失去履行合同的意义,此时应当允许双方变更或者终止合同,这里的"情势"包括作为合同基础的客观事实以及主观观念,即可以涵盖客观事实和主观要素。而"客观情况发重大变化",从文义上解释,"客观"表明情况应具备主观意识之外,不依赖精神而存在、为人的意志为转移等特点。"客观情况发重大变化"作为法定的用人单位正当解雇理由之一,目的是限制用人单位滥用解雇权。所以,不能仅因用人单位单方面的主观意识发生了改变,比如作出某种决定或经营调整,就直接认为"客观情况发重大变化",重要的是要分析发生情况的原因是否具有客观性、合理性。也就是

---

[1] 北京市高级人民法院(2022)京民申7101号民事裁定书。

说,"客观情况发重大变化"不可能延伸至重大理念调整等主观范畴,而是排斥所有主观意识的一种纯粹客观层面上的"情势变更"。就其程度上讲,"客观情况发重大变化"在程度上必须是实质性的、根本性的或异常的,要达到合同订立的基础已经发生质变或者量变积累到将要发生质变的地步。而且"变化"导致的最终的结果是劳动合同无法履行,即产生了履行不能、履行不现实或合同目的落空等直接的影响。

对"客观情况发生重大变化"具体判断可从以下几个方面考虑:其一,实质性变化。即重大变化是实质上的而非形式上的变化。其二,不可预见性。即发生的重大变化是合同订立时劳动者与用人单位不可预见的。其三,不可归责性。即该重大变化的出现不可归责于劳动合同的双方。

主流观点认为,劳动合同无法继续履行解除应满足四个条件:其一,出现了导致劳动合同无法继续履行订立时所依据的客观情况,致使劳动合同无法继续履行,如发生不可抗力或出现致使劳动合同全部或部分条款无法继续履行的客观情况等。其二,用人单位与劳动者就变更劳动合同事项进行过协商,如变更工作岗位或工作地点等,但双方未能就合同变更协商一致。其三,用人单位解除劳动合同前,事先将解除劳动合同理由通知了工会。其四,用人单位应在解除劳动合同前提前30日书面通知劳动者或者额外支付1个月的工资。

【案例12-29】 戴尔(中国)有限公司北京分公司诉邵某劳动合同纠纷案

一审法院认为,本案中,戴尔(中国)有限公司北京分公司(以下简称戴尔公司)主张解除劳动合同的法律依据系《劳动合同法》第四十条,并主张部门合并重组,导致客观情况发生重大变化,致使原合同无法履行,经协商调岗无果而解除劳动合同。但公司内部组织架构调整,是企业的可控情形,在此过程中产生的人员变动不构成法定的客观情况发生重大变化,故戴尔公司的解除行为不符合法定情形,系违法解除劳动合同,戴尔公司关于其解除劳动合同通知有效的请求于法无据,法院不予支持。另外,双方劳动合同于2016年6月5日到期,故仲裁裁决双方继续履行劳动合同至2016年6月5日并无不当,法院予以支持;因该合同现在已经到期,戴尔公司并未同意续签劳动合同,故双方的劳动合同到期终止,戴尔公司自2016年6月5日后无需继续履行劳动合同。判决:(1)戴尔公司继续履行与邵某签订的劳动合同至2016年6月5日,2016年6月5日后无需继续履行劳动合同。(2)驳回戴尔公司的其他诉讼请求。

二审法院认为,本案中,邵某工作岗位取消,系因内部部门合并而致,该调整并非订立合同时所依据的客观情况发生的重大变化。同时,就变更岗位一事,邵某并不同意,戴尔公司也明确表示未找到适合邵某的替代岗位,故一审法院认定戴尔公司的解除系违法解除并无不当。鉴于戴尔公司违法解除了与邵某的劳动合同,故邵某要求继续履行合同并无不当。因双方劳动合同的到期日为2016年6月5日,之后无需继续履行并无不当。综上所述,戴尔公司、邵某的上诉请求,应予驳回;一审判决认定事实清楚,适用法律正确,应予维持。判决:驳回上诉,维持原判。〔1〕

【案例12-30】 吴某民诉苏州西门子电器有限公司纠纷案

二审法院认为,本案中,因西门子德国总部在全球子公司推行削减成本、调整组织框架的计划,要求西门子公司各公司优化运营结构,消除冗余岗位,提高效率。苏州西门子电器有限公司(以下简称苏州西门子公司)作为子公司服从总部的统一指挥及安排,推行"冰山"项目,并依照中国总部及董事会的要求撤销MD5部门并重组MD1部门。由于吴某民岗位为"冰山"项目撤销岗位之一,并经工会同意撤销,故该变化并非苏州西门子公司恶意为之,属于不以苏州西门子公司主观意志为转移的客观情况,且上述客观情况较劳动合同订立时已经发生了重大变化,符合法律规定的劳动合同订立时所依据的客观情况发生重大变化,致使劳动合同无法履行的情形。鉴于此,苏州西门子公司就岗位变更多次与吴某民协商,但双方就劳动合同变更均未协商未果。虽吴某民认为《岗位调整意见征询表》表明双方就变更工作岗位达成一致,但该征询表系征询吴某民的意向,并非双方协议,也应考虑苏州西门子公司的客观实际,故仅凭征询表不能视为双方就岗位变更达成一致意见。据此,苏州西门子公司在事先征询工会意见的基础上依法解除了其与吴某民之间的劳动合同并向吴某民支付了高于法定标准的经济补偿金,苏州西门子公司已尽到自身义务,不存在违法情形,苏州西门子公司无需向吴某民支付违法解除劳动合同赔偿金。原审判决并无不当,法院予以确认。综上,原审判决认定事实清楚,适用法律正确,上诉人吴某民的上诉理由不能成立,原审判决并无不当。判决:驳回上诉,维持原判。〔2〕

用人单位为了追求企业利润而主动选择并采取适应市场变化的经营行为,不属于排除所有主观意识的一种纯粹客观层面上的"客观情况"范畴。

【案例12-31】 周某诉在线信息公司劳动合同纠纷案

一审法院认为,一般认为,劳动合同订立时所依据的客观情况发生重大变化,是指劳动合同订立后发生了用人单位和劳动者订立劳动合同时无法预见的变化,致使双方订立的劳动合同全部或者主要条款无法履行,或者若继

---

〔1〕 参见国家法官学院案例开发研究中心编:《中国法院2019年度案例》(劳动纠纷),中国法制出版社2019年版,第81页。北京市第三中级人民法院(2016)京03民终10830号民事判决书。

〔2〕 参见国家法官学院案例开发研究中心编:《中国法院2017年度案例》(劳动纠纷),中国法制出版社2017年版,第198页。江苏省苏州市中级人民法院(2015)苏中民终字第00430号民事判决书。

续履行将出现成本过高等显失公平的状况，致使劳动合同的目的难以实现。订立劳动合同时无法预见的重大变化通常是指自然灾害形成的不可抗力，受法律、法规、政策变化导致用人单位迁移、资产转移或者停产、转产、转(改)制等重大变化，或者特许经营性质的用人单位经营范围等发生重大变化。而庭审中双方的陈述及证据显示，在线信息公司系为了降本提效、全面提升审核效率，基于整个市场发展的形势而选择将周某所在的部门整体外包给第三方。此种情形不属于劳动合同订立时所依据的客观情况发生重大变化，在线信息公司以此为由与周某解除劳动合同不符合法律规定，应支付周某违法解除劳动合同赔偿金额。判决：(1)解除周某与在线信息公司签订的《保密、知识产权与不竞争协议》；(2)在线信息公司支付周某2019年4月23日至2019年8月7日竞业限制补偿金45,009.41元；(3)在线信息公司支付周某解除劳动合同赔偿金差额287,220元；(4)驳回周某的其他诉讼请求。二审法院同意一审法院裁判意见。[1]

用人单位为降低成本、提高效益，通过内部组织架构调整的方式使劳动者原工作岗位不复存在，进而解除劳动合同，这种情况不属于《劳动法》《劳动合同法》规定的客观情况发生重大变化。

【案例12－32】　邱某红诉参天制药(中国)有限公司劳动合同纠纷再审案

再审法院认为，适用《条文说明》第二十六条规定应当结合当时的历史背景和立法目的等来理解其列举的几种情形，才能够更加准确地领会《劳动法》和《劳动合同法》关于规定在客观情况发生重大变化时，用人单位可能与劳动者解除劳动合同的立法本意，不能随意其适用范围。客观情况发生重大变化应当是指用人单位面临的外部环境发生了其自身无法改变或者不能控制的重大变化，变更劳动者岗位或者与其解除劳动合同是用人单位不得不面临的事实，是无奈之举，具有很强的被动性。而本案参天制药(中国)有限公司(以下简称参天公司)进行组织架构调整是为了追求更高利润，使其能够成为行业龙头，所以参天公司与邱某红解除劳动关系劳动合同的原因不属于《劳动法》《劳动合同法》所规定的客观情况发生重大变化。判决：(1)撤销二审判决；(2)维持一审判决。[2]

---

〔1〕　参见国家法官学院、最高人民法院司法案例研究院编：《中国法院2022年度案例》(劳动纠纷)，中国法制出版社2022年版，第99页。北京市第三中级人民法院(2020)京03民终3801号民事判决书。

〔2〕　参见《人民司法·案例》2018年第14期(总第817期)。吉林省高级人民法院(2017)吉民再296号民事判决书。

(三)离职证明内容认定

1. 离职证明内容理解

离职证明是证明劳动者已与原用人单位解除或终止劳动关系、可以自主择业的重要书面证明,对于劳动者后续就业有一定影响。离职证明是用人单位出具的解除、终止劳动关系的证明,是劳动合同不再履行的标志。其主要作用为:一是有利于劳动者再就业,二是有助于劳动者享受社会保障以及政策红利。

离职证明内容是司法实践中多发争议焦点。在劳动合同解除或终止时,为便于劳动者重新就业,用人单位应出具解除或者终止劳动合同的证明,这在《劳动合同法》第五十条有规定。对于离职证明应该载明哪些内容,《劳动合同法实施条例》第二十四条规定:“用人单位出具的解除、终止劳动合同的证明,应当写明劳动合同期限、解除或者终止劳动合同的日期、工作岗位、在本单位的工作年限。”该条使用的是“应当写明”,也就是说离职证明必须具备以下四项内容:劳动合同期限、解除或者终止劳动合同的日期、工作岗位、在本单位的工作年限。这些内容都是一些客观事实,但是离职证明能不能写明超出上述四项内容之外的内容,该规定并未明确表明,尤其是对劳动者不利的事项,实践中的观点并不一致。有的法院认为,从《劳动合同法实施条例》第二十四条可知,用人单位出具解除或终止劳动合同证明仅限于写明劳动合同期限、解除或终止劳动关系日期、工作岗位、在本单位的工作年限,并未包括解除劳动关系的原因或涉及劳动者能力、品行等情况的描述。有的法院认为,《劳动合同法实施条例》第二十四条规定列明离职证明中应当记载的事项,应属管理性规定,而非强制性、效力性法律规定。并且,该条规定亦未排除用人单位将其他事项记载于离职证明之上的权利,离职证明不因内容缺少或超过前述规定应当记载的事项而自始无效。

主流观点认为,离职证明上载明的内容一般应仅限于客观性事实,诸如同事评价、工作表现等具有主观评价的内容,不应在离职证明上出现,否则有可能产生一系列负面影响,极有可能影响劳动者再次就业。从保障和促进劳动者再次就业权利出发,离职证明的内容应仅限于《劳动合同法实施条例》第二十四条规定的四项内容(对该条规定进行目的限缩),除非劳动者同意载明其他内容。一般来说,用人单位开具的离职证明应当真实记载劳动者在本单位工作的客观情况,而不允许对劳动者的品行、能力等进行评价。如果离职证明中记载有劳动者的负面信息,否则就会违反求职平等原则,致使劳动者减少或者丧失就业机会。在劳动关系中,劳动者本就是弱势的一方,而用人单位出具的离职证明对于劳动者后续就业具有较大的影响，若对于《劳动合同法实施条例》第二十四条的内容做扩大解释，可能导致劳动者的就业权利受损。因此，对于该法条的适用应当有进一步的解释。离职证明中，若有除了《劳动合同法实施条例》第二十四条规定的“四要件”之外的其他内容，则该内容必须具有合法性、正当性、合理性，且不能损害劳动者利益，否则，离职劳动者可以拒绝接受，并要求用人单位依法重新开具。现行法律并未规定离职证明中可以记载劳动者“不符合录用条件”及“双方存在劳动争议”等内容，但应禁止在法律规定之外增加其他内容。从离职证明的作用来看，其系协助劳动者再就业或享受社会保障以及政策红利，并不承载其他功能，新用人单位为避免用工风险，应当通过档案记录、背景调查等手段甄选录用人员，若离职证明记载对劳动者不利的事项，显然有违立法初衷。从用人单位出具离职证明的义务性质上看，《劳动合同法》第五十条规定的为劳动者出具离职证明是基于诚信原则而发生的后合同义务，该义务与劳动合同有较大的关联性，是劳动合同权利义务的延伸。既然用人单位出具离职证明系其义务，并非权利，就应当从劳动者的角度记载相关事项以保障处于相对弱势地位的劳动者，离职证明并非用人单位行使用工评价的管理手段。所以在劳动者未要求的情况下，用人单位出具的离职证明的记载无关信息，尤其是涉及对劳动者能力、品行等情况的描述信息，劳动者可以要求用人单位重新出具证明并赔偿因此造成的损失。从《民法典》第一千零三十二条来看，自然人享有隐私权。任何组织或者个人不得以刺探、侵扰、泄露、公开等方式侵害他人的隐私权。隐私是自然人的私人生活安宁和不愿为他人知晓的私密空间、私密活动、私密信息。私密信息的范围非常广泛，任何私人不愿意公开的信息都可以构成。只要这种隐匿不违反法律和社会公共道德，都构成受法律保护的隐私。所以劳动者在原单位的工作表现、个人品行以及其与原单位是否存在争议，不管这些信息是积极的还是消极的，只要本人不愿意公开且并非法律所要求必须公开的，个人隐匿这些信息并不违法，也不违反社会公德，原用人单位都不得在离职证明中记载这些事项，使得新用人单位或其他机构获悉这些信息。

2. 离职证明内容认定

离职证明的内容应仅限于《劳动合同法实施条例》第二十四条规定的四项内容，不应再载明其他内容，也就是说不能载明离职原因。

【案例 12－33】 杨某诉公路建设公司劳动合同纠纷案

一审法院认为，用人单位出具解除或终止劳动合同证明仅限于写明劳动合同期限、解除或终止劳动关系日期、工作岗位、在本单位的工作年限，并未包括解除劳动关系的原因或涉及劳动者能力、品行等情况的描述。本案中，公路建设公司于 2019 年 12 月 12 日为杨某出具了离职证明，但该证明未按照上述法律规定的内容进行书写,且带有涉及对劳动者能力、品行等情况的描述,为杨某再就业增加了不利因素,故杨某要求公路建设公司为此开具符合相关法律规定的离职证明,于法有据,应予支持。公路建设公司虽然同意为杨某重新出具离职证明,但坚持要在离职证明中对离职原因及是否与公路建设公司存在劳动争议的情况进行客观描述,该内容不利于杨某再次就业,亦不符合相关法律规定,故对公路建设公司的答辩意见不予采纳。判决:公路建设公司重新为杨某出具符合《劳动合同法实施条例》第二十四条规定内容的解除劳动合同的证明。二审法院同意一审法院裁判意见。[1]

【案例 12－34】 某某诉某公司劳动争议纠纷案

二审法院认为,用人单位出具解除或终止劳动合同证明仅限于写明劳动合同期限、解除或终止劳动关系日期、工作岗位、在本单位的工作年限,并未包括解除劳动关系的原因或涉及劳动者能力、品行等情况的描述。[2]

【案例 12－35】 潘某诉金山公司劳动争议纠纷案

二审法院认为,潘某另主张金山公司出具的《解除劳动关系证明》内容不实,亦导致其损失。本院认为,《劳动合同法实施条例》第二十四条规定,用人单位出具的解除、终止劳动合同的证明,应当写明劳动合同期限、解除或者终止劳动合同的日期、工作岗位、在本单位的工作年限。该规定未禁止用人单位在解除劳动合同证明上写明解除原因等其他内容。但应当指出,解除、终止劳动合同证明的立法价值在于,其一,为劳动者享受失业保险待遇、进行失业登记的凭证;其二,为劳动者证明在先劳动关系解体、以便再行求职的凭证。故解除、终止劳动合同证明的内容以满足上述审查需求即可。用人单位即便在解除、终止劳动合同证明内容上有所增加,亦应当善意披露劳动关系存续期间的事实,对于无披露必要的事实、增加劳动者不利负担的事实不应予以披露,否则可能侵犯劳动者合法权益,造成其损失。[3]

劳动者对离职证明的签字仅具有签收的效果,即确认其收到了离职证明,不具有处分放弃民事权利一意思表示。

【案例 12－36】 高某诉教育科技公司劳动争议纠纷案

二审法院认为,就高某在离职证明存根上的签字,从《劳动合同法》的相关规定可见,首先,离职证明是用人单位在解除或者终止劳动合同时向劳动

---

〔1〕 参见国家法官学院、最高人民法院司法案例研究院编:《中国法院 2022 年度案例》(劳动纠纷),中国法制出版社 2022 年版,第 142 页。北京市第一中级人民法院(2020)京 01 民终 5967 号民事判决书。

〔2〕 北京市第一中级人民法院(2020)京 01 民终 5967 号民事判决书。

〔3〕 北京市第一中级人民法院(2022)京 01 民终 10813 号民事判决书。

者出具的证明。其次，由用人单位为劳动者及时出具离职证明是劳动合同法加于用人单位的法定义务，离职证明基本上有用人单位单方制作，其具体内容往往亦未经劳动者协商一致达成。因此，离职证明应当载明的只是有关双方劳动合同履行的基本信息，这些信息具有易于证明不容易起争议的特点。如果仅因劳动者的签字就将其理解为双方的合意，甚至是劳动者的单方承诺，进而认定劳动者已经与用人单位结清了债权债务或者单方抛弃了某些权利，那么显而易见的是：用人单位只要让劳动者在离职证明上签字，就轻松地将本属于其法定义务出具证明的行为，变成了减轻或者免除自身债务、对劳动者不利的手段。这显然与劳动合同法的立法本意背道而驰。既然为劳动者出具离职证明规定用人单位的一项法定义务，那么出具离职证明的目的就只能是促进和保障劳动者的劳动权益，而不是保护原用人单位的利益，劳动合同法也没有规定劳动者需要在离职证明上签字确认。因此，对于劳动者签名的法律效果，原则上应解释为其收到离职证明的一种确认，也就是签收的效果。本案中，高某在离职证明存根上签字，而离职证明存根是离职证明的一部分，该签字仅代表高某签收了离职证明，不具有处分、放弃民事权利的意思表示。高某主张的加班工资应根据实际情况重新核算。判决：(1)撤销一审判决；(2)教育科技公司向高某支付2015年11月至2018年8月加班工资差额95,680.31元；(3)驳回高某的其他诉讼请求；(4)驳回教育公司的诉讼请求。[1]

【不同处理】　有的法院做出不同的处理。

【案例12－37】　某某诉某公司劳动争议纠纷案

二审法院认为，离职证明中应当记载的事项，应属管理性规定，而非强制性、效力性法律规定，且该规定亦未排除用人单位将其他事项记载于离职证明之上的权利，离职证明不因内容缺少或超过前述规定应当记载的事项而自始无效。可见北京市高级人民法院认为离职证明上载明的内容不限于《劳动合同法实施条例》第二十四条规定的四项内容。[2]（该案经过北京市高级人民法院再审审查，观点与该判决观点一致），该判决中对《劳动合同法实施条例》第二十四条规定的解读为：该规定列明记载的事项可以有变化。

【案例12－38】　李某锋诉中交四航公司劳动争议纠纷案

二审法院认为，原审法院根据双方当事人的诉辩、提交的证据对本案事

---

〔1〕　国家法官学院、最高人民法院司法案例研究院编：《中国法院2023年度案例》（劳动纠纷），中国法制出版社2023年版，第76～77页。北京市第一中级人民法院（2021）京01民终1751号民事判决书。

〔2〕　参见北京市第一中级人民法院（2023）京01民终232号民事判决书。

实进行了认定，并在此基础上依法作出原审判决，合法合理，且理由阐述充分，本院予以确认。本案中，李某锋以中交四航公司向其出具的《解除（终止）劳动合同证明书》第三条违反了《劳动合同法实施条例》第二十四条、《就业促进法》第三条为由，要求中交四航公司删除《解除（终止）劳动合同证明书》第三条并重新出具解除劳动合同证明文件，对此本院认为，《劳动合同法实施条例》第二十四条规定："用人单位出具的解除、终止劳动合同的证明，应当写明劳动合同期限、解除或者终止劳动合同的日期、工作岗位、在本单位的工作年限。"该条规定明确了用人单位出具解除、终止劳动合同证明应当具备的内容，但并未禁止将解除劳动合同的依据载于解除或者终止劳动合同证明书上，且中交四航公司出具的《解除（终止）劳动合同证明书》记载的解除劳动合同依据亦不构成违反《就业促进法》第三条"劳动者依法享有平等就业和自主择业的权利。劳动者就业，不因民族、种族、性别、宗教信仰等不同而受歧视"之规定，李某锋也未能提供证据证明《解除（终止）劳动合同证明书》记载的解除劳动合同依据不实，故李某锋要求中交四航公司删除《解除（终止）劳动合同证明书》第三条并重新出具解除劳动合同证明文件缺乏理据，本院不予支持。〔1〕

【案例12－39】 陈某欣诉伟昊公司劳动争议纠纷案

二审法院认为，关于重新出具解除劳动关系证明及就业损失、社保费、住房公积金损失的问题，依照《劳动合同法实施条例》第二十四条规定的："用人单位出具的解除、终止劳动合同的证明，应当写明劳动合同期限、解除或者终止劳动合同的日期、工作岗位、在本单位的工作年限。"用人单位出具解除或终止劳动合同的证明，应当写明劳动合同期限、解除或终止劳动关系日期、工作岗位、在本单位的工作年限，并未禁止将解除劳动关系的原因记载在解除劳动关系的证明上。现另案生效判决已经认定了陈某欣知晓单位规章制度，因旷工导致严重违反劳动纪律，伟昊公司以此解除劳动关系属于合法解除。因此，伟昊公司将该解除劳动关系的原因记载于解除劳动关系证明与事实相符，陈某欣要求伟昊公司另行出具解除劳动关系证明的依据不足，本院不予支持。陈某欣能否重新就职以及就职后的工资水平、社保、住房公积金数额等受多种因素的影响而有所差异，陈某欣主张伟昊公司的行为导致其损失缺乏充分的证据予以证实，一审判决驳回陈某欣要求伟昊公司赔偿上述损失的主张正确，本院予以维持。〔2〕

---

〔1〕 广东省广州市中级人民法院(2020)粤01民终4720号民事判决书。
〔2〕 广东省广州市中级人民法院(2022)粤01民终6286号民事判决书。

用人单位出具的离职证明上能载明劳动者离职原因。

【案例12－40】 刘某诉开普瑞曦公司劳动争议纠纷再审案

再审法院认为,《劳动合同法实施条例》第二十四条规定:“用人单位出具的解除、终止劳动合同的证明,应当写明劳动合同期限、解除或者终止劳动合同的日期、工作岗位、在本单位的工作年限。”刘某主张开普瑞曦公司开具的离职证明缺少在职时间和岗位信息,而在超出前述规定范围内增加了试用期不符合录用条件的离职原因事项,该行为违法且影响其再次就业及未来发展,要求开普瑞曦公司赔偿损失。对此本院认为,前述规定列明离职证明中应当记载的事项,应属管理性规定,而非强制性、效力性法律规定。同时,前述规定亦未排除用人单位将其他事项记载于离职证明之上的权利。离职证明不因内容缺少或超过前述规定应当记载的事项而自始无效。如用人单位向劳动者开具的离职证明缺少或超过前述规定内容存在不当,劳动者有权要求用人单位重新出具符合法律规定的离职证明,但劳动者以离职证明内容不符合法律规定为由直接要求用人单位承担赔偿责任,缺乏明确的法律依据。〔1〕

【案例12－41】 余某诉欧图公司劳动争议纠纷案

二审法院认为,关于余某对离职证明中所载“由于业务整合的原因经公司决定停止部门所有业务”之异议,欧图公司在离职证明中写明离职原因未违反法律禁止性规定,亦难以认定该内容对余某产生不利影响,但结合解除或终止劳动合同证明的实际用途以及《劳动部关于实行劳动合同制度若干问题的通知》第十五条有关用人单位出具的终止、解除劳动合同证明书“应写明劳动合同期限、终止或解除的日期、所担任的工作”“如果劳动者要求,用人单位可在证明中客观地说明解除劳动合同的原因”之规定,在余某有异议情况下,欧图公司宜不写入相关内容为妥。〔2〕

(四)特殊情形合同履行认定

1. 暂停履行认定

《劳动合同法》第三十九条第六项规定劳动者被依法追究刑事责任的,用人

〔1〕 北京市高级人民法院(2023)京民申2410号民事裁定书。

〔2〕 上海市第一中级人民法院(2022)沪01民终13188号民事判决书。

单位可以解除劳动合同,用人单位可以解除劳动合同,但对于劳动者被采取刑事强制措施的并没有涉及。根据《劳动部关于贯彻执行〈中华人民共和国劳动法〉若干问题的意见》第二十八条规定,劳动者涉嫌违法犯罪被有关机关收容审查、拘留或逮捕的,用人单位在劳动者被限制人身自由期间,可以暂时停止劳动合同的履行。但该条规定并没有涉及取保候审等刑事强制措施,因取保候审与拘留、逮捕的区别是显而易见的,取保候审并不属于完全限制人身自由的强制措施,其要求是未经公安机关批准不得离开所居住的市县,在传讯的时候及时到案等。在此情况下,劳动者客观上具有继续履行劳动合同的自由。故不能依据上述意见的规定推知劳动者在取保被取保候审期间,用人单位可以当然地暂时履行劳动合同。从法理的角度上讲,在劳动者被取保候审期间是否履行劳动合同,应针对其涉嫌犯罪性质进行区别对待,且不宜"一刀切"。如果劳动者涉嫌犯罪不涉及违反劳动纪律、职业道德,也不涉及严重失职、营私舞弊,同时劳动者可以完成劳动任务(涉嫌交通肇事罪被取保候审),则用人单位应与劳动者继续履行劳动合同,直至劳动者被依法追究刑事责任,用人单位方可依据《劳动合同法》第三十九条第六项解除劳动合同。如果劳动者涉嫌职务犯罪,或涉嫌犯罪的同时涉嫌严重违反劳动纪律、职业道德,或涉嫌严重失职、营私舞弊的情况,劳动者在被取保候审期间继续劳动合同,则很可能给用人单位造成更大的损失,故应允许用人单位采取一定措施保护其合法利益。但用人单位此时不能解除劳动合同,而需要等待刑事诉讼的最终结果。据此,用人单位在这种情况下可以采取暂时停止履行合同来维护自己的利益是不违背法律精神的。主流观点认为,要根据个案的具体情况做出最终认定用人单位在劳动者被取保候审期间暂时停止履行劳动合同。

【案例 12-42】 赵某诉北京东集兴业经贸有限责任公司劳动争议纠纷案

二审法院认为,本案争议的焦点为北京东集兴业经贸有限责任公司(以下简称东集兴业公司)在赵某被取保候审期间暂时停止履行劳动合同是否妥当。根据《劳动部关于贯彻执行〈中华人民共和国劳动法〉若干问题的意见》第二十八条规定,劳动者涉嫌违法犯罪被有关机关收容审查、拘留或逮捕的,用人单位在劳动者被限制人身自由期间,可以暂时停止劳动合同的履行。暂时停止履行劳动合同期间,用人单位不承担劳动合同规定的相应义务。由此可见,用人单位在特殊情况下暂时停止劳动合同是于法有据的。另法院注意到以下事实:(1)赵某所任职务为东集兴业公司董事、其控股的东华新业公司的董事长、总经理、党支部书记;(2)赵某 2012 年 7 月 13 日先被公安局机关拘留,同日,因其身患疾病被取保候审;(3)赵某涉嫌的犯罪为职务侵占罪;(4)赵某在取保候审期间一直在住院治疗,并未从事工作。综合考虑以上情况,法院论述如下:根据《劳动法》第三条第二款之规定,劳动者应当完成劳动任务,提高劳动技能,执行劳动安全和安全卫生规程,遵守劳动纪律和职业道德。本案中,赵某因涉嫌利用职务便利非法占有公司财物被采取刑事强制措施,相应的刑事诉讼程序尚未终结。鉴于此,东集兴业公司有理由怀疑赵某存在违反职业道德的行为。同时,赵某作为东集兴业公司董事并实际管控其控股公司,在其犯罪涉嫌被排除前,东集兴业公司为保护企业合法权益,认为赵某暂不适合继续担任双方在劳动合同中约定的职务并不违反法律规定。同时,赵某被公安机关拘留后,因身患疾病被取保候审,此间一直进行治疗,并未实际完成劳动任务,以致劳动合同的目的暂时无法实现。综上,东集兴业公司在赵某被取保候审期间暂时停止履行劳动合同并无不当,原审法院对赵某主张此间工资100,000元及医疗费52,632元的诉讼请求目前未予支持并无不妥。需要说明的是,待赵某相应的刑事诉讼程序结束后,对暂时停止劳动合同期间的损失,其可另行主张,原审法院对此未涉及并无不当。综上所述,原审判决正确,依法应予维持。赵某的上诉请求不能成立,法院予以驳回。判决:驳回上诉,维持原判。[1]

2. 特殊情形履行认定

企业解散往往涉及众多劳动者,影响面大,但《劳动合同法》第四十四条对此的规定非常简单,解散的要件及法律后果等重要问题均不明确。要正确使用该条规定,必须准确把握法条背后的价值权衡:在尊重企业经营自主权的同时兼顾劳动者权益的保护。既确保企业作为独立市场的主体自行决定经营方针的权利,又对无可归责的劳动者给予充分保护,防止企业滥用权利,随意借解散之名侵害劳动者的权益。解散清算期间,有必要对劳动合同的履行加大研究探索的力度。

---

〔1〕 参见国家法官学院案例开发研究中心编:《中国法院2015年度案例》(劳动纠纷),中国法制出版社2015年版,第68~69页。北京市第二中级人民法院(2013)二中民终字第14728号民事判决书。

三、劳动合同疑难问题

（一）高管提供劳动认定

高层管理人员提供劳动的内容、性质的特殊性决定了其工作时间的自主决定性和不确定性。实践中，多数公司高层管理人员根本没有明显的上下班时间标准，表现为上下班不需要在考勤机上打卡，出差和休假时间也往往可自由决定。考虑到高层管理人员工时的特殊性，《劳动部关于企业实行不定时工作制和综合计算工时工作制的审批办法》明确规定，企业可对高级管理人员实行不定时工作制。不定时工作制，是指因工作性质和工作职责的限制，劳动者的工作时间不能受固定时数限制，而直接确定职工劳动量的工时制度。它可适用企业中从事高级管理、推销、货运等特殊职位。劳动者入职用人单位时签订了劳动合同，约定劳动者采取定时工作制，但其后劳动者被任命为高层管理人员，用人单位不再对其进行考勤，劳动者亦不再需要坐班，而系通过邮件等方式远程办公。对此，可认定为用人单位与劳动者双方协商实际约定了劳动者采取不定时工作制。

一般情况下，普通劳动者所从事的劳动多是程序固定、内容单一、重复性高、替代性强的工作，因此他们付出的大多为时间性的价值，其工作定额容易量化和监督，劳动成果也可用时间来衡量计算。然而，公司高层管理人员所从事的经营管理活动并非一般体力劳动，而是一种更为复杂的脑力劳动，因此他们的劳动成果很难被量化处理。现实生活中，公司聘任高层管理人员时看重的是他们的商业知识技能与综合管理能力能否给公司创造高利润、好业绩，而不是这些高层管理人员工作时间的长短。因此，对于高层管理人员的劳动成果，只能从宏观方面，如通过利润指标、股票市场、公司业绩等来分析，这也是高层管理人员提供劳动判断标准不同于普通劳动者之处。

（二）工伤认定与工伤保险范围关系

一般来讲，认定了工伤的劳动者方可以享受工伤保险待遇，没有被认定为工伤的劳动者自然不能享受工伤保险待遇。从这个意义上讲,工伤认定决定了工伤保险待遇范围。实践中,对于认定工伤的纠纷带有普遍性,以下择其三种工伤认定疑难问题予以剖析。

1. 包工头认定工伤问题

建设工程实际施工人俗称包工头,因其自身因工死亡是否可认定为工伤是有争议的问题,争议的焦点是包工头是否为劳动者。主流观点认为,包工头也是劳动者,可以与普通劳动者一样认定为工伤并享受工伤保险待遇。《工伤保险条例》第二条第一款后半段规定:"应当依照本条例规定参加工伤保险,为本单位全部职工或者雇工(以下称职工)缴纳工伤保险费。"显然该条强调的全部,并未排除个体工商户、包工头等特殊用工主体自身也应当参加工伤保险。换言之,无论是从工伤保险制度建立本意,还是从工伤保险法的具体规定,均没有也不宜将包工头排除在工伤保险范围之外。包工头作为劳动者,处于违法转包、分包利益链条的最末端,参与并承担施工现场的具体管理工作,有的还直接参与具体施工,其同样可能存在工作时间、工作地点因工作原因而伤亡的情形。包工头因工伤亡,与其聘用的施工人员因工伤亡,就工伤保险制度和工伤保险责任而言,并不存在本质区别。根据《工伤保险案件规定》第三条第一款第四项、第五项规定,一方面是为了让工伤职工获得应有的救济,另一方面也是为了让具备用人资格的单位承担相应的法律责任,实现权责统一。虽然现行相关部委规章和规范文件对包工头自身因工死亡缺乏明确规定,但不应将包工头排除劳动者身份,拒绝纳入工伤保险范围,否则有违社会保障制度的宗旨和目的,也会给包工头及其家庭造成巨大影响,不利于实现对劳动者倾斜保护。

【案例 12-43】　刘某丽与英德市政府、建安公司、英德市人社局工伤认定纠纷再审案

最高人民法院认为,(1)在工伤保险责任的承担方面,建安公司与梁某洪之间虽未直接签订转包合同,但其允许梁某洪利用其资质并挂靠施工,可以视为已形成事实上的转包关系。参照《劳动和社会保障部关于确立劳动关系有关事项的通知》(劳社保发〔2005〕12号)第四条,《人力资源和社会保障部关于执行〈工伤保险条例〉若干问题的意见》(人社部发〔2013〕第34号)第七条规定,以及《工伤保险案件规定》第三条第一款第四项、第五项规定精神,可由建安公司作为承担工伤保险责任的单位。(2)关于包工头自身因工伤亡能否纳入工伤保险范围问题。首先,建设工程领域具备用工主体资格的承包单位承担其违法转包、分包项目因工伤亡职工的工伤保险责任,并不以法律上劳动关系或事实上劳动关系为前提条件。其次,将包工头纳入工伤保险范围,符合建筑工程领域工伤保险发展方向。再次,将包工头纳入工伤保险对象范围,符合应保尽保的工伤保险制度立法目的。最后,包工头违法承揽工程的法律责任,与其参加社会保险的权利之间并不冲突。因此,将因工伤亡的包工头纳入工伤保险范围,赋予其享受工伤保险待遇的权利,由具备用工主体资格的承包单位承担用人单位依法应承担的工伤保险责任,符合工伤保险制度的建立初衷,也符合《工伤保险条例》及相关规范性文件的立法目的。本案中,建安公司应当承担梁某洪因工伤亡的工伤保险责任。判决:撤销一审、二审判决,撤销英德市政府作出的行政复议决定书,恢复英德市人社局作出的视同工亡认定书的效力。[1]

2. 新兴业态从业人员工伤认定

近年来,快递、外卖送餐等新业态随着互联网电商的发展而迅速崛起。新业态的振兴,一方面为互联网经济的发展提供了强劲动力,另一方面也对于传统行业为模型设计的工伤保险制度提出了新的课题。在适用《工伤保险条例》第十四条第二项对新业态从业人员所受伤害进行工伤认定时,对"工作时间"、"工作场所"及"与工作有关的预备性工作"的认定,应充分结合该行业的自身特点进行综合考虑。

【案例 12 -44】 服务公司诉某区人力资源和社会保障局、某市人力资源和社会保障局工伤认定纠纷案

一审法院认为,工作时间、工作场所、工作原因是工伤保险行政部门认定工伤所需考量的主要因素。管理规范的传统公司,关于工作时间、工作场所和工作内容,公司相关规范性文件均有明确的规定,一般不易产生争议。而本案工伤认定产生争议,则与基于互联网发展所形成的新业态相关联。

本案中,服务公司一家人力资源公司,其职员高某通过手机软件为外卖公司提供送餐服务,并根据接单量取得劳动报酬。事实上,依托于互联网软件提供送餐服务的公司,其职员的工作时间和工作场所相较于传统企业具有一定的开放性。从接单那一刻起或者其登录系统之后处于可接单状态即可视为处于工作状态,而整个送餐所途经的地点可视为工作场所。对于"外卖骑手"这种新型业态工作时间和工作场所具有开放性,在骑手未接单的情况下认定工作时间和工作场所非常困难。正因如此,人社局并未依据《工伤保险条例》第十四条第一项规定,以"工作时间和工作场所内,因工作原因受到事故伤害"为由作出工伤认定,而是从案件实际情况出发,结合高某平时登录

---

[1] 参见《人民司法·案例》2022 年第 8 期(总第 955 期)。最高人民法院(2021)行再 1 号行政判决书。

接单系统的时间以及外卖骑手互联网送餐的行业特征,依据《工伤保险条例》第十四条第二项规定,以“工作时间前后在工作场所内,从事与工作有关的预备性或收尾性工作受到事故伤害”为由作出被诉工伤决定。

如前所述,高某从事的是互联网送餐服务,其工作主要内容是在互联网平台接收订单后,使用电动车从商户处取餐并送往客户指定的地点。从事送餐服务,电动车是当前主要的行驶工具。本案中,服务公司职员高某在早上6时45分为其电动车电池充电时,因电池故障导致火灾,引发了悲剧。因电动车系其工作的必备工具,每天充满电方可使用,故区人社局认定高某为电动车电池充电是其从事送餐服务工作有关的预备性工作,并无不当。

关于早上6时45分是否属于工作时间前后的问题。服务公司称其公司工作时间为上午9时至晚上10时,但并未提供相应的规范性文件予以证明,区人社局提供的高某接单记录显示其上午9时前均有接单记录,因此对服务公司所称的上述工作时间不能确认。《工伤保险条例》第十四条对“工作时间前后”并未作具体规定,在适用该法条时,需要考量的核心因素是“工作原因”。只要符合“从事与工作有关的预备性或者收尾性工作受到事故伤害”(因工作原因受到事故伤害)的条件,那么“工作时间前后”具体指多长时间,工伤认定行政部门可在个案中依据具体案情,结合工伤认定的原则精神及一般生活常识,综合考量后予以认定。本案中,服务公司职工高某为了准备工作早上6时45分为电动车电池充电。基于生活常识,电池充电是一个持续的过程,充满电所需时间一般较长,区人社局认定该时间段属于“工作时间前后”明显不违背生活常识。区人社局认定早上6时45分属于工作时间前后,并无不当。

综上,区人社局作出被诉认定工伤决定,认定事实清楚,适用法律正确,并无不当之处。市人社局作出的被诉复议决定,程序合法,结论正确。服务公司请求撤销被诉认定工伤决定及被诉复议决定的诉讼请求,缺乏事实和法律依据,依法不予支持。判决:驳回服务公司的诉讼请求。二审法院同意一审法院裁判意见。[1]

3. 超过48小时死亡工伤认定

超过48小时死亡工伤认定是司法实践中的疑难问题,也是争议最大的问题。

---

〔1〕 参见国家法官学院、最高人民法院司法案例研究院编:《中国法院2022年度案例》(劳动纠纷),中国法制出版社2022年版,第237~238页。北京市第二中级人民法院(2020)京02行终545号行政判决书。

【案例 12－45】 上海温和足步保健服务部诉上海市普陀区人力资源和社会保障局工伤认定纠纷案

判决观点，职工在工作期间和工作岗位上突发疾病，经抢救后医生虽然明确告知家属无法挽救生命，在救护车运送回家途中职工死亡的，仍旧认定其未脱离治疗抢救状态。自发病至死亡期间未超过 48 小时，应视为“48 小时之内经抢救无效死亡”，视同工伤。[1]

【案例 12－46】 鱼某梅诉新疆维吾尔自治区人力资源和社会保障厅等工伤认定纠纷案

二审法院认为，人民法院审理行政案件，对行政行为是否合法进行审查。新疆人社厅作出的(2016)劳工伤认 7 号《自治区人力资源和社会保障厅不予认定工伤决定》，在受伤部分填写：猝死，事故时间填写：2016 年 10 月 26 日，诊治时间填写：2016 年 10 月 26 日上午 9 时左右，李某军在学生公寓楼值班，吃早饭时突然脸色变了开始抽搐倒地，同事拨打“120”急救电话，9 时 32 分“120”到达现场抢救并送入解放军四七四医院住院治疗，于 2016 年 11 月 4 日，经治疗无效后死亡。在医疗救治基本情况与诊断结论处填写：“120”急救，于 9 时 32 分“120”到达现场抢救并送入医院住院治疗，于 2016 年 11 月 4 日，经治疗无效后死亡。诊断：(1)脑干出血；(2)脑梗死；(3)高血压病三级(很高危)；(4)慢性肾功能不全氮质血症期；(5)继发癫痫；(6)高血压性肾病；(7)应急性消化道出血。结论认为：不符合《工伤保险条例》第十五条第一款第一项“在工作时间和工作岗位，突发疾病死亡或者在 48 小时之内经抢救无效死亡”的规定，不予认定李某军视同工伤。新疆人社厅关于李某军死亡原因，在受伤部分填写猝死，与其对医院该断的描述、法院查明的解放军四七四医院认为死亡原因为多脏器死亡衰竭的事实不符，没有证据支持。新疆人社厅关于诊治时间认定为 2016 年 11 月 4 日，该时间与其事故经过描述和法院查明李某军于 2016 年 10 月 26 日住院诊治时间不符。新疆人社厅认定诊治时间认定为 2016 年 11 月 4 日，又认为李某军 2016 年 11 月 4 日死亡超过 48 小时，互相矛盾。据此，新疆人社厅所作行政行为认定的主要事实没有证据支持，依法应予撤销。复议机关维持新疆人社厅所作行政行为，依法应当一并撤销。

《工伤保险条例》第十五条第一款第一项规定，在工作时间和工作岗位，突发疾病死亡或者在 48 小时之内经抢救无效死亡，视同工伤。本案中，李某军在工作时间和工作岗位突发疾病的事实清楚，没有争议。关于“48 小时之

---

〔1〕 参见《最高人民法院公报》2017 年第 4 期(总第 246 期)。

内经抢救无效死亡”的问题，原则上超过48小时的，不能认定为工伤。但如果职工在48小时已确定无存活可能，只是单位和家属不放弃抢救，并经连续抢救致使死亡超过48小时的，能否比照《工伤保险条例》第十五条第一款第一项规定认定为工伤尚有争议。本案医院抢救病历可以证实，李某军自2016年10月26日意识为中昏迷状态，无自主呼吸，无生理、病理等反射。医院出具的两份证明，已证实医疗机构认为李某军2016年10月26日入院后病情危重，出现呼衰，如果不使用呼吸机，李某军会立即死亡，在2016年11月4日撤除仪器后李某军即死亡。虽然李某军心跳停止时间超过48小时，但在48小时内无呼吸机支持，已无存活可能。李某军为家庭支柱，其妻无固定职业，突然发病，其亲属惊慌无措。单位及亲属在李某军依靠机器维持的情况下，不放弃抢救，希望通过医疗技术手段挽回职工、亲人生命，亦为人伦常理，其情可悯。在2016年11月4日，李某军的亲属见李某军已回天无望，同意捐献李某军的器官，捐献出眼角膜，为社会作出最后贡献，其善举亦应嘉许。劳动者有享受社会保险和福利的权利，现代医疗技术的发展，为劳动者争取了更多抢救时间，这个时间会越来越长，出于对劳动者生命的尊重，亦让其有一个完整的抢救过程。本案李某军死亡能否比照《工伤保险条例》第十五条第一款第一项规定认定为工伤，行政机关可结合本案具体情况和社会发展，劳动者的死亡与工作的因果关系具体适用法律。

综上所述，被上诉人新疆维吾尔自治区人社厅作出的（2016）劳工伤认7号《不予认定工伤决定书》认定事实有误，依法应撤销。被上诉人新疆维吾尔自治区人民政府作出新政复决（2017）1号《行政复议决定书》，亦应撤销。原审法院认定事实清楚，但适用法律有误，应予纠正。上诉人上诉请求，法院予以支持。判决：（1）撤销一审行政判决；（2）撤销新疆维吾尔自治区人力资源和社会保障厅2016年12月18日作出的（2016）劳工伤认7号《不予认定工伤决定书》；（3）撤销新疆维吾尔自治区人民政府2017年4月19日作出的新政复决（2017）1号《行政复议决定书》；（4）由被上诉人新疆维吾尔自治区人力资源和社会保障厅于60日内重新作出行政行为。[1]

【案例12－47】　临沧市住建局诉临沧市人社局工伤保险资格认定案纠纷案

戴某某生前系临沧市住建局聘请的专业技术人员，被派驻到云南省永德县参与脱贫攻坚。2019年9月3日8时40分，戴某某被同事发现昏迷在房间后随即被送医救治。9月4日10时40分，经医院会诊，戴某某被诊断为：脑梗死、脑疝形成，同日23时20分，出现“双侧瞳孔散大固定、无自主呼吸、

---

〔1〕　新疆维吾尔自治区乌鲁木齐市中级人民法院（2017）新01行终264号行政判决书。

疼痛刺激无反应”的体征，被医院确诊脑死亡。戴某某家属决定人体器官捐献，报经批准后继续对戴某某行器官维护处理。9月5日14时30分，对戴某某行脏器取出手术，完成器官捐献。同日15时28分，临沧市人民医院出具诊断证明宣告戴某某死亡。9月16日，临沧市住建局向临沧市人社局提出工伤认定申请。临沧市人社局认为根据临沧市人民医院出具的死亡证明判断，戴某某从突发疾病到经抢救无效死亡的时间已经超过了48小时，不符合《工伤保险条例》第十五条第一款第一项关于视同工伤情形的规定，遂作出不予认定工伤决定。临沧市住建局向法院提起诉讼。一审法院认为，在人体器官捐献情形下，《工伤保险条例》第十五条第一款第一项规定的“突发疾病死亡或者在48小时之内经抢救无效死亡”的适用，应当以诊疗机构确认的脑死亡时间作为死亡时间。在确认戴某某人体器官捐献前是否符合视同工伤情形时，昆明市第一人民医院人体器官获取组织出具的诊断证明、临沧市人民医院出具的医学说明、中国人体器官捐献确认登记表等在案证据已形成完整的证据链，足以推翻《居民死亡医学证明（推断）书》关于戴某某死亡时间的认定。据此，一审法院判决撤销市人社局作出的《不予认定工伤决定书》并要求其重新作出具体行政行为。市人社局提起上诉，二审法院判决驳回上诉，维持原判。[1]

【典型意义】戴某某在履职过程中，因突发疾病经抢救无效不幸去世，其生前积极投身脱贫攻坚工作，长期坚守在最艰苦的岗位上。他以无私奉献的实际行动践行着自己的职责和使命。戴某某去世后，其家属延续了戴某某无私奉献、服务人民的价值追求，决定将戴某某的人体器官捐献给社会，以延续他人的生命。社会主义法治的目的在于保障人民权益，引导人民向善向上，法律适用应当维护当事人的合法权益，不能因当事人自身的善举而使其失去本应获得的合法权益，更不能使社会公益之举受挫。在人体器官捐献的情况下，以人体器官获取组织的诊断证明认定戴某某的死亡时间，不仅符合法律规定和医学伦理，也更能彰显社会主义核心价值观，有利于倡导公民敬业奉献、存善心、行善举。

（三）加班与值班区分认定

劳动者主张加班费的争议中经常涉及加班与值班区分问题，因为认定是加

〔1〕 最高人民法院发布4个涉劳动用工践行社会主义核心价值观典型案例之四，二审：云南省临沧市中级人民法院。

班，用人单位应支付加班费，而认定为值班则用人单位无需支付加班费。实践中，加班与值班往往混淆在一起难以区分，需要根据具体案情加以区别。

《劳动法》第四十四条对加班明确规定，即加班是指在正常工作时间之外安排劳动者进行工作。但现行法律对于值班并未作出具体规定，这也使得二者在区分认定上容易产生误区。应该肯定的是，加班与值班存在外在性和表面性共同之处。其一，二者均是在非工作时间进行本单位的工作，即二者所占用的时间都是非正常时间。如既存在夜间加班的情况，也存在夜间值班的情况；节假日亦是如此，既有节假日加班，也有节假日值班。其二，二者均是反映单位的意志，需要劳动者履行单位职责。换言之，一方面，无论加班或值班，都不是劳动者个人意志的体现，而是必须经过单位安排，体现单位的意志；另一方面，不管是加班还是值班，均需要由劳动者履行一定的单位职责，而不是为了实现劳动者的个人目的。加班与值班本质存在区别，其一，工作具体内容不同。加班是劳动者在正常工作时间外继续从事自己的本职工作，或者说继续完成自己的具体生产或经营任务，承担相应的生产经营责任。值班一般是指单位因安全、消防、假日等需要，临时或者根据规章制度安排劳动者从事本职无关联，或虽与劳动者本职工作有关联，一般为非生产性的责任。其二，工作强度不同。加班其实就是在非工作时间内正常工作，但值班期间可以休息，属于半工半休，其工作强度明显小于加班。其三，工资待遇不同。加班实质上属于正常工作在非工作时间内的延续，系劳动者的完全式劳动，故《劳动法》对其予以明确规定，即对加班的情形和相应情形下的工资待遇支付进行了刚性规范。值班并非完全意义上的正常工作，系劳动者的不完全式劳动，故法律对其并未予以明确规定，其相应的工资待遇也就不可能依据法律来确定。从现行的实际情况看，无论是用人单位的内部规章制度，还是用人单位的内部惯例，抑或用人单位与职工的具体约定，对于值班的工资待遇绝大多数是值班补贴、值班津贴或值班费的形式或名义出现，且一般要低于加班工资。有法官认为，加班与值班区别主要有：(1)工作强度不同。(2)时间限制不同。(3)审批程序不同。(4)所得待遇不同。[1]

实践中，对于加班与值班相应工资待遇的把握，由于加班及其相应的待遇报酬是法定的，故用人单位安排劳动者加班的，必须按照法定标准向劳动者支付加班费或者说是加班工资，法律支持劳动者的此类诉求。因值班在法律上并未有明确规定，故关于值班待遇一般情况下是由用人单位内部的规章制度予以规范，集体合同或劳动合同对此有约定或用人单位对此有惯例的，应按其执行。个案中，劳动者主张按加班费标准支付值班工资的，法官根据案情裁定；劳动者以值班为

---

〔1〕 参见王利明主编：《判解研究》2016年第1辑（总第75辑），人民法院出版社2016年版，第169～170页。

由要求加班工资的,则依法不应支持。

加班与值班区分认定,主要是看在工作时间是否继续在原来岗位上工作,是否存在具体的生产或经营任务,是否具有一定的休息时间(是否可以边工作边休息)。劳动者在非工作时间继续在原来的工作岗位上工作或者有具体的生产或经营任务,一般应认定为加班。反之,劳动者不是继续在原来的工作岗位上工作,也没有具体的生产或经营任务,或是虽被安排与本职工作有关联的值班任务但值班期间可以休息的,则应认定为值班。

【案例 12-48】 山东东泰矿业有限公司诉李某劳动争议纠纷案

二审法院认为,工作时间并非单纯的时间经过,应根据工作性质、岗位特点、工作内容等加以界定。根据《劳动法》相关规定,用人单位安排劳动者从事与本职工作有关的值班任务,但值班期间可以休息的,不属于用人单位支付加班费的范围。李某从事保卫工作,在值班期间可以休息,其主张工作日延长工作时间的工资报酬的诉求无法律依据,其上诉理由不成立,依法不予采信。判决:驳回上诉,维持原判。〔1〕

【案例 12-49】 丁某平诉淄博荣兴物业管理有限公司劳动争议纠纷案

二审法院认为,用人单位安排劳动者从事与本职工作有关的值班任务,但值班期间可以休息的,不属于用人单位支付加班费的范围。丁某平在入职淄博荣兴物业管理有限公司时即清楚自己从事保安工作,保安工作的性质就是从事值班任务,在此期间可以休息,不需要支付加班费。经济补偿金的计算基数是按照解除劳动合同前 12 个月的平均工资计算,丁某平月平均工资为 1550 元,一审法院据此计算经济补偿金并无不当。判决:驳回上诉,维持原判。〔2〕

【不同处理】 用人单位安排劳动者从事与其本职工作有关的值班任务,值班期间是可以休息的,劳动者不能要求用人单位支付加班待遇。因为此种情况下,用人单位已基本停止生产经营活动,安全防范的压力很小,单位一般只会要求门卫有事时开门,不需要时刻保持警惕,劳动者已进入“工作但不影响休息”的期间。从理论上讲,劳动者所提供的是一种或然性劳动,既可能提供劳动也可能不提供劳动;而白天的工作时间不兼有休息的属性,劳动者必然付出劳动,故不可以休息。夜间值班视为白天工作的延续,也就不能计算加班费。反之,如果门卫夜间值班不能休息,此时夜间的值班时间也具备了用途的唯一性(只受用人单位支

---

〔1〕 参见国家法官学院案例开发研究中心编:《中国法院 2018 年度案例》(劳动纠纷),中国法制出版社 2018 年版,第 117 页。山东省淄博市中级人民法院(2016)鲁 03 民终 220 号民事判决书。

〔2〕 参见国家法官学院案例开发研究中心编:《中国法院 2017 年度案例》(劳动纠纷),中国法制出版社 2017 年版,第 219 页。山东省淄博市中级人民法院(2015)淄民三终字第 744 号民事判决书。

配),应当计算加班费。门卫的夜间值班时间虽不完全受用人单位支配,但毕竟负担一定的工作职能,应当由用人单位进行适当的额外补偿,双方可以在劳动合同中对此进行约定,没有约定的,法官可综合门卫夜间值班所负的工作职责及强度,将其折算成白天的有效工作时间。有的法院将8小时之外的值班时间按2:1的比例折算成白天的有效工作时间。

特殊的工作岗位如保安岗位,劳动者的加班时间应结合劳动合同,企业管理制度及日常生活经验等进行综合认定,而不能因劳动者在正常工作时间外出现在工作岗位即认定为加班时间。

劳动者值备用班应认定为值班,而不是加班。

【案例12-50】　毛某某诉上海大宝化工制品有限公司劳动合同争议纠纷案

一审法院认为,诉争双方主要争议焦点为原告所值备用班性质为加班还是值班。值班是指单位因安全、消防、假日等需要临时安排或根据制度安排与劳动者本职无关联的工作;或者虽为劳动者本职工作有关联,但值班期间可以休息的工作,一般为非生产性的工作。加班则是劳动者在平时正常工作时间外,继续从事自己的本职工作,一般是属于生产经营需要。值班与加班的主要区别在于劳动者从事的是否为原岗位工作或者工作强度是否发生变化。被告公司制定的规章制度规定门禁管制标准作业程序由当班保安执行。出现火警、匪警时,当班保安主要完成通知、报警、核实、初期救援等任务。备用班人员主要完成火警、匪警的处置任务。并规定备用人员在宿舍待命,主要任务为协助当班人员处理突发状况。依规章制度可见,保安班与备用班的工作内容并不一致,保安班的主要工作任务为完成日常的门禁管理,而备用班主要任务是协助处理突发事件,平时处于待命状态。原告认为备用班人员除处理突发状况外,还需承担配合正班人员、顶岗、消防设施每天每周每月的检查、消防训练、厂房清洁等工作,并认为原告的部分工作与保安工作的一致,工作是常态化、实质性的。根据查明的事实,备用班人员确实需与其他保安一同参加例行的消防演习和训练。消防演习和训练并非每天举行,而是按周、月、季、年定期举行,况且被告组织保安消防演习外,还定期组织全体职工的消防演习。被告组织员工进行消防训练演习的目的应是提升保安人员以及全厂员工应对紧急状况的能力,属于工作技能的培训,并非保安人员日常的工作职责,故不能仅以备用班人员参加消防演习和培训即认定备用班工作职责与保安工作职责一致。被告的规章制度中仅规定22时至次日7时值班保安对全厂区域进行巡逻,也未明确针对消防设施的巡逻检查,可见保安的巡逻工作与原告所主张的备用班巡逻检查工作并不一致。原告值备用班也是被告安排的工作,也需完成一定的工作任务。综上可见,原告作为保安人员,其在值备用班时的日常主要工作与保安工作的内容并不一致,其工作职责主要是处理紧急状况,应属于用人单位因安全消防等需要,根据制度安排与劳动者本职无关联的工作,其性质属于值班。另外,即使如原告所述,原告在值备用班时从事了与保安工作一样的训练、演练、清洗、检查等工作。但上述工作也是非常态工作,与保安的主要工作强度相差明显。原告在仲裁时也陈述在没有消防演练、训练、检查任务时,原告在安管中心待命,白天不可以进入宿舍,夜间可以进入宿舍。根据原告的陈述,其在值备用班时存在可以休息的情况,按此判断,原告值备用班也应属值班性质。故一审法院认定原告值备用班应属值班,而非加班,其主张值备用班期间加班工资的诉讼请求,法院不予支持。判决:不予支持原告的诉讼请求。二审法院判决:驳回上诉,维持原判。[1]

游艇停港期间应认定为值班,而不是加班。

【案例12-51】 邵某诉万达地产公司劳动合同争议纠纷案

一审法院认为,被告依据航班时间计算了原告在此期间的加班时间,符合法律规定。但是对于所谓停航期间的加班工资,由于双方签订的劳动合同明确约定因工作需要加班的,应当提出加班申请,并经审批人员确认、批准后才算是有效加班。原告主张的加班,未能履行劳动合同约定的程序。同时,劳动合同另外约定考勤记录、打卡记录都不作为计算加班的依据。且游艇停泊期间,原告实际所从事工作不需要48小时连续工作,游艇上的基本设施也能保证原告的正常休息,所以原告在游艇停泊期间的工作,其实更符合驻艇值班的描述。据此,原告计算游艇停泊期间的加班时间依据不足,不予支持。其他诉讼请求,不予支持。判决被告某游艇公司应支付原告邵某延时加班费人民币7066.02元,双休日加班费人民币8515.46元。二审法院判决,驳回上诉,维持原判。[2]

(四)休假审批认定

劳动者带薪年假为目的申请出国,在已完成出国审批手续且在出国审批表中备注了"旅游"字样及出行时间的情况下,劳动者是否仍需要履行请假流程有争议。当下,基于出入境管理等需要,很多用人单位在单位的规章制度中规定了劳动者出国或出境需要履行审批手续,其中因公出国(境)引发争议的可能性较小,

---

〔1〕 参见邹碧华主编:《2014年上海法院案例精选》,上海人民出版社2014年版,第63~64页。

〔2〕 上海市第二中级人民法院(2014)沪二中民三(民)1332号民事判决书。

争议主要集中在因私出国(境),而劳动者因私出国(境)的大部分目的是到国(境)外休带薪年休假。因此,劳动者既要履行出国境审批手续,又要履行休假审批程序,已经成为一种较为常见的情况。在两种审批手续并存的情况下,不能主观判断二者能相互代替。可从二者审批的目的不同来理解:出国审批重在审查劳动者的出国目的、在国外停留的时长等,而休假审批重在审查劳动者的休假时间与用人单位的生产、经营活动是否存在冲突。基于目的导向不同,用人单位设置的审批部门和审批人员不同,相关部门和人员在决定同意与否所考虑的因素也不同。因此,不能因为用人单位负责审批出国的手续部门和人员已经知晓并同意劳动者将在某一段时间内出国休假,就认定劳动者无需单独履行休假审批手续。虽然两个流程中的人员可能存在重叠但不尽相同,不能互相代替各自的审批手续。

【案例 12－52】　航空科技公司诉高某劳动争议纠纷案

一审法院认为,双方均认可高某于 2019 年 1 月 17 日至 2019 年 1 月 25 日未出勤,但就上述期间是否构成旷工各执一词。就此分析如下:《职工带薪年休假条例》第五条第一款规定:单位根据生产、工作的具体情况,并考虑职工本人意愿,统筹安排职工年休假。据此,高某休带薪年休假应事先取得航空科技公司的审批同意。依据双方均认可真实性的《员工手册》及《考勤管理制度》,高某提前填报《请假申请单》并经部门领导及公司主管领导两级审批同意后方可休假。现高某休假前未获得部门领导、公司主管领导审批通过,休假后亦未获得部门领导、公司主管领导的全部追认同意,存在不当。高某虽主张其于休假前完成了因私出国(境)审批流程,应视为公司已批准其休假,但依据双方均认可真实性的《请假申请单》与《因私出国(境)审批表》可知,出国审批流程与休假审批流程的审批部门和审批人员不尽相同,二者并非可以相互替代的关系。同时需要指出的是,高某应先取得航空科技公司的休假审批,下一步才涉及休假期间能否出国(境)等问题。综上,对高某之上述主张不予采信。高某另主张休假前取得部门经理的口头批准、休假后曾取得董事长的口头追认,但未就此提供相应证据,故不予采信。综上,认定高某在其休假申请未获审批同意的情况下,擅自于 2019 年 1 月 17 日至 1 月 25 日出国休假,违反了航空科技公司的规章制度,应认定为旷工,考虑到高某连续旷工达 7 日之久,航空科技公司依此为由解除劳动合同并无不当。判决:航空科技公司无需支付高某违法解除劳动合同赔偿金 253,269.8 元。二审法院同意一审法院裁判意见。[1]

---

〔1〕 参见国家法官学院、最高人民法院司法案例研究院编:《中国法院 2022 年度案例》(劳动纠纷),中国法制出版社 2022 年版,第 80～81 页。北京市第一中级人民法院(2020)京 01 民终 2886 号民事判决书。

(五)劳动合同中止认定

劳动法未引入不可抗力免责条款,主要原因是劳动关系是一种从属性的不对等关系,不同于民事关系是两个平等主体之间的关系。如果用人单位因不可抗力而免责,则会直接影响劳动者生存权。劳动报酬是劳动者赖以生存的经济来源,即使出现不可抗力,劳动者的该项权益仍需予以维护,用人单位也应谨慎区分民事关系与劳动关系适用不可抗力的条件、法律后果,避免适用错误,侵害劳动者权益,并因此承担违法后果。用人单位能否以新冠疫情属不可抗力为由中止劳动合同。

【案例12-53】 张某诉某物流公司劳动争议纠纷案

张某为某物流公司员工,双方签订的劳动合同约定其从事跨省货品运送工作,月工资为5000元;物流公司于每月底发放张某当月工资。受疫情影响,物流公司按照所在地区人民政府施行的防疫措施,自2020年2月3日起停工。2月底,张某发现公司未发工资,便询问公司人力资源部门,人力资源部门答复:"因疫情属不可抗力,公司与你的劳动合同中止,2月停工你无需上班,公司也没有支付工资的义务。"张某对此不理解,于3月初,通过互联网向劳动人事争议仲裁委员会(以下简称仲裁委员会)申请仲裁。仲裁委员会裁决物流公司支付张某2020年2月工资5000元。物流公司不服仲裁裁决起诉,一审法院判决与仲裁裁决一致,物流公司未上诉,一审判决生效。本案的争议焦点是物流公司能否以不可抗力为由拒绝支付张某工资。本案中,物流公司主张疫情属不可抗力,双方劳动合同因此中止缺乏法律依据,仲裁委员会不予采信。物流公司自2020年2月3日停工,张某2月未提供劳动。根据人力资源社会保障部办公厅《关于妥善处理新型冠状病毒感染的肺炎疫情防控期间劳动关系问题的通知》(人社厅明电〔2020〕5号)第二条规定:"企业停工停产在一个工资支付周期内的,企业应按劳动合同规定的标准支付职工工资。超过一个工资支付周期的,若职工提供了正常劳动,企业支付给职工的工资不得低于当地最低工资标准。"仲裁委员会裁决物流公司按照劳动合同约定,支付张某2020年2月工资5000元。一审人民法院判决结果与仲裁裁决一致。[1]

司法实践中,长期两不找劳动争议,往往包含一定特殊历史因素,在企业改制

〔1〕 人力资源社会保障部、最高人民法院发布第一批劳动人事争议典型案例之一。

过程中,有些用人单位与劳动者建立过合法劳动关系,但是用人单位长期不给劳动者安排工作、发放工资,劳动者亦长期未向用人单位提供劳动,两不找状态持续十几年甚至几十年。在这种长期两不找情形下,判断劳动关系是否存在,应从双方是否建立过合法劳动关系、用人单位是否履行法定程序解除劳动关系两个方面分析判断。在举证责任的分配上,应由用人单位举证证明劳动合同已经合法解除,否则应当认定双方劳动关系仍然存续,但两不找情形下,双方并未实际履行劳动合同,劳动关系处于中止状态,双方不享有和承担劳动法上的权利义务。也就是说,长期两不找状态下劳动关系中止,用人单位不承担劳动法上的义务。

【案例 12－54】　伊某诉某矿业公司确认劳动关系纠纷案

二审法院认为,本案双方当事人的争议焦点为自 1992 年至伊某达到法定退休年龄期间双方是否存在劳动关系,即长期两不找状态下,双方劳动关系是否存续。本案中,伊某于 1992 年起未再向某矿业公司提供劳动,某矿业公司未安排其工作,亦未与其解除劳动关系,双方均无有效证据表明曾向对方主张过任何权利,长期处于两不找的状态。在此期间内,双方未实际履行劳动合同,劳动关系处于中止履行状态,双方不享有和承担劳动法上的权利义务,某矿业公司无需支付伊某劳动关系中止期间的生活费。判决确认伊某与某矿业公司自 1975 年 3 月至 2011 年 6 月 5 日(退休之日)双方存在劳动关系;驳回伊某的其他诉讼请求。[1]

(六)劳动条件认定

所谓劳动条件,是指用人单位所提供的用以保证劳动者完成工作任务的必要条件,劳动条件的目的和作用在于保证劳动者生命安全和身体健康,保障劳动者履行劳动义务、完成用人单位下达的工作任务。工作岗位或职位虽属于劳动合同约定的重要内容,但不属于《劳动合同法》第三十八条规定的劳动条件,因此用人单位在未与劳动者协商一致的情况下变更劳动合同约定的职位,劳动者以用人单位未按劳动合同约定提供劳动条件为由主张解除劳动合同的经济补偿的,不应支持。立法者认为,劳动条件主要是指用人单位为使劳动者顺利完成劳动合同约定的工作任务,为劳动者提供必要的物质和技术条件,如必要的劳动工具、机械设备、工作场地、劳动经费、辅助人员、技术资料、工具书以及其他一些必不可少的物

---

〔1〕 山东省高级人民法院发布十大劳动争议典型案例。山东省泰安市中级人民法院(2021)鲁 09 民终 3919 号民事判决书。

质、技术条件和其他工作条件。[1]《劳动合同法》第三十八条所称的“劳动条件”,法律上未作明确界定。劳动保护和劳动条件是指在劳动合同中约定的用人单位对劳动者所从事的劳动必须提供的生产、工作条件和劳动安全卫生保护措施。即用人单位保证劳动者完成劳动任务和劳动过程中安全健康保护的基本要求。包括劳动场所和设备、劳动安全卫生设施、劳动防护用品等。本法第十七条规定劳动保护和劳动条件是劳动合同的必备条款,即提供劳动保护和劳动条件是用人单位应尽的义务,如果用人单位未按照国家规定的标准或劳动合同的规定提供劳动条件,致使劳动安全、劳动卫生条件恶劣,严重危害职工的身体健康,并得到国家劳动部门、卫生部门的确认,劳动者可以与用人单位解除劳动合同。[2] 最高人民法院认为,劳动条件,是指劳动者在保证生命健康安全的情况下,从事生产劳动必不可少的条件。用人单位未按照劳动合同约定提供劳动条件,主要是指劳动环境差、没有必要的劳动保护措施,甚至有危及职工生命健康等因素的存在等,侵犯了劳动者正当合法的劳动权益。[3]

从内容和范围上讲,《劳动合同法》第三十八条项下的劳动条件,在狭义上,至少包括保证劳动者生命安全和身心健康的劳动安全卫生条件,类同于劳动保护等劳动基准;“劳动保护、劳动条件和职位危害防护”作为《劳动合同法》第十七条规定的劳动合同必备条款之一,与其他必备条款并列而互斥,也就是说,劳动条件不包括工作内容和工作地点、工作时间和休息休假、劳动报酬和社会保险等事项。而在广义上,劳动条件涵盖前述事项,接近于劳动合同约定的条件。

关于用人单位安排加班尤其是超时加班,违反劳动合同关于工作时间和休息休假的约定,构成未依约提供劳动保护或劳动条件的争议,有不同观点。主流观点认为,用人单位安排加班一般不构成未依约提供劳动保护或劳动条件。

【案例12-55】 邱某诉某公司劳动争议纠纷案

二审法院认为,本案邱某提供的证据虽能证实其在2016年3个月中加班时间超出了《劳动法》规定的上限,但并无证据证明该情况长期存在,也无证据证明显示其身体有恙与长期加班存在直接的因果关系,劳动关系中双方长期的劳动合作,应当有一定的容忍义务,本案公司虽有安排加班但按时足额支付了加班工资;邱某对加班时间超出法定上限不满,但并未提供证据证明该情况长期存在,或造成了严重后果,或其就该情况曾与公司协商过,故以

---

〔1〕 参见全国人民代表大会常务委员会法制工作委员会编:《中华人民共和国劳动合同法释义》(第2版),法律出版社2013年版,第56页。

〔2〕 参见全国人民代表大会常务委员会法制工作委员会编:《中华人民共和国劳动合同法释义》(第2版),法律出版社2013年版,第132页。

〔3〕 参见最高人民法院民事审判第一庭编著:《最高人民法院新劳动争议司法解释(一)理解与适用》,人民法院出版社2021年版,第556页。

此为由单方解除劳动合同要求经济补偿的理由尚不充分,本院不予支持。[1]

延长工时被视为未提供劳动条件。

【案例12－56】　许某诉某物业公司劳动争议纠纷案

二审法院认为,物业公司将许某的工作时间调整为上一天休两天,且拒绝按照原工作时间继续履行合同,该调整对许某的工作强度及劳动报酬均产生实质影响,应当认定为物业公司未按照劳动合同约定提供劳动条件,许某有权提出解除劳动合同。[2]

用人单位缩短工作时间(或未安排足量工作),违反劳动合同约定的工作时间,构成未依约提供劳动条件的争议。法院一般认为缩短工作时间本身不直接构成未依约提供劳动条件。

【案例12－57】　陈某诉某公司劳动争议纠纷案

二审法院认为,一审法院在陈某没有提交任何证据的情况下,径行认定公司没有安排任何工作给陈某,一审法院该认定事实依据不足。退一步说,即使陈某的工作量相应减少,亦不属于《劳动合同法》第三十八条第一款规定"未按照劳动合同约定提供劳动条件的情形",按照文义解释,劳动条件是指用人单位按照劳动者顺利完成劳动合同约定的工作任务,为劳动者提供必要的物质、技术和安全卫生条件,如必要的劳动工具、机械设备、工作场点(工作地点)等,本案中,陈某工作的地点、工作的场所、工作的时间都没有任何的变更,完全不符合"未提供劳动条件"情形。[3]

缩短工时被视为未提供劳动条件的案例。

【案例12－58】　某某诉某公司劳动争议纠纷案

二审法院认为,关于经济补偿金的问题,上诉人因企业自身原因无法按法律规定安排足够的工作时间,致使被上诉人不能实现劳动目的保障生活需要提出解除劳动合同的申请,原审法院依据最低工资标准支付经济补偿金并无不妥。[4]

【案例12－59】　周某诉某公司劳动争议纠纷案

二审法院认为,公司因锅炉改造停产,后虽发出通知周某恢复上班,但周某按通知时间到厂后,公司并未实际为周某安排工作、提供劳动条件。根据

〔1〕浙江省嘉兴市中级人民法院(2016)浙04民终2199号民事判决书。
〔2〕江苏省南京市中级人民法院(2017)苏01民终817号民事判决书。
〔3〕广东省韶关市中级人民法院(2021)粤02民终293号民事判决书。
〔4〕河北省石家庄市中级人民法院(2020)冀01民终1679号民事判决书。

《劳动合同法》第三十八条第一款第一项、第四十六条的规定,公司的做法实质上已导致周某无法继续履行劳动合同,用人单位未向劳动者提供劳动条件而致劳动关系解除的,应向劳动者支付经济补偿金。〔1〕

〔1〕 浙江省温州市中级人民法院(2019)浙03民终7028号民事判决书。